让 我 们 一 起 追 寻

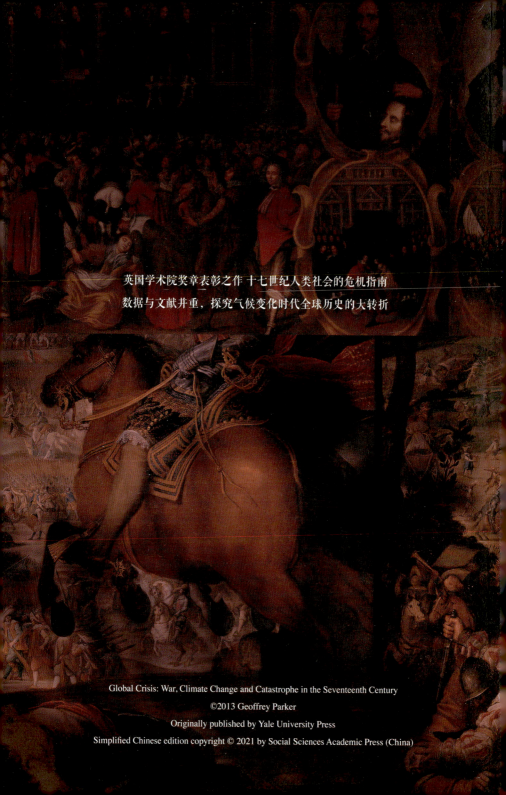

英国学术院奖章表彰之作 十七世纪人类社会的危机指南
数据与文献并重，探究气候变化时代全球历史的大转折

Global Crisis: War, Climate Change and Catastrophe in the Seventeenth Century

©2013 Geoffrey Parker

Originally published by Yale University Press

Simplified Chinese edition copyright © 2021 by Social Sciences Academic Press (China)

GLOBAL

CRISIS

全球

危机

十七世纪的战争、气候变化与大灾难

WAR, CLIMATE CHANGE AND
CATASTROPHE IN
THE SEVENTEENTH CENTURY

Geoffrey Parker

〔英〕杰弗里·帕克　著

王竞　译

社会科学文献出版社

SOCIAL SCIENCES ACADEMIC PRESS (CHINA)

本书敬献给

所有和多发性硬化症搏斗的人

"这个冬季是如此之严酷，在所有人的记忆中都是前所未有……农民们只能等到复活节过后再下地干活，开始耕种。"

(汉斯·赫贝勒的日记，德意志乌尔姆，1627 年)

"这里的光景是如此悲惨，人们的记忆里从未发生过类似的饥馑和死亡。"

(东印度公司官方信件，印度古吉拉特，1631 年)

"那些生活在未来世代的人将难以相信，我们当今这些人经历了怎样的艰辛、痛苦和不幸。"

(弗朗西斯科·沃尔西奥修士，

《瘟疫日记》，意大利凯拉斯科，1631 年)

"如此之多的人死去，这是人类史上闻所未闻的。"

(汉斯·康拉德·朗《日记》，德意志南部，1634 年)

"江南素无此灾。"

[陆世仪《志学录》(日记)，中国南方，1641 年]

"整个西班牙君主国都战栗不已，因为葡萄牙、加泰罗尼亚、东印度群岛、亚速尔群岛和巴西都造反了。"

(维塞罗伊·堂·胡安·德·帕拉福克斯·门多萨，

墨西哥，1641 年)

"（最近一段时间）是充满动荡的时日，而这种动荡是普世的：它遍及普法尔茨、波希米亚、德意志、加泰罗尼亚、葡萄牙、爱尔兰和英格兰。"

（杰里米·惠特克《安魂书》，英格兰，1643 年）

"这似乎是那许多纪元中的一个：所有国家都陷入天翻地覆的境地，以至于有一些贤哲怀疑我们正在接近世界末日。"

［《胜利者》（小册子），西班牙马德里，1643 年］

"的确，我们英格兰在过往时代里也经历了许多这样的黑暗日子，但那些日子和当下相比，就像一座大山的影子之于月食。"

（詹姆斯·霍维尔《书信集》，英格兰，1647 年）

"这是一场遍布基督教①世界的大饥荒。"

（老萨姆波尔教堂的铭文，乌克兰，1648 年）

"所有食品和谷物的价格，都超过了世上活着的人记忆中的最高点……这个王国还从未经历过类似的光景。"

（詹姆斯·贝尔福爵士《本年度文章及简忆》，

苏格兰，1649 年）

---

① 为方便阅读，本书中的"基督教"（Christianity）包括天主教、新教、东正教，是一个统称概念。但行文若涉及各具体教派［Catholic（天主教）/Orthodoxy（东正教）/Protestant（新教）］时，则会分别译出。本书所有脚注皆为译者注。

"如果有人曾相信最后审判的话，我认为它现在正在发生。"

（雷诺·德·塞维涅法官的书信，法国巴黎，1652 年）

"灾难是暴怒上帝的仆人，它们联合起来将剩下的人类灭绝：群山喷火；大地动摇；疫气弥散……"

（让－尼古拉斯·帕里瓦尔《黑铁世纪简史》，
南尼德兰布鲁塞尔，1653 年）

"世界的三分之一都死去了。"

（亚贝斯·安杰丽克·阿诺尔的书信，
法国波尔罗亚尔修道院，1654 年）

"自从我在这个世界中感知到自我以来，我就发现自己一直身处一场几乎延续至今的风暴之中。"

（约翰·洛克《政府论上篇》，伦敦，1660 年）

"上帝赐予我们匮乏。因此，我们希望将我们的财产出售给亲属。不过他们拒绝了，坐视我们死于饥饿。"

（加夫里尔·尼塔，摩尔达维亚农民，1660 年）

"特兰西瓦尼亚从未见识过类似去年的惨状。"

（米哈伊尔·泰莱基，特兰西瓦尼亚首相）

"正是因为有如此之多的先知在安纳托利亚各地的所有城市起而效仿，每个人都全心全意地相信世界末日已经来了……此情此景如神迹一般，类似的事态自创世以来从未发生过。"

（勒伊布·本·奥伊泽尔《沙巴泰·泽维行传》中对 1665～1666 年奥斯曼帝国历史的描述）

"从我 15 岁（1638 年）到 18 岁，世界一直在燃烧。"

（榎本弥左卫门《觉书》，日本埼玉，1670 年）

"至今见死人而不惧者，因经见多也。"

（姚廷遴《历年记》，中国上海，约 1670 年）

"盖地方凋瘵，百姓贫苦，原不知有生之乐……悬梁自缢，无日不闻；刎颈投河，间时而有。"

（黄六鸿《福惠全书》，记载中国山东情事，约 1670 年）

目　录

·上　册·

第一部分　孕育危机

第二部分　忍受危机

·下　册·

第三部分　危机求生

第四部分　直面危机

第五部分　超越危机

彩插及插图

彩插

1. 约翰内斯·赫维留，但泽的太阳黑子观测记录，1644 年。来_{xi}源：Hevelius, Selenographia（Danzig, 1647），fig. 3，The Thomas Fischer Rare Book Library, University of Toronto。

2. 莱昂哈德·科恩，三十年战争一景，1640 年代。来源：Kunsthistorisches Museum, Vienna（KK 4363）。

3. 查理一世将他尘世的王冠换成一顶荆棘王冠，1649 年。来源：Eikōn Basilikē, 1649, frontispiece by William Marshall, The Huntington Library, San Marino, California（RB 121950）。

4. 扎卡利亚斯·瓦赫纳格《大火之后的江户全城图，1657 年 3 月 4 日》，时值 1657 年大火之后。来源：日本东京，江户东京博物馆。

5. 杨东明《饥民图说疏》配图，1688 年。感谢河南博物院授权使用。

6. 留在一名弃婴身旁的便条，1628 年。来源：AHN Consejos, 41，391，unfol。

7. 1640 年和 1641 年的中国气象状况。来源：《中国近五百年旱涝分布图集》，91 页。

8. 1843 年作品，一名中国男性正在接受"剃发"。来源：Rev. G. N. Wright, China, III, 50, ©The British Library Board（Maps 10. bb. 31）。

9. 1629 年作品，《犹太酒商》，德意志。来源：Germanisches Nationalmuseum（HB 2057, Kapsel 1279）。

10. 马德里富恩卡拉尔大街的"食盐登记簿"，1631 年。来源：BNE Ms 6760, Courtesy of the Biblioteca National de España。

11. 西班牙印花税（公文纸）。来源：Hispanic Society of America, *Altamira Papers*。

12. 一张腓力四世签署的手谕，上有泪痕（1640 年 12 月 7 日）。来源：AGS GA 1331, unfol., Philip IV's rescript to a consulta from the *Junta de Ejecución*, 7 December 1640, España, Ministerio de Cultura, Archivo General de Simancas。

13. 文塞斯拉斯·霍拉《英国内战和波希米亚叛乱》，1632 年。来源：Wenceslaus Hollar, *Map of Civil War England and a View of Prague*, 1632, Private Collection/The Bridgeman Art Library。

14. "以权威口气阅读祈祷书的苏格兰圣安德鲁斯大主教正遭受袭击，男女市民拿起板球棒和石块掷向他，1637 年。"来源：Private Collection/The Bridgeman Art Library。

15. 文塞斯拉斯·霍拉，在威斯敏斯特宫弹劾斯特拉福德伯爵，1641 年。来源：The Thomas Fischer Rare Book Library, University of Toronto。

16. "现在你们也成了与我们一样的爱尔兰野人"，1655 年。来源：Anon., *The Barbarous and Inhumane Proceedings*

Against the Professors of the Reformed Religion（London，1655），13，The Huntington Library，San Marino，California（RB 16167）。

17. 杨东明《饥民图说疏》配图，1688 年。感谢河南博物院授权使用。

18. 米克·斯帕达罗，马萨尼洛叛乱，约 1647 年。来源：Museo di San Martino，Naples，Photo Scala，Florence. Courtesy of the Ministero Beni e Att. Culturali。

19. "安德希尔船长和马森船长屠杀并摧毁的新英格兰要塞/村落印第安人群像"，1637 年。来源：John Underhill，*Nevves from America*（1638），Library of Congress，LC – USZ62 – 32055。

20. 江户局部地图，日本。来源：University of Texas Libraries。

21. 米克·斯帕达罗绘，处决堂·朱塞佩·卡拉法，约 1647 年。来源：Museo di San Martino，Naples，Photo Scala，Florence，Courtesy of the Ministero Beni e Att. Culturali。

22. "吸烟致死"，1658 年。来源：Jakob Balde，*Die trückene Trünckenheit*（Nuremberg，1658），frontispiece。

23. 格里美尔斯豪森著作《痴儿西木传》卷首插画，1668 年。来源：akg-images。

24. 约翰·尼耶霍夫绘《天津卫》，1656 年。来源：Nieuhof，*Die Gesantschaft der Ost-Indischen Geselschaft*，Heidelberg University Library，A4820，pull-out 28。

25. 伦敦的死亡总登记簿，1665 年。来源：Guildhall Library，London，Courtesy of the London Metropolitan Archives。

26. 扬·范德海登，漫长严冬，一台新型灭火器正在灭火，阿姆斯特丹，1684 年。来源：*Beschryving der nieuwlyks*

uitgevonden en geoctrojeerde slang-brand-spuiten en haare wyze van brand-blussen, tegenwoordig binnen Amsterdam in gebruik zijnde（Amsterdam, 1672）, figure 16。

27. 沉浸在研究之中的笛卡尔, 约 1720 年绘。来源: Pieter van der Aa, *XX icones clarissimorum medicorum Philosophorum Liberales Artes Profitentium Aliorumque*（Leiden, c. 1720）, Landesbibliothek Oldenburg。

28. "一项计划: 一目了然地呈现一个月观测得来的天气数据", 1663 年。来源: Sprat, *History*, I, 179, ⓒThe British Library Board（740. c. 17）。

插图

xiii

英文平装版序¹

"这可真是一本大书，如果把它掏空的话都能给罗尼·柯贝特①当坟墓了，但愿这不会马上成真。"休·麦克唐纳在 2013 年 3 月发表于《苏格兰先驱报》的《全球危机》书评如此开头。这是关于本书的第一篇见诸报端的评论文章。²绝大部分书评人都在后来的文章中提到了这本书的体量——甚至还有一些人好奇，为何我不添加更多的篇幅，讨论其他话题。社会学家金世杰（Jack A. Goldstone）写道：

> （本书）还没告诉我们，为何科技革命在欧洲发生，而在其他地区，进行更严密实证研究的努力却归于消亡？为何 18 世纪欧洲西北部在生产率和收入上的所得并未像中南欧那样，被更快的人口增长所轻易稀释？进一步说，为什么同样于 17 世纪末 18 世纪初实现了远距离贸易和农业生产率同步增长的中国，却未能在这些大好趋势上再接再厉，更进一步？³

这些的确都是引人入胜的重要问题。不过正如金世杰坦言，"那将需要再加数百页的篇幅来回答"。绝大部分读者都会支持塞缪尔·约翰逊博士对约翰·弥尔顿《失乐园》

---

① 罗尼·柯贝特（Ronnie Corbett，1930～2016 年），英国喜剧演员，以身材矮小、形象滑稽闻名。

（*Paradise Lost*）的判断："《失乐园》是一本令读者很敬佩，但放下之后就会忘了再拿起来的书。没人希望它能再长点。"[4]

因此，我并未在平装本中提出新问题或是纳入新研究，只是改正了一些由我那些博学的同仁所指出的错误——特别是那些介入了本书的两场"论战"和一篇"书评论文"的同侪。[5]不过，我还是要在这里就两篇实质意义上的评论做出回应，它们分别来自扬·德·弗里斯（Jan de Vries）和彭慕兰（Kenneth Pomeranz）。

弗里斯先生（一位杰出的经济史学家，他的著作激励并启发了我）在他那篇颇有想法的书评中说：

> 有一个国家，它在这个"危机时代"实现了人口和人均产值的同步增长，却未能在帕克的书中赢得一席之地，尽管这个国家在"危机书写"中有显著的表现。荷兰共和国恰恰是在危机期间经历了一段令人口中的"黄金时代"……尽管帕克对这段历史知之甚详，他却对此不置一词，也没有解释将之省略的原因。[6]

考虑到如下事实，"省略"一词颇显夸张：索引中的条目"尼德兰"足以指引有兴趣的读者关注《全球危机》中逾20页的相关内容，与"荷兰共和国"相关的内容也有40多页。不仅如此，第8章讨论了17世纪动摇荷兰国本的3次政变（1618年、1650~1651年以及1672年）和1648~1651年发生在荷兰的不幸事件。1648~1651年，（用时人的话来说）"那些战争期间最为繁盛的城镇在和平年代纷纷衰落——产业消亡，商家败落，许多房产都挂牌出售"，无休止的暴雨使所有人都陷入绝望，共和国的谷物价格在最高水平上居高不下长达一个世纪（页边码第 236～237 页）。对许多荷兰共和国公民而言，"今人口中的'黄金时代'"只是在回忆之中才若隐若现。[7]

而在刊载于《就史论事》（*Historically Speaking*）的文章中，声望卓著的汉学家彭慕兰（他不仅在著作中激励了我，也在我草就《全球危机》一书时给了我颇具价值的反馈）辩称，"尽管经历了 16 世纪的战乱，日本的人口似乎还是在这一时期增长了 30%～50%"，这就"挑战了帕克的结论，即日本进入了一个人口下降的危机时代"。[8]16 世纪日本的人口规模是一个公认的充满争议的话题。日本历史人口学的先驱速水融（Hayami Akira）先生提出，1600 年的日本总人口只有 1200 万（±200 万）；斋藤修（Saitō Osamu）等人后来却提出了更高的数字，从 1500 万到 1700 万不等。[9]不过就算我们采纳更高的估计数字，几乎所有学者也都同意，到 1700 年，江户幕府统治下的日本总人口已经增长到 3000 万左右。于是，日本自 1590 年统一以来表现出令人瞩目的人口增长势头，就算"只是"令总人口翻倍（如斋藤修先生所说）而非（如速水融先生所主张的那样）增长到从前的近三倍，在 17 世纪的世界上也罕有其匹，这种增长唯有在经历了初始的"人口低盘"之后才有可能。日本确实与众不同。[10]

自我完成本书以来，有关全球危机的最新信息不可避免地陆续出现。有些来自新材料，有些则是以不同方式得到验证的旧材料。[11]第 19 章讨论了 1640 年代革命警报传遍欧洲各国首都的过程，但它没有回答一位同事提出的问题：警报是否传到了江户（今东京）的德川幕府政权？我在翻阅荷兰东印度公司史料时发现了一封信。这封叙述葡萄牙革命全过程的信件由巴达维亚的荷兰总督安东尼奥·范·迭门（Antonio van Diemen）于 1642 年 6 月 28 日发出，寄往"日本皇室"。五年之后，一个派往江户的荷兰代表团报告说，他们同幕府的高级顾问围绕荷兰共和国同西葡两国战争的进展情况（这份材料显示，日本政府已经从其他来源那里了解到许多信息）进行了热烈讨论；而在 1650 年 8 月，荷兰人为长崎奉行提供了一份关于处决查理一世的资料。携带这份资料而来的船只刚刚在长崎湾"出岛"（Dejima）的荷兰商馆下锚。长崎奉行决定向江户发出快报：虽然耗时二十个月，但可怖的弑君新闻最终还是从欧亚大陆的一端传到了另一端。[12]

xvii 　　西奥多·K. 拉布（Theodore K. Rabb）在为《跨学科史学季刊》（*The Journal of Interdisciplinary History*）2009 年特刊《跨学科视角之下的 17 世纪危机》（The Crisis of the Seventeenth Century：Interdisciplinary Perspectives）撰写的导论中说："不管你喜欢与否，危机似乎都在那里"；而在三年之后，茱莉娅·阿德妮·托马斯（Julia Adeney Thomas）在《美国历史评论》（*The American Historical Review*）中提醒我们，"气候变化——或者说气候崩坏——以及与其相关的全球性变化"是"一种改变世界的力量"，且比任何其他力量都"更具破坏性，也更具决定性"。她呼吁历史学界掀起一场"环境转向"，将气候因素推上前台，视其为决定人类事务的主角。[13]仿如回应茱莉娅一般，在 2013 年与 2014 年之交出炉的几本新书都将气候与历史研究联系到了一起；在美国历史学会（American Historical Association）的年会上，数百名学者组成了十多个小组，研讨气候冲击给历史带来的种种影响；《跨学科史学季刊》推出了

一期特别专题，讨论"小冰期：重思气候和历史"（The Litlle Ice Age：Climate and History Reconsidered）。历史学家萨姆·怀特（Sam White）和气候学家乌尔夫·宾特根（Ulf Büntgen）、勒拿·赫尔曼（Lena Hellmann）通过编列来自全球各地丰富而具有一致性的证据，证明了 17 世纪发生过一次戏剧性的全球变冷事件。这些横跨各领域的学术成果不仅雄辩地表明 17 世纪全球危机理论仍然站得住脚，还证明了气候在促使这一危机爆发的致命共同效应中扮演了举足轻重的角色。[14]

注　释

1. 参考文献里引用的著作都以缩写形式呈现；其他征引文献则在注 [718] 释中出现全名。我要感谢玛丽·伊丽莎白·贝里、Fabian Drixler、Sir John Elliott、Kate Epstein、Patrick Lenaghan、Norm MacLeod、Theodore K. Rabb 和 Julia Adeney Thomas。我还要感谢参与 *Historically Speaking* XIV/5（2013）之"论争"的各位投稿者，还有 2014 年美国历史学会年会上得到的精彩反馈。

2. *Herald Scotland*, 24 Mar. 2013, review by Hugh Macdonald, chief sports writer.

3. Jack A. Goldstone, 'Climate lessons from history', in *Historically Speaking*, XIV/5（2013）, 37.

4. Roger Lonsdale, ed., *Samuel Johnson：The Lives of the most eminent English poets with critical observations on their works*, 4 vols（Oxfords, Clarendon Press, 2006）, I, 290, written c. 1780, 写于弥尔顿去世一百余年之时。

5. 'Global Crisis：a Forum', with Kenneth Pomeranz, J. R. McNeill, and Jack Goldstone, in *Historically speaking*, XIV/5（Nov. 2013）, 29 – 39；2014 American Historical Association Annual Meeting, session 115, on *Global Crisis*.

6. Jan de Vries, 'The Crisis of the Seventeenth Century: The Little Ice Age and the Mystery of the "Great Divergence"', in *The Journal of Interdisciplinary History*, XLIV (2013), 369 – 77, A review of *Global Crisis*, Quotation from p. 374. Goldstone, 'Climate lessons', 37, 也有相同的抱怨，"有个反例没有交代，那就是尼德兰……"

7. "黄金时代"（*gouden eeuw*）这个术语甚至直到 19 世纪末才首次见于荷兰词典。初次以书名形式亮相则要追溯到 1841 年（我要感谢 Rudolf Dekker 提供这些细节）。

8. Pomeranz, 'Weather, war, and welfare: persistence and change in Geoffrey Parker's *Global Crisis*', in *Historically Speaking* XIV/5 (2013), 31, citing *Global Crisis*, 488.

9. Hayami, *The historical demography*; idem, *Population, family and society*; and idem, *Population and family in early-modern central Japan*; Saitō, 'The frequency of famines'. Farris, *Japan's Medieval Population*, 165 – 71, 其中对不同观点进行了出色总结。

10. 对于本段论证的达成，我格外感谢玛丽·伊丽莎白·贝里的鼎力相助。

11. 举例而言，就是近期与卡尔·安德斯·波梅伦宁和榎本弥左卫门有关的论文。二人的著作（分别）构成了第 6 章和第 16 章的核心史料：M. P. Romaniello, 'Moscow's Lost Petition to the Tsar, 2 June 1648', in *Russian History*, XLI (2014), 119 – 125; and L. Roberts, 'Name and Honour. A Merchant's Seventeenth – Century Memoir', in S. Frühstück and A. Walthall, eds., *Recreating Japanese Men* (Berkeley, 2011), 48 – 67。

12. *Diaries kept by the heads of the Dutch factory*, VI (1641 – 2), 208 – 9, letter of van Diemen to royal council of Japan, Batavia, 28 June 1642; *Deshima Dagregisters*, XI (1641 – 50), 163, account by the Dutch Factor of an Audience in Edo, 6 Jan. 1647; and 398, entry for 5 Aug. 1650. 我感谢 Fabian Drixler 的问难。

13. *The Journal of Interdisciplinary History*, XL/1 (2009), 145 – 303, Rabb quotation from p. 150; Julia Adeney Thomas, 'Comment: Not yet far enough', in *American Historical Review*, CXVII (2012), 794 – 803.

14. *The Journal of Interdisciplinary History* XLIV/3 （2014）, 299 – 377；
Kelly and O Gráda, 'The waning of the Little Ice Age: climate
change in early modern Europe', 301 – 25； White, 'The Real Little
Ice Age', 327 – 52； Büntgen and Hellmann, 'The Little Ice Age in
Scientific Perspective: Cold Spells and Caveats', 353 – 68. 这些新
书包括 S. K. Raphael, *Climate and political climate: environmental
disasters in the medieval Levant* （Leiden, 2013）； R. Ellenblum, *The
collapse of the eastern Mediterranean: Climate change and the decline
of the East, 950 – 1072* （Cambridge, 2014）； 以及 J. L. Brooke,
Climate Change and the Course of Global History: A Rough Journey
（Cambridge, 2014）。

前言：有人说过"气候变化"吗？

xviii　　气候变化经常在地球上导致或促成大范围的毁灭或混乱。形形色色的冰川前移和后退都能在之后造成一次重大的气候事件。约 13000 年之前，一场全球变冷事件最终灭绝了绝大部分大型动物种群，比如猛犸象和剑齿虎。4000 年前，西非和南非的人类社会在一场全面旱灾中衰亡；而在公元 750～900 年，大西洋两岸的旱灾同时致命性地削弱了东亚的唐帝国和中美洲的玛雅文明。[1]此后在 14 世纪中叶，剧烈的气候波动和大规模瘟疫一道消灭了欧洲的一半人口，并在亚洲造成严重的人口衰退和社会紊乱。[2]最后，在 17 世纪中叶，地球经历了有记载以来 1000 余年间天气最为寒冷的一个时期，近三分之一的人类死去。

　　尽管气候变化能够也确实造成了人类灾难，却少有历史学家将天气因素纳入他们的研究之中。就连埃马纽埃尔·勒华拉杜里（Emanuel Le Roy Ladurie）1967 年的前瞻性研究《盛宴时代，饥馑时代：一部公元 1000 年以降的气候史》（*Times of feast, times of famine: a history of climate since the year 1000*）也断言："就长时段而言，气候给人类带来的后续影响似乎十分轻微，也许大可忽略不计。"他还举例称，试图以 1640 年代的恶劣气象条件来"解释"1648～1653 年的法国叛乱（投石党运动）将是"颇为愚蠢"的。数年之后，声名卓著的经济史学家扬·德·弗里斯也声言，"短期内的气候危机同经济史的关系就好比银行抢劫犯同银行制度史的关系"。[3]

否认气候与灾难之间存在密切联系的绝不只是历史学家。著名古人类学家理查德·福蒂（Richard Fortey）曾作此观察，"有一种乐观主义根植于我们这个物种之中：我们似乎更倾向于活在舒适的当下，而非直面可能的毁灭。"作为结果，"人类从未在自然灾害面前做好准备"。[4] 因此，即使在造成了巨大伤害之后，极端气候事件仍能持续震惊着我们。2003 年，一场持续仅两周的夏季热浪在欧洲造成 7 万人过早死亡。而在2005 年，"卡特里娜"飓风导致 2000 人死亡，并在面积相当于英国的美国土地上造成了价值 810 亿美元的财产损失；在2011 年全年，世界上有超过 1.06 亿人遭受洪灾侵袭，6000 万人被旱灾折磨，近 4000 万人饱受风暴之苦。不过，即便我们明知气候在过去导致了许多诸如此类的大灾难，也意识到气候将在未来制造更多灾难，我们还是能说服自己：它们不会立即重演（或者说，至少不会降临在自己头上）。[5]

在当下，绝大多数预测气候变化后果的研究都以对"近年趋势"的推演为基础；不过还有另一种研究方法论：相较于按下快进键，我们可以重放历史这盘录音带，利用两类截然不同的"替代性指标"（proxy data）："自然档案"（natural archive）和"人类档案"（human archive），研究过往灾难的起源、影响和后果。

所谓"自然档案"由四组来源组成：

· 冰芯和冰川学证据：由深井钻孔测得的全球冰盖和冰川的年度存量提供了火山喷发、降水、气温和大气构成等指标变动的证据。[6]

· 孢粉学证据：沉积于湖泊、沼泽和河口之中的花粉和孢子可以反映沉积当时的自然植被状况。[7]

· 树木年轮学证据：特定树木在每一个生长季节留下的生长年轮大小反映了当地在春秋两季的状况。一圈粗年轮表示一个有利生长的丰年，一圈窄年轮则表示一个灾年。[8]

· 洞穴堆积物证据：地表水滴入地下洞穴之后形成的年度沉积物，特别是钟乳石类，可以充作一项气候指标。[9]

所谓气候变化的"人类档案"则由五组来源构成：

· 叙事信息。它们见于口头传说和书面记载（编年史和历史著作，书信和日记，判决和政府记录，航海日志，报纸和宽幅印刷品）。

· 数据信息。它们自文件中析出（比如每年收获时节的特定作物产量折线图；食品价格；太阳黑子观测记录；或是每年春天为了避开河中随融雪一路漂流的碎石而雇用的舵工数量），或来自叙事性报告（例如 42 天以来第一次下雨的记载）。

· 自然现象的图形展示（展现一座冰川的冰舌在特定年限的位置，或是在一个异常酷寒的冬天描绘浮冰冰面的绘画或版画）。[10]

· 铭文或考古信息。比如建筑物上注明水位年代的题词，或是因气候变化而废弃的定居点所出土的文物。

· 有用的数据。从 1650 年代开始，有观察者们在欧洲定期记录天气数据，其中就包括降水量、风向和气温。[11]

绝大多数历史学家都未能同时对这两种 17 世纪的可用

"档案"加以利用，令人尤感遗憾：一次全球剧烈变冷的事件恰好同全球范围内的一系列革命狂潮和国家崩溃相对应（受影响的国家包括中国明朝、波兰－立陶宛联邦和西班牙君主国），而另外一些国家也濒临革命边缘（值得注意的例子包括1648年的俄罗斯帝国和奥斯曼帝国；1650年代的莫卧儿帝国、瑞典、丹麦和荷兰共和国）（见插图1）。此外，欧洲在整个17世纪仅享受了3年的完全和平，奥斯曼帝国则只经历了10年。中国和莫卧儿帝国在同时期经受的战乱几乎不曾停歇。战争横行于北半球，成为解决国内国际难题的主流模式。

　　历史学家们曾将这个混乱年代命名为"总危机"（The General Crisis），有学者还曾将之视为通往现代世界的门径。休·特雷沃－罗珀（Hugh Trevor-Roper）一篇影响甚大的论文使这个术语风靡于世。这篇初印于1959年的文章论述道：

　　　　17世纪未能消化这100年间的场场革命。这是个断裂的世纪，被革命不可挽回地拦腰斩断了。在17世纪末的后革命时代，本世纪开端的情形在人们眼中已变得无比陌生。就智识、政治、道德风尚而言，此时的人们都已身处新的时代和新的气候之中。这就好比一场雷暴终结了之前的一系列暴风雨，它荡涤了欧洲的空气，永久改变了欧洲的温度。自15世纪末以迄17世纪中叶，我们笼罩于一种气候之中，那是"文艺复兴"的气候；随后在17世纪中叶，我们经历了一段变革的年代，一段革命的年代；再后来的一个半世纪里，我们有了另一种大不相同的气候，那便是"启蒙"的气候。[12]

尽管特雷沃 - 罗珀所描述的"剧变"发生在一个以"全球性变冷"和"极端气象事件"著称的时间段之中,他却对字面意义上的"气候"未置一词。

在这个问题上,来自气候学的证据清晰且一致。一个国际观测站网络的每日记录显示,1654~1667 年的冬季平均气温要比 20 世纪末低 1℃。[13]另一批记录则显示,在 1641 年,北半球见证了过去 600 年里第三寒冷的夏季;北美新英格兰地区经历了一个世纪以来第二寒冷的冬季;斯堪的纳维亚则迎来了自有观测记录以来最为寒冷的冬季。在过去六个世纪北半球的观测记录里,1642 年夏季的寒冷程度排名第 28,1643 年则是第10;同时,在 1649~1650 年,中国的南部和北部地区似乎都经历了有史以来最为严酷的冬季。反常的气候状况从 1640 年代一直持续到 1690 年代——这在整个全新世(Holocene Era)① 的记录之中都是持续最长且最严酷的全球变冷事件——气候学家们因此将这一时期称为"小冰期"。[14]

本书力求在气候学家的"小冰期"和历史学家的"总危机"之间建立联系,并避免在这一论证过程中犯下"先射箭再画靶"的错误:本书并不会仅因为气候变化是全球范围衰退与革命浪潮背后唯一合理的公分母而草率地断言全球变冷"必定"导致了这些衰退与革命。诚如勒华拉杜里在 1967 年所言,"研究 17 世纪气候的历史学家"必须"有能力使用一种严谨度堪与当今研究 20 世纪气候的气象学家们相比拟的定量研究方法,即使在准确度和数据多样性上还达不到后者的水

---

① "全新世"指 11700 年前开始、持续至今的地质年代。

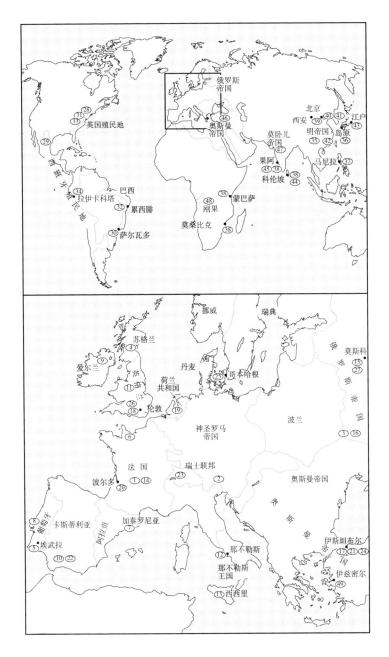

大型叛乱和革命，1635～1666 年

欧洲	美洲
1636 1. 乡巴佬叛乱(佩里戈尔)	1637 28. 佩科特战争
2. 下奥地利叛乱	1641 29. 墨西哥叛乱(至 1642 年)
1637 3. 哥萨克叛乱(至 1638 年)	**30. 葡属巴西反抗西班牙**
4. 苏格兰革命(至 1651 年)	1642 31. 北美英属殖民地在内战选边
5. 埃武拉与西属葡萄牙叛乱(至 1638 年)	1645 **32. 葡属巴西殖民地反抗荷兰 (至 1654 年)**
1639 6. 赤足党之乱(诺曼底)	1660 33. 英属殖民地"复辟"
1640 **7. 加泰罗尼亚叛乱(至 1659 年)**	1666 34. 拉伊卡科塔叛乱(秘鲁)
8. 葡萄牙反叛(至 1668 年)	
1641 **9. 爱尔兰叛乱(至 1653 年)**	**亚洲及非洲**
10. 安达卢西亚:梅迪纳·西多尼亚阴谋	1635 35. 农民起义,自中国西北蔓延到长江流域(至 1645 年)
1642 **11. 英国"大叛乱"(至 1660 年)**	1637 36. 岛原之乱(至 1638 年)
1647 **12. 那不勒斯叛乱(至 1648 年)**	1639 37. 马尼拉华人(常来人)叛乱
13. 西西里叛乱(至 1648 年)	1641 **38. 蒙巴萨、莫桑比克、果阿和锡兰的葡萄牙人反抗西班牙**
1648 14. 法国:投石党之乱(至 1653 年)	1643 **39. 李自成在西安建立大顺政权**
15. 俄国:莫斯科等城市反叛(至 1649 年)	1644 **40. 李自成攻占北京,明朝灭亡**
16. 乌克兰反波兰叛乱(至 1668 年)	**41. 清军进入北京,占领中国北方**
17. 伊斯坦布尔:奥斯曼帝国弑君事件	1645 **42. 清军进攻中国南方;南明的抵抗(华南的抵抗至 1662 年,郑氏政权的抵抗至 1683 年)**
1649 **18. 伦敦:英国弑君事件**	1651 **43. 由井正雪江户密谋**
1650 **19. 荷兰政变(至 1672 年)**	1652 44. 科伦坡反抗葡萄牙
1651 20. 波尔多:奥梅叛乱(至 1653 年)	1653 45. 果阿反抗葡萄牙
21. 伊斯坦布尔骚乱	1657 46. 安纳托利亚:阿巴扎·哈桑帕夏叛乱(至 1659 年)
1652 22. 安达卢西亚"绿旗"叛乱	1658 **47. 莫卧儿内战(至 1662 年)**
1653 23. 瑞士革命	1665 **48. 刚果王国覆灭**
1656 24. 伊斯坦布尔暴乱	49. 沙巴泰·泽维在伊兹密尔自命弥赛亚
1660 **25. "丹麦革命"**	
26. 英格兰、苏格兰和爱尔兰"复辟"	
1662 27. 莫斯科叛乱	

以粗体列出之事件皆造成了政权更迭。

1 全球危机

    欧洲和东亚是"总危机"的核心地带,但莫卧儿帝国、奥斯曼帝国和欧洲的美洲殖民地也在 17 世纪中叶经历了一次次严重的政治动荡。

准"——当时的他曾为无法企及这一目标感到惋惜。[15] 不过，现有的资料来源已经令历史学家有能力将气候变化与政治、经济和社会变迁联系起来进行空前缜密的综合研究。关于 17 世纪中叶非洲、亚洲、欧洲和美洲在气候状况的资料已十分丰富，同时，数百万份树木年轮、冰芯、花粉沉积物和钟乳石测量数据也已在案。[16]

不过，不管新数据多么丰富惊人，我们都不应因此成为气候决定论者。早在 1627 年，剑桥大学基督学院的博学家教授、对天文学和末世学（eschatology）有特殊兴趣的约瑟夫·米德（Joseph Mede）就指出了一个方法论陷阱：一切观测记录的增长可能都只是反映了观测者数量的增长。因此，当米德几乎在同一时刻听说格拉斯顿伯里（Glastonbury）附近发生地震、"波士顿［林肯郡］发生一场天火降临的奇观"时，他做出了睿智的评论："要么我们比过往有了更多的奇怪灾害，要么我们就是对它们做了更多的观测，或者两者都是。"后世的研究早已证实了米德的猜想。比如说，尽管现代天文学已经确认 17 世纪的彗星亮相频率确实异常地高，但这一时期的人们也做了"更多的彗星观测"——这不仅因为望远镜的普及使更多彗星得以在地球上被观测到，也要归功于新闻收集与传播技术的大幅进步：这意味着每一次彗星观测都会很快为更多人所知。[17]

历史学家准确评断气候数据的第二重障碍是基础设施（infrastructure）和突发事件（contingency）的角色。一方面，如果一个社群拥有贮藏丰沛的粮仓，或者能从附近港口方便地进口食物的话，寒冷或潮湿天气的恶果也许会被抵消。另一方面，哪怕在丰收之年，战争也可能会摧毁或扰乱一个社群赖以生存的食品供应，进而导致饥荒。正如安德鲁·阿普比（Andrew Appleby）的格言所说，"关键变量"往往"不是天气，而是应对天气的能力"。[18]因此，本书不仅将检视 17 世纪气候变化和极端气候事件对人类社会的冲击，也将考察人类形形色色的应对策略。正是这些策略使人类安然度过了上一个千禧年中由异常气候诱发的最大浩劫。

注　释

[719]

1. Weiss, 'The genesis and collapse' 提到了公元前 2200 年世界各地同时发生的政权崩溃：世界历史上的第一个帝国阿卡德，以及位处西亚的印度河等文明。他的证据是普遍的干旱和干燥。扬切娃则在《影响》一文中指出了玛雅和唐朝的同时衰亡，并用季风形态改变的假说解释这一共时性。

2. Campbell, 'Nature', 284; Brook, *The troubled empire*, 72.

3. Le Roy Ladurie, *Times of feast*, *times of famine*, 119, 289; de Vries, 'Measuring the impact of climate', 23. Mauelshagen, *Klimageschichte*, 16 – 35, 描绘了至 2009 年为止的史上气候变迁状况。在 2010 年和 2011 年，卜正民、Bruce Campbell 和 Sam White 都出版了开创性的研究著作（分别涉及中国、西欧和奥斯曼帝国），将气候因素纳入历史诠释。

4. Fortey, 'Blind to the end', *New York Times*, 26 Dec. 2005, http：//www. nytimes. com/2005/12/26/opinion/26ihtedfortey. html. See also idem, *The earth*: *an intimate history*. 有关"灾难否认论"的长期风靡，参见 Bankoff, *Cultures of disaster*; Mauch and Pfister, *Natural disasters*; Juneja and Mauelshagen, 'Disasters'; and Benton, *When life nearly died*, ch. 3。

5. *2011 disasters in numbers* prepared by the International Disaster Database at the Université Catholique, Louvain, Belgium：

www. emdat. be，accessed 12 Mar. 2012.

6. http：//www. ncdc. noaa. gov/paleo/icecore. html 收入了遍及全球的冰芯数据，从极地冰盖到低纬度地区的山脉冰川皆在其中。

7. http：//www. ncdc. noaa. gov/paleo/pollen. html 包括已扩充的系列数据，可查阅 2005 年以前的数据。2005 年之后的数据，可于http：//www. neotomadb. org/下载。

8. http：//www. ncdc. noaa. gov/paleo/treering. html，国际树轮数据库。2010 年的年度测量数据收入了遍布六大洲 2000 多个地区的年轮宽度和木材密度数据。Brázdil，'European climate' and idem，'Use'，就每项门类提供了更多细节，也列出了近来基于这些数据产生的研究著作。

9. http：//www. ncdc. noaa. gov/paleo/speleothem. html 依照各大洲列出了可用的数据集，亦有通往各站点的链接。

10. 比如 Barriendos 的 'Climatic variations' and 'Climate and culture'，使用祷告仪式的资料，推算近代早期西班牙的干旱状况；同时，Neuberger 的 'Climate' 则从 1400 年到 1967 年间欧洲和美国的 41 家博物馆收藏的约 12000 幅绘画中提取气象信息。更多例证可参见 Brázdil 的 'European climate'，10 – 13。

11. Mauelshagen，*Klimageschichte*，36 – 59，and Garnier，*Les dérangements*，24 – 48，对这些史料有着极为出色的概述，并利用它们制成了一份年表。

12. Trevor - Roper，'The general crisis'，50. 一代人之前，George Clark 爵士也曾指出了"17 世纪初和该世纪末之间的一次大气变化，这次剧变伴随着各种风暴潮"（Clark，*The seventeenth century*，ix）。

13. Camuffo，'The earliest temperature observations'，这份研究基于 1654 到 1667 年间的近 4 万份读数，源自托斯卡纳政府建立的国际气候观测网点的温度计。

14. F. E. Matthes，冰川学专家。正是他于 1939 年发明了"小冰期"这个术语："我们生活在一个全新而温和的冰河时期——也就是'小冰期'。"这个术语现在指代 1350 ~ 1750 年这段时期，其中气候变冷幅度最大的阶段出现在 17 世纪。

15. Le Roy Ladurie，*Times of feast*，2. 勒华拉杜里颇具先见之明地预

料到，电子计算机将改变这一状况：ibid. , 303。

16. In 2012 the 'Euro-Climhist' database at Bern, Switzerland, included 1. 2 million records, just for Europe.

17. BL *Harl* 390/211, Mede to Sir Martin Stuteville, 24 Feb. 1627. 米德在基督学院的"得意门生"乃是约翰·弥尔顿。

18. Appleby, 'Epidemics and famine', 663.

导论："小冰期"和"总危机"

1638 年，罗伯特·伯顿（Robert Burton）在他那安逸的牛津学院写就的畅销书《忧郁的解剖》（*The anatomy of melancholy*）中告诉读者，"每一天"他都听到如下新闻：

> 战争，瘟疫，火灾，洪水，盗窃，凶杀，屠杀，流星，彗星，幽灵显现，异象，鬼魅；在法兰西、德意志、土耳其、波斯、波兰等国度，市镇易手，城市被围；在乱世之中，征募动员和军事战备之类的异动已成为日常；到处都是战乱，被杀之人不可计数，决斗、船难、海战、媾和、联盟、尔虞我诈以及接二连三的警讯。

四年之后，英国内战爆发，一群英国商人哀叹道："拜我们自己那些令人不快的分裂所赐，王国境内的一切商业和贸易活动几乎被抹杀殆尽，但愿上帝保佑这一切能有个好结局。而在英国贸易不振、金钱匮乏的同时，全欧洲的情况也好不到哪里去。欧陆正处混乱之中，内外战争相继。"1643 年，牧师杰里米·惠特克（Jeremiah Whitaker）警告信众："（最近一段时间）是充满动荡的时日，而这种动荡是普世的：它遍及普法尔茨、波希米亚、德意志、加泰罗尼亚、葡萄牙、爱尔兰和英格兰。"惠特克说，上帝通常是"一个地区接一个地区地撼动这个世界"，不过，现在他似乎计划要"同时且普遍地撼动所有国家"。牧师推测，如此之多的"动荡"同时发生，必定预示着最终审判日的到来。[1]

同一年在西班牙，一本题为《胜利者》（*Nicandro*）的小册子也表达了相同观点：

> 有时神灵会以普遍而显著的灾难惩罚这个世界，我们却无从得知它的起因。这似乎是那许多纪元中的一个：所有国家都陷入天翻地覆的境地，以至于有一些贤哲怀疑我们正在接近世界末日。我们看到，整个北方世界都处于暴动和叛乱之中，河水为之染赤，膏腴之地荒芜；英格兰、爱尔兰和苏格兰都燃烧着内战之火。

"还有哪个地方能够幸免于难呢，"《胜利者》小册子用反问的语气总结道，"即便得以免于战争，难道还能免于地震、瘟疫和饥馑不成？"[2]

1648 年，一位瑞典外交官在德意志发出了警报："人民对抗他们统治者的又一轮较量在世界各地此起彼伏。法国、英格兰、德意志、波兰、俄罗斯以及奥斯曼帝国都是例证。"这位外交官的消息颇为灵通：内战刚刚在法国打响，并继续在英格兰肆虐；三十年战争（1618～1648 年）使德意志多地荒芜毁弃、人烟稀少；乌克兰的哥萨克刚刚起兵对抗他们的波兰领主，并屠杀了数千名犹太人；叛乱在俄罗斯震颤着莫斯科等城市；伊斯坦布尔的一场暴动导致奥斯曼苏丹被弑。第二年，一名苏格兰流亡者在法国总结说，他与同时代的人们生活在一个

"黑铁时代"(Iron Age)①,这个时代将"以其间爆发的大规模且异乎寻常的革命而闻名"。1653年在布鲁塞尔,历史学家让–尼古拉斯·帕里瓦尔在一本题为《黑铁世纪简史,包括近来的不幸和灾祸》(*A Short History of this Iron Century, containing the miseries and misfortunes of recent times*)的著作中使用了相同的譬喻。"我将本世纪称为'黑铁世纪'",他如此告诉读者,因为如此之多的不幸"同时降临;而在前几个世纪里,他们只会依次到来"。帕里瓦尔指出,叛乱和战争现在"酷似九头蛇海德拉:它们的头越砍越多"。帕里瓦尔还指出,"灾难是暴怒上帝的仆人,它们联合起来将剩下的人类灭绝:群山喷火;大地动摇;疫气弥散",同时,"连绵不绝的豪雨让河流泛滥成灾"。³

17世纪的中国同样深受灾害之苦。首先,纷至沓来的旱灾、歉收、增税和政治腐败引爆了一波贼寇作乱的风潮。随后在1644年,一个名叫李自成的人自封为王,打败了明朝皇帝(他死于自杀)士气消沉的卫队并攻占了北京。几乎在顷刻之间,清军入关击败了李自成,令北京再度易手。在此后的30年里,清朝用无情的暴力手段将统治权扩展到了全境。数百万人在明清易代之际死于非命。

世界上得以完好无损、安然度过17世纪中叶的地区屈指可数。北美和西非都经历了饥荒和野蛮的战争。在印度,紧随洪水而至的旱灾于1627~1630年在古吉拉特造成100多万人死亡;同时,莫卧儿帝国的一场恶性内战加重了1658~1662

---

① 引自古希腊诗人赫西奥德之说。赫氏将人类历史分为四个时代,"黑铁时代"为最衰世。

年的另一次旱灾的灾情。在日本，几次减产歉收在 1637 ~ 1638 年于日本南部的九州岛上引发了日本近世史上规模最大的农民叛乱。五年之后，一个格外严酷的寒冬造成的饥荒在日本导致约 50 万人死亡。

自然和人为因素共同形成的这种"致命合力"在人口、社会、经济和政治等层面引发了绵延两代人之久的大灾难。这一时代的人们确信他们面临着前所未有的艰难险阻，这也促使他们之中的许多人将不幸经历记录下来警示他人。"那些生活在未来世代的人将难以相信，我们当今这些人经历了怎样的艰辛、痛苦和不幸。"意大利修士弗朗西斯科·沃尔西奥在他的《瘟疫日记》中如此写道。伦敦匠人尼西米·沃林顿编成了多卷本的"历史记载及沉思录"，旨在令"子孙后代们看到，我们生活在一个多么悲惨和痛苦的时代"。同样地，德意志税务官彼得·蒂耶勒也留下了一本日记，目的是让"我们的子孙们从中看到我们的困窘万状，以及，这是一个多么可怕而哀伤的年代"；同一时期，德意志路德宗牧师约翰·丹尼尔·明茨克也做了相同的记载工作，他的理由是"若无这些记载……我们的后人们就永远难以相信，我们经受了怎样的痛苦"。[4] 威尔士历史学家詹姆斯·霍维尔于 1647 年写道："的确，我们英格兰在过往时代里也经历了许多这样的黑暗日子。但那些日子和当下相比，就像是一座大山的影子和月食相比一样。"霍维尔推测：

> 全能的上帝最近与全人类起了争执，他任由乖戾之气笼罩整个地球；十二年来，在欧洲和全世界，地球上发生了一场场奇怪莫名的革命、一桩桩恐怖至极

的事件。在如此之短的这段"革命岁月"里，人性之败坏（我斗胆直言）为亚当堕落以来所未见……（这些）已经发生的怪骇之事似乎证明，整个世界都在脱缰狂奔；以及（更出人意料的是），所有这些惊奇神异的篇章都是在短短十二年之内骤然展开的。[5]

1651 年，托马斯·霍布斯（当时他正因英国内战流寓法国）在《利维坦》一书中写就了一篇也许最负盛名的文字，描述了他和同时代人们所直面的、由自然与人类灾难"致命合力"导致的种种后果：

> 产业将无法存在，因其产出无法稳定。结果，我们将无法耕作土地，无法航海，没有海外进口的商品可用，也没有宜居之建筑；可用于移动与卸除笨重物体之工程手段、关于地貌之知识、对时间之计量、艺术、文学乃至社会都将不复存在。最为糟糕的是，人们陷入持续的恐惧与暴死的危险之中，人类的生命孤独、贫困、卑污、残忍而短寿。[6]

这种"致命合力"始于何时？意大利历史学家马约里诺·比萨奇奥尼在他 1652 年的著作《近世内战史》（*History of the civil wars of these recent times*）中将"我有生之年的平民暴动"追溯到了 1618 年的波希米亚叛乱。这场叛乱得到了以普法尔茨的弗里德里希（Frederick of the Palatinate）为首的一部分德意志新教诸侯的响应，并由此引发了一场德意志内战。七年之后的 1659 年，英国古文物研究者约翰·拉什沃思也对此

说表示赞同。当他试图解释在英国内战期间"我们为何开始
争执不休"时，他也把起因追溯到了 1618 年。因为他的研究
使他确信，这场冲突源于"造成普法尔茨战争的那些起因和
背景；相似情形在多大程度上困扰着英格兰；以及德意志受压
迫的新教徒"。拉什沃思也提到了在 1618 年出现的三颗异常明
亮的彗星，他（同几乎所有同时代人一样）将此事解释为罪
恶的前兆。于是，拉什沃思"无比确信，那一时刻（1618 年）
应是我回潮的最远年限"。[7]

　　我们现有的证据可以充分佐证比萨奇奥尼与拉什沃思两人
提出的编年史叙事。虽说欧洲在此前也经历了诸多经济、社会
和政治危机，但这些危机大多彼此孤立，并且为时相对短暂。
相较而言，波希米亚反叛开启了一场延宕三十年的漫长冲突，
并最终将欧洲所有主要国家都卷入其中。这包括丹麦、荷兰共
和国、法国、波兰、俄罗斯、瑞典、瑞士联邦，以及尤为值得
关注的斯图亚特王朝和西班牙君主国。1618 年也见证了世界
另外两地经年累月危机的开始。在奥斯曼帝国，一个宫廷派系
废黜了苏丹（这在帝国历史上尚属首次），并引起了一场大灾
难。一代人之后，学者型官僚卡迪布·切列比（Kâtib Çelebi）
将之命名为"奥斯曼悲剧"（Haile-i Osmaniye）。在同一时期
的东亚，女真部落联盟领袖努尔哈赤向明朝皇帝宣战并攻打辽
东，这里是汉人在长城以北一处人口稠密的定居地。有观察者
立即意识到了这一事件的重要性。多年之后，士绅学者吴应箕
回忆道："余犹记一友云，国家将有数十年兵祸。时国家全
盛，余以其言为妄。"不过，他这位友人却说对了：女真人进
攻开启的"兵祸"延续了近七个"十年"。[8]

　　这些大事件的发生背景是极端天气现象。撒哈拉以南非洲

的许多地域都在 1614 ~ 1619 年经受了一场严重旱灾;1616年,日本遭遇了 17 世纪最为寒冷的春季;1618 年,亚热带的福建降下大雪;1620 ~ 1621 年,欧洲和中东的冬季格外寒冷;在 1616 年到 1621 年间的六年当中,墨西哥谷地和弗吉尼亚有五年遭受了干旱袭扰。最后,1617 年和 1618 年标志着太阳活动持续性异常的开端:太阳黑子先是出现锐减的迹象,接着几乎彻底消失。有鉴于上述因素,本书依循比萨奇奥尼、拉什沃思、卡迪布·切列比和吴应箕朋友的说法:1618 年是"我回溯的最远年限"。

这股"致命合力"的作用于何时结束?在这个问题上,证据可就没那么一致了。1668 年,托马斯·霍布斯开始撰写关于英国内战的著作《贝希摩斯》(*Behemoth*)。霍布斯观察到:

> 如果时代和地势一样有高点和低点,我坚信时代的最高点就位于 1640 和 1660 年之间。正如从魔鬼山①下望的基督一样,那时的人也必已俯瞰世界,将世人,特别是英格兰人的所作所为尽收眼底。他眼前大概会是这样一派景象:世界正承受着它可堪承受的一切类型的不公和愚行。[9]

然而,另一场革命在整整 20 年之后爆发了:奥兰治亲王威廉统率有史以来在英伦诸岛登陆的最为庞大的一支军队先后

---

① 魔鬼山(Devil's mountain),典出《马太福音》第四章第八节,魔鬼引诱耶稣之事:"魔鬼又带他上了一座最高的山,将世上的万国,与万国的辉煌都指给他看。"

入侵了不列颠和爱尔兰，并在这两地建立了新政权。在欧洲大陆，由波希米亚叛乱所引爆的绝大多数争端本已在 1648 ～ 1661 年得到解决，但 1688 年法国对普法尔茨的入侵又引发了新一轮冲突。在奥斯曼帝国，大维齐尔（Grand Vizier）① 科普律鲁·穆罕默德成功结束了一轮国内叛乱。随后十年里，他的儿子和后继者们击败了所有外敌，帝国重新开始扩张；不过，1683 年土耳其军队在维也纳城下的失败阻滞了奥斯曼帝国在欧洲的前进脚步，又一名苏丹因此下台。

尽管如此，1680 年代还是见证了几次冲突的终结。1686 年的"莫斯科永久和平条约"标志着俄罗斯实现了对波兰－立陶宛联邦的永久支配，并从此在与波兰－立陶宛联邦的角逐中稳居上风；而在 1683 年，清军终于击败了他们最后的敌人。有朝廷官员因此得以欢欣鼓舞地表示："天下诸乱尽平，海晏河清。民咸归其故土，门户得宁，生业乂安。千秋万载，感戴陛下盛德。"[10] 中国的 17 世纪危机终于告一段落。同时在马萨诸塞的波士顿，因克里斯·马瑟（波士顿诺斯教堂牧师、哈佛学院校长）警告世界，1680 年和 1682 年出现的明亮彗星"都是即将降临的巨大灾难的先兆"。马瑟有所不知，这两颗彗星将是那个时代最后的"恐怖天象"。[11]

不过，尽管政治剧变和彗星都变得越发少见，小冰期仍在延续。在北半球，1666 ～ 1679 年的 14 个夏天之中有 9 个是"凉夏"或"异常清凉"——1675 年西欧的收获季节是 1484 ～ 1879 年最晚到来的——气候学家认为，1690 年代的平均温度要比今天低 1.5℃，极端气候事件和歉收堪称是"小冰期之顶峰"。不

---

① 奥斯曼帝国苏丹之下级别最高的大臣，相当于宰相。

过，这一时期的全球变冷并没有造成革命浪潮。"致命合力"已然失效。本书将在结尾部分阐明个中缘由。[12]

撰写全球史绝非易事。2011 年，阿兰·胡贡在他关于 1647 至 1648 年间那不勒斯叛乱的研究著作的序言中指出，尽管"同时代人清楚地指出，并无任何藩篱界限能将 17 世纪形形色色的革命区分开来"，但"纵使我们 20 世纪和 21 世纪的历史学家对这一共时性了然于胸，就算我们对它们的互相依存、彼此之间的互动了若指掌，我们也不敢将它们作为一个整体来研究"。胡贡报告说，每当他"试图做出贴合 17 世纪中叶实际的历史比较时，深究每一桩历史事件背景的需要就让相关问题层出不穷，使这项尝试成了无用功"。[13]

这种想法并不难理解。一方面，近来的研究不仅发现了远超前辈学者想象的"历史事件"——胡贡本人发掘的证据显示，1647 ~ 1648 年的那不勒斯王国经历了 100 多场叛乱；在 1648 ~ 1652 年安达卢西亚有 20 多座城镇参与了所谓的"绿旗叛乱"；以埃武拉为首，葡萄牙近一半的城镇于 1637 年参与了反抗西班牙统治的叛乱——也揭示了已知的许多历史事件当中的参与人数远超我们此前的了解（超过 100 万中国人加入了 1630 年代的农民起义；约 100 万人死于 1648 ~ 1653 年法国的投石党运动）。另一方面，尽管北半球几乎所有地区都在 17 世纪中叶同时经历了小冰期和"总危机"，它们的表现方式却各不相同，起因和结局也各有不同——这不仅仅因为一些结构性的因素（比如气候变化）大大超出了人类的控制，同时，其他一些原因（比如战争和革命）也牵涉了如此之多的人众，大大超过了任何单独个人的控制范围。尽管如此，

xxix

当代历史学家必须超越危机时代人们的全球视野。在"弄清每一项历史事件背景"的同时，尝试找出那些团结和分离受害者的缘由。

在解释各类革命之间的共时性、相互依存性和联动关系时面临的第二个问题是，突发事件究竟扮演了何种角色。小型事件反复制造着既不可预料也在规模上不成比例的后果。正如塞缪尔·约翰逊博士所观察的那样：

> 这似乎是个普遍的错误：历史学家们想当然地认为，结果与起因之间的成比例对应关系在政治上也总是成立，一如其在自然界颠扑不破。在一环套一环的非人为行动之中，其所产生的动能恰巧与推动力的力道相等；但是，现实生活（无分私人或公共）的推演却绝不遵循这类法则。各行其是的因素变幻无常，对人为计算嗤之以鼻。一桩大事件并不总是因一个显著有力的原因而起。[14]

约翰逊博士的警告要求历史学家检视每场革命之中那些"产生的动能"不再"与推动力的力道相等"，以及"各行其是的因素变幻无常，对人为计算嗤之以鼻"的具体时刻。学界曾将这种时间节点称为"转折点"，而在前不久，约翰·刘易斯·加迪斯从物理学借来了"相变"（phase transition）一词，亦即"水开始沸腾或是结冰的时刻，抑或沙堆开始滑坡的时刻，以及断层开始断裂的时刻"。我更倾向于另一个由马尔科姆·格拉德威尔推而广之的隐喻术语"引爆点"（tipping point），理由在于：这些变革无论多么突然而剧烈，也有可能在某一天全然反转。毕竟，冰也可以很容易地变回液态。[15]

本书将通过三个不同的视角研究 17 世纪中叶的"全球危机"。第一部分将展示同时从"人类档案"和"自然档案"中采集的证据，鉴明这场危机侵害人类的诸多方式。第 1 章将检视"全球变冷"对粮食供应的影响，尤其是世界各地小麦、稻米等主要作物的情况。第 2 章将评估近代国家因应这些气候变化而推出的政策，比如，发动加剧经济困难的战争；推动不得人心，使本已面临经济重负的社会更加不稳的政策；又或者（这类措施更为罕见）采取减缓"全球变冷"后果的行动。第 3 章则检视了在 17 世纪中叶受到重大历史事件异常频繁光顾的四类区域，即复合制国家（composite state）、城市、边缘地带以及"大区"（macroregion）。通常由一个王朝联合统治的多块领地组成的"复合制国家"是脆弱的，原因在于，统治者在该国外围地带的权威常常比在其他领地上更加薄弱；而在战时，那些外围地带恰恰会因其边缘性承受更沉重的政治经济压力，常常率先爆发叛乱。"全球变冷"也严重影响了其余三种地带——城市、边缘地带和大区——因为它们严重依赖于那些对气候变化颇为敏感的作物的产量。此外，城市通常会经受财政和军事的双重灾难。原因在于，政府和军队都会将目标锁定在那些以人口稠密且地域广大著称的地方。出于相同的原因，大区（那些人口稠密、生产商品主要供出口而非本地消费的区域）也在政治和军事变革之下格外脆弱——不仅仅对于它们自身，也是对那些在经济上依赖其进出口的区域而言。第 4 章则研究在危机加剧了资源供需失衡的同时，不同区域的受害者带来了怎样的人口变动——这一失衡最终令世界人口减少约三分之一。

第二部分各章将探查欧亚大陆上同时完整经受了 17 世纪中叶"小冰期"和"总危机"重创的十二个国家，并按照地理顺序由东向西一一叙述。它们分别是：中国，俄罗斯和波兰，奥斯曼帝国，德意志和斯堪的纳维亚，荷兰共和国和瑞士共和国，伊比利亚半岛，法国，以及大不列颠和爱尔兰。每一章都将列出插图阐述人类与自然之间在那个终结现存社会、经济和政治均衡的"引爆点"之前的角力；接着，本书将分析这场紧随其后的危机的性质；最后，本书将记录自危机中涌现出的"新均衡"。

选择自东向西、从中国开始的叙述顺序背后并无特别原因——这既不反映时间顺序（在绝大多数案例里，"震撼日"都始于 1618 年前后，终结于 1680 年代），也不反映危机烈度（尽管就人身和物质损失而言，中国和爱尔兰似乎罹灾最重）。相较而言，将更多篇章留给不列颠和爱尔兰的决定则是有意为之，描述它们危机的内容要远远超过其他经受重大创伤的国家。用克里斯托弗·希尔（也许是当代在这一领域最具洞见的历史学家）的话说，"17 世纪中期的几十年目睹了不列颠有史以来最大的剧变"。[16]不仅如此。这场"剧变"还比中国之外的任何地方都持续得更长，并制造了更多戏剧性的变革。同时，英国和爱尔兰现存的丰富史料使我们得以就这场危机的成因、进程和后果，得出比其他任何社会都更为具体的理解。第 11 章将用插图说明英格兰、苏格兰和爱尔兰在 1603 年（这一年它们成了一个单一政治实体）至 1642 年之间"国家崩溃"的历史路径。正是在 1642 年，政策上的失败迫使查理一世自首都出逃。第 12 章则将检视这三个王国在 1642 ~ 1660 年旷日持久的战争和反复的政权更迭，其中包括今天被认为是西方社会中流砥柱的民主原则的初次树立；中央政府在 1660~1688 年摧毁这些原则的尝试；以及这些原则在 1688~1689 年"光荣革命"之后的有限复活。

第三部分探讨了总危机状况下的两种"例外"，即那些至少有一部分人口相对平稳地度过了 17 世纪灾害时期的地区（美洲的一部分欧洲殖民地、南亚和东南亚、日本）和那些受"小冰期"影响不甚明显的地区（北美大平原、撒哈拉以南非洲和澳大利亚）。在第一类案例中，莫卧儿印度以及周边部分国家的充沛资源使它们得以走出危机（第 13 章）；而在西班牙治下的意大利，政府通过大幅让步成功避免了大规模的叛乱（第 14 章）。而在其他地区，特别是欧洲的海外前哨殖民地，一小撮人（欧洲殖民者）的繁荣只能通过大多数人（当地人口：见第 15 章）的牺牲来实现。似乎唯有德川时代的日本发挥了人类的主观能动性，成功避免了在危机中遭受最大限度的损害。尽管"全球变冷"在 1640 年代的日本列岛导致了一次大饥荒，但一连串行之有效的应对措施先是限制、接着又补救了损失（第 16 章）。

尽管"总危机"折磨之下的国际社会经历各异，展现了惊人的多元性，但一些引人瞩目的"公约数"也在显现，第四部分就将讨论其中三项。第一，大众对灾难的回应呈现出诸多相似的"公约"和"协议"，且范围广泛：从世界各地暴力抗议手段之中令人惊讶的"克制措施"，到被詹姆斯·斯科特称为"弱者武器"的显著共性："磨洋工、欺诈、逃亡、假意顺从、偷窃、假装无知、诋毁、纵火、破袭"（第 17 章）。[17] 第二，研究显示，不同社会之下的个人和群体都曾利用正在加剧的政局动荡来制造"引爆点"，这一点上大家颇有相似之处。在许多地区，一如在往常的那些危机中，贵族扮演了重要角色；但在17世纪中叶，从中国到伊斯兰世界再到欧洲，最卓著的"麻烦制造者"却是一些（既有神职人员，也有世俗官吏）含辛茹苦完成了高等教育，却未能找到合适工作的人（第18章）。第三大"公约数"则是极端思潮的轻易发展与传播。有时只因为有异议分子从一地云游而来传播信息和煽动性言论，极端思想便会在另一地大肆扩散。于是在1647年，那不勒斯和巴勒莫之间的信息传递就使两座城市的叛乱活动同步展开；而在1648年的俄罗斯，许多城镇在当地居民从莫斯科返乡并"宣讲那里的暴乱"之后也立即爆发了叛乱，这迫使沙皇作出了大幅度的让步。更常见的情形是，印刷品和学校的普及在欧亚大陆许多地区造就了一个规模空前的识字无产阶级。他们能读会写，可以讨论和提出新观点。这一切都让观念得以传播。于是，尽管爱尔兰的天主教徒憎恨、恐惧苏格兰的加尔文教徒，他们也准备好了师其长技。1641年暴乱发生几天之后，一名被俘的新教徒询问一名爱尔兰天主教领袖说："'什么？你们和苏格兰人之间已经立约了？''对，'他说，'苏格兰人已经教会了我们（叛乱）的基本常识。'"（第19章）[18]

最后，本书的第五部分将检视幸存者们如何处理危机，以及他们在危机爆发后的作为。他们的选择如何在不同国家和地区塑造了一种新型均衡。尽管1690年代和1700年代又见证了几场极端天气、饥荒（在欧洲和中国）和几乎持续不断的战争，但不同于1640年代和1650年代，这一回革命并没有爆发，叛乱也相对少。因此，纵使"小冰期"仍在持续，"总危机"却并未如此。一些新变革有助于解释这一悖论。遍及整个北半球的人口剧减促使统治精英管控移民：一度激烈驱逐新来者的团体现在纷纷举手欢迎他们到来；曾经允许自由迁徙的国家现在力求将它们的国民捆绑在土地上（第 20 章）。在全球绝大部分地区，国破家亡的经历以及"持续的恐惧与暴死的危险"都冷却了许多人对政治、经济与宗教变革的狂热呼声，使政局更加稳定、经济出现革新、宗教变得宽容。它也使许多政府将社会资源从军备转向社会福利，以促进经济重建（第 21 章）。最后，本书第 22 章研究了一系列知识界为更有效地应对未来危机而推出的新理论。其中一些由国家推行（比如普遍的强制性教育），另一些则涌现于国民之中，包括中日两国的"实学"，莫卧儿印度的"新理性"，以及欧洲的"科学革命"。出于种种原因，这些革新在西方世界扎根尤为深入，并成为后来东亚和西北欧之间"大分流"的一大关键因素。

在结论部分，本书将探讨在承认"灾难"构成了人类历史的有机一环而非单纯的意外状况之后，这一认识能为我们带来哪些启示。后记部分则认为，当下对"全球变暖"的辩论混淆了两个毫不相关的议题，即人类活动是否让世界变暖了以及骤然的气候变化是否会发生。虽说有人也许还会合理质疑第一个议题，但来自 17 世纪的证据足以令第二个议题再无争议。关键的问题并不在于气候变化是否在发生，而是何时发生；同时，世界各个国家与社会也需要在立刻投资预防不可避免的自然灾害——墨西哥湾和北美大西洋海岸的飓风；环北海地区肆虐的暴风雨；非洲的干旱；旷日持久的热浪——和等到（灾害发生后）因不作为而付出更高代价之间做出抉择。

注　释

1. Burton, *The anatomy*, 3 – 4 ('Democritus to the Reader'); *Calendar of the Court Minutes*, i, Directors of the East India Company to their agents in Surat, Nov. 1644; Whitaker, *Ejrenopojos* [*The Peacemaker*], 1 – 2, 9, on Haggai, 2：7, 'And I will shake all nations'.

2. Elliott and La Peña, *Memoriales y cartas*, II, 276.

3. Porschnev, 'Les Rapports', 160, quoting Johan Adler Salvius; Mentet de Salmonet, *Histoire des troubles de la Grande Bretagne*, ii; Parival, *Abrégé*, 'Au lecteur' and 477.

4. Ansaldo, *Peste*, 16 (Fra Francesco); BL *Addl.* Ms 21, 935/48 (Wallington); Mortimer, *Eyewitness accounts*, 185 (Thiele and Minck).

5. Howell, Epistolae Ho-Elianae, Book III, 26, to his nephew, 10 Dec. 1647, and Letter I, to Lord Dorset, '20 Jan. 1646' (but almost certainly 1649).

6. Hobbes, *Leviathan*, 89.

7. Bisaccione, *Historia* (1652), 2; Rushworth, *Historical collections*, I (1659), preface. Howell, *Epistolae*, 他的书信集也是以历史事件开头，叙及 1618 年"德意志战争"的爆发。

8. Piterberg, *Ottoman tragedy*, 1, 引用 Kâtib Çelebi; Peterson, *Bitter gourd*, 35, 引用吴应箕（1594 ~ 1645 年）之《留都见闻录》。

9. Hobbes, *Behemoth*, 1.

10. Kessler, *K'ang-hsi*, 131, 引用了 Xizhu 1684 年致康熙皇帝的私人报告。

11. Mather, *Heaven's alarm to the world* (1681) and *Kometographia, or a discourse concerning comets* (1683).

12. Luterbacher, 'Monthly mean pressure reconstructions', 1, 050. Subtelny, *Domination*, ch. 4, 他认为直至 1690 年代之前，"总危机"并未波及东欧的许多地方；本书第 20 章的内容可以反驳他

的诠释。

13. Hugon, *Naples*, 16.

14. 'Thoughts on the late transactions respecting Falkland's islands' (1771), in Johnson, *Works*, X, 365 – 6, italics added. （我要感谢 Jeremy Black，正是他提醒我注意这条注释。）

15. Gladwell, *The tipping point*（这一术语初用于 1972 年，恰与"转折点"相对。后者早在 1836 年即已被提出）；Gaddis, *Landscape*, 98 – 9。参见沃德洛普的洞见，*Complexity*, 12, 111。

16. Hill, *The World*, 13.

17. Scott, *Weapons of the weak*, xvi – xvii.

18. TCD *Ms* 833/228v, Richard Plunkett's claim to Rev. George Creighton of Lurgan, Co. Cavan, in Creighton's deposition of 15 Apr. 1643.

第一部分
孕育危机

法国哲学家、作家伏尔泰是第一个在著作中提及 17 世纪 "全球危机"的人。他在于 1740 年写成、赠予友人夏特莱侯爵夫人（她是一位杰出的数学家，但对历史毫无兴趣）的《论各民族的精神与风俗，自查理曼至路易十三的历史》（也作《风俗论》）中，在一种全球性框架下叙述了一个世纪之前的战争和叛乱。在讲述完 1648 年奥斯曼苏丹遇刺一事之后，伏尔泰指出：

> 这是个不幸的年代，对易卜拉欣和所有国王皆然。著名的三十年战争使神圣罗马帝国皇位摇摇欲坠。内战使法国遭到破坏，并迫使路易十四的母亲带着孩子们逃离首都。查理一世在伦敦被他的臣民判处死刑。西班牙国王腓力四世在失去了几乎所有亚洲属地之后又失去了葡萄牙。

伏尔泰紧接着论述了英格兰的克伦威尔、中国的李自成、印度的奥朗则布，以及其他武力篡权者的功业，并得出结论：17 世纪中叶是"篡权者的时代。从世界一端到另一端，几乎莫不如此"。[1]

伏尔泰的《风俗论》反复强调这场危机的全球性："在我

们所看到的从世界一端到另一端的诸多动乱之中，似乎有一种命定的因果关系牵连着人们，就像风卷沙土、掀起波浪一样。在日本发生的事情就是另一个证明……"最后，担心侯爵夫人对他长达 174 章 800 页的"事例"心生厌倦之意的伏尔泰将自己的分析浓缩为一句话："有三种因素持久地影响着人们的思想：气候，政府和宗教。"他将这三者合并论述，断言它们提供了"解释世界奥秘的唯一方式"。二十年后，伏尔泰重新审阅了他的《风俗论》，并添上了不少"评注"（Remarks），还为自己的解释增加了第四种"因素"。此时的伏尔泰相信，这种因素可以"调和（人类历史上的）不可调和之处，解释窒碍难解之点"，那就是人口规模的变化。[2]

伏尔泰的全球视野并未引发很大反响。尽管许多后来的历史学家的著述都充斥着对 17 世纪"政府和宗教"的记载，但直到最近也没有多少人提到人口趋势的因素，至于气候因素则几乎没有人考虑过。不过，近年来人口学家和气候学家的研究显示，就在北半球人口达到历史新高的 1618 年，全球气温开始下降，极端气候事件、灾难性的歉收和高频次的流行性疾病也因之而生。面对这些不利事件，人类社会的人口调节机制很难灵活适应。地球上的绝大多数政府非但没有设法减缓自然灾害、挽救生命，反而继续推进既有政策（尤其是战争），从而恶化了形势。这些形形色色的自然和人类因素构建了足以滋生一场全球灾难的"胚胎"。不过即便如此，仅靠它们自身也无法酿成一场危机。本书对"胚胎"的研究将解释：危机为何持续两代人之久；危机为何能导致人类总人口的三分之一死去；危机何以将世界改造成幸存者宜居的所在。[3]

注　释

1. Voltaire, *Essai*, II, 756 – 7. 侯爵夫人读了波舒哀的 *Discourse on universal history*（1681），认定该书既乏味不堪，又受制于欧洲中心主义。相比之下，伏尔泰的著作更好。

2. Ibid., II, 756 – 7, 794, 806 and 941 – 7（*Remarques pour servir de supplément à l'essai sur les moeurs*, 1763）.

3. 在对 1981 年 2 月 23 日西班牙未遂政变的分析中，Javier Cercas 认为，多个不同的群体对政府的敌意在同一时间发生——政治家、新闻记者、银行家、商人、外国政府官员乃至国王本人，正是这些敌意构成了“政变的根源，而非政变本身”。这个微小的差别是理解政变的关键（Cercas, *The anatomy*, 28）。同样的细微差别也是理解 17 世纪全球危机的关键。

1 "小冰期"¹

"天气接连不断的奇异变化"

1614 年，瑞士卢塞恩的植物学家、档案学家兼城镇历史学家伦沃德·齐扎特（Renward Cysat）将他编年史的新章节命名为"岁时记"（The Seasons of the Year）。原因在于，"过去这几年的天气经历了接连不断的奇异变化"。齐扎特决心——

> 将这些事态记录下来传给后代子孙，这既是职责也是好意。原因颇为不幸：因为我们自身的罪孽，岁月已在近来一段时间内显得更为严酷。我们已经目睹了生物界状况的恶化——这不仅限于人类世界和动物世界，也包括土地上的庄稼和作物。²

齐扎特说对了："天气接连不断的奇异变化"已在全球各地出现——并将持续近一个世纪。有记录显示，1614～1619 年的西非经历了一场旷日持久的旱灾，非洲的安哥拉和萨赫勒地区（从大西洋延伸到红海的撒哈拉沙漠以南半干旱草原地带）都深受其害。而在欧洲，加泰罗尼亚于 1617 年经受了"洪水之年"：持续逾月的豪雨之后，一场为期四天的强降水最终冲毁了桥梁、磨坊、排水工程、房屋乃至城墙。1620～1621 年，全欧经历了一场不同寻常的严冬：许多河流冰封甚厚，以至于有三个月的时间都可以承受满载的运货马车的重

量。最不同凡响的事情是，博斯普鲁斯海峡封冻得结结实实，使人们可以踏冰来往于欧亚大陆之间（显然，这是独特的气候反常现象）。[3]

北半球的其他地区也经历了异常天气。1616 年的日本经历了其在 17 世纪最寒冷的春天；而中国的地方志则于 1618 年记载了位于亚热带的福建降下的大雪（这与博斯普鲁斯海峡封冻一样罕见）。1620 年有四个省份出现了严冬的报告，1621 年这个数字则已翻倍。在美洲，墨西哥谷地于 1616 ~ 1621 年的六年当中有五年遭受了旱灾的侵袭，切萨皮克盆地的收成剧减让新建立的弗吉尼亚殖民地濒临崩溃。在经历了收成较好的六年之后，欧洲于 1627 年录得了 500 年来最潮湿的夏季纪录，而 1628 年却是一个"无夏之年"，当年夏季的气温是如此之低，以至于许多庄稼都未能成熟。在 1629 ~ 1632 年，欧洲大部经历了与过量降水相交迭的旱灾。与之相对，1630 ~ 1631 年饱受大旱之苦的北印度地区却在 1632 年遭遇严重的洪涝灾害侵袭。上述这些地区都无一例外地经历了人口剧减。[4]

1630 年代的北半球迎来了几年好天气，但紧随其后的却是三个有记录以来最冷的夏天。1640 ~ 1644 年，干旱和寒冷严重阻碍了美国西部地区树木数量的增长；同时，1641 ~ 1653 年的加拿大落基山地区则忍受着漫长的酷旱。由于墨西哥谷地于 1640 ~ 1642 年滴雨不下，墨西哥城的神父组织了好几场高举"圣母玛利亚"画像的游行，她的画像据信有着求雨的特殊功效，可以祈祷上帝在人们尽皆饿死之前出手施救（这是圣母画像的头一次亮相，她还将在此后数年里持续出场）。早在 1642 年，马萨诸塞湾殖民地总督约翰·温斯洛普就指出：

> 本年冬天的霜冻严酷且持久，整个海湾都已封
> 冻。据印第安人说，类似这样严酷且持久的霜冻在过
> 去40年里从未出现过……在南方，霜冻一样严重，
> 积雪也一样深。在弗吉尼亚本地，大（切萨皮克）
> 湾大部已经封冻，所有流入此湾的大河亦然。

而在北面，缅因海岸的英格兰定居者们也对当年"最为
难耐的寒冬"抱怨连连，他们发现"天气的极端已是超乎寻
常，无以名状"。[5]

异常的旱灾则在太平洋的另一端肆虐流行。印度尼西亚的
水稻于1641年和1642年都遭遇了歉收；1643～1671年，爪哇
岛承受了过去四百年以来最漫长的旱灾。而在日本，1641年
江户（东京的时称）冬季的初雪于11月28日降临，这几乎是
史上最早（平均日期是1月5日）。在那一年和次年，江户的
春天都来得异常晚。据一份1642年于菲律宾出版的小册子记
载，弥漫列岛的"大旱"造成了"可怖的大饥荒"；两年之
后，一位马尼拉居民再一次记载说："东印度群岛（菲律宾）
发生了严重饥荒，原因是旱灾导致的水稻歉收。"在中国北
部，大量地方志都记载了1640年的旱灾，以及负责为北京运
粮的大运河在第二年因少雨而干涸（这是另一个空前的事
件）；同时，长江中下游谷地的史志作者们记录了贯穿1642年
春季的异常降雨和寒冷天气。[6]

地中海沿岸地区也在这一时期遭遇了极端天气的袭击。
1640年3月，一名信使穿过"深至马膝的积雪"抵近伊斯坦

布尔，他经历了"如此剧烈的霜冻，以至于在路上徒手就抓住了两只冻僵的鸟"。加泰罗尼亚于 1640 年承受了一场猛烈的旱灾，行政当局甚至特批了一个假期，以便全体居民到当地的一处神龛朝圣祈雨——这在过去五个世纪里只发生过四次。1641 年的尼罗河降至历史记载的最低水位，安纳托利亚树木留下的窄细年轮揭示了一场灾难性的旱灾。与之相对，伊斯坦布尔的一名史官记载，暴雨淹没了阿亚索菲亚清真寺①的周边地带，以至于"商铺沦为泽国，毁弃一空"；而在马其顿，秋季见证了"如此之多的雨水和降雪，以至于许多工人死于酷寒"。1642 年初，瓜达尔基维尔河冲毁堤岸，淹没了塞维利亚。1640～1643 年也成为安达卢西亚有记录以来最潮湿的几个年份。[7]

位置更北的英格兰人也注意到了"1640 年 8 月季节的异常失调，大地似乎要经受异常暴风和反常潮湿的威胁"；而在爱尔兰，始于1641 年 10 月的霜冻和积雪开启了时人所谓"近年乃至爱尔兰有史以来最冷的冬季"。[8]1638～1641 年的匈牙利经受了非同一般的湿冷天气，夏季的霜害也反复破坏了波希米亚的作物收成。在阿尔卑斯山区，异常狭窄的年轮反映了整个1640 年代生长季的惨淡，地产文书记载了田地、农场甚至村庄的消失——冰川从原位置上前进了 1.2 英里之多（这是有史以来的最远范围）。在法国东部，1640～1643 年的葡萄收获季比平时足足推迟了一个整月，谷物价格的飞涨也昭示着谷物的歉收。在低地国家，1643 年初由融雪导致的马斯河（又称默兹河）全线洪水造成了"人们所能想象的最严重荒芜：家家

---

① 即圣索菲亚大教堂。

户户都倾覆洞开，人畜死于灌木篱墙之间，就连高耸树木的枝头也挂着许多奶牛、绵羊和家禽"。在冰岛，1640年的酷寒和豪雨摧毁了农家的干草，人们转而用干鱼做成饲料给畜类喂食。也许，最为惊悚的记载来自德意志中部一名士兵于1640年8月服役期间的日记："此时酷寒笼罩，我们在军营中几乎冻毙。路上有三人冻死道旁：一位骑士，一名女性，一个男童。"1641年至今依然是斯堪的纳维亚半岛自有文字记载以来最冷的年份。[9]

南半球的数据也揭示着相似的气候紊乱。在智利，1630年代的旱灾使当地宗教审判长（chief inquisitor）不得不向他的上级致歉因为"由于旱灾，过去三年我们没有收上来一个子儿"，他未能通过罚款和抄没向上级进献收入；同时，冰川、年轮和碳-14测定都显示，巴塔哥尼亚于1640年代经历了一段大为寒冷的天气。[10]在撒哈拉以南非洲，一场严重的旱灾于1640~1644年同时侵扰了塞内冈比亚（Senegambia）和上尼日尔（Upper Niger）；安哥拉的史料则显示，干旱、蝗灾和流行疾病颇不寻常地集中肆虐于1625~1650年，而在1639~1645年当地还经历了一场大旱和饥荒。

遍布全球的另一波极端天气为1640年代画上了句号。1648年，在英格兰南部的怀特岛，一位当地领主哀叹："从5月以至9月15日，我们很少有过连续三天的晴天。"当有访客问他"这种天气在我们怀特岛是否寻常之时，我告诉他，过去40年里我从未见识过这种天气"。同时在苏格兰，"持续数周的绵长豪雨诚然是饥荒的先兆"，其生产的"谷物不足是如此严重，以至于在我们的记忆中从未在爱尔兰发生过，而这场饥馑又是如此残酷，它已经造成数千名穷人死亡"。[11]而在随之

6　　而来的冬天里，泰晤士河封冻的河段已远至伦敦桥。1649年1月30日查理一世遭处决之后，运载国王遗体至其安息之地的驳船历尽艰辛才摆脱了河面浮冰的纠缠。西北欧其他地区也在当年经历了不同寻常的强降水——现存于德意志富尔达的一份十分详尽的记录显示，当年全年共有226天降雨或是降雪（相较而言，20世纪的降水时间上限是180天）——紧接着便是"一场持续六个月之久的严冬"。在法国，坏天气使1648~1650年的葡萄收获季节都推迟到了10月，并将面包价格推到了近一个世纪以来的最高水平。1649年春天的大部分时间里，洪水都淹没了巴黎市中心。而在中国，1649年与1650年之交的冬季可能是有记载以来最冷的冬天。[12]

　　1650年代的异常气象也没有间断。在荷兰共和国，1651年的降雪来得如此之早，以至于共和国执政威廉二世的国葬仪式因送葬者无法抵达海牙而不得不被推迟。随即，一场风暴潮裹挟着融雪而来，在荷兰沿海地区造成了80年以来最严重的洪灾。融雪导致的大洪水也在维斯瓦河和塞纳河沿岸汹涌肆虐。与之相对，在法国和西班牙交界地带的地中海沿岸地区却录得了史上最为持久的干旱纪录：朗格多克（Languedoc）和鲁西永（Roussillon）地区大旱360天，近乎一整年。而在巴尔干半岛，1654年春季"降雪纷纷、积雪覆地，直至复活节，这样的暴雪霜冻、湿冷交加前所未见"，就连"一罐罐橄榄油和葡萄酒都冻住了"。英格兰经历了一场"非比寻常、困扰我们多年的干旱。这场干旱仍在持续、升级，以饥荒和死亡威胁着我们"；而在1658年，约翰·伊夫林断定，他和同胞们刚刚经历了"英格兰在世之人有生以来所知的最严酷的冬季：乌鸦的双足和它的猎物冻在一起；岛上的坚冰将飞禽和游鱼都

冻住了，甚至有些船里的人也未逃此劫"。¹³

1657~1658 年，同样的"标志性严冬"侵扰着北半球其他地区。在北美大西洋沿岸，马萨诸塞湾封冻。特拉华河也冻了个结结实实，驯鹿可以踏冰而过。在欧洲，人们可在维也纳的多瑙河、法兰克福的美因河与斯特拉斯堡的莱茵河上骑马。荷兰境内河流、运河上的驳船交通被雪橇取代。哈勒姆和莱顿之间运河的封冻期长达 63 天。一名从艾迪尔内（位于今天土耳其的欧洲部分）归国的瑞典外交官于 1658 年 2 月的日记中提到，天气是如此之冷，以至于迁移的候鸟都掉头回返，"令所有人感到吃惊"；同时，波罗的海冰冻严重，运货马车可以轻易地从但泽的维斯瓦河河口前往黑尔半岛，瑞典军队也可以拖着大炮走过 20 英里之宽的丹麦海峡，从日德兰半岛来到哥本哈根。而在下一个春天，冰雪消融无可避免地带来了大洪灾：塞纳河再一次淹没了巴黎等多个城镇，荷兰的海堤溃决成了互不相连的 22 截。荷兰共和国的官方史学家列弗维·范·艾特泽马在他的编年史中用整整两页篇幅叙述了 1658 年遍布欧洲的极端气象事件："这一年的冬天自始至终严酷峻厉。"¹⁴

17 世纪不仅见证了极端气象事件，还目睹了它们的集中爆发。塞纳河在巴黎及其周边地带的 62 次有记载的泛滥之中，有 18 次发生于 17 世纪。在英格兰（大概也通用于西北欧的其他任何一地），"自 1646 年以降的 5 年之内，坏天气都摧毁了谷物和草料的收成"，而另一个五年期的歉收发生于 1657~1661 年。换言之，短短 16 年之内便有 10 年作物歉收。1659 年，爱琴海和黑海地区经受了过去 1000 年里最严重的旱灾，随之而来的冬季奇寒使久尔久（距黑海 200 英里的内陆地区）

一带的多瑙河一夜之间就冻得严严实实，奥斯曼军队得以踏冰侵入罗马尼亚，"所有村庄都遭侵袭，一草一木皆无活路"。一名官员在日记中记载，受战争和天气影响，"特兰西瓦尼亚从未见识过类似去年（1660 年）的惨状"。[15] 欧洲的极端天气条件在持续。格外密集的浮冰阻塞了维斯瓦河。1657 年 3 月，一条驶入易北河的船遭遇了"如山一般沿河而下的冰块"。尽管船员们整夜都在"用长木杆拨动冰块"，"到了白天，我们面前却集聚起了如山的冰块，这一回"要比船体本身"还高得多"。在 1660 年代和 1670 年代，泰晤士河一再遭到浮冰填塞乃至彻底封冻，其中又以 1683 ~ 1684 年的那一次最为壮观。"泰晤士河上出现了一条俨然成型的街道，人们称之为宽街（broad streete）。这条宽街从圣殿教堂（Temple）一直延伸到马戏场（Bear Garden），街上货摊林立，行人有时众达数千。"在长达 6 周的时间里，人们享受着"一场场纵犬斗牛戏"（bull baiting），以及"泰晤士河上形形色色的放荡邪行"。[16]

波兰在 1664 年、1666 年和 1667 年的夏天都遭遇了不同时长的霜冻，1666 ~ 1667 年的霜冻日数更多达 109 天（相比之下，当代波兰地区的年均霜冻日数为 63 天）。而在南方的摩尔达维亚①，在 1670 年的夏季，

　　……恐怖的洪水、频降的阵雨、猛烈的豪雨日夜肆虐，持续三月之久，最终将品相最好的大麦、小

---

① 东欧的一个地区，包括今罗马尼亚东北部、摩尔多瓦和乌克兰的局部地区，位于喀尔巴阡山和普鲁特河之间。

麦、燕麦和杂谷摧毁殆尽，所有作物都毁于一旦。谷物浸泡在水中，又饱受降水侵袭，因此既不能成熟也不能结种。拜霜冻和雨水所赐，青草和草本植物的种子都无法发芽，烂死在种秣草地里；即便它们侥幸发芽，也根本无法收获，（因为）太阳从未晒干土地，也未带来煦暖。

1686 年，一名在今罗马尼亚境内作战的工兵抱怨说："迄今为止，我已有整整三年没见过一滴雨水了。"河流湖泊干涸见底，而在"沼泽土上，裂缝已是如此之深，以至于人站在里面都看不见"。[17] 在俄罗斯，树木年轮、花粉和泥炭层数据显示，1650～1680 年的春季、秋季和冬季都在历史最冷纪录中排在前列；在中国，1650～1680 年长江和黄河流域的冬寒为两千年来之最。而在非洲，一名土耳其旅行者于 1670 年代记载道："从前埃及无人知晓身着皮毛之事，因为那里没有冬天。不过，我们现在却经历着严酷的冬季，我们已经开始因寒冷而身穿皮毛。"而在西非荒漠草原（萨赫勒），1680 年代的干旱来得如此之盛、范围如此之广，以至于乍得湖的水位降到了史上最低。[18]

那些年里留下的两种人工制品仍然惊心动魄地反映着当时极不寻常却又分布广泛的寒冷气候。首先，反常的霜冻、降雪和结冰使一种名为"冬景画"的绘画类型在荷兰画家中流行开来：绝大多数美术馆都拥有至少一幅，而且这些作品的作画日期几乎都可追溯到 17 世纪末。其次，在北意大利的克雷莫纳，由安东尼奥·斯特拉迪瓦里所制造的那无与伦比的小提琴的木质骨架上显现出异常纤细的生长年轮，表明 17 世纪中叶独有的"连续冷夏"现象阻碍了他所用作材料的树木的生长。

如此之多的反常天气使一些同时代人不禁怀疑，他们正生活在一场气候大变化之中。在 1675 年的 6 月和 7 月（该世纪第二个"无夏之年"），巴黎社会名流塞维涅夫人向她居住在普罗旺斯的女儿抱怨说："天气冷得可怕；我们和你一样燃起了篝火，这非比寻常。"她还推测道："与你一样，我们认为太阳和季节的行为习性已然改变。"一代人之后，康熙皇帝在收集、研究中国各地的天气报告之后发现了"气候如何改变"。比如，皇帝指出："福建素无雪。自本朝开辟以来（1636 年）始有。"[19]

寻找替罪羊

近代早期的人们有充足理由监测并畏惧气候变化。且看历史学家托马斯·C. 史密斯雄辩的评述：

> 对绝大多数家庭而言，务农及其相关活动既是他们的主职，也几乎是他们唯一的收入来源。农务定义着他们每年作息和信仰的周期。年度收获剧烈变动带来的影响贯穿于整个家庭生活，决定着一家人吃得好不好。老人能否活到下一个冬天，女儿能否顺利出嫁，端赖于此。[20]

于是，无数心怀不安的人们开始为此寻求解释。

许多人将自然灾害归因于神灵不恣。在中国，1641～1642 年持久的暴雪使学者祁彪佳确信"上天震怒"；数十年后康熙皇帝声称，"若地上之官犯有罪愆，天上之神必降以灾"；这一时期还有一首民歌因灾异而责骂"老天爷"：

> 老天爷，你正昏聩变老，
>
> 你耳朵聋了，眼睛瞎了。
>
> 不见百姓，不闻人声。
>
> 你将荣耀授予那些杀人放火的，
>
> 那些斋戒念经的，
>
> 你的名字叫饥馑。

如出一辙的是，一名生活在菲律宾的耶稣会士也揣测说，1641 年三座火山的同时爆发意味着"上帝意欲向我们展示什么，也许是警告我们一些灾难正在迫近——而那是我等罪人所应得的，又或者是将有领土丧失，只因上帝动怒"。[21]

这些论调都反映了流行一时的"罪孽果报"（peccatogenic，来自拉丁语"peccatum"，意为"罪愆"）观点，即将军事失败、坏天气或饥荒等灾难归因于人类的行为失当。1648 年，卡斯蒂利亚王国议会新议长、主管内政事务的部长写的一封通告信堪称典型："侵扰本王国的那些灾害，其主因在于那些人所共犯的罪孽和不公不义的行径"，惩膺前罪，并且"从速、适当地伸张正义，这都是满足上主，并为王国带来其所需的成功的重要方法"。[22]在德意志，纽伦堡的新教官员们要求市民在饮食和风尚上有所节制，避免耽于感官愉悦（特别是涉嫌通奸、鸡奸或含有舞蹈的娱乐），以避免上帝震怒。出于同一原因，他们的天主教邻居、巴伐利亚的马克西米利安也发布了一系列命令，禁止跳舞、赌博、饮酒和婚外性行为，限制婚庆活动的持续时间和花费，禁止女性着露膝短裙，取缔男女同浴，并逐步禁止了谢肉节（Carnival）和狂欢节（Fastnacht）这样的节庆活动。英格兰议会于 1642 年颁布的一条法令也体现了同

样的逻辑:

> 苦痛之中的爱尔兰浑身鲜血，三心二意的英格兰
> 则饱受内战流血之危。有鉴于此，我们呼吁采取一切
> 可能的手段，缓解、避免上帝的怒火……（以及）
> 公众娱乐与公共灾难不甚相谐，公演的舞台剧与当前
> 耻辱的时局也颇扞格……它们成了享乐的视觉景观，
> 过多地表现出轻浮淫邪的趣味……一切舞台剧公演都
> 应停止。

议会后来禁止了五朔节（Maypoles）① 和圣诞节的庆祝活动。1648 年，议会还"授权并要求"伦敦市政官员"取缔并拆毁"一切剧院，公开责罚所有演员，并对全体观众施以罚款，因为这些戏剧是"上帝在这个国度降下怒火的最大原因"。[23]

寻找替罪羊的行动不仅聚焦于公共活动，也瞄准了人类个体。在欧洲，17 世纪中叶的气候灾难和经济灾难引发了一场"巫术恐慌"。成千上万的人只因邻居指责他们带来了不幸便遭到审判和处决。绝大多数受害者都是女性，其中不少人根本无法独力为自己辩护；许多人生活在作物种植的边缘地带——如洛林、莱茵河和美因河流域的葡萄种植区以及苏格兰和斯堪的纳维亚的谷物产区——它们最早受到全球变冷的冲击，受害也最深。在南德意志，1626 年 5 月的一场雹暴带来了极端低

---

① 流行于日耳曼人之中的一种民族节日，多于 5 月举行，后为欧洲基督教社会所沿袭。

温。因此，有900名男性或女性被怀疑以巫术制造了这场灾
难，并遭到逮捕、折磨和处决。20年之后，苏格兰议会也以
类似的手段，将一个豪雨暴雪之冬导致的谷物收获"小年"　　10
归咎于"这块土地上日渐增长的巫术之罪"；此外，为了防止
更多的天谴降临，这一时期苏格兰议会以巫术罪处决的犯人人
数达到了史上最高水平。一种"巫术恐慌"也在1635年至
1645年之间笼罩了北美的休伦湖地区，尽管绝大多数遭指控
者都是男性而非一般意义上的"女巫"；类似情况也存在于同
时代的中国，"对于任何受到横暴族人或贪婪债主逼迫的人而
言"，巫术指控"为他们提供了某种解脱。对害怕受到迫害的
人而言，它提供了一面盾牌。对于想得到好处的人而言，它提
供了奖赏；对嫉妒者而言，它是一种补偿；对恶棍而言，它是
一种权力；对虐待狂而言，它是一种乐趣"。[24]

　　舞台剧、鸡奸和巫术的风行为17世纪灾难提供了解释，
但它们与五类"自然界"替罪羊相比就黯然失色了：星象、
日食、地震、彗星和太阳黑子。1648年，一名身在德意志的
瑞典外交官不禁好奇，同时代的大量叛乱是不是"可以由天
上星辰的某些总体布局来解释"；同时，据一名西班牙编年史
家的说法，唯有"恒星的恶劣影响"可以解释"短短一年
（1647～1648年）之中，那不勒斯、西西里、教皇国、英格兰
和法国"同时发生这般"暴行奇事"的巧合。数年之后，意
大利历史学家马约里诺·比萨奇奥尼（Majolino Bisaccione）
也声称，唯有"恒星的影响力"才可以制造他那个时代如此
之多"人们对政府的愤怒"。[25]

　　还有人将灾害归咎于日食。一份西班牙年历的作者不无自
信地写到，最近一次的日食制造了1640年3月到1642年3月

之间的"战争、政治变革和毁坏，普通人在这期间经受了巨
大创痛"（同样，未来的灾难也被精细推算到了公元2400
年）。一份类似的英格兰汇编作品也预言，预报中1642年的两
次月食和反常的行星轨道交错都将带来"许多奇奇怪怪的事
故"，亦即"来势汹汹的间日疟疾、战争、饥馑、腺鼠疫、烧
屋、抢掠、人口锐减、杀人、煽动叛乱的密谋、放逐、监禁、
暴死、抢劫、偷盗以及海盗入侵"。1647年那不勒斯革命爆发
两年之后，一名稍显固执的编年史家将这场革命一律归咎于最
近的一次日食。而在伊朗，1654年的另一场日食则让一些
"波斯智者"断言，这意味着"国王驾崩；还有人说，一场战
争即将到来，血沃大地；还有人说，大规模死亡即将发生"。[26]
在印度，就连莫卧儿皇帝也在日食期间采取了特别的预防措
施：他闭门不出，减膳撤食；同时，约翰·弥尔顿在1658~
1663年创作的《失乐园》里提到了大众的恐慌：

> （当太阳）从月亮的后面
>
> 洒下惨淡的幽光
>
> 投射半个世界，以变天的恐怖①
>
> 使各国君王惊慌失措[27]

17世纪也有许多人推测，地震和彗星预示着大灾难——
这也许是因为，两者的出现频率都有显著增长。于是，一份
1638年记载地震、火山和海啸对亚速尔群岛所造成破坏的史

11

---

① 变天，暗喻革命。当时主管书刊审查的坎特伯雷大主教认为这几行诗暗
含政治颠覆之意，险些令《失乐园》无法发行。

料如是总结道："就让善思者琢磨，并让哲学家找出这件凶兆毕露之事的缘由吧。"数年后，一位荷兰作家在小册子中自信满满地告诉读者：

> 不久前，也就是 1640 年的地震，是一系列大暴乱的表征，它剧烈摇撼着世界诸王国。前不久和随即爆发的叛乱总结如下：加泰罗尼亚的叛乱，葡萄牙的陨落，苏格兰的扰攘，爱尔兰的反叛，（以及）那些文明（抑或野蛮）之地的战祸、大动荡，（还有）英格兰意料之外的骚乱。[28]

与之类似，当 1648 年的强震摇撼着伊斯坦布尔的建筑物的时候，奥斯曼帝国大臣、学者卡迪布·切列比郑重地写道："六月，在光天化日之下发生的一场地震，将为帝国的心脏之地带来血光之灾。"因此，他对两个月之后易卜拉欣苏丹遇刺一事并不感到惊讶。罗马尼亚史料记载了 1600～1690 年的 40 多次地震。同时据《地震目录》(Earthquake Catalogue)的记载，17世纪中叶地震活动迎来了一次小高峰，特别是在太平洋的"环火山带"上：通常而言，世界上超过三分之二的大地震发生在那里。同时代的人将每一次火山喷发都视为灾难的前兆。[29]

17 世纪中叶不仅见证了地震活动的高峰，也是一段罕见的"流星频发期"。英国天文学家约翰·拜恩布里奇 (John Bainbridge) 似乎是第一个对此做出评述的人。他于 1619 年说："天空中有着许多新星和彗星，在过去一百年内，它们在世界上的出现次数要比之前的许多时代都（更多）。"拜恩布里奇在1618年三颗彗星"现身"之后不久写下了这段话，这三颗彗星在当时引起了广泛的焦虑。甚至在这些彗星现身之前，那个时代最重要的数学家约翰内斯·开普勒就在他撰写的1618年《占星学年鉴》（*Astrological Almanac*）上警告说，五颗行星在当年5月的"连珠"现象将引发极端气候事件；如果再出现一颗彗星的话，所有人都应当"削尖他们的笔端"，因为这将预示着一场政治剧变。在1618年与1619年之交的冬季，欧洲刊行的大量书籍和小册子都提醒读者，彗星"意味着战争"，并将唤醒"不和、恼怒、死亡、剧变、盗窃、抢掠、暴政和王朝更迭"。这些出版物还预测，1618年的三颗"亮星"将为人类带来悲惨后果。[30]有的观察家说得更精确：一位西班牙修士坚称，彗星最终会为哈布斯堡王朝带来特别严重的危险，"因为它们伤到了我们的要害。先是皇后，再是马克西米利安大公，最近又是皇帝（马蒂亚斯），他们都死去了……愿上帝保佑那些捐弃人世的奥地利贵族！"[31]

中国明朝的天文学家将1618年的三颗彗星解读为大剧变的前兆，他们北面的满洲地区邻居也在编年史里留下了"如此天变之象，剧繁不可胜数"的记录。正是这三颗彗星在俄罗斯引发了"智者"们的讨论和悲观解读。在印度，一位莫卧儿编年史家宣称，"没有一户家庭能全然"免于恐惧，他还将瘟疫流行、随后的皇太子叛乱都归咎于这些彗星。在伊斯坦布尔，作家们不仅将极端天气（特别是博斯普鲁斯海峡封冻）怪罪到彗星头上，也把1618年苏丹退位，1622年另一位苏丹遇刺，以及随之爆发的地方叛乱归结于彗星。[32]

事实证明，"1618年彗星带来不良影响"这一信念可谓长盛不衰。1643年，一位荷兰作家在小册子中宣称：

> 1618 年所见的"尾巴星"是个警告。这根"束棒"笼罩在整个基督教世界上空,随之而来的便是血腥般的效应:那些可怖的战祸,可悲的浪费,还有对国家和城市的野蛮破坏。在德意志,如此之多造价高昂的建筑物,以及绅士、居民、男女老少都灰飞烟灭。

1649 年,一家伦敦报纸认为,"三十年战争"得以在去年结束,是因为"战争开始那一年出现的一颗亮星已经做了预言。这颗亮星在欧洲上空现身了 30 天,一天不多"。一代人之后,在马萨诸塞的波士顿,因克里斯·马瑟牧师在他的《彗星图志》(又名《彗星片论》)中花了三页篇幅论述 1618 年的"预兆"。马瑟宣称,这些彗星不仅"导致"全欧洲范围内的大旱灾、意大利的一场地震、埃及的一场瘟疫以及"流血漂橹的波希米亚和德意志战争",也造成了"新英格兰地区印第安人之间的一场瘟疫,这场瘟疫夺走的生命是如此之多,以至于幸存者的人手竟不足以埋葬死者"。[33]

有时人将困扰他们的灾难归咎于这些自然现象的混合作用。一本流行的中国百科全书声言:"太白经天,天下兵大起;彗星竟天,争储之乱炽。"1640 年的西班牙历书也引用一句话提醒读者,"紧随日食、彗星、地震等类似征兆而来的通常是巨大的厄运"。1638 年,罗伯特·伯顿在《忧郁的解剖》中提出了一份最为繁复的"灾难目录"。伯顿确信,

> 上帝用彗星、恒星、行星来威胁我们。这些天体

以"大连珠"、日食、冲日、四分相等不友好的面貌
示人。上帝在天空中制造流星、雷电、极寒酷热、强
风、暴风雨和反季节天气;并随即带来匮乏、饥馑、
瘟疫及各种各样的传染病,毁灭无数人口。[34]

也有人质疑这种具体的联想。一名意大利历史学家公开嘲
弄了这种认为"某些空中星座有能力耸动一国居民的精神"
并且在许多不同地点同时"引发暴动、混乱和革命"的观点;
1618 年的彗星还在天文学家和占星家之间引发了关于这些彗
星是否足以造成"大灾难"的热烈争论。诸如此类的悬案促
使观测者们找出了另一只为 17 世纪极端天气负责的"自然界
替罪羊":太阳黑子数目的波动——它们是太阳表面那些由剧
烈磁场活动形成并为"耀斑"(它们使太阳亮度更甚)所包围
的暗色区域。尽管他们错误地判定"太阳黑子越多,地球上
的温度就越低"(其实反过来说才对),但不同于那些盯着恒
星和彗星的人,早期的太阳学家于 17 世纪就触及了气候变化
的一大重要成因。[35]

1609 年以降,作为天文学仪器的望远镜飞速发展,让观
测者们能够以前所未有的精度观测记录太阳黑子的数量。他们
注意到了 1612 年至 1614 年间的一个"极大值",紧接着便是
1617 年和 1618 年的一个"极小值"——这一期间几乎没有黑
子。紧接着,1625 ~ 1626 年和 1637 ~ 1639 年的太阳黑子数的
"极大值"也显著减少。之后,尽管全球各地的天文学家于
1645 ~ 1715 年进行了超过 8000 天的观测,却几乎未见到太阳
黑子的踪影:在这 70 间观测到的太阳黑子总数还不到 100
个,比当代一年之内出现的黑子数量都要少。这个"黑子

缺席"的证据表明，地球接收到的太阳能经历了一番剧减。[36]

另外四组数据确证了这一假说。首先，树木（与其他植物一样）会从大气中吸收碳 - 14。当地球吸收的太阳能减少时，碳 - 14 总量会上升；许多形成于 17 世纪的树木年轮所含的碳 - 14 沉积物都有所增多，表明这一时期的全球温度有所降低。其次，从 1642 年 10 月到 1644 年 10 月间，但泽的约翰内斯·赫维留每天都坚持给太阳画像，记载所有黑子的精确位置。他后来将自己的发现印成了成系列的 26 张"复合圆盘图"。这些"圆盘图"不仅展示了数天之内的黑子数量，也绘有其运动轨迹（彩插 1）。赫维留的"圆盘图"显示，太阳黑子总是稀少难见：他从未在同一时刻观测到两组或两组以上的黑子。再次，北极光（地球磁层中的高能带电粒子流与高层大气分子碰撞所形成）变得罕见，当天文学家埃德蒙·哈雷于 1716 年看到一次北极光时，他撰写了一篇精深的论文以描述这一现象——因为这是他近五十年来头一回看到的极光。[37]最后，不管是哈雷还是其他天文学家，他们在 1640至 1700 年间都没有提到如今在日全食期间可见的明亮日冕，相反，他们仅仅报告了月亮周围有一圈灰暗、狭窄的棕红色光带。这四种现象都证明，太阳释放的能量在 1640～1710 年有所减弱——这种情况通常与地表温度减弱、极端气候现象存在关联。[38]

此外，还有一种天文异象也令生活在北半球的 17 世纪观测者们大为困扰：天空中"尘幕"（dust veils）的现身使太阳比往常更昏暗或发红。一位塞维利亚店主哀叹说，在 1649 年上半年，"太阳未曾闪耀过一回……即便太阳现身，也是颜色苍白，有时又过于泛红，引起了大恐慌"。在数千英里之外的东方，朝鲜王朝的天文学家也在 17 世纪记录了 38 次天空在日间变暗的现象。有些天里，他们记载"周遭天空都暗了下来，呈现灰色，仿佛有某种尘埃降临"。[39]这些灰尘和发红的天空都源自 17 世纪颇不寻常的一波火山大爆发，每一次爆发都将二氧化硫抛射到平流层，使一些太阳辐射偏转进入太空。这样一来，地球表面为尘埃云覆盖的所有区域都经历了温度剧减。

这其中有两次火山喷发的鲜活记述得以存留至今。在 1640 年 2 月的智利，维利亚里卡火山"开始以雷霆万钧之力喷发，熔岩喷薄而出……如此之多的火山灰落入阿里彭河，河水灼烧，煮熟了河里所有的鱼"。[40]过了不到一年，在太平洋的另一边，菲律宾南部的一名西班牙卫戍士兵在一天中午看到"巨大的黑暗自南而北袭来，逐渐占据了整个天穹，遮住了全部地平线。下午一点时分，人们已经身处无边暗夜之中。到了两点钟，黑暗已是如此浓稠，以至于他们伸手不见五指"。火山灰连续降落了 12 个小时，直到第二天一大早"他们才开始见到月亮"。人们刚刚目睹了一场"六级"火山喷发，这一事件是如此骇人，以至于马尼拉当局发动了一场声势浩大的调查。"形形色色的教士以及其他值得信赖的人"都证实，他们确实是在同一时间听到了这场喷发："其声音响彻整个菲律宾群岛和香料群岛，就连交趾、占城和柬埔寨等地都能听到——半径广至 900 英里。此事如此令人惊恐，似已超越了自然世界的界限。"[41]1638 ~ 1644 年环太平洋地带已知的 12 次火山喷发所制造的"尘幕"（这显然是一项空前的纪录）与太阳黑子的"极小值"一道，使得地球大气的温度有所降低，气候也因此波动无常（插图 2）。

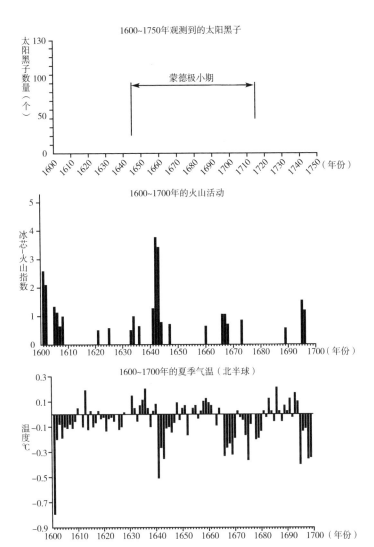

2　17 世纪的太阳黑子活动周期、火山喷发异常与夏季气温波动　15

　　欧洲天文学家观测到的太阳黑子数量（上图）显示了一个蒙德极小
期（1643～1715 年），在此七十年间出现的太阳黑子总数甚至要少于现在
的一年总数。对两极冰盖中火山沉积物的测量（"冰芯 - 火山指数"）显
示，1640 年代出现了一次火山活动高峰。这两大现象都展现了与北半球
夏季低温之间的惊人关联。

归咎于"厄尔尼诺"?

由太阳黑子锐减、火山活动剧增所引发的"全球变冷"似乎诱发了被称为"厄尔尼诺现象"（El Niño）的气候剧变。在正常年景里，太平洋赤道地区的表面大气压呈东高西低的态势，这意味着从美洲吹向澳大利亚和东南亚的东风盛行。而在气温寒冷的年份，太平洋赤道地区的表面大气压东降西升，因此这一进程就逆转了：从亚洲吹向美洲的西风开始盛行。厄尔尼诺现象极大地影响了全球气候。每年春天，太平洋赤道上空的暖湿气流都会制造大型积雨云：在正常年份，这些积雨云作为"季风"落到亚洲，带来丰收。但在"厄尔尼诺年"里，季风衰弱，暴雨转而降在美洲，并导致灾难性的洪水。今天，这一"反转"就是广为人知的"ENSO"（厄尔尼诺－南方涛动）——大约每五年发生一次。不过在 17 世纪中叶，这一现象的发生频率是现在的两倍：它在 1638 年、1639 年、1641年、1642 年、1646 年、1648 年、1650 年、1651 年、1652 年、1659 年、1660 年和 1661 年都有发生。同一时期，东亚还见证了过去两千年中最弱的一些季风年。[42]

诚然，历史学家们不能把一切都"归咎于厄尔尼诺"。有些局部地区的气候对厄尔尼诺格外敏感，另一些地区则不然，哪怕其位置邻近"厄尔尼诺地带"。因此，在南非，东开普省易受"厄尔尼诺旱灾"影响，而西开普省却不然；与之类似，巴西东北部会在"厄尔尼诺年"出现旱灾，而墨西哥西部却并非如此。通常而言，除太平洋沿岸之外，厄尔尼诺的"全球足迹"还影响了三个距太平洋甚远的地区：经受洪灾的加勒比地区，经历旱灾的埃塞俄比亚和印度东北部地区，以及遭遇严冬的欧洲。在 1618～1669 年有案可查的 20 起厄尔尼诺现象里的绝大多数,以及 1638～1661 年的全部 12 起厄尔尼诺现象中,三大区域都遭受了反常天气之害。

这一时期太平洋地区天气状况的骤变在两场载入史料的气象反常现象中得到了鲜明体现。一方面,中国南部的沿海省份广东在 1660～1680 年所经受的台风登陆次数超过了史料记载的任何时期。[43]另一方面,从墨西哥阿卡普尔科(Acapulco)乘大帆船前往菲律宾马尼拉的航程比史上任何时候都要更费时间。在 17 世纪头 10 年和最后 10 年,这趟越洋航程平均耗费 80 天(个别情况下仅需 50 天)。但在 1640～1670 年,平均耗时却直升至 120 天以上(有三次超过了 160 天)。一些帆船未能抵达目的地:在 17 世纪,已知有 11 艘帆船在抵达马尼拉之前搁浅或沉没,其中 9 起发生于 1639～1671 年。从马尼拉到阿卡普尔科的返航航程也耗费了远多于此的时间:平均航程从 160 天剧增至 200 多天,史料记载的最长航程发生于 1660 年代(240 天,整整八个月)。只有风向的严重偏转才能解释这一剧烈变化。曾经两度完成越洋航行的西班牙王室官员迭戈·德·维拉托罗明确看出了其中的联系。在 1676 年完成的一份回忆录中,维拉托罗哀叹说:"现在我们认为,从菲律宾前往阿卡普尔科的航程少于七个月就算不错了。"他也深有感触地将漫长拖沓的航行归因于"季风的变化"。[44]

当然,维拉托罗的专业知识素养既不足以让他将这一变化归咎于厄尔尼诺活动频率的剧增,也不会令他将厄尔尼诺与太阳活动的减少、亚洲季风的减弱或火山活动的增加联系到一起。不过我们今天已经知晓,"正常"年份东风盛行之时,亚洲东岸的洋面要比美洲西岸高 24 英寸;而在"厄尔尼诺年",

盛行西风让这一情况颠倒过来。巨量海水的运动对环太平洋的
地球板块边缘施加了巨大压力——这里分布着世界上最活跃、
最剧烈的火山群，并诱发一系列火山喷发。[45] 如果这一假说成
立，那么一个致命的循环就由此而生：

· 地球接收到的太阳能减少，温度因之下降。这增加了更
  多、更严重厄尔尼诺事件的风险。
· 厄尔尼诺事件可能会引发环太平洋地带的火山喷发，将
  二氧化硫抛射到平流层，并进一步减少地球吸收到的太
  阳能。
· 一次火山大爆发之后，厄尔尼诺现象可能会二度发生。

不管这些自然现象之间有无确实联系（并非所有科学家
都同意此说），17 世纪中叶的确发生了大量颇不寻常的地震、
流星、火山喷发、厄尔尼诺、太阳黑子活动剧减和最弱季风等
异常现象，以及过去几个世纪的记录中出现的几次全球最低
气温。

气候和收成

那又如何？——一名怀疑主义者会如是反应。对他们而
言，"全球变冷"导致夏季均温降低 1℃或 2℃以及冰川小幅
推进，似乎无关紧要；但这只是一种基于线性思维的看法。一
方面，全球均温在过去六千年里展现了惊人的稳定性：在赤道
地区，"中世纪"（截止到 20 世纪，史料记载的最热温度）和
"小冰期"之间的温差很有可能小于 3℃。因此，哪怕 1℃的
改变都会带来重大影响。另一方面，在大多数人类的家园，以

及 17 世纪绝大多数战争和革命的发生地——北半球，"太阳冷却"（solar cooling）所造成的温度降低要远甚于赤道。正是积雪和海冰面积的扩大将更多太阳射线反射到了太空。因此，17 世纪中叶两极冰盖和冰川的扩张也大大降低了北半球高纬地区的均温。

最近一个模拟 17 世纪末全球气候可能状况的"模型"显示，西伯利亚、北非、北美和印度东北部在这一时期都经历了明显更冷的天气；中国中原地区和蒙古高原的天气变得更冷、更干旱；伊比利亚半岛、法国、不列颠群岛和德意志地区的天气也比之前更冷，且更不稳定。正如前文所述，上述这些地区——欧亚大陆的俄罗斯帝国和奥斯曼帝国；东亚的明朝和清朝；以及欧洲腓力四世、查理一世、路易十四和斐迪南二世等君主的领地——于 1640 年代和 1650 年代不仅深受寒冷天气的影响，还经受了为数众多的极端气象事件和严重政治动荡的打击。前者不足为奇：平均温度的全面下降，通常都会与更高频次的山洪、暴风雨、长期干旱和反常（且持续时间极长）的春寒等气象灾害相关。所有这些气候异常都深切影响到了人们赖以糊口的农作物。

在大体上位于南北纬 30 度到 50 度之间的"温带"，发芽期间的春寒、早期生长季的干旱和收获前夕的暴风雨都会令农作物产量大大降低。且举一例。中国东部浙江省的一部县志记载，"崇祯十三年（1640 年）五月十三日，土田尽淹。五月十二日或之前移植者，洪水退时并未遭祸；然五月十三日抑或之后"才插秧的田地全部毁于一旦。[46] 事实证明，一场反季节的霜冻也堪称灾难。在水稻种植区，春季均温每下降 0.5℃，就有风险将"末霜"延长 10 天之久；同时，秋季均温每下降

0.5℃，也同样会有风险将"初霜"提前10天。不论前者抑或后者，它们都足以毁掉全部作物。即便没有霜冻，作物生长季的2℃降温——这是1640年代"全球变冷"的实际规模——也会令水稻产量减少30%~50%，同时令适宜水稻种植的海拔高度上限降低约1300英尺。同样地，在谷物生长区域，2℃的降温可以令作物的生长季缩短两周以上，产量最多减少15%，并使作物能够成熟的最高海拔降低约300英尺。干旱也会剥夺作物所需的降水，摧毁收成。正如1637年出版的一本中国农业手册所警告的那样："凡稻旬日失水则死期至。"[47]

极端天气也会间接摧毁农作物。过多的降雨有可能使啮齿类动物大量繁殖。在1670年的摩尔达维亚，"无数的硕鼠"不仅吃掉了"它们在蔬菜园里能找到的一切"，而且"攀爬上树，啃噬所有果实，吃干抹净"；最后，它们"又消灭了田地里的小麦"。[48]干旱则对蝗虫大为有利。1647年，摩尔达维亚贵族米隆·科斯汀报告说，"就在这一年人们拾起镰刀收割小麦的时候"，他和一些同伴们正在道路上，"突然目睹一片乌云向南而去"：

> 我们本以为这只是一场暴风雨，不意间却被一队蝗群突袭。它们狂飙突进，就像一支飞行的大军。太阳瞬间就隐匿不见，被这些昆虫的黑翅遮蔽得严严实实。有的蝗虫飞得很高，离地三四米；有的蝗虫却与我们同一高度，甚至还有贴地而行者……它们从我们周围飞掠而过，无所畏惧……蝗群花了约一个小时才飞完。过了一个半小时，又来了一群；接着又是一群，无穷无尽。蝗群从中午持续到黄昏，所过之处皆

成赤地：没有一片叶子、一枚草叶、一根干草、一株
作物能够存留。[49]

在生长季更短的北温带高纬度地区，气候变化对作物种植
的冲击更为严重。首先，它大大减少了收成。在即便是"好
年份"也只有 150 天能够免于霜冻的中国东北，夏季均温下降
2℃便足以使作物的减产幅度达到惊人的 80%。在芬兰，即便
在"正常"年份，生长季也只是勉强符合正常收成的标准而
已。因此，单单一个夏夜的霜冻便足以毁掉一整片庄稼。17
世纪的芬兰经历了 11 次农作物歉收（相较而言，18 世纪仅 1
次）。[50] 其次，"全球变冷"增加了北半球高纬度地区作物歉收
的频率。

- 在温带，如果"早冬"或"暑旱"的发生频率达到
  P = 0.1，那么农作物歉收便会十年一遇，每百年便会发
  生一次"连续两年歉收"。然而，如果"早冬"或"暑
  旱"的发生频率达到 P = 0.2，那么，农作物歉收就会
  五年一遇（风险加倍）。同时，每 25 年便会发生一次
  "连续两年歉收"（风险为原来的四倍）。
- 在"北温带"以北的高纬度地区，夏季均温每下降
  0.5℃，就会使农作物成熟的天数减少 10%，令单个年份
  的农作物歉收风险翻一番，连续两年歉收的风险增加到
  之前的六倍。
- 对生长在海拔 1000 英尺或以上的农作物而言，夏季均
  温每下降 0.5℃，就会令连续两年歉收的概率上升到之
  前的 100 倍。

气候和卡路里

19 　　在近代早期世界的人口稠密地带——不管是亚北方带
（Sub-boreal）、温带还是热带，绝大多数人都依赖高碳水化合
物和高密度的单一作物，这便是人们所知的"主食"。谷物
（小麦、黑麦、大麦和燕麦）构成了欧洲、北印度和中国北部
最重要的主食。亚洲季风带的稻米，美洲的玉米，印度高地和
撒哈拉以南非洲的小米也都在各自的地区扮演了同等角色。主
食作物在经济上的吸引力几乎是农民无法阻挡的。一英亩种植
谷物的农地所能养活的人口，是一英亩牧场所能供养人口的
10 到 20 倍；此外，通常足以买到 10 磅面包的钱，只能买到 1
磅肉。一英亩的水稻田可以出产多达 6 吨的食物——3 倍于一
英亩小麦或玉米，相当于一英亩牧场的 60 倍。因此，一部
1637 年出版的中国教科书的说法并不令人意外："黎庶七成之
主食皆稻米也。"而在欧洲，谷物为每户家庭提供的卡路里也
高达总摄入量的四分之三（不仅仅以面包的形式，同样也作
为汤羹的一种佐料、啤酒和麦芽酒的基本原料而言）。[51]

　　斯蒂文·卡普兰（Steven L. Kaplan）曾正确地指出了前工
业时代世界大众对主食作物的依赖所造成的"霸权"——这
在不同地区体现为谷物、稻米、玉米或小米的支配性地位。在
欧洲，

　　　　"谷物依赖"影响了社会生活的每一阶段。谷物
　　　是经济的龙头部门；谷物绝不仅仅在农业中扮演决定
　　　性角色，它还直接或间接地塑造了商业和产业的发

展，调配着就业，为国家、教会、贵族和大批第三等级[①]成员提供了主要收入来源……正因为绝大多数人民一贫如洗，基本的谋生之道就无情地占据了他们的身心。没有任何议题比"谷物供应"更紧迫、更无处不在、更难解决。饥饿和物资短缺的恐惧笼罩着这个社会。[52]

"饥饿和物资短缺"有可能以三种不同的方式发生。首先，在整个近代早期世界里，食物支出都能占到绝大多数家庭总花费的一半之多。主食价格的任何上涨都会带来经济困难，因为绝大多数家庭都没有多少闲钱，人们很快就将面临无法养活自己的风险。其次，增长的食物成本挤压乃至消灭了留给其他商品的开支空间，从而导致需求滑坡：这意味着许多从事非农行业的工人失业，并令其他人得到的薪资减少——这样一来，他们的收入剧减，开销却有所增加。最后，鉴于农作物歉收会对谷物价格产生非线性的冲击，任何作物减产都会导致食物供应的几何式而非代数式减少。试考虑如下情况：

- 在一个正常年份，一名欧洲农民种了 50 英亩谷物，每英亩收获 10 蒲式耳[②]，总共是 500 蒲式耳。其中，他需要用 175 蒲式耳做动物饲料、播种，用 75 蒲式耳养活他和家人——总共是 250 蒲式耳——还有 250 蒲式耳被放到市场出售。

---

① 法国的平民阶级，"三级会议"中的最低一级。
② 一种英式容器，也是计量单位。1 蒲式耳约合 36.37 升。

· 如果坏天气导致他的作物减产 30%，那么他的收成就
  只有 350 蒲式耳。同时，农民还需要立即用掉其中的
  250 蒲式耳。因此，可供市场出售的部分就降到了 100
  蒲式耳——足足减少了 60%。
· 不过，如果坏天气使作物减产 50% 的话，他的收成将
  只有区区 250 蒲式耳。这位农夫需要用掉这全部 250 蒲
  式耳，完全没有可供市场交易的余粮。

这一"非线性"的相关性足以解释，为何谷物收成减少
30% 就常常导致面包价格翻倍，50% 的减产则会使面包价格上
升至之前的五倍。这也可以解释，为什么在发生连续两年或两
年以上的农作物减产后，饥荒几乎总是随之而来。

斯蒂文·卡普兰在他对 18 世纪法国饥荒的研究中提出结
论，这一残酷的算式"制造了一种长期不安的气氛，当时人
们对他们所在的世界的看法也许会使我们大吃一惊：要么过度
荒诞，要么过度哀婉"。不过，阿莱克斯·德·瓦尔对 1984 ~
1985 年东非达尔富尔饥荒的一项研究则在谈到歉收问题时拒
斥了"过度"的概念，因为即便在当代，歉收的后果仍可能
"迈过'令人不悦'的临界点，抵达更糟的量级"。歉收不仅
造成大量人口死亡，还彻底摧毁了人们的生活方式。[53]德·瓦
尔指出了这些"标志性饥荒"的三大特点：

· 第一，饥荒迫使灾民耗尽资产，这包括他们的投资、存
  粮和货物。尽管一户家庭可以选择忍饥挨饿度过一个季
  节，以此保住作为"生产单位"的能力（比如留下一点
  点谷物喂养家畜或是用作种子，而不是全部吃掉），但他

们很难将这一策略应用到第二年，更别提第三年了。因此，两到三次的连续歉收就将使受害者永远处于困窘之中。

· 第二，长时间的饥饿也迫使灾民用尽他们的社会救济（"应得福利"）。一户饥饿人家也许可以从别的个体和机构那里获得支援，暂渡难关，但这一策略同样无法持续下去。如果有一大批家庭突然陷入匮乏状态，这将有可能使它们所在的社区陷于瘫痪，乃至荡然无存。

· 第三，随着社区衰落、难以为继，有些家庭会迁出此地。起初，饥荒中的外迁也许会成为一种合理的"因应策略"，因为尽管移民离开本地社区时必然放弃了他们的资产和"应得救济"，但那些活下来的人可以在条件改善时返回家园，重回先前的生活方式。不过，持续不断的匮乏将斩断他们与那个弃之不顾的世界之间的联系。按照德·瓦尔的说法，这会进一步导致他们整个生活方式的"消亡"。

卡路里与死亡

一个人每天都要消耗至少 1500 卡路里，以维持身体的代谢功能并抵抗感染。孕妇和体力劳动者则需要至少 2500 卡路里。而在近代早期，很少有人有这样的幸运：1630～1631 年意大利鼠疫期间，医院病历显示，每位病人每天只能领到 0.5 千克面包，0.25 千克肉类（很可能是炖肉）和 0.5 升葡萄酒——一日摄入量只能勉强达到 1500 卡路里（而且严重缺乏维生素）。哪怕在 17 世纪的"正常年份"里，法国人的平均卡路里摄入量也很难比基本代谢所需量高出 500 卡路里以上，英格兰人则很难高出 700 卡路里。[54]

两项短期"安全机制"可以帮助人们适应营养不良。人们可以减少营养需求（工作得更慢，休息得更长）；此外，随着体重减少，人们得以用更少的卡路里来维持基本代谢活动（以及减少之后的体力活动）。不过就长期而言，每日的卡路里摄入量即便略微减少也会带来严重后果。从 2500 卡路里到 2000 卡路里，五分之一的降幅就足以使我们的有效工作能力减半——因为身体基本代谢还需要消耗 1500 卡路里。假如一名怀孕女性也经历了类似的卡路里剧减，这就将同时危及母亲和胎儿的健康。进一步而言，体重每减少 10%，就会减少约六分之一的能量；但体重若减少 20%，能量就将减少差不多一半。如果一个男人或一个女人失去了正常体重的 30%，他们的血压会下降，并丧失吸收营养的机能。

如此虚弱的身体条件之下，任何类似疾病这样的额外压力，对身体而言通常都是致命的——而在通常会伴随饥荒而来的社会混乱中，传染性疾病往往会趁机快速传播——同时，寒冷和潮湿也会进一步摧残那些挨饿的人。一份与 19 世纪印度饥荒有关的报告说："在那些饥荒折磨的地区，最为普遍的死法是因受潮和暴晒而恶化的腹泻或痢疾……寒冷与潮湿对挨饿的穷人伤害最大，他们长期缺乏食物，身体状况衰弱。"[55]17 世纪的观察家们也描述了相同的致命身体衰减。据中国中部的政府官员、慈善家杨东明的说法：

> 天下所有人的身体都一样。畏惧寒冷。那些身着破旧衣裳的人……在严冬之中近乎赤裸，头发蓬乱，光着双脚，紧咬牙关，因恐惧而号泣……他们孤苦无依……

从天而降的雪花覆满他们的身体。此时，他们的五脏六
腑皆已冻僵，手足也如木头般僵硬。起初，他们还能发
出呻吟，渐渐地只能咳出痰涎，最终失去性命。①

在5000英里以西，苏格兰医生、地理学家罗伯特·希巴
尔德爵士（Sir Robert Sibbald）哀叹说：

> 过去那些年来的糟糕时令造就了如此之多的萧条、
> 如此之严重的匮乏。人们挣扎求生。有人死在路边，
> 有人倒毙街头。穷困婴儿渴望乳汁、竭力吸吮着，他
> 们的母亲却乳房干瘪、无从哺育他们。所有人都能在
> 穷人脸上看到无处不在的死相：他们面色枯槁，形容
> 憔悴。如果得不到照顾的话，疟疾和腹泻都威胁着立即
> 取其性命。还有，这种情形绝非仅限于流浪乞丐。许多
> 过得不错、有职有业的家庭主妇，现在也出于求生本能
> 被迫离家弃户。她们和怀里的小家伙们都得乞讨度日。[56]

饥荒对"小家伙们"的打击格外严重。饥饿杀死了许多婴
儿，因为他们的母亲没有奶水哺育；不过，挨饿的儿童，特别
是那些总是受寒患疾的儿童会患上"发育不良"（stunting）。这
是因为人体仅为维持存活、保持体温就已消耗了太多卡路里，
而饥荒期间的食物通常缺少足够的蛋白质和维生素，儿童手脚
的长骨于是停止生长。"小冰期"幸存的人们身上有明白无误的
证据，足以显示这种"发育不良"的影响。考古学家对北极圈

---

① 本段引文系由英文直译。

内斯皮茨卑尔根岛的斯米伦堡（Smeerenburg，又称"鲸脂镇"）进行了发掘，1615～1670年荷兰人曾在此地经营了一处捕鲸基地，后来因酷寒难耐而将其废弃。考古学家在调查当地冻土地带出土的50具工人骸骨时发现，其中至少有43具带有发育不良的证据，以及与之相应的身高缩减。[57] 17世纪下半叶出生的法国士兵平均要比1700年之后出生的矮上1英寸，这甚至更具说服力；此外，生于饥荒年间之人的个头明显比其他年份生人更矮。可见，"发育不良"将生于1675年（"无夏之年"）以及生于1690年代初年（寒冷和饥荒年间）人们的身高降到了有史以来最低的63英寸。及至18世纪天气转暖、丰收重现之时，法国人的平均身高增加了近1.5英寸——一个前所未有的波峰——而"矮脚鸡士兵"再也没有出现过（插图3）。

"发育不良"绝不仅仅对儿童的长骨起了抑制作用：缺乏营养常常也会像阻碍长骨生长一样损害重要器官的发育。它使儿童在传染病和慢性病面前更加脆弱，并使他们的体格进一步缩小。生活在乡下的儿童也许会经历一番"迎头赶上"的迅猛发育期，这会部分补偿发育不良的恶果。但那些生活在拥挤且卫生条件较差的城镇里的儿童往往会保持矮小的身材（这也大致能解释，为何来自巴黎的法军新募士兵常常比外省士兵更矮）。曾发现路易十四手下士兵身高降低的人口学家约翰·科姆洛斯（John Komlos）认为17世纪危机"对人体组织本身造成了巨大冲击"的观点因此是正确的。他的数据也许为证明"小冰期"给世界人口带来的后果提供了最清楚也最令人哀伤的证据。反复上演的饥荒不仅仅造成人口死亡：许多幸存者的亲身经历正好为托马斯·霍布斯的断言提供了注解，"人的生命"的确已变得"孤独、贫困、卑污、残忍而短暂"。[58]

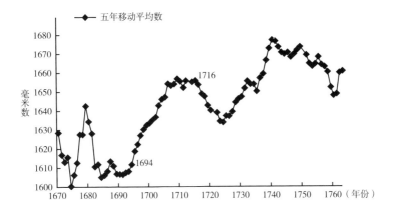

3　出生于 1650～1770 年的法国男性的预估身高

23

　　约翰·科姆洛斯从 1671～1786 年参军入伍的法国男性个人档案中收集了 38700 份"观察数据"，尽管征兵官会拒绝身材最矮的志愿者，但全球变冷的"突变"效应还是很明显，特别是对那些出生于 1675 年这个"无夏之年"的人而言（当年也是 17 世纪的两个"无夏之年"之一）。路易十四时代士兵的平均身高是 1617 毫米，也就是 5 英尺 3 英寸。

一个人口过剩的世界？

　　尽管霍布斯及其同时代人似乎比他们的祖父辈要矮一些，但他们的人数却多得多。16 世纪末的一系列"暖夏"使欧亚大陆绝大部分地区的人口都得以增长，有的地方甚至翻了一番——截至 1618 年，中国人口剧增到近 1.5 亿，印度人口达到 1.16 亿，欧洲人口则达到 1 亿。在某些地区，居民人口飞速增长，以至于当地资源不敷供养——这是因为另一则残酷的算式：人口呈几何式增长，然而农业产出仅仅是代数式增长。正如复利（compound interest）一样，人口年均增长率在一个世纪里保持 1% 就会使人口总数不仅翻倍，而且增长到原来的三倍；同时，2% 的年均增长率将在一个世纪后使人口变为原来的七倍。鉴于农作物产量罕能以同样的速度增长，食物短缺也就很快到来了。

17世纪早期的很多人都意识到，他们所在的那部分世界拥有无法养活的过剩人口，并对这些后果惊恐不已。在中国长江下游的江南地区，人口在1618年已膨胀到了约2000万，相当于每平方英里居住有1200人（相比之下，今天欧洲定居人口最稠密的地区——当代荷兰，其总体人口密度也只是每平方英里1000人）。长居于此地的葡萄牙耶稣会士曾德昭（Alvaro Semedo）于1630年代记载，江南之地"如此拥挤，充斥着形形色色的人；这里不仅密布着小村庄紧密排列，就连城市之间也可以引颈而望"。此外，在一些地方，"人口居住区几乎连绵不绝"。他如此思索：

> 这个王国的人口如此过剩（eccessivamente popolato），以至于在这里住了22年的我至今仍对这里的人丁之众保持了和初来乍到时几乎一样的震惊。毫无疑问，我对真相没有丝毫夸张：如潮的人口不仅出现在城市、小镇、市朝……也出现在那些通衢大道上。通常而言，如此之多的人群，在欧洲（只有）在一些假期或公共假日期间才会出现。

鉴于"人口数量无穷无尽"，曾德昭认为："没有足够的资源养活这么多人，也不会有足够的金钱填满这么多钱包。"[59]

许多和曾德昭同时代的人也认为欧洲已陷入了"人口过剩"。为论证"垦殖新英格兰"的正当性，约翰·温斯洛普指出英格兰本土的"居民尚在增长，以至于人类这一万物之灵长已比他们脚下的土地更为轻贱",费迪南多·戈尔吉斯爵士也声称,英格兰"宁静的岁月无法为每天都在增长的大批人口提供就业"。戈尔吉斯派殖民者到北美海岸定居,主要是出于减少本国人口压力的考虑。他在弗吉尼亚殖民地的对手们也对"贫困人口的过剩"惧怕不已,认为这是"引发危险叛乱的素材或燃料"——这与戈尔吉斯寻求将这些人赶出英格兰、送往新殖民地的想法如出一辙。这种种举措都取得了相当大的成功。进入 1630 年代,每年有数千人横穿大西洋,提升了英格兰的社会稳定程度。原因在于,这些殖民地"充当了下水道的角色,排解了他们人满为患的母国的压力;这样一来,英格兰才能持久和平,府库充盈,专注自身,建设一个不惧一切叛乱的政府"。[60]

但就在这些文字墨迹未干之时,全球人口就已开始剧减。在中国,取得最终胜利的清廷相信,17 世纪中叶的危机导致"超过一半的人口灭失";在四川,人们哀叹自己甚至没有一脉单传。1650 年代,爱尔兰已经经历了 10 年的教派暴力和内战。据一名英格兰胜利者的说法,"在爱尔兰境内旅行二三十英里,你都不会见到一只活着的生物",除了一些"高龄的老人和妇孺"。他们的皮肤"拜这场可怕的饥荒所赐,黝黑得像烤箱一般";一代人之后的另一位英格兰目击者估计,10 年的纷纷扰扰让超过 50 万的爱尔兰人死于"刀剑、饥荒,或其他不幸"。其他地区的同时代人也做出了相似的黯淡评估。在南德意志,三十年战争的一位目击者确信,"人类历史上从未有过大量死亡的惨状";一位路德宗牧师也于 1639 年沮丧地写道,他 10 年之前还有 1046 名教民,如今只有约三分之一活了下来。"就在过去五年里,518 人死于各类不幸事件。我得为他们哭泣,"他继续以哀恻的笔调写道,"因为我苟活于此,孤独无力。纵观我的一生,还可以叙上些许友谊的人,满打满算只剩 15 人了。"也许在 1648～1653 年饱受战争、饥荒和疾病肆虐之苦的法国最令人吃惊。"世界上三分之一的人都死去了",波尔罗亚尔修道院(位于巴黎郊外)的亚贝斯·安杰丽克·阿诺尔如此估计。[61]

25　　　　后来的研究一一佐证了这些耸人听闻的说法。在中国,明清易代之际,"已开垦的耕地减少了约三分之一",同时"人口的减少比例也与此相当"。四川受害最为严重,可能有 100 万人死于非命。爱尔兰的人口在 17 世纪中叶减少了至少五分之一。在德意志,1618～1648 年的战争使"大约 40% 的农村人口成了战争和流行病的受害者,而在城市,人口损失据估算可能达到 33%"。法兰西岛地区(Île-de-France)的许多村镇都于 1648～1653 年经历了它们在整个"旧制度"(Ancien Régime)时代①最严重的人口危机。[62]波兰、俄罗斯和奥斯曼帝国的人口普查数据也显示,它们在 17 世纪中叶都经历了至少三分之一的人口剧减,有时甚或更多。这些难以置信的人口剧减的成因绝不只是"小冰期"而已:其发生还离不开宗教和政治领袖们推动的错误政策。它们将气候骤变导致的危机酿成了大灾难。

---

①　法国史上的"旧制度"指波旁王朝统治时期(1589～1789 年)。

注　释

1. 特别感谢帮助我构思这一章节的人：艾维四、Rudolf Brázdil、
   Günhan Börekçi、John Brooke、Richard Grove、Karen Kupperman、
   三上岳彦、Christian Pfister 和 José M. Vaquero。
2. Cysat, *Collectanea*, IV.2, 898. See also Pfister and Brázdil,
   'Climatic variability', 44 – 5.
3. Glaser, *Klimarekonstruktion*, 111, 探讨了中欧地区在 1620 年与
   1621 年之交经历的严寒；其他细节参见 Thorndycraft, 'The
   catastrophic floods'; Barriendos and Rodrigo, 'Study', and
   Vanderlinden, 'Chronologie', 147。
4. 参见 Pfister, 'Weeping in the snow', 33 and 50, and Garnier,
   'Grapevine', 711, on 1626 – 8; Le Roy Ladurie, *Histoire humaine*,
   337 – 48, on France's 'biennat super-aquatique' (1629 – 30); 第 13
   章，论及印度的"全面旱灾"。
5. García Acosta, *Desastres*, I, 177 – 8 (这位神父在 1668 年前举行了
   另外六次圣母像游行，频率之高前所未有); Dunn, *The Journal of
   John Winthrop*, 368, 384 and 387, Kupperman, 'The puzzle', I,
   274, 引自 Thomas Gorges. Ludlam, *Early American winters*, 15 and
   18 – 22, 描述了新英格兰地区 1641～1642 年的"影响极大的
   严冬"。
6. Arakawa, 'Dates', 222 (只有 1699 年和 1802 年的初雪更早);
   Aono, *Climatic reconstruction*, 92; Blair and Robertson, *The Philippine
   islands*, XXXV, 123 and 184, 源自 1640～1642 年和 1643～1644 年
   的报告。
7. Teodoreanu, 'Preliminary observations', 190, 引自 Achacy
   Taszychi; Yilmazer, *Topçular*, 1, 145, 1, 156, 1, 164, 1, 173;
   Odorico, *Conseils et mémoires de Synadinos*, 163, 169; www.ucm.es/

info/reclido/es/basesdatos/ rainfallindex. txt, accessed 31 Jan. 2010。

8. Naworth, *A new almanacke*, sig C2; BL *Harl. Ms 5*, 999/29v, 'Discourse' by Henry Jones and others, Nov. 1643.

9. Buisman, *Duizend jaar weer*, IV, 469 – 70 (quoting a burgher of Liège); Peters, *Ein Söldnerleben*, 166, diary entry at Neustadt-an-der-Saale, 7 Aug. 1640 (I thank David Parrott for this reference) .

10. Vicunña Mackenna, *El clima de Chile*, 43 – 4, Dean Tomás de Santiago to the Tribunal of Lima, 23 June 1640. Taulis, *De la distribution*, 17，描述了智利境内持续四年的旱灾（1636～1639 年）; Villalba, 'Climatic fluctuations', and Martínson, *Natural climate*, 27，两份材料都显示，巴塔哥尼亚在 1640 年代和 1660 年代经历了异常寒冷的天气。

11. Bamford, *A royalist's notebook*, 120 – 1; Laing, *Letters and Journals*, III, 62; Gilbert, *History of the Irish Confederation*, VI, 270 – 1.

12. Buisman, *Duizend jaar weer*, IV, 499 – 500.

13. Teodoreanu, 'Preliminary observations', 190, 引自 Archdeacon Paul of Aleppo; Abbott, *Writings*, III, 225 – 8, Proclamation of 20/30 Mar. 1654; De Beer, *Diary of John Evelyn*, 388, 393。

14. Ådahl, *The sultan's procession*, 48, 条目为 1658 年 2 月 27 日; City Archives, Danzig, 694 f. 149 (I thank Robert Frost for this reference); Van Aitzema, *Saken*, IX, book 38, pp. 124 – 6。关于瑞典军队的远征，参见第 8 章。Teodoreanu, 'Preliminary observations', 188, 提及罗马尼亚史料记述了 1656～1657 年、1657～1658 年和 1659 年非同寻常的严冬。

15. Garnier, *Les dérangements*, 85; Thirsk, 'Agriculturalpolicy', 301; Hoskins, 'Harvest fluctuations', 18; Teodoreanu, 'Preliminary observations', 190, 引自 Evliya Çelebi; Cernovodeanu and Binder, *Cavalerii Apocalipsului*, 90, 引自 the *Journal* of Mihail Teleki, Chancellor of Transylvania, for 1661。

16. Gordon, *Diary*, II, 272; Goldie, *The entring book*, II, 450. Goad, *Astrometeorologia*, 77 – 8, 刊出了泰晤士河结冰的相关数据，"源自此前 30 年间空闲时间里的观测"; Garnier, *Les dérangements*, 第 27 幅图表显示，1683 年与 1684 年之交的冬季是英格兰有记

载以来的最冷冬天（差不多也是法国最冷的冬天）。

17. Gordon, *Diary*, I, 132（1656 年 11 月的维斯瓦河封冻之厚，以至于瑞典陆军及其火炮可以踏冰而过）；Cyberski, 'History of the floods', 809 - 10；Teodoreanu, 'Preliminary observations', 191 - 2，引用一名摩尔达维亚主教 1670 年 7 月的发言，以及费利佩·勒马松·杜邦（Philippe Le Masson du Pont）在 1686 年的表态。

18. Jones, *History and climate*, 12（Russia）and 22 - 3（Jan Antoni Chapowicki's diary）；Ge, 'Winter half-year temperature reconstructions', 939, figure 3（China）；Evliya Çelebi, *Seyahatname*, X, 508（Egypt：I thank Jane Hathaway for both reference and translation）.

19. Silvestre de Sancy, *Lettres*, III, 321 and 345, to Mmede Grignan, 28 June and 24 July 1675；Marks, *Tigers*, 195，引用 1717 年的《清圣祖实录》。

20. Smith, *Nakahara*, 107.

21. Smith, *The art of doing good*, 162, quoting Qi's diary；Wu, *Communication and imperial control*, 34 - 6，引用康熙皇帝之语；诗歌引用自 Scott, *Love and protest*, 140；Magisa, *Svcceso raro*——他的六页文字有一半都在讨论可能的"昭示"。

22. AM Cádiz 26/127, Cabildo of 21 Aug. 1648, with a copy of a letter from Don Diego de Riaño y Gamboa to all town councils, 1 Aug. 1648, ordering that it be transcribed in the council registers 'so that your successors will know about this letter'.

23. Haude, 'Religion', 541；and Firth and Rait, *Acts and Ordinances*, 26 - 7 and 1, 070 - 2, 'Order for Stage-playes to cease'（12 Sep. 1642 NS）and 'An Ordinance for the utter suppression and abolishing of all Stage-Plays'（21 Feb. 1648 NS）. 法律一直要求英格兰的剧院关闭（尽管事实未必如此），直至 1660 年复辟才重新开放。在西班牙，腓力四世（尽管他是个热心的戏剧观众）也在 1644 年王后去世后命令所有的剧院关门，1646 年他的儿子去世后也是如此。腓力四世的姐姐、法国摄政王后安妮也在 1648 年关闭了法国境内的所有剧院。我要感谢蕾切尔·鲍尔（Rachael Ball）记述这份与我不谋而合的资料。

24. Balfour, *Historical works*, III, 436 – 7; Larner, *Source book*, sub annis 1649 – 50; Larner, *Enemies of God*, 61 and 74 – 5; Kuhn, *Soulstealers*, 229（他的分析还在字里行间谈到了其他"替罪羊"的案例）。我要感谢凯瑟琳·麦基·拉贝尔提供休伦湖地区"巫术恐惧"的信息。更多内容参见 Behringer, *Witches and witchhunts*; Oster, 'Witchcraft'; and Roper, *Witch craze*。

25. Porschnev, 'Les rapports', 160, 引用 Johann Adler Salvius; BNE *Ms* 2378/55, 'Reboluciones de Nápoles'; Bisaccione, *Historia*, 510。

26. BNE *Ms* 2371/634, *Prognosticon*（1640）; Naworth, *A new almanacke*（1642）, sig. C2; Graniti, *Diario*, I, 4（Francesco Capecelatro）; Bournoutian, *The Chronicle of Deacon Zak'aria of K'anak'er*, 156. 1654 年的日食也在欧洲制造了普遍恐慌，参见 Labrousse, *L'entrée de Saturne*, and ch. 22 above。

27. Moosvi, 'Science and superstition'; Milton, *Paradise Lost*, book I, lines 596 – 9.

28. Anon., *A true and strange relation*, 7（记录了 1638 年 7 月绘制的两幅"燃烧岛屿"的版画）;［Voetius］, *Brittish lightning*, sig. A3。

29. Kâtib Çelebi, *Fezleke*, II, 326; Nicoară, *Sentimentul de insecuritate*, I, 77 – 8; Mallet and Mallet, *The earthquake catalogue*, plate IV, 显示 1650 年前后出现了一次地震高发期。其他史料则证实，不同寻常的毁灭性事件一时盛行：例如，地震之后的海啸于 1657 年摧毁了西班牙在智利圣地亚哥的殖民地港口（参见 Rosales, *Historia general*, 191 – 2）, 并在 1684 年摧毁了利马。

30. Bainbridge, *An astronomicall description*, 30 – 1; Pachecode Britto, *Discurso*, fosA11 – 11v; Kepler, *Prognosticum astrologicum... 1618*, 158, 163 – 4 and 171（see also p. 176 for his glee at such accurate forecasting in his *Prognosticon* for the following year）. 另见 Drake and O'Malley, *The controversy on the comets of 1618*; Urbánek, 'The comet of 1618'; and Thiebault, 'Jeremiah', 441, 引用埃利亚斯·艾因格（Elias Ehinger）震撼人心的布道。

31. BR *Ms* II – 551/120v – 124v, Fray Diego de la Fuente to the count of

Gondomar, London, 11 Apr. 1619.

32. Wakeman, *The great enterprise*, 57; Roth, 'The Manchu-Chinese relationship', 7 – 8; Biot, 'Catalogue', 56 – 7; Brook, *The confusions of pleasure*, 163 – 7; and Moosvi, 'Science and superstition', 115, quoting the *Iqbalnama-i Jahangiri*.

33. [Voetius], *Brittish lightning*, sig. A3; *The Moderate Intelligencer*, 202 (25 Jan. – 1 Feb. 1649); Mather, *Kometographia* (1683), 108 – 11——一本应时之书, 论述了 1680 年和 1682 年的彗星。

34. 谢肇淛《五杂俎》(1608), quoted in Elvin, 'The man who saw dragons', 34; BNE Ms 2371/634, *Prognosticon* (1640); Burton, *Anatomy*, 1638 edn (Partition I, section I, subsection 1, 'Diseases in generall')。

35. Birago Avogadro, *Turbolenzedi Europa*, 369; Bainbridge, *An astronomicall description*, 30 – 1; Riccioli, *Almagestum novum*, 96. Hoyt and Schatten, *The role*, 106 – 7, 重新检视了 Schyrler、Riccioli、Kirchner、Goad 和 Hooke 的意见 (他们都认为太阳黑子影响了气候)。

36. Hoyt and Schatten, *The role*, 14 – 20, 罗列了自 1610 年到 1650 年间望远镜所得的太阳黑子观测记录, corrected by Usoshin, 'Reconstruction', 302; and Vaquero, 'Revisited sunspot data', table 2. Spörer, 'Über die Periodicität der Sonnenflecken', and Maunder, "长时间的太阳黑子极小期"。他们都提到, 观测到的太阳黑子活动更少了——1660 年、1671 年、1684 年、1695 年、1707 年和 1718 年——"这几乎与我们预想的'理论上黑子活动的极大期'完全相符"。另见 Moberg, 'Highly variable', 以及附带的资料。

37. 极光现象出现得更为频繁, 而且可在纬度更低的地方被观测到; 同时, 太阳黑子也更为常见。

38. Eddy, 'The "Maunder Minimum"', 268. 自 Eddy 里程碑式的论文于 1976 年发表以来, 卫星图像已经证实, 太阳的"光度"对应了太阳黑子的周期, 与太阳黑子的极小期重叠。另见 Martinson, *Natural climate*, 98, 其中所载图表显示了全球地表温度如何映照太阳黑子活动。

[722]

39. Amelang, *A journal of the plague year*, 100, 引自 Andrés de la Vega 的编年史；Atwell, 'Volcanism', 41；Yi, 'Meteor fallings', 205 – 6 and 217。同样地，朝鲜天文学家也观察到了频繁的流星雨，1640 年代达到极大值。这同样会制造（或是凝结）尘幕。

40. Ovalle, *Histórica relación*, 302 – 3.

41. Magisa, *Svcceso raro de tres volcanes*. Delfin, 'Geological, 14C and historical evidence', 证实了帕克山的火山喷发；Atwell, 'Volcanism', 33, 提出这是一次"六级"喷发。还有几座欧洲火山也在同一时期喷发：比较著名的是 1632 年的维苏威火山，还有 1646 年的埃特纳火山，以及 1650 年的圣托里尼火山。每次喷发都给当地制造了巨大冲击：圣托里尼火山喷发的火山灰覆盖了该地的庄稼，引发了毁灭性的海啸：之后的几代人都将这一时期称为"罪恶年代"（参见 Friedrich, *Fire in the sea*）。

42. Gergis and Fowler, 'A history of ENSO events', 370 – 1. 这些日期有部分与 Diaz and Markgraf, *El Niño*, 122 – 3 列举的有细微差别，但也总能反映一个事实，那就是厄尔尼诺现象总是发生在冬季，因而跨越了两个历年。McIntosh, *The way the wind blows*, 58 table (c), 列出了在加拉戈斯群岛附近根据代替指标间接测定的太平洋水温数据，揭示在 1630 年代和 1640 年代，太平洋出现了 1600 至 2000 年间最显著的水温异常。Jones, *Climatic variations*, 388 – 9 显示，加拉帕戈斯群岛乌尔维纳湾在 1641 年几乎没有珊瑚形成——这也是有记载以来唯一一次珊瑚零增长的年份。有关更弱季风以及其所显示的地球接受太阳能的衰减，参见 Zhang 'A test of climate'。

43. Liu, 'A 1000-year history', 458 – 9.

44. AGI *Filipinas* 28/100, Petition of Diego de Villatoro, 25 Aug. 1676, with further information in idem 28/90, Memorial from Villatoro. 我要感谢 Bethany Aram 找出这些文件。García, 'Atmospheric circulation', 2444（特别是那些图表），2446 – 7（船只损失）and 2452（返航记录），反映了这一时期长距航行的状况，其时维拉托罗正在撰写他的回忆录。阿拉姆利用了一份超过 150 次外航的数据库，囊括了阿卡普尔科到马尼拉等地的诸多信息，还有 1591 年到 1802 年间为数不明的返航记录。

45. Rind and Overpeck, 'Hypothesizedcauses', 366 – 9, 认为火山喷发增加了厄尔尼诺现象。Richard Grove 和 Lonnie Thompson 则提出了相反的论点——太平洋在厄尔尼诺年份里海平面的上升，也许反过来增加了火山活动——见于 OSU 梅尔尚中心的一次讨论会，2001 年 4 月。

46. Elvin, 'Blood and statistics', 149, 引自《嘉兴县志》（浙江）。Pfister, 'Litte Ice Age-type impacts', 197 – 8, 详述了反常温度和降水如何影响了谷物、干草和葡萄酒生产。

47. 宋应星，《天工开物》，英译本题为 *Chinese technology in the seventeenth century*, 5。

48. Teodoreanu, 'Preliminary observations', 191, 引用一位摩尔达维亚主教在 1670 年 7 月的说法。（多个案例中的）另一起鼠害的例证，参见 Heberle, *Zeytregister*, 159。

49. Costin, *Letopiseţul Ţărîi Moldovei*, 196 – 7（我要感谢 Mircea Platon 搜集并翻译了这份资料）。其他许多国家的史料都提到了蝗虫的肆虐（尽管并没那么惹眼）：参见上书 pages 125 – 6, 170 and 198。

50. Myllyntaus, 'Summer frost', 77 – 8 and 83. 值得瞩目的是，芬兰人为夏天的霜冻发明了一个词语：*kesähalla*。

51. 宋应星，《天工开物》，4。

52. Kaplan, *The famine plot*, 62 – 3.

53. Ibid., 63；De Waal, *Famine that kills*, quoted in idem, 'Areassessment', 470 – 1.

54. Cipolla, *Cristofano and the plague*, 149 – 50（普拉托的医院）；Fogel, 'The escape', 8 – 9（其余记录）。在 17 世纪，只有美洲的英格兰殖民者拥有与现代人相当的营养水平：弗吉尼亚的每个成年男性似乎都消耗至少 2300 卡路里，超过他的基本代谢需要（我们缺少妇女和儿童的数据）。

55. Dyson, 'Famine in Berar', 99, quoting the *Hyderabad Residency Sanitary Report for 1897*.

56. Smith, *The art of doing good*, 54, 引自杨东明，《施棉袄记》（1612）；Sibbald, *Provision for the poor in time of dearth*, 1 – 2。

57. Hacquebord and Vroom, *Walvisvaart*, 133 – 4. 每当儿童陷于饥饿

或患有重病时，他们的长骨骼就会停止生长，并在骨骼上生成一道清晰可见的小型脊状物"哈里斯线"。对现存北欧人体骨骼的测量显示，1450 年代到 1750 年代之间，欧洲人的身高平均下降了 2 英寸之多：Steckel, 'New light on the "Dark Ages"'。

58. Komlos, 'An anthropometric history', 159; Hobbes, *Leviathan* (1651)，引自本书页边码 xxiii。近代早期其他时期测量入伍士兵体格的史料也显示，在匮乏年代里生长成人的士兵身高显著偏低。可参见 Baten, 'Climate', 29（论及 18 世纪的巴伐利亚士兵）。

59. Semedo, *Historica relatione*, 6 - 7, 13. 曾德昭于 1613 年抵达中国，中间除几次休假外，一直待到了 1637 年。之后不久他就动笔撰写此书。

60. *Winthrop papers*, II, 111, 'General observations for the plantation of New England' (1629); Andrews, *The colonial period*, 612 - 13, quoting Gorges (1611), the Virginia Company (1624) and many others; Canny, *The origins of empire*, 20, quoting Thomas Bowdler's 'Common Place Book' for 1635 - 6.

61. 《清实录》VIII, ch. 86, p. 149，雍正皇帝 1729 年 11 月 2 日诏令（translated by Ying Bao）; Lenihan, 'War and population', 8, quoting Lawrence, *The interest of England*; Hull, *The economic writings*, I, 149 - 51; Mortimer, *Eyewitness accounts*, 78, 引自 Hans Conrad Lang; Antony and Christmann, *Johann Valentin Andreä*, 128; Arnauld, *Lettres*, II, 433, 致波兰女王信, 1654 年 1 月 28 日（'le tiers du monde étant mort'）。

62. Hayami and Tsubochi, *Economic and demographic developments*, 155 (Shi Zhi hong); Lenihan, 'War and population', 20 - 1; Franz, *Der dreissigjährige Krieg*, 59; Jacquart, '"LaFronde"', and Garnier, 'Calamitosa tempora', 8 - 9 (see also Fig. 34 above).

2 "总危机"

"士兵的世纪"

绝大多数在 17 世纪危机中生存下来的人都认定，是战
争而不是气候构成了使他们不幸的主要原因——他们的理
由很充分：世界各地于 17 世纪发生的战争要多于二战之前
的任何一个时期。史料记载，欧洲各国在 17 世纪上半叶只
有一年实现了完全和平（1610 年），下半叶则只有两年
（1670 年、1682 年）（插图 4）。1641 年，盛行的冲突让意
大利军人、书记官福尔维奥·特斯蒂感叹"这是属于士兵
的世纪"；而英国哲学家托马斯·霍布斯直言，"人的自然
状态"就是战争。在丹麦，1611～1669 年印刷的文本中有
超过十分之一的内容与战争有关，而来自邻国的出版业数
据差不多也反映了类似的态势。在欧洲之外，中国和莫卧
儿帝国也在 17 世纪的绝大部分时间里陷于连绵不断的战
火，奥斯曼帝国则只享受了 10 年的和平。[1]

社会学家彼得·布吕克汇编的"冲突索引"（Conflict
Catalogue）显示，17 世纪世界各地战争的平均持续时间比
1400 年（这是这项调查的起始之年）以来的任何时期都长；
而如果只关注欧洲的话，政治科学家杰克·S. 列维认为，16
世纪和 17 世纪"无论就战争年份的比例（95%）、战争频率
（接近每三年一次），还是就战争的年化平均持续时间、规模
和数量来说，都是史上战事最为频仍的时期"。另一位社会学

家皮蒂里姆·索罗金提出的"战争强度指数"则显示，这一指数在 17 世纪从 16 世纪的 732 蹿升到了 5193——这一增长率要比之前的任何时期都高两到三倍。[2]

除了这些国家之间的争战，17 世纪还见证了数量空前绝后的内战。明清王朝各自的支持者为了争夺中国的统治权而缠斗了 60 年之久。在斯图亚特王朝和西班牙君主国的大片地区爆发的叛乱也引发了内部冲突，前者持续二十多年，后者则几近三十年。德意志诸邦国仰仗着强有力的外援，彼此攻伐了三十年之久。法国经历了一场持续五年的内战；莫卧儿帝国经受了一场为期两年的皇位继承战争。还有部分国家（包括瑞典、丹麦、荷兰共和国和瑞士联邦）经历了险些酿成内战的政治剧变（见插图 1）。战争取代和平，成为人类社会的常态。

尽管战争之中的军事行动总是会造成生命和财产的损失，但许多 17 世纪的时人还是相信，他们那个时代的战争不仅更为频繁，而且对生命和财产的破坏更为严重。1700 年前后，理查德·高夫在研究他的家乡小镇米德尔（位于英格兰什罗普郡）的历史时发现，曾有 21 个男人（占这个社区成年男性的十分之一）应征参加了内战，只有 7 人生还。在其余 14 人里，6 人阵亡，1 人死于抢掠时的争斗，还有 1 人因盗马而遭绞刑，其余 6 人不知所终。毫无疑问，还有人死于与战争有关的疾病（比如伤寒，以"军营热病"之名为人所知），或是由战争引发的事故（比如在岗哨执勤时冻毙）；但不管他们的命运如何、孤坟何处，家人都没有再见过他们——"如果在米德尔就有这么多人死去，"高夫推测，"我们也许可以合理猜测，英格兰有成千上万的人在这场战争中丧命。"[3]

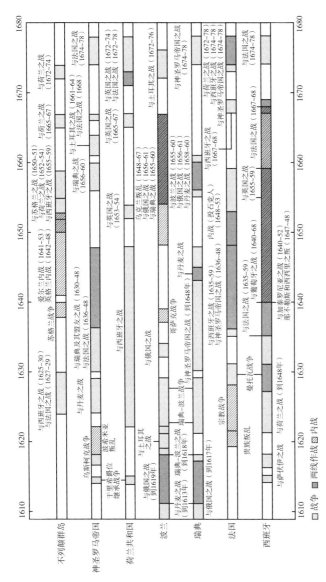

4 1610～1680 年欧洲的战争频率

1618～1678 年，波兰经历了 27 年和平，法国国王 14 年，荷兰 11 年，西班牙则只有 3 年。有些国家还在同一时间两线作战。事实上，1640 年代没有欧洲国家可以免于战祸。

高夫说对了——历史学家查尔斯·卡尔顿汇编的"索引"显示，在英格兰和威尔士于 1642 年至 1660 年间爆发的 645 次"军事冲突"中，至少有 8 万人死于战事——不过，这只是战争所引发一连串破坏的一部分而已。正如苏格兰老兵帕特里克·戈登 1650 年所指出的那样，"一个士兵很难不欺压他人或犯下诸多罪行"，因为那些未能以暴力手段取其所需的人"肯定会亡于盗匪之手，或死于饥寒"。[4] 德意志鞋匠汉斯·赫贝勒在他的日记中记载了平民对这一过程的无知会如何令他们的生计与生命毁于一旦。1634 年，由萨克森 - 魏玛的伯纳德（Bernard of Saxe-Weimar）率领的新教军队来到了赫贝勒家的村庄。不过，鉴于大家都是新教徒，赫贝勒和邻居们"并未将伯纳德军视为我们的敌人"，因此也未设防。然而，伯纳德的士兵"将我们的马匹、奶牛、面包、奶粉、食盐、猪油、布料、亚麻，以及我们拥有的一切都洗劫一空；他们粗暴地对待当地居民，将许多人射击、刺戳、殴打致死"。离开时，"他们纵火焚村，将五间房屋付之一炬"。赫贝勒和幸存下来的邻居们从此学会了重要一课：在 17 世纪中叶，每一名士兵都是"敌人"。从那以后，"我们就像丛林里的野兽一样被围猎"，他在日记中痛苦地写道。此后，每逢士兵临境，村民们都带上所有能带走的东西逃亡到最近的设防城市乌尔姆。他们的厄运并未在此终止，因为乌尔姆缺少足够的资源以容纳突然涌入的数千名难民。至少有一次，水变得如此之稀缺，以至于"几乎所有人都喝了自己或孩子们的尿液……我们过于口渴，根本来不及考虑挨饿的事情"。[5]

让我们再次引述托马斯·霍布斯的阴郁之语："战争不仅存于战役或战斗行动之中，也存在于以暴力相争斗的意图在人们眼中足够显著的时期。"霍布斯认为，战争与气候类似：
"正如同恶劣气候的本性不在于一两阵暴雨，而在于一连多日
下雨的倾向一样，战争的本质也不在实际的战斗本身，而在于
在没有和平保障的时期内人所共知的战斗意图。其他所有时期
则是和平时期。"这导致了广泛的不安全感。查理二世于1660
年从欧洲大陆返回英格兰时观察到，内战"已使一种骇人的
恐惧不安之感充盈了人们的内心"。因此他努力工作，致力于
"消除这种使人难以安寝的恐惧"。三年之后在德意志，安德
里亚斯·格吕菲乌斯的一出喜剧也以一则笑话表达了相同观
点。其中一幕戏以"杀死一千人的步兵上尉达拉蒂利达图姆
塔里德斯·法尔特"的自吹自擂开场：

> 我在地上行走时，伊朗大沙阿也战栗不已
> 土耳其苏丹曾经三番五次派大使来，向我呈上他
> 的皇冠
> 世界闻名的莫卧儿（皇帝）深知，他的城堡在
> 我面前不堪一击
> 欧洲各国的王公要与我做朋友，对我前所未有地
> 谦恭有礼
> 不过，他们更多是出于恐惧，而非真心实意

1683年，瑞典前任女王克里斯蒂娜写道："就在本世纪，
整个世界都全副武装。我们彼此威胁，互相畏惧。无人称心如
意，甚至做不到从前可行之事。无人知晓谁赢谁输，我们所能
确知的唯有一点：整个世界都生活在恐惧之中。"[6]
战争在中国变得司空见惯，甚至出现了一个形容军队暴行

的特别术语：兵祸（soldier calamity）。根据杰出汉学家司徒琳
（Lynn Struve）的说法，明清易代之际，"中国没有一处地方可
以彻底逃脱'兵祸'的侵扰"。[7]与欧洲一样，最恶劣的暴行发
生在士兵骤然夺取一座城池的时候。一部 17 世纪的中国戏剧
《巧团圆》将沦陷城镇所受的命运与"便似遇生葱大蒜和盆
倒"相提并论；同时，一位目击证人的记载提到，从一场杀
人盈城的兵祸中存活的平民们"往来负戴者俱焦头烂额，臂
胫伤折，刀痕满面，如烛泪成行"。[8]

这番描述来自一位名叫王秀楚的学者，写于长江北岸的大
城市扬州于 1645 年遭遇清军长达六天的洗劫期间。王秀楚对
这期间的某个时刻有过如下记载："忽闻隔墙吾弟哀号声，又
闻举刀砍击声；凡三击，遂寂然。少间，复闻仲兄哀恳曰：
'吾有金在家地窖中，放我取献。'一击，复寂然。"没过多
久，又有一名士兵抓到了王秀楚的另一位兄长，"举刀击兄"；
这位兄长也在一周之后死于刀伤。王秀楚的嫂子、侄子和侄女
惨死，他本人和妻子也都严重受创。王秀楚写道，在清军洗劫
扬州之前，"忆予初被难时，兄弟、嫂侄、妇子亲共八人"，
但是"今仅存三人"。另一位目击者也声称，有八万名居民在
劫掠中丧生；正因为如此之多的城区都化为灰烬，诗人遂称之
为"榛莽之城"。扬州城在 1645 年的命运，仍然为每一位中
国学童熟诵。[9]与扬州之劫相类似的事件是 1631 年发生在欧洲
的马格德堡之劫。哪怕在 19 世纪，新教牧师仍在布道中将马
格德堡城的命运用作一例警示。一段时间内，马格德堡甚至为
德语贡献了一个新动词：让某处"Magdeburgisieren"（成为马
格德堡）。[10]

对女性而言，战争带来了额外的危险：被强暴或是劫掠的

高风险。有些女性的受害是胜利者有意为之，目的在于使当地人蒙羞，证明他们"不能保护自己的女人"；另一些女性则成为纯粹兽欲的受害者。在 1645 年的扬州，王秀楚曾目睹了一群士兵围绕他们所俘获的五名女性的命运发生争执：

> 忽一卒将少妇负至树下野合，余二妇亦就被污。
> 老妇哭泣求免。两少妇恬不为耻，数十人互为奸淫；
> 仍交与追来二卒，而其中一少妇已不能起走矣。

成千上万的中国女性在被强暴之后自杀。[11] 强暴也是"马格德堡屠掠"的一大显著特征。有修士目睹了骇人的一幕：就在修道院的后院里，六名天主教士兵将一位 12 岁的幼女轮奸致死；同时，后来成为一名技艺娴熟的发明家的幸存者奥托·居里克则报告说："对许多既无男性伴侣，也无父母和亲人可以为其支付赎金，更无法诉诸高官求得帮助和指导的妇女、女孩和处女而言，事情变得极为糟糕。她们有的被玷污、蒙羞，有的则沦为妾妇。"[12]

天主教士兵彼得·哈根多夫的日记显示了破城之后可能发生的事。哈根多夫描述了 1634 年一座巴伐利亚小镇的劫掠过程："我在这里得到了一个漂亮女孩和 12 塔勒（Thaler）① 银币的现金作为战利品，此外还有一些衣物、许多亚麻布。"几周之后，哈根多夫还参与了对另一座小镇的洗劫，"在这里，我再一次掳走了一名少女"。如果其余"入伍士兵"也获得了类似的"战利品"的话，那么这两座小镇的大量"老幼女性"

---

① 17 世纪德意志地区的货币单位。

都将被掳掠，并可能会遭受"玷污和羞辱"。[13]哈根多夫的"女孩们"相对而言还算幸运：他在行军途中将她们一一释放。三年之后，二十名瑞典士兵在一个午后闯入德意志中部小镇林登（Linden），粗暴地索要食物和葡萄酒。其中两名士兵——一个来自芬兰的"胖大兵"和另一个"白发小兵"一起砸坏了一家农舍的大门，强暴了农民的妻子，并且在小镇里追逐着尖叫的她。1641年爱尔兰叛乱期间，一位新教徒囚犯声称，他听说擒获他的天主教士兵经常趁夜举着手枪闯入女仆们所在的卧室，企图夺取她们的贞操，把她们弄得大呼小叫、哭声震天；正如发言女性所证实的那样，他们威胁，若不满足他们的淫欲就枪杀她们；这位证人还认为，那些邪恶的叛乱者会一直攻击她们，除非她们被迫满足自己的淫欲。

31 　　在波兰，就在格鲁琼兹于1659年"沦于一旦"时，许多居民成功游过维斯瓦河，抵达了安全的彼岸。不过，"剩下的人不分性别年龄都被关进了集中营（被围者的营帐），被剥了个精光，女性也遭凌辱"。[14]

　　这类暴力行径的受害者所经受的心理伤害与身体伤害一样大。1633年在德意志，士兵们强暴了哈万根的安娜·胡尔特。1657年安娜去世时，教区牧师在安葬登记簿上记载道："二十四年以来，她的心灵不曾有过片刻安宁，直到她溘然长逝。"1641年在爱尔兰，一名年轻女性在遭强暴时，"为了避免她叫出声来，一名（施暴）士兵将一块餐巾塞进了她的嘴里，紧紧抓住她的头发，直至暴行结束"。后来，这位受害者"有三到四天"没法挪动一步，甚至在四年之后"人们都觉得她再也无法恢复如初，或者恢复正常心智了；她所遭逢的现实如此异常，又如此凄惨"。四年之后，王秀楚记载，他所见到的在扬州被轮奸的"少妇""乃至不得起身而行"。[15]尽管战争在任何时代的任何地方都会制造类似的个人悲剧，但 17 世纪武装冲突的扩散使这些悲剧成倍增长。莱昂哈德·科恩制作的那尊令人深感不安的大理石雕塑展现了一名瑞典士兵劫持一个裸女的场景，并意味深长地将其命名为《三十年战争一景》。毫无疑问，这是在表现一种普遍现象（彩插 2）。

"喂养战神"

当时的人也因战争带给他们用于维护统治者陆海军的沉重财政负担而怪罪战争。对内和对外战争造成的开支总会不断增长——这不只是因为战事的持续时间越来越久。欧洲的大西洋沿岸国家纷纷建造了号称"浮动堡垒"的庞大舰队，它们由风帆战舰组成，每艘战舰都比一座乡间豪宅还大，搭载的火炮数量堪比陆地上的要塞。一艘战舰的造价高达 33000 英镑；维持一场海上作战则需要 13000 英镑。17 世纪下半叶的欧洲海战中经常出现排成一线、绵延 10 英里的战列舰编队用 3000 门重炮彼此猛烈轰击的景象，战斗有时持续数日之久——这是庞大的财政靡费。海军兵工厂和船坞是近代欧洲最为庞大的产业工厂——不管它们生产的是风帆战舰，还是那种常见于地中海的单层甲板桨帆船。地中海的海战堪称"劳动密集型"的战事，每艘桨帆船都载有约 400 名桨手和士兵，因此（用一名法国水手的话说）"即便把无数个村庄的居民数量加起来也远难企及"单单一艘桨帆船的乘员人数。[16]

通常而言，陆地战争的开销甚至比海战更为庞大。在筹集军费、供养士兵之外，绝大多数国家也要投入大笔资金建设防御工事。世界上最大的两个国家——中国和俄罗斯都在它们最脆弱的边疆地带修筑了绵长的防御体系。为应对火药技术的发展，晚明诸帝大动干戈用砖石重筑中国长城。尽管女真人的军队曾于 1629 年和 1642 年破墙而入，但长城仍能阻滞小规模侵袭。同一时期的俄罗斯帝国则于 1658 年修筑了一座由黏土护墙联结的墩堡村镇组成的"长城"。这座"长城"在从第聂伯河到伏尔加河的边境草原上绵延 800 英里（见插图 19）。和中国类似的是，尽管这条墩堡防线并未带来绝对安全，但它也迫使南方的入侵者——不管是克里米亚的鞑靼人还是哥萨克叛军——遵循特定的路径入侵。这样一来，沙皇军队便可以更轻易地拦截他们。

其他欧洲国家弃用"防线"，转而投资兴建了一种"炮兵要塞"网：每座要塞都是一座星形综合建筑，拥有厚实无比的砖墙，并得到互为犄角的棱堡、壕沟和前哨站的保护。在维修状况良好，并得到充足重火力和相应守军防御的情况下，这类阵地很难被入侵者攻破。因此，围困战便在战争中扮演了关键角色：1632 ~ 1634 年和 1654 ~ 1655 年的俄罗斯 - 波兰战争便聚焦于斯摩棱斯克周边棱堡的控制权，而哈布斯堡 - 土耳其战争也正是因奥斯曼军队 1683 年围困维也纳的失败迎来了转折。在西边，炮兵要塞也在许多交战区域大为流行：从北意大利平原、法国边界、波罗的海沿岸地区到伊比利亚半岛，以及内战开始之后的不列颠和爱尔兰；尤为显著的是荷兰——这里的"炮兵要塞"密度在当时冠绝全世界。1572 年荷兰开始反叛西班牙之时，已有 12 座城镇拥有了这一套新防御体系，另有 18 座城镇已完成了部分更新；但在 1648 年叛乱结束时，同一区域竟已出现了不下 50 座炮兵要塞，更有 60 座城镇的城墙部分接受了近代化改装。建筑每一座工事的开支都相当于数百万英镑。

为了围困这些设计精妙的防御工事——它们往往是那个时代最庞大的工程项目——所挖掘的战壕有可能延伸 25 英里之长，军事行动也可持续数月之久——它们的结局主宰着绝大多数战役的走向。"现在的战争不再能如往常一样决定国际纷争，或是使国家陷于征服者劫掠了。"一位爱尔兰将军如此说道。他在世纪中叶的战争中学到了机巧之处："因为我们作战更像是狐狸，而非狮子；你得为一次战斗进行二十次围城。""人们很少再谈论战斗了，"一名德意志军队教官对此也有同感，"的确，现在的全部战术都只有偷袭和固守两途。"[17] 从 1621 年战争重启的那一刻到 1648 年两国媾和为止，西班牙和荷兰政府都维持着一支兵力在 10 万左右的军队——但是，双方的战斗总是以围城为主，从未爆发过正面决战。

在 17 世纪的欧洲，可能有多达 100 万人同时在各国陆海军中服役。西班牙国王腓力四世曾夸海口说："在刚刚过去的 1625 年，我们可以数得出 30 万名领饷的步兵，以及超过 50 万名民兵。"法王路易十三曾于 1635 年向西班牙宣战时下令动员超过 15 万士兵，他和他的继任者们一直维持着一支超过 10 万人的常备军，直到 24 年之后和平达成。1672～1678 年，路易十四手下有约 25 万名士兵。[18] 在德意志，有 30 万名士兵参加了 1631～1634 年的每一场战争；而在 1648 年三十年战争结束时，至少有 20 万士兵仍在服役。在 1640 年代，有超过 10 万名士兵参加了英格兰、苏格兰和爱尔兰的内战。而在整个 1650 年代，共有 5 万多名男性在不列颠共和国的陆海军中服役。

所有这些士兵都需要训练和装备，以及食品和衣物。自 1620 年代以降，西欧每一支军队都有近一半人配上了火枪，在战斗中排成平行横队作战，反复向敌人进行排射。这一战术要求每名士兵都具备一定水准的效率和纪律，而这只有在经过长期训练后才能达到。这便催生了一支由老兵组成的"常备军"（standing army），他们将为战时所需的更大规模的部队充当骨干。由斐迪南二世皇帝组建、用于镇压 1618 年波希米亚叛乱的一些团一直保留在哈布斯堡王朝皇室军队之中，直至三个世纪以后奥匈帝国解体；乔治·蒙克将军于 1650 年创建的步兵团（现名为冷溪近卫团）创下了今天英国陆军所有团（也是在所有军队里）中连续服役时间最长的纪录。

许多非西方国家也多少引入了一些昂贵的"欧洲新花样"。奥斯曼帝国和俄罗斯帝国都征募了装备火枪的步兵：为苏丹而战、成排配置火枪的"耶尼切里"（意为"新军"），以及由沙皇招募西方教官为俄罗斯编练的"新军团"（New Formation Regiments）。尽管莫卧儿和中国的皇帝也使用了西方火器和西方军事专家，他们通常还是用"劳动密集型"（动员惊人数量的士兵）而非"资本密集型"（投入新技术）的方式作战。沙贾汗出征时一般会带上一支由 20 万骑兵和 4 万步兵组成的军队，另有 50~60 门重炮和大量战象；明末皇帝至少在理论上可以拼凑出 50 万步兵和 10 万匹战马；为了镇压 1670 年代的三藩之乱，康熙皇帝动员了 15 万以上的"八旗"兵和 40 万忠于清廷的绿营兵。哪怕在和平年代，清朝也维持着一支兵力达 8 万人的八旗军。这批士兵作为快速反应部队戍守在中国各大城市中专门为他们设立的"满城"里。所有这些常备军都得花钱。

发动战争的"单位成本"也无可避免地急剧上升。意大利政治学家乔瓦尼·波特罗于 1605 年抱怨说："（当今），战争被拖得尽可能长，战争目标不是杀敌而是疲敌，不是克敌制

胜而是拖垮敌人。这种战争形态全赖烧钱支撑。""当下发动
战争的方式，"一名西班牙指挥官也于 1630 年代呼应道，"已
简化为一种交易或是生意，谁的钱多，谁便能赢得战争。"六
十年之后，一位英格兰小册子作者也提出了相同的观点：

> 战争与我们祖辈那时相比已经大为改变；以往在
> 一场仓促远征中，或者在一块争逐之地上，战斗取决
> 于勇气。但现在的"兵法"已经简化为金钱游戏；
> 今天，最能聚拢钱财以为军队配发粮饷和军需的王
> 公，才最有把握赢得胜利，实现征服。[19]

这都给平民的荷包带来了毁灭性的后果。在 1675 年的法
国，一户四口之家的税负从相当于每年 14 天的支出暴涨到每
年 34 天；奥斯曼帝国将总预算的 75% 用作军费；而在莫斯科
大公国，"（所有）生产性资源的八分之一都被充作军用"。[20]

自然而然地，为了追求"胜利和征服"而转移如此之多
的资源，也会牵扯到间接（或"机会"）成本。在战争上耗费
太多的国家在其他领域便会无钱可用——不管是支付公务员工
资，购买商品和服务，还是福利。西班牙国王腓力四世在
1618~1648 年至少花了 3000 万英镑以供给他的对外战争，他
声称自己的财力不足以建立一个国家银行系统；英王查理一世
于 1625~1630 年的作战花掉了 600 万英镑，这决定了他无法
负担建立公共粮仓赈济饥荒所需的费用。中国明朝也许为军费
高企带来的机会成本提供了最鲜明的案例。在后金军队于
1629 年突破长城攻入中原之后，崇祯皇帝大幅削减军费之外
的支出，裁撤了全国近三分之一的驿站和驿卒。其中一些因此

生计无着的人于是开始抢掠那些一度享受过他们驿递服务的
人；其中一个叫李自成的人成了一支起义军的首领，后来建立
了大顺政权。[21]

军事财政国家

近代早期的各国政府乞灵于名目纷繁的应急之策，以供养
战争。英格兰是一个相对小的国家，但其财政史却独特而显
著。1605～1625 年，詹姆士一世政府（以其奢靡无度和腐败
成灾备受批评）征收并花掉了约 1000 万英镑，其中大概有四
分之一被用作陆海军军费；相较而言，自 1642 年内战爆发到
1660 年所有陆海军士兵解甲归田为止，伦敦政府共征收并花
掉了 3400 万英镑。中央政府的国防开支从 1605～1625 年的年
均 11.7 万英镑暴增至 1642～1660 年的 150 万英镑。不仅如
此，1660 年尚有 200 万英镑的债务并未偿还，这使此后几代
英国纳税人都得分期偿还这笔内战开销。[22]

这些债务反映了一个事实——和现在一样，当时很少有政
府能单凭当期收入支撑战费。在欧洲，绝大多数国家都增加借
债以弥补收入和支出之间的亏空——不过借债也制造了一系列
新难题。因为银行家们通常要求将一部分特定税源作为每份借
款的担保，这迫使政府增立新税。这个恶性循环足以解释，为
何如此之多的统治者都做出了显然很愚蠢的财政决策。有的人
在大环境急需经济刺激和减税措施时向工业生产或出口贸易征
税，扼杀了经济活力；还有人巧立名目向日用品征税——比如
食品。这不仅减少了绝大多数消费者的可支配收入，也增加了
社会生活的困难并催生反抗。许多暴乱都在一项新税始料未及
地提升了诸如面包或水果等日用品的价格时爆发于贩卖这些商

品的地方。还有一些叛乱发生于被统治者认为"异常繁荣"
而遭到横征暴敛的区域。因此在 1635 年与西班牙开战时，法
国政府突然间将波尔多港周边富庶地区应付的"塔伊"
（taille，即直接租税）从 100 万利弗尔（livres）涨到了 200
万。1644 年，尽管歉收已经导致谷物价格高企，政府还是将
塔伊提到了 300 万利弗尔。接着在 1648 年，塔伊总额飙升到
400 万利弗尔，与该世纪最坏的收成同步。毫不意外的是，波
尔多在当年支持了投石党运动，并在不久之后就考虑离开法国
成为一个独立共和国（见第 10 章）。

　　除了强征消费税、增加直接税之外，战时的近代政府还常
常扩展国家专营以从中谋利（这一手段常以"王室特权"为
人所知）：比如榨取海中或地下所得的矿物（包括盐铁和银
铜），或是最大限度从铸币中获利。操纵币值在 17 世纪变得尤
为普遍，从西班牙到俄罗斯再到中国，各国政府要么在银币中
偷偷掺入贱金属，要么印发内在价值几近于零的铜币或纸币。
强制性贬值足以摧毁整个社会。1634 年，流亡中的帕维尔·
斯特兰斯基（Pavel Stránský）在回忆 10 年之前波希米亚的货
币贬值时，将之称为他一生中最为痛苦的经历："无论是瘟
疫、战争还是外敌入侵国土，不管是抢劫还是火灾……它们再
怎么残暴，也无法如金钱价值的频繁波动与缩水那样，带给良
善公民如此之大的伤害。"一些大型叛乱在政府操纵币值时应声
而起，其中较显著者包括 1621~1623 年的中欧叛乱、1651 年的
西班牙叛乱和 1661~1663 年的俄罗斯叛乱。[23]

　　不过，正如瑞典历史学家扬·格勒特（Jan Glete）提醒我
们注意的那样，在近代早期的欧洲，"战争并非是由资源的存
量决定，而是取决于这些资源如何得到组织"。格勒特辩称，

"改良组织"的关键正是"军事财政国家",即一种致力于汲取、集中并再分配资源,以为暴力机关的运转提供资金的政体。[24]唯有这种组织资源的超高能力,才使区区 100 万人口的瑞典在三十年战争期间及之后能够让拥有 2000 万人口的德意志交付赎金;同样地,拥有约 100 万国民的荷兰共和国,也因此得以击退拥有 3000 万臣民的西班牙哈布斯堡王朝的进攻。不过,即便作为近代早期世界最成功的军事财政国家,荷兰共和国在筹措战争经费时也经历了重重困难。联邦政府的债务从 1618 年的 500 万弗洛林(florin)暴涨到了 1670 年的 1600 万弗洛林,最富庶的省份(荷兰省)的债务则从 5000 弗洛林升到了 14.7 万弗洛林。而在同一时期,税收特别是营业税涨到了令人咋舌的水平,它们既被用来支撑当下的战事,也被用来偿付之前战争制造的债务:在 1640 年的大学城莱顿(Leiden),消费税占到啤酒实际价格的 60% 和面包的 25%。当各省未能交足总预算配额时,联邦政府就逮捕他们的公民作为人质,直到亏空偿清为止。

唯有使出如此严苛手段,在 17 世纪的绝大部分时间里都处于战争状态的荷兰政府才能既维持信用,又按期支付陆海军军费;其他国家的政府甚至根本没有做此尝试。1633 年,负责为所有在德意志境内作战的新教军队筹集军费的瑞典首相阿克塞尔·乌克森谢纳算了一笔账,显示出这一难题的复杂性。理论上,新教盟国派出的 78000 名士兵,平均每人每年要领 125 塔勒的军饷,这意味着整支军队在一年中需要花费近 1000 万塔勒。乌克森谢纳深知这远远超过了他的国库收入。不过,如果他只发给每位士兵一个月的全饷,其他十一个月只发现金垫款,且每人每天再配发一磅面包的话,那么年均总支出就可以降到 550 万塔勒，亦即原来的 55%。[25] 不过，另外 45% 的军费如何获得？乌克森谢纳和当时其他军事领袖一样，指望用两种财政上的权宜之策填补亏空。他期许手下军官能动用他们自己的信用，为各自士兵筹措必需品。这不是秘密：乌克森谢纳的死对头阿尔布雷希特·华伦斯坦曾于 1621~1628 年借款 500 万塔勒（华伦斯坦私人财产的五倍）以维持他的军队，直至一场胜利后的和平为他带来赔款和报偿；约 1500 人的参战上校中，绝大多数人都在三十年战争中几乎照搬了华伦斯坦的做法（尽管筹资规模有所减少），以供给各自的作战部队。同样并非秘密的是，华伦斯坦还引入了一种"军捐制度"，强迫他军队驻地附近的平民为他供给食物等军需品。华伦斯坦的军需处长们要求各地行政官在规定时间内根据明确的数额要求缴纳"劳军捐"，并向他们威胁称，任何亏空或拖欠都将招来一群士兵前来纵火，将一切夷为平地。乌克森谢纳也期许他的军需处长们这么做。

要具体估算战争对平民财产造成的冲击并非易事。尽管如此，南德意志霍恩洛厄公国的记载仍告诉我们，从 1628 年敌军士兵初至到 1650 年军人复员这二十二年间，公国居民的支出比战前至少翻了一倍，有些年份甚至达到战前的三倍、四倍乃至五倍之多。但纵使如此，也不足以"喂养战神"。一名军官在手下的团复员前夕抱怨，自己并未"挣到足以养家糊口、维持生计的金钱"。[26]

世界各地其他军队的粮饷也没好到哪里去。在中国，一位名唤曾寿的旗人在他 1680 年的战地日记中记载，有些日子里他吃不上饭，只能"于毛毯下哀鸣啜泣"；而在一个绝望的时刻，他甚至"鬻卖一妇"——他拿下一座城镇之后得到的战利品，以购买战马和军粮。不过，和近代早期其他地方的军人一样，陷于饥饿之中的曾寿通常也会压榨平民百姓：就在"全军粮秣告罄"之时，曾寿派出兵丁"挨村挨镇搜罗军粮"，用武力强征他们能找到的一切粮食。[27]

代天行事

战争给士兵和平民都带来了经济困难，17 世纪中叶的统治者对此也不能视而不见。在中国，下级官员们的奏报如雪片般飞来，指出（此处引用一则信件）："本朝控扼之地洵为史上之最。然无人之地无足轻重，无财之民亦不足道；吾人揆诸国史，本朝四方诸民之困穷，诚为前代所不及。"同样地，就在 1640 年加泰罗尼亚和葡萄牙叛乱的前夜，马德里出版了一份知觉敏锐的小册子，就对臣民过度征税所蕴含的风险警告了西班牙国王腓力四世：

37

> 平民骚动带来的恐慌要比敌人的武器更加骇人。为了避免匮乏，平民大众宁肯反叛。艰困导致绝望；持久的严苛刺激仇恨……承受税负最少的臣民才会更加驯服。一位避免自我折损的战时贵族会把"税收"这个词弄得更易接受，并且避免被称为"野心勃勃"。

如果腓力四世读了这段文字，那他一定没有对此加以注意——就在 12 年之后，他还对自己精神导师阿格丽达·玛利亚（Sor María de Ágreda）的抗议置若罔闻，后者建议他"为了上帝之爱，应当尽可能推出一些新政，避免压迫穷人，以免他们在困顿生计的逼迫之下反叛"。相反，腓力傲慢地向玛利亚声言，尽管自己"为了给我困穷的臣属们带来宽慰，愿推行一切可能的措施"，但"军队的需要却与此背道而驰"。西班牙的战争因此继续。[28]

到底是什么原因让如此之多的 17 世纪统治者增加税收以满足"军需"，而非推行措施"避免压迫穷人"？有一个理由让他们无所忌惮。在中国，皇帝据说拥有着解释其一切行为的"天命"，他的臣民也尊他为"天子"（Son of Heaven）。皇帝拥有对万事万物的无上权力：

> 他裁决一名犯罪嫌疑人应当被重惩还是无罪释放。他定夺高官候选人的任职资格以及科举考试的名次。他批准或否决一切非常规行为的请求，比如是否大赦，是否赈灾，或是修正礼仪和官僚程序，又或是发动一场（对外敌的）进攻……没有了皇帝的决策，外部世界将无法运转。天下没有第二个人有权做出权威裁决。[29]

皇帝"官方生活"的方方面面无不彰显着他的独特身份和不受束缚的权威。朝堂上唯有他一人坐北朝南，其余所有人都要面北聆训；无人敢穿与皇帝服装样式相同的衣物；只有皇帝使用朱砂墨（其他所有人都用黑墨）；用汉字书写"皇帝"时得另起一行；天下人都须避讳每位皇帝的名字，以及他的自称"朕"。

其他亚洲统治者也声称自己是神圣权力在尘世的化身，他们因此掌握了随心所欲发动战争的权力。朝鲜的历代国王宣称，他们既代表国家接受了神圣的委任，也执行了上天和黎民

"归于大同"的意愿。用一位学者兼大臣在 1660 年代的话说：
"人主践天之位，规模万事。遂令万物，各归本分。"[30]南亚的
政治修辞也致力于将统治者表现为超人能力的持有者，成功的
佛教君主号称"转轮圣王"（chakhravarthi，意为"世界征服
者"），正如莫卧儿皇帝们自矜为"沙希布基兰"（Sahibkiran，
意为"真主在地上的影子"）一样。印度的印度教统治者自称
为一位天神和一位性力英雄的双料化身：南印度的政治宣传热
衷以宫廷诗歌和舞剧作为载体，它们将首都描画成情色娱乐之
城，将战争渲染为一场性爱冒险。以上政治图景当中，没有一
个为"约束"留下过一席之地。[31]

38

印度尼西亚的统治者也不承认他们的权力有丝毫限制。
1640 年代，即位不久的马塔兰苏丹将手下 2000 名资深神职人
员召集起来，指控他们不忠，并将这些人尽数处决。一代人之
后，据一名外国访客记载，每当"亚齐的伊斯坎达尔·穆达"
苏丹听说有漂亮"女人，不管是在城市还是乡下，他都派人
请她入宫；就算女人已婚也必须到来，如果她丈夫表现得不情
不愿，或是对她的离开心怀怨恨，（苏丹）就会立即下令，将
她丈夫的阴茎切掉"。伊斯坎达尔·穆达不仅仅在"阴茎"上
做文章。据另一位外国访客宣称，他在苏丹任上"几乎将所
有的先代贵族铲除一空"。于是，当苏丹于 1629 年决定倾举国
陆海军之力袭击葡属马六甲时，已经没有任何人拥有限制苏丹
的权威，也无人提醒苏丹巩固他自己的围城工事——结果，一
支葡萄牙援军消灭了他的所有军队、舰队和火炮。[32]

这一时期的绝大多数穆斯林政论家都将铁腕君主鼓吹成
无政府状态的唯一替代选项，以及推进伊斯兰事业的最佳途
径。他们常常引述一个名为"正义之环"（Circle of Justice）

的范式：

> 没有政府可以脱离军事而存在；
>
> 没有军事可以缺了财富的支撑；
>
> 臣民们创造了财富；
>
> 正义护持臣民对统治的忠诚；
>
> 正义仰赖世上的和谐；
>
> 这世界是一座花园，它的边墙便是国家；
>
> 沙里亚（伊斯兰法）约束着国家；
>
> 唯有政府的统治，才能支撑沙里亚法。[33]

　　1630 年，博学的奥斯曼帝国宫廷官吏穆斯塔法·科齐贝格在呈递给穆拉德四世的建议书中，将帝国面临的难题归结于苏丹未能运用真主委任于他的专断权力克服无政府状态、推进伊斯兰事业。为了落实这项建议，穆拉德向伊斯坦布尔的大穆夫提①提交了一长串请求——这些请求常常以书面意见的形式呈交，也被称作"法特瓦"（fatwā）——以认证他推出的某项举措或法令合乎沙里亚法。[34] 1638 年，穆拉德甚至带上了大穆夫提和他一同出征，以确保他的军事决策能和民政决策一样符合安拉之命。大穆夫提偶尔也会违抗苏丹——1648 年的大穆夫提甚至签发了一条"法特瓦"，使苏丹的废黜合法化（见后面的第 7 章）——不过，通常天平会倾向另一方：苏丹废黜（偶尔还处决）挑战他权威的大穆夫提。

---

　　① 本书原文作"谢赫伊斯兰"（Şeyhulislam），本为对伊斯兰教优秀学者的尊称，在奥斯曼帝国为伊斯坦布尔大穆夫提持有的官方头衔。

俄罗斯沙皇也自称拥有神圣地位，鼓励艺术家和作家将他的形象塑造成显现圣容之后的基督的世俗版，或是《旧约圣经》中的模范列王（特别是大卫王），乃至仿照"上帝自己的形象"，他的臣民也因此成为天选之民，他们的国家就是尘世伊甸园，他们的首都就是新耶路撒冷。在克里姆林宫议事厅的墙上绘有表现摩西、约书亚和基甸取胜以及俄罗斯史上重大事件的壁画，还有俄罗斯贵族簇拥之下的神圣化"沙皇"肖像。莫斯科的各主要教堂也展示着天主和大天使的圣像：他们让沙皇出师征伐。一位德高望重的大臣于 1660 年代解释说，每当沙皇"想发动对任何一国的战争，或与任何一国媾和……或想拍板决定任何大小事务时，沙皇陛下都有权依照他的意愿行事"。正如亚洲的"绝对王权"饰辞一样，沙皇培植的"乐园神话"也没有给"议政"或"异见"留下丝毫空间，更不必说"忠诚的反对派"了。[35]

而对拉丁基督教世界的统治者而言，与"天命""世界征服者""真主在地上的影子"和"乐园神话"相等同的正是"神圣王权"（Divine Right of Kings）。许多近代的欧洲统治者都声称，他们不仅拥有"绝对"权力（这一术语源于罗马法，意为某人免于遵守他自己制定法律的权力），其行动也得到了上帝的首肯。1609 年，统治不列颠的詹姆士一世夸口说："君权在人间至高无上。原因在于，国王们不仅仅是上帝在人间的代理，端坐于天赐的宝座之上，就连上帝自己也会称国王为'神'。"有鉴于此，詹姆士接着论述道，"国王的行为与举止有如行使于地上的神力"，因为"他们造就或毁灭自己的臣民，也有权生养或抛弃臣民；不论出于何种动机，他们都对臣民有着生杀予夺之权，并只对上帝一人负责"。一代

人之后，人们致一位德意志贵族的悼词也如出一辙地呼应了
这一观点："正如天穹中高悬的太阳是由上帝造就一样，上帝
也在世俗境域安排了国王、贵族和领主，这确是全能上帝恢
宏奇丽的作品。因此，他们自己也理当被称作神。"在法国，
一位王室大臣所写的论文也持论相似，国王的命令必须永远
处于上风：

> 也许有人要问，若有一个人，他的良心告诉他"君
> 王命令他做的事不公不义"，他还一定要遵守吗？对此我
> 回复说，如果他有内心考量且与王相悖，那么他必须依循
> 君王的意志，而非他本人……人必须留心周遭情境，原因
> 在于，如果（一项判断）与公共利益的紧迫需要休戚相
> 关……这种必要手段不必依法而行。

不久之后，前瑞典女王克里斯蒂娜也写道："唯有君主必
享统治权：其他所有人都得遵守并执行他们的命令。"接着她
还特别指出，对于一项发动战争的王室命令——哪怕是一场侵
略战争——所有人也都有义务遵守，因为君主比他们的臣民能
更好地洞悉国家的真正利益。[36]

绝大多数欧洲君主所接受的教育都经过精心设计，意图明
确地强化上述态度。他们学习历史（本国史、古典史，偶尔
还有外国史）主要是为了"检视史上每位王公的成败得失"，
学习如何"查明臣民隐瞒主上之事"。例如1648年，在听说
法国签署《威斯特伐利亚和约》时，路易十四的教师就抓住
机会，给他10岁大的学生上了一堂关于德意志历史，特别是
莱茵兰地区历史（后来的路易十四将耗费巨量国帑，试图吞

40

并这一地区）的速成课；而在 1648 ~ 1653 年投石党运动期间，路易十四就有意阅读了那些描述历代国王如何平定贵族叛乱的编年史。[37] 王室的地理和语言授课也充满功利导向。路易十四和儿孙们都学习西班牙文史知识，并学说西班牙语，就是为了有朝一日寻机接替他们病恹恹的表亲卡洛斯二世的王位。同样地，他们也怀着明确的目的学习数学和建筑原理课程，为的是更好地懂得如何攻击和保卫设防的城镇；路易十四还制作了一系列边疆要塞的大型立体模型，这样他的儿子们就可以在长得足够大时亲身参战，跟随他的战争车轮滚滚向前。

最重要的是，17 世纪的统治者们相信"在终将戴上王冠的年轻王储的必修课程里，宗教是最为重要的一课"——这不仅意味着私人信仰，同样也是公众信仰。投石党人运动期间，官方报纸《法兰西公报》（Gazette de France）不仅记录了年轻国王路易十四在布道中的谦逊与热忱，还报道了他所参加的朝圣活动；而在 1654 ~ 1663 年，这份报纸还逐年记载了他"抚摩"患有淋巴结核的臣民（当时流行的说法认为他因此治愈了那些人）的场景，这类事件的记录多达 42 次，总共涉及约 2 万人，这也许是近代早期世界对神授君权最为引人瞩目的公开宣示。[39] 法王骄傲地自称为"最基督化的国王"，他们的西班牙同行使用"天主教国王"这一称呼，英格兰君主则是"圣公会的最高管理者"。天主教和新教的统治者都会任命各自国家的高级教士（天主教国家会先征求教廷同意），期许他们的臣民跟随他们的神学立场——或者像在神圣罗马帝国境内广为流行的那种模式一样，"教随国定"（Cuius region, eius religio）。

政治与宗教的交叠同时影响着内外政策。用路易十四嗣子的家庭教师的话说，基督教君主不但得"热爱并敬事上帝"，

还必须"让别人都尊崇他,为他所受的伤害复仇,从事他的
事业";1672年,年方十一岁的太子王路易编校了一部战史,
试图以推进天主教信仰的理由证明他父亲入侵荷兰的正当
性。[40]在17世纪上半叶的欧洲,宗教常常成为发动战争的托
词。比如在1619年,当波希米亚人将本国王位拱手让于德意
志新教领袖普法尔茨的弗里德里希时,他欣然接受了。据他自
称,原因在于"这是个神圣呼召,我不能不遵;我唯一的目
标就是服侍上帝与他的教会"。正是在类似信念驱使之下,弗
里德里希的表弟查理一世坚定不移地拒绝与反叛他的臣民谈
判,原因正如他妻子亨丽埃塔·玛利亚在1642年(英国内战
爆发前夕)给他的一封密信中所说的那样:"这不再只是一场
游戏。你必须宣扬你自己;你的宽厚已经证明得足够多了;你
必须展现你的公义。大胆前行吧:上帝将协助你。"国王答应
了这一诉求。数月之后他告知一位亲近的幕僚:"没有任何困
境或不幸能让我屈服,因为我要么成为荣耀之王,要么成为坚
忍的殉道者。"甚至在1645年内斯比战役灾难性的溃败之后,
英王查理还是拒绝了"应当争取对手可能开出的最佳条件"
的建议。原因在于:

> 如果我不是保卫我的宗教、王位和朋友而战的 [41]
> 话,那么我就有充足的理由接受您的建议;但我已经
> 坦言,无论是作为"区区一名战士"还是"政治
> 家",我都得说:除了玉石俱焚之外,我别无选择。
> 而身为一名基督徒,我要告诉你,上帝不会容忍乱党
> 和叛徒坐大,也不会容忍我的事业就此倾覆……此时
> 此刻同他们媾和无异于投降附逆。蒙上帝庇佑,我将

坚定抵抗之心，不惜代价；因为我深知自己的职责所在，它关乎良心也系乎荣誉：不得将神的事业弃之不顾，不应让我的继任深受其害，不能把我的朋友抛诸脑后。[41]

查理始终拒斥一切妥协，直到 1649 年 1 月 30 日他成为一名"殉道者"；而即便长眠墓穴的查理仍能继续声称他的所作所为乃天主委任。描绘查理一世在近来事件中祈祷和冥想场景的一卷本著作《国王形貌》（*Eikon Basilike*）几乎在他故去后的第一时间就付梓行世，封面上的国王酷似基督——祷告中的查理扔掉了他尘世的王冠，紧握着一顶荆棘之冠（彩插 3）。

查理的舅舅、丹麦国王克里斯蒂安四世也强调他与上帝之间的特殊关系。就在声援德意志新教事业的同时，克里斯蒂安声称自己看到了头戴棘刺之冠的基督幻影。为使这一"神灵眷佑"的符号象征发挥最大效用，纪念此事的绘画作品有意把基督画得仿如克里斯蒂安本人。出于同一手法，天主教皇帝斐迪南二世也于 1619 年叛军包围维也纳时宣称，当他在一尊耶稣受难像前跪地祈祷时，十字架上的基督开口说话了："斐迪南，不要放弃"——"斐迪南，我不会抛弃你。"没过多久，一份流行的印刷品就将斐迪南描绘成橄榄山①上的耶稣，周遭则是他那些沉睡的贵族。许多斐迪南的同时代人将自己装扮成福音书里的人物（奥地利的安妮和她儿子路易十四成了圣母玛利亚母子；更引人瞩目的是，他们再加上路易十三就是"东方三博士"）、《旧约圣经》人物（古斯塔夫·阿道夫二世

---

① 基督教圣地，位于耶路撒冷以东，耶稣曾于此布道。

是犹大·马加比；腓力四世是所罗门；奥兰治的腓特烈·亨利则是大卫）或圣徒（路易十三成了他的祖先圣路易；奥地利的安妮和她的小姑子英格兰的亨丽埃塔·玛利亚则成了圣海伦娜和圣伊丽莎白）。[42]

绝大多数基督教君主都只承认一项对他们绝对权力的约束：和同时代的奥斯曼帝国苏丹一样，他们也会在做出争议决策之前咨询宗教权威。比如在俄罗斯，"在我们与邻国产生龃龉、爆发战事的时候，沙皇就会咨询牧首、都主教、大主教、主教，以及各大修道院的长老们"；而许多天主教统治者则会按时请求他们的告解神父判明他们推行一项争议政策时是否"合乎良心"。此外，法国国王与葡萄牙国王都创设了"良心评议会"（council of conscience），就更复杂的议题为他们提供建议；还有一些天主教君主定期向神学家请教。比如在 1620 年代，腓力四世曾请求一个"神学家委员会"决定自己的妹妹是否应嫁给新教徒查理·斯图亚特，自己是否该对法国新教徒施以援手、是否该介入曼图亚①的继承权之争，是否该派兵进入瓦尔特林纳山谷②，以及要不要遵守对叛军让步的约定等问题。[43]之后不久，腓力甚至从他在欧洲的各处领地召集号称拥有预言能力的男女，组织了一场"峰会"，请他们为政策提供咨询。尽管这一"实验"再未重演，但这位国王在此后 25 年里仍以每两周一封信的频率向一名出席峰会的"灵媒"阿格丽达·玛利亚求取建议和祝祷。她也因此成为西班牙最具影响力的女性。

世俗大臣也会尝试说服他们的主君，使其相信哪怕开销最

———

① 意大利北部城邦。

② 位于意大利北部伦巴第大区，与瑞士交界。

大，最具破坏性的政策也能受到神的庇佑。在一尊立于 1626 年，记录他任职期间所建功绩的纪念碑上，腓力四世的首席顾问奥里瓦雷斯伯爵－公爵①成功地让他的主君确信："陛下，是上帝的力量将您的军队置于今天的境地，此外再无其他援手。如果我把这些成就归因于人事的话，那么我就是对陛下撒谎，并因而叛国。不，这纯然是上帝自己的作品，也只有上帝**能够**做到这一点。"四分之一个世纪之后，腓力本人将他"不但能克敌制胜，也能击败海上暴风雨、陆上传染病和本土安达卢西亚骚乱"的本事归功于"上帝那无所不能的巨手"。[44]

傲慢与偏见

当然，近代早期的统治者们可能只是将这类"修辞术"和"幻想图"作为宣传手段，并不会真心相信。瑞典女王克里斯蒂娜就曾于 1649 年与议会辩论是否在查理一世被斩首之后援助英格兰保王党一事时确认了这一点。雅各布·德·加拉尔迪元帅辩称，鉴于"这类妖风逆氛已在"欧洲"升腾开来"，相同信仰的统治者应当互相帮助；但克里斯蒂娜（官方信仰仍是路德宗）并不同意。"人们利用宗教作为饰辞，"她回答道，"我们也利用它来对抗加尔文教和天主教。"加拉尔迪提醒女王："教宗，西班牙人，以及其他哈布斯堡家族成员也总是寻求利用宗教。"女王用俏皮话回应说："这就像是下雨时穿上雨衣。"本着同样的思路，三十年之后已成为天主教徒的克里斯蒂娜指出，尽管贵族们应当允许他们的告解神父"向我们畅所欲言，但我们一定不能盲从他们；

---

① 他是奥里瓦雷斯伯爵和圣卢卡公爵，因此同时享有这两个贵族头衔。

我们必须充分意识到，通过他们向我们开口说话的并不总是上帝本人"。[45]

　　这般直白无忌的犬儒讽刺在 17 世纪十分罕见，这一时期更典型的还是西班牙腓力四世的神启式观点。1629 年，腓力告诉一名资深大臣："我寻求拯救，我想告慰上帝。为此我得遵守上帝的法律，保证其他人也都无一例外地遵守这些法律。"这样一来，"即便不幸像雨点般降诸我们头上，也无须担心其会对人造成伤害"。因此这位国王解释说："我渴盼能敬畏上帝，执行他的命令，实践正义，这都是指导我的原则。"三十年后的腓力对此"仍有同感"。在 1656 年听说英格兰已经加入法国、葡萄牙和加泰罗尼亚一方，向他发动战争时，腓力向阿格丽达·玛利亚坦言，尽管"危机显而易见，尽管苦痛程度已是这个王国迄今为止的见识之最——特别是考虑到我们的手段甚至不足以抵御这场风暴的哪怕一部分"，他仍然倾向于坚持战斗，因为"我有着坚定的信仰：除非罪孽让我们一文不值，否则我们的主就将把我们从风浪中拯救出来。上帝不会听任这些对天主教会如此忠诚的王国就此被异端分子们倾覆"。[46]

　　这种神启式的观点自然不能为发动战争的世俗动机充当前提。许多 17 世纪的统治者都像他们的中世纪前辈一样，将发动战争视为每段统治开始时的"表演仪式"。比如，即位三个月的查理一世要求英格兰议会投票批准他同西班牙作战的军费。查理表示，"我恳请你们记住，这是我（作为国王）的第一战"，如果自己"因为（缺少）你们本可以给予我的帮助而战败"的话，"那对你我而言都将是莫大的耻辱"。几年之后，当腓力四世听闻路易十三入侵意大利时，他在一份执政备忘录上潦草地写道："我的意图就是要报复法国近来的行径。"为了这一目标"我应当亲自前往（意大利）；声望终究不能不靠亲身躬行'一些大功业'而得。这次功业将提升我的声誉，而这也不会太难"。[47]上述三王（查理一世、路易十三和腓力四世）和他们同时代的瑞典国王古斯塔夫·阿道夫二世和卡尔十世，丹麦国王克里斯蒂安四世和腓特烈三世，神圣罗马皇帝斐迪南三世以及俄罗斯沙皇阿列克谢一样，不仅御驾亲征指挥军队，也自称对军旅生涯兴致盎然。他们的儿孙也是如此：路易十四本人参与过二十多次围城战，他的军事履历始于 1650 年（他时年 12 岁），终于 1692 年——他在那一年把军事统帅的职责交给了自己的继承人，并指出"如果我的儿子不能每年服役的话，他将遭到彻底的蔑视，并失去所有人的尊重"。路易十四的外甥、后来的詹姆士二世则于 1664 年近乎单方面地发动了第二次英荷战争。据国王的秘书说，他这么做的原因在于，"已经羽翼丰满的"他寻求"一次在海上炫耀武勇的机会，就像在陆地上一样"。最终，詹姆士二世"打破了那些本想不计一切代价维护和平的大臣们的算计"。[48]

不少 17 世纪的统治者也推陈出新，用策略性的辩词论证他们发动（或是延长）战争的正当性。例如，法国宫廷于 1642 年观看了一出"英雄喜剧"。在这部由黎塞留推出的五幕剧里，"伊比尔"（西班牙）想要赢得"欧罗巴"的爱，却失败了。失败之后的"伊比尔"开始给"欧罗巴"上手铐，直到"法兰西昂"拍马赶到，大声疾呼：

> 欧罗巴！玉碎胜于奴役！
>
> 自由必须以血相易。

"法兰西昂"警告"伊比尔""谨守你的本分";就在
"伊比尔"不以为然之时,"法兰西昂"宣布:

> 最终我们必有一战,我也受此驱策
> 并非出于雄心,而是出于必要。[49]

"必要"被用来论证许多对外战争的正当性。比如在 1624
年,英格兰派兵进入德意志。除开那些致力于光大"新教事
业"的公开饰辞,一名外交官冷酷地告知他的普法尔茨同行:
"除却普法尔茨,英格兰在德意志别无利益;只要英格兰能拥
有普法尔茨,就算德意志烈焰遍地也无关紧要。"该外交官用
"多米诺骨牌论"力证其言:"如果我们丢了普法尔茨,接下
来我们就会丢掉低地国家,紧接着又会是爱尔兰,最后则是我
们自己。"[50]西班牙的大臣们也建立了一套类似的"多米诺理
论",并以此论证他们进行无数战争的正当性。比如说在 1629
年,他们警告腓力四世:"一旦尼德兰失陷,美洲和陛下的其
他王国也将立即沦失,并且绝无收复之望。"四年之后,一名
西班牙官员在布鲁塞尔重申了这一观点:"如果我们丢掉荷
兰,那么就无法防守美洲、西班牙或意大利。"几年之后,一
位资深外交官进一步扩充了这一理论:"如果我们失掉德意
志,那么便无法防卫荷兰。"[51]于是西班牙军队继续在所有战线
作战,直至 1648 年。瑞典的领袖们也声称,入侵德意志(一
开始)并(在后来)占领其大片领土对瑞典的安全至关重要。
首相阿克塞尔·乌克森谢纳曾写道:"波美拉尼亚和波罗的海
海岸就像是瑞典王冠的外饰;我们对抗神圣罗马皇帝的国防安
全有赖于它们。"大使约翰·阿德勒萨尔维乌斯也曾形容瑞典

是一座城堡，"它的城墙是沿岸的海岬，它的护城河是波罗的海，外护墙则是波美拉尼亚"。[52]不能保住新占领土，就会危害国家安全——瑞典遵循同样的逻辑，将战争持续到了 1648 年。

这些形形色色的因素都威胁着将许多冲突永久化。终结三十年战争的谈判持续了 60 个月，几乎没有间断；结束西班牙与荷兰之间八年战争的对话也花了 20 个月；结束俄罗斯与波兰之间十三年战争的和谈则历经 31 轮谈判，为期一整年——即便如此，也只是达成了休战协定而已。旷日持久的和谈也反映了另外一些容易使冲突时间延长的因素。首先，发动一场战争常常要比结束它容易得多。当沙皇阿列克谢于 1652 年就袭击奥斯曼帝国苏丹的计划寻求俄罗斯贵族的支持时，贵族们就持此观点："要拔剑出鞘的确是轻而易举，但想还剑入鞘可就没那么容易了，因为战争结果悬而未决。"其次，战争目标变化无常。正如牧师兼密码破译家约翰·瓦里斯在回顾英格兰内战时评论的那样，这场战争的终极目标"后来与它一开始声称的目标大相径庭。这在这些战争中颇为寻常；决胜之剑常常数易其手，开启战端的那些人并不能预见，战事将如何结束"。一代人之后，另一位英格兰牧师指出："那些发动战争的人为自己设定的目标从未实现。情况往往是恰恰相反：战争带来了他们所畏惧的事情。"[53]

最后，17 世纪的战争也与今天类似：投入资源愈大，牺牲生命愈多，完全胜利就愈发成为唯一可以接受的结果。正如 1638 年英格兰驻马德里大使亚瑟·霍普顿在观察西班牙对法战争时的评论所言：

所有这些麻烦的终点（除非它们无限期继续下

去）一定是和平，不过和平会来得无比缓慢，以至
于我还不能断言她的影子已经清晰可辨。我所能看到
的是，双方阵营都有理由厌倦这场战争，且……若有
任何好机会达成和平协定，他们会求之不得；不过，
双方阵营都骑虎难下，这部分出于嫉妒，部分则出于
贪婪。他们并不情愿放弃到手之物（他们的确也已
经付出足够高昂的代价），因此我认为，开启和约之
路将极为困难。

45

霍普顿说这话时，这场战争只进行了三年而已。八年之
后，正值威斯特伐利亚的法国外交使团向国内请求批准协定
时，马扎然的持论与霍普顿如出一辙。"鉴于这场战争已经花
掉了无以计数的军费"，他坚持让手下的外交官们务必"找到
推迟在和约上签字的借口"，以便"在剩余的交战时间里尽可
能多地获取好处"。[54]

此外，据另一位驻马德里的英格兰外交官说，西班牙人也
"不愿舍弃任何他们已经取得的东西"；在西班牙人推迟和平
的借口里，"声望"和"宗教"都常常出现。[55]西班牙与法国在
1656年进行的秘密谈判便是其中一个臭名昭著的例证。经过
耗时三月的艰苦交涉，西班牙人同意，若法国结束其对葡萄牙
的全部支持，那么作为回报，法国将保留其在加泰罗尼亚和荷
兰的全部已占领土；不过，西班牙不会放逐孔代亲王——这位
路易十四的表亲曾对抗马扎然，并转投西班牙军队（见页边
码第285页）。腓力四世的首席大臣唐·路易·哈罗拒绝支持
任何不能恢复孔代亲王先前"地位、尊严和职衔"的和平协
定。"我们首要考虑的是尊严问题，"哈罗不无浮夸地告诉一名

法国特使，"而国家间的对话只是次要问题，因为若没有尊严，所有国家都终将崩溃。"于是这场战争又持续了三年。[56]

最后，在谈判期间依旧持续的敌对行为也让和平更加遥不可期。原因正如马扎然于 1647 年 4 月所说，每个国家的外交要求都反映了"对自身有利的军事状况刚才又变动了多少"。威斯特伐利亚和会的西班牙首席谈判代表佩尼亚兰达伯爵也同意这一点。这一年的 6 月，他告知一位同事："你相信这场战争将绵延多年，但是你大错特错了……阁下须知，两位国王（法国和西班牙）的臣民都发现自己已精疲力竭，再要求他们继续作战，就会使两名君主之一迎来彻底的毁灭……不管我们是赢是输，我们双方都必须达成和平。"那不勒斯叛乱的消息让佩尼亚兰达的悲观情绪进一步加深："那不勒斯的骚乱已经蔓延开来。看在上帝的分上，先生，我们必须以某种方式……（同法国）……达成协议。"而在一个月之后，法国在列伊达围城失利的新闻又令佩尼亚兰达欢欣不已，"这是我人生迄今以来听到的最重要也是最令人愉悦的新闻，因为它显示我们的上帝微笑着庇佑了我们，他希望撤销对我们的惩罚"。佩尼亚兰达接着敦促国王继续战斗。腓力四世及时应允了他。[57]

幼主临朝和"选长制"

王位继承之争也增加了内战的频率。当一名统治者未能留下广受承认并具备执政能力的继承人时，近代早期的国家常常会陷入无政府状态——未成年子嗣继位的现象在 17 世纪异常普遍。1610 年 9 岁的路易十三继位后不久，法国就迎来了内战。而在 1643 年路易十三崩逝时，他留下了一位年仅五岁的王储。沙皇阿列克谢于 1676 年去世时只留下了三个幼子，俄罗斯也在当年爆发内战。三代瑞典国王——卡尔四世（1611年）、古斯塔夫·阿道夫二世（1632年）和卡尔十世（1660年）在去世时都只留下一名年幼的继承人，贵族们每一次都借此机会迅速削夺王室权力；1648年的丹麦也发生了相同的事情：克里斯蒂安四世直到去世之前也未能取得议会对其继承人的承认（见第8章）。

政局不稳也是选举制君主国的常见现象。尽管哈布斯堡家族在整个17世纪都把持着神圣罗马帝国皇帝这一头衔，但1619年的帝国选举团在经历了一场激烈争执之后才使斐迪南二世当选，这场争执后来引发了三十年战争；而在1658年，在历经一年的密谋和谈判让步之后，斐迪南二世之孙利奥波德才得以当选。同样地，尽管西吉斯蒙德·瓦萨及其二子占据波兰王位近一个世纪，但每一位君主的去世都造成了一个择立新君之前的"过渡期"，波兰-立陶宛联邦议会也在此期间讨价还价，要求让步。在1650年，荷兰共和国于奥兰治的威廉二世亲王去世时经历了一场宪法危机，当时的荷兰议会拒绝将执政头衔授予他的遗腹子；第二年（1651年）在日本，征夷大将军德川家光去世后只留下了一名年幼的继承人，推翻德川幕府的众多阴谋也因之而起。17世纪上半叶的中国明朝也经历了继承权难题。万历皇帝（1573~1620年在位）拒绝册立长子为太子，反而想要立一位奢侈无度的幼子为嗣；尽管长子最终即位，却在不久后龙驭上宾，留下了一位患有今人所谓"注意力缺乏症"（Attention Deficit Disorder）的年轻继承人。

若与另一些亚洲王朝标志性的继承纠纷相比，上述种种政局不稳还要黯然失色。杰出的历史学家约瑟夫·弗莱彻观察到，像蒙古人这样的游牧民族，以及中国清朝、莫卧儿帝国、奥斯曼帝国这样号称拥有蒙古渊源的王朝都有一个共通点：他们的每一次权力交接都要经过一种被约瑟夫称为"血腥选长制"（bloody tanistry）的斗争。这个术语来自凯尔特人的"选长制"（tanistry），也即每位统治者都有一名正当继承人（Tánaiste），但这位继承人必须通过在接掌前任的全部权力之前击败（常常是杀死）所有挑战者来证明自己的资格。选长制导致了严重的动荡，因为所有人都加入到了继承权之争（在游牧社会没有"平民"的说法，所有人都是战士）。因此，在知晓支持胜利者的人将垄断战利品的前提之下，所有人都得猜测，在名目众多的潜在继承人里，究竟哪位可以脱颖而出、赢得宝座，并据此站队。

在中亚草原，"选长制"也许是有一定道理的——因为军事才能是对每一位氏族领袖的首要要求。弗莱彻如此观察道："对于一个需要从统治者家族中选取最合格后裔的游牧国家而言，有什么办法比一场内战更好呢？已故统治者的儿子、兄弟、叔叔、孙子或是侄子互相残杀，只为赢得大汗之位。"但这一过程常常会将拥有更复杂体制的国家推向毁灭的边缘。[58]1626 年努尔哈赤去世后，亲族们自相攻伐，数年不休，直到一位潜在继承者——他的第八子皇太极脱颖而出。而当皇太极于 1643 年去世时，他的兄弟和叔伯间爆发了另一场激烈的争斗，直到幸存者们同意拥立上一位皇帝的第九子，也就是后来的顺治皇帝。最后，努尔哈赤长大成人的儿子中，有一半遭遇了处决、自杀或是死后被剥夺名誉的命运。1661 年顺治帝驾崩时，他唯一的交代便是，继承人必须已经得过天花（正是这种疾病导致了顺治的死亡）并活了下来。出于这一原因，皇位便传给了他的三儿子，即后来的康熙皇帝，尽管后者即位时只有八岁。在康熙即位的头十年里，他野心勃勃的亲族们拼了命地想要主宰这个摄政政府。

17世纪的奥斯曼苏丹们也力求避免这种混乱。他们将男性皇族关押在伊斯坦布尔皇宫的密闭房间，也就是所谓"囚笼"（kafes）里，就连太子也很少离开这座"囚笼"探访外部世界。而在太子即位后，他会立即杀掉所有男性亲族——连兄弟及其幼子都不放过——以求避免继承权之争。这一制度在1617年有所改变，当时的苏丹艾哈迈德死后只留下两名幼子，奥斯曼的统治精英们允许他们和艾哈迈德的弟弟活了下来。不过在1622年的宫廷内讧中，他们杀死了一名被认定为"不称职"的苏丹。艾哈迈德之子穆拉德四世成年之后，也处决了三名堂兄弟。这样一来，当穆拉德四世于1640年逝世时，只有一位奥斯曼皇室成员尚在人世：穆拉德最小的弟弟，从未离开"囚笼"的易卜拉欣。而在八年动荡的统治之后，易卜拉欣本人也遭杀害。奥斯曼帝国的精英集团再一次允许易卜拉欣的所有幼子活了下来，因为他们是仅存的在世男性皇族成员（其中四人将在之后统治国家，而最后一位将于1687年遭到罢黜）。这种继承制度的破坏性也许要比清朝男性皇族之间的内战略小，但它们也一样破坏了奥斯曼帝国的稳定。[59]

莫卧儿皇帝也面临着反复上演的继承权之争。当贾汉吉尔皇帝的继承人反叛时，皇帝将300名叛军支持者活活钉死在尖桩上，在中间形成一条通道。他的儿子必须从中穿过，以求得父皇的宽恕。不过仅仅过了一年，这位继承人就再度密谋对抗父亲。这一回，贾汉吉尔戳瞎了这位年轻人，并转而册立自己的幼子沙贾汗。然而，沙贾汗本人也于1622～1623年造反。谋反再度失败，贾汉吉尔再一次赦免了自己的逆子。因此，沙贾汗才得以在数年之后父皇驾崩时继承皇位——并立即处死或弄瞎了其余男性皇族成员。如此一来，沙贾汗和他的四个儿子便成为莫卧儿王朝硕果仅存的男性成员。每位王子都结党树徒培植势力，直到 1658 年，当他们确信父皇时日无多之际，有三名王子起兵造反，挑起了一场为时两年的内战。最终胜利者是奥朗则布，他和自己的父皇一样杀掉了全部皇位竞争者。后来的奥朗则布设法安排继承者们分治帝国，以冀避免另一场继承之战，但他雄心勃勃的儿子们拒绝接受任何小于"整个帝国"的遗赠——1707 年奥朗则布逝世之后，他们互相残杀，最终只有一人幸存下来。

"复合制国家"的诅咒

48　　　尽管"选长制"从未在近代早期的欧洲落地生根，但 17 世纪超过一半的大型叛乱发生于"复合制国家"：一个"复合制国家"由一块整合完善的核心领土和其他若干个自治性更强的地区组成，联结它们的纽带较为松散，且常为纷争所扰。有的自治地区还与本土相距甚远。这些复合制国家包括丹麦（其君主也统治着挪威、格陵兰、冰岛、荷尔施泰因和诸多波罗的海岛屿）、瑞典（包括芬兰、爱沙尼亚、因格利亚和几块波兰飞地）。同样地，沙皇俄国也统治着几块通过条约吞并的地区，其中许多地方有着独特的宗教传统和族群构成——这甚至要早于 17 世纪对乌克兰和西伯利亚的吞并；奥斯曼土耳其也兼并了许多宗教和族群与本土迥然相异的领土（尤为重要的是什叶派穆斯林、基督教各派信徒和犹太人居住的地区），以及一些拥有独立法典和本地传统的省份（特别是克里米亚、巴尔干各公国和北非各国）。[60] 不过，最为脆弱的"复合制国家"还是那些由在更早以前结成的王朝联合统治所创建的君合国：斯图亚特王朝、西班牙君主国，以及奥地利哈布斯堡王朝。

这些复合制君主国之所以在政治上不稳定，有两大原因。第一，他们的祖上都是王室之间反复近亲结婚而来，这缩小了王朝的基因池，并降低了王室后代的发育能力。而这一问题似乎又制造了更多的未成年子嗣和继承争议。例如，祖先数代的近亲婚姻意味着西班牙腓力四世的高祖父母辈①只有惊人的 8 人，而不是正常的 16 人；而当他于 1649 年迎娶自己亲外甥女之后，他便成了自己孩子的父亲兼舅外祖父——他们的母后也是他的表姐。这造成了一个后果：直系血亲和旁系血亲拥有相同的基因遗传。腓力四世与这位续弦生了六个孩子，只有两个免于夭折。尽管他们的儿子卡洛斯二世活到了 39 岁，但他却受发育畸形、心智障碍与不孕不育困扰。卡洛斯二世的去世引发了一场王位继承战争，多位王位宣称者之间攻伐不休，最终导致了西班牙哈布斯堡王朝的解体。[61]

"复合制君主国"如此脆弱的第二大原因在于，许多领地留有他们自己的行政机构和集体认同，乃至独特的语言或者宗教。1641 年出版的一本英格兰小册子便指出了斯图亚特王朝和西班牙王朝在这方面的脆弱之处：小册子断言，前者（斯图亚特王朝）正处于解体边缘，"因为时至今日还从没有一个完美的英格兰 - 苏格兰联邦，能够将二者聚合成同心同德的一体"；而对后者（西班牙）而言，同样的"原因已经

---

① 原文为 "great-grandparents"（曾祖父母），不符实际（曾祖父母正常为 8 人），遂做修改。

导致葡萄牙和加泰罗尼亚叛离西班牙王室"。[62]多元性造就了不稳定，因为每一个政治组织都自有其"沸点"——或者借用弗朗西斯·培根在一篇题为《论谋叛与变乱》的文章中的说法："怨愤"在"政治组织之中一如人体之中的体液，它们倾向于聚积一种异乎寻常的热力并诱发炎症"。当自然灾害（比如饥荒）或者人祸（比如战争）令复合制国家的一部分"发炎"时，国家就会变得不甚稳定，这种"怨愤"也会迅速升温。在复合制国家，不仅仅政治"沸点"低得不同寻

49 常，其边缘地带的"沸点"也尤为低下，使这些地带成为国内最不稳定的组成部分。[63]

这一点乍一看来颇为惊人：毕竟，在每一个复合制国家，边缘地带和核心地区一样经受着气候变冷、农作物歉收和致命流行病的冲击。事实上，核心地区所忍受的政府压力常常还更为猛烈——英格兰和卡斯蒂利亚的纳税人所缴纳的税金要远远多于周边领土的邻居们——但英格兰仍是查理一世的王国中最后一块向他发起叛乱的领土，至于（除安达卢西亚以外的）卡斯蒂利亚则完全没有爆发叛乱。这一悖论有三种解释。第一，每个国家的核心地区往往会免于战争的最坏恶果，比如天灾与人祸的"协同效应"。因此，即便卡斯蒂利亚的村镇为战争贡献了兵源和税收，也经受了极端天气、作物歉收和食品价格高企的影响，但绝大多数村镇都安然免于战祸。卡斯蒂利亚的居民很少遭到抢劫和强暴；军队很少焚毁他们的不动产，或是传播疾病；通常情况下，他们甚至免于被强制借宿。相较而言，在作物歉收和流行病发作期间，早在敌军士兵造成进一步破坏之前，同时供养守军和当地人口的压力就已能在加泰罗尼亚这样的边疆地带制造一场危机。第二，欧洲复合制国家的很

多构成部分不仅保留了各自的行政机构和集体认同，还有着独立的经济、防务和战略政策。巴塞罗那（同利马、墨西哥、马尼拉、那不勒斯、巴勒莫、米兰和布鲁塞尔一样）本地精英的优先事项经常同马德里中央政府不同（正如爱丁堡、都柏林、詹姆斯敦和波士顿的诉求常常与伦敦的中央政府有异一样）。第三也是最后一项解释是，多元化经常导致所谓"亚帝国主义"（sub-imperialism）。复合制国家的"边缘地区"常常拥有得到中央政府永久保障的诸多特权，每当内外形势趋于恶化之时（不管是战争或是天灾），当地精英都会诉诸他们的宪制保障（常常被称为"基本法""宪章"或"宪法"），而中央政府则倾向于将其废除。这种对峙足以引发叛乱，也确实引发了叛乱。比如在 1638 年，当苏格兰臣民拒绝接受查理一世下令推行的新礼拜仪式时，国王向他的一位大臣说"我宁死也不向那些粗鲁该死的要求让步"，因为"国家是一体的；如果让步，那么在很短的时间之内，国王便将不复存在"。第二年在西班牙，腓力四世的首席大臣奥里瓦雷斯伯爵 - 公爵的忍耐程度已经到了极限：加泰罗尼亚的精英要求他尊重他们的"宪制"。奥里瓦雷斯叫嚣道："现在我已是智竭技穷了；但依我看，我即便命在顷刻还是要说，如果所谓'宪制'不允许（我的执政措施），那就让宪制见鬼好了。"在上述两例中，中央政府的强硬姿态都在数月之内引发了武装暴动。[64]

宠 臣

奥里瓦雷斯的麻木不仁反映着他的独特身份：他不仅是腓力四世的首席大臣，更是国王的"宠臣"——一位得以全面掌控主君事务的廷臣。宠臣遍布于近代早期的世界。和"幼主继位”与"亚帝国主义"一样，宠臣的存在让战争和叛乱更加稀松平常。唯有奥斯曼帝国让"宠臣"这一位置永久化，那就是所谓的"大维齐尔"。而在奥斯曼土耳其之外，许多宠臣都曾趁新君过于年轻之机攫取了特权地位：腓力四世和沙皇阿列克谢即位时都是 16 岁；法王路易十四年仅 4 岁便登基为王（直至 23 岁才开始亲政）。以上三位君主一开始都仰赖一名年长之人代他们运转政府，他们常常在新君尚未即位之际便已成为后者的近臣（西班牙的奥里瓦雷斯、俄罗斯的鲍里斯·莫洛佐夫和法国的儒勒·马扎然）。中国的天启皇帝也是年方十四就登基为帝，并立即将他的权力移转给了一名曾抚养过他的宫廷太监魏忠贤。不过，"年幼青涩"并不能解释为什么每位统治者到了成年之后（常常是成年后很久）仍然继续对他们的宠臣信赖有加，以及为什么这种体制（尽管并非新鲜事）在 17 世纪上半叶变得比其他任何时候都更加普遍。[65]

考虑到宠臣们引起的众怒，他们的权势之持久可谓十分惊人。在英王詹姆士一世和其子查理一世在位期间，执掌人事和内外政策大权的白金汉公爵常常被人比作罗马皇帝提比略残暴的近臣塞扬努斯（Sejanus）——这一比喻使查理一世深为嫉恨——而当公爵于 1628 年遇刺身亡时，诗歌和小册子都将刺客比作《圣经》中的大卫王。[66]此前一年，大太监魏忠贤的失势和自缢身亡也在中国各地引起了狂欢，正如奥斯曼帝国绝大多数"大维齐尔"失势后的情形一样（这种事件在 1620 年代平均每四个月就发生一次）。毫无疑问，如果针对黎塞留为数众多的暗杀阴谋能够成功，或者 1648 年沙皇阿列克谢屈从于民意，将莫洛佐夫交给索命甚急的暴动民众的话，类似的欢庆也会在这两个国家发生。根据查理一世的一名更有思想性的英格兰批评者的说法，"当有人凭持国王的宠爱专横地统治众人，且这一权力既不经选举也无须继承时，国王的宠爱便是一种暴政"；这位评论者不无哀伤地说，如果这样的人真的被视为有必要存在的话，"那么国王应当拥有不止一位宠臣，（因为）彼此竞赛可以让他们行事更加公平"。查理一世对此不加理会。[67]

宠臣们如日中天的权势也反映了君主所背负的行政负担的无情增长。正如瑞典女王克里斯蒂娜的金句所言："如果你知道王公得干多少活的话，你就不会再那么热衷于成为他们。"在 1636~1642 年，法国战争大臣办公室留下了约 18000 份文书的副本和备忘录，平均每年 2500 份；到了 1664 年，这一数字已增至 7000 多份，1689 年则已超过 1 万份。在莫卧儿帝国，"沙贾汗在位期间（1627~1657 年）的国家档案和文件一定有几百万份之多"；而在中国，顺治皇帝于 1650 年抱怨："今天下之大，机务繁冗，一应章奏，朕躬亲为批断。"他的儿子康熙帝平时每天要批阅、处理 50 封奏折，而在战时这一数量会涨到 400 多封。康熙后来回忆，1674 年三藩之乱造成的压力曾迫使他工作到午夜。[68]

宠臣的作用绝不只是为其主君减少行政负担而已。他们也能绕开传统制度渠道行事，从而简化决策程序。每位宠臣都拼命掌控主君所能接触到的人和信息；出于这一目的，他们提携自己的亲族党羽，清除所有潜在竞争对手。黎塞留建立了一张"心腹网络"（network of créatures），字面意思就是他"一手提携"（created）上来的人：这些人"只会对他本人忠心耿耿，毫无例外且毫无保留"。这种"心腹"像一支队伍一样运作：

不管在宫廷朝堂还是在边鄙省份，他们都交换信息，互为奥援。他们也把握一切机会在法王面前赞美黎塞留，确保他们的提议和意见与黎塞留合拍。这帮人心里清楚，他们自己的政治生命端赖法王对枢机大人的专宠。同样在西班牙，当腓力三世于 1621 年处于弥留之际时，他的宠臣乌切达公爵与享有王储全部信任的奥里瓦雷斯面对面交谈。"现在一切都是我的了。"奥里瓦雷斯得意地说道。"一切？"大势已去的公爵不无疑问。"是的，毫无例外。"奥里瓦雷斯回应说。他立即着手将乌切达任命的所有官员都换成了自己人。[69]

君主对宠臣的信任之所以会助长叛乱和民怨，主要有几大原因。第一，失去权力的在野廷臣可能会失去耐心并发动叛乱，特别是当一名宠臣的失势或死亡没能改变现状之时。比如在 1648 年，伊哈尔公爵开始密谋反对腓力四世。这不仅仅是出于对奥里瓦雷斯的愤怒（奥里瓦雷斯曾经剥夺了整个伊哈尔家族的权力，只因他们一度是乌切达公爵的盟友），也因为他曾希望在奥里瓦雷斯倒台之后重获王室宠信——然而，腓力四世现在信任的却是上一位宠臣的外甥，唐·路易·德·哈罗。哈罗也将伊哈尔逐出朝廷。第二，那些心怀不满但对挑战"神圣王权"仍然心存疑惧的臣民发现，他们只需声称"君主遭到奸臣的欺骗"，那么不服从的行为就会显得正当得多；那句在更早以前的叛乱中颇为普遍的"吾王万岁；尽除奸恶"也成了反复回响于 17 世纪的一句口号，原因在于，宠臣对权力的垄断让一切（反叛）都变得更加合理。明朝士大夫宣称，魏忠贤签发的"圣旨"未经皇帝批准；葡萄牙和加泰罗尼亚的反腓力四世势力都宣称，他们正是在努力将国王从奥里瓦雷斯施放的圈套和邪恶咒术中拯救出来；沙皇阿列克谢和国王查理一世的反对者们都要求牺牲掉那些不得人心的大臣。他们宣称，正是这些人使他们的主君心神紊乱。

专制主义和"宽容的意愿"

对传统政府制衡机制的回避促进了国家机构的"任务蠕变"（mission creep）①。正如谢伊拉赫·奥吉尔维（Sheilagh Ogilvie）精辟的观察所揭示的那样，君主及其宠臣所造就的这种新型专制主义在 17 世纪的"影响绝不仅限于征税和作战"：

> 为满足这些功能而设的行政机构，现在也能管制政府之前无法触及的领域。国家可以通过再分配机制扶植各种其所属意的团体和组织。17 世纪中叶"危机"的核心要素，便是对这类新型再分配机制的抵抗，以及围绕控制权的斗争。

52

绝大多数近代早期国家的传统官僚制都含有一些允许臣民（以恭敬的姿态）合法抗议的机制（无论多么原始）。然而，宠臣们发明的替代性行政机构——无论是白金汉公爵、黎塞留、奥里瓦雷斯、莫洛佐夫还是魏忠贤——容不得臣民一丝一毫的挑战。政府公告所推行的强制措施常常复活或延展了"王室特权"（regalian right）。王室法官们以指令强推这些特权，在法庭上阻却一切反对，让那些受到侵害的人得不到司法救济。世界各地的"专制"统治者在推行所有政策时

---

① 政治学术语，意指行政机构在设置之后的职能，远远超过了当初设立时的初衷。

都展现出了强硬和残酷的一面——这绝不仅限于那些与战争相关的政策。[70]

大卫·克雷西曾以斯图亚特王朝时代的英格兰为背景，对这一现象做出了卓越的解读。克雷西写道，詹姆士一世手下的官员"倾向于将他们的视线从地方琐事上挪开"。然而，其子查理一世的官员却"刻意找麻烦"。英格兰和近代早期的绝大多数（如果不是全部的话）国家一样兵连祸结；不过，直到1630年代，"对和平的极力主张，让这些冲突都在持续减弱或解决之中"。"詹姆士一世时代脍炙人口的'共识'与其说是政策议题上的相互谅解，莫若说是为了让国家免遭歧见纷扰的一种决心。这更像是一项社会共识而非意识形态共识，对理论与实践之间落差的纵容为这一共识铺平了道路。"而在1630年代，这种"宽纵的意愿"（willingness to wink）却消失了。取而代之的是，查理一世和他的大臣们（特别是他的主教们）磨炼出了一种"惊天人的本事：他们将轻微的不协调视为毫不让步，将有节制的不服从批判为宗派主义，把所有异议都视作顽固不化或是犯上作乱"。最终，"查理一世君臣忘了如何宽容，于是让国家四分五裂"。[71]克雷西还举出了一些具体例证，比如（查理一世政府）主张女人产后第一次去教堂应佩戴头纱；要求牧师每次为人施洗时都画十字；教堂正中的圣餐台必须让位于东头的圣坛。早先的几代人认为这些差异只是"细枝末节"或者"并无高下之分"。因此，久而久之，每个教区都发展出了各自的宗教礼仪，信众们也对此颇有认同感。但到了1630年代，中央政府却颁布了上述三项礼仪（以及其他许多繁文缛节），并将抗命不遵者开除教籍。据估计，这一决策每年都会影响到数千名信徒。因此，当1640年的查理一世迫于军费压力不得不诉诸传统制度渠道并召集议会时，他面临的是雪崩般的不满情绪，公共事务的运转也因之瘫痪。

一些亚洲统治者似乎也在那些之前被认为是次等小事的问题上"找麻烦"。奥斯曼苏丹穆拉德四世在帝国全境之内禁止吸食卷烟、饮用咖啡，并处决了许多违令者。17世纪的一位加里曼丹岛统治者禁止他的臣民——

> 穿着有类于外国人，比如荷兰人、比亚尤人（Biadju）、基林群岛人、望加锡人或布吉人。不准任何人追随马来人的服饰风尚。如果人们追随外国服饰风尚的话，那么将无可避免地给本国带来痛苦不幸……（将会出现）疾病和尔虞我诈，食品价格将会高企，只因人们穿得像是外国人。[72]　53

这种情况在中国最为显著。清廷坚持让治下的全部男性臣民剃光前额，将余下头发束成一缕发辫，并穿上清朝服饰，违令者斩。"剃发令"的初衷不难理解，它可以立即辨明敌友：忠于明朝者的长发可以在顷刻之间剪掉。因此，剃光前额头发俨然成了绝佳的忠诚度测试；但剃发令也构成了一种持久的挑衅，因为每个人的头发都在生长，所以只有反复践行这一政策才能表示"顺从"。然而，清廷拒绝收回成命。相反，他们颁旨宣称"留头不留发，留发不留头"（下文第5章）。

这些争吵不休的议题——给"礼拜的妇女"戴上面纱，吸食卷烟，穿得像荷兰人，剃发，等等——没有一项会威胁到国家的完整和安全；也没有任何一项肇因于"小冰期"制造的难题。友善、政治智慧，或仅仅是"宽纵的意愿"都足以和平解决每一项争端；但是，那些笃信"神圣王权"和"天之所命"的领导人却沉浸于张皇其事的政治修辞和权力意志，无法做出更妥当的决策。恰恰相反，他们巨细靡遗地制造危机，用更严重的问题加剧紧张气氛——如此一来便增加了人类苦难的总量。

要解释 17 世纪政府独特且颇具毁灭性的各种特征（神圣王权、选长制、复合制国家、宠臣和专制主义）与战争和叛乱频率增长之间的联系并不容易。有两大因素使这一问题复杂化：偶发事件（contingency）和反馈循环（feedback loops）。一位见多识广的英格兰大臣后来相信，1664 年爆发的英荷战争"正是由在彼此间缺乏互助意识的不同阵营当中同时发生的偶发怪事引起的"。[73] 记录反馈循环要更困难一些，但在宠臣成功拔除了制衡机制之后，君主更容易走向战争；战争让宠臣更有必要存在，因为君主需要削弱制衡机制，以榨取更多资源。战争与叛乱之间也存在类似的反馈循环：一方面，国际战争驱使政府更为凶暴地从臣民身上榨取资源，这常常引发国内叛乱；另一方面，国内叛乱让叛离的臣民寻求国外干涉，将其转化为国际战争。因此我们不可能断言，通常情况下究竟何者为因，何者为果：它们之间的关系会随着具体时空而变换。

不过，有一部分反馈循环堪称历久弥新：战争俨然独具一种将政权的反对者团结起来的力量。"喂养战神"的压力终将迫使政府把重担强加于治下的每一个社会群体和每一个地区之上，这也常常使所有人在同一时刻离心离德。可以肯定的是，最重的负担通常落在各国的中低阶层上。但迫切想要赢得战争的政府也会践踏那些拥有社团权利的团体（比如城市、贵族和牧师），费尽心力从它们那里榨取资源，以及压榨那些本已因"小冰期"的到来而变得格外脆弱的特定地区。

注　释

1. Doglio, *Lettere di Fulvio Testi*, III, 204: to Francesco Montecuccoli, Jan. 1641; Hobbes, *On the citizen*, 29（十年后他在 *Leviathan*, 88 里重申了这一观点）; Lind, 'Syndens', 342（500 out of 4500 items）。

2. Brecke, 'Violent conflicts 1400 A. D. to the Present', Fig. 11, reproduced in Parker, 'Crisis and catastrophe', 1, 057; Levy, *War*, 139 – 41; Aho, *Religious mythology*, 195.

3. Gough, *The history of Myddle*, 71 – 2（Braddick, *God's Fury*, 389, 提供了一份对 1640 年米德尔镇人口的估测）。

4. Carlton, *Going to the wars*, ch. 9; Gordon, *Diary*, I, 170, 条目是 1656 年，写的却是十年之后的事情。从 1655 年开始直到 1699 年死于莫斯科，戈登先后效力于瑞典、波兰和俄罗斯军队。

5. Heberle, *Zeytregister*, 148, 225（'Dan wir seyen gejagt worden wie das gewildt in wälden'）and 158. 这场战争迫使赫贝勒及其家人离家暂避不下 30 次。

6. Hobbes, *Leviathan*, 88 – 9; Scott, *England's troubles*, 410, 引用了查理二世于 1669 年六七月间和旧议会两院之间的通信; Gryphius, *Horribilicribrifax Teutsch*, Act I, scene 1; Rodén, 'The crisis', 100, 引用 Christina's 'Ouvrage de loisir'。Monod, *The power*, 193 – 5, 提供了一些相似的引文。

7. Struve, *Voices*, 2.

8. Chang and Chang, *Crisis and transformation*, 216, 引用了中国学者、作家兼出版商李渔（1611 ~ 1680）的《巧团圆》; Struve, *Voices*, 48, 引自王秀楚《扬州十日记》。

9. Struve, *Voices*, 48; Meyer-Fong, *Building culture*, 11 – 12（'Weed-covered city'）, 150 – 2（幸存者的劫后记忆）and 261 – 2（王秀楚

著作中的推测）。

10. Lahne, *Magdeburgs Zerstörung*, and Medick, 'Historisches Ereignis'. Hahn, *Zeitgeschehen*, 83, 提及了后来的布道词。更多细节参见第 4 章和第 8 章。

11. Struve, *Voices*, 47（另见页边码第 37 页描述的另一次强奸事件），有关中国女性被强奸后自杀的记载，参见第 4 章和第 5 章。

12. Helfferich, *The Thirty Years War*, 110, quoting Von Guericke, *Die Belagerung, Eroberung und Zerstörung der Stadt Magdeburg*（尽管他也提及了不少对俘获女性以礼相待的 "光荣士兵"，他们 "痛快地释放了她们，或是干脆娶了她们"）。

13. Peters, *Ein Söldnerleben*, 144 – 5（at Landshut 'habe ich als meine Beute ein hübscher Mädelein bekommen'）and 147（at Pforzheim 'habe ich auch ein junges Mädchen herausgeführt'）. Ebermeier, *Landshut im Dreissigjährigen Krieg* 记载了该城于 1634 年前后遇毁的规模。

14. Parker, *Thirty Years War*, 187（the ordeal of Frau Rörsch, from Linden near Rothenburg ob der Tauber, described by Christopher Friedrichs）; TCD *Ms* 836/76, depositions of Christian Stanhawe and Owen Frankland, Armagh, 23 July 1642; Gordon, *Diary*, II, 10. 戈登还记述了其他不少士兵所为的强奸或是强奸未遂事件，参见：e. g, I, 213 – 15（戈登曾援助一位 "非常美丽的少女" 免遭芬兰士兵轮奸）。

15. Sreenivasan, *The peasants of Ottobeuren*, 286; TCD *Ms* 830/172, deposition of Christopher Cooe, Tuam, 21 Oct. 1645; Struve, *Voices*, 47.

16. Quoted by Zysberg, 'Galley and hard labor convicts', 96.

17. Boyle, *A treatise*, I, 15; Behr, *Der Verschantzte Turenne*, 'To the Reader'. 两人的著作都出版于 1677 年。

18. Elliott and La Peña, *Memoriales y cartas*, I, 244, 'Resumen que hizo el rey don Felipe IV'（1627）, discussed in Parker, *Military revolution*, 193 n. 3; Lynn, *Giant of the Grand Siècle*, ch. 2, on French army size.

19. Botero, *Relatione*, fo. 19v; BNE *Ms* 2362/61 - 2, marquis of Aytona to Philip IV, 28 Dec. 1630, copy; Davenant, *Essay*, 26 - 7.

20. Estimates from Bonney, *The European dynastic states*, 383; Mantran, *Istanbul*, 253; and Hellie, 'Costs'.

21. 更多细节参见第 5 章。诸多后果影响深远。因为直到 19 世纪末,中国政府都没有再增加地租。如此一来,朝廷就只能从现有资源中筹集战争经费。

22. Wheeler, *The making of a world power*, 208 - 10; Ashley, *Financial and commercial policy*, 45, 104 - 7.

23. Stranský, *Republica Bohemiae*, 495 - 6. 有关叛乱情形,参见第 6、第 8 和第 9 章。

24. Glete, *War and the state*, 215.

25. Krüger, 'Dänische und schwedische Kriegsfinanzierung', 291, 基于乌克森谢纳对迫在眉睫战斗的 "替代性" 估算,1633 年 3 月 8 日。

26. Salm, *Armeefinanzierung*, 163 (quoting Hauptmann Holl in 1650).

27. Di Cosmo, *The diary*, 48, 55.

28. Kishimoto-Nakayama, 'The Kangxi depression', 229, 引自浙江总督的幕僚魏际瑞,约 1672 年;Mut, *El principe en la guerra*, 104 (将腓力四世与查士丁尼做了一番冗长而不恭的比较);Seco Serrano, *Cartas*, I, 277 - 8, Sor María to Philip IV and reply, 1/12 June 1652。

29. Dardess, 'Monarchy in action', 20. 我要感谢 Dardess 教授允许我引用他的未刊论文。 [724]

30. Haboush, 'Constructing the center', 81 - 2, quoting a memorial by Hŏ Mok, government inspector, in 1660.

31. Details from Roy, *Symbol of substance*, 191 - 7.

32. Foster, *The voyage of Thomas Best*, 176 (from the 'Journal' kept by Ralph Croft, 他于 1613 年会见苏丹);Reid, *Southeast Asia*, II, 257 - 8 (引用 Augustin de Beaulieu 1619~1622 年的访问记录)。

33. Fleischer, 'Royal authority', 49, 引用了一位 16 世纪奥斯曼帝国作家对 "正义之环" 的描述,而这一说法又是根据阿拉伯作家伊本·赫勒敦的一部波斯文作品改写的。另可参见

Darling，'"Do justice"'。

34. On the *Risâle* of Koçi Beg，see Fodor，'State and society'，231 – 2；Murphey，'The Verliyüddin Telhis'；and *EI*，II，'Koçi Beg'（online）；关于穆拉德苏丹如何履行其建议的论述，参见第 7 章；对伊斯兰教令（这些教令总是很短，常常只说"是"或"否"，就像后文所说的西班牙哈布斯堡君主国的忏悔者发表的意见一样）的介绍，参见 Imber，*Ebu's-su'ud*，7，29，55；以及 *EI*，s. v. 'Fatwā'。

35. Brown，'Tsar Aleksei'，140，引自格里高利·卡尔波维奇·科托什金（Gregorii Karpovich Kotoshikin），他是一名于 1664 年叛逃他国的俄罗斯外交部职员，撰写了一部回忆录；其他细节引自 Rowland，'Moscow'，603 – 9，and Baehr，*The paradise myth*，25 – 33。

36. McIlwain，*The political works of James I*，307 – 8，speech to Parliament，31 Mar. 1609；Forster，*The temper*，9：uneral sermon for George of Hessen-Darmstadt in 1661；Cardin Le Bret，*De la souveraineté du roy*，1，and 193 – 5；Christina，*Apologies*，320（from 'Les sentiments'）.

37. Mormiche，*Devenir prince*，232（on the Rhineland）and 231（on reading Commynes's Mémoires of the reign of Louis XI）. Mormiche 研究了法国约 40 名王室成员的教育状况。另见 Hoffman，*Raised to rule*，论及哈布斯堡王朝 12 名成员的教育。

38. Mormiche，*Devenir prince*，278，290 – 1，and 472（提及路易的孙子也就是未来的西班牙国王腓力五世，编撰了一本名为 *Don Quixote of La Mancha* 的小册子，第 5 卷）。

39. Ibid.，213，quoting the preceptor of Louis XIV's heir，and 215 on scrofula. 唯有英格兰君主公开"抚摸"了那些被"国王之恶"感染的人。

40. Ibid.，427，引自蒙塔乌西耶公爵。他最知名的事件就是在 60 多本书中删去了他认为不宜让王储阅读的段落，打上"Ad usum delphini"的标识（"王储要用"：这句短语今天在法国仍然是句贬抑之语，意喻某些遭遇不当审查的内容）；以及第 242 页（王储对 1672 年军事行动的历史记载）。另见第 241 ~ 242 页，论及路易太子的教育科目，博斯维尔于 1679 年，费内隆于 1695 年。

41. Weiss, 'Die Vorgeschichte', 468: Frederick to Elizabeth, his wife, 19 Aug. 1619; Green, *The letters*, 70, Henrietta Maria to Charles, 11 May 1642 NS; Burnet, *Memoirs*, 203, Charles to Hamilton, Dec. 1642; Halliwell, *Letters*, II, 383 – 4, Charles I to Prince Rupert, Frederick and Elizabeth's son, 31 July 1645.

42. 例如 Polleross, *Das sakrale Identifikationsporträt*, II, #420 – #502, 尤其是插图 25、66、103 和 158。

43. Brown, 'Tsar Aleksei', 140, 引用了科托什金。关于忏悔师，参见 García García, 'El confesor fray Luis de Aliaga'; 关于神学家委员会 (Juntas de Teólogos)，参见 AGS *Estado* 8341/70 – 1 (查理一世的西班牙婚事); Straub, *Pax et Imperium*, 212 – 13 n. 11 (法国新教徒); Elliott, *Count-duke*, 340 – 1, 366, 416 – 18 (Mantua); Maffi, 'Confesionalismo', 479 – 90 (瓦尔特林纳山谷); 以及 Hugon, *Naples*, 238 – 9, 腓力四世致奥尼亚特伯爵的信，1648 年 4 月 6 日。该著作第八章提供了斐迪南二世与巴伐利亚的马克西米安就政策问题向神学家咨询的事例。Beik, *Louis XIV and absolutism*, 170 – 1, 收录了写于 1675 年的一封令人印象深刻的信件，博斯维尔主教在信中警告国王，除非他停止通奸，否则"救赎无望"。

44. Elliott and de la Peña, *Memoriales y cartas*, I, 155, Memorial of 26 July 1626; Berwick y Alba, *Documentos escogidos*, 486, Philip IV to Haro, 21 Oct. 1652 (他听闻巴塞罗那投降消息的那天)。

45. Bergh, *Svenska riksrådets protokoll*, XIII, 17, debate on 21 Feb. 1649 OS; Christina, *Apologies*, 345 ('Les sentiments', #266). 1638 年，后来成为克里斯蒂娜策士的加布里埃尔·诺迪 (Gabriel Naudé) 曾指出，宗教充当了政治行动的"托词" (*Considérations politiques*, 148 – 51); 汉密尔顿侯爵也持此论，见页边码第 335 页。

46. Fernández Álvarez, *Corpus documental*, II, 104, Philip IV to don Gabriel Trejo Paniagua; Seco Serrano, *Cartas*, II, 42 and 48, Philip IV to Sor María, 11 Jan. and 19 Mar. 1656.

47. Jansson and Bidwell, *Proceedings in Parliament 1625*, 29, 查理一世

议会演说, 1625 年 6 月 18 日; Elliott, Count-duke, 378 - 9, 奥里瓦雷斯在 1629 年 6 月 17 日提出的问题以及腓力四世的回答。

48. Mormiche, *Devenir prince*, 306, Louis to the Princess Palatine, 23 Aug. 1693; Rodger, *The command*, 66 - 7, quoting Sir William Coventry.

49. (Desmarets de Saint-Sorlin), *Europe*, 16 - 17. 这出戏似乎正是黎塞留授意排演的, 初演于 1642 年 11 月, 参见 Lacour, *Richelieu dramaturge*, 141 - 65。

50. Pursell, *Winter king*, 226, Rusdorf to Frederick V, 13 Aug. 1624, 引述了爱德华·康威爵士 (Sir Edward Conway) 的观点。

51. AHN *E libro* 714, unfol. , *consulta* of the Council of State, 19 Oct. 1629; BRB *Ms.* 16147 - 48/139 - 40, marquis of Aytona to Olivares, 29 Dec. 1633; AGRB *SEG* 332/75, count of Oñate to the Cardinal - Infante, 8 Aug. 1634.

52. Both quoted in Odhner, *Die Politik Schwedens*, 5.

53. Peter Loofeldt, 'Initiarum Monarchia Ruthenicae' (当此关头, 大众常识占了上风, 沙皇并未 "拔剑出鞘": 参见第 6 章); Scriba, 'The autobiography', 32; Morrice, *Entring book*, IV, 335.

54. Knowler, *Strafforde*, II, 243, Hopton to Wentworth, Madrid, 14/24 Nov. 1638; *APW*, 2nd series B, IV, pp. 579 - 81, Louis XIV [= Mazarin] to his 'plenipotentiaries' at Münster, 14 Oct. 1646.

55. Zaller, ' "Interest of State" ', 151, Digby to Aston, 15 Dec. 1620 OS. 大使正是在西班牙军队占领了本属于查理一世外甥的莱茵 - 普法尔茨之后不久写下了这些文字。

56. Séré, 'La paix', 255, Hugues de Lionne to Mazarin, 10 July 1656, quoting Haro.

57. *APW*, 2nd series, B V, p. 1, 151, Louis XIV to plenipotentiaries, 26 Apr. 1647, drafted by Mazarin; *Co. Do. In*, LXXXIII, 312 - 14, Peñaranda to the marquis of Caracena, Governor of Lombardy, 27 June 1647; and 334, Peñaranda to the marquis of Castel Rodrigo, Governor-General of the Spanish Netherlands, 12 July 1647.

58. Fletcher, 'Turco-Mongolian monarchic tradition', 238 - 9.

59. 萨法维王朝也在 17 世纪施行了所谓的 "囚笼" 制度, 但并未造成奥斯曼帝国一般的动荡，见第 14 章。许多穆斯林政论作家都支持新君即位后将所有男性亲属诛杀的做法，参见 Alvi, *Advice*, 22。

60. Romaniello, 'Ethnicity', and Goffman and Stroop, 'Empire as composite'，认为俄罗斯和奥斯曼都是复合制国家。另见 Elliott, 'A Europe of composite Monarchies'。

61. Álvarez, 'The role of inbreeding'.

62. Anon. (probably James Howell), *The times dissected*, sig. A2.

63. Bacon, *Essayes*, 46. 中国地方官黄六鸿就勾勒了一幅相似的图景，描绘容忍政治脱序的危险："盖民之仇怨积渐腾沸于官，则必寇盗蜂起倾危社稷。"（Bailey, 'Reading between the lines', 56，引自黄六鸿《福惠全书》。此书是基于他 1674 ~ 1689 年在山东的仕宦经历写成。）本段的撰写，我要感谢与 Daniel Nexon 和 Leif Torkelsen 的讨论。

64. Burnet, *The memoires*, 55 - 6, Charles to Hamilton, 11 June 1638; Elliott, *The revolt*, 374 - 5, Olivares to Santa Coloma, viceroy of Catalonia, 7 Oct. 1639.

65. 宠臣也曾在更早时期出现过——《以斯帖记》里的哈曼；罗马皇帝提比略治下的塞扬努斯；还有中世纪的阿尔瓦罗·德鲁纳，皮埃尔斯·加韦斯顿——17 世纪的不少作家都引述了这帮先代宠臣的不法行迹；不过除了奥斯曼帝国之外，恃宠而骄的权臣在 1590 年代到 1660 年代的出现频次要远远高于之前的任何时期。

66. Bidwell and Jansson, *Proceedings in Parliament, 1626*, II, 220 - 4, Sir John Eliot's speech in the House of Commons on 10 May 1626. 查理一世很快就咆哮着跑到议会抗议这种比附，因为如果白金汉公爵是塞扬努斯的话，（他本人说）"［埃利奥特］就一定是在影射我是提比略"，正是在这位皇帝统治期间，耶稣被钉死在十字架上。更多关于白金汉公爵的内容，参见第 11 和第 18 章。

67. *ODNB*, s. v, Francis Russell, 4th earl of Bedford (1587 - 1641), by Conrad Russell，引自贝德福德那本充满陈腔滥调的著作（贝德福德本人引用了西班牙政论学者、耶稣会士胡安·德·马里纳［Juan de Mariana, S. J.］的言论）。

68. Christina, *Apologies*, 142 (from her Ouvrage de loisir of the 1680s); Contamine, *Histoire militaire*, I, 391 - 2 (calculation by André Corvisier); Begley and Desai, *Shah Jahan Nama*, xvi n. 10; Wu, *Communication and imperial control*, 16; Spence, *Emperor of China*, 46.

69. Major, 'The crown', 639：引自约瑟夫神父；Elliott, *Count-duke*, 42, 奥里瓦雷斯与乌切达 (Uceda) 的通信。乌切达，勒尔马公爵之子兼继承人，腓力三世在位时曾居"宠臣"之位长达二十年。

70. Ogilvie, 'Germany and the seventeenth-century crisis', 68. Benigno, *Specchi della Rivoluzione*, 100 - 3, 也认为，"宠臣们"之所以广受忌恨，他们的为人作风与具体行事一样重要。

71. Cressy, 'Conflict', 134, 137, 138, 139. 第357页提到，在1638年致查理一世的一封充满忧虑之情的信中，信的作者使用了"使眼色"的比喻，并陈说了如此行事的必要性。

72. Ras, *Hikajat Bandjar*, 329. 这位国王希望所有人都遵从爪哇的这种服装风格 (以及其他习俗)。

73. Rodger, *The command*, 67, 引用威廉·考文垂爵士的信件，他也是约克公爵的秘书，时任海军上将，还是重要的主战派。见本书页边码第43页。

3 "饥饿是最大的敌人":
危机的核心

英国政治家兼哲学家弗朗西斯·培根在他付梓于 17 世纪初的散文集里用一篇文章警告统治者,除非"因战争大为折损",一个国家的臣民人口"不应超出国家所能承受的限度",因为食品生产与消费之间的持久失调迟早会导致饥荒、混乱和反叛。[1]

后来者也同意此说。1640 年,当腓力四世的军队穿行于加泰罗尼亚那久旱枯焦的田地时,一位"从军"的历史学家以揭示凶兆一般的口吻指出:"身处人类苦难加诸我们的苦恼之间,人们几乎无所不为。"七年之后,负责法律和秩序的卡斯蒂利亚大臣警告他的君主说:"(马德里)民情浮动,人心日渐粗鲁无礼……因为饥饿不放过任何一个人(la amber a ninguno respecta)。人们放荡不已,(在暴力威胁之下)几无宁日。"为了避免腓力四世遗漏重点,另外一些大臣提醒他:"饥饿是最大的敌人。哪怕是最为节俭的人也无法应对饥饿……在许多省份,面包短缺已经引发了动荡,并演变成骚乱。"1648年,随着一些意大利城市迎来了该世纪最糟糕的一次收成,有官员于此时报告称"人群之中流传着种种蜚语,'死于剑柄之下,总要好过死于饥饿'";而在伦敦,"穷人的哭泣和泪水告诉我们,他们几乎就要饿毙",有人因此担忧"一场突如其来的混乱也许会接踵而至"。在苏格兰,就在该世纪最后一场饥荒期间,一位睿智的观察者提醒他的同胞们,"贫穷和匮乏阉割了许多人的思维,使他们变得性情迟钝,愚蠢不堪,不守纪律",然而"那些性情似火、热烈奔放的人却因此变得躁动不安、贪婪癫狂,乃至铤而走险;因此,只要苏格兰还有许多穷人,那么富人就无法确保他们手中财产的安全"。[2]

尽管"小冰期"侵扰了几乎整个北半球,一些地区的受害还是要甚于别地:这本非稀奇之事。乌拉尔山以西的欧洲拥有400万平方英里的广袤土地,范围横跨北极圈和亚热带,其所包含的民族、文化、经济和政治分野数以百计,所有地区之间的发展自然不可能整齐划一。哪怕在西班牙一国之内,各区域的受灾时间也不尽相同。从1615年前后到1640年代,西班牙西北部的加利西亚和东南部的瓦伦西亚都经历了人口衰减;而在西班牙中部的托莱多周边地区,尽管人口也于1615年开始衰减,但这一趋势持续到1670年代才消停下来。而在人口衰退同样终结于1670年代的塞哥维亚,这一趋势开始的时间却要晚于1625年。作为疆域同样跨越了亚寒带和热带气候区的国度,领土广袤的中国明朝也遭受了"小冰期"造成的多种灾害的打击。比如位处华北东部、地势低洼的山东就常常同时经受水旱之灾,这个地方也因此很少能产出余粮,更不用说积累起足以在灾年使用的粮食储备了。对17世纪的山东而言,一如其他时期,当地官府几乎每年都会提出请求借调粮食、蠲免税收的紧急请愿。相较而言,西部的四川就享有温和的气候。在绝大多数年份里,这种温和的气候都允许四川享有丰富的收成:水稻、小麦、棉花、糖、丝绸和茶叶——这就降低了四川在全球变冷到来时的脆弱程度。

在多种多样的地域之中,三种经济地带受气候变化的影响尤为突出:边缘农地(marginal farming lands),城市,以及大区。边缘农地脆弱不堪,因为它们唯有在收成最理想的年景才足以供养其全体居民；相较之下，城市也颇显脆弱。它们的繁荣使自己成为战略上的必争之地，这又进一步催生了环形防御工事的建造，这种城防设施的内部在平时深受过度拥挤、卫生状况恶劣、疾病传播等问题困扰，在战时则让城市居民面临人口和物资蒙受严重损失的风险。最后则是大区——由一些邻近城镇和其互相重叠的腹地所组成的复杂区域经济体——它们之所以脆弱，是因为其繁荣仰赖于两大能力：进口人们所需食品的能力；出口他们所生产特色商品的能力。这其中任何一项活动的紊乱（无分国内外）几乎都会立即使本地陷入艰困。

尽管这三种经济地带的居民只构成全球人口的一小部分，但它们在"全球危机"中的遭遇却格外显眼。一方面，它们比别的地方受害更早更久也更严重，这是因为在政府政策的影响下，气候灾难和人口过剩造成的破坏被放大到了"夸张的程度"；另一方面，这些地方居住着大量善于表达的人，他们热衷于将自己的困境公之于众，且一有机会就将之传到国外。来自这些地带的舆论所产生影响甚至比其他一切受灾状况更为典型的地区来得更为深远——尽管其他地区经历的灾难可能比这些地方的遭遇更为典型。

边缘地带的农业

在 16 世纪绝大部分时间里，更加温暖的天气让农业生产活动得以在整个北半球扩张。这一进程的很大一部分发生在业已濒临可耕种界限的土地之上。拜那些在长达数世纪的休耕期间累积于土壤中的氮磷元素所赐，在这些土地上耕作的农民们一开始获得了不菲的收成；而这些自然的馈赠一旦逾期失效，那么哪怕在"好年景"里，农民们也将陷于高风险——

高投入—低产量的经营陷阱之中，需要持续操劳才能勉强维持平庸的产量。正如第1章所提及的，在北半球高纬度地区，夏季均温每下降0.5℃就会使作物的成熟期缩短10%，令单个年份的农作物歉收风险翻倍，令连续两年歉收的风险增至原来的六倍。此外，对那些海拔1000英尺乃至更高的农业区而言，夏季均温每下降0.5℃，连续两年歉收的概率就会变为原来的一百倍。

这一残酷的公式适用于整个北半球。在大部分农田都位于"边缘"地带的苏格兰，16世纪的温和气候让人们在更高海拔的地带和比之前的耕地更为贫瘠的土地上耕种。但在1640年代，接连不断的湿冷夏季令均温下降了2℃之多，灾难随之而至。在邻近英格兰边界的拉默缪尔山（Lammermuir Hills），四分之三的耕地被废弃；而在西部的琴泰海岬（Mull of Kintyre）地区，五分之四的村落都陷于荒废，只因"农民无法松土、播种。谷物长出却没有成熟……人口和牲畜纷纷死去，琴泰地区几乎成了一片荒原"[3]（插图5）。而在南欧，从16世纪到17世纪初，西西里岛见证了70座"新镇"的拔地而起，这些小镇专为岛上迅速发展的城市生产粮食。起初，许多农民种一株小麦能结10粒麦穗，一株大麦还能结出更多。但1640年代的极端天气让一部分"新镇"土地的出产率降到了一株麦子2粒麦穗——剧减了80%，创下整个近代早期的最低纪录。在一座名为莱昂福特（Leonfote）的"新镇"，当地居民人数在1610年到1640年间从0增长到2000人以上。但1648年的旱灾带来了史上未有的最差收成，也引发了大灾难——小镇教堂的记事簿上记录了426场葬礼，却只有60个新生儿。[4]

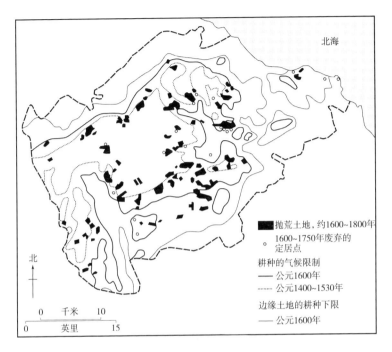

北海

抛荒土地，约1600~1800年
1600~1750年废弃的定居点

耕种的气候限制
—— 公元1600年
········· 公元1400~1530年

边缘土地的耕种下限
—— 公元1600年

北

0 千米 10
0 英里 15

5 17 世纪苏格兰东南部的废弃农场

1600 年拉默缪尔山（苏格兰东南部）的 15 座农场中有 14 座都在 1750 年消失了，四分之三的已耕土地重新变为永久性沼泽地。全球变冷对歉收次数的增加"难辞其咎"。但是，1639~1660 年英格兰和苏格兰内战期间，穿境而过的军队也对这一地区的普遍动荡负有责任。

竭地而耕的方针还带来了一种足以使哪怕最为肥沃的土地也快速沦为"边缘农地"的毁灭性行为：清场伐木（clear-cutting forests）。生活在中国山西的一名历史学家回忆，当地曾是一派"树木丛茂"的景象，雨水也因之聚集成平缓的溪流，百姓"成浚支渠，溉田数千顷"。然而，就在这一区域日渐繁荣之后，

民竞为居室，南山之木采无虚岁，而土人且利山

之濯濯，垦以为田，寻株尺蘖必铲削无遗。天若暴
雨，水无所碍，朝落于南山而夕即达于平壤，延涨冲
决，流无定所。[5]

农田无分新旧，都因此无法耕种。

"都市坟场效应"

尽管放弃一处农田的决定——不管出于何种原因——总是
令人心痛，但"小冰期"迫使许多边缘农业地带的农民拖家
带口逃往城镇，以寻找工作机会或者得到糊口的面包。然而他
们之中绝大多数人的希望只能落空，因为他们的"逃离"导
致了不可持续的城市扩张。

17 世纪中叶是一个"大都会时代"：之前从未有过这么多
的人如此稠密地住在一起。北京是当时世界上最大的城市，有
超过 100 万的居民，这几乎与南京城一样多。还有 6 座中国城
市拥有 50 万以上的人口，10 万人口以上的城市则多达 20 座。
莫卧儿印度是世界上城市化程度仅次于中国的地区，有 3 座城
市的人口超过了 40 万，9 座城市超过 10 万。在 1650 年，250
万日本人（相当于全国人口的 10%）生活在城镇。相较而言，
在美洲只有墨西哥和波托西（秘鲁银矿中心）的城市人口超
过了 10 万；而非洲唯一的大都会是开罗，大约有 40 万人生活
在那里。在欧洲，奥斯曼帝国首都伊斯坦布尔的人口可能接近
了 80 万，却没有其他城市能望其项背：只有伦敦、那不勒斯
和巴黎超过了 30 万。另外还有 10 座欧洲城市的人口达到或超
过了 10 万。在荷兰，超过 20 万人口生活在以阿姆斯特丹为圆
心、半径 50 英里范围内的 10 座城镇里。

上述每一座大都会区都需要数量可观的屋宅、燃料、食物和淡水，也需要交通、消防和公共卫生等领域的规划。如果不能提供这些必要的市政服务，那么"城市坟场效应"就会随之而来。在 1630 年代的一次布道中，都柏林牧师威廉·因斯讽刺了亚伯拉罕的弟弟罗得的欲求（《创世记》人物）。罗得从索多玛逃往另一座城市，希望能在那里找到"丰裕、社群和安宁"。罗得相信，"这三座城市集聚起来，让生活变得安宁幸福"。不过因斯却提醒他的信众，事实上罗得发现，城市生活只带来了"贫穷和孤寂"。的确，正如法国社会史家让·雅克尔的评论所说，所有近代城市都无一例外是"等死之地（mouroir）、人口黑洞，这里的结婚率与生育率低得出奇，死亡率高得不成比例"。在保留了特别精确人口记录的伦敦，17世纪的葬礼次数常常是洗礼次数的两倍之多，母亲和婴儿的死亡率都格外之高。唯有来自其他社群的大规模移民可以阻止大城市规模的萎缩，这意味着每一座首都都会对整个王国的人口施加一种显著的"抑制"效应[6]（插图 6）。早在 1616 年，英王詹姆士一世就不无警告地预言说："各郡人口都在拥向伦敦，这么一来，随着时间推移，英格兰将只是伦敦，整个国家都将抛荒废弃，所有人都在我们的屋宅里悲惨求生，全部定居在这座城市。"[7]

身为詹姆士一世的臣民，本·琼森（Ben Jonson）发表了一首讽喻诗，诗中借助一个"主角三人组"的视角，描绘了因住所、食物、饮水短缺而产生的"城市坟场效应"。三人穿行在伦敦的下水道，那里——

恶臭高悬，疾病缭绕，陈年污物，犹似其生母，

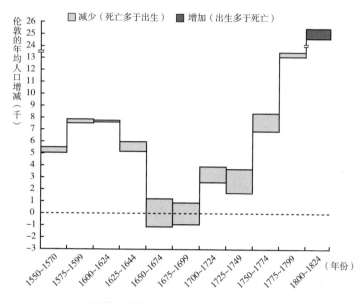

6　伦敦对全英格兰人口增长的"抑制效应"

尽管英格兰其他地区在 1650～1674 年注册登记的新生儿人数要比死亡人数多上 12 万，但伦敦却在同期遭遇了 228000 的人口赤字，唯有大量移民才能让首都人口增长。

> 饥荒流行，匮乏相继，悲伤沉积，数十人为伍，
>
> 最不恶者，亦诓骗坑蒙，宛若瘟疫般肆虐流布，
>
> 然则英雄无畏前行，纵有溷厕诸多，口吐人言，
>
> 高声叫骂，声比洪钟，李维笔下公牛①亦难竞逐。

而据与琼森同时代的詹姆斯·霍维尔说，巴黎也好不到哪里去："（街道）总是污臭不堪。污物翻腾不休，捣成了一团黑色黏稠油状物。它们所盘踞的地方根本无以清扫。"此外，"这

---

① 古罗马史学家李维《建城以来史》记述，罗慕路斯以公牛母牛辟路筑城。

些污物不仅留下玷染，而且制造了恶臭，可达数里之外——如果有风从城里吹向空气清新的乡下的话。也许这正是瘟疫总能在这个大城市的某个角落流行的一大原因。这正如史书中记载的西徐亚（Scythia）①：'全民污臭'（vagina populorum）"。另一位同时代人谢肇淛则对北京发出了许多相同的抱怨：

> 京师住宅既偪窄无余地，市上又多粪秽，五方之人，繁嚣杂处，又多蝇蚋，每至炎暑，几不聊生，稍霖雨，即有浸灌之患，故疟痢瘟疫，相仍不绝。[8]

诚然，事实上在任何时候和任何地点，城市居民都会发出相似的抱怨之声；但在 17 世纪中叶，他们的难题更为严峻。比如在 1630 年代，伦敦城的人口和建筑物密度都到了一个"大概是英国史上空前绝后"的地步。在某些教区一英亩的土地上甚至住有 400 人，其中许多人住在六层楼房里，甚至出现了一例"6 间房屋住进 64 人"（平均每屋 11 人）的状况。至少有 30% 的伦敦家庭生活在贫困线边缘或以下。[9]

许多 17 世纪的城市都日益依赖化石燃料，这也造成了一些新问题：燃料供应上的任何紊乱都会迅速造成广泛的苦难。1644 年的北京之所以欢迎清军入城，也是因为听信了他们重建因内战而受损两年之久的山西煤炭供应线，这正是北京千家万户和实业家的生计之所系。而在同一年，伦敦产业界所仰赖的泰恩河畔煤炭供应也遭到军事行动的扰乱。一位观察家预言："这个冬天将有许多叛乱爆发。"不过，化石燃料的污染

---

① 古代东欧游牧民族，以勇武野蛮著称。

也摧毁着城市居民的健康。英国诗人威廉·戴夫南特爵士（Sir William Davenant）于 1656 年发表了一篇名为《戏作》的作品，抱怨伦敦"家家烟囱喷吐浓烟，烟如穹顶笼罩全城"。这篇作品以一首歌谣开头：

61

> 伦敦正因硫黄火而窒息难耐。
> 她仍身着煤炭制成的
> 黑色兜帽，还有大氅
> 好像是在悼念酿酒工和染匠。[10]

在当时，酿酒工、染匠等其他制造业者所使用煤炭的硫含量是今天的两倍。煤烟弄得天昏地暗，污染衣物和窗帘，摧树折花，建筑物和雕像被熏黑，也令居民受窒息之苦，乃至死亡。约翰·伊夫林于 1661 年发表的文章是对空气污染的一篇早期谴责，他将那些从伦敦烟囱"乌黑的管子喷薄而出的烟柱和烟云"同"希腊人劫掠特洛伊的画面"相提并论。伊夫林还称，首都居民"只能呼吸到由污浊晦暗之水汽相伴的浓厚脏雾"。女士使用油莎草清洁面容，而教堂中的传教士必须得克服信众们此起彼伏的咳嗽和吐痰声。[11]荷兰城镇的情况甚至还更加恶化，因为泥煤（远比煤块便宜）会制造出毒烟：当地的产业工厂焚烧泥煤，用于酿酒、染色、生产肥皂、烧制砖块。

城市中心工业企业的存在大大提高了火灾的风险；为容纳大量涌入的移民而建造的廉价、劣质、高密度住宅所使用的木材等易燃物质也是如此。在东亚，木材不仅被用于建造住宅和商店，也被用于寺庙、公署和有棚市场，这进一步增加了火灾风险；此外，使用棕榈和竹子制作屋顶和房门、以敞口蒸锅做饭、油灯照明、节庆期间点火庆祝等行为也构成了隐患。就连砖制或石制的庙宇、坟墓、要塞和货栈的所有者们都惴惴不安。"天哪，好一个'火'字！"一位英国商人在爪哇写道，"不管是英语、马来语还是汉语，只要这词在我耳畔响起，就算我正在熟睡，我都会从床上一跃而起。"他回忆说，就在商人们入眠时，"我们的人多次听到卧室门口响起我们从未听过的鼓声；很快，他们自言自语，小声说着'火'。我们便都跑出了自己的卧室"。[12]

正如克里斯托弗·弗里德里希所指出的："在所有元素中，给近代城市的美好生活造成最持久威胁的并非土、水或空气。最危险的元素是火。"在 17 世纪中叶，大火变得更为频繁，且更具破坏性。一本记述英格兰突发城市火灾的"公报"列出了 1640～1689 年多达 100 次以上的火灾，其中至少有 10 次火灾引燃了 100 栋以上的建筑物。1655 年的伦敦经受了如此之多的火灾，以至于不少人都觉得这是"最后审判"的预兆；六年之后，当塞缪尔·皮普斯连续第 15 个星期出席周日慈善布道，为那些家庭焚毁的人们募集善款时，他变得厌烦起来，并"决定不再予以关注"。[13]但在 1666 年他变了主意。一场伦敦大火在这一年焚毁了圣保罗大教堂、市政厅和伦敦交易所，以及 84 座教堂和 13000 栋房屋，8 万人因此流离失所，其所造成的经济损失高达 800 万英镑。尽管伦敦人将这场火灾归咎于市长——他一开始打趣说"一个女人也许就能扑灭它"而未能制造防火间距，但真正的起因其实是气候：一个燥热的春天之后，1666 年的夏季温度比正常值高了 1.5℃，降水量则比平时减少了 6 英寸，令伦敦城变成了一座火绒箱。类似的气

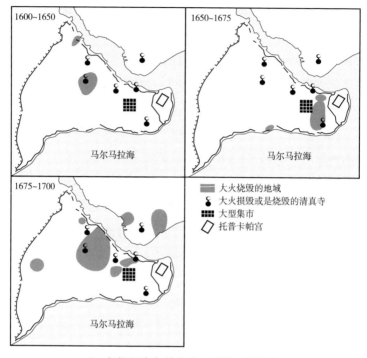

7 伊斯坦布尔的火灾，1600～1700 年

上面三幅示意图分别显示了 1600～1650 年、1650～1675 年和 1675～
1700 年奥斯曼帝国首都遭大火摧毁的地域。注意，伊斯坦布尔正是在 17 世
纪的第三个 25 年经受了最惨重的损失，大型火灾分别发生于 1652 年、1660
年、1665 年和 1673 年。

象条件在当年的西北欧地区广泛存在，20 座德意志城市的火
灾次数都有增加。唯有伦敦惊动世人的大破坏，才让 1666 年
其他地方频繁发生的城市火灾黯然失色。[14]

伦敦绝不是 17 世纪第一座因为异常干旱而造成"大火"
的首都城市。1648 年，在数月无雨的莫斯科，"仅仅在数小时
之后，'白墙'（White Wall）之内一半以上的城区和白墙之外
的约一半城区都毁于大火"；同时，莫卧儿帝国新首都沙贾汉

纳巴德（今天的德里）也于 1662 年毁于一旦。17 世纪的伊斯坦布尔经受了比史上其他任何时期都更多也更具毁灭性的大火：其中，1660 年的一场火灾烧毁了 28000 栋房屋和一些公共建筑，这又是一起超长旱灾导致火灾的案例[15]（插图7）。火灾也多次毁灭了日本最大的城市——江户，其中最为著称的是 1657 年的"明历大火"——它和 1648 年的莫斯科火灾、1660 年的伊斯坦布尔火灾，以及 1666 年的伦敦大火一样，也是在一场罕见的旱灾之后爆发的。三场各自独立的火情总共摧毁了四分之三的江户城区，其中包括 5 万户商人和工匠之家、近 1000 栋武士宅邸和超过 350 座佛寺和神社，就连日本最高的建筑物，幕府将军富丽堂皇的新城堡，"堪居欧洲规模最大的设防城市之列，却也被这场可怖大火摧毁殆尽"。这场大火可能造成 16 万人丧生。用当时日本人的话说："火舌一旦燎向人群，便将所有近在咫尺之物焚毁殆尽。有些人已经没办法再忍受热浪，他们便组成一面肉盾试图击退火焰，却窒息于滚滚浓烟之中。还有的人身上着火，四肢都烧成了灰烬。"一名荷兰目击者描述了自己是如何"带着惶怵和恐惧，目睹这座特大城市像特洛伊一样陷于火海"；以及在第二天，他是如何"穿行街巷"，看到"无数焚死的人，有的全身焚化，有的部分被焚，其中有三分之一都是幼童；他们的尸体遍布街巷，彼此枕藉"的。这位目击者也用一幅图画捕捉到了灾后江户城的肃杀：画作上是空空荡荡的城市街区，烧焦的树木，以及街头的众多死尸[16]（彩插4）。重建工作启动之后没多久，另一场大火"摧毁了一片周长约为 1.5 英里的区域"。紧接着，在 1661 年发生了第三场、1668 年又发生了第四场大火。这场火灾"吞没了如此之多贵族和平民的屋宅，以至于人们估计江户城的

63

三分之二已遭摧毁"。根据一位荷兰旅行者的说法："似乎这已成了一项惯例：每逢日本新年临近，那消耗一切的元素（火）便会在那里肆虐一阵。"[17]

这里有必要强调一下 17 世纪中叶江户四次大火那超乎寻常的烈度。1975 年，日本一桥大学校园内一处与将军城堡相距甚近的建筑工地出土了一块岩芯。这块岩芯显示了三个重要的灰烬层：最近的一层代表 1945 年东京大轰炸引发的火焰风暴，有 4 英寸厚；第二层源自 1923 年的关东大地震引起的火灾，厚 6 英寸；代表着 17 世纪大火的第三层则厚达 8 英寸。这个事实既令人震惊也使人警醒：1657～1658 年江户大火留下的焚余灰烬厚度足有 20 世纪最先进纵火技术所造成的余灰的两倍。[18]

上述所有城市火灾显然都是意外之祸；更多的火灾是因战争而起的。比如在 1640 年代，尽管有 13 座英格兰城镇经历了"意外"火灾，但士兵故意纵火的情况至少有 80 多次，其中一些火势颇为猖獗（伯明翰有 80 多栋房屋毁于大火，格洛斯特郡则有近 250 栋，均发生于 1643 年）。战争也以其他方式摧毁着大小城镇：防御工事的建造或扩建、围城战的前期准备或者围城炮火的打击都会摧垮很多建筑物。1642～1646 年，在英格兰第三大城市埃克塞特，守军主动将战前曾住有全城三分之一人口的郊区夷为平地。两次围城期间的狂轰滥炸也使"全部街巷都化为灰烬"。尽管埃克塞特成功击退了进攻者，但直到 60 年之后它才恢复到了战前的规模。[19]

战争的盛行意味着每一座城市都需要城墙——的确，最常用来表示"city"一词的中国汉字"城"，从字面上就是"城墙"的意思，因为这个字由两个字形组成：一边是表示"earth"（土壤）的"土"，一边是表示"complete"（完成）的"成"——不过，城墙往往不能拯救位处其内的市区。1631 年，德意志西部的美因茨一枪不放就开城投降。然而在随后五年之内，作为瑞典远征军的大本营，美因茨损失了 25% 的房屋、40% 的人口以及 60% 的财富。尽管帕维亚（伦巴第）的巨型城墙在 1655 年顶住了长达八周的围城攻势，这场惨胜依然使这座城市化为废墟：需求的匮乏摧毁了城市的产业；在战前抢购面粉，并在围城期间补贴面包价格的做法使其财政破产；围城者摧毁了所有城墙之外的市政资产，严重阻碍了经济的复苏。不过无论如何，美因茨和帕维亚都还算幸运：17 世纪中叶，曾被武力征服的城市经受了远为酷烈的损失，有时要花一代人的时间才能实现复苏。1629 年，对曼托瓦城的围困和洗劫使这座城市的人口从 2.9 万人减少至 9000 人；1647 年，曼托瓦仍然只有 1.5 万名居民，直到 1676 年也只有 2 万人。波兰 - 立陶宛联邦的首都华沙在 1630 年代的人口约为 3 万人（国会在华沙开幕时这一数字会增至 10 万人），但特兰西瓦尼亚和瑞典军队于 1655～1657 年占领华沙之后，这个数字降到了 6000 人以下。外国军队也令华沙一半以上的建筑物沦为废墟。[20] 也许，这一时期最糟糕的人为城市灾难发生于 1642 年。在围城作战持续一年之后，中国的农民军领袖李自成决定挖开附近的黄河大堤，以此迫使河南的开封城投降。一个宿命般的巧合出现了：开封守军也几乎于同一时刻掘开了另一座黄河大坝，希望以此水淹李自成军营，迫使叛军退却。一位同时代人记载说，两处溃口的河水灌进了同一座城门，造成的洪水"即刻深达 20 英尺"。第二天，李自成派人驾船进入开封城搜刮财宝、意图抢掠，却没有找到一个活人。[21]

洪水也是加剧"城市坟场效应"的一个因素。因为许多城市都是在河畔或是湖畔发展起来的，即便在没有军事干预的情况下，过高的降水量也足以造成严重的洪水灾害。墨西哥城史上最严重的洪涝发生于 1629 年，一场豪雨加上排水不畅让周围的湖泊水位急剧上涨，将一大部分城区淹入水中长达五年之久。这场大灾难让一些人考虑迁都。尽管西班牙中央政府这一次严拒了迁都方案，但在 30 年之后，反复的水患促使他们在阿根廷批准了放弃区域首府圣菲拉维亚的请求，将其迁到一个海拔更高的地方。而在欧洲，塞纳河在 17 世纪漫过河岸、淹没巴黎的记录多达 18 起，其中特别严重的三场洪灾发生于 1649 年、1651 年和 1658 年；荷兰低地省份的城镇甚至经受了更为频繁的水患，因为北海的风暴周期性地使海水冲刷、乃至越过了海堤（比如在 1651 年，阿姆斯特丹便遭淹没）。[22]

"城市坟场效应"的最后一大成因，便是近代城市所仰赖的粮食产地与城市本身相距遥远。一位居住在中国上海附近的官员预见到了这一状况的潜在危险性，堪称明察秋毫：

65　　　　县不产米，仰食四方，夏麦方熟，秋禾既登，商
　　　　人载米而来者，舳舻相衔……倘令金鼓一震，矢石交
　　　　加，城门十日不启，饥人号呼，得不自乱乎？

他的恐惧在 1641～1642 年成为现实。无须"敌情骤临"，全球变冷便摧毁了整个中国南部的水稻收成，可能有近 50 万人被饿死，公共秩序土崩瓦解。[23]

"都城"

"都城"（palace cities）意指那些拥有众多需要供养的脱

产政府官员的城市。都城在经济上最为脆弱，因为通常而言，它们所需的大部分粮食需要进口，并因此依赖于远距离供应——而供应路线越长，便越容易中断。比如，大运河上的驳船与护航队平均每年要将45万吨稻米（以及同样巨量的小麦、小米、大豆等粮食）运往北京，这条大运河长达1200英里，南抵长江三角洲的肥沃稻田。1641年的山东旱灾导致大运河干涸（这是到当时为止其历史上的唯一一次）；而在1642年之后，对盗匪袭击的恐惧干扰了运河的日常维护工作（包括疏浚河道、筑堤和修缮船闸），也扰乱了护航船队的航行。绝大部分进口稻米都用来供养皇城内的30万居民。因此，明朝末代皇帝未能供养其子民的事实部分促成了后者投降的决定。1644年，首都北京几乎兵不血刃就陷于敌手。

17世纪另一座"都城"伊斯坦布尔的粮食供应状况与北京惊人地相似。这座奥斯曼首都每天要进口数千头绵羊和羔羊、500多头牛，以及500吨面包。这是因为苏丹本人（好比中国皇帝）不仅需要供养皇室家庭、官僚、太监、工匠、侍卫和商人（及其家眷），还要供养大学学生以及与帝国清真寺挂钩的伊斯兰学院的学生。与北京相似，伊斯坦布尔也坐拥一张颇为可靠的供应网络——埃及、巴尔干半岛、爱琴海和黑海沿岸地区都定期为首都供应粮食，一部分是作为贡品，一如它们自罗马帝国时代以来的惯例——但是，这张供应网也会遭受自然或人为力量的扰乱。比如在1620~1621年博斯普鲁斯海峡的封冻，以及1641~1643年尼罗河意外枯水导致的埃及大旱，这两桩气候事件都极大地减少了伊斯坦布尔的海上粮食供应。战争也同样打断了粮食供应：1645~1658年，敌军舰队一再封锁达达尼尔海峡，禁止船只通行，导致奥斯曼帝国首都的粮价飙升。不管出于何种原因，每当粮食供应中断，那些通常要靠国家供养的居民家庭都会首先受害，这与北京的情况类似——这也有助于解释，为何在 1622 年和 1648 年，奥斯曼帝国的宫廷人员都纵容叛乱，让其以弑君告终。[24]

而在西班牙君主国的首都马德里，地方法官强行颁布了一份"日课表"（daily schedule）。根据这份文件，所有邻近村镇都必须将特定数额的小麦运抵专为供养宫廷而设的"特别粮仓"。1630 年灾难性的歉收期间，这项供应大为减少。法官们便将这一"进贡制度"扩大到包括半径 60 英里之内 500 个社区的地域。上述社区的每家每户都负责上缴定额的小麦，以满足宫廷每天 30 吨的总需求。[25] 1647 年，正值"持续的暴雨瘫痪了通往马德里的道路交通"，一位资深大臣警告国王："面粉的存货已几乎消耗一空；人们无法进入乡间寻找用于加热烤箱的干燥木柴。因为洪水泛滥，已经很难找到仍在正常运转的磨坊。"马德里城的粮仓很快就消耗一空，这位大臣表达了如此的担忧："如果面包供应停止哪怕一天，那可就不是今天这一百个人抗议那么简单了，举国的民众都将聚集在宫门前。"[26] 为了消灾弭祸，西班牙政府再一次单方面扩大了"谷物进贡制度"的覆盖范围，撤销了所有免税项目，驳回了所有被镇压村镇的救济请愿，派出的税吏远行首都 120 英里（乃至更远）以外征收口粮。归功于上述快速、激进的反制措施，腓力四世最终并没有"看见举国的民众都聚集到王宫门前"。[27]

"都城"绝不是唯一一种催生了精巧但脆弱的供给网络的地带。其他城市中心若是过度发展、超过了直接腹地供养能力的话，也会变得依赖于远距离的市场力量。因此，在欧洲北海和大西洋沿岸的大型港口城市（包括伦敦、阿姆斯特丹、安特卫普、里斯本和塞维利亚），蓬勃增长的人口日常所需的面包要依靠从波兰 - 立陶宛联邦进口的大量谷物：那里遍布着肥沃土壤，有充足的廉价劳动力，而且水运便捷。17 世纪初，每年有 15 万 ~20 万吨谷物沿维斯瓦河北运，并在但泽贩售。平均每年有 1500 艘船满载谷物从但泽起航前往西欧。这一商业网络的任何扰动——例如 1620 年代波兰和瑞典之间爆发的战争，或者 1658 年初丹麦海峡的封冻——都会立即导致欧洲大西洋沿岸一线城市的面包价格飙涨，那里的城市贫民也将因此饿死。

经济大区

没有一个近代定居点是完全自给自足的：它们都得进口至少一部分货物。即便在每年都因冬季积雪或是季风降雨而与世隔绝一段时间的高原村镇，其居民也要定期下山，步履蹒跚地前往最近的市镇，在那里售卖手工艺品或是剩余农产品，并获取一些生活必需品，比如用于食物贮存的食盐，以及用于制作工具的铁器。随着 16 世纪人口密度的增长，"市镇"的数量也格外膨胀。在中国，漳州府（福建）的市集数量从 1491 年的 11 处增长到 1573 年的 38 处，又于 1628 年增至 65 处。在 1630 年代的日本，绝大多数沿海地带市镇之间都相距 2 ~4 英里；而在当时的英格兰，人们平均只需出行 8 英里就能抵达最近的市集。

在大城市周边，市集的密度达到顶峰——伦敦周边各郡的市集密度是平均不到 1 英里一个——原因在于，它们构成了一块经济活动片区。这里有最宜耕的土地，最密集的人口，有信息传播和交通的枢纽，并集聚了最大规模的资本。经济学家称

67

它们为大区。明代中国有八个经济大区，每个大区都以一个水系为中心，并以自然屏障与其余大区隔绝开来。印度次大陆也有不少经济大区，其中就包括古吉拉特和恒河流域；奥斯曼帝国坐拥埃及、爱琴海沿岸和黑海地区；而在美洲，墨西哥城恰恰位于一个大区的中心；日本的近畿平原和关东平原也是如此。欧洲的经济大区则包括意大利的热那亚—都灵—威尼斯—佛罗伦萨四角地带，英格兰东南部的首都诸郡，荷兰、泽兰和乌德勒支的邻近省份，以及法兰西岛地区。在这些大区，许多定居点采取一种"高风险，高回报"的经济策略：他们专注生产经济作物，并靠向商人和制造商售卖赚钱。同时，他们从远方进口自己所需的粮食。[28]

年景优渥的时候，"大区"会为农民们创造三大黄金经济机会——但这也伴随着高风险。首先，得益于水涨船高的外地需求和稳定的运输成本，许多个体农户都实现了从杂作（generalist）到专营（specialist）的转换。为了适应市场，他们投资农业器械、原材料和劳动力，以供耕种单一或少数几种作物之需。比如在 1622 年的符腾堡公国（德意志西南部），不少农民（乃至整个社区）都放弃了谷物种植，转而生产葡萄酒。这片地区也因此至今驰名。其所导致的后果是，几乎所有居民都得仰赖进口谷物来烘焙日常所需的面包。因此，就在当年德意志绝大部分地区收成都难抵往年产量一半的时候，符腾堡的大部地区也陷入饥饿。[29]在许多中国东部省份，大批农民也转而生产面向市场的经济作物（如食糖、茶叶、鱼类、丝绸和棉花）。这些转换在一开始并未遇到多少麻烦。一方面，水稻耕种所需的密集劳作季节是 3 月、5 月和 7 月，而棉花种植最需投入心力的时间是 4 月、6 月和 8~10 月；因此，同一批劳动力可以同时种植两种作物。另一方面，鱼塘在南方的河流三角洲地带由来已久，果树则种在周边的河堤上；果树掉落的有机物可以喂养鱼类（主要是鲤鱼），而挖自鱼塘的泥粪则滋养了果树和周边稻田。不过随着需求增长、丝绸价格上升，农民便开始用喂养蚕虫的桑树代替果树，也把河堤上的稻田换成鱼塘和桑树。乍一看来这构成了一个可持续的生态系统，因为几乎所有必需的矿物质和能源都得到了循环利用。然而，这并非一个封闭系统①：那些专注于养鱼、种桑的农户再也无法实现粮食自给了，他们的生活现在完全仰赖数英里（有时是数百英里）之外生产的稻米。那些放弃谷物、改种棉花的中国农民也面临了相同的困境。一开始他们只是在旱地和田垄上种棉，后来就逐渐扩展到全部农地。尽管小农可以在一些年份里从棉花那里大发其财，但这种作物所需的肥料是水稻的两倍，在洪水、干旱和强风面前也更为脆弱。无人贮存这种一年生作物，因此，它的市场价值会受到气候变动和肥料价格变化的即时影响，正如其反映了棉花本身的市场需求一样——所有这些影响因子都是农民所无法控制的。因此，这种"奇迹作物"歉收或者行情崩盘的情况迟早必有一者发生。无论出现上述哪一种场景，棉花生产者都将挨饿。

对农民而言，与 17 世纪"经济大区"增长相伴的第二大黄金机遇便是攫取洪泛地带的机会。在 1590~1640 年的荷兰北部，阿姆斯特丹等临近城市的人口增长驱使业主们拓垦 22 万英亩的湖泊、河口和沼泽地带，并因此新创造了 1400 座大型农场。16 世纪的中国见证了 1000 多项新治水工程的落成，

---

① 热力学术语，指不与外界进行能量交换，保持粒子守恒的系统。

两倍于 15 世纪。同时，修整工作也使更多废弃的水利工程重
新发挥效力。在日本，1550 ~ 1640 年的大规模新田开垦运动
使稻田的面积增至之前的两倍以上。不过，这些治水工程都是
脆弱的。一方面，它们需要持续维护：任何浸水（不管因何
发生）灾害都需要在第一时间得到处理，因为浸水时间越长，
排水难度就越大。另一方面，敌军可以轻而易举地摧毁堤坝和
水库，并阻止维修工作。这种举措带来了使治乱循环常态化的
风险，原因有二：其一，失地农民此时除了加入侵略者之外无
路可走；其二，洪水也为入侵者提供了绝佳的进攻机会（见
第 5 章的某些来自中国的例证）。[30]

与"经济大区"有关的第三大黄金机遇，便是 16 世纪相
对温暖的气候，这降低了早晚季作物因霜冻凋亡的危险，使集
约化耕作得以实现，从而满足了随着人口增长而扩张的食品需
求。最引人瞩目的增长发生于中国东南地区：那里的土地税取
决于面积而非产量，这鼓励农民们每年种植双季稻乃至三季
稻。许多将信将疑的同时代人在 1620 年代描述了这一耕作制
度——一些是中国人（"广东农地每岁三熟，地偏气异暖于中
土"），一些是欧洲人（"他们一年之内连续收获了三次，两次
是水稻，一次是小麦"）[31]（插图 8）。在中国和日本，农民们
实验了不同品种的水稻，比如速熟稻（哪怕产量低一些）、抗
盐稻（适用于滨海地带）和抗寒稻——仅福建一地就有超过
150 多种水稻投入种植，其中超过三分之二的品种都仅种植于
一处农田。

综上考虑，这些改进措施在丰年里几乎能使水稻产量翻
倍——但也仅仅是在丰年而已。阻碍双季稻生产的任何因素
（干旱、寒冷等）都会使农民陷入贫困，他们的生计要仰赖于

出售多余的作物。这些因素也会使消费者食物短缺，乃至忍饥
挨饿，其原因要么是缺粮，要么是因为后者无法买到粮食——
这经常造成长期的恶果。在印度，1627～1631年的饥荒和洪
水终结了古吉拉特的槐蓝和棉纺织业，因为织工既缺少商品需
求，也缺乏口粮，不得不逃离本地，一去不返。同样的情况发
生在山西的潞州府。直到1640～1642年的灾害之前，这里仍 69
有"绸机三千余张"，编织从外地进口的生丝。而在灾难
之后：

> （机户）皆因抱牌当行支价，赔累荡产破家。元
> 年至今，仅存者不过二三百张。……机户终岁勤苦，
> 夜以继日，妇子供作，俱置勿论，若线、若色，尽取
> 囊中，日赔月累，其何能继？今年四月，臣乡人来

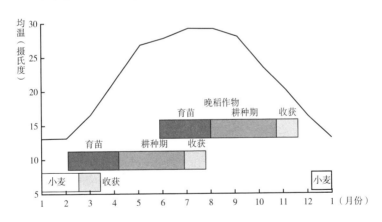

8 中国岭南地区的双季稻耕作周期

关于稻米价格的系列数据反映了两个截然不同的规律：暖年（比如1620
年代）的米价普遍偏低，且在4～5月和7月迎来两个低谷（恰恰就在每季收
成进入市场之前）；冷年（比如1640年代）则仅仅会在6～7月迎来米价的季
节性低谷。

言，各机户焚烧绸机，辞行碎牌，痛苦奔逃。

机织业崩溃自然也重创了生丝业者：邻省陕西持续 2000 年的传统养蚕业就此消亡了。那些不再出产粮食，而是着重于改种其他供出口经济作物（比如食糖、茶叶、槐蓝，或是各种竹制品如毛笔刷、斗笠、竹伞等）的农民都有一项共同的弱点：每逢主食供应瘫痪，他们既会失去市场，也将失去供养家庭的能力。[32]

人为恶意与经济大区

除了气候变化引致的灾难，大区（正如城市）在人为的恶意之前也极度脆弱。首先，农业技术创新和经济作物种植通常都需要大量的固定资产投资。举例来说，制糖需要滚筒碾粉机挤碎茎秆、平底锅煮汁、托盘干燥结晶；丝绸业则需要桑树（每株桑树都需要六年成熟期）、大木桶染色和织布机出布；棉纺织业则需要轧棉机和织布机。[33] 敌人完全可以抢掠、焚毁这些固定资产，就像对待传统作物和简单农具一样——不过，它对前者造成的毁灭性损失要比后者严重得多，修复所需的时间也要长很多。更有甚者，这些固定资产正如治水工程一样——只要抢掠者能够摧毁它们一次，就定能摧毁第二次。

人为因素还会通过第二种途径给经济大区造成严重损失。这源于一项事实：尽管经济大区构成了 17 世纪规模最大的聚合经济单元，但它们没能创建一个单一市场（插图 9）。经济史家岸本美绪（Kishimoto Mio）为此描画了一幅颇为贴切的图景。这些"经济大区"更像是——

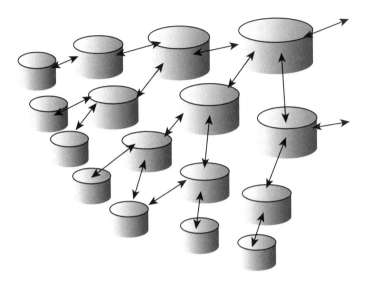

9 近代早期经济体系的简单模型

日本历史学家岸本美绪曾经指出,近代世界的经济体系有类于一系列彼此联系的浅水池,其中一些池子比别的池子更深。不同"水池"之间的完全一体化(插图52)进展缓慢。

许多较浅的贮水池,互相之间由水管联结。正因为它们浅,所以贮水池对外部经济状况的变化格外敏感。举例来说,太少的钱流入、太多的钱或商品流出,都足以轻而易举地榨干这些贮水池,瘫痪本地经济……纵使我们能够通过把这些水池的贮水量合计起来算出这一经济单元的总规模,这在经济史上也不会有什么实际意义,除非这些贮水池能有机地整合成一个单一经济体。也许,更有意义的是从本地居民的视角来研究商品和货币如何流进流出这些本地市场的"浅池",并倾听他们对于外部市场的状况如何给本地带来毁灭性打击的抱怨。[34]

71

在 17 世纪，每当战争和叛乱导致市场空间关闭、贸易往来断绝时，类似的抱怨之声总会迅速增长。例如，同时发生于 1621 年的两场战争——荷兰共和国与西班牙的战争以及瑞典与波兰的战争——所引发的封锁行动都重点针对了波罗的海地区的谷物出口贸易：前者是因为荷兰船只运送了绝大多数谷物，后者则是因为谷物出口利润支撑着波兰的战争潜力。因此，途经丹麦海峡的谷物出口量从 1618 年的 20 多万吨降到了 1624～1625 年的 6 万吨。一如封锁者所愿，出口的断崖式下跌不仅摧毁了波兰农民的生计，也使荷兰共和国的粮价涨到了 17 世纪的最高水平。部分城市爆发了骚乱，一位惊慌失措的荷兰政治家在日记中写道，"上帝"已经在这片土地上"降下了灾祸"。[35]

十年之后的东亚，又一场封锁瘫痪了日本那些在经济上依赖于贩售中国丝绸的地区。1630 年代，德川家光将军首先命令所有侨居国外的日本人回国并禁止一切对外移民，接着在日本列岛全境禁止建造大型船只，并在最后禁绝了与葡萄牙人之间的所有贸易。为应对这些举措对日本的经济冲击，家光事先做好了周密的准备：一方面，他颁布了新的"禁奢促俭令"，意在减少对进口产品的消费（比如丝绸）；另一方面，他鼓励荷兰、朝鲜和中国商人增加他们的丝绸进口，以此维持商品供应的稳定。[36]不过，家光失算了：尽管澳门的葡萄牙人如家光所愿失去了"国王陛下（腓力四世）在这里最赚钱的贸易营生"，但本来预计会增加贸易量的荷兰人的贸易额也减少了。原因在于，虽然荷兰人应将军之请向日本输入了大量丝绸，但他们却发现，新的"禁奢促俭令"已经令丝绸在日本的市场需求减半。[37]出于同一原因，中国人也无法在日本售卖货物：

长江流域的生丝价格也因此剧跌，生丝生产者因此挨饿。最后，日本本土的出口商也同受其害，因为他们丧失了之前运往澳门购买丝绸的巨资，价值至少 80 万两白银。许多人因而破产，一些人跑路，还有少数人为了躲避债主而自杀身亡。[38] 所有参与中日丝绸贸易的人都因此经受了严重乃至致命的损失，而这一切都源于一项他们无法控制，也毫无还手之力的政治决策。[39]

那些"经济大区"的居民对其他政府行为同样束手无策。例如，对于通常使用现金完成商业交易的他们而言，币值操纵对他们的影响要远大于那些仍在依赖以物易物的地域群落。近代早期世界的货币有两种形式。第一种由商人、君主等人使用，适用于大额交易，它由金币和银币组成，像其他日用品一样带有内在价值。因此，政府便可以通过改变每枚硬币贵金属含量的办法，变相操纵与别国贵金属硬币之间的兑换率。17世纪中叶，世界上玩弄通货的政府前所未有得多。他们以虚高的价值重新铸造现有货币，这样既能"赚钱"（make），也能在支付的时候"省钱"（save）（很大程度上就像今天的各国政府欢迎货币贬值一样，因为这既能减少他们的实际负债额，又能增强本国产品的竞争优势）。西班牙政府是此事的急先锋，他们于 1618 年带头发行了廉价铜硬币，也即所谓的贝昂（vellón）。短短八年之内，这种新货币就在国内流通市场中几乎完全取代了银币。严重的通货膨胀随之而来，政府先是叫停了贝昂的进一步发行，接着又将所有铜币的面值减半。1636 ~ 1658 年，西班牙铸币局又先后四次收回了所有流通中的硬币，并重新印上更高的面值（两倍、三倍甚至四倍于原面值），但每一次都不得不在几个月后迫于公众抗议的压力恢复原先的货币价值。

许多穆斯林统治者也乞灵于货币贬值，并因此引发了类似的经济混乱。在奥斯曼帝国，标准银币"阿克切"（akçe）的重量和含银量在一系列贬值中飞速下挫，从1580年代的0.7克直落到1640年的0.3克，几乎从流通领域消失。在伊朗，一位暴怒不已的布商在一首诗歌中描述了1653～1654年的所谓"货币革命"。"革命"期间的债权人都害怕在收债时收到伊朗君主所发行的"数量充足但价值低贱"的银币，这种银币上印有狮子头像：

> 金钱到处都是，但是乞丐也拒绝收受，
> 仿佛钱上的狮子要吃人……
>
> 债主跑着躲开借钱的人，
> 世上还没有过这类奇事……
>
> 就在货币革命的时候
> 我却同时担心充盈和匮乏。[40]

中国明末皇帝治下的臣民也担心，巨额国防开支首先便会使政府发行大量法定铜币。而一旦黄铜供应告罄，铜币中便只能渗入较贱的金属。白银与铜币的兑换比率从1638年的1∶1700跌至1643年的1∶3000。无计可施的崇祯皇帝也在这一年开始发行纸币，但（不难理解）没有人相信其票面价值有朝一日能得到兑换——这个权宜之计也失败了。麻烦接踵而至：清朝政府拒绝接受明朝铜币的法定货币地位。因此，白银与铜币的兑换比例掉到了 1646 年的 1∶5000，更于 1647 年降到了 1∶6000。最终，正如 1620 年代的欧洲中部（页边码第 35 页）一样，铜币变得一文不值。用一位时人的话说："一百枚铜币叠在一起也很难有一寸厚，这些钱扔到地上就裂成了碎片。"[41]

经济史家仍在争论，资产流动性的剧烈变化究竟能在多大程度上影响近代早期的世界。不过显而易见的是，对各个地理片区、各个社会群体而言，银币或金币的重要性要与它们对现金的依赖成正比，与以物易物的程度成反比；不出所料的是，"以物易物"在 17 世纪世界的许多地区都广为扩散。不过，贸易——特别是国外贸易——还是给币值波动施加了一种"倍增效应"（multiplier effect）。从岸本美绪的另一番洞见中，我们可以看到货币何以不同于其他日用品：

> 或迟或早，钱币在消费过程中就会为他人创造额外收入。每年流入一块区域市场的白银会透过一系列连锁交易，为其他区域市场创造需求。举例来说，生丝生产者会把他们的丝绸卖给外地商人获取白银，并用白银从附近农户那里购买粮食。而那些出售粮食获取白银的人也会用白银购买棉衣等形形色色的日用品。如果白银流入因故中止，生丝生产者就没钱购买粮食，粮食生产者也就无钱购买棉衣。收入的减少以一种链式反应的态势传播开来。[42]

岸本美绪的模型足以解释，为什么当时的人特别关注白银和其他日用品的"流动"而非"贮存"：重要的并非囤积商品的能力，而是将商品出售的能力。1650 年代，历时三十年之久的战争、疾病和饥荒使江南地区的经济需求大为减少，而接连多年偏热的夏天令水稻连年丰收——但这给稻农们带来了大灾难。据一位稻农称："本年稻价之贱数十年未有。赤贫村舍草昧之民，犹能食精米、制糕点。然吾家去岁除夕之日，午饭难办。"在随后十年里，清政府禁绝一切海上贸易的政策也斩断了江南传统的海外出口市场，这再一次导致了供大于求的现象。有当地人说：

> 有千金之产者，尝旬月不见铢两，谷贱不得饭，肉贱不得食，布帛贱不得衣，鬻谷肉布帛者亦卒不得衣食，银少故也……于是枫桥之市，粟麦壅积，南濠之市百货不行，良贾失业，不得旋归。万金之家，不五七年而为窭人者，予既数见之矣。

或者用当时的一句更为简明扼要的中国格言来说："富者转贫；贫者乃亡。"[43]

"有钱人和没钱人"

在 1615 年出版于马德里的《堂吉诃德》下卷，米格尔·德·塞万提斯借那位没心没肺的骑士侍从桑丘·潘萨之口，说出了一句流传至今的格言："我祖母说过，世界上只有两类家庭：有钱人和没钱人。"[44] 就在塞万提斯写作此书的时候，约有 250 户家庭的西班牙中部小镇纳瓦尔莫拉尔－德－托莱多（Navalmoral de Toledo）就有 50 户家庭属于"没钱人"，他们没有任何财产，而是住在窝棚里，有时甚至没有一件家具——他们去世后，财产清册上没有记录任何椅子、桌子、

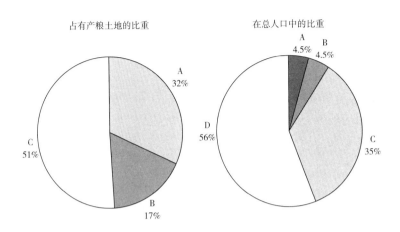

占有产粮土地的比重

在总人口中的比重

10　17 世纪早期西班牙纳瓦尔莫拉尔的社会结构

A 组：11 户家庭，占总人口 4.5%，持有全村 32% 的土地

B 组：11 户家庭，占总人口 4.5%，持有全村 17% 的土地

C 组：86 户家庭，占总人口 35%，持有全村 51% 的土地

D 组：135 户家庭，占总人口 56%，不持有土地

在这座位于托莱多以南的边远高地村庄，243 户家庭中的 11 户占有了村庄三分之一的土地，22 户占据了一半土地，全部土地则由 108 户家庭共同拥有。其余居民都是"一无所有者"，其中不少人甚至没有固定居所。

床铺——且全靠给"有钱人"劳作过活。不仅如此，这座小镇还有 20 位没有任何可见收入来源的孀居寡妇，以及 17 名被称为"贫民"的独居者，他们甚至没有自己的固定住所，冬天住在谷仓或阁楼里，夏天则寄居于灌木篱墙之下（插图 10）。在 17 世纪的头几十年里，每次歉收都会推高粮价，但劳动力需求也会下降。这些"没钱人"就得挨饿，但还不至于饿死——"有钱人"会提供施舍，教堂也会用什一税（收获的十分之一）来做慈善。但如果匮乏持续，不仅"没钱人"的人数会增加，什一税的额度也会减少。比如在 1618 年这一丰年（什一税也因此上涨），纳瓦尔莫拉尔附近一座西

班牙乡镇的教堂就分发了 12000 马拉维迪斯（合 5 英镑）的
75 救济金，但在 1630 年代，随着作物产量下跌，这笔救济金就
降到了每年 2000 马拉维迪斯；而在 1645 年、1647 年和 1649
年（17 世纪收成最糟糕的三个年份），教区神父不无悲伤地
在他的账簿上写道："没有发出一分钱救济金，因为已经没什
么可发的了。"[45]

其他地方的大量"没钱人"也好不到哪里去，即便在欧
洲唯一一个拥有义务福利制度（济贫法）的国家英格兰也是
如此。一次糟糕的收成将使富人赈济穷人免于饿死的数额翻两
倍、三倍乃至四倍。因此，用社会史家斯蒂夫·辛德尔
（Steve Hindle）的话说，在 17 世纪中叶，"很难理解农场雇工
及其家人是怎样熬过一整年的"。只靠做受薪的农活再也无法
"维持生活，它只能为维持生存提供一些重要的现金补充。实
现基本生存还是要仰赖于对自家园圃的耕作和对公用地利权的
使用"，偶尔还要靠济贫金增补；这种朝不保夕的处境"迫使
全部家庭成员都参与到生产劳动之中以补贴家用"。直到 17 世
纪末，只要不是身体残疾或是体弱乏力，绝大多数英国的普通
男女都从六七岁就开始自食其力，并"真的一直工作到死"。[46]

毫无疑问，"普通男女"的生活状况在交战区域只会更加
恶化。在荷兰南部的马斯河流域，圣图尔登的行政官于 1630
年取消了他们的年度集市，理由是"如今战争频仍，谷粮短
缺，疾病肆虐，苦不堪言"。四年后，附近艾玛艾尔（Emael）
的教区神父在日记中写道，"这一年我们饱受令人震惊的疾
病、战争、饥荒与火灾的考验。首先，一场狂暴的瘟疫在六七
月间袭击了村镇，带走了 17 名受害者的生命。紧接着我们又
遭遇了一场意料之外的战争"，三个（被派去保护他们的）西

班牙团"在此屯驻。他们的行径比野蛮人还野蛮：士兵们摧毁了一切；他们砍伐树木，将许多房舍夷为平地，毁掉了所有他们无法偷走的庄稼，甚至不留下足够的存粮供贫农们充饥。正因为此，我们在这一年根本没收到什一税"。虽然每一场灾难本身都不能说是"前所未有"，但它们之前却很少同时发生：在马斯兰省（Maasland）全境，1634 年的什一税收入（与西班牙一样，这一数字也反映了农业产量，并构成了济贫金的主要基础）降到了 1620~1750 年记载的最低水平。[47]

中国的情况也与之类似：农业产量在 17 世纪中叶降到了最低水平，并且再一次使传统慈善事业走向崩溃。中国的每一处县衙都（至少在理论上）运营着一座国有的"常平仓"，其余各地也保有着规模更小的额外贮粮库，以作"济民"之用；但在 17 世纪，不管是因为贪腐还是无能，很多粮仓已经告罄。为了避免灾祸，一群群忧心的市民因此创建了"义庄义仓"以"行善积德"。有人向赤贫的寡妇施舍，向穷人发放带衬里的冬衣，捐出棺材埋葬无主尸体；有人建立施粥点，为碰到麻烦的小商人垫款；还有人仍在为穷人建立育婴堂、医疗站和学校。不过，绝大多数"义庄义社"都只能为一少部分入选的人提供帮助。有人在同意发给申请者"定量供应卡"之前会先对他们进行"背景审查"；还有的人只帮助那些由义庄成员推荐的人（他们自己的亲属也不例外，这是为了规避赡养责任）。因此，私人慈善在济贫问题上只能是隔靴搔痒。在大饥荒前夜的 1641 年，浙江一家"义社"的创建者表示，尽管他现在已经帮助了"三四百人"（相比之下，十年前只有区区数十人），他仍然担心，在所有穷人当中，"养生送死之人不及其十之一二"。[48]

76

明清易代之际，就连这种有限的慈善活动也常常终止。1670年在山东郯城，地方乡绅对一位新到任的县令说，本地"疲敝已久，饱经蹂躏，农地低于洪涝，稼穑满目榛莽，迄已三十载也"。饥荒、疾病和盗匪早在1630年代就令此地人口萧条；清军又于1642年蹂躏乡间，并将县城洗劫一空；1649～1659年，豪雨导致本地河流四度泛滥，摧毁了农田收成。因此在1630年代，郯城还有4万多名成年男性可被征用为劳力，但这一数字在1643年就不到3.3万人了，在1646年更是降到了1万人以下。1670年，这位新县令了解到，"盖地方凋瘵，百姓贫苦，原不知有生之乐"。[49]

相信自己碰到了空前灾祸的绝不只是山东的居民。世界其他地方的人，特别是那些生活在边缘农地、市镇和经济大区的居民，也写下了相似的哀泣之语。榎本弥左卫门是日本江户附近的一位盐商，他认为"从我15岁（1638年）到18岁，世界一直在燃烧"。而在欧洲，一位德意志布商则哀叹："如此之多的人死去，这是人类史上闻所未闻的。"就在战争、瘟疫和歉收同时袭来的时候，一位勃艮第编年史家看到"到处都是死神的脸庞"。"我们住在草丛之间，草丛取自公园和农地，"他写道，"子孙后代将对此难以置信。"一位德意志牧师也表达了相同的情绪："我们的后代将无法相信，我们经历了怎样的不幸。"他的一位天主教教士同事也发出了措辞华丽的质问："谁能记述如此之多的卑鄙恶棍，以及他们的罪恶伎俩和奸宄邪行？……我不会再有时间或机会了，我已用够了笔墨和纸张。"[50]我们只有更仔细地观察他们所目击的人口灾难的规模，才能理解这些作者疑惧悲观的情绪——这是一场可能使全球人口减少了三分之一的浩劫。

注 释

1. Bacon, *Essayes*, 47（first published in 1612）.
2. Manuel de Melo, *Historia*, 25, 22; AMAE（M）*Ms* 42/15 – 16v, Chumacero to Philip IV, 22 Oct. 1647, and fos 45 – 8, *consulta*, 10 Sep. 1647; Bercé, 'Troubles frumentaires', 772, quoting 'rumore del popolo' in Fermo and neighbouring cities in 1648; Wildman, *Truths triumph*, 4 – 5; Sibbald, *Provision for the poor*, 1.
3. Details from Parry, 'Climatic change', and Dodgshon, 'The *Little Ice Age*'（quoting the marquis of Lorne, whose family owned Kintyre）. 两篇文章都包含鲜明的对比图表。
4. 有关收成比率，参见 Aymard, 'Rendements', 483 – 7, and idem, 'Rese e profitti', 436; on Leonforte, see Davies, 'Changes', 393 – 7, and Ligresti, *Sicilia moderna*, 108。
5. *SCC*, IV. iii, 245, quoting Yan Sengfang, *Shang ting Chi*. See also the discussion of 'Internal frontiers and intensified land use in China' in Richards, *Unending frontier*, 112 – 47.
6. Ince, *Lot's little one*, 92 – 4; Jacquart, 'Paris', 108; Wrigley and Schofield, *Population history*, 79, 80, 168; Woods, *Death before birth*, 95 – 6, 194 and 196（所有系列数据都在 17 世纪下半叶达到了巅峰值）。
7. McIlwain, *Political works of James I*, 343 – 4, 对星室法庭的讲话。英王在讲话中声称，英格兰在这一点上遵循了"意大利的做法，特别是那不勒斯"。
8. Jonson, *Epigrams*, CXXXIV, 'On the famous voyage'（1612）; [726] Howell, *Epistolae*, 25, to Captain Francis Bacon, Paris, 30 Mar. 1630; Dunstan, 'Late Ming epidemics', 7, 引自谢肇淛《五杂俎》（1608）。
9. Keene, 'Growth', 20 – 1; Baer, 'Stuart London', 633 – 4, from the 'Settlement of tithes' of 1638.

10. Wakeman, *The great enterprise*, 455; Nef, *The rise*, 282 – 97 (quotation from the Venetian ambassador in London, 15 July 1644); Davenant, *The first days*, 54 – 5 and 84 (1656). Paris was no better: Newman, *Cultural capitals*, 12.

11. 引自 Evelyn, *Fumifugium*, 5 – 16。另见 Jenner, 'The politics of London air'。

12. Foster, *The voyage of Sir Henry Middleton*, 97 – 8 (Edmund Scott, 'Exact discourse of the subtilties... of the East Indians'). 在东亚, 无论是出于宗教还是出于医疗的考量, 人们都被鼓励用木材而非石料来营造家宅: 参见 Pomeranz, *Great divergence*, 134 – 5。

13. Friedrichs, *The early modern city*, 276; Jones, Porter and Turner, *A gazetteer*, table 6; Hessayon, 'Gold tried in the fire', 4 – 5; Pepys, *Diary*, II, 128, entry for 30 June 1661. Seaver, *Wallington's world*, 54 – 6, 提到尼希米·沃林顿曾有多么频繁地报道伦敦 17 世纪中叶的大型火灾 (作为一个加尔文宗信徒, 他也对罪孽深重的不守安息日者在火灾中蒙受的财产损失幸灾乐祸)。

14. Pepys, *Diary*, VII, 267 – 79, 提供了一份值得记取的目击者实录。Mauelshagen, *Klimageschichte*, 127 – 9, 记载了 1666 年夏天的气候反常, 以及欧洲各地层出不穷的城市火灾。

15. RAS, *Diplomatica Muscovitica* 39 unfol., Pommerenning to Christina, 16 July 1648 N. S (Ellersieck, 'Russia', 264, 343 and 353 讨论了 17 世纪中叶莫斯科无数火灾的频率和起因); Bernier, *Travels*, 246, 叙述了德里大火; Mantran, *Istanbul*, 36, 列举了 17 世纪的所有火灾。

16. McClain, *Edo and Paris*, 106, 引述 Asai Ryôi, *Musashi abumi*; Viallé and Blussé, *The Deshima Registers*, XII, 294, 2 – 9 March 1657 ("Zacharias Wagenaer" 的相关条目), and 337 (12 Apr. 1658), 最终死亡人数。

17. Viallé and Blussé, *The Deshima Registers*, XII, 338, 记载了 1658 年 2 月的大火; idem, XIII, 7 – 10, that of 1661, and 247, that of 1668. Viallé and Blussé, *The Deshima Registers*, XII, 247, 论及了江户火灾的频率。

18. 2010 年 7 月, 这块从一桥大学校园中掘出的岩芯在东京的江户东京博物馆展出。同时展出的还有三幅明历大火主题的绘画，其中一幅正是出自瓦赫纳格之手。

19. Jones, Porter and Turner, *A gazetteer*, 13; Stoyle, ' "Whole streets converted to ashes" ', 141（Exeter）. Allemeyer, ' "Dass es wohl recht ein Feuer" ', 列举了近代早期欧洲其他城市的大火。

20. Müller, *Der schwedische Staat*, 237 – 8（Mainz）; Ogilvie, *Germany*, 236, 241（Nuremberg）; Sparmann, *Dresden*, 15; Rizzo, ' Un economia in guerra ', and idem, ' "Haver sempre l'occhio all'abbondanza" '（Pavia）; SIDES, *La popolazione*, 43 – 7, and Externbrink, ' Die Rezeption des "Sacco di Mantova" '（Mantua）; and Clark and Lepetit, *Capital cities*, 205 – 7（Warsaw）. 另见马格德堡的例证，第 4 章。

21. Mote, *Imperial China*, 800 and 1, 036 n. 52, quoting Wen Bing's chronicle of c. 1645 on Kaifeng.

22. Boyer, *La gran inundación*; Hoberman, ' Technological change '; and Gibson, *Aztecs*, 236 – 42 and 305 – 6（on Mexico）; Prieto, ' The Paraná river floods '（on Santa Fé）; Le Roy Ladurie, *Histoire humaine*, 406 – 8 and 441 – 2, and Garnier, *Les dérangements*, 85（on the Seine floods）; Gottschalk, *Stormvloeden*, III, 166 – 8（on 1651, with engraving）and 234 – 55（with maps）. 另见 Brázdil, *Hydrological Sciences Journal*, LI/5（2006）, 733 – 985, 这一论述历史水文学的专号中有多篇文章论及近代早期欧洲的水灾。

23. Elvin, ' Market towns ', 446 – 7, 引用了《嘉定县志》：有关后果参见第 1 章和第 5 章。浙江某官员也在 1660 年代表达了同样的担忧：Nakayama, ' On the fluctuations ', 77 – 8。

24. Mantran, *Istanbul*, 181; Inalcik and Quetaert, *An economic and social history*, 179 – 82; Murphey, ' Provisioning Istanbul '; Mikhail, *Nature and empire*, 103 – 13. 有关埃及旱灾，参见第 7 章。

25. AHN *Consejos libro* 1218/118（extending the *pan de registro* area, 4 July 1630）; and 1229/681（allocation of bread among the households, 19 Oct. 1644）. See also Bernardos Sanz, *Trigo castellano*.

26. AMAE（M）*Ms* 42/7, 11 and 15 – 16v, Chumacero to Philip IV, 6 Feb. and 20 May 1647.

27. AHN *Consejos* 7225/15, council of Castile to Philip IV, 25 May 1647（马德里没有面包出售，萨莫拉也出现了紧急销售）；*Consejos libro* 1232/20（废除一切免税额，1647 年 2 月 23 日），89（强制征收，1647 年 6 月 18 日）以及 765（一次要求减少面包征收额度的请愿，被官方以"没门"的回复拒绝，1647 年 9 月 30 日）。

28. 尽管 G. William Skinner 提出的经济模型饱受批评（参见他的论文'Marketing'and'Cities'，Eastman, *Family*, 255 nn. 21 – 23 有不错的概括），但在我看来，所谓"经济大区"的概念似乎比 Wallerstein, *The modern world-system* 一书中提出的"中心和边缘"更为适切。

29. Warde,'Subsistence', 300 – 1.

30. Perkins, *Agricultural development*, 333 – 44, 呈现了基于 5000 多份标注日期的中国县志中的"治水"条目所做的统计（县志中的这类记载总计达 5 万多项）；Yamamura,'Returns on unification', 331 – 3, 详述了日本的治水工程。

31. Marks, *Tigers*, 112（两段引文均来自广东地区，1625 ~ 1626 年）。

32. Bray, *Technology and gender*, 228 – 9, 引用了一部 1660 年的县志，记载了潞州地区状况；第 13 章谈到了古吉拉特邦。有关中国南方糖业生产的脆弱基础，参见 Mazumdar, *Sugar and society*。

33. Mazumdar, *Sugar and society*, 188 – 9, 也有人雄辩地指出，东亚工人倾向于以增加劳动力投入而非增加资本投入的方式来提高生产量；但是，与水稻或小麦种植相比，丝绸、糖类、棉花等经济作物需要更多的固定资本。

34. Kishimoto, *Shindai Chûgoku*, 29, 写到了近代早期中国的经济。

35. Van der Capellen, *Gedenkschriften*, I, 232（同样提到了匮乏、瘟疫、水灾和城市暴乱）。数据来自 Snapper, *Oorlogsinvloeden*, 71；Gutmann, *War*, 233；以及 Israel, *The Dutch Republic and the Hispanic world*, 150 – 2。

36. Lu, *Sources of Japanese history*, I, 216 – 18, 刊出了一部分这种"禁制"；'Foreign relations', 292 – 3, 详细讲述了谁可以进行贸

易，谁不可以。Tashiro Kazui，'Tsushima'，97 n. 33，提到了那份要求从朝鲜和对马岛进口更多丝绸的命令。

37. HAG *Ms* 488/13v，澳门总督致海军上校的信，1640 年 4 月 17 日（关于贸易损失）；Atwell，'Some observations'，232 – 3。

38. *Diaries kept by the heads of the Dutch factory*，IV，190 – 1，entry for 27 Apr. 1640（关于大坂丝绸商人逃跑自杀的情况）；HAG *Ms* 1163/206 – 7v，*asento* of the council of finance，Goa，9 Feb. 1642，on what to do with '800000 taeis de prata corrente pertenhentes aos japões'。

39. 清廷于 1661 到 1683 年间的沿海迁界令也为"人为经济灾难"提供了又一例证。用一位当时人的话说，迁界令制造了"天下未见之血光之灾"：Marks，*Tigers*，152。

40. Subrahmanyam，*Money and the market*，48，引用了 Mulla Qudrati 的一首诗。

41. Von Glahn，*Fountain of fortune*，176 – 81，196 – 8，205 – 6.

42. Kishimoto，'Comments' at a conference in International House of Japan，Tokyo，16 July 2010.

43. Nakayama，'On the fluctuation of the price of rice'，76 – 7（引用当时一份账目）；Kishimoto，'The Kangxi depression'，231，quoting Tang Zhen。相关计算和格言警句，出自 Marks，*Tigers*，154 – 60。

44. Cervantes Saavedra，*Segunda parte de el ingenioso hidalgo Quijote*，ch. 20：'Dos linajes solos hay en el mundo, como decía una agüela mía, que son el tener y el no tener.'

45. Weisser，*The peasants of the Montes*，38 – 42.

46. Hindle，'Exhortation'，119；idem，*On the parish*，22 – 5. 情势后来稍有改善：参见第 21 章。

47. Gutmann，*War and rural life*，165（St Truiden），199（Emael）and 84 – 6（什一税收据，来自邻近列日和马斯特里赫特的下马斯河河谷中的 14 个教区）。第 8 章德意志部分可见相似数据。

48. Smith，'Benevolent societies'，325 – 7；idem，*The art of doing good*，97 – 9，引自陈龙正。

49. Spence，*Death of Woman Wang*，4 – 4，and 42 引用了 1673 年的县志；另见黄六鸿《福惠全书》。

50. Ono, *Enomoto Yazaemon*, 35; Mortimer, *Eyewitness accounts*, 77 – 8, quoting Hans Conrad Lang from near Ulm in 1635; Roupnel, *La ville*, 31 – 3 (quoting Girardot de Noseroy, *Histoire de dix ans de la Franche Comté de Bourgogne 1632 – 1642*); Mortimer, *Eyewitness accounts*, 185, quoting Pastor Minck, from near Darmstadt, circa 1650, and 22 – 3, quoting Sebastian Bürster, a monk living near Überlingen, in 1647.

4 "世界的三分之一都死去了"：
在17世纪挣扎求生

不管是出于人为因素还是自然之力，17世纪粮食供应的急剧下降都迫使许多人类社群采取紧急措施和极端手段减少粮食消耗。最简单有效的办法就是减少需要喂养的人口的数量；尽管这一进程在世界不同地区的方式方法有所差异，但是，几乎世界各地的人口都从1620年开始稳定下跌，直至达到基础资源供需关系的新均衡——这常常要等到1680年代。

我们很难找到关于人口消减规模的具体记录。1654年，巴黎附近波尔罗亚尔修道院的女修道院院长哀叹："世界的三分之一都死去了。"一代人之后，中国皇帝断言，明清易代期间"海内人口减半"。许多现存的统计数据都支持这些结论。比如在波尔罗亚尔修道院所在的法兰西岛地区，教区登记簿显示"近四分之一的人口在一年之内就消失了"。在中国，对1631～1645年郯城县人口数量的初步还原显示，有些地域蒙受了近60%的人口损失。[2]在波兰西部，人口普查数据也显示可被征税的住户数量在1629～1661年减少超过50%。而在东面的今白俄罗斯地区，税收登记簿显示，城市人口在1648～1667年下降了40%～95%（见第6章）。在德意志，北部的波美拉尼亚和梅克伦堡与中部的黑森、普法尔茨的部分地区在1618～1648年显然丧失了三分之二的人口。德意志西南部的符腾堡在1618年的人口尚有45万之多，而到了1639年，这个数字只剩下10万。

不过，就算详尽的人口记录可以呈现出一个下降的趋势，它们也并不总是能反映其确切原因。伦敦的"死亡登记簿"（Bills of Mortality）就是一个例证。这份每周发行的出版物印着首都各教区的全部葬礼情况和死者的死因。死因包括一些隐奥的疾患，比如"遭诅咒""遇惊吓""颅骨震"这样的死法，还有不同种类的凶杀（"谋杀和枪杀"）、可识别的疾病（"天花""梅毒"）、意外状况（"难产"），以及自杀（"上吊和自我了结"：彩插 25）。综上，这份登记簿和其他可以获得的数据还是能够反映出，有三个突出的机制在 17 世纪导致了全球人口的减少：

78

· 因自杀、疾病或战争而死的人增多；

· 因为晚婚、避婚与杀婴、弃婴导致出生人数减少；

· 移民增多。

I．死亡："不要问丧钟为谁而鸣"[3]
自杀

17 世纪中叶，在逆境中选择自杀的人似乎空前地多。1630 年代苏格兰旱灾期间，一些牧师审视了他们教区居民所面临的惨淡的选项："许多人面露死相。有人用海生植物（海藻和海草）果腹；有的人吃狗肉……不少人都落到了铤而走险的地步，被迫偷窃，并因此遭到处决；还有人绝望地投海自杀。"大致在同一时间，查理一世宫廷里的一位天主教徒却对在新教牧师之间弥漫的自杀风潮幸灾乐祸："一名

牧师（据他们说是一位杰出的传教士）"已经"用一段吊袜
带自缢了；最近在曼彻斯特，另一位牧师也用同样的方法自
杀"；"第三位牧师……卧剑而死"。同时，剑桥大学副校长
亨利·巴茨博士"也在复活节当天早晨自缢而死"。1637
年，一部以自杀为论题的英国论文集（加上索引共 326 页）
在序言中断言："自从创世以来，很少有哪个时代能有这么
多"以"投水"或其他方式自杀的"例证"。"自杀者的实
际人数远远大于世人已知的数量，"这本书如此宣告，"是
的，这个世界满是自杀者。"[4]

在英格兰，自杀不仅是一项足以使人上公堂的重罪，自杀
者往往还要经受一些羞辱性的仪式，比如被拖尸游街或者
（至少在某些郡里）被以尖桩穿心，并葬在未祝圣的墓地里。
许多 17 世纪中叶的史料都已散佚，使我们几乎不可能记录自
杀数据的波动情况。不过，现存证据显示，自杀的男性是女性
的两倍之多，近三分之一的自杀者年龄在 20 岁以下，有大约
五分之一的自杀者年龄超过 60 岁。我们虽然只能猜测他们的
自杀动机，但法庭的目击者证词与自杀失败者的资料显示，自
杀有两大类型。有些人的心理或生理生存受到了不堪忍受的直
接威胁，比如亲人丧亡、家庭争斗和惊怖恐惧。一些母亲和几
名父亲在孩子死后自杀身亡；一名 9 岁的男童试图投水自杀，
只因他不愿继续生活在贫穷和不幸之中；一名年轻女性自戕，
只因不能嫁给自己深爱的男人；一名 12 岁的学徒上吊自杀，
只因他好不容易逃离了严酷的师傅，却被父母送了回去。第二
类自杀者的不幸在于，他们失去了社会地位，不堪忍受与耻辱
相伴的生活。比如婚外怀孕的女性（特别是乱伦或是强奸所致
的话）；还有那些经受公众羞辱的人，比如一名牧师在因负债被

79 捕之后于监狱举枪自杀。[5]而在17世纪的苏格兰，"自我了断"的男性是女性的三倍之多，而农民占到自杀者的一半以上，只有略多于四分之一的自杀者在城镇工作、生活。巴伐利亚的现存数据则表明了对自杀状况获得更精准的把握何其之难：1611~1670年，公国法庭接到了约300起自杀事件的报告，其中近90%都发生于1635年以前——这个不对称的分布比例也许反映了"三十年战争"期间司法系统的崩溃，而非自杀事件的减少。不过从其余数十年的现存法庭记录来看，自杀现象常常在政治经济危机期间有所攀升（至少变得更为显著）。有鉴于此，17世纪中叶"自戕"事件的增多似乎很有可能符合实情。[6]

在这一时期的中国，自杀事件当然也有增加，但原因往往与西方不甚相同。尽管中国人也和欧洲人一样会因为忧愁、经济困难、情伤或是对天下大乱的绝望而自杀，还有不少人寻求以自杀的方式羞辱、伤害他人，或使他人陷入窘境。了解中国人自杀的死因相对简单，因为中国法律要求死尸必须在地方官前来展开全面调查之前保持完好——这常常能揭示出迫使死者放弃自己生命的原因，比如一时激愤、辱人虐行、欺骗或羞辱。许多绝望至极的人会选择在受不公待遇的现场自杀，以打消一切可能的质疑：受辱的学徒在师傅的店铺自杀；不育的年轻新娘在辱骂她的婆婆家门外自杀；饥民全家在当地官员家的果园自杀，抗议他们未能"养民"——这被认为是帝制中国各地政府官员的首要职责（彩插5）。

这种"复仇式"自杀也许在明清易代的纷乱年代里有所增长，因为资源的匮乏使紧张局势恶化，也增加了每家每户的绝望。不过，还有三大因素使女性自杀的数量显著上升。首先，儒家思想鼓励"贞女"在两种情况下杀身成仁：那些遭遇强暴或是"受辱"的女性应当立即自杀，"以免失节"；同时，"贞节寡妇"应当尽快"随夫"走入坟墓。17 世纪中叶，中国公共秩序的崩塌让死于这些戒律的女性人数大幅攀升。

就在清军于 1645 年攻占扬州时（页边码第 29～30 页），该城的许多女性跳进深井，或自缢身亡，还有女性在家自焚而死或割喉自杀，这都是为了避免落入清兵手中，遭到强奸、奴役，或被迫目睹家人受虐被杀。[7]有的年轻女性或割掉鼻子，或除去耳朵，这样便不会被迫改嫁（儒家礼仪要求她们"全节"）；还有的女性在自杀之前用散文体写下简略自传，用小段诗句表达她们在困境中的苦痛：这是一种文学新体裁"题壁诗"。"赤城（位于今浙江）女"卫琴娘留下的"绝命诗"最为典型。琴娘结婚三个月后即被清兵带往北方，与夫失散（她再也不知丈夫的命运）。不过她却设法逃脱，且"破面毁形，蒙垢废迹，昼乞穷途，夜伏青草，吞声悲泣，生恐人知"。最后，她在一间废弃的庙宇中避难，在那里"一时顾影自怜，则花容毁于风尘，衣衫全属于泥涂矣"。在诗序结尾她写道："又恐不解南归，家乡信远。因为短吟数绝，泣书壁间。倘得仁慈德士，传其言于姜家，亦足以达孤亲云尔。"写完这些，卫琴娘便自杀了。她刻在所居破庙墙壁上那动人的告别词，便是我们对她的全部所知。[8]还有一些贵妇出于对明朝的忠诚而自杀。士大夫顾炎武的继母王氏在临死前告诫他："我虽妇人，身受国恩，与国俱亡，义也。"清兵压境的消息传到家里之后，王氏绝食 15 天而死。[9]

许多中国女性在丈夫作战阵亡之后自杀。比如在 1621 年，辽东某城一位官员的妻子听说城池已经落入后金军队之手，以

80

为丈夫已经英勇战死，为明朝捐躯，于是"带着40多名亲属和侍从跳井自杀，本人手中抱着孙女"。有的丈夫对妻子的期望也不下于此。就在1645年扬州沦陷前夕，明军统帅史可法给妻子写了两封告别信，每一封都直言相询："吾殉国之日旦夕可至，吾妻意将随我而去乎?"[10]就连年轻的学者王秀楚也期望他有孕在身的妻子自杀殉国，而非独自生活。王秀楚告诉妻子："兵入城，倘有不测，尔当自裁。""诺，"他的妻子回答道，"有金若干，付汝收藏；我辈休想复生人世矣。"用司徒琳的话说，史可法将军和王秀楚"都希冀他们的妻子将她们丈夫的荣誉和幸福置于她们自身生命的存续之上。明清易代这样的乱世最终迫使数十万女性做出了这样的牺牲"。[11]

乱世也使男性自杀者的数量有所增加。许多明朝士大夫都选择了自杀，以期与儒家格言相契："谋人之军帅，败则死之，谋人之社稷，危则亡之。"不少人做到了这一点，特别是在南方。清兵进入扬州时，一位年轻的士子宣称："国事至此，吾将诵六经，死吾节。"于是，他便手持《易经》，跳井溺亡。他的一名同僚在孔子像前自杀，还有多人在写下绝命诗后自缢。投长江、大运河或深井而死者，所在多有；也有不少人退隐不出，绝粒而亡。[12]

有少数人认为，这些牺牲本无必要——官员钱士馨在他的《甲申传信录》（于弃明降清之后所作）中论述说："如皆死而已耳，是社稷可以墟，国君可以亡，天下可以拱手而授贼。"——不过，自杀还是颇为普遍。1670年，一名地方官在山东郯城县履新时指出："盖地方凋瘵，百姓贫苦，原不知有生之乐……悬梁自缢，无日不闻；刎颈投河，间时而有。"自杀行为持续流行，以至于清廷在1688年不得不颁布一道谕旨，禁止寡妇"轻生"自杀，并让她们赡养公婆并抚养子女长大。[13]

17 世纪危机期间，还有两国的自杀率显著上升。在俄罗斯，自杀者大多是男性。1630 年以降，一群东正教徒逐渐相信，世界的尽头已是迫在眉睫。于是，他们将自己紧闭于隐修院与修道院内。其中一些人后来以"旧礼仪派"（Old Believers）著称，他们断言沙皇就是所谓的"敌基督者"，他错误的宗教革新让世界末日越来越近了；从 1660 年代开始，这些"旧礼仪派"开始反抗沙皇。而当沙俄政府派兵镇压时，他们宁肯自杀也不投降。一份研究称："自杀总数达到数万人。"[14]

与之相对，印度的自杀通常与女性有关。印度人相信，一位"贞妇"（virtuous woman）具备使丈夫生命延续的力量；尽管它能为婚姻中的女性带来崇高地位，却也会在丈夫死亡时引咎上身。人们期许尊贵的印度寡妇通过"殉夫"（suttee，此词源自"sati"，也即"贞妇"之意）的方式赎清她们的"罪愆"：要么将她们扔到火葬丈夫的干柴堆上，要么将她们活埋在丈夫身旁。寡妇自杀对夫家亲属颇为有利，因为这解决了另一项难题。依据印度教习俗，寡妇有权分得上一任丈夫的一部分动产，并从夫家在世亲人那里获得补助——"殉夫"则彻底终结了这两项义务。拒绝殉夫的寡妇会立即被边缘化：她们不能再嫁；许多寡妇沦为奴隶或妓女（事实上，在马拉地语的"某些语境下，称呼寡妇与称呼妓女的词可以互换"）。虽然穆斯林统治者（包括莫卧儿王朝）一度试图废除殉葬，许多欧洲访客还是撞见了殉葬场景。比如在 1630 年的古吉拉特邦，来自康沃尔的环球旅行家皮特·蒙迪就满怀惊恐地看到，一名印度商人的美丽寡妇攀上一座干草堆顶端的特殊祭坛，将亡夫的头颅放在腿上，然后点燃了身边的引火柴。[15]有关寡妇殉葬总数的官方统计今已无存。不过，一位 1620 年代定居莫卧儿帝国首都的荷兰商人声称："在阿格拉，这种事情每周通常发生两到三次。"寡妇的"自杀压力"何以增大？我们有理由猜测，这是由于被战争推高的男性死亡率，以及饥荒带来的日益增长的资源压力。[16]

82

患病而死

几乎在世界所有地方，17 世纪最致命的疾病都是天花。天花病毒通过空气在人群中快速传播，在预防措施发明之前，天花可令约三分之一的感染者，以及多达一半的孕妇或婴儿感染者死亡。此外，据一名经验丰富的法国接生婆说，"几乎所有感染天花的孕妇"都"流产了，且生命垂危"。经历数周痛苦的天花幸存者常常会生出难看的疤痕，四肢发育不良，且视力受损。天花不放过任何一个人：在统治西欧的诸王室里，天花就于 1641 年夺走了腓力四世之弟枢机亲王（the Cardinal-Infante）的性命，其继承人巴尔塔萨·卡洛斯也于 1646 年死于此病；奥兰治亲王威廉二世死于 1650 年；英王查理二世的两位兄弟死于 1660 年，他的侄女玛丽二世则死于 1694 年；路易十四的继承人则死于 1711 年。这种疾病唯一的"积极"一面是，那些幸免于难的人会获得终生免疫功能。[17]

17 世纪的天花似已变得更具杀伤力，也更具传播性。1665 年，一本描述"疾病之酷烈"（tyranny of diseases）的英国小册子用整整一章的篇幅描述了这些疾病"与从前的状况"相比显而易见的"变异"；这本书特别强调，天花疫情在"不到四十年"之前曾"特别温和"，但在那之后变得严重得多。[18]

有三项考量支持这一结论。首先，由于天花具有极强的传染性，一旦病毒进入一个社区就会快速传播；因此，诸如城市和大区这种人口密集地带的增长也大幅增加了死于流行传染病的人数。其次，运入西欧和美洲的非洲奴隶带来了另一个大陆的疾病，这些病症明显带有更致命的菌株。第三，此前很少感染天花的社区常常会在第一次接触之后出现异乎寻常之高的死亡率，就像那些曾经遗世独立，但在 17 世纪进入全球经济体系的地区一样，几乎所有居民都因病死亡。在英格兰，一名天花携带者于 1627 年进入通常能够免受不列颠本岛疫情波及的怀特岛，感染了那里的 2000 多人，绝大多数感染者都不幸死去。而在东亚，之前生活在草原地带经营小规模封闭式群居生活的女真人，也在侵入中原并首次接触天花时损失惨重。就在他们初次侵入明朝领土后不久的 1622 年，后金政权便设立了专门的"查痘"之职，由专人负责甄别并隔离可疑患者，他们后来还设立了专门的"避痘"之所，供那些尚未感染天花的人避难。为保证军队的战斗力，他们只将高级指挥权授予天花幸存者。即便如此，天花还是在 1649 年杀死了皇帝的叔叔，当时他正在向中国南方进军。十二年之后，皇帝本人也死于天花。[19]

在近代早期的世界上，只有一种疾病的致死人数可与天花相比：腺鼠疫。尽管传染频率要低一些，这种疾病对患者毫不留情：男人和女人，小孩和老人，圣徒和罪人，富人和穷人，统统在痛苦中死去——绝大多数患者在 48 小时内死去，其中有很多人在 24 小时内死亡。一场腺鼠疫暴发就能使受害社区的死亡人数增加六倍。那不勒斯医生杰罗尼莫·加塔认为，虽然"在乡下还有可能在感染者和健康的人之间留出适当距离"，那些生活在城镇的人就逃无可逃了。加塔对这些话有切身体会：他刚刚从 1656 年的一场鼠疫中逃生。只用几个月的工夫，这场鼠疫就令他家乡城市的人口从近 30 万人减少到 15 万。在附近的埃沃里镇，近 1000 户家庭参加了 1656 年的复活节圣餐会。不过在一年之后，就只有约五分之一的家庭能够完好无损地跪在当地的圣坛前了；鼠疫彻底消灭了 80 户一到两人的家庭，27 户三人家庭，15 户四人家庭和 14 户五到七人的家庭。[20] 毁灭那不勒斯和埃沃里的这场鼠疫之前已经蹂躏了伊比利亚半岛大部，制造了著名历史学家安东尼奥·多明格斯·奥尔蒂斯口中"当代打击西班牙最重的人口灾难"；此后瘟疫又继续传播，在热那亚造成至少 39000 人死亡。还有许多港口城市（包括塞维利亚和那不勒斯）因瘟疫失去了一半人口，有的甚至到 19 世纪才恢复瘟疫之前的人口水平（插图 11）。[21]

许多北欧城市也在 17 世纪中叶鼠疫中蒙受了灾难性的损失。1654 年，一场格外猛烈的传染病袭击了莫斯科。尽管我们无法查考整座城市的死亡总人数，但在克里姆林城墙之内，楚多夫修道院只有 26 人活了下来，182 人死亡，三座女修道院有 107 名修女幸存、272 人死亡。1663～1664 年，另一场传染病袭击了阿姆斯特丹（在那里造成 5 万人死亡）等荷兰城市，随后又跨海传播到伦敦，在 1665 年害死了 10 万多人——仅在 12 月 12～19 日短短一周之内，可能就有 15000 人死去。这是"伦敦漫长历史中最灰暗的'葬礼周'"，每天晚上都有"1000 到 2000 具尸体"被扔进墓穴和无名的"疫坑"。[22]

鼠疫、天花与斑疹伤寒、麻疹和热病一起，都属于一系列与作物产量紧密相连的致死疾病：亦即，每一种传染病的疾患数量都在某种程度上反映了粮食的供给状况。因此我们不难发现，在小冰期引发的饥荒期间，这些疾病的烈度和频率均有所

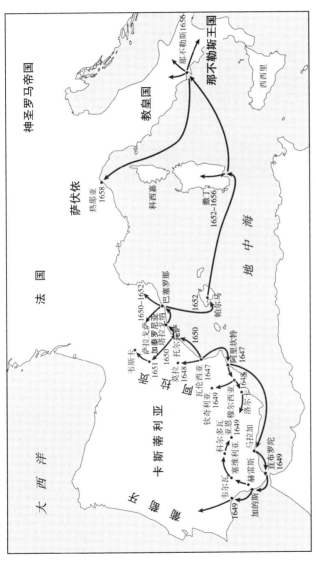

11 地中海鼠疫传播状况，1648～1656 年

鼠疫在蹂躏安达卢西亚之后（这场疫情在当地造成的人口损失要到两个世纪后方得恢复）沿着西班牙东海岸传播，后来扩散到那不勒斯，最后是热那亚（导致该城半数人口死亡）。值得一提的是，卡斯蒂利亚采取了有效的检疫隔离措施，避开了这次鼠疫大流行。

增长。英格兰的人口记录（比其他欧洲国家保存得都要好）显示，1544～1666 年因瘟疫导致致死率升高的 8 年中，半数都发生于 1625 年之后；一份 1575～1886 年的意大利"死亡率危机"统计显示，1620～1660 年的"危机"次数要多于其他任何时间段。[23]

气候灾难在全球范围内都助长了疾病的滋生。在中国，严重的旱灾既导致了传染病暴发也带来了饥荒：一份对江南地区县志的研究反映，100 多个地方都在 1641 这个干旱年遭遇了疾病打击。而在色雷斯（Serrès）地区，一位名叫马切多尼亚的东正教神父留下了一份格外鲜活的史料，记载了如出一辙的混合灾难。麻烦始于 1641 年夏天的连绵大雨，接着又转为葡萄收获季的大雪——许多劳工因此冻死在田地里。之后，天气又变得异常暖和，直到 1642 年 3～4 月，一场更为荒谬的大雪在这一地区骤然而至。就在天气反常之际，这一区域又爆发了一场空前惨烈的大瘟疫：它不但感染了城市和乡村的几乎每一户家庭，还使"每一百名染病者里只有一个人能够康复"。[24]

气候、官员腐败、囤积粮食和战争都能加剧传染病的恶劣效应。据印度古吉拉特的一名英格兰商人说，上述这些因素都推高了 1631 年以来的疾病死亡率。莫卧儿皇帝的战争阻断了"那些拥有大量谷物的地区向传染病地区的谷物供应；此地锐减的降水和糟糕的治理便是造成极度匮乏的原因"。这位商人还补充说："更多的人受到了折磨……没有一个家庭不曾见识过疟疾、热病和传染性疾病。"简而言之，"人们的记忆里从未发生过类似的饥馑和死亡"。[25]意大利也在这一时期经历了一次史无前例的人口灾难——近来的一份研究明确指出，"欧洲没有一地的人口损失总规模能与亚平宁半岛相比"。这场危机始于 1629 年，暴雨摧毁了意大利北部和中部的收成，并因此造成了严重的"人口过剩"现象。紧接着，来自法德两国（瘟疫已在两国肆虐）的大量军队不仅传播疾病，还消耗了稀缺的生活资源，并摧毁了脆弱的基础设施。城镇和乡村地带的受灾状况似乎同样严重。1628 年北意大利平原的 600 万居民当中，仅两年之后便有约 200 万人死亡。[26]作为战略要道的阿尔卑斯山口受害最重。1630 年，瘟疫从法意边境的瓦莱达奥斯塔（Aosta valley）迅速传入意大利。瘟疫飞速传播，以至于当消息传到地区首府时，地方议会秘书（正值会期）扔掉了笔，纸上只留下了半句话——"我们进一步决议……"——接着他便逃跑了。当他回来的时候，当地的 9 万名居民中至少已有 7 万人死去。[27]

与天花类似，瘟疫对年轻孕妇的伤害也格外酷烈。比如在 1651 年瘟疫流行的巴塞罗那，死亡婴儿的数量奇高，因为他们的母亲要么死去，要么缺少哺育他们的奶水。因此，新生儿们被遗弃到收容弃儿的育婴堂，"他们的手臂、腿脚或是颈项上挂着绶带或标签，上面写着父母的名字"。巴塞罗那皮革工人米凯尔·帕雷茨的日记记录下了这些细节。据他观察，"几乎没有多少"弃婴存活下来，"因为太多的弃儿送到了这里"，以至于根本找不到足够多的乳母照顾全部弃婴。帕雷茨也不无哀伤地提到，那些曾经衣食无忧的儿童现在也成了孤儿，"不知所措地在城市流浪，乞讨为生……许多染病的孩童都像这样再也没能长大"；同时，"至于那些在这一时期怀孕的贫穷女性……也许每一百人里只有一两人活了下来。如果她们正处孕期的最后阶段，便只能祈求自己能与上帝同在，因为她们中的

86

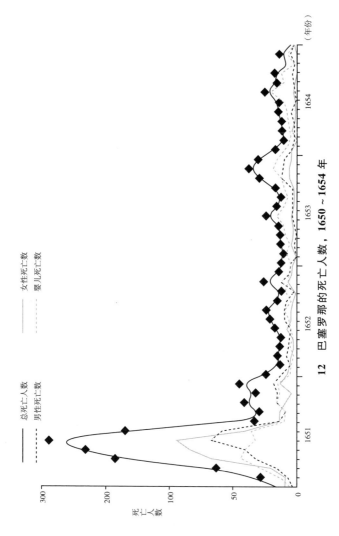

12 巴塞罗那的死亡人数，1650～1654 年

旱灾摧毁了 1650 年加泰罗尼亚的收成，1651 年的粮食供应因此急剧减少。与此同时，当地还暴发了鼠疫疫情。腓力四世的军队不久后又包围了巴塞罗那。巴塞罗那开城投降时，城中半数人口已经死去。松树圣母教堂（Santa Maria Del Pi）辖下教区的月度葬礼统计数据显示，1651 年夏天死去的女性要多于男性，婴儿死亡率也异常高。

绝大多数都会在分娩后直接死去，她们产下的大多数新生儿也随之夭折"。留存至今的教区档案证实了这一点：1651 年，巴塞罗那埋葬的妇女和儿童数量要远远多于男人（插图 12）。[28] 帕雷茨本人眼睁睁地看着妻子与三个孩子在一个月内相继死去（第四个孩子也感染了瘟疫，但最终康复），他坚定的宗教信仰也开始动摇。"只有上帝知道，他何以行他所行之事。"记下这些毁灭性损失之后，他在日记中写道。不过，灾难还没算完。虽然瘟疫消退了，但紧接着加泰罗尼亚又遭遇了有记载以来持续时间最长的旱灾（持续 360 天，近一整年）之一；更有甚者，腓力四世的军队现已抵达并包围了自 1640 年以来一直起兵反抗国王的巴塞罗那城。许多从鼠疫中幸免于难的人都死于围城封锁期间。到 1652 年 10 月巴塞罗那开城投降时，一半人口均已死去。[29]

87

气候变化也让其他疾病的致死率有所上升。18 世纪初，冰岛人马蒂亚斯·约舒姆森试图解释当地人口为何在过去一个世纪里有所下降：尽管他承认外国人带来的天花、鼠疫等传染病为害甚重，但他还是主要将责任归咎于反常气候引致的"异常贫困的生活水平，以及腐烂的粮食"——这令败血症和生育力下降等因营养缺乏而起的病症在当地盛行。伦敦"死亡登记簿"记载的"每周死亡总数"与当时温度之间的动态相关性支持了这一解读。冬季温度每下降 1℃，死亡率就会随之上涨 2%，婚姻生育率则下降 1%。医学研究给出了一些原因：低温诱发的心血管疾病抬高了死亡率，同时"老幼人群，（以及）行动能力受损的人"都"尤其受害，因为他们生理机能有限，难以承受冲击"。此外，燃煤的煤烟（这是 17 世纪城市的一个严重的问题：见第 3 章）带来的微粒也令哮喘、支

88

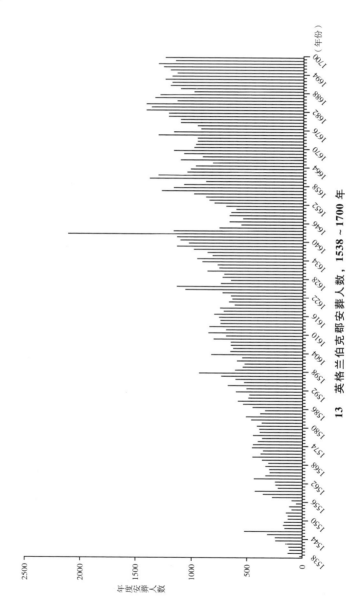

13　英格兰伯克郡安葬人数，1538～1700 年

1624～1625 年，鼠疫蹂躏了伯克郡的几乎所有教区，但是 1643 年的埋葬人数高达这段疫病期的两倍，因为那一年英国内战的敌我双方正在当地展开激烈争夺。当地墓地安葬的人几乎都是平民，没有士兵。

气管炎这样的心肺疾病更为严重。最后还有其他常见疾病，比如腮腺炎、白喉、流感和疟疾造成的死亡——它们每年都杀死许多人——毫无疑问，每当极端天气减弱身体免疫力，或是社会动荡使卫生状况恶化时，因病死亡的人数就会上升。[30]

修罗场

在减少人口的问题上，只有战争的"效率"能超过疾病，而在 17 世纪中叶，异常频繁的武装冲突使死亡率飙升。17 世纪英格兰伯克郡的葬礼记录显示，尽管 1624～1625 年的瘟疫杀死了很多人，1643 年在这里作战的军队杀死的人却远多于此（插图 13）。特别是在会战中，数小时乃至数分钟内就会有数千人丧命。1643 年在法国的罗克鲁瓦，至少有 6000 名西班牙老兵在法国炮兵的轰击下于一晚之间阵亡；而在第二年的英格兰马斯顿荒原（Marston Moor），得胜的议会－苏格兰联军在一个多小时的时间内就将约 4000 名战败的王党士兵"扫除殆尽"。同样在 1644 年的德意志弗莱堡，得胜一方的司令表示，"在我卷入战争屠场的这 22 年里，还从未有过今天这样的血腥遭遇战"。当时约有 1 万人死于非命。[31]

海战也夺去了大量生命。在 1666 年 6 月爆发于英荷舰队之间的"四日战役"期间，皇家海军在这场"史上最可怖、艰困、血腥的海战"中共有 4000 人阵亡、受伤或是被俘——这已超过了作战人数的五分之一。即便在最好的年代里，帆船时代的航海也是一项危险的事业。有军官"估计战斗中每阵亡一人，就会有四个人死于疾病或意外"；不过，水手在岸上的生活也堪称"致命"，因为不论政府还是当地居民都无法为长期滞留港口的舰上官兵提供充足的物资支持。就在 1667 年的"战斗季节"开始之前，一座英国海军基地的专员"遗憾地看到将士们正因急缺资源补充给养走向毁灭。昨天有一人（水手）哭着喊着来见我，乞求救济。我给了他 10 个先令。他去买了热饮等物果腹，但喝下之后不到两小时便死去了"。[32]

在 17 世纪的欧洲，海上战役和陆上一样相对少见。不过，一名老兵在 1677 年估计，"每二十场围城战才能换来一场会战"（页边码第 32 页），而围城战也会造成大量人员死亡。据 1644 年诺丁汉城堡围城之战的目击者露西·哈钦森说："除了当天的目击者之外，没有人敢相信作战双方在勇敢与怯懦之间经历了多么奇异的起起落落！"这是因为在经历了杀戮战场的洗礼之后，"勇者变成懦夫，恐惧使最雄健者疲敝，让慷慨大度者变得褊狭，令大人物也做出那些他们羞于考虑的事情"。数不胜数的暴行印证了她的观点。比如在前一年，王党军队攻陷了兰开夏郡的普雷斯顿："'杀死他们！杀死他们！'"的口号响彻这座小镇。王党士兵不分青红皂白地杀死了他们面前的所有人……他们的骑手大肆追杀那些惊骇不已的可怜人：他们逢人便杀，然后从死者身上扒走一切，对妇女与儿童的哀鸣号泣毫不在意。"[33]

世界各地的平民都经受了兵燹之苦。1630 年代，来自马斯河流域的一部诗剧强调了战争的恐惧可以是多么地"无常"。剧中一位"农民"描述了灾难是如何在他和家人们一起坐下吃饭时袭来的：

> 那是周三，正值用餐时间，
> 曼斯菲尔德的士兵不期而至。
> 他们根本没有食宿的许可，

> 但就在我们的壁炉旁开始
>
> 偷窃劫掠
>
> 他们一言不发,
>
> 没有"战斗到底",
>
> 也没有"保持警戒",
>
> 只是比拼着谁拿得最多。

这位叙述者接着提到,在这场"比拼"期间士兵们如何杀害了他的父亲,只因父亲试图抵抗;他们接着又强奸了他的妹妹,最后给农场点了一把火。唯有借着浓烟,他才得以逃脱,免于一死。[34]类似的暴行也充斥于雕刻师雅克·卡洛那富有力量、题为《战争的不幸》(The misfortunes of the war)的版画集里。卡洛来自列日以南的洛林,他在版画中表现了洛林各村镇遭遇的洗劫,本地居民经受的折磨和杀戮,以及农民们对小股士兵分遣队的报复。

有两大因素增加了 17 世纪中叶类似暴行发生的可能性。首先,流行一时的军事惯例(有时被称为"战争法")认为,拿起武器反抗统治者的叛乱者"不应被视作敌人,这两者大有不同;因此更正确的做法是将与反叛臣民之间的武装冲突定义为执行法律程序,或是制裁,而非战争"。下文接着说,在"一场由贵族和叛乱者发动的战争中……所有允许在战争中使用的手段都可以用来对付他们,比如像杀死敌人一样格杀勿论,将他们像战俘一样奴役,并进一步将他们的财产视为战利品而没收"。[35]那个时代最糟糕的军事屠杀通常发生于内战或镇压期间(胜利者认为他们是在镇压叛乱);而我们知道,17 世纪中叶见证了内战和叛乱的突然高发。

不同宗教领袖的介入也提升了"大屠杀"的风险。正如布莱士·帕斯卡在他《思想录》（Pensées）中的观察："除非通过宗教信仰，否则人们绝不会如此乐于加害他人，而且还加害得如此之重"——17世纪中叶的大量冲突为此提供了丰富例证。比如在1631年，德意志新教城市马格德堡拒绝接纳其宗主斐迪南二世皇帝派出的一支天主教卫戍部队，并且同皇帝的敌人结盟，接着又语带嘲弄地拒斥了斐迪南的迫降。当经历了长期封锁的马格德堡拒绝了一份最后通牒之后，围城一方旋即发动了一场成功的攻势，屠杀了近2万人（男人、女人和儿童），大火几乎将全城付之一炬，唯有大教堂和140座房屋得以幸存。[36]

17世纪中叶的欧洲军事统帅似乎很少为这些以上帝之名进行的屠杀感到内疚：恰恰相反，他们常常号称得到了来自《圣经》的授权，敦促他们的士兵依循《旧约圣经》中约书亚和以色列人在耶利哥城的先例，"将城内的所有人无分男女老少统统屠灭"。[37]因此，在天主教贵族防备森严的宅邸拜辛宫（Basing House）于1645年陷落时，新教牧师们在围困者之间煽起了一股宗教狂热，以至于他们后来攻入拜辛宫时，手下毫不留情。冷血的胜利者杀害了在拜辛宫里找到的六名教士，枪杀了一位曾在伦敦德鲁里巷（Drury Lane）的剧院工作的演员（还加上一句故作清高的评论："那些怠慢了神圣事业的人罪该万死"），砸烂了一名年轻姑娘的脑袋（她试图阻止一名士兵虐待她的父亲），甚至还将幸存者的衣服剥了个干净（包括著名建筑师伊尼戈·琼斯，他身上只裹了一张毛毯，躲过了这场屠杀）。一家报纸的报道试图使易受惊吓的读者们确信这种恐怖完全合法，因为死难者"大多是天主教徒，我们的宝剑对他们没有多少怜悯之心"。[38]宗教狂热还制造了许多其他惨案。1648 年，一支哥萨克军队在波兰 - 立陶宛联邦治下的乌克兰境内推进，一路上屠杀了至少 1 万名犹太人定居者；六年之后，俄罗斯沙皇在准备入侵波兰 - 立陶宛联邦时发布命令，要求将"今后俘获的不愿改宗东正教的波兰人和白俄罗斯人活活烧死"（见第 6 章）。第二年在爱尔兰，奥利弗·克伦威尔统率的英军士兵在猛攻德罗赫达城之后进行了一场大屠杀。克伦威尔后来声称："我深信这是上帝对这些野蛮恶棍（指天主教徒）的公正判决，他们的双手已经沾上了太多无辜之人（新教徒）的鲜血。"有鉴于此，"战斗正酣"时，他命令手下士兵不要"放过城里任何一个手持武装的人"。至少有 2500 名士兵和 1000 名平民（包括所有天主教神父）死于非命。[39]

即便如此，直接暴力造成的死亡很难算是近代早期战争中死者占比最高的门类。比如在 1620 ～ 1719 年，尽管有约 50 万瑞典和芬兰士兵死于他们君主发动的"几乎绵延不绝"的战争中，但其中只有 10% 死于战斗（包括古斯塔夫·阿道夫国王本人）现场，5% 死于围城（包括卡尔十二世）。其余死亡的士兵里，10% 死在战俘营，剩下 75% 则死于战时常态化的艰难生活。有两份人口统计数据显示了过早死亡（premature death）在这些军队之中的惊人规模和冲击力。第一份数据是在 1621 至 1639 年间，瑞典北部比戈迪亚（Bygdeå）教区征发了 230 位年轻人去打"大陆战争"，其中 215 人阵亡，还有 5 人负伤残废：只有 10 个人活到了 1639 年并继续服役——此外，鉴于这场战争还要持续 9 年，这些人活下来的希望也是微乎其微。结果在 1638 年 7 月比戈迪亚新征募的 28 名士兵中，其中 27 人都死于此后三个月前往欧洲大陆的途中。第二份数据来自 1638～1648 年的芬兰公国，这些档案列出了 14000 名应征入伍的芬兰当地陆军士兵的每一份资料。档案显示，其中三分之二的人再也没能回家。在瑞典王国全境，服兵役实际上已经成了男性的死刑。[40]

II. 唯有女性流血

女性的"苦涩生涯"

17 世纪战争频率的飙升也给女性带来了严重的人口学后果，其中有些影响是直接的：她们会成为被战事针对的主要目标。比如在 1642 年，都柏林（新教）政府号召他们的军队在与天主教叛军作战时不要放过他们遇到的妇女："显然，（她们）介入此次叛乱恶行的程度极深。此外据我们所知，她们非常积极地挑动丈夫、朋友和亲戚们投奔叛军，煽动他们对英格兰施暴行虐。"[41]战争也给女性带来了不少间接的负面影响。其中最为显著的是，在丈夫和儿子离家远征作战（乃至死去）之后，许多女性不得不独自撑持家业，或过上独身乃至孀居生活。在德意志境内惨遭战事蹂躏的符腾堡地区，由单身女性当家的家庭已经史无前例地蹿升到了总户数的三分之一以上。在一些勃艮第（法国）的劫后村镇，所有户主都是寡妇。而在瑞典的比戈迪亚教区，1620 年的男女性别比例已经是 1：1.5，但 20 年之久的强制兵役让这个比率翻了一倍以上，增至 1：3.6。同时，女性当家的户数也上升到之前的七倍。她们之中的很多人都是"战争寡妇"：瑞典中央政府的档案中，有数千份请愿书呼吁向她们支付亡夫，即阵亡士兵应得的薪饷，或对战争开销的补偿，因为请愿者和孩子们正在挨饿。[42]

1654 年的一名德意志寡妇堪称是上述所有类型的战争受 92
害者的代表。她哀叹说，自己确是"一位一贫如洗的妇女，
名下大概只有一小块地"，因此必须"艰苦维生"（earn a
bitter living）。如果她（或任何独身女性）触犯法律的话，运
转当地法庭的男性们就将判她服苦役；如果她不能表现得恭顺
服帖，她的男性邻居就会驱逐她；此外，就算他们允许她留下
来，男人们通常也会拒绝给她学习并从事某项行业的机会
（否则就会与他们竞争）。[43]这的确是一段"苦涩生涯"。

在 17 世纪的绝大多数城市里，女性的生活也不比上述情况
更乐观。在许多欧洲城市，领受福利救济的人中有三分之二是
女性，其中绝大多数之前是佣仆。正如奥尔文·赫夫顿所指出
的，在一个既没有家用电器也没有熟食的世界里，"任何一个家
庭允许自己配备的第一件奢侈品就是一名包办家务的女仆。她
们从事种种与取水有关的繁重劳动——这是一份极为费时费力
的苦差事——还要收集煤炭或木柴，去集市，或执行洗衣任
务"。[44]不过，一旦衰退来临，这些"最初的奢侈品"就会成为
"最初的受害者"。"艰难时世"里的雇主在抛弃他们的女仆时毫
无内疚之意；就算有女仆得以保住工作，她们差不多也要放弃
自己的工资，用无偿劳作来换取留任。不论如何，她们在经济
复苏之前结婚生子的机会都微乎其微。在工业界工作的女性命
运也没多么好：不同于多少还享有一点工作保障的男性学徒，
如果雇主在艰难时世破产（或是女性自己患病、负伤）的话，
女工将被踢出工作岗位，而且没有任何维生的社会保障。

一些欧洲人对经济衰退的人口后果忧心忡忡。比如在
1619 年，来自西班牙托莱多的桑乔·德·蒙卡达（Sancho de

Moncada）神父怀疑他所在地区的人口最近正在衰退。为此，他检查了当地教区的人口登记簿以作证明（他似乎是第一个将登记簿作此用途的人）。蒙卡达发现，在 1599 年一连串严酷的瘟疫和饥荒打击之下，登记簿上记录在案的"婚礼还不到之前数据的一半"，也就是说，在托莱多及其周边地区，新生儿持续走低，远逊往昔。而在半个世纪之后的安达卢西亚，弗朗西斯科·马丁内斯·德·马塔也查阅了教区登记簿，和蒙卡达一样，他也发现在 1640 年代农作物歉收期间，婚姻和新生儿数量都出现了灾难性的下降。人口学家对教区登记簿的后续研究已经证实了这些发现，并揭示了另一项重大后果。用 E. A. 里格利（E. A. Wrigley）的话说，在近代欧洲各地，"婚姻是人口体系赖以转向的枢纽"；而当面包价格翻倍时，结婚次数通常都会减少五分之一，新娘初次婚姻的年龄也会上升。[45]

拜经济扩张所赐，16 世纪欧洲女人的平均婚龄是 20 岁，而且许多妇女会生 8 到 9 名子女，有的甚至生 10 个乃至更多。而在 17 世纪上半叶，新娘结婚的平均年龄却达到了 27 或 28 岁，很少有人生育超过 3 个，越来越多的女性甚至不生孩子。同等重要的是，更多的女性保持独身。在 17 世纪的英格兰，如果户主显得过于贫穷，难以撑持一个家庭，他们常常会在宣读《婚礼公告》（marriage banns）时遭遇公开反对，婚后也会被禁止同居（盛行一时的济贫法制度规定，户主负责支援当地穷人）。在出生于 1566 年前后，在 1590 年前后达到适婚年龄的英格兰女性当中，只有 4% 没能得到同居许可；但在那些出生于 1586 年前后，在 1610 年代达到适婚年龄的英格兰女性当中，超过 17% 没能得到同居许可；而在出生于 1606 年前后，在 1630 年前后达到适婚年龄的英格兰女性当中，这个比例超过了 25%。[46]

这些新趋势都使 17 世纪的总人口以比当代更快的速度下降，因为这一时期母婴的死亡率高得惊人。用一位著名（或许还有些傲慢）的男助产士的话说："怀胎育儿犹如一片汹涌之海，挺着大肚子的女性与她的婴儿在这片海面上漂浮九个月：分娩是唯一的港口，但满是危险的礁石，母子二人往往在入港登岸之后仍需要很多帮助才能抵御种种困难。"或者又如那句简练的法国谚语所称："怀胎之女一脚已入墓地（Une femme grosse a un pied dans la fosse）。"现存档案显示，当时欧洲差不多每 1000 名女性中就有 40 人因分娩而死（相比之下，在今天的许多西欧国家这个比例仅为千分之 0.12）。如果胎儿死在子宫里的话，母亲的死亡率甚至会更高（在匮乏和疾病风行的时代，这种情形更为多发。因此可以肯定的是，它在 1640 年代一定非常频繁）。更有甚者，与世界近代其他地区一样，欧洲所有新生儿中至少有四分之一活不到一周岁，几乎一半在成年到来之前就夭折了。借用法国人口史家皮埃尔·戈贝特生动的说法，在 17 世纪"每折损两名儿童才能造就一个成人"。[47]

仅仅是为了维持现有人口水平，近代早期世界的母亲也得生育至少四个孩子，这是因为并非所有活到成年的孩子都会结婚生育。就算在繁荣时期，一名 27 岁或 28 岁结婚的女性也很难生四个孩子，因为一到 30 多岁她们的生育能力会衰退；此外，灾难也会诱发生理和行为上的重大反应，并因此削弱生育能力。一方面，营养不良会造成更频繁的自然流产，减少怀胎次数（有时是因为排卵减少）并降低性欲，使初潮年龄推迟，绝经年龄提前。另一方面，粮食的严重短缺常常降低了房事频率（或因节欲，或因婚后分居）。而就在同时，疾病流行程度的扩大与饥荒一道抬高了死亡率——尤其是在孕妇和新妈妈之间。总而言之，上述原因使 17 世纪中叶很多（如果不是绝大多数的话）欧洲社群的生育率下降——常常是剧降——到了维持总体人口所需的生育率水平以下（插图 14）。[48]

新娘初婚年龄的上升和独身女性的增多共同造就了一项更有害的后果：非法怀孕风险的上升。17 世纪中叶的教区登记簿显示，全体新生儿中有五分之一到五分之三出生于父母婚后的几个月（乃至几周）之内；同时，未婚独身女性的怀孕人数也有攀升。遍布全欧的城市法庭档案都充斥着这类关于（或直接来自）年轻女性的证词：她们来到城市寻找工作未果，之后便遭引诱（或是强迫）成为妓女。有一名新到伦敦的女性曾被她的女房东反复劝诱说，"这（成为妓女）总比偷窃之后被处绞刑要好"。尽管就短期而言这话在理，但这种生

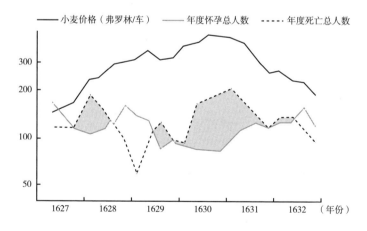

14 日内瓦的生存危机，1627～1632 年

随着面包价格上涨，拥有 15000 人口的日内瓦死亡人数上升，胎儿人数下降。类似情况也发生在近代早期的欧洲各地（如果类似的连续日志存在的话，北半球其他各地大概也会是如此）。

存策略决不能使人永久地逃离贫困。恰恰相反，卖淫加大了感染性传播疾病的风险，也让单身母亲（如果她们不慎怀孕的话）陷入了残酷的困境：她们要么将腹中的婴儿堕胎、生后抛弃或是杀死，要么就得忍受靠乞讨为生的耻辱和艰困——无论在哪一种情况下，她们和她们的婴儿都很有可能死去。[49]

在东亚的绝大部分地区，17 世纪中叶的生育率也有下降。尽管这一下降同样反映了女性生育能力的消退，但它还反映了不同的社会压力。在中国，一个家族的几代人也许会生活在同一个屋檐下——有谚语称"五世同堂"是最理想的状况。虽然这一现象并不多见，但一个典型的中国家庭会由一个或多个大家长与一个或多个已婚的儿子（及其家庭）组成。他们一同构成了一个单一的经济、宗教、社会和人口单位，三代人可以轻易地累积起 50 人的量级。他们共同生产、消费；为家庭成员（无论活着的还是故去的）幸福计，他们一同践行恰当的礼仪规范；他们分担照顾长幼孤弱亲戚的责任；最后尤为重要的是，他们会一起协商决定家庭的规模。原因在于，婚姻既是为了生产，也是为了繁殖。"人口决策"在中国许多地方都"绝不是个人的事"，必须"根据集体目标和集体限制，与同住亲属磋商"。[50]

"磋商"是重要的，因为在 17 世纪，差不多所有发育成熟的中国姑娘都会结婚，此时她们常常还只是少女。更有甚者，如果妻子未能生下儿子的话，收入丰厚的丈夫也许会纳上一个或多个小妾：她们可能是买来的农民之女，也可能是家中的女仆，或者花旦、妓女——只要不来自自己的住处周边，或者"本族"，几乎任何一名女性都可被纳为妾。1645 年遭洗劫之前，扬州市存在着活跃的小妾贸易。据一位当时人的材料记

载，当地"女儿多如云"，且

> 十三十四就人看
> 得金那问狂夫老①[51]

　　为了确保早婚、多婚和频繁的纳妾不至于产生超出家庭抚养能力的子女，中国家庭运用了以下四大策略之中的一个或多个。其一，配偶开始晚育：在中国，女性结婚和初为人母的平均时间差是 3 年，相比之下西欧则是 18 个月。其二，妻子终止生育的时间提前：中国女性最后一次生育的平均年龄是 33 或 34 岁，而西欧女性则是 40 岁；她们第一个孩子和最后一个孩子的平均年龄跨度是 11 岁，也少于欧洲的 14 岁。其三，中国母亲会抛弃她们（或是亲戚）不想要的孩子。许多家庭要么将他们无法抚养的孩子送给别人（特别是给那些本身缺少男孩的家庭），要么将子女贩卖（特别是将女儿卖作小妾或妓女）。一些妊娠过程也为堕胎和避孕手段所阻。近代早期的中国医学文献记载了很多"避孕术"和"打胎术"，中国医生常常将母亲的生死置于胎儿的生死之上，帝国法律也从不追究执行堕胎或为堕胎提供中介服务的行为。其四，父母可以杀死他们不想要的子女（尤其是女儿），且确实有不少人这么做了。在 17 世纪中叶，中国家庭强化了对这四大"生育控制"策略的运用——他们开始晚育，更早地放弃生育，延长生育间隔，放弃抚养更多的孩子，并杀死更多新生儿。

---

　　① 原诗为施闰章（1618~1683 年）作《广陵女儿行》（节选）："广陵女儿多如云，香车翠幰来纷纷。徐行玉佩何珊珊，十三十四就人看。得金那问狂夫老，嫁远宁辞行路难。"

杀婴和堕胎

用著名的中国史研究者白馥兰（Francesca Bray）的话说："面对突如其来的危机，杀婴是控制家庭规模最有成效的手段。就算其余办法统统失效，它也是进行'性别选择'的万能手段。"总体而言，统治中国的清朝皇族（他们拥有异常详尽的数据）杀死了他们女儿总数的 10%，其中有许多是一出生就被杀掉。但在 1640 年代和 1650 年代，清朝的贫穷宗室"杀死的女儿数量几乎两倍于"他们更为富裕的亲戚。尽管没有别的家谱拥有如此之高的精细度，但似乎在清朝的发祥之地满洲，农民家庭在正常年景会杀死五分之一到四分之一的女婴，这一比例在荒年只会更高；同时在南面的辽宁，农家儿童的性别比徘徊在"每 100 个女孩对应 500 个男孩"的水平。没有任何生物学因素可以解释这种性别失衡：普遍的杀女婴现象是唯一可能的解释。[52] 杀女婴在中国南方一样颇为普遍。据福建的一份县志记载："凡有婴儿出世，稳婆手持检之。若生为女，则丢入澡盆，询母曰，'留否?'若答曰'否'，则呼水至，持婴之足，倒浸其头水中。"一首江南诗歌以一位母亲向本地区其他人请愿的体裁写成，结尾读来悲恻不已：

> 纵使君曾闻我信，抑或数度叹悲音。
>
> 城城相继无竟日，女儿甫生身已绝。①

---

① 诗文系译者自译。英文原文为："Even before you've heard me out, or sighed a few times in regret / In one town after another, girls are no sooner born than dead."

　　在经济糟糕的时候，中国的穷苦人家也许杀死了他们一半的婴儿。[53]

　　杀婴现象在俄罗斯也颇为普遍。近代早期的俄罗斯家庭常常由三到四个核心家庭组成（通常有亲缘关系），其成员共同生活，许多女性十二三岁就结婚了。非婚生子和贫家生子似乎常常被父母溺杀，且频次远胜西方——至少一部分原因在于，东正教会和沙俄政府都对这一现象秉持相对宽纵的态度。俄罗斯中世纪版的《圣巴西尔修道守则》（St Basil's Rule）① 对那些"出于暗昧或无知，因为缺乏生活必需品"而杀掉自己孩子的女性持谅解态度；尽管 1649 年颁布的综合性法典规定杀死自己通奸生子的母亲应被判处死刑，不过"若父母杀死（他们合法的）儿女"，刑罚只是"服一年徒刑"，且之后"不应再受惩罚"。[54]这部法律对于育婴堂和孤儿不置一词（1683 年颁布的"建立孤儿院"草案到 1712 年都还只是一纸空文）——可能是因为俄罗斯的严酷气候本就减少了它们的数量。现存档案显示，农业人口的性生活高峰刚好出现在收获季之后，这就恰好在下一个农作物生长季之前制造了一个出生高峰期，也随之令婴儿死亡率达到高点。原因在于，更短的作物生长季节使俄罗斯女性在播种期和收获期也必须于田间劳作，这意味着那些在此时降生不久的婴儿要么过早地食用固体食物，要么就会使用不卫生的"奶嘴"有时足以致死。小冰期进一步缩减了作物生长季的长度，少数存留至今的人口档案显示，婴儿死亡率也因之有所增长。[55]

　　堕胎和杀婴在西欧也颇为普遍。根据 1660 年巴黎医学院

---

① 圣巴西尔是 4 世纪的教会领袖，曾任该撒利亚主教。他制定了一套教士的行为准则，是为"圣巴西尔修道守则"，为全体东正教教士所遵守。

院长的说法，当地牧师"做了一项统计，过去一年里有 600 名女性坦承自己杀死并抛弃了自己的骨肉"。[56]纵贯整个 17 世纪，杀婴罪成为巴黎高等法院（Parlement）所审理的最常见的重罪。巴黎高等法院是近代早期欧洲享有最大范围司法管辖权的法庭，它所审理的案件记录显示，几乎所有遭到杀婴罪指控的人都是女性，其中一半未婚，还有四分之一是孀居寡妇；在经济艰难的时世里，她们的人数也随之上涨。还有四分之一遭"杀婴罪"起诉的女性承认，她们也尝试过"中止妊娠"，但没有成功。[57]

97

杀婴和堕胎在 17 世纪的频率日增，这促使欧洲国家施行严苛立法，惩治罪犯。一部 1624 年颁布的英格兰反杀婴法律明确将目标锁定在未婚母亲（所谓"淫荡女性"）身上，法案名称甚至都直言不讳：《一部阻止谋杀私生子女的法律》。研究显示，在依据这部新法律起诉的案例里，所有死者都是非婚生子（绝大多数系年轻女仆所生），且几乎都死于他们生命的第一天（绝大多数是勒毙、闷杀、遗弃或是溺杀，不过还是有少数是被殴毙或死于火中）。在德意志，符腾堡政府于 1658 年颁布的法律也对所有涉嫌杀死自己骨肉的女性严惩不贷：在此后 40 年里，近 130 项案件进入审讯程序，涉案女性的平均年龄是 25 岁，她们差不多都是独身，几乎所有人都被判处死刑。[58]

不过，近代早期欧洲还有很多杀婴案件显然没有被发现，尽管邻里之间常对此事进行密切监视（许多邻居都投入了大量时间，观察单身女性是否每月都有染血的衣物）。也许最为惊人的证据来自法国城市雷恩。1721 年，工人们在更换一条旧下水道时发现了约 80 具婴儿尸骨——却没有一个人因他们的死亡而遭起诉。在雷恩和欧洲其他各地，如果没有两个机构在危机时世赋予育龄妇女放弃抚养子女的合法机会的话，被杀死的婴儿总数肯定会更高。这两种机构便是育婴堂和天主教国家的女修道院。

"送你去女修道院"[59]

在 1650 年的意大利，大约有 7 万名女性生活在修道院，这些修道院绝大多数坐落在城镇里。修道院容纳了博洛尼亚女性人口的 8%，费拉拉的 9%，佛罗伦萨的 11%，以及锡耶纳的 12%。同一时期法国的修女人数也至少和意大利一样。西班牙有 2 万名修女，德意志、南尼德兰和波兰则更多。[60]俄罗斯和巴尔干的城市也有大量捐弃凡尘的女性，那些天主教欧洲国家的殖民地亦然——此外在上述各地区，修女的数量都于 17 世纪期间出现了显著增长。这是为什么呢？许多像伊莎贝尔·弗洛雷斯·德·奥利瓦（后来受封为"利马的圣罗莎"）这样的修女是因为宗教感召才披上了头纱；一部分女性成为修女是因为身体残疾让她们在外部世界的生活中面临颇多不利而来到修道院；还有修女在被丈夫虐待或丈夫离家时来修道院寻求临时避难。毫无疑问，也有少数修女为某些修道院的奢华生活所吸引：那里的仆人和奴隶能占到院内人口的一半（在一些修道院里他们的数量甚至超过了修女）。但很多 17 世纪的年轻女性并非自愿进入修道院。一位威尼斯贵族的女儿艾丽娜·卡桑德拉·塔拉博蒂（1604～1652 年）便是其中一员。因为经济萧条让她的父亲无力筹措足够的嫁妆，她在 13 岁时便被送到一家修道院。她在修道院里写了几本书——类似《毁失的清白，又名父亲的暴政》（*Innocence undone or the father's tyranny*）和《修女的地狱》（*The nun's hell*），仅从书名便可一窥她心中的怨恨。"事实上，"她在其中一本书中怒斥，"超过三分之一的修女都是在违背个人意愿的情况下被圈禁在这里的，她们的感官与理智对立，只是出于恐惧才屈从于（由父亲残忍地加诸己身的）惨痛境地。"塔拉博蒂接着用挑衅式的语气写道，哪怕父母在女儿出生时就扼死她们，也胜过违背女儿意愿，将她们关到铁栏杆后囚禁终生。扼死她们反而是一种仁慈。[61]

虽然塔拉博蒂的著作直接被列入《禁书目录》（*Index of Prohibited Books*），但随着 17 世纪危机的加深，被迫戴上头纱的贵族之女比例也在持续攀升。在 1642 年的威尼斯，80% 的贵族少女都成了修女。1656 年，这个比例达到了 90%。贵族常常将女儿们付出的牺牲美化为虔信的典范，但另一个事实无疑会令他们更感宽慰：结婚嫁妆平均下来要花上 1500 斯库多（scudi）①，而将女儿送进一家颇具名望的女修道院只需 400 斯库多。不管动机如何，结果证明，将女儿们关进修道院的做法非常有效地减少了可婚育精英女性的数量：在 1580 年代，每年有 40 位威尼斯贵族成婚；但 1650 年代这个数字降到了 30 以下。[62]

许多女修道院也接受弃儿。事实上，有些机构安装了一种特殊的"命运之轮"（wheel of fortune）转盘，以让母亲们更方便地遗弃她们不想要的骨肉：她们可以匿名将自己的婴儿放在转盘的外圈，再将转盘转进去供人领养。在米兰育婴堂，绝望的母亲们在一年之内用"命运之轮"（scaffetta）遗弃了约400 名婴儿。弃婴数量的变化与谷物价格的涨落曲线密切相关，呈现出病态的周期性：在粮食匮乏的年份，单单一夜之间也许就会有四到五名婴儿被放进命运之轮（插图 15）。马德里

---

① 意大利银币单位。

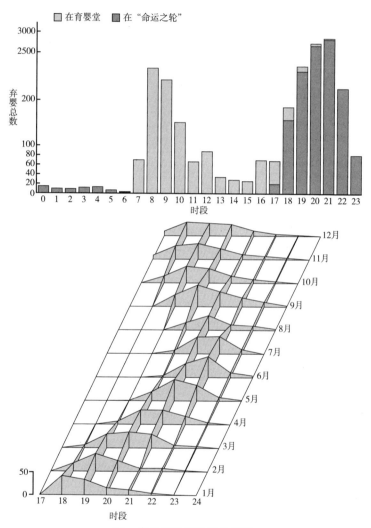

15 米兰育婴堂收留的弃婴

99 　　上图显示了各位父母将无法抚养的孩子送往米兰育婴堂的时间段。在白天，弃儿被送交育婴堂职员；但在入夜后，弃儿数量会上升。绝大多数弃婴都被匿名送到"命运之轮"中。绝大多数弃婴儿被抛弃的时段是随着每年的时令变动的（12月和1月的晚上5点到6点之间；7月和8月的晚上9点到10点之间），大概正是这些时段才让忧心如焚的父母免于在光天化日之下露脸的耻辱。尽管这些数据是18世纪的，但类似的情形在一个世纪前就已盛行。

也有类似情况：17 世纪中叶，共有占总数近 15% 的受洗儿童被他们的父母遗弃，该市育婴堂每年要收养约 500 名儿童；同时，塞维利亚的育婴堂年均接收的弃儿也差不多有 300 人——在经济困难的时期，这个数字有显著增长。而在那些没有育婴堂的城市（比如伦敦），每年至少有 1000 名婴儿"被弃置在首都的街巷、市井和粪堆里"，这一数量的涨落也同样紧跟面包价格的涨落步伐。[63]

将婴儿扔到粪堆上的父母大概并不想让他们活下去，因此他们的行径视同杀婴；然而，也有父母不仅仅会将他们的小孩弃置于市，还会写上一张令人伤心的解释便条。机缘巧合的是，约 150 张 1620 年代的马德里育婴堂便条存留至今。所有便条都很短小——有的便条堪称袖珍。它们要么写在一张书中扯出的碎纸断页之上，要么写在一份文件的背面。有一张便条甚至直接写在了一张游戏卡牌背面——便条会写上小孩的受洗与否，通常还会附上其名字、出生日期和主保圣人日（saint's day）。少数便条会附上一则简明扼要的解释（父母太穷；母亲被她的爱人抛弃；母亲因难产而死；母亲无法喂奶；有一张便条写着"一位不愿透露身份的富有名望的女士"）。在所有便条之中，最为悲伤的是那些以第一人称书写的信息（彩插 6）：

> 我叫安娜。我已受洗。我的父母都是可敬体面的人。因为贫穷，他们将我转托给圣母和圣若瑟。我乞求您，将我托付给某位愿意照顾我的人。
>
> A[64]

100

几乎确定的是，安娜的恳求徒劳无功。不管是在马德里还是在别处，那些进入育婴堂的儿童，绝大多数也死于育婴堂——原因很简单，几近半数的全体弃婴都是在出生一周之内即遭遗弃。在如此脆弱的稚龄，缺少奶妈即时照看的弃儿将会死去。除此之外，鉴于"死亡率倾向于与弃儿接收率同步增长"，预期寿命也随接收率上涨而下落：在饥荒肆虐的 1629 年，佛罗伦萨的无罪者医院（Hospital of the Innocents），700 名弃婴有三分之一在第一天就夭折了，一半则死在一周之内；在一个月之内，近三分之二的弃婴都会死亡。严格来说，将一名新生儿遗落在"命运之轮"里也许并不算杀婴，其效果却大致相同，"命运之轮"为在危机中减少需要供养的人口数量提供了另一种残酷但高效的方案。[65]

III. 移民

自愿移民

在 17 世纪的经济困难面前，超过 100 万西欧人选择移民国外以寻找更好的生活。17 世纪移民波兰讨生活的苏格兰人如此之多，以至于波兰人发明了一个词语"szot"（"苏格兰人"，意指"锅匠"）；1600 ~ 1650 年，共有约 10 万苏格兰人移居海外，相当于该国成年男性的五分之一。在西欧，只有葡萄牙也因移民遭受了规模相近的人口损失：在整个 17 世纪，约有 25 万葡萄牙人出海前往海外殖民地。[66] 在同一时期的东欧，数万户俄罗斯和波兰家庭——半数以上都是不自由的农奴——逃离故土加入哥萨克，前往南方肥沃的"黑土"地带生活。而在俄罗斯这边（人数相对更少），也有人跑去西伯利亚（见第 6 章）。

　　成千上万的中国家庭也选择迁居海外以逃避经济困难。许多中国人（主要来自华南地区的山区省份）迁往菲律宾和东南亚开辟定居点，或在当地的欧洲殖民地服务。1700 年，马尼拉一处名为"巴里安"（Parián）的特别郊区住有约 2 万名华人（如果没有西班牙人及其菲律宾盟友的屡次屠杀，当地华人人口还要比这多得多），此外还有数千华人生活在巴达维亚（今天的雅加达），这里也成了所谓"荷兰保护之下的中国殖民城"。[67] 1624 年之后，欧洲人开始在台湾殖民，招募福建沿海等居民迁台垦殖。几乎在"荷西入台"的同一时刻，福建巡抚便允许"数万"因饥荒而一无所有的人迁往台澎群岛，到荷兰人主要定居点周边的土地上进行垦殖。官方发给每位移民三两银子，每户家庭一头耕牛。1683 年清军进入台湾时，约有 12 万汉民与当地民族比邻而居。而在 100 年前，上述各地点——马尼拉、巴达维亚等——还几乎没有华人定居。[68]

　　由于 17 世纪的战祸空前泛滥，离家从军的男性要远远多于从前。在印度的印度斯坦，约十分之一的适龄男性人口构成了精致、发达的兵源市场的一部分，这是因为莫卧儿皇帝和他们的阿富汗前任以及英国后继者一样，在西北边境招募拉杰普特士兵，并派他们去帝国的东部和南部边境作战，许多士兵也因此在那里结婚定居。西班牙帝国也拥有一套与之相似的军事远征制度。年复一年，从卡斯蒂利亚各城镇招募的士兵被派去远征尼德兰。1640 年腓力四世征讨荷兰的军队中就有 17000 名西班牙人。这些远征军中的许多人都像莫卧儿印度的拉杰普特人一样在尼德兰结婚定居，不再有归家的打算。正如一位西班牙贵族在弟弟离家远征之前告诉他的那样："我不想让你享受尼德兰的乡村，你要享受战争。战争一定得成为你的家乡。"[69] 所有国家都发现，在经济困难的年景下征兵会更容易。用那位在不情不愿地前往本团部队报到的路上巧遇堂吉诃德的西班牙战士的话说：

> 生计逼我投身战争；
> 若我有钱便不从军。

又如一位法国将军在 1708~1709 年"超级严冬"之后的发言所说："也许可以说'这是一场没有吹走任何人好处的恶风'，因为各省的不幸，我们才得以招到如此之多的兵员……大众的不幸却拯救了这个王国。"[70]

在 17 世纪中叶，其他类型的"志愿移民"也反映了经济状况。比如，每年有多达 6000 人前往伦敦，其中的绝大多数人要么是成为商人或工匠的"义务学徒"（bound apprentice），并因此得到技艺教学回报的少年，要么是前去做家仆工作，直到攒下足够的积蓄实现财务自足并结婚的男性或女性——每逢经济状况恶化，这一目标就变得遥不可及。和西欧其他城市一样，移民占到了这座英格兰首都人口的一成乃至更多。

还有的人以一年为期四处移民，以耕种谷物为业，这是因为在某些可预测、密集但短暂的特定时期，绝大多数主食作物的耕种都需要大量富余人手。以水稻为例，农民需要尽快完成播种、施肥工作。因此，纵贯整个东亚和东南亚都有许多"流动雇工"随农忙季节的节奏而活动。谷物生产区的收获必须尽速完成，因此在极短时间内需要额外人手。比如在加泰罗尼亚，每年 6 月"依照古老的风俗，许多收割者

（the segadors）从各处山区赶到巴塞罗那"，他们"寻求使自己受雇"于当地农民，以在公国境内肥沃平原的农地上劳作。[71]

在经济逆境之下，那些缺乏"房屋、工作或固定住址"的流动雇工的处境要比那些留在自己社区，因此有资格索取福利扶助的人脆弱得多得多，也比定居者危险得多。一位目击者将"收割者"描述为"放荡不羁又胆识过人，每年农闲时节都过着脱序恣肆的生活……他们所到之处，常常会造成困扰和动荡，但人们又绝对需要他们的劳力，因此似乎不可能阻止他们"。1640 年 6 月，一场持久的旱灾给公国造成了严重的粮食大匮乏。之后，约 2500 名闲不住的"收割者"抵达巴塞罗那，并几乎立即就"引起了麻烦和动荡"。这场动乱导致三位王室法官和总督被杀，并最终导致"加泰罗尼亚共和国"成立。[72]

除了那些成为女仆的人以外，很少有女性加入移民大军。在 17 世纪只有少数欧洲女性只身远渡重洋，即便如此，她们也时不时得女扮男装（就像那位名显一时的巴斯克"修女中尉"加塔丽娜·德·埃拉乌索一样，她的口述回忆录描述了她作为腓力四世士兵在美洲的功业）。更多的女性伴随她们的丈夫或父母远航海外殖民地——但男性总是远多于女性。[73]许多汉族女性都不会选择女扮男装或是移民离家，因为她们从 7 岁开始就被母亲缠足，就像那些母亲自己一样。在极端状况下，缠足会造就所谓的"金莲"：从脚跟到大拇脚趾头，脚长只有 3 英寸。出身缙绅之家的千金胡石兰后来被迫靠给更富裕家庭的小姐教书为生，她用一首语调哀怨的诗回忆了那些日子：

> 小鬟扶我傍花阴，弓鞋怕溜苔痕翠。
>
> 宁知中岁苦奔波，烈日狂飙任折磨。

危机之中的缠足女性将发现自己难以"四处闲逛"——或者更重要的是，难以逃跑：这在兵燹盗匪遍地的中国明清易代时期，可谓一大潜在的致命伤。[74]

非自愿移民

除了那些在（似是而非抑或确实存在的）经济机遇的"吸引"下离开家乡的移民以外，17世纪中叶的危机还通过在故里陷入贫困乃至死亡的威胁将很多人"推上"了逃亡之路。在奥斯曼帝国的核心地带安纳托利亚，1570年代到1640年代之间一场被时人称为"大逃难"（Great Flight）的大迁徙使一些地区的纳税人口减少了三分之二，无地的未婚男性背井离乡，要么加入盗匪大军就食，要么跑到城市寻找工作，或是加入宗教学校就学（经学院"medreses"，见第7章）。在欧洲中部，三十年战争令许多地域的人口减少。那个时代最著名的德语诗人马丁·奥皮茨在他创作于1621年的史诗《战争灾难中的慰藉》（*Consolation in the Adversity of War*）中写道：

> 世间有没有一处战争无法到达之地
>
> 我们在那里生活无惧，也无须逃离……
>
> 树木不再挺立；
>
> 园圃荒芜毁弃。
>
> 镰刀与犁，已被铸成利刃。

在印度，古吉拉特地区于 1628 ~ 1631 年遭遇的饥荒和洪水同样迫使大量居民离乡逃难，其中尤以技工阶层为最。据一位英国观察者称："大多数织工、洗衣工和染工（这些技工逃离了灰暗而令人窒息的饥荒）散落到边远地区，且为数甚众。他们将专业技艺也一并带走，几乎没有遗留。"[75] 在中国，明朝士大夫陈子龙是他那个时代最好的诗人之一，他的诗歌《小车行》捕捉到了这些难民的悲苦命运：

> 小车班班黄尘晚，
>
> 夫为推，妇为挽。
>
> 出门茫茫何所之？
>
> 青青者榆疗吾饥。
>
> 愿得乐土共哺糜。
>
> 风吹黄篙，望见垣堵，
>
> 中有主人当饲汝。
>
> 叩门无人室无釜，踯躅空巷泪如雨。[76]

那些在遭遇驱逐之前就被强制剥夺自由的人甚至面临更糟糕的命运。有些人被征作士兵和水手。虽然欧洲唯有瑞典一国施行永久的"征兵制"（draft），但绝大多数国家都会定期诉诸"强制征募"（impressment），即强制征募那些缺乏明显生活来源，或曾殴打或遗弃妻子的男性，以及那些被所在社区认定为罪人的人，例如通奸者和淫乱犯。此外，鉴于战时仅凭"罪人"也难以补足部队人数，政府只能定期征召守法公民。在卡斯蒂利亚，地方社区常常在当地所有适役男性中以抽签的方式征兵，以完成征兵配额，而随着人口在 17 世纪不断减少，

"适役男性"的标准也有了显著的扩大。比如在 1630 年萨拉曼卡的大学城，所有 40 岁以上的男性都有兵役豁免权，但这个数字到 1640 年就变成了 70 岁。与此同时，基于传统的豁免项（比如学生、教授、城镇官员、宗教裁判所的皂隶、绅士和医生，甚至是残障人士）也遭遇挑战，最后剩下的豁免门类只有牧师和吉卜赛人（后者被定期集中起来做桨帆船桨手）。征兵可以迅速减少整个社区的人口。比如在 1642 年，约有 3000 名居民的西班牙城市比利亚罗布莱多就曾抱怨强制征募已在过去五年间夺走了本地约 400 名男性，以至于该城现在缺乏耕田所需的人手，不得不请求救济（作为回应，政府又征召了 60 名男性）。有时新兵会变得如此稀缺，以至于在从应征入伍到部署作战之间的这段时间里，军队必须把他们先关押起来以防止逃跑。一队来自卡斯蒂利亚的新兵就在被运往意大利作战之前惨遭长达八个月的监禁。他们向马德里的战争委员会请愿说："为了上帝的爱请安排我们出狱，这样我们也许就能为国王陛下而战了，就算战场是地狱也在所不惜。"[77]

也有一些国家将大量不法之徒驱逐出境而非直接处决，其中有不少是在战争和叛乱中抓获的俘虏。莫卧儿帝国就是其中一例：他们定期在中亚的奴隶市场出售战俘。在 1630 年代，统治喜马拉雅山脚的卡尔皮（Kalpi）总督吹嘘说，他在镇压一场叛乱时曾"斩首叛军主谋，掠其妻女儿童为奴，人数超过两拉结（20 万）"，并将他们出售。引用了这一细节的历史学家斯科特·莱维估计，"这些年里，莫卧儿在印度的军事扩张曾令数十万当地人沦落为奴、流落他乡"。还有一些被放逐者是犯人。俄罗斯政府将许多罪犯放逐到南部边境以抵御鞑靼的袭击，而非将他们处死了事——其中就包括一些被判为女巫的人，她们被判处终生流放。讽刺的是，这些女巫的余生都在巡逻东正教的边疆（在西欧绝大多数地区，她们都会被公开处决）。在苏格兰，由于一个氏族长期以来的目无法纪令政府恼怒不已，苏格兰政府在 1626 年将所有姓"麦格雷戈"（Macgregor）的男性都驱逐到欧洲大陆，"他们将由一些欧陆军官严密看护，这些军官也负责阻止他们逃离"。就在离家迁往欧陆之前，每一位麦格雷戈都得发誓"永远不得返回这个王国，否则格杀勿论"。[78]

绝大多数不列颠放逐者都被送到美洲，英格兰的弗吉尼亚公司为此指明了道路。这家公司于 1618 年将"上百名在大街小巷忍饥挨饿的男孩女孩"聚拢起来送去弗吉尼亚。几年之后，这家公司用类似的手法，将"过快增长（super-increasing）的人口从这座城市（指伦敦）迁往弗吉尼亚"，以"把这座城市从大量因无食物果腹……而在街头挨饿的居民造成的压力之下解放出来"。[79]在 1640 年代，这家公司雇用"骗人鬼"以"吸引儿童和成人移居弗吉尼亚"。公司承诺，一旦人们登上他们的接驳船就会有食物。但据查尔斯·拜利（数千名受害者之一）的说法："上船之后（我）便一直拿不到什么食物，直到抵达美洲——我在那里被卖作债务奴隶达七年之久。"拜利后来相信，他们这些"穷困的生物最好是被绞死，也要好过经受弗吉尼亚公司带来的死亡和悲戚"。还有一部分"可怜的家伙"是战败的士兵和叛卒，取得胜利的伦敦共和派政权将他们发配为非自由劳力，遣往巴巴多斯等美洲殖民地劳作。前不久有一项研究指出，"数万名不列颠和爱尔兰人在革命期间沦为切萨皮克和加勒比的债务奴隶"。[80]

在 17 世纪，一些欧洲国家的政府不仅把犯人送到他们的亚洲和美洲殖民地，还会送去孤女和妓女，希望以此缓解流行于绝大多数海外殖民地的严重的性别失衡。这并不总是管用：17 世纪的加拿大，在以"国王女儿"（Filles du Roy）之名前往美洲的已婚女性移民里，无子而终的比例达到了惊人的80%。[81] 许多男性移民也未能生育。有人死在严酷旅程的途中，还有人在到达目的地后不久就因缺乏抵御当地病菌的抗体而死去。1604 ~ 1634 年，约有 25000 名欧洲男性死在葡属印度首府果阿的王家医院，绝大多数死者都是在结束里斯本到印度的海上航行，上岸后不久死去的；1629 ~ 1634 年，有超过 5000名葡萄牙男性离开里斯本前往印度，其中活着到达的还不到一半。同样地，尽管在整个 17 世纪有大约 223000 名欧洲移民前往英格兰控制之下的加勒比群岛，那里的"白人"总人口在1700 年也只有区区 4 万人。

17 世纪最为庞大的强制移民也造成了最高的死亡率，那就是非洲人口的迁离。一些非洲人（特别是在东非）在被俘房之后被送往北面的伊斯兰国家。纵贯整个 17 世纪，奴隶商人每年将五六千名非洲男女送到奥斯曼帝国治下的埃及，然后从那里散往帝国全境——不过，在西边的欧洲人到来之后，被迫前往美洲的非洲人要多得多。[82]

要估算非洲和美洲诸欧洲殖民地之间奴隶贸易的总体规模极为困难，尽管如此，在 1640 年，一名颇有经验的官员估算西属美洲的奴隶人口在 32.5 万人左右，当地每年需要输入9000 多名奴隶才能维持这个水平。此外，在巴西还有约 8 万名奴隶，仅仅是为了填补"人力损耗"，这块殖民地每年就需进口 2000 多名奴隶；而在 1656 年这短短一年里，就有 2000名非洲黑奴抵达了英属殖民地巴巴多斯。将这些数据汇总起来可知，在 17 世纪中叶，每年至少有 1.3 万名非洲黑奴抵达美洲。[83]除此之外，每年还有数千名被俘的黑奴死于非命：他们要么死在前往大西洋海岸的漫漫羁旅，要么死于等待开船前的站笼之内，要么就是毙于大西洋的航程途中。将这些数据汇总起来可知，欧洲人在 17 世纪将 200 万左右的非洲人掠夺为奴，其中半数来自非洲中西部。其余的绝大多数则来自黄金海岸、贝宁湾和比夫拉湾沿岸的国家。

负复利效应

在 17 世纪中叶导致人口衰退的种种过程降低了短期的资源需求（特别是粮食），并造就了五个严重的长期后果，从而产生了一种"负复利"（negative compound interest）效应：

· **减少了下一代母亲的人数**。迫使寡妇自杀的压力使本世代的母亲人数大为减少，令生育前后母亲的高死亡率雪上加霜（天主教国家还经历了修女人数的增加）；而杀婴、弃婴则令下一代母亲的数量大为减少。10% 的女婴溺杀率将使下一代的人口增长减少 10%。一首中国诗歌凄恻动人地指出了对女性的这一双重摧折：

> 闽风生女半不举，长大期之作烈女。
>
> 婿死无端女亦亡，鸩酒在尊绳在梁。
>
> 女儿贪生奈逼死，断肠幽怨填胸肊。
>
> 族人欢笑女儿死，请旌籍以传姓氏。
>
> 三尺华表朝树门，夜闻新鬼求还魂。[84]

- **造成了"世代损耗"。** 不管是由于人为灾难还是自然灾害，任何令某一年龄世代规模显著缩小的短期危机都会自动减少这一世代的繁衍能力。如果现有的死亡率上浮50%，就将意味着危机期间年龄在 15 岁以下人群规模将不足以使总人口在未来恢复到之前的水平。而在悲剧性的巧合（至少在欧洲似乎只是巧合）之下，17 世纪每一个遭遇高死亡率危机打击的世代都会在适婚年龄迎来另一场大灾难的"二次打击"。遭遇 1630～1631 年瘟疫打击的世代恰好会在成年后遭遇 1661～1663 年的饥荒；同时，他们的子女又恰好在 1690 年代的危机期间达到生育年龄。同样地，受到 1618～1621 年和 1647～1653 年危机侵袭的世代又恰好在长大成人时撞上了1670 年代中期的歉收。而他们的子女到达婚育年龄的时刻又正好处在 1708～1709 年"超级严冬"及其引发的饥荒期间。[85] 因此，每一场灾难不仅折损当时那一代人的人口，也会减少下一代人的规模。

- **路途上的死亡。** 无论在哪个年代，流离失所之人都很难养家糊口。遍布全欧的教区登记簿频繁记录了"陌生人之死"——男女孩童都死在试图迁往他处的路途之中，他们常常是为了寻找生计和食物而迁徙。由于每个教区都独立进行登记，因此历史学家很难利用这些记录来复原移民家庭的损失。不过，一些高质量的史料弥补了这一缺憾。举一个简单的例子：彼得·哈根多夫是三十年战争期间的一名士兵，他在 1624～1649 年服役期间的日记记述了自己随团在欧洲各地辗转近 15000 英里的征程。哈根多夫一丝不苟地记下了他家中出生、婚姻

和死亡的情况，后来又记下了关于在 1627～1633 年由
他的首任妻子所生但尽数夭折的四个子女，以及在首任
妻子去世之后由第二任妻子于 1635～1648 年所生的另
外四个夭折子女的信息。八个子女中的绝大多数都死于
婴儿时期（一个死于受洗之前，还有两个没活过一
周）。这样一来，到战争结束时，哈根多夫在整个三十
年战争期间生下的八名婚生子女当中只有两个还活
着——一个五岁大，另一个还只是婴儿。[86] 如果哈根多
夫的经历具有代表性，这就表明从军服役不仅对许多士
兵而言等同死刑判决，也会为他们的家人带来死亡；鉴
于至少 100 万人参加了 17 世纪中叶欧洲的大小战争，
这对总人口的影响堪称酷烈。

· **移民的隐性成本。**葡萄牙北部的部分村镇为该国的海外
殖民事业输送了大量男丁——水手和殖民者——以至于
每 100 名当地女性只有不到 60 名男性相配。这一地域
也勉强只有一半女性结婚。类似的性别失衡也成为另外
一些村镇的标志：那里的男性都移居他乡寻找工作。性
别失衡给人口带来了两项长期效应。第一，在一些土质
过重、女性难以独力耕种的耕作区，大批男性的离去
（不管是像斯堪的纳维亚人那样去打仗还是像伊比利亚
人那样去殖民）有可能造成粮食生产的大幅降低，以
至于尽管粮食消费量有所降低（因为男性不再吃当地
粮食），这类社区仍难以继续供养自身人口，并最终萎
缩。第二，至少在一夫一妻制社会里，如此规模的男性
移民大幅降低了婚姻数量，随之也减少了下一代的人口
规模——这再一次制造了一种"负复利"。[87]

· **"年轻人的世界"**。社会学家金世杰注意到,无论就绝
对数字抑或相对比例而言,"1630 年代英格兰的年轻人
之众多都异乎寻常"。

表 4.1　英格兰总人口中各年龄段百分比

年份	总人口(人)	0 ~ 4 岁	5 ~ 14 岁	15 ~ 24 岁	25 ~ 29 岁	15 ~ 29 岁 总计	30 + 岁 总计
1631	4892580	12.5%	19.9%	18.2%	7.9%	26.1%	41.6%
1641	5091725	11.8%	20.5%	17.3%	8%	25.3%	42.4%

正如金世杰指出的那样,"在 1630 年代达到 26 ~ 35 岁
这个群体是 1500 ~ 1750 年规模最大的青年世代";其中有相
当一部分人始终未婚。[88] 这种人口结构在本质上不甚稳定:这
不仅仅因为那些年轻、单身的人更有可能表达不满情绪,更
在于(正如金世杰所观察到的)"人们在抗议或反抗运动中
的参与度部分取决于他们所感知到的反对运动支持度"。因
此,"在不满人群之中更具畏难情绪的人只会加入一场看起来
人数众多、成功在望的反对运动",而由于 26 ~ 35 岁年龄组
人群在 1630 年代增长到了前所未有的规模,这也增加了 35
岁以上人群投身反对事业的概率,并进一步加剧了全体人口
的不稳定性。[89]

尽管在准确度上并不能与英格兰教区登记簿相
提并论,但中国数据记载的现象也与前者如出一辙。
流行甚广的溺杀女婴现象不可避免地增大了下一代
人中"光棍"(中国人对未婚男性的通称)的数量。
一份福建省的县志称,当地在 1650 年代几乎有半数

男性保持单身，因为他们找不到适婚女性；此外，正如英格兰一样，这种颇不寻常的人口模式或许可以解释，为什么有如此之多的人拒绝将"匮乏"视为应当默默承受的自然灾害，而是将其视为应当猛烈抗议的人为恶果。[90]

阿玛蒂亚·森曾在那篇受 1943 年孟加拉大饥荒个人经历启发的著名论文《贫困与饥荒》（*Poverty and Famines*）中断言："饥饿是指一些人未能得到足够的食物，而非现实世界中不存在足够的食物。虽然后者能够成为前者的原因，但只是很多可能的原因之一。"[91]这即是说：饥荒更多地源于人为造成的分配问题，而非自然因素导致的供给问题。不管森的论点是否正确，这种"人类中心论"的论调令很多人相信（用斯蒂文·卡普兰的话说）"他们是一场可怕阴谋的受害者"。卡普兰评论道，在近代早期世界，

> 消费者可以找到很多理由来质疑"匮乏"是否真的不可避免。他们发掘出种种迹象，认定收成并非如宣告说得那么差，不法行径和异常行为在谷物贸易中时有发生，政府政策也并未像当局标榜的那样有效，等等。随着生存焦虑日甚一日……人们也越发相信危机源自人祸，有一项针对人民的犯罪阴谋正在落实，大众的痛苦本无必要，必须以某种方式抵抗密谋者。每一次危机中的反派都大同小异：比如掌握权力的人（大臣……行政官等），拥有巨额财富的人（比如金融家、包税人、银行家、军事承包商），以及一些关键领导人的贴身亲信（情妇、亲人）。

几乎一模一样的"人类中心主义"假设也围绕着大规模流行性疾病展开：这种观点认为，这些疾病是由权势熏天、作恶多端的人传播的。[92]

类似的执念使近代早期的许多人坚持认为行政当局有能力，也必须更加努力地为他们的臣民提供充足的粮食和安全保障，以保障他们的生存。国家的当务之急是"济民"（Nourish the people），这一观念绝不仅仅支配着中国而已。法国王储的家庭教师雅克·波舒哀（Jean-Bénigne Bossuet）于1679 年写就的专著《〈圣经〉中的政治学》（*Politics drawn from the very words of Holy Scripture*）强调，"君主必须满足臣民的生活需求"（书中某项"建议"的标题）。波舒哀甚至斥责道：

> 照顾子民的道德义务是统治者对臣民所享有的全部权利之基。这也是为什么在困难时期，子民有权向他们的君主请愿。"在一场严重的饥荒中，子民们向法老号泣求食。"饥民向他们的国王求取面包一如羊群向牧羊者求食，或者更像是子女求告于父亲。[93]

这也是为什么（波舒哀可能会补充）那些重蹈法老覆辙，忽视人民"请愿"的近代早期统治者很快就迎来了更多的叛乱和革命。事实上，恰恰是那些经历了最大规模人口减少的国家和地区不仅仅经受了最多的饥荒和战争，也承受了最多的叛乱和革命，比如中国、俄罗斯、波兰－立陶宛联邦、奥斯曼帝国、德意志及其邻国、伊比利亚半岛、法国、英国和爱尔兰。

注　释

1. 感谢 Matthew Connelly、Eve Levin、Pamela McVay 和彭慕兰帮助我写作这一章节。我也要感谢 Peter Laslett 和 Tony Wrigley，他们在我 1965 年研究生学习的第一个学期就提醒我注意人口史的重要性。本章重点关注那些经受小冰期和总危机最沉重打击的区域的人口趋势——主要是欧洲和亚洲。第 15 章则检视了澳大利亚、非洲和美洲各自不同的人口变化情况。

2. Jacquart，'La Fronde'，283，论及法国；Telford，'Fertility'，70 - 3，and Beatty，*Land*，47 and 133 论及江南。另见第 76 页，论及郯城；以及第 24 页的引文。

3. John Donne，*Devotions*，XVII. "任何人的死亡都是我的损失，／因为我是人类的一员，／因此／不要问丧钟为谁而鸣，／它就为你而鸣。" Kate Epstein 提醒我，多恩写下这些句子的时候正是 1621 ~ 1623 年伦敦死者遍地之时，多恩或许时常能听到丧钟鸣响。

4. Flinn，*Scottish population history*，130（petition from the ministers of Orkney to the Privy Council，1634）；Questier，*Newsletters*，85，John Southcot to Peter Biddulph，11 May 1632，together with notes 251 - 2；Sym，*Life's preservative against self-killing*，Preface（by William Gouge，a famous Protestant preacher），and 124.

5. 数字来自 Macdonad and Murphy，*Sleepless souls*，252 - 3 and 260 - 7. Nicholas Rodger 列出了查理二世统治时代的东区巡回审判记录（藏于国家档案馆）。记录显示，"1660 年代中期的艰难岁月里，无论是自杀还是杀婴事件都急剧上升"。我要感谢他分享这条信息。

6. Houston，*Punishing the dead*?，tables 1，2 and 4；Behringer，*Kulturellen Konsequenzen*，259. 我要感谢 Rab Houston，正是他指出，自杀记录的增加既反映了更多的数字，也可能反映了更大的"能见度"：在匮乏年代里，一名死因裁判官更倾向于裁决某位溺死在磨坊引水槽里的死者是死于自杀。

7. 细节来自 Meyer-Fong，*Building culture*，17 - 18（citing the lists of

suicides in a 1675 gazetteer）。

8. Fong, ' Writing from experience ', 269 – 71. Idem, ' Signifying bodies ', 116 – 21, 讲述了一个同样凄婉动人的故事，主角是湖南的杜小英。这名少女 16 岁被清军俘虏时就尝试自杀。她本可以立即自沉，但她写道，自己的第一要务还是想自撰墓志铭，最终在留下 16 首绝命诗后死去。

9. Peterson, 'The life' 142. 有关此事的更多细节，参见 ibid., 242 – 3。

10. Wakeman, *Great Enterprise*, 64 – 5（辽东的例子）；Struve, *Voices*, 31（两封史可法书函）。

11. Struve, *Voices*, 34（王）and 30（司徒琳的推算）。王秀楚的妻子两度尝试自杀。

[728] 12. Meyer-Fong, *Building culture*, 17 – 18（quoting from the lists of suicides at Yangzhou in a 1675 gazetteer）. More examples in Ho, ' Should we die? ', 125 – 36, Mann, *Precious records*, 25, and Ko, *Teachers*, 130 – 5 and 185 – 7.

13. Ho, ' Should we die? ', 136, 引用了钱士馨《甲申传信录》；Spence, *Death of Woman Wang*, 9 and 14, 源自地方官黄六鸿的著作，1694 年出版. Elvin, ' Female virtue ', 128, 讨论了 1688 年的诏令。更多有关 1640 年代自杀和未能自杀者的记录，参见本书第 5 章。

14. Cherniavsky, ' The Old Believers ', figure on p. 21. 另见第 6 章。

15. Major, *Sati*, xxviii; Temple, ed., *The travels of Peter Mundy*, II, 34 – 6. Banerjee, *Burning women*, 有关妻子殉夫的史料，参见蒙迪等 42 名曾于 1500 ~ 1712 年在印度旅行的西方学者的讨论，以及七幅还原场景的图。

16. Kolff and van Santen, *De geschriften van Francisco Pelsaert*, 328 （ ' d'welck in Agraa meest 2 a 3 maal des weecks geschiet ': Pelsaert spent much of the 1620s in Agra）. 从 1815 年到 1828 年，英国人在孟加拉记录在案的妻子殉夫事件就高达 8000 起（这也是唯一曾有政府统计的时间段）: Major, *Sati*, 281 – 2。

17. Woods, *Death before birth*, 218, quoting Guillaume Mauqeste de la Motte, *Traité complète des accouchements naturels* （1722）.

18. Nedham, *Medela medicinae*, 54. Miller, *The adoption of inoculation*,

30 - 1, and Razzell, 'Did smallpox reduce height?', 353 - 4，引用其他同时代人的观点，他们认为天花（和麻疹）在 17 世纪变得更为致命。

19. Bamford, *A royalist's notebook*, 23；Chang, 'Disease'.

20. Gatta, *Di una gravissima peste*, 6；Corsini and Delille, 'Eboli'.

21. Domínguez Ortiz, *La sociedad española*, 71.

22. Levin, 'Plague control in seventeenth-century Russia'，引述了财政部官员库兹马·莫什宁 1654 年 12 月呈递的一份详细报告中的数据；Moote, *The Great Plague*, 178 and 258 - 61（这一周的"死亡名录"登载了 7165 名死者，但这个数字排除了那些死时没有确诊的下葬者，也不包括那些不信英国国教的人）。

23. 参见 Slack, *The impact*, 58 里的图表，以及 Livi-Bacci, 'Chronologie', 433。类似的频率图也见于 Kostes, *Stom kairo*, 366 - 73（巴尔干半岛），以及 Dols, 'The second plague pandemic', 187（埃及、巴勒斯坦和叙利亚）。

24. Dunstan, 'The late Ming epidemics'；Odorico, *Conseils et mémoires*, 163 - 81；Amelang, *Journal*. 在加泰罗尼亚，旱灾摧毁了 1650 年的收成，也就大大减少了第二年可用的谷物种子，并助长了 1651 年那场毁灭性的鼠疫。

25. Foster, *The English factories in India, 1630 - 1632*, 165 - 6, East India Company officials in Surat to their colleagues at Bantam, 8 Sep. 1631；and 178, same to London, 9 Dec. 1631.

26. Alfani, 'Plague', 18, 27（这份资料库包括北意大利 87 个地方的 124 份教区登记簿，其中只有 5 个地方在 17 世纪逃脱过鼠疫）；Sides, *La popolazione*, 86, 110 - 11 and 253 - 6。

27. Ansaldo, *Peste*, 48（'Plus a esté commis...' on 13 June 1630），and 199 - 202（totals）.

28. Amelang, *Journal*, 40, 50, 58, 61, 68, 62. Pérez Moreda, 'La peste', 14 - 23，其所呈现的证据证实，女性的死亡人数比之前更多，几乎所有运尸者也都这么说（绝大多数运尸者都是精神迟钝者和奴隶）。

29. Amelang, *Journal*, 71；Garnier, *Les dérangements*, fig. 13，论及旱灾。

30. Hastrup, *Nature*, 234 – 5；Galloway, ' Annual variations ', 498 –
500；Wrigley and Schofield, *Population history*, 398；Patz, ' The
effects ', 281 – 9；Cullen, *Famine in Scotland*, 143 – 5.

31. Schaufler, *Die Schlacht*, 7, 引用了约翰·沃思 （Johann Werth） 将
军的说辞。西班牙电影 *Alatriste*（2006 年） 的结尾刻画了罗克鲁
瓦战役尾声阶段的动人场景。

32. Rodger, *The command*, 73, 引用了一位从 "四日战役" 中幸存的
军官的说法。Rodger 认为，这是 "大航海时代最伟大的战役"；
214 （losses）；and 101, 泰勒专员致塞缪尔·皮普斯的信，
Harwich, 4 Apr. 1667（10 先令相当于半英镑）。

33. Hutchinson, *Memoirs*, 208；Carlton, *Going to the wars*, 173 – 9, 提
供了来自英国的种种事例。另见 17 世纪军事暴力的个案研究，
出自 Meumann and Niefanger, *Ein Schauplatz herber Angst* 的这些案
例相当恼人。

34. *Quatre Dialogues de Paysans*, 67 – 8, from *L'entre-jeux de Paysans*,
一部约 1635 年出版于列日的短剧。我要感谢 Myron Gutmann 的
绘制引起了我的注意。其他例证可见第 2 章。

35. Ayala, *De Iure*, 1. 2（Eng. edn, I, 10 – 11）. See also Gentili, *De
Iure Belli*, 3. 7（English edn, II, 320）.

36. Pascal, *Pensées* 'Les hommes ne font jamais le mal si complètement
et joyeusement que lorsqu'ils le font par conviction religieuse'. 有关
马格德堡，参见 Mortimer, *Eyewitness accounts*, 67 – 70 （强调了摧
毁的速度）；Kaiser, ' "Excidium Magdeburgense" '；Droysen,
'Studien'；Cunningham and Grell, *Four horsemen*, 175 – 82。

37. Joshua 6 : 21, 24. Hale, 'Incitement to violence' 指出了那些犯下
军事暴行的人曾多么频繁地援引大量先例以进行自我辩护，他
们也在《旧约》里找到了不少禁制令的依据。

38. Carlton, *Going to the wars*, 178 – 9, 引用了时人对拜辛宫围城战
的记载。更多暴行 （尤其是在中国、德意志和新英格兰），参见
第 5 章、第 8 章和第 15 章。

39. Abbott, *Writing and speeches*, II, 127, Cromwell to Speaker
Lenthall, 17 Sep. 1649. （克伦威尔选择不解释为什么他的军队也
杀死了这么多 "手无寸铁" 的平民，或是为什么他允许屠杀在

"酣战"结束之后很长一段时间内依然持续，特别是考虑到他明知绝大多数守军都是新教徒。）

40. Data from Lindegren, 'Men, money and means', 133, 140 – 1; idem, 'Soldatenleben', 142 – 3; Jespersen, *A revolution from above?*, 279 – 96; and Lappalainen, 'Finland's contribution', fig. 9. [729]

41. *HMC Ormonde*, n. s. II, 130 – 1, Lords Justices to Irish Commissioners, 7 June 1642. 其他军队针对女性之行径的例证，参见第 2 章。

42. Ogilvie, *A bitter living*, 220 – 2; Roupnel, *La ville*, 91 – 2; Lindegren, 'Men, money and means', 156 – 7; Ailes, 'Wars, widows'（这份资料提到，在抽取的五个样本年份里，总共发现了约 250 封出自战争寡妇之手的请愿书）。

43. Ogilvie, *A bitter living*, 1 (quoting Catharina Schill, 'ein arme Frau' who in 1654 'müesse sich seürlich nehren'); Rublack, *Crimes of women*, 144 – 5.

44. Hufton, *The prospect before her*, 81.

45. Moncada, *Restauración*, 135 – 8; Anes Álvarez, *Memoriales y discursos de Francisco Martínez de Mata*, 219 – 20; Wrigley, *People, cities and wealth*, 240.

46. Hindle, 'The problem of pauper marriage'; Wrightson, *Earthly necessities*, 222 – 3（基于剑桥人口和社会结构研究小组的数据复原）。

47. Mauriceau, *The diseases of women with child*, 287; Goubert, *Beauvais*, 48 – 54.

48. Galloway, 'Secular changes in the short-term'.

49. Capp, *When gossips meet*, 37. 人口数据显示，苏黎世和日内瓦的贵族在 17 世纪开始了计划生育（von Greyerz, 'Switzerland', 134），不过他们似乎只是特例。

50. Lee and Wang, *One quarter*, 10, 99. 但必须指出，这份文献的绝大部分数据都采自长江下游、东南沿海和东北南部地区。那里的大型宗族控制了大量资源，也比其他地域拥有更多软硬的手段影响本族之内的每一对夫妇。在其他地方，"核心家庭"拥有更多的自主权（我要感谢彭慕兰提到这一点）。

51. Ko, *Teachers*, 261 - 3, 描述了扬州地区的女奴市场, 也引用了 Elvin, 'Female virtue', 112 - 14 里的诗歌。这里引用了江南一首相似的反叛之诗, 控诉将女儿养成妓女的行为。

52. Bray, *Technology and gender*, 289; Lee, Wang and Campbell, 'Infant', 405, 408, 410 - 11; Lee and Wang, *One quarter*, 47 - 51, 98, 107 - 8.

53. Waltner, 'Infanticide and dowry', 201, 引用了 1625 年的《福清县志》; Elvin, 'Unseen lives', 145 - 6, 江西吴兆之诗。溺杀女婴的现象在江户时代的日本也很常见, 参见第 16 章。

54. Kaiser, 'Urban household composition', 主要基于城市家庭的存物清单; 以及 Levin, 'Infanticide'.

55. Ransel, *Mothers of misery*, 25, 269 - 71.

56. Patin, *Lettres*, III, 226, to André Falconet, 22 June 1660 (这项统计因一位颇具名望的宫廷命妇之死而起, 她在找助士堕胎时不幸死亡)。Schiebinger, *Plants and empire*, 122 - 4, 列出了不少 17 世纪作家有关 "如何堕胎" 的建议; Pollock, 'Embarking on a rough passage', 56 - 8, 讨论了相关例证。

57. Soman, *Sorcellerie*, I, 797 and IV, 22. 杀婴事件占到了法庭听讼的所有杀人事件中的近三分之一。据 Soman (这一课题的顶级权威学者) 的说法, 近代早期法国的高等法院和各级法院处决了 5000 名犯有杀婴罪的女性, 而 "这还是一个保守的估计"。

58. *Statutes of the realm*, 21 Jac. I c 27; Wrightson, 'Infanticide' (杀婴案几乎占到了 1624 至 1664 年间埃塞克斯各级法院杀人案的五分之一); Gowing, 'Secret births'.

59. William Shakespeare, *The tragical history of Hamlet*, prince of Denmark (c. 1600), Act 3, Scene 1: 假装癫狂的哈姆雷特告诉他的至爱奥菲利娅: "去修道院吧, 你何必去怀上一堆罪人种?"

60. 一份 1650 年基于意大利及其附属岛屿 (科西嘉、撒丁和西西里) 所有男性神职人员的普查显示, 全境有近 7 万名僧侣和修士: Boaga, *La soppressione*, 150。绝大多数城镇记录在案的女性神职人员人数都与男性相仿 (尽管女修院更少), 那么意大利的修女总数大概也会与男性相仿。我推算修女占城市总人口的百分比, 是先将城市人口除以二 (大约半数人口是女性)。

61. 'Galarana Baratotti' [Elena Tarrabotti], *La simplicità ingannata* and *L'inferno monacale*. Quotation from the extracts translated in Dooley, *Italy in the Baroque*, 417.

62. 米兰地方行政官对于年轻女性成群结队前往修道院深表忧虑，时值充斥着饥荒、瘟疫和战争的 1627 ~ 1632 年。参见 Sperling, *Convents*, 26 – 8；Vigorelli, *Vita e processo*, 174 – 89；Zannetti, *La demografia*, 60；and Hunecke, 'Kindbett oder Kloster', 452 – 6。

63. 关于马德里的情况，参见 Carbajo Isla, *La población*, 257 – 67，关于受洗弃婴人数的推算，参见 AHN *Consejos*, 41, 391；关于塞维利亚，参见 Álvarez Santaló, *Marginación social*, 44 and graph on p. 47；关于伦敦，参见 Fildes, 'Maternal feelings', 143（引文）and 156（弃婴总数和面包价格图表）。

64. AHN *Consejos*, 41, 391, n. p., 'Juez de comisión para la aberiguación de los fraudes que se an echo en el ospital de los niños expósitos'（我要感谢 Fernando Bouza 提醒我注意这卷文字）。Álvarez Santaló, *Marginación social*, 213，提供了另一份基于第一人称视角的例证（来自塞维利亚）。

65. Viazzo et al., 'Five centuries', 78 – 87，基于 Spedale degli Innocenti 的档案，这是欧洲第一座专门的育婴堂。

66. 有关苏格兰的情况，参见 Canny, *Europeans on the move*, 80 – 5；Murdoch, *Scotland*, 14, 19 – 20；以及 Cullen, *Famine in Scotland*, Ch. 6. Gordon, *Diary*, 提到了他于 1655 ~ 1667 年在波兰和俄罗斯遇到了约 250 名苏格兰人。有关葡萄牙的情况，我要感谢爱奥埃拉斯的古尔本吉安基金会（Gulbenkian Foundation）的人口学家。值得注意的是，苏格兰移民中，高地人占据了极高比例；葡萄牙移民也主要来自北部地区。

67. Felix, *The Chinese in the Philippines*, I, 46；Blussé, *Strange company*, 74 and 83. [730]

68. For details, and for the term 'co-colonization', see Andrade, *How Taiwan became Chinese*.

69. Ochoa, *Epistolaro español*, II, 64, Cristóbal Crespi, 16 May 1627.

70. Cervantes Saavedra, *La segunda parte de el ingenioso hidalgo*, ch. 24：'A la guerra me lleva, mi necesidad/Si tuviera dineros, no fuera

en verdad'；Corvisier, *L'Armée française*, 1, 317, quoting Marshal Villars.

71. Manuel de Melo, *Historia de los movimientos*, 38 – 40. 有关水稻耕作时急需的短期劳力（当然还有棉花和丝绸），参见 Elvin, 'Blood and statistics', 149 – 51。

72. Manuel de Melo, *Historia de los movimientos*, 38 – 40；以及第 9 章。Parets, *De los muchos sucesos*（Memorial Histórico Español, XX, 75 – 6）提到，收割者们在 1631 年夏天的饥荒中几乎都揭竿而起了。

73. Stepto, *Lieutenant Nun.* 其他异装例证（或许比一般人想象的更为普遍），参见 Dekker and van de Pol, *The tradition of female transvestitism*。

74. 高彦颐，《闺塾师》，第 171 页，引述了胡石兰的说法。不过，高彦颐在 *Every Steps*, 16 中根据现存的一双双为缠足女性而制的雪地鞋、草屐和垫套鞋主张她们也可出门；1660 年代，缠足并未阻止王氏女先是私奔，再在被爱人抛弃之后还乡（Spence, *Woman Wang*, 117 – 24, 128, 136）。缠足未能让女性免于沉重的体力劳动（Mann, *Precious records*, 167 – 8）。Sandy Bolzenius 提醒我缠足无疑增加了女性被强奸的风险，也就增加了受害者自杀的概率。

75. Opitz, 'Trostgedichte', 194（Opitz 直到 1633 年才敢出版他的诗作）；Foster, *The English factories in India*, 1630 – 2, 146, 苏拉特的英国代理商致他们在爪哇的同事的信, 22 Apr. 1631（另见第 13 章）。

76. 陈子龙，《小车行》，参见 Waley, *Translations*, 325。艾维四慷慨大度地向我介绍了这首诗，这首诗必定是陈子龙在 1637 年到访北方时写下的。

77. MacKay, *The limits*, 137；Vassberg, *The village*, 113；Ruiz Ibáñez, *Dos caras*, 331 n. 1, 873. 政府有时会将征来的兵丁用锁链串在一起"送往人间地狱"，以防逃亡：Ruiz Ibáñez, *Dos caras*, 334. 那不勒斯类似征兵情况，参见第 14 章。

78. Levi, 'Hindus beyond the Hindu Kush', 283 – 4, 引用 François Pelsaert 的编年史；*RPCS*, I, 385, Order of 22 Aug. 1626。

79. Kupperman, *The Jamestown project*, 292, 引用了 John Chamberlain

1618 年和 Patrick Copland 1622 年的说法。不幸的是，该公司并未给这些"生灵"送去足够的供给，这也足以解释为什么很多人忍饥挨饿：见第 15 章。

80. Baily, *A true & faithful warning*, 8 – 9（Baily 的个人经历让他从天主教改宗贵格派，他写道，这是"一段真诚可靠的记述，他在监狱里的苦痛经历"）；Donoghue, '"Out of the land of bondage"', 961.

81. Charbonneau, *Naissance*, 128（半数"国王的女儿"都来自巴黎育婴堂：参见 Dumas, *Les filles du roi*, 48）。

82. Hathaway, *Beshir Agha*, 18，量化了运往奥斯曼帝国治下埃及的非洲奴隶。

83. Figures from Schwartz, 'Silver, sugar and slaves', 10 – 11, quoting Fernando de Silva Solís; and Donoghue, '"Out of the land of bondage"', 966. 详情参见第 15 章。

84. T'ien, *Male anxiety*, 85（poem）；相关计算见于 Lee and Wang, *One quarter*, 107 – 8; and Lee et al., 'Infant and child mortality', 404。

85. Goubert, *Beauvais*, 607 – 12，第一个提到了这些生存危机的循环性：每场危机都制造了一个"枯竭世代"。1740 ~ 1742 年，另一场饥荒冲击了严冬侵袭下的枯竭世代。

86. Details in Peters, *Ein Söldnerleben*. Helferrich, *The Thirty Years War*, 276 – 302，他对哈根多夫日记的英语节译包括这些死亡事件的细节。

87. Sella, 'Peasant strategies', 468 – 9，引用了一名 1625 年到访阿尔卑斯河谷的人，他生动地描绘了大规模男性迁徙对各家各户的影响，现在它们已是女性掌家。

88. Goldstone, *Revolution and rebellion*, 138；图表改编自 Adamson, 'England without Cromwell', 463 ——上述资料都基于剑桥人口和社会结构研究小组在研究历史人口和社会结构时收集的数据。

89. Goldstone, *Revolution and rebellion*, 137 – 8. 在第 248 页，金世杰提到，相似的"30 岁以下人口激增"的现象也于 1789 年之前的数十年间在法国出现：这是一个颇为诱人的对比。

90. T'ien, *Male anxiety*, 31. Ng, 'Ideology', 68，将福建看上去盛行

一时的鸡奸问题与单身汉过多的现象联系了起来。

91. Sen, *Poverty and famines*, 1.

92. Kaplan, *The famine plot persuasion*, 2. Kaplan 检视了那些用来"解释"18 世纪法国六次匮乏时期的"阴谋"。他必定也找到了 17 世纪时的大量证据。

93. Bossuet, *Politics*, 65（Book III, article iii）.

第二部分
忍受危机

"安者非一日而安也，危者非一日而危也，皆以积渐然。"
——贾谊，引自《汉书·贾谊传》[1]

约翰·埃利奥特爵士（Sir John Elliott）在一篇具有开创 性的文章中指出，1640 年代的"革命风潮……毕竟不是没有先例"。他不仅列举了 1559～1569 年发生在西欧的八场叛乱，也引用了同时代的种种论述，感叹当时的动乱无处不在。宗教改革家约翰·诺克斯就曾于 1561 年在动荡不安的苏格兰警告该国统治者说："如今您的王国与其他所有天主教王国的状况相比并无例外。"在同一时期，约翰·加尔文也认为自己发现了"全欧震荡"（Europae Concussio）的时局——这与杰里米·惠特克等人于 1640 年代提出的隐喻丝毫不差（页边码第 xxiv 页）。不过，埃利奥特补充说，自己"未曾听闻有任何历史学家将它们联系到一起"，并"用它们来论证'16 世纪存在过一场总危机'"。[2]

相比之下，1590 年代吸引了历史学家的更多关注。这是因为全球变冷、作物歉收、瘟疫和战争在这一时期同时来袭，令工农业生产水平降到了三个世纪以来有记载的最低水平。此外，"欧洲历史上大概从未有过如此之多平民叛乱在同一时间集中爆发的状况"。不过，埃利奥特再一次提醒读者小心。他坦言:"种种动荡的迹象已齐聚一堂:饥荒和流行病,流浪和失业,暴乱和叛变。不过,这些在近代早期的欧洲都很难称得上是异乎寻常的现象。"埃利奥特提出,1590 年代的灾难并不是什么"全面爆发的'总危机'",而更像是"一次异常引人好奇的世纪末阵痛现象"。[3]

事实上,1590 年代的亚洲也经历了与欧洲相同的"阵痛":安纳托利亚的内战几乎使奥斯曼帝国一蹶不振;日本的入侵使朝鲜荒芜破败,中国和日本自身也动荡不安。更进一步说,整个北半球都经历了极端气候事件,并因此陷入了普遍的饥荒和混乱。1594 年,中国河南一位名叫杨东明的官员呈上了一份也许是最为鲜明地呈现了近代早期饥荒状况的奏疏。这份奏疏后来以《饥民图说疏》为题印刷出版,其中收录了描绘 13 种惨绝人寰的人类挨饿状态的素描图。杨东明图文并用,展示了一个个饥荒拆散家庭、遗弃子女不顾、鬻儿卖女易食、全家阖门自尽的场景(彩插 5)。杨东明也记录了他所经历的极端天气。[4]许多同时代的欧洲人也做了相同的事情。在德意志,一些新教牧师编写的应答圣歌说,上帝"收回了阳光,降下了暴雨";而在英格兰,威廉·莎士比亚于在于 1595 ~ 1599 年举行首轮公演的《仲夏夜之梦》中哀叹:

>……青青的嫩禾
>还未长上芒须便腐烂了;
>空了的羊栏露出在一片汪洋的田中……
>因为天时不正,季候也反了常
>……春季、夏季、丰收的秋季、暴怒的冬季,
>都改换了他们素来的装束,

惊愕的世界不能再凭着他们的出产辨别出谁是
谁来。①

匈牙利和巴尔干的奥斯曼史官也记载了异乎寻常、使多瑙
河封冻的严冬，他们抱怨："冬季——所谓'冷酷无情的士
兵'——使出了全力。无常暴风和可怖暴雪纷纷来临；所有
人的手脚都已伤残。"这十年间也见证了摧毁收成的酷烈旱灾
和滔天洪水。在意大利，就在极端天气摧毁了 1591 年的收成
时，人群在罗马围攻教宗，要求赈济；那不勒斯的治安官将
2000 名外国学生逐出城市，只为减少粮食消耗。他们还向市
民发放面包定量供应卡；西西里的面包价格涨到了两个世纪以
来的最高水平。在斯堪的纳维亚，人们在回望 1591 年时称其
为"一个草地甚至没有变绿的黑暗年份"，而在 1596 年和
1597 年则出现了"如此糟糕的饥荒，以至于大多数人都得
（吃）掺了树皮的面包"。5

1590 年代这些惊人的证据提醒我们，1640 年代的全球变
冷与"革命风潮"一样，"毕竟不能算是空前"。它们也支持
了尼尔斯·斯廷斯加德的质疑，他认为所谓 17 世纪"总危
机"的概念只是"研究其他世纪的历史学家口中的'历史'
的同义词"。6本书恕难认同这种观点。本书主张，1640 年代见
证的叛乱和革命比世界历史上任何一段可堪比拟的时期都要来
得多。诚然，这些新政权少有成功存续的（加泰罗尼亚的共
和国实验、那不勒斯和英格兰共和国都没能持续很久。前者维
持了数周，后者统治了数年）；但有些新政权却最终得以巩固

---

① 敬采朱生豪先生译本。

（葡萄牙反叛），或持续了数百年（清朝在中国的"鼎革"；西班牙超级大国地位的丧失；新教在爱尔兰的崛起）。

　　17世纪所经历的极端天气在之前从未有过，迄今为止也再未目睹：这一时期发生了已知博斯普鲁斯海峡史上的唯一一次封冻（1620～1621年），麦加历史上唯一一次冲毁了克尔白禁寺一部的洪水（1630年），以及斯堪的纳维亚有记载以来最严酷的冬季（1641年）等异常现象。天灾人祸接踵而止，给人类带来了深远影响。中国的杀婴率和自杀率都飙升到前所未有的水平；结婚的欧洲女性数量大减，且婚龄升至30岁以后；许多法国人在生长发育期遭遇了饥荒和寒冷，身材之矮小创下历史纪录。上述各种身体指标都反映了既各有特色又普世皆有的环境状况——不过，身为这个星球上人口最多的国家（无论过去还是现在），中国显然经受了最长且最严重的灾难。

注　释

1. 贾谊，公元前2世纪的中国政论家。引自 Elvin and Liu, *Sediments of time*, epigraph。

2. Elliott, 'Revolution and continuity', 110.

3. Clark, *The European crisis*, 3 – 5（Clark）and 301（Elliott）；Kamen, *The iron century*, 335 – 6. 关于欧洲形形色色的各类危机，Clark 的书收录了十六项研究，但没有一项提到作用于其他大陆的相同问题，或是考虑到全球变冷的插曲：详见 Parker, 'La crisis'。

4. 关于杨东明和他的《饥民图说疏》，参见 Des Forges, *Cultural centrality*, 40 – 1 and 76 – 7。

5. 这些和其他数据均见于 Parker, 'La crisis'。

6. Steensgaard, 'The seventeenth-century crisis', 33, 初撰于1970年。

5 中国"明清鼎革"，1618～1684年[1]

1645年，士人夏允彝决定在自杀之前口授他的回忆录。明朝末代皇帝在北京的自尽殉国使夏允彝备受打击：

> 遗弓痛愤，生理已讫。……今待死耳，又复何云。然于国家之兴衰，贤奸之进退，虏寇之始末，兵食之源流，惧后世传者之失实也，就予所忆，质之言乎。言之或幸而存，后世得以考焉。

确实，后世在夏允彝自尽之后很久都还在思量他的《幸存录》，以及其他200多种记述明亡的史料。所有史料都隐隐约约地将明亡的罪责归咎于一场前所未有的内忧外患之集合。

2010年，著名汉学家卜正民得出了相同的结论。"明朝衰亡是一段多重面向的历史。"他写道：

> 满洲帝国在东北边疆的扩张史，14世纪以来最大规模叛乱洗劫中原王朝的历史，大明王朝瓦解的历史，以及气候大变动的历史。它们所讲的故事不尽相同，却交叠共生，构成了同一部历史。[3]

明帝国的巨大规模与高度的复杂性让讲述这些交叠共生"故事"的任务变得十分复杂。1600年的明帝国有着近2亿英

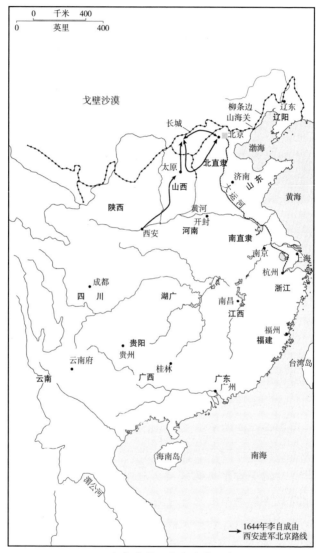

16 李自成进军北京路线示意

116　　绝大多数东亚地图采用墨卡托投影，这就放大了明朝疆域的相对面积（与17世纪初女真控制的关外地区相比）。1644 年，长城未能保护北京（明朝的北部都城）免于沦陷：这座都城先后被一支来自西部的农民军和从北方来的清军占领。南京（南部都城）也在第二年沦陷。

亩耕地,实际统治范围纵贯超过 20 个纬度,气候跨越热带到亚寒带。中国明朝是当时最具生态多样性的国家。此外,由大运河联结的中国两大主要水系(长江、黄河)支撑起了近代早期世界最为多样、最统一、最富裕,也是人口最多的经济体。明朝皇帝治下的臣民人口远远多于其他任何国家(插图16)。[4]然而在 1644 年的春天,这个王朝的北方首都北京却陷落了两次:第一次是陷于西北农民军,数周之后则是落入来自东北的清军之手——他们将农民军逐出了北京。清朝的胜利者继续发动战争,最终打造了一个面积超过明朝的新国家,且持续两个多世纪。明清鼎革在 17 世纪中叶的政治剧变中尤为突出:它牵涉到太多的人口,制造了太大的破坏,并制造了太过持久的后续效应,以至于其他政治变革远远无法望其项背。

117

满洲对明朝

晚明政权存在三大痼疾。第一,尽管中原臣民将他们的皇帝敬为"天子",也赋予他独一无二、乾纲独断的权力,但皇帝必须与官僚阶层——也就是约 15000 名文化水平很高的精英人士一起合作,才能对臣民行使权力。虽然官员的选用是通过几乎全民皆可参与的科举考试,但来自地主阶层的中试者占了极大比例。地主阶层的财富使他们独立自主,并得以批评、违逆乃至对抗不称他们心意的皇帝。第二,尽管他们经济独立,但即便资深官员(大学士)向皇帝当面表达意见的机会也颇为有限。这是因为晚明皇帝将他们的全部生活限缩在北京的"紫禁城"里,这是一座面积约 200 英亩,由宽阔护城河与城墙包围的建筑群,由太监掌管的二十四衙门管理着皇室生活(包括粮库、金库,以及皇室典礼),并掌管皇帝的通信。第三,当时盛行的儒家学说旨在促进和谐与安定。有鉴于此，明朝官员倾向于采用破坏性最小、花费最低的政策以维持现状，并将改革求变者贬为叛逆。

这些弱点在 17 世纪初格外凸显。当时万历皇帝（1573～1620 年在位）饱尝手下官僚的颟顸乃至抗命之苦，决定听任官职空缺，并拒绝下发圣旨。与之相应，他对执掌司礼监的太监（皇帝的近侍长通常是一名太监）却大加重用，让他们得以绕开文官集团执行皇帝的旨意。万历的继承人天启皇帝（1620～1627 年在位）则变本加厉：他重用太监魏忠贤，并从多达 8 万名宫廷太监中派人出任外交使节、工商业督察官、矿监税监、科道御史，乃至军队将帅。这些太监基本上直接听命于魏忠贤。

天启同父异母的弟弟崇祯皇帝（1627～1644 年在位）在即位伊始便减少了对太监的倚重。不过事实证明，他与文官集团打交道时既刚愎自用又多疑寡断。明朝近三百年（1368～1644 年）里总共任用了 160 名大学士，崇祯皇帝一人就任命了不下 50 位——几乎所有崇祯朝的大学士都是因为心怀怨妒的同僚弹劾攻伐而去位的。帝国正在面临不可胜数的挑战，这种反复无常却大大延滞了有效战略的构想和贯彻：恰恰相反的是，大臣们非但不讨论如何补偏救弊，反而集中精力将问题归咎于他人。于是，崇祯皇帝便和他的前任们一样，开始在民政和军务上日益倚赖太监。

就在明朝政府陷于瘫痪之时，生活在其东北边境地区（辽东）的一个小型游牧族群却建立起新政权。他们的领袖努尔哈赤（1559～1626 年）一开始接受明朝的宗主权，亲自带领朝贡使团前往北京，还学习阅读汉文，修习中国历史与兵法；但他也在努力将建州女真各部落整合成一个联盟。1600年，努尔哈赤下令将他手下 15000 多名战士编成永久性的战斗单位（也即"牛录"，从满语的"箭"一词而来）。一个"牛录"包括约 300 名士兵，这些士兵通常来自同一座村庄，有时还来自同一氏族。每个"牛录"都构成了某"旗"的一部分（"旗"，满语为"固山"，意为"大兵团"），每一"旗"都由努尔哈赤的某位家族成员统率。女真战士崇尚骑射；他们奉曾于四个世纪之前征服中原的蒙古人为先祖，与蒙古人一样，他们也将自己前额的头发剃去，将剩余头发打结垂于脑后。在一段时间之内，新建的政权从贸易（特别是向中国出口人参）、战争掠夺（人丁和财产皆然）和农业（绝大多数由其农奴完成）中兴盛起来。

随着气候变化袭击东亚，这一境况也因之剧变。1615 年，明朝官员上奏称，赈灾告急文书如雪片般向他们飞来，"尽管各地的状况有所不同，但它们无一例外地提到地方上饱受灾祸之苦，人们背井离乡，贼寇纵意肆虐，饿殍遍布于道"。第二年（1616 年），一名山东地方官上呈了一份《东人大饥指掌图》。满洲的情况甚至更为糟糕。努尔哈赤的策士提议，入侵中原也许会缓解饥荒。努尔哈赤对此的反应是勃然大怒，他反驳说："我们甚至都没有足够粮食来养活自己。如果我们征服了中原，那又该如何养活那边的人呢？"[5] 不过也许是为了保有余下的资源，努尔哈赤先是宣布停止朝贡不服从明朝统治；接着在 1618 年，他又采纳策士的建议进犯辽东——农民们在短暂但绵密的作物生长期里于此地耕种小麦和小米。辽东的失陷让后金掌控的臣民新增了 100 万之多——不过几乎是在顷刻之间，全球变冷就令努尔哈赤之前的预言成为现实：一部满洲编年史提到，米价在 1620 年首次高腾。这份文献还补充说："自是，米价无一年不贵。"[6]

明朝之所以没能好好利用后金的困难乘虚而入，是因为山东发生了一场由一个佛教派别（所谓的"白莲教"）的支持者掀起的暴乱。公元 1622 年，一位白莲教领袖自封皇帝企图建立新王朝，他的追随者们迅速切断了稻米的北上运输线——大运河，造成了京师的粮食短缺。明朝随即从北方边境调出军队，在暴乱燎原之前先行镇压他们。不过，这也等于默许努尔哈赤通过免除地主赋役、承认所有农民土地所有权的手段巩固其对辽东的控制——作为条件，他们要按照满洲风俗剃去前额头发。据一位对此深恶痛绝的明军统帅称："民皆乐不可支，剃发从夷。"[7]

明朝国力衰退

中国明朝有两个首都：位于长江下游的南京（应天府、留都）和位于中原最北端的北京（顺天府）。南京没有皇帝，却拥有一整套比照北京的官僚机构。这两套机构的战略视野可谓大相径庭。北京距离长城不到 30 英里，这里的大臣们通常会以国防和粮食供应为当务之急：他们不仅仅要监控着生活在北方草原的民族，还得保障首都北京这座世界最大城市所依赖的关键货物的持续供应——特别是经由大运河运抵北京的稻米——这些稻米产自长江中下游的肥沃稻田，这一区域便是所谓的"江南"——以及由驼队从北京以西数百英里的山西矿区运来的煤炭。相较而言，南京大臣的头等要务则是保障江南人口密集区的和平与高效生产。在这里，大量农地不再能供养耕作其上的农民家庭，不是因为农户持有的土地面积太小，就是因为农户用所持的土地出产经济作物而非主食。就连丰年里也会有一些人挨饿,这在乡间的地主和佃农之间制造矛盾,时而也给城镇造成纷扰。而若歉收发生,饥荒、迁徙和失序几乎会立刻爆发。

尽管如此,南北二京的大臣们还是会面临三个相似的难题:匮乏的财政资源,孱弱的军备,以及效率低下的帝国统治机关。财政问题中最为显著的,便是明朝从不发行公债——这一政策大大降低了危机时期的灵活性。财政支出只能从现有预算中抽取,而不是分摊到若干年份之中(像西欧那样)。这就在明朝政府的主要收入来源——有效征收的土地税之上增加了一大笔额外负担;而在1630年代,这一税种的分摊变得尤为不均。每个省份都有一些州县因于某时某刻获咎于上而多纳税;同时又有一些州县辖有免税土地,因此得以少纳税。此外,16世纪推出的一项大型税制改革,也让新的不公浮现而出:愈演愈烈的预算难题促使中央政府将两项不同的义务——丁役和地税——合而为一,这便是所谓的"一条鞭法"。明朝大臣们希望使用详尽的丁役户口册(也即"黄册")来分配应纳税额,增加税收;但鉴于士绅享受免除丁役的待遇,他们的名字也就没有出现在黄册之中,"一条鞭法"税制也就使他们同时得以免除地税。于是,地主们也孜孜以求地将他们的户口注册在士绅名下,这就大大增加了农民的税负。更有甚者,地方官员有权决定所有现有税户的年度应纳税额,这一过程也为腐败和滥权大开方便之门。据说,百姓因此对税吏一年一度的查访恐惧不已,"民之畏官,如畏水火"。[8]

上述财税差异制造了惊人的累积不平等。苏州府以明帝国1%的耕地负担了10%的帝国总预算;上海的税额则是福建一个府的三倍之多；同时，南京附近一个仅辖有三县的府缴纳的税收却与拥有 75 个县的整个广东省相当。[9] 一道将扶助宗室列为各地财税政策第一要义的诏令更进一步恶化了上述本已十分严重的财政不公：在 1620 年，供养 10 万名明朝宗室人员——绝大多数都有妻室、妾室、大量子嗣和庞大家庭（他们统统免税）——的支出在某些省份甚至占用了三分之一以上的年度预算。

只要中国农业经济持续发展（正如整个 16 世纪发生过的那样），这些不公仍可承受。甚至在地税从 1618 年的 400 万两上涨到 1639 年的 2000 万两（以支应日渐增长的国防支出）之后，中国最富裕阶层和最富饶地域的基本税率仍然处在（或是低于）20% 的水平——这是一项沉重但尚可忍受的负担。不仅如此，2000 万两白银本足以供养一支 50 万人的军队——这对保住明朝江山已是绰绰有余——但腐败和孱弱的中央控制让大批税收根本未能进入中央财政。1644 年，明朝政府的预期收入还不到 1600 万两，预期支出却超过了 2100 万两，这道鸿沟根本无法填补。[10]

南京、北京大臣们所面临的第二大普遍问题，便是军队低下的战斗力。明朝文化素来轻视武德和军功，这不仅使有才能的精英视当兵服役为畏途，三军士气也因之低落。绝大多数士兵都不知道如何正确使用武器，而绝大多数军官也有计划地向户部夸大军队的规模以获取更多的资源（同时又向兵部少报员额以避免被征调作战）。因此，据一位灰心丧志的监军说，如果军队名册上出现 10 万人的名字，事实上却只有 5 万名士兵正在服役；他还得出结论："在这 5 万人里，能堪一战的人不会超过一半。因此，朝廷为每 4 名士兵支付的饷银，只能换

来 1 名士兵作战"。西方观察家也同意此说。一名西班牙耶稣
会士于 1625 年观察了当地守军的操课，他评价明军的火器
"粗制滥造"，火药威力甚弱，炮弹"不比小型铅丸大"。这位
耶稣会士还宣称，明军的操练"更像是游戏，而非是为一场
恶战做准备"。十年之后，一名葡萄牙访客在观摩明军训练之
后也提到，士兵们只是"像演一出舞台剧一样挥舞着他们的
弓和剑"。[11]欧洲人也提到，军官常常鞭打他们的士兵，让他们
"脱下裤子躺在校场，好像是中小学男生在接受体罚"。这种
虐待让许多士兵逃亡，也有不少人叛变。1627～1644 年发生
了 50 多场严重的兵变，军队饷银的长期拖欠与暴乱的高峰期
桴鼓相应。[12]

　　摆在两京大臣面前的第三大难题便是为数众多的"书
院"。书院中的文人士大夫依照孔夫子的教诲讨论当下的社会
问题和道德问题。虽然儒家思想的目标对所有人而言都是一致
的——每个人都需要完善自我，以圣贤的身份成为统治者或大
臣，服事天道，匡济人间——而在 17 世纪初，通往这一目标
的道路却有两种，且彼此对立。第一条道路要求有抱负的贤者
于外在世界追寻道德法则（特别是儒家经典中的前贤之言）
并付诸实践；另一种道路则强调内省，相信只要基于每个人
"良知"的直觉就足以导出正确的行为。位于江南无锡的"东
林书院"遵从第一条道路：它的成员不甚重视直觉和内省，
而对在全国范围内引入儒家经典崇尚的古代美德，并以此终结
腐败和重建道德操守青睐有加。他们信奉那句广为流传的口
号："经世济民"。虽然万历皇帝革退或贬斥了那些同情东林
党理想的大臣，但在万历去世后不久，他们又繁盛起来，甚至
还在北京开设了一家分支书院，院内有一座图书馆，还有一间

121

讲堂。东林成员们就在这间讲堂里论辩当时的迫切议题。他们运用自身优势，不但攻击那些贪污腐败的大臣，也指斥那些为避免是非而容忍腐败的大臣。努尔哈赤占领辽东之后，东林党的批评聚焦于一位"吮痈舔痔之人"，他们将此人归咎为那场耻辱性失败的罪魁祸首：太监魏忠贤，皇帝儿时的玩伴，当时的头号权臣。[13]

1624年，东林书院的一位名士向皇帝提交了一篇奏章，列出了魏忠贤祸国殃民的"二十四大罪"。大批官员几乎是在顷刻之间就出声响应，其绝大多数也是东林书院的门生，他们也呈递了相似的奏章，要求将魏忠贤撤职查办。这些人的努力适得其反，因为魏忠贤成功地令皇帝相信东林门生的结党行为对政府稳定构成了切实的威胁。皇帝下旨逮捕十一名反对者（全为东林门生），由缇骑将他们解送北京。被捕的东林党像动物一样被关在笼子里游街示众，遭到审讯、折磨、公开鞭笞，最终被处死。除此之外，魏忠贤还取缔了所有私人书院，编辑了一份将他所认定的同情东林党的文官和军官之名罗列在内的"黑名单"，并用自己的党徒（后来这些人被称为"阉党"）取而代之。[14]

然而在1627年，天启皇帝突然驾崩。他16岁的异母弟继承皇位，这就是崇祯皇帝（这个年号意为"崇高且吉祥"，不过后来有一则讽刺笑话一语双关，将"崇祯"写成"重征"，意为"双重征税"）。新皇帝不再保护魏忠贤，他也自缢而死。崇祯皇帝宣布"拨乱反正"，为此他废除了取缔私人书院的命令，赦免了绝大多数身处囹圄的东林党人，并恢复那些之前被免职者的名誉，同时还发布了他自己的"黑名单"——这一次轮到"阉党"上榜了。绝大多数阉党成员都丢掉了官位并受到惩处。崇祯皇帝还敦促高官大臣们结束派系斗争。他在一场御前会议上说："东西交警，南北用兵，（众臣）倒不忧国，只是分门立户，说什么党什么东林，何益国事？"[15]

新皇帝的倡言失败了。用历史学家张颖（Ying Zhang）颇具洞见的话说，崇祯皇帝有着"拯救帝国于危难的雄心"，他"只追求即刻的成功、简单的方案"。因此，每一次施政过错，每一次政策失败，都会引发一波斥责声浪，吸引反对派攻击负责的官员。[16]崇祯皇帝并不知道谁才是他可以信任的"忧国"之臣，谁会谋求"国事"之益。皇帝平均每年都要更换一遍六部尚书，其中一半只是革职了事，但有四分之一甚至遭到处决或流放。

中国官僚之间的党争造成了两大恶果。首先，反复的清洗降低了高级官员的整体质量。清人编撰的钦定《明史》为120名堪称官员楷模的地方官作传，其中没有一位曾于天启、崇祯两朝为官。其次，尽管地方任官的选派理应由抽签决定，但科举考试的佼佼者仍会前往那些更为繁盛的郡县，令那些贫穷、边远、问题丛生的地区在事实上陷于无政府状态。比如在1629年，赤贫混乱的陕西有一半府县连一名官守也没有。

用钦定《明史》的话说："国之将亡也，先自戕其善类，而水旱盗贼乘之。"[17]从一开始，崇祯皇帝与朝中那些逐渐减少的"善类"大臣们就得处理西北边境的"水旱盗贼"。毗邻的陕西和山西常常会因降水无常带来的过短生长季和低劣的传信系统而受害；而在17世纪初，当地既缺少充足的粮仓，也没有足够富裕的宗族成员展开济贫工作。这两个省份都无法用他们自身的资源供养大批戍边的守军,这让仰赖粮饷为生的士兵只能依靠首都接济。只要这些粮饷按期抵达、合理供应,一切都还过得去;但在 1618 年之后,随着北京的注意力向东北转移,西北边军的粮饷便难以为继。许多士兵因此带上战马和武器逃亡,组成了史料中行动迅捷的所谓"流寇"。我们对这些团体的组织知之甚少,甚至他们的领袖也常常泯没于官方史料的"绰号"之中:"独狼""闯王"以及"红军友"。[18]

《大明律》对"盗贼"的严酷刑罚(不仅每一位盗贼要判死刑,其所有"三代之内"的男性亲族,所有藏匿、帮助他们的人也将连坐)在一段时间内使这一难题尚处可控范围;然而,1628 年陕西旷日持久的旱灾使犯罪者人数飞速上涨。忍饥挨饿的农民们现在抛弃土地,落草为寇,既有的盗贼根据地因此不敷容纳新来的人口;而入伙人数的上升也使农民军头目们有能力威胁到南方更为富饶之地。随后在 1629 年,同受旱灾之苦的后金军队也首次攻破长城,蹂躏华北。[19]

面对上述新情势,崇祯皇帝的回应却是两大灾难性的举措。第一,他将陕西的军队调到京师抵御满洲,这让余下的边军只能在粮饷不继的状况下同农民军作战。许多边军于是做了逃兵,加入农民军,其中就包括一个名叫张献忠,时年 23 岁的士兵。第二,一心节省开支的崇祯皇帝关闭了全国约三分之一的驿站,并解雇了所属的驿卒。这些驿站是服务来往北京的外国使节、官员和信使的。这不仅降低了中央政府及时接收信息、传递诏令的能力,也给西北地区带来了极大的困难:传统上,驿递系统为这个高失业率地区提供了许多工作机会。23 岁的李自成来自一个贫苦的陕西家庭,他也是千千万万失业的驿卒之一。一开始，李自成转而从军，但在军伍欠饷之后，他便领导了一场哗变，接着（像无数其他人一样）加入了农民军。[20]

气候变化进一步恶化了这一状况。过去两千年来记录在案的最弱季风制造了旱灾，摧毁了收成。一名士大夫哀叹："生民今日死于寇，明日死于兵，或已耕而田荒于避难，或已种而苗槁于愆阳，家室流离，沟壑相枕者，又不知其几。"[21]毫不奇怪的是，许多差点饿死的幸存者都加入了农民军，他们现在开始蹂躏田地，范围远至南面的长江和西面的四川。

明朝财税制度制造的这种不公进一步滋生了民间暴力，伤害了农业。一名行经江南的政府官员询问当地剩下的居民，为什么近九成的耕地都抛了荒。居民们回答说：

> 人去则田无主，故不耕。人去而粮犹在，则坐赔于本户。户不堪赔，则坐之本里……在富者犹捐橐以偿，至贫者则尽弃户而去。故今村落为墟，田亩尽废，皆由此耳。[22]

甚至在那些并无盗匪威胁的地方，极端气候事件也给农业造成了恶劣影响。例如，位于亚热带的岭南（广西和广东）曾在 1633 年和 1634 年降下暴雪，并于 1636 年经历了反常的寒冬，导致作物产量剧减。帝国全境的告急文书雪片般飞入中央政府，祈求中央采取行动终结流寇威胁，赈济因作物歉收、高额税收和糟糕天气带来的损失；但崇祯皇帝却没什么行动，因为他正在集中手里的全部资源对抗女真人。[23]

"鼎革"开始

就在明朝饱受税制、盗匪和天气之苦的同时，女真人却改进了他们的军事效率——这要感谢恰到好处的技术移转。当努尔哈赤于 1618 年向明朝宣战的时候，他的军队几乎清一色由马背上的弓箭手组成。然而，他的对手却主要仰赖使用火器的步兵。后金缺少火炮，这让辽东各大城市得以击退他们的进攻——甚至于，努尔哈赤本人就在一次围城战中受炮火重创。崇祯皇帝致力于引进西方炮兵奠定这一优势，很快就有约 50 尊铜炮运到了长城之上，但这为时已晚。就在 1629 年对明朝的突袭期间，皇太极（他在一次野蛮的继承权之争中取胜，接替父亲努尔哈赤成为后金领袖）不仅已经得到了西洋火炮，甚至还征募了一队汉人炮兵，这批人"熟习铸造葡萄牙巨炮的新型工艺"。皇太极也提供巨额的入伍激励招募工程师，以及一切熟稔制炮和用炮工艺、愿意为他效劳的人。1631 年当女真人重启辽东战事的时候，他们已经拥有 40 尊西式重炮，以及一支炮兵部队。女真人也搭建了栅栏和要塞，阻断重兵防守的锦州城与外界的联系——数周之内锦州便投降了。皇太极也将他的汉人志愿军和征募的汉人士兵都纳入八旗体制（见页边码第 118 页）。公元 1642 年，八旗已经同时具备满旗、蒙旗、汉旗的编制。[24]

上述种种作为都构成了后金雄心勃勃计划的一部分——挑战明朝的主宰权，也就是所谓的"洪业"（The Great Enterprise）。1627 年，皇太极颁布了"七大恨"诏书，一份声讨明朝，还有一份控诉朝鲜：两份文件都意在彰显后金是独立的政治实体，以主权国家的身份与邻国打交道。① 皇太极也仿照中原制度，创设了内阁和六部；他设计了新式圈点满文，以此书写圣旨；他还命令学者翻阅史料，找出历朝历代北方民族征服中原的历史记载，汉人转而效忠征服者的初期情况，以及关于理应被推翻的昏君的记录。皇太极也迁到了一座新都城（今天的沈阳），将其命名为"盛京"（汉语意为"兴盛之都"）和"谋克敦"（从满语"兴起"而来），他的宫廷综合了满蒙汉三者的皇家礼仪。1636 年，皇太极自封为一个新的多民族国家的开国君主，国号"大清"。他也被西藏喇嘛们以大黑天的名义封圣，大黑天是保护佛教律法的一名好战神祇。皇太极还宣称，"天意"现在主导着自己的行动。[25]

对于臣民应当如何穿衣打扮，皇太极的诏令也一样别出心裁。1636 年他的谕旨要求"凡汉人官民男女，穿戴要全照满洲式样……男人不许穿大领大袖，女人不许梳头缠足"。尤为重要的是，男人必须剃去前额的头发，将剩余部分像女真人一样结成长长的发辫。两年之后，一份谕旨变本加厉，事无巨细地规定"凡效仿"明俗，"无论是服饰、头饰，还是发式、缠足，一律严惩不贷"。因此，皇太极的立法便重整了服饰（衣服）和身体本身（从头到脚），并以此宣示政治忠诚和文化认同；这些立法也将未能服从者定为叛逆。[26]

125

小冰期的冲击

正如 1618 年努尔哈赤进犯中原的决策反映了气候因素造

---

① "七大恨"是努尔哈赤起兵时所作，作者误将其与 1627 年皇太极伐朝鲜檄文混为一谈。

成的迫切性一样——"全球变冷"对中国东北地区的恶劣影响要远甚于更温暖的地域——湿冷天气摧毁了1630年代的几次收成,这让女真人不得不从邻国那里掠取尽可能多的粮食。皇太极于是发动了对中原的另一场深入突袭作战,同时也入侵了明朝最重要的属国朝鲜;不过正如1618年一样,侵略扩张带来的救济可谓缓不济急,后金政权即便在夺取了新领地之后也无力供养治下的所有臣民。1638年,皇太极的一些策士向他建议,应寻求与明朝达成和约。[27]

极端天气条件也让中原社会不堪其扰。《明史·五行志》[①]中简洁明了的"年饥"条目读来振聋发聩,它由崇祯一朝的地方上奏汇编而成:

> (崇祯)九年(1636年),南阳大饥,有母烹其女者。江西亦饥。十年(1637年),浙江大饥,父子、兄弟、夫妻相食。十二年(1639年),两畿、山东、山西、陕西、江西饥。河南大饥,人相食,卢氏、嵩、伊阳三县尤甚。十三年(1640年),北畿、山东、河南、陕西、山西、浙江、三吴皆饥。[28]

近来对历史气候的复原研究显示,在1640年——厄尔尼诺和火山活动极端高发之年(见第1章)——华北地区经受了五个世纪以来有记载的最严重的旱灾。据一名河南地方官说:"十一月以来滴雨未下。百姓在去年饱受水、旱、蝗灾之

---

① 原文作"Veritable Records of Ming"(即《明实录》,注解作"Ming Shilu"),但下文所引史料实出自《明史·五行志》,遂做修改。

苦。旱情甚重，农民根本无法播种小麦，即便播下种子也会被蝗虫啃食……百姓面黄肌瘦，眼睛如猪胆般晦暗无光。"这位地方官绘成了 16 幅饥荒速写图，哀叹这些图景并不能传播他所目睹的 "饥寒交迫者号泣悲鸣" 之声。[29]1641 年也是一个厄尔尼诺和火山活动的极端高发年，结果这一年甚至更为糟糕。江南经受了严重的霜冻和暴雪，紧接着又迎来了自 16 世纪以来第二干旱的年份。《上海县志》一则简短的条目读来掷地有声：

> 大旱，
> 蝗虫。
> 小米之价飙升。
> 饿毙之躯枕藉于街。①

126

1642 年 7 月，大运河山东段干涸断流，切断了帝国首都的大米供应。天花传播让部分城镇的人口减少了一半。《沂州县志》（山东）不无哀痛地记载说："有史以来之灾祸寇盗，未有甚于此者"（插图 17；彩插 7）。[30]就连亚热带的岭南地区也于 1642 年奏报称，鱼塘中的冰雪已积有十一二厘米之厚，因此鱼死绝了；同时，更冷的天气也让此前行之有年的双季稻收成落空，大大减少了南方主食作物的产量——这对本地消费和外销皆然。在某个时间点，一头老虎——一百多年以来岭南所仅见——来到广州城垣之外寻觅猎物。毫无疑问，正是饥荒将它赶出了自己的正常栖居地。[31]

---

① 此处引文系由英文直译。

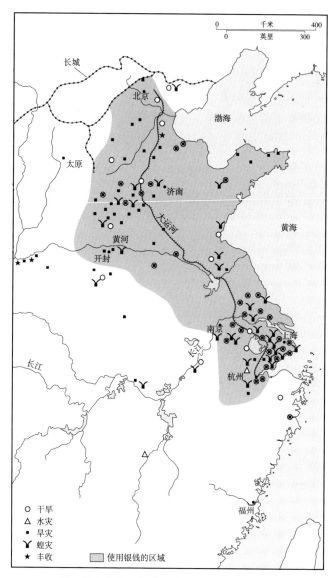

长城

北京

渤海

太原

济南

大运河

黄河

黄海

开封

南京

长江

上海

长江

杭州

福州

○ 干旱
△ 水灾
■ 旱灾
Ψ 蝗灾
★ 丰收
▨ 使用银钱的区域

17 天灾和瘟疫侵袭下的明代中国，1641 年

127   河南、湖北、山东和江苏的 100 多部县志都记载了一场大型灾害——水灾、旱
灾和蝗灾——曾发生于 1641 年。就在同一时间，突如其来的银钱短缺让明帝国的
经济核心区陷入混乱。

儒家学说将水旱灾害视为“天灾”，自然灾害发生率增加则属于上天示警：“天变”即将到来。崇祯朝如此之多的歉收，也促使他的大臣们提出各种激进的应对办法。编于 1620 年代、出版于 1637 年的《农政全书》用三分之一的篇幅讲述了“饥荒控制”这一主题。这本书不仅解释了“如何建设和管理粮仓”的问题，而且解答了诸如“如何耕种那些足以抵御反常天气的作物”“哪些野生植物可以安全食用”的问题。然而在当时，资金和统一调度指导的缺乏已让许多（如果不是绝大多数）公共粮仓耗尽，而大范围的歉收则让粮仓的重新填充彻底无望。[32]

就在近代早期最严重的危机袭击东亚时，缺少中央政府支持的个别地方官们只得另寻他法“济民”。由于中央政府将所有能调动的资源都投入了北方的战争，许多地方官将养活饥民的希望寄托于慈善团体——不过这也是杯水车薪，为时已晚。在 1641 年至 1642 年间，为应对饥荒和疾病，上海的地方官劝说当地的一些士绅和商人“煮粥给食”，建设公共食堂。饥民“携老扶幼，源源不断而来；在极端状况下，他们在走到粥厂前便死在路上，或者在得到接济之后饿死在回家途中……从冬天到夏天，城外的路上都堆满了尸体”①。情况在开春之后也没有改善。另一则史料还记载：“（饥民）贷得糠皮数斗便喜动颜色，至十五年春，青草初生，遍野俱掬草之人，前此犹择草而食，至此则无草不食矣……小而三四岁五六岁者，往往弃之于市……更有在怀抱者，活投之中流……父母爱子之心，一

---

① 作者注释中称本段原始文献引自陈其德《灾荒记事》，但陈其德为明末浙江桐乡人，所载非上海县之事，此段引用疑有误，故据英文原文直译。后一段引文（“贷得糠皮数斗……”）系自《灾荒记事》回译。

且变为蛇蝎，甚至有食其子者。"[33]还有人记载："一包米要以两个孩童相易，但也只够一个人一周之用。"陆世仪是一名穷得被迫乞讨的年轻学者，他在日记中记载了1641年的"红尘遮天"、蝗旱之灾和海盗流贼之患。陆世仪总结说："江南素无此灾。"不过在1642年到来之际，"一轮格外严重的食物短缺与极寒天气结伴而来，导致无数人死于饥饿；在村庄和街巷之间找不到任何生命迹象"。他还补充道："我还听说有许多妇女为了生存不惜让自己被人侵犯。"陆世仪曾目睹一名妇人在地方副官衙门外吃自己的小孩。许多年以后，当地小官吏姚廷遴（当时是上海的一位青年）写道："至今见死人而不惧者，因经见（1641～1642年饥荒）多也。"[34]

如上所述，正值女真入塞和农民起义令华北地区的动荡程度达到新高之时，"小冰期"也冲击了中国南方。江南的肥沃土壤和温暖气候让有进取心的农民可以实现水稻一年两熟甚至三熟，这在1620年代为江南创造了每平方英里1200人的整体人口密度——这是当时世界上的最高水平。1637年，已在江南生活了二十年之久的耶稣会士阿尔瓦罗·塞梅多（汉名曾德昭）曾准确地断言这一地区"人口过剩"：鉴于"人口数量趋于无穷大，他们将无法创造足够这么多人使用的资金和仓储，也无法塞满如此之多的钱袋"。塞梅多接着做出的推论也是正确的："因此导致了一个结果，他们之中的（资源）分配是这样的：少部分人拿到了很多，满足温饱的没多少人，几乎所有人得到的都（太）少。"[35]不少明朝官员的观察与塞梅多不谋而合。一名官员指出，"人口已经上涨了如此之多，这在历史上是完全没有先例的"，并担心其种种后果。另一名官员预计，江南人口在过去250年里已经变成此前的五倍，江南诸省的可耕地已经无法支持这么多人口了。如此猛烈的人口增长兼之人们将农地均分给所有儿子的习惯,使得人均耕地面积在1630年代已经降至约半英亩(两亩)——不足以产出足够供养一个小家庭的稻米。然而,许多农民仍然成功地以改种经济作物的方式存活下来。他们种植棉花(相较于水稻,棉花可以在更高的地方种植)或茶叶(这在山坡地带蔚为风行),又或是将土地改稻为桑。[36]

然而,这一转换也制造了新的脆弱因素。种植经济作物的农民需要生产、销售足够多的量,才能买足全年的粮食并支付他们的税收——不过他们非常不幸地遭遇了反常气候与银币流通量剧减的双重打击。1639年,因为太平洋风向体系的剧变让跨洋航行更为艰险(见第1章),导致两艘满载白银从墨西哥出发的大型帆船倾覆沉没,损失了全部货物。中国商人因此无法像往常一样到菲律宾出售丝绸以换取墨西哥白银。在太平时世,增加与日本的贸易也许可以补上这个差额——那里和墨西哥一样既生产白银也渴望生丝。但在1630年代末期,畏惧外国影响的日本政府禁止了一切海外贸易,从日本流出的白银也变得少之又少。综上,流入中国的白银从1636~1640年的近600吨降到了1641~1645年的250吨以下,这让通常使用白银的人在面对中央政府空前的税收加派(用白银支付)的同时又迎来了贸易和生产活动的严重紊乱。对于仰赖经济作物的江南农民而言,很难找到比这更差的世道。[37]

如此之多的灾难在如此之多的地域累积了巨大的压力,让明朝的社会组织开始土崩瓦解。许多城市成了战场,民间帮会可以为了收取保护费而"按指令恐吓、殴打、致残,甚至杀人";贼寇起着"三十六天罡""七十二地煞"这样的花名横行于市井。在苏州这座"地球上人口最多、最为繁荣的非首都城市",一场旱灾引发的歉收蔓延开来,1642 年的拒付租金运动和粮食暴乱让这座城市濒临崩溃。根据退休地方官叶绍袁所撰的自传所说:"城中庐舍十室九空,皆化瓦砾。良田美宅待价而沽,然无人问津。"他还补充道:"一治继以一乱,天道之常;然吾始料未及者,今生乃逢如此之祸。"[38] 叶绍袁也报告说,"闾阎村里之间,处处皆乱。人皆倚门狂呼,破门而入",肆行劫掠。许多男女都选择自杀,以此避免痛苦抉择,逃离耻辱命运;还有人在绝望中离乡远行,就像那对夫妇,推着他们的"小车",徒劳地到他乡找寻着食物、避难所和工作(见第 4 章);甚至还有人自卖为奴。农村叛乱如烈火燎原,家奴反抗主人,农民袭击领主、抗缴租税、离家远去——其中许多人都加入了造反大军。[39]

许多当时的作者都对"流寇"兴起和天气之间的关联有所着墨。一些讨论治国之术的小册子强调"饥寒生盗匪",还说"饥荒之年若无政府救济与减免赋税之举……饥荒中之幸存者将起而为盗";而指导人经商之道的书籍则警告说,"凶年之时,河溪皆盗匪""盗匪肆行湖泊之间,饥年尤甚"。中央政府官员的看法也与此一致。根据一位明朝大臣的说法,"饥荒哺育贼寇","如果我们饥年相继的话,那会有更多的贼寇";后来还有一位清朝官员称:"每当人民水深火热之时,他们要么冒死触法成为盗匪,要么就只能成为饿殍;因此,弱者饿毙,强者成匪。"[40] 然而,不少明朝大臣非但没有采取有力措施,反而让问题雪上加霜:他们为了增加收入,向被俘的盗匪出售赦免令。1642 年,山东的官员擒获了一名匪首,但又在收取赎金之后放了他。一位当地士绅(他手下的人参与了抓捕行动）责怪:"如果你们释放这些行凶抢掠的谋叛者,毫无疑问,将会有更多目睹这一切的人争相效法。"不过,官员们并没有太多选项,这一点甚至连清朝人也不得不承认。因为,流寇盗匪之间也不尽相同:

> 土寇不过乌合兽散,而伊等则建营立寨矣。土贼不过截路劫财,而伊等则攻城掠地矣。土贼不过斩木揭竿,而伊等则五兵火器件件俱全矣。[41]

130

明代中国:离心离德的读书人

18 世纪中叶,资深官员秦蕙田用一句格言总结了这一问题:"明之亡,亡于盗贼;盗贼之兴,由于饥馑。"[42]不过,秦蕙田的说法却略掉了"明之亡"的另一大关键因素:离心离德的无产知识阶层。他们的影响力要远远超过其人数。在全中国范围内,有数万名男童学习读写、记诵一系列经典著作（伦理、历史）,然后参加由州县举办的正式考试。本地县官亲自监考,并为试卷打分。通过这场考试的男童便有资格到府治参加更高一级、依旧受到严格监视的考试。所有通过这次考试的人都可取得"生员"的身份。取得"生员"身份将带来无数回报:一份微薄的薪俸;免于力役、体罚和特定税收的待遇;有权穿上特制的"儒服";在所有公开场所对旁人（只要他不是生员,不管有多么年长）都享有优先权。在饥荒时,他们也能先于别人得到政府救助。这些生员还要准备新一轮的严格考试。这种三年一期的考试需要他们写作论文,题目来自儒家经典。考试由一群朝廷重臣主持,他们按照小心翼翼设定好的次序陆续离开北京，这样一来，帝国全境的学生便可以在同一天里参加同一场考试。通过这场考试的学生便成为"举人"。举人可以接着参加一场最终考试，这场"会试"也是三年一期，在南北二京的贡院里举办，会试中的佼佼者还会参加一场皇帝亲自主持的附加考试。通过会试的举人便能取得梦寐以求的"进士"身份：这是通往国家高级职位的通行证。[43]

这个精巧的制度为帝制中国输送了强大的行政中坚力量，国家也从中受益良多。首先，绝大多数有能力记诵儒家经典、写作典雅文言的男性都可以参加科举考试，中央政府便可以动员人力资源出任公职，其流动规模在近代早期世界无有其匹。其次，尽管明朝有着庞大的国土和多种多样的人口，基于单一语言和单一文字的普遍课程还是在全国境内催生了语言和文化上颇不寻常的大一统格局。最后，这一制度让行政部门不会完全陷入腐败或是专制，这是因为即便居于制度塔尖的皇帝无能、寡断、懒惰，但是每三年就有一群正值盛年、兼具学识与口才的人步步为营地攀登他们的"龙门"。每一个希冀成为国家重臣的人都得攀登这个阶梯。[44]

131　　然而在每次科举中，这群晋级者的数量都十分有限：举人和进士的人数都很少超过 500 人。机会如此渺茫，以至于很少能有考生初试即过。有人屡试不第之后才勉强成功，此时他们早已度过盛年。的确，"生员"资格相对容易取得，高级学位录取比例又极为严苛，这两者结合意味着——参与三年一届乡试的人里有 99％ 的人以失败告终；参加进士考试的举人也有 90％ 名落孙山。[45]于是，拥有生员资格却又没有公职的人数从 15 世纪初的约 3 万人飙涨到 17 世纪初的 50 万人以上——每 60 名成年男性就有一个——在他们之下，也还潜藏着那些在县学里经年累月学习应试却屡屡不中的人。[46]

这些无产知识分子将何去何从？尽管那些取得"生员"资格的人被允许保留经济特权和社会特权，但屡试不第对于那些倾注大量生命学习应试的考生（他们的家庭为了支持他们也牺牲颇多）而言，其所带来的打击堪称毁灭性。少数人自杀身亡；许多人饱受精神崩溃之苦；绝大多数人选择待在家中，要么一边工作一边学习（作为师爷辅佐工作繁剧的地方官，或者作为家庭教师教导家境富裕、独具天赋的孩子），要么将他们的失意之情向当地人宣泄（这一反应已是如此之普遍，以至于"落第秀才"成了中国小说里的常见的丑角）。还有人弃绝科场，转而经商从医；不过，还是有人依旧"笔耕不辍"（用当时人的措辞），撰写自传、戏剧、小说、散文、墓志铭，以及（颇具讽刺意味的）科举应试指南。[47]

上述所有落第者（以及他们的妻女）都有读写能力，也熟读数量空前的印刷品，这些印刷品在城市书肆和乡间货贩处皆有销售。阅读能力让不少失意士子自信，他们可以比庙堂之上的科场得意者做得更好——为数众多的"文社"强化了他们的这一信念。士子们在文社不仅探讨辞章经史，也辩论重建高效政府的可行之道。1629 年，一名来自太仓（邻近苏州和无锡）的士子将这些文社召集到一起，组成一个联合社团。这个联合社团将有志于"兴复古学，将使异日者务为有用"的士大夫结合到了一起，"吾社之名，即称复社"。第二年，复社的人数已激增至 3000 人以上，其中 30 人参加并通过了南京的会试，占当年全部举人的五分之一，而第二年考上进士的人数又两倍于此。[48]每一名成功的复社成员都致力于在官场上以赞助或举荐的形式提拔别的社员；还有社员出版以新式文体写作的"时文选集",既传播他们的观点,也给考官施加压力——如果这些广受称誉文章的作者落第的话,那就意味着偏见和腐败。[49]

132　　尽管如此,"偏见"和"腐败"还是有所增长。1620 年以后,急需用钱的中央政府允许部分地方官出售"生员"资格;1643 年是明朝统治北京的最后一整年,金钱甚至决定了这一年会试的结果:第一名和第二名都给了那些出价最高的人。越来越多的应试者试图投机取巧:他们乞灵于宗教信仰和算命者;尝试贿赂或是威胁考官和警卫;又或是作弊——他们将精心挑选并印刷成册的应试范文用特制的"隐形墨水"誊写在衣服或身体上。自然,这类行为让诚实正直的举子心寒;崇祯皇帝动辄惩罚一切不能立即成事的大臣,这也足以让大家望而却步。许多才华横溢的文官因此拒绝升迁,甚至辞职,而不是冒着声名扫地(也许是死于非命)的危险供职。当时一句谚语道出了个中原因,"水能载舟,亦能覆舟"。最终,大批心灰意冷的士人把他们的命运交给了李自成,成为这名前任驿卒领导的"流寇"[50]。

"闯王"兴起

明朝知识阶层的集体堕落(尤其是官员们)大大增加了他们敌人的胜算。1642 年,已在起义军中博得"闯王"名号的李自成攻克了古都开封。这一年的稍晚时分,一支庞大的清军第三次破边而入,抢掠华北数周,最终带着数不胜数的战利品凯旋(其中包括用来供养己方饥饿臣民的大量粮食)。清兵过境后,山东的一座城市奏报称,当地有三成人口死于饥饿,另有四成百姓穷困不堪,只有加入农民军才能生存。[51]

面临灭顶之灾的明朝拼命寻找救命稻草。皇帝甚至钦派一

位密使往会后金领袖，探讨谈判的可能性——直到一位书童无
意间将和谈密件当作塘报抄送为止。这次泄密事件引爆了一场
斥和风潮，官员们雪片般飞来的奏章都对"议和"口诛笔伐，
迫使皇帝取消了和谈。[52]而在同时，有明朝官员却同意将下辖
区域交与李自成，少数人还接受了其"朝廷"的任命，令闯
王相信自己可以（像中国历史上其他出身卑贱的人一样）创
建一个新的王朝。[53]为了赢得百姓支持，李自成的追随者们喊
出了平民主义的口号——"均田""三年免粮""平买平卖"，
还传播了朗朗上口的歌谣：

> 杀牛羊，备酒浆，
> 开了城门迎闯王；
> 闯王来了不纳粮。[54]

1643 年，李自成在明朝不忠官员的帮助之下，于古都西安 133
正式建立了一个拥有内阁和传统的六部的政权。接着，李自成
登基，成为"大顺王朝"（意即应天顺人）的开国皇帝，颁布
了相应的"大顺历书"。李自成还铸造自己的货币，将手下大将
加官晋爵，举办科举考试，组建自身的行政团队。这时的李自
成也许只想与大明或大清分治天下。但在 1644 年初，也许是明
朝在不久之前清兵入塞时缺乏有效抵抗的事实激励了他，李自
成率领大军进行了中国历史上最为奇崛的军事壮举之一：一场
从西安到北京的远征。[55]

李自成要求他的士兵行止有度——他命令手下"不杀一
人，不取一钱，不行奸淫，不事抢掠，平买平卖"，这一策略
鼓励地方上的绝大多数将军和文官循着李自成给的生路要么立

即投降，要么在做象征性抵抗之后投降。李自成赦免了绝大部分降官，保证他们正常履职。闯王及手下将帅还模仿通俗小说《水浒传》里的英雄（有人以书中人物为自己绰号），侍从文臣也不断创作出朗朗上口的曲调：

> 吃他娘，穿他娘，
> 开了城门迎闯王，
> 闯王来时不纳粮。[56]

此外，他们还起草了鼓舞人心、安定民心的宣言：我军尽皆十世务农之良民；吾人建此仁义之师，救民于水火。每到一地，李自成都设立公堂，允许农民向地主求告，将无主荒地拨付他们名下。为了赢得广泛拥戴，李自成还逮捕、羞辱、处决了很多落入闯军之手的明朝宗室，他的追随者也推倒了为纪念地方达官贵人而催使力役建立的牌坊和庙宇。[57]

崇祯皇帝和余下的策士们仍在为"救命稻草"的问题争执不休，这些选项包括强迫所有大臣、太监捐资助饷（只收上来 20 万两），发行纸币充作军饷，派太子监军南京，与李自成或大清议和，或者抽调由吴三桂统领的唯一一支可靠的生力军从长城驰援京师。结果，只有最后一项措施奏效——但在 1644 年 4 月 23 日，李自成的闯军用了仅仅八个星期就从西安打到了北京，兵临城下。这时的吴三桂还远在路上。

尽管有 20 多英里长的城墙和 13 座坚固的城门防护，并拥有世界上最多的人口，北京仍十分脆弱：守军已经五个月没领到军饷，城中存粮所剩无几。有些灰心丧志的守军打开了一座外城城门放李自成入城，就在皇城依旧完好的时候。皇帝召集大臣,准备殊死一搏背水一战,但无人响应。皇帝自己乔装打扮成太监试图脱逃,却遭自己手下的宫殿守卫开火斥回。最终,在位 17 年的崇祯皇帝进入皇家园林,在白袍上写下遗诏。这份独具特色的遗诏既有自责,也有对臣下的申斥:

> 朕凉德藐躬,上干天咎,然皆诸臣误朕。朕死无
> 面目见祖宗,自去冠冕,以发覆面。

皇帝随即自缢身亡,以免被自己的臣民俘虏、羞辱并处决。[58]

现在,李自成控制了华北大部(包括京师),但他也面临三大紧迫问题。首先是成为另一支农民军领袖的老兵张献忠(页边码第 123 页)。张献忠已经征服了四川,并自封为"大西王"。虽然张献忠尚未威胁到京师,但他的残暴统治也已令中国最为富裕的一个省份成为荒凉之地。其次,尽管李自成的军队在远征北京时军纪严明,但现在的将士们求偿心切。为了避免抢掠,闯王需要再度征税以满足京师的开支需求——不过,他之前的抢掠使这一任务变得复杂。一名此时抵达北京的南方旅者惊讶地表示:"所过邑里村落,惟颓垣坏突,相向而立,或数百里无人烟。"[59]最后,李自成急需买通吴三桂的军队并把他争取到人顺一方——吴三桂的军队驻守长城,虎踞于京师与清军之间。

一开始,不知崇祯太子是否仍存活在京城的某个角落,并急于收买吴三桂等忠明军队人心的闯王表现得极为谨慎。例如李自成是坐在御座一旁(而非之上)接受京师文武百官致敬的。他的克制又一次大获成功:北京有 2000 多名明朝官员投降大顺,只有不到 40 人选择追随主君自杀——印证了崇祯皇帝与手下大臣之间的疏离程度十分惊人。现在,李自成命令京

师的前朝文官"捐饷"给他的新国库：最好自愿，但如有必要也会强制。大顺国库通过这个办法收到了约 700 万两银子（相比之下，数天之前的明朝皇帝只收到了区区 20 万两），闯王也得以支付军饷，"蠲免"所有归顺新朝地域的"逋赋"。

绝大多数资深官员一开始似乎都认为，他们所受的这点折磨只不过是对他们侍奉故主不周（得知崇祯殉国之后未能一并殉国）的惩罚罢了；但没过多久，李自成就失去了对属下的约束力。闯军士兵开始抢掠驻扎的房屋，虐打房主，袭击他们的邻居，劫持或是强奸茶楼女侍、歌女，最后则是深居家中的贵族女性。5 月 18 日新皇帝李自成率军撤出北京城时（此时距离他们胜利进城仅仅三周），全城欢庆。

爆点：中国的"黑斯廷斯之战"①

闯王离开新都，东征吴三桂。这位明朝将军率军控扼着山海关，这里位于北京东北方向，叠嶂山峦承托着延至海滨的长城。吴三桂已经拒绝承认"大顺"，并击败了袭扰他的闯军偏师。一怒之下的李自成杀死了被其俘获的吴三桂父亲等亲属。几乎就在同一时候，吴三桂向清军求援抗闯。

吴三桂为何要做出这一命运抉择？除了家人死难的暴怒，他也有其他一些考量。第一，吴三桂麾下只有区区 4 万士兵，毫无疑问，他对连战连捷的大顺军队心怀畏惧。如果他的关宁军单打独斗，这支约 10 万人的军队会把他碾个粉碎（事实上他们也差点做到了）。第二，他有不少在世亲属已经投降了辽

---

① 1066 年诺曼底公爵威廉征服英格兰时的关键性战役。威廉取得决定性胜利，开创了英格兰历史上的诺曼王朝。

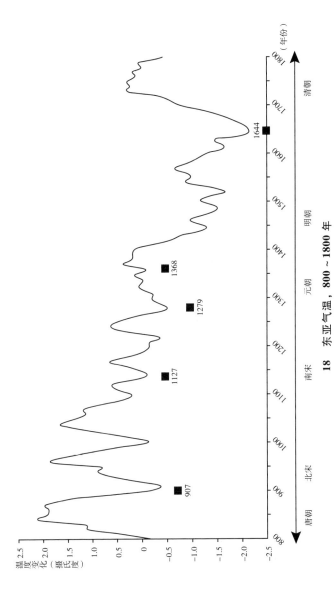

18 东亚气温,800~1800 年

虽然以树木年轮宽度测算的气温水平在 14 世纪开始有所回升,但是最低温度——比之前低 2 摄氏度还多——还是在 17 世纪中叶出现了,并于 1644 年达到最低点。正是在这一年,清军入关,明朝灭亡。

东的大清。若与大清联手，便可保证他们继续得到优待。第
三，历史上曾有不少中原政权在危难之际，因向北方邻国求援
而获救。第四，清政权此前没有表现出入主中原的兴趣：他们
此前的入侵意在掠取战利品而非土地。最后，清朝统治者皇太
极死于1643年，留下两个互相争斗的弟弟做他儿子（年仅6
岁）的摄政王。也许吴三桂认为，这场家族内讧注定会摧毁
大清的力量和凝聚力。

上述考量当然言之成理，但吴三桂忽视了气候变化带来的
关键性冲击。早在吴三桂求援之前，满洲人就得出结论，不久
之前的饥荒迫使他们进犯中原，否则就将坐等灭亡：东亚树木
的年轮显示，1643～1644年是公元800～1800年这一千年间最
冷的时期，冬季季风只带来了少得可怜的降水（插图18）。于
是，满洲领袖召集了6万名（或者更多）战士直扑长城。他们
的汉人策士也准备了文告，劝说同胞支持新一轮的进犯："义兵
之来，为尔等复君父仇，非杀百姓也，今所诛者惟闯贼。官来
归者复其官，民来归者复其业。师律素严，必不汝害。"[60]

清军好整以暇，准备突破长城进入山西。就在此时，吴三
桂孤注一掷的求援信到了，字里行间充斥着（故明官员）对
大顺朝的普遍恨意。据吴三桂所说，这带来了独一无二的
"摧枯拉朽之会，诚难再得之时"。[61]满洲领袖因此放弃了入侵
山西的计划，整军扑向山海关。面临李自成兵锋威胁的吴三桂
决定放清军入关。

137　　　统领大军的清朝摄政王多尔衮（满语意为"獾"）富有技
巧地利用了这一优势。吴三桂和李自成激战正酣（汉学家欧
立德称这一战为"中国的黑斯廷斯之战"），多尔衮却隔岸观
火，直到最后一刻才出兵包抄闯军侧翼。结果，吴三桂军承受

了正面冲击，伤亡惨重，再也无法抵抗清兵。多尔衮顺水推舟招降吴三桂，许以王侯之位。多尔衮许诺，如果吴三桂投降的话，"一则国仇得报，一则身家可保"（明示吴三桂尚有亲属陷在清营），后世子孙也可"长享富贵，如河山之永"。[62] 无力抵抗的吴三桂率领余下的关宁军依照满洲人习俗剃发垂辫，以公开表明降清之意。

此时此刻，李自成正率领败兵撤回北京。1644 年 5 月 31 日，闯军重新进入北京。闯王现在已一败涂地，他自称天子，匆匆加冕为第一位（也是最后一位）大顺皇帝。第二天，李自成得知吴三桂与清军追击而来。无法守住阵脚的大顺皇帝一把火烧了紫禁城，命令手下撤出京师。北京的智者打趣说：

自成割据非天子，

马上登基来许年！[63]

京城官民准备好了迎接吴三桂——也许他身边还有走失的明朝太子，但 1644 年 6 月 5 日大家迎来的却是多尔衮。多尔衮登上京师官民准备好的典礼台，告诉旁观者："吾乃摄政王也，太子不日可至。汝等愿我为汝王乎？"讶异惘然之余，众人只得言不由衷地回答"好"。明朝留下的那点宫廷侍卫根本不足以抵御清军，一支清军随即占领了全中国的中心——此时已一片狼藉的紫禁城。[64]

直到这一天晚些时候，读到多尔衮发布的公告，许多北京居民才意识到一个新王朝已经夺取了政权。这份公告首先宣称，"大清"长期以来都寻求与明朝的和谐关系，"望能永世和好"。过去之所以屡屡进犯，只不过是明朝对书信不闻不问

罢了。随着"贼"窃据京师,清朝现在致力于"为尔朝雪君
父之仇":

> 我今居此,……破釜沉舟,一贼不灭,誓不返
> 撤。所过州县地方,有能削发投顺,开诚纳款,即与
> 爵禄,世守富贵。如有抗拒不遵,大兵一到,玉石俱
> 焚,尽行屠戮。

188　　多尔衮当机立断,精心筹措,为新政权赢取支持。他宣
布,清军是来"解民倒悬"的;他废除了不得人心的"三
饷",也将所有归降清朝地区的土地税减少了三分之一。最后
尤为重要的是,多尔衮拜祭了崇祯皇帝的遗体,命令手下为崇
祯帝发丧三天,也邀请故明官员一起服丧。事实证明这是一个
极其精明的举措:这样一来,所有在此时自杀的官员都将被视
为忠于大顺之人。对于所有预备重返官署的前明官员,多尔衮
也利用了他们的两难处境。多尔衮许诺,只要他们依照满洲习
俗剃发垂辫,穿上满洲衣服,就能官复原职,得到酬劳,而且
立即官升一级。[65]几乎所有北京官员都归降了清朝。一位颇有
名望的明朝官员两个月前曾经转而效忠大顺,他的发言说出了
许多人的心声:"吾明臣,明亡无所属,有能为明报仇杀贼
者,即吾主也。"1644 年 10 月 29 日,7 岁的顺治皇帝作为入
主中原的新君进入北京,多尔衮担任他的摄政王。第二天,顺
治皇帝出席了于紫禁城以南的天坛举行的祭天仪式,借此机会
声张他确立了天地之间唯一中介的地位。数天之后,一名官员
在日记中如释重负地写道,"予惊魂始定,是月中旬,长安市
上仍复冠盖如故",大小官员都已开始再次回到皇城供职。他

言之过早了：中国还需一代人的努力才能重享和平——而且即便如此，局面再也不会"如故"。[66]

分裂的中国

明朝本就有两个首都。闯王攻陷北京，南京便自动成为明朝首都，它也拥有许多资产。此城位处帝国最富庶的长江下游平原，粮食丰饶，商旅辐辏，不仅是中国的文化中心，也是世界第二大城市（仅次于北京），傲人的城防固若金汤。的确，南京向来吸引那些厌于谈兵的官员，他们不适合统兵抵御狡黠果决的入侵者；尽管如此，北京沦陷仅仅数周后，南京的官员们就制订了计划，准备迎接南逃的太子，并开始动员水陆军队。

中国历史上曾有过一个诱人的先例——四个世纪之前，宋朝曾在蒙古入侵者①蹂躏中原之后，又在南方存在了 150 年之久——不过，1644 年的形势却大不相同：在 1633 年、1634 年、1635 年、1638 年和 1640 年，江南作物屡次歉收。之后发生了五百年一遇的大旱（1641~1644 年）令许多江南城镇人口剧减，幸存者也穷困虚弱、意志消沉。此外，1640 年之后突如其来的银荒（见页边码第 128~129 页）导致贸易崩溃，也令税收减半。崇祯皇帝自缢，太子不知所终，这些爆炸性新闻立即在疲敝的江南引发了混乱：许多人将这段大位虚悬的过渡期视为法纪荡然之时，开始肆意行事。

据一名身在上海附近的西方目击者说："由于南京当时还没有人称帝，（奴仆们）便组成一支几千人的队伍，向他的主人索要自己的奴契。因为中央政府已经陷落，他们也解放了。

139

---

① 灭亡北宋的是金朝，而非蒙古，此处系作者误。

在乡下，他们拿起兵器冲向地主，杀死主人，抢劫财产，肆意侮辱，没有任何士兵来弹压他们。"他们还警告城市附近的地方官，要他们"立即承认人身自由的文书"，否则将"格杀勿论"。根据另一位当时人的说法，数千名武装起来的债务奴隶"归于叛军领袖名下。他们撕开裤子充作战旗，铸锄为剑，自封为'均平王'（levelling king），宣布他们正在拉平主仆之间、权贵与平民之间、富人与穷人之间的区隔"。他们还"开仓放粮"。[67]一位奴变领袖声称："主人尽皆虚弱疲敝，无力武装，这是天赐良机于我。我们大可趁机行事，浑水摸鱼。就算他们想镇压我们，恐怕也为时已晚。"他的追随者也同意此说："君主已变，主人当变仆人，主仆当兄弟相称。"用上海附近某县县志的话说："如此反迹，千古未见。"[68]

中央政府的倒台也滋生了其他种类的反抗。农民可能使出了他们传统上的全套手法："偷懒、装糊涂、开小差、假装顺从、偷盗、装傻卖呆、诽谤、纵火、暗中破坏"（页边码第512页）。他们还抓住一切可能，不失时机地抵制租金、拒服力役。即便这些消极的反抗手段不夺人性命，随之蔓延的社会失序还是让那些依靠水利工程维持农业生产良好运作的地区受害尤深：在内陆，堤坝的毁弃和疏于治理制造了大片沼泽和湖泊，给流寇提供了聚集地（其中许多贼寇毫无疑问都是因洪水而生计无着的农民）；而在滨海地带，社会失序为海盗集团输送了大量新人。长江口和珠江口的城市成了河盗的袭击对象，在穷凶极恶的攻击之下受损惨重。[69]

许多明朝南方官员对于崇祯皇帝殉国的反应是殉节，这与北京同僚颇有不同。南方的县志记载，不少士绅阖门自尽，一家十几口人接连自焚而死、投井而亡；学生们则是"一堂师友，竞相砥砺",要么自溺要么自缢。不过,并非所有明朝忠臣都放弃了希望。南京的大臣们开始讨论应由哪位宗室在太子再次出现之前先行"监国"。福王是先皇崇祯的堂兄,曾支持备受憎恨的太监魏忠贤迫害东林党,也获得了阉党残余官员的效忠,但那些自认"正人君子"的大臣却对福王十分反感;因此,虽然福王率先监国,又即位称帝,明朝仍饱受党争之苦。

140

尽管如此,在一段时间之内,南京的新天子似乎还能稳住局势。皇帝即位后立刻将所有官员擢升一级,排定科举考试的日程,免除长江黄河之间所有省份的税赋,直到它们从过去数年的危机中恢复为止。皇帝还将这些省份分为"四镇",交由史可法统辖。史可法是为数不多成功击败过流寇的明朝将军,他坐镇长江以北、大运河畔的扬州,使之成为新的防御体系中枢,以及未来出击北伐重整明朝江山的跳板。

在北京,多尔衮也考虑了各种选项。汉人策士敦请他征服全国,多尔衮一开始对这个说法嗤之以鼻——"何言一统?"据说他还反问说:"得寸则寸,得尺则尺耳"。不过,很快多尔衮就发现,他的庞大新都离开了江南的稻米和山西的煤炭就无法维持。江南在南明手中,山西则由李自成控制。[70]多尔衮决定,先解决第二个难题。

李自成手下仍有一支约35万人的军队,而现在的清军只有不到10万士卒,其中只有一半是满洲人。为了赢得治下汉人新臣民的支持,摄政王做出了几项更进一步的妥协:他禁止太监掌管"皇庄"、参与临朝听讼,并将太监的人数减少到约3000人;他接纳那些曾为明顺两朝效力的朝廷重臣和封疆大吏(尽管后来这些人被贴上了不甚好听的"贰臣"标签),迎回许多锐意改革的大臣，这些人往往与东林等书院有关，只不过在天启、崇祯两朝丢掉了官位。这批官员开始整顿法律制度（公布刑罚标准、更新民事法律、颁发新的刑事规章），改进征税制度（"蠲免"归顺清朝地区的"逋赋"，没收明朝宗室手中的广袤地产）。用杰出历史学家，《洪业》一书的作者魏斐德的话说：

> 最令人称奇的莫过于：最后使这套官僚行政机构重回"合理、高效"水平，其所需要的努力是多么地微不足道。调整，而非更换；修正，而非推倒重来。改革举措的特点无非此类。进一步说，这些改革……主要出自那些故明大臣的手笔，他们现在有机会否定自己之前的施政，推行种种调整举措，让这个他们熟习已久的制度运转到最佳状态。[71]

清朝也向一些之前受到明朝冷落的实力派示好——尤为重要的是，通过推崇武德和奖励军功，清朝赢得了许多之前受到明朝轻慢的将士的支持。进一步说，新王朝解决流寇威胁的能力也赢得了有产者的敬仰和支持，流寇曾经让他们的生活悲惨不堪。山东便是多尔衮和解政策大获成功的绝佳印证。1642～1643年清兵来袭之后，山东地方官估计本省有十分之七的民户需要依赖某种形式的犯罪活动方能生存。进入北京数周之后，多尔衮就"免除"了山东的全部逋赋。第二年，他又大幅降低了山东的纳税份额，并派出八旗精锐到山东恢复秩序。仅在清朝抢掠者重创当地五年之后，山东就为新王朝输送了各省当中最多的"贰臣"；山东省最大的地主——衍圣公（孔子的直系后代）也成为清朝的坚定盟友。[72]

相形之下，多尔衮的另两项举措并不得人心，制造了更大的矛盾。首先，摄政王决定在许多战略城池设立"满城"。在北京，多尔衮下令，只有满洲人可以居住在皇城周围的内城。他将约 30 万汉人居民强制迁移到北京外城。类似举措也在清朝领土之内广为推行，最终形成了 34 座"满城"——本质上是军事要塞——专供满洲士兵及其眷属驻留，而其他所有人都得迁居城外。[73] 这一措施自然惹恼了那些被迫放弃祖宗家园的人。

事实证明，下一项举措甚至更加不得人心，也制造了更多的嫌隙。原因在于，这项举措波及了不分城乡的所有男性。早在入关之前，清朝就颁布法令，凡追随者必须遵从满洲服色；鉴于民众还需要时间接受新服制（或改裁旧衣服），多尔衮此时还只是坚持让所有男性都剃去前额头发、将剩余头发结辫垂于脑后。不过哪怕仅仅是这一举措所引发的愤恨之强烈也非多尔衮所能预想。千年以来的汉人文化都将正当的衣冠仪容视为区分野蛮与文明的关键因素；将头发束至顶髻（束发）也构成了汉人男性成人礼的一大内容。多尔衮的剃发令因此挑战了汉人文化传统的一大基本位面——且非一次性，而是反复发起的挑战，因为为了保证前额始终光秃，清朝的臣民需要反复剃发（彩插 8）。[74]

京畿地区几乎立刻就爆发了反抗剃发令的起义。三周之后，多尔衮谨慎从事，收回成命。"曩者，"他解释说，

> 予前因归顺之民无所分别，故令其剃发以别顺逆。今闻甚拂民愿，反非予以文教定民心之本心矣。自兹以后，天下臣民照旧束发，悉从其便。[75]

这次妥协说服了中原的绝大多数"臣民士庶"。同时，吴三桂和清军一部踏上了追击李自成之路。李自成撤退到了他的"西京"西安，但没能守住那里：1645 年 2 月，李自成率领一支规模不小的军队撤出西安，奔向山区。数月之后，李自成在深山中死于非命。赢得西北地区全部战略要地（包括关键的山西产煤区）的吴三桂现在挥兵南下，攻入四川，意在摧毁张献忠的"大西"政权。

在北京，多尔衮向南明释放虚与委蛇的信号，暗示可以通过谈判平分天下，以为自己争取时间。"不忘明室，辅立贤藩，勠力同心，共保江左者，"多尔衮用宽慰的笔法说，"理亦宜然。但当通和讲好，不负本朝。"[76]南京政权的反应是派出使团北上，感谢清朝将流寇逐出京师，并做出承诺：如果满洲人退出关外，他们不但可以保住关外全部领土，还能得到大量岁币。这番说辞堪称是彻彻底底的痴人说梦：清朝的步伐已经走得太远。即便只是为了回师关外，他们也必须利用中原的资源。不过，多尔衮还是用虚假的希望敷衍了南明使团，直到 1645 年 3 月——这时的多尔衮觉得形势已足够安全，允许他将部分八旗军从西部召回。他的兄弟豫亲王多铎，现在将领军发动一场对南明的致命进击。

"留头不留发，留发不留头"

糟糕的天气继续袭扰江南：1644 ~ 1645 年的冬天迎来了一千多年来最弱的季风，旱灾也因此拖得更久。随着清军从北京一路南下，绝大多数城市都大开城门迎接征服者。1645 年 5 月，长江以北只剩下孤悬于外的扬州城。事实证明，扬州城临时搭建的城防工事根本经不起清军重炮的轰击。扬州陷落后，多铎允许他的军队抢掠一周①。只因一场不期而至的降雨止住了抢掠者点燃的大火,扬州才免遭全城焚毁。不过,扬州城居民的生命财产还是蒙受了惨重的损失,诗人开始将扬州称为"榛莽之城"——荒草覆盖的城市。[77]

多铎的恐吓策略立竿见影:为了避免扬州的命运,南京和绝大多数江南城市都望风归降。但还是有少数明朝忠臣在江南各地组织了抵抗,这迫使清廷再一次寻求以某些手段区分敌我——尽管他们这一次要比之前更为谨慎。1645 年 6 月发布的新剃发令并未坚持让所有汉人男性剃去前额头发,它宣告说"大军所据之地,我朝剃武不剃文,剃兵不剃民";不过,首都的一群汉人士大夫不甚明智,他们就连这一妥协也加以抗拒。这批人声称,中华传统的"礼乐制度"要求汉人"身体发肤,受之父母,不敢毁伤",因此,剃光前额无异于某种"理发师阉割"。[78]结果,这大大刺激了多尔衮,他愤怒地反驳道:

> 本朝何当无礼乐制度?今不尊本朝制度,必欲从明朝制度,是诚何心?若云身体发肤受之父母不敢毁伤犹自有理,若谆谆言礼乐制度,此不通之说。予一向怜爱群臣,听其自便,不愿剃头者不强。今既纷纷如此说,便说传旨叫官民皆尽剃头。

143

多尔衮更进一步。他要求,剃发令必须在十天之内在各地强制推行:抗命不遵者,"等同叛逆,上干天命",任何图谋

---

① 原文如此,一般认为是十日,史称"扬州十日"。

"保留明朝制度，不遵本朝制度"的官员，一律斩立决。[79]

多尔衮一怒之下的过度反应，标志着他已偏离之前的缓和政策。这也许反映了"皇父摄政王"这一独一无二的新地位，以及清军在各条战线上节节胜利赋予多尔衮的信心；但是，不管这番反应的成因为何，它都在事实上造成了灾难性的错误。正如一名耶稣会士辛辣讽刺的评语所说，现在的汉人精英"为了保住他们的衣冠和风俗悲愤而战，其勇猛程度要超过他们之前为国朝和皇帝的所作所为"。[80]南京附近的一次事件说明了这一观点。南京投降以后，新的清朝当局急不可耐地搜求南直隶地区的资源信息，派出官吏获取各县的钱粮税册。清朝当局本身缺少信得过的官吏，许多派出的官吏都是故明官员：年轻的进士方亨便是其中一位，他被派往江阴县。到任的方亨依旧身着明朝冠服，就在他收缴钱粮税册的时候，四名清兵带着剃发令匆匆赶来，命令立即执行。于是，方亨写下了一则多尔衮公告的汉语简易版本——"留头不留发，留发不留头"。这惹恼了江阴人。武装农民聚集起来，将四名清兵和方亨本人一并杀死。但就在被杀前不久，方亨寄出了一份秘密文书，请求清军增援。清兵带着二十四门红夷大炮前来，巨炮轰塌城墙，方才陷城。多尔衮下令军队，"收剑入鞘之前，必使城中尸山血海"，他的士卒也忠实执行了。数万名忠于明朝的江阴人"带发效忠，死节报国"。[81]

在长江下游其他地区，每逢政权易手（有时是再三易手），总会发生类似事件。出身上海士绅之家的姚廷遴后来回忆 1645 年的情况说：

自清兵临县后，毋论城市村镇人家，俱用黄纸写

"大清顺民"四字，粘在门上。忽闻孔兵来，即扯
去。又闻大兵来，再粘上。

　　这段话足以解释，为什么多尔衮如此残酷无情地强推剃发　144
令，并以之为忠诚的试金石：人们可以出于投机目的将黄纸贴
上又摘下，但没有人可以伪装自己的发辫。1645 年底，清朝
已经确立了对江南的统治。在上海，姚廷遴承认："自此而新
朝管事矣，自此而国运鼎革矣，自此而辫发小袖矣，自此而富
且贱、贱且贵矣，自此而边关羌调、夜月笛吹、遍地吸烟矣，
自此而语言轻捷、礼文删削"——简而言之，"另自一番世
界，非复旧态矣"。[82]

"虎口中的中国"

　　清朝征服江南标志着入关洪业成功的重要一环——这保障
了北京的粮食供应。稻米、小米、小麦和豆类再一次经由大运
河北运，贮藏在京师的巨型粮仓里。尽管绝大多数储粮都直接
流入了内城的旗人家庭，其他居民还是会从中受益。政府利用
粮仓压低粮价，同时开设施粥舍赈济穷人。[83]清朝还保留了选
拔文官的科举考试。1646 年，清廷举办了第一场三年一期的
乡试——这距离明朝最后一次乡试仅仅三年。1647 年，清廷
又增开一科乡试。从 1649 年开始，科举考试进入正常周期。
清廷也收紧了晚明之际业已松弛的考试标准，例如规定考生作
弊一经发现即予处决。

　　然而，正如一名清朝大臣颇带倦意的警言所说："取天下
易，坐天下难。"[84]北京和长江下游之间丝毫没有地理障碍，这
为清军的远距离推进提供了极大的便利。不过，要将触角伸入

忠于南明政权的西部和南部地区就是更大的挑战了。第一，小冰期持续带来经济困难和混乱。1649 年和 1650 年之交的冬天似乎在中国东部和北部都打破了历史最冷的纪录。同时，京师却于 1657 年和 1660 年连续遭遇了两场严重的旱灾，皇帝甚至亲自参加了祈雨仪式。在华南地区，1650 年代的广东有 17 个县都报告了霜冻和降雪——这是两百年来的最高数字。1660~1680 年在广东登陆的台风次数也打破了历史纪录。[85]第二，起自塞外的清兵极少遭遇天花，他们进入中原之后身上没带多少抗体：许多清军士兵和统帅染上这种疾病暴死，这阻碍作战计划的执行。清廷在惊恐之下采用了几项举措：他们将所有感染天花的士兵逐出军队，并规定只有从天花中幸存的亲王才有资格带兵。这些举措都无济于事：并非所有天花患者都能在传染其他将士之前确诊，这无可避免；同时，为了追求荣誉和战利品，有些亲王无视感染风险坚持作战，迅速死去。[86]

天花导致八旗减员，而可靠的士兵又要被分派出去把守最初征服的土地。这令八旗军兵力大为减少，可被用于征服南方的剩余兵员捉襟见肘，迫使清廷依赖那些不那么可靠的前明军队。比如在 1645 年①，一小队清兵攻陷了大港口广州，并将其交与一名前明叛将；不过，他很快就倒戈加入了南明阵营。忠于清朝的军队直到五年之后才打回广州，围城长达八月之久，直到一名叛徒打开城门放清兵入城，围攻才宣告结束。在此后两周里，清兵"不放过任何一个男女老弱，他们不由分说，逢人就刀剑相向，残酷异常；城内除了'杀，杀死这些

---

① 清军李成栋部攻取广州，时在 1646 年底。之后镇守广州、反正归明者也是李成栋，作者说法有误。

野蛮叛贼'之外别无人声",有消息灵通的知情者称死难人数达到了 8 万人。即使在 100 年以后,凝结成块的骨灰堆也标示着,死难者的尸体曾于一座巨大柴堆上焚化。[87] 现在,清廷将跋扈难制的西南三省(广西、广东和福建)交与三位来自辽东的汉人将军驻守,他们从一开始就投降了清军。

剃发令令清朝的反对者们团结起来。尽管有充足的证据证明这一点,清廷还是在 1650 年多尔衮死后延续了这一政策。"国姓爷"郑成功就是一个例证。一开始,这位专擅一方的明朝海军统帅似乎一度有意降清。清廷许以高位(海澄公),裂土以酬,承诺他若降清便可以保留手下所有军队。清廷还允许郑成功对航行于福建外海的一切船只"管理稽察,收纳税课"。国姓爷似乎有意接受这些条款,可就在这一关头,清廷主持最终谈判的特使却直截了当地申明:"藩不剃发,不接诏;不剃头,亦不必相见。"[88] 暴跳如雷的郑成功愤而撕毁条款,率领手下舰队——其中一些舰船装备了西式舰炮——垄断了南海的全部贸易。1659 年,积累了足够资金和后援的郑成功沿长江而上,对清朝发动了一场总攻,江南七府三十二县望风归附。待到清军卷土重来,国姓爷只得退兵闽海,最终又不得不放弃大陆,将台湾岛作为他的新基地。[89] 清军缺少海军力量,无法追击郑成功。情急之下的清廷对其汉人臣民推行了另一项严苛且不得人心的新政:他们命令大陆东南沿海距海岸线 20 英里以内的所有居民放弃家业,迁居内地,以令郑成功在经济上陷于枯竭。接着,清廷又禁绝了所有海上贸易,摧毁了所有沿海设施,并颁布命令:"禁行区"凡有人踪,格杀勿论。

贸易禁令制造了汉人所说的"熟荒"——收获期间的灾

荒。饥荒、战争和社会失序本就令东南地区的本地消费受到重创,现在政府又彻底断绝了出口需求。因此,一旦好天气重临、水稻产量回升,供给量便迅速超过了需求量。一蒲式耳的稻米价格还不到之前的百分之一。据一名当地知情者说:"如此之低的米价让佃农和农民无力纳税也无力养家,许多农地因此抛荒。"[90]一本江南县志的记载反映了恢复地方秩序那缓慢而痛苦的过程,在 1649 年、1654 年和 1664 年,这部县志三度以乐观笔法记载称"盗匪已剿,水坝乃建";但唯有在最后一次记载发生的年代,灌溉系统的修整成果才巩固下来,而这是实际开展水稻种植必不可少的前提条件。[91]

146　　　这场旷日持久的大破坏不能仅仅归咎于清朝。正如司徒琳在她那部关于南明历史的开创性著作中的说法:"明清之间的长期争斗与其说是两国之间的直接冲突,还不如说是一场竞赛——看看究竟哪一边可以击败那个第三方(或是被其击败),亦即当时社会和政治层面的无政府状态":

　　　　在南明存在的整整十八年中,只有在极少数情况下,与清朝争夺地方控制权的敌手是明朝陷于危机前即已控制地方的明朝文武势力。在这一片面积相当于次大陆的土地上,有众多的道府州县。就明朝而言,问题是如何保持对它们的控制;就清朝而言,关键在于如何重建控制。大体上看,在这场竞赛中,明朝的失败比清朝的得胜来得更快。[92]

　　　一开始,南明朝廷南迁福建,接着西奔云南,最后又进入缅甸。1661 年,吴三桂擒获了最后一位南明皇帝,并将他处决。此次弑君事件过后,兴高采烈的清廷容许吴三桂在云南享有专擅大权。吴三桂统率胜利之师驻守云南,造就了一处繁盛的独立王国。[93]而在同一年,国姓爷及其追随者们前往台湾岛。自此,大陆上对清朝成建制的抵抗暂时告一段落。

尽管如此,出于某些原因,清廷的权力依然脆弱。第一,1661年顺治皇帝的驾崩造成了权力真空,几位辅政大臣在年幼的康熙皇帝周围争权夺利,动摇国本。第二,清军的四处征伐开支浩大,导致财政亏空。中央政府不得不下令,要求各地立即缴纳所有逋赋。中央还威胁所有官员必须足额上缴积欠赋税,否则就不得升职,甚至要降职免职。在江南,不同寻常的高额逃税与对朱明王朝残留的忠诚结合到了一起,使得清廷不得不出手镇压,将"抗税者"逮捕或予以处决,禁止他们出任官职。尽管这些雷霆手段取得了短期效果——江南士绅名下的税收积欠急剧下降,清廷还是制造了一大不满之源:用一名江南士大夫的话说,"这些法律就像是侵逼秋草的严霜"。[94]最后,全球变冷持续侵袭着中国绝大部分地区(如果不是全部的话):1666~1679年的14个夏天有9个要么偏凉,要么极端偏凉。最近一份中国冰川学的研究显示,就17世纪末的中国气候而言,西部平均气温要比今天冷1℃,而西北地区则要冷上2℃。[95]

党派斗争、财政亏空和糟糕天气都减损了清廷的权力。不过,更大的挑战在1675年[①]到来。这一年,吴三桂上书康熙皇帝称自己已经年老,正式请求撤藩,并允许让他儿子承袭爵位。19岁的皇帝只同意了他的第一个请求,紧接着又采取措

---

① 吴三桂请求撤藩,事在公元1673年,作者误。

施重建中央对云南的控制。清廷任命、统辖东南各省的另两位汉人藩王也噤若寒蝉，他们决定试探清廷的决心，于是也递交了相似的撤藩申请。

147 　　议政王大臣会议的绝大多数成员都主张驳回撤藩之请，特别是吴三桂。大家担心，同意撤藩会导致吴三桂造反；他们还敦促康熙皇帝敷衍妥协此事。不过，小皇帝却选择顺水推舟，终结吴三桂的统治。一如大臣们的预期，吴三桂迅速起兵造反，并打出"反清复明"（尽管他本人杀死了明朝末帝）的旗号。吴三桂宣布，所有男性汉人都可以恢复传统服制。

　　另外两藩也加入了吴三桂的叛军，因此这场叛乱史称"三藩之乱"。还有很多心怀不满的汉人势力（包括十年前因逃税而系狱的部分汉族士绅，以及郑成功之子郑经自台湾而来的军队）也起兵响应。不过，康熙仍然低估了他所面临的挑战，只派出了区区 1 万名士兵迎击叛军。吴军因此大举出击，几乎控制了长江以南的所有地区，四川和陕西也被其收入囊中。吴三桂要求清廷退出关外，同时，达赖喇嘛（藏传佛教的主要领袖）也居中调停，提出了吴三桂和清朝平分天下的建议。甚至在吴三桂于 1678 年去世之后，清朝还用了三年时间，投入了超过 50 万军队，才重新夺回了反叛的领土。这一方面是因为艰险的地形，另一方面是因为叛军在撤退的同时奉行了焦土政策。[96]

　　清朝在平定三藩之后，又将目光转向了台湾。1683 年，清军进攻郑氏政权，迫使郑成功的孙子郑克塽和最后一批忠明之臣出降。现在，皇帝准许当地居民重回东南沿海的故土，并再次开放海上贸易，此时距离禁海迁界已经过去了整整一代人的时间。在近 70 年的战乱、破坏和灾祸之后,大清终于完成了自己的"洪业"。

"鼎革"的代价

大获全胜的康熙皇帝回师沈阳拜访先祖陵寝,"敷陈礼仪,告祭武功"。他巡游满洲各地,并巡视山西。1684 年,康熙启程下江南:这是近三个世纪以来第一位来到江南的皇帝。根据官方"起居注"记载,康熙此行的目的是"访民隐疾";不过,他的调查也不甚仔细。在这趟长达 2000 英里的旅程中,皇帝避开了那些曾因忠于明朝而遭严惩的地界(比如扬州),只在与外界隔离、防卫森严的"满城"留宿,并在两个月之后才返回北京。[97]

皇帝的车驾也避开了那些在乱世中受害最重的地方,比如湖南——政府调查反映,这里的纳税人数剧减了 90% 之多。康熙也没有去岭南,海上贸易禁令已使这里的人口减少了五分之一,一半之多的耕地都抛了荒;还有四川。张献忠"大西国"的野蛮残暴和对这里的残酷征服导致"超过 100 万人死于非命,本地士绅几乎被消灭殆尽"。[98] 虽然皇帝没去这些地方,但他也必定在巡视途中目睹了大量人口剧减、凋敝毁弃的景象。帝国耕地总面积已从 1602 年的 1.91 亿英亩降到了 1645 年的 6700 万英亩,这一数字在康熙南巡的第二年(1685 年)也只恢复到 1 亿英亩。即便在清军入关已过去整整一代人的时间之后,安徽省一户虔诚的人家在试图重修族谱时仍发现"整户亲人死于屠杀抑或疾病,'令本族血脉几乎断绝'",而"一些幸存的族人已不能说出祖先的姓名,也不能分辨彼此之间的辈分与亲疏"。与此同时,一名访客曾

148

在 1662 年如此描述江西省的情况:"放眼望去,都是废弃的痕迹,而在天下大乱发生之前,这里一定曾人口众多,市面繁盛。"[99]

人口的损失既是数量上的,也是质量上的:数千名精英不幸因自杀、朝廷镇压、匪患或兵乱而过早死亡。1647 年,忠心耿耿的明朝遗老顾炎武哀叹:"念二年以来,诸父昆弟之死焉者,姻戚朋友之死焉者,长于我而死焉者,少于我而死焉者,不可胜数也。"此后 25 年里,更多的人死于非命。1702 年,康熙皇帝召集历史学家编纂钦定《明史》。这部史书的传记部分记载了 600 名效忠明朝、殉节死难的人,还有 400 位"从夫殉节",或是在死前惨遭凌辱的女性。[100]《明史》只收入了那些确系殉节死难之人,略去了其他情况。因此,真正的精英死难总数一定要比这高得多:还有许多精英阶层出身者(无分男女)仅因落入流寇、叛军或溃兵之手便死于非命,不知所终。因此,这些人堪称"失去的一代":在 17 世纪的世界,除德意志之外,没有一个国家像中国这样有如此之高比例的精英阶层死于暴力——但就面积而言,德意志远远无法和中国相提并论。

《明史》的编纂者还漏掉了很多别的明清鼎革的受害者——比如数百万沦为奴婢的汉人。他们要么是被八旗兵掠为战利品,要么就是将自己和家人卖为奴隶以躲避债务、税收和饥荒。清代的北京城有着活跃的奴隶市场,这个王朝也执行了严苛的逃奴法律。有关逃奴的下场,荷兰外交特使约翰尼斯·纽霍夫描述了一个生动的案例。在和同事们坐船北上前往南京时:

我们目睹了一幕悲惨境况。最近同鞑靼人的战争
让中国人口大为衰减。鞑靼人驱使他们从事奴性劳
动,让他们拖船划桨,随心所欲地驱使他们,且不分
老幼。他们的境遇甚至比牲畜不如。河畔的纤道常常
狭窄不堪,崎岖陡峻。如果纤夫滑倒的话必将死于非
命,这种情况也发生了多次。有时他们也在河道中间
蹒跚而行,如果其中有任何人晕厥疲累的话,总会有
一人尾随在后,此人负责监督,手里的皮鞭永不停
息。纤夫要么接着前行,要么就得被鞭笞至死。[101]

《明史》也没有记录明清易代时中国女性的苦难,而这正
是清廷颁布的新法律造就的。照这些法律,女奴(不论已婚
未婚)都被视为是其主人的性财产:尽管在理论上,女奴可
以反抗主人的强暴,但女奴若打了主人或是伤到主人的话,她
就将根据严苛的法律以"抗主不遵"罪受到严惩。1646年颁
行的《大清律》也规定,一名被强暴的女性若要申冤求偿的
话,就必须证明自己曾在受辱的全过程中都反抗过施暴者:她
的身体上必须有伤痕和伤口,她必须衣衫不整,证人也必须听
到她的反复呼救。[102]

  许多汉人女性宁愿自杀,也不愿苟活于这样的世界。其
中一些人留下了自杀遗书,详述了她们生命惨遭命运蹂躏的
过程(见第4章)。还有人写下了读之心碎的散文信和挽诗,
记述她们的命运。惨遭士兵诱拐(大概是在被强暴之后)又
被卖到一家妓院的黄媛介就是一例。黄媛介后来逃了出来,
成为一名著名诗人和画家。1646年清明节(一个全家集合为
死去的亲人扫墓的节日),黄媛介写了一首题为《丙戌清明》

的诗。这首诗不仅回忆了她的不幸命运，也纪念了她前一年
死于兵乱之中的丈夫：

> 倚柱空怀漆室忧，人家依旧有红楼。
> 思将细雨应同发，泪与飞花总不收。
> 折柳已成新伏腊，禁烟原是古春秋。
> 白云亲舍常凝望，一寸心当万斛愁。[103]

在江南和其他各地，几乎没有一名女性不曾感到"一寸
心当万斛愁"。她们都有亲人和朋友在明清易代之际不幸
罹难。

就连那些有幸活过明清易代的人，也都常常活在恐惧之
中。山东士大夫丁耀亢写了一部声情并茂的私人回忆录《出
劫纪略》。这部书记述说，他和家人必须两次离开世代居住的
土地——第一次是在 1642 年，为了逃避清军的劫掠；第二次
则是在 1644 年李自成退出北京时。只因有钱租用一艘可以带
上全家人（还有其他士绅家庭）的船在离岸岛屿上安全度日，
他们才得以侥幸存活。每一回避难，丁耀亢都记述了许多留守
故土者的横死状况——清兵和闯军拿走了一切能拿的东西，砸
毁了一切能砸之物。因为缺少人手，还在田地里生长的作物也
无法收割。1642 年流寇蹂躏河南的时候，李廷升正在为考取
生员而努力读书。他也被迫逃离，并在接下来的两年时间里都
颠沛流离，既躲避流寇，也躲避官军。他乔装成小粮贩，假扮
成马车夫，直到足够安全时才恢复学生身份。李廷升写下了一
篇《被难记》，文中说得明明白白：唯有靠其他士绅家庭的帮
助，他才得以生存下来。[104]

在 1684 年的南巡途中，尽管康熙皇帝也会遇到一些类似　150
的"失败者"，但他身边簇拥着的仍是一个"赢家"群体——
八旗军及其眷属。这是 17 世纪中叶危机中最大的赢家集合体，
在世界上的任何地方都无人能与他们相比。1618 年努尔哈赤
向明朝宣战时，他手下只有数千名追随者。邻近的一些蒙古部
落不情不愿地支持努尔哈赤，但他担心自己无力供养这些人。
25 年之后，努尔哈赤的儿子皇太极统领着一支强有力的草原
民族联盟，统治着约 100 万汉人居民；但是，皇太极仍然担心
自己能否供养他们。相比之下，在 1684 年，数万名满洲旗人
和他们的蒙古盟友在这个被他们征服的广袤帝国境内舒适安
居。每一名旗人都得到一份以银两结算的薪水，一笔谷物补
助，一笔住房津贴，以及武器弹药、年金、婚丧费用、借贷和
土地。绝大多数旗人还蓄养奴隶。

最后，还有许多清朝统治下的汉人臣民也加入了上述的
"赢家"队伍。从华北到华南，新王朝恢复了法律和秩序，平
定了边疆。甚至在 17 世纪初气候回暖、农业条件改善之前，
幸存于世的人们就得以繁衍生息，重建繁荣。清朝还解决了其
他一些一度困扰前朝的难题。文官的大量损失（不管是因死
亡还是辞职）释放了官僚系统的数千个职位，许多"离心离
德的读书人"得以擢升补缺，这些人经久不息的批评议论一
度削弱了明朝。同样地，在许多农村地区，死亡和移民空出了
许多膏腴之地，活着的农民得以将一些小块田地联结成片，从
而享受更为繁荣的生活。中央政府也重振了他们国内的基础设
施，尤为重要的便是道路和粮仓。清廷还提倡人痘接种，大大
降低了天花死亡率（见第 21 章）。最后，正如卫周安（Joanna
Waley-Cohen）所强调的："鼎革洪业"增强了"帝国的力量。

它创设了一个共同的基础，并以此将多种多样的民族联合起来。这种基础构筑于对'帝国洪业'的'忠诚自豪'之上，所有人都可以参与其中。"在 1680 年代的江南，姚廷遴完成了他的《历年记》。他评论说，司法程序现在快捷得多，也更高效；他列出了明朝尚无人所知，今天却售卖于市的货物；他还将清朝财政制度视作一次"改革"：更低的税赋，更轻的徭役。姚廷遴毫不怀疑，"正所谓政令维新，一府四县子子孙孙俱受惠无疆矣"。[105]

不过，姚廷遴的比较也许对明朝不大公平。崇祯皇帝所面临的难题，也许没有任何君主能够克服：低效且不均的税负；长期以来轻视武功，却遭逢国家需要抵御内外敌人的当口；因党争而瘫痪的文官体系；积重难返，甚至"渗透"进科举制度的腐败；而尤为重要的，便是小冰期。正如卜正民所说，"元明两代都没有任何一位皇帝面临过崇祯朝这样严苛而反常的气候状况"——卜正民还补充道："有待解开的最大谜团或许在于：明朝何以支撑了如此之长的时间。"[106]

151　　就满洲人自身而言，他们曾经两次将自己的"洪业"置于险境，并因此延长了他们臣民的痛苦——一次是在 1645 年，多尔衮颁布剃发令；另一次是 1673 年，康熙决定撤除三藩。但是，清朝勇武的军队最终获胜，新王朝也继续征服着内陆亚洲的广袤领土，其疆域与明朝相比扩大了一倍以上（大于乌拉尔山以西的欧洲总面积，也比今天的中国大得多）。西向扩张也许本可以再进一步，但历史上的清朝却与另一个正在向东扩张，甚至面积更大的国家不期而遇：俄罗斯罗曼诺夫王朝。

注　释

1. 本章的撰写,我要特别感谢身在美国的欧阳泰、艾维四、包筠雅、卜正民、戴福士、狄宇宙、Ann Jannetta、彭慕兰、罗斯基、芮哲非(Christopher Reed)、司徒琳、石康(Kenneth Swope)、卫周安和张颖;还要感谢身在中国的王家范和陈宁宁;还有日本的速水融、岩井茂树、岸本美绪、三上岳彦、斯波义信和柳泽明。我要感谢田口宏二朗在东亚语言史料上给予我的研究协助。除了那些引自使用威妥玛拼音的更古老著作的内容之外,我处理所有中国姓名都会使用罗马拼音。

2. 夏允彝,《幸存录》(1645),Struve,*Qing formation*,334 有引用。

3. Brook,*The troubled empire*,254 – 5.

4. 这个规模基于何炳棣的《中国人口数字考实》第 102 页。但要指出的是,11 亿 6100 万亩,每亩 = 0.1647 英亩,那么总数就是 1.913 亿英亩,并非何炳棣说的 1.76 亿。

5. Brook,*The troubled empire*,243;CHC,IX,40,引用了一份 1615 年的满文文献。

6. Iwai,'The collapse',6,引用了茅元仪的著作;Nakayama,'On the fluctuation',74。

7. Details from Des Forges,*Cultural centrality*,109,166 – 8 and 178 – 80.

8. Fei,*Negotiating urban space*,ch. 1(引文出自第 43 页)。颇不寻常的"条鞭"之名源自中文"一条鞭法","将税额变为单一项目"——但是鉴于"鞭"不仅意为"转化",也指"鞭打",因此"一条"就成了"一条鞭"。

9. Wakeman and Grant,*Conflict and control*,7 – 10.

10. 数据来自黄六鸿《福惠全书》,*Taxation*,145 – 7,155,173 – 4 and 261 – 5;同上,'Military expenditures',60;同上,'Fiscal administration',85 and 120 – 2;Des Forges,*Cultural centrality*,18 and 32 – 4;and Chan,*Glory and fall*,199 – 201 and 310 – 14。一位

大臣曾提出用朝廷本票填充赤字，却对"谁会接受这些票据"心里没底。

11. Chan, *Glory and fall*, 189 – 97; Las Cortes, *Voyage en Chine*, 183 – 8; Semedo, *Historica relatione*, 126 – 7.

12. Las Cortes, *Voyage en Chine*, 183 – 8; Chang and Chang, *Crisis*, 269，引用了《明史》。

13. Dardess, *Blood and history*, 60，引用了监察御史周宗建的说法。有关东林书院的情况，参见 Busch, 'The Tunglin Academy'；以及 Dennerline, *The Chia – Ting Loyalists*, 158 – 71。欧阳泰（Tonio Andrade）提醒我，"经世济民"的字眼甚至会出现在像《三国演义》这样的流行小说里。参见第 18 章。

14. 有关魏忠贤的胜利，参见 Tong, *Disorder*, 112；ECCP, 846 – 7；Tsai, *The eunuch*, 4 – 6; and Wu, 'Corpses on display'。所谓"东林点将录"，参见 Zhang, 'Politics and morality', 166 – 71。Miller, *State versus gentry*, 第 4 章和第 5 章令人信服地指出，在西方史料中，魏忠贤常常被描绘成更具行政效率的人物，而东林党的形象总是更具破坏性。

15. Dardess, *Blood and history*, 163，引用了《崇祯实录》。

16. Zhang, 'Politics and morality', 229 – 30.

17. Dardess, *Blood and history*, 166，引用了《明史》。当然，明代的官方历史编纂于清朝，史臣意在论证他们"鼎革大业"的合理性，而非呈现一份无偏无私的记录。（我要感谢卫周安提醒我这一点。）

18. 名录来自 Parsons, *The peasant rebellions*, 8。

19. Tong, *Disorder*, 84，总结了《大明律》里收录的盗匪刑罚；宋正海等编《中国古代重大自然灾害和异常年表》指出，"大旱"在河北山西两省地方志里均有记载。另见《中国近五百年旱涝分布图集》。

20. 详见 Chan, *Glory and fall*, 336 – 8; Ch'ü, *Local government*, 154 – 5; and Wakeman, 'China and the seventeenth – century crisis', 13 – 14。顾炎武在 1644 年之后不久就在文章里埋怨，明朝灭亡的主因是裁撤驿站：Brook, *The confusions of pleasure*, 173 – 4。

21. Cheng and Lestz, *The search for Modern China*, 5，引用了政府官员

宋应星的说法,1636 年。参见 Chan,*Glory and fall*,233－4,以及 Parsons,*Peasant rebellions*,24,对这些年里的旱灾和饥荒有着类似的报道;以及 Zhang,'A test of climate',论述了偏弱的季风。

22. Chan,*Glory and fall*,229－30,引用了吴应箕《娄山堂集》的说法,1639 年版。吴应箕(1594－1645)既是东林中人,也是复社成员、忠愍之士,著有《启祯两朝剥复录》(本书讲述了 1624～1628 年出现的种种困境)。

23. 详见 Song,*Zhongguo gudai*,源自 1633～1636 年的地方志 (categories 4－1 and 4－12);Perdue,*Exhausting the earth*,208－9;Will,'Un cycle hidraulique',276;以及《中国近五百年旱涝分布图集》。

24. Wakeman,*Great Enterprise*,168－90,描述了技术转让情况和大凌河之围。另见 Elliott,*Manchu Way*,75,以及 Rawski and Rawson,*China*,156－7 中对八旗制度的讨论。

25. Elliott,'Whose empire';Struve,*Ming-Qing conflict*,167－8;and Crossley,*A translucent mirror*,part II.

26. Ko,'The body as attire',17,引用了皇太极的诏令。

27. Struve,*Ming-Qing conflict*,173－4,提到了 1638 年以降,满文官方档案里与之对比的建议。参见 Perdue,*China marches west*,119－20,论及此时满洲的粮食短缺。 [732]

28.《明实录》,崇祯朝《五行论》(译文由艾维四慷慨提供)。

29. Des Forges,*Cultural centrality*,62,引用了 Wang Han 的报告 'Sketches of a disaster',1640 年 5 月。这些插图似乎都已亡佚 (ibid.,350 n. 96),但大概与杨东明 1594 年饥荒期间绘制的那些插图相似:第 5 和第 17 幅插图。1640 年的情况另见 Song,*Zhongguo gudai*,category 4－7。

30. Dunstan,'The late Ming epidemics',9－10 及第 6 幅地图 (1641);《中国近五百年旱涝分布图集》(气候地图);Brook,*The troubled empire*,250－1(上海和山东)。1641 年的情况另可参见 Song,*Zhongguo gudai*,categories 4－7 and 4－14;以及 Sato,*Chukogu*,243－4。

31. Janku,'Heaven-sent disasters',233－4;Marks,*Tigers*,134,138－9,特别是第 139 页和第 141 页的数据。

32. Smith, *The art of doing good*, 162; Will and Wong, *Nourish the people*, 25 – 6 and 434; Needham and Bray, SCC, VI. ii, 64 – 70 (论及徐光启的《农政全书》) and 402 – 23 (论及各地粮仓)。更多例证参见第 1 章。

33. Chen Qide, Zaihuang Zhishi (Record of disastrous famine), 艾维四在 'East Asia and the "World Crisis" ', 6 – 7 中有引用; Dunstan, 'The late Ming epidemics', 12; Nakayama, 'On the fluctuation', 74。

34. Brook, *Vermeer's hat*, 175; Smith, *The art of doing good*, 137 and 153, 引用了陆世仪日记, 当时他人在南直隶的太仓; 以及 Will, 'Coming of age', 30, 引用了姚廷遴《历年记》。我们很容易将食人行为视为纯粹的修辞, 但是 Li, *Fighting famine*, 34 – 7, 261, 273 – 4, 300, 304, 358 – 9 与 361 都发现在 17 世纪饥荒的相关文献中, "人相食" 出现的频率相当之高。

35. Semedo, *Historica relatione*, 7.

36. Ho, *Studies*, 261 – 2, 引用了谢肇淛《五杂俎》(1608); 此外,《神庙留中奏疏会要》6. 20b, 选列了明朝大臣写给万历皇帝的几封奏疏, 但明廷却搁置不发。包筠雅向我介绍了 Yao Yongji 这封论述人口压力的奏疏, 特别是江南地区。

37. 有关日本 "锁国" 的情况, 参见第 3 章。白银总流入量的情况, 参见 Marks, *Tigers*, 142, 以及 Atwell, 'Another look'; 增税的情况参见 von Glahn, *Fountain*, 177。

38. Robinson, *Bandits*, 5 – 6, 关于城市骚乱; Marmé, 'Survival', 145; 同上, 'Locating linkages', 1, 083, 引用叶绍袁。

39. Fong, 'Reclaiming subjectivity', 32 (引用了叶绍袁有关 1640 年抢掠的文章). Will, 'Coming of age', 25 – 7, 提供了一份有关上海宅邸遇劫的生动描述。

40. 引文来自 Tong, Disorder, 83 – 4; 以及 Kessler, *K'ang-hsi*, 15, Wei Yijie 于 1660 年的回忆。

41. Agnew, 'Culture and power', 46, 孔氏衍圣公致一位地方官的信件, 叙及 Li Mi (化名 Wei Tongjiao) 的释放一事; 第 51 页则引用了 1644 年清朝第一任山东巡抚的话。

42. 秦蕙田《五礼通考》(1761)。

43. 数据来自 Elman, *Cultural history*（特别是第 128、141、177 和 424 页）；Miyazaki, *China's examination hell*, 39 - 40; and Zhang, *Chinese gentry*, 33 - 42。这三个级别的学位拥有者从字面意义而言分别是"生员""举人"和"进士"。

44. 这套制度自然有其严重缺陷。首先，科举制度大大局限于那些拥有足够资源"腾出"一个男孩进行长期高强度学习的家庭；其次，科举应试者也排除了那些"贱业"的从业者（比如戏子、宦官和教坊司籍）。不但如此，尽管考试本身免费，但前往考场的旅费、住宿费、给座师的谢礼、给职员的消费都极为浩繁，超出了许多家庭的支付能力。（Miyazaki, *China's examination hell*, 118.）

45. 数据来自 Elman, *Cultural history*, 143, 286, 290; Miyazaki, *China's examination hell*, 121 - 2; and CHC, VIII ii, 712 - 15。

46. 计算来自何炳棣《明清社会史论》，181。如果说 1640 年前后中国的人口是 1.2 亿，那么其中大约 3000 万人都是 20 岁以上的男性；50 万生员意味着每 60 个成年男性里就有一名生员。Brook, *The troubled empire*, 150, 提到了应举失败的生员人数，以及"竞逐儒学位置的生员群体"。

47. Elman, *Cultural history*, 361 - 4 论及落第士子的崩溃心态。何炳棣《明清社会史论》，36，以及 Chow, *Publishing*, 50 - 1, 都描述了那些"笔耕不辍的文人墨客"；Chow, 'Writing', 与 Elman, op. cit, 403 - 9, 讨论了那些落第秀才撰写的时文应举手册。另见第 19 章。

48. Miller, *State versus gentry*, 140, 引用了创始人张溥撰写的复社《章程》。统计来自 Dennerline, *Chia-ting loyalists*, 30 - 9。Atwell, 'From education to politics', 344, 指出，复社正是在那些魏忠贤镇压东林党人最为残酷的地域，反而更为兴盛。另见第 19 章。

49. Chow, *Publishing*, 233 - 7, 记述了复社 1632 年编纂的《国表》。

50. Elman, *Cultural history*, 196 - 202 and 304 - 26, 提到了形色各异"作弊取巧"的方法。其他数据来自何炳棣《明清社会史论》，178; Des Forges, *Cultural centrality*, 127 - 8; 以及 Peterson, *Bitter gourd*, 113 - 19。

51. Wakeman, *Great Enterprise*, 155, 引用了左懋第的一篇回忆。

52. 详见 Hucker, *Chinese government*, 69, 以及 Dardess, 'Monarchy in action', 21。

53. Des Forges, *Cultural centrality*, 204 – 7, 综述了李自成的早年经历。"自成" 意为 "独力完成"。明太祖朱元璋堪称是 "流寇头目" 建立皇朝的最晚近例证——李自成的不少口号也都是以 "从匪" 时期的朱元璋为模板。

[733]

54. Des Forges, *Cultural centrality*, 275, 引用了这首民谣, 并追溯到 1642 年。李渔在 1668 年创作的戏剧《巧团圆》以李自成为主角, 呈现了他敲剥平民的手法, 也反映了一些平民对流寇的认识, Chang and Chang, *Crisis and transformation*, 214 – 16。

55. See Des Forges, *Cultural centrality*, 276, 292 – 3 and 311 (论及大顺政权的行政机构), 235 – 6 and 268 (论及李自成等人引用的古代先例); and 294 – 6 (论及大顺政权的科举考试)。

56. Wakeman, 'The Shun Interregnum', 45 (论第一首民谣) and 77 nn. 6 – 7, 论各项标语; Des Forges, *Cultural centrality*, 275, for the second ditty。

57. Cheng and Lestz, *The search*, 7, 论及李自成对黄州百姓的布告; Des Forges, *Cultural centrality*, 211 – 12, 有关对明朝宗室的惩罚, and 275 – 6, 论所谓均平政策。

58. Zhang, 'Politics and morality', 1, 引用了《明史》。

59. Struve, *Voices*, 7, 引用了刘尚友 1644 年旅次北京时的 "短记"。

60. Wakeman, *Great Enterprise*, 306, 引用了汉臣范文程起草的布告。对当时清政权力量的估计, 各方结论出入较大。Fang, 'A technique' 认为, 1644 年春天的清政权拥有 620 个佐领, 每个佐领都有约 300 名战士, 其中三分之一都有责任随时领命出征。如此一来, 清军便有 186000 名战士, 其中 62000 人都时刻准备入关。Elliott, *Manchu way*, 1, 117 及 363 – 4 估计, 可供八旗军调动的成年男丁约在 30 万到 50 万之间, 其中 12 万人随时可以入关。Fang 的更低估计更合情理。

61. Cheng and Lestz, *The search*, 25 – 6, 吴三桂致多尔衮信, 保留在《清世祖实录》的初稿里。Hsi, 'Wu', 指出, 在这个版本里吴三桂用了 "北朝" 的字眼, 这也是所有明朝忠臣在清军进入北京之前都会使用的称呼 (但在之后就不是了, 他们会改称 "大清朝")。这番论证也支持了其真实性。Hay, 'The suspension of dynastic time', 171 – 97, 指出, 中国人如何给所有日期都加上年号, 以此迫使人们在明清两朝之间做出选择。

62. Cheng and Lestz, *The search*, 26 – 7, 多尔衮复吴三桂书(同样由范文程起草)。两人都在投机:吴三桂主要出于个人和家族原因接近多尔衮, 而多尔衮希望取得足够供养手下旗人的土地, 不论以何种方式。

63. Wakeman, *Great Enterprise*, 312 (这则笑话的第三行指的是汉高祖, 所谓"马上得天下", 建立了一个合法王朝——然而李自成并不然).

64. Struve, *Voices*, 18 – 19, 引用了上海附近的小官员刘尚友的《定思小记》(1644)。崇祯太子的下落依然成疑:李自成声称自己俘虏了太子(并提出将其送给多尔衮), 但后来却失踪了——可能是被杀了。

65. Wakeman, *Great Enterprise*, 316 – 17, 多尔衮顺治元年(1644 年)六月五日的敕令;Zhang, 'Politics and morality', 324 – 5, 引述了多尔衮的巧妙手腕。

66. Wakeman, *Great Enterprise*, 318, 引用了徐应芬经历王朝鼎革的大体记录;第 418 页引用了宋权(他在 1646 年成为大学士)。

67. Wakeman, *Great Enterprise*, 634 – 5 (安东尼奥·古维神父写给耶稣会总会长的信);Elvin, *Pattern*, 246 (引用了一份县志)。造反的记录参见 Tong, *Disorder*, 185 – 6. 有关奴变的生动记载, 参见 Cheng, *The search*, 39 – 44. 有关骚乱的更多细节, 参见 Will, 'Coming of age', 31 – 2;以及有关广东一系列民变, 参见 Mazumdar, *Sugar and society*, 202 – 4.

68. Fu, *Ming-Ch'ing*, 99 – 101, 引用了家奴领袖 Song Qi, 以及宝山县县志(我要感谢芮哲非的引注)。

69. Examples in Marks, *Tigers*, 143 – 7;Will, 'Un cycle hydraulique', 275 – 6.

70. Mote, *Imperial China*, 828, 引用了多尔衮的说法。

71. Wakeman, *Great Enterprise*, 456 – 7 and 458 – 61 (前明官员提出的改革清单)。

72. 关于山东"贰臣"占多数的情况, 参见 ibid. , 425 – 7 及 439 –

40。Agnew, 'Culture and power', 49 – 57, 论述了山东 1643 ~ 1644 年令人哀叹的状况。

73. Elliott, *Manchu Way*, 98 – 116; Naquin, *Peking*, 289 – 97.

74. 我的分析借鉴了 Ko, 'The body as attire', 12 – 13 and 20; 以及 Kuhn, *Soulstealers*, 58 – 9. Struve, *Voices*, 64, 登载了一份一手资料, 记载了士子们对剃发令的愤怒。

75. Wakeman, *Great Enterprise*, 420 – 2, 提及多尔衮在犹豫之下, 于顺治元年六月二十五日撤销了诏令。

76. Struve, *Southern Ming*, 48, 引自谈迁 1650 年代编纂的《国榷》。有关南京政权使团的情况, 参见 Wakeman, *Great Enterprise*, 405 – 411。"南明" 这个术语直至 20 世纪才广受使用。17 世纪的忠明人士不会用这个词, 因为那无异于承认清政权占据北方的合法性; 清朝作家也不会用这个词, 因为那就等同认可了抵抗者的合法性。我使用这个术语是为了方便。

77. Wakeman, *Great Enterprise*, 556 – 63, and Meyer – Fong, *Building culture*, 14 – 20. 更多扬州十日的情况, 参见第 2 章。1644 年的反常季风, 参见 Yancheva, 'Influence', 76, fig. 3。

78. Wakeman, *Great Enterprise*, 584 – 8 (论及官员出降) and 646 – 7 (顺治二年六月十九日多铎军令)。

79. Kuhn, *Soulstealers*, 54, 引述了多尔衮六月二十二日的怒言, 以及顺治二年 (1645) 七月八日的诏令。Cheng and Lestz, *The search*, 33 – 4, 登载了礼部的诏令。

[734] 80. Martini, *Bellum*, 279. 狄宇宙提醒我, 剃发令标志着所有入主中原的外族的普遍困境: 他们究竟应当在何种程度上 "顺应" 汉地习俗, 又应当让自己的追随者在多大程度上 "汉化"?

81. Wakeman, 'Localism and loyalism', 详细重述了这些事件, 而 Marmé, 'Survival', 156, 记述了苏州在反剃发暴乱后的遭遇的洗劫。Brook, *The troubled empire*, 256 – 7, 指出, 抵抗常常始于某人拒绝清廷的剃发令。

82. Will, 'Coming of age', 32 – 3, 解读了姚的回忆。

83. Naquin, *Peking*, 363 – 4, 指出了清廷对京师粮食供应的戒慎恐惧, 以及供盐的类似制度。我将 "一石米" (相当于 103.5 升) 译作 "一蒲式耳"。

84. Kessler, *K'ang-hsi*, 14，引用了一名藩王于 1640 年的说法（大概等同于那句老话“马上得天下，安能马上治天下”）。

85. See Marks, *Tigers*, 139 and 195 – 202；Rawski, *The last emperors*, 222；Son, *Zhongguo gudai*, categories 3 – 17，4 – 9，and 4 – 12 for the 1650s；Liu, 'A 1000 – year history', 458 – 9，有关台风的情况，参见《中国近五百年旱涝分布图集》的历年地图。

86. Chang, 'Disease and its impact'，指出这些严格举措助长了清廷对该病的过度恐慌。

87. Martini, *Bellum* 189 – 90. 其他详见 Bowra, 'The Manchu conquest of Canton'；Wakeman, *The Great Enterprise*, I, 558 – 65, 655 – 61 and II, 817 – 18；以及司徒琳《南明史》，139 ~ 143 页（附有详细的战争地图）。

88. 有关国姓爷与清廷在 1654 年的谈判情况，参见 Struve, *Voices*, 184 – 203（191, 194, 196 页的引文）。1646 年，南明皇帝授予郑成功“国姓”。后来他便以“国姓爷”行世，西方人称他为 Coxinga。

89. 参见司徒琳《南明史》，第 154 ~ 166 页及第 178 ~ 193 页。

90. Nakayama, 'On the fluctuation', 76 – 8（引用了同时代的几条史料）. 有关“熟荒”的更多内容，参见第 2 章。

91. Will, 'Un cycle hydraulique', 276，有关汉川县的细节。

92. Struve, *Southern Ming*, 74（for consistency, I have changed 'Ch'ing' to 'Qing' in this passage）.

93. 有关这些综合性的大事，另见司徒琳《南明史》，154 ~ 195 页。

94. Dennerline, 'Fiscal reform', 110；Wakeman, *Conflict and control*, 12，引述了那些屡试不第者的说法。Wakeman, *op. cit.*, 10 n. 27，写道，至少一名士子因为抗税而受虐打，在明朝诸帝看来，这强化了他们“抗议者犯上作乱”的印象。

95. Shi and Liu 'Estimation of the response of glaciers', 668 – 9.

96. *CHC*, IX, 144 – 5，收入了一封镇压三藩的生动地图。Di Cosmo, *Diary*，以英文刊发了由一位满洲中层军官记于 1680 年和 1681 年的战争日记，包括一篇完美无缺的介绍。

97. 有关皇帝巡游的情况，参见 Chang, *A court on horseback*, 75 – 86 and 117；Spence, *Ts'ao-Yin*, 125 – 8；and Dott, *Identity reflections*,

177 - 8（引用日记）。

98. Marks, *Tigers*, 157 - 60（岭南）；Wakeman, *Great Enterprise*, 1, 109 n. 77（四川）。

99. Beattie, 'The alternative', 266, 引用了一份来自桐城县的家谱；Dardess, *A Ming society*, 42, Shi Junchang 的报告。

100. Peterson, 'The life', 149, 引用了顾炎武的回忆录。据司徒琳估计，1702 年康熙皇帝收到的《明末忠烈纪事》收入了"约 575 名男性和 360 名女性，他们都在明亡时杀身成仁，从容就义"：司徒琳, *Ming-Qing conflict*, 40 - 1 and 349 - 50。

101. Nieuhof, *An embassy*, 48. 有关清政权及其汉人盟友在 1644 ~ 1645 年间奴役的数百万奴隶，参见 Elliott, *Manchu Way*, 227 - 9；有关顺治皇帝 1655 年颁布的大量维护逃人法的敕令，参见 Kessler, *K'ang-hsi*, 16 - 17。

102. 有关奴仆问题，参见 Mann, *Precious records*, 41（在第 242 页注释 100，Mann 提到，直到 1673 年之后，清朝法典才禁止主人与他们手下的已婚奴仆性交）；关于 1646 年颁布的清朝法典中有关强奸的条款，参见 Ng, 'Ideology and sexuality', 他认为这些条款反映了新王朝控制诉讼规模的考量：他们提高举证责任，冀能以此制止法律诉讼。

103. Brook, *The troubled empire*, 258, 登载了这首诗，还有寡妇 Shang Jinglan 的另一首诗。更多诗歌参见黄媛介（约 1620 ~ 约 1669 年），她身后留下了约 1000 首诗，参见高彦硕《闺塾师》117 - 23。Widmer, 'The epistolary world', 分析了明清易代时期女性写作和出版的文学作品数量上涨的现象。

104. Brook, *Confusions of pleasure*, 240 - 50. 另见夏允彝的类似哀鸣：第 115 页。

105. Waley-Cohen, *The culture of war*, 13；Will, 'Coming of age', 38 - 9, 引自姚廷遴《历年记》的最后部分。这里罗列了他所目睹的各项变迁，其中特别比较了他本人在明清两代的经历。

106. Brook, *The troubled empire*, 242, 249.

6 "大震动"：俄罗斯和波兰 – 立陶宛联邦，1618~1686年[1]

俄罗斯之辱

1618年9月，波兰王储瓦迪斯瓦夫·瓦萨率领大军进攻莫斯科。尽管这次进攻无果而终，沙皇米哈伊尔·罗曼诺夫还是同意签署了《杜里诺休战协定》（Truce of Deulino）。通过这项协定，沙皇放弃了此前十年从波兰 – 立陶宛联邦夺取的所有领土。波兰 – 立陶宛联邦因此成为欧洲面积最大的国家（两倍于法国）。沙皇几乎别无选择：二十年的饥馑、叛乱和内战，以及瑞典和波兰接二连三的入侵，使俄罗斯的人口减少了约四分之一。在某些地区，超过一半的村庄都已成为荒芜之地，甚至所有城镇都已渺无人烟。这一动荡时期很快就以"斯穆塔"（smuta）之名见于俄罗斯史籍，意为"大震动"。[2]一代人之后的1648年，愤怒的莫斯科市民冲进了克里姆林宫，洗劫了沙皇手下重臣们的住处，杀死其中两人并引发波及帝国其他地区的叛乱。令人惊讶的是，米哈伊尔的儿子阿列克谢·罗曼诺夫（1645~1676年在位）不仅安然无恙地度过了这次危机，还战胜了波兰 – 立陶宛联邦，夺回了《杜里诺休战协定》割让的全部土地，并将俄国疆域扩张到600万平方英里，使俄罗斯成为世界上领土面积最大的国家。

沙皇的领土范围让丹麦旅行者亚当·奥勒利乌斯大受触动。他从北到南纵贯俄罗斯，以经纬度和德制里（German miles）为

单位估测了自己一路走过的距离：从波罗的海到莫斯科长达 450
德里，从莫斯科到里海还有 900 德里。奥勒利乌斯并未翻越乌
拉尔山进入西伯利亚。而在整个 17 世纪，俄罗斯定居者在西伯
利亚建造、加固了一系列要塞，一路延伸到了太平洋和黑龙江
流域，直抵中国边疆。西伯利亚的行政中心托博尔斯克距离莫
斯科足有 1500 英里之遥；1649 年建于太平洋岸边的鄂霍茨克和
1652 年建于贝加尔湖畔的伊尔库茨克与莫斯科的距离都达到
3000 英里以上，信息在当地与沙皇宫廷之间往返一次要花上两
年之久。于是，俄罗斯统治者便面临着一个重大的两难处境：
是冒着统治解体的风险将当地事务交与当地人管理，还是维持
中央控制、牺牲效率，并牺牲潜在的地方建设积极性？[3]

应当承认，环境条件在某种程度上缓解了这一困境。尤为
重要的是，尽管西伯利亚的主要河流——鄂毕河、叶尼塞河和
勒拿河——都是南北流向，但它们的支流却构筑了一条从乌拉
尔河到贝加尔湖几乎连绵不绝的东西向水道。同样地，从莫斯
科向南流入黑海和里海的宽阔大河——第聂伯河、顿涅茨河、
顿河和伏尔加河——也让夏季行船和冬季行冰的交通成为可
能。这些自然"走廊"不仅保障了大规模迁徙、政令传达、
进贡和贸易，也为军事上的大规模袭击开了方便之门：哥萨克
探险家于 1614 年攻克了安纳托利亚的锡诺普，1641 年又拿下
了克里米亚附近的亚速。

尽管如此，俄罗斯仍面临着很多严峻的战略挑战。斯摩棱
斯克是波兰－立陶宛的前哨棱堡，这里位于莫斯科以西仅仅
200 多英里；瑞典在波罗的海的前哨城市纳尔瓦，也在莫斯科
西北不到 400 英里的地方。这三大邻国各自归属不同的基督教
教派：俄罗斯笃信东正教，波兰－立陶宛联邦则由天主教主

导，瑞典则是新教路德宗占绝对统治地位的国度。

俄罗斯西边的两个邻国都由瓦萨家族的支脉统治，两国各自占据了广袤的疆土。瑞典的领土从波罗的海南岸一直延伸到北角，南北距离超过600英里；波兰－立陶宛联邦的领土则几乎从波罗的海一直延伸到黑海，疆域两极之间的距离也在600英里以上。但在17世纪中叶，尽管这三个国家的疆域都远大于西欧的邻国，它们的人口仍相对有限。俄罗斯和波兰－立陶宛都只有约1100万人口，而瑞典王国的人口只有区区200万人；相比之下，法国和神圣罗马帝国都有约2000万人口。上述数据还掩盖了人口密度的惊人差异。西欧各国每平方英里都有22名居民，波兰的平均人口密度则是8，立陶宛是6，而俄罗斯更是只有1。进一步而言，根据1678年俄罗斯人口普查（也是史上第一次比较完备的人口普查）的数据，近70%的沙皇臣民都生活在莫斯科以北的土地，而居住在广袤的西伯利亚地区的人口只有1%。其余29%的人都生活在莫斯科以南的草原地带，特别是一片名为"黑钙土地带"（chernozem）的区域。这块地约有200英里宽，从黑海岸边一直延伸到西伯利亚：2.7亿英亩的土壤肥沃无比，以至于一名西方旅行者说："地里的草长得如此之高，几与马腹齐平。"无论农民选择在何处播种谷物，"所有人都对当年的丰收充满信心"。[4]

整个17世纪，三大族群就这片"黑土地"上展开了反复争夺。一开始是克里米亚的穆斯林鞑靼人占据优势，他们在名义上效忠于奥斯曼帝国苏丹。不过，俄罗斯农民也渐渐开始向南扩张。他们一开始是沿着顿河河岸，接着沿第聂伯河南下，并在这里与波兰－立陶宛联邦的乌克兰人定居者正面相对。[5]出乎意料的是，南部边疆的扩张使这两国都动荡不已。在俄罗斯，防守边疆的军费浩繁，需要重税方能维持。同时，许多佃农家庭纷纷向新土地南迁，北方的地主不得不要求沙皇推行严苛政策，防止他们奴役之下的劳动力流失。而在波兰－立陶宛联邦，向南移民的除了农奴还有犹太人——他们试图逃避各大城市给他们施加的种种限制，结果又加重了那些留守故土者身上的负担。

154　　俄罗斯、波兰和瑞典这三个君主国都是"复合型国家"，这一事实也增加了不确定性。沙皇统治着众多在族群—语言层面各不相同的群体，其中包括伏尔加河中下游地区的穆斯林和西伯利亚的牧民，他们当中的一部分人还保留着高度的政治自主性，甚至还有一些族群在并入俄罗斯之后仍保留了自己的统治机构。[6]同样地，尽管瑞典王国有着高度的宗教—行政—体性，其境外领土——芬兰、爱沙尼亚和（后来的）德意志部分地区——依然保有极大的政治自主权，拥有独立的议会、语言和法律制度。最后是波兰－立陶宛联邦。它的每一个组成部分都保留了自己的法律制度、国库、军队和地方议会（Sejmiki）。除此之外，联邦治下族群也极为多样：大量鞑靼人、苏格兰人、亚美尼亚人与波兰人、德意志人、立陶宛人和鲁塞尼亚人杂居于联邦境内，而在许多波罗的海沿岸城市（比如但泽和里加），西欧人占据了主导地位。

　　波兰－立陶宛联邦宪法进一步强化了这种多样性。每逢旧王驾崩，来自各地区的代表就会齐聚一堂，召开联邦议会"瑟姆"（Sejm），在形形色色的王位宣称者之中折冲樽俎，谈判妥协，直至从中选出一位新王。新王即位之后，来自各地方议会的代表们至少每两年聚集一次，每次议会会期为时六周，如有必要也可召开紧急会议。每次会期的尾声都有一场全体会议，代表们就所有被提请通过的法案进行辩论。在这一阶段，只要有一位代表在哪怕一个议题上投了反对票，国王就得在一条法案也无法通过的情况之下解散议会（甚至那些已经得到议会认可的政策也不例外）。尽管同时代的外国人和绝大多数后世的历史学家都曾严厉批评这一"自由否决权"（Liberum Veto），视其为注定使联邦衰落的一大弱点，但他们都夸大了事实：在 1652 年之前，没有人真的动用过自由否决权——哪怕在那一年里，新议会也在四个月后重新组建，并通过了所有悬置的法案。事实上，"自由否决权"保卫了地区权利（这也是为什么将"全体一致"的规则换成某种形式"多数决"的尝试都归于失败），"瑟姆"也在世界历史上开创了将多种族、多国族结合起来的联邦议会的先例。

联邦的最大弱点在于其境内的宗教多元性。天主教在波兰占据主导地位，但无论在立陶宛还是乌克兰，它都要与强有力的东正教教会竞争。1596 年以后，联邦境内又特别成立了一个专门的"东仪天主教会"（Uniate Church），旨在让一个显著的东正教基督徒群体与罗马教廷之间达成和解。除此之外，联邦境内还存在大量其他宗教团体，每一位地主都有权决定自己领地居民的信仰，大城市也有权按照自己的喜好接纳不同的宗教。例如，利沃夫就有 30 座天主教堂（以及 15 座修道院）、15 座东正教堂（以及 3 座东正教修道院）、3 座亚美尼亚正教教堂（其中之一是总教堂）以及 3 座犹太会堂。不过，罗马天主教会还是得到了波兰王室的鼎力支持，得以运用范围广阔的经济、社会和政治吸引力，赢得教众的皈依。天主教的成功在如下事实中可见一斑：尽管在 1570 年联邦议会还有 69 名非天主教参议员，这个数字在 1630 年就下降到了 6 名；而在同一时期，波兰的新教社团的数量从 500 多个降到了不到 250

个。除此之外，特别是在 1630 年代，大批东正教僧俗都抛弃信仰，要么皈依天主教，要么转入东仪天主教会。

155　　尽管存在这些政治和宗教的多样性，联邦在 17 世纪上半叶还是独立自主地击退了邻国，这要大大归功于他们对新式军事技术的快速引入。"古物有其美德，" 1622 年，一名曾于荷兰共和国军中服役的立陶宛贵族如此倨傲地提醒他的君主，"但每一个世纪的经验都能给军人以新的技艺。每场战役都能提供独到的新发现；每一个军事流派都会对战场上的问题给出自己的解决方案。" 这位贵族随即建议波兰－立陶宛联邦军队效仿荷兰，加强对火器的使用。[7] 有鉴于此，西吉斯蒙德三世（1587～1632 年在位）下令创设了一支专门的滑膛枪步兵队，将火炮口径标准化，并以西欧军制为蓝本增设野战炮兵。尽管军事进步的步调缓慢——主要是因为波兰贵族抵制一切可能提升王权的举措（比如使用外国雇佣兵，为农奴提供武装，增强王家城市的防御工事）——联邦士兵的战斗力依旧可观。

耻辱的 "动荡时代" 让米哈伊尔·罗曼诺夫沙皇（1613～1645 年在位）确信，俄罗斯也必须效仿波兰－立陶宛联邦的军事制度。于是，沙皇敞开双手欢迎外籍军事顾问，请他们训练和统率一支装备西方武器的 "新军团"；在 1632 年西吉斯蒙德三世驾崩，波兰联邦议会仍在选举王储瓦迪斯拉夫之前忙于和他讨价还价之际，沙皇大举入侵，重新夺回《杜里诺休战协定》中失去的土地，包括 "新军团" 在内的俄军迅速攻陷 20 座城市，接着又包围了斯摩棱斯克。不过，斯摩棱斯克坚守到了波兰新任国王瓦迪斯拉夫当选的时刻。新王带着援军赶到，将围城者包围起来。1634 年 2 月，俄军统帅向瓦迪斯拉夫投降，国王的战马践踏了俄军的旗帜。数周之后，米哈伊尔不情不愿地签订了《波尔亚诺夫卡条约》（Eternal Peace of Polianovka）。根据这份条约，沙皇不但认可了波兰在《杜里诺休战协定》中获取的全部领土，也承诺解散他的"新军团"并支付高昂的战争赔款。这场失败的代价巨大，其所制造的动荡不安和诸多难题将从根本上动摇罗曼诺夫王朝的统治基础。

俄罗斯人"想象中的小世界"

　　囿于史料的匮乏，在今天理解 17 世纪中叶的俄罗斯危机十分困难。只有瑞典在莫斯科设立了一个永久性的外交使团，而在某些历史事件上，瑞典人的信件构成了唯一现存的史料来源；不过，旅居俄罗斯的外国人在书信中往往写有满腹牢骚，他们必须忍受这里的严苛环境——尤为令人头痛的便是糟糕的交通条件。在冬季，这里似乎就从来没有过足够的运输雪橇；而在夏季，河流水位往往过浅，船只不能通行；春季的融雪和秋季的淫雨也会让所有的道路在整整一个月的时间无法通行（这在俄语中称为"rasputitsa"，意为"沼泽季"）。俄罗斯官僚机构的繁文缛节和满满恶意也让外国人大为不满。俄罗斯人拒绝与外国人交谈只有两个原因：要么他们太过胆怯，要么就是——用一名被俄罗斯人拒绝的外国人的话说，太过痴迷于"维护他们想象中的小世界"。[8]

　　能够帮助历史学家重建这个"小世界"的俄语史料已经罕有留存。几乎所有俄罗斯中央部门的档案都蒙受了不同程度的严重流失：有些档案惨遭焚毁（火灾两次光顾了喀山专署的全部档案库，这一部门统辖着俄罗斯于 1550 年代沿伏尔加河吞并的领土），还有一些档案在苏联时代将所有"古旧档案"集中收纳到一个档案库内的过程中被毁。就近代早期的史料而言，只

156

有西伯利亚大臣专署的记载相对完整。[9]不过，令历史学家感到庆幸的是，这一时期的"自然档案"能够弥补"人类档案"的缺失。气候还原研究很清楚地反映了 1640 年代更为干冷的天气状况，包括 1639 年和 1640 年乌克兰的连年大旱，1642 年南部的作物歉收，1645 年和 1646 年的旱灾和蝗灾，以及 1647 年和 1648 年南部的早霜和作物歉收。[10]1645 ~ 1646 年，政府开展了一项土地调查，调查员们发现，许多村社上缴的赋税都远远少于二十年前调查时的预估值：原因很简单，各村社的规模和财富都在衰减。对这项普查数据的详尽研究不多，其中有一项针对拉多加湖和白海之间的卡累利阿地区的数据的研究指出，1628 ~ 1646 年这一地区的居民总户数减少了四分之一，士绅户数几乎减半，无地农民的比例升至原来的两倍。[11]

沙皇米哈伊尔依然故我，继续对衰减的人口增加税负。1632 ~ 1634 年不成功的对波战争产生了巨额债务（源自需要付给波兰人的赔款，以及为溃败俄军支付的军饷）；同时，为了补救这场战争暴露的缺点，沙皇采购了更多昂贵的外国军火，招募了更多的西方教官，只为训练更多的"新军团"。南部边疆的防务支出甚至远甚于此：1636 ~ 1654 年，中央政府下令修建了近 50 座防护森严的新城，并用木制或是土制的壁垒将它们连成一线，构成了自第聂伯河到伏尔加河绵延 800 英里之长的俄罗斯"长城"。这座长城的西半部以"别尔哥罗德防线"闻名（这座城市就在防线中央），东半部则被称为"辛比尔斯克防线"（这座城市就在伏尔加河河畔，防线的终点）。尽管这些新城的主要功能是防御，但在 1660 年代，城内的居民还是越来越多地发出请愿，"抗议飞速增长的税负。这反映了一个事实：这些地区快速且确定地纳入了俄罗斯人生活的主流之中"（插图 19）。[12]

19 俄罗斯帝国和波兰 - 立陶宛联邦

俄罗斯帝国必须在两大敌人面前自卫：西面的波兰 - 立陶宛联邦和南面的克里米亚鞑靼人。为了抵抗后者，罗曼诺夫历代沙皇修建了别尔哥罗德和辛比尔斯克两道"防线"，利用自然条件（比如森林与河流）建成防御工事。在 1670 年，这些"防线"还曾抵御过哥萨克的入侵。波兰 - 立陶宛联邦却没有这样的防线，1648 年哥萨克的入侵给该国带来了致命打击，也为俄罗斯和瑞典两个邻国的入侵打开了方便之门，一度导致联邦土崩瓦解。

157

这些"防线"也许是 17 世纪最为辉煌的军事工程伟业——但它们带来的代价也极为沉重。除建造城市所需的巨额经费之外，每一座新城和要塞都需要部署一支常备守军。此外，政府在每年夏天都会动员一支"仆兵"部队（deti boiarskie，即用服军役来换取土地的乡绅）去南方抵御鞑靼人的入侵。在这些防御工事之外，中央政府还供养着一支由数千人组成的哥萨克骑兵部队（这个词也许源于突厥语的"kazac"，意为"自由人"），这些人在草原上巡逻，干扰一切由穆斯林鞑靼人或是他们的封君——奥斯曼帝国发起的进攻。[13]

158   尽管如此，历代沙皇还是力求避免直接挑衅南方邻国。因此在 1641 年，当一队哥萨克骑兵从奥斯曼苏丹的封臣手中夺取亚速城（Azov），并将这座城市的宗主权进献给莫斯科的时候，沙皇召开了"缙绅会议"（Zemskii Sobor，意即"国土大会"），就两个问题咨询他们的意见：是否要接受哥萨克的进献（这必将引发与奥斯曼人的公开战争）；以及，如果考虑接受的话，如何为接下来的战争筹集军费。尽管几乎所有在座的人都赞成重夺亚速，他们却不大情愿为一场新的战争买单。比如外省士绅就声称，除非有详尽的土地调查可以缩小大地主和小地主应纳税额的差异，否则他们将拒绝支付所需的军费。这些士绅还要求中央政府接受全面改革："莫斯科的官僚主义和不公不义给我们造成的损失，甚至还要超过鞑靼人和土耳其人。"他们如此抗议道。同样地，莫斯科商人也拒绝缴纳更高的税款，除非沙皇撤销那些给予外国竞争者的贸易特权：正是这些特权将莫斯科商人们置于不利地位。也许，正是如此之多的改革和让步诉求使沙皇大为震动：他命令哥萨克骑兵即刻将亚速交还给奥斯曼帝国。[14]

尽管沙皇表现出了在 17 世纪中叶十分罕见的军事克制，俄罗斯仍在继续向南扩张。首先，卡累利阿地区的作物生长季从 4 月开始，到 9 月结束，而别尔哥罗德附近地区的生长季则是从 3 月到 10 月。这一重大差异令黑钙土地带的吸引力大为增强，这块土地现在正由别尔哥罗德和辛比尔斯克防线所守护。无可否认，砍伐森林拓殖农地的做法给这一地区带来了更多的酷暑和严寒，也增加了极端气候事件的风险（比如旱灾）；但除了那些气候格外异常的年份（比如 1647 年和 1648 年）之外，黑钙土地带依旧年年不落地持续丰收。而且在 1630 年代，沙皇还豁免了拓荒者此后 10 年（甚至更久）的税负。毫不奇怪的是，这些有利条件产生了集群效应，吸引了大量北方农民前去开垦。有些农民加入了别尔哥罗德和辛比尔斯克防线以南的哥萨克骑兵队伍，抢掠鞑靼人以赢取战利品。同时，还有一些人沦为鞑靼劫掠者的猎物，只能祈求重金赎回；不过绝大多数移民农夫还是定居下来，并在这块广达数十万英亩，现已位于防线之后的可耕处女地上生息繁衍，兴旺昌盛。

这股移民潮给北方地区的"仆兵"带来了一场危机，而后者正是沙皇赖以保卫帝国的力量。为了支给军役之需，绝大多数仆兵都要仰赖自己地产上那些不具人身自由的农奴，榨取他们的劳力。现在"仆兵"们声称，他们离家作战之后没多久，农奴要么逃往南方，要么就被邻近的贵族掳为自己地产上的额外劳力；因此，由于缺少农奴人手，他们再也无法继续履行自己的军役。同时代的证据并不支持他们的说法。仆兵坚称，他们每一个人都至少需要 20 户农奴来支持自己为沙皇服役，不过在 1630 年代，至少就莫斯科地区而言，他们人均仅拥有 6 户农奴。[15] 毫不意外的是，仆兵反复向中央政府请愿要

求强制遣返逃奴，并废除他们对农奴之追索权的时间限制，但
159 都被中央政府驳回了。虽然沙皇曾于 1636 年颁布敕令要求所
有身在南方的逃奴返回故地，但他也对 1613 年之前逃脱的农
奴网开一面，并赦免了逃往西伯利亚的人。同样地，尽管沙皇
后来将法律追索期的时间限制上提到了 10 年，也只是杯水车
薪，难以实现对农奴的全面控制，而这在仆兵们看来，正是自
己为统治者服兵役的必要条件。

沙皇和他的"奴仆"们

俄罗斯帝国的领土飞速扩张，中央政府机构也因此快速
膨胀。沙皇米哈伊尔在莫斯科创设了 44 个新国家部门（所谓
"prikazy"，也即中央官署），他的儿子阿列克谢继位后又新
创了 30 个。每家官署所需处理的公事及为处理公事而雇用的
公务员都呈指数级增长。举例来说，1620 年代的军务部
（Military Chancellery）只雇用了 45 人，但在 1660 年代这个数
字已超过一百。军务部签发的命令范围广阔：从大规模军队调
动，到应当调动多少立方英尺土方制造堡垒，再到应当用多少
根特定尺寸的木梁建造一座边城的主城门，不一而足。

沙皇的臣民们心甘情愿地容忍这种对他们日常生活的侵
扰，这无疑反映了"大动乱时代"的混乱与破坏"在心理、
情感和精神上深深地震撼了绝大多数俄罗斯人"。根据切斯
特·邓宁的说法："有人将'大动乱'视为上帝降罪，惩罚俄
罗斯人民或是其统治者的罪愆。这些人得出结论：如果上帝允
许这个国家幸免于难的话，国民就需要在道德或是精神上进行
重大变革。"于是，绝大多数俄罗斯人都"拒斥那些旨在最大
限度恢复危机之前旧秩序的改革措施"。[16]罗曼诺夫家族也利用

了上述情绪，反复强调自己作为"神圣俄罗斯"守护者的身份（这个术语初现于1619年）：他们定期大张旗鼓地去宗教场所朝圣；每年东正教会组织主显节（Epiphany）和圣枝主日（Palm Sunday）的圣驾巡游、游行队列行经今日红场所在之地的时候，罗曼诺夫家族都占据着首要位置。17世纪下半叶的一部俄罗斯编年史"依据《旧约圣经》，从创世写起；接着又整理出一条皇帝谱系，从亚历山大大帝到罗马，再到拜占庭"，并一直延续到那些守护信仰的圣徒及历代沙皇身上，最后以米哈伊尔·罗曼诺夫作结。[17]

即便在俄罗斯帝国的上下之别更趋森严的时候，仍有一项例外保留下来。用瓦莱丽·基弗尔森那令人赞叹的长句来说："这个国家的一切互动——不管是公堂上的争讼还是中央与地方官府之间的通讯，都被框限为直接上达沙皇的卑微请愿。""卑微"似乎是一种有所节制的陈述：在俄语里，"请愿"一词是"bit'chelom"，字面意义是"前额仆地"；所有向沙皇请愿的人都要以"您的奴仆""您悲惨的孤儿"自称，就连贵族也都使用屈尊纡贵的花名来自称（"我，渺小的伊瓦什科，您的奴仆，乞求您……"）。[18]向沙皇请愿成了臣民们请求申冤救济的唯一法律途径，政府对日常生活的干涉（以及因此遭遇虐待的概率）也在稳步增长，有鉴于此，怨望和请愿的数量都在飞速增加。为了应对这些申诉和请愿，米哈伊尔·罗曼诺夫创设了一个专门的"请愿署"，其中一名官员与沙皇形影不离，目的是将每一封陈情直接递给相应的国家官署。

1645年米哈伊尔去世时，他16岁的儿子（继承人）阿列克谢面临雪片般陈情书的轰炸，其中许多都来自各"仆兵"团体，他们抗议农奴的短缺。出使莫斯科的瑞典公使相信，这

160

些人预示着一场全面暴动；不过俄罗斯新政权规避了这一灾难。他们先是将士绅阶层的服役时长缩短了一天，接着又承诺在全俄展开新一轮人口普查，以为全面废除逃奴法律追索期做准备。[19]中央政府派出的监察员定期巡访各行政区，查明纳税人户数（不管他们现在的纳税比之前多还是少）、耕地面积总额（抛荒土地亦然）以及每个村镇的经济活动规模（包括对作物产量的预估）。他们也会编列名册，将过去十年内所有逃离原来地产的农奴记录在案。不过，没有一项废除逃奴法律追索期限的法令能够成为现实——这在很大程度上是阿列克谢的首席顾问（他的姐夫）鲍里斯·莫罗佐夫造成的。莫罗佐夫带头欢迎逃奴们进入他自己的广阔领地，并将他们隐匿起来躲避政府侦缉。

　　莫罗佐夫的所作所为酷似西欧的王室"宠臣"。首先，他将前任沙皇的顾问都一脚踢开。此后为了筹集军费开支（主要用于雇请外籍军官，以及建设别尔哥罗德和斯摩棱斯克防线），莫罗佐夫制定了一些激起民怨的财政政策。他让沙皇的另一位姐夫，时任财政大臣特拉哈尼奥托夫（Trakhaniotov）冻结"射击军"（streltsy）的军饷——这是一支从士绅阶层中招募的火绳枪军团，是为政府维持首都的法律和秩序的关键力量——并创设了另一支训练有素、全副武装、由心怀不满的臣民组成的部队。不仅如此，莫罗佐夫还批准了莫斯科富商纳扎里·奇斯基（Nazarii Chistyi）的提议，以荷兰为范本引入间接关税。1646 年颁布的沙皇诏令向所有官方交易所需的文书开征一笔"印花税"，并设立了烟草和食盐的国家专卖制度。食盐专卖引起的民怨尤为严重，因为这一政策令盐价暴涨到原来的 40 倍。面临严重通胀的消费者只得大幅减少食盐消费量

（这使销售收入和赋税收入暴跌），同时发起抗议。1647 年底，沙皇将 1 万名火枪手调入首都维持秩序。但随着大众骚乱的持续，沙皇只得不情不愿地撤销了食盐专卖制。[20]

俄罗斯税制的其他异动也引发了骚乱。莫罗佐夫将整个首都商业活动的管控权托付给了他的另一位亲人——列翁迪·普列谢耶夫。后者不但增加了官僚机构的繁文缛节，还索取了前所未有的高额贿赂，以作为代人徇私枉法的回报。更有甚者，为了弥补撤销食盐专卖制度之后产生的亏空，财政大臣开启了一次残酷无情的清缴运动，追缴过去两年的积欠税款。一份近年的研究估计，上述举措"于 1648 年将纳税额提到了之前的三倍之多"。[21] 如此一来，莫罗佐夫几乎同时得罪了俄罗斯的城市精英、仆兵和普通纳税人。

1648 年 4 月，为防范一场鞑靼人可能发动的袭掠，莫罗佐夫下令动员仆兵南征——但这场入侵并没有发生。莫罗佐夫随即在不发军饷的情况下就解散了他们。依旧滞留首都的莫斯科仆兵部队顿感不满，大为恚怒。5 月，一些臣民决定依惯例以正式请愿的方式，直接向沙皇倾诉自己的苦衷。毫无疑问，当地的仆兵也与民众一样激愤。皇室随行人员拦住了请愿队伍，沙皇因此不能看到请愿书——他和家人与民意背道而驰，离开莫斯科去了附近的一间修道院朝圣。[22]

"整个世界都在颤抖"

借用亚当·奥勒利乌斯的说法，莫斯科向来是一座危险的城市。他断言俄罗斯人是一群酗酒狂饮、宣淫纵欲的鸡奸者，连男人、小孩和战马也逃不过他们旺盛的性欲。奥勒利乌斯接着说，街头暴力犯罪带来了持久的威胁，因为为数众多的低收入"奴户"仅靠津贴无法生存，只能以抢劫为生。曾在沙皇军中服役近四十年的帕特里克·戈登（Patrick Gordon）也同意此论，在他的笔下，俄罗斯人"闷闷不乐，贪得无厌，吝啬小气，满口谎言，虚伪成性；他们铁蹄所及之处，尽是一派粗蛮无礼、专横暴虐；而在被统治时，他们则唯命是从，甚至卑微如奴、懒散马虎，同时又自视甚高，对自己的评价在其他国家之上"。[23]沙皇阿列克谢收不到臣民们的请愿书，这就点燃了上述情绪。趁着沙皇朝圣途中不在首都，人们聚集在首都各大教堂周围发泄不满。他们决定在沙皇回城的时候再次行动，让他听到民众的声音。1648 年 6 月 11 日，大批市民涌出城市迎接他们的统治者。他们不仅高呼着"面包和食盐"的一贯诉求，也带上了一封封谴责列翁迪·普列谢耶夫腐败行为的请愿书。皇室随从又一次拦下了这些文件，阿列克谢的侍卫挥舞着鞭子驱退市民。他们还在某个时间点开了枪。

少数怒不可遏的抗议者此时带着他们的正式"诉愿状"跟随沙皇进入了克里姆林宫，却被莫罗佐夫关了起来。一个小时之后，皇后乘着四轮马车从修道院返程，抗议者试图向她倾诉不满。侍卫一再将他们驱退。此时，"全体民众都已怒火烧身，他们用石块和棍棒还击侍卫"。[24]双方都有严重越界之嫌：沙皇出人意料、令人费解地拒绝了请愿，这可是臣民向他反映问题的唯一合法途径；同时，一批臣民却不请自来，冲入了帝国的政治与宗教重地克里姆林宫。

第二天，在一场宗教庆典上又发生了一场更为恶劣的逾矩事件。当时皇室离开了克里姆林宫去教堂做礼拜，就在沙皇从教堂返回的时候，民众围住了他，祈求他接受他们的请愿。尽管这份御状使用了常见于请愿书中的"自贱体"（"您的奴隶"

"卑微的臣民"），但它还是带有一些可圈可点的创新之处。首先，它自称以"俄罗斯庶民"（并非仅限于莫斯科，或是某个特定群体）的名义发言，并抱怨官僚们在处理一切公事时都索要令人难以忍受的"贿赂，礼物和馈赠"作为交换（这份请愿书强调，沙皇可以轻而易举地辨识出这些贪赃枉法之徒，因为他们"为自己盖起了与官位不符的豪宅"）。请愿者们还抱怨，他们本已呈递了请愿书，但那些"大员们"却对他们横加阻挠。因此：

162

> 事态已经演变至此：他们（政府大员）已经挑起了皇帝陛下与人民之间的对立，煽动了人民与沙皇陛下之间的对抗。因此，现在看来，这类不义已经驱使整个莫斯科的全部民众和其邻近省份都揭竿而起。结果是，陛下的首都、许多别的地区和城市都酝酿着大型骚乱。

他们还大胆地提醒沙皇，"希腊皇帝查士丁尼在君士坦丁堡的故事，将在您的宫廷里上演"，那位皇帝颁布法律终止了对穷人的镇压，从而摆脱了天谴：

> 如果您希望规避（现在正威胁着您的王国的）天罚，现在皇帝陛下也可以效法于他。将那些不公正的法官扫地出门；罢免不称职的官员；严惩所有贿赂和不义，拔除对正义的阻挠，并铲除所有不公平。推迟、避免许多无辜之泪，保护弱者和低贱者，让他们免于暴力和不公正。

　　为避免被阿列克谢误会，请愿书还曾提到，他的父亲米哈伊尔因"上帝及全体子民的拣选、指派"即位治国，"而俄罗斯这片土地却在恶人手中濒临崩溃"；此时此刻，"所有人都能听到贩夫走卒（正在谈论）暴动和反叛，只因权贵对他们多有不公"。[25]

　　这一回，皇帝随从中的"大员们"将请愿书"撕成了碎片，并将纸屑扔到了请愿者的脸上"，他们的仆人则用暴力驱逐了恳求者。众人再一次看沙皇赶往克里姆林宫——但这一次，就在莫罗佐夫命令火枪手关门拒众的时候，枪们却拒不从命。数千名抗议者集结在沙皇宫殿的门前，要求朝廷立即处理令他们感到不满的问题，新的诉求还包括处决引起民怨沸腾的列翁迪·普列谢耶夫。[26]而当莫罗佐夫出现在宫殿阳台与众人讲理的时候，大家怒斥了回去："是的，我们也一定要处死你！"莫罗佐夫的仆人敦促克里姆林宫广场的火枪手向人群开枪；但是，这支军队无疑对莫罗佐夫拒绝支付欠饷的劣迹耿耿于怀，"他们回应说，自己已经向沙皇陛下宣誓（效忠），除他之外没有主人；他们也不会为贵族卖命，同大众作对"。一名火枪手代表对沙皇耳语说："他们不会为了暴虐的叛徒普列谢耶夫而战，不会以人民为敌。"而那些正在广场的火枪手也向抗议者们保证，他们"不仅不会与众人作对，反而宁可向他们施以援手"。[27]

　　士兵和叛乱者齐心协力攻入了克里姆林宫内莫罗佐夫的豪宅，用利斧劈碎了他的名贵家具，将他的珠宝碎为齑粉；不过，"他们并未擅取一物。大家高声呼喊着'图纳西克鲁夫！'（意为'这是我们的血汗！'）"。[28]尽管沙皇要求民众保持克制，众人还是杀死了他的三名内廷侍臣，并夺路冲入了招人怨恨的食盐专卖制的设计者纳扎里·奇斯基家中, 当场用斧头和棍棒杀死了他, 并齐声高喊: "叛徒, 这是你对食盐动手的报应!" 紧接着, 他们 "像拖一条狗一样抓着 (尸体的) 脚踝将他拖拽下楼", 在克里姆林宫中巡回示众, 并 "把他剥得精光, 还将赤裸僵硬的尸体直接扔到了粪堆上"。暴乱者接下来又袭击了普列谢耶夫、特拉哈尼奥托夫等 "有过错" 的当朝大臣的住处。尽管在 "夜幕降临之际, 劫掠稍有收敛, 但在破晓之际, 他们再度开始了洗劫"。[29]

1648 年 6 月 12 日, 暴动民众纵火点燃了约 70 名贵族和商人的宅邸, 第二天又有近 40 户遭焚, 这显然是遵照某些计划在执行; 接着, 他们 "跑" (所有史料都用了这个词) 回克里姆林宫, 要求沙皇交出普列谢耶夫、特拉哈尼奥托夫和莫罗佐夫。[30]阿列克谢立即交出了普列谢耶夫, 甚至还派出了两名刽子手, "但就在他抵达市集之时, 普通大众 (gemene mannen) 就地将他处决。最后, 一名修士将普列谢耶夫的尸体扔到了火堆上"。沙皇要求给他两天时间考虑其余大臣的命运, 示威者们 (或许有些令人意外地) 就此散去。众人散去之后没多久, 莫斯科市内的五个不同地点同时起火。拜这场旷日持久的旱灾所赐, 火势迅速蔓延。按照惊慌失措的瑞典大使的说法, "仅仅数小时之内, '白墙' 之内城市的过半街区, '白墙' 之外城市的约一半街区, 都已火光冲天"。有人估计, 这场大火烧毁了 5 万栋房屋, 造成 2000 人死亡。[31]

火枪手们抓到了一批纵火犯, "这些人在严刑拷问之下坦白说, 他们是受莫罗佐夫之托拿钱办事"——但也有人添油加醋地声言: "正是沙皇本人教唆放了 (这几把火), 只为转移大众的注意力。那些 (在城中) 有房有户的骚乱者, 也将被喊回去抢救他们自己（的财产）于大火之中。"如果这一说法属实的话，那么这番诡计并未"转移大众注意力"多长时间：6月15日，他们就杀回了克里姆林宫，并要求沙皇立即交出特拉哈尼奥托夫和莫罗佐夫。[32]

用一位怒气冲冲的市民的话说："整个世界正在颤抖……这是一场大的震动，一次大动荡。"罗曼诺夫王朝的命运现在命悬一线。人群中有人公然宣称："如果皇帝陛下还是拒绝把莫罗佐夫逐出他的宫廷和首都，那么陛下就是个卖国贼；他们还做出决议，如果皇帝陛下未能顺遂他们的愿望，他们就将使用强力逼迫他去做"。当时甚至还有少数人断言"沙皇年幼愚笨"。这些人把沙皇的冥顽不灵归咎于邪恶的顾问大臣们，但他们同时也补充说，"大臣们操弄着一切，而君主却保持沉默。魔鬼窃取了他的心智"——这种将沙皇称为魔鬼的指控挑战了沙皇作为东正教捍卫者的身份，也进而动摇了他的统治权。[33]

意识到问题严重性的阿列克谢终于将特拉哈尼奥托夫交给了暴动民众。沙皇还亲吻了主教手中的一枚金十字架，向大家许诺：莫罗佐夫将成为一名修士，到一座边远的修道院度过余生，永不再行叙用。因了这个庄重明白的宗教仪式，人群也就相信了沙皇，并再度散去。就在同时，沙皇将一大笔现金分付给了所有火枪士兵，以此重获他们的忠诚。据瑞典侨民的说法，沙皇还命令手下的西方"军官到瑞典边境附近训练2万名士兵"。[34]

早在上述忠于沙皇的士兵就位之前，莫罗佐夫就引发了另一场对抗。也许是料想危机已过，莫罗佐夫建议沙皇不应向还在莫斯科的"仆兵"支付允诺给他们的奖金。而在6月20日，一份以士绅、商人和"所有等级的人民"的名义写成的新请愿书再次坚请莫罗佐夫下台，并要求沙皇召开缙绅会议。在此后八周之内，心怀怨望的各群体递交了 70 多封请愿书，沙皇也尽数予以批准：为了安抚本国商人，他废除了英国人的贸易特权；为了让莫斯科市民们满意，他承诺拨款重建毁于火灾的建筑；而为了慰劳"仆兵"，他也拨付了承诺给他们的奖金，同时送回了所有在莫罗佐夫封地上所发现的逃奴。[35] 最后尤为重要的是，阿列克谢不情不愿地同意召开缙绅会议。

这些彻底的妥协举措之所以出台，不仅仅是为了应对莫斯科的麻烦。旱灾和蝗灾同时发生，摧毁了 1647 年和 1648 年俄罗斯全境（包括黑钙土地带）的收成，不仅造成了普遍的粮食短缺，也推高了焦虑情绪。更有甚者，正如 6 月 12 日的恳求书所预言的那样，帝国"许多别的地区和城镇"也爆发了叛乱。[36] 首先便是距离莫斯科 2500 英里、位于西伯利亚中部的托木斯克。这里的多元族群（约有 700 名俄罗斯人，300 名鞑靼人，以及其他非俄罗斯族住户）在贯穿 1640 年代的歉收期间深受打击，托木斯克的作物产量比平常减少了约三分之一；然而，总督却在克扣火枪队等士兵军饷的同时增加税负。1648 年 4 月，托木斯克的治安官逮捕了总督，并将他软禁起来。与此同时，"仆兵"、商人、农民、城市纳税人也联合向沙皇请愿，要求撤换总督，但沙皇反而命令总督官复原职，引发了第二波叛乱浪潮。这一回，起义者们另立政权，成立了自己的"反叛衙门"（Voroskii prikaz），推出了自己的总督候选人和自己的议会（krug），发布了宣言，散发通告煽动其他民众加入，还向莫斯科请愿要求承认他们的行动。直到 1649 年 6 月，和平才回到了托木斯克：沙皇极不光彩地召回了前任总督。[37]

　　莫斯科暴乱的消息一经传出，其他地方的城市暴动也应声而起。"别尔哥罗德防线"上的新城科兹洛夫（Kozlov）已向沙皇呈递了三封请愿书，谴责当地总督的暴政。结果，政府于1647年为此成立了一个咨询委员会，但这位总督以威逼利诱的手段令许多抗议者屈服，沙皇的密探因此没能为请愿书中的指控找到真凭实据，只得让总督留任。当年糟糕的收成造成了新的紧张局面，然而，尽管连拥有大量地产的"仆兵"也不得不出售武器和衣服以购买谷物，总督的苛捐杂税、贪污腐败和滥权弄法却丝毫未变。1648年初，一大波谋杀、袭击、纵火和盗窃行为骤然爆发，令这座城市陷入严重的动荡。一个大型代表团向莫斯科呈递了又一封请愿书，他们也恰好目睹了沙皇权威的崩塌。一俟代表们将新闻带回科兹洛夫，这座城市便发生了暴乱。总督得以侥幸脱逃，但暴乱者们将他手下的一些支持者殴毙，并且"把这些人的尸体扔进了河里；暴乱者还洗劫了许多房屋和商店"。附近的堡垒和哥萨克村庄也发生了暴乱，暴民们殴打或杀害了那些一度首鼠两端，未能坚定支持反总督斗争的居民，洗劫了他们的商店和房屋。不过，尽管有些文件提到了造反者成立的公社（mil）、议会（Sovet）或集会（krug），叛乱者还是没能赶在新总督上任之前让他们控制之下的这座城市团结起来。最终，从莫斯科赶来的新总督带着一队射击军镇压了叛乱，近百人遭到了审判和惩处——他们当中就有那些带来莫斯科叛乱消息，并随即（法官们断言）煽风点火的人。[38]

　　在俄罗斯其他地区，对莫斯科繁文缛节的厌倦，对贪渎腐败的幻灭与物资匮乏一道形成了一股助长叛乱的风气。在1648年7月爆发叛乱之前，库尔斯克已经遭受了一场漫长的粮食短缺（起因是作物歉收和鞑靼人入侵）的折磨，却又要面临增税的要求。库尔斯克向沙皇呈递了多封要求救助的请愿书，却无一成功；因此在听到莫斯科有变的消息之后，农民、市民、哥萨克和"仆兵"们便联合起来推翻了总督的统治，要求总督为库尔斯克的种种不幸负责。与其他地方一样，在莫斯科的射击军抵达之后，库尔斯克的秩序才得以恢复。[39]

1649 年的大妥协

尽管"大震动"波及了俄罗斯的大片区域，罗曼诺夫王朝的命运还是要在莫斯科决定。按照一名沙皇顾问大臣的说法，这是皇帝首都"普通大众的反叛"，它得到了当地士绅、射击军的支持，迫使阿列克谢"并非真心诚意，而是出于恐惧"召集了他治下臣民的代表。[40]首先在 1648 年 7 月，一个由牧师、贵族、"仆兵"、商人和各主要城市代表组成的团体齐聚克里姆林宫，向沙皇提出请求，"下令将所有种类的司法问题写成一部法典，编成一本法令全书（Ulozhennaia kniga），令后一切问题都可据此处理、剖决"。代表们还希望沙皇召开缙绅会议，以此批准新的法律。[41]沙皇适时地成立了一个五人小组，负责起草一部新法典。这部法典于 10 月纂写完毕，约600 名代表也于此时抵达莫斯科，出席缙绅会议。

从表面上看，这场大会（还有新法典）一度注定失败：阿列克谢一度用厚礼收买了射击军的忠心，之后便将莫罗佐夫召回莫斯科，恢复了他首席大臣的职位。许多莫斯科上流人士担心沙皇对庄严誓言的公然违背将制造另一场大众暴乱，于是逃离了首都。同时，还有一些富有的商人躲进了瑞典公使馆，这里受到馆员和一些沙皇射击军的保护。[42]也许是这一反应让他心惊气馁，也许是意识到一部综合性法典或将有利于中央政府，莫罗佐夫最终同意让大会继续研议。这部名为《会议法典》（Sobornie Ulozhenie）的新法典有近一千项条款，其中许多条款断绝了在前些年引起麻烦的一些祸根。第一条（"渎神者和破坏教会者"）强调教会和教会仪式神圣不可侵犯，这预先排除了宗教节日期间对沙皇的任何进一步拦截企图，而第三条（"君主宫廷"）也对君主的宫殿做出了相同的规定（任何强行进入克里姆林宫的行为都构成叛国罪）。第十条（"司法程序"）也规定，未来臣民必须通过当地总督向相应的官署大臣呈交请愿书，不得直接惊扰沙皇：任何试图绕开这一程序的人都将被关押并鞭笞。第十九条（"市民"）则要求全部市民在他们居住的城市（以法律公开为准）登记，禁止他们和他们的后代离开居住地。

沙皇也做出了许多让步，以作为对上述条款的报答，其中就包括许多在过往的请愿书中有所强调的内容。《会议法典》承认了每座城市注册居民对一切本地贸易和手工业活动的垄断权；废除了绝大多数神职人员的税收豁免特权；允许追索、捕回所有此前逃离乡土以求避税的前市民。尤为重要的是第十一条（"农民的司法程序"），这一条款处理了逃奴问题。从此之后，没有农民可以合法离开其领主的地产；追索逃奴再无时间限制；所有之前已经逃跑的农奴，现在统统可以再行追回。农民还丧失了对他们私人财产的完全所有权：法律认定，他们的所有财物都是领主的所有物。不仅如此，上述规定还波及了农奴的家人："若一名农民与一名逃奴或是逃奴的子女结婚，他就将与配偶一起转入后者的合法主人之手。"政府专员几乎立刻开始了追捕、遣返逃奴的行动，他们发现某些地区的人口中有五分之一以上都是由逃奴组成。尽管在某些区域（特别是在南部边疆和西伯利亚），逃奴依然可以相对安全地生活，但《会议法典》还是剥夺了约半数农村人口的自由迁徙权。贵族现在可以购买、出售、驱使或交易农奴（及其家人），甚至（到 17 世纪末）还可以在卡牌游戏上质押他们。贵族对自己地产上的农奴家庭享有绝对权力，这权力仅仅在谋杀上有所限制：如果一名地主"预谋杀害一名农民"，不管他是哪位地主，"都罪可至死"。[43]

政府已经在尽可能长的时间里抵制了"限制农民迁徙"政策，因为农民的迁徙对于俄罗斯向西伯利亚和南部边疆的扩张都十分重要；但阿列克谢也离不开他的"仆兵"，他们既能为自己维持国内的法律和秩序，又能与外敌作战，这最终迫使沙皇向"限制迁徙政策"做出了妥协。在经历了 1648 年"大震动"的创伤之后，农奴的牺牲在政治稳定的回归面前似乎已不再是什么沉重的代价——特别是考虑到缙绅会议似乎并无兴趣要求更多的让步（此时的阿列克谢已很难拒绝）。[44]1649 年的妥协使双方都获利颇丰。一方面，地主们赢得了此后两个世纪里对农奴的完全控制；另一方面，国内秩序的恢复也让沙皇得以重整军备。1649 年底，瑞典大使报告说，外籍军官开始在莫斯科训练俄军士兵，"几乎每日不懈，因为他们（受训士兵）必须变得有能力训练其他入伍的士兵"。很快，阿列克谢就得以吞并波兰 – 立陶宛联邦的大片土地。[45]

167

乌克兰叛乱

《波尔亚诺夫卡条约》仅仅约束了两位缔约者本人，因此严格来说，它也随着 1645 年米哈伊尔·罗曼诺夫的死亡而失效。但瓦迪斯瓦夫四世明确表示了续签和约的愿望，他在第一时间派出一支使团前往莫斯科，谈判内容不仅是续订和约，还有两国的共同战略，那就是进攻惹是生非的奥斯曼苏丹附庸——克里米亚的鞑靼人。瓦迪斯瓦夫期待能与莫斯科达成协议，他也着手说服生活在乌克兰顿河和第聂伯河流域的哥萨克骑兵充当这场军事行动的先头部队。

直到 1569 年之前，乌克兰都是立陶宛大公国的一部分，这个国家的政府权力孱弱，但有着强大的东正教会；而在 1569 年，随着立陶宛与波兰结成一个更为紧密的联邦，乌克兰地区也转由波兰人统治。这一主权移转造就了三大不稳定的后果。首先，波兰王室倾尽全力将波兰的官员、法律、士兵和天主教信仰强加给这块新并入的土地。其次，人口稀少的乌克兰吸引着许多地区的移民迁入，他们来自波兰、立陶宛、俄罗斯、巴尔干乃至更远。有人在"黑土地"（与俄罗斯的黑钙土地带一样肥沃，见页边码第 153 页）定居，还有人去了城市——这两类人都去了贵族建立的新定居点，以及像首都基辅（Kiev）这样已建成的城市。1620 年代，基辅的定居人口已在 1 万人到 5 万人之间，并形成了一个心怀不满者的聚集地。第三大不稳定后果之所以显现，是因为波兰王室将乌克兰的大片地产许给了少数寡头贵族，并向他们索取大量资源作为交换，以协助边疆防御。到 1640 年，波兰约十分之一的土地所有者控制着三分之二的人口。一些贵族地产的迅猛增长令人难以置信：例如，维斯尼奥威尔基家族在 1630 年占有乌克兰的约 600 处定居点，这一数字在 1640 年超过了 7000，而到 1645 年已经不下 38000 处（这一家族名下还有 23 万"属民"）。为了尽可能扩大这些广袤新地产的收益，这些贵族任命了不少行事激进的管理人，交给他们两大任务：既要更有效率地征收通行费、税收和租金，也要尽可能多地榨取这片沃土上种出的作物。许多管理人来自乌克兰正在增长的犹太族群，他们从1569年的15处定居点3000人，发展到了1648年的近100个社区，至少45000人。[46]

由于水运对定居者和出口商而言更为方便，拓殖活动主要在第聂伯河及其支流一带进行，这对哥萨克人的独立性构成了挑战。哥萨克人的营生结合了捕鱼、狩猎、农耕对鞑靼人的袭扰（以掠取人力和资源）。尽管如此，波兰王室仍然需要哥萨克军团（其战士也以此闻名）的力量来保卫其南部边界。波兰国王拥有一部"老兵名册"，里面收录了那些领取年俸的哥萨克士兵的姓名。哥萨克人选举自己的军官和统帅"盖特曼"（Hetman），战时就由盖特曼统领他们作战；但在绝大多数年份里，"哥萨克名册"只能涵盖可战之士总人数的十分之一，只有这些人有资格拿到年俸。其余高度武装、心怀不满的大批哥萨克人口则住在第聂伯河的"下激流地带"（扎波罗热），唯有袭扰劫掠才是他们保住已有生活方式的唯一机会。

1630年，哥萨克起兵造反，向"希腊（东正教）宗教的牧师和平信徒"提出诉求，因为他们的信仰心"正在流失，要求他们坚守正教信仰"。[47]哥萨克与神职人员的联合震骇了波兰政府，他们因此将"哥萨克名册"的登记人数从6000人增至8000人。尽管如此，波兰定居者向第聂伯河流域的大量涌入还在继续，新来的贵族地主的诉求也随之抬头。在1635年，波兰联邦议会颇具挑衅意味地将"哥萨克名册"的名额减少到7000人，并要求在第聂伯河下游的科达克（Kodak）建设一座要塞，由正规军部队戍守。这些举措刺激了哥萨克人，他

168

们因而掀起了又一场叛乱，洗劫了科达克并屠杀了那里的守军。尽管波兰政府向"在册哥萨克"支付了拖欠的军饷，也因此顺利俘虏并处决了叛军首领，但照亚当·基西尔（一位乌克兰贵族，获波王弗拉迪斯拉夫任命为平叛军长官）的说法，哥萨克问题仍然"如沸如焚，处在爆发的边缘"；的确，几乎就在顷刻之间，另一场哥萨克叛乱又爆发了。[48]哥萨克人再次自称是在寻求捍卫东正教信仰和平民社群，并为此（依据一部编年史家所说）"对波兰人轻蔑以待，如灭飞蝇一样杀死日耳曼人，焚毁了城市，像杀鸡屠狗一样屠灭了犹太人；还有人放火烧死了罗马天主教堂里的修士"。[49]

如此暴行使许多支持者离心离德，波兰军队也得以迫使哥萨克叛军投降。叛军不情不愿地立下由扎波罗热军团书记官博格丹·赫梅利尼茨基（Bohdan Khmelnytsky）起草的誓言：他们从此将唯波兰国王之命是从。哥萨克士兵们也同意将"在册哥萨克"的人数进一步削减到 6000 人，并承诺不再不经波兰国王同意就攻击鞑靼人（或奥斯曼人）。尤为重要的是，他们答应接受来自波兰国王委任的哥萨克专员（而非内部选举产生的盖特曼）的命令，并同意由专员任命以前由他们自行选出的将校。瓦迪斯瓦夫理所当然地任命波兰贵族成为哥萨克专员；而专员们也自然会任命他们的波兰支持者担任军官。新来的人很快就开始像对待农民一样从哥萨克人那里榨取税收和劳役，并以没收财产乃至宣布非法的方式惩罚那些不合作的人。

亚当·基西尔是终结这场叛乱的谈判专员，他敦促瓦迪斯瓦夫不要需索过甚。基西尔指出，尽管战争、处决和逃亡已经显著减少了"非在册哥萨克"的数量，但以华沙为靠山的新社会秩序所仰赖的基础颇为薄弱，这一基础只由少之又少的军队、人数不多的管理人（绝大多数是犹太人）以及寥寥可数的贵族组成。基西尔警告，中央政府必须意识到"控制（第聂伯河沿岸）的自由村庄及其农民以让他们没时间闹事，与控制哥萨克本身安分守己同等重要：离开了哥萨克的名头和意见，农民的生活便无法维持；同样地，若没有农民的民力，哥萨克也无法安稳生活"。[50]瓦迪斯瓦夫却对此置若罔闻。相反，他继续将乌克兰的大量地产授予波兰的大贵族，这些贵族也持续增加农民身上的负担。瓦迪斯瓦夫还将波兰军队部署在各大城市，这些不能按时领到军饷的士兵只得用武力榨取粮食、住所等货品。

生活在乌克兰的拉比（犹太教教士）内森·汉诺威在他《绝望的深渊》（*Abyss of Despair*）一书里描述了在这些变化之中逐渐累积起来的影响，留下了一份关于 1648～1649 年乌克兰犹太人大屠杀的史料。根据汉诺威的观察，瓦迪斯瓦夫

> 提高了天主教公爵和贵族的地位，使他们居于那些人（乌克兰人）之上。这样一来，绝大多数乌克兰人就放弃了他们的希腊正教信仰，转而皈依天主教（或加入东仪天主教会）。跟从希腊正教会的民众因此变得日渐穷困，他们被视为低等、从属的生物，并成为波兰人和犹太人的奴隶和侍女……整日与砖头和砂浆为伴的辛苦劳动与各式各样的苛捐杂税都让他们的生活无比悲惨，有的（地主）甚至诉诸体罚和折磨，意在让他们接受天主教。[51]

尽管夸张的反犹主义影响了当时史料的可靠性（一些作

者声称犹太人获得了教堂的租赁权，以向在那里祷告的基督徒收取高昂费用），但犹太管理人的确常常向农村人口行使广泛的权力。例如，犹太商人在许多地区都获得了酿造和销售伏特加的特许权：这意味着他们垄断了本地区的酒馆，可以随心所欲地开出高价，也可以叫来军队摧毁非法蒸馏场所。毫不令人意外的是，上述举措都激怒了当地人，使他们与犹太邻居们渐行渐远。[52]

汉诺威没有提到另一个加剧叛乱的因素，而正是这个因素最终夺走了半数乌克兰犹太人的生命和财产：反常的天气。1637 年叛乱的失败促使哥萨克人大规模迁徙到第聂伯河下游——这里哪怕在最好的年景之下也要为几乎不堪忍受的夏季湿热和冬季酷寒所折磨。然而，正如北半球的其他地区一样，此时的这一地区绝非"最好的年景"。克拉科夫人马尔辛·戈林斯基（Marcin Goliński）的日记记载了当时持续恶化的境况，包括 1638 年面包价格的高涨，1641 年极凉的夏天（在此期间，本就稀疏的谷物收获变晚，葡萄酒也泛酸），1642 年和 1643 年摧残了所有作物的春季霜冻以及 1646 年初数月的强降雪和严重霜冻，这一期间的强降雨令道路变得无法通行。在更南的地方，一名法国住民赞同此说。他在提及当地的反常天气之后表示，哪怕在正常年份里，乌克兰的冬天"也拥有像大火一样摧毁一切的破坏力"。他还记载了 1645 年和 1646 年的蝗灾，以及之后 1646 年的严冬。这个极寒的冬天令作物无法生长，让第聂伯河下游的哥萨克族群难以生存。[53]

在这一由气候导致的困境之下，瓦迪斯瓦夫决心让哥萨克对鞑靼人发动一场一举多得的大规模突袭，战争可以让"在册哥萨克"（需要由波兰国王支付年俸）的数量翻倍，达到

12000 人，并让他们暂时避免人口过剩和饥饿。不过，联邦议会拒绝为本次行动批准必要的经费。同时，哥萨克专员及其下属肆无忌惮地弹压个别哥萨克人，其中就包括博格丹·赫梅利尼茨基。就在赫梅利尼茨基于 1646 年去华沙领受波兰国王关于计划中的对奥斯曼作战的指示时，一位波兰官员趁他不在侵夺了他名下的一些财产，并对他的一个儿子公开施以残酷的鞭刑，导致其子伤重而死。另一位官员据称诱拐了博格丹的未婚妻，并最终将其强娶；而就在第二年，波兰军队还蹂躏了他的地产。于是赫梅利尼茨基逃到了第聂伯河下游的"不在册哥萨克"那里。遗憾的是，他在这里并没找到多少慰藉：1647 年的秋冬两季见证了汹涌的降雨，漫溢横流的雨水冲毁了庄稼，制造了范围广泛的洪灾；1648 年的春季格外炎热少雨，因此而起的蝗灾将庄稼摧毁殆尽。在利沃夫附近不远的老萨姆波尔教堂墙上的一行铭文将当时的惨状一语道尽："这是一场遍布基督教世界的大饥荒。"[54]

赫梅利尼茨基正是选择在这一时机宣布了自己手中握有瓦迪斯瓦夫对哥萨克暴动表示支持的手谕。他煞有其事地说，国王已经饶具同情地聆听了他声泪俱下的叙述，了解了哥萨克人现在生活在暴虐制度之下的事实。国王还说，尽管他本人并没有限制贵族的权力，但"如果你别无他法的话，就用刀剑为自己伸冤复仇吧"。赫梅利尼茨基还声称拥有国王亲笔签名的信件，授予哥萨克人动员武力对抗压迫者的权力。[55]

这些信件几乎肯定是赝品（没有人宣称自己见过原件），但许多人还是相信了赫梅利尼茨基的说辞，认定他拥有波兰国王授予的某些委托权力——赫梅利尼茨基几乎打动了他所遇到的所有人，这要部分归功于他那强大的人格魅力。他于 1595

年前后生于乌克兰的一个小贵族家庭，并在耶稣会学院接受教育。他有着丰富的军事经验，也拥有广及伊斯坦布尔（他在那里度过了两年的战俘生涯）和华沙（身为哥萨克代表团团长，他在那里得以与波兰国王和其手下的主要大臣会面）的人脉往来。尽管在一开始，赫梅利尼茨基统率的追随者只有区区 250 人，但没过几周就有数千人加入了战团——其中就包括那些"在册哥萨克"，他们的报酬已经成了欠饷——人们集合在赫梅利尼茨基的麾下，并选举他为"盖特曼"。他还请求并获得了奥斯曼苏丹封臣、克里米亚的鞑靼可汗的帮助，此时可汗手下的臣民也在挨饿——据一份编年史记载，"去年（1647 年）这里没有收成，现在，耕牛、绵羊和奶牛都在死去"。[56]

1648 年 5 月，赫梅利尼茨基带领他的哥萨克追随者和鞑靼盟友向基辅进发，并在那里设伏痛击了一支波兰军队：天怒人怨的哥萨克专员和几乎所有波兰－立陶宛联邦的正规军都或死或降。而几乎与此同时，瓦迪斯瓦夫国王的离世也制造了一段权力空白期，亚当·基西尔立即就看出了处境的严峻。"我们不再只是要应付"之前的那些乌克兰人，基西尔警告他的华沙同僚说："他们不再只是一群骑马张弓、手持长矛的武夫，而是一支残忍冷酷、狂热躁动的军队；我们必须这样估计他们的比例：对我们之中的每个人而言，都会有 1000 个手持火器的人（哥萨克）起来对付我们。"[57]之后在波兰－立陶宛全境，农民揭竿而起反抗他们的地主，东正教牧师号召信众向天主教徒复仇；大批波兰贵族匆忙逃离家园，后面跟着他们的仆人和地产管理人。据某位流亡贵族说："所有农民……要么杀掉他的地主，要么就把地主净身出户赶跑，地主身边除了生活必需品和孩子以外什么都不剩。"绝大多数地主都将武器遗弃在他们的兵工厂和军械库里, 哥萨克军随后便立即将其占用。[58]

尽管基西尔成功劝阻了赫梅利尼茨基的进军, 并让后者遣回了鞑靼盟友, 但一个昵称为"鹰钩鼻"的哥萨克领袖却继续北进, 鼓动当地人造反, 攻击留下来的"压迫者"。创作于起义期间的《胜利进行曲》(Victory March) 一诗描述了之后情势的演变:

> 嘿, 鹰钩鼻统率一支小军队,
> 总共也就百余名哥萨克,
> 他把敌军士兵的头颅斩离肩背,
> 并让残兵溺死在小河里。
>
> 而在维斯瓦河那里, 他们绞死了波兰人,
> 吊死的尸体犹如乌云绕树。
> 波兰的荣光现在七零八落、荡然无存,
> 而勇敢的哥萨克人载歌载舞。[59]

但哥萨克人可不只是斩下了敌军士兵的头颅, "吊死了波兰人"并载歌载舞: 他们还把矛头对准了犹太人。汉诺威留下了一份触目惊心的记载, 描述了自 1648 年 6 月开始在涅米罗夫发生的一场场大屠杀。当地市民帮助哥萨克人攻进犹太邻居藏身的城堡, 而在袭击者对男性大肆砍杀的同时, 许多妇女逾墙而走, 宁愿自溺而死也不愿被强奸、杀害。在两天之内, 汉诺威估计共有 6000 人在涅米罗夫死亡。7 月则见证了类似

的悲剧事件，甚至有过之而无不及：在乌克兰人劝说波隆内城中的仆人们开城（"为什么要同我们作战、保护贵族？"）之后，当地的 2000 名波兰人和 12000 名犹太人被杀，在扎拉夫（拉比的故乡）和奥斯特罗戈（这里的乌克兰人也洗劫、拆毁了天主教修道院）也有人遭到杀害。[60]

这些反犹屠杀事件的确切规模很难确定。犹太人的早期记录对死者人数的估计在 8 万人到 67 万人之间，但更晚近的计算显示，仅直接死于暴力的人就有 1 万人之多，此外还有 8000 多人沦为流离失所的难民，逃到了别处的犹太人社区（从阿姆斯特丹到埃及），另有超过 3000 人被卖给鞑靼人为奴。幸存者人数不得而知，他们逃过一劫的唯一原因是皈依了东正教。总体而言，乌克兰的犹太人口在 1648 年夏天有可能剧减了一半之多。用克拉科夫一名犹太编年史家在 17 世纪末的话说："自从圣殿毁灭以来，主的会众（指犹太教徒）从未遭逢如此残酷的屠戮。"[61]

现在，三项彼此孤立的事态发展左右了乌克兰叛乱的结局。首先，尽管赫梅利尼茨基曾经写信给沙皇，请求将整支哥萨克骑兵队置于他的保护之下，但信件抵达之日恰好是莫斯科爆发叛乱之时，沙皇阿列克谢因此爱莫能助。其次，奥斯曼帝国苏丹易卜拉欣的遇刺断绝了克里米亚鞑靼人前来支援的可能，因为鞑靼可汗企盼以一次召会（summons）来恢复伊斯坦布尔的秩序（见第 7 章）。最后，就在波兰贵族为选举新王争吵不休的时候，他们任命了三名联合指挥官来统率常备军，并创设了一个由议员组成的监军委员会来节制他们。波兰军队的统属不一，让赫梅利尼茨基于 1648 年 9 月轻而易举地再度击溃波军，并率领将士向华沙进发（见插图 19）。

在克拉科夫，马尔辛·戈林斯基清楚地目睹了局势的险峻。通常而言（他在日记中写道），不论何时哥萨克起兵造反，波兰人都会首先予以还击；但是，联邦野战军的失败却陷波兰全境于不设防状态，人们除祈祷外无计可施。一名常驻但泽的英国报纸通讯员同意此论："波兰王国正处于最为悲惨的瘫痪境地，内忧外患俱至。王国的农民杀光了他们的地主，只因地主强加于他们身上的沉重奴役让他们呻吟至今。此外，哥萨克人一方则有 20 万全副武装的士兵。"这名通讯员批评了波兰王室对东正教徒哥萨克的政策：由于国王拒绝允许"他们从事宗教活动，这一管制政策引发的流血暴力事件比其他所有政策都要多"。[62]联邦议会最终选举瓦迪斯瓦夫的兄弟约翰·卡西米尔为他们的国王，并主导了与哥萨克人的休战谈判。赫梅利尼茨基欣然同意休战（他也支持了约翰·卡西米尔的候选资格），率军重返古老的首都基辅。就在这里，1648 年与 1649 年之交的异常严冬使叛乱的性质彻底改变。

由于大贵族早已全数离开基辅，而剩下的小贵族没有任何法人身份，哥萨克将士便被默认为整座城市的权力中心和代言人。他们制定的政策反映了一个事实：天主教徒和其他大部分少数派宗教信徒已逃离城市，只留下立场激进的基辅东正教教士，这让他们几乎垄断了城内大大小小的布道坛。这些人拥戴赫梅利尼茨基（尽管他有天主教的教育背景）为"摩西、基督、救世主和解放者，将鲁塞尼亚民族从（波兰人的）奴役中解救出来的英雄。他是上帝赐予我们的，因此应该被称为'博格丹'（意为上帝赐予）"。每当赫梅利尼茨基出席圣事，他都享有最尊贵的位置，基辅的市政机构将他与东正教信仰的创建者君士坦丁大帝相提并论，授予他"罗斯大公"（prince of Rus）的称号——意为古代基辅统治者的后代。[63]

这些协同一致、奉赫梅利尼茨基为国家英雄的宗教活动深深影响了他的领导风格。在 1649 年初与亚当·基西尔等约翰·卡西米尔派来的其他谈判代表进行的一篇谈话之中，赫梅利尼茨基将这种风格发挥得淋漓尽致。"的确，我是个可怜的小人物。但是，上帝已经允诺，让我成为罗斯的唯一统治者和专断者，"他的开场白如是说，"当我在第聂伯河……被追捕缉拿的时候，同我谈判正是个大好时机……在我向基辅进军的时候也很适合谈判。"但是现在，"我理当为将整个鲁塞尼亚民族从波兰奴役之中解救出来而战。一开始我只是为我自己所受的伤害和不公而战——现在我应当为我们的东正教信仰而战"。[64]赫梅利尼茨基及其支持者们随即向波兰王室递交了一份最后通牒，其中包括许多事涉宗教的要求：除了要求大赦，并让在册哥萨克（有资格拿薪俸的人）的数量增加一倍，达到 12000 人之外，他们还要求联邦议会接纳东正教教士参与，归还天主教徒侵占的所有前东正教教堂，并驱逐所有耶稣会士和犹太人。[65]

基西尔和同事们清楚，哥萨克人已经决定再启战端了。他们带着最后通牒回国，并且指出：一方面，农田里没有作物种下；但在另一方面，"农民大众正武装起来，享受着免于劳作和税捐的滋味，他们再也不想过有地主的日子了"。基西尔等人担心："就算赫梅利尼茨基本人希望和平，农民大众和鲁塞尼亚教士们也不会允许和平发生——而是（更想）让他打赢和波兰人的战争，这样鲁塞尼亚的信仰就能得到传播，他们也不会再被任何地主支配了。"此后的二十年里，世人将见证（用一本近代早期编年史的话说）一场"自波兰建国以来最庞大、最血腥的战争"。[66]

哥萨克人继续作战的原因不难理解。受1648年与1649年之交的奇寒与另一场蝗灾的可能性影响，粮食严重歉收的风险已然迫近；这样一来，战争就成了没有收成也没有中央政府给付军饷的哥萨克人获取来年食物的唯一手段。另一方面，如果之前逃走的波兰贵族和天主教教士卷土重来，他们无疑会对之前的叛乱者展开可怕的复仇行动——要么大赦，要么杀无赦。接下来，赫梅利尼茨基向沙皇阿列克谢、顿河哥萨克和鞑靼人各写了一系列的求援信件。尽管尚未摆脱城市叛乱困扰的沙皇再次公开拒绝援助哥萨克，他还是允许哥萨克免税进口面包等主食，这让很多人免于饿死；沙皇还邀请名望卓著的基辅教士来莫斯科，为缔造一个全东正教教会联盟而努力（这一教会自然居于莫斯科庇护之下）。相较而言，赫梅利尼茨基的示好在鞑靼可汗那里取得了更多成功。1649年8月，可汗带着大队人马赶来。他们合兵一处，在斯特里帕河的兹博里夫附近击溃了由波兰国王约翰·卡西米尔亲自率领的另一支波兰军队。战后因此签订的《兹博里夫协定》（Zboriv Agreement）几乎同意了赫梅利尼茨基最后通牒中提出的所有条件，包括一次大赦，驱逐所有耶稣会士和犹太人，以及彻底的宗教宽容。除此之外新王还允诺，非哥萨克不得再审讯哥萨克；王室军队不得在乌克兰驻扎；部分东正教主教可以列席联邦议会；这一区域不再允许犹太人定居；政府发薪的注册哥萨克人数将增至4万人——这将在事实上使赫梅利尼茨基（他现在已坐稳了"盖特曼"的位置）成为波兰－立陶宛联邦混合制政体内部一个新自治区的首领。

《兹博里夫协定》没有解决任何问题。鞑靼人强迫赫梅利尼茨基允许他们奴役为数众多的基督徒家庭，以换取他们撤回克里米亚。鞑靼人的条件引发了普遍的愤慨；而在同时，联邦议会不但拒绝批准国王的妥协条件（所谓东正教主教可以加入议会审议的条款），还票决筹款组建了一支新军。这支军队于 1651 年击败了哥萨克人（及其鞑靼盟友），并占领了基辅。赫梅利尼茨基不得不签署一项条约，将一部分领土割让给了波兰-立陶宛联邦，并减少了"在册哥萨克"的人数。而就在同一时刻，这位"盖特曼"再一次向沙皇阿列克谢发出了请愿，希望俄罗斯给予军事支援。

引爆点：联邦土崩瓦解

这一回沙皇表现得更具同情之心。据常驻俄罗斯的瑞典外交官彼得·鲁菲尔特（Peter Loofeldt）报告，回到阿列克谢一边之后没多久，莫罗佐夫就表示支持趁机"与波兰因争议边界开战"，以转移民众针对他的"那与日俱增的恨意和抗拒"。不过，鲁菲尔特接着说，就在阿列克谢请求缙绅会议讨论援助哥萨克一事的时候，"世俗派地主强烈反对战争，他们说'拔剑出鞘的确很容易，但你若是想要收剑回鞘可就没那么容易了'，何况战争的结果无法捉摸"。[68] 这是缙绅会议的共识，唯有一项不甚相干的宗教事态才消泯了这一共识，让莫罗佐夫得以大行其道。

1652 年，阿列克谢任命狂热的东正教修士尼孔（Nikon）为莫斯科主教，鼓励他推行一场全面的教会改革运动。尼孔改革旨在端正普通信众的行为举止：比如禁绝吸烟和咒骂，禁止在星期天工作，禁止举行"异教"活动（比如庆祝冬至，在封斋期庆祝狂欢节）并限制烈酒销售（每座城市都只得有一家酒商，每次只得向每位客人出售一瓶酒，周日、假期或封斋期间不得出售烈酒）。尼孔还试图提高教士的选拔标准（谴责那些醉酒的教士，要求圣所必须时刻有人歌唱赞美诗）。尼孔还主张，俄罗斯教会才是使徒唯一的真正传人。为了达成这一目标，他引入了希腊正教会的礼拜仪式；他收集所有用西式技法绘制的圣像画，并按照礼仪将其尽数销毁；他还发动了绘制《旧约圣经》主题圣像画的运动，以向世人宣告莫斯科业成为"新耶路撒冷"——这一自负之情在尼孔于莫斯科西郊修建的庞大修道院建筑群里表现得最为淋漓尽致，这里的一些地段被命名为约旦河、各各他（Golgotha）① 和拿撒勒，而在它的中心地带则是一座严格仿照圣墓教堂而建的大教堂。第一次访问此地的沙皇阿列克谢将这个建筑群命名为"新耶路撒冷"（这个名字今天依旧为人所知）。

莫罗佐夫很快就向尼孔吹起了耳风，说服他将这场拯救哥萨克东正教徒的战争视为其改革大计的一部分。这位主教也不失时机地"宣布战事为一场神圣事业，沙皇则是所有被迫害的旧希腊正教兄弟姊妹的保护者和拯救者；主教将沙皇与大卫王、约西亚和君士坦丁大帝相提并论，他热切渴盼保卫"教民的信仰。"这在普通民众当中引发了强烈反响，"彼得·鲁菲尔特写道，"让人们进攻波兰一事的热情大为提升。因此，现在针对波兰的备战工作已经热火朝天地开始了。"⁶⁹

波兰 - 立陶宛联邦发生的一系列事件鼓舞了俄罗斯的战意。1652 年，波兰联邦议会第一次行使了自由否决权，在议会票决通过征税法案应对新战事之前就导致了议会的解散。议

---

① 《圣经》中耶稣被钉死于十字架的地方。

会的自由否决诱使了立陶宛的几座城市悍然违抗中央政府，并试图与赫梅利尼茨基结盟；不过在第二年，尽管立陶宛人的抗议还在继续，联邦议会还是决议为入侵乌克兰拨付军费。这些事态促使沙皇向西派出了两个外交使团：一个前往华沙，要求波兰归还斯摩棱斯克等其他《波尔亚诺夫卡条约》割让的领土，而一如阿列克谢事先估计的那样，波兰议会拒绝了他的要求；另一个使团则前往乌克兰，向哥萨克人做出提供保护的承诺，但要求赫梅利尼茨基断绝与鞑靼人的联盟关系。又一次不出阿列克谢所料的是，这位"盖特曼"欣然答允。现在，沙皇向缙绅会议征询意见。1653 年 10 月，缙绅会议一致投票通过了向波兰－立陶宛联邦的宣战并将乌克兰置于俄罗斯保护之下的提案。

囿于漫长的距离和沿途危险的环境，沙皇的特使直到 1654 年 1 月才抵达赫梅利尼茨基位于佩列亚斯拉夫的军营——不过碰巧的是，他们的会面时间好得不能再好。波兰－立陶宛联邦军队前一年的军事胜利让赫梅利尼茨基相信他已无法单独取胜。一俟俄罗斯人抵达，他就召集全部中级军官开会宣布："现在我们不必在没有统治者庇护的状况下过活了。"赫梅利尼茨基接着征询他的追随者们，要他们在四位候选人，即奥斯曼苏丹、克里米亚可汗、波兰国王和沙皇中择一而从。哥萨克们一致选择效忠与他们一样信奉东正教的沙皇阿列克谢。接下来的几天里，沙皇的官员们主持了哥萨克人的宣誓仪式，他们还以沙皇的名义授予赫梅利尼茨基"盖特曼"的称号，并许诺称沙皇的军队将前来增援，帮他们抵御波兰人。俄方还同意将"在册哥萨克"的规模增至 6 万人。除此之外，俄方还认可了约翰·卡西米尔在兹博里夫对哥萨克人做出的全部让步。

哥萨克特使跟着沙皇的官员们一起回到莫斯科，并在 3 月正式接受了后来以"佩列亚斯拉夫联盟"（Union of Pereiaslav）[70] 之名为人所知的种种条款。

立陶宛持续发生的骚乱让莫罗佐夫和阿列克谢相信，他们应当对这个大公国发动一场先发制人的入侵。1654 年 5 月，沙皇率领着一支兵力约 10 万，包括所有装备着最新式西方武器的"新军团"的大军，浩浩荡荡地向斯摩棱斯克进发。就在赫梅利尼茨基拖住波军主力的同时，约翰·卡西米尔的东正教臣民却张开双手欢迎他们的同宗者：立陶宛的几座城市几乎一枪不放就倒戈了。俄罗斯军队于 7 月抵达斯摩棱斯克周边，重返他们 20 年前丢弃的攻城工事。三个月之后，这座城市就向沙皇投降了。

根据彼得·鲁菲尔特的说法，重占斯摩棱斯克之后，"俄罗斯人几乎按兵不动，他们本可以被劝服以（达成）和平。"不过，又一次"自由否决权"的行使解散了波兰议会，使其无法票决任何征税法案。鉴于"波兰人只能做出微弱抵抗"，阿列克谢决定"以饱满之热情继续战争"，他又一次亲征上阵。根据鲁菲尔特的说法：

> （俄军）拿下一处又一处防守严密的据点之后，就不想再把它们拱手让人了。这尤其是因为，这些地方的居民多半信仰东正教，并坚定不移地奉沙皇为他们的保护者。同样地，俄罗斯人已经涉足这个国家太深了，以至于他们无法轻易放弃这些地方，出于名誉上的考虑也不能如此。因此，沙皇任凭这场战争继续下去，并增派了更多的援兵。[71]

176

1655 年 7 月，阿列克谢占领了立陶宛首都维尔纽斯，并自封为立陶宛大公。

沙皇军队迅猛而彻底的胜利也令瑞典感到警觉。瑞典国王卡尔十世·古斯塔夫（1654～1660 年在位）意识到如果自己继续保持中立，俄罗斯终将占领波兰－立陶宛联邦全境。他的议会也激烈争论：瑞典是否应帮助波兰人抵御又一轮来自俄罗斯的猛攻，还是侵入波兰并在联邦垮台之前为瑞典争得一些领土。[72] 他们最终选择了后者。1655 年 7 月，就在阿列克谢进入维尔纽斯的同时，卡尔入侵了波兰。他于 9 月进入华沙，10 月攻入克拉科夫。约翰·卡西米尔逃离了波兰，而他手下的绝大多数贵族都接受了瑞典人的统治。在整个近代早期的欧洲，这是最彻底、最迅速的一次国家解体。

"洪水"和"废墟"

瑞典辉煌的军事胜利建立在脆弱的基础之上。卡尔十世麾下只有 36000 名士兵，远不足以维持他对联邦境内广袤占领区的控制。对于如何利用这场突然的胜利，这位国王也缺少清晰的方案。他没有像之前承诺的那样召开联邦议会，也没能制止手下的鲁塞尼亚士兵袭击（甚至谋杀）天主教教士以及洗劫天主教教堂财产的行为，更没能捍卫波兰贵族的特权（例如免服兵役）；他也没能为自己的军队筹集到足够的补给，以至于他们在占据的城市和乡间横征暴敛。没过多久，这些不智之举和残暴行为就让很大一部分波兰人对他离心离德，地方上的抵抗运动也开始燎原。

沙皇阿列克谢毫无与瑞典人分享战果的意愿。1656 年 5 月他向卡尔十世宣战，并对重兵把守的瑞典前哨据点里加展开了围攻；不过，尽管阿列克谢统治着世界上面积最大的国家，他还是无法动员足够的资源以同时在两场战争中占据上风。为了将兵力集中到与瑞典的新战争上，沙皇宣布同逃亡在外的约翰·卡西米尔达成停火协议，后者很快就重夺华沙。

俄罗斯立场的反转激怒了仍将波兰－立陶宛联邦视为哥萨克最大敌人的赫梅利尼茨基，他因此拒绝服从莫斯科要求其与瑞典决裂的命令；与此相反，他试图结成一个反波兰联盟（他甚至向奥利弗·克伦威尔提出了结盟申请），但许多哥萨克都违背了赫梅利尼茨基的路线，选择继续效忠沙皇。"盖特曼"于 1657 年去世之后，这一分裂仍未终结：绝大多数第聂伯河以西的哥萨克还是站在波兰一边，而那些东岸的哥萨克则大多倾向俄罗斯。凡此种种情势，都使这一区域陷入了一段血腥的无政府时期，乌克兰历史学家对这一时期以形象的"废墟"（Ruina）一词相称。波兰作家也以同样具有感染力的笔法称之为"洪水"（Potop）[73]。

有三大因素导致这场冲突久拖不决。第一，地理条件将敌对行动限制在高度可预测的地点，特别是那些不可通过的森林迫使士兵和辎重使用河道水路，而在那里他们更容易被拦截，而广大的沼泽地则给战败的部队提供了避难所，使他们得以重整旗鼓进攻敌人的交通线，降低被全部歼灭的概率。第二，俄罗斯军队有意图的暴虐行为在事实上起到了适得其反的效果。1654 年，阿列克谢告诫他的将军们："要向白俄罗斯城镇居民出示书面的迫降书。如果他们对此不屑一顾的话，那就把之后不愿皈依东正教的波兰和白俄罗斯人俘虏统统活埋。"[74]第二年沙皇率军亲征攻陷了立陶宛首都维尔纽斯，并开始纵火烧城。大火延烧了 17 天之久，导致约 8000 人死亡。而在整个占领区，俄罗斯军队到处迫害天主教徒和犹太人，东仪天主教徒受害尤为惨重（页边码第 154 页曾提及）。第三，自然灾害加剧了战争造成的破坏。鼠疫在 1650 年代两次重创了波兰，小冰期也导致了更长、更冷的冬季，以及更具灾难性的歉收——其中就包括 1657～1658 年那标志性的冬季，当时波罗的海冻结成冰，冰层之厚足以让瑞典军队得以从日德兰半岛踏冰前往哥本哈根（见第 8 章）。而在波兰中部，冰雪直到 4 月初才开始融化，根据一位廷臣的说法，"没有人在有生之年见过如此漫长的冬季"。[75]

最终，交战各方都精疲力竭，无法继续作战：1658 年末，阿列克谢与瑞典达成了休战协定，开战三年之后的这场和平让沙皇丢掉了到手的所有利益。我们很难不同意布莱恩·戴维斯的精辟论断："（沙皇）在与瑞典的战争之中一无所获。"[76] 波兰－立陶宛联邦也于 1660 年与瑞典达成了和平协定，但在此后的六年里，他们继续着与沙皇及其乌克兰盟友的战斗。

就在"洪水"期间，波兰－立陶宛联邦遭遇了所有"天启四骑士"——瘟疫、战争、饥馑和死亡——的侵袭，蒙受了毁灭性的打击。在大波兰地区，也就是被瑞典人侵夺的联邦西部领土，纳税户数从 1629 年人口普查时的 612554 户减少到 1661 年普查时的 305585 户。在 1655～1657 年曾为多支敌对军队占领的华沙，其人口则从约 3 万人降到了约 6000 人，近三分之二的建筑物化为废墟。眼光再往东看，在今日的白俄罗斯（俄罗斯军队入侵了这一区域），城市税务登记簿记录了1648～1667 年灾难性的大崩溃：平斯克的户数从约 1000 户降到了 300 户以下；莫吉廖夫则从 2300 户以上下跌到 600 户以下；维捷布斯克从近 1000 户减至区区 56 户。数千人在围城战中死于非命；数万人成了大迫害的牺牲品，就像乌克兰犹太人一样——哥萨克人将他们视为镇压者，大肆屠戮；而在莫吉廖夫，俄罗斯军队担心他们会站在推进的波兰军队一边，于是也大开杀戒。总计起来，波兰－立陶宛联邦的人口至少减少了三分之一。[77]

经过气候变化、战争和瘟疫的致命混合之后，俄罗斯人口也于1650年代和1660年代急剧减少。树木年轮、花粉和泥炭层数据显示，1650～1680年俄罗斯的春季、秋季和冬季创下了过去500年内最为寒冷的纪录。年复一年，作物不是歉收就是少收。[78]大概正如欧洲其他地方一样，许多在家里食不果腹的人都去参了军，他们之中的绝大多数都成了炮灰。1678年，在和平重临10年之后的俄罗斯，极北之地卡累利阿某地的一份详尽人口普查记录显示，当地有1000名青壮年男性死于战火——其中有近400人在战斗中当场阵亡——这让当地半数的家户都只剩下年幼的儿子。[79]鉴于阿列克谢的几场战役动员了多达10万人的兵力，俄罗斯其他地区大概也经受了同样惨重的伤亡。

1654～1657年流行的一场黑死病也造成了大范围的人口衰减。一份官方调查指出，这场瘟疫杀死了生活在克里姆林宫附属修道院里五分之四的修士和四分之三的修女，还有外交部的一半官员和财政部十分之九的官员。1656年，一名波兰访客在俄罗斯用形象化的语言描述了这场"骇人的浩劫"：

城市和乡村成为法制荡然的荒徼之地，首都当地尤其如此。莫斯科大公国对波兰－立陶宛联邦发动了战争，我主上帝也以瘟疫的形式降给俄罗斯一场战争。食物价格高昂，特别是面包；人们纷纷出去打仗，土地无人耕种；莫斯科预计会有一场灾荒。人们都强烈反对参战，他们是被强力驱使的，莫斯科只留下了很少的人。[80]

阿列克谢的战争也制造了一场财政灾难。杰出的帝俄史研究者理查德·赫利在近来的研究中认为，"1650 年代中期，俄罗斯军政当局的实际花费必已达到了每年至少 300 万卢布"，其中超过 100 万卢布花在了新军团之上。赫利指出，"俄罗斯超过八分之一的生产性资源都被用于供养军队"。[81] 修筑别尔哥罗德和斯摩棱斯克防线所消耗的资源也许还要比这多得多。

于是，沙皇孤注一掷地推出了平衡预算的应急之策，其中就包括将货币贬值。帝国铸币厂本已开始发行与银币并行的铜币，但在 1662 年，急需军费以击败波兰的沙皇颁布法令，规定税收只能用银币缴纳。如此一来，这两种货币的兑换率便从等值一下子攀升到了 1:15，生产商也拒绝在卖货（包括谷物）的时候收取铜币，这在莫斯科制造了一场饥荒。与 1648 年的情况类似，城中的数千名士兵和市民聚在一起向沙皇请愿，要求沙皇交出那些应为当下困境负责的大臣，同时，暴乱者还洗劫、焚烧了一些大臣的宅邸。不过在这一次，沙皇动用外籍军队恢复了秩序，处决了不服管教的 400 名抗议者，囚禁了另外数百人（其中一些人只有 12 岁）。沙皇下令在约 2000 名暴乱分子的脸上烙下用于识别他们身份的印迹，并将他们与他们的所有家人永久发配西伯利亚和伏尔加河下游地区。不过，这些人的苦难并非徒劳无功：第二年，沙皇就召回了全部铜币，物价迅速回落到了之前的水平。[82]

约翰·卡西米尔白白失去了上述混乱状况带来的黄金机会：他本人过于自大了（就像阿列克谢之前攻打瑞典的行为那样）。他要求联邦议会在他的有生之年选出继任者，但选举原则的支持者反复动用自由否决权，迫使国王在 1665 年到 1666 年之间四次解散议会，这令政府陷于瘫痪，没有足够的资源对俄作战，也引发了一场贵族叛乱，造成了新的破坏，并促使哥萨克头目们再度寻求奥斯曼帝国的支援。随着俄罗斯和波兰－立陶宛联邦两败俱伤，1667 年 2 月，约翰·卡西米尔的代表在安德鲁索沃（斯摩棱斯克附近的一座村庄）签署了休战协定。这个协定不仅废除了阿列克谢的侵略成果（斯摩棱斯克和临近的第聂伯河上游领土），也同意分割乌克兰，将基辅和第聂伯河东岸的全部领土割让给沙皇。

外国外交官们很快就看到了这些领土割让的意义所在。"你目睹的是一个何其狼狈的波兰啊，"法国大使写道，"她因为糟糕的施政而孤立无援，甚至得不到友邦的同情；因此，除非甘于灭亡，它只能任由俄罗斯的铁蹄践踏。"他的英国同行也赞同此说："波兰已经在某种意义上失去了乌克兰，也失去了自己的安全。"[83]1672 年奥斯曼帝国的入侵证实了这一点：再也无力抵抗的联邦迅速签下了丧权辱国的城下之盟（见第 7 章）。不过，俄罗斯人同样也面临着诸多难题。

俄罗斯的宗教分裂

在 1654 年沙皇阿列克谢离开莫斯科御驾亲征之前，他将"大君主"（Great Sovereign）的头衔授予尼孔。这个头衔使大主教得以在沙皇缺席的时候以沙皇的名义签署诏令。现在的尼孔得以监督三个不同版本的新祈祷书的印刷出版工作，这些宗教文件针对之前的教会仪礼进行了很多改革。1656 年在一场宗教会议上，尼孔将新祈祷书的内容定为唯一合法的礼仪制度，并将所有拒绝奉行的人斥为异端。这些改变看似颇为微小，却不容忽视。尼孔命令教士和信众们从此照他的要求用三根手指而非两根手指画十字，这尤其影响了东正教信仰最为普遍的视觉符号。

旧礼仪派（即尼孔的批评者）认为，真正的基督教信仰是永恒而不可更改的：增加或是减少任何东西都是在摧毁真理。他们还辩称，只有俄罗斯正教会（用时代最早且表达能力最强的一批旧礼仪派信徒之一，以"圣愚"闻名的亚弗拉米伊的话说）保存了"真正的东正教信仰，它自神圣使徒一脉相承，由七次普世公会议确认，又经神圣殉道者的鲜血封印"。亚弗拉米伊还补充说，"只要放过了一个字母"，异端思想"就会渗透进来"。[84] 这番话的下文是，如果只有俄罗斯保有了真正的信仰，那么所有与此相分歧的信仰或是宗教活动都必定是异端邪说。与尼孔不同，旧礼仪派蔑视那些来莫斯科为他们自己四面交困的教会筹款的希腊正教会高级教士（这些教士发现，发表一份支持尼孔祈祷书的宣言对实现他们的目标大有帮助），因为他们都生活在奥斯曼帝国的统治之下——这正是他们不受上主眷顾的清晰信号。他们还对莫斯科出版商生产的新式祈祷书嗤之以鼻，因为它们所依据的文本是在威尼斯印刷的，而那里是拉丁礼基督教世界的心脏。

与欧洲其他各国一样，俄罗斯普通信众倾向于将"严格遵守传统教会礼拜仪式"视为通往拯救的途径——特别是在1654～1657 年的大瘟疫之后。这场瘟疫增强了人们对当地圣像的敬事和对礼拜仪式的参与, 它们"拯救了"一个家庭或是一个社群。许多人后来回忆说: "这场瘟疫让他们改变了自己的生活方式。"在全俄罗斯境内, 普通人开始参与纪念性质的宗教游行, 去那些敬献给瘟疫受害者的还愿礼拜堂 (votive chapels) 祭拜, 在一天之内专门建造教堂, 以及发掘新的圣遗物——上述活动都是为了标榜他们对"俄罗斯母亲"的忠诚。他们也行斋戒, 自我鞭笞, 祷告的次数也远胜于昔。[85]

在世界上最大的国家境内推行宗教统一是一项空前绝后的挑战。那些愤愤不平的教士 (无论是不是旧礼仪派信徒) 可以轻易将大众的不安转化为反叛, 而这种人在帝国境内所在多有。许多心怀不满的教士都聚居在边远地区的宗教社区和修道院里; 还有一些游方神父、修士和修女在国土上游荡不定, 许多人的教籍都因抵抗当局而遭褫夺。除此之外, 每个教区都有自己的礼拜书 (常常是手写稿), 新印刷的文本要花上一些时间才能运抵这些地区; 雪上加霜的是, 鉴于手工抄本昂贵难求, 许多教区连一本祈祷书也没有。尽管有上述困难, 正教会在 1666 ~ 1667 年还是召开了另外两次由阿列克谢亲自主持的会议, 所有俄罗斯主教和许多外国主教都来参加。会议重申了"只能使用新祈祷书"的强制命令, 并将所有拒不遵从的人以"异端和顽抗者"的身份革出教门 (弃绝令直到 1970 年代依旧有效)。绝大多数改革反对者现在都已认错悔过, 但也有不少人持续顽抗。有些人就像"圣愚"亚弗拉米伊一样, 在莫斯科被当成异端处决; 还有一批人被流放到极北之地 (沙皇的仆人在那里也处死了很多人); 但只要他们活在世上一天, 各地的旧礼仪派信徒就不知疲倦地集会, 印刷古代教会的文献, 撰写死者的殉道史。

斯捷潘·拉辛

莫斯科强硬的宗教政策还在 1670 年引发了顿河和伏尔加河流域的哥萨克大起义。这些起事者以渔猎和抢劫为生，因为之前四分之一个世纪里北方农民大量南迁，顿河哥萨克的数量增至之前的三倍，达到约 25000 人，他们对这一地区稀缺的资源造成了更大的负担。在顿河及其支流下游的哥萨克定居点，情况尚可忍受，那里有一批定居已久的精英家族，他们以"户主"（householder）的外号闻名，把持了最好的渔猎和牧草资源，将莫斯科的补贴收入囊中，拥有全部政治权力；但对那些新移民来讲，情况却在一天天恶化，特别是著名的"一无所有者"（golytba 或 golutvennye）。他们缺少土地、财产和补贴，只能依靠给"户主"做工过活。用一篇政府报告的话说："从邻近区域逃亡的农民拖妻带子，结果便是给顿河流域带来了大旱灾。"[86]

1667 年俄罗斯与波兰签订的《安德鲁索沃休战协定》使哥萨克人蒙受了不小的损失。这个协定不但剥夺了哥萨克人手中一片丰饶的战利品来源地，还减少了沙皇面临的压力。沙皇不再需要仰仗哥萨克人的服役，也不必准时给他们送去谷物和弹药。那年稍晚时候，一位心怀不满的户主斯捷潘（"斯滕卡"）·拉辛因此决定率领一支由"一无所有者"组成的远征军去里海周边劫掠。和博格丹·赫梅利尼茨基在波兰 - 立陶宛联邦时一样，拉辛也在起事叛乱很久之前就将权力中心的运作方式熟记于心：他曾经访问过莫斯科，也领导过一处沙皇派到附近草原统治者那里的使馆。现在，尽管沙皇表达了明令禁止之意，拉辛和他的人马还是安全地沿着伏尔加河顺流而下到了里海，并在那里利用一系列令伊朗衰弱的自然灾害（见第13章），于1668～1669年施行了短暂的恐怖统治。

　　拉辛在灾年获取财富的杰出胜利也吸引了更多"一无所有者"前来投靠。1670年，他决定率领大军撤回伏尔加流域，并接着向莫斯科进发。他公开宣布的纲领是动员起来"打击君主的敌人和叛徒，将叛变的波雅尔（boyars）① 赶出俄罗斯"，对抗沙皇的议员、地方总督和市政治安官，"给庶民百姓自由"。[87] 就在这一当口，拉辛的追随者（现已达到7000人）却做出了另一个决定：他们本已沿着伏尔加河推进到了察里津并拿下了这座城市，现在却投票决定再次南进，控制远至里海沿岸的所有俄罗斯定居点。他们能实现这一成就要感谢两股好运气。第一，通常会在每个夏天袭扰伏尔加河下游俄罗斯前哨的克里米亚鞑靼人此时去了别处作战，这就替拉辛除去了一个潜在敌人。第二，沙皇阿列克谢将许多卷入1662年莫斯科叛乱的人（页边码第178页）放逐到了伏尔加河下游。这些渴望复仇的流放者揭竿而起，背叛所在城镇加入了叛军。

　　不过拉辛的处境依旧十分脆弱，因为整个伏尔加河下游地区的经济都要仰赖沙皇送来的货物，特别是谷物。因此拉辛劝说他的追随者，他们必须与莫斯科作战，以此维持他们赖以为生、不致饿死的供应。1670年夏天拉辛挥军北向，他赢得了另一批因莫斯科压迫政策而背离沙皇之人的支持，包括逃奴、政治流亡者、欠饷士兵、被基督徒驱逐的穆斯林，以及受压迫而又渴望向他们暴虐的主人复仇的农民，还有那些因沙皇向所有叛乱区域推行贸易禁令而破产的城镇居民。许多女性加入了

---

　　① 俄罗斯旧贵族阶层，地位仅次于王公。此阶层后被彼得大帝废除。

这场运动，参与了宣传工作；包括拉辛母亲在内的少数女性还统率过叛军部队。许多因尼孔改革而与沙皇政府离心离德的教士也为叛军提供了精神支持，起草了被政府称为"煽动信"的文书，号召那些大军行进路线上的人帮助拉辛"干掉叛徒和农民公社的吸血者"，宣称拉辛正在前往莫斯科的路上，他将"在那里推行哥萨克之道，实现人人平等"。这些教士颇为精明地向不同听众"定制"讯息——比如说，他们在写给穆斯林社群的宣传文字里使用了穆斯林自己的语言，并宣称"这是我们的口号：为了安拉和先知"。拉辛甚至声明他已收到了来自尼孔的声援信，说他代表了皇储。1670 年 9 月，这场始于顿河下游地区一场生存危机的叛乱，已在伏尔加河两岸延伸 800 英里的地带形成了燎原之势，甚至远在西伯利亚和卡累利阿的沙皇臣民都收到了拉辛的"煽动信"抄件。[88]

但在那道为了保护首都抵御南方攻击而特意建造的"长城"面前，这场叛乱还是失败了。沙皇向壁垒一线的守军派出增援，并增发了赏金和弹药，他们在防线极东处击退了拉辛和约 2 万名士兵攻取辛比尔斯克的尝试。一个月之后，（守军的）一场反击打退了拉辛，给他带来了惨重损失。拉辛本人的头部和腿受了重伤，不可战胜的光环因此褪色，随后他率军撤进了自己起事时在顿河一带坚固的根据地。而就在同时，统领另一支军队的拉辛的兄弟却没能攻下沃罗涅日，这是别尔哥罗德防线的关键要塞，他也只能悻悻退回。待到沙皇派出他的新军团挥师南下之时，哥萨克"户主"精英认定逮捕拉辛才是稳妥之举。他们于 1671 年 4 月逮捕拉辛，并将其移送莫斯科。在那里，沙皇阿列克谢下令将拉辛折磨并处决。[89]

1672 年 1 月于莫斯科举行的胜利庆典昭示了阿列克谢的

权力。伊朗沙阿派来了祝贺使团，他的臣民曾在拉辛的袭扰之下叫苦不迭；大不列颠的查理二世也派来了贺使，这是为了报答沙皇拒绝承认曾处决乃父查理一世的不列颠共和国政权的恩情。拉辛的部分追随者一度在旧礼仪派信徒占据的索洛韦茨基修道院里避难，这座修道院位于白海的一座岛屿，看上去似乎坚不可摧；但在 1676 年 1 月，一个叛徒向围攻的帝国军队透露了修道院墙壁上的一处缺口，于是大军趁着一次雪崩破墙而入。许多异见分子遭到杀戮，更多的异见分子自戕赴死。200 名守军中只有 14 人逃了出去，将旧礼仪派信徒英勇抵抗的故事广为传扬。[90]

然而数天之后，阿列克谢就离开了人世，只留下三个拥有潜在继承权的幼子。接着，内忧外患也再度袭来。在国外，1677 年俄罗斯与土耳其爆发了持续四年的战争；在国内，小型修道院里的反对派也卷土重来，他们对教士们将尼孔祈祷书付诸实践之后的效应怨愤不已。1682 年 5 月，有关阿列克谢哪个儿子才应继承皇位的争论引发了一场纷乱。一群射击军士兵对新军团的优厚军饷和蒸蒸日上的声望颇为恼怒，对克里姆林宫发起了猛攻。这些射击军得到了首都旧礼仪派信徒的支持，他们在第二个月递交了一份请愿书，要求阿列克谢的女儿索菲亚摄政恢复传统礼拜仪式。索菲亚同意就尼孔改革的正当性展开辩论，但就在一名旧礼仪派信徒发言人提出不但牧首尼孔是异端，索菲亚的父亲阿列克谢也是异端之后，她火速退出了会议，逃出了首都，将莫斯科留给哗变的射击军，直到自己纠集起一支足以击败他们的军队为止。两年之后索菲亚成功复仇，她兵不血刃地夺回了莫斯科，接着针对旧礼仪派信徒颁布了严厉的立法：所有未到当地教区教堂参与仪式的人都将被讯

183

问；一切有异端嫌疑者都将受到折磨；所有拒绝公开认错的人都将被处以火刑；任何藏匿旧礼仪派信徒的人都将受到严厉惩罚。如此一来，旧礼仪派信徒的活动便仅限于国境的边缘地带，在那里有些人在政府武力威胁之下集体自杀——他们的牺牲奉献也赢得了新的皈依者。尽管宗教异见分子不再威胁到罗曼诺夫王朝的领土完整，尽管"自杀的总人数达到了数万人"，但直到 1900 年，每六名俄罗斯人中仍有一名旧礼仪派信徒，他们的信仰在今天也拥有数百万追随者。[91]

新秩序

用弗兰克·西辛（Frank Sysyn）的话说，东欧的"近现代民族关系……始于 1648 年的赫梅利尼茨基叛乱"。就连一代人之后发生的一连串地方叛乱也没能改变这一新局面。用布莱恩·戴维斯的话说："现在，只有俄罗斯和奥斯曼两大帝国有资格争夺霸权。"[92] 庞大的波兰 - 立陶宛联邦再也没能从世纪中叶的危机中恢复过来：其人口至少减少了三分之一；《安德鲁索沃休战协定》签署一年之后，约翰·卡西米尔就退位并离开波兰；而 1686 年的《莫斯科永久和平条约》则迫使波兰永久性割让了被俄罗斯占据的领土。

战争和叛乱也摧毁了乌克兰。赫梅利尼茨基于 1648 ~ 1654 年奠下的自治状态并未存续下来，即便在此后七十年里，将有 6 万名哥萨克（及其家人）在沙皇的担保之下从国家预算里领取定期工资，让哥萨克军团成为这一地区的行政官员和社会精英。此外，波兰地主的逃离断绝了天主教对建筑商和艺术家的赞助，这让鲁塞尼亚本地的艺术、建筑和文学得以复兴，从而也深刻影响了俄罗斯。罗曼诺夫王朝全境之内的东正教神学院都追随了基辅的形制；绝大多数主教来自乌克兰；俄罗斯艺术和音乐也接受了乌克兰的形式。不过，"废墟"的说法也实至名归。1648 年大屠杀中有一半犹太人口非死即逃，根据犹太教拉比内森·汉诺威的说法，这让幸存者陷入了"绝望的深渊"；而战争和极端天气的延续也使余下的乌克兰人口减半。甚至到了 1700 年，这个前哥萨克国家也只有不过 100 万居民——相当于之前的三分之一——而幸存者仍要仰赖来自沙皇的支持。纵使他们还在相当长的一段时间里保留着内部自治，他们再也不能夸口说"沙皇统治莫斯科，但哥萨克主宰顿河"了。[93]

吊诡的是，"大动乱时代"、1648～1649 年的"大震动"和三十年战争的共同效应反而巩固了罗曼诺夫王朝的统治。就连颁布于 1649 年，直接因"大震动"而产生的《会议法典》也加强了沙皇的权力。诚然，这部法典满足了绝大多数地主的要求，让他们掌握了对农奴的绝对控制权，但它也明确了仆兵和射击军对沙皇的义务，以及他们在怠忽职守时应接受的惩罚。《会议法典》还增加了关于城镇居民财政责任的条文，并确立了东正教会的宗教仪礼，对教士的行为举止做出了规定。《会议法典》也给予了俄罗斯人和非俄罗斯人在法律面前的平等权利——一个人如果要向俄罗斯法庭请愿申诉，将不再需要皈依东正教甚或是说俄语。《会议法典》还确立了法庭礼仪、程序和费用的标准。单单这一份文件便在俄罗斯奠定了一整套以沙皇为首的社会制度和法律制度。这部法典被证明是一本"畅销书"：政府印刷商店发行了两个版本共 1200 部《会议法典》，每一版都立刻销售一空，地方官和许多个人也都人手一份。[94]

184

　　沙皇阿列克谢的战争还带来了丰厚的物质收获：俄罗斯增加了约 12 万平方英里的领土（这几乎相当于当代意大利或美国内华达州的面积），罗曼诺夫王朝也因此增加了超过 100 万新臣民。这些战争也让那些军事上自命不凡的仆兵们名声扫地，因此颇具讽刺意味的是，就在他们收到需索已久的经济利益之际，他们在军事上也已经显得过时了。沙皇不再依靠由那些缺乏斗志的地主组成的骑兵部队，转而愈发信赖那些训练有素的新军团，这些部队由报酬丰厚的西方军官训练，其士兵的忠诚无可置疑——即使其中一部分军官（比如帕特里克·戈登将军）一直认为，"我是多么想要我自己离开这个国家啊，迄今为止它与我的期待距离甚远，也与我的习性大不相容……外国人在此地的上流人等眼里仿佛不是基督徒，平民更视我们如同异教徒"。[95]

　　戈登并不是唯一一个觉察到俄罗斯"西方化"进程之局限性的人。数年之后，一名英国公使也贬低俄罗斯人说"他们身上粗野蛮横的气质是如此与生俱来"，公使希望他们能"或多或少地学会更开化的生活方式"。这位公使甚至设想，如果他们"生活在一个更仁慈的政府之下，所有人之间都能自由贸易的话，那么这个国家无疑会很快接受我们的礼仪文明和得体的生活方式"。[96]不过，就算没有这种"文明"，罗曼诺夫王朝还是得以一而再再而三地凭借《安德鲁索沃休战协定》和《莫斯科永久和平条约》从波兰 - 立陶宛联邦手中强行攫取重要的领土，并迫使奥斯曼苏丹（1681 年）和中国皇帝（1689 年）承认沙皇与他们对等的地位。"总危机"和小冰期一道使俄罗斯一跃成为强权，并再也没有从这一地位上跌落。

注 释

1. 我要特别感谢 Robert Frost、Przemysław Gawron、Dariusz Kołodziejczyk [735]
和 James Lenaghan（有关波兰－立陶宛联邦和波兰史料），还要感
谢 Paul Bushkovitch、Irena Cherniakova、Chester Dunning、Mircea
Platon、Matthew Romaniello、Mark Soderstrom 和 Kira Stevens（关于
俄罗斯和俄罗斯史料）对我写作本章的帮助。我也感谢 Alison
Anderson and Ardis Grosjean Dreisbach，他们各自为我转写、翻译
了德语和瑞典语文书。Przemysław Gawron 翻译了波兰语史料。彼
时的俄罗斯还在使用自己的历法，他们每年以 9 月 1 日为岁首
（他们计算的创世年是公元前 5508 年），在其他场合则用的是儒
略历，瑞典人也注意到了这一点。在本章除另有说明外，所有日
期都已换算为儒略历。

2. 数据来自 Hellie, *Enserfment*, 112；Eaton, 'Decline', 220 - 3；和
Dunning, *Russia's first civil war*, 466. At p. 481。Dunning 记述了同
时代人对"斯穆塔"（smuta）一语的使用。

3. Olearius, *Reisebeschreibung*, 143；LeDonne, *The Grand Strategy*, 29 -
35；Hittle, *The service city*, 23.

4. Baron, *Travels*, 120，引用了曾只身于 1630 年代穿越草原地带的
Olearius 的话。亦可参见 Davies, *State*, 30。

5. 尽管"乌克兰"在 17 世纪主要还是一个地理术语，但在本章里，
"乌克兰"指的是三片领地：基辅、布拉茨拉夫和沃里尼亚
（1569 年并入波兰）以及切尔尼戈夫（该地于 1618 年《迪乌里
诺和约》后被俄罗斯吞并，又在 1635 年与另外三地合一）。这四
个地区拥有统一的法典和官方语言（鲁塞尼亚语），也深信东正
教。在本章中，"鲁塞尼亚"一词指的是乌克兰的东正教人口。

6. Romaniello, 'Ethnicity as social rank'，指出，非俄罗斯人常常将
那些将自己并入莫斯科公国的协定称为"盟约"而非"归顺"，
这也是"复合制国家"的经典特征。

7. Frost, *The northern wars*, 107，引用了 1622 年 Krzysztof Radziwill 的话。

8. RAS, *Manuskriptsamlingen* 68, Peter Loofeldt, 'Initiarum Monarchiae

Ruthenicae', p. 99, 论及俄罗斯人如何 "维护他们自己想象的小世界（zu Behauptunge ihren vermeinten kleinen Weldt)"。外国人本身的无知也造成了问题：极少有外国人能讲俄语，而几乎也没有俄罗斯人会说外语。绝大多数人的信息来源都依赖职业人士，比如翻译、医生和军官。

9. 我要感谢 Matthew Romaniello 提供这一信息。

10. 详见 Kahan, 'Natural calamities', 371; Krenke, *Izmenchivost' klimata*, 87, 110, 113; Davies, *State*, 39; Stevens, *Soldiers on the steppe*, 42; Stevens 教授于 2004 年 9 月慷慨地向我提供了更多数据。

11. Cherniakova, *Karelia*, 101 – 5, data from Zaonezhskii Pogosts, near Lake Onega.

12. Hittle, *The service city*, 24; Hellie, 'The costs', 44; Stevens, *Russia's wars*, 132 – 8.

13. 详见 Davies, *State*, 1 – 12, 70 – 2, 75, 及 172; Shaw, 'Southern frontiers'; 以及 Stevens, *Soldiers*, 34。

14. Vernadsky, *History*, V, 368.

15. Eaton, 'Early Russian censuses', 76 – 7; Hellie, *Enserfment*, 127 – 31. Moon, 'Peasant migration', 869, 指出绝大多数移民都是青壮劳力，他们兴建农场，组建家庭，但 "将老弱病残留在原籍，这些人已衰弱不堪，很快就会过世"。大意即是，虽然奥卡河以南的人口迅速增长，更北部的人口衰减速度也超过人们的想象。

16. Dunning, *Russia's first civil war*, 474, 464.

17. Romaniello, 'Through the filter', 919 – 20, 描述了 'Stepennaia kniga', 一本近 800 页的编年志手稿，收藏于俄亥俄州立大学席兰德研究图书馆, Aronov Collection, 18。Dunning, *Russia's first civil war*, 475, 追溯了 "神圣俄罗斯" 一语的最初来源。

18. Kivelson, ' "The Devil stole his mind" ', 743.

19. Hellie, *Readings*, 192 – 6 (1645 年请愿书); Loewenson, 'The Moscow rising', 147 (瑞典公使)。

20. 有关各项专卖，参见 Hellie, *The economy*, 157 and 559 (盐) and 106 – 7 (烟草)。Torke, *Die staatsbedingte Gesellschaft*, 218 – 19, 提及了 1647 年秋天的骚乱。

21. Torke，*Die staatsbedingte Gesellschaft*，219.

22. Baron，*Olearius*，207. Torke，*Die staatsbedingte Gesellschaft*，93－4，提到了 1648 年本应前往南部边疆的莫斯科仆兵齐聚首都的重大意义。

23. Baron，*Olearius*，142，149－50；Gordon，*Diary*，II，139.

24. Platonov，'Novyi istochnik'，6－8：'Kurtze vndt warhaftige Beschreibung desz gefährlichen Auffleutes des Gemeinen Pöbels Moscow'. 这条史料（斯德哥尔摩私人收藏的手稿）和波梅伦宁大使发回的急件，都提到了这天的"恳托"，但除了 1648 年 6 月 12 日的那份之外，并没有单独的"恳托书"存世。然而，'Beschreibung'提到，这两天提交的恳托书都是同一份，这种解释似乎可信。

25. RAS，*Diplomatica*：*Muscovitica* 39 收录了这份文件的唯一存世版本，也就是波梅伦宁递交给克里斯蒂娜女王的那份瑞典语译本，一并呈递的还有他 1648 年 7 月 16 日致女王的信件。Iakubov，'Rossiia i Shvetsiia'，登载了一份俄语译本。Hellie，*Readings*，198－205，登了一份译自俄语译本的英语译本。这些文本看起来都不大可靠，因此我引用了瑞典语原文的新译本，为我翻译的是 Ardis Grosjean-Dreisbach. 关键词是叛乱（uppstånd），"大混乱"（stoor oreeda），以及"暴动和叛乱"（uppror och upstånd）。 [736]

26. Loewenson，'Moscow rising'，153（English translation of a Dutch eyewitness account）；Platonov，'Novyi istochnik'，9（'Kurtze Beschreibung'）.

27. Baron，*Olearius*，208（'We must have you too'）；RAS，*Diplomatica*：*Muscovitica* 39，Pommerenning to Christina，16 July 1648（the musketeers' answer）；Loewenson，'Moscow rising'，153（their number and pay arrears）；Platonov，'Novyi istochnik'，10（the soothing words）. 需要注意的是，后一条史料暗示有 6000 名火枪兵介入，但这也许是指在首都的 6000 人，而非关键时刻待在克里姆林宫内的 6000 人。Kivelson，'The Devil'，739，根据该文件的一份俄语译本说，人群只是在火枪兵表达诉求之后才冲进了克里姆林宫。不过，原始史料恰恰与之相反。

28. Loewenson，'Moscow rising'，153. Platonov，'Novyi istochnik'，13

（"他们没在屋里留下一根钉子"）。

29. Loewenson, 'Moscow rising', 154. 另见 Baron, *Olearius*, 208 – 9。

30. RAS, Diplomatica：*Muscovitica* 39, n. p. , 1648 年 7 月 16 日波梅伦宁致克里斯蒂娜的信中提到了"清单上的房屋"（annoterades huss）；Loewenson, 'Moscow rising', 155 提到被焚毁的房屋"有 35 座左右"。Kivelson, 'The Devil', 740 n. 21, and Platonov, 'Novyi istochnik', 14, 引用一份史料，指称被焚烧的房屋约有 70 座。

31. RAS, *Diplomatica*：*Muscovitica* 39 n. p. , Pommerenning to Christina, 16 July 1648.

32. Loewenson, 'Moscow rising', 155；RAS, *Manuskriptsamlingen* 68, Peter Loofeldt, *Initiarum Monarchiae Ruthenicae*, p. 91；RAS, *Diplomatica*：*Muscovitica* 39 n. p. , Pommerenning to Christina, 16 July 1648.

33. Avrich, *Russian rebels*, 55；Platonov, 'Novyi istochnik', 19；Kivelson, 'The Devil', 747（引自一位贵族仆人之语）。

34. Ellersieck, 'Russia', 89, 引用了 1648 年 7 月 6 日波梅伦宁致克里斯蒂娜的信。Ellersieck 自己破译了这封信。

35. Torke, *Staatsbedingte Gesellschaft*, 223 – 4, notes 71 petitions submitted between 2 June and 31 July 1648 OS. Vernadsky, *Source book*, I, 246, prints the decree of 1 June 1649 OS expelling the English merchants.

36. Ladewig Petersen, *The crisis*, 34 显示，但泽（波罗的海地区最大的商业中心）的谷物价格于 1648 年大幅上涨。Stevens, *Soldiers*, 42, 将 1648 年列为歉收之年；此外，根据 PRO *PRO* 22/60, no 73, Charles I of Great Britain to Tsar Alexei, 1/11 June 1648, 查理一世在信中对阿列克谢说，他的经办人只能买到 3 万而非 30 万单位的谷物，只因俄罗斯境内的"匮乏和现实状况"。

37. 参见 Pokrovskii, *Tomsk*, 特别是第 177 页和第 186 页的图表。

38. Davies, *State*, 237, 罗曼·波波利金总督的报告。关于科兹洛夫的叛乱，参见 ibid. , 224 – 42。

39. 详见 Anpilogov, 'Polozhenie gorodskogo'。Torke, *Staatsbedingte Gesellschaft*, 224 – 32, 对 1648～1649 年骚乱的蔓延进行了一番

令人信服的调查。

40. Hellie, *Enserfment*, 136, 引用了尼孔神父后来的证词。

41. Kivelson, 'The Devil', 752, 引用了 Prince Odoevskii 后来编纂的一份备忘录。正是他主持了这个委员会,并起草了法典。Vernadsky, *Source book*, I, 222 - 3, 登载了 1648 年 7 月 26 日诺夫哥罗德挑选委员参加缙绅会议的召集令。这些召集令是由主政贵族而非沙皇本人颁布的。

42. RAS, *Diplomatica*:*Muscovitica* 39 n. p. , Pommerenning to Christina, 4 and 18 Oct. 1648 OS, with the translation of decoded passages as corrected by Ellersieck, 'Russia', 83 - 4. In his letter of 30 Dec. 1648, loc. cit. , Pommerenning stated that each *strelets* had received 25 roubles in the course of the year.

43. Blum, *Lord and peasant*, 263 (若一名地主无预谋地杀害了其他地主的农奴,那么他就"一定要用他自己最好的农奴来偿付死去的农奴")。See also Kolchin, *Unfree labor*, 41 - 2; Hittle, *The service city*, 66 - 9; and the entire text at http://pages. uoregon. edu/kimball/1649 - Ulj htm#ch11, accessed 9 Apr. 2012 (在全文 34 节中有 4 节谈及了逃奴问题)。

44. 逃奴条款几乎是最后才确定的,这显示关于它的争论最为激烈。Hellie, *Enserfment*, 137 - 8。

45. RAS, *Diplomatica*:*Muscovitica* 39 n. p. , Pommerenning to Christina, Moscow, 17 Nov. 1649.

46. Figures from Frost, *After the Deluge*, 7 n. 8 (Wisniowiecki), and Sysyn, 'Ukrainian social tensions', 65 (地主), and 57 - 8 (犹太人)。有关分配的情况,参见 Stampfer, 'Maps of Jewish settlements';有关哥萨克作为"不满者之渊薮"的情况,参见 Gordon, *Cossack rebellions*。

47. Plokhy, *The Cossacks*, 136, 引用了 Stanislaw Koniecpolski 1631 年致议会的一份报告。

48. Sysyn, *Kysil*, 83, 引用了 Adam Kysil 有关 1637 年哥萨克问题的第二篇"论文"。Beauplan, *Description*, 描述并描绘了叛乱之前的科达克要塞。

49. Plokhy, *The Cossacks*, 143, 利沃夫编年史。

50. Hrushevsky, *History*, VIII, 222, 1648 年 2 月基西尔的报告。

51. Hannover, *Yaven Metzulah*（字面意为"深深泥淖"，初版于 1653 年），27 - 8. Beauplan, *Description*, 449, 本书也论及了波兰土地主的需索无度；Hrushevsky, *History*, VIII, 355 - 6, 描述了士兵强征民房和屠杀平民的暴行。

52. Hrushevsky, *History*, VIII, 350 - 5 以及 Plokhy, *The Cossacks*, 190 - 206 讨论了剥削犹太人的证据。Raba, *Between remembrance and denial*, 14 - 18, 探讨了反犹宣传的传播。

53. Wrocław, *Ossolineum*, Ms 188/455v, 462, 463, 465v, 491, 499v, Marcin Goliński of Kasimierz 的日记（克拉科夫地区的犹太定居点）；Beauplan, *Description*, 473 - 4（论严冬）and 471（论蝗虫），叙述了在乌克兰 17 年间的生活史。

[737] 54. Wrocław, Ossolineum, *Ms* 2389/1, A. Bielowski, 'Okolice i podania'；Wrocław, Ossolineum, *Ms* 188/516（diary of Goliński）；and Namaczyńska, *Kronika*, 27 - 9.

55. Hrushevsky, *History*, VIII, 370 - 1 and notes, and 396, 讨论了皇室的回复和信件，结论是赫梅利尼茨基肯定是在撒谎。

56. Ibid., VIII, 397, 引用了一则俄文史料。他还认为，鞑靼可汗欢迎一场针对弗拉迪斯拉夫的叛乱，因为这正是先发制人遏制波兰可能打击的方式。

57. Ibid., VIII, 411, 1648 年 5 月 31 日基西尔致格涅兹诺大主教卢比恩斯基的信。有波兰作家认为，赫梅利尼茨基在科尔松大捷之后就立即发布了一则公告，号召发起全面叛乱。但 ibid., 412 n. 54 否定了这些说法。

58. Ibid., VIII, 413 同时引用了这两则同时代的史料。我要感谢 Mirosław Nagielski 为我指出贵族武器装备的重要性。

59. Hrushevsky, *History*, VIII, 450 - 1, 引用了 'Victory March of the Khmelnytsky Uprising'. Yakovenko, 'The events of 1648 - 1649', 提供了有关"叛乱引发仇恨"文献里的其他例证。

60. Hannover, *Abyss of despair*, 50 - 77; 另见 Hrushevsky, *History*, VIII, 439 - 49 里的证词，以及 Stampfer, 'What actually happened?' 的审慎分析。所有日期都依据波兰使用的格里高利历法（新历法）给出，而非乌克兰和俄罗斯的旧式历法。

61. 数据来自 Stampfer, 'What actually happened?'; Bacon, 'The House of Hannover', 179 – 80 and 191. Raba, *Between remembrance and denial* 第一章回顾了同时代人撰写的各种屠杀记录。不少人都认为大屠杀经过了精心策划，但屠杀策划的相关证据尚未出现：教派仇恨显然足以解释这个。1650 年，波兰的犹太领袖宣布以戒食纪念涅米罗夫大屠杀开始的两周年纪念日，还发布了一首特别的挽歌，纪念 17 世纪以降的犹太历史，所谓的 "408—409 诸判决"（公元纪年的 1648 年与 1649 年是犹太历的 5408 年和 5409 年）。

62. Wrocław, *Ossolineum*, Ms 189/56; *The moderate intelligencer*, CLXXVII（12 – 19 Oct. 1648 OS），引用了一份 1648 年 10 月 2 日来自但泽的报告。

63. See Plokhy, *The Cossacks*, 220 – 35; Hrushevsky, *History*, VIII, 517 – 19; and Sysyn, 'Ukrainian – Polish relations', 63, 67 and 69 – 71.

64. Hrushevsky, *History*, VIII, 535, Khmelnytsky speech to Kysil, Feb. 1649.

65. Plokhy, *The Cossacks*, 220; Hrushevsky, *History*, VIII, 520 – 1 and 541 – 2, 赫梅利尼茨基向专员们呈交的各项条件，西洋旧历 1649 年 2 月 24 日。

66. Hrushevsky, *History*, VIII, 522, 记载了各位专员的看法，1648 年 12 月和 1649 年 2 月；Hrabjanka, *The great war*。

67. Hrushevsky, *History*, VIII, 589 – 90（哥萨克的要求）以及 593 – 5（王室在兹博罗夫的各项让步），两件事都发生在 1649 年 8 月 18 日。Vernadsky, *History*, V, 447, 讲述了哥萨克和莫斯科之间的谈判。

68. RAS, *Manuskriptsamlingen* 68, Loofeldt, *Initiarum Monarchiae Ruthenicae*, pp. 93 and 97 – 9.

69. Ibid. , pp. 98 – 9.

70. Davies, *Warfare*, 103 – 11, and Vernadsky, *History*, 463 – 81, 提供了一份有关 1654 年 1 月 "联盟" 谈判的详尽记录，以及莫斯科方面在 3 月批准的条款。佩列亚斯拉夫究竟发生了什么向来是乌克兰和俄罗斯历史学家缠讼不休的焦点。乌克兰人认为，联盟只是倾向于一种权宜之计，后者则认为联盟从一开始就是永久性的。不管哥萨克们的动机为何，至少在阿列克谢和他的大臣们看来，这从一开始就是永久的。

71. RAS, *Manuskriptsamlingen* 68, Loofeldt, *Initiarum Monarchiae Ruthenicae*, 99 – 100.

72. Roberts, *Sweden as a great power*, 163 – 9, 1654 年 12 月 8 日至 12 日的瑞典国务会议记录，显示了瑞典对俄罗斯入侵波兰的反应。议事会批准了动员令，但并未决定是否要进攻波兰，或是在拿到一些妥协条件之后与波兰结盟对抗俄罗斯。议事会还考虑了一旦入侵波兰的风险：那将导致波兰垮台，接着与俄罗斯结盟——历史确实就是如此——不过议事会也承认了未来俄罗斯入侵的风险。

73. 1886 年，亨里克·显克微支（Henryk Sienkiewicz）将一部与 17 世纪中叶波兰相关的历史小说命名为《洪流》（*Potop*），这个名字也深入人心。目前乌克兰的分裂状况在很大程度上反映了 1656 年制造的格局：东部渴盼与俄罗斯建立更紧密的联盟，而其余部分更亲西方。

74. Brown, 'Tsar Alexei', 124, 1954 年 5 月底阿列克谢致特鲁别茨柯伊亲王的信。

75. Karpinski, *W walce z niedwidzialnym wrogiem*; Rykaczewski, *Lettres de Pierre des Noyers*, 393, 1658 年 4 月 8 日波兹南来信；Namaczyńska, *Kronika*, 35。

76. Davies, *Warfare*, 132.

77. Gieysztorowa, *Wstep do demografii staropolskiej*, 188 – 90；Bogucka, 'Between capital, residential town and metropolis', 206 – 7；Reger, 'In the service of the tsar', 49；Stevens, *Russia's wars*, 160.

78. Jones, *History and climate*, 12.

79. Cherniakova, *Karelia*, 121（梅格尔斯克波戈斯特有男丁的家户，根据 1678 年的人口普查数据），以及 122（有关战争中丧生的 1092 名男性的详细情况）。

80. Frost, *After the Deluge*, 72 – 3, 引用了 Piotr Galiński 的一份报告，日期为 1656 年 4 月 30 日。

81. Hellie, 'The costs', 64 – 6.

[738]

82. Sargent and Velde, *Big problem*, 259 - 60，论及铜银交换比率（附有一份惊人的图表）。有关 1662 年叛乱的情况，参见 RAS, *Diplomatica Muscovitica* 602，n. p.，Adolph Ebbers to King Charles XI, 10 and 18/24 June, 25/29 July and 21 Aug. 1662（都是旧格里高利历）里的目击者记录；以及 Gordon, *Diary*, II, 159 - 62. 另见 Torke, *Die staatsbedingte Gesellschaft*, 244 - 52。

83. O'Brien, *Muscovy*, 120，引用了法国大使于 1667 年 2 月和英国侨民于 1667 年 9 月的说法。Vernadsky, *A source book*, I, 304，登载了于新历 1667 年 2 月 9 日签署的《安德鲁索沃休战协定》，其中包括让俄罗斯控制基辅两年的条款。这个协定还规定，各方应当在两年之内再次开会达成最终协定。如果再次破裂的话，和会就应每两年再召开一次，直至协定通过。

84. Crummey, 'The origins', 131, quoting Avraamii.

85. Michels, At war, 211 - 16，引用了教会当局 1666 年之后的调查（引文出自第 211 页）。

86. Avrich, *Russian rebels*, 65, and Khodarkovsky, 'The Stepan Razin uprising', 8，都引用了这份 1667 年的文件。

87. Avrich, *Russian rebels*, 76 and 78 - 9，引用了一份 1670 年的文件。

88. 详见 ibid., 88 - 97，以及 Khodarkovsky, 'The Stepan Razin uprising', 14 - 18。没有证据表明拉辛手中有尼孔的来信：参见赫梅利尼茨基的类似声明，第 170 页。

89. Avrich, Russian rebels, 115. 斯捷潘·拉辛催生了诸多故事和民谣：参见 idem, 121 - 2. 1964 年，Yevgeny Yevtushenko 将这些诗篇汇集起来，编成 "The execution of Stenka Razin"。

90. 沙皇和主教将所有宗教异见人士斥为分裂者（raskol'niki），为了证明这一点，他们还将新的礼拜仪式用作试金石。这就让后来的"旧礼仪派"信徒得以宣称，所有异见人士都是他们的先驱。但 Michels, *At war*, chs. 4 - 6 显示，（至少到 1700 年为止）尽管所有旧礼仪派信徒都是分裂者，但并非所有分裂者都是旧礼仪派信徒。

91. Cherniavsky, 'The Old Believers', figure on p. 21. Cherniakova, *Karelia*, 231，收录了一张引人注目的地图，显示卡累利阿农民

揭竿而起反抗教会领主或自杀抗议的地点。

92. Sysyn, 'The Khmelnytsky rising', 167; Davies, *Warfare*, 188, 紧随其后的是一篇详尽的分析, 讨论每一位主角后来的命运。

93. 详见 Bushkovitch, *Religion and society*, 第 6 - 7 章, 以及 Lewitter, 'Poland, the Ukraine and Russia'。人口数据来自 Davies, *Warfare*, 198 - 201. Subtelny, *Domination*, 130 - 7, 指出, Hetman Mazeppa 也于 1706 ~ 1709 年进行了一次短暂而并不成功的独立尝试。

94. Hellie, *Enserfment*, 256 n. 59. Hellie, *The Muscovite Law Code*, 提供了一个俄英双语版本。我要感谢 Matthew Romaniello 与我分享他在《会议法典》上的洞见。

95. Gordon, *Diary*, II, 138 - 9, 原文标示的年份是 1661 年, 但是实际写作时间大概还在数年之后。

96. Romaniello, 'Through the filter of tobacco', 914, 引述了 1663 年 "卡莱尔使团" 中一名外交官的记录。

7 "奥斯曼悲剧"，1618~1683 年[1]

"冠绝当今，或许也是有史以来
最伟大的帝国"

17 世纪初的奥斯曼帝国让所有欧洲访客都惊叹不已。一
名威尼斯领事感慨，帝国已经"如闪电般"获取了如此之多
的领土。它"在这世上坐拥周长 8000 英里的江山"，在亚欧
非三大洲各有"大片"领土；而一位英格兰旅行者则认为
"（奥斯曼帝国）冠绝当今，或许也是有史以来最伟大的帝
国"。这些敬畏之言合情合理：苏丹统治着超过 2000 万臣民和
100 万平方英里的土地。尽管伊斯坦布尔距离维也纳超过 700
英里，距离巴格达超过 1000 英里，但是拜帝国高效的交通系
统所赐，帝国信使可以在 14 天或者更短的时间里将诏令从首
都送达匈牙利和美索不达米亚，而一支于春季离开博斯普鲁斯
海峡的军队通常可以在 10 个星期之内抵达蒂萨河或底格里
斯河。[2]

不过，奥斯曼帝国在 17 世纪中叶却见证了两次弑君、三
次罢黜和大量领土的丧失（同时在欧洲和亚洲）。到 1700 年，
帝国已经沦为"欧洲病夫"。直到最近，这一衰落进程的缘由
依旧云遮雾罩，因为用一篇近来文章的话说，"17 世纪成了奥
斯曼历史上的一个黑洞"；但是，对人工和自然"档案"的细
致研究则反映，"小冰期"和"总危机"对环东地中海地区的
打击都要超过北半球的其他任何地区。[3]

奥斯曼政府的良好运转依赖的是多股力量之间的微妙平衡。每位苏丹都宣称对一切现存伊斯兰教法（沙利亚法）所未明确涵盖的事务享有着绝对且不可分割的司法权，并且会就财政、刑事和行政事务颁布每一位臣民都必须遵守的诏令，也就是所谓的"kanūn"。尽管有的苏丹偶尔会充当最高法官亲自听取诉讼，但他们还是会将行政权力下放给一位大臣，也就是"大维齐尔"，且通常让自己的枢密院听取、议决每年多达数千桩自臣民那里涌来的请愿书。[4]17世纪的绝大多数苏丹深居在皇宫中，极少远离宫禁外出。这一安排便将极大权力交给了那些控制皇宫房间进出的人，尤其是苏丹在后宫的妃嫔和掌管后宫的数百名宦官。由于17世纪没有一个苏丹正式结婚，每个诞下儿子的妃子都会坚持不懈地用密谋确保自己的儿子能够顺利继承王位，之后再以母后之尊影响他的政策。苏丹的母亲是奥斯曼帝国权力最大的女人——常常也是最有权势的人物。

奥斯曼帝国将他们的臣民分为两类："里亚"（reaya，字面意思是纳税的"臣民"）和"阿斯克里"（askeri，字面意思是"军事的"，指那些出任帝国公职的人）。后者之中则有一个精挑细选产生的士兵和政府官员群体，也就是所谓的"库拉尔"（kullar），意为"苏丹的奴隶"，拥有极大的权力。1630年代以前，苏丹都会从他们治下的巴尔干和安纳托利亚的基督教社区中征募男丁以充实"库拉尔"：这一举措便是有名的"德夫希莫"（devşirme，土耳其语意为"收集"）。一旦这些男丁抵达伊斯坦布尔，他们就开始接受旨在让他们变成顺从、熟练且"奥斯曼化"的伊斯兰教皈依者的严酷训练，之后他们要么加入近卫军（字面意思是"新军"，即装备火器的步兵），要么成为宫廷官员（尽管他们也接受了军事训练，以使他们能够更好地为这个将战争作为头等要务的国家效劳）。[5] "德夫希莫体制"以三种各不相同的方式巩固了奥斯曼王朝的权力。首先，只有"库拉尔"可以合法持有并使用火器（火枪和火炮皆然）。其次，正因为每个区域中心都拥有一套同质化的地方统治机构——包括总督、地方议会、财务官、戍卫军司令和首席法官——帝国政府可以轻而易举地将那些"奴隶"从一处岗位调动到另一处，这是因为"库拉尔"无论移往何处都将面对一套相似的行政体系、行政程序和对行政官员的职责预期。最后，年轻的皈依者们无论是祷告、吃饭、睡觉还是训练都是集中进行，这也熔铸出非同寻常的凝聚力和忠诚度；此外，"库拉尔"不得退出对苏丹的服役，他们无论拒旨还是抗旨都将冒失去生命和财产的风险。这让他们在通常情况下构成了这个国家的一大支柱。虽然如此，这一体制还是有一个明显的弱点：一旦没有了持续的监管，"库拉尔"有可能篡夺他们主君的权力，自行定夺政策。

奥斯曼帝国的穆斯林生来只主导两个职业：重装骑兵和神职人员。土耳其人在 16 世纪组成了骑兵部队（siphahis：源自波斯语"军队"一词），他们靠着苏丹赐予的封地（tîmâr）供养自己和手下扈从。但到了 17 世纪，很少有封地还能产出足够的资源来供养一名骑兵及其仆从，骑兵部队的人数也降到了8000 人左右。于是中央财政开始支付骑兵部队的军饷并将他们归入伊斯坦布尔及各个外省省会的卫戍部队（就像近卫军一样），其总人数也在 1650 年增至 2 万。这一扩军给中央财政带来了难以承受的压力：中央财政有时只能拨付近卫军和骑兵部队其中一者的军饷，无法同时向两者支饷，这就在这两股势力之间引起了敌意乃至械斗。[6]

神职人员也被称为"乌里玛"（阿拉伯语"博学之人"的复数），他们均属伊斯兰教逊尼派。这些人不仅主持公开礼拜，推行宗教教育，也负责管理"天课"，充任法官。神职人员的首脑是伊斯坦布尔大穆夫提，他由苏丹任命，与其他乌里玛一样领取国家薪水，并应中央政府的要求，裁定（通常以书面意见或是"教令"的形式）一系列官方准备推行的政策或法令是否合乎沙里亚法。[7]有时，大穆夫提对这类裁定的拒斥会酿成政治危机，并导致他被罢免，乃至在极端情况下被杀。曾经有一名大穆夫提只在位半天。历代苏丹也广建经学院（medreses：字面意思就是"学习之地"），聘用经师传授阿拉伯语句法和语法，以及逻辑学和修辞学的基础知识，以此作为神学和法律教育的先导。乌里玛的人数在 1550～1622 年增长到原来的三倍，这也反映着经学院和清真寺数量的同步快速增长（1453 年奥斯曼人征服君士坦丁堡时，该城还没有任何经学院或是清真寺。但到了 1600 年，伊斯坦布尔已有近 100 座经学院和超过 1200 座清真寺）。这就使每一位经学院的学生都得以找到一个职位、领到一份国家发放的薪水，不管他们毕业后会成为经师、教士还是法官。

然而在 17 世纪，宗教设施不再扩张，职位也逐渐减少。毕业生也许会等上数年之久才会有机会通过考试拿到教书或布道所需的证照；即便是那些拿到证照的人也常常停留在这个统治集团的底部，因为由精英家族构成的精选人群（所谓的"梅瓦利"）实质上已经垄断了高级职位，并将其交由子孙亲属继承。因此在 1550～1650 年，苏丹任命的 81 名大穆夫提和高级法官之中有五分之四都与十一个大家族沾亲带故，甚至有近一半的人直接来自这十一个家族。[8]大权集于梅瓦利之手，这自然而然地在其他仕途不畅的乌里玛成员中引起了广泛不满，有人开始声称：通往救赎路离不开对伊斯兰教的原始教义和信仰实践的回归。

那些并不隶属乌里玛但仍宣称自己拥有超自然力量的穆斯林也日渐感到不满，有的人与基督教修士并无不同：他们从此地游荡到彼地，仰仗信徒的施舍为生；还有的人与基督教隐士情貌相似：他们在某地离群索居，折节苦行；还有的人仍以行医为生——就像在伊斯坦布尔赛马场活动的"黏虫胡赛因"（'Slimey'Hüseyn），此君声称自己的鼻涕落于人身可治百病。愈来愈多的人相信在通向真主的路上，个人体验要比学识更为重要，因此他们便公开展示其虔敬苦行，有时还伴随着音乐舞蹈，这批人被称为苏菲派（sufis）。大多数苏菲派都隶属于某个教团，每个教团都由"谢赫"（sheikh）领导，他们要么住进某个教团的"居所"（类似基督教的修道院），要么就受居所的供养。一些教派与奥斯曼帝国精英成员有着紧密联系：比如拜克塔什教团（Bektashi Order）就与近卫军有着神圣关联，而托钵僧舞蹈派（Mevlevi）和隐居密修派（Halveti）也在帝国宫廷拥有众多追随者。[9]

尽管奥斯曼帝国的教士缺乏采取集体行动的传统，但 17 世纪中叶的极端气候事件与帝国面临的诸多政治经济难题都给富有魅力的传教士提供了让信众相信神灵不悦且世道亟待剧烈变革的可信证据。许多人开始在星期五的清真寺礼拜，也就是帝国全境所有男性（至少在理论上）都会出席的礼拜中，以激情满怀的布道词直接向信众们传达他们的讯息。有那么几次，他们的布道让奥斯曼帝国当局陷入险地。

188

气候与人口减少

气候变化对奥斯曼帝国的各地区造成的影响并不均匀。地中海沿岸的平原是帝国的心脏地带，这里应对"小冰期"最为成功，因为从希腊到摩洛哥的农民通常都享受了充足的阳光和降水，他们不需灌溉就能种植谷物、蔬菜、烟草乃至棉花。在这一地带，严重的粮食短缺只会发生在 1 月温度低于 5℃，或者年降水量小于 300 毫米的时候。相较而言，生活在靠近海岸的山地和高原上，以旱作农业的方式种植谷物和少数蔬菜的农民依旧离不开灌溉。在这些区域里，哪怕是细微的气候变化也足以造成巨大难题。愈深入内地情况就愈糟糕，那里的农民只有投资建设昂贵的灌溉系统才能生产作物（插图 20），即使短期旱情或是不期而至的霜冻都足以令庄稼绝收。在安纳托利亚的部分地区，乡村纳税人数在 1576 年到 1642 年间锐减了四分之三，近一半村庄不复存在；而在 1640 年和 1641 年影响安纳托利亚全境的春季强降水和此后十年间频繁发生的旱灾都摧毁了许多地方的收成，并毫无疑问地导致了更严重的人口下降。[10]

巴尔干农民也在"小冰期"受害惨重。留存至今的税收账簿显示，塔兰达地区（希腊中部）的人口从 1570 年的 1166 户降到了 1641 年的 794 户，同时的兹拉蒂察地区（保加利亚）则从 1580 年的 1637 户降至 1642 年的 896 户——两地都损失了近一半的人口。在马纳施蒂尔（今天马其顿的比托拉市）周边，全部纳税户的四分之一离家逃荒；而在东面的色雷斯，农民们于 1641 年 9 月开始收割时曾享受了一场葡萄的丰收，但随后"暴雪骤雨不期而至，许多工人在严寒中丧生"（插图 21）。[11]

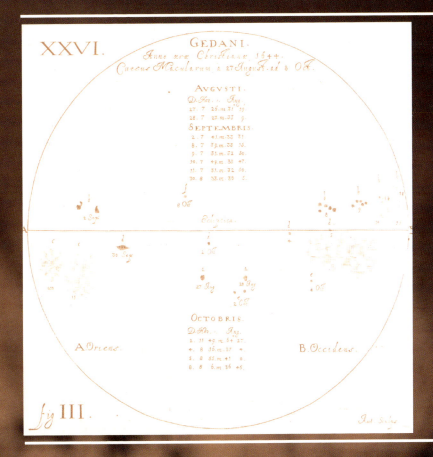

1 / 约翰内斯·赫维留 1644 年在但泽的太阳黑子观测记录（页边码第 13 页）赫维留是个酿酒商，他与妻子记下了所有观测到的太阳黑子，后来据此画出了表明其运行轨迹的星盘图（本图记述了 1644 年 8 月 27 日到 10 月 8 日之间的情况）。1640 年代到 1710 年代之间太阳黑子相对稀少，这也便利了绘图工作。考虑到那个时代对太阳黑子的漠视，赫维留将这些观测记录收作一本月球主题之书的附录。

2 / 莱昂哈德·科恩，《三十年战争一
（页边码第 31 页）

这尊骇人的条纹大理石作品雕于 16
年代，展现了一名瑞典士兵劫持裸体
性并即将强暴她的场景。这名士兵将
双手绑住、用刀胁背，准备施暴。

3 / 查理一世将他尘世的王冠换成一
荆棘王冠（页边码第 41 页）

还在监狱中的时候，查理一世就"将
的良心和我绝大多数无偏无私的想
落笔成文。这些文字触及了近来困扰
我……的主要事件"。这本书叫《国
形貌》。它于 1649 年 1 月 30 日查
一世被处决之时出版发行，到这年年
已经有 35 个英语版本和 25 个外语
本面世。

4 /《大火之后的江户全城图，1657 年 3 月 4 日》（页边码第 63 页）
荷兰商人扎卡利亚斯·瓦赫纳格（Zacharias Wagenaer）学过制图，他用生动的图示
描绘出明历大火造成的萧索荒芜之景。死尸堆在街道上（F），一度是日本最大建筑
物的幕府将军城堡也毁于灰烬（A）。唯有少数石制的商业"堆栈"完好无损（D）。

5 / 饥荒杀人：明末的河南（页边码第 79 页）

万历朝大臣杨东明在其《饥民图说疏》里展示了饥饿如何迫使百姓自
杀。如本图所示，七口之家中有五人在当地官署花园的树上上吊自杀，
他们责难当地官员并未尽到养民之责。剩下的两个幼童只能自生自灭。

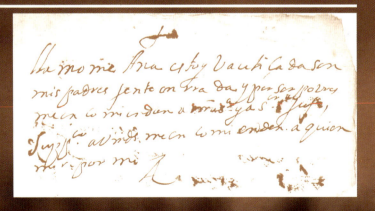

6 / 在马德里的育婴堂，一名婴儿身上留下的便条，恳请收留者悉心照
料（页边码第 100 页）

"我叫安娜"，忧心如焚的父母在便条上写道。他们于 1628 年将这个孩
子遗弃。便条结尾是："我乞求您，将我托付给某位愿意照顾我的人。A。"

7 / 中国的气象状况，1640 年和 1641 年（页边码第 126 页）
中国气候史学家已经重建了过去 500 年里的盛行天气情况，办法是从各地方志中收集数据，分别标为 1 到 5 级（1 代表非常潮湿，5 是非常干燥）。1640 年和 1641 年都是华北和东北的极度干旱之年，南方的部分地区则出现了异常降水。

8 / 一名中国男性正在接受"剃发"（页边码第 141 页）
清朝政府下令，所有男性臣民必须剃去前额头发，并将剩余头发结成辫子垂于脑后。这一举措激起了广泛的抵抗，不但因为它标志着对新朝无可置疑的效忠，还在于剃发是一项要不断重复的工作。汉人必须反复确认他们对新政府的顺从。

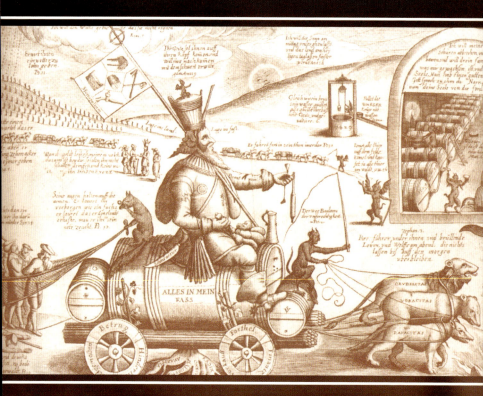

9 /《犹太酒商》,德意志,1629 年(页边码第 220 页)

这幅广为流传的版画显示,魔鬼正在指引一名犹太酒商下地狱。上面的登记簿记录了过去这个"无夏之年"里的各种气候灾难,并将这些灾难与《圣经》上的警告联系到一起。在图的左边,倾盆大雨("他以暴风雨降罚于你":《诗篇》11)和旱灾("我也必命云不降雨在其上":《以赛亚书》5:6)毁掉了葡萄园。在的图中间,密云遮蔽了太阳("我必使日头在午间落下,使地在白昼黑暗":《阿摩司书》8:9)。

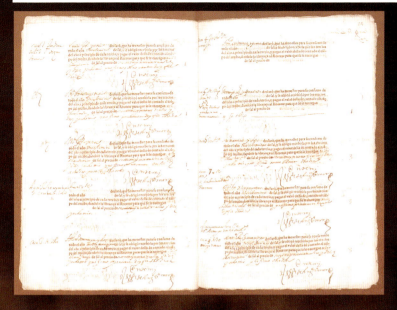

10 / 马德里富恩卡拉尔大街的"食盐登记簿",1631 年（页边码第 259 页）

为了强制推行新的食盐专卖制度，西班牙政府预先印制了表格。每一户的户主都要填上他或她的姓名、家庭规模，以及未来一年之内要买多少食盐。接下来，他们要么签署表格，要么（像其他户主一样）授权公证人来签署，"因为他们并不知道要怎么签"。

11 / 西班牙印花税（页边码第262页）

西班牙政府在 1630 年代的另一项财政新政就是官方交易应付的"印花税"。这张给付书由国王亲自签署。就凭这张纸上写的内容，受文者必须向"腓力四世陛下"的国库支付 272 西班牙金币。

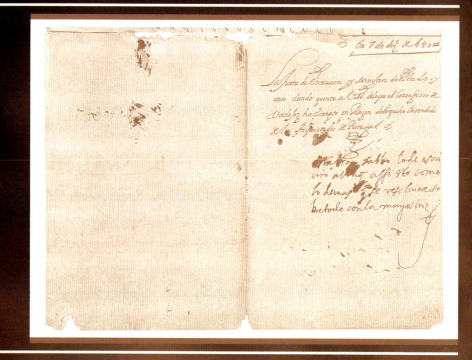

12 / 腓力四世的泪水，1640 年 12 月 7 日（页边码第 277 页）

腓力四世手下"参议会"的咨报关注了"葡萄牙骚乱"的传言。这封咨报提到，有关布拉干萨公爵的任何消息都渺不可闻。泪痕和草书显示腓力在写这封手谕时已情绪失控，他在末尾加上了自己的首字母 签名（大大的"J"）。

13 / 英国内战和波希米亚叛乱（页边码第 324 页）

旅居英格兰的流亡者、捷克雕刻师文塞斯拉斯·霍拉尔（Wenceslas Hollar）用几组图像总结了约翰·拉什沃思《历史资料》一书中有关内战起源的论点。和拉什沃思一样，霍拉尔也从 1618 年布拉格"掷出窗外事件"和"燃烧的彗星"（右上角的 Q 和 W）开始找原因，正是这一年的两次事件导致了白山之战（中间右边的巨幅图绘 X）；而在不列颠，爱丁堡暴乱（C，上方中央）、贝里克和议、纽伯恩之役、爱尔兰叛乱（D、G 和 H，中间左边的巨幅图绘）以及查理一世逮捕五名议员的企图（I，下方中央）一道引发了战争。

- - - - - - - - -

14 / 反对"劳德祈祷书"初次使用时的暴乱,爱丁堡,1637 年(页边码第 334 页)
这幅粗糙的木版画只展现了男性参与者,但事实上暴乱是由女性领导的。1637 年 7 月 23 日晨祷期间,暴乱在圣吉尔斯大教堂爆发。

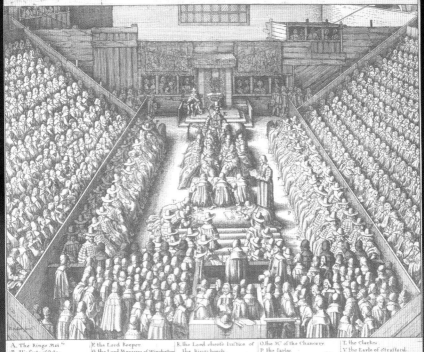

15 / 对斯特拉福德伯爵的弹劾,威斯敏斯特宫,1641 年(页边码第 344 页)
文塞斯拉斯·霍拉尔的版画展示了 70 位英格兰贵族(身着长袍、头戴帽子)被坐席上近 600 名未戴帽子的下院议员团团围住。在斯特拉福德(站在前方中央)身后,有超过 1000 名买票入场的公众在倾听、观看这场节节推进的审讯。

English Proteſtantes ſtriped naked & turned into the mountaines, in the froſt, & ſnowe, whereof many hundreds are periſhed to death, & many lyinge dead in diches & Sauages upbraided them ſayinge now are ye wilde Iriſch as well as wee.

16 / "现在你们也成了与我们一样的爱尔兰野人"（页边码第 350 页）

这是其中一幅生动形象的插图，它与后来的宣传资料一同讲述了天主教徒在暴乱中杀害新教邻居的罪行。暴乱始于 1641 年 10 月 23 日。请注意图注中的"霜冻和降雪"——当时的爱尔兰和现在一样，降雪极为罕见。

/ /1658 年从冰上越过大贝尔特海峡的瑞典军队，约翰·菲利普·伦克 （Johann Philip Lemke）绘。异常寒冷的天气封冻了大贝尔特海峡，令瑞典军队轻松占领了丹麦首都哥本哈根。

// 描绘 1649 年查理一世被斩首情景的绘画，由佚名荷兰画家绘制。

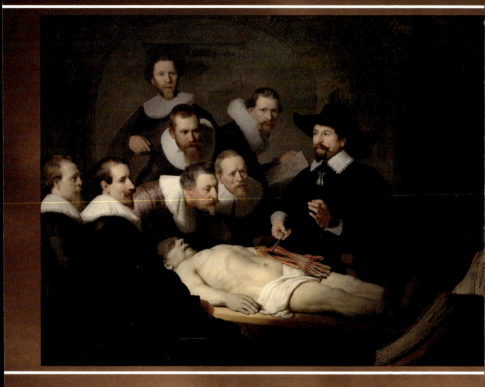

//《尼古拉斯·蒂尔普医生的解剖课》（1632 年），伦勃朗绘。17 世纪的总危机在世界各地刺激了实证探究方法的发展，其中以西方世界更胜一筹。

189

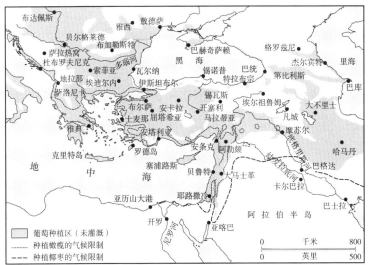

20 奥斯曼帝国气候区

东地中海地区的主要作物——橄榄、葡萄和椰枣——甚至可以在雨水稀少的夏季存活；不过，降雨模式的变动（比如 17 世纪中叶）会导致长期的损害。更频繁的干旱、更寒冷的天气也会摧毁谷物和柑橘类水果。

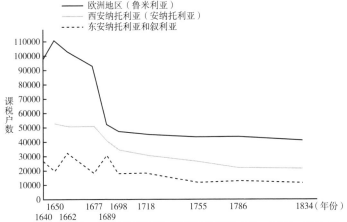

21 巴尔干半岛、安纳托利亚和叙利亚的课税户数，1640～1834 年

1640 年以降课税户数的急剧下降，可以说是奥斯曼帝国衰落的一个注脚。巴尔干半岛、安纳托利亚和叙利亚的同时下降震撼人心——事实证明，这对奥斯曼国家的税收收入的影响堪称致命。

帝国其他各地区的情况也大体相同。1645 年的克里特岛经受
了比 20 世纪任何有记载的暴雨还要严重的灾难性强降雨，作
物和建筑都毁于一旦；而在巴勒斯坦，反复上演的旱灾摧毁了
许多聚居区，其中就包括犹太教宗教中心萨法德：今天的访客
在这里仍可见到干涸河床里的 25 座纺织作坊废墟，它们正是
在 17 世纪被废弃的。1641～1643 年埃及的干旱则让尼罗河水
位降到了该世纪的最低点。这一幕于 1650 年再度上演，这次
是因为厄尔尼诺现象减少了埃塞俄比亚高原和苏丹苏德沼泽的
夏季雨量，而这两地正是尼罗河年度水循环的起点。用阿兰·
米哈伊尔（Alan Mikhail）的话说，既然"埃及是一块有水流
过的沙漠"，那么不够充沛的尼罗河泛滥便使全省（埃及）的
作物产量急剧减少——这就进一步减少了可供伊斯坦布尔居
民、苏丹的军队和阿拉伯诸圣城所用的粮食。让我们再次引用
米哈伊尔的话：埃及"是帝国的热气发动机。它以多余的能
量供应燃动了奥斯曼帝国的政治权威和政治功能——给作为帝
国大脑的首都和宫廷带来了养分，为宗教中心汉志地区提供了
动能，也为军队的肌肉注入了力量"。[12]收入的损失迫使帝国全
境的慈善机构（以及它们的粥厂）都大门紧闭，令地方贫民
的处境更加悲惨。

190   不出意外的是，那些即便在丰年也很难满足居民需求的人
口过剩地区在"小冰期"的冲击之下受创最重。比如在安纳
托利亚的某些地区，16 世纪的温和气候让农村的人口密度得
以增长到一个"之后甚至到了 20 世纪也无法企及"的水平。
地价剧烈上升，一些农民的农田规模也逐次下降，以至于某些
住区的未婚无地男性达到了成年男性总人口的四分之三之多，
任何处在这一状态的社区都不可持续。自 1590 年代以降，离

开村庄另谋生路的单身男性主要有三个目的地：城市（有人在此求职，还有人加入经学院），军队，还有亡命之徒组成的草寇，所谓的"塞拉里斯"（Celalis）。奥克泰·厄泽尔写道："在 1640 年代的安纳托利亚乡间，落草为寇的农民数量至少要与那些名列户口调查簿而且依然留在村庄的农民一样多。"[13]

尽管奥斯曼法律禁止农民不经地主同意擅离乡里，但到 1630 年代为止，擅离乡里的移民事后也只需支付低廉的补偿金。自那之后，一如在俄罗斯的情况（如第 6 章所述），在帝国骑兵部队中服役的地主也抱怨说，他们不能继续在为苏丹而战的同时维护自身的利益。这些抱怨促使中央政府执行对逃亡农民的强制追回政策：1636 年敕令许可的追回年限长达 40 年（自初次逃亡之年算起）。不过没过多久，另一条敕令就将这个期限缩减到了 10 年。1641 年的第三条敕令则恢复了只需支付"补偿金"的原则。似乎没有什么能遏制这股逃亡潮，因为人类活动恶化了更为严苛气候带来的冲击：海岸地区的海盗和内陆地区的土匪抢掠那些继续耕种土地的人。虽然那些生活在更贫穷村庄（对战利品搜寻者而言吸引力稍逊）的人和那些得到森林或高山保护（因此外人更不易进入）的社区的境遇略好一些，但慢性的劳动力短缺现在成了困扰奥斯曼经济的核心难题。

"奥斯曼悲剧"

与农村危机的背景相照应的是 1617～1623 年一系列震动帝国的政治剧变，这些动荡被当时的一名历史学家称为"奥斯曼悲剧"。[14]这场"悲剧"始于一场前所未有的王朝危机。奥斯曼皇室的所有男性成员通常都生活在皇宫中被（恰如其分地）称为"囚笼"的密闭房间里，直到其中一人成为新苏丹，并将其余所有人都处决为止。1595 年，苏丹穆罕默德三世遵循这个传统处决了全部 19 名兄弟——其中一些人还只是婴儿——并在后宫处死了怀孕的女奴。后来苏丹又处决了有谋反嫌疑的皇储，如此一来到 1603 年穆罕默德三世驾崩时，奥斯曼皇室只有两名男性成员尚在人世：他的儿子艾哈迈德（年仅 13 岁，后来成为新苏丹）和穆斯塔法（时年 4 岁）。保险起见，老苏丹下令留穆斯塔法一条生路（即便如此，据有些人的猜测，穆斯塔法还是"像一只无辜的小羊一样被抚养着，这头小羊必将迅速到屠户那里引颈就戮"），直到 1617 年艾哈迈德死亡时，穆斯塔法仍然在世。[15] 他的健在酿成了一场前所未有的混乱：下一位苏丹究竟应当是现年 18 岁的穆斯塔法，
191 还是艾哈迈德的长子、14 岁的奥斯曼呢？起初穆斯塔法的支持者占了上风，但即位后的穆斯塔法行为乖张。三个月之后，一个皇室派系囚禁了穆斯塔法——这是史上第一位因宫廷政变而遭废黜的苏丹——这场政变也使奥斯曼取而代之。

奥斯曼的统治也一样专横武断。他的教师们早已向他灌输了追随先知穆罕默德的命令"劝善戒恶"的决心，因此这位新苏丹很快就下令禁止种植和吸食烟草（依据是烟草浪费钱财，诱人懒惰，但更重要的是认为吸烟即效仿异教徒的嗜好）。苏丹也惩戒了那些曾经支持穆斯塔法即位的资深宗教领袖，特别是精英家族"梅瓦利"们。苏丹剥夺了他们待业和退休期间的薪水，褫夺了他们指定自己职位继承者（常常是其某位亲属）的权利。这么一来，奥斯曼就把最有权力的伊斯兰教士变成了他的劲敌——鉴于 1620 年与 1621 年之交的冬季异常寒冷[16]，这一举动极不明智。当时博斯普鲁斯海峡封冻

长达 40 天（这是一起空前的事件），大块浮冰让谷物无法运
入伊斯坦布尔：这座完全依靠进口粮食为生的大城开始挨饿。
奥斯曼动员军队和物资与波兰（后者攻击了苏丹在巴尔干的
某位封臣）作战，更加剧了粮食的短缺。1621 年 5 月苏丹率
军离开首都，但是，酷寒、骤雨（这一年是厄尔尼诺年）和
波兰人出人意料的顽强抵抗迫使苏丹缔结了屈辱的停战协定。
1622 年 1 月苏丹率领士气低落的军队回到伊斯坦布尔，他们
发现这座城市正处于"饥荒和高物价"的折磨之中。据一名
奥斯曼帝国目击者的说法，"这些艰难悲苦的出现让人们觉得
审判日已经来了，或是意味着全体人类的死亡"；据一名同时
代英格兰人的说法，"所有人都出声抱怨，尽管这是人力所不
能挽救的灾祸"，但苏丹本人却"并未逃过毁谤和中伤"。[17]

　　奥斯曼军队在波兰的拙劣战绩让苏丹相信有必要将充当野
战军和伊斯坦布尔卫戍部队核心的近卫军和骑兵部队替换成来
自安纳托利亚、叙利亚和埃及的部队。起初苏丹宣布自己将动
身去麦加朝圣，但不久后他又下令将政府的主要部门和帝国金
库都迁往博斯普鲁斯海峡对岸的亚洲。结果苏丹又一次时运不
济：1621 年史无前例的尼罗河大泛滥导致埃及粮食严重歉收，
接踵而至的旱灾又进一步减少了粮食供应。据一名编年史家的
说法，苏丹的士兵抗议说，他们"不带足水就无法进入一片
沙漠，他们的牲畜无疑也将死去"；另一名编年史家记载，士
兵们发出了富有修辞的诘问："波兰战役之后，我们之中还有
哪些傻瓜愿意去打仗？"[18]1622 年 5 月 18 日是苏丹选定的出征
日期，城市守军中的近卫军成员要求奥斯曼留在首都，并交出
那些建议苏丹出征的大臣。叛军在第二天回到城中，这回与他
们同行的还有大穆夫提和其他梅瓦利。大维齐尔代表苏丹出面

谈判，却被他们杀害。叛军还烧毁了大维齐尔的住宅（以及其他一些大臣的住宅）。奥斯曼苏丹和他余下的顾问大臣们勉力支撑了一段时间，直到一些离心离德的官员打开了托普卡帕宫的宫门。叛军如潮水般涌入。一队人马找到了穆斯塔法（自奥斯曼夺位以来，他已在"囚笼"里被禁闭折磨了四年之久），将他带到近卫军的清真寺，并在那里拥戴他重登大位；另一队人则找到了奥斯曼本人，并将他扔进一辆马车里拖着走过首都的拥挤街巷，在公众的羞辱之下无所遁形。奥斯曼随后被投入监狱，先是受肉刑，然后被绞死——这是奥斯曼历史上的第一次弑君事件。

奥斯曼帝国编年史家易卜拉欣·佩塞维是上述事件的目击者，他感慨"街头巷尾充斥着人"和"世间尽是叛乱和失序"；同时，正在伊斯坦布尔的英格兰大使托马斯·罗伊爵士则记下了他目睹的惊人场面：尽管宫中有数千人公开表示保护苏丹，却无一人付诸行动。"因此，世上最伟大之一的君主第一次受辱于他麾下暴动的军队。他自己的奴隶几乎都手无寸铁且人数稀少，没有人拿起剑来保卫他；那些挑起这一癫狂之举的人的意思也不是要伤害他，但随着他们内心无尽怒火的升腾，他们便废黜了苏丹……并最终剥夺了他的生命。"此外，正如罗伊精准预测到的那样，考虑到穆斯塔法的本性（罗伊认为"更适合他的是牢房，而非权杖"），"这位被拥立的（苏丹）十有八九也会因无能而被撤换"。罗伊也预测道，驻防亚洲的军队将"试图为他们的那位殉道者（前苏丹）复仇；一些远离宫廷的帕夏也会在这一状况下拒不服从一位因哗变即位的伪君"。罗伊的预言应验了。[19]

安纳托利亚的一些行省长官（其中就包括那些奥斯曼期

望能为他的新军提供兵员的人）拒绝承认这次政变，并攻击
了卫戍地方的近卫军和骑兵部队。此时的首都也仍处动荡之
中，粮食价格暴涨到了整个 17 世纪有案可查的最高水平。绝
望之中的政府派发新的贿赂以维系近卫军的忠诚，这一举措造
就了难以接受的预算赤字，将货币的含银量降到了整个 17 世
纪的最低水平。之后的几个月里，大维齐尔先后更迭五人
（其中几位惨遭暗杀）。威尼斯大使评论道："穆斯塔法即位以
来的这十个月里发生的混乱和失序根本无以名状，士兵们不加
节制地四处犯罪，他们怒火冲天，目中无人，是所有事务的绝
对主宰。"而与此同时，商店紧闭，市肆休业，粮食不继，瘟
疫蔓延。最终在 1623 年 1 月，策动穆斯塔法复辟的叛军——梅
瓦利联盟又将其废黜：大穆夫提宣布，一个疯子不能做苏丹。
他还宣告，奥斯曼尚健在的最年长的弟弟、11 岁的穆拉德将
成为其继任者——这是六年之内的第四位苏丹了。[20]

多股势力现在围绕帝国的资源和权力展开了争夺：穆拉德
四世的希腊裔母亲柯塞姆苏丹；资深宫廷官员，特别是宦官；
戍守伊斯坦布尔的近卫军和骑兵部队；以及梅瓦利。拜他们的
尔虞我诈所赐，1620 年代大维齐尔的平均任期仅四个月。同
时在安纳托利亚各省，此起彼伏的叛乱和捉摸不定的土匪流寇
榨干了政府的财政资源，欠饷的巴格达守军发起哗变，将整座
城市和伊拉克南部的大部地区都交给了伊朗军队。

穆拉德四世的"亲政"

穆拉德的统治在 1630 年进入低谷，这又是一个厄尔尼诺
年：超过 10 英尺的降水在平时罕见雨水的麦加造成洪水，摧
毁了克尔白天房的两道墙（今天矗立着的墙是此后十年间苏

193

丹重建的产物）。极端天气也扰乱了正在美索不达米亚作战的奥斯曼军队的军事行动：据一位编年史家的说法，底格里斯河与幼发拉底河在 1630 年 1 月都漫出河床，洪水淹没了整个巴格达台地。另一位编年史家则将汹涌的豪雨与"诺亚时代"相提并论。而接下来的 8 月则形成了鲜明对比，根据上述第一位编年史家的记载，底格里斯河的水位低到船只无法通行，军队陷入"弹药和供给紧缺的绝望境地"。[21] 在 1630 年、1631 年和 1632 年，尼罗河泛滥的水位远远低于灌溉三角洲所需的水位，造就了一场与致命瘟疫相重叠的大饥荒。在 1630 年夏天，伊斯坦布尔的饮用水陷入短缺。[22] 歉收报告堆积如山，农村暴动的奏报同样堆满案头。奥斯曼政府的"大事登记簿"（Mühimme Defteri）显示因地方暴动而起的请愿在 1630~1631 年异常频繁，与此同时，苏丹的御前会议也签发了 150 多份诏令以回应这些与草寇和农民造反有关的诉求。其中近 70 次暴乱源于地方官员的暴虐之举，超过 50 次暴乱与地方精英和盗匪的共谋有关。[23]

1632 年，伊斯坦布尔的混乱达到了顶峰：带头的抗议者要求与苏丹本人单独召开一次紧急会议，以使他们的不满得到回应。穆拉德犹犹豫豫地答应将他的大维齐尔、大穆夫提等朝臣交到暴民手中，这些人几乎立刻受虐而死。在数周时间里，叛军以整座城市为要挟，威胁烧毁任何拒绝支付他们薪饷的人的房屋。最终，首都市民无以复加的愤怒让苏丹得以干掉许多参与这场混乱的人（其中就包括新任的大维齐尔和大穆夫提），清洗腐败法官，严惩贿赂行为。大约有 2 万人在这场混乱中丧生——不过，最后还是年仅 20 岁的穆拉德苏丹掌握了大权，并开始了他长达八年的"亲政"。每一年穆拉德都会下令处决数百名官员和臣民，罪名五花八门：未能保养地方道路，不守军纪，售卖质量低劣的面包，以及其他违法行为。除此之外，穆拉德还怀疑他的批评者在咖啡馆和小酒馆里策划阴谋，于是他下令将这些场所尽数关闭，并禁止所有咖啡、蒸馏酒和烟草的消费。苏丹亲自执行后面这条禁令：据驻伊斯坦布尔的英格兰大使说，"他对烟酒的仇恨是如此之深，以至于他本人会亲自巡逻查看（在白天或夜晚微服私访）"并寻获私烟贩子，下令就地处决所有抗命之人。[24]

这些举措与帝国最为卓著的穆斯林传教士卡迪萨德·穆罕默德（1582～1635 年）的改革计划交相呼应。卡迪萨德是一名安纳托利亚法官的儿子（因此也是乌里玛的一员），曾在经学院和一处苏菲派居所迁延过一些时日，之后于弑君事件发生的 1622 年前往伊斯坦布尔。一开始他进入了另一家苏菲派居所，但他很快就得出结论：自己目睹的混乱都是未能严格遵循沙里亚法的教诲所致。由于乌里玛和苏菲派都没有向他提供支持，卡迪萨德·穆罕默德决定通过讲经直接将他的讯息传递给信众。虽然当时的伊斯坦布尔拥有 1200 多座清真寺，但并不是所有清真寺都享受同等待遇：其中地位最高的是七座"帝国清真寺"，每一座都拥有巨大的建筑结构，足以容纳数万人同时聆听讲经。就连对这场运动持冷漠态度的学者兼官员卡迪布·切列比也承认，卡迪萨德·穆罕默德"是一位优秀且具感染力的演说家，他在讲经时总能打动听众，从不失手"。三十年后撰写自传时，卡迪布·切列比仍能回忆起当初经过一座卡迪萨德正在讲经的清真寺时的场景。切列比觉得"他仿佛已掌握了听者的心神"。[25]1631 年，为他的演说天才所触动的穆拉德苏丹批准卡迪萨德·穆罕默德在阿亚索菲亚清真寺讲经，这是全国最具声望的清真寺。

自神职生涯伊始，卡迪萨德就将困扰首都和帝国的混乱归罪于"宗教革新"（religious innovation）。他反复引用《圣训》（先知言行录）的主张："一切革新皆为异端；所有异端都是谬误；全部谬误都通火狱。"他说真主将持续惩罚整个帝国，直到所有人都回归先知穆罕默德的信仰和实践。卡迪萨德集中攻击那些"革新之举"，将它们与苏菲主义联系到一起。他谴责苏菲派一边念诵真主之名一边载歌载舞的习俗（依据是《古兰经》中禁止"娱乐"或"游戏"的经文），也谴责苏菲派为正派的死者祈祷以请求真主对死者予以宽待的行为。卡迪萨德要求禁止所有新生的社会习俗：对烟草、蒸馏酒和咖啡的消费；在上级面前握手鞠躬；允许女人预言；以及穿着或使用任何传统穆斯林衣着与制品之外的东西。曾有一个路人语带讽刺地问一名卡迪萨德的追随者："你会将内衣（这显然是先知时代尚不存在的一种衣物）丢掉吗？"这位追随者回击说："是的——还有汤匙！"[26]

卡迪萨德的滔滔雄辩为他赢得了大量追随者——有人露宿清真寺，只为听他讲经——除此之外，卡迪萨德也在失业的经学院毕业生之中赢得了许多门徒。根据当时客居奥斯曼帝国的英格兰人保罗·里考特的说法，卡迪萨德派（卡迪萨德追随者后来的称呼）包括了"商人——他们的案牍生涯给了他们机会和营养，使他们执迷于一种忧郁而紊乱的生活"，还有学徒和奴隶（许多人之前是基督徒）。里考特还补充说，卡迪萨德派"自我沉溺于他们订立的**民事法**，经久不息地辩难、反驳和问答，以将这部法律的每一个细节都探究到底"。里考特饶有兴致地接着说："他们疯狂地崇拜自己，对他人则横加貌视。对于那些不从己说的人，他们很少向其致意，或是展开一般交流……他们训诫并纠举不守戒律者。"而对那些摈弃教诲者，"他们就将其逐出教门"。[27]

许多苏菲派领袖都会在仪式上起舞并饮用咖啡，以保证自己能经久不停地念诵圣名，他们面对卡迪萨德的批评，也迅速以其人之道还治其人之身。一些负责宣讲教义的苏菲派教士在讲经时动员经学院毕业生和他们的教众支持他们的宗教革新，制造了如下现象（根据一位对苏菲派态度冷淡的穆斯林观察者的说法）：

> 这是冒牌货所设的陷阱，给不体面傻瓜设下的圈套。这也是为什么粗鄙庸众会趋之若鹜，（为什么）还愿祭品和虔敬礼品大量流入他们（苏菲派）的居所。他们的回旋舞蹈在其中发挥重大作用，他们不会放弃他们的旋转。这些舞蹈没有任何韵律或理性可言；他们误将他们的谢赫捧上天，为了晚宴而装腔作势。[28]

这股苏菲派浪潮在 1633 年陡然逆转。这一年，一场大火紧随着漫长的旱灾而来，摧毁了至少 2 万间商铺和房屋，伊斯坦布尔的近卫军兵营和国家档案库也付之一炬。卡迪萨德将灾难归罪于宗教"革新"，警告说除非这些革新停止，否则会有更多的灾祸接踵而至。就在一次特别打动人心的布道之后，他的听众奋起洗劫了首都的酒馆。穆拉德对这一动乱无动于衷，因此卡迪萨德派再进一步：他们吟诵着《古兰经》里"劝善戒恶"的训令，号召信众不但要修正他们自己的生活，也还要找出并惩罚那些罪人。落单的苏菲派谢赫遭遇揪斗殴打，他们的居所被洗劫，他们的信徒被要求做出选择：要么重返正统信仰，要么死路一条。

穆拉德视咖啡馆和小酒馆为潜在的叛乱策源地，于是他以卡迪萨德派的怒火为借口关闭这些场所，杀死那些聚集起来喝咖啡、饮酒、吸烟的人，他相信这样做也是在消灭他的政治批评者。苏丹对这些"伊斯兰清教徒"的支持因此有助于规训他的臣民，但这也令教士们如坐针毡，因为任何微小的误算或失察都会促使他们那残忍多疑的苏丹夺走他们的生命（1634年穆拉德就以拒绝批准苏丹的决定为由处决了另一名大穆夫提）。毫无疑问，随着穆拉德统军南下从伊朗人手中收复美索不达米亚，伊斯坦布尔的所有人都长舒了一口气。

在经历了一场长期围城战之后，苏丹于1638年夺回了巴格达。也许是考虑到战争在人力和物力上造成的巨大损失，穆拉德立刻接受了伊朗的和平倡议，结束了两国之间持续逾百年的冲突，让伊拉克的绝大部分地区在今后三百年里都置于奥斯曼帝国的控制之下。此后在1640年，穆拉德因急病死去——卧病期间的苏丹发出了他那标志性的威胁，声称若不能治愈就杀死他的医生。他还试图扼杀自己唯一活着的弟弟易卜拉欣（穆拉德已经杀死了所有其他三个兄弟）。新统治者年方25岁：这是这一代人之中唯一一个以成年人的身份继承大位的苏丹，也是整个奥斯曼皇室唯一活着的男性成员，更是第一位未受对手挑战就统治帝国的苏丹。尽管如此，易卜拉欣此前的全部生命都在托普卡帕宫里的一间"囚笼"中度过：他阅读《古兰经》，练习阿拉伯书法，惶惶不可终日，害怕自己遭遇与其他兄弟一样暴力致死的命运。因此就像穆拉德一样，登上大位的易卜拉欣也缺少政治历练。

"癫狂的苏丹"

在易卜拉欣统治的头四年里，穆拉德时代的最后一位大维齐尔卡拉·穆斯塔法帕夏完全掌控着内外朝政。对外，他提倡与伊朗和奥地利哈布斯堡王朝保持和睦；此外，尽管在 1641 年未能从哥萨克冒险家手里夺回亚速城，他在第二年通过谈判取得了该地（见第 6 章）。对内，卡拉·穆斯塔法稳定了币制（尽管又经历了一场大贬值），推动了新的土地清查（以便创设更为公正合理的税基），减少了首都的卫戍部队，并禁止了卡迪萨德派煽动性的布道活动。尽管有一个地方总督违抗他，并率军直指伊斯坦布尔，但首都还是保持了忠诚，这场叛乱也被镇压了。首都的忠诚似乎令人惊讶，因为从 1640 年到 1642 年连续三年的夏季，伊斯坦布尔都经受了豪雨的打击，帝国全境暴发瘟疫，而埃及的大旱（见页边码第 188 页）则减少了宫廷平常消耗的几种粮食作物的供应量；但是，卡拉·穆斯塔法寻找替代性资源以供养首都的卓越能力让他的政治生命得以延续。1643 年，奥斯曼帝国的国库还迎来了小额盈余。[29]

卡拉·穆斯塔法也不辞辛劳地培养这位经验不足的苏丹，今天托普卡帕宫的档案还保留着一些苏丹亲手撰写的诏令，敦促他的大臣们迅速赴任。[30] 但是，大维齐尔在一件关键事务上失败了：他未能治愈易卜拉欣的许多内科疾病。一方面，苏丹饱受持续不断的头痛之苦，且经常出现体力透支的状况；另一方面，苏丹也担心自己身为皇室最后的男丁可能无法生育。卡拉·穆斯塔法聘请的医生未能治疗苏丹的病痛，于是易卜拉欣于 1642 年转而乞灵于他母亲柯塞姆苏丹推荐的江湖游医。其中一位名叫辛西·霍卡（意为"术士"）的人似乎至少治好了易卜拉欣的不举症，因为在此后六年里苏丹有了几个孩子，其中就包括四名未来的苏丹；但是，辛西·霍卡也利用皇帝的宠信，纠集了一个反对卡拉·穆斯塔法的派系，并于 1644 年初迫使这位大维齐尔去职。此后的十二年里，人们见证了 23 名财政大臣、18 位大维齐尔、12 个大穆夫提和不计其数的地方总督轮番上任并最终垮台。每个官员都试图以最快的速度为自己和追随者们聚敛财富：1640 年奥斯曼帝国政府有 6 万名官员，这个数字到 1648 年就攀升到了 10 万人。[31]

由于与威尼斯共和国的战争爆发，奥斯曼国库供养的军队规模也在快速扩大，总兵力从 6 万人增加到了 8.5 万人。两国自 1570 年代以来便一直和平相处，虽然它们都允许各自的盟友抢掠"对方"的商船，并进行海岸突袭。1644 年末，马耳他骑士团的几艘桨帆船截获了一队搭载朝圣者从伊斯坦布尔前往麦加的运输船。有些要人在战斗中丧生，其中就包括易卜拉欣后宫的前任首席宦官。大获全胜的骑士团船队前往威尼斯控制的克里特岛，这里的行政当局允许他们携带一部分战利品和俘虏登岸，并在此补充供给。

这一对中立性的践踏激怒了易卜拉欣，他立即下令展开报复。1645 年 4 月，约 5 万名士兵登上了由 70 艘大帆船、20 艘战舰和 300 艘运输船组成的舰队，充分展示了帝国的强大力量。威尼斯人不敢相信奥斯曼人竟能发起如此严峻的海陆军事威胁，他们还以为问题可以透过识时务的贿赂来摆平。"只要善用金钱，我们就还有周旋辩白的余地。"威尼斯人如此告知他们身在伊斯坦布尔的同胞。[32]他们似乎对相当一部分克里特人在威尼斯统治下感到的不满浑然不觉，也对克里特岛糟糕的防御状况一无所知——在 1645 年 1 月一场灾难性的暴风雨严重损坏了距离行政中心伊拉克里翁不远的坎尼亚的城防工事之后，克里特岛的防御受到了进一步削弱。奥斯曼远征军尽最大可能利用了这些有利条件：6 月，奥斯曼近卫军突然在坎尼亚附近登陆并攻而克之。没过多久，他们就控制了克里特岛的绝大部分地区——但是威尼斯人以封锁达达尼尔海峡的方式反击，这不仅切断了克里特岛上奥斯曼守军的补给，也断绝了伊斯坦布尔的谷物供应。

这场战争将一直持续到 1669 年，夺走了约 13 万奥斯曼士兵的生命，还耗费了约四分之三的帝国预算。战争与更多极端天气事件同时发生。1646 年的暴雨和 1647 年的旱灾摧毁了伊斯坦布尔赖以生存的多余收成，制造了又一次粮食短缺。通常而言，帝国首都每天都会消耗 500 吨面包，其中约一半要用来供养宫廷人员、首都守军和经学院的学生。因此，苏丹的贴身随从人员是最早察觉到物资供应短缺，并对此感到愤怒的人。也许这足以解释，为什么易卜拉欣（就像第 5 章提到的中国明代的崇祯皇帝一样）在大臣没能即刻取胜时表现得如此愤怒了。例如，在又一场军事失利的消息传来之后，易卜拉欣一怒之下命令将他的大维齐尔当街绞死。而就在苏丹的母亲柯塞姆苏丹预言（这在日后一语成谶）"你将重蹈你哥哥奥斯曼的覆辙"，即"士兵和人民将把你撕成碎片"之后，易卜拉欣将她放逐了。[33]

1647 年末，新任大维齐尔劝说他的主君退隐到托普卡帕宫的私人房间，以避开负面消息；不过，与世隔绝的易卜拉欣的行为甚至变得更加乖张。他养成了对奢侈品、特别是毛皮的嗜好，并对获取他渴求的商品急不可耐：有时他要求首都的商店在半夜开门，以便他的侍从能为他和后宫嫔妃们征

用奇珍宝物。伊斯坦布尔的外国人注意到了首都居民之间广
为传播的"风言风语":"苏丹应当把他在女人和吉卜赛人身
上花的钱财用来扩充军备,那些人只会跳舞演戏。""易卜拉
欣苏丹的挥霍无度,"一名当时身在伊斯坦布尔的英格兰商人
以卫道士的笔法写道,"似乎耗尽整个帝国的财富也不能满足
他:一切开销和珍宝都被用来回馈那些讨他欢心的枕边人。"[34]

　　同时支付军费并满足苏丹奇异嗜好的需求对帝国的财政构
成了挑战。经年不休的海盗和土匪侵袭在农村的很多地区导致
人口剧减。1630年代,奥斯曼帝国的财政专家不再将税收依
赖于长期以来作为财政支柱的农业生产,转而倚重个人所得
税,尤其是所谓"阿瓦里兹"(以现金或实物形式缴纳的"特
别税目",比如向皇家御厨进献的鸡,或是为修建道路和桥梁
而缴纳的费用),其次还有"吉兹亚"(非穆斯林缴纳的人头
税)。每一年,财政部都会举办公共拍卖,将这些个人所得税
的包税权售卖给出价最高的竞标人,预先以现金形式收结。甚
至这一手段也不足以支应易卜拉欣与威尼斯作战的军费,于是
苏丹的大臣采用了孤注一掷的财政应急措施:对商品征收新的
消费税,向乌里玛要求捐献,出售包括法官在内的更多公职,
以及克扣驻守伊斯坦布尔的近卫军和骑兵部队的军饷。威尼斯
充分利用了奥斯曼帝国的虚弱态势,夺回了克里特岛和巴尔干
半岛上的要塞,同时又派出间谍在奥斯曼的阿尔巴尼亚省煽动
叛乱。尤为重要的是,威尼斯舰队继续封锁达达尼尔海峡,将
奥斯曼首都同帝国的几个主要粮食产区隔绝开来。一如往常,
粮食匮乏立即影响到了那些直接在苏丹那里就食的人:宫廷官
员和宫廷守军。

　　就在同时,蝗灾摧毁了摩尔达维亚的庄稼,这里是与伊斯

坦布尔人的生计密切相关的另一个粮食产区。一名目击者生动地描述了这一过程："一群蝗虫像一支飞行的军队一样狂飙突进。太阳瞬间不见踪影，被这些昆虫的黑翅遮蔽得严严实实"，在那之后，"没有一片叶子、一枚草叶、一根干草、一株作物能够存留"。同样的灾难摧毁了今后两年的收成，一名英格兰旅行者发现，摩尔达维亚的土地上"布满了蝗虫，就像是染了一层恶毒的颜色；一些人活着，但绝大多数人都死了；蝗虫已经摧毁了这些地方几乎所有的青草，这一切都是末日最为确凿而致命的象征；此时君士坦丁堡的人们也在颇为悲戚地经历一场异乎寻常的瘟疫"。[35]

1648 年 6 月，一场地震袭击了伊斯坦布尔，与这种紧张情势仿佛相应。根据卡迪布·切列比的说法："这样的地震在我们的时代前所未有。一些阅历丰富且明智的长者说，6 月在大白天发生的地震，将给帝国的心脏之地带来血光之灾。"阿亚索菲亚清真寺的四座宣礼塔轰然倒塌，易卜拉欣的父亲艾哈迈德修建的清真寺也在周五祈祷日遭受严重损害，数千名礼拜者死亡。这次地震也摧毁了城市的主要引水渠，于是饮用水短缺的问题随着夏季酷热一同到来：水贩子哄抬水价，许多人死于口渴。卡迪萨德派教士又一次将这些自然灾害归咎于人们未能遵循先知教诲，城中的一位威尼斯观察者报告说："智者做出了名目繁多的预测——城市将在不久之后暴动，苦难和毁灭即将到来。"这位"智者"说对了。[36]

第二次弑君

令易卜拉欣死于暗杀的一系列连锁事件始于 1648 年 8 月 6 日，一位资深近卫军军官在这一天从克里特岛回到了伊斯坦布尔，带来了增援添饷的紧急请求。就在等待苏丹接见的时候，这名军官告知他的同僚大臣：中央政府未能给作战将士补充粮饷。听闻此事的大维齐尔惊恐万状，担心因此得咎的他试图杀死这名军官，但是军官成功逃脱，并向大穆夫提抱怨了克里特岛的乱状，大穆夫提又与首都的其他宗教精英和顶尖法官们咨商。第二天，一群密谋者齐聚清真寺，讨论适当的举措。

大穆夫提在咨询了易卜拉欣母亲柯塞姆苏丹之后，前往皇宫要求（苏丹易卜拉欣）任命新的大维齐尔。易卜拉欣开始破口大骂，挥舞他的手杖袭击旁人；密谋者则掐死了艾哈迈德帕夏，并将他的尸体丢到大街上，民众当场将其肢解，艾哈迈德便后来有了"西撒帕尔"（Hezapare）的绰号，意即"一千片"。8月8日一大早，密谋者递给易卜拉欣一封信，要求苏丹斥退某些嫔妃并交出所有毛皮，支付拖欠的士兵军饷，归还所有从臣民身上非法没收的商品。易卜拉欣读信之后迅速将其撕碎。怒气冲冲的士兵现在询问大穆夫提"拒绝接受真主正义的人应受何种报应；大穆夫提回答说，他已经阅读了律法之书，这种君主治下的臣民已经卸脱了他们对君主的忠诚职责"。因此，大穆夫提颁布了一份"法特瓦"命令易卜拉欣退位，理由是他已经没有能力统治这个帝国，也没有能力保护穆斯林的信仰。[37]

侍卫不失时机地劝易卜拉欣退处内廷以求自保——并在他退入宫中之后迅速锁上了身后的宫门。没过多久，一大批近卫军士兵与大穆夫提一起闯进宫廷。看到易卜拉欣已经身陷囹圄，他们就找出了苏丹年方 7 岁的长子穆罕默德，"以乌里玛和将士们的名义"拥立他为新苏丹。第二天，近卫军打开了已故的艾哈迈德帕夏的金库，找到了一大笔现金。近卫军以他们传统"加年金"（等于一整年的薪水）的名义将其据为己有；但就在这一当口，易卜拉欣从幽禁中出逃（可能是某位嫔妃救出了他）。他手持宝剑搜遍宫殿，意欲手刃穆罕默德。最终侍卫们抓住了他，并将他关进了他在即位之前待过的"囚笼"里，密谋者的首脑（包括大穆夫提）则在那里当着他的面数落他的过失："您对沙里亚法的忽视和对臣民宗教的漠然已经毁灭了世界。您将时间耗费在声色娱乐上，就在您怠惰懒政的同时，贿赂公行于朝，恶人播乱于世。您奢靡无度，将国库挥霍一空。"法国旅行者巴尔塔萨·德·蒙克尼斯当时正在首都，他声称自己"从未见过如此和平的叛乱：整个过程只花了 40 个小时，受影响的只有苏丹本人、他的大维齐尔和一位法官"。[38]

尽管如此，易卜拉欣还是在监禁他的房间里不断发出怒吼，并赢得了部分家庭成员的同情。同时，宫墙之外并未如近卫军一样拿到"加年金"的骑兵部队决心拥戴易卜拉欣复辟。为防止夜长梦多，大穆夫提于 1648 年 8 月 18 日又签发了另一道"法特瓦"，将奥斯曼历史上的第二次弑君事件合法化，并以个人名义担保这一法令立即生效。用蒙克尼斯的话说：

> 这位不幸的君主在 12 天前还对横跨三大洲的广袤土地行使着绝对控制权，现在却在帝国的首都，在他的儿子被拥为苏丹、他的母亲签发国家重要法令的宫殿里，被一位绞刑吏活活绞死。[39]

200

截至此时，首都的局势都保持了稳定，但经学院学生和青

年宫廷官员掀起的暴乱随即爆发。这两大群体的生计都因欠薪
而受到影响，他们在竞技场集会抗议；但近卫军包围并消灭了
他们。这一暴行与威尼斯封锁造成的持续高粮价一起引发了广
泛的骚乱。客居伊斯坦布尔的英格兰人罗伯特·巴尔格拉夫抱
怨，"每天都有被烂醉如泥的土耳其酒徒刺伤的危险，他们认
为所有身着我们西方（服饰）的人都是威尼斯人（仿佛世人
不是土耳其人就是威尼斯人）"；此外，"那些可能在战争之中
失去了一些近亲的人也常常对我们不利"。[40]

柯塞姆苏丹——她是穆罕默德的祖母，也是易卜拉欣的母
亲——和她的支持者们一直掌权到 1651 年夏天。经年不休的
粮食短缺、沉重税负、货币贬值和军事失利在这年夏天的伊斯
坦布尔引发了新一轮暴乱。该市的商人宣称，他们单单在这一
年就承受了十多种的新税目。他们关门闭市，要求大穆夫提像
1648 年一样进宫要求改革。年方 9 岁的苏丹吓得魂飞魄散，
同意废除自"立法者苏莱曼"登基后至此时近百年间的所有
新税种。为恢复秩序，柯塞姆苏丹再一次向近卫军寻求支持，
但她在萧墙之内遇到了更为可怖的对手：得到一个宦官派系支
持的穆罕默德之母图尔汗。柯塞姆为了维持权力孤注一掷，决
定杀死年轻的苏丹，并让一个生母更加驯服的兄弟来取代他，
但图尔汗的支持者先发制人绞死了柯塞姆，并将她的裸尸拖出
后宫。

盘踞权力中心逾三十年的柯塞姆惨遭杀害，这激怒了她在
近卫军里的政治盟友，他们发誓复仇；但图尔汗及其同党挥舞
着伊斯兰教最为庄严的圣物之一——先知的黑旗斥退了他们。
他们还派出街头公告员，敦促所有男女信众在黑旗之下集会。
成千上万全副武装的人从首都各地涌入宫中，此后的三周里帝

国的命运悬而未决,直至那些负隅顽抗的近卫军领袖被彻底消灭。这些人的财产遭到没收,并被用来收买近卫军其余成员的忠诚。

尽管如此,新政权还是未能解决摆在帝国面前的两个最为紧迫的难题:平衡预算,以及击败威尼斯人。1653 年,年届14 岁的苏丹穆罕默德向他的主要顾问寻求建议。"我的花费已不像我的父亲在位时那么多,而收入却与他在位时相同,"他问,"那么究竟为什么国家的收入不再足以填补支出?还有,国家为什么无法为舰队或其他重要事务筹足资金?"经过一番讨论,穆罕默德请他的每一位大臣都上交一份书面意见。其中一人便是卡迪布·切列比。据他计算,就在弑君事件发生的1648 年,帝国的中央财政收入是 3.62 亿阿克切(土耳其银币单位),但开支却高达 5.5 亿阿克切。两年之后,中央财政收入增至 5.32 亿阿克切,但支出也涨到了 6.77 亿阿克切。根据卡迪布·切列比的说法,到1653 年,帝国的"财政赤字已达1.6 亿阿克切",政府已经预先征收了未来数年里的多项税目。卡迪布认为,主要问题在于以主体税种(财产税)为主的收入大大减少,而与威尼斯的战事则持续消耗着苏丹的可用资源(插图 22)。卡迪布·切列比认为,只有缩减常备军规模才可大幅减少支出,只有恢复乡村的法制才能让农民返回乡里恢复耕作并缴税,如此才能充分增加收入。他还预言,如果国家没能做到这些,"那么违抗法律的祸乱定将发生,不正义和暴力的重担也将毁灭帝国"。[41]

卡迪布·切列比对自己提案的命运不抱幻想。"我早就知道自己的意见难获采纳,"他在另一本书中写道,"因此我也没有继续自寻烦恼。"他只是希望"未来某个时候的苏丹或可意识到我提出的问题"，并能在为时过晚之前采取行动。而现实也几乎与他的提案背道而驰。1653 年，穆罕默德和他的大臣们驳回了威尼斯的和平提议（因为这个共和国拒绝放弃克里特岛）。两年之后，帝国高层又终结了安纳托利亚的另一场军事叛乱：他们将叛军及其领袖编入常备军，令常备军的兵力从 7.1 万人剧增到 13 万人——也为中央财政增加了 2.62 亿阿克切的支出。[42]

正如卡迪布·切列比在另一篇文章（他的著作为数众多）中发表的评论所言，"一旦某个话题在众人当中引发了争议与分歧，那么即便他们最终达成了一致的意见，彼此间的矛盾也不可能完全化解"。[43]随着威尼斯军队对伊斯坦布尔的封锁和对克里特岛的占领继续，伊斯坦布尔宫廷的各大派系之间围绕如何扭转颓势展开的徒劳"争论和争吵"也没有止境。执掌权柄的大臣如走马灯般更迭，每个人在提出了新的举措之后，便因没能立刻取得成功而丢掉了脑袋：在 1655～1656 年就有七位大维齐尔先后上位，有人在任上只待了几个星期，甚至还有人在任仅一天。1656 年 3 月，政府又一次试图平衡预算，办法是激进的货币贬值。这一激烈的举措引发了又一场叛乱：卫戍部队发现没有任何一家商店店主愿意接收形同废物的新硬币。近卫军再一次向皇宫进军，要求交出苏丹手下的三十名"奸臣"，穆罕默德只得勉强答应。这些大臣被绞死，尸体倒吊在首都各主要公共广场的大悬铃木上——这是奥斯曼帝国近八年之内的第四次政权更迭。

由于土耳其政府无力抵抗，威尼斯人又一次击溃了奥斯曼舰队，占领了爱琴海中的忒涅多斯岛和利姆诺斯岛，这就在事实上切断了伊斯坦布尔通向地中海的通道。许多土耳其居民害

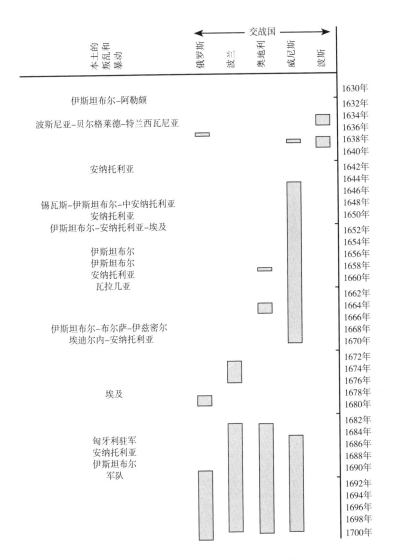

22　奥斯曼帝国的战争，1630～1700 年

　　17 世纪的历代苏丹几乎总是在穷兵黩武。至 1680 年代为止，他们往往能保证帝国在同一时间内只在一条战线上作战，但在 17 世纪的最后 15 年里，奥斯曼帝国不但面临着所有欧洲敌对方的进攻，还要处理国内的叛乱和暴动。

202

怕威尼斯人对伊斯坦布尔发动直接进攻，于是卖掉他们的财产
203 离开了首都。地方各总督拒绝向中央机构上缴金钱，首都也处
在饥荒的边缘，奥斯曼帝国的未来似乎已黯淡无光。大众的不
满越发强烈，苏丹的命运因此又一次岌岌可危。"街谈巷议都
对他咒骂不已，"一位外国旅行者记述道，"因此在土耳其人
陷入最为不幸的境地、帝国的政务再度蒙羞的时候，苏丹也面
临着迫在眉睫的革命风险。"[44]

稳定再临

此时，卡迪萨德派教士和往常一样将一切灾祸都归咎于宗
教革新。他们本已在青睐苏菲派的柯塞姆苏丹执政期间大为失
势，但在 1651 年柯塞姆苏丹殒命之后，卡迪萨德派得以令官
方立法禁止烟酒，并认可对特定苏菲派居所的摧毁行动。在
1656 年，他们制订了摧毁全首都所有托钵僧住所、拆掉每座
清真寺（除了阿亚索菲亚清真寺）的所有宣礼塔的计划，"欲
使伊斯坦布尔完全遵从先知的教诲"。[45]

然而，这次大规模突袭并未发生，因为在 1656 年 9 月 15
日，穆罕默德四世任命科普奥卢·穆罕默德帕夏为大维齐尔。
作为一名来自阿尔巴尼亚的"德夫希莫"，年届八旬的科普奥
卢之前只执掌过小型政府部门，但他对奥斯曼帝国的内部运作
了如指掌。接任大维齐尔一职前，他便与"宫中"展开了多
轮密集谈判，得到了穆罕默德母亲图尔汗苏丹、大穆夫提和乌
里玛的支持，以对卡迪萨德派先下手为强。数天之后，随着卡
迪萨德派拒绝叫停他们计划对苏菲派居所发起的袭击行动，科
普奥卢将他们的领袖拘捕并流放。趁着这股胜利之势，科普奥
卢处决了一批不得人心的人，其中最显要的就是被控叛国的希

腊正教会主教，以及许多将忒涅多斯岛丢给威尼斯人的近卫军士兵。首都卫戍部队的一些人起而反抗这些专横之举，科普奥卢的做法则是挑唆骑兵部队与近卫军作战，以巩固自己的权势。此后他请求大穆夫提发函，承认他迄今为止的所有举措合法。穆夫提照办了，但在复函中大表惊讶。"在这个时代，"科普奥卢回答说，"所有人都在不停转变心意和效忠对象，我希望以白纸黑字的形式确保您的忠诚。"[46]

科普奥卢还动员宗教力量支持他反击威尼斯。他命令所有名叫穆罕默德（与先知同名）的宫廷侍从每天念诵《古兰经》的开篇经文，直到战役结束；他还命令 101 个人在首都各主要清真寺念诵《古兰经》全篇 1001 遍。[47]科普奥卢相信这些举措会带来奇迹，并亲自统领奥斯曼舰队迎战威尼斯人，而结果没有令他失望：威尼斯守军交出了利姆诺斯岛和忒涅多斯岛，他终于打破了威尼斯人对首都的封锁，恢复了自埃及而来的关键粮食供给。随后，科普奥卢率军进入巴尔干半岛，似乎意在攻击亚得里亚海滨的威尼斯据点，但安纳托利亚的一场叛乱迫使他回师。叛军领袖阿巴扎·哈桑是帝国第三大城市阿勒颇总督，他已经赢得了安纳托利亚和叙利亚各地方总督的广泛支持，教士开始称赞他为"更新者"和"弥赛亚"，期许他使伊斯兰社会重归纯净。哈桑及其支持者要求苏丹罢免大维齐尔。

这给穆罕默德四世带来了一大挑战。尽管苏丹深知若拒绝牺牲科普奥卢将很有可能引发一场内战，但他还是为大穆夫提发布的一份法特瓦背书，并谴责叛军："鉴于这些人犯上谋叛，你们便可合法地取得他们的血——那些妖言煽惑穆斯林军队放弃与异教徒作战的人，比异教徒还要可恶。"在伊斯坦布尔的乌里玛为这份法特瓦背书之后，成千上万件副本被散发出去，并附有一则对全体成年男性的呼吁，号召他们奋起抵抗叛军。小冰期也为科普奥卢提供了一臂之力：1657 年末到 1658 年初的标志性寒冬紧接着安纳托利亚的歉收到来，令叛军根本无法维系军队的粮饷，叛乱所获的支持也逐渐烟消云散。1659 年初，阿巴扎·哈桑和他的副官们在宽大为怀的承诺下投降——最终却还是遭到处决。[48] 现在，科普奥卢·穆罕默德派出他所信任的副手伊斯梅尔帕夏追捕叛军，终结不合理的税务豁免，并没收所有非法持有的火器。当时有两则广为传颂的轶事趣闻反映了科普奥卢的成功。第一则故事说，安纳托利亚的一座城市号称拥有 2000 名先知穆罕默德的后裔，每个人都因此名列免税人之列：伊斯梅尔的调查仅仅确认了 20 个人的圣裔身份，他还命令，其余 1980 人不仅要支付现在的税收，还要补齐之前十年拖欠的全部税款。第二则轶事提到，就在伊斯梅尔帕夏彻底地收缴了民间的枪支（据说他收回了 8 万支枪）之后，一位农民注意到树林里有一只山鹬正倔强地朝自己鸣叫。"你就尽情啁啾吧，"农民郁闷地说，"你的保护人伊斯梅尔帕夏拿走了我们所有的枪。"[49]

小冰期也为科普奥卢·穆罕默德的五年大维齐尔任期带来了最大的麻烦。在 1659 年与 1660 年之交，环爱琴海和黑海地区经受了公元 1000 年以来最严重的旱灾：冬天没有丝毫降雪，春天未见一滴降雨。在罗马尼亚，据一份乡下售货合同的说法，"上帝赐予我们匮乏。因此，我们希望将我们的财产出售给亲属。不过他们拒绝了，坐视我们死于饥饿"；编年史家记载，饥饿也在此时迫使其他人卖儿鬻女。在特兰西瓦尼亚，一名高级官员在日记中写道，贫乏的收成造成了大范围的饥荒，"特兰西瓦尼亚从未见识过类似去年的惨状"。[50] 旱灾和酷热联手将伊斯坦布尔的木制建筑变成了火绒箱。1660 年 7 月，一场猛烈的大火摧毁了首都三分之二的街区，清真寺上的宣礼塔像蜡烛一样燃烧。主要伤亡都发生于伊斯坦布尔绝大多数犹太人和基督徒聚居的区域：7 座犹太会堂和至少 25 座教堂都烧得片瓦无存。

这便是科普奥卢·穆罕默德掌权时的情势，但他安然熬过了这些灾难。第二年他在床上死去，将大维齐尔的位子传给了自己 26 岁的儿子科普奥卢·法齐尔·艾哈迈德：这次和平的权力交接在 17 世纪的奥斯曼历史中十分罕见（这也是大维齐尔一职有史以来第一次父死子继）。这位新维齐尔曾经是经学院的教师，他立刻邀请了一位魅力十足的卡迪萨德传教士来到伊斯坦布尔加入他的团队，此人名唤瓦尼·穆罕默德·艾芬迪。瓦尼效法一代人之前的卡迪萨德·穆罕默德的事例，也将伊斯坦布尔的大火归咎于人们对伊斯兰教早期宗教实践的背弃。苏丹再一次瞩目于此，禁止了烟草、咖啡和酒精的消费，谴责音乐表演和公开的舞蹈、咏唱活动，严禁异性之间一切未受监督的会面，并坚持严格执行沙里亚法。他还捣毁了著名苏菲派人士的坟墓，放逐或处决了苏菲派领袖。[51] 瓦尼一派的教士还宣称，在伊斯坦布尔大火中犹太人的财产损失不成比例地高，这是神灵不悦的信号。他们要求立法禁止犹太人重返这些居住区。科普奥卢·法齐尔·艾哈迈德不失时机地没收了所有在大火之前犹太会堂占据的地皮，并将这些土地拍卖出售：由于他禁止非穆斯林竞标，这些地域立即就伊斯兰化了。为了纪念这一转变，也为了炫耀她本人与日俱增的权威，苏丹母亲图尔汗在此地捐资修筑了巨大的 "新清真寺" （Yeni Cami）。1665 年新清真寺正式开放之时，瓦尼·穆罕默德·艾芬迪成

了该寺的首任教士，他的布道持续强调着穆斯林传统的至高无
上，也一刻不休地批评着犹太人。[52]

沙巴泰·泽维的弥赛亚运动

上述变革给奥斯曼帝国全境之内的犹太人带来了巨大的震
动与深刻的警示。其中一些人已躁动不安，因为犹太历法刚刚
开启了一个新世纪（公元 1640 年在犹太历里是 5400 年），每
个犹太历新世纪通常都会带来一次犹太弥赛亚运动的复兴。此
外，犹太历 5400 年之前的数年还见证了犹太教拉比和传统圣
书（《托拉》[①] 和《塔木德》）的权威在犹太人群体之中的衰
落。犹太人青睐新的权威来源，其中之一便是"卡巴拉"（字
面意义是"传承之物"）：这一教派既看重神秘主义与上帝的
启示，也看重传统和《托拉》，他们像尊崇拉比一样尊崇先知和
医疗术士。卡巴拉派有着鲜明的特色，他们兴起于巴勒斯坦的萨
法德，在犹太世界影响甚广。他们的教义一开始仅凭口耳相传，
后来则是通过手稿流通，最终采用印刷方式，在意大利和波兰尤
为昌盛。这是个悲剧性的反讽：一些饶具名望的犹太作家认为，
"在第五个千禧年的 408 年（公元 1648 年），栖身残灰之人都将复
活"。纳夫塔利·本·雅各布·巴卡拉赫出版了《王之谷》（*Emeq
ha-Melekh*，1648）一书，预言犹太人的救赎和世界末日很快就
会到来。两年之后，玛拿西·本·以色列（Manasseh ben
Israel）写就的《以色列的希望》（*Esperança de Israel*）一书很
快就被译成多种语言，传播了与前书大体相同的信息。[53]

---

① 犹太教核心经典，所指范围广泛，一般可指《希伯来圣经》中的前五部
（《摩西五经》），也可指全本《希伯来圣经》（相当于基督教的《旧约圣
经》）乃至犹太教的全部宗教经典文献。

　　四场灾难让全世界的犹太社群持续处于紧张气氛之中。首先是在 1645 年，巴西部分地区的葡萄牙定居者揭竿而起，向一度征服当地的荷兰人发起反抗（见第 14 章）。尽管荷兰殖民政权曾积极鼓励犹太人定居，现在葡萄牙人却捣毁犹太人的财产，并杀死（或是移送审讯）所有被找到的犹太定居者。其次，就在同一年，威尼斯与奥斯曼帝国爆发的战争切断了两国间利润丰厚的贸易活动，而生活在两国境内的犹太社群都赖此为生。第三，腓力四世在卡斯蒂利亚宣布政府破产，并没收了所有过去 20 年里政府借款的本金，其中绝大多数都来自葡萄牙的犹太银行家。所有人都倾家荡产。第四场也是最后一场灾难发生在乌克兰，哥萨克人在那里屠杀了成千上万的犹太人（见第 6 章）。[54]

　　上述灾祸的报道尽数传入伊兹密尔（士麦那），在这座繁荣港市的塞法迪犹太人社区里有一位名叫沙巴泰·泽维的宗教学生。在 1648 年的某一天，泽维独自一人于城外散步冥思，他"听到上帝的声音降示于他：'你是以色列的救主、弥赛亚，大卫之子，雅各的神的受膏者，你命中注定将拯救以色列，将以色列从世界各地聚往耶路撒冷'"。沙巴泰后来告诉自己的门徒，从此之后"他便身着圣灵"，自觉天佑，行为也变得乖张起来。他在安息日用一把斧子砍倒了犹太会堂的大门，安排了一场自己与《托拉》结婚的仪式，嘴里一刻不停地念叨着上帝的四字禁名（YHWH）。这些明目张胆嘲弄犹太律法的行径惹恼了伊兹密尔的拉比，他们先是谴责沙巴泰是疯子，接着又在 1651 年将他流放。[55]沙巴泰于是周游欧亚非三大洲，轮流在奥斯曼帝国境内的各大城市生活，最终他的乖张之举令他被革出教门。接着在 1665 年 5 月，一位名叫"加沙人

206

内森"的信奉卡巴拉派的年轻人在希伯伦扭转了局面：他昭告世人，沙巴泰就是真的弥赛亚（救世主）。

与 20 年前沙巴泰第一次提出相同主张时相比，世上已发生了太多事情。沙巴泰娶了一名从乌克兰大屠杀中幸存的难民，他本人也因此对这场灾难有了切身了解；一群流亡伊兹密尔的葡萄牙犹太人为玛拿西·本·以色列的《以色列的希望》印刷了新版本；1660 年伊斯坦布尔大火之后，伊斯坦布尔犹太人社区的毁灭和移除也在奥斯曼帝国境内的教友之间引发了广泛焦虑。[56]同时，不少基督徒都从《启示录》的一节经文中算出，世界将于 1666 年终结。他们还预言说，就在世界末日之前不久，一名富有魅力的领袖将把世上所有犹太人联合起来，使巴勒斯坦摆脱穆斯林的控制，并使之成为基督徒的土地。

因此在 1665 年，许多犹太人和基督徒都倾向于接受加沙人内森的昭告——他的讯息以布道、书信和颇不寻常的系列谶托文书等形式广为流布——并相信大家期盼已久的弥赛亚已经降临。庆祝活动始于萨法德，这里是之前卡巴拉派研究的中心，现在则毁于漫无止境的旱灾。男女先知各 10 人开始在这座城市宣告沙巴泰的弥赛亚身份。犹太教经师与学生群体之间的书信往来让这则新闻快速传播；没过多久，男女先知们就宣称沙巴泰是阿勒颇、伊兹密尔、埃迪尔内，尤其是伊斯坦布尔的弥赛亚：

（在萨法德）有当地人用希伯来语或《光明篇》①

---

① 《光明篇》（*Zohar*）是犹太教卡巴拉派的重要文献，用近东地区的古老语言亚拉姆语写成。

中的语言宣讲神的启示，他们当时有成年与年少的男
女，甚至还有孩童……他们像罹患癫痫之人一样匍匐
在地，口吐白沫并抽搐不已，用希伯来语评点诸多事
务，道出卡巴拉派的秘密。所有人都用自己独一无二
的语言说着一致的话：沙巴泰·泽维是我们的主，我
们的王，我们的弥赛亚。

207

这位作家接着写道："正是因为有如此之多的先知在安纳
托利亚各地的所有城市起而效仿，每个人都全心全意地相信世
界末日已经来了"——为后世读者着想的作者还语带歉意地
加了一句："此情此景如神迹一般，类似的事态自创世以来从
未发生过。"[57]新弥赛亚的追随者都号称自己看到了神迹，火柱
在泽维的头顶显现。加沙人内森的小册子还将沙巴泰描画成高
踞王座的弥赛亚，天使在他头顶威严尊贵的"泽维之冠"之
上盘旋。[58]

到 1666 年，沙巴泰已经赢得了广泛支持。在非洲，摩洛
哥、突尼斯和利比亚的拉比成了他坚定的信徒，他们的部分追
随者出发前往耶路撒冷。报纸和小册子上的报道激发了欧洲犹
太社群对这场运动的热忱支持，其中意大利和荷兰共和国的情
况尤甚（玛拿西·本·以色列的追随者冲在最前线）。而在伦
敦，塞缪尔·皮普斯报告说，那里的犹太居民"用十镑跟任
何人打赌，如果未来两年内一个正身在士麦那的人被东方所有
王公，尤其是大君（奥斯曼苏丹）奉为万王之王……和真正
的弥塞亚，对方就得给他们一百英镑"。[59]而在莫斯科，沙皇阿
列克谢本人专门听大臣们通报从西方的 24 种小册子和报纸中
翻译成俄语的内容，它们的来源不仅有犹太人撰写的书信，还

有居住在奥斯曼帝国境内的欧洲商人及传教士们的通信。沙皇急不可耐地想要知道审判日是不是真的近了。[60]

此时在近东，沙巴泰正在开罗传教。对沙巴泰素有了解的埃及信徒将对他的信仰提升到了信仰《托拉》的高度。也许是出于对弥赛亚相关消息的反应，也门的犹太居民聚集到当地总督的宅邸外，要求总督依沙巴泰的意愿退位。就在1666年2月新弥赛亚离开伊兹密尔前往伊斯坦布尔之前，他不仅表演了"神迹"（至少据加沙人内森等人热情洋溢的报告所说），还任命了一些主要信徒以国王的身份统治不同的地区，并接受他两个兄弟的全面监管，一个人负责伊斯兰世界，另一个则负责基督教世界——这些引人瞩目的证言提醒我们，沙巴泰的诉求既是宗教的也是政治的。[61]

根据一位身处伊斯坦布尔的西方目击者的说法，现在整个犹太社区的"视线都集中在（克里特的）战争、以色列王国即将建立的消息，以及伊斯兰新月和所有基督教王国王冠的坠落之上"；而每当沙巴泰到达一地，许多人都感受到了"除非亲历亲见，否则永远无法理解的愉悦之情"。毫不意外的是，大维齐尔立即因禁了沙巴泰。尽管如此，大众狂热仍在继续，首都的犹太人也继续斋戒祈祷，而非工作纳税。[62]

208　　奥斯曼当局显然不会允许事态继续下去。1666年9月，苏丹的枢密院要求沙巴泰做出抉择：如果他不立即使出某些神迹证明自己**就是**弥赛亚，或者转而皈依伊斯兰教，他就会遭到处决（一些资料称处决范围还包括他的所有追随者）。沙巴泰选择了屈服。他背弃信仰，从此成为一名从苏丹那里领取年金的穆斯林，如此生活10年之后死去——但一些追随者却坚守了对沙巴泰的信仰：所谓"弗兰克派"（Frankist）直到19世纪都存在于东欧地区。尽管他们表面上是天主教徒，但私底下还是继续承认沙巴泰为弥赛亚，就像希腊和土耳其部分地区的"顿梅"（土耳其语意为"皈依者"）所做的那样。不过对绝大多数门徒而言，叛教终结了沙巴泰的感染力，也骤然终结了这场"自第二圣殿毁灭以来犹太教最为重要的弥赛亚运动"。[63]

引爆点

科普奥卢·法齐尔·艾哈迈德出任大维齐尔长达 15 年之久，在历代大维齐尔当中位列前茅。他在位时不仅见证了伊斯坦布尔重回稳定，也实现了显著的领土扩张。首先他发动了对匈牙利的入侵，并在与奥地利哈布斯堡王朝达成有利于己的休战协定之前拿下了不少要塞；紧接着他又进入克里特的战壕与将士们并肩作战直至 1669 年，并在那一年迫使最后的威尼斯守军献城投降。直到 1898 年，整个克里特岛仍是奥斯曼帝国不可分割的一部分。法齐尔·艾哈迈德在上述胜利之后乘胜追击，对波兰发动了三场战争，其中一次甚至由苏丹亲自挂帅。土耳其强迫波兰－立陶宛联邦割让了乌克兰的部分领土，让帝国的疆土扩张到了史上最大范围。大维齐尔甚至还成功地平衡了国家预算。1675 年，为了庆祝这些成功，穆罕默德四世和他的大维齐尔举行了一场为期 15 天的"精美展演，尽显皇室的荣耀煊赫与慷慨大度"。[64]

苏丹"展演"的亲历者中没有几个人料到，叛变的士兵会在 12 年之后迫使他退位。而这一过程就是始于"展演"举办的 1675 年。这一年是 17 世纪两个"无夏之年"之一，标志着一个极寒冬季和异常缺水的春天交织的时期的开始。1682年埃特纳火山的大爆发可能减少了整个东地中海地区的作物收成，并造成了一个格外寒冷的冬天，以及接踵而来的多雨春天。[65]法齐尔·艾哈迈德死于 1676 年，因此并不需要直面这些挑战。继承大维齐尔职位的是他的妹婿梅尔济丰卢·卡拉·穆斯塔法（"来自梅尔济丰的黑色穆斯塔法"）。履新之后的穆斯塔法立即对乌克兰用兵，意在扩大前任取得的战果。实现目标之后，穆斯塔法于 1681 年达成了一份对土方十分有利的协议——这也是苏丹与沙皇之间的第一份正式条约。大维齐尔还对新取得的乌克兰领土进行了详细的调查（尽管在他调查过的 868 处定居点之中只有 277 处还有人居住，体现出战争造成的破坏极为深重）。紧接着在两年之后，奥斯曼帝国拒绝了奥地利哈布斯堡王朝续订两个帝国之间休战协定的请求，但大穆夫提拒绝为宣战行为背书。梅尔济丰卢·卡拉·穆斯塔法转而得到了瓦尼·穆罕默德·艾芬迪（此君依旧是帝国最具影响力的传教士）的鼓励，开始筹划一次旨在攻占哈布斯堡王朝首都维也纳的远征。[66]

这场军事行动从一开始就进展得颇为不顺。异常猛烈的冬雪和春雨延缓了帝国军队的推进，他们直到 1683 年 7 月 14 日才抵达维也纳。奥地利守军因此得以好整以暇地抵抗入侵者，直到波兰军队抵达。波兰人为他们的领土丧失恼怒不已，他们在一场对奥斯曼人的冲锋里带头陷阵，不但解了维也纳之围，还歼灭了大批围城方的士兵。穆罕默德四世处决了梅尔济丰卢·卡拉·穆斯塔法，流放了瓦尼，但为时已晚：匈牙利境内的奥斯曼军队败下阵来，而威尼斯人则为克里特岛的丢失复仇，攻占了亚得里亚海沿线的几个奥斯曼据点。紧接着，1686 年与 1687 年之交的寒冬让金角湾封冻结冰，之后的伊斯坦布尔又经历了数月之久的无雨时节。中央财政花掉了 9 亿多阿克切,可收入却不到 7 亿阿克切,赤字让正在匈牙利忍受夏季过量降雨的军队缺饷少粮,并使其在 1687 年 9 月哗变起事。他们违背在贝尔格莱德过冬的命令,反而掉转方向进军伊斯坦布尔。叛军进入首都,迫使穆罕默德四世退位:这是 60 年内苏丹第五次被迫退位。1699 年,就在金角湾在一个世纪之内第三次封冻之后,奥斯曼人签署了《卡洛维茨和约》,将匈牙利大部割让给哈布斯堡王朝,并将希腊部分地区让与威尼斯人:这是帝国近三百年以来的第一次大规模领土割让。[67]

不过,这些挫败的影响也不应被夸大。归根结底,关键的 1683 年见证了奥斯曼军队兵临哈布斯堡王朝首都维也纳城下,但直至 20 世纪都没有基督教军队能够威胁到伊斯坦布尔。不仅如此,奥斯曼人依然控制着包括克里特岛在内的其他所有欧洲领土。但是,科普奥卢时代的稳定和创获如此迅速就化为乌有,这依旧需要得到解释。第一,维也纳处在奥斯曼帝国的有效"行动半径"(Aktionsradius)之外:就算天公作美,奥斯曼军队能在 1683 年提早到达并占领这座哈布斯堡王朝的首都,他们也不大可能在基督教国家的强势反扑面前守住这座城市。第二,尽管科普奥卢家族帮助奥斯曼帝国从 1650 年代中期的破产之中恢复过来,他们仍未能为中央国库积攒起可观的储备。诚然,大臣们为求买官而支付的贿赂和他们失势时被抄没的家产都为中央财政带来了不少横财,但这永远无法取代帝国心脏地带因人口衰减而蒙受的税赋损失。其他省份也承受了 17 世纪中叶危机带来的创痛。1640 年代的瘟疫和旱灾让埃及深受其害,两大派系之间爆发了严重的权力之争:一派的支持者是来自巴尔干和安纳托利亚的卫戍部队,另一派则得到帝国阿拉伯诸省士兵的响应。这场派系之争将在之后一百多年里撕裂埃及社会。[68]

雪上加霜的是，小冰期的威力似乎在东地中海周边地区尤甚，这里的绝大多数地域都于 1640 年代、1650 年代和 1670 年代反复遭遇了旱灾和瘟疫，而 1684 年的冬天又创下了过去五百年里有案可查的最多雨纪录，1680 年代末期的冬季气温至少要比今天低 3℃。1687 年，伊斯坦布尔的一位编年史家记载道："这个冬天极其寒冷，多年未见。道路封闭长达 50 天，人们根本无法外出。无论在城市还是农村，积雪都埋葬了许多房屋。"在城市的花园里，"柠檬、橘子、石榴、无花果等开花的树木都枯萎了"。而在金角湾附近，积雪"有一人深"。第二年，洪水摧毁了埃迪尔内附近的庄稼，通常向帝国首都供应粮食的那些田产也化为废墟。[69]

尽管如此，奥斯曼帝国于 1640 年代和 1650 年代面临的气候灾难和人为失政的混合效应还是要糟糕得多——但直到 1683 年之前，帝国也从未将领土割让给基督教政权（穆罕默德反而征服了克里特岛）。局势的"引爆点"来得相对较晚，这似乎首先反映了奥斯曼人与其敌人之间军事平衡的改变。17 世纪初，各主要欧洲国家都将绝大部分资源用在了别处：哈布斯堡王朝正在德意志作战（1618～1648 年）；西班牙正与荷兰共和国、法国交战（1621～1659 年）；波兰则在与哥萨克人、瑞典、俄罗斯交战（1621～1629 年、1632～1634 年、1648～1667 年）。欧洲各国之间连绵不断的战争让奥斯曼帝国不仅在西方占得便宜，还击败了伊朗。基督教国家之间战事的终结意味着，梅尔济丰卢·卡拉·穆斯塔法 1683 年的进攻将遭到远比之前有效的回击。

不仅如此，欧洲在战争中孕育了三个重要的技术进步，这在奥斯曼帝国则难以复制（如果他们有过这方面的努力的话）。首先，西方在海上部署了可以进行舷炮齐射的战列舰，这种舰船通常可以轻易摧毁任何大型桨帆船而不受损伤；奥斯曼人也无法造出与之匹敌的大帆船。其次，欧洲人在陆地上建造了复杂精巧的要塞，并发展出先进的攻城技术，足以摧毁除奥斯曼帝国最坚固要塞之外的一切堡垒：西方在 1683 年之后攻取的匈牙利和亚得里亚海沿岸要塞之地，鲜少重回奥斯曼之手。最后，欧洲人的大规模火枪齐射和密集炮击战术在战斗中发挥了远胜于昔的巨大威力，其应用也更为普遍。1520～1665 年，匈牙利境内发生过三场战役，其中奥斯曼人只输了一场；相比之下，在 1683～1699 年匈牙利地区爆发的 15 场战役中，奥斯曼帝国输掉了 11 场。事实证明，奥斯曼帝国一如往常是个熟练的模仿者，近卫军部队也成功地从西方敌人那里学到了齐射战术。不过，他们似乎做不到创新改进。这样一来，奥斯曼帝国陷入了一种相对的而非绝对的"衰落"：帝国最终从 17 世纪中叶的危机中重获新生，但它的欧洲对手却恢复得更快，也更为彻底。

注　释

1. 我要感谢 Günhan Börekçi、John Curry、Kaan Durukan、Suraiya Faroqui、Matt Goldish、Jane Hathaway、Colin Imber 和 Oktay Özel 在笔者书写本章时提供的帮助。我还要感谢 Allen Clarke 帮助我翻译阿拉伯语文献，Günhan Börekçi 帮助我分析翻译土耳其语资料，并在 2008 年第十一届土耳其社会经济历史学大会期间招待我，这段时间让我受益匪浅。

2. Firpo, *Relazioni*, XIII, 170, Relazione of Lorenzo Bernardo, 1592; Sandys, *A Relation of a Journey* (1615), 46. Distances from Pitcher, *An historical geography*, 134, and Çetin, XVII. ve XVIII, 17 – 22.

3. Baer, 'Death in the hippodrome', 64.

4. 细节引用了 Darling, *Revenue-raising*, 248 – 9, 281；EI, IV, 560 – 1, 'Kānūn'；以及 Fodor, 'Sultan, imperial council, Grand Vizier'。尽管苏丹理论上应在委员会（"底万"）会晤的大厅的烤架后旁听，但事实似乎并非如此。

5. 根据 *EI*, s. v. 'Devshirme'，每隔五年，征兵者便会在每座村庄中四十个基督教家庭中各"挑选"一名八至二十岁的男孩。他们鲜少在城镇中征兵，但在战争或袭击中被俘的优秀青年通常会加入"苏丹奴隶"的队伍。

6. 数字来自 Jennings, 'Firearms', 341 以及 Kunt, 'The Köprülü years', 31。为防止两者结盟，中央政府在骑兵部队与近卫军间采取了严格隔离政策。

7. 参见 *EI*, s. v. 'Fatwā'。法特瓦非常简短，通常只为"好"或"不好"（与西班牙哈布斯堡王室忏悔师发表的类似的简短意见相较：参见本书第 9 章）。

8. Tezcan, 'Searching for Osman', 105 – 9.

9. Zilfi, *Politics of piety*, 33, notes 'Slimey' Hüseyn。在传说中，苏丹亲兵标志性的白色头巾源自哈吉·比克特西，其追随者创立了拜克塔什教派：Hathaway, *A tale*, 88, 100。

10. Öz, 'Population fall', Özel, 'Banditry' 及 Özel, 'Population changes'，记录安纳托利亚地区人口流失的文献；D'Arrigo, 'A 350-year (ad 1628 – 1980) reconstruction'，提供了气候数据。

11. Kiel, 'Ottoman sources' 99, 102, 关于希腊与保加利亚；McGowan, *Economic life*, 106 – 7, on Manastir; Odorico, Conseils et mémoires, 163, 关于马其顿的情况参见第 169 页及第 171 页。Hütterroth, 'Ecology', 21 – 2 否认了小冰期对于奥斯曼帝国的影响，但其所引用的研究成果多已过时。

12. Grove and Conterio, 'The climate of Crete', 241 – 2 指出，发生在 1645 年 1 月的风暴"似乎比本世纪（20 世纪）的所有风暴都更猛烈"。关于采法特的信息来自 2002 年的当地数据。有关埃及的情况参见 Mikhail, *Nature and empire*, 23 and 123；以及 Ibrahim, *Al-Azmat*, appendix 11。

13. Özel, 'Banditry', 69. 他对土匪人数的统计与 Koçi Beg 的 *Risale*

在 1630 年代得出的数据相符。对于奥斯曼帝国人口数量、结构
与流动的研究存在着巨大争议：Özel 的 'Population changes' 对
此有精彩的概述。细节详见 ibid., 180 - 1, 186 - 7 及 190 - 2;
Cook, *Population pressure*, 10 - 27; McGowan, *Economic life*, 139 -
40 及 145 - 6; Barkey, *Bandits*, 220 - 6; Faroqhi with Erder,
'Population rise'; Faroqhi, *Coping with the state*, 23 - 33, 40 - 3,
and 86 - 97; and Inalcik, *An economic and social history*, 438 - 47
(also by Faroqhi)。

14. 关于卡迪布·切列比给奥斯曼的罢黜与被害所起的标题，参见
Piterberg, *Ottoman tragedy*, 1。

15. Börekçi, 'Factions and favorites', 82 - 3, 引述了弗朗西斯科·康
达里尼，一名居住在伊斯坦布尔的威尼斯代理人的记载，日期
为 1604 年 1 月 3 日和 9 月 18 日。

16. Tezcan, *Searching for Osman*, 110, on the entitlements of the *mevali*,
and 201, of Osman's revocation. 要注意的是，奥斯曼在离开首都
前谋杀了他的长兄，大穆夫提拒绝对这项弑兄罪指控给出裁决，
因此在苏丹与宗教高层之间增加了一条嫌隙：Finkel, *Osman's
dream*, 198。

17. White, *The climate*, 193, 引用了 Bostanzade Yahya; Anon., *The
strangling and death*, 13. Pecevi Tarihi, II, 349 - 50, 以及
Topcular Katibi Abdulkadir (Kadri) Efendi Tarihi, 687, 两处均描
述了 1621 年博斯普鲁斯海峡封冻一事。

18. Hasan *Beyzade Tarihi*, 338 - 9 (感谢 Günhan Böreçki 为我翻译文
献内容); White, *The climate of rebellion*, 197 - 8, 引述自博斯坦
扎德·叶海亚。由于资料来源有所混淆，我遵照了 Tezcan 在
Searching for Osman, 229 - 30 中的记述。在 'The *Evlād-i 'Arab*'
中，Hathaway 的反驳也不无道理，她指出巴尔干半岛及安纳托
利亚半岛地区之间，以及高加索地区与阿拉伯地区壮丁新兵间的
冲突升级，是 1622～1623 年发生的一系列对抗事件所致。

19. *Peçevi Tarihi*, II, 464; Roe, *A true and faithfull relation*, n. p. 补充
道，若奥斯曼能够成功培养出一支与近卫军和骑兵部队相抗衡
的军事力量，两者间的内战可能产生的结果将难以估量。

20. Pedani-Fabris, *Relazioni di ambasciatori veneti*, 557 - 8, Giorgio

Giustinian（1627）. 穆斯塔法重回"囚笼"并于 1639 年在此溘然长逝。

21. *Pecevi Tarihi*, 385；*Topcular Katibi Abdulkadir*, 944 - 6, 985；*Hasan Beyzade Tarihi*, 375. 感谢 Jane Hathaway 让我注意到于 1630 年令克尔白天房受损的那场洪水。

22. Ibrahim, *Al-Azmat*, appendix 11；*Numarali Mühimme Defteri*（H. 1040/1630 - 1631）, entry 356. Grove and Conterio, 'The climate of Crete', 236, 记录了发生于 1630 年冬季至春季的一场"极其严重"的旱灾。

23. *Numarali Mühimme Defteri*（H 1040/1630 - 1631）, Günhan Böreçki 所做内容分析。与之相比，1617 ~ 1618 年的登记册（同已出版）记录的数量不到三类条目总量的半数。

24. Setton, Venice, 43 n. 14, 引用了 Sir Peter Wyche。同样参见 Grehan, 'Smoking'. 感谢 Günhan Böreçki 为我指出穆拉德（1632 ~ 1640 年）与查理一世（1629 ~ 1640 年）亲政期间的巧合之处。

25. Katib Çelebi, *The balance of truth*, 135 - 6（引自切列比自传所指为 1627 年与 1628 年之间的某日）。值得注意的是，自卡迪萨德运动失败以后，相关资料大多来自其批判者（包括切列比）。

26. 详见 zilfi, *politics of piety*, 138 - 9, 146, 192（quotation）。zilfi, 'the kadizadelis', 253 - 5, 列举了卡迪萨德派的二十一条计划。内衣与汤匙之例出自 *tarih-i naima* VI, 226；对卡迪萨德所谴责行为的总结引用出处同上，219 - 20, 以及 Çelebi, *balance*, 97 - 100 and 110 - 23。感谢 John Curry 向我指出这些文献。

27. Rycaut, *The present state*, part II, 128 - 31 on the Kadizadelis and 135 - 40 on the Sufis. 关于里考特的身世背景，及其对于他对奥斯曼政事的影响，参见 Darling, 'Ottoman politics through British eyes'；虽然如此，来自奥斯曼帝国的参考文献往往能够印证里考特的观点（例子参见 Terzio ğlu, 'Sufi and dissident', 205）。

28. Kâtib Çelebi, *Balance of Truth*, 43 - 4.

29. 关于 1640 ~ 1642 年的极端天气，请见 *Topçular Katibi Abdülkadir*, 1, 145, 1, 156, 1, 164, 1, 173；D'Arrigo, Cullen and Touchan, 'Tree rings'；Odorico, *Conseils*, 163 - 81；White, *The climate*,

205 – 6；及本书页边码第 4～5 页。

30. 关于备忘录的内容参见 Unat，'Sadrazam Kemankeş'；关于苏丹的行动活动，参见 Uluçay，'Sultan İbrahim'。Howard，'Ottoman historiography'，64 指出，高奇·贝格为穆拉德与易卜拉欣各创作了一份不同版本的政论册子（是页为《论忠告》），而为后者所著版本风格显然更为简略，这或许暗示了高奇认为新苏丹存在学习困难或事实便是如此（感谢提出此观点的 Colin Imber）。

31. 参见 EI，s. v. 'Husayn Djindji Khodja'。其他信息出自 Mantran，*L'histoire*，237 – 9。Kunt，*The sultan's servants*，70～75 的数据表明，在 1632 年至 1641 年间任命的省长中，有超过半数任期少于一年，而只有百分之十任职超过两年及以上，这一人事变动率远高于以往。

32. Setton，*Venice*，121 n. 25，letter to Giovanni Soranzo，1 Mar. 1645.

33. Dujčev，*Avvisi*，111，Martino di Turra to the Pope，Ragusa，12 Aug. 1647，转述了一则来自"我们在君士坦丁堡的朋友"的信息，这位朋友很可能是索兰佐，他是一位在战争爆发时被苏丹软禁的威尼斯市民。

34. Dujčev，*Avvisi*，110 – 11，Turra to the Pope，Ragusa，12 Aug 1647；Brennan，*The travel diary of Robert Bargrave*，83.

35. Costin，*Letopiseţul Ţărîi Moldovei*，196 – 7（感谢 Mircea Platon 帮助我找到和翻译此篇文献）；Brennan，*The travel diary*，135。

36. Kâtib Çelebi，Fezleke，II，326；Duj čev，*Avvisi*，120 – 1，Turra to the Pope，Ragusa，9 July 1648，转述 6 月 12 日来自伊斯坦布尔的信息；Setton，Venice，151 n 30，引用了 Mormori，*Guerra di Candia*。Monconys，*Journal*，I，49，此封于 1648 年 8 月 24 日从伊斯坦布尔发出的信件中，同样描述了此次地震的惨烈。 [740]

37. Monconys，*Journal*，I，54，这封 1648 年 8 月 24 日从伊斯坦布尔寄出的信件注明了大穆夫提的法律咨询。

38. Emecan，'İbrâhim'，280 记叙了这次罢免事件（基于 *Tarih-i Na'ima*，in Vatin and Veinstein，Le sérail，243 – 7 的版本更为完整）；Monconys，*Journal*，I，54，1648 年 8 月 24 日从伊斯坦布尔寄出的信件。

39. Monconys，*Journal*，I，60，1648 年 8 月 24 日从伊斯坦布尔寄出

的信件。

40. Brennan, *The travel*, 87. Finkel, *Osman's dream*, 235 – 40, 梳理可能存在混淆的事件。

41. Behrnauer, 'Hâgî Chalfa's Dustûru'l- 'amel', 125 – 32, 卡迪布·切列比作品《匡正之道》的德语译文（1653 年 3 月 19 日）。英文版总结请参阅 Lewis, *Islam in history*, 207 – 11。据 Erol Özvar 统计，1648 ~ 1649 年奥斯曼帝国国家收入为 89 吨白银，而支出则为 154 吨。与之相似，1650 年国家收支分别为 149 吨与 192 吨，以及 1652 ~ 1653 年的 145 吨与 215 吨：Özvar, 'Fiscal crisis'。

42. Kunt, 'The Köprülü years', 20, citing *Tarih-i Na'ima*, and 31. 另一方面，在 1653 年和 1656 年，奥斯曼帝国两次拒绝了莫卧儿帝国相约对伊朗宣战的请求；参见本书第 13 章。

43. Kâtib Çelebi, *Balance of truth*, 28 – 9.

44. Rolamb, 'Relation', 699. 这位瑞典使者记述了他"抵达时"伊斯坦布尔的状况，即 1657 年 5 月前后。在六个月以前，苏丹的处境很可能更加危险。

45. Zilfi, 'Kadizadelis', 252.

46. Kunt, 'The Köprülü years', 65.

47. Kunt, 'The Köprülü years', 76, 引用自穆罕默德·哈利发撰写的历史著作，其中一页被用来默写《古兰经》。昆特还指出由于皇帝与他的维齐尔都叫穆罕默德，这一举措对于争取公众支持他们的伟业起到了尤为积极的作用。

48. Kunt, 'The Köprülü years', 100 – 15（弥赛亚宣言见于 109 页）；White, *The climate*, 214, 关于 1657 ~ 1659 年的极端天气。

49. Kunt, 'The Köprülü years', 119 – 20, 引用了 Tarih-i Na'ima。

50. 关于罗马尼亚参见 Nicoară, *Sentimentul*, I, 37 – 8, 引用自拉杜·波佩斯库编年史及加夫里尔·尼塔 1660 年起草的一份销售合同（以及其他类似文献）；关于特兰西瓦尼亚参见 Cernovodeanu and Binder, *Cavalerii Apocalipsului*, 90, 引用了特兰西瓦尼亚首相米哈伊尔·泰莱基 1661 年的日记（非常感谢 Mircea Platon 提供的文献与翻译）。同样参见 White, *The climate*, 214 – 15 中的数据。

51. 细节出自 Terzioğlu, 'Sufi and dissident', 205 – 6 及 Baer, 'Death

in the hippodrome', 80。

52. Baer, 'The Great Fire', 172 – 173 中所记录的反犹主义解释，同样记述了同时期对该地区其他非穆斯林群体的歼灭行动。贝尔指出首都地区的"种族清洗"始于约"火灾后一年"，但并未将这一延迟与科普奥卢·穆罕默德让权给儿子相关联。

53. Scholem, *Sabbatai Sevi*, 88 引用卡巴拉教重要文献《光明篇》，并解释了它如何体现出"1648 年"是世界末日。艾德尔的"相异设想"对于"不愿遵循在不久前仍然正确的相同答案"展开了精彩论述，正是这一观点催生了沙巴泰等人的愿景。Menassah ben Israel, *Esperança de Israel*（《以色列的希望》，阿姆斯特丹，1650 年；同年还出版了希伯来语、葡萄牙语、拉丁文及英文版本）。

54. Israel, 'Menasseh ben Israel', 390 – 2，专业分析了发生在 1645～1648 年的三场灾害但遗漏了第四场。有关腓力四世 1647 年的破产与反犹太政策，请参见第 9 章。

55. Scholem, *Sabbatai*, 136，引用了所罗门·拉尼亚多拉比写于 1669 年的一封信件，描述了他于四年前与沙巴泰的会晤。就沙巴泰被看作"疯子/傻子"，出处同上，125 – 38, Goldish, *The Sabbatean Prophets*, 1 – 2, 118 – 19（如 Goldish 评论的那样，沙巴泰·泽维是一位生在奇怪时代的怪人）。感谢 Goldish 教授和 Benzion China 帮助我理解"沙巴泰现象"。关于伊兹密尔的犹太教群体——1648 年该城 4 万人口中有约 2000 名犹太人——参见 Eldem, *The Ottoman city*, 98 – 102。

56. Goldish, *Sabbatean Prophets*, 2 – 3，指出沙巴泰更倾向于使用西班牙语，而 1659 年在伊兹密尔发行的《以色列的希望》正是西班牙语版本。

57. Goldish, *Sabbatean Prophets*, 108, 119 – 20，引用了 Leyb ben Oyzer, *Beschraybung fun Shabsai Zvi*，他的记录主要来自那些和沙巴泰"同饮共食"的人。有关传播沙巴泰言论的网络，请参见正文第 18 章。

58. Goldish, *Sabbatean Prophets*, 102 – 5，引用了托马斯·科嫩（一位当时居住在伊兹密尔的荷兰牧师），*Ydele verwachtinge der Joden getoont in den persoon van Sabethai Zevi*（阿姆斯特丹，1669 年）。

59. Pepys, *Diary*, VII, 47（西洋旧历 1666 年 2 月 19 日记录）。皮普

斯补充道："1666 年无疑将是有重大举措之年，但天晓得会后果如何。"

60. Maier and Waugh，' "The blowing of the Messiah's trumpet" '，记录了沙皇的兴趣以及基督徒和犹太人的报道对于传播沙巴泰主张的重要意义。Benzion Chinn 提醒我沙巴泰的父亲是一名在伊兹密尔的英国商人的采购代理人。

61. Scholem，*Sabbatai*，427 – 33，列举了被沙巴泰赠予《圣经》名的国王们（大卫王、希西家王等）。Hathaway，'The Mawza' exile'将 1665 ~ 1666 年也门发生的叛乱与沙巴泰联系起来。

62. Scholem，*Sabbatai*，435，引用了神父拉克鲁瓦所写的一封信。"新月陨落"并非这一时期虚张声势的恫吓：在世人记忆中，四位苏丹遭到罢黜——穆斯塔法分别于 1617 年及 1623 年，他的两个侄子奥斯曼和易卜拉欣则是在 1622 年和 1648 年。

[741] 63. The verdict of Scholem，*Sabbatai*，ix.

64. Finkel，*Osman's dream*，276 – 7，两次描述了此次庆典。Kolodziejczyk，*Ottoman-Polish diplomatic relations*，发表了这些年签订的一系列协定。Özvar，'Fiscal crisis'，统计出在 1670 年至 1671 年间，奥斯曼国库分别收取并支出了相当于 147 吨和 143 吨白银的财物。

65. White，*The climate*，215 – 22，对 1675 年后的艰苦境况做了精彩总结。

66. Finkel，*Osman's dream*，284，记录了这位大维齐尔拒绝接受大穆夫提建议的决定，以及 288 页中他对一个有关他攻打哈布斯堡王室将会招致厄运的梦境的驳斥。

67. Xoplaki，'Variability'，596 – 8，总结了 17 世纪晚期巴尔干半岛出现的极端天气。

68. Hathaway，*A tale*，88 – 9，181 – 2，185 – 6，190 – 1；Hathaway，'The Evlād-i 'Arab'.

69. Luterbacher and Xoplaki，'500-Year Winter Temperature'，尤其是第 140 页中的图表；*Silahdar Tarihi*，II，263 – 4（感谢 Jane Hathaway 提供的文献与翻译）；Faroqhi，'A natural disaster'。

8 "德意志的哀歌"及其邻国，1618~1688年[1]

三十年战争的长长阴影

1962年，黑森州政府发出一份调查问卷，请受访者评定德国历史上"七场最严重灾难"的先后次序。绝大多数受访者都提到了黑死病、二战战败和纳粹的统治，但三十年战争还是高居榜首。原因不难理解：三十年战争造成的人口损失和流失比例比二战还大，其所造成的物质和文化损失差不多也是如此；三十年战争的灾难及其后续影响也为祸更久。不过，德意志绝不只是经受了这些不幸，它还将这些灾祸出口给了诸邻国。英国、丹麦、荷兰共和国、法国、波兰、瑞典、瑞士联邦、北意大利诸邦国都被卷入三十年战争当中，战争在每一个被卷入的国家都制造了政治和经济危机，并几乎导致国家崩溃。正如赫尔穆特·G. 克尼斯贝格（Helmut G. Koenigsberger）准确地指出的那样，这场始于1618年的波希米亚、终结于1648年的冲突相当于一场"欧洲内战"。[2]

在"德意志民族神圣罗马帝国"（这包括几乎当代德意志和奥地利的全部领土、斯洛文尼亚和捷克共和国大部，以及波兰西部和法国东部的部分地区）的边界之内生活着约2000万人。[3]尽管帝国的人口与法国大致相当，但统治法国的只有一位君主，而帝国的统治权力却被约1300个诸侯领主所分割。诸侯当中地位最高的是七位选帝侯（Kurfürsten），他们定期集会选出新皇帝：这些选帝侯分别是在莱茵兰地区统治小片国土的美因茨、科隆和特里尔三大采邑主教，在更远的东方统治大片领地的萨克森选帝侯、勃兰登堡选帝侯和波希米亚国王，还有同时统治着莱茵河下游和靠近波希米亚的边界地带领土的普法尔茨选帝侯。七位选帝侯加在一起统治了帝国近五分之一的人口，而在帝国议会（Reichstag）里，他们组成了三个"议院"当中最富声望的那一院。统治着 50 块封地的神职贵族与统治着另外 33 块封地的世俗贵族一起组成了帝国议会的第二院；同时还有约 50 个"帝国自由市"（绝大多数位于德意志南部和西部）构成了第三院。除此之外还有约 1000 名小领主（既有世俗贵族也有神职贵族）统治着德意志的剩余部分，他们之中的绝大多数都位于西部和南部——但他们在帝国议会中没有直接的代表。

这样一来，帝国的政治地理便有着惊人的分殊差别。只有四个邦国统治着人口稀疏的德意志北部和东北部地区，它们全都是新教诸侯（勃兰登堡、萨克森、波美拉尼亚和梅克伦堡）；但是，人口更多的德意志南部和西部地区却包含了大量更小的政治实体，其中一些属于新教，但绝大多数信奉天主教。举例而言，瑞士以北的士瓦本地区广约 16000 平方英里，却被 68 位世俗领主、40 名神职领主和 32 个城邦所分治。其中，符腾堡（士瓦本的最大邦国）拥有 40 万臣民，但一些邻近的邦国却只有一座村庄。此外，帝国宪法允许各统治者决定其臣民的宗教信仰，因此符腾堡坚定地信奉路德宗，而其绝大多数邻居则同样坚定地信奉天主教。

帝国全境的统治者无分大小都在尽全力巩固自己的独立地位。一方面，他们开设学校和大学以训练（或许也可以说是

"灌输"）忠实追随本邦宗教信仰的牧师和教师。另一方面，他们也广设关卡，以保护本地产品并提高财政收入，这意味着一艘在易北河上运载商品的货船必须在自汉堡至布拉格间区区三百多英里的河段上经过 30 处边界检查站并支付通行费，一艘在美因茨与科隆之间沿莱茵河航行（两地相距不过一百多英里）的驳船也必须支付 11 次通行费。除此之外，有的德意志诸侯还将大把金钱花在防务上（既加固他们的城池，也征募民兵部队）；一些诸侯还组成了"忏悔者联盟"（始于 1608 年的新教联盟和建于 1609 年的天主教联盟）；所有诸侯都寻求财政上的独立。在 1598～1648 年统治巴伐利亚的马克西米利安毫不掩饰自己的雄心壮志。他在即位后不久写道："我相信，我们这些王侯唯有靠着'国家理性'才能从世俗政权和神权那里赢得尊重。"他还补充说："我相信，唯有那些广土众民且府库充溢的王侯才能赢得那种尊重。"[4] 在此后的二十年里，他将税收增加了一倍，并用这笔钱建造了最先进的防御工事，资助了天主教联盟，还创设了一笔高达 400 万塔勒的战争基金。

尽管有这些令人印象深刻的成就，马克西米利安并不是一个独立的诸侯。和其他所有德意志诸侯一样，他效忠于神圣罗马帝国皇帝：自 15 世纪中叶以来，这个由选举产生的位置一直被来自奥地利哈布斯堡家族的大公占据。哈布斯堡家族也把持着匈牙利和波希米亚的选任君主之位；但与德意志不同的是，匈牙利和奥地利的贵族议会（Estates）强迫他们的领主对封臣的宗教信仰宽容以待。事实上，波希米亚代表会议曾在 1609 年曲解了鲁道夫二世（波希米亚国王兼神圣罗马帝国皇帝）的《君威诏书》（这份诏令保障了波希米亚境内完全的宗

教宽容），设立了一个名为"护教者"（the Defensors）的常设
委员会，以确保皇帝的让步落到实处。作为回应，鲁道夫及其
后继者又用天主教徒替换新教徒官员，这些天主教徒经常要么
是外国人，要么就是刚刚获得贵族身份且受过法学教育的市
民。这两大群体都成了王权忠心耿耿的支持者，君主也以大量
官职和奖赏来酬报他们。事态在 1617 年与 1618 年之交的冬季
急转直下：得到波希米亚王位"法定继承人"斐迪南大公支
持的马蒂亚斯在这一年要求他在布拉格的摄政者们禁止用天主
教徒的税金支付新教徒大臣的薪资，以此将所有非天主教徒从
公职上排除出去。皇帝还颁布了一条最具刺激性的政策，在所
有建于教会领地的城市禁绝了新教信仰。"护教者"认定这些
举措违背了《君威诏书》，他们于 1618 年 5 月召集波希米亚各
诸侯领主于布拉格召开议会。与此同时，失去权力的新教徒们
也开始发表异议，批评天主教宫廷的"卑鄙、欺诈和嫉妒"。[5]

布拉格的春天

非同寻常的湿冷天气在 1617 年和 1618 年导致中欧地区作物
严重歉收，所以在波希米亚贵族议会召开时，当地的经济困难
已十分严重。波希米亚书记官的夫人波里柯森娜·洛博科维奇
（也是一位坚定的天主教徒）精辟地预言道："事态现已迅速明
朗化，要么是天主教徒找新教徒算账，要么就是新教徒向天主
教徒报仇。"[6] 她的说法很快就被证实。1618 年 5 月，就在摄政会
议宣布贵族议会非法的时候，贵族代表们闯进了摄政会议的会
场，并将两名帝国大臣连同他们的书记官扔出窗外，这便是后来
著名的"布拉格掷出窗外事件"。他们接着成立了临时政府——
其中没有任何一名成员曾在皇帝手下为官——并开始征募军队，

214

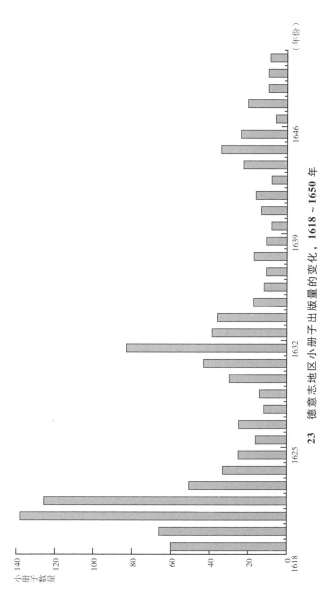

23 德意志地区小册子出版量的变化，1618～1650年

位于法兰克福的古斯塔夫·弗雷塔格小册子收藏室收集了1610～1650年印刷出版的1000多种小册子，其中又以1618～1622年（占总数的40%）和1629～1633年（占总数的20%）最多。第一个高峰期以天主教小册子为主，主题多为波希米亚叛乱和普法尔茨选帝侯腓特烈的干涉；在第二个高峰期刊行的则几乎都是新教小册子，表明此时新教徒因瑞典参战而重燃希望。

准备应对必然到来的哈布斯堡王朝的反扑。

宗教矛盾也在德意志境内升级，新教徒于 1617 年举办的庆祝马丁·路德成功反抗教宗的第一个百周年的活动为这种紧张局面火上浇油。生活在乌尔姆（这座城市的居民中既有天主教徒也有新教徒）附近的汉斯·赫贝勒后来在日记中写道，"这场纪念活动成了战争的一大起因"，因为它让德意志的新教徒与天主教徒扼住了彼此的喉咙。的确，路德宗一方的宽幅海报、小册子和布道斥罗马为偶像崇拜、鸡奸等"邪行"的中心，号召信徒立即对那里发动一场圣战；天主教一方则回以愤怒的呼吁，号召信徒奋起反对新教的节日活动，并采取行动杜绝"异端邪说"。煽动对立的小册子和宽幅印刷品从各出版商那里如潮水般涌出（插图 23）。[7]

波希米亚贵族议会迅速利用这些紧张情势向德意志新教联盟请求军事和财政支持；不过，新教联盟尽管征募了一支 11000 人的军队以"保护自由和法律""像真正的爱国者一样捍卫我们的宗教"，却拒绝将这支军队部署到德意志之外的领土。[8]随后，马蒂亚斯于 1619 年 3 月驾崩，这制造了一场双重继承危机：一个是波希米亚国王，另一个是神圣罗马帝国皇帝，这两个头衔的继任者都应由选举产生。在 1619 年 8 月 25 日，尽管众人之前已经认可斐迪南的"王储"身份，但波希米亚诸侯们还是选举普法尔茨选帝侯腓特烈为他们的新国王。腓特烈不仅是德意志新教联盟的盟主，也是国王詹姆士一世的女婿，还是主导荷兰共和国国政的拿骚的毛里茨的外甥。

215　　只要这起重大事件能稍早一些发生，它就将影响到下一位神圣罗马帝国皇帝的人选，因为波希米亚国王乃七大选帝侯之一。然而，一俟所有选帝侯（或是其代表）抵达美因河畔法兰克福，这座城市就根据传统封闭起来了，任何人都不能合法进出。如此一来，斐迪南便在 1619 年 8 月 28 日全票当选为神圣罗马帝国皇帝。无论他本人还是其他选帝侯都不知道：就在三百英里以外的布拉格，他的波希米亚国王之位已遭废黜。

这两次选举制造的危险顿时显而易见。"就让所有人即刻开始准备一场持续 20 年、30 年或是 40 年的战争吧，"法兰克福一位评论家的说法饶具先见之明，"（因为）西班牙人和奥地利王室都将冒一切危险收复波希米亚……而不是容许他们的王朝如此屈辱地失去对这块地方的控制。"数天之后，一位英格兰外交官也发出了类似的警告："波希米亚的动荡似乎要将整个基督教世界带入混乱。"这个英格兰人还预测，如果波希米亚人的起义遭到"忽视以及进一步镇压"的话，德意志新教徒"就将热衷于担起责任，发动一支胜利之师"。[9]

普法尔茨的腓特烈年届 23 岁，现在全欧洲的命运都系于他手：他会不会接受波希米亚贵族议会奉上的王冠？腓特烈手下的几位大臣认为，听任波希米亚起义失败将为哈布斯堡家族在全欧洲集中力量攻击新教徒大开方便之门。还有一些大臣则从神学角度看待此事，他们认为，既然波希米亚人的事业是正义的，那么上帝就将为他们清除所有障碍。这一论点似乎说服了腓特烈：眼前的机会"是一项神圣的呼召，不能坐视不管。我唯一的目标就是侍奉上帝和他的教会"，他于 1619 年 11 月向妻子如此坦言；在掷出窗外事件发生 18 个月之后，他前往布拉格接受加冕。[10] 同时，腓特烈的支持者包围了斐迪南二世的首都维也纳。

　　此事标志着腓特烈一生时运的高峰。就在第二个月，他手下将军之间的争吵迫使他的军队放弃了对维也纳的围困——斐迪南及其支持者将这一事件解读为神灵眷顾他们事业的鲜明标志——而巴伐利亚的马克西米利安公爵也自告奋勇出手帮助斐迪南击败他叛乱的臣民。作为回报，斐迪南承诺将补偿马克西米利安的一切军费，并认可他所夺取的一切腓特烈领地（其中包括一旦全胜，马克西米利安便可获得腓特烈的选帝侯头衔）。天主教联盟授权马克西米利安征募 25000 名士兵，这支新军（其中有不少著名的志愿兵，包括勒内·笛卡尔）在第二年夏天就侵入了波希米亚。

　　腓特烈的军队节节后退，直到 1620 年 11 月他们才在布拉格近郊的白山（Bílá Hora）与敌决一死战。这场交战仅仅持续了两个小时，"双方阵亡士兵人数的差距不大"。不过，据一位正在现场的英格兰外交官记载：

> 　　火炮、辎重、名声俱已丧失，这是皇帝一方的胜利。看起来，现在正是他们以征服手段控制了波希米亚……如果说一个经由请愿建成的新当局能够得到什么的话，那么这只能是征服者的法律。征服者已经恰到好处地让那些（新教）教徒来为他们的遭遇负责，并将他们的基业收入囊中，让那些新教徒早在今后的境遇到来之前就已品尝到未来的苦果。[11]

　　天主教批评者用"冬之王"的称号无情地嘲笑腓特烈，因为他的统治只维持了短短一年。腓特烈仓皇逃离布拉格，天主教军队趁机侵入这座城市，并占领了他的德意志领土。

斐迪南迅速发起反击，以榨取利益。他设立了一个负责审判政治对手的司法委员会，还批准处决了近 30 名主犯，判处600 多人有罪，并没收他们的地产——斐迪南迅速出售了这些地产，用以支付他的军费开支。用彼得·威尔逊的话说，这一举措"是欧洲历史上规模最大的一次地产转移，唯有二战后的财产抄没可与之比拟"。[12] 强加给波希米亚王国精英的"征服者法律"虽然残酷，但影响到的人群相对有限，而他的另一项举措几乎影响到了所有人。虽然斐迪南的军队相对迅速地赢得了胜利，此役的开支却远远高于他的可用经费。因此，斐迪南允许他的债权人联盟铸造贬值的货币，以此偿还他的债务。许多邻近的诸侯纷纷起而效尤，兴建铸币厂公开铸造更廉价的硬币，这在欧洲中部许多地区造成了失控的通货膨胀，史称"拉锯时期"（Kipper und Wipperzeit）。就在同时，腓特烈的部分追随者坚持作战，这让斐迪南无法遣散军队。一名符滕堡编年史家于 1622 年写道："今年的事情一言难尽，这是多么可怕的灾难之年"——这不仅仅是因为"凶杀、抢劫和焚烧（造成损失），那些耗尽居民家财的驻军，以及强加在人们头上的军费"，还因为"人们不再用钱交易，而是以物易物"。1619～1621 年，一些城市工人的工资减少了一半，又在 1623 年再度减半，这在一些中欧城市引起了暴乱。一份小册子宣称："基督预言的世界末日已经到来。"待到斐迪南于 1624 年颁布敕令、恢复旧有币值之时，许多家庭都损失了 90% 的积蓄。甚至在十年之后，波希米亚流亡者帕维尔·斯特兰斯基还回忆说"拉锯时期"是他人生中最痛苦的一段岁月。[13]

货币贬值的效应远远溢出了德意志，因为它是如此剧烈地降低了制造业的成本，以至于无人购买进口商品。这样一来，

自伦敦出口到欧洲大陆的毛呢布料就从 1618 年的 10 万匹减少
到 1622 年的 7.5 万匹，而且即便如此也无利可图，因为"货
币价值（已有）的波动如此剧烈，以至于一个商人如果出售
布料以求赚取利润，那么待付款期限到期时，他收到的货款
（因为货币贬值）甚至不及布料的成本"。与此同时，廉价的
外国进口货淹没了英格兰市场，降低了当地人对本土制造业的
需求。根据当时一位经济学家的说法，经济衰退让英格兰人变
得"鼠目寸光，粗枝大叶……我们的举止粗野放荡，沉湎于
烟管和酒壶之中，许多人嗜（烟）酗酒，至死仍不放手"。[14]

217   德意志的其他贸易伙伴也因斐迪南及其邻国邦君们的货币
贬值政策受害不浅。在意大利，中欧地区需求的减少和货币价
值的调整让许多商人（还有那些受雇于他们的人）倾家荡产。
西班牙统治之下的伦巴第严重依赖德意志地区的需求，当地经
济也因此受到重挫：1618~1622 年，伦巴第首府的失业率飙升
到 50%；克雷莫纳（布匹制造中心）的贸易额大跌 90%；米兰
铸币厂发行的总货币量大跌 97%。而在西属那不勒斯，马德里
政府要求当地为斐迪南提供资金援助的命令下达之际正逢
1619~1621 年连续三年的粮食歉收，于是地方总督允许该市的
公立银行印制纸币以补偿货币外流的损失。只因总督允许当地
公立银行拒绝偿付任何高于 10 杜卡特的欠款单据，它们才保持
了偿付能力。从城市到乡村，那不勒斯的财产价值缩水了约一
半之多，整个王国的经济备受折磨。当时有一位那不勒斯经济学
家借用《圣经》的典故形容："七个荒年始于 1623 年。"[15]

荷兰共和国的危机

几乎与此同时，内战也在荷兰共和国爆发了。1609 年与

西班牙达成的《十二年休战协定》（Twelve Years Truce）释放了之前荷兰国内因战事掩盖起来的深层矛盾。没有任何历史或是传统能将七个"联合省"（United Provinces）组成一个共和国。15世纪的大部分时间里，弗里斯兰和格尔德兰都在与荷兰和泽兰交战，格罗宁根、上艾瑟尔和乌得勒支既是它们的战场也是战利品。各省份都完整保留了它们的法律和权利，它们甚至还说着不同的语言：西部诸省说荷兰语，弗里斯兰省说弗里斯语，而东部诸省说欧斯特语（Oosters）或德语。共和国境内的宗教情势甚至要更为复杂。"在询问当地人之后，"一个外国观察者曾如此估计，"你可以将这些省份的人口分成三部分，每部分的人数大致相等"：三分之一信仰加尔文教，三分之一信仰天主教，剩下的三分之一则要么信奉再洗礼派或路德宗，要么是犹太教徒、其他"宗派"信徒或无神论者。这一划分模式并非在各省一体通行。再洗礼派信徒在弗里斯兰省的部分地区构成了人口的多数，但在全省范围内只能占到十分之一；同时，鹿特丹的2万居民中有近十分之一是天主教徒，其余十分之九的居民则信奉另外十种宗教派别，或者不信任何宗教。[16]

奥兰治－拿骚家族（House of Orange-Nassau）在某种程度上为共和国提供了凝聚力。拿骚的毛里茨伯爵（1618年之后成为奥兰治亲王）出任联军总司令和五个省的省督（Stadholder），他的堂弟则主政另外两省。几个特定机构也为整个联盟服务——联省议会（为军务而设）、海军部和审计处——但行政权力留给了七省各自的议会（Staten），各省议会都向联省议会派出代表。这个中央机构的规模惊人地小，代表人数极少超过十多人（而且常常只有四到五人），因为绝大多数决策（包括宣战、媾和和开征新税）都需要七个省议会的批准。自然而然地，"一致通过"常常难以实现（有时是不可能的）；但直到 1618 年为止，荷兰省（该省提供了联盟赋税收入的近三分之二）的意见通常都会占优势。

保证各省议会同意需要大量的时间和耐心，因为即便是那里的代表，如果不征询本省"要人"的话也做不成多少决策：他们包括各主要城镇的地方长官和当地的贵族。以荷兰省为例，该省议会所能讨论的议程必须先呈给 18 个市镇的长官和该省贵族的代表过目。这一必要条件给了大议长约翰·范·奥尔登巴恩菲尔特（Johan van Oldenbarnevelt）极大影响力，他负责为每一次会议筹备议程、主导讨论。尽管其他一些省份的议会被证明更为温驯，但是他们的决策依旧牵涉到了大量当地精英。总而言之，大约有来自 57 座城镇的 2000 名长官（被称为"摄政"）和大量贵族直接参与共和国的决策过程。以现代标准看来这并不"民主"，但在近代早期世界里几乎没有第二个主要国家能让如此之多的人来左右国家政策。

既然有如此之多的人员参与决策，争执摩擦也就常常滋生——特别是在诸如财政、宗教和外交政策这样的争议性议题上。例如，因为战争成本高昂，而荷兰省的纳税额比其他所有省份的总和还多，该省通常希望与西班牙议和。相反地，荷兰省的南邻泽兰省就一直反对与西班牙媾和，因为这个省是靠针对西班牙的私掠活动和从与敌贸易者处收取通行费和护照费用而繁荣起来的。加尔文宗牧师也大力宣扬与天主教"大敌"开战，他们不仅利用讲道坛鼓吹战争，还利用他们与个别摄政（常常就是他们的兄弟、侄甥或父亲）的联系破坏和议。此外，大多数为躲避佛兰德和布拉邦特①境内天主教迫害而来投靠的人也反对与那些迫使他们流亡的人达成任何协定。

围绕是否与西班牙议和这一问题的争论从 1607 年一直持续到 1609 年，激化了上述各群体之间的矛盾。其中一派由荷兰省和乌得勒支省的摄政组成，他们在奥尔登巴恩菲尔特的领导下主张对外缔结和约，对内宗教宽容，而与其针锋相对的阵营则由泽兰等在战争中获利颇丰的地区的居民、绝大多数加尔文宗牧师和大多数南方来的移民组成，后者得到拿骚的毛里茨支持（一旦共和国解散军队，他的影响力将大为衰退）。随着休战协定生效，这些分歧立刻深化了，莱顿大学的两名加尔文宗神学家在其中发挥了作用：其一是弗朗西斯·戈马尔（Francis Gomarus），这位佛兰德难民在布道中称所有人的灵性命运从时间开始的那一刻起就已被决定了；而来自荷兰省的雅各·阿民念（Jacob Arminius）则认为每个个体的生活抉择会影响他们的得救机会。上述"救赎"（salvation）问题引起了一场激烈的论战，仅在 1617 年就有 200 种相关的小册子出版，1618 年则达到 300 余种。对阿民念派的攻击令荷兰省当局感到警觉，他们通过一项决议，授权各个城镇募集特别的民兵部队（waardgelders），以在必要时维护法律和秩序。这项决议还要求民兵部队遵从各自城镇的命令。公开站在戈马尔派一边的毛里茨宣称，荷兰省的这些举措是"对真正的改革派宗教和我们个人的公开冒犯"（鉴于其总司令的身份，荷兰共和国的所有军队都听命于他），他巡视内地诸省，将阿民念派信徒逐

219

---

① 佛兰德（Flandes）与布拉邦特（Brabant）均位于今比利时，部分地区位于荷兰南部（布拉邦特）和法国北部（佛兰德）。

出公职。

奥尔登巴恩菲尔特及其支持者对此的报复是征募更多的民兵部队。随后，毛里茨动用正规军将他们缴械解散，并逮捕了奥尔登巴恩菲尔特。毛里茨还扫荡了各地议会，将经验丰富的摄政换成没有能力有效监管省督政策的新人。毛里茨还将所有阿民念派信徒逐出中小学和大学，而加尔文教会则在多德勒支召开的一次国家宗教会议上将阿民念派谴责为教会的异端和国家"安宁的扰乱者"。这次会议还剥夺了约 200 名牧师的生活费。1619 年，在毛里茨的力主之下，联省议会判处奥尔登巴恩菲尔特死刑。毛里茨还运用他不受约束的权威欢迎他的外甥、普法尔茨的腓特烈，并鼓励、资助腓特烈恢复旧领土。毛里茨还于 1621 年力主重启对西班牙的战争，《十二年休战协定》恰好于那一年终结。

腓特烈的再启衅端促使皇帝斐迪南二世兑现了他的承诺（页边码第 215 页），将选帝侯的头衔转赠马克西米利安。然而，这一举措却在德意志境内受到大量小册子的反对，因为它是不合宪制的：1456 年颁布的《金玺诏书》被公认为神圣罗马帝国不可改变的基础性法律，这份诏书授予了普法尔茨家族永久的选帝侯身份。就连通常会全力支持斐迪南的西班牙内阁也不予同意，他们知道这"意味着德意志的战事将永久持续下去"。[17]西班牙大臣们所言甚是：现在，腓特烈的事业终于赢得了之前缺少的国际支持，他成功地打造了一个囊括法国、英格兰、萨伏伊、瑞典和丹麦以及荷兰的大同盟。这些国家都承诺与腓特烈并肩作战，直至他夺回自己遭到剥夺的头衔和土地。丹麦国王克里斯蒂安四世也准备好了，他要率领 2 万名士兵进入帝国境内，达成自己的目标。

丹麦参战

丹麦国王克里斯蒂安拥有异常雄厚的实力。他的领地从挪威的北角延展到德意志的荷尔斯泰因，从格陵兰岛到波罗的海的厄兰岛，还包括丹麦海峡两侧的领土。所有进出波罗的海的船只都要从克里斯蒂安的埃尔西诺城堡的炮口之下经过，这位丹麦国王因此从海峡通行费中赚取了巨额收入；1625年，克里斯蒂安的总资产高达近150万塔勒。尽管嗜酒成性，克里斯蒂安却是个虔诚的路德宗教徒，他坚信天主教阴谋确有其事，这一阴谋旨在拔除神圣罗马帝国全境之内的一切新教信仰；白山战役之后的事件也坐实了他的担忧。取胜的天主教军队开始了无情的"天主教化"行动，将新教牧师驱逐出境，禁止公开的新教信仰活动，并将业已世俗化的天主教会土地收归教会所有。极度震惊的克里斯蒂安自命为"德意志自由的捍卫者"，并不顾手下大臣的反对和自己军事经验的缺乏，于1626年春天率军跨过威悉河向普法尔茨进发。[18]

这一新事态让蒂利伯爵颇受震动，这位天主教联盟的军事统帅认识到自己已无法"独自取得优势"。他警告自己的主君巴伐利亚的马克西米利安："丹麦人手握极大优势，他们将先发制人打败我们。"[19]马克西米利安于是请求斐迪南增援。自觉义不容辞的皇帝命令阿尔布雷希特·冯·华伦斯坦征募并训练一支兵力24000人的军队，这位华伦斯坦正是一个在老家波希米亚因购买被抄没土地而致富的军事家。华伦斯坦以超人的才华拖住了一支由克里斯蒂安的盟友赞助的新教军队向波希米亚进军的步伐，又恰到好处地在与丹麦军队会战于巴伦山麓卢特（Lutter-am-Barenberg）之前向蒂利派出了增援部队。尽管克里

220

斯蒂安在日记中只是轻描淡写地提到自己"与敌作战,输掉战斗",但事实上他已经损失了半数军队和全部野战炮。[20]

克里斯蒂安和他的绝大多数贵族成功地逃到了波罗的海的岛屿上,但天主教军队在此后两年里占领了日德兰半岛和北德意志,强迫当地居民以"捐献"的方式为他们提供粮饷,亦即将现金和货物直接送给当地驻军。这一制度运转之有效,也反映在华伦斯坦写给帝国财政大臣的一封信中。华伦斯坦吹嘘说,尽管他的军队每年需要花费至少1200万塔勒,他每年也只需从维也纳领取"几百万塔勒就能维持这场长期战争"。[21]颇为矛盾的是,尽管在账面上节省了帝国的军费开支,华伦斯坦的制度仍然需要手下军队的规模稳步增长,以此收集"捐献金"。于是华伦斯坦征募了更多的士兵,这样一来就需要更多的"捐献金"。到1628年为止,他统率(并供养)的军队的规模已经达到了13万人。

与之同时,寒冷的冬季、迟到的春季和潮湿的夏季让可以供养平民和士兵的物资一并减少。1626年5月,大如核桃的冰雹和严酷的霜冻袭击了南德意志,损毁了许多作物;而在第二年,据汉斯·赫贝勒记载,在新年伊始的"一场暴雪"之后,积雪直到当年复活节时仍覆盖着大地:"这个冬季是如此之严酷,在所有人的记忆中都是前所未有……农民们只能等到复活节过后再下地干活,开始耕种。"秋季则见证了巨量降水,阿尔卑斯山的部分村庄在1628年的每个月里都经历了降雪,有时还颇为猛烈:这是在17世纪侵袭欧洲的第一个"无夏之年"。在全欧许多地区,无论谷物还是葡萄都没能成熟。[22]不少人都为这段极端天气寻找替罪羊:各地发生了空前规模的猎巫审判,有些审判甚至会在同一时刻处决数百名嫌疑人;还有人归咎于犹太人。1629年的一份广为流传的版画(彩插9)显示,有个犹太人拿到了葡萄酒收成的专卖权，背景则是一系列极端天气事件和极端政治事件（这是当时少有的明白无误地将气候和灾难联系到一起的图画）。版画还点出了当时全欧普遍的"动荡"。[23]

最为严重的"动荡"例证发生在上奥地利地区，这里刚刚轻率地加入了波希米亚叛军，但迅速沦陷于天主教联军的铁蹄之下。白山战役之后，皇帝将上奥地利作为抵押品许给了他的盟友马克西米利安以充抵军费。皇帝还允许马克西米利安征收公爵领地税（duchy's tax）以支付债务利息和占领军的日常开支。这一地区的税收于是暴涨了 14 倍之多，以银币现付，而其时适逢"拉锯时期"，绝大多数纳税人的积蓄都遭通胀摧毁。如果政府没有下令驱逐所有新教牧师和学校教师，并允许天主教债权人取消新教徒抵押品赎回权（以此强迫新教徒出售财产）的话，饱受恫吓的人们也许还能继续忍受这些负担。而当一条要求公爵领地内的所有居民在 1626 年复活节前要么皈依天主教要么离开的法令颁布时，公开的反抗运动立刻爆发，领导这一运动的是富有的新教农场主斯蒂芬·法丁格尔（Stephen Fadinger）。反抗军将地方长官及其军队逐回公爵驻地林茨，并将该城团团围住。反抗军队还遣使向丹麦求援，但是吕特的失败让增援化为泡影；这时一发子弹射杀了林茨城外壕沟里的法丁格尔，令反抗军对城市发动的总攻功亏一篑。最终，一支 12000 人的帝国军队平定了叛乱，处决了大量造反者（他们将参与叛乱的贵族斩首；平民则先被砍掉右手再开膛破肚）。政府又一次向新教徒下了"要么皈依，要么离开"的命令，但小冰期拖延了这一进程：糟糕的天气事实上让所有人都不可能在离开之前将他们的资产清盘，政府只得不情不愿地将"遣送出境"的截止日期后延。[24]

221

就在同时，德意志境内各地对华伦斯坦及其军队的憎恨也在持续增长。托马斯·罗比肖（Thomas Robisheaux）对德意志西南部信仰路德宗的霍亨洛赫（Hohenlohe）的透彻研究显示，需索无度的帝国军队不仅将税收提高到原来的四倍，还强迫民政当局在征税时更具侵略性。到 1628 年，这个小郡"实际上已经失去了自主权，成了华伦斯坦税收机器的延伸"。[25]天主教统治者的受害程度也与此大致相当，他们之中的一些人直接向斐迪南抗议，说华伦斯坦给了"军团和连队参谋们极高的薪水"，他创设的税捐制度则让"穷苦的寡妇和孤儿"家破人亡。他们还语带怨愤地总结说，所有"地方上的领主"都已"仰那些上校和上尉的鼻息，这些人既是战争投机商也是战争罪犯，他们正在践踏帝国的法律"。这群天主教领主呼吁皇帝缩减华伦斯坦军队的规模，结束所有征兵行为；取消军队的"税捐"，代以由行政手段支配并征收的税种；他们还要求任命一位特别专员来审查华伦斯坦将军的账目。

尽管斐迪南拒绝了这些要求，他还是试着用宗教承诺安抚他的天主教盟友。斐迪南告诉他们，在长达九年的战争之后，他希望能够重整帝国的宗教格局，特别是重新夺回被新教统治者世俗化的教会土地。斐迪南还宣称，这些举措将成为"战争之收获与成果"。皇帝向同道的天主教徒许诺："就像我们截止到今天也从未想过让任何重夺教会土地的机会溜走一样，我们也不会想要在现在或未来因为错失或未能把握住哪怕最小的机会，而不得不在子孙后代面前承担罪责。"[26]

"一切罪恶的根源"

222　　皇帝认为，只要丹麦国王克里斯蒂安一直保有武装，"把握机会"就太过冒险；但在和平谈判正在进行的 1628 年，斐迪南却准备了一份史称《归还教产敕令》（Edict of Restitution）的文件，要求新教统治者将 1555 年"奥格斯堡和议"（正是这次和议终结了德意志的宗教战争）以来所有世俗化的教会土地归还原主。皇帝秘密印制、散发了 500 份副本，同时指示出版商于 1629 年 3 月 28 日将其同步出版。两个月后克里斯蒂安接受和议，蒂利和华伦斯坦就立即部署军队执行《归还教产敕令》，他们对新教邦国一视同仁，不论它们之前曾忠于皇帝还是割据反叛。短短 18 个月之内，6 个主教辖区和 100 座女修道院的土地就被返还到天主教会手中，此外还有 400 多座女修道院准备收回原本属于自己的土地。这一激烈举措自然在帝国全境引发了骚动。在一份《归还教产敕令》印刷本的扉页上——这份敕令印制于一处天主教根据地——一位时人亲手加了一行字："一切罪恶的根源"（Radix omnium malorum）。[27]

此时，国际事务分散了皇帝的精力，使他无法进一步落实《归还教产敕令》的规定。首先，荷兰人俘虏了一支从美洲驶往西班牙的珍宝舰队（treasure fleet），大大折损了西班牙哈布斯堡王朝为两条战线上的战事调度军费的能力：其一是在意大利北部镇压反叛的曼托瓦公爵，其二是在尼德兰地区对抗一支规模空前的荷兰军队。斐迪南于是指示华伦斯坦先派出两支远征军分别前往荷兰和曼托瓦，再派出第三支部队帮助波兰抵御瑞典国王古斯塔夫·阿道夫的入侵。紧接着，一支法国军队跨过阿尔卑斯山进入北意大利，迫使斐迪南将华伦斯坦的远征军从荷兰抽调到意大利；尽管华伦斯坦的增援帮助波兰人大破古斯塔夫，但法国外交官操盘的"波罗的海停战"却为能征善战的瑞典军队解除了负担，使其得以侵入德意志境内。

　　上述事态迫使华伦斯坦征募更多的兵员，到 1630 年春天为止他手下已有 151000 人，遍布德意志全境和意大利北部。华伦斯坦军队专员节节升高的征税要求进一步激怒了他的天主教盟友们，他们现在坚持要斐迪南将这位劳师糜饷的将军撤职。皇帝只得勉强答应与其他选帝侯在雷根斯堡会晤，解决包括华伦斯坦在内的其他争议性问题。

　　自 1619 年当选皇帝以来，斐迪南出手废黜领主、移转他们的土地，创设了华伦斯坦统辖之下的庞大帝国军队，还签发了《归还教产敕令》——这些举措都是在未召开帝国议会的状况下执行的。来自德意志各邦和外国的代表于是在 1630 年夏天齐聚雷根斯堡，急不可耐地要让选帝侯们知晓他们的意见。他们要求恢复战前状态（status quo ante），还提出了一项特别的诉求：撤换华伦斯坦。鉴于华伦斯坦军队的花费远远超过了可用资源的限度，这位帝国统帅本人也没有多作坚持。"别无他法，"华伦斯坦对一位士官怒吼道，"如果他们想发动一场能让驻扎的军队带给帝国愉悦而非不悦的战争，那就让他们任命上帝来做他们的统帅好了——不要找我！"[28] 1630 年 8 月，斐迪南果然撤换了他的将军——取而代之的不是上帝，而是天主教联军统帅蒂利伯爵，此人上任后将帝国军队裁减了三分之二。华伦斯坦解甲归田，在波希米亚过起了悠闲的退休生活；为他服务的银行家自杀了。

　　华伦斯坦倒台之后，选帝侯们乘胜追击，从皇帝那里取得了进一步的承诺：皇帝答应在未来"不经选帝侯的建议，不得发动任何新的战争"。不过，他们却没能劝皇帝修正《归还教产敕令》。许多德意志天主教徒（甚至包括巴伐利亚的马克西米利安）都认为，考虑到新教徒阵营正在得到越来越多的外国支援，施行一些怀柔政策是明智之举；但斐迪南的告解神父、耶稣会士威廉·拉莫马伊尼却对皇帝说，他无须担心自己会不会丢掉"整个奥地利和所有王国、省份，也不必担心他以何种面目立于世上。只要他想要自己的灵魂得救，就必须推行《归还教产敕令》"。[29]这样一来，斐迪南就犯下了两个致命错误。一方面，他牺牲了华伦斯坦，并因此失去了这位能帮他战胜一切来犯之敌的将领；另一方面，对《归还教产敕令》原封不动的保留则让北德意志的路德宗信徒确信，他们自己也将很快面临这一政策的无情迫害。

瑞典参战

就在选帝侯会议召开的当口，古斯塔夫·阿道夫率领一支大军踏上了德意志的土地。他迅速发布了一篇以五种语言写成的宣言，罗列了他个人对斐迪南皇帝的怨恨（特别是斐迪南派出"军队进入波兰与瑞典王国和国王陛下作战"）和对哈布斯堡王朝意在主宰波罗的海的担忧。唯有到了末尾，这份宣言才将"维系德意志的自由"作为出兵动机一笔带过。而对于挽救"新教事业"，这份宣言却只字未提。[30]一开始，古斯塔夫没得到多少支持：瑞典军队登陆时唯一的德意志盟友只是一座小小的港口城市斯特拉松德，也唯有财产尽失者和那些直面被帝国军占领之威胁的势力（比如马格德堡）起而响应他。除此之外，就在古斯塔夫登陆前，哈布斯堡军队刚刚攻陷并洗劫了曼托瓦，瑞典远征军的前景看似灰暗无光。

法王路易十三迫于宫廷中天主教徒的压力，派出谈判代表前往雷根斯堡，要他衔命解决所有与皇帝之间悬而未决的纠纷（尽管路易十三并没有就"如何磋商"给出具体指示）。曼托瓦陷落的消息让路易十三的谈判代表焦虑不已，他与斐迪南签订的条约不仅规定法国和帝国军队同时从北意大利撤军，还承诺路易十三将在未来避免为任何对抗皇帝的人提供帮助。1630年10月，路易十三突然变卦：他拒绝在条约上签自己的名字。法王向他的特使大发雷霆说："这不仅与你的职权截然相反，与我之前托付于你的命令背道而驰，与我对你的指示南辕北辙，而且还包括了一些我从未想过的条款。这些条款贻害无穷，别人读给我听的时候我没法不大感愤怒。"[31] 在拒绝雷根斯堡条约之余，路易十三还与瑞典缔结了盟约，慨然给予瑞典每年100万利弗尔、为期五年的军费援助，以支持瑞典为"保卫波罗的海和诸海洋而战，为商业自由而战，为复兴那些饱受神圣罗马帝国压迫的邦国而战"。法国的补助让古斯塔夫得以征募更多的军队，占据梅克伦堡和波美拉尼亚的公爵领地，将东波罗的海变成瑞典的内湖。

与此同时，蒂利伯爵正沉着冷静地率军封锁马格德堡，这座新教城市也是瑞典在德意志中部的唯一盟友。1631年5月，他们终于攻破该城并残酷地洗劫了它（见第4章）。第二个月，在教宗派出的年轻外交官乔里奥·马萨里尼的协助之下，哈布斯堡和法国的谈判代表签订了使北意大利重归和平的条约，让那里的所有帝国军队得以到德意志境内作战。看起来斐迪南将再一次成功地独力将瑞典人赶出去。但是，蒂利轻率地决定在援军从意大利赶来之前就与古斯塔夫正面对决。为达这一目的，蒂利带兵侵入以信仰路德宗为主但此前一直向斐迪南效忠的萨克森地区，令当地统治者一怒之下率军加入了瑞典阵营。1631年9月17日，蒂利率军在莱比锡附近的布赖滕费尔德追上了他们。凭借部队素质与火力上的优势，古斯塔夫的军队让天主教的胜利高潮戛然而止：蒂利损失了 2 万名士兵，不得不丢下野战炮和辎重落荒而逃。

就像五年之前的吕特会战一样，布赖滕费尔德战役改变了天主教与新教两阵营间的力量对比，令战争继续下去。未遇到有效抵抗的古斯塔夫派出偏师前往波希米亚，让 1620 年离乡的当地流亡者得以重返故土。他的主力则直捣德意志天主教领土的核心地带，一路抢掠到莱茵河流域。同时，古斯塔夫手下的瑞典首相阿克塞尔·乌克森谢纳创设了"总督"（government-general）一职管理所有新占的领土，并组织"税捐"以供养部署在北德意志各地总计 12 万人的胜利之师。

现在斐迪南别无选择，只得重新起用华伦斯坦。原因正如他手下的一名顾问所说："我们此时大叫'救命，救命'，却无人倾听。"[32] 但是，就在这位将军建起一支新的帝国军队之前，蒂利和天主教联盟的疲敝之师却鲁莽地袭击了距离最近的瑞典阵地。古斯塔夫迅速击败了蒂利（后者很快死于战伤），然后与欢欣鼓舞的普法尔茨的腓特烈会合，并有条不紊地掠夺了巴伐利亚，马克西米利安只得向华伦斯坦请愿求助。然而，新组建的帝国军队却撤退到纽伦堡附近防卫森严的营地阿尔特韦斯特（Alte Veste），古斯塔夫在对那里进行了长达两个月的围困之后只得回军北撤；但在 1632 年 11 月 16 日，瑞典国王在莱比锡附近的吕岑发动了一场突然袭击，令华伦斯坦军伤亡惨重，只得决定撤退。华伦斯坦直到数天之后才得知，瑞典人也遭遇了惨重的人员伤亡——其中包括国王古斯塔夫本人。

在此后的 16 年里，敌对各方在帝国境内来回拉锯，都寻求赢得决定性的战略优势，并在身后留下遍地的死亡、毁灭和不安。阿克塞尔·乌克森谢纳在古斯塔夫死后成为瑞典摄

政委员会首脑和新教一方的战争事务负责人，他主动提出与
华伦斯坦洽签一份有利的协议；但在 1634 年 2 月，斐迪南却
225　暗杀了他的将军（因为皇帝力主作战而非议和）。就在第二年
9 月，哈布斯堡军队在讷德林根取得了一场对瑞典及其德意
志盟友的决定性胜利。乌克森谢纳现在将军队撤回波罗的海
岸边，寻求重启因华伦斯坦之死而中断的和平谈判。但在认
识到皇帝的条件不可接受之后，瑞典首相决定继续战斗。斐
迪南转而于 1635 年 5 月与瑞典人的一些盟友达成了布拉格
和议，并于数月之后向法国宣战。乌克森谢纳续签了与法国
的盟约，承诺（除了盟约之外）缔约各方都绝不单独与敌
人媾和。这个联盟——以及这场战争——都将因此再持续 13
年之久。

引爆点：对德意志的蹂躏

　　1631 年的布赖滕费尔德战役拯救了新教阵营，但这场战
役的结果也改变了战争的范围和影响。在此之前，绝大多数德
意志人都认为敌对状态是异常且暂时的：用一位纽伦堡附近新
教磨坊主的女儿的话说，直到 1632 年夏天，"我们的确听说了
战争，但我们从不认为战事将波及我们（这里）"。及至阿尔
特韦斯特围城战期间，帝国军队洗劫了她的城市和她的磨坊，
情况陡然转变。兵燹之下，"没有一粒小麦、一点面粉残存"。
同样地，乌尔姆附近的一位路德宗牧师在 1628 年之前都很少
在他的编年史中记述军事活动，却在那一年提到有"一种新
的骇人风暴"以华伦斯坦占领军的形式"威胁了我们"。此后
三年里，他的日记依然穿插着对军队借宿和劳军税捐的评论，
以及对收成、天气和意外事件的记载。不过从布赖滕费尔德战

役之后，得胜的瑞典军队进抵德意志中部的时刻起，他在日记中的情绪又大为扭转。自此以降，战争成了牧师的叙事主轴，他对战事的记载也变得远比之前更为详尽。而在宗教分歧的另一端，瑞士边界附近一名天主教修士的日记上一度挤满了关于天气和葡萄收成的详尽内容，但随着瑞典军队到来，"麻烦真的开始在此地蔓延"，他的关注焦点和日记的行文口吻也迅速发生了变化。在十年后，当这位修士回望这段往事时，他对自己当时未能"更为勤奋地将发生的所有事情记载下来"感到懊悔，但他也"未曾料到这漫长而灾难性的瑞典占领期竟持续了如此之久"。[33]

由于很多世俗精英和宗教精英都在本阵营遭遇失败的时候落荒而逃，许多农村地区的公共秩序随之瓦解。像德意志西南部的霍恩洛赫这样的战略要地可能会反复易手，次数之多以至于"有时你很难准确说出是谁事实上控制着这块领土"。[34] 在距离霍恩洛赫不远处，在位于奥托博伊伦的本笃会修道院治下的某些村庄，教区神父也记载了一些为瑞典服役的士兵犯下的"罪恶把戏和恶魔行径"：在翁特雷格，瑞典军士兵用木棒殴打小孩，像遛狗一样用绳索拖着他们来来回回；他们还刺穿了一个磨坊主的腿，将他的妻子放进她自己的烤箱里烤。在尼德里登，他们将教区神父开膛破肚折磨至死。而在韦斯特赖姆，"雅格·吕岑伯格被士兵们拖到树林里剥了个精光，（并）被以劣于野蛮人的非人之举折磨私处，承受了惊人的痛苦"。三天之后，两名士兵"一个用刀刺入他的双手，另一个用刀刺入他的后背；很快他就死去了"。很多地方安葬登记簿都记录了"死于饥饿"的教区居民，其中有人在生前曾靠吃老鼠或"连猪也不会吃"的东西充饥，还有一些人吃了人肉。符腾堡

226

公爵领地经受了"暗无天日的痛苦饥荒，许多人因此活活饿死"。人们靠吃"野草、蓟草和绿色植物"为生，因为"饥饿是个好厨师"。还有人乞求残羹剩饭，"那些羞于如此的人则死于饥饿"。[35] 菲利普·文森特是个游历甚广的英格兰牧师，他的足迹远至马萨诸塞和圭亚那，也曾到达德意志。他在 1638 年出版的绘本《德意志的哀歌：这里就像玻璃器皿，我们或可注视其凄惨状况，领略原罪的可悲后果》里将布赖滕费尔德视为一个转折点。"瑞典国王到来之前，"他断言，"（战争）就已杀死了至少十万人。如果确定如此，那么瑞典国王到来之后又做了什么？如今已有几百万人悲惨殒命？"文森特没有看到哪怕一线希望，因为现在"无人耕种庄稼，无人放养牲畜；因为如果他们耕种放养的话，第二年士兵也将洗劫一空"。取而代之的情景是，"现在这里再无住所，唯余营地若干；再也无人犁地，除了从军参战再无工作岗位"。[36]

反常天气也令"德意志的哀歌"雪上加霜。1640 年 8 月，驻扎在德意志中部的天主教士兵报告说："此时有一股寒潮袭来，我们几乎要在军营里冻死了。"1641 年 1 月，多瑙河在雷根斯堡附近的河段封冻得如此彻底，以至于瑞典军队及其火炮可以踏冰过河炮击城市。而在黑森-卡塞尔，一名编年史家于 1639 年记载："今年谷物冻住了。"也有牧师语带悲痛地指出："纪元 40 年（1640 年）的冬天，我们可以播种的少之又少。（1641 年）夏天的收成也都被老鼠吃掉，因此我们没收获什么。若去田地里收割，只见作物已被剥除殆尽，根本无法辨识剩下的作物是何类种——或者是否还有作物残存……1642 年，所有苦难仍如前一年一样糟糕，绝望气氛也日甚一日。"谷物的出产率在这些年里从 1∶6 骤降到 1∶1。在巴伐利亚，一位生活在阿尔卑斯山山脚的修道院院长在这些年里的日记充斥着对苦难的记录，它们的原因包括"最冷的冬天"、"凛冽的风暴"、"寒冷如冬的春季"和"风暴交加之夏"；此外在 1642 年，在经历了"人类记忆里最为严重的洪水""重达一磅的冰雹块"和 6 月中旬覆盖大地的白霜之后，当地庄稼尽毁。这位修道院院长还记下了野猪和野狼的"快速繁衍"，"各地的大小道路都因此不再安全"。[37]许多震骇莫名的平民百姓都不止一次仓皇离家。1646年，洛伦兹·鲁道夫牧师和他的教区居民抛弃他们位于黑森的村庄，在外逃难整整 18 周，他们的离乡时间在 1647 年和 1648 年甚至要更长。他们躲在附近的树林里，只因家乡地区已经成为战场。同样居住在黑森的农民卡斯帕尔·普雷斯也感到"惊恐万状，甚至风吹落叶都能让我们吓得跑出来"。鞋匠汉斯·赫贝勒抱怨说，他和家人"在森林里像野兽一样被人猎杀"，他们于战争期间逃离家乡村庄不下三十次，只为寻找一处安全之所。[38]

227

和平降临德意志

引人瞩目的是，只有一份留存至今的目击者书面证言将德意志的不幸归咎于其统治者。勃兰登堡的税务官彼得·蒂耶勒下笔毫不留情："这场战争从头至尾就是一场货真价实的强盗与窃贼之战。将校们中饱私囊，贵族和领主则被牵着鼻子走。不过每逢人们讨论对和平的期望时，他们（贵族和领主）总是先关注自己的名誉，那就是给土地和人民造成毁灭性后果的东西。"[39]然而，蒂耶勒只是谴责了他那个时代统治者们的一项执念："名誉"。蒂耶勒对另一项执念，即宗教继续装聋作哑。

许多新教徒就像普法尔茨的腓特烈一样坚信，他们的战斗是在响应上帝的直接呼召（页边码第 215 页）；绝大多数天主教徒都在作出和战抉择之前求问于他们的告解神父，有时甚至是专门的神学委员会。比如在 1634 ~ 1635 年，神圣罗马帝国皇帝的告解神父拉莫马伊尼就反对与新教统治者的任何接触，此时后者正慑于讷德林根之败而期望与斐迪南和谈。犹疑不决的皇帝召集了一个由 24 名神学家组成的委员会，向他们询问自己是否可以做出宗教让步、实现和平，而不会犯下致命的罪孽；如若不能（正如拉莫马伊尼所说），他便必须拒斥一切妥协，以求上帝干预能为天主教带来胜利。有些神学家支持这位告解神父的说法，因为"迄今为止，上帝已经将我们绝大多数虔诚的皇帝从如此之多的危险之中拯救出来。在今天这番绝境之中，上帝也将指示我们，究竟是继续战争还是去获得更好的和平"；不过，绝大多数人都同意对新教徒进行有限的宗教让步，所谓"两害相权取其轻"。因此斐迪南与萨克森等路德宗诸侯签署了《布拉格和约》。[40] 1640 年，雷根斯堡帝国议会也就"新教徒能否保留已被世俗化的前教会土地"展开了激烈辩论，就连固执的巴伐利亚选帝侯马克西米利安也命令他的大臣就与新教徒议和的"顾虑"咨询神学家；1646 年，皇帝斐迪南三世也就同一议题咨询了"宫廷神学家"。每一次神学家都主张，只要能提高和平的概率，就可以做出适当的让步。[41]

布拉格和雷根斯堡达成的协定解决了德意志的绝大多数争端，它们也构成了最终和平协议的一部分；那么问题来了：为什么战争一直拖到 1648 年？这个问题部分基于如下事实：尽管绝大多数德意志冲突方都在为**过往**的个别不满之处寻求补偿，但瑞典和法国之所以先后入侵德意志，主要是为了避免**未来**潜在的不公——换言之，哈布斯堡的胜利也许会对法瑞两国的国家安全带来威胁。这一目标意味着这"两顶王冠"（时人以此来称呼法国和瑞典）是不会被一块或几块土地的转手所收买的（尽管两国也都确实提出了领土要求）：相反，除非创设某种机构来保证和平条款得到执行，法瑞两国将拒绝签署任何协定。

欧洲历史上并没有满足类似诉求的先例或指导。因此，尽管祷告、小册子、宽幅印刷品、奖章和戏剧都急切地呼吁"两顶王冠"达成和议，两国却继续作战。1643年4月，瑞典向所有新教统治者发出了一封公开信。信中指出，"皇帝（已经）凭其君权篡夺了一切，这是一条通往绝对专制之路，也是令德意志全境受到奴役之路。'两顶王冠'将在力所能及的范围之内尽力阻止此事发生，因为两国的安全也系于德意志全境的自由之上"。[42]因此，瑞典（以及法国也在较小程度上）寻求在皇帝和帝国诸侯之间、天主教徒和新教徒之间建立一种平衡。他们坚持认为，唯有帝国议会而非皇帝本人可以合法宣战，所有在帝国议会有席位的诸侯都有权自我武装、缔结同盟。"两顶王冠"希望这些措施能够在事实上避免德意志未来爆发任何战争，因为用一位瑞典外交官的话说："政治的第一法则就是，所有人的安全都依赖于维系各个独立国家之间的均势。每当某国开始变得更加强大、令人畏惧之时，别国就以联盟和联邦的方式聚集到秤砣（Waagschale）的另一端，以此补偿劣势、维系平衡。"[43]"两顶王冠"希望将其愿景加诸欧洲各国的外交官身上，这些人代表着欧洲近200名统治者（其中150个是德意志诸侯），他们于1643年末开始陆续抵达威斯特伐利亚：那些新教诸侯聚集在奥斯纳布吕克，而代表天主教诸侯的代表则集合在30英里以外的明斯特。

　　由于瑞典向丹麦发动了一场突然袭击（页边码第 231 页），和谈中断了数月之久。但在 1644 年 12 月，和谈的四大主角（法国、瑞典为一方，西班牙和皇帝为另一方）交换了落实和平条款的文件。不过，他们拒绝在谈判期间搁置敌对行动。法国首相马扎然便称，法国"及其盟友毫无以停火降低战争烈度的意愿，我们宁可以一场一劳永逸的和谈永远地扑灭战火"。这意味着和谈各方的要价都随着战争形势的变化而涨落——正如马扎然所深知的那样："我们常说要提高要价以反映我们这边处境的改善。"他如此提醒出席和平会议的本国外交官。马扎然还指示说，他那反复多变的交涉立场也反映出"最近有利于我们的情势又有何变化"。马扎然接下来的话则不那么令人信服："变化的不是人，而是形势。"[44]

　　1645 年的战事给了法国及其盟友决定性的优势。一支瑞典军队侵入巴伐利亚，一路追击由皇帝斐迪南三世（1637 ~ 1657 年在位）亲自率领的哈布斯堡军队，接着又用一整个夏天的时间蹂躏了哈布斯堡的领地；同时还有一支法国军队在德意志境内击溃了天主教联盟的野战军，另一支则拿下了西属尼德兰的十座城市。1645 年 10 月，斐迪南面临不可避免的失败，于是亲手给他在威斯特伐利亚的首席谈判官草拟了一份秘密指示，授权其在主要议题上一步步做出屈辱的妥协。在宗教事务上，斐迪南希望倒退到 1630 年的状态，天主教阵营的声势在那一年凭着《归还教产敕令》攀上了高峰；但若是这一底线撑不住的话，他会接受 1627 年的状况；而在"极端情况下"（"extremo casu"；撰写最终让步条件时，皇帝总是在德语和拉丁语间切换），他也可以接受 1618 年的状态，这是对新教势力最有利的时间点。在政治事务上，斐迪南允许维特尔斯巴赫家族的普法尔茨和巴伐利亚分支**轮流**担任选帝侯，但在"极端情况下"他将增设一个**额外**的（第八个）选帝侯席位，这样维特尔斯巴赫家族的两个分支就都能拥有一个永久代表席位。除此之外，瑞典可以额外保留东波美拉尼亚，并在"无法避免的情况下"获得对不来梅大主教领和梅克伦堡州部分地区的现任统治者的终身支配权——以及在"最后的必要情况下"（ultimo necessitatis gradu）**永久世袭**。最后，在"极端情况下"法国可以吞并哈布斯堡统治的阿尔萨斯，在"绝望状态下"（desperatissimo casu），布莱萨赫地区亦可拱手让出。[45]

由于一系列败绩将斐迪南置于"绝望状态下"，他最终做出了全部让步。1646年9月，皇帝手下的谈判官与法国签署了一份"草约"，甚至让出了布莱萨赫——但是，只有当瑞典也参加和议时条款方能生效。唯有到了此时，和平会议才开始郑重其事地考虑棘手的宗教议题，例如，宗教协定要恢复的"基准年份"（normative date）。[46]德意志天主教诸侯（由法国支持）就像斐迪南一样希望回到1630年的状态，而新教诸侯（瑞典人支持）则力求回到1618年的状态：最后，和平会议宣告《归还教产敕令》无效，将"基准年份"定为1624年。如此一来，那些离家远行躲避宗教迫害的人便得到了回归故土的权利（因此也在欧洲史上第一次认可了对宗教难民的法律保护）。和平会议也做出决议，未来宗教的任何变动都需以天主教徒和新教徒之间的"友善调解"为先决条件，而不是简单多数决的投票——在宗教狂热如此盛行的年代里，这是超乎寻常的妥协。

不过，即便在关键性的宗教议题上达成了一致，战争还是又持续了六个多月。法国人试图让皇帝做出永不支持西班牙哈布斯堡王朝的承诺，瑞典军方代表也力争榨取3000万塔勒来支付积欠的军饷。也许，出人意料的是第二项议题更容易达成协议。一方面，历经三十年之久的横征暴敛、经济衰退、人口衰减和物质破坏，德意志土地上苟延残喘的居民显然缺少资源募集这么一笔款项；正如法国首相冷言指出的那样，无论如何"德意志全境都没有足够的货币来满足（瑞典老兵们的）需求"。[47]另一方面，小冰期也间接地促使各方达成妥协，因为糟糕的天气持续侵扰着德意志地区。1647年的夏天格外寒冷：据正在明斯特的西班牙外交官说，7月"就像11月"一样，而在8月"天气寒冷得已经可以视为10月末了"。果不其然，接下来的冬季异乎寻常地漫长严酷——1648年3月，一位巴伐利亚修女记载，"足以冻僵所有人的酷寒袭来了"——随之而来的则是一个异常潮湿的夏季。[48]深陷泥潭的瑞典军队最终同意把金额降到500万塔勒，其中180万立即以现金支付，120万分摊支付，剩下的200万在两年内分期支付。随着一切议题尘埃落定，各主要国家的"全权大使"们于10月24日签署了多份复杂的"和平文书"，结束了旷日持久的和谈。这一消息于10月31日传抵布拉格城下，围城的瑞典军队立即停火。三十年战争终告结束。[49]

280 　　在漫长的战争之后，和约签订的消息一开始显得令人难以置信。纽伦堡的一位德意志诗人捕捉到了许多人的讶异之情：

你从未相信之事

已经成为现实。什么？

现在骆驼即将穿过针眼

和平也将重回德意志？

汉斯·赫贝勒最后一次回到乌尔姆，参加那里举行的"感恩和欢乐"庆典。赫贝勒说："人们兴高采烈、全情投入地庆祝，就像从前的圣诞节一样。"[50]超过四万份和约副本从印刷机里滚转而出，其中一些条款立即见效：新教徒回到了他们一度被禁止踏足的城市和领土（条件是 1624 年那里曾有新教信仰存在），根据《归还教产敕令》而转手的前教会土地也再度易手。特赦也立刻生效。普法尔茨的腓特烈之子取得了一席选帝侯之位，现在选帝侯增加到了八位，那些曾经因为支持法国和瑞典而丢掉土地和财产的人（尽管并非那些背负反叛罪名的人）也拿回了他们的土地和财产。曾在瑞士等地寻求庇护的人现在也得以归家。

事实证明，复员并遣散 20 万全副武装的士兵更为困难。这不只是因为士兵们直到解散当天为止还在领饷：仅瑞典军队每个月就要花掉近 100 万塔勒，政府在此之外还需支付威斯特伐利亚和会上已经商定的军饷欠额。席卷欧洲北部的糟糕天气也使这个任务变得更为困难——1649 年春天，在"持续 6 个月的冬天"告一段落，积雪终于消融之后，洪灾在大片地区接踵而至；第二年，德意志中部的部分地区创下了一年之内降水 226 天的纪录（相比之下，20 世纪的年度最长降水时间只有 180 天）——不过在最后，饱受战争创伤的德意志各邦还是筹集到了足够的金钱，让外国军队得以开始按预定时程从各自的占领地域逐步撤军。瑞士军队回到了瑞士；法国军队重返法国；1650 年 10 月，瑞典统帅部自威斯马（一个波罗的海港口，距斯特拉松德不远；古斯塔夫·阿道夫正是于 20 年前在这里登陆）登船回国。这些瑞典人即将发现，他们的祖国正处于革命边缘。

悬崖边上的丹麦和瑞典

贯穿整个 1640 年代的极端天气侵扰了德意志的绝大部分地区，也摧毁了斯堪的纳维亚的收成，导致面包价格暴涨，远远超出业已遭受 20 年战争打击的家家户户的承受范围。1648~1651 年，社会、王朝和宪政层面的种种不利状况互相叠加，几乎令瑞典和丹麦王室无力维持，其中丹麦受害更深。虽然克里斯蒂安四世在 1629 年战败之后并未直接介入德意志事务（页边码第 222 页），但他难以抗拒从瑞典这个竞争对手在欧洲大陆的军事干涉中分一杯羹的诱惑。按照阿克塞尔·乌克森谢纳风趣的说法，克里斯蒂安"反复用手轻抚我们（瑞典）的下巴，查看我们的牙齿是不是坚固如斯"。[51] 1643 年，德意志境内的瑞典军队攻入日德兰半岛，另一支瑞典军队则占领了厄勒海峡以东的所有丹麦领土，同时瑞典海军也在海上追击丹麦人。这些惨重失败迫使克里斯蒂安接受了屈辱的和平，将部分丹麦领土割让出去。更重要的是，他事实上豁免了瑞典人的海峡通行费。尽管这位国王还以某种国家大家长的身份留有可观的个人声望——他已经统治了 60 年之久，很少有丹麦人记得起什么别的君主——现在的他还是得在国务会议上听命于贵族们。雪上加霜的是，1648 年 2 月克里斯蒂安去世引发了一场宪制危机，因为议会尚未指定他的继承人。即便克里斯蒂安最年长的儿子腓特烈王储是唯一可行的候选人，但国务会议（依据传统，国务会议在王位空缺期间充当行政机构）却推迟了对他的推举，除非他同意在加冕时颁布一则剥夺君主将丹麦王国卷入对外战争之权力的宪章。

新王面临的任务可谓艰巨。首先，不久前瑞典的占领已造成大范围的农场损失和农产品产量的骤降；现在，灾难性的歉收几乎令面包价格翻倍，绝大多数地区还深受瘟疫之害。紧接着自然灾害而来的还有经济衰退。德意志境内战事的终结既让外国人对丹麦农产品的需求骤然减少，也平添了许多归来的复员士兵，他们需要本国的工作岗位。国务会议旋即征收重税，以清偿之前战争欠下的债务——不过，国务会议成员自身的税却因为他们高贵的身份而得以赦免。凡此种种都让许多小地主债务缠身：他们不仅得筹集资本修补长年以来的战争创伤，还需在利润缩水时多缴重税，这在主持政府运转的大贵族与其他所有人之间制造了危险的嫌隙。

气候也给瑞典带来了一场与丹麦异常相似的危机。一段漫长的酷寒天气造成作物产量和贸易量的双重下跌，1650年的收成也降至"瑞典近五十年乃至一百年来已知的最低水平"。这年3月，斯德哥尔摩的面包师在城门口为争夺一些稀缺的面粉爆发了殴斗。[52]和丹麦一样，瑞典的作物歉收也与由偿还瑞典"大陆战争"带来的债务所造成的史无前例的财政困局同时发生。尽管并没有外国军队越境侵入瑞典王国并造成损失，但经久不息的征兵和征税需求制造了广泛的经济困难。威斯特伐利亚和会上取得的惊人领土扩张并未让加布里埃尔·乌克森谢纳（阿克塞尔·乌克森谢纳的兄弟，也是瑞典国务会议成员）感到高兴："普罗大众都恨之欲其死，"他认为，"也许我们确实从别人那里夺取了土地，但在达成这一目的的同时，我们也毁灭了自己的土地。"这是因为，"尽管大树枝繁叶茂，其根部却烂了"。[53]

1644 年成年的女王克里斯蒂娜是古斯塔夫·阿道夫的女儿，她对眼前的难题无动于衷。女王不仅花费甚大（宫廷开支在 1644 年时占国家预算的 3%，1653 年飙升到了 20%），
232 还转让了大片王室领地，令她的收入减少了三分之一。及至官兵从德意志回国、要求支付军饷和赏金时，"土地捐赠的速度甚至比土地登记员登记的速度还要快，有时快出整整一倍"。克里斯蒂娜还于十年之内让瑞典的贵族家庭数量增长了一倍，几乎每个月她都在创设新的头衔。与丹麦一样，这种肆意封赏的行为在女王的臣民当中造成了痛苦的分裂。阿克塞尔·乌克森谢纳及其贵族盟友对政局的持续主导也造成了一样的效果，他们在 1648 年占据了国务会议 25 个席位中的 20 个，这种集权态势遭到了大量小册子的抨击。[54]

一个事实让反对派士气大振：克里斯蒂娜没有继承人。她于 1649 年声明自己不想结婚，之后便致力于确保表兄卡尔·古斯塔夫继承王位（他也是在德瑞军总司令），为此她必须征得瑞典国会（Riksdag）的同意。于是，女王于 1650 年 7 月召集各级代表于斯德哥尔摩集会。尽管这些代表肯定会借机抒发他们各式各样的不满。

瑞典国会里不仅有贵族、教士和城市诸院，还设有一个"农民院"。一俟 1650 年会期开始，市民代表便群起攻击贵族们名目日繁而又严重泛滥的特权。"他们难道想将盛行于波兰的那种制度引入瑞典，将生而自由的人变为奴隶？"他们愤怒地诘问。教士代表也批评了贵族的滥权。"这难道公平吗？"他们质问，"一小撮人竟可以成为和平再临的唯一受益者，而那些贡献如此之大，乃至于牺牲了生命和财产的群体却被排除在外；而且，这些群体现在仍须生活在奴役之中，不能享

受自由之乐。"两大群体（教士和市民）都抱怨女王优先将教会和政府中最好的职位安排给贵族，夺去了他们富有价值的职业机遇——这一事态造成了尤为严重的不满，因为此时的瑞典正如许多近代早期的国家一样，拥有数量空前的大学毕业生。[55]

农民的不满情绪不仅更为强烈，范围也更为广阔。他们不仅抱怨领主无以复加的需索——有人称他们的农地每年都要派人服相当于500或600个累计工作日的劳役，还有人称他们必须跋涉100英里才能抵达服役地点——也对王室领地的转让感到愤慨，因为这使农民转而遭受贵族的控制。王室领地的出让不但让王室收入剧减（因为贵族土地缴纳的税收更少，甚至根本就不缴税），更缩小了瑞典国会中"农民院"的规模，因为唯有王室领地上的农民才能占有国会的一席之地。[56]上述议题让三个非贵族阶层团结一致发出怒吼。用乌普萨拉大主教林奈乌斯的话说，这是因为

当贵族阶层驱使所有农民听命于他们时，农民院在国会就不再有话语权了；而在农民院屈服之后，市民院和教士院或许也将沉沦……；既然贵族院将王国境内的所有土地都置于自己的掌控之下，那么王室的权力又归于何处？谁拥有土地，谁就是这块土地的统治者。[57]

这三个阶层于是召开了联合会议，并出台了一份联合决议，声称"四个阶层里的相对多数意愿应当占据优势"。他们还拒绝在申诉得偿之前讨论王室的议案。在斯德哥尔摩市长、市政厅秘书（都是律师）和王室史官的引领之下，三个阶层

283

的代表将他们的诉求包装为基于王国"基本法"的请愿，并将这些请愿印刷成文，汇编为一本联合恳求书，于 1650 年 10 月出版。这份文件包括"所有人在法律面前都应享有无差别的平等待遇""一切私刑私狱……都应废止"等诉求，还要求在未来不得转让王室领地，而那些已经转让的王室领地也得在国会提出要求时返还。恳求书甚至谴责了瑞典的外交政策："我们如果丢掉了在本土的自由，那么在海外又得到了什么？"[58]

数百份印刷本恳求书流传于世，令反对中央政府的各方力量集结起来。一周之后，由国会低等级成员组成的代表团会见了乌克森谢纳和国务会议成员，但代表团对国家重税、领主的广泛凌虐和压榨的抱怨却收效甚微。对于前一问题，乌克森谢纳指出："现在的战争与此前大有不同了"，尽管瑞典王室曾经用地产收入来支付军费，（但）"德意志战事却异于之前的一切战争，它需要更多的人力，更多的弹药，更高的军饷；在这种情况下，旧有的预算还能支撑多久？"一位农民代表抱怨说领主"对我们的剥削无以复加"，另一位大臣却打断了他的发言："你也许会抱怨你的负担，那是你的事情；但我要告诉你，你的状况从未有现在这么好……近来教士、市民和农民都生活优渥"——但紧接着，他话锋一转，回顾了糟糕的天气和失败的收成，承认"尽管就在此刻他们也许会因今年始料未及的匮乏受一些苦"。林奈乌斯主教对此表示同意："（农民）所言甚是；我们深知此事，因为尽管通常我们的什一税收入还算丰厚，但这一收入如今已经严重缩水。我也担心虐待农民的人会多于那些帮助农民的人。农民当然有理由感到不满。"[59]

不过，反对派未能达成任何目标的主要原因还是在于缺乏协作。除了克里斯蒂娜的预定继承人卡尔·古斯塔夫之外，瑞典的下一位统治者并无第二人选，卡尔若推翻自己的表妹也不会得到什么好处。大贵族们也不能通过推翻克里斯蒂娜获得什么利益，瑞典周边的大片地区都为发起叛乱之后果提供了现成的例证。瑞典国务会议定期收集、讨论其他国家叛乱的最新消息——特别是在英格兰。用一名大臣的话说："（正如叛乱）在英格兰由当地躁动的教士挑起一样，这里也在发生同样的事。这开了一个可能是最为可怕的先例，为祸甚烈。"[60]

克里斯蒂娜女王饶具智谋地利用了批评者之间的分歧。她向贵族保证不会撤销对他们的土地转让，以此赢得了贵族的好意。她还通过做出有限让步的方式离间各个阶层：教士得到了一些孜孜以求的特权（比如女王保证她只青睐正统的路德宗神学）；市民领袖们得到了某些王室职位的封官许愿（尽管绝大多数位于边远地区）；农民也赢得了为领主服役的一些工时限制。1650 年 10 月，国会代表承认卡尔·古斯塔夫为王储，国会也随之解散。

尽管女王赢得了政治胜利，但国会却见证了一场财政失败：唯有将转让的王室领地全部归还（这一过程在瑞典被称为"Reduktion"），方能解决瑞典王室面临的财政危机。因此尽管征收了新的间接税，女王还是没法支付手下士兵、水手和家仆的工资。于是在 1652 年整个斯堪的纳维亚半岛歉收之时，克里斯蒂娜没有任何可供赈灾的资源。瑞典国内很快响起了"贵族去死"和"魔鬼带走包税人"的怒吼。在一个地区，愤怒的农民选举了自己的"国王"和大臣，还列出了他们想要杀死的贵族的名单；不过克里斯蒂娜随即派出军队镇压叛乱，这名"国王"的结局是被拴在轮子上碾死，他的大臣们（其

234

中一位是个教士）则被绞死。[61]

  一位使节行经暴乱侵扰的地域，记录下当地普遍贫困的居民、年久失修的道路和田地里死亡的动物，这反而令人怀疑为何上述恶劣状况没有引发范围更广的骚乱。中央政府相信，答案在于瑞典的军事制度。根据一名大臣的说法，"让农民老实守法的唯一办法"就是源源不断地将瑞典、芬兰的年轻人强制迁到欧洲大陆上打仗，以清除潜在的民变领袖和危险的边缘人群。[62]比戈迪亚教区的详尽档案（这里1200平方英里的土地上只有1800名居民，人口本就十分稀疏）为这一政策带来的冲击提供了一些注脚。1620年的比戈迪亚还有500名成年男性，但在二十年之后仅剩下365人。而在同时，成年女性的数量从600人增至655人。不仅如此，这二十年间230名离家赴德作战的男性大部分捐躯沙场，仅14人生还。[63]

  尽管比戈迪亚教区的详尽记录于1639年终止，但瑞典王国其他地区的数据还是反映了征兵对各地造成的沉重负担。在1630年和1631年远征德意志的25000名瑞典、芬兰士兵中，超过一半在两年之内丧生；就在同一时期，一个团内超过1000人的征召兵中有三分之一死于疫病，六分之一死于战伤，八分之一脱队当了逃兵。随着年轻人开始意识到服兵役在实质上与死刑判决无异，征兵工作变得窒碍难行。在三十年战争期间，芬兰派出约25000名年轻人远赴欧陆作战——相当于其全体成年男性人口的四分之一——但是，尽管1630年代的六次征兵令征来了约4000人，1640年代的八次征兵令却只征到了不足3500人，1650年代的八次征兵也只征到了不足2500人。那些成功逃避征兵的人包括逃兵（有人在首次检阅之前"遁入深林"，还有人在行军至海岸的路上逃之夭夭）、伤兵（有

些人明显是自残手足）还有病人——其中就有雅各布·戈兰
松和他那不同寻常（即便不是独一无二）的诉求：1630 年戈
兰松应征入伍时一口咬定自己"像女人一样每个月都会经历
一段生理期，那段时间里自己会躺卧如死人"。[64]不过不论这些
征召兵服役、逃跑还是来月经，他们至少不会加入农民叛乱。
那场蹂躏德意志如此之甚的战争差不多也为芬兰和瑞典提供了
一道安全阀门，使克里斯蒂娜可以安全退位，并在 1654 年将
王位和平地让与她的堂兄卡尔十世·古斯塔夫。

235

荷兰共和国的第二次危机

1648 年与西班牙完成媾和之后，荷兰共和国的部分居民
便立刻对战争岁月感到怀念。"战争，那场让其他所有土地和
国家都变穷的战争，却让你们富了起来，"一名小册子作者于
1650 年写道，"你们的国家一度金银满箱；（与西班牙的）和
平却让你们一贫如洗。"[65]乍看之下，这类论调似乎是荒谬的。
在 1640 年代，荷兰共和国将近 90% 的总支出用于国防，造就
了巨大的税务负担，尤其是以间接税的形式：在莱顿，消费税
占到了啤酒价格的 60% 和面包价格的 25% 之多。然而，共和
国陆海两军军费仍面临着巨额赤字：从 1618 年到 1649 年，荷
兰省议会的债务从不到 500 万盾激增至近 1500 万盾。同时，
战争也在其他重要方面重挫了共和国的经济。临近边境的村镇
要向敌方守军缴纳"保护费"，否则就得冒被洗劫一空的风
险；乘船向海外运货的商人也要冒着没收船货的危险；受雇于
西班牙的私掠船不仅带来了直接的损失——仅在 1642 年他们
就俘获了 138 艘荷兰人的船——也使运费和保费节节上涨。
以荷兰省议会为首（得益于其在筹措军费中发挥的关键

作用，荷兰省夺回了一些曾于 1618 年失去的权力；见页边码第 219 页），共和国内的一些势力因此也就热衷于同腓力四世议和。1635 年法国向西班牙宣战，紧接着便立即与荷兰协同一致，对腓力在尼德兰的领地发起攻击。尽管法国军队在 1640 年之前都进展不大，但在那之后他们取得了一些较大的战果。法国人的每一次胜利，都给共和国敲响了一声警钟。荷兰省议会宣称，"借由进占西属尼德兰地区，法国将成为我国的危险邻居"；一名小册子作者也呼应说，法国将是"兵临城下的汉尼拔"。[66]民众意见也转而倾向于在西班牙霸权全面倾覆之前缔结和约。然而，缔结一份让执政（此时已是毛里茨的弟弟腓特烈·亨利）和所有七省都可接受的协议不见得容易。虽然泽兰省抵制和议（主要是因为该省的私掠船从战争中获益甚丰），但经过漫长的讨价还价，其余六省代表终于在 1646 年 1 月启程前往威斯特伐利亚的明斯特，这里是和会的西班牙使团总部所在地。

一开始，腓力四世的谈判团队向荷兰人保证，他们的君主现在准备承认共和国的完整主权。他们还狡猾地泄露了一份法国的提议，其内容是让年幼的法王路易十四与一位西班牙公主结婚，将尼德兰作为公主的嫁妆。西班牙的诡计和来自法国的威胁一道加深了荷兰人的和谈意愿。当时腓力四世已有了"要在每个可能促成签署协定的问题上都做出让步"的心理准备——的确，据一位冷眼旁观的观察家说，腓力极为渴望和平，"如果需要的话，他甚至会再把基督钉死一次来实现它"。[67]于是西班牙签署了一份新的休战协定，期限为十二年或二十年；荷兰人针锋相对地列出了 71 项条件，几乎全都得到腓力四世同意。荷兰省议会接着又更进一步，建议省督将和谈的目标从休战协定升级为一份全面的和平协议。泽兰省又一次坚持己见，再度投下否决票：1646 年 11 月，联省议会以六比一的表决结果批准议和，两个月后荷西双方签署了临时协定，结束了彼此间的敌对行动和经济制裁。

几乎在和议签署的顷刻之间，共和国境内的一轮作物歉收推高了粮食价格，心怀不满的民众向政府施压，要求推行唯有在和平状态下方可达成的减税政策。与此同时，海陆两线的同时停战让荷兰共和国的贸易活动得以重振，这同样给共和国施加了要求永久停战的压力：唯有如此，这番景气方可长存。自然而然地，法国人极力试图扼杀和平进程，（用一位沮丧的西班牙外交官的话说）在谈判中建造了"一座人造迷宫，任何踏足而入的人都难觅出路"。[68] 讽刺的是，身为天主教会的枢机主教，马扎然却致力于拉拢荷兰的加尔文宗神职人员。这批神职人员约有 1200 人，他们几乎全都坚决反对与西班牙媾和。1647 年 3 月腓特烈·亨利的去世为加尔文宗带来了新盟友，这是因为腓特烈的儿子，即共和国执政继承者威廉二世同样强烈反对议和；不过，联省议会还是批准了最终协议。就在又一轮争取泽兰省同意和约的努力受挫之后，六省代表与西班牙代表在明斯特庄严宣誓，在荷西两国间缔结永久和平条约。欧洲史上为时最久的叛乱至此结束。

和约的支持者预言，战争的结束将带来熠熠生辉的繁荣，普遍的敦睦，乃至一个新的黄金时代。一些改善也确实如期而至——运费和保费进一步下降；共和国对西班牙、西属意大利和西属美洲的贸易蓬勃增长——但是，绝大多数受益者是荷兰省的商人，而共和国其他公民在 1648～1650 年的处境可能反而比之前有所恶化——至少他们确实是这么认为的。首先，他

们与全球各地一样遭遇了糟糕天气的侵袭：有些地区甚至在
1648 年 4 月到 11 月之间天天下雨，谷物和干草因此烂在田地
里——一位当地吟游诗人为此写了一首题为《1648 淫雨天》
的诗歌——紧接着又是长达六个月的霜冻和降雪，在此期间运
河封冻，所有驳船交通因而终止。许多人都对"持续半年的
冬天"抱怨不已。1649 年的夏天同样异常湿润，1650 年的夏
天也是异常寒冷。在 1648 ~ 1651 年，共和国的谷物价格达到
一个世纪以来的最高位。[69]

吊诡的是，与西班牙议和让共和国边境地区因糟糕的收成
而面临的困境雪上加霜。战事结束之际，中央政府便减少了在
南部和东部防卫城市的驻军。荷兰议会通常都会准时足额地向
237　士兵发放军饷，因此军队消费的骤减让许多当地供货商生意惨
淡（特别是裁缝、马鞍制造商、皮靴制造商和旅店老板）。[70]泽
兰省也深受裁军影响，因为该省已投入巨资在巴西西北部建立
了殖民地。泽兰人的领袖之所以默许同西班牙的媾和，只是为
了回报他们在巴西的邻居。这些邻居承诺为泽兰殖民者提供援
助，以对抗依旧忠诚于葡萄牙的巴西定居者。① 泽兰省如约派出
了一支远征军，但被葡萄牙殖民者击退（见第 15 章）。

这场大败促使泽兰省考虑赞成法国、奥兰治王室和加尔文
宗神职人员的提议，与西班牙重启战端。马扎然处心积虑地寻
找能够分散西班牙佛兰德驻军兵力的第二战场，他力劝威廉二
世（1647 年腓特烈·亨利死后统领五省的省督）和其表兄威
廉·腓特烈（其余两省的省督）一起发动一场决裂事件。共

---

① 1640 年葡萄牙爆发起义，摆脱了西班牙对该国的六十年统治，西葡两国
　是敌对关系。泽兰省与巴西的反葡萄牙（亲西班牙）势力结盟，因此才
　默许与西班牙的媾和。

和国执政的权威在很大程度上建立在对共和国军队的统帅权之上，因此军队规模的缩减（从 1643 年的 6 万人减少到 1648 年的 35000 人，再到 1650 年的 29000 人）也大大削弱了他们的权力。荷兰省议会进一步削减军费的要求激怒了威廉。省议会还激怒了第三个反对和平的群体，也就是加尔文宗神职人员，因为他们拒绝在从西班牙手中夺取的新领土上通过旨在提升新教地位并限制天主教信仰活动的法律。而与他的叔父毛里茨一样，威廉二世也为了赢得对自己私人主张的支持，摆出了加尔文宗保护者的姿态。

1650 年的荷兰迎来了又一轮激进派出版热潮，许多由加尔文宗牧师撰写的小册子将两年以来的一切不幸和痛苦都归咎于和平。"战争让百业兴旺发达，商贸繁盛富饶；和平则让产业凋敝，市肆凄凉"，一份册子如此断言；更有甚者，"战争已是联盟和团结的纽带；和平将造就争吵和分裂"。自从战事平息以来，这位匿名作者不断展开他的猛烈攻击：食品价格已经涨到了前所未有的高位。"我们难道没看到，那些战争期间兴旺繁荣的城市，大多在和平岁月里凋敝衰落？——它们的产业衰亡了，它们的商人减少了，许多房屋商馆都挂牌出售。"这位作者还（正如一些牧师在布道时说的那样）声称，就连天气也表明上帝并不同意与西班牙议和：自从和议以来，难道不是一直豪雨不止吗？[71] 这些粗暴的宣传在民众中引发了热烈反响。1650 年 3 月，正在海牙的西班牙大使警告本国政府："（荷兰的）普通人显然不喜欢和平，他们将自己经受的所有匮乏都归咎于和平，特别是谷物的匮乏，却忘记了往年的萧条。"[72]

这位大使有所不知的是，威廉二世已经决定让大众的不满情绪为己所用。1649 年 10 月，他向表兄威廉·腓特烈坦言，除非荷兰省议会不再坚持进一步裁军，他将除掉该省的领导人，特别是阿姆斯特丹的行政长官们。威廉二世印制了一些小册子，批评该省长官对巴西殖民地的帮助不足，拒绝在新征服地区下达对天主教神父的禁令，以及未能供应便宜的面包。荷兰省议会毫不示弱，又于 1650 年 5 月下令再解散几支名列饷册的战斗部队；第二天，奥兰治亲王（威廉二世）要求这些部队抗命不遵，并向联省议会控诉荷兰省篡夺了他的权力——该省在联省议会只有七票中的一票。与 1618 年如出一辙的是，联省议会授权亲王依次拜访荷兰省的每座城市，然后赶走每一位曾经反对过他的长官。阿姆斯特丹主动提出就裁军协定进行谈判，但亲王拒绝了，该城随即印制了一份声明，提醒所有人：省督乃一省的公仆，而非主人。声明还说，威廉必须接受荷兰省的裁军命令，这样一来所有人才可以"享受当下和平的成果，而这在继续保留一支不必要且不受节制的民兵部队的状况下是不可能的"。[73]

阿姆斯特丹的抗命之举激怒了亲王。1650 年 7 月 30 日，威廉二世逮捕并囚禁了在荷兰省议会带头抨击他的几位批评者。亲王相信，他的表兄威廉·腓特烈将率领 12000 名士兵闯入阿姆斯特丹——但是，一起意外事件却打乱了他的计划。就在行动的头天晚上，一大批预定参加行动的士兵因暴风雨走错了路，他们到达指定地点时已是全身淋透。就在他们烘干衣服的时候，一名去往阿姆斯特丹的邮差正好路过（这支军队并未得到拦截过路者的命令），并成功进城转达了警讯。拜这次额外的机运所赐，就在威廉·腓特烈兵临城下之时，阿姆斯特丹的行政长官们已经将市民组织起来，关闭了所有城门，并引水注满了环绕城外的壕沟。

奥兰治亲王闻讯之后踱步回屋，顿足长叹，愤而将帽子扔在地上；但在怒气平息以后，他决定亲自出面，看看自己能否震慑阿姆斯特丹。威廉亲自加入围城大军，于是阿姆斯特丹在数天之后恭顺地同意交出本城言论高调的行政官员，并承认共和国执政独占向军队签发命令、决定军队规模和决定外交政策的权力。在巩固了国内权势之后，威廉向腓力四世递交了最后通牒：除非西班牙立即开启与法国的和平谈判，否则共和国就将攻击西班牙。

不过，突发状况又一次扰乱了他的计划。这位百战百胜的亲王突然之间因天花卧病在床。1650 年 11 月 6 日，奥兰治亲王死于天花，没有留下公认的继承人。他新近攫取的权力——以及与西班牙再度开战的威胁——也同他的死亡一起消散。荷兰省议会立即释放了他们身陷囹圄的同事，并邀请其他各省的代表一起召开一次联省议会的特别会议。这次特别会议获得了填补这一前所未有的宪政真空的所有权力。

甚至在 1651 年的这场"大集会"（Great Assembly）开始之前，荷兰省议会就已推行了几项革命性措施。首先他们决议不再为本省设立省督，并明确了"省内所有军队都要听命于省议会"的原则。在省督缺位的情况下，省议会也允许各城市的贵族精英自己选择摄政，向省议会提名代表。"大集会"不但追认了上述举措，甚至在力度上更进一步。会议任命一名荷兰贵族做共和国军队的"陆军元帅"，并削弱了军队的自主性：自此之后，军事法庭只能审判违反军法的行为（比如擅离职守和抗命不遵），士兵的其余违法行为则交由民事法庭审理。在宗教事务方面，荷兰省议会承认天主教徒和犹太教徒的信仰自由。尽管他们只同意容忍已经存在的非加尔文宗教会，

239

但这一举措有效地向所有渴求宽容的人保证了其所渴望的宽容。最后，大集会做出了一项善解人意的决定：对要求起诉威廉二世乱政帮凶的请愿置之不理。这项决定恢复了因过去四年各种争议而岌岌可危的国内和睦气氛。

这场宪政革命广受赞誉（巴鲁赫·斯宾诺莎认为它缔造了"真正的自由制度"），也为荷兰共和国绝大部分地区的一代人带来了前所未有的繁荣。不过，两个彼此相关的弱点也让共和国深受其害：荷兰人独享的繁荣引发了邻国的嫉妒和攻击；以及，由于缺少协调陆海军行动的省督，共和国很难打赢一场战争。因此在 1652 年英格兰发起攻击时，荷兰共和国海军几乎输掉了每一场战役；而尽管共和国于第二年成功地封锁了英格兰在波罗的海和地中海的海运，并于 1654 年迫使英格兰人议和，他们在巴西的据点也在同一年向葡萄牙人举手投降。荷兰共和国在 1664 年英格兰人卷土重来时表现得更为出色，但荷兰海军在梅德韦河俘虏并摧毁了几艘正在下锚的英格兰战舰的奇袭战果尚不足以补偿"新荷兰"的沦陷，那里是荷兰在北美的最后据点。接着在 1672 年，英格兰第三次进攻荷兰，这一回是与法国联手。

在法王路易十四的 13 万大军面前，荷兰军队望风披靡。联省议会不得不扭转自身以文驭武的支配地位，不情愿地任命年届 22 岁的威廉三世为陆海军总司令，后者是已故的奥兰治亲王的遗腹子。这个举措为时已晚：几乎未遇抵抗的路易十四一路攻城拔寨拿下了荷兰的所有城市，并于 1672 年 6 月耀武扬威地开进了乌得勒支。随着城市暴乱震动荷兰各地，仅存的联省议会代表票决通过了羞辱性的投降条款。幸运的是，路易十四拒绝了荷兰方面的提议，并提出了更多要求。这就让威廉亲王得以恢复秩序，集中调动全部力量抵抗法军——但若没有天气的突变，他的努力或许依旧是徒劳的。1672年春天的极端旱灾降低了莱茵河等河流的水位，起初为法军的入侵提供了方便：法国骑兵得以蹚水过河筑起桥头堡，国王的工兵再顺势架起可供步兵通行的桥梁。这场旱灾还使荷兰人无法运用他们的最后手段，即打开所有的水坝，在荷兰与法国之间筑就一道洪水长城。水位的上涨直到7月中旬都慢得令人揪心。不过在这之后，突然天降暴雨，进入荷兰省的所有道路都无法通行。7月末，路易十四离开乌得勒支，撤军回国。在威廉三世的铁腕指挥之下，荷兰陆海军系统得到稳健改善，荷兰也先后与英格兰（1674年）和法国（1678年）达成了和平协议。[74]

路易十四并不愿接受失败的结果，特别是考虑到1678年的和约中包括了一项重要的经济让步，让荷兰商人在与法国的贸易往来中获利。在1687年一年之内，路易十四几乎废除了上述所有让步条款，他骤然提高了一些荷兰进口商品的关税，并禁止从荷兰进口其他货物；鉴于法国是荷兰多种商品的最大市场，路易的上述举措立刻对共和国造成了严重打击。1688年夏天，正在海牙的法国大使警告路易："荷兰的贸易减少了四分之一以上，荷兰人深受其害，对法国感到极端愤怒。"不仅如此，大使还补充说，许多共和国领袖不惜冒引发战争的风险，主张对法国进口商品颁布针锋相对的禁令。[75]威廉亲王和手下大臣开始讨论如何应对可能的最坏状况，即1672年英法两国联合袭击的重演；不过，两个邻国的事态发展给荷兰人带来了生机。

1685年，普法尔茨选帝侯（腓特烈之孙）去世。他没有留下男性储君，但承认血缘最近的男性亲属为自己的继承人。

240

路易十四对此并不满足，他以拥立自己弟弟（此人娶了前任选帝侯的妹妹）的名义要求从普法尔茨分一杯羹。1688 年 9 月，法国军队越过莱茵河执行路易的要求，占领并破坏了普法尔茨全境。尽管这次入侵确实是一场战术胜利，却成了一次战略灾难，因为它不但在事实上将所有德意志诸侯都推到了法国的对立面，也让路易十四太过分心，没有注意到英王詹姆士二世的部分臣民向威廉发出的邀请：这些人乞求奥兰治亲王在年底之前入侵不列颠。路易十四曾警告荷兰领导人：一旦他们向英王发难，法国就将立即攻击荷兰。但法国对德意志的入侵意味着路易十四缺少足够的资源来兑现他的威胁。与之相对，威廉三世成功地聚集了一支由近 500 艘船和超过 4 万名军人组成的舰队大举入侵英格兰——同时他还在身后留下了足够多的陆海兵力防守共和国本土。圣诞节当天，威廉三世控制了英格兰全境。尽管路易十四向荷兰宣战，但大不列颠的新主人与荷兰共和国一起缔结了与西班牙、神圣罗马帝国皇帝和其他德意志诸侯的联盟，公开宣言要剥夺法国自比利牛斯和约以来攫取的所有领土。尽管荷兰共和国在此后 25 年的绝大部分时间里依旧与法国作战，但它在此后超过一个世纪的时间里成功地保住了作为独立国家的地位。

"瑞士革命"

荷兰共和国并不是唯一一个在三十年战争期间繁荣起来（这一繁荣部分归功于战争本身）的国家：另一个受益者是瑞士联邦。尽管 1648 年的《威斯特伐利亚和约》未能承认瑞士十三州（以及部分附属领土）的主权地位，但和约还是认可了这些州"免于"神圣罗马帝国法律和制度管治的权利——

因而赋予它们事实上的独立地位。不过，这并不能让它们联合起来：每个州都与其他各州维持着一种独特的关系。瑞士联邦的约一百万居民说着四种不同的语言（德语、法语、意大利语和罗曼什语，每种语言都有多个方言），信奉着不同的宗教信条（有些州信奉天主教，绝大部分州则信奉新教各派，还有一些州的领主与臣民分属不同信仰）。此外，各州之间也存在政治和经济的分野。一方面，绝大多数州是由单独一座城镇支配着乡间地区，该城根据自身利益控制全州的经济生产、征税活动；另一方面，尽管自然环境恶劣（瑞士70%的领土是山地），但16世纪的经济繁荣和更为温暖的气候不但鼓励当地人开垦新地，也促进了火麻、亚麻等出口经济作物的专业化生产。

241

在汉斯·雅各布·克里斯托弗·冯·格里美尔斯豪森创作的小说《痴儿西木传》（*Simplicissimus*）里，主角成功逃离了三十年战争的战区，取道进入瑞士。他如此描述这个国家：

> 与其他德意志土地相比，这里对我而言怪异不已，我仿佛来到了巴西或中国。我目睹那里的人们和谐地进行交易；马厩牛棚里牲口盈栏；农舍里家禽成群；在路上旅行安全无碍；旅馆客栈里住满了尽情享乐的人。这里决然没有对敌人的畏惧，没有被洗劫的担忧，也没有对损毁货物、丢掉性命或是失去肢体的恐慌……因此我认为这个国度堪称人间天堂。[76]

格里美尔斯豪森的描述有夸大之嫌。1636～1641年的气候恶化将瑞士多个州的粮食价格推到了两个世纪以来的最高水平；而在 1642 ~ 1650 年，农产品价格与之前相比平均下降了至少一半。不过随着三十年战争的持续进行，无法再靠务农为生的人们开始靠去国外当薪水丰厚的雇佣兵谋生，他们获得的工资和战利品也繁荣了瑞士的本地经济。[77] 德意志的战事以两种方式影响瑞士。首先是一些城市因此获利，因为战争驱使一大波难民涌入瑞士，这些人既带来了财富也带入了营生技能：1638 年，巴塞尔的 7500 名难民几乎已在数量上超过了当地居民。其次，德意志军队曾于 1633 年和 1638 年两度践踏瑞士的中立，促使部分瑞士城市着手推行昂贵的城防计划，建造或完善它们的防御工事，大幅增加了守军兵力。

直至 1648 年为止，三十年战争造就的经济繁荣都足以负担上述军费支出；但随着《威斯特伐利亚和约》正式签订，战争的结束带来了安全也终结了繁荣。德意志对瑞士产品（包括士兵）的需求骤降；来自德意志的难民也回归故里，城市房价和税金总额都因此暴跌。巧合的是，法国不久前还向瑞士诸州支付了一笔"定金"，以将瑞士人纳入本国预备兵力当中，并防止其为其他国家效力，如今却因为国内的财政问题而违约了（见第 10 章）。最后，与西欧其他地区一样，瑞士也遭受了灾难性天气和毁灭性歉收的打击。

一如在荷兰共和国发生的那样，许多瑞士人也开始将三十年战争视为"黄金年代"。"战争进行的那些年里，"巴塞尔州的农民于 1651 年向领主抱怨说，"（我们）还能以高价出手一大批种类多元而又数量可观的作物，销量和种类都远在维持我们家户生计所需的水平之上。"这些农民担心"最糟糕的结果将降临到我们身边"，请求行政官员取消所有的消费税并降低利率。[78] 巴塞尔农民所言不虚：在 1644 ~ 1654 年，瑞士北部的物价暴跌了约 75%，而那些在繁荣年代里借钱贷款的人现在发现自己连利息也很难偿还，更不用说偿还本金了。1652 年的瑞士上空突现一颗明亮彗星，其彗尾就像是一柄"燃烧着的剑"。这番异象让当地牧师大受刺激，他们就像 1618 年一样宣称这是上帝对于灾难将临的警告。灾难也如期而至：北部诸州（受德意志市场需求下降打击最重的地区）为应对经济危机，将货币贬值 50%。"瑞士革命"在两周之后爆发了。[79]

242

1653 年 1 月，40 名地方官员在卢塞恩南部与世隔绝的恩特勒布赫山谷密会，商讨税收上涨和货币贬值带来的经济问题。他们投票选派了一个由资深行政官汉斯·埃门根（他也是当地最为富有的居民之一）领衔的代表团，向位于卢塞恩的州当局请求紧急救济。代表团的请求被全盘拒绝了：任何对农民的让步都将反过来损害富裕市民的利益（州行政官员们当然也在其列），比如降低债务利息或对农村的税收。州当局不但没有让步，反而动员了本州的民兵部队。

这可是个鲁莽之举。卢塞恩拥有约 4000 名市民，其中至多有四分之一的人可以使用武器——这远少于恩特勒布赫的农民人数。不仅如此，不少邻近地域刚刚经历了集体暴力的爆发，其中就有伯尔尼州（1641 年）和苏黎世州（1644～1645 年），以及边界对面的萨尔茨堡大主教区（1645～1647 年）、上奥地利（1648 年）和施蒂利亚（1650 年）——不过，这些地区的政府每一次都迅速恢复了控制，并对那些"扛旗者"（Fähnlilups，阿尔卑斯山区对集体反抗者的传统称呼）施加了严酷刑罚。这些成功镇压的事例也让卢塞恩的行政官员们低估了恩特勒布赫的威胁。[80]

他们的自大并非孤例。法国驻瑞士大使在 1652 年 12 月寄出的一封信中强调，"瑞士诸州已经享受如此之久的宁静与和平"；甚至在听闻"铜币贬值"之后，这位大使还补充说，尽管这在欧洲其他各地"将引发一些骚乱，但这里的人总是不倾向于诉诸反抗"。[81]法国大使忽视了一些重要的当地情势：尽管其余各地的大众叛乱归于失败，恩特勒布赫人的自信心异常高涨，他们认为自己的抵抗将开花结果。首先，这座山谷不仅拥有将"基督的武器"（weapons of Christ）字样刻在其纹章和印章之上，以时刻提醒他们上帝将施与保护的教会特权，还藏有一块"真十字架"的碎片，这是举世公认的又一个受到"特别眷顾"的象征。其次，与瑞士各地的所有民众一样，恩特勒布赫居民将威廉·退尔（William Tell）的故事铭记在心，这位英雄曾经成功地反抗野蛮成性的瑞士总督——这是个强有力的安慰讯号，让他们相信正义的抵抗可以取得成功。反叛者将他们的政治颂歌命名为《威廉·退尔新歌，1653 年作于恩特勒布赫》。[82]最后，这片谷地享受着高度的政治和宗教自主权，还拥有一个饶具经验而又德高望重的领导核心，以及发展完备的消息网络，为快速动员民众提供了便利。

1653 年 2 月 26 日，恩特勒布赫全境的农民举行集会，批准通过了汉斯·埃门根草拟的一份宣言。这份宣言将他们的悲惨处境归咎于天灾人祸的协同作用：

243

> 一个普通农民已经很难保有自己的房舍和家园，遑论支付抵押借款、债务和利息，或者供养妻儿了……旱灾和马匹牲口的丧失都已迫使人们离开家园，放弃他们的财产，背井离乡前往远方讨生活。

当天稍晚时候，聚集一处的农民们誓愿反抗卢塞恩行政当局强加于他们身上的政策。他们特别提出了两项要求：恢复之前的货币价值；允许他们以实物而非现金偿付债务利息。[83]伯尔尼、巴塞尔、索罗图恩等州以及卢塞恩的农民群体也迅速响应了号召，来自四州之地的两千多人集于一处，起草了一份名为"联邦宪章"（Bundesbrief）的文件，要求在瑞士恢复"永恒、天赐和不可侵犯的法律"，废除所有新政举措——这堪称精明的一招，因为上述三州（伯尔尼、巴塞尔和索罗图恩）于1291年缔结的《联邦宪章》构成了整个联邦的奠基性文件。这次集会也宣布：自此之后，没有人会为债务和什一税缴纳利息（这又是一招妙棋，它在改善了反叛者一方资金流动性的同时损害了市政当局的资金流动性）。最后，这场集会还集结了所有民兵，建立了一支24000人的大军，并选举产生了一个战争委员会以主导行动。就在部分民兵部队着手袭击属于他们领主的孤立城堡之时，农民军主力已包围了卢塞恩。

瑞士全境的行政官员都陷入恐慌。他们在1653年1月的来往（既在行政官与联邦当局之间，也在他们彼此之间）公函中已经提到了所谓"骚乱"（unrest）。而在第二个月，他们的用词就已换成了"叛乱"（revolt）。到当年4月，"全面暴乱"（general uprising）、"全面密谋"（general conspiracy）以及旨在"消灭我们联邦国家的革命"之类的行文已经屡见笔端。[84]5月，伯尔尼州当局做出了让步，与本州的叛民单独媾和，其余地区的起事团体也争取到了各自的最佳条款，最后只剩下恩特勒布赫的叛军孤军奋战，这就让卢塞恩的行政官员得以集中力量击败他们治下的叛民并追击其余党。鉴于此地的多山地形，这一过程颇为漫长。但到了这一年的年底，所有抵抗都归于失败，大批叛军领袖也都遭受了酷刑并被处决。[85]

可即便如此，反叛也赢得了不少长远收获。1653 年之前，瑞士市政官和联邦政府本已削弱了（并在有可能的地方废除了）农民的政治参与权；他们一度对乡村工人施加行会控制，以此限制当地产业；他们也利用法院新近颁布的法律来否决当地的传统和习惯，这样就自然而然地偏袒市民而非农民（例如保护贷方甚于借方）。"瑞士革命"阻止了这一趋势的进一步发展。而在联邦层面，平叛的胜利并未酿成绝对专制：1803 年之前，各州之间甚至都没产生一个统一的政治组织。政治和经济权力因此也继续属于各州当局以及它们所在的城市。上述事态因此造就了一个更为"家长制"的国家：对乡下农民的税收维持低位，乡村产业享有免受行会规章的权利，当地社区的风俗、传统和自治地位也得以保留。凡此种种都制造了一个有利于早期工业化和民主政治发展的环境。虽然汉斯·埃门根从未像同时代的马萨尼洛（Masaniello）那样成为一名当地英雄，他和他的追随者们还是赢得了更为长远的让步。

丹麦人"自铸锁链"

1648 年，丹麦国王腓特烈三世曾为加冕而被迫接受了无比屈辱的交换条件，之后他便努力与臣民更好地相处。1657年春天，看到瑞典国王卡尔十世深陷对波对俄两线作战的泥潭不能自拔（见第 6 章），丹麦国王说服了丹麦国会和国务会议授权他向瑞典宣战。这场战争几乎让腓特烈三世赔上了他的王国：卡尔十世第一时间离开波兰对付新犯之敌，他率军穿过德意志地区，占领了日德兰半岛大部。瑞典人本已准备对哥本哈根发动一场水陆并进的袭击，然而小冰期里最为严酷的一个冬天却于 12 月中旬不期而至，昭示着事态的另一种可能。根据一名正在当地的英格兰外交官的说法：

> 近来的异常霜冻将隔开日德兰半岛与菲英岛的小贝尔特海峡冻得严严实实，有人遂建议瑞典国王采用奇谋（充满风险，但对一颗雄心勃勃的无畏心灵而言并非不可接受）：率领手下的步兵、骑兵与炮兵部队直接踏冰进入菲英岛。

大吃一惊的丹麦守军"在冰面上制造了巨大的裂隙"，但冰面由于酷寒很快又"冻结如初"。瑞典军队因此大举登岸，所向披靡，因为"菲英岛（和）其他丹麦岛屿都门户洞开，无人防守，也无险可守"。这是欧洲历史上第一次由气象学者决定军事战略：他们劝卡尔十世无视高级军官的疑虑，继续进军。他们指出，冰面已十分坚固，足以令 8000 名瑞典老兵带着火炮从菲英岛来到西兰岛，并一鼓作气挺进哥本哈根。[86]

尽管哥本哈根无力抵抗围城，对该城的脆弱性毫不知情的卡尔十世还是同意立即停火，以换取腓特烈将近半国土赠予瑞典，并为瑞典在波兰的战事提供军事和财政援助。卡尔十世在作战奖章上得意地刻下"天赐我也"（Natura hoc debuit uni）字样的原因因此不难理解；不过自大之后总有挫折。1659 年，意识到腓特烈根本无意兑现援助承诺的卡尔十世决定动手将丹麦削弱成"瑞典的一个下属省份"：丹麦本国的贵族将被放逐，冥顽不灵的主教将被换成温和驯服的瑞典人，丹麦的大学"将被迁到哥德堡"（位于厄勒海峡的瑞典一侧）。然而就在试图达成上述雄心勃勃的目标之前，令人生畏的卡尔十世突然死去，留下了一个 4 岁的男童继承王位，国家大事由摄政委员会处理。两国政府于数月之后签署了一份条约，规定瑞典人有义务归还之前侵占的部分土地，但瑞典的领土还是永久性地推进到了厄勒海峡，丹麦人再也无法控制进出波罗的海的海运。

腓特烈依旧面临着其他棘手难题。反常的天气（封冻的波罗的海只不过是其中最令人印象深刻的极端情况）已经让收成大为减少。歉收又与瘟疫的流行和敌国的侵略一同来袭，许多地域因而荒烟蔓草，人口剧减。日德兰半岛及其主要岛屿的总人口在 1643～1660 年减少了约五分之一；一些教区宣称境内的农地有四分之三抛荒；1659～1662 年，丹麦近一半的神职人员死去。除此之外，战争还造成了巨额债务。为了处理这些难题，腓特烈三世令贵族、市民和教士代表在 1660 年 9 月到哥本哈根集会。

丹麦国会的所有成员一致同意，王国的财政危机只能通过削减支出和提高税收来解决——不过共识也仅限于此。市民和牧师代表们坚持要求施加无差别的消费税，但贵族们却坚持维护自己的税收豁免权。历时四周的讨价还价之后，一群愤怒的教士和市民于 1660 年 10 月 14 日针对现行政治制度提出了大量改革要求，其中就包括废除选举制君主，转而采用更纯粹的世袭制——这一动议将废除腓特烈 1648 年的加冕宪章，进而撤销贵族享受的特权地位。这一革命性动议的作者们似乎只是将其当作一种震慑贵族的策略，以让他们同意缴纳应付的新税款。然而，丹麦国王及其近臣们很快就抓住了这个对他们而言意想不到的良机。一周之后，腓特烈将首都城防工事的守军兵力增强了一倍，并关闭了城门，命令所有船只离开海岸，如此一来便没有一个市民可以离开哥本哈根。

贵族势力顿时崩溃了。1660年10月23日，三个等级的所有代表齐聚王宫，给予腓特烈完整的世袭权利。国王颇有风度地予以接受，由此终结了一个多世纪以来的贵族统治。他还授意组建了一个宪政委员会，着手推行必要的改革，将他的新身份永久化。没成想在几天之后，委员们奉承上意，宣称腓特烈本人应当建立一套新的宪制。国会接受了这一提议，只提出了国王不得分割丹麦王国、改变国家信仰，并应当尊重古老特权（但未明指是哪些特权）等要求。10月28日，腓特烈接受了民众的无条件致敬：丹麦国会从此休会，直到两个世纪后才再次召开。

丹麦国王和他的顾问们现在着手重塑中央政府的体制（讽刺的是，他们以可恨的瑞典人的制度为改革蓝本）。他们设立了执掌行政事务的"上院"（colleges），用一个最高法院取代了之前由国务会议行使的司法职能；他们还通过征兵组建了一支军队。腓特烈卖掉了近半数的王室领地以清偿战争债务；他开征新的直接或间接税目，对贵族和其他臣民一视同仁。1665年，新的"世袭绝对君主制"以《王室法》（Kongelov）的名义正式得到确立。这部宪法的效力一直持续到1849年（这让它成为近代欧洲历史上持续时间最长的宪法）。国王在这部法律中获得了"颁布法律或是制定条规的无上权力和至高权威；国王可基于自身的良好愿望，解释、更改、增加、减少或是直接撤销之前由其本人或先王颁布的法律，或是依照其喜好决定某事或某人得以从法律的普遍权威之中豁免"。其他条款则授予丹麦国王"任免各级官员（无分高低）的至高权

246

力和无上权威"，"对于各级神职人员的至高权力"和"对武装力量和军队征募工作的单独控制权，依照其所认为的适当时间与适当的国家开战、缔盟或是解除盟约的权力，以及征收关税等税种的权力"。[87]

这样一来，腓特烈三世就在丹麦以民意认可的形式取得了许多同时代君主用武力也赢不来的权力。三十年之后，曾担任英国驻哥本哈根大使的罗伯特·莫尔斯沃思（Robert Molesworth）还是对此事难以置信："短短四天之间，（整个丹麦王国）从一个与贵族统治相去不远的国家，转变为当今世界罕有其匹的专制君主国。"莫尔斯沃思不留情面地讥讽说："对（丹麦）民众而言，他们保有了**亲手为自己打造锁链的荣耀**，以及毫无保留地服从君权所带来的'好处'。我料想，绝不会有英国人艳羡他们的这种幸福。"丹麦人现在"都已经成为犹如巴巴多斯①黑奴一般彻头彻尾的奴隶；但正因这一差异（指自愿为奴），他们的遭遇也好不到哪里去"。[88]

第二次农奴制时期

莫尔斯沃思或许也在文章中写下了对丹麦东邻各地的羞辱，例如梅克伦堡、波美拉尼亚和勃兰登堡。持续了一代人的战争给上述三地带来的相对人口衰减，迫使各地诸侯出台既旨在增加农民劳役负担又能够终结他们迁徙自由的法律：一如在俄罗斯，逃奴法律赋予了领主搜捕、追回并惩罚逃亡者的权力。

---

① 位于加勒比地区，以蓄奴闻名。

表 8.1　东欧的"第二次农奴制时期"

国家	法院剥夺农民迁徙自由的年份
普鲁士公国	1633
梅克伦堡和波美拉尼亚	1645
勃兰登堡	1653

　　尽管有例外情况存在——有些领主为奖励农奴的长年效劳或在战争中的英勇表现而将他们解放，还有领主认为强制奴役是错误的，所以给了农奴自由——农奴制还是很快构成了东欧经济的基础要素，一如奴隶制之于罗马帝国。在勃兰登堡，所有农奴的子女都会被要求做领主的家庭仆人；在丹麦治下的荷尔斯泰因，农奴不但要为领主提供谷物、羊毛、黄油、奶酪和马匹，甚至还要驾主人的船只出海，为主人捕捞用于出售给商人的鲱鱼等鱼类；还有其他种种杂役，因门类太多不胜枚举。历史学家称这一过程为"第二次农奴制时期"。

　　即便在远离波罗的海的中欧各地，三十年战争造成的人口 ₂₄₇ 损失和经济崩溃也削弱了农奴的力量。遍布德意志各地的封建法庭都曾受理农奴群体的申诉，后者在许多乃至大多数时候能成功获得减税、限制劳役时间、赦免对抗行为，甚至（在极端情形之下）被允许更换主人等补偿。但在 1618 年以后，各地法庭对农奴的同情态度就逐步消失了。波希米亚的弗里德兰公国一度由华伦斯坦管治，此地的历史对于我们理解这一过程具有启发性意义。该地现存的大量采邑法庭案卷显示，尽管农奴群体在 1620 年代向公国法官呈递了数百份申诉，但这一数字逐年减少。村民失去了迁徙和婚姻的自由，也无法在未获领主明确同意的情况下分割遗产；农奴们还发现，公国法庭不再听取他们对当地寡头施虐行为的抗议，而是将这些案卷驳回原地村社。用一份 1676 年判决书的话说，在那些 **"毫无意义的冲突里，村庄首领和陪审员应该在当地（村社）达成各方都能满意的协议，这样一来如此之多的人就不必（出庭）处理少数不重要之人的案子了"**。[89] 上述改变让村民的处境，尤其是让女性和外来者的处境在他们那些能够操纵庭审的有权势的邻居面前更趋脆弱。同时，这些变革还强化了领主对其手下全体臣民在经济、财政和法律上的完全控制。及至 18 世纪，"第二次农奴制"已使所有贵族地产（用普鲁士改革者施泰因男爵的话说）都堕落为"榨干周遭一切事物的掠食者巢穴，围绕巢穴本身的则是墓地一般的静默"。[90]

"毁灭一切的三十年战争"：一个迷思? [91]

那些记录战争体验的三十年战争幸存者无意让他们周遭充斥着"墓穴般的静默"。恰恰相反，班贝格的修女玛利亚·安娜·朱尼厄斯地撰写了一部编年史，"这样一来，对这段艰难时世和哀伤岁月一无所知的后世姊妹就可以看到，我们这些穷困潦倒的姊妹因着上帝的恩典和帮助，在漫长的战争时代里遭遇并承受了什么"。而在柏林附近，税务官彼得·蒂耶尔总结他的记载说："我们的子孙后代将从中发现我们是如何被困扰的，并认识到这是一段多么可怕哀恸的时光。愿他们将这段历史铭记于心，以此在罪孽面前保护自己，祈求上帝垂怜，以免于这种恐惧。"在黑森，卡斯帕·普莱斯哀叹道："讲述（战争年代）的所有悲惨不幸非我力所能及，甚至单是讲述我本人的所见所知就已经吃不消了。"他接着补充说，无论如何，就算"我确实记录了我所亲见或是亲历的所有苦痛之事，也不会有任何一位生活在更好时代里的人相信（这些记载）"，因为"那个时代可怕得难以估量"。同样生活在黑森的牧师约翰·丹尼尔·明茨克则在日记中写道："若无这些记载……我们的后人就永远难以相信，我们到底经受了怎样的痛苦。"明茨克的邻居洛伦兹·鲁道夫牧师则预言说："未曾亲历过我所遭遇的境况的人不会相信我在这里的记述。"[92]

类似的"目击者档案"极为鲜活生动——但它们又有多 248 大的代表性呢？首先，在数千万活着经历了这场战争的德意志人当中，只有不到 250 位目击者的记录保留了下来；而在身份已知的作者当中有 226 人是男性，女性作者只有 9 人。新教牧师构成了最大规模的单一群体，他们贡献了 58 份文献，但只有 11 份记录出自农民之手——鉴于当时的德意志至少有四分之三的人口从事农业，而牧师人数还不到总人口的 1%，这一比例显然有严重失真之嫌。这些文献的地理分布也不甚典型，因为三分之二传世文献的作者（包括所有女性）生活在明斯特、马格德堡、巴塞尔和慕尼黑之间的四边形地带。[93]而由于绝大多数战事目击者只经历了这场战争的部分时期，这也带来了更多的偏差：不少人只是在战争波及己身的时候才开始记录战事，还有人在战争结束之前终止了记载；有的记录者则在他们的叙事中留下了间隙——这很常见，因为书写是一件太过危险的事情。最后，作者留下一手记录的动机各不相同。似乎没有一位作者想到了出版：大多数人只是撰写了一部私人记录，以提醒家人或是子孙后代他们亲历的骇人之事；有几位作者"只是为自己"写作而已。[94]

尽管不同的记载之间有着上述差异之处，且没有作者知道其他人也在写作，目击者们还是记下了不少相同的经历。比如说，四分之三的平民记述了他们曾遭到军队的洗劫——其中有些人曾反复受害。约翰·格奥尔格·伦纳是纽伦堡附近的一名乡村牧师，他记述说，仅在 1634 年一年，士兵就 61 次行经他的村庄，并造成了严重的破坏。有一次，一个怀恨在心的教区居民告诉经过的军队，他们的牧师是个"用银制餐具吃饭的富人"，并在城市里有大批存款。士兵们将牧师父子拘禁起来，直到他付出一大笔赎金才将其释放。[95]超过半数的作者记录称自己曾不止一次被迫逃离家园；近半数的作者报告了自己有熟人被士兵杀害；大约五分之一的作者描述了他们自己遭到侵害的情形。最令人惊异的遗漏是强奸：只有三份由平民撰写的出版物提到了针对自己认识的女性的暴行（比如"汉纳斯·特罗斯滕的妻子在从事神圣施舍之后返家的路上，于城堡森林附近被两名骑兵强暴"）。显然，书写亲身经历以告知子孙后代的作者们出于过度强烈的创伤感或羞耻心，没有将降临到他们和他们挚爱之人身上的那些个人悲剧和屈辱全部记录在案。[96]

诚然，人类历史上素来不乏宣称自己经历的不幸在其他时代罕有其匹的主观表述，不过后世的研究已经佐证了三十年战争亲历者的极端说法。后人对 1632～1637 年约 800 份留存至今的德意志教区登记簿进行了仔细的分析，其中只有 5 份**没有**记录死亡人数激增的重大危机。瑞典人口史家扬·林德格伦根据瑞典军队档案计算得出，战争直接造成了 200 万士兵的死亡，其中绝大部分是德意志人，另有 200 万德意志平民也因战争而死。[97]不仅如此，死亡（不论是由于暴力还是饥饿或疾病）仅仅构成了影响全部近代人口的三大变量中的一种。除此之外，三十年战争期间还发生了如下现象：

· 新生儿数量剧减，因为年轻女性（无论是由于禁欲还
  是不孕不育）推迟了婚姻并生育了更少的子女。

· 移民人数激增，平民或为寻求安全庇护和粮食而离家远
  行，或参军入伍。

　　上述变量在机缘巧合之下的同时作用不仅在每个社区都造
成了人口的大幅下降，还严重影响了人口的复苏进度。吊诡的
是，成年人死亡带来的损失反而是最容易填补的，因为死者留
下的空置农田或商铺会为下一代提供生活繁衍的经济基础。相
比之下，移民带来的损失更难被补偿，因为他们要不是带走了
所有财富，要不然就没有可以带走的资产，但只有那些拥有资
产的社区才能吸引外地的移民来填补人口流失造成的空缺。出
生人口——特别是女性出生人口——的短缺则是人口统计学意
义上最难弥补的损失。这是因为它不但制造了所谓"失去的
一代人"（本应出生却因战争创伤未能出生的儿童），还令下
一代人当中的母亲为数更少，生育出的下下一代则更少。这样
一来，"人口赤字"也就自动长期化了。[98]

　　凡此种种都足以解释，为什么德意志绝大多数地区的人口
直到 18 世纪才恢复到战前水平。有历史学家认为，德意志人
口在三十年战争期间损失了 600 万到 800 万（抑或 20% 到
45%）。这一比例远远多于 20 世纪两次世界大战造成的人口损
失——而直到五十年甚至更久以后，德意志人口都没能恢复到
战前水准。

　　考虑到近代早期德意志在政治上的分裂态势，上述所有
"全国"层面的加总数据都只是一种设想，而分析地区人口变
化情况的尝试甚至要更为冒险。尽管如此，约翰·瑟鲍尔特

24 "三十年战争"期间（1618～1648年）德意志地区人口减少幅度

北海

波罗的海

荷尔斯坦因

梅克伦堡

波美拉尼亚

不莱梅

下萨克森

勃兰登堡

明斯特

柏德伯恩

马格德堡

劳萨蒂亚

西里西亚

黑森

萨克森

克莱韦科隆于利希

特里尔

普法尔茨

弗兰肯

波希米亚

摩拉维亚

洛林

阿尔萨斯

符藤堡

士瓦本

巴伐利亚

布赖斯高

勃艮第

奥地利

瑞士

萨尔茨堡

蒂罗尔

无损失

损失较少

1%~10%

10%~30%

30%~50%

超过50%

250　　　德意志地区在政治上诸侯林立，这意味着三十年战争带来的人口冲击只能从各地区数据中重建。上图反映，不少地方相比战前损失了十分之一乃至更少的人口，特别是西北部各邦（还有南部的奥地利和瑞士）；不过，战争起始之地的波希米亚的人口却锐减了三分之一还多。相较而言，东北部和西北部一些新教邦国人口的下降幅度甚至超过了一半，南部天主教诸邦则损失了三分之一到二分之一的人口。

表8.2　德意志人口演变，1600～1750年（单位：百万）[100]

年份	德意志（1871年疆界）			神圣罗马帝国		
	亚伯	博思尔/魏斯	萨加拉	科伦本茨	迪佩尔	米特罗尔
1600	16	16	18	18～20	18～20	21
1650	10	10	10～11	11～13	11～13	16
1700	—	—	—	—	15～17	21
1750	18	18	18	18～20	18～20	23

（John Theibanlt）还是对地区性档案进行了小心细致的研究，得出了"绝大部分人口损失发生在一片相对较小的区域"的结论："神圣罗马帝国四分之一以上的人口可能都生活在人口并无损失，或是损失小于10%的区域；只有约十分之一的帝国人口生活在人口损失超过一半的区域。"[99]插图24展示了这两种区域中各主要诸侯的位置。这张图显示，在德意志南半部，只有莱茵－普法尔茨（几乎从腓特烈接受波希米亚王位的那一刻起便已成为战场）和符滕堡地区（天主教和新教势力在此地的激战从1631年持续到战争结束）损失了战前人口的一半（甚至更多）。在1655年还在人世的人当中，将近一半的年龄在15岁以下。举例而言，奥托博伊伦修道院地产上的信徒人数从1626年的近6000人（那一年也是该地区的最后和平时光）剧减到了1640年的不足1000人；即便在1659年，这个数字也停留在了2566人，低于战前总数的一半。[101]相比之下，巴伐利亚、法兰克尼亚和黑森可能损失了三分之一到二分之一的人口；其他一些地区的人口损失则要少一些。而在德意志的北半部，只有梅克伦堡和波美拉尼亚（两地都曾与瑞典作战，并遭瑞典侵占）失去了一半或以上的人口；萨克森和勃兰登堡（1631～1648年几乎战乱不休）损失的人口在总数

251

的三分之一到二分之一之间。许多战略要地经受的物质损失与人口损失一样惊人：1625～1647年，马格德堡和哈伯斯塔特附近一度人口密集、经济繁荣的乡间地带有三分之二的建筑物惨遭损毁；纽伦堡市的债务从1618年的不到200万古尔盾①暴涨了到1648年的700万；等等。对上述各地而言，三十年战争的确可以被描述为一场"灾难"——当时的德意志作家用的是该词本来的希腊语含义："末日"。[102]

这场战争在摧毁人口的同时也摧残了文化事业。德意志地区是近代印刷业的发源地，这里的书商在1613年还印了1780种出版物，但1635年只出版了350种；法兰克福的国际书市也因此停办。德意志城市里许多一度生机勃勃的音乐社团关门大吉——比如沃姆斯和纽伦堡的"音乐花环"（Musikkranzlein）、格尔利茨的"音乐联欢会"（Convivia Musica），以及位于法兰克福和米尔豪森的音乐"学院"——王亲贵胄也减少了对音乐的赞助。就连流行音乐也开始衰落：1618～1649年直接或间接提及三十年战争的600多首歌曲中只有不到100首出现在1634年之后。最早在1623年，就有一位作曲家引用《圣经》中魔鬼给扫罗一支长矛，令他用这柄长矛去刺杀竖琴手大卫的桥段并断言道："扫罗的长矛……就在宫廷财务官的手中，他们听到音乐家（指大卫）走近的时候就关上了宫门。"萨克森选帝侯的御用乐师海因里希·舒茨是当时最好的作曲家，他也开始创作"只由四个声部、两把小提琴、大提琴和管风琴演奏的短篇宗教题材声乐作品，因为"时局既不需要也绝不允许演奏大规模的音乐"。[103]没过多久舒茨就离开了德意志。

---

① 古尔盾（Gulden），近代早期德意志地区的一种银币。

还有不少知识分子也离开德意志逃避战争。规模最大的一群逃亡者来自斐迪南二世治下的土地。博学多识的扬·阿莫斯·夸美纽斯曾经支持波希米亚叛乱，他在白山之役后离开土生土长的摩拉维亚，前往波兰寻求庇护。夸美纽斯在波兰开始编纂一本"包罗万象的百科全书"，他认为这将解决世上的难题。后来他又去了荷兰和英格兰，并最终于瑞典定居，致力于召集同道中人创设一所专为攻破自己的课题而立的学院。西里西亚诗人马丁·奥皮茨也于白山之役后逃往波兰，并以难民身份度过了余生。天文学家兼数学家约翰内斯·开普勒则被迫两度踏上逃亡之路：第一次是在 1600 年逃离格拉茨，当时的斐迪南大公将所有施蒂里尔州的新教徒都驱逐出境，第二次则是在 1626 年逃出林茨，那一年上奥地利的农民叛乱遭到了血腥镇压（见页边码第 221 页），这让开普勒惶惶不可终日。1675 年，艺术家兼艺术史家约阿希姆·冯·桑德拉特为他《德意志建筑、雕塑和绘画学案》（*Germany Academy of Architecture, Sculpture and Painting*）一书收尾时，用苦涩的笔调述说了战争带来的文化浩劫：

> 一次又一次，日耳曼尼亚女王目睹她那饰有华美绘画的宫殿与教堂毁于战火。她的双眸映着硝烟，眼眶噙着泪水，再也无心关照艺术……凡此种种，都让以艺术为业者堕入贫穷耻辱之中：于是他们丢掉调色板拾起了长矛，或是扔掉画笔捡起了乞丐的长棒，而富有教养之家耻于将孩子送给这些卑贱的人做学徒。

桑德拉特还撰写了许多艺术家的传记。他们要么在"嗜血战神"的强迫之下离开故土，要么就是像桑德拉特本人一样被迫"放弃辛劳的铜版画工作，捡起油画布以代替之"（因为油画布在紧急情况下便于携带）。还有艺术家因偷窃或恶意事件丢失了"全部作品"。托马斯·罗比舍曾经提出，战争的巨大冲击绝不仅仅源于"兵荒马乱的野蛮残暴之举，也来自一切社会、政治和宗教秩序的崩溃，这在社会各个层面催生了狂野的失序与混乱"。[104]

"欧洲史上'无意义冲突'的突出案例"？

维罗妮卡夫人在她初次出版于1938年的对三十年战争的经典研究中语带哀伤地写下了结论："这场战争没有解决任何问题。其所造成的直接或间接后果都是负面的，乃至灾难性的。这是欧洲历史上'无意义冲突'的突出案例。"[105]本章呈现的证据也为她的断言提供了一些支持：除德意志以外，北意大利、荷兰共和国、瑞典、瑞士、丹麦也都经受了"负面的，乃至灾难性"的后果。尽管如此，《威斯特伐利亚和约》不仅在结果上为德意志带来了好处，也至少让一些邻国连带受益。首先，法国和瑞典两国的压力扩大了帝国议会（1648年之后只有帝国议会才拥有宣战权）和地方诸侯的权力（此后诸侯拥有武装权和结盟权），削减了哈布斯堡家族的权势，最终造就了神圣罗马帝国内部的政治"平衡"。其次，"友好调解"（Amicable Composition）的新原则降低了宗教战争再次爆发的风险：在近一个世纪的时间里，不再有德意志诸侯向另一个诸侯宣战，也没有人出于宗教原因发动战争。不仅如此，一旦中欧各国不再因宗教战争和内战而遭受蹂躏，外部强权也便不再有干涉他们之间争端的合理借口。这一进展提升了国际关系的稳定性。最后，威斯特伐利亚会议也为解决冲突提供了新的模式。以威斯特伐利亚为范本的国际会议在后世终结了欧洲诸国之间的大规模战争——比利牛斯和会（1659 年）、布雷达和会（1667 年）、奈梅亨和会（1678 年）、赖斯韦克和会（1697 年）和乌得勒支和会（1713 年）——也为在 1815 年维也纳和会之后成功在列强之间维持了和平的"欧洲协调"体系铺平了道路。

　　因此，德意志人有充分理由组织愉快的庆祝仪式，纪念《威斯特伐利亚和约》的签订。奥格斯堡组织了两场庆祝活动：先是一整天的全民欢庆活动，接着是为儿童准备的和平庆典。路德宗牧师在庆典上分发了铜版印制的"和平版画"，提醒年轻人铭记他们得以幸免于何等的恐怖与惊骇。1748 年是《威斯特伐利亚和约》的第一个百周年纪念日，学童们收到了一份像教理问答一样的诵读用的小册子，里面罗列了与三十年战争有关的 91 组问答；德国学校使用近 200 种的课本都将这场战争描述为一场国家浩劫。[106] 无怪乎到了 1962 年，黑森州民众依旧将这场三百年前的冲突视为德国历史上遭遇过的最大灾难；而直到今天，奥格斯堡市民仍心怀感激地纪念那一纸终结冲突的和约。

253

注　释

1. 我感谢 Katherine Becker 和 Leif Torkelsen 在一些德语和斯堪的纳维亚语文献上给予我的帮助；以及 Derek Croxton、Christopher

Friedrichs 和 Paul Lockhart 对本章的宝贵评论。

2. Von Krusenstjern and Medick, *Zwischen Alltag und Katastrophe*, 34（所列灾难顺序）; Koenigsberger, 'The European Civil War' (1971)。

3. 神圣罗马帝国的内部地理极为复杂。除了正文所列领土，意大利北部、瑞士诸州（至 1648 年）以及低地诸国皆在名义上服从于神圣罗马皇帝，但他很少在这些地区直接行使权力（1628～1631 年争夺曼图亚这片皇家封地的战争则属例外）。相反，尽管在 1564 年神圣罗马帝国的皇帝们同样统治了匈牙利和摩拉维亚，它们却未被纳入帝国版图。

4. Dollinger, 'Kurfürst Maximilian', 298 – 9, Maximilian to his father (who had just abdicated), 21 June 1598.

5. MacHardy, 'The rise of absolutism', 436.

6. Polyxena Lobkovi ćquoted by Polišenský, *The Thirty Years' War*, 94; Landsteiner, 'Crisis of wine production', 326 – 7, 显示 1617～1621 年作物产量出现了空前剧烈的震荡。

7. Zillhardt, '*Zeytregister*', 93.

8. Magen, *Reichsgräfliche Politik in Franken*, 190, statement of Hohenlohe's chancellor, June 1619.

9. Gindely, *Geschichte*, II, 164, Count Solms, Frederick's representative in Frankfurt, to his master, 28 Aug. 1619; Lee, *Dudley Carleton*, 270 – 1, letter of 18 Sep. 1619.

10. Weiss, 'Die Vorgeschichte', 468, Frederick to Elizabeth, his wife, 19 Aug. 1619.

11. Reade, *Sidelights*, I, 388, Sir Edward Conway to Secretary of State Naunton, Nov. 1620.

12. Wilson, *Thirty Years' War*, 353（"征服者的法律" 参见第 351～361 页）。

13. Warde, 'Subsistence', 303, 引用 J. Ginschopff, *Cronica*（163 年）; Helfferich, *The Thirty Years War*, 59, 引用 Münzbeschikung der Kipper und Wipper（1621 年）; Stránský, *Republica Bohemiae*（1634 年）, 495 – 6, 引用于页边码第 35 页。Langer, *Thirty Years' War*, 31 – 2 and 49, 记录了这些暴乱。同样参见 Paas et

al., *Kipper and Wipper* 中的宽幅印刷品及评论。"Kippen"意指"倾斜"，而"Wippen"表示"摇摆"（如同天平）和"折磨"，因此 Kipper und Wipperzeit 是一句押韵俚语（类似于"hurley-burley"，喧嚣，以及"pell-mell"，匆忙）。

14. Supple, *Commercial crisis*, 75 - 6, 79 and 93, 引用 Edward Misse Lden 的小册子，*Free trade*, 1622。

15. Turbolo, *Copia*, 6.

16. Stouppe, *La religion des Hollandois*, 96 - 8（作者是于 1673 年驻守乌特勒支的瑞士官员及新教徒）; Van der Woude and Mentink, 'La population'。

17. AGS *Estado*, 2327/168, *consulta* of the council of state, 12 June 1621.

18. Lockhart, *Denmark*, 55, 于 1632 年引用莱斯特伯爵的记录；其他细节来自 Ladewig Petersen, 'Conspicuous consumption', 64 - 5。

19. Mann, *Wallenstein*, 369, quoting the Bavarian council of war.

20. Jespersen, 'Slaget', 89, 引用了克里斯蒂安的亲笔日志（*Skrivekalender*）: "与敌交战，输掉了战斗（Sloges med Fjenden og mistede Slaget）。"

21. Ernstberger, *Hans de Witte*, 166, Wallenstein to the imperial treasurer, 28 Jan. 1626. 更多关于三十年战争军费问题的内容请参见本书第 2 章。

22. Zillhardt, 'Zeytregister', 117; 更多细节参见 Pfister, *Klimageschichte der Schweiz*, 40 - 1, 118 - 22, 140; 'Weeping in the snow', 33 及 50 页；以及 *Wetternachhersage*, 194 - 8。Theibault, *German villages*, 184, 记录了黑森 - 卡塞尔"在 1624 ~ 1634 年的每一年都发生了霜冻、干旱、冰雹或枯萎病等损害某种作物的自然灾害"。同时，Garnier, 'Grapevine', 710, 引用的一篇法国侏罗省地区的报道指出："这场霜冻始于 1626 年 11 月，持续至（1627 年）5 月。"

23. Behringer, 'Weather, hunger and fear', 11 - 12 含有关于巫师审判的内容；以及 Bell, 'The Little Ice Age', 12 - 15, 提及了"葡萄酒犹太人"; von Krusenstjern, '"Gott der allmechtig"', 提及了这一时期德意志人对恶劣天气的罪孽论解释。

24. *Der Oberösterreichische Bauernkrieg*, 70 – 1 列出了被处决者名单，并在第 72 ~ 73 页记录了由于恶劣天气，将"出境期限"（*Emigrationstermin*）延长至 1628 年 4 月的命令。Helfferich, *The Thirty Years War*, 83 – 4，刊登了两张暴乱的宽幅印刷品。

25. Robisheaux, *Rural society*, 210.

26. Bireley, *Religion and politics*, 54, Ferdinand's instructions to his representative at a meeting of the Electors at Mühlhausen, 4 Oct. 1627.

27. Urban, 'Druck'. 这篇敕令的一百多份复制品以不同的形式得以留存：这是个令人瞩目的数字。Helfferich, *The Thirty Years War*, 91 – 8，收录了原文的英译版。

28. Mann, *Wallenstein*, 700, 华伦斯坦写给圣朱利安（Oberst San Julian）的信。

29. Bireley, *Religion and politics*, 125：卡斯帕尔·施彭的目击证言。马克西米利安随后声称，拉莫马伊尼及其他神学者已经说服了他及其他天主教君主，让他们相信只要拥护敕令，上帝就会赠与他们事业胜利的果实，但若他们遵照新教徒的要求做出让步，则会受到上帝的惩罚：参见 Albrecht, *Auswärtige Politik*, 379 – 81。

30. Symcox, *War, diplomacy and imperialism*, 102 – 13, prints an English version of Gustavus's *Declaration* of June 1630; Helfferich, *The Thirty Years War*, 99 – 103, prints his July manifesto.

31. O'Connell, 'A cause célèbre', 84, 84, Louis to Brûlart, 22 Oct. 1630.

32. Suvanto, *Wallenstein*, 72, Questenberg to Wallenstein, 23 Apr. 1631 ('Jizt haists *Helff, helff*, und non est qui exaudiat').

33. Mortimer, *Eyewitness accounts*, 64 – 7 (Anna Wolff from Schwabach) and 21 – 3 (Pastor Johannes Schleyss of Gerstetten and Sebastian Bürster near Überlingen, which was besieged by the Swedes in 1632 and 1634. The city still holds an annual 'Sweden procession' to celebrate its deliverance).

34. Robisheaux, *Rural society*, 223.

35. Sreenavisan, *Peasants of Ottobeuren*, 282 – 6, quoting local parish

registers; Mortimer, *Eyewitness accounts*, 78 – 9, quoting Raph, a town clerk near Stuttgart.

36. Vincent, *Lamentations*, 26, 33。感谢 Jill Bepler 帮助我确认此文作者。

37. Theibault, *German villages*, 186 (frozen corn) and 184 – 5 (yield ratios); Peters, *Ein Söldnerleben*, 166; Theibault, 'The rhetoric', 283 (entry in the parish registers kept by Ludolf); Helfferich, *The Thirty Years War*, 205 – 12, Diary of Abbot Maurus Friesenegger of Andechs. Several writers in Bohemia also recorded heavy frosts in August and September 1641, in May and June 1642, and in May 1643: Brázdil, 'Meteorological records', 104 – 5.

38. Heberle, '*Zeytregister*', 225；其他所有引述出自 Mortimer, *Eyewitness accounts*, 172。Theibault, *German villages*, 125，提出在战争以前杀人案件实属罕见，与当地变得更加荒凉后的状况形成对比。

39. Mortimer, *Eyewitness accounts*, 178, quoting Thiele, writing in 1641.

40. Bireley, *Religion and politics*, 214 – 17 (quoting Ludwig Crasius, S. J. in 1635).

41. Bierther *Regensburger Reichstag*, 88 n. 69，马克西米利安写给他的使节的信，1640 年 11 月 27 日；Ruppert, *Kaiserliche Politik*, 243，关于斐迪南三世和他的"宫廷神学家"，1646 年 2 月。

42. Dickman, *Der Westfälische Frieden*, 115，引用约翰·阿德勒·萨尔维乌斯 1643 年的公开信件。Derek Croxton 的慷慨帮助对我关于威斯特伐利亚和会过程的论述也有所增益，感谢他在《最后的基督教和议》(*The last Christian peace*)一书出版前便让我拜读了这部作品。

43. Odhner, *Die Politik Schwedens*, 163, Johan Adler Salvius to the Swedish regency council, 7 Sep. 1646. 萨尔维乌斯还补充了一条警告："人们开始意识到瑞典势力对于'均势'的威胁。"

44. *APW*, 2nd series, B II, p. 241, Mazarin to plenipotentiaries, 7 Apr. 1645; and B V, p. 1, 151, Louis XIV to plenipotentiaries, 26 Apr. 1647, drafted by Mazarin.

45. *APW*, 1st series, I, pp. 440 – 52, Instruction of Ferdinand III to

Trauttmansdorff, Linz, 16 Oct. 1645, holograph. Helfferich, *The Thirty Years War*, 233 – 40, provides an English translation of the whole document.

46. *APW*, 2nd series, B II, p. 369, Servien to Brienne, 27 May 1645.

47. Chéruel, *Correspondance de Mazarin*, II, 944, to Chanut, 30 Aug. 1647.

48. *Co. Do. In.*, LXXXIII 328 and 369, Peñaranda to Castel Rodrigo, 4 July and 2 Aug. 1647; Helfferich, *The Thirty Years War*, 250, quoting the diary of Clara Staiger; Buisman, *Duizend jaar weer*, IV, 487 – 500.

49. *Acta Pacis Westphalicae*: *Supplementa electronica*, 提供了"和平文书"原版及多种现代语言的平行文本。

50. 纽伦堡的 Johann Vogel 的说法在 Glaser, *Wittelsbach und Bayern II*, 483 中被引用（《马太福音》19:24, 耶稣说"骆驼穿过针眼, 比财主进神的国还容易"); Zillhardt, 'Zeytregister', 224, 226。Gantet, 'Peace celebrations', 指出 1648 年至 1660 年间的约 200 场和平庆典活动中的大多数与乌尔姆的此类活动一样, 拥有新教色彩且发生在城镇地区: 参见 655 页地图。

51. Cooper, *The New Cambridge Modern History*, IV, 402, 引用了乌克森谢纳。同样参见 Roberts, *Sweden as a great power*, 155 – 60, 国务院关于攻打丹麦原因的决议, 1643 年 5 月。

52. 摘自 Roberts, 'Queen Christina', 198. Leijonhufvud, 'Five centuries', 130 – 1, 记录了 1614 ~ 1633 年波罗的海"寒冷彻骨的二十年", 斯德哥尔摩的船只不得不面对远超往常的冰封期。

53. Roberts, *The Swedish imperial experience*, 25.

54. 数据和文献引用自 Roberts, 'Queen Christina', 200, 201, 213 n. 62 and 217。Åström, 'The Swedish economy', 76 – 7, 绘制了一份记录贵族授衔的表格; Roberts, Sweden as a Great Power, 41 – 3, 刊载了这些瑞典小册子的摘录。

55. 细节出自 Nordmann, 'La crise', 221 – 2。关于大学毕业生过剩的内容, 参见本书第 18 章。

56. 数据和文献引用来自 Roberts, 'Queen Christina', 211, 203 n. 28, and 201。

57. Roberts, 'Queen Christina', 204, quoting Archbishop Lennaeus.

58. Roberts, *Sweden as a Great Power*, 101 – 5，刊载了西洋旧历 1650 年 10 月 8 日出版的恳求书副本，并在第 105～108 页记载了 10 月 15 日贵族的讨论。同样参见 Roberts, 'Queen Christina', 205, 198 – 9。

59. Roberts, *Sweden as a Great Power*, 105 – 8，1650 年 10 月 15 日 [743] "四个阶级的代表"与国会间的会议备忘录，引用了乌克森谢纳、佩尔·布拉赫伯爵以及林奈乌斯大主教。

60. Bergh, *Svenska riksrådets protokoll*, XV, 128, Jakob de la Gardie's speech to the council, 10 Oct. 1651. See also other examples of the Swedish council's concerns about foreign revolts in ch. 18 below.

61. Nordmann, 'La crise', 225 – 6.

62. Whitelocke, *A journal of the Swedish embassy*, I, 191 – 2 and 211 – 19；Roberts, 'Queen Christina', 202 n. 26，引用 1655 年国务会议成员克里斯特·邦德的表述，并参考了瑞典女王的类似发言。

63. 比戈迪亚数据来自 'Frauenland und Soldatenleben', 149 – 51，以及 'Men, money, and means', 155 – 6。同参见本书第 3 章。

64. 芬兰数据来自 Lappalainen, 'Finland's contribution', 182 以及 Villstrand, 'Adaptation or protestation', 283 （征兵制度），286 – 95 （逃兵）及 308 – 9 （雅各布·戈兰森）。也可参见 Rodén, 'The crisis', 107 – 8。

65. Anon., *De na-ween vande Vrede*, sig. A2v.

66. Poelhekke, *Vrede van Munster*, 256, 258, quoting a resolution of the States of Holland, 28 Feb. 1646, and the pamphlet *Ongeveynsden Nederlandtschen Patriot* (1647).

67. Poelhekke, *Vrede van Munster*, 272, count of Castrillo to Philip IV, 3 June 1646; Prestage, *Correspondência diplomática*, II, 256, Sousa Coutinho to John IV, 17 Nov. 1647, quoting the French ambassador in The Hague. 1646 年 10 月，巴尔塔萨·卡洛斯王子 （Prince Balthasar Carlos） 离世后，玛丽亚·特蕾西亚成为西班牙王位继承人，而路易十四的婚姻计划也由此落空。然而，为了比利牛斯半岛的和平，两人仍于 1659 年结为夫妻。

68. Poelhekke, *Vrede van Munster*, 387: Antoine Brun to the Dutch

States-General, Münster, Feb. 1647.

69. 细节出自 Buisman, *Duizend jaar weer*, IV, 494 – 508 (Reijer Anslo, 'Op het regenachtige weer in het jaar 1648' 引自 494 – 5 页); 以及 Gutmann, *War and rural life*, 233 (阿姆斯特丹、列日和马斯特里赫特的黑麦价格; 此时的粮价直到 1690 年代才被超过)。

70. Israel, *The Dutch Republic and the Hispanic World*, 382 – 6, 很好地概括了荷兰经济萧条的情况; 关于驻军的减少, 参见 idem, *The Dutch Republic: Its rise*, 612 – 15。

71. Anon. , *De na-ween vande Vrede*, sig A3. Israel, *The Dutch Republic: Its rise*, 602, 引用了其他将连绵降雨归因于议和的布道。

72. Israel, *The Dutch Republic and the Hispanic world*, 386 n. 31, quoting Antoine Brun to Philip IV, 25 Mar. 1650.

73. Van Aitzema, *Saken*, III, 440 – 3, letter of the Amsterdam magistrates to the States of Holland, 30 June 1650.

74. Buisman, *Duizend jaar*, IV, 646 – 55, 1672 年异常天气的细节。十年后, 由夏尔·勒·布朗绘制的横渡莱茵河情景画成为凡尔赛宫镜厅天花板上的纪念画作之一。

75. Israel, 'The Dutch role', 116 n. 33, quoting d'Avaux to Louis, Aug. 1688.

76. Grimmelshausen, *Der abenteurliche Simplicissimus*, 376 (book V, ch. 1)。

77. Von Greyerz, 'Switzerland', 133; Suter, *Der schweizerische Bauernkrieg*, 326 – 7 and 361 讨论了粮食价格。

78. Suter, *Der schweizerische Bauernkrieg*, 331, 致巴塞尔当局的恳请书, 1651 年 11 月 30 日, 以及关于 1648 年后经济崩溃的第 343 ~ 352 页。可与 Anon. , *De na-ween vande Vrede* 中荷兰人的抱怨对照。

79. Suter, *Der schweizerische Bauernkrieg*, 94 – 7, 探讨了牧师及农民对彗星理解的差异, 该书第 63 ~ 71 页则论述了此次货币贬值事件。

80. 关于伯尔尼和苏黎世的 "动荡", 参见 Wahlen and Jaggi, *Der schweizerische Bauernkrieg*, 10 – 106; 关于萨尔茨堡, 请参见

Heinisch，*Salzburg*，第 15 章；有关奥地利频繁的农民起义，参见 Bierbrauer，'Bäuerliche Revolten'，66 – 7。关于"扛旗者"的内容参见本书第 17 章。

81. Livet，'La Guerre des Paysans'，131，德拉巴尔德于 1652 年 12 月 4 日、21 日及 26 日。直到 1653 年 2 月 27 日他才禀报了特勒布赫发生的暴乱，且直到两周后才将之视为一场"内战"。

82. Suter，*Der schweizerische Bauernkrieg*，64，引用自 "Neu Wilhelm Tellen Lied，im Entlebuch gemacht 1653"。这首歌的主题实为货币贬值，而非退尔。

83. Ibid.，150 and 330，'Rede' of Pannermeister Hans Emmenegger，incorpooated in the 'Bundesbrief' of the vassals（*Unter tanen*）of Canton Luzern at Wolhusen，26 1653.

84. Ibid.，159 – 61 and 167，讨论了 1653 年春季州政府间通信中用于形容这些动乱的术语："全面起义"（Generalaufstand）、"全面阴谋"（Generalmachination），以及（一个无疑源自意大利语的新词）"革命"（Revolution），而最后一个词指的是"消灭我们的联邦身份"（Extermination unseres eydtgenössischen Standts）（161）。

85. Suter，*Der schweizerische Bauernkrieg*，429 – 37。同样参见苏特尔的详细年表，ibid.，605 – 19。

86. Meadows，*A narrative*，33 – 5. 更多有关 1657～1658 年极端严冬的内容参见本书第 1 章。

87. Ekman，'The Danish Royal Law'，102 – 7，刊载了一篇数项该法条款的译文。须注意，尽管弗里德里克分别在 1665 年 11 月 14 日与 24 日签署了这份由舒马赫提供的文件，但它却直到 1709 年才得以发表。

88. Molesworth，*An account of Denmark*，73，74，86.

89. Ogilvie，'Communities and the second serfdom'，112（在第 214 条注释原文翻译的基础上有所修改）。

90. Steinman，*Bauer und Ritter*，87，引用自施泰因男爵于 1802 年游历梅克伦堡后的一封来信。Hagen，'Seventeenth-century crisis' 适时地提出，只要一个地区维持人口稀少的状态，"农奴们"就可以躲避领主的要求；在这一问题上的限制性立法直到 18 世纪初才普遍开始强制执行。

[744]
91. 标题来自这则具有煽动性但有谬误的小册子：Ergang, *The myth of the all-destructive fury of the Thirty Years War*。

92. Mortimer, *Eyewitness accounts*, 182（Junius），185（Theile），176 – 7（Preis），and 185（Minck）；Theibault,‘The rhetoric’，271（Ludolf）．请同时参见 Von Krusenstjern, *Selbstzeugnisse* 中的简要统计数据。

93. 据 Von Krusenstjern, *Selbstzeugnisse*, 259 – 60 的职业清单统计而来（一些作者在一生中曾从事一种以上的职业）。

94. Von Krusenstjern, *Selbstzeugnisse*, rubric B 8, 记录了作者提到的每一个“写作动机”（Shreibmotiv）。参见该文献第 57 页（纽伦堡的梅尔基奥・布劳赫是一位信奉路德宗的面包师，他明确声明自己“只是为自己”写作），第 148 页（信奉路德宗的商人汉斯・康拉德・朗称自己写作是为了让“子女们也愿意将经历记录下来”），以及第 58 页（路德宗牧师约翰内斯・布劳恩在流亡期间写到因为“对我们的不幸与苦难的记述……将为后世提供很多启示”）。类似例证请参见本书第 4 章与第 21 章。

95. Von Krusenstjern, *Selbstzeugnisse*, 194 – 5；Mortimer, *Eyewitness accounts*, 83, 88, 伦纳教区记事录中的序时条目。他支付了四百塔勒的赎金。

96. Mortimer, *Eyewitness accounts*, 170, quoting Schoolmaster Gerlach, near Würzburg.

97. Eckhert, *The structure of plagues*, 150；Outram,‘The socio-economic relations’；Lindegren,‘Men, money and means’, 159.

98. Theibault, *German villages*, 165 论及韦拉河谷时指出：“战争摧毁了这座村庄繁衍生息的能力”。类似例证请参见本书第 4 章与第 21 章。

99. Theibault,‘The demography’, 12, 21.

100. Dipper, *Deutsche Geschichte*, 44, 用 Wolfgang Abel（1967），Karl Bosl and Eberhard Weis（1976），Eda Sagarra（1977），Hermann Kellenbenz（1977），Michael Mitterauer（1971）以及自己的估算数据绘制了表格。Wilson, *Thirty Years War*, 788, 呈现出哈布斯堡家族世袭土地的惊人总数量。

101. Sreenivasan, *The peasants of Ottobeuren*, 289 – 91。登记记录乃至

教区记事录的骤减，令获取1634年以后人口损失的准确数据更加困难。

102. Repgen, 'Über die Geschichtsschreibung', 10－12，关于这一时期"灾难"（Katastrophe）一词的使用与含义。

103. Raynor, *A social history of music*, 115 及 203－4，引用了 Burckhart Grossman 和 Heinrich Schütz。Nehlsen, 'Song publishing'，提供了一张统计1618～1649年宽幅印刷品和小册子上刊登的歌曲的柱状图。

104. Tacke, 'Mars, the enemy of art', 245－8，引用了 Sandrart, *Teutsche Academie der Bau-, Bild- und Mahlerey-Künste*（1675年）；Robisheaux, *Rural society*, 202.

105. Wedgwood, *Thirty Years War*, 526.

106. 细节出自 Gantet, 'Peace celebrations'。她强调年度庆典选在8月8日举行，而非10月24日：在1629年8月8日，《归还教产敕令》在奥格斯堡禁止了新教崇拜——因此这场年度典礼还提醒着后人这场战争的起因之一。

9 伊比利亚半岛的苦难，
1618~1689年[1]

"全世界的众矢之的"

254

当年方16岁的腓力四世在1621年即位时，他统治着一个（根据政治宣传家的说法）"日不落"帝国，领地包括整个伊比利亚半岛、伦巴第、那不勒斯和西西里岛、尼德兰南部，以及西班牙和葡萄牙在美洲、菲律宾及亚洲和非洲其他地区的殖民地。不过，覆盖全球的统治范围对西班牙君主国而言是一把双刃剑。资深外交官唐·巴尔塔萨·德·祖尼加（Don Balthasar de Zúñiga）于1600年收到的一封信件指出了这一战略困境：

> 我们逐渐成为全世界的众矢之的；我们深知，没有一个帝国（不管多么伟大）能够长时间在不同地域维持这么多场战争。（我们）只能谋求保卫自身，而从未有能力筹划一场针对我们某个敌人的大型攻势，以便于终战之后可以转而对付别的敌人……

这番看法一语成谶。在之后的二十年里，荷兰共和国迫使西班牙承认了其事实上的独立地位，还夺取了西班牙在亚非各地的一些据点。同时，一些意大利邦国也成功脱离了西班牙的势力范围。1619 年，已经成为西班牙首相的祖尼加哀叹："事情恶化到一定程度的时候，任何决策都将带来最差的结果。这不是因为缺少好的建言，而是因为局势已积重难返。"[2]

祖尼加死于 1622 年，随后首相之位便落到了他的外甥、已经成为国王宠臣（Privado）的堂·加斯帕·德·古兹曼（Don Gaspar de Guzmán），亦即奥里瓦雷斯伯爵和后来的圣卢卡公爵（他从此便有了一个冗长的头衔："伯爵－公爵"）手中——至少在一开始，此君是拒斥这类悲观论调的。"我并不认为，沉浸于对国事经久不息而又绝望无助的念念叨叨之中有什么作用，"他在 1625 年曾如此教训一位批评者，"我深知国事艰难，也为此感到痛心，但我绝不让这些情绪折损我的决心，消磨我的注意力；我自感肩负重任，决心紧握我的船桨决一死战，直到片甲不存。"[3]

时间将证明祖尼加是正确的——在 17 世纪，即便是日不落帝国也无法"长期坚持在不同地区多线作战"——但他这位精力异常充沛的外甥却在一开始压下了许多潜在的忧患。奥里瓦雷斯通常在五点起床，祷告，领圣餐，接着唤醒沉睡中的国王，讨论当天的国务。在当天剩下的时间里，他"收发信件，接见臣僚，召开会议……直到晚上十一点"。忙碌的日程累死了奥里瓦雷斯手下四名书记官，伯爵－公爵大人自己也饱受慢性睡眠不足的折磨。这或许可以解释他公文的沉闷面貌（他的公文总是在提到待议事项时说"以下无一例外，都是陛下王国境内发生的最为重要的事件"），以及他对做出人意料之事，或是以出人意料的方式做事的迷恋：在他看来，这样做的好处之一是可以节省时间。一位大使认为，奥里瓦雷斯"天性热衷新奇事物，毫不在意它们会将他带向何方"。[4]

255

1624 年圣诞节，奥里瓦雷斯向主君展示了一整套的"新奇"的计划；但几乎就在顷刻之间，英国向西班牙宣战并进攻了加的斯，萨伏伊公爵则包围了西班牙在地中海最重要的盟友热那亚。进入 1625 年，奥里瓦雷斯推迟了他的新政，他不仅解了热那亚之围，击退了加的斯的来犯之敌，还从荷兰人手中收复了巴西的巴伊亚和尼德兰的布雷达。奥里瓦雷斯向一位臣僚夸口说："上帝是西班牙人，并在这些日子里庇佑着我们的国家。"不过，同时在多条战线上疲于应付的压力让他相信，确立一个更协调的帝国国防战略是多么重要。在听闻加的斯解围消息数天之后，奥里瓦雷斯便提出了所谓的"武装联盟"（Union of Arms）计划。[5]

这个计划旨在建立一支拥有 14 万兵力的"快速反应部队"，兵员从西班牙君主国各组成地区抽调：如果有任何一个地区遭到攻击，这支部队都将立即前去驰援。奥里瓦雷斯期望这个武装联盟不但能分担帝国的防卫支出，也能"让不同王国治下的当地人彼此同化（这个词语只在政府高层之间使用），让他们忘记彼此之间迄今为止互相隔绝的生活状态"。1626 年 1 月，他与国王从马德里启程，向由阿拉贡、加泰罗尼亚和瓦伦西亚组成的代表议会（Corts）"推销"这个"武装联盟"提议。之后，他们计划前往里斯本，为一场对爱尔兰的入侵做准备，其目的是报复查理一世对加的斯的进攻。[6]

"武装联盟"成功的概率很小，因为奥里瓦雷斯在敲定王国各地区的义务分配方案时使用了不可靠的数据。比如，他将加泰罗尼亚的人口估算为 100 万人，这样一来该地区就应当为王国提供 16000 名领饷的士兵；不过，后来的研究却显示，腓力在加泰罗尼亚只有 50 万臣民。[7]不仅如此，由于"武装联盟"

是中央政府单方面对惯于自治的地方当局强加的要求，这一计划正好给了各地一个共同的焦点，让它们得以集中抒发各自的苦衷。在阿拉贡，腓力君臣二人要求当地征募一支 3333 人的永久常备军，并建立一支人数多达 1 万人的战略预备队。当地人的坚决反抗迫使腓力君臣接受了妥协条件，将目标降低到在15 年内提供 2000 人的妥协条件。而在瓦伦西亚当地议会只批准了国王要求的兵力的四分之一。加泰罗尼亚议会则拒绝投票议决任何兵役要求。

心意已决的腓力于 1626 年 7 月签署命令，宣布"武装联盟"计划在葡萄牙、意大利和尼德兰生效。他还命令西印度事务院（Council of Indies）将此计划推行到美洲和菲律宾。无论在何处，"武装联盟"计划都遭到了反对。负责提供 16000名兵员的葡萄牙总督宣称如果不召开西班牙议会，这个计划就不能合法推行。在墨西哥，各大城市的行政官要求召开特别代表会议讨论这一举措。秘鲁总督则尝试了与阿拉贡相同的策略，他提醒腓力："治国并不只在于强征税款，而是臣民应当顺从而积极地接受税目并缴纳之。为达这一目的，应当让一些臣民获得好处，并令其他臣民对此怀有希望。"而就在中央政府当即拒斥了这一策略之后，这位总督直接拒绝将"武装联盟"计划付诸实施。[8]

卡斯蒂利亚财政于是继续承受着保卫王国的重担所带来的打击，也迫使腓力于 1627 年 2 月签发了"破产敕令"（decree of bankruptcy），冻结了全部现有贷款（其中绝大多数来自热那亚银行家），并停付所有利息。奥里瓦雷斯还从葡萄牙银行家那里得到了担保，这些银行家几乎都是所谓的"新基督徒"（对犹太裔基督徒的称呼），他们向国王借出了 100 多万杜卡特。一如西班牙政府所愿，这些对手的横空出世让热那亚银行家不得不接受西班牙政府以低息债券偿还旧债的要求，并向西班牙提供新的贷款。就在政府即将完成上述"慷慨"安排的同一天，宫中得到消息：意大利北部的曼托瓦公爵去世，引发了一场继承权争端。腓力和奥里瓦雷斯视这一巧合为天赐良机，他们不顾多线作战的事实，认定自己有能力干预此事，以防止法国的候选人继承曼托瓦爵位。很快他们就将为自己的选择后悔。

葡萄牙的新基督徒预期从美洲运抵西班牙的大块银锭能够偿还他们的贷款，但一支荷兰舰队于 1628 年 9 月伏击了整支"珍宝舰队"，俘获了全部货物。甚至在这场灾难发生一年之后，腓力依然承认："每当谈到这件事我总会怒血沸腾，并不是因为金钱的损失，因为我不在乎这个。我所在乎的是我们西班牙人名誉的损失。"[9] 不过，国王的银行家却没有和他一样不以为意：没了这笔备受期盼的银锭，他们也未能如期放贷，令腓力在海外的军队在好几个月里无饷可领。在尼德兰战场上，缺乏军饷的西班牙军队未能阻止荷兰人攻占重兵把守的海尔托亨博斯及其周边的近 200 座村庄。在马德里，有大臣担心这场危机将酿成大祸，因为"一旦尼德兰失守，陛下治下的美洲和其他王国也将立刻沦陷，而且永无收复之望"。在意大利，欠饷的西班牙士兵也未能阻止法王路易十三率领大军翻越阿尔卑斯山来到意大利，支持法国籍候选人对曼托瓦爵位的声索。奥里瓦雷斯预言法国此举开启了一场将持续三十年的战争（这一预言后来以惊人的准确度得到了应验）。[10]

如此之多的挫折足以令一些统治者走上和平之路，但腓力却热情洋溢地宽慰他的大臣："我已经受的这些损失以及未来仍将经受的损失绝不会折磨到我，也不会让我气馁，因为我主

上帝已经赐给了我宽广的内心，足以容纳如此之多的麻烦和不　257
幸，而不至于被其压倒，陷入疲乏无力的状态。"因此，腓力的
所有战争都必将继续下去。一个月之后，腓力宣布了一项取道
意大利前往荷兰，亲自指挥当地军队的计划。他意识到这次冒
险势必花费巨大，因此邀请各位大臣一起思考军费筹措之法。[11]

颇具个性的是，这位国王任命了一个"神学委员会"评
估这一提议。神学家们立即就拒斥了所有寻求削减花费的建议
（包括建议国王留在西班牙，在意大利战线议和以便筹措更多
的资金用于尼德兰作战，以及建议他谈成"一份权宜的和约，
等形势变好、上帝重新为陛下助阵时再作行动"），并针锋相
对地提出了三项财税新政：对所有公文书开征印花税（papel
sellado），全国范围内的食盐专卖（estanco de la sal），以及要
求所有新入职的公职人员将第一年的薪水返还一部分，无论他
们担任的是世俗职务还是神职，亦即"俸禄返公"（media
anata）。他们甚至还抛出了一个激进的提议：新政策应当统一
施行于君主国全境，而不是仅限于西班牙本土。[12]

奥里瓦雷斯对神学家的报告表示了欢迎，尤其对"将施
行于所有王国的普遍举措"称赞有加，因为这些政策将"给
予陛下所需的手段和资源，让他在瞭望塔上将法度推行至世界
各地，以诏令、舰队、军队、战争、和约等陛下认为合适的手
段，乾纲独断"。于是，奥里瓦雷斯命令大臣起草方案，在卡
斯蒂利亚和葡萄牙境内推行上述各种要求所有人（甚至包括
神职人员）缴纳的新税。[13]尽管有大臣警告了这些新政里的固
有危险——"陛下，这是一项我们必须谨慎对待的事务，因
为所有新政都会带来极大的不便"——腓力还是立即推行了
"俸禄返公"政策。他签署公文，使其先在葡萄牙和西班牙施

行，接着推广到意大利和美洲。腓力许下了庄严承诺：这项收入将只"用于征讨异端分子和异教徒的战争"。[14]

公开反抗的开端

各种新税的征收让奥里瓦雷斯感到满意，部分是因为这些税收源于自古以来的"王室特权"，它们可以被随意征收和调整；然而，绝大部分税种的前身都深藏于历史长河之中（许多税种在此前数十乃至数百年间从未被征收），政府的辩护者只得遍查历史文献寻找正当依据。新税种的反对者也在历史上找到了限制或排除上述每一项王室动议的反例。在那不勒斯，有几本学术著作谴责了总督政府名不正言不顺的新政，颂扬了那不勒斯的"共和主义"历史，当时曾有一位"共和国总督"成功维系了贵族和"民众"之间的地位对等。那不勒斯人呼吁西班牙国王恢复所谓的"古代宪制"。在加泰罗尼亚，律师们出版发行了对加泰罗尼亚公国"基本法"和"宪制"的历史考察，所有统治者都不得违逆；牧师们出版小册子，捍卫他们以加泰罗尼亚语（而非中央政府坚持的西班牙语）布道的职责；贸易官员则撰写文章，力主保护加泰罗尼亚出产的商品以对抗进口货（特别是卡斯蒂利亚货）。三大作者群体一起推波助澜，助长了敌我对抗的意识，也培育了加泰罗尼亚人对"来自马德里的一切事物"的不信任。

奥里瓦雷斯的反对者们不费吹灰之力就招募到了曾在大学受教的历史学家和律师，因为近代早期的西班牙和意大利像其他欧洲国家一样拥有着太多的大学生。1620 年，卡斯蒂利亚有约 2 万名大学生在读，相当于同一年龄段人口的五分之一。多数大学生都学习法律以及今天被称为"博雅教育"（liberal arts）的学科。其中只有少部分学生进入政府出任公职：更多的人将学到的知识投入研究工作，或用于撰写批评政府政策的文章。

极端天气在西班牙君主国全境之内制造的一系列灾难让政府批评者的威力大增：1626~1627年，一场有记载以来最为严重的洪水淹没了塞维利亚；1629年，灾难性的洪水让墨西哥城多地在此后五年之中都化为泽国（见页边码第64页）；旱灾引发的瘟疫和灾荒蹂躏了西班牙治下的伦巴第，在1628~1631年导致约四分之一的当地人口死于非命（见第14章）；在1630~1631年，根据一位同时代编年史家的说法，旱灾导致里斯本"百物奇缺，尤其是粮食"[15]。卡斯蒂利亚也因气候转冷而蒙受损失。马德里的行政官派到外地征用谷物的官吏一度来到了遥远的老卡斯蒂利亚和安达卢西亚，这在17世纪是空前的；1630~1631年，首都马德里的谷仓分发了150万蒲式耳的小麦，相当于其他年份的两倍。农村人口也幸运不到哪里去。这里试举一例：在塞戈维亚附近的奥尤艾洛斯镇，当地教会的什一税收益从1629年的19法内格（fanegas）① 小麦降到了1630年的2法内格，1631年更是跌到了1法内格。诸如此类的产量下降也让人口大为减少：有些城市和乡村失去了半数居民，国王的大臣们也警告说，鉴于"谷物数量的短缺让陛下的封臣们自觉急需粮食，他们无法如愿为您效劳"[16]。

奥里瓦雷斯不但对上述灾情置若罔闻，还在卡斯蒂利亚境内开展了一项大规模征兵行动，以创建一支有能力打赢对外战争的军队。负责这一行动的大臣抗议说："我看王国已筋疲力

---

① 一种土地测量单位。1法内格约等于1.59英亩。

尽，老卡斯蒂利亚的情况尤为严重。在那里，绝大多数社区都已经没办法出产哪怕是一丁点用来烤面包的大麦，当地的人口也因此流失。如果征兵官员抵达的话，当地势将彻底毁灭。"大臣用坚定的口吻接着说，无论如何，可征的兵员已寥寥无几，这是因为：

> 长久以来在美洲、尼德兰、意大利、卫戍部队和海军的兵力投入，外加上那些死亡与溺毙者，意味着王国几无可用之兵。因此两害相权取其轻才是上策：到底是征募更少的兵员，还是给卡斯蒂利亚带来普遍的毁灭？[17]

奥里瓦雷斯同样对这个警告充耳不闻，他认为食盐专卖能解决一切财政问题；不过，正如所谓"武装联盟"的计划一样，精确的人口统计数据的缺乏已经注定了这一举措的失败。

259 这一次，大臣们试图估算卡斯蒂利亚人口的总规模，并以此来估测食盐总消费额，其计算依据是这些年来分发的宗教赎罪券；不过，他们没能将为数众多的潜在"消费者"中业已死亡或迁出卡斯蒂利亚的人口考虑在内，正是这些人口大幅降低了食盐需求。得知缺额规模之后，奥里瓦雷斯在第一时间要求各家各户都起誓申报他们来年预期的食盐消费量：相当于每一法内格的土地对应的人口吃掉价值69里亚尔的食盐，其中包括至少58里亚尔的税收。消费者可以以176里亚尔的价格得到更多的食盐，但他们没有少买的权利。地方官会当着公证人的面挨家挨户登记居民家庭的预期消费量；每四个月，地方官还会记录每户家庭购买的食盐总量，确保他们按照配额购买了食盐——因此也就全额缴纳了这笔繁重的新税（彩插 10）。

政府财政对所谓"王室特权"的严重依赖造成了广泛的不满。一些卡斯蒂利亚纳税人消极抵抗食盐专卖，他们或是宣布不再消费食盐，或是给出特别低的消费额；还有纳税人组织了抗议行动。[18] 塞维利亚当地主教团发表声明，认定食盐专卖侵犯了他们免于世俗税收的传统权利，罗马教廷大使也授权他们可在国王的大臣们意欲强迫他们效忠时中止一切礼拜仪式。这样一来，盐税收入便一降再降，而由于西班牙政府不仅要同时供养意大利和尼德兰的两线作战之需，还要应对 1630 年的一桩新事态：荷兰远征军在巴西登陆，并夺取了该省盛产蔗糖的沿海平原（见第 15 章，令盐税减少的后果尤为严重）。而就在同时，不少从美洲而来的运宝船因暴风雨而沉没，价值 600 多万杜卡特的货物沉入水底。"考虑到国库状况和我们的对外承诺，"奥里瓦雷斯闷闷不乐地告知一位同僚，"我们可以料想，这个王国即将轰然倾覆，国王陛下的王冠也将摇摇欲坠。"[19]

腓力召集卡斯蒂利亚议会，呼吁代表们"在必要时拼尽你们血管中的最后一滴血以光大、捍卫并维护基督教信仰"。腓力将最近每一场战役的细节和军费都告知他们，并警告他们说，西班牙正面临着"从过去到未来最严重、最急迫且最绝望的境地"。议会则回应称，极端天气、作物歉收和高死亡率都令任何新税种的征收成为不可能——除非国王同意废除食盐专卖制度。腓力不情不愿地同意了。[20]

奥里瓦雷斯和他的主君于是决定再做一次个人努力：拉拢加泰罗尼亚加入"武装同盟"。对奥里瓦雷斯而言，加泰罗尼亚公国似乎"在王国的所有省份里拥有最轻的税负……以及最广阔的土地、最富饶的物产和最多的人口"。[21] 这个说法与事实南辕北辙。即便是在好年景里,加泰罗尼亚地区也充斥着社会动荡和法制失序。城市居民与乡村居民之间就农业政策有着经久不息的冲突(前者想要更便宜的谷物,后者希望将谷物卖出高价);古老的对抗分裂了乡间的贵族阶层,有人甚至雇用盗匪与邻人之间互相仇杀;而在山间草泽之中则隐藏着所谓"收割者"(segadors),这帮人要靠着每年夏天的丰收时节找到足够的雇佣工作,才能维系他们一整年的生计。遍布加泰罗尼亚境内的械斗争战相互关联,其主角是两个相互竞逐的家族:尼埃帮(Nyerros,尼埃家族的追随者,尽管在加泰罗尼亚语里"尼埃"也有"猪"之意)和卡德尔帮(Cadells,追随卡德尔家族的人,在加泰罗尼亚语中意为"狗"),两大派别各有近 200 个头目。对加泰罗尼亚地区的火器普查显示,这里约有 7 万件武器,每户家庭都有一件,尼埃家族与卡德尔家族之间的对抗常常造成惨重的伤亡。这些争斗甚至渗入了加泰罗尼亚公国政府:根据公国总督的说法,"加泰罗尼亚地区从大到小的各级官员身上都有身为'卡德尔'或是'尼埃'成员的原罪。任何事务若是与某个帮派的利益相冲突的话,那么这个帮派的成员将不能信任"。[22]

加泰罗尼亚与伊比利亚半岛上的其他地区一样,也经受了一系列自然灾害的打击。用一位日记作家的话说,在 1627 年与 1628 年之交的冬季,"天与地似乎都是黄铜制成的"。巴塞罗那的神父至少举行了 34 次祈求降雨的宗教游行,但他们的祷告换来了令收成再次损失殆尽的阵阵暴风雨。之后在 1630 年,新的旱灾导致粮食价格暴涨,贸易和工业也陷入衰退。巴塞罗那推行了面包配额制。尽管当局阻止了"收割者"洗劫海关大楼的计划，饥饿的市民还是袭击了城市粮仓，从烤箱里拽出了烤得半熟的食物，将其抢食一空。[23]1632 年的加泰罗尼亚正处在最艰难的时刻，用于补贴"武装联盟"的新税制因此在事实上将所有加泰罗尼亚人团结到了他们的"宪制"周围。与 1626 年的情形相同，即使国王和首相亲自现身，也没能说动加泰罗尼亚议会投票通过任何新的税负。他们再一次空手而归。

西班牙北部比斯开领地的巴斯克人当中已然爆发了"公开骚乱"。尽管在法理上这里属于卡斯蒂利亚王国（因此也在新盐税的征收范围之内），但比斯开（和加泰罗尼亚一样）仍拥有可观的特权（fueros）和一个本地的代议制议会（Junta General）。在 1631 年的一次议会会议上，"一些来自滨海地区的妇女"谴责那些试图推行盐税的地方官为"应当被处死"的"叛徒"。一年后，就在毕尔巴鄂的治安官宣布他们征收新盐税的计划之时，城市街道上挤满了暴乱分子，女性又一次引领风潮，"公开向城市精英放话：'现在，我们的丈夫和儿子将成为行政官和治安官，而不是你们这些出卖共和国的叛徒……我们在比斯开人人平等，因此我们的地位应当保持一致：不应有人穷有人富，有人吃鸡有人只能吃沙丁鱼'"。人群最终洗劫了税务官的宅邸。此类事件爆发的消息让国王大吃一惊。"我满怀悲伤地读这些文件和这份报告，"他在大臣们呈递的案卷上潦草地批阅道，"看到了在西班牙数百年来未曾听闻的事情。"[24]但他还是小心行事，派出了调解员而非军队；而当调解失败时，他也只是推行了对比斯开地区的经济抵制，直到在 1634 年废除了食盐专卖制度，并签发了大赦令。

261　　西属尼德兰也游走在叛乱边缘。1623 年以降，腓力决定
成立一个小委员会（绝大多数委员都是西班牙人）以取代此
前的国务会议（由贵族把持），定夺当地的政策。当地贵族因
失去了政治影响力而愤怒不已。哈布斯堡家族在德意志和低地
国家的军事胜利与相当程度的经济繁荣一道，一度消除了批评
声浪；但随着荷兰人在 1628 年俘获了珍宝船队，并在第二年
攻占海尔托亨博斯，一种幻灭感开始在当地弥漫。尼德兰南部
的一群贵族于是请求法国国王和奥兰治亲王以军事干预支持他
们的暴乱；但当荷兰人于 1632 年 6 月入侵时，却几乎无人响
应。密谋分子于是再次倒向法国，请求阿尔斯霍特公爵（也
是南尼德兰的高级贵族）带头造反；但公爵拒绝了他们的请
求，反叛行动归于失败。

　　加泰罗尼亚、比斯开和南尼德兰贵族的抗命与古斯塔夫·
阿道夫及其新教盟友在德意志的胜利一道，令奥里瓦雷斯深感
沮丧。"你登上了山顶，"他于 1632 年 8 月沮丧地写道，"然
后一切都崩盘了，一切都出了差错。我们从未收到一封令人欣
慰的信件；没有一页传来的奏报不是在告诉我们大势已去，这
都是因为我们没能提供金钱。"在意识到问题在于长期以来的
多线作战之后，西班牙的统治者们试图至少在部分地区维持和
平。比如说，腓力告诫印度总督必须"时刻与莫卧儿皇帝保
持和平"，因为"他是紧挨着我们的近邻，他的疆域（环绕
着）我们（在印度）的领土。如果他被冒犯的话，莫卧儿帝
国或将与我们决裂"，并给葡属印度①"带来毁灭性打击"，而

---

① 当时葡萄牙已经并入西班牙，因此葡属印度也归西班牙所有。

"现在不是我们对抗如此强大敌人的时候"。[25]然而，奥里瓦雷斯却认为类似这样的克制在欧洲事务上毫无必要：恰恰相反，他热衷于（借用他本人的说法）"拼死去做一件事"。他说服自己的君主派遣一支大军从意大利沿陆路前往尼德兰，由国王本人的弟弟枢机亲王费尔南多统领，对新教徒发动致命一击，将他们赶出南德意志，并迫使荷兰人接受和议。这场赌博的形势在一开始好得惊人。枢机亲王于 1634 年夏天翻过阿尔卑斯山与德意志境内的神圣罗马帝国军会师，两军一道在讷德林根战役中击退了瑞典人：12000 名新教士兵阵亡，还有 4000 多人（包括瑞军主帅）沦为战俘。得胜的西班牙军队接着向布鲁塞尔进发，神圣罗马帝国军也在同一时间重占了几乎整个南德意志地区。奥里瓦雷斯将讷德林根之役吹嘘成"我们时代最伟大的胜利"，这倒也可以理解。[26]

然而，奥里瓦雷斯依旧沉湎于所谓"多米诺骨牌理论"的窠臼之中——他认为，只要西班牙无法保卫帝国在任何一处的利益，就将置帝国在其他地区的利益于险境。因此，他认为西班牙君主国面临的"最大危险"应是——

> 伦巴第、尼德兰和德意志面临的威胁。原因在于，在这三地之中的任何一地的失败对我们西班牙君主国而言都将是致命的；而如果我们在这三地遭遇了重大失败，西班牙君主国的其余地区也将土崩瓦解，因为意大利和尼德兰将效法德意志，美洲也将效法尼德兰，那不勒斯和西西里也将随伦巴第而去，这样一来我们根本不可能有能力守住任何一块地方。

　　奥里瓦雷斯认为，唯一的解决之道就是先发制人攻击法国。他规划了十一条从西班牙、意大利、德意志、低地国家、大西洋和地中海出发且彼此协调的进攻路线。奥里瓦雷斯还自信满满地说："这次大举出击绝不会失败。"[27]

　　但这次行动注定会失败：没有国家可以在这么多条战线上完成如此大规模的准备工作而不被发觉。路易十三因此决定主动出击，先发制人。他向荷兰人做出了入侵西属尼德兰的保证，还说服瑞典不要在德意志与哈布斯堡家族单独议和；1635年5月，他派出特使向腓力四世宣战。奥里瓦雷斯一开始大喜过望，因为他现在终于可以部署自己早有准备的"出击"行动，回应法国人无缘无故的侵略了。机缘巧合，他选择将加泰罗尼亚作为军事行动的主战场，并期待国王从这里御驾亲征，率领4万名士兵入侵法国。

　　结果，加泰罗尼亚的又一场歉收让军队和平民一同陷入饥饿。法国对低地国家的入侵也让奉命进军巴黎的西班牙军队分身乏术。因此，尽管奥里瓦雷斯已经动员了两支舰队和15万士兵（并支付了饷钱），这支大军还是一无所获。毫不气馁的奥里瓦雷斯为1636年筹备了另一次孤注一掷的"出征"——这一回他已接近完成目标。一支神圣罗马帝国军队侵入了法国东部，而从尼德兰出发的西班牙军队则攻下了科尔比（Corbie），并将巴黎纳入视野。从法国首都逃出的难民一路奔涌向南，这股难民潮直到瑞典军队在德意志的施压迫使哈布斯堡军队撤退之后才有所缓解。

　　占领科尔比让奥里瓦雷斯坚信，法国已承受不起再一次的进攻。为了筹措军费，奥里瓦雷斯再度乞灵于王室特权：他召回了所有铜币，并以原先面值的三倍重新印铸。他还出台了印

花税,从而践行了 1629 年神学委员会的另一项建议(彩插
11)。然而,小冰期再一次让他的努力化为乌有。根据当时最
雄辩的政府辩护士堂·弗朗西斯科·德·奎维多的说法,"我
们在正午也得点上蜡烛(喻指暗无天日)。没有人为庄稼播
种,即便想种也无法耕作;人们没有面包,绝大多数人都以大
麦和黑麦充饥。我们每一天都目睹街头有人死于饥饿和贫穷。
致命的悲剧无处不在"。匮乏笼罩了安达卢西亚,山洪暴发摧
毁了旧都瓦拉多利德的半数房屋。奥里瓦雷斯无计可施,只得
将印制简单交易活动中所需的最便宜的邮戳纸(stamped
paper)的成本从 10 玛拉贝蒂①降到 4 玛拉贝蒂,"因为穷人在
重税之下已经不进行任何交易行为了"。[28]

　　因此,在 1637 年,奥里瓦雷斯再次向加泰罗尼亚求助。
他引用一则名为"若王公遭厄"(Princeps Namque)②的"宪
制",命令加泰罗尼亚动员 6000 名士兵保卫他们的西班牙母
国;但是加泰罗尼亚当局指出,这一条款唯有在君主亲临加
泰罗尼亚境内时方得触发。因为腓力还待在马德里,加泰罗
尼亚人便宣布这一公告无效。结果在西班牙军队入侵法国的
时候,军中包括了来自王国各地的士兵,唯独没有哪怕一个
加泰罗尼亚人——葡萄牙人也为数很少,因为那里刚刚爆发
了严重的叛乱。

---

　　①　西班牙古铜币单位,写作 maravedíes。
　　②　加泰罗尼亚公国自中世纪以来的传统宪制原则之一,规定了加泰罗尼亚
　　　　贵族与平民在"王公受到攻击,有意攻击他国或预期其他王公将要进
　　　　犯"时有义务为其服役。"Princeps Namque"为该原则拉丁文版本的前
　　　　两个词。

葡萄牙事变

　　居于这场骚乱核心的是一场争论：究竟应当由谁出钱保卫葡萄牙的海外帝国。早在 1624 年，里斯本当局就曾请腓力国王调拨经费，从荷兰人手中收复巴西的巴伊亚。马德里的大臣们抱怨："葡萄牙人生来就是牢骚鬼，敲诈成性。"有人还认为，"意欲在 15000 英里之外，葡萄牙守军彼此割裂的非洲和亚洲海岸作战"是绝无可能的不切实际之举。[29]尽管奥里瓦雷斯做出了让步，组织了一支庞大的西葡联合远征军并取得了胜利，但五年之后荷兰对伯南布哥（Pernambuco）的侵占引起了新一轮的争论：葡萄牙请求中央调拨军费，但马德里却坚持要葡萄牙多出钱以保卫他们的帝国。

　　与西班牙的共主联合一直以来都在一部分葡萄牙人那里不得人心，但到 1620 年为止，许多葡萄牙精英人士都在西班牙的大学就读，在西班牙军队服役，在西班牙政府出任公职，与卡斯蒂利亚人通婚，或用卡斯蒂利亚语（西班牙语）写作。然而，葡萄牙海外领地和海外贸易活动在英国与荷兰的扩张面前节节败退这一颓势总会引发不满情绪。正如斯图亚特·施瓦茨所述："唯有'殖民地处境'的问题超越了其他一切议题，最能在葡萄牙制造危机感。"[30]奥里瓦雷斯本人也对这一"危机感"火上浇油：他终止了葡属巴西和西属秘鲁之间利润颇丰的陆上贸易，鼓励宗教裁判所调查葡萄牙商人，检查他们是否信仰犹太教（半数以上的葡萄牙商人都是犹太人后裔，宗教裁判官执行的冗长核查令许多商人在监狱中饱受折磨）。这些事态减少了殖民地贸易的税收和利润，而这些税收和利润恰恰构成了葡萄牙王室总收入的三分之二，也是绝大多数葡萄牙商界精英的谋生之道。

奥里瓦雷斯起初决定（对葡萄牙）故技重施，像在卡斯蒂利亚一样以利用"王室特权"的办法来增加收入，尤其是强推"俸禄返公"和食盐专卖制度，并要求葡萄牙议会批准。及至葡萄牙议会否决之时，奥里瓦雷斯又强迫葡萄牙女总督、曼托瓦公爵夫人、国王腓力的堂姐玛格丽特设法用别的财政"新政"来为帝国防务买单。应奥里瓦雷斯的命令，玛格丽特暂停了对四分之一的年金和债务利息的支付，向城市强行征收税捐；她要求贵族为城市征募军队，将消费税提升了25个百分点，并对肉类和葡萄酒征税，即所谓的"紧急流水"（real d'água），一种之前由城市（而非王室）征收的紧急税目。玛格丽特还准备对资本和租金征税，命令葡萄牙全境官员挨家挨户登记居民财产，不论贫富。1637年8月，一群人聚集在葡萄牙第三大城市埃武拉（Évora）的市长宅邸外，要求市长停止新的登记工作。市长对此表示拒绝，于是抗议青年开始投掷石块。没过多久，众人就洗劫了市长宅邸，并将宅中家具付之一炬。他们接着又洗劫了那些负责登记造册的官员的家宅，征收其他新税的人（比如征收"紧急流水"的官员）也没有被放过，他们的文书和财产都被焚烧。大街小巷出现了署名为"曼努埃利尼奥"（Manuelinho）的告示，此人曾是城里公认的愚人，但他现在被奉为"年轻人的书记官，神圣正义的使者"，向"残暴法老"（腓力国王）及其代理人发出了死亡威胁，因为后者在没有大众同意的情况下强征新税。短短数周之内，葡萄牙南部约60个地方的居民揭竿而起。有些地区将对抗马德里长达半年（插图25）。[31]

埃武拉的小麦价格于1637年创下新高，奥里瓦雷斯却对这一事实置若罔闻。他坚称，反抗"与粮食无关，而与法律（fueros）有关"，还声称葡萄牙人"交的（税）比欧洲任何人都要少"。奥里瓦雷斯还补充道:"我们没有要求他们,也不想从他们那里得到高于能够支付他们自身所需的税收。"这位伯爵-公爵担心,一旦腓力满足了埃武拉叛民的诉求,"那么不仅在葡萄牙的其他地方,陛下在欧洲、美洲和印度的所有领地也将起而效尤——一旦他们知道一座苦难中的城镇只需造反抗命就能迫使国王同意对他们有利的条款的时候,我们有充分理由相信事态将会如此。因为他们这么做不需要冒任何风险"。但尽管如此,奥里瓦雷斯还是承认了在法国或荷兰介入之前解决纷争的必要,他宣布自己已准备好推行基于"最宽宏大量之模式"的大赦,且"为达这一目的正在研究之前在比斯开的政策"。[32] 对于葡萄牙问题,腓力也举棋不定,他下令募集一支 1 万人的军队,在必要时发起入侵。腓力还补充说:"我将御驾亲征,即便赤脚跣足,哪怕严冬酷寒,因为这世上还没有什么能阻挡我照料我的臣民,拯救他们免于毁灭。"不过腓力也意识到,"尽管这些叛民是回头浪子,但他们还是'子民'"。他推迟了对"紧急流水"的征收。恩威并施的政策成效斐然:到 1637 年末,所有爆发叛乱的城市都已屈服,腓力国王也签发了宽宏大量的大赦令——这的确是以对比斯开的大赦为范本的——只有 5 名叛民被定罪处死,还有 70 人被充作桨帆船桨手。[33]

陷入绝境的奥里瓦雷斯

葡萄牙事态的平息暂时拯救了奥里瓦雷斯的声誉,1638年西班牙击退法国对富恩特拉维亚港的进犯亦然;但在别的战场上,西班牙的敌人正在取得胜利。在德意志,法国军队攻陷了莱茵河东岸的布莱萨赫,切断了从伦巴第通往尼德兰,为西班牙军队输送兵员和给养的"西班牙道路"。在西非,荷

25 葡萄牙叛乱，1637 年

反抗西班牙统治的大众叛乱几乎波及葡萄牙王国的整个南部地区，甚至在一些地区持续半年之久。

兰人侵占了圣若热·埃尔米纳，这里是赤道地区最早的葡萄牙殖民地；在印度，荷兰人封锁了葡属印度的首府果阿；在巴西，荷兰人还率领一支庞大舰队进攻了总督驻地萨尔瓦多，但被当地市民奋力击退。因此在 1639 年，奥里瓦雷斯启动了两场危险且昂贵的标志性"豪赌"，以重夺主动权。其一，他任命相对缺少经验的拉·托雷伯爵为"巴西总督兼陆海军总司令"，将"有史以来进入西半球的最庞大舰队"（46 艘船及 5000 名士兵）托付于他，要他与荷兰人作战。[34]其二，他决定再度入侵法国，并将出兵地点选在加泰罗尼亚，这一决定的公开目的在于迫使"迄今为止似乎没有同王国的共同福祉捆绑到一起"的加泰罗尼亚人"直接参与战争"。于是他派出在卡斯蒂利亚、意大利和南尼德兰募集的军队前往加泰罗尼亚公国，指望加泰罗尼亚人为军队提供给养、住所和军饷。这一动议造成的广泛民怨反而让奥里瓦雷斯沾沾自喜，他自以为是地宽慰巴塞罗那总督圣科洛马伯爵说："宁愿让加泰罗尼亚人独自抱怨，也要好过我们都流泪。"[35]

奥里瓦雷斯不仅忽略了加泰罗尼亚各级机构的力量，还忽略了当地不利于展开大规模军事行动的地理特性。加泰罗尼亚北部与法国接壤的边境地区是一片高山和荒原地带，西面的贫瘠荒地则将加泰罗尼亚与阿拉贡分隔开来。而在加泰罗尼亚南部，广袤的埃布罗三角洲则让加泰罗尼亚与瓦伦西亚之间的便捷交通化为泡影：上述地理障碍都让西班牙哈布斯堡王朝对法国的入侵困难重重。甚至在加泰罗尼亚公国内部，崇山峻岭和幽深河谷也让本地的交通路线宛如迷宫。最后，变幻莫测的气候条件在许多山区限制了农业产量，即便在丰年也只有少量盈余可以供给军队。正如腓力四世的一位资深大臣在数年之后的痛苦反思所述：

> 水在加泰罗尼亚尤为昂贵且难以贮存，因为加泰
> 罗尼亚的乡间并不能像其他地区一样提供军需用水。
> 这里也没有远程贸易，汇票和信贷的使用均有不便。
> 因此，在此地供养军队除了动用现钱之外别无他法；
> 由于军队的后勤工作刻不容缓，一旦哪里缺钱的话，
> 抢劫、掠夺、施暴、强奸的现象便会在士兵当中层出
> 不穷，他们将恣意妄为，毫无纪律。[36]

在 1638 年，偶然事件又给奥里瓦雷斯变加泰罗尼亚为军
事行动主战场的决策带来了新的政治障碍。按照惯例，每三年
都有一个小男孩站在一尊装有 524 张纸条的银瓮之前，每张
纸条都写着有一位加泰罗尼亚议会议员的姓名。小男孩会一
张张抽取纸条，直到集齐两名教士、两位贵族和两个市民的
名字。这六人将立即以"迪普塔西奥"（Diputacio，即议会常
务委员）的名义开始为期三年的任期，他们的主要任务是确
保统治者尊重且遵守加泰罗尼亚公国的"宪制"。1638 年，
这个小男孩从银瓮里取出的纸条上写着的名字包括帕乌（或
保罗）·克拉里斯（Pau Claris），一位乌尔赫尔大教堂的教
士，也是一名训练有素的律师。克拉里斯遂成为资深的教士常
务委员；还有一张纸条上写着的名字是克拉里斯的表兄弟弗朗
塞斯科·德·塔马里特（Francesc de Tamarit），他成了资深贵
族常务委员。[37]

对马德里而言颇为不幸的是，两位新任的常务委员都对他
们的乡土和"宪制"有着热忱而毫不妥协的决心，他们视加

泰罗尼亚人为神选之民，将一切政治上的新举措视为暴政。而因为奥里瓦雷斯将加泰罗尼亚拉进战争泥潭的决策注定将制造更多的"新举措"，政治冲突的大幕由此拉开。例如在1639年边境堡垒萨尔塞（Salces）落入法军之手后，巴塞罗那的法官就收到命令，要求他们忽略"哪怕与军队所需产生冲突之时也要遵守宪制"的誓言。"（如果）与宪制不容的话，"奥里瓦雷斯告知加泰罗尼亚总督圣科洛马伯爵，"那就让宪制见鬼去吧。"无论总督还是法官们都不敢提醒这位权势熏天的宠臣，他的态度必将引发新任常务委员的群起抗议；用一位颇具洞见的观察者的话说，这些人反而选择了"书写，咨议，质疑，服从"。不到一年之后，他们都将为自己的串通一气付出生命的代价。[38]

加泰罗尼亚人的叛乱

早在1640年，迫于法官们不留情面的压力和圣科洛马伯爵明目张胆的讹诈（他承诺将所有同意服役30天的土地所有者封为贵族），加泰罗尼亚人重新夺回了萨尔塞——但这场胜利既没有打动国王在加泰罗尼亚的指挥官（他们一心想着为胜利之师寻找粮饷和住处），也没有触动奥里瓦雷斯本人（此时他正在签发命令，在加泰罗尼亚公国征募6000名新兵去意大利服役）。预感不妙的圣科洛马伯爵禁止所有律师接手农民控告士兵的诉愿；而就在常务委员们抗议这一新政时，奥里瓦雷斯命令治安官米克尔·胡安·蒙罗东逮捕塔马里特（常务委员会资深贵族委员），并命令教会当局检举克拉里斯（常务委员会资深教士委员）。一位旁观者点出了这种专横政策中固有的危险："最令被践踏者感到失落的是对他们申诉能力的剥夺",此外(他继续以颇为不祥的口吻说),"身处人类苦难加诸我们的困境之中,几乎没有什么不是人们做不出来的了"。奥里瓦雷斯本人在加泰罗尼亚的特使也持相同结论。这位特使评论说,加泰罗尼亚"与其他省份大不相同":

> 这里有大量刁民,他们轻易便诉诸暴力。越是弹压他们,他们反弹得就越厉害。出于这一原因,那些足以让其他各省居民保持驯服、听从以上任何一种命令的举措,在加泰罗尼亚都只会激怒该省居民,让他们更加固执地坚持对本地法律的墨守。[39]

1640 年初的极端天气让加泰罗尼亚人的"刁民"性格变本加厉。在前一年的歉收之后,1640 年春天加泰罗尼亚的内陆土地上滴雨不落,迎来了一场极为酷烈的旱灾。地方当局甚至设置了一个专门的假期,让全体加泰罗尼亚人前往当地圣堂朝圣以祈求雨水——过去五百年里类似的事情只发生过四次。久旱不雨的状况持续,这意味着除非把军队赶走,否则当地村民就将忍饥挨饿;不过,因为巴塞罗那东北 60 英里开外的村庄圣科洛马 - 德法尔内斯的居民抗命不遵,不愿为一支正在接近的卡斯蒂利亚部队提供借宿,公国总督派出了曾逮捕塔马里特的那位治安官前去震慑他们。就连忠于腓力国王的人也认为,总督选择"天性易怒、草率、傲慢、自大"的蒙罗东去执行一项需要"才智而非蛮力"的任务是天大的错误。他们的话很快就得到了应验。1640 年 4 月 30 日,蒙罗东下令逮捕所有被发现持有火器的平民;村民则做出回应,将蒙罗东及其随员赶进当地一家客栈,接着将客栈点燃,并咒骂道:"现在你要为将塔马里特投入监狱付出代价了。"蒙罗东和客栈里的绝大多数随员都葬身火海。[40]

268　圣科洛马 - 德法尔内斯村民敲响了教堂的大钟求援，同时召集了数百名全副武装的男子保护乡土。他们的抵抗迫使紧随卡斯蒂利亚人之后行军的一个团匆匆绕道而行，这个团对行军路线上的下一个村镇留达雷内斯展开了报复行动。政府军在这里烧毁了多间房屋和镇上的教堂。就在此时，蒙罗东之死也激怒了总督，他命令手下军队掉头开往圣科洛马 - 德法尔内斯，将这座村庄化为焦土。他们于 5 月 14 日完成了这一任务，令村镇的教堂和绝大多数屋舍化作了灰烬。更有甚者，他们还毁灭了留达雷内斯的剩余部分。

就在同一天，当地主教以渎圣罪将政府军开除教籍，"吾王万岁，叛徒去死"的怒吼也回响在约 50 座村镇的居民之间。他们袭击所有依旧在这一区域扎营的士兵，洗劫王室官员和仍忠于国王的居民的财产（插图 26）。这时恰好有一场小雨降临，这拯救了收成，但所有人都担心当 1640 年 6 月 7 日圣体节（Corpus Christi Day）到来，"收割者"们进入巴塞罗那参加一年一度的"雇佣大会"时会发生什么。圣科洛马伯爵收到了一些有关他个人人身安全的警告，其中就有一名圣妇的预言："他将死在圣体节当天。"尽管如此，总督还是于 6 月 6 日遵照马德里的一系列命令，将通常用来防御巴塞罗那的桨帆船舰队派去同法国人作战，绝大多数巴塞罗那当地守军也受命同行。现在，灾难的先决条件可谓"万事俱备"。[41]

当天晚上，数百名"收割者"借着夜幕掩护进入巴塞罗那，有人装备了火枪，还有人带上了木柴。6 月 7 日圣体节一

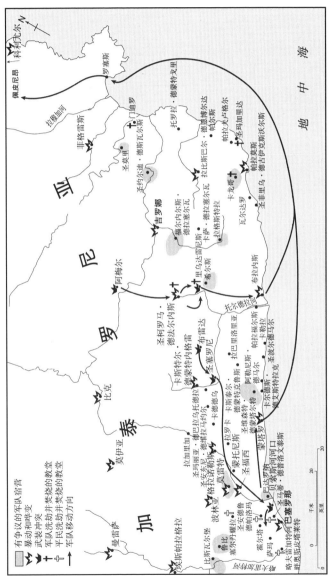

26　加泰罗尼亚叛乱，1640 年 5 月

早在 1640 年 6 月 7 日加泰罗尼亚的"血腥圣体节"之前，加泰罗尼亚大部地区就已爆发武装叛乱。王室军队
和暴怒的农民进行了正面冲突，这些冲突有时会导致教堂被焚。

大早，他们与大众一起游行，间或发出"加泰罗尼亚万岁"
"卡斯蒂利亚人去死"的怒吼。随后，有一群人看到了一位曾
在已故的米克尔·胡安·蒙罗东手下效劳的仆人。此人飞奔进
蒙罗东的宅邸，收割者们穷追不舍。屋内射出的一颗子弹杀死
了一位收割者，死者的同侪们便用木柴烧毁了宅邸大门，一哄
而入，洗劫了这座宅邸。还有人在此时追捕那些引人憎恨的法
官，这些法官从一个修道院跑向另一个修道院寻求庇护，民众
烧毁了他们的财产和文书，打破了他们家宅的窗户和墙壁，甚
至砍倒了他们花园里的树木。暴乱者仅仅对宗教画像网开一面
（尽管他们也烧掉了画框）。当有教士试图干预时，民众愤怒
地回应说，法官们"曾经对卡斯蒂利亚人烧毁教堂和圣物的
行径视而不见"，尽管"他们本可以阻止，却无动于衷；让他
们为此付出代价合情合理"。[42]

　　此时已有多达 3000 人冒着从一位政府部长的宅邸射出的
火力，将宅邸的住户一路赶到了王室船坞，这里正是总督避难
的地方。船坞里既没有桨帆船也缺乏守军，于是收割者们很快
就强攻而入，夺取了贮藏于王室武库的武器，四散开来搜索那
些曾向他们开火的人。总督试图沿着海岸线逃跑，但两个追击
者拦住了他，将他刺死。

　　"就在上述事件在船坞发生的时候，"一位目击者写道，
"收割者们在巴塞罗那周边起事的骚动、喧闹和嘈杂声响如此
之大，好像世界正在临近末日，或是城市已经进入最后审判的
阶段一样。"从巴塞罗那中产阶级当中征召的城市民兵也对中
央政府的贪婪要求深感愤怒，他们并未对暴动出手干涉——的
确正如某位法官所言："（有民兵说）'我们没有必要与我们的
兄弟同室操戈'，他们与（暴乱者）混杂相处，彼此交好。"[43]

有个吓破了胆的官员抱怨"没有人在家里是安全的"，因为暴乱者"似乎已被魔鬼附身"。暴乱者从教堂里拖出曾在这里寻求庇护的卡斯蒂利亚人，将他们当街杀死。有个英国旅行者不敢离开自己的房屋，他担心"被认作卡斯蒂利亚人：说西班牙语并不安全，对他们的憎恶就是如此根深蒂固"。[44]同样的暴力事件也在加泰罗尼亚的其他地区此起彼伏。

"血腥圣体日"（Corpus de Sang）的消息让腓力大为震惊。"这似乎是世上任何省份或任何王国都不曾见过的事情，"他写道，"如果我主上帝不垂怜我们，无法让我们快速平息事态或全面恢复和平，西班牙将进入比过去数百年都要糟糕的境地。"英国驻马德里大使也同意此论。"在不干扰国王权威的情况下，"他表示，"要平定这场叛乱并不困难。"不过大使狡猾地加了一句："但如果（奥里瓦雷斯的）各项举措都如愿施行的话，这恐怕就无法实现了。"尽管如此，至少有一位宫中的批评家相信，只要"让动乱自生自灭，且不经常骚扰当地居民"，并"好言相劝，绥靖以待"，奥里瓦雷斯仍能平息加泰罗尼亚的局势。[45]不过奥里瓦雷斯深知，如果他向来自加泰罗尼亚的压力让步，暂缓近来的税收和军队借宿要求，那么西班牙君主国的其他地区也将发起同样的申诉。

奥里瓦雷斯也深知，加泰罗尼亚人的反叛运动远未团结一致。许多加泰罗尼亚贵族依旧效忠于腓力国王；尽管有少数主教加入叛军，但绝大多数教士并未如此。同样地，尽管绝大多数僧侣和修士都违逆马德里，但绝大多数修女并非如此。尤其重要的是，每个社区和每个社群都各怀鬼胎，许多人只是借着普遍的混乱挟私报怨。在加泰罗尼亚乡间，无地的下层农民袭击那些剥削他们劳动力的人；而在城市里，普通市民则威胁那些掌管他们生活、垄断官署职位的寡头。与此同时，成群结队的盗匪横行霸道，抢劫并谋杀任何过路之人。尼埃帮与卡德尔帮之间的争斗也死灰复燃。常务委员们哀叹"加泰罗尼亚公国竟因本地的狂热情绪将自己分成数块"，他们担心"如果这些内战持续的话，后果将不堪设想"。[46]

1640 年 8 月，奥里瓦雷斯发表声明，指控加泰罗尼亚人叛国，并指派加泰罗尼亚名流子弟洛斯·韦勒兹侯爵动员军队，恢复王室对当地的统治。奥里瓦雷斯还声称，腓力国王将保留加泰罗尼亚议会，并恢复"加泰罗尼亚公国司法的自由行使权，而这已被一些个别的邪恶和煽惑之徒败坏得无以复加"。话音刚落，加泰罗尼亚南部城市托尔托萨就发动了一场"反革命"，当地人拘捕了一些叛军头目，绞死了其中的 15 人。加泰罗尼亚地区的保王党现在有了一处集合之地，也让加泰罗尼亚"两党矛盾"的滋长成为可能。叛军强调了国王军此前的残忍暴行和亵渎神明之举，以及一旦国王军重返加泰罗尼亚势必会带来的更多混乱，保王党则痛陈暴动引发无政府状态的危险——但后者的说服力却随着奥里瓦雷斯寄给前任总督的严苛信件被公布于世而大打折扣，这些信件表明了首相对加泰罗尼亚"宪制"的轻蔑态度，也证明了马德里方面确实有意破坏加泰罗尼亚的自治地位。[47]

9 月，加泰罗尼亚议会常务委员会在巴塞罗那召集了一个由约 250 名教士、贵族和市民组成的团体，共同起草了一份正式文件，驳斥奥里瓦雷斯对加泰罗尼亚的叛国指控，向瓦伦西亚、阿拉贡和马略卡求援，并着手动员抵抗力量。与此同时，克拉里斯秘密请求法国对一个可能独立的"加泰罗尼亚共和国"施加保护。他的特使遭遇了冷淡的接待，因为

（用法国首相黎塞留的话说）"这种类型的混乱在绝大多数情况下都只是平平无奇的野火而已"；但最后黎塞留还是指派自己的亲戚伯纳德·德·杜普莱西斯 – 贝桑松出使巴塞罗那，承诺法国将在得到三项保证的前提之下向加泰罗尼亚人提供火药、火枪、火炮和 6000 名法国步兵以及 2000 名骑兵。这三项保证是：这些武器弹药永远不得被用来对抗法国；加泰罗尼亚人将永远不与腓力单独媾和；法国将掌控超过三处加泰罗尼亚港口，并扣押一些人质。甚至在常务委员会派出的代理人签订了一份接受所有上述条件的草约之后，黎塞留还是满腹狐疑，他指出，加泰罗尼亚人"没有德高望重的领袖，与卡斯蒂利亚也没有宗教分歧"。他因此怀疑，加泰罗尼亚人的抵抗能否长久。[48]

　　黎塞留的顾虑合情合理，却并无根据。尽管很少有加泰罗尼亚人在这一阶段考虑过背弃他们"遵从腓力四世"的誓言，但他们并不愿意为腓力而战。奥里瓦雷斯的政策已经令加泰罗尼亚社会的各主要群体对君主离心离德。贵族对非加泰罗尼亚人获任报酬丰厚的军事指挥官职务颇有微词，腓力一而再再而三的无偿服役要求也让他们愤怒不已；教士则对腓力任命非加泰罗尼亚人出任肥缺的行为和他征收的重税怨恨很深；同时，城市寡头对马德里方面无休止的贷款要求（他们知道国王永远不会偿还）和诸如军队借宿之类的政策也大为不满，这些举措都将引火烧身，给寡头招来市民的怨恨。常务委员会见状顺水推舟，主持了一场对新政权的宣誓效忠——第一天就有逾 300 人宣誓，这一数字在一周内突破一千——并开始募兵筹款。他们还组织了一个专门的神学委员会，讨论其政策的合法性（并出版了振奋人心的研究成果）；他们编制、散发的小册子将自己描述为向统治者贯彻彼此间契约关系的守法公民，以及对抗亵渎上帝教堂的王室军队的"上帝的复仇之手"。律师弗兰塞斯克·马蒂·维拉达莫尔撰写的小册子《加泰罗尼亚全国檄文》（*Universal Description of Catalonia*）不仅逐条列举了奥里瓦雷斯违反"宪制"之处，也第一次提出了这个公国可以从西班牙君主国中独立的观点。[49]

克拉里斯及其同侪将这些印刷品寄到马德里、那不勒斯、瓦伦西亚、萨拉戈萨等西班牙君主国的前哨据点，也向巴黎和罗马散发：他们的反叛很快就在那里赢得了支持。"加泰罗尼亚革命"的消息刚刚抵达荷兰共和国，联省议会就召集了特别委员会给予支持，认可他们和其他反叛者在对抗腓力四世一事上的"共同利益"——但实际上，只有法国提供了援助，而到1640年末，法国总共也只向加泰罗尼亚支援了3000步兵和800匹马。[50]同样地，在巴塞罗那发行的公债从加泰罗尼亚各地筹集了120万杜卡特的资金，但即便加上对教士的征税和增加的消费税，这笔款项也只能供养区区8000名士兵。就连地理条件赋予的战略优势似乎也不大可能保护加泰罗尼亚公国对抗由23000名步兵、3100名骑兵和24门火炮组成的王室军队。"血腥圣体日"过后仅仅六个月，这支军队便已整编完成，接受了洛斯·韦勒兹侯爵的检阅。

对腓力国王而言，战斗一开始进行得非常顺利。坎布里尔斯是王军进军路上遭遇的第一个主要据点，这里仅抵抗了三天就"自愿"投降了。尽管洛斯·韦勒兹赦免了其中的法国守军，他还是声称"国王在处置臣属的时候既不受誓言也不受诺言约束"，并因此颇为冷血地绞死了几名加泰罗尼亚军官，另有500名守军士兵被他的部队屠杀。这种策略性的恐怖手段促使另外几座城镇投降效忠。[51] 这些被占领城镇为王室军队提供了充足的补给，特别是塔拉戈纳（12 月 23 日陷落），而额外的粮食和弹药补给也在渡海而来。加泰罗尼亚人的叛乱似乎注定失败——直到里斯本革命的消息传来。

葡萄牙的反叛

葡萄牙叛乱——这是 17 世纪中叶欧洲唯一一场取得了永久性成功的叛乱——源于 1634 年，当时有三名葡萄牙绅士（fidalgos）访问了马德里的王家武库，满怀厌恶地参观了那里收藏的战利品。这些战利品是 1580 年西班牙军队侵入他们的国家，强迫西葡两国结成共主邦联时缴获的。自那之后他们就立誓恢复葡萄牙的独立，但直到 1637 年，只有五位绅士加入了这个密谋，他们因此也就没能利用埃武拉等地叛乱的成果（页边码第 263～264 页）。葡萄牙的首席贵族，布拉干萨的若昂公爵对此也袖手旁观。若昂公爵拥有令人艳羡的财政、宗教和军事资源，并且可以自行创制贵族头衔，这让他在欧洲贵族中独树一帜。若昂公爵在罗马和马德里都拥有永久代表席位，他密切关注时局发展，但他的主要政治目标却是"保守"：维系并巩固他已经拥有的一切，小心翼翼地避免与任何危及个人祖产的因素有所牵连；即便在 1638 年，法国的枢机黎塞留为求他反叛腓力而许诺出兵（并以支持另一位与他竞争的葡萄牙王位宣称者相威胁），这位公爵也无动于衷。[52]

尽管如此，驻马德里的英国大使亚瑟·霍普顿还是于 1639 年预言，葡萄牙的"不稳"仍"没有平定，当地民心之悖逆一如往常"。霍普顿相信，唯有那些因王权垂怜而免于破产的（本国）贵族的目光短浅才勉强阻止了又一场叛乱的发

生。[53]奥里瓦雷斯赞同这一分析。埃武拉叛乱爆发后，他召集
80 位葡萄牙精英人士（尽管布兰干萨公爵不在其中）前往马
德里——表面上是向他提供关于如何改善西葡两王国之间关系
的建议，实际上却将他们置于监视之下。奥里瓦雷斯似乎并不
明白：将他们迁离葡萄牙与其说是强化，倒不如说是弱化了政
府对葡萄牙的控制。

与此同时，奥里瓦雷斯的两位亲信——里斯本的首相米格
尔·德·瓦斯孔塞洛斯以及他的妹夫，驻马德里的葡萄牙事务
书记迪奥戈·苏雷斯——正在葡萄牙推行苛政。他们控制了所
有人事任命，在政府中塞满了自己的亲属和亲信，将贵族头衔
和公职卖给出价最高的竞逐者。除此之外，他们还不顾葡萄牙
境内广泛的反犹情结，出手保护那些出资维持王室军队运转的
"新基督徒"银行家。尽管面临着广泛的敌意乃至一次暗杀图
谋的威胁，瓦斯孔塞洛斯和苏雷斯还是成功地将对手全部边缘
化，但这也令他们陷入了危险的孤立。正如瓦斯孔塞洛斯于
1640 年 9 月警告他的妹夫时所说的那样，"任何火星都有可能
引发一场燎原大火"：

> 真的，我不知道如何在不引起一场风暴的情况下
> 孤立这批煽动者，因为即便流放他们也将引起公愤。
> 我们究竟是否该让国王陛下传唤他们？我们已经这么
> 做了，但是他们并不遵从。宣布国王陛下关于"出
> 征（加泰罗尼亚）的人将获得那些拒绝前往者的土
> 地"的政策只会加剧他们的失望……亲爱的同事，
> 我说实话好了：我不知道该怎么办。[54]

瓦斯孔塞洛斯的疑虑有其依据。此时很少有葡萄牙人能从与西班牙的共主邦联中看出什么好处，更不用说那些生活在海外的葡萄牙臣民了。1640年初，新任葡属印度总督抵达果阿时发现，这里的所有人都"灰心沮丧"："过去四年来阴魂不散的荷兰分舰队"和"葡萄牙支援的缺乏"令这里的贸易陷于瘫痪，不少斯里兰卡的前哨据点纷纷失守。雪上加霜的是，荷兰人还包围了控扼东亚和南亚之间所有海上运输的咽喉之地马六甲。葡属印度总督对于破解马六甲之围有心无力。在日本，德川将军刚刚驱逐了葡萄牙人，并禁止他们继续参与对日贸易。尽管腓力对这些挫折并无责任，但他拒绝了在葡属澳门与西属马尼拉之间建立直接贸易往来的所有请求——如果这一贸易路线成真，这将给澳门这个孤悬海外的据点提供一些帮助。[55]巴西的葡萄牙殖民者甚至要更加"沮丧"。1640年6月，巴西首府萨尔瓦多的头面人物写了一封紧急求援信，乞求他们的"父亲、国王、主上"腓力施以援手，因为他们的殖民地摇摇欲坠。鉴于他们生活在"一处荒远之地，多年来饱经战争损失之苦，且深受我们敌人的抢劫和暴行之累"，因此殖民者们自觉"身处千钧一发的危殆之境"。修筑边界工事的需要剥夺了他们手下种植园奴隶的劳力；同时，当地土著又出手帮助荷兰人，为荷兰人指示通往内地的道路，杀死种植园主，焚烧蔗糖厂房。最糟糕的是，"几内亚人（非洲奴隶）似乎也即将发起叛乱"。在巴西殖民者得知"加泰罗尼亚事件"的消息时，他们当中的大多数人都感到绝望：他们知道自己的需求在帝国政府眼中的优先度将再一次降低，"援助也将进一步拖延"。[56]

尽管有这些深层问题的掣肘，腓力四世丢掉葡萄牙的首要原因依旧是奥里瓦雷斯的又一次误算。1640年11月，这位伯爵－公爵大人已将驻守葡萄牙的西班牙军队尽数调往加泰罗尼亚，并命令布拉干萨公爵从他的封臣那里募集一个团的兵力，公爵亲自率领赶赴加泰罗尼亚前线。公爵担心自己去了之后将不会被允许回国，在离开之前力陈自己对封土的责任如何令他不能抽身；但奥里瓦雷斯"回复说这是不可接受的"。英格兰大使霍普顿清楚地看到了危险所在：他认为，如果葡萄牙的又一场叛乱成为现实的话，"几乎可以肯定，布拉干萨公爵将亲自上阵"。的确，在 1640 年 12 月 1 日，布拉干萨在里斯本的代理人向心怀不满的绅士（依旧只有 40 人）及其追随者下令：攻击总督府。[57]

即便得到了公爵的支持，密谋者仍要冒极大的风险。葡萄牙首都里斯本是伊比利亚半岛上最大的城市，有约 17 万居民，平时由强大的西班牙守军把守——不过也是在这里，奥里瓦雷斯被自己之前的政策反噬了。除了保卫总督府的两个连队之外，他将驻防葡萄牙的军队几乎全数调到了加泰罗尼亚前线。事实证明，这两个连队根本无力抵抗蜂拥而来的入侵者，众人追捕并杀死了米格尔·德·瓦斯孔塞洛斯。此后没过多久，一位绅士在总督府阳台现身，大声疾呼"若昂四世（即布拉干萨公爵）万岁"，众人也立即齐声呼应。为了避免更多的流血冲突，女总督曼托瓦的玛格丽特命令寡不敌众的西班牙军队投降；数天之后，布拉干萨公爵进入首都里斯本，接受新臣民向他宣誓效忠。

引爆点

起初，奥里瓦雷斯拒绝相信第一波有关"里斯本政变"的传言。"我们至今未曾听闻那里有什么可以引发政变的动机，那里没有任何冤屈、重税或其他可能引发这种事件的缘由，"他如此告诉腓力国王，"我们听到的大多数情况都有可能源于一场大众骚乱，但在一日之内拥立国王的消息真是匪夷所思。"而在无可争议的确信消息传来时，奥里瓦雷斯顿感沮丧。"数百年来从没有比去年这一年更不走运的年份了"，他如此哀叹——不过，他又一次夸大其词了。事实证明，1641年将更为糟糕。[58]

在此后几个星期里，奥里瓦雷斯寄希望于在加泰罗尼亚战场速战速决：洛斯·韦勒兹和王室军队仍在那里持续推进，对那些以武力攻取的城市施以杀鸡儆猴式的惩罚。不过，这些"儆戒"没能吓倒巴塞罗那人。当坎布利斯屠杀的消息抵达巴塞罗那时，民众找出并杀死了他们所能找到的所有滞留城内的卡斯蒂利亚人；而在听闻塔拉戈纳陷落的消息之后，他们杀死了三名还活着的王室法官（还有一些被怀疑与"敌人"勾结的人），反复殴打并枪击他们的尸体，将他们吊在城市广场的绞架上示众。愈演愈烈的失序行为让克拉里斯大受震动，他说动紧急议会（Junta de Braços），于1641年1月16日宣布成立了"加泰罗尼亚共和国"（Catalan Republic）；但仅仅五天之后，洛斯·韦勒兹的军队就攻占并洗劫了巴塞罗那附近的马托雷尔。加泰罗尼亚紧急议会于是放弃了他们之前短暂的独立事业，宣布承认路易十三为他们的新统治者。作为回报，法王同意自此之后所有法官、教士和军事长官都将由加泰罗尼亚人出任；加泰罗尼亚的"宪制"将占据优势地位；几项不得人心的税种将被取消；宗教裁判所也将继续行使其全部职权（这是加泰罗尼亚领导人特别看重的）。路易十三甚至颇有风度地同意，如果自己待加泰罗尼亚人不好，加泰罗尼亚人可以再选

275

择一位君主。

黎塞留的代表杜普莱西斯－贝桑松现在执掌了巴塞罗那城内的军事大权，城里的教士（其中包括那些拒绝向王室军队投降、从周边村镇逃出的教士）不分昼夜地敲钟祷告，组织频繁的宗教游行，乞求城市的主保圣人保护他们对抗"伯爵－公爵的军团"。据一位保王党的说法，"最为忠诚的修道士在写作和讲坛上"为加泰罗尼亚起义做出的贡献要与"街头的收割者们的贡献"一样大。[59]他们需要动用自己的全部感召力：1641 年 1 月 24 日，洛斯·韦勒兹的先头部队已经兵临城下，他们发出威胁说，巴塞罗那若不立即投降，就将遭到洗劫。

杜普莱西斯－贝桑松后来在回忆录中评论："战争期间那些难以立刻予以研判的细枝末节往往会造成重大影响。"的确，就在洛斯·韦勒兹发布威胁传单的当天，葡萄牙国王若昂四世的两名特使乘一艘快船抵达巴塞罗那，带来了结盟的橄榄枝。这给了加泰罗尼亚人新的"勇气和力量"，吸引数千人加入了城市守军。[60]就在洛斯·韦勒兹的军队猛攻蒙犹依克（Monjuich）高地，企图从那里居高临下炮击城内时，杜普莱西斯－贝桑松带着 2000 名士兵驰援而来，扭转了局势。国王军队的进攻失败了，许多士兵（特别是葡萄牙人）在撤退时做了逃兵。很快，洛斯·韦勒兹手下的兵力便不足以发起一场正式的围城战。除此之外，这位侯爵还要指望在城破之后从巴塞罗那获得补给，否则就得在法军的追击之下退却。

尽管如此，奥里瓦雷斯还是从帕乌·克拉里斯的突然死亡中找到了安慰，这很有可能是王室间谍的杰作。奥里瓦雷斯开始考虑将资源从加泰罗尼亚转移到葡萄牙战场。[61]正如他向腓

力指出的那样,"除非当机立断对葡萄牙采取行动,否则我们
今后多年可都没有机会收复这个王国了,因为每一天的拖延都
将让这一事业更为困难"。不过,超出掌控之外的状况又一次
打击了他。奥里瓦雷斯本来打算用 1640 年从美洲运来的白银
作为 1641 年战争贷款的担保,但他的等待却落空了。尽管墨
西哥总督已装载了逾 75 万杜卡特的银币准备运往西班牙,他
最终还是决定将整船财宝叫停不发,"因为敌情传言多不胜
数"。没有了白银担保,西班牙便很难从银行家那里借钱。[62]

一如奥里瓦雷斯担心的那样,西班牙政府的无所作为让若
昂四世得以巩固他对葡萄牙的统治。葡萄牙议会"拥戴"他
为新王,并在他废除了马德里新近强加且备受反感的王室特权
之后投票通过了新的税种(包括一项在三年前引发了埃武拉
叛乱的财产税)。他们还列出了一系列有待满足的"诉求",
其中就包括改革司法机构,惩处腐败的公职人员,并加强政府
对那些获准代征特定税种以偿还贷款的银行家的控制。其他的
诉求则反映了深刻的社会分歧。议会中的贵族代表和市民代表
乞求葡王限制教士的数量(葡萄牙拥有 3 万名教区教士和 2.5
万名修会教士),限制教会法庭的司法权,并向教会征收更多
的税。市民代表要求将所有大学和学院关闭五年(仅保留科
英布拉一地的学校),因为这些机构出产了太多的牧师和律
师,超过了本国的人才需求;同时,市民代表和牧师代表还希
望推行针对"新基督徒"的铁腕措施(不允许他们进入大学
或成为医生、律师、神父,也不得出任公职)。葡萄牙议会接
着又将议题聚焦于单个团体,寻求重回"正常年代",因为
"政治革新并不明智":他们对国政大事和集体利益关心甚少。[63]

奥里瓦雷斯试图利用上述社会分歧。他支持了一场由一群

276

葡萄牙高级教士、贵族和"新基督徒"银行家策划，旨在暗杀若昂四世并恢复马德里对葡统治的阴谋。然而他们的阴谋却以失败告终，新王若昂四世处决了绝大多数贵族密谋者。若昂还将高级教士停职，剥夺了他们的圣职收入，并允许宗教裁判所对新基督徒银行家大肆迫害。他也主办了布道活动，印发宣传材料对抗西班牙，他的使节则与法国、瑞典、英国签订了条约——最为重要的是，荷兰共和国于1641年8月派出一支舰队协防里斯本。布拉干萨大概不会成为像普法尔茨的腓特烈那样昙花一现的"冬之王"（见第8章）。

奥里瓦雷斯失势

奥里瓦雷斯无暇享受半点喘息。恰恰相反，另一个之前还效忠王室的地区爆发叛乱的消息传了过来：这次是阿拉贡。外界猜疑主要落到了阿拉贡总督，那不勒斯人诺切拉公爵的头上。1639年诺切拉公爵已就阿拉贡地区因征兵征税和与法国贸易减少而带来的不满情绪发出了警告；第二年，公爵又呈递了一份充满失败主义色彩的信件，敦促腓力国王安抚加泰罗尼亚人，"否则他们就将像九头蛇一样难缠，您要对付的不是一个而是七个"；现在，公爵则扮演了中央与阿拉贡之间的调解人的角色。奥里瓦雷斯将此解读为叛乱，命令逮捕公爵。公爵死于狱中。[64]

也有一些卡斯蒂利亚的贵族开始蠢蠢欲动。虽然许多卡斯蒂利亚贵族私下里都不同意奥里瓦雷斯推行的昂贵且不成功的政策，但他们并未一拥而上表达反对，因为他们没有一个可供抒发自身不满的宪制平台（贵族阶层不再参加议会）。据一名贵族的说法："我们这些达官显贵理应为自己身上的厄运负责，因为我们之中的所有人都对他人遭逢的苦难幸灾乐祸。如果我们之前就与他们并肩作战、行所当行的话，这些事情就不会发生。"[65]尽管如此，还是有两位"显贵"亲自出手干预了。1641 年初，奥里瓦雷斯命令梅迪纳 - 西多尼亚公爵与他的亲戚兼邻居阿亚蒙特侯爵一起启动秘密谈判，试探若昂四世（与公爵妹妹结婚）与马德里和解的可能性。两位贵族却反其道而行之，他们希望得到葡萄牙的支持，"将安达卢西亚变成一个（由梅迪纳领导的）共和国"。葡王若昂同意从里斯本派出一支舰队前往加的斯：他们可以在这里将西班牙战舰焚毁在港内，并夺取预计将从美洲赶来的运金船。葡萄牙舰队抵达加的斯的数天之前，阴谋的风声就走漏到了马德里，奥里瓦雷斯做出了及时而有力的反应。就在梅迪纳 - 西多尼亚公爵有意错过一次宫廷朝见的直接命令时，一名特使带着一小瓶毒药和一项命令出现了：他受命要么将公爵带到马德里，要么就"送他去见上帝"。梅迪纳公爵意识到自己大势已去，于是答应前往马德里，伏在国王的脚旁（史料原文如此），毫无骑士风度地将一切罪责推到了阿亚蒙特头上。[66]

上述事件——150 年以来卡斯蒂利亚的第一桩贵族阴谋事件——正好发生在另一波气候灾难的间隙。1641 年春天，一场绵长的旱灾威胁了卡斯蒂利亚的收成；而在 1642 年 8 月，飓风袭击了布尔戈斯城，摧毁了大教堂的中殿，"像搅动羽毛一样将梁柱、木箱等木质器物凭空卷起"。这场自然灾害似乎极不寻常：腓力向他在西班牙本土和美洲的臣民寄出了数百封信件，请求他们出钱修缮大教堂。1640~1643 年还见证了安达卢西亚有记载以来的最高降水量。1642 年 1 月，瓜达基维尔河的河水漫出河岸，淹没了塞维利亚。[67]

西班牙政府不顾一切搜刮钱财为加泰罗尼亚和葡萄牙之战筹措军费的举动为这些苦难雪上加霜——特别是在政府收回卡斯蒂利亚的所有铜币，并以三倍于原面值的方式重新铸造以使其大幅贬值之后。腓力还试图确认卡斯蒂利亚诸侯的人数，以为再次征税做准备。腓力手头没有人口普查数据，于是他就收集了教堂每年分发的"十字军教谕"（理论上是每家一份）数目的数据。腓力发现，卡斯蒂利亚的居民户数已经从 1630 年代的 430 万户减少到 1643 年的 380 万户。正如英国驻马德里大使亚瑟·霍普顿向本国政府报告的那样：

> 考虑到这个王国的状况，我从未想过能见到今天这种景象。无数人破产身死，幸存者也因一连串的恶劣战果和沉重的负担而心怀沮丧……尤为严重的是，西班牙的国王对此知之甚少，伯爵 - 公爵则恣意妄为：他将把事情搞砸，而不是亡羊补牢。[68]

不过，腓力对于自己王国的政务并非像霍普顿说的那么一无所知。他完全理解了第一封宣告葡萄牙叛乱的咨报的内容，因为他的手谕沾上了泪水（彩插 12）；1642 年春天，他最后决定与妹夫路易十三一决高下，亲征阿拉贡。腓力的亲征收效甚微：他没能重夺莱里达（这里是进军马德里的最后屏障），而法国却迫使加泰罗尼亚第二大城市佩皮尼翁投降——正如英国驻巴黎大使评论的那样，这是"法国在最近这场战争开始以来所实施的最为重要，也是规模最大的一次军事行动"，他们因此得以一直推进到埃布罗河。[69]

腓力愁闷满怀地回到马德里，却发现几乎所有贵族都在抵

制他的朝廷：圣诞节当天只有一个人还坐在为贵族保留的席位
上，那是被杀害的圣科洛马伯爵之子。对奥里瓦雷斯的批评现　278
在变得更加公开化，他用税款为他的君主在马德里郊区建造的
丽池宫（Buen Retiro Palace）成为非议的焦点。不少人都将这
座宫殿视为奥里瓦雷斯不明智政策的象征，就连其名称"休
憩地"（Retreat，与"撤退"双关）也成了人们抨击首相大人
的话柄，因为他的军队几乎在所有战场上都撤退了。1642 年
的一幅法国漫画"遭遇洗劫的西班牙人"（The Plundered
Spaniard）传神地刻画了这一境况：画上有四名"盗匪"（法
国人、葡萄牙人、荷兰人和加泰罗尼亚人）正在抢劫一名西
班牙旅行者的衣袋，背景则是掉落一地的布雷达、莱萨尔塞、
加泰罗尼亚、葡萄牙、蒂翁维尔和佩皮尼翁等地——上述地方
的灾难都发生在过去奥里瓦雷斯主政的五年间。

　　如此之多的屈辱和失败让奥里瓦雷斯的地位摇摇欲坠。
1643 年 1 月 16 日，他的秘书记载："我的主人已精疲力竭，
濒临崩溃，但即便是水没过顶，他还是挣扎不休。"秘书还
说："风暴滔天，但有上帝在上，只要一次单一事件就可以令
一切向好。"[70] 也许他幻想奥里瓦雷斯的死敌、枢机主教黎塞留
的死讯将"改变一切"，因为这一消息刚刚传到马德里；但真
若如此，这位秘书就大错特错了。就在第二天，腓力批准他的
宠臣退休，奥里瓦雷斯长达近 22 年的首相任期就此结束。

　　奥里瓦雷斯的下台引发了对西班牙君主国战略优先事项迟
到已久的重新评估。早在 1641 年 7 月就有一位大臣警告这位
宠臣说："收拾西班牙本土的局面应当优先于对其他海外省份
的保全。如果海外战争久拖不决，我们即便将其拱手让出也不
可惜。只要加泰罗尼亚和葡萄牙局势巩固，我们就能稳住大

局，并收复那些一度丢失的海外地区。"[71]奥里瓦雷斯一如往常地忽视了这条建议，但就在他下台两周之后，国王腓力和他的国务会议成员们便一起重新审视了帝国事务的优先事项，决定在将所有敌人赶出西班牙土地之前，减少对德意志、意大利和尼德兰的金钱投入。同时，对加泰罗尼亚的战事必须要优先于收复葡萄牙。于是腓力命令除加泰罗尼亚以外的各战区统帅均采防御态势。他还同时与法国和荷兰开启了和平谈判，指令西属尼德兰总督兼总司令堂·弗朗西斯科·德·梅洛递交他本人致妹妹安娜（现任法国摄政）的和解信，命令总督"动用一切适当可行的手段促成和约"。[72]

梅洛是一名职业外交官，他是在意外状况下自动接任西属尼德兰军政长官一职的：1641年他还是西班牙驻布鲁塞尔的高级大臣，突如其来的天花在这一年夺走了腓力弟弟枢机亲王费尔南多的性命——但是梅洛向国王保证自己军事经验的相对缺乏不成问题，因为今天"一个纯粹的哲学博士"也可以率军取得胜利。梅洛在第二年用实际行动证明了这番傲慢的言论，他用一部分军队将荷兰人逼入绝境，同时亲自率领余下的军队在一场战役中击败了法军，并攻占了五座法国城市。[73]梅洛的成功似乎削弱了和议的必要性。1643年初在腓力国王出席的国务会议集会上，大家讨论要不要开启同法国的和平谈判。奥尼亚蒂伯爵（也是一位职业外交官）认为：

279　　　　当事态和景况喜人的时候，陛下以和平的方式救
　　　　济臣民是可取的；而在事态和境况不尽如人意的时候，
　　　　这似乎就更为重要了；不过无论是战是和，都必须在
　　　　同时最大限度地维系君主的尊严和名誉，特别是像陛

下这样受上帝赐予如此之多王国和财产的君主；若不如此，我们谈下的和平将不被尊重，也难以持久。

奥尼亚蒂伯爵坦承，从长期来看，自己并不反对谈判；他只是反对在眼下议和："我们应当为大时代留一点小时间"，他曾风趣地说道。[74]梅洛对此深表同意，于是他再度侵入法国，举兵包围了重兵把守的罗克鲁瓦城。不过这一回法国的援兵很快就到了，并将梅洛孱弱不堪的骑兵冲散，接着又攻击了西班牙步兵，直到他们战死或投降。"实话说，"惨败之后的梅洛羞怯地承认，"我们一度将这里的战事视为闲暇消遣，但这一事业（战争）可不是闹着玩的，帝国的得失全系于此。"[75]

尽管罗克鲁瓦战役的失败并未摧毁这个"日不落帝国"，但它的确改变了帝国的战略态势。现年 38 岁的国王试图在宗教信仰中寻求安慰，他从自己的各处领地召来了以预言能力著称的男女，让他们给自己提供关于下一步该干什么的建议，结果便是于 1643 年 10 月举办的一场预言者"峰会"；在此后的 22 年里，腓力每两周都要写一封亲笔信寄给他的"灵媒"阿格丽达·玛利亚，请求她用祷告抵抗敌人的进犯，以弥补自己在人力物力上的不足。[76]腓力的大臣也希望上帝"赐给陛下的军队以反映我国事业之正当性的结果"——但是考虑到"战争中通常会发生的各式各样意外和事变"，大臣们还是建议，西班牙应当将资源集中于同荷兰人和加泰罗尼亚人的战争之中，这就需要意大利为西班牙君主国其他各地的战争买单，同样也要为意大利自身的防务出钱。[77]

即便如此，将腓力的战争继续下去也超出了西班牙臣民所能承受的范围。卡斯蒂利亚负责法律和秩序的部长堂·胡安·

楚马塞罗早已警告过国王，他的臣民"无法承受他们的税收负担，因此一切都有可能同时崩盘"。楚马塞罗特别担心的是，这些城市势将因税吏的需索无度而"在同一时间感到不满，并抗拒加诸它们之上的重负"，特别是在"庄稼长势普遍贫弱"的情况之下："暴风雨已经摧毁了大片农田，已收获的庄稼也品质低劣"。[78]接替奥里瓦雷斯出任首相的唐·路易·德·哈罗也颇觉悲观，他于1646年初前往加的斯，率大西洋舰队出海。这位首相抱怨，因为极端天气的影响，"所有事情都困难重重，而且难上加难"。"连绵三月的大雨暴雪，以及人类见识过的最糟糕天气"已令形势"极为困难，或是说不可能取得成功"。哈罗甚至开始考虑自杀："陛下，我真的不知该如何应对这种困局，除非自沉殉国。"[79]

上述极端气候事件在1646年造成了严重的歉收，随之而来的冬天又见证了连绵不绝的降雨。根据一份马德里报纸的说法："全西班牙乃至全欧洲的人都说，诺亚时代的大洪水再一次以复仇之姿降临了，因为最近的降雨是如此猛烈又如此持久，河水漫过河岸，城市、村镇和村庄之间的商贸交通也陷于停滞。许多生灵处于险境；不少建筑倒塌倾圮。"[80]尽管有着精心打造的供应网络从周边运送粮食供养他们，首都居民还是深受其害。因此，当1647年又一次发生歉收时（这是个厄尔尼诺年），楚马塞罗绝望地叹道：

上帝已经决定用一场场灾祸——战争、饥荒和瘟疫——使这些领地筋疲力尽，它们通常都足以制造巨大的痛苦和恐慌……民心动荡不安，每一天都变得更为悖逆，令人对暴力事件爆发的风险感到担忧……饥

饿面前人人平等，因此我们必须尽力提供帮助，避免
推行任何被人们视为负担的政策。

他还语带疲惫地总结说："指责陛下的人毫不见少，他们
说陛下无动于衷，并称国务会议难辞其咎——就好像我们可以
对天气有所控制似的！"其他大臣也支持楚马塞罗的观点。
"饥饿是最大的敌人，"他们如此警告腓力，"面包短缺已经在
很多地方引发了骚乱，并演变为暴动。"[81] 他们深知自己说的是
什么：反常天气刚刚在安达卢西亚引发了一场暴乱。

"绿旗"起义

1647 年 1 月，在一场灾难性的歉收之后，一支"超过 70
人"的队伍手执剑与棍棒，在马拉加内陆山城阿尔达莱斯的
大街小巷耀武扬威，发出"国王万岁，坏政府下台！"的怒
吼。当地贵族埃斯特帕侯爵如此思量："部分居民在贫穷困苦
之时却被课此重税，终于走向街头。"税吏的贪婪"也许让他
们失掉了耐心"；但侯爵十分清楚，在"我们目睹吾王被敌人
困扰得晕头转向，而我们生于斯长于斯的王国也面临被毁灭的
真切风险"之时，这场叛乱有着怎样的危险性。于是在为期
两月的讨论之后，埃斯特帕组建了一支由仆人组成的军队与其
对抗。叛军虽然装备精良但还是一战而溃，3 名叛军头目被绞
死，还有 15 人逃之夭夭。埃斯特帕坚毅果决的行动似乎在那
么一段时间里避免了其他地方起而效尤。[82]

1647 年 5 月，就在新年度的作物收成看似将趋于稳定的
时候，安达卢西亚全境的"天气都变得非常寒冷，甚至超过
了 1 月里最冷的那一天"。反常的霜冻冻死了谷穗，导致了 17

世纪最严重的歉收。这场霜冻大大减少了预留给来年的谷物种子的数量：根据一位编年史家的说法，"农民耕种的种子连他们计划中的三分之一都不到"。1648 年 3 月，西班牙君主国第三大城市格拉纳达的行政官报告说，他从未见过这么多儿童当街乞讨，育婴堂的空间也根本不足以容纳已经收养在那里的孤儿。这位官员还记录说，一片面包的价格已经飙涨到了平常价格的三倍之多。继之而来的则是自一个世纪前的"'公社起义'① 以来西班牙最为重大的城市暴乱"。一群人拿着剑和棍棒向市政厅进发，嘴里（再一次）吼着"国王万岁，坏政府下台！"的口号，有传言称"人们想要选举一名国王，并宣布进入叛乱状态"。但格拉纳达人并未如此。他们选举一名德高望重的绅士做新任的首席行政官：虔敬的唐·路易·德·帕斯（Paz，即"和平"，这个姓氏可谓恰如其分）。新任领导人竭尽所能地将城市贮藏的谷物都推到市场上出售，以此确保面包能在下一次收获之前保持在合理价位；但在数周之后，格拉纳达就违抗了中央政府。[83] 在马德里，腓力的大臣叫嚣对一切骚乱严惩不贷——但他们也表示，1648 年的极端情况也让怀柔政策显得明智起来。麻烦本就始于"贫穷饥饿"，许多臣民的生活"都处在绝望的边缘"；因此，大臣们推断："因为不利的天气状况，我们为了避免更大的挫败也得让步，并佯示善意。"腓力表示赞同：当月稍晚时候，他在一封写给阿格丽达·玛利亚的信件中捶胸顿足地敷陈了这些观点。腓力告诉玛利亚，他乐于宽大为怀，"这既是因为我的臣民已被压榨到了极限，也是因为我们正面临着遭遇更多灾祸的风险"。[84]

---

① 1520 ~ 1521 年爆发于巴拉多利德、托莱多等地的一场市民暴动。

不过在面对伊哈尔公爵时，腓力可就没那么克制了：这位心怀不满的廷臣渴望成为阿拉贡的国王。"伊哈尔阴谋"源自1646 年巴尔塔萨·卡洛斯王储因天花去世引发的继承危机。这位王储的母亲（也就是腓力的王后）在两年之前就已去世，只给腓力四世留下一位合法继承人：他年方 8 岁的女儿玛利亚·特蕾莎。正如唐·路易·德·哈罗向他的君主报告的那样："缺少男性王室继承人的西班牙君主国面临被外国统治者掌控的严重危险。目前的态势将把西班牙的未来置于风险之下。"哈罗避而未提的是，这一态势也将他本人的前途置于风险之中，因为公爵未来驸马的身份将决定他是否还能待在这个位子上。[85]一些廷臣对内阁改组期盼已久——特别是那些曾经希望能从奥里瓦雷斯的倒台中得到一点好处，却发现他们的野心被哈罗的上位所挫败的人，而哈罗是奥里瓦雷斯的外甥。其中一位大失所望的人就是伊哈尔公爵，此君在阿拉贡拥有大片地产。就在腓力的"灵性峰会"（页边码第 279 页）期间，一个预言家半遮半掩地告诉伊哈尔，他将在腓力四世驾崩之后统治阿拉贡。公爵闻言便着手准备家谱，以将他对王位的宣称权合理化。他还四处寻找"占星家和数学家，这些人会告诉他即将发生的事情"。公爵还花了大量时间在宫廷与其他人讨论推翻哈罗的可能策略。有个仆人告发了这些轻率言行，腓力遂立即下令逮捕了伊哈尔等人。酷刑审问之下，他们供出了两个彼此独立（也互不兼容）的阴谋，两个阴谋都以绑架玛利亚·特蕾莎公主开始：其一是将公主挟至巴黎与路易十四成婚（以加泰罗尼亚和纳瓦拉为嫁妆），其二是将公主挟至里斯本与若昂四世的子嗣成婚（以加利西亚为嫁妆）；两种阴谋都以让这位心怀感激的公主任命伊哈尔为阿拉贡国王作结。腓力四世本人认为"这帮人针对我王位的密谋（或发起密谋的意图）简直愚蠢到家，他们更像是笨蛋而不是叛徒"——但他还是于1648年12月判处公爵终身监禁，并将其他人处死。自此之后，再也没有贵族起来背叛腓力。[86]

282　　　同一年里，腓力国王对另外两件事的处理还算成功——在1648年威斯特伐利亚和会上，西班牙首席谈判代表佩尼亚兰达伯爵签下了名字，终结了尼德兰和德意志两地旷日持久的战事（见第8章）——但也仅限于此，未能达成全面和平。尽管佩尼亚兰达伯爵也曾尖锐地指出"至于现在是（与法国和谈的）最佳时机还是应该在全欧洲实现和平的同时继续作战，全凭陛下定夺"，投石党人暴乱的爆发还是让腓力失去了达成和平的机会（见第10章）。然而，极端天气的延续让他没能最大限度地利用对手的弱点。[87]1648年10月，加的斯市议会哀叹，"今年的葡萄收成全毁了"。而到了下个月，"屠户有好几天无肉可售"。第二年春天，倾盆暴雨和猛烈的暴风在复活节圣周袭击了塞维利亚，信众根本无法离家参与宗教游行：有编年史家记载，"圣周四濯足节的阴云和风雨"成了这座城市史上已知的最糟糕记忆；"天气和1月时一样冷"，另一位编年史家写道。塞维利亚三分之一的城区都遭淹没，使得供养人口所需的粮食和面粉根本无法入城。雪上加霜的是，一场毁灭性的鼠疫疫情又夺去了一半市民的生命，然后它一路向东传播，蹂躏了一座又一座海港城市，令这一轮苦难达到顶点。尽管严格的检疫期让西班牙其他地区免于瘟疫侵扰，但即便在世纪中叶的马德里，生育率也在大幅下滑，死亡率则节节上扬，婴儿的死亡率达到了近代早期的最高水平（插图27）。[88]

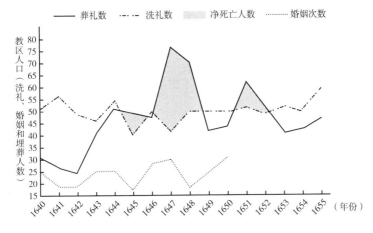

27　马德里的生存危机，1647～1648年

阿穆德娜圣母主教座堂的教区登记簿。这个位于马德里市中心的可怜教区的登记簿显示，埋葬人数在1647～1648年达到顶点，新生儿受洗和婚姻次数显著减少。在同一时期，西班牙首都谷仓的面粉告罄。

议会代表们如此抱怨"环绕在我们身边的那些灾祸"："王国失守，臣民穷困，战争，安达卢西亚瘟疫，蹂躏卡斯蒂利亚田土的蝗虫，以及其他上帝发怒的迹象"。一位王室大臣担心，"对君主的诸多抱怨将令我们万劫不复"，但他又加了一句更为积极的话作为补充："如果我们能拿下巴塞罗那，把战火烧到法国，并保住低地国家的话，那么此前付出的一切都是值得的，我们已经拥有的一切也都保得住。"[89]这番言论似乎乐观得有些荒谬。1651年11月，政府下令西班牙银币贬值，希望以此赚到1200万杜卡特的利润。但据一名塞维利亚编年史家的说法，"就算没有货币贬值的效应，各种食物的稀缺也足以令大量居民死亡"。对货币制度的改动也一如既往地扰乱了所有市场交易。1652年4月，一块面包的价格已经超过了一名男性劳动力一周的工资。新一波叛乱在5月于科尔多瓦爆发，来自贫穷教区的数百名男性手里拿着"火绳枪等武器"冲上街头，并在"妇女的鼓励之下"高呼"国王万岁，坏政府去死!"的口号。他们在富人家里找到了囤积于此的海量谷物。为避免进一步的混乱，城市的教会领袖和平民领袖创设了一个临时政府，负责供应廉价的面包。腓力竭尽全力避免任何有可能危及他筹集军费能力的冲突，因此他命令手下立刻将6000蒲式耳粮食从马德里运往科尔多瓦；正如1648年格拉纳达的先例一样，他接受了暴乱者从未"试图忘记对我的忠诚"的说辞，这批人只不过是出于"饥饿引致的痛苦"而如此行事，他们"缺乏先见之明，未能预先贮存备荒的小麦，而售卖小麦的那些人却用高价压榨他们"。因此，腓力将他们统统赦免。[90]

腓力的仁慈之举开了一个危险的先例：所有人都看到集体暴力在科尔多瓦"发挥作用"了，因为这座城市成了物资充盈的绿洲。安达卢西亚全境的饥民因此都跑到这里消费腓力国王仁慈的赐粮，而就在此时，被称为"绿旗叛乱"的又一轮反叛最终波及了约20座安达卢西亚城镇，参与人数甚至有可能超过了加泰罗尼亚叛乱（插图28）。塞维利亚是第一座效法科尔多瓦的城市。1652年5月，暴乱分子袭击了被怀疑囤有谷物的房舍，另一批人则进入了城市武器库。他们分发盔甲、武器乃至火炮，还有人冲进监狱释放囚犯。当地行政官手忙脚乱地将所有铜币都恢复到原有币值，废除新近设立的王室税（包括对粮食征收的消费税，以及怨声载道的印花税），并宣布腓力已经颁布了大赦令（尽管这并不属实）。这些举措使局势稳定了一个月，但一支由城市商人和绅士组成的大军于一个月后突袭了反叛者的根据地。缺少火炮使用经验的反叛者们举手投降。这轮绿旗起义也如其匆匆开始一样匆匆落幕。[91]

西班牙浴火重生？

尽管困难重重，1652 年对腓力而言却是个好年头。他的
军队收复了南尼德兰最重要的港口敦刻尔克，拿下了享有意大　　284
利最强大要塞之名的卡萨莱，而与此同时，巴塞罗那的开城投
降也让加泰罗尼亚绝大部分地区效忠于他。尽管法国军队还在
少数加泰罗尼亚人的帮助之下盘踞在公国的东北地区，但在
12 年之久的残酷之举和持续战争之后，马德里重新控制了加
泰罗尼亚公国的绝大部分地区。腓力国王"不仅打退我的敌
人，还平息海上风暴、陆上疫病和安达卢西亚本土城市暴乱"
的能力让威尼斯驻西班牙大使皮埃特罗·巴萨多纳大为震惊。

28 安达卢西亚的"绿旗叛乱"，1647～1652 年

历史学家一度严重低估了这些城市叛乱的程度：其所牵涉的人口和地域极
有可能超过了加泰罗尼亚叛乱。图中出现的所有城镇都在这些年里卷入了叛乱
之中。

他回顾说，1647 年的时候叛军还统治着那不勒斯、西西里和安达卢西亚；伊哈尔谋划建立一个独立的阿拉贡王国；毁灭性的瘟疫肆虐各地；与此同时"国王的税收引得怨声载道，他的信用几已破产；他的盟友要么成了敌人，要么转而中立，要么摇摆不定"。总之，西班牙君主国就像"那巨大的（罗德岛）太阳神雕像一样，它曾在无数岁月里位列世界奇观之一，直到一场地震在数分钟之内将其摧毁"。巴萨多纳补充说，除了几场"地震"以外，西班牙这尊雕像仍几乎完好无损。但这位外交官接着说，这在很大程度上反映了"当前法兰西王国的骚动。法国已经选择用它胜利的铁腕转而痛击自己的胸膛，将一场光荣的战争转变为对法国人自己的可怖杀戮"。[92] 大使先生预言，一俟法国人停止厮杀，"地震"就将再度发生。

巴萨多纳未能预见西班牙面临的另一大挫折：英格兰共和国于 1655 年向西班牙宣战（见第 12 章）。这一事态深深打击了腓力四世。他向阿格丽达·玛利亚断言，当下状况"要比王国之前目睹的一切状况都更为糟糕，因为我们甚至无力应对这场危机的一小部分"。不过，他还是一如往常地拒绝寻求谈判协商之道。即便在法国首相马扎然于 1656 年向马德里派出密使，双方同意法国将停止对葡萄牙的全部援助，但在西班牙承认法国在加泰罗尼亚和尼德兰全部征服所得时，会谈还是聚焦在了路易十四的表兄，罗克鲁瓦战役的胜利者，现已投奔西班牙的孔代亲王身上。腓力拒绝抛弃他的这位盟友。战争于是继续进行，西班牙也丢失了更多的领土。与此同时，整个 1650 年代西班牙都经受了多于正常水平的降水，每一年的作物产量都节节下滑。[93]

连绵不休的灾祸让腓力的大臣们深感震惊，1659 年 1 月，他们警告腓力务必要不惜一切代价与法国议和，"这对保住陛

下的王国至关重要"——他们还补充说："经验显示，我们越
是延迟议和，失去的就越多，弥补损失也就更为困难。"腓力
于是对外表达了他牺牲孔代亲王（前提是"当西班牙君主国
的存续处于风雨飘摇的险境时，这一迫切性的重要程度便非孔
代亲王可比"）和将女儿玛利亚·特蕾莎嫁给路易十四的意愿
（尽管他在做出这一让步的时候将自己比作牺牲以撒的亚伯拉
罕）。当年的稍晚时候，《比利牛斯和约》终结了两国之间长
达二十五年的战争。[94]

现在的腓力至少可以将重点转为重新征服葡萄牙了。但
是，近二十年之久的独立已足以让布拉干萨政权巩固自身在海
内外的地位。尤为重要的是，葡萄牙控制了安哥拉和巴西，为
本国带来了贸易和税收收入。同时，英法军队也大批赶到，协
助葡萄牙防守疆界。尽管腓力在 1663 年签署了第四次也是最
后一次"破产敕令"，他还是倾尽全力发动了对葡萄牙的入
侵，并占领了埃武拉。该城的沦陷在里斯本引发了暴乱和一场
未遂政变；但一支英葡联军发起了一场成功的反攻。腓力的大
臣们完美地总结了当前局势的徒劳无功。"同葡萄牙休战才是
保证我们不致输掉一切，拯救我们身处的绝望境地的唯一机
会，"他们如此哀叹，并牵强地补充道，"考虑到军队已投入
战斗，让所有已花费掉的财富付诸东流并不明智，我们也不应
达成好结果感到绝望。似乎我们应当先等一等，再看看下一步
会发生什么。"[95]直到 1665 年腓力驾崩，和平之路才最终开启。

在腓力四世即位时继承的庞大的葡属殖民帝国属地之内，
传令官只能在休达和丹吉尔两地宣称腓力 4 岁大的抱病幼子为
"葡萄牙的卡洛斯一世"。在两场胜负未分的战争之后，年幼国
王的摄政大臣们接受了英格兰方面的调停。1668 年西葡两国签

订条约，承认葡萄牙为独立王国，并"将该国与西班牙结盟之前享有的一切权利完璧奉还"。西班牙政府归还了所有因与布拉干萨家族勾结而遭抄家的西班牙人的财产，就连现任梅迪纳－西多尼亚公爵也得到了他父亲 1641 年因"安达卢西亚共和国阴谋"败露而遭没收的土地。这是西班牙哈布斯堡王朝有史以来签署的最耻辱的条约——然而这份条约还是没能带来和平。

1667 年路易十四向西班牙宣战，理由是《比利牛斯条约》的条款未被全数执行。法国军队占领了里尔等西属尼德兰地区，这里也在双方签订条约之后成了法国的永久领土。路易十四的进一步侵略攫取了更多领土，这要归因于 1665～1668 年和 1677～1683 年的歉收、1676～1685 年的又一场鼠疫流行，以及 1685～1688 年变本加厉的作物歉收阻止了西班牙的人口回升和经济复苏。1687 年，在匮乏年代里常见于宿营军队之中的扰民事件在加泰罗尼亚又引发了一场大叛乱，数千名农民向巴塞罗那进军。与 1640 年一样，一些马德里的大臣主张强力镇压，但也有大臣吸取了教训，认识到"当平民的力量超过军队时，武力是非常危险的疗法"。因此他们对于任何操之过急的手段都举棋不定，唯恐"加泰罗尼亚全境都将于数小时内沦亡，**正如我们在圣科洛马伯爵的时代曾目睹的那样**。"不过，法国还是再度出兵干涉。法军征服了加泰罗尼亚大部（包括巴塞罗那），并入侵了西属尼德兰（在一次凶猛的炮击中摧毁了布鲁塞尔绝大部分街区）。威尼斯大使于 1695 年发表的断言很难反驳："现任君主即位以来，灾难从未间断。"[96]

盘点代价

腓力四世的穷兵黩武带来了什么？就物质层面而言，西班牙可谓一无所获：它没有夺取任何新的领土，反而丢掉了庞大的葡属殖民帝国、牙买加和尼德兰境内的重要地区，以及加泰罗尼亚北部。这个负面结果还给西班牙本土造成了政治和物质上的惨重损失。战略性过度扩张（strategic overstretch）反复迫使西班牙王室推迟那些旨在休养生息和节省开支的政策，也迫使王室向叛乱者做出重大让步。比如 1652 年巴塞罗那开城投降的时候，腓力认可了他们在 1640 年已经切实拥有的自治特权，签发了除一个人以外的集体大赦令，并宣誓尊重加泰罗尼亚的"宪制"。[97]

这样一来，奥里瓦雷斯在加泰罗尼亚的"革新"举措既没有消灭这个公国的独立性，也没有提高其对帝国事业的贡献度——却造成了巨额的个人损失和物质损失。军队摧毁了诸如圣科洛马－德法尔内斯和留达雷内斯这样的无数村庄，屠杀了无数城镇的守军，比如坎布利斯和塔拉戈纳：1640～1659 年，数千名加泰罗尼亚平民死于暴力，还有成千上万人背井离乡。损失的性质与规模同样严重：加泰罗尼亚叛乱中至少有 200 名绅士丧生（被处决、阵亡或失踪），500 多人逃亡。1652 年巴塞罗那投降时，该市人口已因饥荒和瘟疫减半，债务飙涨到超过 2000 万杜卡特；曾于 1640 年和 1648 年两度易手的托尔托萨主教辖区的年收入从 1630 年代的 3 万多杜卡特降到了几乎分文不剩。[98]

腓力四世在世界各地的臣民人口在他驾崩之时都要比他即 287 位之初时减少很多。在那不勒斯，1647～1648 年的叛乱夺走了至少 6000 人的生命，反复的歉收加速了超过数万人的死亡，单是在首府城市就有逾 15 万人死于 1656 年的瘟疫（见第 4 章）。1650 年阿拉贡的一项人口普查显示，靠近加泰罗尼亚与法国边境地区的定居人口相比中世纪末期时已减少了至少三分之一；而邻近西葡边界的西班牙人口也剧烈下降，因为腓力的军队榨取了太多的金钱、粮食等当地资源。更小规模的社区常常难以承受身上的重担，它们的居民也逃离故土，因为他们无法同时养活自己和驻防军队。埃斯特雷马杜拉①的洗礼人数下降了四分之一以上（插图 29）。正如亨利·卡门的评述所说：“除了流行病之外，近代早期的西班牙历史上还从没有一起事件可以比与葡萄牙之间长达 28 年的战争对这个国家造成了更大的破坏。”[99]

尽管如此，卡斯蒂利亚绝大部分地区仍距离上述所有战场较远，因此也就避免了军队的直接破坏；而因为当局强制推行了防疫封锁线（cordon sanitaire）这一无情的政策，这些地区也逃过了 17 世纪绝大部分时间里的瘟疫疫情。插图 29 所显示的人口持续下降反映了其他因素，我们可以从中找出三种潜在的影响因素。首先是极端天气。1630 ~ 1631 年的旱灾终结了许多“边缘土地”人口定居的可能性，而在此之后，频繁发生的洪水、旱灾等气候异常事件也带来了周期性的土壤衰退、匮乏和饥荒；其次，每一年西班牙都有数以千计的人口外流，其中一些人并非出于自愿，比如被征往海外为国王效命，或被北非海盗掳走成为战俘。更多的人则乘船前往美洲，因为正如 1681 年法国驻马德里大使所说：“他们在西班牙无法过活。”这无疑减少了留在本土的臣民人数。[100]

导致人口减少的第三大因素则是税收。近年的一项计算显示，西班牙王室差不多吸走了“1580 年代国民收入的 8%，这个数字在 1660 年代则变为 12%”——增长了 50% 之多——而除了日益增加的税收负担之外，纳税人还得满足来自教会、领

---

① 西葡边境城市。

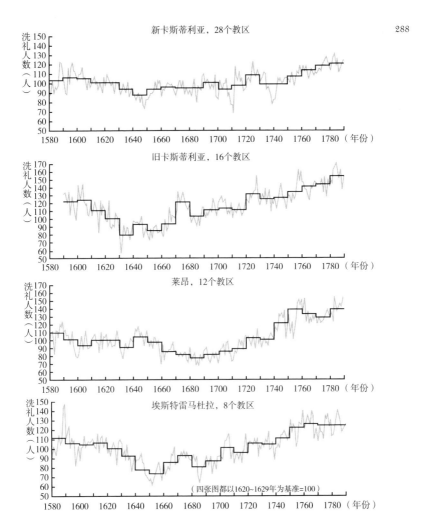

29　西班牙的洗礼人数，1580～1790 年

　　115 个西班牙教区的洗礼登记簿都显示 17 世纪的洗礼人数有所下降，不过各教区的下降步调各不相同。旧卡斯蒂利亚在 1630～1631 年旱灾期间经历了最为剧烈的下降，新卡斯蒂利亚和埃斯特雷马杜拉在 1649～1650 年鼠疫期间下降最甚，莱昂则是 1662 年的饥荒受创最巨。埃斯特雷马杜拉同样因为 1640～1668 年的西葡战争而蒙受损失。西班牙其他地区——阿拉贡、巴斯克诸省、纳瓦拉和瓦伦西亚——也因腓力四世的战争而受难，但本图并未呈现。

主（对农村人口而言）和城市（其他人）的要求。[101]与其他任何财政系统一样，这项负担的分配绝非平均。有些西班牙人享受税务豁免：比如那些有能力为自己生产特定经济作物（橄榄油、葡萄酒等）的人就可免交这些商品的消费税，还有一些特定社会团体则享受了集体豁免。因此，加的斯的行政官才会于1648年讨论如何分配"百万税"（millones）① 时指出，许多市民"都以不同额度取得了税收豁免：有的是因为身为绅士或教士"，还有人"则是因为他们在骑兵队服役，充当炮手、十字军神父，或宗教裁判所法警"。这些官员接着说，税收负担因此将落到一小批从事城市贸易的人或是穷人的头上，对他们造成过于沉重的负担。[102]在人口下降时期，不论纳税人人数，而让每个社区为每个税种都支付固定额度税款的制度对小型社区冲击尤为严重，因为当剩下的纳税人再也无法负担集体纳税额时，他们注定会逃离定居点并使其荒废。财政压力也造成了间接损害。1634年财政委员会曾警告腓力，"人们对粮食的需求要大于他们对衣服和鞋子的需求"，增税将减少人们对制造业商品的需求，引发失业和人口外流。[103]

阿尔贝托·马科斯·马丁曾强而有力地指出：

> 在最后的分析中，我们应当从其"征收了什么"（以及其选择以何种方式和程序来完成这一任务）而非"筹集了什么"来评断（过去和现在的任何）一种财政制度。我们还要研究这个财政体制做了什么、

---

① 西班牙税种，征收始于1590年，是一种针对粮食的间接税，起初是临时性的，目的是弥补西班牙在美洲的损失，后遂固定化。

制造了什么，其所积攒的税收和献金又都花到了哪些
开支事项上。

　　从这一尺度来看，西班牙哈布斯堡王朝可谓劣迹斑斑：首
先，他们从外国银行家手中借来了巨额资金，制造了远远超过
西班牙偿还能力的主权债务，其数额在 1623 年便已超过 1.12
亿杜卡特，在 1638 年超过 1.31 亿杜卡特，在 1667 年接近
1.82 亿杜卡特，在 1687 年则达到近 2.23 亿杜卡特。[104] 其次，
公营机构的借贷榨干了西班牙的资本和原材料，重创了当地制
造业，并在那些有企业家潜质的人群中鼓励了一种寻租心态。
再次，征收税金乃至另立新税以偿还借款人的需要催生了社会
成本和经济成本高昂的权宜财政手段。最后，绝大多数税收收
入都流向了海外，用来供应陆海军作战，以达成与王朝休戚相
关的海外战略目标，但与绝大多数西班牙人毫无关系。1618～
1648 年，西班牙政府向外运送了不下于 1.5 亿杜卡特的资
金——这个数额几乎与西班牙公共债务的增长额相等。

　　在描述中国的情况时，卜正民指出，之前从没有一个皇帝
"面临过像崇祯时期这样反常而恶劣的气候条件"。学者也可
为腓力四世找到大体相同的借口。腓力四世统治期间的西班牙
经受了史上无可比拟的极端天气的袭击，特别是在 1630～1632
年和 1640～1643 年；不过，腓力也用灾难性的政策选择令气
候变化的冲击变本加厉，在这一点上他同样超过了 17 世纪的
所有统治者。用亚瑟·霍普顿 1634 年的话说（他是马德里最
为精明的外国大使之一）："他们的许多计划都在实际操作中
失败了，这毫不奇怪。原因在于，尽管这尊巨大的容器（西
班牙君主国）蓄水丰富，但有着太多漏水孔，常常干涸。"换

句话说，越是求成心切，王室就越是一无所获。[105]

西班牙哈布斯堡王朝似乎真诚地相信那些赞颂他们的颂歌，那就是无论多么昂贵和缺乏一锤定音之效，对外战争都是防卫西班牙本土的最佳途径。正如腓力曾经发出的高论所说："王室已与多如繁星的王国和领地相连，我们不可能不在某些地区惹上战事。我们要么去保卫已得的领土，要么就去驱赶我们的敌人。"[106]然而，尽管腓力将他 44 年统治期的每一天都花在了战争上——对荷兰（1621～1648 年），对法国（1635～1659 年），对英格兰（1625～1630 年及 1654～1659 年）和在伊比利亚半岛的战事（1640～1668 年），以及在德意志和意大利的战争——他本可以避免（或是更快结束）某些冲突，并因此减小那些压垮自己臣民，迫使他们之中的许多人起而反叛的财政压力。在尼德兰，他本可确定无疑地于 1621 年更新将在这一年失效的、与荷兰共和国之间的十二年休战协定；他也可以利用 1625 年攻占布雷达的成功和同一时期为德意志的帝国胜利，谈出一个有利于己的协定来。国王本人后来承认，他应当对 1628 年的曼托瓦战争置身事外。"我曾听说有人议论，意大利蒙菲拉托的卡萨莱之战本可避免，"腓力语带悲戚地写道，"如果我在某些方面犯了错误、并且做了让我主上帝不快之事的话，那么就是这次事件了。"[107]尤其令人扼腕的是，西班牙每一次都错失了同法国议和的机会。1637 年，战争才爆发两年，黎塞留便派密使前往西班牙开启非正式的和平谈判，但奥里瓦雷斯却坚持要法国公开表态求和："就让那些破坏和平的人来请求和平吧"，他语态轻浮地斥责法国特使说。两年之后，奥里瓦雷斯又警告他的君主："我们得开始考虑放低身段，不能宁折不弯。"奥里瓦雷斯本人派出特使前往巴黎开启谈判——但就在诺曼底爆发"赤足党"叛乱，并似乎削弱了他的对手之后，奥里瓦雷斯的谈判意愿也烟消云散。[108]

1643 年，下台之后不久的奥里瓦雷斯才终于明白，基于信仰的外交政策有多愚蠢。他向一位前同事坦言："这个世界正是如此，也总是如此，就算我们认为自己可以创造奇迹，将世界变成它永不能变成的那个样子。"不过在长达 22 年的首相任期里，他是本着"上帝是个西班牙人，将庇佑我们的国家"的预期行事的。1650 年，一位身在马德里的英格兰政治家还是对西班牙统治者自欺欺人的能力惊诧不已。这个英格兰人写道："（他们是）一群庸碌、可怜、傲慢而又不通情理的人，他们与智者之间的差距之大超出我的想象；如果奇迹不能多少庇佑一下他们的话，这顶王冠必将快速走向毁灭。"而在一代人之后，其中一位大臣也持相同看法："我对意大利深表忧虑；我非常担心加泰罗尼亚；我也从未忘记美洲，法国已在那里拥有了太多的殖民地。我们不能总是在奇迹的庇荫下进行统治。"[109]奇迹最终以 1700 年卡洛斯二世的无嗣而亡作结，随之而来的一场残酷的王位继承战争让西班牙君主国四分五裂，其中较大的一块落到了路易十四的孙子手里，他们的后代遂一直统治西班牙至今。

注 释

1. 感谢 James Amelang、Bethany Aram、Sir John Elliott、Xavier Gil、Andrew Mitchell、Alberto Marcos Martín、Martha Peach 和 Lorraine White 对本章的评论及提供的参考文献。

2. IVdeDJ 82/444，duke of Sessa to Zúñiga，28 Sep. 1600，minute；

AGRB *SEG* 183/170v – 171, Zúñiga to Juan de Ciriza, 7 Apr. 1619, copy，这封信评估了是否应延长与荷兰共和国的停战协议。

3. Elliott, *Olivares*, 231, Olivares to the count of Gondomar, 2 June 1625.

4. Ibid., 293, 关于"西班牙婚姻"（1623）；以及 290 – 1，热那亚大使（1629）。同样参见 Firpo, *Relazioni di ambasciatori Veneti*, X, 110, Contarini in 1641：Olivares 'ama le novità ed è facile ad abbraciale'。

5. Elliott, *Olivares*, 236, Olivares to Gondomar, 3 July 1625.

6. Elliott and La Peña, *Memoriales y cartas*, I, 183 – 93, 关于向加泰罗尼亚"推销武装同盟方案"；Elliott, *Revolt of the Catalans*, 204 n. 2,普罗托诺托里奥·维拉努埃瓦于 1626 年 8 月, 关于"同化土著"。

7. Elliott, *Revolt*, 238, and Vilar, *La Catalogne*, I, 620 n. 1, 记录了错误的计算结果；García Cárcel, 'La revolución catalana', 121, 估算实际人口"约为 50 万"。

8. Bronner, 'La Unión de Armas', 1, 138 and 1, 141 n. 31, Viceroy Chinchón (who had strong ties with Aragon) to a councillor of Castile, 14 Mar. 1628 and to Philip IV, 18 May 1629.

9. AHN *Estado libro* 857/180 – 1, 'Papel que escrivió Su Magestad al Consejo Real', Sep. 1629.

10. AHN *Estado libro* 714, n. p., *consulta* of the Council of State, 19 Oct. 1629, *voto* of the marques of Los Gelves；Elliott, *Olivares*, 365, records Olivares's prediction. Philip signed the peace of the Pyrenees in 1659.

11. AHN *Estado libro* 857/180 – 183v, 'Papel que escribió Su Magestad' [Sep. 1629]；AHN *Estado legajo* 727/59, 'Orden de Su Magestad sobre su yda a Italia y Flandes' [Oct. 1629].

12. AHN *Estado libro* 856, 包含了提议书与神学家们的 32 封建议信, 于 1629 年 12 月 23 日供国王过目（fos 159 – 60, 对于意大利和平的建议, 以及 fo. 200, 以及上述全部前线的和平）。这些神学家们还于同日另就西属美洲提供了 15 条财政建议：AGI *IG* 2690 and Bronner, 'La unión', 1142 – 52 and 1174 – 5。

13. BL *Addl. Ms* 14, 007/229 – 230v, Olivares to Philip IV, 3 Jan. 1630, with royal rescript, both holograph.

14. Gelabert, *Castilla Convulsa*, 20, Miguel Santos de San Pedro, [745] president of the council of Castile; Andrade e Silva, *Collecção chronológica*, 203 – 5, 'carta regia', 31 May 1631; Piqueras García, 'Cédula', 168.

15. BNL, *Codex Ms* 241/269 – 269v, Manuel de Faria e Sousa, 'Relação de Portugal'. 感谢 Lorraine White 提供这份参考文献。

16. Anes Alvarez and Le Flem, 'Las crisis del siglo XVII', 17 and 34 (Hoyuelos); BNF *Ms. Esp.* 156/31 – 36v, *consulta* of the Council of State, 1631 – 2, copy. Marcos Martín, *Auge y declive*, 是现代学者首次强调 1628～1631 年危机的规模：参见第 231 页中他制成的图表。

17. AGS *GA* 1037, n. f. , royal decrees of 16 Feb. and 22 Mar. 1631; *GA* 1024, n. p. , 'Papel' of the marquis of Castrofuerte, 10 Mar. 1631.

18. BNE *Ms* 6760/1 – 4，马德里佛恩加拉街的食盐宣言：唐·阿隆索·德·阿吉拉尔宣称他的十七口之家之需要一法内格的食盐，而另有数户家庭声明自己"不需要食盐"。关于查理一世对于"王室特权"的依赖，参见下文第 11 章，这基本出于相同原因，同时也带来了相同的负面影响。

19. Alba, *Documentos Escogidos*, 475, Olivares to the count of La Puebla, 28 May 1632.

20. See Gelabert, *Castilla Convulsa*, 71 – 2, quoting Philip IV.

21. Elliott, *Revolt*, 275 – 6, instructions to the Cardinal Infante as viceroy of Catalonia, 20 May 1632.

22. Ibid. , 90, Viceroy to Philip IV, 31 Oct. 1626; Torres Sanz, *Nyerros i cadells*, appendixes 2 and 3.

23. 细节出自 Simon i Tarrés, 'Els anys 1627 – 32'; Parets, *De los muchos sucesos*, I, 26 – 8, 29 – 30, 74 – 7, 92; Betrán, *La peste en Barcelona*, 96 – 8; Peña Díaz, 'Aproximación'; Vilar, *La Catalogne*, I, 589 – 93。

24. Quotations from Gelabert, *Castilla Convulsa*, 53; Guiard Larrauri,

Historia de la noble villa de Bilbao, II, 90 and 102 – 3 (from an anonymous 'Relación de lo suçedido en los alborotos'); and Elliott, 'El programa de Olivares', 434, royal apostil to a *consulta* on 4 Nov. 1632.

25. Elliott, *Olivares*, 448, Olivares to the marquis of Aytona, 6 Oct. 1632; Subrahmanyam, *Explorations*, 129 and n. 78, Philip IV to Viceroy Linhares, 28 Feb. 1632.

26. Elliott, *Olivares*, 464, *consulta* of the Council of State, 17 Sep. 1633, vote of Olivares; and 482, Olivares to Pieter Roose, 29 Sep. 1634.

27. AGS *Guerra Antigua* 1, 120, n. p. , paper of Olivares written in Feb. 1635; Stradling, *Spain's struggle for Europe*, 116, Olivares *voto* of 16 Jan. 1635.

28. Gelabert, *Castilla Convulsa*, 148 (Quevedo) and 157 (papel sellado); BNE Ms 9402/2v (1635 年至 1638 年间的作物歉收); Gascón de Torquemada, *Gaçeta*, 386 – 8 (1636 年令巴拉多利德半数地区受灾的洪水)。

29. AHN *Estado libro* 737/446 – 52, *consulta* of the Council of State, 16 Aug. 1624, *votos* of the royal confessor and the marquis of Montesclaros.

30. Schwartz, 'Silver, sugar and slaves', 1.

31. Manuel de Melo, *Epanáforas*, 566 – 79, 刊发了三份曼努艾利尼奥宣言，其中一份用韵文写成。

32. Valladares, *Epistolario*, 138 and 154, Olivares to Basto, 26 Nov. and 18 Dec. 1638 ["不为争利，只为评理（no se pretendía el huevo, sino el fuero）"的说法日后因戈维多（Quevedo）的论战文章而出名：参见 Elliott, *Olivares*, 527]。

33. Viñas Navarro, 'El motín de Évora', 47, Olivares to Fray Juan de Vasconcellos, his personal envoy to Portugal, [26 Nov. 1637]; AGS *SP libro* 1536/3v – 4, royal reply to a *consulta* of the Junta Grande de Portugal, 6 Nov. 1637. Oliveira, 'Levantamientos', 47 – 54, describes the invasion plans, and at 66 – 74, the pardon.

34. Salvado and Münch Miranda, *Cartas*, II, 13 – 16, Instructions for

Torre，19 – 25 July 1638；and AHEB，*Seçâo Colonial* 256/121v – 123，patent for La Torre，25 July 1638.

35. Elliott，*Revolt*，360，paper by Olivares，12 Mar. 1639；and 363，Olivares to Santa Coloma，18 June 1639.

36. *Co. Do. In.*，LXXXIV，538，‘ Relaciones ’ of the count of Peñaranda to Philip IV，8 Jan. 1651.

37. Elliott，*Revolt*，130 – 7 提供了对常务委员选举过程的描述，并定论道：“虽然最终抽签结果的决定纯属运气作用，但只靠运气因素是远远不足以进入抽签备选范围的。”

38. Ibid.，374 – 5，Olivares to Santa Coloma，7 Oct. 1639；and ibid. 393，quoting Martí i Viladamor，Noticia Universal.

39. Manuel de Melo，*Historia*，25，22；Elliott，*Revolt*，411，Dr Valonga to Villanueva，24 Mar. 1640.

40. Parets，*De los muchos sucesos*，I，147，and Pasqual de Panno，*Motines*，60 and 126（关于蒙罗东的品格）；Simon i Tarrés，*Cròniques*，253 – 4（法官鲁比·德·马里蒙的陈述）；and Parets，*De los muchos sucesos*，I，146 – 8 and 363 – 70（蒙罗东之死）。

41. BNE *Ms* 2371/21，Jerónimo de Mascarenhas 所撰之 1640 年史稿。Simon i Tarrés，*Cròniques*，264 – 5（鲁比的陈述）记录了圣体节上两则有关“大事”即将发生的预言，以及节日前一天桨帆船舰队的出征。

42. BNE *Ms* 2371/21；Corteguera，*For the Common Good*，163，quoting the diary of Miquel Parets，and 165 n. 34，quoting a servant of Santa Coloma. Vidal Pla，*Guerra dels segadors*，appendix I，lists the fate of the judges.

43. Corteguera，*For the common good*，166，again quoting Parets；Simon i Tarrés，*Cròniques*，268（*Relación* of Rubí；cf. the account of random looting and burning in idem，208 – 9：chronicle kept by the cathedral chapter）。

44. Simon i Tarrés，*Cròniques*，80（Dietari of Bartolomeu Llorenci）and 269（为伪装成耶稣会士，鲁维剃掉了胡子并留了个修士发型），记录了卡斯蒂利亚人被谋杀的事件，其中女性首当其冲；PRO *SP* 94/41/336 – 7，“一封来自巴塞罗那的信件的手抄副本”，

1640 年 6 月 9 日。

[746] 45. Elliott, *Revolt*, 452, royal rescript to a *consulta* of the Council of State, 12 June 1640; 489, Hopton to Cottington, 25 July 1640 NS; and 490, diary of Matías de Novoa.

46. Sanabre, *La acción de Francia*, 76, 格拉诺勒斯致洪塔·德·布拉索斯信。

47. Reula i Biescas, '1640 – 1647', 提到了奥里瓦雷斯信件的公布。

48. 引用了 AMAE（P）CPE 3/189 and 205, 杜普莱西斯 – 贝桑松为自己身份辩护时发表的长篇大论：'Première négotiation des françois en Cathalogne'。

49. Simón i Tarrés, *Els orígens ideològics*, 173 – 98; and Neumann, Das Wort als Waffe, 第二章讨论了 *Proclamación Católica*; 神学委员会提出的"良知证明"（Justifació en conciència）; Martí i Viladamor, *Noticia Universal*（讽刺的是, 这是用卡斯蒂利亚语写成的）。Ettinghausen, *La Guerra*, 出版了一批更简短的宣传小册子。

50. Van Aitzema, *Saken van Staet*, II, 729. 关于最著名的加泰罗尼亚小册子, 即 Gaspar Sala i Berart 的 *Proclamación Católica*（同样是用卡斯蒂利亚语写成的）所产生的国际影响, 参见 Grotius, *Briefwisseling*, XI, 640 – 4, 致卡梅拉留斯与乌克森谢纳的信件, 1640 年 12 月 1 日。

51. BNE *Ms* 2371/121 – 4, account of Mascarenhas; and Rubí, *Les Corts*, 262 – 8（Los Vélez quoted on p. 266）。

52. Révah, *Le Cardinal Richelieu*, 20 – 3, 47 – 8, Instruction to Jean de St Pé, 15 Aug. 1638.

53. PRO *SP* 94/41/1, Hopton to Coke, 14 Jan. 1639 NS.

54. Schaub, *Le Portugal*, 240, Vasconcelos to Soares, 30 Sep. 1640.

55. HAG *Ms* 28/514v – 515, Viceroy of India to Philip IV, 2 Aug. 1641; and HAG *Ms* 488/24 – 24v, Viceroy to authorities in Manila, 26 Mar. 1641.

56. Valente, *Documentos históricos*, I, 442 – 5, resolution of 1 June 1640; Loureiro de Souza, *Documentos*, 10 – 16, Câmara to Philip IV, 13 Nov. 40, and to John IV, 16 Feb. and 30 Apr. 1641. 他们是正确的：奥里瓦雷斯通过解散葡萄牙军队来镇压加泰罗尼亚

暴乱的决策，证明了他希望巴西能自力更生。

57. AGS *GA* 1331，n. p.，*consulta* of the Junta de Ejecución，7 Dec. 1640；PRO *SP* 94/42/73 – 4，Hopton to Windebank，8 Dec. 1640. Valladares，'Sobre reyes de invierno'，114 – 21，对布拉干萨决意反叛的历程有精彩叙述。

58. AGS *GA* 1331，n. p.，*consulta* of the Junta de Ejecución y Estado，7 Dec. 1640；Elliott，*Olivares*，600，*consulta* of 17 Dec. 1640，vote of Olivares.

59. Simon i Tarres，*Els orígens*，199 n. 81，quoting Albert Tormé i Lliori.

60. AMAE（P）*CPE*：*Supplément* 3/228v，account of the battle by Duplessis-Besançon；Pérez Samper，*Catalunya*，279，quoting Mascarenhas's *Relaçam* of his mission to Barcelona（written in July 1641）.

61. 克拉里斯是否曾遭保王党分子投毒？尽管未有直接证据存世，腓力四世无疑下令刺杀另两位同时期的对手：布拉干萨的兄弟堂・杜阿特（BNE *MS* 10，984/28，Philip IV to Don Juan Chumacero，his special envoy to Rome，15 Dec. 1640：'encargo y mando que con gran secreto，y usando de los medios más eficazes，procuraréis que se mate a Don Duarte'）与布拉干萨驻英格兰大使（Elliott，*Olivares*，606）。此外，1641 年以及 1647 年，腓力赞助了刺杀约翰四世的活动（AHN *Estado libro* 699，s. v. 'Levantamiento' and 'Matar al tirano'——这本身就是个颇有深意的段落！）。同样参见 García Cárcel，Pau Claris，120 – 3 以及 Sanabre，*La acción*，139 – 40。

62. AGS GA 1376，n. p.，Olivares at the Junta Grande，19 June 1641（my thanks to Lorraine White for drawing this document to my attention）；AGI México 35/18，Marquis of Caldereyta to Philip IV，6 Dec. 1641，提到了于 1640 年 6 月撤回这笔资金的决定：这 75 万杜卡特的银币本可能扭转半岛战局。

63. Hespanha，'La "Restauraçao"'，详述了这些一致诉愿并表明其中大部分已由议会于 1619 年提出过。1648 年，俄国国民大会，即缙绅会议，也错失了一次推行改革的良机：参见第 6 章。

64. Parets, *De los muchos sucesos*, VI, 585 – 91; BNE *Ms* 2371/111 – 14, Nochera to Philip IV, 6 Nov. 1640, copy.

65. BNE *Ms* 18, 723 no 58, 'Copia del papel que dió a Su Magestad el duque de Medina Sidonia', 21 Sep. 1641, quoting the duke of Nájera.

66. Valladares, *La rebelión*, 37 – 45 （关于毒药的细节参见第 44 页）; Marcos Alonso, 'El descubrimiento', 主要参考 BL *Egerton* Ms. 2081/138v, 'Memorial' of Francisco Sánchez Marqués。

67. BNE Ms 8177/141 – 5, 'Relación' of 16 May 1641; Borja Palomo, Historia crítica, 281 – 94; Archivo histórico de la Catedral de Burgos, Sección de volúmenes, VII, royal cédula of 6 Oct. 1642, printed; and Libros de Actas Capitulares, 83/597 – 600, acts of 16 – 17 Aug. 1642 (my thanks to Cristina Borreguero Beltrán for a transcript of these documents); AGI IG 429 leg. 38/193 – 4, one of 300 royal cédulas sent 6 Oct. 1642. For the record precipitation, see www. ucm. es/info/reclido/es/basesdatos/rainfallindex. txt, accessed 31 January 2010.

68. Elliott, *Olivares*, 611, Hopton to Vane, 3/13 April 1641; Pérez Samper, *La Catalunya*, 309 – 13; Marcos Martín, 'Tráfico de indulgencias'. For the link between the distribution of bulls and population size, see p. 259 above.

69. BL *Addl. Ms.* 12184/110 – 11, Sir Richard Browne to Secretary of State Nicholas, 12 Sep. 1642.

70. Elliott, *Olivares*, 280 and 646, Antonio Carnero to Pieter Roose, 16 Jan. 1643.

71. AHN *Estado libro* 969 n. p., Don Miguel de Salamanca to Olivares, Brussels, 14 July 1641.

72. AGS *Estado* 2667 n. p., 与 8341/3, 国务会议咨文, 1643 年 1 月 30 日及 2 月 3 日; *Co. Do. In.*, LIX, 304, 腓力四世致梅洛, 1643 年 2 月 12 日, 附一封致安娜的信。（伊丽莎白女王同样与安娜重新建立起直接联系: BNE *Ms* 9163/126。）Israel, *The Dutch Republic*, 351, 记录了腓力与荷兰议和的计划。

73. AGS *Estado* 2056 n. p. , *consulta* of the Council of State 5 Dec. 1641, on Melo's letter of 11 Nov. (My thanks to Fernando González de León for this reference.)

74. AGS *Estado* 8341/3, *consulta* of the Council of State, 3 Feb. 1643, [747] 'voto' of the count of Oñate (*'tendría el conde por conveniente dar un poco de tiempo al tiempo'*).

75. AGS *Estado* 2039 n. p. , Melo to Philip IV, 23 May 1643.

76. Cueto, *Quimeras*, chs. 5 and 6, reconstitute the prophets' summit. See also ch. 2 above.

77. AGS *Estado* 3848/154, *consulta* of the Junta of State, 23 Oct. 1643, *votos* of the counts of Monterrey and Oñate. On the consequences for Italy of this decision, see ch. 14 below.

78. Gelabert, 'Alteraciones', 364, Chumacero to Philip IV, June 1645; AMAE (M) *Ms.* 39/218, same to same, 22 July 1645 (a letter full of foreboding).

79. AGS *GA* 3255, n. p. , Haro to Gerónimo de Torre, 13 Feb. 1646 (two letters), and to Philip IV, 14 Feb. 1646, all from Cadiz. On the 18th Haro declared that the storm was the worst anyone could remember 'in 30 or 40 years'.

80. BNE *VE* Ca 68 – 94, *Escrívense los sucessos de la Evropa desde Abril de 46 hasta junio de 47 inclusive.*

81. AMAE (M) *Ms* 42/15 – 16v, Chumacero to Philip IV, 22 Oct. 1647, and fos 45 – 8, *consulta*, 10 Sep. 1647.

82. Gelabert, 'Alteraciones', 367 – 72，描述了阿尔达莱斯的暴乱。

83. Thompson, ' Alteraciones granadinos ', 799; Morales Padrón, *Memorias de Sevilla*, 123 – 4; BNE *Ms* 11, 017/ 106 – 19, 'Account of the troubles in Granada'.

84. AGS *Estado* 2668, n. p. , *consulta* of the Council of State, 4 July 1648，吸纳了卡斯蒂利亚委员会的观点；Seco Serrano, *Cartas*, I, 158 – 9, Philip IV to Sor María, 29 July 1648（然而，国王却仍穷凶极恶地不知收敛，声称没有 "丰富的资源，我们将无以自保"）。

85. Valladares, *Rebelión de Portugal*, 96, Haro to Philip IV, Dec. 1646.

86. Seco Serrano, *Cartas*, I, 170, Philip IV to Sor María, 8 Dec. 1648. 腓力还处决了阿亚蒙特侯爵，7 年前后者在身陷围困时仍试图领导安达卢西亚走向独立（本书页边码第 277 页）。此外，国王还囚禁了唐·米格尔·德·伊图尔维德，这位纳瓦拉上层社会的杰出人士于 18 个月前进宫阐释本国对于新税及新兵招募的反对，他的名字还出现在了伊哈尔一位朋友的文书中。伊图尔维德至此后便杳无音讯：Gallasteguí Ucín, 'Don Miguel', and Gelabert, *Castilla convulse*, 304 – 5 and 311 – 12。

87. *Co. Do. In.*, LXXXIV, *314 – 16 Peñaranda to Philip IV*, *19 Aug. 1648.*

88. AM Cádiz 26/161 and 168 – 74, 1648 年 10 月 26 日及 11 月 24 日的决议；Borja Paloma, *Historia crítica*, 297 – 9, 引用了 *Memorias Sevillanas*；Morales Padrón, *Memorias de Sevilla*, 115 – 17. Carbajo Isla, Población, 301 – 5, 指出了 1651 年、1654 年、1657 年及 1660 年发生的空前"婴儿潮"。

89. Gelabert, *Castilla Convulsa*, 315, quoting an apocalyptic speech by the procurador of Valladolid in 1649; and idem, 'Alteraciones', 375, Tomás López to the marquess of Castel Rodrigo, Madrid, 2 Dec. 1651.

90. Gelabert, *Castilla convulsa*, 337, 引用了手稿 'Tumultos de la Cyudad de Sevilla'；Domínguez Ortiz, *Alteraciones andaluzas*, 86, real cédula, 16 May 1652. Anes Álvarez, *Las crisis agrarias*, graph 9, 显示出 1647 年、1650 年及 1652 年塞维利亚大主教之管区什一税税收的急剧下降。

91. 这些民众起义只是整个故事的一部分：就这个长期食物匮乏的时期而言，模糊的史料之中还隐藏着众多由税收、驻扎及征召引发的小型暴乱：参见本书第 17 章。

92. Berwick y Alba, *Documentos escogidos*, 486, Philip IV to Haro, 21 Oct. 1652 (the day he heard of the surrender of Barcelona); Firpo *Relazioni*, X, 198, Relation of Pietro Bassadonna, 26 May 1653, beginning 'Correva l'anno 1647...'.

93. Seco Serrano, *Cartas*, II, 42, Philip IV to Sor María, 11 Jan. 1656; Benito, 'Magnitude and frequency of flooding', 187 – 8.

94. AGS *Estado Francia* 1618/C. 5，Junta of State，7 Jan. 1659. Seco Serrano，*Cartas*，II，131，letter to Sor María，July 1659. 数月后，马扎然同意将彻底恢复孔代亲王身份作为放弃更多西班牙领土的回报。参见 Séré，'La paix' 对于这些事件的绝妙重现。

95. Valladares，Rebelión，204，'Junta sobre materias de Inglaterra'，1665 年 6 月 17 日。参见本书第 2 章中近代早期其他因不愿"放弃沉没成本"而拒绝求和的例子。

96. Espino López，Catalunya，74 and 78，consultas of the Council of State，4 Nov. 1687 and 13 Apr. 1688；Kamen，'The decline of Castile'，63，quoting Ambassador Carlo Russini in 1695. 其他数据取自 Kamen 的文章及专著 *Spain*（例如第 45 页中 1678~1685 年的流行病地图）。

97. Parets，*De los muchos sucesos*，VI，137 - 49，刊印了巴塞罗那特权的王室确认书，1652 年 11 月 29 日。其他反抗腓力四世并以退让告终的暴乱包括 1634 年的比斯开暴乱，1637 年的葡萄牙暴乱，1647~1652 年的安达卢西亚城镇暴乱（见本章前文），以及那不勒斯和西西里岛暴乱（参见本书第 14 章）。

98. Pascual del Panno，Motines de Cataluña，199 - 216：'Lista de catalanes muertos y desterrados'（仅列出 'cavalleros'）；Vidal Pla，*Guerra dels segadors*，187 - 215，列出了 470 位战争牺牲者的名字；Vilar，*Catalogne*，I，634（Barcelona），193（lost villages）；Jordà i Fernández，*Església*，134。

99. Kamen，*Spain*，57；Solano Camón，*Poder monárquico*，36；and Sanz Camañes，*Política*，*hacienda y milicia*，chs. 5 - 7. 人口统计及财政细节出自 Kamen，*Spain*，57 - 9；White，'War and government'，第 10 章（尤其是第 330~336 页）；以及 Nadal，'La población española'，39 - 54。

100. Marquis of Villars（1681）Márquez Macías，'Andaluces'. 据维拉尔侯爵估计，每年约有 6000 人离开美洲。

101. I. A. A. Thompson 的估算来自 Hoffman and Norber，*Fiscal crises*，176。Marcos Martín，'¿Fue la fiscalidad regia un factor de crisis?'，179 n. 7，评估了现代历史学家对于税务负担总量的各种估算。

[748] 102. AM Cádiz, 26/132 – 8, *actos* of 16 Oct. 1648. 神职人员及贵族等某些团体得以免除常规税，却以其他方式为国王贡献开支。

103. Marcos Martín, '¿Fue la fiscalidad regia un factor?', 197, makes this point eloquently; idem, 'Sobre la violencia', 215, *consulta* of the *consejo* de Hacienda, 30 Sep. 1634: 'les es más preciso su sustento que el vestido y calzado'.

104. Marcos Martín, '¿Fue la fiscalidad regia un factor?', 250 – 2, and table on p. 232.

105. BL *Egerton Ms.* 1820/340, Hopton to Secretary of State Coke, 6 Apr. 1634 NS. Brook quoted in ch. 5 above.

106. AGRB *SEG* 195/64, Philip IV to Infanta Isabella, his regent in the Netherlands, 9 Aug. 1626.

107. Seco Serrano, *Cartas*, I, 28, Philip IV to Sor María, 20 July 1645, holograph. When in 1665 Don Juan de Palafox analyzed the reasons for the 'ruina de nuestra monarchia' in his 'Juicio interior y secreto', written 'for my eyes alone', he singled out the failure to make peace in the Netherlands and the attack on Mantua. (Text printed by Jover Zamora, 'Sobre los conceptos'.)

108. Leman, *Richelieu et Olivarès*, 将两位政治家不计其数的求和声明绘成图表——这些声明在他们占上风后又立即被摒弃。

109. Sessa in 1600 quoted page 254 above; Olivares in 1625 on page 255; Elliott and La Peña, *Memoriales y Cartas*, II, 279, Olivares to Antonio Carnero, 8 Aug. 1644; Monkhouse, *State Papers*, III, 16, Hyde to Nicholas, Madrid, 14 Apr. 1650 NS; Alcalá-Zamora, 'Razón de Estado', 341, quoting the marques of Los Vélez, viceroy of Naples, to Carlos II, 11 Nov. 1678.

10 危机中的法国，1618～1688年[1]

宏大之国？

劳埃德·穆特曾于1971年指出，"无论就地理分布还是社
会波及面而言"，法国的投石党叛乱（1648～1653年）"都是
欧洲17世纪中叶影响最广的一场叛乱"。[2]这场叛乱范围之大不
应令人意外，因为法国是西欧最大的国家，领土有近20万平方
英里。相比之下更令人震惊的是，投石党叛乱得到了广泛的社
会支持：几乎所有顶级贵族都曾在某个时刻反抗过王室，包括
法王的叔叔奥尔良公爵加斯东，一如加入叛乱的各路法官和公
职人员，枢机主教和助理牧师，律师和医生，产业工人和农场
劳工。约有100万法国人直接或间接地死于投石党之乱。

与邻国（西班牙和不列颠）类似，法国也是一个"混合
制君主国"，这是之前几个世纪里领土合并的结果。法兰西外
缘地带的七大省份（布列塔尼、勃艮第、道芬、吉耶讷、朗
格多克、诺曼底和普罗旺斯）拥有高度的自治权，这种自治
权也得到了它们自身的财政机构、主权法院和地方议会［即
"États"，上述七省也被称为"议会省"（Pays d'États）］的保
障。巴黎的中央政府直接控制剩下的三分之二的国土［即因税
务官（élus）而得名的"选任省"（Pays d'élections），由税务官
负责分配税收额度］。根据传统，法兰西王国的立法和税收还
要由另一个代表会议票决通过，那就是"三级会议"（États-
Généraux），但这一会议在1600年之后只召开了两次。这一体

制让路易十三（1610～1643年在位）和他的两位襟兄弟腓力四世、查理一世一样，只能以强行推广王室特权与操控现有税种的方式来在必要的时候增加收入，并仰赖他的资深法官［这些人分属于王国的十处主权法庭（Parlements）］推行这些措施（插图30）。

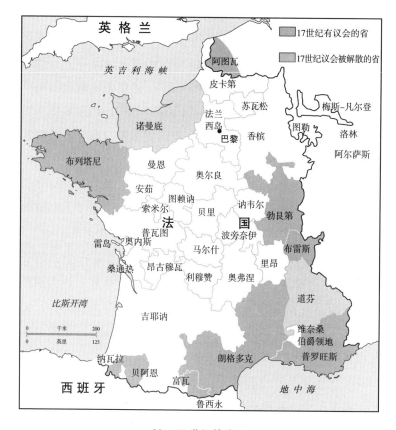

30　17世纪的法国

　　法兰西王国由"选任省"（由巴黎直接统治）和"议会省"组成，后者一般位于边缘地带，由中央政府通过地方行政机构进行统治。王室于1628年解散了道芬议会，接着又于1666年解散了诺曼底议会，逐渐扩张了其对余下诸省的主权。

路易十三统治着全欧洲人口最多的国家，他的国土上居住着约 2000 万臣民（远远超过人口约 700 万的伊比利亚半岛以及与前者相仿的不列颠和爱尔兰）。法国农民种植产量充足的主粮和新型作物，玉米、荞麦、豆类、番茄和土豆等新品种对异常气候更具抵抗力。亨利四世（路易十三的父亲）的财政大臣苏利公爵（Duke of Sully）也为法国的财政状况打下了良好基础。他拒偿外债，单方面减少其余借款的应付利息；他还增设新的间接税，其中就包括一项名为"鲍勒特"（Paulette）的官职税：该税基于一项为期九年的协议（可续期），通过授予政府公职人员指定职位继承人的权利，换取他们将每年的俸禄上缴国库。"鲍勒特"很快就成了政府不可或缺的税种，因为它贡献了国家总收入的十分之一，但这项政策也带来了严重的负面效应：它让超过 5 万人的官僚集团（包括法官）享受着近乎完全的工作保障，也可以凭着自己喜好将公职出售或赠予他人，不受王室控制。

17 世纪的法国还受累于两个同时存在的宗教群体间自 16 世纪末以来便未曾停止的冲突。1598 年亨利四世颁布《南特敕令》，授予法国新教徒（常被称为"胡格诺派"，约占法国人口的十分之一）完整的民事权利，保证他们在家享有思想、言论、书写与信仰自由。胡格诺派也可以在特定区域聚众礼拜，并定期集中开会讨论宗教和政治议题。不过，这份敕令也让天主教信仰在法国各地取得了官方地位，令法国天主教会的力量迅猛增长。法国女修院的总数在 1600 年到 1660 年之间翻了一倍，训练教区神父的教区神学院也从 8 座激增到 70 座。

1610 年亨利四世遇刺身亡，他年方 9 岁的儿子即位，是为路易十三，这给法国带来了不少改变。首先，摄政太后玛丽·德·美第奇罢黜了苏利公爵，动用公爵积攒的资源向她的贵族支持者分发年金和贿金；不过一些得到胡格诺派支持的贵族还是向她的权威发起了挑战，玛丽的对策则是允诺吸纳更多的贵族进入她的决策圈，并批准胡格诺派将他们的主要港口拉罗谢尔改造成一座足以抵御长期围困的火炮要塞。路易十三对母亲在军国大事上的胡作非为颇感愤怒，他于1617年夺回了权力，并将玛丽及其首席大臣阿尔芒·让·迪普莱西·德·黎塞留逐出宫廷。不过，路易轻率地同意母亲保留其所有年金、土地和职位，这就让她得以继续违抗儿子。1619年，玛丽从软禁地逃出。但在第二年，玛丽与路易母子在黎塞留的调解之下达成和解，玛丽在枢密院的席位得到恢复。最后，法国王室终于得以腾出手来处理三大最为急迫的难题：胡格诺派的权力、贵族的不臣之举，以及哈布斯堡家族不断增长的实力。哈布斯堡的领土遍布西班牙、意大利、德意志和尼德兰，形成了一个威胁法国的包围圈。

路易十三决心在展开靡费国帑的对外战事前先消灭胡格诺派。他宣布《南特敕令》并不适用于纳瓦拉（一个由他统治，但独立于法国的小王国），又在1621年胡格诺派召开全国大会抗议此事时发动了对胡格诺派领地的入侵。路易十三的入侵引发了一场宗教战争，这与1618～1623年前后相继的酷寒和冷夏制造的广泛匮乏一道，令法国的外交政策摇摆不定。沮丧的路易十三不得不于1624年召回了此时已成为枢机主教的黎塞留。从那以后，黎塞留的首相任期将持续18年之久。[3] 黎塞留在秉政之初也将内政置于外交之上，这主要是因为他的恩主玛丽支持"虔敬者"（dévots），这是一群以"消灭胡格诺派的独立性”为己任的廷臣。经过一段时间的踌躇不决之后，黎塞留和路易十三亲自率军围攻拉罗谢尔。他们不顾这里令人瞩目的防御工事，也对西班牙动员军队入侵北意大利、阻止法国宣称者获取曼托瓦公爵之位的行动无动于衷（见第 9 章）。所幸当 1628 年 10 月拉罗谢尔投降的时候，西班牙还未能在意大利取胜。于是他和路易十三立即率领大军翻越了阿尔卑斯山。

法国开战

法国控制北意大利的努力最后以失败告终，这至少要部分归因于极端气候事件制造的又一场经济危机。1625~1631 年一连串不同寻常的潮湿冬夏（包括 1628 年这一“无夏之年”）令作物减产乃至凋亡，其所造成的饥荒又恰逢一次鼠疫大流行。法国第二大城市里昂失去了一半人口，数十万人死于乡间。[4] 这场灾难也让工业产品的需求剧降，贸易因之瘫痪，动员赢得战争所必需的人力、物力资源变得极为困难。意大利内部的事态进展也不利于法国的干涉奏效：斐迪南二世运用他身为曼托瓦封建主君的权利，将 12000 名士兵从德意志派往北意大利，与 25000 名西班牙士兵并肩作战，这远远超过了法国的兵力。

黎塞留也在国内引起了新的危机，从而阻碍了自己外交政策的实施。这位枢机深信那些偏远外省正在逃避他们的财政责任，于是他派出特别专员进入勃艮第、道芬、朗格多克和普罗旺斯征税。此外，他还威胁要在九年期满时中止“鲍勒特”制，除非那些高级法官全力支持这些专员。这可是一招险棋。中央政府的运转无比依赖 25000 名公职人员（officers）的工作，尤其是那些法官。虽然名称相同，法国的所谓“最高法院"（Parlements）实际上与英格兰、苏格兰和爱尔兰的议会（Parliaments）大不相同：法国"最高法院"里坐满了法官，他们的职位要么由继承而来，要么购买得来；而英格兰的议会则分成两院，上院是贵族和教士，下院则是由各城镇和各郡选举产生的议员。不过，这两个机构也拥有一些重要的相似之处。首先，两者的议事都要经受公开检视。英格兰议会与中央法院在同一栋楼里开会，通常任何人都可在门口旁听辩论（见第 11 章），法国法官当庭判案时也是如此：只有两位守门人站在法院之外。其次，尽管比英格兰议会小，但巴黎高等法院（Parlement of Paris）仍然是个规模可观的机构（比绝大多数代议制议会都大），那里通常有约 200 名法官分坐在 10 个不同的"议事厅"里听讼，案件来自几乎覆盖一半国土的下级法院；但他们也可以在由首席大法官（premier président，唯一一名由法王直接任命的法官）主持的"全体会议"上发言、投票。首席大法官控制着辩论和表决的规程，并在必要的时候同君主联络（就像英格兰下院议长一样）；不仅如此，若无首席大法官主持，所有辩论都须中止，这也与下院议长类似。最后，英格兰下院主张未经其允许不得非法征税，法国的情况也与此十分相似。除非当地法院登记盖章，任何税收立法都不得执行——而在法案登记的前后，法官都有权依照与豁免权和免责权相关的上诉"诠释"（即修订）政府法令。

　　国王本人只要亲临法院、强行通过他所颁布的一切法令和敕令，就可以推翻任何来自法院的阻碍，这一过程被称为"御前议事"（lit de justice）或"宝座会议"；但这一举措却会让王权自降身价，并引发令人尴尬的对抗。在 1629 年巴黎高等法院的一场御前议事期间，路易十三强迫法官签署几项颇具争议的税收法案，但是法官们提醒路易：“即便陛下的法律地位尊崇，我们仍奉劝您不要有推翻王国基本法之心……我们的权力也一样重大。”作物歉收和瘟疫流行也在此时引致了普遍的经济困难，有人开始效仿巴黎法官违抗王命。一家地区法院挪用税吏征来的国库资金为自己支付薪酬；有地区法院下令将军需谷物卖给饥民；还有两家法院鼓励大众叛乱对抗王室政策，并拒绝惩罚参与暴乱的人。

国内骚乱让“虔敬者”惊慌失措，而法国与国外天主教势力的战事更是让他们恼羞成怒。于是，“虔敬者”决定与黎塞留分道扬镳。他们认为，除非法国撤出所有外战之约，并专心节省开支、厉行改革，否则君主制度就将垮台。他们的一份建议书如此写道：

> 法国国内充斥着暴动，法庭却丝毫不加惩戒。吾王本已任命了特别法官来处理这些案件，法院却阻止判决执行。因此他们也就自然而然地将叛乱合法化了。我不知道我们对此种种是应该抱有希望还是戒慎与恐惧，尤其是考虑到叛乱的频率：我们几乎每天都能听到有新的反叛。

黎塞留既没有就这些事实展开争辩，也没有置疑改革的紧迫性，但他丢给君主一个简单的选择题：“如果吾王决心作战，那么就有必要丢掉一切对于国内和平与秩序的幻想。另一方面，如果您想要国内和平的话，那么您就应当抛弃今后一切对意大利的念想。”[5]

就在路易考虑这些选项的时候，“虔敬者”已经先发制人了。1630 年 11 月 10 日，玛丽公然剥夺了黎塞留在她府上的所有职务，并将黎塞留赶出她的所在地。第二天，黎塞留在依程序要求回来递交正式辞呈时，发现玛丽正在与儿子交谈无法抽身。玛丽当场向国王发表了一通长篇大论，控诉这位枢机的恶状，要求路易必须在"虔敬者"之中选取一人来做他的顾问。黎塞留闷闷不乐地离开，他的敌人则聚于一堂，为玛丽的胜利弹冠相庆（并出价竞标黎塞留及其大批亲属和荫客即将空出来的官职）。然而，路易十三却在当天剩余的时间里坐在床上恼怒地摆弄着马甲纽扣，思索着母亲抛给他的苦痛决定。最终，他召回了黎塞留，并与之一起筹划如何撇开玛丽进行统治。

这一被时人称为"愚笨者之日"的事件让法国加速陷入了一场与西班牙之间持续三十年之久的战争。玛丽远走海外一去不返，黎塞留则处决、囚禁或流放了那些贸然反对自己的人。不管国内的代价如何，现在已经没什么能够阻止他抵抗哈布斯堡扩张的决心了，他也向瑞典和荷兰共和国承诺拨出大量款项予以支援。不过这笔援助金需要增税，而这引发了更多的抗议；1631 年又是一个饥年，新近爆发的六场城市暴动震撼法国全境；1632 年的情况也十分艰难。吉耶讷省省长讲出了很多忧心忡忡的大臣们的心声，他如此警告巴黎方面："苦难已是如此普遍，所有地域和所有阶层都深受其害，除非立即减少（税收），否则民众必将铤而走险。"[6]路易十三做了一些让步——他不情不愿地恢复了勃艮第、朗格多克和普罗旺斯的省议会，还将"鲍勒特"官职税延期九年——但在 1634 年，路易十三意识到腓力四世正在筹划进攻法国，于是他向黎塞留洋洋洒洒地解释了自己发动"一场针对西班牙的公开且有力的

战争，并以此保障有利于己的全面和平"的几大原因：这将
先发制人地阻止西班牙和荷兰之间达成和平协议，限制哈布斯
堡皇帝在德意志地区的斩获，并重新唤起意大利境内的反西班
牙情绪。路易甚至声言，考虑到他已经向瑞典人和荷兰人支付
了补助款项，在发动这场全面战争之后国家每年只要再花 100
万利弗尔。基于上述原因，这位国王得到结论："我相信，我
们立刻进攻他们，要好过等着他们先进攻我们。"1635 年 5
月，一位法国使者向西班牙递上了宣战书。[7]

路易十三（号称）动员了 15 万兵力投入新的战事——但
他颇不明智地将这些士兵投送到了多条战线上，让他们分别在
西属尼德兰、意大利和瑞士对抗西班牙。路易十三还同时在大
西洋和地中海都建立了海军。没有一支法军留下了显著战绩。
事实上，对南尼德兰的入侵以耻辱告终：当时法国人对鲁汶大
学城进行了一次不成功的围攻，之后便不得不撤军北返，请求
荷兰人前来解救。鲁汶有个守军士兵名叫科内利乌斯·扬森
（神学教授），他在围城期间写了一本尖酸刻薄的书籍，运用
《圣经》和历史典故嘲讽法国同异教徒结盟的做法：这本名为
《高卢战神》（Mars Gallicus）的著作以不同版本和不同语言刊
行于世，售出成千上万册。[8]

战争和叛乱

与路易十三的估计恰恰相反，全面战争造成的国家预算增
幅超过了 100 万利弗尔。除了税收激增之外，政府还要在战争
重创多地贸易和产业的同时供养并驻屯军队，从而造成了普遍
的经济困难。仅在 1635 年，即战争爆发的那一年，法国就发
生了 14 场城市叛乱，尽管当年还算不错的收成令乡村地区的

297

秩序得以维持，但是随之而来的潮湿冬季和异常温暖多风的春季都在 1636 年令征兵官和税吏广受反感。不少人准备向法王提交正式抗议。在西属尼德兰军队入侵法国、攻占科尔比并威胁巴黎（见第 9 章）的震动之下，路易宽大地同意对这些集会的反叛本性不予追究，并"免除"了积欠的税款；不过，持续到来的军事压力很快就促使他在人力和金钱上提出新的要求。凡此种种都在 1637 年催生了法国史上规模最大的一次暴乱事件：佩里戈尔的"乡巴佬叛乱"（Croquants of Périgord）。[9]

乱局始于路易十三下令王室法官扣押谷物，供汇集的军队进攻西班牙之用。这项政策撤销了对过往税收的"蠲免"，将租税增加了约三分之一。针对这一政策的对抗行动发生之速令人震惊。据一名编年史家的说法："绝大多数这种类型的暴乱都会经历几个不同阶段：你可以看到造反的计划在暴乱发生之前就已成形。不过，这次暴乱从一开始就如脱缰野马一样狂奔：就像一团遮蔽许久的熊熊烈火突然冲上云霄，几乎无法扑火。"[10] 1637 年 5 月，一些来自林区乡村的人组成了一支军队，其中就包括许多与他们比邻而居的当地老兵。挑头的是退役的职业军人莫特－弗雷特勋爵（Lord of La Mothe La Forêt），他要求每个教区都征兵 20 人，并提供每天 5 利弗尔的助饷金。及至老兵得到整训，并训练出一批新兵之后，莫特率领 8000 人前往以新教徒为主的城镇贝尔热拉克，他们受到了当地人的欢迎。又有更多的精英分子——包括 14 名律师、12 位"绅士"和 4 名神父——也来支持乡巴佬的义举，并开始撰写种种言辞精美的宣言。许多宣言都留存至今，这些文件充斥着对自从与西班牙开战以来征收的"难以忍受、不合法、无以复加且前所未闻的（税赋）"的抱怨，还有对那些"将穷苦工人消

耗到皮包骨头"的需索无度的财政官吏的不满；宣言还哀叹
了战争导致的贸易损失和百业萧条。众人向路易十三（他们
认定国王已被邪恶的大臣欺骗）请愿，要他恢复正义和自由，
将税负降低到战前水平。[11]

直到从西班牙前线调来军队，法国政府才成功平叛。为防
止他人响应乱事，事后抵达此地的法官接到的指令是找出
"那些有身家之累的人"，并执行足以"震慑其他造反者"的
"惩戒"。包括几名绅士在内的十二名头目被剥夺身份并公开
处刑；但此外还有不少人（包括莫特本人）逃入他们起事时
占据的深林——很多人都成了盗匪头目。路易十三对动乱之严
重深感震惊，他于 1637 年 12 月发布正式"誓约"，将法国置
于圣母玛利亚的保护之下——这一公开表示谦逊的举动在法国
全境的大众游行和黎塞留门徒菲利普·尚帕涅绘制的国王肖像
中都有所体现。[12]

类似"乡巴佬造反"之类的叛乱只是法国大众反抗的
（用詹姆斯·C. 斯科特的话说）"公开文本"（public
transcript）而已。不少其他社区（特别是在边远地域）也以
甚少留下档案记录的方式反抗政府：人们尽可能长地拖延缴
税时间，并在征兵官上门的时候逃出家门。而在别的地方，
仅仅是暴力反抗的潜在风险就足以促使当地行政当局做出让
步，规避公开叛乱。1631 年，在诺曼底地区的卡昂，作物歉
收使面包价格上涨了 50%。民众在集市"恐吓商人，要求将
谷物价格降到他们想要的数字"——所有文献都强调，民众
没有偷任何东西——"他们自己成了谷物市场的主人，以
'平价'将商品分配给那些需要的人"。此时当地民兵出面干
预并维护了这一新"平价"，从而避免了进一步的动乱。同样

298

地，六年之后（即乡巴佬叛乱当年），面对中央政府加收税款的要求，卡昂的行政官向市内每家哔叽呢料生产商都征收了税款。这项举措不可避免地推高了价格，降低了需求，令生产商不得不解雇工人。一天早晨，新近失业的工人聚集在市政厅外，整齐划一地在行政官面前表达不满诉求：及至官员承诺撤回新税之时，大家就作鸟兽散了。[13]

尽管这类"战术退却"保全了地方上的公共秩序，但中央政府的税收却因此陷于短缺——这些税金的收益已被转让给所谓的"金主"（partisans），即基于合同放款的银行家，以及"收租人"（parti），他们可获得特定渠道的收入以作为对他们出借款项及其利息的偿还。于是，黎塞留开始任命特别专员，也就是所谓的"军需官"（intendants）来强制执行与"金主"之契约所规定的税款缴纳，没收逾期欠税的应纳税财产，乃至将拖欠者逮捕。一旦地方法官对纳税人表露出同情，黎塞留就将各地法院的案件呈递国王御前处理。他还禁止任何涉案金额少于 100 利弗尔的税款争讼上诉——这个数字相当于许多工人三年的工资。[14]

法国军费支出的相当一部分都来自一种对土地的直接地租税，即所谓的"塔伊"（taille）。正如常见于近代早期世界的那样，这项税负的分配并不均匀。首先，特定地域（比如外国贵族统治的飞地）和特定社会群体（包括大学教授、法官、税务官、贵族和牧师）根本不用缴纳地租税。随着政府财政需求节节上涨，政府自然会设法减少这些豁免。不过，尽管政府的这一策略会以增加税收的形式带来短期好处，但它还是会招致长期的危险。原因很简单，这些新近承受财政压力的纳税人通常颇有社会影响力，有时会煽动他人进行抗税运动乃至暴

动。除此之外，有些省份比别的省份缴纳了更多的地租税，而
在省内，有些地域还享受了特别的税收豁免——这就意味着其
余地域要缴纳更多的税款。每一轮增税都让这些差距更为突
出：1630～1636 年，下诺曼底的税负增长到之前的五倍，并
在 1638 年又翻了一倍。第二年，财政大臣警告黎塞留说，这
一地区"支付了全国近四分之一的税收"。[15]毫不奇怪的是，下
诺曼底见证了 17 世纪声势最为浩大的抗税暴动：赤足党之乱
（Nu-Pieds Revolt）（插图 31）。

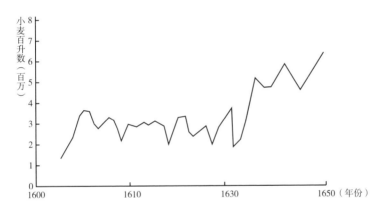

31　法国国库征收的"塔伊"，1600～1647 年

法国与哈布斯堡王朝作战的巨大财政压力，以小麦等价物的形式清晰地
反映了出来。1643 年和 1647 年租税的激增，很快就演变成农民暴动。

299

战争造成的经济停滞也令税收收入有所下降。许多无力支
付税款的人只好抛弃自己的家宅和田地，背井离乡——不过，
鉴于法国政府将绝大多数直接税分配到各地社区而非个人头
上，任何纳税人的逃亡都会自动增加那些留守原地者的负担。
税收欠额因此迅速攀升：1629 年政府还能收到税收总额的五
分之四，这个数字到十年之后便不到一半了。于是中央政府便

在地租税之外加上了间接税、劳役和强制借宿（既为士兵也为战俘）等负担——新的税负接踵而至，一群暴怒的纳税人于 1638 年称"其数额已经记不胜记"。[16]黎塞留强加给公职人员特别严苛的税负，他专横地削减他们的工资，推迟支付余款；他下令向他们"借款"，却并无意偿还；他不仅将现有机构的职位扩充了一倍之多（这意味着官员每年可以领薪水的月份只有之前的一半），还建立新的机构以削减现有机构的裁判权（这也减少了所有官员从行政费用中获得的收入）。持续不断的财政压力促使诺曼底当地法院的法官们铤而走险，他们于 1639 年公然违抗黎塞留之命，拒绝为一系列开征新税的敕令签字盖章。当地检察官也发起罢工，抗议一份旨在将该系统雇员人数翻倍的敕令。而在赤足党造反的时候，地方法庭对此无动于衷。[17]

300   "赤足党"得名于"穷苦的盐业工人"。约 1 万名工人在沙地上赤足而行，在下诺曼底的沙滩上点燃木料煮盐，接着将盐取出运往附近城市。1639 年 7 月，他们杀死了一名被他们认为是受命来诺曼底推行在法国其他省份业已存在的食盐专卖制（所谓"gabelle"）的官员，这项制度要求每家每户都同意预先以溢价认购一定存量的食盐。形形色色的暴力抗议贯穿整个夏天，愤怒的民众在下诺曼底杀死了近 100 人——绝大多数都是税吏——还致残或用暴力威胁了不少其他人；他们还烧毁了税务局，以及那些被怀疑从税收中牟取私利之人的宅邸。行凶者有时只有数十人，有时却达数百人，最终他们合兵一处，成立了约有 5000 人之众的"受难军"。正如两年前的乡巴佬造反一样，一个小贵族蓬埃贝尔勋爵（自称为"赤足党将军"）主导了局势，任命了一些老兵做他的"准将"，以指挥和编练其追随者。这位"将军"还将一名牧师收为秘书，撰写并印刷了多篇宣言，这些宣言抨击了新征的盐税，呼吁回归1315 年为诺曼底并入法兰西王国提供宪政基础的"宪章"。[18]

黎塞留一开始的反应是将叛乱归咎于他的财政团队："我无法理解，你们这帮家伙为什么不考虑考虑你们财政部这些决策的后果，然后三思而行。"黎塞留还斥责他们说："就算是最坏的厄运也不难事先避免，可一旦它们已经发生就无药可医了。"此外，鉴于离心离德的公职人员（包括当地法官）拒绝与叛乱者作对，黎塞留同意暂缓执行部分导致民怨沸腾的新税。尽管如此，正如时任瑞典驻巴黎大使胡果·格劳秀斯（Hugo Grotius）准确的预言所说："等冬天士兵回到驻防地的时候，这些高温就会降下。"1639 年 12 月，黎塞留派出一支军队前往诺曼底，在一场持续数小时的激战中打败了"受难军"（与乡巴佬们一样，赤足党中也有许多退伍老兵）。[19]政府军接着处决了俘获的叛军头目，并将其余人等先囚禁起来，再派到各地充军。与此同时，法兰西王国的首席大法官皮埃尔·塞吉埃巡视了诺曼底公国，对此地施加了"警戒式惩罚"，以"杜绝未来任何相似骚乱的再度发生"。[20]

不过，法国国内的不满风潮仍在持续。1639 年晚些时候，路易十三的财政大臣颇具先见之明地抱怨说："人们不想再出钱了，不管是为新税还是旧税。我们正在盘剥最后一丝油水，不再有能力在好政策和坏政策中选择。我担心，我们的对外战争将退化为一场内战。"1640 年和 1641 年的灾难性天气毁灭了作物，推高了面包价格，并让许多人放弃了自己的田地，这些因素都让国内动乱的风险增加。此时的黎塞留预言说："如果财政部继续放任包税人和银行家随心所欲地对待国王陛下的

臣民的话，法国将肯定陷入那使西班牙沉沦的混乱状态并深受
其害……如果我们贪得无厌，就将一无所有。"[21] 但这位枢机却
看不到出路。"鉴于我在经济事务上的经验有限，"1642 年 2
月他语带愠怒地抱怨，"我判定政府应当接受或拒绝（某个新
的财政权宜之策）。"诚然，黎塞留也设想过一项雄心勃勃的
改革计划，以大幅削减支出，并将税制从直接税转为间接
税——但黎塞留承认，这项改革唯有在"和平之后"（après la
paix）方得生效。因此，这一计划无疾而终。[22]

与此同时，法国在战场上也收获甚微。1640 年的一段时
期里，加泰罗尼亚和葡萄牙反抗腓力四世的叛乱一度扑灭了西
班牙速战速决的预想（见第 9 章）。法国派往巴塞罗那的特使
曾在不久后回忆：

> 我们的战事本来在低地国家进展得不尽如人意，
> 在皮埃蒙特的状况甚至更为糟糕，可我们却突然就在
> 所有战场都占得上风（甚至包括德意志）。这是因为
> 敌人的兵力正被牵绊在他们的本国，并从别处回防其
> 大本营（卡斯蒂利亚）。他们的军队在其他各处战场
> 的行动都变得孱弱缓慢。（这就）给了我们占据上风
> 的机会。

就在此时，一位立场亲法的评论者也同样幸灾乐祸地评说
道："这些心腹大患是减损西班牙自尊心的真正手段，或许也
可迫使该国接受合情合理的媾和。"[23]

然而，上述冀望很快就归于破灭，因为法国也受到了自身
"心腹大患"的折磨。1641 年，路易十三的表弟，心怀不满的

苏瓦松伯爵依照之前的密谋出逃，他发布了一份宣言，承诺
"将一切恢复原状：重新订立那些已遭推翻的法律；重启各省
之豁免权、城市之权利和要人之特权；……确保对牧师和贵族
的尊重"。密谋者动员了一支军队，但苏瓦松伯爵愚蠢地用一
支装上子弹的手枪拨开了头盔的帽舌，就这样不小心扣动扳机
打死了自己。就连黎塞留的幕僚也相信："如果伯爵先生没死
的话，他就会得到一半巴黎市民的欢迎。的确，这就是蔓延全
法的公众情绪：全国都将站在他这边。"第二年，路易的娈童
兼他最为宠爱的廷臣桑马尔斯［也以所谓的"大人物"
（Monsieur le Grand）闻名］策划了一场令黎塞留垮台以与西
班牙媾和并在国内厉行节俭的密谋，最终功亏一篑。不过，法
王的军队很快就迫使佩皮尼昂开城投降，并推进到埃布罗河
畔。黎塞留的赌博似已取得报偿——但他本人却于 1642 年 12
月去世。路易十三接受了黎塞留的提议，任命朱利奥·马萨里
诺（当时以枢机主教儒勒·马扎然之名为人所知）接任首相；
但在四个月之后，路易十三本人也去世了。他的遗孀安妮
（奥地利的公主，也是腓力四世的妹妹）立即任命马扎然为摄
政委员会主席，为她 4 岁的儿子路易十四代掌朝政。

　　安妮的决定几乎震惊了所有人，同时也令所有觊觎这一
位置的人和一切排外主义者离心离德。不少人都相信马扎然
也成了安妮的情人——两人分开之时的书信往来佐证了这一
观点——不过，两人之间的肉体关系（无论这有可能是什
么）并非关键，因为他显然得到了安妮的完全信任，唯有武
装叛乱方可迫其下台。无论如何，未来的孔代亲王于路易
十三去世五天之后在罗克鲁瓦对西班牙人取得的胜利也令新
政权威风大振，尽管 1643 年又发生了一次灾难性的歉收——

302

不仅面包价格攀升到了半个世纪以来的最高点，而且霜冻还摧毁了葡萄藤。1644 年 5 月，巴黎的暴乱者围住了首席大法官塞吉埃，众人齐声高呼"请垂怜！"——但马扎然决定继续对外作战。[24]

国内的紧张局势也震慑了威斯特伐利亚和会上的法国谈判代表（见第 8 章）。1645 年 4 月一名谈判代表提醒马扎然，尽管近来的胜利已经令"一纸即将大大扩展法兰西霸业之疆界的和约"唾手可得，但若是企盼"在未来仍能有如此成功"就过于轻率了："因为政情极易受剧变的风险制约，它要么会因我们敌人运气的恢复而一朝改变，要么会因我们自己运气的下滑而骤然翻转，或是因某些国内纷争而一夕变换，这些都会在顷刻之间打消我们全部的优势，扑灭我们的所有希望。"[25]这是颇具先见之明的建言，但马扎然却对其置之不理：相反地，他将抗税定为可被判死刑的重罪，并派出更多招惹民怨的军需官前去督导，尽一切可能收取更多的税。

马扎然的豪赌一度见效。民众叛乱随着收成的好转而消减，税入因此回升，法国得以顺势发动对佛兰德、德意志、意大利和加泰罗尼亚等哈布斯堡领地的新一轮攻势。不过，一些马扎然的同僚仍对未来忧心忡忡。1646 年的战斗一结束，他们就主张立即达成一项可靠的和平协议——

  而非追求那些只能依靠继续交战才能取得的更好条件，因为战争的形势总是捉摸不定。胜利并非因我们事业的"当然正义"而得，也非依军队的规模而定，而是由神秘莫知的上帝决定。上帝赐予他所希望

扶持之人以胜利；而为了羞辱其他人，上帝还让他们
遭遇常人无法理解的挫败。

马扎然对此有所认同，他甚至赞美了"**功成身退之道，
因为这样就能保住我们已赢得的东西**"。不过，他没能遵从自
己的这一洞见。[26]

危机在 1647 年来临了。王室不仅提早透支了这一年的所
有收入，而且有意用 1648 年、1649 年和 1650 年的部分税收填
补开支。若要筹集继续作战的军费，法国只能课征更多新税，
并将未来的收入抵押给一些银行家，以换取应急的先期现金；
不过，每一条创设新税的法令都需要各法院的批准，而法院有
可能会拒绝为法令"注册"（并因此阻止其征收），或对法令
做出"诠释"（即减少其适用范围，因此以某种方式削减其收
入）。为了避免这一结果，马扎然以签发"逮捕密令"（lettres
de cachet）的方式让公开与政府作对的法官（以及其他批评
家）噤声（即将上述人等在家中就地软禁）。马扎然还带着年
幼的路易十四亲临抗命不从的巴黎高等法院，要求法官为争议
性的新税法令进行注册。有法官抗议这种行为是"暴政"，鼓
动那些新税的课征对象拒绝缴税；但马扎然对此视若无睹，并
且于 1647 年 11 月推出另一波法令，创设种种有待注册的新
税。其中三项税收将尤具争议性：对进入巴黎的粮食课征消费
税；对从王室领地中出让的土地征税；创设几个新的公职，并
将其卖给出价最高的竞标者。马扎然明言，除非上述三项法令
顺利注册通过，"鲍勒特"将不会到期顺延。

此时有三个因素决定了马扎然激化这场对立的时机颇为危
险。第一，正如一名巴黎日记作家所说，上述新税出台的时间

303

正值政府"不经法庭的合理程序，仅凭御前会议的一纸令状以及财政大臣签署的一张（人名）清单就将来自所有社会背景的人投入监牢"的时候，仅在 1646 年就有约 25000 人因为没能纳税而身陷囹圄。第二，1647 年的糟糕收成让首都巴黎和波旁宫廷都缺少粮食。正如马扎然向一名同事发出的抱怨所说："如果有占星家预言国王和王后会在本年年末没面包吃的话，他或许会被斥为疯子；但这就是现在的实情。"最终，马扎然没能遵照前任首相的警告，以戒慎恐惧之心处理巴黎事务。"你绝不能唤醒这头巨兽，"黎塞留曾写道，"而应当让它沉睡下去。"[27]

巴黎是 17 世纪中叶整个基督教世界最大的城市，有着两万间房舍和超过 40 万的居民，却一直享受着对绝大多数税收的豁免权。但因为新的法令要对运抵巴黎的粮食征收消费税，并对让与的王室领地征税（许多土地都毗邻首都），这一豁免权恐将不保。早在 1648 年 1 月，就有数百名巴黎市民在高等法院辩论新法令的时候齐聚司法宫（Palace of Justice）外，高喊"那不勒斯，那不勒斯"——这句尖锐的口号提醒大人们注意发生在欧洲另外一座首都城市的叛乱，那场叛乱正是因一项不得人心的课税而起（见第 14 章）。人群中有人出手殴打一位现身的法官。就在卫兵试图拘捕打人者时，人群中的妇女出手反击，卫兵不得不逃离现场。两天之后，摄政太后前往巴黎圣母院倾听民意。数百名妇女"向她怒吼，要求讨回公道"。[28]当天夜里，安妮与马扎然就在首都周边调动军队——不过，巴黎的民兵连做出了回应。他们列队集合，公然"测试"他们的火器，表明他们将在进攻发起时战斗到底。因此安妮和马扎然退而求其次，于 1648 年 1 月 15 日带着年幼的路易十四

再度到巴黎高等法院御座听政，强迫法官通过其他一些在之前
送交"注册"的税收法令。

法官的反叛

　　就在众人就这些不得人心的税收法令议论纷纷时，73 岁
高龄的大审院（Grand Conseil）法官皮埃尔·布罗塞尔（也是
一名巴黎民兵军官）写下了一份大胆的声明，捍卫巴黎高等
法院拒斥"像这些法令一样……悖逆国家福祉和上帝诫命的
王室行为"的权利："这不仅是因为它们含有损害国家福祉的
条款，也是因为这些法令的颁布违背了法官集会时的习惯和礼
仪。法院必须时刻有权自由地行使职能。"就像欧陆各地政府
新政的反对者一样，布罗塞尔及其同侪将关于个人苦衷的讨论
构筑于普遍原理之上，他们引用经文圣典、历史先例和沿袭已
久的习俗支持他们的论点。法王的支持者奥默·塔龙的做法与
之如出一辙。塔龙在国王亲临法院时提醒 9 岁的路易十四：
"陛下，您是统治我们的主权君王。陛下的权力来自上天，除
了您本人的良心之外，您的行动不必向任何人负责。不过，您
的荣耀需要我们成为自由之人，而非奴隶。"为给自己的立论
预热，塔龙提醒路易十四说：

　　　　过去十年来，田野已然毁弃，乡民只能卧于草
　　垛，因为他们卖掉了家具抵税——甚至即便如此也无
　　法缴足税额。为了维持巴黎的奢华生活，数百万无辜
　　的灵魂不得不靠着黑面包和燕麦片过活。陛下，您的
　　臣民剩下的只有灵魂了——如果可以的话，他们很早
　　之前就会将灵魂挂牌出售了。

塔龙接着回顾了法院被迫注册的那些新税为公职人员和城镇居民带来的种种痛苦，转而劝诫安妮：

> 今晚您的辩才令我想到了我国所有公职人员的悲伤、苦痛和惊慌失措，他们今天眼睁睁地看着自己的商品充公，即便他们未曾犯下纤毫之罪。除此之外，夫人，我还想到了乡下人的绝望。在那里，和平之愿景、胜利的荣誉和征服各省的荣耀都不能让缺少面包的人满足。[29]

布罗塞尔和塔龙的言论很快就印刷出版，激励了几个直接受害于近来税负的群体前往法院请愿，要求法院"诠释"（也就是修订）他们刚刚被迫注册的几条法令。最令人惊讶的请愿者是"上诉大律师"（maîtres de requêtes），即为御前会议工作的律师们。每一位上诉大律师一经任命便自动获得贵族身份，他和家人也就得以免于缴纳更多税金。一位具有抱负的律师往往会心甘情愿地支付 15 万利弗尔和每年的官职税（鲍勒特），只为获得这么一个肥缺。上诉大律师们强烈反对于 1648 年 1 月 15 日强行注册生效的税收法令，只因法令创设了 12 个新的类似职位——这将无可避免地减少每名法官接手的获利丰厚的案件的数量，从而降低将手头职位转卖他人的价值。到第二个月，上诉大律师们继续抗争，要求巴黎高等法院"诠释"法令。高院法官同意调查他们的冤屈，但又不止于此：他们还授权审查其他注册完成的法令。

此时的法国政府犯了一个严重的错误。安妮没能将讨论限制在某个特定（尽管有争议）的议题之内，反倒将原则性问题牵扯进来。她命令法官们考量是不是任何在国王**亲临法院**期间注册的法令都能够被修订。这么一来，安妮就忽视了其中潜藏的危险（用一位颇具洞见的要人、枢机主教雷兹的话说）：

305

"（她）揭开了那层必须一直用来遮蔽的面纱，你可以说，也可以相信其与民权和王权有关。这些议题总是在沉寂的时候才能保持最佳的和谐。"[30]

就在同时，巴黎法官的抗命不遵也激发了外省同事的抗命行为。布列塔尼法院逮捕并囚禁了中央政府派来的官员，这些官员带着与巴黎类似的税收法令前来注册。同时，图卢兹法院判罚所有开始征收新税的消费税税吏必须服苦役。法官数量扩充一倍的命令在普罗旺斯法院引发了激烈抗议，第一个购买新职位的人被抗议者刺死，大量海报持续警告着未来买家不要重蹈覆辙。法国各地的纳税都陷入了停滞。

马扎然并未预料到其政策的后果，这似乎令人感到意外。不过，和 17 世纪欧洲的绝大多数政治家一样，马扎然拒绝接受内政优先于外交这一现代政治共识。恰恰相反，马扎然无比确信（这并非毫无理由），西西里和那不勒斯的叛乱将促使西班牙国王腓力四世动用军队恢复对当地的统治，这将在三个方面对法国有利：第一，腓力派往那不勒斯的军队将来自加泰罗尼亚，这就让法国军队得以在加泰罗尼亚取得进展；第二，西班牙对那不勒斯的进攻将会"火上浇油，而非扑灭烈火"；第三，这场"大火"将让西班牙左支右绌，无力防守其在北意大利的阵地。[31]于是，马扎然拒绝了焦头烂额的腓力提出的颇为有利的和平条款，包括将法国在低地国家业已取得的领土永久割让给法国，并把法国在伦巴第和加泰罗尼亚占据的领土割让三十年。如果马扎然接受这些条款的话——这远远胜过法国未来得到的任何条款——他就可以立即将困在尼德兰的军队调往德意志，并因此在威斯特伐利亚和会上赢得远比现实历史中更为优越的条件。但马扎然舍此不图，他本着赢得更大战果的想法，将所有可用的资源都倾注于加泰罗尼亚和伦巴第的战事之中。

与另一个天主教王国继续交战的决策不仅令那些"虔诚者"离心离德，也令另一个名为"扬森主义者"的新兴教派感到不满。1640 年，一部题为《奥古斯丁论》（*Augustinus*）的拉丁文论著开始在坊间流传，其作者是科内利乌斯·扬森（前文所述畅销书《高卢战神》的作者）。这篇论文提出了如下观点，即人类早已从原初的纯净状态堕落得太远，唯有最为严格虔诚的献身方能换来拯救：常规的虔敬行为已经不足实现救赎。扬森早期的反法兰西作品有着名目繁多的版本和译本，以至于大为光火的黎塞留向教宗请求对《奥古斯丁论》下达谴责令，并将其查禁。尽管如此，就在黎塞留去世之后不久，巴黎教士安托宁·阿诺尔就出版了《频领圣餐》（*Frequent Communion*）一书。这本雄辩的法语小册子将扬森那本佶屈聱牙的拉丁文对开本的主要观点普及给了大众。该书特别谴责了频繁进行圣餐礼的行为。频领圣餐正是耶稣会（独树一帜）提倡的用来"满足"上帝的行为：阿尔诺对此不以为然。他认为，俗人唯有将心神之中的一切不敬之念洗涤干净方可领受圣事。马扎然效仿黎塞留，将一本《频领圣餐》送往罗马，请教宗下达谴责令。马扎然还计划将该书作者移送罗马，以异端罪的指控接受审讯——不过，扬森是腓力四世的臣民，阿诺尔则是一名法国法官之子，生于巴黎的一个显赫世家。巴黎高等法院的法官们认为，不但法国不乏可以判定阿诺尔及其著作是否正统的神学家，而且将一名法国臣民送往罗马也将为今后教宗干预法国教会事务大开方便之门。用奥雷斯特·拉努姆的话说，安妮的决策令阿诺尔"和扬森主义者的事业在巴黎社会享有前所未有的支持，甚至超过了该派别之先驱的预想；有史以来巴黎高院的激进分子第一次认为，王太后是一个正在颠覆法国法律的外国人"。[32]

法官和扬森主义者的反抗可谓祸不单行，而随着又一个湿冷的春天在此时令庄稼绝收，马扎然和安妮不得不回心转意，赞成议和：1648 年 5 月他们向马德里方面暗示，法国有意基于五个月前西班牙给出的慷慨条款开启和平谈判。不过，当时的腓力已经与荷兰人达成了和平，并镇压了那不勒斯和西西里两地的叛乱：他因此决定增加对法国的军事压力。"我们现在需要的，"一名西班牙外交官沉思道，"不过是在尼德兰取得一些适度的胜利。我们将借此机会动摇法国，这些动乱也将为达成一场体面的和平铺平道路。"[33]数周之后，一场远远超出西班牙人最乐观预想的"动乱"便令法国首都陷入瘫痪。

引爆点：法国的街垒

1648 年 4 月，马扎然试图在他在国内的各路反对者之间打进一个楔子。他向巴黎高等法院的法官（仅限于他们）许诺说，他们有机会以正常价格到期续约"鲍勒特"。其他官员要想到期顺延这一协议，则必须放弃四年的薪水；同时，还在抗争的上诉大律师则统统失去了他们到期续订鲍勒特的权利。这一连串明目张胆的"分而治之"的企图遭到了灾难性的抵制。巴黎高院的法官们投票通过了一份联合决议（arrêt d'union），表达对他们所有同行的支持。他们还邀请另外三家"主权法院"——处理税务上诉和税务审计的"救济院"

（Cour des Aides）和"审计法院"（Chambre des Comptes），以及受理教会相关纠纷的"大审院"——到巴黎集会，并派出代表与他们在司法官的一处名为"圣路易厅"（Chambre Saint-Louis）的特别房间进行会晤。

这番抗命之举激励了其他心怀不满的公职人员群体，令他们纷纷开始违抗摄政太后之命，为首的就是在外省主管间接税征收事务的法国司库官（Trésoriers de France）。司库官员享有许多社会和经济特权，其中包括"三代为官之后自动擢升为贵族头衔"，以及免于向军队提供借宿、免服强制民兵役、豁免特定税收等优厚待遇。这些职位也因此对家世显赫的人（布莱士·帕斯卡和安托万·阿诺尔都出身司库官家庭）颇具吸引力。司库官还拥有他们自己的工会（syndicat），这个工会每年举行大会，在巴黎设有常务秘书、常务委员会和常任代理人，并刊行自己的新闻简报。马扎然对这个势力可观的组织视若无睹，他撤销了司库官的一些税收豁免特权，取消了他们免于为军队提供借宿的自由。司库官工会的常务委员会展开了反击：他们要求其成员将征到的税收先用于支付自己的欠薪，接着便四处搜寻所有马扎然任命的新税务官贪图钱财的证据，并将不法事证公之于众。到 1648 年 5 月中旬，法国的整个财政机器已经陷入瘫痪状态。[34]

安妮和马扎然意识到了迫在眉睫的危险，他们动手向法官施压，下令撤销"鲍勒特"的延期许可，禁止圣路易厅未来的一切集会，并将几个司库官关进巴士底狱——不过，上述挑衅之举点燃了进一步的抗命行动。自 1648 年 6 月 30 日起，巴黎高等法院的 14 名法官和另外三家中央法院的 6 名法官每天都在圣路易厅聚会，商讨法国的种种不公状况。为了营造妥协氛围以便税务官返工，安妮孤注一掷罢免了一名不得人心的财政大臣，并释放了狱中囚禁的司库官。但历史重演了：上层的让步助长了反对者的自信心。法官顺水推舟提出多项要求，包括不得在未披露正当理由的情况下囚禁公职人员，不再创设新的司法职位，定期支付法官的薪酬，"蠲免"所有拖欠的税款，取消一切借款合同，以及尤为重要的是，废除军需官制度。

在巴黎高等法院，法官之间的频繁会晤增强了反抗者们信心。他们以嘘声和跺脚打断自己不认同的演说，在重大议题上各持己见（废除军需官的提案仅以 106 对 66 票获得通过），还不时强迫院长留在席位上，使他无法阻却争议法案的辩论和表决。[35]佛兰德的西班牙军队正陈兵于东北边界，得知此事的安妮只好让步。她同意将"鲍勒特"政策对所有官员延期九年，将本年度地租税削减八分之一，"蠲免"1647 年之前所有拖欠的税款，释放所有因欠税而被投入监狱的人，并追回那些遭人怨恨的军需官吞没的回扣。

马扎然自信满满地认为上述政策将终结这场危机。1648年 7 月，他向一位同事夸口说："所有反对之声都消失了。不仅如此，陛下还从（现状中）获得了极大的利益。局势清楚得很：上帝深爱这个政府，用那些似乎势将误入歧途的方式给了政府莫大的好运。"他还热情洋溢地指出，"因为担忧发生更糟之事"，一批收租官已经"承诺上缴延续战争所需的固定金额，只要西班牙人的冥顽不灵让这一切有必要的话。我们已经花掉了今年和今后两年的所有（财政收入）；现在，我们找到了将这笔钱再花一次的办法"。[36]

之后的事态却让马扎然大为惊骇。巴黎高等法院投票通过决议，要求彻查部分"金主"的账目，原因是他们发现了后者舞弊和牟取暴利的证据。"金主"借给政府的所有款项都在一夕之间停止支付，马扎然也不甚情愿地让他在明斯特的谈判官立即以力所能及的最佳条款结束法国在德意志的战事。"这几乎是个奇迹，"马扎然评论道，"身处如此之多自我设置的障碍之中，我们竟还能继续运转国务，甚至让其更加繁荣；不过审慎之心告诫我们，我们不应将全盘信任都仰赖于奇迹的延续。"这位枢机主教哀叹，法院的反抗和蔓延的抗税风潮已经将政府拖到了破产的边缘；他"噙着血泪"遗憾地说，上述内乱都发生在德意志战事正处于"前所未有的最佳态势"的当口。不过他还是总结道："这漫长一课的终结只是为了让你相信我们一有机会就应尽快达成和议。"[37]

讽刺的是，就在马扎然签发这封信件的一周之后，孔代亲王在朗斯之战（the battle of Lens）中一举击溃了进犯的西班牙军队——但马扎然却在顷刻之间葬送了这一大好局面。按照马扎然的盘算，在巴黎圣母院举办一场庆祝胜利的赞美颂（Te Deum）将是逮捕包括皮埃尔·布鲁索尔在内的闹事法官的大好机会。于是摄政太后以私人名义邀请所有法官到场。但一处微小的误算搞砸了整个计划。通常而言，侍卫都会簇拥在他们需要保护的要人周围。因此，就在1648年8月26日的圣事进入尾声时，有法官注意到王太后的卫兵在她离开之后还逗留在教堂之内，于是警觉了起来。这一天本是集市日（market day），巴黎圣母院周边区域人满为患，马扎然要抓的人中有几个趁乱逃脱——其中就有布鲁索尔，他住在巴黎圣母院附近。不过，还是有一队卫兵匆匆赶到，将布鲁索尔从家中拖出。[38]

布鲁索尔既是民兵连长也是法官，他的被捕激怒了邻里。大批民众冲上街道，一边大喊"国王万岁！释放囚犯！"的口号，一边打砸门窗。为避免有人趁乱打劫，民兵连被动员起来。他们搬出绝大多数巴黎街道都有的专供紧急之用的硕大铁链，将它们沿街铺开，并在其后筑起街垒抵抗一切进攻。到8月27日黄昏时分，巴黎城内已经建立了1200多座街垒。据一名目击者说："所有人都携带武器，无一例外。有人看到五六岁的小孩手持匕首，母亲们也个个全副武装。"民兵对外宣告，除非摄政太后释放布鲁索尔，否则他们绝不会放下手里的武器。更令王室感到震惊的是，王宫侍卫也表明了态度：他们不会向自己的同胞开火。

第二天，布鲁索尔获释并成功返家，这平息了民众的怒气，也使街垒得到拆除，但还是有一股"大焦虑"持续盘桓在这座法国首都之中：各家户主都担心他们的财产有可能毁于"暴民"或军队之手。以布鲁索尔为首的法官利用这一不稳定局势，继续对最近的税收法令展开严查。他们将某些法令彻底驳回，并要求安妮修正其余法令。法官们也对所谓"反马扎然小册子"（Mazarinades）中一系列针对这位太后宠臣的书面抨击无动于衷。[39]

枢机大人树敌众多。几位地位显著的廷臣曾希望接替黎塞留的首相之位，并因此嫉妒这位击败他们夺得大位的人；许多教士对马扎然的施政颇为愤怒，因为他不仅提名自己的政治盟友担任教会职位，还坚持与同样信仰天主教的国家交战；法官也憎恶马扎然在财政上巧立名目，因为这些新政剥夺了法官的权威和收入。布鲁索尔被捕的闹剧惊醒了众人，大量批评马扎然政策的小册子应运而生，它们攻击马扎然的外国出身，戏仿他的意大利口音。马车夫恐吓桀骜的马匹时也会威胁说："马扎然要把你抓起来了。"更有甚者，巴黎年

309 轻人拉帮结伙带着投石器（frondes）上街，用这个击打马扎然宫（Palais Mazarin）奢华的窗户。投石器可谓"弱者的武器"，它让人想起《圣经》里大卫战胜歌利亚的典故，也为这场从此刻开始并将持续五年的叛乱提供了名字：投石党之乱（the Fronde）。[40]

巴黎高等法院的法官们备受法院墙外愤怒纳税人定期抗议的鼓舞，开始有条不紊地挑战每一项新税的合法性。到了10月，摄政太后终于废除了部分新税，并将1648年和1649年的租税降到了之前五分之一的水平。据马扎然估算，太后的让步将"以各种方式令国王的收入减半"，于是他只得再次要求他在威斯特伐利亚的谈判官，以最有利的条款使法国脱离德意志的战事。马扎然抗议道："与其像现在这样仓促达成一份不甚完满的和平协定，还是等帝国境内的战事持续一段时间之后再达成一份全面和平协定，对我们更有利"，这是因为哈布斯堡皇帝现在大可以逃脱"彻底毁灭的命运，尤其是考虑到他的可悲处境：皇帝的财富已经大为缩水，他的覆灭本已近在眼前且无可避免"。但马扎然只是在多费唇舌而已：囿于自身不甚安全的处境，明斯特的法国外交官已经签署了最终的和约文书。[41]

投石党之乱

莫特维尔夫人是摄政王太后安妮府中一个机警的侍者，"街垒之日"的当天她就待在王宫里。莫特维尔夫人哀叹："人民冀望拯救自己免于税捐，只幻想着骚乱和改变。"她还担心英格兰、西班牙和法兰西三国反对王室的叛乱愈演愈烈，终将组成一个"邪恶的星座，威胁各国君王的福祉"。[42]奥地利的安妮显然认同这一悲观论调，因为她适时发布了一份通告，指控法官们与西班牙人合谋劫走她的儿子，暗示这些人意在建立一个共和国。通告还命令四大主权法院立即离开巴黎，迁往四个不同的地点。安妮还命令孔代亲王和他的胜利之师封锁首都。

摄政太后自以为是的举动再一次弄巧成拙，这反倒让她的对手团结起来。由于她将所有法官都斥为叛徒，那些迄今为止仍然忠于王室的法官便签署了一纸宣言，宣布马扎然为"吾王和吾国的敌人"。1649 年 1 月，王室逃出了首都。军事封锁迫使法官们与巴黎其他反对派团体并肩战斗。市政官借到了100 万利弗尔，民兵守卫着巴士底狱、军火库和城墙。法官们还没收了他们在首都能找到的全部王室资产，与委员们成立了一个战时行政机构，负责军事、财政和"外交"等事务。以委任大主教保罗・德・贡蒂（后来的雷兹枢机主教）为首的巴黎教士群体（其中许多人都是扬森主义者）也以建言献策、布道动员、散发小册子等方式提供了帮助。不少贵族也加入其中，他们齐聚巴黎与法官会合，还带来了军队。

至少在一开始，绝大多数新加入投石党的贵族是本着原则行事的。黎塞留曾经以涉嫌密谋乃至更轻的指控（例如决斗）囚禁他们，抄没他们的财产，摧毁他们的城堡。现在，贵族们试图废除黎塞留遗留的特权统治机器，这套机器不但羞辱了他们，也让他们的臣民穷困不堪。贵族也热衷于开启与西班牙的和平谈判，他们认定，继续作战将令法兰西灭亡。[43]贵族缺少用于谈论苦衷的现成平台，不过这不要紧——他们可以在三级会议合法集会（1614 年之后就再也没有召开过），也可以在各省议会集结（在 1649 年的法国，唯有那些边境省份还在定期召开议会）——一开始这也并不要紧，因为事实证明他们的观点可以通过小册子的形式轻易得到传播。巴黎有超过 350 家印刷行，许多店铺都是靠大量印制用于分发到全国各地的政府法令而繁荣的。王室的出逃终结了这项赚钱的生意来源，于是印刷商们只得以印制廉价政治小册子来补偿损失，这便是所谓"谤书"（libelles，这是当时更具表现力的法语说法）。时人对"小册子的惊人数量"也多有评论，一个作家曾开玩笑说："巴黎有一半人在印刷和出售小册子，另一半人则在购买它们。"这位作家也许说得没错：1649～1653 年生产的出版物数量远远超过了这个世纪其他所有时期的总和（插图 32）。[44]

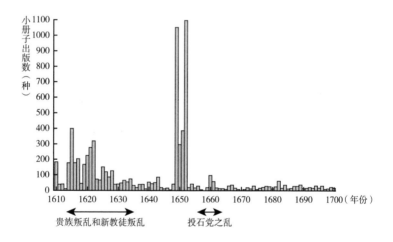

32 17 世纪法国的小册子出版量

311　　　位于巴黎的法国国家图书馆收藏了数量惊人的小册子，它们的演变情况反映着这个王国的政治是否稳定。1610 年亨利四世遇刺导致超过 100 种小册子面世，随之而来的新教徒叛乱和贵族叛乱也会时而造成一年出版 400 多种小册子的盛况；不过若是和"反马扎然小册子"（攻击首相马扎然的小册子）相比，它们加在一起也是黯然失色。"反马扎然小册子"在 1649 年的种类就超过了 1000 种，1652 年亦然。

出版业行情的波动时刻反映着政治和军事上的新变化：1648 年法国出版市场上只有不到 100 种出版物，那时王室还在首都巴黎。而在 1649 年王室出逃之后的头三个月里，市场上就有 1000 多种反马扎然小册子付梓，有时一天之内有 12 种以上的小册子出版发行（插图 33）。反马扎然小册子覆盖的话题广泛，无事不谈。有些小册子就政治义务展开了深入的讨论，它们认为之前的作者"将过多的权力归到王亲贵族名下，这对王亲贵族太过有利，即便就他们自身安全而言也是权力过大"；君主"对我们负有保护之责，就像我们对他们有效忠的义务一样"；小册子还宣称，巴黎高等法院已经取代瘫痪的三级会议，成为古代法兰克人大会的直属继承者，因此

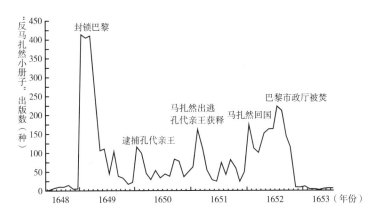

33 "反马扎然小册子"的月度发行量，1649 年 5 月至 1653 年 7 月

攻击这位枢机主教的小册子的出版数在 1649 年 1 月急速飙升，因为王室此前离开首都，失去了审查出版商的能力。1649 年初巴黎围城期间，"反马扎然小册子"的总出版量让一系列后续事件催生的小册子都相形见绌——尽管如此，1650 年 1 月孔代亲王的系狱一年之后他的获释——这些事件的月度出版量还是超过了之前数年里的年度出版量（见插图 32）。马扎然重返首都的时候，出版量出现了同样的回落——从 1652 年的 1093 种，直减到 1653 年的 18 种。

"若无巴黎高等法院的同意，不得向法王的臣民征任何税……因为巴黎高等法院代表着人民的集体肯认"。[45]还有作者将每天的重大议题化为淫秽之事，一份八页长的诗歌小册子就谈到了安妮的性生活，开篇便是：

> 大家不必再有疑虑：他真的上了她
> 经由她的小穴，儒勒（马扎然）丢给我们一坨屎

按照反马扎然小册子的说法，马扎然干政的结果就是让法国的万事万物都沦为（用一位作者的话说）"要么像妓院，要么像墓地"一样的境地。[46]

1648 年与 1649 年之交的冬季延续了近半年之久，这让政治小册子的数量显得尤为惊人。快速的解冻紧接着酷寒而来，滔滔急雨让塞纳河水漫过河岸，淹没了巴黎市政厅和周围的房屋。巴黎南部（这里通常是首都大部分面包供应的来源）的旱灾与孔代亲王的封锁相叠加，让一条面包的价格在 1649 年 2 月从 9 索尔①暴涨到 18 索尔。当时的一名非熟练工即便在有活可干时每天也只能挣到 12 索尔，因此这轮涨价引发了饥馑。[47]

生活在巴黎城郊的人不仅要与降雪、洪水和饥馑作战，还要对付孔代的军队。1649 年 2 月，摄政太后的随行人员乘坐长途马车途经首都附近时，"穿行于数座村庄之间，目睹了骇人的萧索之景：居民已将这些村庄弃之不顾，房舍已被烧为灰烬，片瓦无存，教堂也被洗劫一空"。[48]还有人在附近的修道院避难，比如巴黎西南部波尔罗亚尔修道院的女院长安杰丽克·

---

① 索尔（sol），法国旧币制单位，1 利弗尔相当于 20 索尔。

阿诺尔（扬森主义者安托万·阿诺尔的姐姐）就尽可能地为民众提供了保护，她修筑了街垒，将马匹赶进会堂，把奶牛藏进地窖，将家鸡和火鸡圈进院子，并在小礼拜堂里储存谷物。尽管如此，她还是向一名住在巴黎的修女哀叹：

> （虽然）上帝保佑，我们身上还没什么厄运降临，但我们有理由担忧，如果坏天气继续的话，我们就将像你们一样死于饥饿，因为如果他们（士兵）像对待别人那样将我们盘剥殆尽，我们可就不知去哪寻找食物了，因为周边郊野已经没什么剩下的了……这里的饥馑至少不输巴黎，雪上加霜的是我们还承受着兵荒马乱的压力。

安杰丽克还哀叹说，波尔罗亚尔修道院"周遭布满世界上最凶暴的军队，他们穷凶极恶，极尽亵渎神灵之能事，蹂躏了周边所有乡间地区"。[49] 而在巴黎市内，饥饿的民众将司法宫团团围住，高喊"要么给我面包，要么给我和平"。他们欢迎腓力四世特使的到来，这位特使正是到此邀请巴黎高等法院居中斡旋，促成西法两国的和议。投石党似乎就要成功——但在当天晚些时候伦敦的消息传来，那里的"高等法院"已将查理一世审判、定罪并斩首。

英格兰人弑君的消息飞速传播，这要归功于西奥弗拉斯特·勒诺多（法王御医）每周六出版的《法兰西公报》。这份报纸有时还会以"加急号"的形式出版半周刊。每份报纸售价2索尔，付不起报钱的读者也可以在报摊上读一份，或是聆听别人大声读报。每份公报都以国内报道"平衡"国外报道：

313

国内报道强调法国及其王室的安宁和幸福（法王出席的芭蕾舞剧和宗教圣事，以及国王的军队取得的胜利），国际报道则力陈法国境外的政治混乱或天灾人祸（德意志的暴行，以及预示他国苦难的异象和凶兆）。伦敦的弑君新闻紧接着伊斯坦布尔易卜拉欣苏丹遇害的消息到来，在法国全境掀起了一波怀疑、愤慨和厌恶的浪潮。有评论家宣称，这可是"数百年来发生的最不寻常的事件"。"就让人们掂量掂量邻国都发生了什么吧，"还有一份小册子大声疾呼，"问问勒诺多数月之前的伊斯坦布尔后来发生了什么吧，因为英格兰的事情太招人憎恶了。人们究竟有没有可能继续对上述事件充耳不闻呢？他们有无可能根本没看到这一切将把国家带往何方？"[50]

巴黎的法官对"带往何方"的问题有着清醒的认识。为与英格兰的"篡逆弑君之举"划清界限，法官向查理一世的遗孀亨利埃塔·玛利亚表示慰问，并为她发放了一份抚恤年金，还与摄政太后开启了和平谈判。最终，为了换得安妮"承认之前所有让步并向她的反对者颁授大赦令"的承诺，巴黎高等法院于 1649 年 3 月撤销了针对马扎然的法令。

巴黎高等法院的变节令投石党陷于分裂。许多贵族的最高目标本就是赶马扎然下台，他们因此继续抗争。与此同时，还有众多巴黎市民聚集在司法宫外高呼"绝不媾和！马扎然滚蛋！"，有人甚至喊出了更为骇人的口号："共和！"就在此时，腓力四世再度向法国递来了和谈的橄榄枝，但他注意到投石党之乱削弱了法国的实力，因此不仅要求所有法国军队撤出加泰罗尼亚和洛林，还要求法国终止对葡萄牙的一切援助。马扎然愤怒地拒绝了这些"狂妄的索求"。1650 年初，恼羞成怒的孔代亲王加入投石党。

"亲王殿下"（所有人都这么称呼他）拥有诸多特权。他是法王的近亲、王位的第三顺位继承人；身为罗克鲁瓦和朗斯之战的胜利者，他还拥有巨大的名望；他不但富可敌国，也有着杰出的口才（他的拉丁语说得和法语一样好）。孔代亲王在巴黎的司令部有一台印刷机和一个作者团队，两者一道发起了一波波宣传攻势。没有证据表明孔代亲王意欲取代其堂弟路易十四成为国王，或是将法国肢解并建立一个自己的王国。他很可能意在撤换安妮太后的摄政之位，似乎也接近达成了这一目标：1650 年 1 月，马扎然自称为孔代"极为谦卑的仆人"，许诺将在一切事务上为亲王的利益奔走。然而，亲王的胜利仅仅持续了两天：安妮的卫兵突然逮捕并囚禁了他，亲王身边的两位主要支持者也锒铛入狱。[51]

314

绝大多数法官都认定这起逮捕事件是专制权力的再度滥用，他们立即宣布支持亲王。孔代亲王在诺曼底、勃艮第和吉耶讷等地的支持者和亲人也奋起反抗中央政府，由于中央政府缺乏平乱所需的资金，他们的叛乱引爆了一场持续三年的冲突，马扎然于 1650 年春天向同僚坦言：

> 如果你在这儿，你就会知道，王室每天都处于破产边缘。因为我们无力支付每月的津贴，英格兰王后（亨利埃塔·玛利亚）已经解散了她的贴身随从，遁入修道院。此外，财政大臣尚未给我们在佛兰德的军队……筹到一分一文。

第二年夏天多风潮湿的天气对现况于事无补；此外（据一份同时代史料所载），在 1651 年初，一场"似乎预示着灾难将降临于这个可怜国度"的洪水袭击了法国，宣告了这一年的开始。"战争已经引起了过激行为；税收摧毁了人们的生计；饥荒已将许多人送进坟墓；绝望引发了起义。"[52]法国国内的几乎所有军队要么因缺饷少粮而处于哗变状态，要么在贵族的领导之下公开反抗王室。就连那些战火并未波及的地带也饱受自然灾害之苦。在普罗旺斯，谷物价格在瘟疫暴发期间升至整个17世纪的最高水平，引发了近70场大众暴动；而在皮卡第，地方教士在访问教区居民时发现，居民的家庭甚至匮乏得没法招待他们，因为他们已经好多天没有吃饭了。[53]

1651年2月，安妮同时屈从于贵族和法官的要求，释放了孔代及其支持者；马扎然担心之前的囚徒群起寻仇，于是趁乱逃出巴黎，颇不光彩地逃往德意志。一方面，滂沱大雨让塞纳河再度冲垮河岸，淹没了许多巴黎市民的房舍；另一方面，曾经聚在一起要求释放三位亲王的数百名贵族顺势创设了一个名为"贵族大会"的机构，在那里表达他们对中央政府的各种不满：国债利息的欠付，公职任用的不足（因此薪水也不足），以及对他们的免税、免兵役、免提供借宿义务的特权的反复剥夺。不同寻常的是，这个大会不承认任何等级之别，因此在其公告（全部印刷成文并广为散布）上署下的名字从亲王、贵族、男爵到普通绅士不一而足。每天的例会由所有人轮流主持。大会坚持要求安妮召开三级会议，为了争取贵族安分回家，安妮最终同意了这一要求，于1651年9月8日召开三级会议。[54]

令人颇为惊讶的是，贵族们将安妮的承诺当真了，因为在三级会议的预定会期之前三天，路易十四就将年满13周岁：按照法国的法律，他将在这一年成年，摄政也将终结。尽管几个团体都兴致勃勃地列出了所谓的"陈情清单"（Cahiers de doléances），但法国政府甚至没有签发召集各级代表的令状：

从此之后，下一场三级会议要到 1789 年才会召开。意识到自己被欺骗了的孔代亲王离开巴黎，与腓力四世缔结正式同盟。没过多久，安妮太后和路易十四也都离开巴黎与马扎然会合，此时后者早已带着一支来自德意志战场的生力军重返法国。

王室一伙离开巴黎也引发了另一波反马扎然小册子的出版热潮：1652 年全年有 1600 多种小册子见诸坊间——有时同一天能出版 10 种之多（见插图 33）。小册子一如既往地将矛头对准了马扎然；一系列内容耸人听闻的宽幅印刷品也被张贴在公共场所，对马扎然大加批判。有幅海报以"通缉令"的形式将这位枢机判处死刑，要他为自己给法国带来的损失抵罪：每幅"通缉令"都用一根绳索穿过"马扎然"脖颈两边的两个孔洞，这样一来他的肖像就能被"绞死"了。[55]扬森主义者也跑来凑热闹，他们在罗伯特·阿诺尔（安托万和安杰丽克的长兄）的领导下印制了一本名为《赤裸裸的真理》（*The Naked Truth*）的小册子，对投石党之乱的起因进行了一番鞭辟入里的分析，主张马扎然和孔代亲王应同等责任，并将他们与克伦威尔（被他们称为"英格兰的暴君和篡弑者""本世纪的穆罕默德"）做了一番比较。[56]

反马扎然小册子出版的第二大高峰正逢新围城行动导致的巴黎饥荒。孔代亲王于 1652 年 4 月短暂回国，以求建立一个新的中央政府。但就在他的支持者占领巴黎市政厅（Hôtel de Ville）并杀死孔代反对者的首领之后，大众舆论就开始转而反对亲王。一度有数十名妇女聚集在孔代司令部的门外，声嘶力竭地要求和平。亲王卷入了与"和平妇女"的叫骂比赛，并且颇不明智地指控她们收了马扎然的钱。"我们没有受雇,"
女人骂了回来,"不像您手下的市政厅凶犯。"[57]孔代再次逃出
巴黎,这一次他目的地是波尔多。亲王在来自英格兰的启发与
帮助下于波尔多与工匠、律师和商人结盟成立了一个名为
"奥梅"(Ormée)的城市政权,那些城市领袖在一些英格兰策
士的帮助之下订立了一部共和宪法,"没有国王!没有贵族!"
的喊声响彻波尔多的街巷。[58]

就在此时,马扎然已着手反击。他拉拢一群金融家贷给他
充足的款项,以代偿债务和给予年金的办法收买了一部分法
官。同时,安妮也将土地和头衔授予潜在的支持者:17 个贵
族家庭成为"王国贵族"(duc et pair),这是一种相对新颖的
殊荣。1652 年 10 月,路易十四重返首都之后就立即亲临法
院,废除了过去四年巴黎高等法院颁布的所有立法。路易十四
还禁止法官从此再插手"军国大事和财政机宜",禁止任何
"针对国王所任命的大臣"(比如马扎然)的诉讼,废除了
1648 年创立的"司法厅"(这个机构本是调查王室银行家牟利
行为而设的),并放逐了绝大多数顽固不化的批评者。[59]

尽管如此,路易十四仍面临诸多国内敌人。吉耶讷省全
境依旧在西班牙和英国军队支持之下处于叛乱状态,孔代亲
王及其同党与贵族盟友率领的几个团则在西属尼德兰与腓力
四世的军队并肩作战。巴黎的教士也在 1652 年 12 月以后公
开反对马扎然,因为马扎然在这个月逮捕了皮埃尔·德·贡
蒂(雷兹枢机)和巴黎大主教一职的指定继任者("助
牧")。尽管雷兹绝非唯一批评马扎然的教士——就连后来因
虔敬生活和著作而封圣的文森·德·保罗也曾要求马扎然辞
任首相——但雷兹还是带头煽动了首都的反政府阴谋:首先

他希望撤换马扎然的首相之职，而在这个希望破灭之时他又认为应当将法国改造成一个英国式的共和国。[60]狱中的雷兹乞求他的贵族亲戚和教士同侪组织暴乱将他营救出狱，一场"教士投石党运动"开始在巴黎教区的神职人员中间展开，几乎所有扬森主义者都参与其中，他们早已对政府迫害那些《奥古斯丁论》拥护者的行径心怀不满。1653 年 5 月，马扎然游说教宗颁布了一项全面谴责扬森主义观点的敕令，将扬森主义著作中的五点主张定为异端邪说，但这一策略反而强化了巴黎教士（约 50 人）的反对立场——现在他们定期集会，讨论本教省的事务。[61]

马扎然无力镇压其他反对者，这一点也极大地鼓舞了"教士投石党"。尽管王室军队迫使波尔多投降并消灭了"奥梅"政权，孔代亲王还是接过了西属尼德兰军队的指挥权，并于 1654 年作势准备向巴黎进军。就在同一时间，雷兹越狱，意欲再度召集他的支持者。数百人聚集在巴黎圣母院，聆听大教堂圣职团违背政府命令歌唱赞美颂，庆祝他们英雄般的越狱。但好运在这时挽救了马扎然：逃亡途中的雷兹跌了一跤导致肩膀脱臼，不能骑马的他只得休息。就在雷兹休养身体期间，巴黎教士袭击了耶稣会（许多耶稣会成员都是政府的公开辩护者）。这些不合时宜的教派纷争催生了布莱士·帕斯卡笔下玩世不恭而又谐趣丛生的系列文章合辑《致外省人信札》（*Provincial Letters*），这本书号称意在解释形形色色的论争，实则贬低了所有参与者的声誉。

随之而来的便是 1657～1658 年的极端严冬，以及在冰雪消融时发生的强降水：许多河流漫过了河岸，塞纳河在十年之内第三次在巴黎城内泛滥。农民无法播种作物，收成也极为惨淡。就连马扎然也被迫承认，因为自己缺乏再发动一场战争的资源，现在是时候"在依旧领先时全身而退了"。1659 年，马扎然接受了腓力四世的和平姿态，为法国赢得了加泰罗尼亚北部土地和南尼德兰的一些地盘（见第 9 章）。[62]

盘点战争

1635～1659 年长达四分之一个世纪的战争、反常气候和政治危机令法国不复往日辉煌。1652 年见证了法国在整个旧制度时期最严重的人口危机。巴黎的谷物价格飙涨到了连江湖术士也难以谋生的地步。一位颇为著名的术士就曾说："我在三个月里没有拔掉一颗牙，也没有卖掉一丁点魔术粉。"而在巴黎周边的乡间，敌对行动和作物歉收的共同作用，让农村居民"相信一切又担忧一切"。在波尔罗亚尔修道院，安杰丽克·阿诺尔观察道："我们眼前只有四处徘徊的穷人，他们告诉我们自己今天又没吃饭，一些穷人甚至说自己已经两到三天没吃饭了。"[63]士兵们摧毁庄稼，焚烧屋舍，偷窃财产。在阿诺尔院长看来："战争已经毁灭了一切。几乎所有人都死去了，剩下的人被征入伍前去作战。我们耕种田野将有麻烦，因为缺少劳动力。"留存至今的教区登记簿印证了她惨淡的估计。在某个教区，军队造成的"非凡暴行和惊人破坏"与糟糕的天气一起"迫使居民离家避难，有 250 人死于非命"——死亡率为正常年份的 14 倍——在整个法兰西岛地区，葬礼次数剧增而出生人数剧减，人口学家因此推断"仅一年之内就有四分之一的人口消失"（插图 34）。[64]

皮埃尔·戈贝特对巴黎以北的肥沃农业区博韦（Beauvais）进行的深入研究也反映了一场"影响经济、社会、人口、生

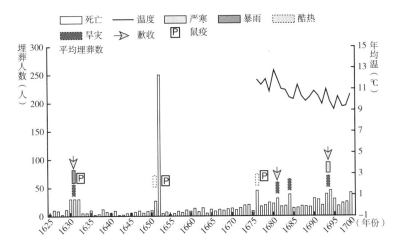

34　17 世纪法兰西岛地区的战争、气候和死亡状况

　　巴黎东南 7 英里处小镇克雷泰伊的记录，反映了 17 世纪气候和死亡之间的密切联系：1631 年和 1693～1694 年的严寒和暴雨让埋葬人数随之攀升，1676 年的酷热亦然。该村庄最严重的人口危机——的确是波旁王朝时代最严重的——发生在投石党之乱期间的 1652 年。同一时期发生的还有洪水、灾难性的歉收以及军事动乱。死亡率因此为此前的 14 倍。

理和道德各方面的危机——其烈度和持续时间都是前所未见"。戈贝特指出："在 1647 年到 1651 年这五年间，农业深受糟糕天气之害，其中又以 1649～1651 年的收成最为糟糕。"他还补充说："这些灾害导致了贫穷的飞速蔓延和死亡率的骤然上升，以及出生人口的断崖式下跌。"博韦地区的人口在这些年里减少了约五分之一，直到 18 世纪中叶才恢复到投石党之乱之前的水平。人口危机也带来了土地所有权的大幅变更。一方面，"遭遇债务打击的小自耕农必须将他们的大片土地让与债主"；另一方面，博韦的市民则从穷困潦倒的贵族和小农手里买下了"数百公顷的土地"，那些有能力生产多于自身所需谷物的人则靠着售卖谷物赚取了巨额利润，他们用这笔钱买下

318

了空地的永久产权，并获得了这一地区诸多教会地产的租约。"简而言之，1647～1653年的恐怖岁月让博韦生灵涂炭，给乡村社会留下了深刻印记，也决定性地增大了社会差异。"[65]

如此规模的人口灭失和经济破坏甚至让最为坚韧的人也灰心丧气。一个巴黎人于1652年写道："如果一个人必须相信最后审判的话，我认为现在就是这样的时刻。"次年另一个巴黎人声称："巴黎周边村庄里三分之二的居民都死于疾病、匮乏和苦难。"阿诺尔院长担忧，普遍的荒凉"必将昭示世界的终结"。而在1655年，法王的叔叔，奥尔良的加斯东公爵宣布"君主制终结了，这个王国不能再以现状维持下去"："在过往所有崩溃的君主国里，衰退开始时的各种动向已与他（现在）看到的类似；公爵还列出了一个长长的比较名单，用之前的案例证明他的论述。"[66]有些历史学家的定论甚至比奥尔良公爵的更进一步，他们认为法国君主制在投石党运动期间遭遇的困境比1789年更甚，假如投石党人取得胜利，法国的领土将有分裂之虞。[67]雪上加霜的是，1661年再度来袭的潮湿冬春季引发了另一场饥馑：巴黎的面包价格上涨到之前的三倍，甚至超过了十年前孔代亲王围城时的水平。在法国多个地区，婚姻缔结次数下降了一半，新生儿数量剧减四分之三。总计而言，路易十四可能失去了50万臣民。[68]

太阳王

虽说如此，法国君主制还是安然度过了投石党之乱的危机，路易十四也成为西欧最有权力的统治者。这一结果有着相当的偶然性。就国外而言，敌国对形势的误判让法国受益不少。首先便是1648～1655年腓力四世绝不妥协的态度。当时

占据上风的腓力坚持以土地换和平，结果他的执念拯救了马扎
然。西班牙最终将业已失守的所有领土割让给法国，这一决定
反过来证明了马扎然一度如此不顾一切追求的政策堪称正确。
而在国内，马扎然最危险的对手要么过于冒进（比如孔代亲
王），要么就是在某个关键时刻出现了失误（比如坠马之后的
雷兹）。不仅如此，形形色色的王室反对者也缺少一个共同的
纲领：法官、亲王、贵族、教士、城市贤达和大众领袖都在各
行其是，常常将更多的精力用于消灭之前的盟友，而不是逼迫
王室让步。有时甚至连单个团体内部也会自相攻伐：1652 年，
两个领头的投石党亲王进行了一场决斗，其中一人死亡（死
者的贵族助手也一并丧命）。投石党运动也缺少一种统一的意
识形态：新教势力已是强弩之末，而扬森主义依旧寻求来自罗
马而非巴黎的激励。最后，世袭（"佩剑"）贵族和晚近受封
的"长袍"贵族之间也存在着深深的裂痕，令贵族社会陷入
分裂。"长袍贵族"由各级法官和其他王室官员组成，他们刚
刚博取了自己的贵族身份。假如三级会议在 1651 年如期召开，
"长袍贵族"大概会像市民代表们一样属于第三等级（正如他
们在 1614 年时那样），而不是像"佩剑贵族"一样位列第二
等级（正如他们在 1789 年时那样）。

　　投石党之间的根本分歧与小冰期和内战引发的艰苦局面一
同到来，最终让王室得以自我标榜为无政府状态下的唯一替代
选项。正如路易十四于 1670 年代在《回忆录》（*Mémoires*）中
所写的那样，从治国之日起，"我就开始用双眼打量国内各
地：不是以旁观者的视角，而是以主人的眼光"。[69] 马扎然早已
开示了这一路径，因为与西班牙的和议让这位枢机主教得以消
灭他在国内的几个反对团体。几乎在顷刻之间他就同时封禁了

319

巴黎教士和法兰西司库官（正是他们的反抗开启了投石党运动）的集会，紧接着又取缔了一个狂热的天主教徒协会，即所谓的"圣礼团"。按照该团体官方史家的说法，就在摄政太后质问马扎然为什么想要迫害"国王如此优秀的仆人"的时候，枢机主教回答说，尽管他们没有造成什么损害，却拥有耸动人心的组织，将来恐会构成威胁。马扎然立法终结了该团体的合法地位，将一切巴黎和外省地区带有宗教性质的"团体、会众和社群"都定为非法集会，理由是他们有可能会"披着虔诚和敬献的面纱"煽动"阴谋"和"诡计"。[70]

1661 年马扎然死后，路易十四继续消灭怀有二心的个人和群体，他的第一刀砍向了上一任枢机手下富有而腐败的财政大臣尼古拉·富凯。此人在布列塔尼海边的"美丽岛"（Belle-Île）建造了私人堡垒，在那里有一座大型武库和一支私人舰队。在"主人眼光"中同样扎眼的还有富凯花费 1400 万利弗尔修建的私人宅邸，这座近代早期法国最为昂贵宽敞的豪宅就是巴黎近郊的沃子爵城堡（Vaux-le-Vicomte）。富凯在这里奉养了一批光耀夺目的艺术家追随者，其中就有剧作家莫里哀、拉辛和诗人拉·封丹。马扎然去世数月之后，路易十四就逮捕并囚禁了富凯，指控他犯有叛国罪。路易十四还成立了一个调查委员会，调查所有曾在战时因向王室借款而大发横财的人。这个委员会最终判决近 250 人有罪，罪名是盗取国库。路易十四收上来的罚金总计 1.25 亿利弗尔——这几乎是法国年度预算的两倍。[71]

设立调查委员会是王室为回应投石党人要求主动采取的几项举措之一。路易十四的其他动作还包括决定创设更少的新机构，终结对官职拥有者的惩罚性税收，以及自动续订"鲍勒特"制度。除此之外，富凯财政大臣之位的继任者让－巴普蒂斯特·柯尔贝尔向官员定期足额地发放薪俸和贷款利息，还赎回了不少昂贵的长期债券；此外尤为重要的是，他减少了政府财政对"塔伊"等直接税的依赖（1640 年代的间接税只占王国收入的不到四分之一，而到 1670 年代这个数字涨到了50%）。尽管柯尔贝尔的财政改革只将王国的账面收入从 1681年的 8300 万里弗提升到了 1667 年的 9500 万利弗尔，但中央财政的实际收入却增长了一倍还多，从 3100 万利弗尔涨到了6300 万利弗尔。[72]

320

路易十四还将三个群体踢出了中央政府，他认为这些人在摄政期间权势膨胀得太快了：首先是他的亲戚（就连安妮太后也丢掉了她在御前会议的席位，路易十四也从不向他的兄弟咨询国政大事），然后是他手下的贵族（在路易十四漫长的统治期间，他仅仅任命了两名贵族出任部长级别职位）和高级教士（再也没有黎塞留和马扎然这样的枢机主教参政）。路易十四转而将军国大事托付给出身较为低微、工作勤奋的人（比如柯尔贝尔的父亲就是个破产的外省服装商人），要么拔擢他们进入御前会议，要么单独予以任用。同时，路易十四将所有关键决策权都留给了自己。而在外省，路易不但恢复了投石党运动期间一度废除的军需官制度，还将这一官职永久化，赋予任职者范围广阔的职能（这从军需官这一职衔的全名中可见一斑：主管司法、警务和财政之军需官。这也是现代法国省长制度的滥觞）。在各议会省，一系列法令撤销了各省法院在"注册"之前挑战王室法令的权力，路易十四本人自 1675年之后也从未亲临法院。地方议会也失去了在表决税收法案之前诉愿申冤的权利。约翰·洛克（当时作为英格兰间谍逗留法国）曾于 1676 年目睹了一度权势逼人的朗格多克议会的议事场景。洛克注意到，这个议会拥有"一个法院所应有的一切庄严肃穆和外在表征：先读法王提议，接着辩论表决"——不过洛克接着说："他们从不（有人说是不敢）拒绝法王的要求。"[73]法国的政治语言已经从谈判和妥协转换为顺从和隶属。

路易十四也以同样的气魄处理了另一项存在已久的国内挑战：胡格诺派新教徒。他签发了一系列敕令，限制法国 25 万新教徒的宗教自由和个人自由，并派军队停驻在那些拒绝改宗的新教徒家庭里。1685 年，路易十四撤销了《南特敕令》（见页边码第 293 页）。国王下令捣毁所有新教教堂，禁止一切公开和私下进行的新教信仰活动，关闭所有新教学校，命令全体新教牧师在两周之内要么改宗，要么离开法国。至少有 20 万新教徒追随着牧师流徙海外，其余留在法国的教徒至少在表面上表示顺从。

路易还动用武力在全法的城市贯彻他的意志，削弱各个城市的物质和政治力量。他下令捣毁了国内几乎所有的防御工事——包括巴黎。巴黎的城墙被换成了两侧有树的林荫大道，这条林荫大道直到今天都主宰着巴黎的右岸地区。照一篇研究首都巴黎行政的论文宣称，法国现在享受着无与伦比的安全保障，首都不再需要以城墙来保护。[74]这可不是虚张声势的自夸。路易十四的军事工程师在法国周边构筑了一系列火炮要塞，将其命名为"决斗场"（Le pré carré），意在防止任何敌军侵入法国的心脏地带。太阳王还有条不紊地扩编法国常备军的规模。1650 年代的逃亡潮和军纪松弛让法军的有效战斗人员很难超过 15 万人，《比利牛斯和约》之后军队总数更是减少到 5.5 万人左右。相比之下，法军的规模却在1670 年代膨胀到了"平时 18 万，战时超过 25 万"——这是全欧洲最为庞大和昂贵的一支军事力量。法国的士兵比教士还多，法国的军事设施（兵营和要塞）甚至让最大规模的教堂和修道院都黯然失色。

"路易大王"（他的谄媚者吹捧他的称呼）还在巴黎郊外的凡尔赛修筑了一座堂皇富丽的巨型宫殿建筑（动用了为富凯修筑沃子爵城堡的原班园艺设计师、画家和建筑师）。路易十四在这座宫殿决策政务、赞助艺术，并在一些秘书的协助下准备他的皇皇巨著《君王之术沉思录》（*Reflections on the Craft of Kingship*）。在这本书中，路易十四为他行使绝对权力的主张做了辩护：这不仅仅因为君主是上帝在人间的代表（虽然路易坚信这是真的），还因为君主独享最优良的先天本性与后天培养。路易十四认为，正是血统继承给了统治者优秀卓越的天然智能；不过若要继承它（就像他本人一样），君主还是得孜孜不倦于"君王之术"（le métier du roi）。凭着他本人的献身精神，路易现在志得意满地看到，自己不仅主宰了法国，还控制着邻国。[75]

路易十四的内外政策呈现出一以贯之的顽固不变。正如他之前的黎塞留和马扎然一样，路易也将基督教世界视为一个等级森严的差序格局：有些国家天然就比其他国家扮演着更为重要的角色。路易十四也顺理成章地相信，在欧洲维持长久的"力量均势"需要一个凌驾于各国之上的法国存在。路易似乎是真心实意地对其他国家将他的国家视为一个必须加以遏制的威胁，而非稳定欧洲的关键担保人感到惊讶。其实早在路易十四登上御座之时，对"法国霸权"的恐惧就已甚嚣尘上了。

1644 年，瑞典派往威斯特伐利亚的一位特使对他的神圣罗马帝国同行表示，他"并非不了然这一事实，那就是（法国人）旨在令自己高人一等，并成为基督教世界各项事务的仲裁者"。这位特使还暗示，瑞典势将反对这一法国霸权；一位法国外交官也认为："依某愚见，获取更少反而会更有利，那样我们将博得德意志人真挚诚恳的好感，而不是在豪夺利益的同时放弃他们的友谊。"两年之后，另一名法国外交官警告本国政府说："如果布莱萨赫、皮内罗洛和佩皮尼翁都不足以保卫我们边疆的话，那么我确信西班牙人因妄图使他们的权力无远弗届而遭到的厄运将在我们身上重演。"[76]路易对这些警告置若罔闻，他在位期间的每一场和会——1659 年的比利牛斯、1668 年的布雷达、1678 年的奈梅亨、1697 年的赖斯韦克和 1713 年的乌得勒支——都是为了结束一场由法国挑起的战争而召开的。

万变不离其宗？

路易十四的无知反映了他的教育背景。早在成为王室教师之前，弗朗索瓦·德·拉·默瑟·勒·瓦耶尔就写道："你无法否认，王亲贵族的真正志业是统治人民和降服敌人之道，其法门主要是由行动而非思想构成……政治的一大格言就是，君王必须御驾亲征，因为那些深居宫闱不出的君王将冒上在战场上俯首称臣的风险。"路易十四在 13 岁那年开始接受实际意义上的军事教育，那一年他就已将恺撒的整本《高卢战记》从拉丁语译成了法语；接下来的五年里，路易都在学习如何用长矛和火枪作战，如何进攻和防御要塞，以及如何指挥军队。算术是个例外，勒·瓦耶尔认为这是商人的活计，"并不适合君王修习"——这就让路易十四失去了一个评估他决策成本的重要工具。[77]

不过，与黎塞留和马扎然一样，路易十四也生在一个气候异常的时代，这让他可以调动的作战资源因为气候因素大为减少。法国西部的年轮数据显示，17 世纪下半叶经历了一段长期的干冷天气，其中几年甚至是极端反常。1672 年，即法荷战争开战当年，暴雨和之后的旱灾造成了十年以来最糟糕的收成，接下来的两年也无甚好转。接着到来的便是 1675 年这一"无夏之年"，这一年的气候几乎确定无疑地受到了来自东南亚两次强烈火山喷发的影响。在 7 月的巴黎，塞维尼夫人（Madame de Sévigné）向女儿抱怨说："我们点着了一堆和你一样烦人的火。"她的女儿住在普罗旺斯，那里的日记作者哀叹说："时节太过反常，所有庄稼肯定都得晚收。"他还预言，庄稼最早也得等到 10 月下旬才可收获，这是"你在这里从未见过的事情"。他所言不错：1675 年的葡萄在全法境内都成熟得很晚，收获时间比 1484 年开始有记载以来的任何年份都晚。在朗格多克，约翰·洛克指出，"因为人民贫穷且缺乏金钱，法国的地租（已经）在这（最近）几年里减少了二分之一还多"，而与此同时，"商人和艺人要缴纳相当于财政收入一半以上的（税金）"。[78]

无可否认的是，路易十四推行了一些缓和气候变化负面效应的举措。1661 年饥荒期间，他从阿基坦、布列塔尼和波罗的海买进谷物再卖给巴黎——这是黎塞留和马扎然都没做过的事——这也成了法国中央政府在匮乏年代里的标准操作流程，贯穿了旧制度的剩余岁月，并延续到了大革命之后。不过，太阳王对别的地方可就没那么关心了，这意味着每一次气候异常不仅制造饥荒，还会诱发一波民众暴乱的风潮。1661～1662

年法国爆发了至少 300 次叛乱，其中绝大部分都是在军队抵达之后才被镇压下去；1675 年则见证了从波尔多到南特、遍及整个法国西部的大众抗议。下布列塔尼的抗议行动达到了之前暴乱的规模。路易十四刚刚新征了几项间接税以补贴与荷兰交战的开支——尤其是对所有锡制品征收消费税，对烟草进行国家专卖，以及对所有法律文书征收印花税——并要求巴黎高等法院注册这些新税。气候异常年代里的增税不出意外地引发了"国王万岁——不要消费税"的呼吁。布列塔尼不少城市都发生了攻击印花税官署的事件，农民攻占并洗劫了他们领主的城堡和别墅。1675 年 9 月，这场运动有了一名领袖——塞巴斯蒂安·勒·鲍普律师；运动也有了一个统一名称"红帽军"（Les bonnets rouges），以及几本印制好的"诉愿清单"；但这场运动还是失败了，一个贵族成功刺杀了勒·鲍普，正规军也开进布列塔尼公国，进行系统的报复性劫掠。路易十四于 1676 年 2 月颁布的大赦令赦免了 150 人（包括 1 名绅士、1 位公证人和 14 个教士），以便将精力集中于下一场战事。

"无夏之年"也带来了一系列酷似 17 世纪上半叶气候灾害之后果的后续效应，但这两者之间还有三点不同。首先，1675 年的叛乱既没有后续发展，也没有吸引贵族参与其中，路易十四无须面对投石党之乱那样的场面。其次，它们留下了永久性的"视觉遗产"。太阳王命令军队将布列塔尼的教堂尖塔"斩首"，因为这些尖塔上的钟曾被用来召唤起义者。有些切去尖顶的塔楼直至今天依旧矗立，为那场叛乱及其后果提供了醒目的标志。最后，正如之前指出的那样，为每一名入伍的男丁制作的登记卡（fiches）反映，出生于 1666 ~ 1694 年的法国男性平均身高只有 5 英尺 3 英寸；而其中记录的最矮（63

英寸）的人出生于 1675 年。数据还显示，在来自弱势群体、法国西部和发生过叛乱的地区的兵员当中出现了有记载以来最矮小的一群法国男性。[79]这也印证了路易一些臣民的主张：从塞维尼夫人到塞巴斯蒂安·勒·鲍普，他们面临的状况都是"过去数百年所未有"的。就连太阳王本人在小冰期的严寒面前也得甘拜下风。

注　释

1. 感谢 Robin Briggs、Laurence Brockliss、Oliver Herbert、David Parrott 以及 Dale van Kley 协助我写作本章。

2. Moote, *The Revolt*, 368.

3. Le Roy Ladurie, *Les fluctuations*, 72 – 3, 记录了常被忽视的 1617～1623 年法国出现的严寒天气。

4. Le Roy Ladurie, *Histoire humaine*, I, 337 – 9, 以及 idem, *Les fluctuations*, 76 – 9, 关于 "période hyper-pluvieuse" 以及 1560～1790 年法国遭受的最高死亡率（在 1563 年及 1694 年之后）。

5. Mousnier, 'Les mouvements populaires', 47, Marillac to Louis XIII, 15 July 1630; Grillon, *Les papiers*, V, 212, Richelieu paper of 13 Apr. 1630.

6. Porshnev, *Les soulèvements populaires*, 53, duke of Épernon to Chancellor Séguier, 26 June 1633. On the 'biennat super-aquatique' of 1629 – 30 and the famine of 1631, see Le Roy Ladurie, *Histoire humaine*, 337 – 47.

7. *APW*, 1st series I, 18 – 20, Louis XIII to Richelieu, 4 Aug. 1634 ('Not a living soul has seen this,' the king wrote on the outside of his ratiocinations). For proof that Spain planned to attack in 1635, see ch. 9 above.

8. Jansen, *Mars Gallicus*, first published in Aug 1635. Four editions, and

a French and Spanish translation, had appeared by 1640.

9. 参见 Bercé, *Histoire*, I, 365（天气）及 368 – 93（关于"农民集会"）。Le Roy Ladurie, *Histoire*, 462 – 8, 提供了一篇关于叛乱的精彩概述。

10. 细节出自 Bercé, *Histoire*, I, 402 – 6（引用了 *Histoire du duc d'Épernon*, 写作于 1660 年前后, 这位贵族被指控为这些暴乱的镇压者）。

11. Ibid., I, 412 – 14 列出了领导者名单, 并在第 414 ~ 419 页谈到了 14 篇保存下来的《宣言》以及莫特扮演的角色。

12. Ibid., I, 443, 引用了 1637 年 6 月到 7 月间王室大臣写给塞吉埃的信件莫特藏匿至 1648 年, 从而死里逃生（第 445 页）。关于"誓约"肖像画, 参见 Monod, *The power of kings*, 120 – 1; 更多关于叛乱"规矩"的内容参见本书第 17 章。

13. 两个例子都引用了 Caillard, 'Recherches', 39 – 41。

14. Bonney, *Political change*, 252。农村劳动者年收入为 30 利弗尔: Jacquart, *La crise rurale*, 61。

15. Foisil, *La révolte*, 62, Bullion to Richelieu, 11 Oct 1639（'quasiment la quatriesme des impositions du royaume'）. 赤足党暴乱始于 7 月。Bercé, *Histoire*, I, 78 – 96, 检验了税收豁免情况以及政府为取消其所采取的行动。

16. Foisil, *La révolte*, 62, complaint of the États of Normandy, Feb. 1638.

17. 细节见 ibid., 93 – 101。盐专卖制度存在于法国除诺曼底之外的所有地区。Le Roy Ladurie, *Histoire*, 452 – 62 提供了关于赤足党运动的绝佳概述。

18. BNF *f. fr.* 3833/214, printed *Ordonnance* of 'General Jean Nud-Pieds'. BNF *f. fr.* 189371227 – 40, 'Relation de La révolte de La Basse Normandie', Edentified all the leaders, and printed two verse manifestos.

19. Avenel, *Lettres*, VI, 500 – 1, Richelieu to Bouthillier, 29 Aug. 1639; Grotius, *Briefwisseling*, X, 611, to Nicolaes van Reigersberch, 17 Sep. 1639.

20. Foisil, *La révolte*, 285, 引用了塞吉埃的日记。这位大法官处死了

众多反叛者，同时流放了数百人；他向与起义有牵连的城镇处
以巨额罚款（卡昂不得不支付超过 100 万利弗尔），并令其对财
产遭受损失者进行赔偿。

21. Avenel, *Lettres*, VI, 608 n., Bullion to Chavigny, 25 Oct. 1639；
ibid., 881 - 2, Richelieu to Bouthillier, 10 Oct. 1641.

22. Ibid., VII, 302, Richelieu to Bouthillier, 28 Feb. 1642. 关于 1640
年黎塞留改革计划的内容，参见 Bonney, 'Louis XIII'。

23. AMAE（P）CPE *Supplément* 3/241, Bernard de Duplessis-Besançon's
'Première négotiation des françois en Cathalogne'；Grotius,
Briefwisseling, XI, 496, Charles Marini to Grotius, 6 Seg. 1640. [749]

24. Jacquart, *La crise*, 647, quoting the journal of Olivier d'Ormesson, 12
May 1644.

25. *APW*, 2nd series II B, IV, 283 - 4, Servien to Mazarin, 15 Apr.
1645（'empire françois' and 'révolutions' in the original）.

26. Ibid., 511 - 12, Brienne to the 'plenipotentiaries' at Münster, 4
Oct. 1646；and 241, Mazarin to d'Avaux, 20 July 1646.

27. Chéruel, *Histoire*, II, 497, quoting the *Journal manuscrit d'un
bourgeois de Paris*；Chéruel, *Lettres*, II, 535, Mazarin to
Longueville, 6 Dec. 1647；Descimon and Jouhaud, 'La Fronde en
mouvement', 307, 引用了黎塞留的警告。Bercé, *Histoire*, I,
100, 指出 1646 年有 25000 名"税务拖欠犯"被关押。

28. Motteville, *Mémoires*, II, 8（作者曾陪同太后）；Bluche, 'Un
vent', 168, 记录了巴黎的税务负担；Jacquart, 'Paris', 116 n.
3, 估算了巴黎的城市面积。

29. Le Boindre, *Débats*, 44, Broussel on 5 Feb. 1648；Chéruel,
Histoire, II, 501 - 2, quoting Talon's speech and the Venetian
ambassador.

30. Retz, *Oeuvres*, II, 105 - 6. 将其与一代人以前的英王詹姆士一世
（苏格兰国王詹姆士六世）所犯的类似错误进行了比较：参见本
书页边码第 326 页。

31. Chéruel, *Lettres*, II, 917 and 948, Mazarin to Grimaldi, 4 July and
10 Sep. 1647；and 505, to Fontenay-Mareuil（French ambassador in
Rome）, 7 Oct. 1647.

32. Ranum, *Paris*, 283; Arnauld, *De la fréquente communion* (1643). Orcibal, *Jansénius*, 242, quotes Antoine Arnauld's claim that 'if [Jansen] had not been suspected of being the author of *Mars Gallicus* they would never have found heresy in his *Augustinus*'.

33. *Co. Do. In.*, LXXXIV, 230–1, 234–5, Peñaranda to Don Luis de Haro and to Philip IV, 18 May 1648.

34. 细节出自 Charmeil, *Le Trésoriers de France*, 16, 73, 96–7, 146–7, 247 and 270. 1648 年 6 月 30 日, 一位大臣声称 "贷款已经停止发放六周了", 即从 5 月中旬开始: Bonney, *Political change*, 53。

35. Le Boindre, *Débats* 122, 报道了 1648 年 6 月 17 日数名 "义愤难平" 的法官打断了国王的辩护律师并 "驳斥其论说"。三次尝试发言后, 他便离席了。Ranum, *Fronde*, 105, 提到了莫莱的人身自由被强制剥夺。

36. Chéruel, *Lettres*, III, 159–60, Mazarin to Chanut, 31 July 1648, the day when *Parlement* registered the new edicts.

37. Ibid., III, 173–81, Mazarin to Servien, 14 Aug. 1648.

38. Mousnier, 'Some reasons', 根据十四位目击者的证词描述分析了这些事件。

39. 关于笼罩巴黎的 "大恐慌" (appréhension), 参见 Bourgeon, 'L'Île de la Cité', 127–8 以及 Carrier, *Labyrinthe*, 429。

40. Ranum, *Fronde*, 42, 探讨了该名称的词源。

41. Chéruel, *Lettres*, III, 218–23, 身在巴黎的马扎然致塞尔维安的信, 1648 年 10 月 23 日。翌日, 塞尔维安在五百英里以外的明斯特签署了和约。Rohrschneider, *Der gescheiterte Frieden*, 407–16, 对在威斯特伐利亚缔造和平与巴黎投石党之乱间的联系进行了精彩论述。

42. Motteville, *Mémoires*, II, 98, 214.（莫特维尔夫人的西班牙母亲曾担任安妮的秘书, 她提到了伊哈尔针对腓力四世的阴谋以及在伦敦对查理一世的审判。）

43. 参见 Bonney, 'The French Civil War', 76–7 中提出的颇有说服力的观点, 这一论述不但引用了当时的小册子, 也引用了 1649 ~ 1651 年制成的 "贵族诉愿清单"。很多投石党贵族都曾扬言自己的反政府立场背后有学理或家族历史上的传统：参见 Benigno, *Specchi*, 154 – 5。

44. Duccini, 'Regard', 322, quoting *L'adieu et le désespoir des auteurs et écrivains de la guerre civile*.

45. Carrier, *Fronde*, I, no. 3, Anon. , *Epilogue*, *ou dernier appel du bon citoyen sur les misères publiques* (Mar 1649); *Advertissement aux rois* (1649), 6; and Carrier, *Fronde*, I, no. 8 〔 Louis Machon 〕, *Les véritables maximes du gouvernement de la France* (Mar. 1652).

46. *La custode de la reyne*, *qui dit tout* 〔 *The curtain around the queen's bed tells all* 〕 (Paris, 1649), 8 pages, 26 verses; Merrick, 'The cardinal and the queen', 677 (quoting *Le ministre d'état flambé* also of 1649). Merrick, 'The cardinal and the queen', 引述了其他许多反马扎然小册子，其中的性描写之直白在近代早期欧洲首屈一指；Beik, Louis XIV, 30 – 5, 收录了一篇言辞淫秽的反马扎然小册子的英文译文。

47. Jacquart, *Crise*, 652, 656, 765; Buisman, *Duizend Jaar*, IV, 499; Bourgeon, 'L'Île de la Cité', 119。巴黎当地及其他地区粮食价格来自 Baulant, 'Les prix', 539。每利弗尔折合 20 索尔。

48. Motteville, *Mémoires*, II, 355.

49. Arnauld, *Lettres*, I, 416 – 17 (to Sister Geneviève, Apr. 1649) and 423 – 4 (to M. Macquet, 14 May 1649).

50. Carrier, *Labyrinthe*, 85, 引用了巴黎市民的两篇日记。其他例子参见 Bonolas, 'Retz', 447 – 9。

51. Bonney, *Limits*, VII, 820 – 3, 关于马扎然的屈服，以及 832 页关于孔代亲王的财产。Descimon and Jouhaud, 'La Fronde en mouvement', 317 – 18, 评估了孔代亲王的优劣势。

52. Chéruel, *Lettres*, IV, 619, Mazarin to Chanut, 28 Apr. 1650; Parival, *Abrégé de l'histoire*, 480.

53. Bercé, *Histoire*, I, 472 – 89; Pillorget, *Mouvements*, 647 – 70; and Carrier, *La Fronde*, II, no. 38, *Estat des pauvres de la frontière de Picardie* (Paris, 1650). On Provence, see Baehrel, *Une croissance*, 535.

54. Jouanna, *Devoir de révolte*, 262 – 73, 讨论了 1651 年 2 月 5 日至 3

月 25 日召开的贵族大会，参会的有七八百位贵族（其中 463 人于 2 月 18 日签署了《联合法案》），此外还有在 1649 年及 1652 年召开的其他小型会议。同时期举行的法国神职人员大会也提出了相同要求。

[750]

55. See Carrier, *La presse*, 432 – 5（on purchasers）and 351 – 2（on the 'wanted' poster）.

56. Carrier, *La Fronde*, I, no. 11, Robert Arnauld, La vérité toute nue.

57. Descimon, 'Autopsie', 对 1652 年夏季巴黎的乱局有精彩描述。

58. Carrier, *Labyrinthe*, 148 – 9; Kötting, *Die Ormée*, passim; and ch. 12 above.

59. Bonney, *Limits*, IV. 89, and VII. 853, on Mazarin's bribes; and VIII. 336 – 7, on revoking the edicts of *Parlement*.

60. Bonolas, 'Retz' 与 Carrier, *Labyrinthe*, 115 – 18 认为，许多署名雷兹的激进小册子实为其他多名作者所著。

61. Golden, *The Godly rebellion*, 77（attendance at the assemblies of the Paris curés, 1653 – 9）, and 143 – 51（evidence that perhaps two-thirds of the Paris priests were Jansenists）.

62. Michel, *Jansénisme*, 327 – 66，关于宗教论争；Le Roy Ladurie, *Histoire humaine*, 441 – 3，关于 1658 年的洪水；以及第 8 章中马扎然对于"见好就收"的褒扬。

63. Carrier, *Labyrinthe*, 431, complaint by 'La Fleur', a famous 'empiric'; Arnauld, *Lettres*, II, 65, to prioress of Gif, Mar. 1652.

64. Arnauld, *Lettres*, II, 431 – 5, to the queen of Poland, 28 Jan. 1654; Garnier, 'Calamitosa tempora', 9（Crétail）; Jacquart, 'La Fronde', 283（with several population graphs similar to Crétail）.

65. Goubert, 'The French peasantry', 162 – 4, 基于 Goubert, *Beauvais et le Beauvaisis*, 510 – 11 及 607 – 12。Lebrun, *Les hommes*, 166, 记录了 1652 ~ 1654 年安茹的严重饥荒。

66. Carrier, *Labyrinthe*, 150, Renaud de Sévigné to Christine de France, 19 July 1652; Arnauld, *Lettres*, II, 177, to the queen of Poland, 6 Sep. 1652; Jacquart, 'La Fronde', 279 quoting André d'Ormesson; *Mémoires de Mlle. De Montpensier*, II, 276, reporting the pessimism of Gaston, her father, at Easter 1655.

67. Robin Briggs：2004 年 5 月的私下沟通。Dale van Kley 提醒我尽管始于 1789 年的大革命未能撼动法国的统一，但 1648 年的叛乱很有可能令法国陷于分裂。

68. Le Roy Ladurie, *Histoire humaine*, I, 452, estimates a loss of 500,000 due to famine amenorrhea, fewer marriages and what he is pleased to call 'les froideurs génitales'. See also Dupâquier, *Histoire de la population*, I, 204 – 5.

69. Louis XIV, *Mémoires*, 34.

70. Barnes, '"Playing the part"', 184, 引用了 René Le Voyer d'Argenson, Annales de la Compagnie du Saint Sacrement (manuscript completed in 1694)。与其接受王室调查，该团体更愿选择解散，这无疑使得马扎然更加确信自己是正确的。

71. 细节出自 Dessert, 'Finances'。也可参考 Dulong, 'Mazarin et ses banquiers'。直至 19 年后死于狱中为止，富凯都未再获自由。

72. Beik, *Louis XIV*, 96 – 107, 提供了足以令柯尔贝尔垂涎三尺的关于路易十四财政状况的流程图。

73. Lough, *John Locke's travels*, 30 – 1, journal entry for 8 Feb. 1676. Blaufarb, 'The survival', 揭示了王权和议会之间的这一新平衡如何满足了各方利益。

74. Ranum, *Paris*, 145, quoting Nicholas Delamare, *Traité de la police*.

75. Louis XIV, *Mémoires*, 280, written in 1679. Beik, *Louis XIV*, 59 – 61, 刊印了一篇来自 1673 年关于路易如何掌控宫廷大臣的有趣目击证词。

76. *APW*, 3rd series, C II/1, Diarium Volmar, 214 – 17, entry for 17 Nov. 1644; *APW*, 2nd series, B I, 826, Serviento Brienne, 31 Dec. 1644; and idem, IV, 26, d'Avaux to Mazarin, 13 June 1646.

77. Mormiche, *Devenir prince*, 292, 281, 283, 全部引用了 La Mothe le Vayer, *De l'instruction de Monsieur le Dauphin* (1640)，这部作品获得了黎塞留的青睐，拉莫特因而先被任命为路易弟弟的教师，随后又转去指导路易。请注意路易十三对向西班牙宣战的战争预算的忽视：参见本书页边码第 296 页。

78. Silvestre de Sancy, *Lettres*, III, 321 and 345, Mme de Sévigné to Mme de Grignan, 28 June and 24 July 1675; Le Roy Ladurie,

Histoire humaine, 462 – 3 （Provence）; Lough, *John Locke's travels*, 89, Journal entry for 1 May 1676. Climate data in Masson-Delmotte, 'Changes', and Garnier, 'Grapevine harvest dates'.

79. Komlos, 'An anthropometric history', 170 – 1; Corvisier, L'*Armée française*, 643.

11　斯图亚特王朝：通往内战之路，
1603~1642年¹

17世纪的英格兰历史一直是史家争论的焦点。1659年，约翰·拉什沃思出版了《历史资料，或国史私撰》（*Historical Collections or private passages of state*）的第一卷。他将此书献给护国公理查·克伦威尔（奥利弗·克伦威尔之子），从共和派的角度梳理了英国内战的根源。自1620年代以降，拉什沃思曾被委以各种官职，这让他得以目睹历史大事，并积累印刷和手写的史料（彩插13）。1682年，教士詹姆斯·纳尔逊基于与拉什沃思相近的保王党立场，出版了一部名为《国家大事公正记录》（*An impartial collection of the great affairs of state*）的著作，以"献给最卓越的国王陛下"。两个作者都以1649年1月30日查理一世遭处决作为全书的结束，但拉什沃思却以1618年波希米亚叛乱和查理一世及其父詹姆士一世对此的反应为叙事的开端，这就隐晦地（正如纳尔逊指出的）使君主制背负起"所有灾祸和最近叛乱之不幸的罪愆"。纳尔逊则针锋相对，他以1637年针对查理一世的"苏格兰叛乱"开篇，这一时间尺度的选择将罪责聚焦于国王的反对者。纳尔逊还指控他的前辈（拉什沃思）只将那些"证明最近叛乱者行动合法"的文献纳入书中。拉什沃思则颇为明智地对这些指斥不予理睬："纳尔逊先生找我的茬。"他在致友人信中表示，"但我将这事留给子孙后代评判"。²

如今"子孙后代"可以利用的史料要比拉什沃思和纳尔

逊两人可使用的史料多得多。英国内战之中的许多主要人物都把自己内心深处的想法记录了下来，并在形诸笔墨时为自己的所作所为进行辩护。历史学家大可以将他们的作品与其他书面档案互相参照，并与体现当时气候的证据进行比对。上述数据比 17 世纪其他任何国家的可用数据都要更加丰富和多元，让我们既有可能还原查理一世及其在不列颠和爱尔兰的臣民"彼此间大动干戈"（拉什沃思语）的过程，也可研究自然和人为因素到底产生了怎样的互相作用才导致了这一结果。这样一来，我们就能给出"评判"了。

"大不列颠"：麻烦的遗产

若无 1603 年诞生的新"复合制国家"，英国内战也许就不会发生。苏格兰的詹姆士六世在那一年从他无嗣的姨母伊丽莎白·都铎那里继承了英格兰、威尔士、爱尔兰和海峡群岛。

325　这从一开始就不是一个平等的联盟。1603 年爱尔兰的人口大概有 150 万，苏格兰的人口远不及 100 万，而英格兰人口则超过 400 万。这一差距在 100 年后甚至进一步拉大，那时上述三个地区的人口已经分别上升到了 250 万、100 万和 600 万。1603 年的伦敦拥有 25 万居民（这个数字在 1640 年大概又翻了一倍），是斯图亚特王朝领地当之无愧的第一大都市。这一对比震慑了詹姆士一世，他羞怯地向议会承认"（在英格兰的）头三年对我而言就像是过圣诞节一般"，因此"国王（难免显得）像为自己的新王国所陶醉了一样"。[3]

英格兰和苏格兰在过去的四百年里频频交战，互相之间积蓄了大量的仇恨和嫌隙。两个王国在经济、社会和政治上的差异也因它们互不相容的宗教派别和宗教教义而更加悬殊，两国

的宗教各由一系列繁文缛节的法律和法庭加以强制推行。尽管
两国国教都是新教，但在苏格兰，国王任命的主教要同当地教
会（所谓长老教会）信奉约翰·加尔文神学理论的教区牧师
竞争；而在英格兰，君主本人兼任教会领袖并任命所有的主
教，其所秉持的新教神学同时与天主教和加尔文宗（通常被
称为长老派）相抵触。英格兰的天主教徒在民众当中引发的
憎恶与恐惧异常强烈，这是因为虽然他们在人数上只占总人口
的不足 5%，却包括许多地位甚高的人物（詹姆士及其子查理
的配偶，以及他们的诸多廷臣），以及不少亡命之徒（比如盖
伊·福克斯，正是这个天主教徒在 1605 年意欲以"火药阴
谋"炸死王室家族并炸毁议会）。

爱尔兰也是一笔棘手的遗产。1603 年，英格兰军队在 9
年苦战之后终于镇压了一场由西班牙支持的爱尔兰天主教大叛
乱。之后不久，詹姆士一世没收了许多叛乱者的土地，并将其
赐予来自不列颠的定居者。到 1640 年，已有约 7 万英格兰和
威尔士人以及约 3 万苏格兰人定居在阿尔斯特（爱尔兰岛北部
省份），其中绝大多数人口都住在新的城市和所谓"拓殖地"
（从本土爱尔兰人手中没收后又赠予那些不列颠移民群体的土
地）。这些新移民要么加入严格效仿英格兰国教会模式、主教
由君主任命的爱尔兰新教教会，要么就属于数量不断增加的长
老派各团体；不过在爱尔兰各地，服从于罗马任命的主教和修
道院院长的天主教徒依旧在人数上远远多于各路新教徒。

地理条件也给这个新生复合制国家的"有效统治"带来了
严重挑战。即便在英格兰境内也有一些"国土的阴暗角落"（比
如威斯特摩兰和剑桥郡沼泽地带），那里的居民甚少留意伦敦下
达的宗教和政治决定，而威尔士的大部分地区甚至比那里更难

驯服。在爱尔兰，河流与泥沼将坚定信仰天主教的内陆地区与海岸线上以及阿尔斯特地区的新教飞地隔离开来。除此之外，伦敦下达的指令和运送的资源越过爱尔兰海要耗费数周之久，海上风暴和盛行的西风常常让这片海域难以通航。尽管詹姆士一世向英格兰议会夸口说，"我在这里一定要谈谈苏格兰，也许我真的是在吹嘘：我端坐这里就能用笔统治；我将政令写下，事就成了"，且王室信使定期往返于伦敦和爱丁堡只需四天，但苏格兰高地和岛屿地区的部族领袖却常常忽视王室的命令，继续进行沿袭了数百年之久的残酷仇杀和血腥对抗。[4]

为了克服这些多样性并防范"一切内外叛乱"，詹姆士一世致力于在他的臣民之中培育"一种普遍的忠诚意识"。詹姆士一世自封为"大不列颠之王"，声称"自己最大的心愿是到驾崩时"能让自己统治的所有地区处在"一种对上帝的统一信仰，一个统一的王国（以及）一套统一的法律"的主宰之下。在爱尔兰，詹姆士的代理人继续着先王的未竟事业，将英格兰的法律和行政惯例推行到该岛全境。到1612年，一位嗜好比喻的官员宣称："文官政府的大钟（在爱尔兰）现已装备妥当，其中的所有齿轮也都有序转动；爱尔兰竖琴的琴弦由行政长官拨动，它们也都正在调上。"这一"曲调"也正逐步变得与新教更加合拍。随着来自不列颠岛的新教定居者被授予爱尔兰爵位以及在阿尔斯特的新城镇里产生的新席位，天主教徒丢掉了他们在爱尔兰议会的多数派地位；面对一些天主教领袖的抗议，詹姆士却指责他们是"对我怀有二心的臣民。因为你们将灵魂交给了教宗，只把身体留给了我——即便如此，你们还是将自己的身体一分为二，只留一半给我，另一半则给了西班牙国王"。因此，詹姆士一世旨在同时提高爱尔兰新教少数派政治和宗教影响力的努力得到了延续。[5]

詹姆士还致力于在他的苏格兰老家推动"英格兰化"。他通过枢密院（Privy Council）插手苏格兰世俗事务，这个由贵族和官员组成的机构位于爱丁堡，其公告具备法律效力。从1612 年开始，苏格兰议会内部一个名为"法条委员会"（Lords of the Articles）的常设机构负责起草供全体议员议决的法案，这就让詹姆士得以控制议会议程。议案有时会涉及课税问题——税收在 1606～1621 年增长了两倍——但每次增税最终都得到了批准。詹姆士唯一遭遇激烈抵抗的政策领域就是宗教。1617 年詹姆士亲自回到苏格兰，试图在苏格兰教会总会（General Assembly of the Church）上决议推行英格兰的教会仪礼，他的这一举动在斯图亚特时代的不列颠第一次引发了有关王室权威限度的公共讨论。就在长老会牧师大卫·考德伍德解释他为何拒绝服从国王就宗教信仰问题下达的直接命令时，詹姆士出言反驳：

> 国王：先生，我会告诉你何为服从。罗马军队的百夫长向仆人说话、对士兵发号的时候会说，去吧，于是他们就去。上吧，他们就上：这就是服从。
>
> 考德伍德：陛下，受苦受难也是一种服从，然而这两种服从并非一类……
>
> 国王：试想一下，我就在这里。我是国王。我将照着我的意愿随时要求你做我想让你做的事。

尽管詹姆士下令将考德伍德放逐到弗吉尼亚以令后者暂时住口，但他却输掉了这场争论。原因很简单，任何认为自己有必要向臣民证明自身权威的统治者都会反过来让自己的权威受到损害。[6]

　　就在这次对话结束后不久，发生在海外的事件进一步削弱了国王的权威。詹姆士之女伊丽莎白的夫婿、普法尔茨选帝侯腓特烈接受了波希米亚王位，并由此引发了奥地利和西班牙哈布斯堡王朝的同时反击，令他的领地遭到没收（见第 8 章）。詹姆士一世决定以两种途径帮助他的女婿：其一是为他提供资金，并在日后颇不情愿地为他提供兵力；其二则是试图撮合他的嗣子查理与一名西班牙公主结亲，并以归还腓特烈的领地作为公主实质上的嫁妆。就在婚约谈判陷入僵局的 1623 年，查理王储与御前宠臣白金汉公爵一同前往马德里，亲自提亲。与此同时，詹姆士为了给"西班牙婚事"创造便利条件，放宽了英格兰的反天主教刑事法律——这一举动在任何时候都必将在他的新教徒臣民中间催生警惕和异心，尤其是在经济衰退的时期。

　　1621 年的厄尔尼诺之秋带来了摧毁不列颠全境收成的滂沱暴雨。在苏格兰，"人们从未见过物资如此短缺的年代，粮食价格竟如此不均；人们对饥荒的恐惧从未甚于此时，土地里播下的种子也从未这么少过"。没过多久，"所有人就都小心翼翼地给自己减轻负担，省去那些可以节省的人手"——也就是说，辞退雇员和仆人。"凄惨的哀叹不仅仅出自那些流浪（游荡）乞丐，也来自诚实正直的人们"。英格兰北部也出现了不少"流浪乞丐"。1623 年，坎布里亚郡的格雷斯托克教区牧师就在 1 月埋葬了"一名因缺少生活必需品而死亡的教友"，在 3 月安葬了"一个忍饥挨饿的穷苦乞儿"和"一个饿毙的贫穷乞讨少年"，在 5 月则安葬了"一名缺少生活必需品的穷人"。格雷斯托克和英格兰其他地区的结婚人数也下降到了 1580～1640 年的最低点（因为无人可以负担起建立新家的开销），怀孕人数也减半了（要么因为绝经，要么就是绝育）。甚至在那些原本出口谷物的地方，当地行政官也担心"这段时间里谷物和工作岗位的缺乏都很严重"，这势将"把那些缺粮失业的人带入危险绝望的险境"。[7]

就在这些紧张局势的间隙里，英格兰的小册子、诗歌和布道都在公开抨击"西班牙婚事"。不少驻伦敦的外国大使预测，如果查理王储真的带来一名西班牙新娘的话，叛乱就将爆发。实际结果与之相反：婚约谈判破局，王储以单身汉之姿回到英格兰，在民众当中激起了狂热的喜悦之情。查理和白金汉成了国民英雄，他们也利用高涨的民望力劝詹姆士向西班牙宣战，这主要是为了向腓力四世施压，要他返还腓特烈被没收的领地。为筹措战费，詹姆士召开了议会。查理和白金汉首先游说议会下院弹劾一名反对战争的大臣，接着又提出一项为战事征税 30 万英镑的议案付诸审议。

尽管这次集会博得了所谓"快乐议会"（Felix Parliamentum）的名声，但它还是给查理带来了两个棘手难题。第一，诉诸弹劾（这在 15 世纪曾稀松平常，但自从 15 世纪以来已经很少使用）开启了一个危险的先例，那就是这一招可以用来针对任何得罪议会的王室官员。第二，正如詹姆士本人在多年以前评论过的那样，"若没有首先保证钱款供应，一位睿智的君王不会对另一位君王发动战争"——但在 1624 年，尽管同西班牙的战争预计将造成每年 100 万英镑的开支，英格兰的国库却并没有这笔"钱款"。随着英西两国敌意持续，资金短缺遂让王室受到议会的钳制。1625 年接替其父即位之后，查理一世就以最快速度重新召开议会，并要求筹集更多的资金以充战费。

尖酸刻薄的争吵充斥了这段会期和之后的三段会期，这些争吵不仅摧毁了国王的人望，还打碎了由"西班牙婚事"的破灭带来的举国团结。用最具洞察力的国王传记作者理查·库斯特的话说，"查理一世与英格兰民众的蜜月期结束了"。这一切何以终结得如此迅速？[8]

"议会危机"

在 1620 年代末的"民望下跌"背后，有一大因素并不在查理的掌控之内。就在查理一世向西班牙宣战之后不久，又一轮歉收推高了粮食价格，并大大降低了工业制成品的市场需求。白金汉郡的治安官于 1625 年抱怨，贫穷"迫使许多人转为盗贼，或是忍饥挨饿"，而林肯郡的人却认为"国家从未像现在这么匮乏不堪过"。关于该郡的记录显示，有数千人"卖掉了自己的一切，甚至包括垫床草，他们没法去工作，一个子也挣不到。狗肉已成佳肴美味，在对许多家庭的搜查中都能找到"。就在同时，伦敦暴发了一场瘟疫，造成约 4 万人死亡，贸易也因之停滞。在素称富饶的埃塞克斯郡，"几乎很少有人能得到往年收成的一半，布商的货物没有出路（销路），农场主和生意人也卖不出货，这都要拜伦敦的传染病所赐"。反常天气仍在持续：在怀特岛这个通常出口谷物的地区，有土地主在 1637 年记载说"夏天的寒冷和八九月的暴雨成灾"摧毁了收成；此外，"1629 年的冬天也是我所知晓的最潮湿的冬天之一，几乎每一天都在持续下雨"，降雨杀死了绝大多数牲口，也摧残了冬季小麦。而就在同时，一次异常猛烈的天花疫情造成大量人口死亡或毁容，旅行和贸易也因之陷入混乱。查理发动战争的时机可以说是不能再坏了。[9]

　　国王的两步昏着进一步恶化了局势。第一，为了打造反哈布斯堡联盟以为自己的普法尔茨政策寻求支持，查理提出与法国的亨丽埃塔·玛利亚结婚——但玛利亚的哥哥路易十三却要求查理一世向英格兰天主教徒颁布宽容政策，否则就不同意他的提议。查理照办了。他再次中止执行那些严苛的法律，这也一如预期地在社会上引发了反天主教情绪。第二，查理和白金汉公爵（依旧是王室宠臣和首相）决定将议会票决通过的新战争预算花在两项野心勃勃的冒险事业上：他们派一支军队前去解救被西班牙军队包围的荷兰城市布雷达，另一支军队则前去攻取西班牙港口城市加的斯。及至 1626 年查理在位期间的第二期议会开幕之时，这两场军事行动都已宣告失败（见第 9章）。军事挫败与饥馑、瘟疫一起到来，再加上政府制裁天主教徒不力，种种事态加在一起制造了广泛的怨怒。

　　英格兰议会是个复杂多变的机构，上院的 150 名贵族和下院的近 600 名议员组成了整个近代早期世界上最为庞大的代议制议会；此外，所有财产价值超过 2 英镑的自由民皆可投票，参加"议会成员"（也即那些拥有议会下院席位的人）选举投票的人可以多至 50 万。不仅如此，议会上下两院通常在威斯敏斯特大厅（Westminster Hall）进行政策辩论，中央法庭（central law courts）也在这里开庭。数千位旁观者密切注视着议会运作：他们当中有律师、请愿者、恳求者，也有仆人、家属和顾问，还有那些希望看到议会，也被议会看到的人，以及那些试图影响议事结果的人（插图 35）。此外，伦敦本身也构成了一个庞大的隐患：全城近三分之一的家庭都生活在贫困线以下（或勉强温饱），每年还有大约 6000 名男性或女性来伦敦找工作。查理既要保证王室提议获得议会批准，又要防止议

329

会以王室财政需求为要挟，迫使王室让步的企图，这就要求他不但应小心翼翼地"管理"大选和上下两院，还要有条不紊地"管理"议会开会期间的首都。17 世纪还没有一个政府能够成功完成这些任务，这在国家的心脏地带制造了一再复发的根本性动荡。[10]

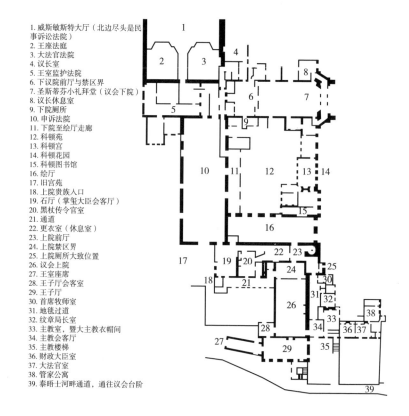

1. 威斯敏斯特大厅（北边尽头是民事诉讼法院）
2. 王座法庭
3. 大法官法院
4. 议长室
5. 王室监护法院
6. 下议院前厅与禁区界
7. 圣斯蒂芬小礼拜堂（议会下院）
8. 议长休息室
9. 下院厕所
10. 申诉法院
11. 下院至绘厅走廊
12. 科顿苑
13. 科顿宫
14. 科顿花园
15. 科顿图书馆
16. 绘厅
17. 旧宫苑
18. 上院贵族入口
19. 石厅（掌玺大臣会客厅）
20. 黑杖传令官室
21. 通道
22. 更衣室（休息室）
23. 上院前厅
24. 上院禁区界
25. 上院厕所大致位置
26. 议会上院
27. 王室座席
28. 王子厅会客室
29. 王子厅
30. 首席牧师室
31. 地毯过道
32. 纹章局长室
33. 主教室，暨大主教衣帽间
34. 主教会客室
35. 主教楼梯
36. 财政大臣室
37. 大法官室
38. 管家公寓
39. 泰晤士河畔通道，通往议会台阶

35　威斯敏斯特宫平面图

议会和法庭都位于威斯敏斯特的同一处综合性建筑之内。议会下院与圣斯蒂芬小礼拜堂（7）同处一室，但议员们可以从多个通道走进走出，其中就包括泰晤士河畔的"议会台阶"（39）。查理一世在 1642 年 1 月前往议会下院逮捕"五名议员"的时候，他们就是从这条道跑了出去。

　　查理一世在 1626 年到 1629 年之间三度召集并解散议会。
在每次会期里，议会下院的开场白都是对王室"采用灾难性
政策"的责备，以及让王室改变现状中令人不满之处的要求，
之后才会表决通过王室的军费预算；查理正面迎击议会的种种
要求，他试图逮捕顽固不化的议员，强逼议会顺从自己；在强
制手段并未奏效之后，查理就解散了议会。英格兰尚与西班牙
鏖战正酣，查理绕开议会为政府筹款。他强制从显贵臣民处借
款（并逮捕那些拒绝贷款的人），强推王室特权〔比如要求私
人住户为士兵安排住处（强制借宿，billeting）〕。不过，查理
在 1627 年做出的向法国宣战的决定还是迫使他再次召开议会。
第二年议会如期开幕之时，许多事务已迫在眉睫。正如一位议
员所说，**"这是议会的危急时刻，议会的存亡全系于此"**，他
还颇为敏锐地加了一句，"我们的生命、财产和宗教都仰赖这
次会期的决议"，因为"如果吾王与人民分道扬镳，我们就都
将面临灭顶之灾"。[11] 即便是在查理补偿了之前几年议会眼中的
残虐之举之后，有的议员仍旧拒绝投票通过新的税收法案。他
们仔细研究了历史和经典著作，援引其中的原则和先例。"所
有人都知道，"一名议员在评论"强制借宿"时指出，"我们
的房屋就是我们的城堡，把这些'客人'强加到我们和我们
的妻子儿女头上是违法之举。"另一名议员则认为："我们论
述的主题乃维护本王国的根本自由。"历时数周之久的广泛辩
论之后，议员们将他们各式各样的诉愿汇总为一纸名为《权
利请愿书》（The Petition of Right）的文件。《权利请愿书》不
但要求王室终止向私人家宅安插士兵和水手的政策并结束对平
民的军法管制，还要求禁绝不经议会同意就征税的行为，以及
禁止不经正当程序逮捕任何一位臣民——查理正是将这两项特

330

权视为王室权力的应有之义。议员还乞求查理"以更长远的
态度考量王国的现状",将他的宠臣白金汉公爵免职。他们认
为,白金汉公爵要为"陛下最近所有的政策和举措所带来的
悲惨灾难和不幸结果"负责。查理再次给出了回应:立即解
散议会。[12]

到 1630 年查理与法西两国议和时,他的债务已经是他年
度收入的四倍。此外,经济困难和糟糕的天气仍在持续。1629
年见证了"一场四十年不遇的严重洪灾";1630 年则见证了英
格兰各地的大范围歉收;1632 年的夏天是"所有在世之人记
忆里最冷的夏天";1633 年的春天"湿冷多风",当年秋天的
天气也是"极其恶劣";1634 年夏天发生了干旱,当年的冬天
则迎来了令整条泰晤士河封冻的"酷寒"。随后的两年又是连
续两场夏季旱灾,其中 1636 年的夏旱相当"过分",以至于
"所有人都认定,自己记忆中的英格兰从未经历过如此不幸。
本应湿润的天气变化甚巨,树木和大地上的碧绿植被剥除殆
尽,一切仿如严冬"。[13]

尽管如此,查理还是成功地绕开议会并统治了十一年之
久——这也是因为英格兰的对外贸易经历了一轮迅猛增长:战
火蹂躏欧陆之时,不列颠独享和平,于是许多商人不顾高额关
税,将一船船货物运往英格兰的港口。到 1639 年,查理一世
不但已偿清债务,还将他的年收入提升到 90 万英镑,几乎是
10 年前的 2 倍之多。不过海关关税仅相当于王室激增岁入的
一半,王室收入其他增长额中的一大部分来自对"王室权益"
无情的强制执行,比如对侵占王家森林者的罚款,向有资格成
为骑士但未成为骑士者征收的费用,以及(获利最为丰厚的)
"造船税"(Ship Money),一种为维持海军开支而设的税目。

上述每项绕开议会的收入都有法律问题：海关关税主要由名为"吨税和磅税"（tonnage and poundage）的古老税目组成，议会于1625年只授予了查理一年的征税权，之后他手下的官员便在没有议会批准的情况下继续征收此税。"森林罚款"（Forest Fines）也大幅增加，因为王室律师肆意将王室森林的边界扩张到中世纪时期的范围；同时，此前除了沿海各郡之外尚无征收先例的造船税，现在却于全国各地统一征收。每逢有勇敢的臣民挑战上述税收的合法性时，查理都会给法庭抛出一个判例案件——他的法官每一次都根据上意进行判决。国王的法庭曾是臣民生活的仲裁者，现已成为祖护上意的急先锋。1637年法官为造船税合法性背书的时候，肯特郡的一些地主认为，他们的国王现在已经"比法国国王和托斯卡纳公爵还要专制"。[14]

查理一世还力争在宗教事务上"更加专制"。尽管故意对针对天主教徒的严苛法律怠于执行，他却出手迫害长老会教徒。在整个1630年代，他的主教都在迫使人们统一遵从英格兰国教会的教义和礼拜仪式，并将（成千上万的）抗命不遵者传唤到宗教法庭。他们一旦被定罪，就得接受严厉惩罚。仍然拒不屈服的人将被移送"国王法庭"，特别是"高等委任法庭"（High Commission）和"星室法庭"（Star Chamber），并在那里接受更为严苛的惩罚。最为生动的案例发生在造船税颁行之后不久的1637年，星室法庭在那一年里将三位声望卓著的主教定罪：威廉·普林、亨利·伯顿和约翰·贝茨维克。三人都是进过大学的名流，也都受过职业训练（普林是律师，伯顿是传教士，贝茨维克则是医生）。在坎特伯雷大主教（也是查理的主要谋臣）威廉·劳德的挑唆之下，星室法庭的法官们（包括劳德本人在内）以诽谤罪起诉上述三人并判他们有罪，向他们开出了 5000 英镑的高额罚金（约合今天的 100 万英镑）；三人被判终身监禁，他们的家人不得探监，甚至不能通信；此外，法庭还不顾他们的精英身份，让刽子手在有辱人格的公开仪式上削掉了他们的耳朵。残虐的刑罚与恶名昭彰的折辱一同引发了众怒。许多民众都将视三人为殉道者。[15]

查理的"司法胜利"招致了不少怨怼之声，但很多臣民恐怕还是会同意爱德华·海德的说法。这位著名的保王党人也是影响深远的《英格兰内战及叛乱史》（*History of the rebellion and civil wars in England*）一书作者。他认为，1630 年的英格兰正值"令迄今为止所有时代艳羡的安宁幸福之世"——这正与伦敦手艺人尼西米·沃林顿的断言相反。这位工匠汇集了一份对于 1630 年代的记录，以让"子孙后代们有机会目睹，我们生活在一个多么悲惨和痛苦的时代"。无论如何，只要议会尚未召开，那些想法与沃林顿相似的人都将无处发泄自己的观点——此外，正如一位评论者指出的那样，"除非发生了什么现在还无法预见的紧急情况，无人能指望议会召开"。[16]

查理一世"个人统治"的成功让他得以避免制造这样的"必要性"。原因正如威尼斯驻英格兰大使安佐洛·柯雷尔所说，通过"不再像他的祖先那样依靠议会来统治"。查理"已经更改了他王室祖先统治时的原则"，大使接着表示：

> 至于他是否会继续如此行事，并通过国王的特权来实现先代国王靠国家政府的权力才能实现的目标，这一点仍有待观察。这么做十分困难且尤为危险，因为当前王国境内正因两件大事而怨声载道，其一是宗

教问题，其二是人民自由权利的减少，而这两大问题
全然是国王挑起（perturbate）的。这将在英格兰制
造严重的对立乃至巨大的动荡（gran turbolenza）。

这位大使还引用了四百年前"经历了名为'男爵战争'
（Baron's Wars）的漫长灾祸与动荡的亨利三世"的先例，因为
在他看来，"人民已是如此不满，如果他们有领袖的话——他
们暂时还没有——那国王就不可能再安抚他们了"。柯雷尔对
英格兰的分析令人赞叹，但他完全遗漏了苏格兰和爱尔兰。他
甚至没提到三个月前震动爱丁堡的那些暴乱，正是这些暴乱引
发了一连串将查理一世拖入战争的事件，催生了一批令人望而
生畏的英格兰"领袖"，还带来了远比那场针对亨利三世的
"男爵战争"更具毁灭性的"漫长灾祸和动荡"。[17]

苏格兰革命

查理一世自 1625 年即位以来就冒犯了苏格兰人。作为对
西班牙作战的动员计划的一部分，查理决心在他统治的王国
之间打造一个"紧密且有约束力的共同防御联盟"：这是一个
以西班牙不幸失败的"武装同盟"方案为蓝本的计划（见第
9 章）。为了筹集"联合军队"里苏格兰部分的军费，这位新
王颁行了《地产销还法案》（Act of Revocation），这在传统上
是苏格兰君主即位时的惯用策略，也即收回前任君主被侵占
的土地。尽管有不少先例，查理推动这一倡议的方法却遭到
了广泛的反对。虽然查理最终勉强做出了一些让步，这项诏
令的最终版本（1629 年生效）还是要求那些曾经取得教会和
王室土地的人先将地产让渡给他，再根据不那么有利的条件取

回地产。就像同一年在德意志地区颁布的《归还教产敕令》（见页边码第 222 页）一样，《地产销还法案》的出台甚至在保王党人的眼里也被看作"万恶之源"。历史学家詹姆斯·贝尔福爵士在回顾 1640 年代时，将《地产销还法案》视为"之后所有伤痛的根本，这伤痛对国王陛下的政府和家人皆然"。贝尔福相信，正是这项法案"为叛乱打开了方便之门"。[18]

《地产销还法案》制造的民怨还未见平息，查理一世又着手在自己治下的各国推行统一的"公祷仪礼"。查理认为，就像他的君主国"只有一个主人、一种信仰一样，那么在一个主权君王统治之下的教会里……也就只能有同一颗心和同一张嘴"。总而言之，国王希望终结他于 1633 年重返苏格兰时观察到的"杂芜且畸形"的礼拜仪式，因为"当地没有确定的公祷仪式，而是由传教士、读祝者和无知的教员在教堂里进行仓促临时的祈祷"。查理责成干劲十足但行事刻板的威廉·劳德大主教制订解决方案。[19]

以用戏谑话语为查理一世及其廷臣提供娱乐为生的苏格兰弄臣"愚人阿奇"（Archie the Fool）立即看到了危险。就在他听到即将在他家乡以王室公告强制推行新的礼拜仪式这一计划的时候，阿奇转过头来对着大主教说了一句话："现在谁才是愚人？"劳德的回应是将这位弄臣逐出宫廷，并为苏格兰准备了一整套"教规仪典"（Code of Canons），禁止即席祷告①等古老的礼拜风俗。查理依据"朕的君主特权，以及在宗教事务中至高无上的权威"刊印了这套仪典——但他显然忘了，苏格兰教会不承认所谓的"无上权威"。这位君王还命令所有

333

---

① Extempore prayer，指不依托对宗教文本之朗读或背诵而进行的宗教仪式。

教堂都购买并使用祈祷书。在被人告知苏格兰还没有官方祈祷书之后，他就责成劳德基于（尽管并不照搬）英格兰惯例编写一本含有一整套祈祷和教理问答的祈祷书。随后，查理又以"朕身为苏格兰国王的权威"为名，要求苏格兰教会只能使用新版祈祷书，这一命令于1637年7月23日起生效。任何未能取得祈祷书刊印本，并从那一天起使用此书的牧师都将被宣告为叛徒和不法者。[20]

国王推行改革的时机十分糟糕：此时苏格兰正面临着比英格兰更恶劣的极端天气。1637年6月，爱丁堡的枢密院颁布了一项紧急法令，以应对作物歉收导致的瘟疫、硬币的严重短缺和广泛的"粮荒"问题。根据忧心忡忡的苏格兰地主洛锡安伯爵的说法：

> 这个夏天，大地荒凉如铁……天空中雷声阵阵。直到现在这个收获季节，到处都还是洪水泛滥、风灾肆虐，在世之人从未见过。洪水撼动、浸烂并带走了新长出的谷粒，（因此）凡视力尚存之人或许都目睹了降临在这块土地上的末日审判。此外，这里没有一种钱币还有存货，（因此）那些深陷债务的人根本无法搞到货币以偿还债主，少数手里还有现钱的人便在这个艰难时刻囤积居奇，储藏现款，牟取暴利，或是预备不时之需。

毫不奇怪的是，查理一世强制推行新版祈祷书（诨名"劳德祈祷书"）的举动引发了一场革命——这尤其是因为查理的反对者其实早有准备。[21]

1637 年 4 月，一些牧师在亚历山大·亨德森（此人出身不明，但他很快就凭出色的宣传与组织能力赢得了国际声誉）的引领下于爱丁堡秘密集会，与会的还有一些"教会主母"（matrons of the kirk，即著名长老会信徒的妻子们）。亨德森警告众人，称国王旨在废除苏格兰的传统礼拜仪式（自发祈祷是传统仪式的核心要件），从而对他们得到救赎的机会产生了威胁。一次古怪的突发事件为亨德森的诉求提供了无可辩驳的证明：就在政府的印刷商修正"劳德祈祷书"校样之后，亨德森在第一时间将原书扔掉——不过因为好的纸张颇为昂贵，这些校样就迅速被"爱丁堡的商店回收，用来包装香料和卷烟"。这样一来，校样内容便尽人皆知，所有人都相信"福音书的生命"即将"因为强加给苏格兰教会的死亡祈祷书而被偷走"。"教会主母"因而授权她们的女仆于新版祈祷书第一次付诸使用的时候挑起骚乱。[22]

女仆们义不容辞。在 7 月 23 日圣吉尔斯大教堂的周日晨祷上，爱丁堡的主持牧师开始诵读新版祈祷书，国王的法官和爱丁堡的市政官都列席旁听。诵读开始没多久，坐在前排折叠凳上的年轻女人就"拍打双手，咒骂不休，出声干扰，在这块神圣之地引发了一阵颇为粗野的喧哗，没有人能听清，也没有人能使别人听清"。这些年轻女人接着"将她们的折叠凳扔向布道人"，并"将所有祈祷书都撕成碎片"，主持牧师、法官和市政官只得四散奔逃。他们在当天下午又一次试图使用新版祈祷书，人们却向他们投掷石块（彩插 14）。[23]

查理一世对此的回应是命令苏格兰枢密院惩罚一切"始作俑者和违法之人"，并立刻将新版祈祷书强制投入使用。枢密院如期召集了爱丁堡的首席牧师们——不过他们非但没有下达惩罚命令，反而宣布"祈祷书无法在苏格兰教会有序使用"。于是枢密院授权牧师继续以传统仪式布道，并释放了那些因为参加暴乱而被捕的人。[24]亨德森及其同侪利用这个"暂缓执行期"起草了一份针对宗教改革的"恳求书"，以虔信贵族、自由民和牧师的名义呈奉御前。查理视这些集体行动为犯上作乱之举，下令解散亨德森的委员会；但亨德森并未照办，他得到了坚定虔诚的爱丁堡律师阿奇巴尔德·约翰斯顿（沃利斯顿勋爵）的大力协助。约翰斯顿律师起草了一份被称为《国民誓约》（The National Covenant）的文件来巩固民众的支持。尽管誓约号称要保卫"对上帝的真正信仰、我们国王的至尊地位、王国的安宁以及我们和子孙后代的共同幸福"，但其内容却极具破坏性：它谴责所有教会事务的革新，因而也就谴责了 1603 年英苏达成共主邦联以来世俗政府的所有宗教新政。不仅如此，誓约还要求所有苏格兰户主做出公开庄严的宣誓，他们承诺将"倾尽我们的所能，以我们的生命和财富"来保卫"如前所述，该王国的真正宗教信仰、自由和法律，**免于各种人的侵夺**"——这一准则恰好可以用来证明叛乱的合法性。[25]

亨德森及其同侪将 1638 年的第三个星期日命名为"为立誓而设的庄严斋戒日"。在每一个苏格兰教区，教众都起身举起右手，齐声复诵捍卫《国民誓约》的誓言，"对抗各式各样之人的侵夺"。他们接着签下自己的姓名，接着（据沃利斯顿报告）"叫喊声"从聚会的众人口中发出，"如此场面可是闻所未闻，见所未见"。[26]沃利斯顿勋爵说得没错：苏格兰乃至全世界都从未见过这样的大众民主行动。又一番布道之后，众人派出一名信使，让他带着盟约和写有"八项

335 要求"的清单（由沃利斯顿起草）前往伦敦，将"我们必不可少、为使教会和王国安宁而设的最低限度的心愿"呈奉给国王。沃利斯顿接着"向我主上帝祷告，**保佑我们免于因缺乏自信和在尘世的恐惧而在上帝的事业中让步哪怕一寸，从而犯下大罪**"。至少对沃利斯顿而言，任何妥协或屈服都是不可能的。[27]

汉密尔顿侯爵以国王私人代表的身份于 1638 年 6 月抵达苏格兰，他立即就意识到了倔强的民气所带来的危险。"彻底征服这个王国（苏格兰）将是一项艰难的工作"，即便"你能确定英格兰将给予你何种援助"，他如此警告查理；但侯爵接下来的说法就很有先见之明了：

> 我所担忧的是，（英格兰人）不会像他们应做的那样助您（干涉苏格兰）。这不仅是因为他们之中已不乏隐藏在背地里的恶意，也是因为他们在英格兰挑起了我们（苏格兰人）已经惹出的事端，而这一图谋的名称不外乎"叛乱"两字。英格兰内部绝不（缺少）心怀不满之徒。

查理对此置若罔闻。他依然相信，在苏格兰"不仅我的王冠正面临考验，我在后世的荣誉也摇摇欲坠"。于是查理告知汉密尔顿，"除了武力之外，没有什么能让那些人服从于我"。因此他妄自尊大地加了一句话："我宁死也不向这些该死的无礼要求让步"，因为"一旦让步，王权很快就将不复存在，两者不可分割"。查理在另一封信中回顾这一问题时重申："只要这份誓约还有效力，我在苏格兰就不比威尼斯公爵享有更多的权力，我宁死也不会容忍这种事情发生。"因此，查理重新强调了他动用压倒性武力在苏格兰"弹压叛乱"的决心。[28]

然而，在此时实施一项如此野心勃勃的计划充满了危险。一方面，苏格兰已经在 1637 年见证了"在世之人从未见过的洪水与风灾"，而第二年也就是 1638 年却成了苏格兰某些地域一个世纪以来的最干旱之年。另一方面，新任威尼斯驻英大使已清楚地看出，查理的个人统治已经注定失败。大使感知到了"英格兰走向革命的趋势，这场革命将迫使国王遵守法律"，以依循"苏格兰的榜样"；同时，"爱尔兰人民也心怀不满，他们被那里的总督（托马斯·温特沃思）虐待，而后者毫不顾虑他们的各种权利。他们的不满之声对国王陛下毫无触动，于是他们只能肆声抱怨"。简而言之，大使总结说："**国王在英格兰没多少盟友，在爱尔兰更少，在苏格兰更是毫无盟友。如果他不改变自己的统治方式，我们便不难预见一些无可挽回的灾难即将发生。**"[29]

颇具嘲讽意味的是，查理还授权汉密尔顿对苏格兰的"誓约派"（Covenanters）做出暂时的让步。"用任何你认为得宜的许诺讨好他们，"查理写道，"**你现在的主要目标就是争取时间……直到我准备好了镇压他们的手段。**"到了军事干涉已嫌太迟的 1638 年 10 月，查理一世甚至同意苏格兰教会召开二十多年来的第一场全体大会。数百名牧师和虔敬的信众（其中许多人全副武装）参加了这次公开会议。"事态已经颇为笃定：这些人心中除了宗教事务外另有想法"，汉密尔顿（他以国王的名义主持了这场会议）警告说，在现状之下，宗教议题"势必成为叛乱的托词"。要使"苏格兰重新恭顺听命"，汉密尔顿找不到全面入侵之外的任何方案。[30]

沃利斯顿只能想到两条苏格兰走出厄运的途径：英格兰本土爆发剧变（"要么是新教信众的暴动"，要么是"法兰西国王的入侵"）；或者"上帝带走查理"——这也是已知最早的一份提及"以国王的死亡作为解决斯图亚特王朝之难题的方案"的史料（查理的死期要等到十年之后）。沃利斯顿意识到这些权宜之计不大现实，也深知对"根除主教制"的坚持意味着他们将"拿起武器"对抗英格兰可能的入侵。沃利斯顿和他的同侪开始研究欧陆作家推崇的政治抵抗理论，[31]并在其启发下以小册子和布道的形式传播观点；沃利斯顿等人还与英格兰的知名反对派人士建立了联系，这些人对查理的政策深恶痛绝（且冀望引发一场"暴乱"，以干扰查理袭击苏格兰的计划）；他们还派人游说瑞典政府以放那些在瑞典服役的苏格兰士兵回乡作战，并为他们提供武器弹药。瑞典首相阿克塞尔·乌克森谢纳视苏格兰人的起义为与一百多年以前瑞典独立战争同等的事业，最后决定送出近30门重炮、4000支火枪和4000副盔甲，并将300多名在瑞典军中服役的苏格兰军官送了回去，其中就有亚历山大·莱斯利将军，一名有着三十年欧陆作战经验的老兵。

引爆点

1639年的这些支援给苏格兰人针对国王的反抗行动带来了关键优势。查理已经决定率2万人亲征苏格兰，而汉密尔顿则与皇家海军一起封锁了苏格兰东海岸，登陆的英军士兵也着手支援苏格兰西北部反对誓约派的势力。还有一支爱尔兰军队侵入了苏格兰西南部。这一策略看似颇为得力（四年后从爱尔兰对苏格兰的入侵将势如破竹），但三大疏漏却让其执行毁于一旦。第一，爱尔兰军队的两位联合指挥官（斯特拉福德伯爵和安特里姆伯爵）拒绝互相配合。他们唯一的成果是令苏格兰西南部的头号地主阿盖尔伯爵阿奇巴尔德·坎贝尔倒戈投向誓约派一方。第二，苏格兰东北部的保王党人在英格兰援军到来之前就缴械投降了。第三，极端天气妨碍了查理手下英军的动员。1639 年的春天见证了"最为剧烈的大风、雷电和淫雨"，紧接着又是为期十周的干旱、"空前的狂风"，最后则是"切断了旅路的滔天大雨"，以及"我所知的两个最冷的日子"。"我担心"，一位保王党领袖焦躁不安地说，如果酷寒"持续下去，我们的人就将被冻毙"。[32]

国王的新兵在约克集结。他们的数量"少于国王的预期"，且许多士兵缺少武器。一名曾亲眼见证王军经行纽卡斯尔的军官曾表示："我敢说从来还没有这么一支原始、粗糙且士气低落的军队被派去打仗……他们杀死战友的概率与杀死敌人一样大。"三周之后的一次日全食被军中许多士兵"解读"成"国王的远征将迎来糟糕结果的不祥之兆"，这对维持士气有害无利——特别是考虑到据王室随行人员约翰·阿斯顿所说，当前"最大的敌人"是"重创军营的饥饿"，此时"军中因缺少面包而爆发了一场哗变"，局势因之雪上加霜。[33]尽管如此，查理一世还是于 1639 年 5 月末率领 2 万名士兵抵达了特威德河，也就是两个王国的界河之畔，并在岸边扎营，与在对岸结寨固守的誓约派军队对峙。

查理一世发动的 1639 年战争完全印证了路易十四之师的警告："政治的一大格言就是，君王必须御驾亲征，因为只有深居宫闱的君王才会冒在战场上俯首称臣的风险。"查理的天真幼稚和他向那些军事指挥官寻求的建议都让亚历山大·莱斯利得以利用毕生的服役经验来戏要他们。根据约翰·阿斯顿的说法："关于敌军军力和敌将才能的传言在绝大多数英军士兵当中引发了疑惧之情，其余的士兵也犯起了嘀咕。"他们直到后来才发现，莱斯利故意夸大了自己的军力"以掩人耳目"，英格兰人既没意识到与他们对峙的只有不到12000人（许多人装备低劣），也没有意识到英格兰海军的封锁已经令苏格兰人"无法用正常手段动员士兵、供养军饷、维系军容、解散军队或继续作战，因为他们现在缺少粮食、金钱和马匹"。但在1639年6月18日，查理不仅没有率领手下远强于对方的军队发动进攻，反而签署了停火协议，并与他叛逆的苏格兰臣民开启了谈判。[34]

正如他不顾自己军事经验的缺乏也要率军亲征一样，现在查理又不顾自己外交经验的缺乏，坚持亲自主持谈判。苏格兰人立即要求他们的君主批准最近一届教会大会通过的法令（这意味着废除所有主教）、召开新的议会，以及遣返并惩罚那些"煽惑者"（他们对逃亡英格兰的保王党人的称呼）。听到要求的查理离席与他的首席顾问协商，他们就在帆布之后展开了对话。苏格兰人听到汉密尔顿警告查理说："如果他答应每年召开教会大会的话，那么他就有可能丢掉三顶王冠，因为这些人将把所有王冠踩在脚下。"但苏格兰人最终还是长出了一口气，因为查理拒绝了汉密尔顿颇具先见之明的提议，批准了《贝里克和约》（Pacification of Berwick）。这份和约不仅接受了所有誓约派的要求，还规定查理一世应解散军队并解除海上封锁。用约翰·亚当森的话说，查理可算是犯下了"他一生中最大的一个错误"。[35]

《贝里克和约》在四个方面令查理一世的处境大为恶化。第一，他没能利用自己的军事优势，也就错过了胜利镇压苏格兰叛军的最佳机会（如果不是唯一机会的话）。第二，国王立场较之以前已有所后退（"我宁死也不向这些该死的无礼要求让步"），这不但打击了他的声誉，也让他的高级顾问们声望大损。正如汉密尔顿所指出的那样，因为"那些和议细节正是我常常咒骂，并建请陛下千万不要让步接受的，现在却得到了批准"，那些誓约派"将不会对此感恩戴德，反而会得寸进尺，让我们接受他们的任何要求"。[36]汉密尔顿的说法很快就得到了确证：在 1639 年秋天召开的苏格兰议会从一开始便假定国王将迟早承认他们的所有要求。第三，造成同等危害的还有苏格兰危机期间在英格兰印制的小册子，正是这些小册子开启了关于那些一度被视为禁忌的话题的争论：礼拜仪式和教会体制，王室权威和臣民服从的界限，甚至还有对反抗王权的可能辩护。而第四个，即最后一个方面是查理现在破产了：战争本身已经花掉了 100 万英镑，耗尽了英国国库的储备金；而国王怯懦的让步又鼓励了许多人去抵抗造船税等"王室特权"（也促使王室官员对抗税者放任不管，因为他们担心国王再度回心转意）。税收收入也因此直线下降。为了解决自己政策所带来的这些问题，查理转而向唯一一位看起来可以"只凭国王的权威就能办成先王以国内各界之力才能做到的事"的大臣：爱尔兰总督托马斯·温特沃思。

爱尔兰的"全面彻底"政策

在爱尔兰，查理一世设法为他的"武装同盟"计划筹集军费（见页边码第 332 页）。他向那里的天主教徒许以名为

338

"恩典"（Graces）的让步，交换条件是开征新税以支付该岛的防务开销。除此之外，查理还承诺放松之前对不承认国王是爱尔兰教会最高领袖（没有天主教徒会承认这一点）者不得担任公职的限制；查理还保证，所有持有土地六十年以上的爱尔兰家族都将永保他们的头衔（这将在实质上终结"拓殖地"的继续出现）。不过，一俟 1630 年与法国、西班牙达成和议之后，查理不但食言毁诺，还颁布了一系列严厉的反天主教法律，下令拆除所有天主教女修道院，并要求所有行政官员宣誓服从《至高誓言》，承认查理是教会的最高领袖，否则将被免职。国王将推行这些举措的重任交给了一群全副武装的新教地主，他们在执行过程中表现得既高效又狂热——直到 1632 年。查理在这一年再一次收回成命，提名具有丰富行政经验，但在爱尔兰缺乏人脉的英格兰人托马斯·温特沃思为总督。

温特沃思在上任伊始就对爱尔兰社会的派系分裂大加利用。他向天主教徒暗示，"恩典"将在批准一些增税措施之后得到肯定，并如约放松了一些反天主教的政策，但他同时也用特许状和选举权等手段让爱尔兰议会下院的天主教徒席位迅速下降——该院在 1634 年还有 112 名天主教徒议员，但在 1640年却只剩 74 人。温特沃思也系统性地审查了所有地产契据，尽可能地增加王室地租和兵役力役，并剥夺了那些他认定资质有瑕之人的地产契据，其压榨对象既包括新定居者（苏格兰人和英格兰新教徒），也包括本土人（包括那些定居爱尔兰已有数代的家庭，也就是所谓的"老英格兰人"）。正如艾丹·克拉克的评论所说："没收财产对爱尔兰人而言并不新鲜，但对老英格兰人来讲见所未见。"就连从不列颠新来的定居者"也同众人一样受到威胁，这是对普通法权利的系统性侵犯，土地主正是仰赖普通法来保护他们的财产"。[37]拜这些政策以及海关收入的增加所赐，爱尔兰的政府预算在十年来第一次有了盈余。

温特沃思意识到，这项被他称为"全面彻底"（Thorough）的新政策将使爱尔兰社会的绝大多数派别都对自己离心离德。但有赖于当地人彼此之间刻骨的仇恨，温特沃思得以避免受到他们的联合反抗，如此一来他就让伦敦方面对都柏林的事务充满信心。1639 年 12 月，温特沃思在劳德和汉密尔顿的支持下面见了国王查理，向他提议召开威斯敏斯特议会筹集军费，以进行对苏格兰的新一轮入侵——但上述四人都认识到，"若议会乖戾难制，拒绝"通过税收法案，国王或将有必要诉诸"非常手段"。[33]四人还决定于 1640 年再对苏格兰发起一次进攻，其策略与前一年相同：查理将亲率大军从英格兰入侵，同时皇家海军会再一次封锁苏格兰东海岸，另一支军队则从爱尔兰出发袭击苏格兰西南部。现已加封为斯特拉福德伯爵的温特沃思领命回到都柏林，并游说爱尔兰议会授权通过增税法案，以征募 1000 名骑兵和 8000 名步兵供入侵苏格兰之用。动员令立即下达了。而就在这批新军齐聚阿尔斯特（紧邻苏格兰）之际，新任伯爵正好及时返回了伦敦，以上院议员之姿赶上了英国议会十一年来的首次开幕。

悬崖边上的英格兰

50 万拥有选举权的英格兰人抓住了这个意料之外的机会，表达了他们对最近十年以来各种争议性政策的抗议。他们拒绝支持那些曾经支持征敛造船税、滥用王室特权搜括民财，或曾为劳德教会改革出力的议员候选人。与此相反，他们选出的代表带着长长的求偿清单前往威斯敏斯特，在那里辩论终日，对政府开征新税的要求置若罔闻。一开始查理还颇能容忍这一恼人之举，直到他得知议会下院将于1640年5月5日清晨辩论一项动议时才终于无法忍受，这项动议旨在推动"陛下与其苏格兰的臣民之间的……和解事宜"。这项动议势将摧毁查理整个苏格兰政策的道德基础，于是查理只得解散议会。这届议会也很快以所谓"短议会"（Short Parliament）而闻名。[39]愤怒的民众很快就挤满了街道，约500人包围了兰贝斯宫（即劳德的坎特伯雷大主教官邸），因为他们将国王解散议会的账算到了大主教的头上。这是斯图亚特王朝治下伦敦首次爆发的大规模暴乱，当然不是最后一次。

此时的劳德并不在兰贝斯宫：查理一世刚刚解散议会回来，他就召这位大主教参加了一场"战争会议"，讨论在议会没有批准预算的情况下应该"消灭苏格兰人还是放过他们"。与会的国务大臣亨利·范恩反映，部分大臣在这场艰难的会议中主张妥协——有大臣质问："如果我们不能筹到更多的钱款，那么又要如何发动一场进攻作战？"——但斯特拉福德伯爵对此并不在意，他的理由是"防御作战"将导致"荣誉扫地，声望损失"。伯爵接着表示，鉴于"英格兰的平静将长久持续"，国王应当"继续展开一场如陛下一开始所策划的那样强而有力的战争"。伯爵还强调，"您有一支军队正在爱尔兰，您或可将这支军队调到这里以削弱这个王国"（"这里"和"王国"两词之间的歧义将反复困扰他）。斯特拉福德估计，"苏格兰人无法坚守超过五个月，只要部署得当，英军在一个夏天之内就可将其拿下"。伯爵大人也重申了自己在去年12月已经提出的观点：他宣称，国王现在已经"免于一切统治规则束缚，只受制于紧急状况下的必要性"，因此可以"任意行事，只受实力约束"——这也就意味着，鉴于议会并不支持，国王将动用王室特权直接筹集军费，从伦敦的主要富商处强制借款助饷。[40]

诺森伯兰伯爵被任命为英军统帅。一俟散会，他便向正驻扎在纽卡斯尔（英格兰东北部最大城市）的将官们保证："我们的军力十分强大，那个王国（苏格兰）无力抵御我们。"尽管如此，伯爵还是补充说，因为议会拒绝批准预算，英军士兵的集结时间将不幸从 5 月 20 日推迟到 6 月 10 日。这一延期并未困扰到斯特拉福德，因为他预期西班牙将支援此战。去年 12 月他曾与腓力四世派往伦敦的特使会晤，请求西班牙提供一笔 10 万英镑的借款；此时此刻，他将这个数字提高到 30 万英镑。腓力表达了对英国的支持，但是一个月之后巴塞罗那的暴乱（见第 9 章）却让他无法支付那笔本应用来帮助查理收复苏格兰的款项。正如约翰·亚当森评论的那样："对于解释为什么在 1640 年夏天之后英格兰爆发内战的可能性高企，加泰罗尼亚人的叛乱和苏格兰誓约派的叛乱同等重要。"[41]

与西班牙之交易的流产也将查理置于危险境地。他曾下令动员 35000 名英军士兵征伐苏格兰，如今已无法在避免"荣誉扫地，声望损失"的前提下放弃战争计划。之后对军队集结日期的两次推迟（先是延期到 7 月 1 日，接着又是"直至 8 月中旬"）也增加了他所面临的风险。原因正如诺森伯兰伯爵指出的那样，8 月中旬是一个"不宜发动军队进入这些北方国度的时节"，而就连这个"时节"很快也变得比伯爵预料的更加"不宜"。一场瘟疫让德文郡和康沃尔郡征来的税款无法运抵约克，而拜当年的厄尔尼诺现象所赐，英格兰大部都经历了

"暴雨和寒风,春天大为推迟"。到了 8 月,"这块土地似乎又遭遇了非凡的暴风和怪异的潮湿天候的威胁"。就连在诺森伯兰伯爵辞职之后受命统军的斯特拉福德伯爵也没能赴任:1640年 8 月 24 日他才抵达亨廷登①,并在那里目睹了"暴涨的水位和如圣诞时节一般淤塞的道路"。[42]

341　同时在都柏林,"短议会"失败的消息与斯特拉福德的缺席促使爱尔兰议会推迟了对已经票决通过之税目的征收,如此一来也就推迟了入侵苏格兰计划的征兵工作。尽管步兵部队已于 6 月在阿尔斯特集结,但骑兵(需要更多金钱来筹措装备)却并未就绪。除此之外,新兵的武器和运送他们渡海入侵苏格兰的船只都未到位。绝大多数"新军"士兵因而滞留阿尔斯特,消耗着本就因糟糕收成而大为减少的当地物资。

趁查理一方面临上述挫折之机,苏格兰议会在爱丁堡重新召开。用詹姆斯·贝尔福爵士的话说,他们通过的立法纲要"值得纪念,足以推荐给子孙后代仿效。这则立法纲要一举为苏格兰教会和苏格兰王国带来了近六百年来最大的改变"——因为这则纲要事实上"不仅颠覆了古老的苏格兰政府体制,还用枷锁遏制了王权"。议会通过了一项《三年法案》(Triennial Act),要求议会至少每三年召开一次,且无须经由国王召集。还有一份法案则将所有主教从议会中排除出去。立法纲要还创设了一个精巧的常设委员会,负责在议会休会期间治理苏格兰。[43]誓约派领袖还收到了一封由七位英格兰贵族签署的信件,他们承诺"做出重要担保,一旦你们进入英格兰王国",他们"就会组成一个强有力的机构,并起草一

---

①　Huntingdon,在今英格兰中东部的剑桥郡,距离约克较远。

份抗议书上达御前"。这份抗议书（Remonstrance）同时包含了苏格兰和英格兰的诉愿，他们据此向国王"要求"（而非请求）赔偿。[44]这七位心怀异见（并涉嫌叛国）的贵族包括贝德福德伯爵和沃里克伯爵（两人都在不久之前因批评查理的政策而遭囚禁），以及埃塞克斯伯爵（查理曾将 1639 年的作战失败归咎于他）。三名贵族都利用自身的影响力让易受他们影响的议员进入"短议会"——包括成为议会下院最强音的约翰·皮姆，他既是贝德福德和沃里克的门生，也是他们的前任雇员——这些议员都对短议会的解散大感不满。

这七名贵族许下的叛国承诺促使新上台的苏格兰政府发动了先发制人的打击。他们派遣一支队伍在阿盖尔伯爵的指挥下进入苏格兰北部，以摧毁所有可能在当地为国王开辟第二战场的保王党人的资产。他们接着授权在前一年里负责整训部队的莱斯利将军入侵英格兰。1640 年 8 月，莱斯利率领一支 18000 人的部队渡过特威德河。苏格兰与英格兰再度开战。

查理在同一天离开伦敦北上约克，并在那里"向领主、军官和绅士们发表讲话"，敦促他们迎击苏格兰人。不过这些人非但没有动员起来，反而在 8 月 28 日向查理呈递了一份"谦卑的请愿"以表示抗议：最近的战事已经令约克花掉了超过 10 万英镑，因此"未来的负担将相当沉重，我们不会也没有能力承受下去"。他们同样直言不讳地抱怨国王让他们为士兵安排宿舍直至战斗打响的要求："被要求收留的那些士兵的蛮横言行终将令我们的村庄房舍被焚毁"，这是"王国的古代法律所不容的，而陛下在《权利请愿书》里也肯定了这些法律"。就在同一天，莱斯利率领苏格兰军队渡过了泰恩河，在纽伯恩之战中击溃了一支前来应战的英格兰军队，接着又占领了纽卡斯尔，随后挥军向南拿下了杜伦。[45]

342　　　不少历史学家都忽视了这些军事失利的规模和意义，但当时的人却不敢怠慢。御驾亲征的查理当时正率军从约克开往杜伦，在听说纽伯恩的败仗之后，他在恐慌之下火速撤军；国务大臣范恩也倍感忧虑，认为现在的英格兰面临着"自（诺曼）征服以来的最大（危险）"。的确，苏格兰对英格兰东北部的占领不仅确保苏格兰将不会屈从于查理和劳德企图强加于苏格兰之上的所谓"完美邦联"（perfect union），也为苏格兰向英格兰强加他们自己版本的"完美邦联"打开了方便之门：苏格兰军掐断了泰恩河畔的煤炭供应，这正是伦敦所依赖的。[46]

不少英格兰人公开对国王的失败表示幸灾乐祸。当纽伯恩战败的新闻传到伦敦时，城内教堂一齐敲响大钟以示庆祝。枢密院成员们本已将火炮部署在白厅宫，以防民众暴动，此时他们却逃离伦敦，跑到英格兰南部海岸的朴次茅斯缮治城防，以作为王室在"万一之际"的"避难所"。劳德大主教发出了御前会议上最具失败主义色彩的论调：他说，国王必须认识到**"我们已被逼至绝境，身处黑暗之中"**，唯一能够组织人手有效抵抗苏格兰人的办法就是召集一场贵族会议，"或召开一届议会"。[47]

劳德的担忧不无道理。尽管眼下的伦敦还未发生叛乱，但怀抱异见的英格兰贵族珍视他们对苏格兰同道许下的承诺。异见贵族向查理呈交了一封附有 12 名贵族签名的请愿书，并提出了两类要求。第一，他们强调"由于这场战争，您的岁入已被严重挥霍，您的臣民也饱受……军费负担之苦……您的王国全境怨声载道，人人恐慌"。贵族们提出了一个简单直接的方案解决这些难题：同苏格兰人议和。第二，他们用远胜于此

的篇幅抨击了"宗教事务上的冗杂新政"，"教宗势力的急剧
上升，以及反教宗者的见用"，"引入爱尔兰和外国（易言之）
势力的传言"，"造船税的催征"，以及对"王国境内货物和工
业品"的苛捐杂税，还有"议会的长期中断"。为解决这些问
题，12 名请愿贵族要求查理——

> 尽快召开一届简短的议会，让您的臣民所经受的
> 各式各样冤屈的起因都能于会议上得到解决，制造这
> 些冤屈的始作俑者和执行者也将接受法律审判，并承
> 受与他们的重罪相应的严厉惩罚。[48]

没有人会忽视贵族联署者人数增至 12 人这一事实的重要
性，因为正如三年之前威尼斯大使所说的那样，它唤起了人们
对"亨利三世前车之鉴"的回忆（见页边码第 332 页）：1258
年，亨利三世在强制之下勉强承认，即便国王本人拒绝，议会
也可在至少 12 名贵族支持的情况下以他们的名义召开。请愿
贵族们是否会动用这一权利呢？

查理决定不把事情搞到摊牌的地步。在 1640 年 9 月 5 日
与御前大臣讨论这次请愿之后，查理得知苏格兰人开始"在
诺森伯兰郡全境和杜伦主教辖区扎下过冬军营"。然而查理本
人的队伍"士气低落、军容不整，甚至无法坚持作战六周"。
查理召集了一场包括所有英格兰贵族在内的"国务大会"（这
个机构自都铎时代以来就未曾重建）与他会晤。[49]

糟糕的天气持续阻碍着军国大事的进展——"这两日来
我们已经久经暴雨，洪水遍布各地，"范恩抱怨说，"道路几
乎全部无法通行"——但在 9 月下旬，还是有超过 70 名贵族

343

赶往约克郡与他们的国王会合。那些签署过请愿书的贵族耀武扬威地带着他们的四轮马车、仆役用人和贴身侍从组成一整支车队——这个清晰的团结信号似乎令国王的斗志有所减退。"首先，"查理在对大国务会议发表的公开演讲中宣布，"我要告诉你们，我所追求的不过是让我的民众正确地理解我。为达这一目的，我本人已决定要召开一届议会。"这届议会将于1640年11月3日在威斯敏斯特宫召开。[50]国王接着就如何对付苏格兰人向众人征求意见，并表达了希望贵族筹集军费以报纽伯恩之仇的愿望，但贵族们拒绝了，并反过来要求查理任命一个由16名贵族组成的全权委员会负责与苏格兰人达成停战协定，还要将11名请愿贵族纳入其中，包括贝德福德、埃塞克斯和沃里克伯爵——考虑到苏格兰人手里握有他们在7月发出的背叛信件，他们很难拒绝入侵者的要求。

这样一来，国王就交出了他王室特权中的一个重要部分——宣战媾和之权，新成立的和平委员会则运用这一新近取得的权力达成了《里彭条约》（Treaty of Ripon），向苏格兰人做出了三项关键让步。第一，和约承认苏格兰对泰恩河畔煤矿的控制权，而伦敦的制造业和采暖都仰赖于此——这一举措给了苏格兰人撬动英格兰盟友的关键筹码，因为直到议会批准购回这些煤矿所需的新税，运煤工人得以重新向伦敦供应煤炭之前，首都将陷于饥寒交迫之中。第二，和约讲明，最终的条约谈判将在威斯敏斯特宫进行，这就给了请愿贵族和他们的议会盟友及苏格兰同谋们一个难得的机会，让他们得以重塑查理统治之下的整个权力架构。第三，和约还保证，苏格兰人每天将收到850英镑的巨额军费以维持他们在英格兰的驻军，直至永久性和约达成——这一需索不仅迫使查理在"暴雨造成了歉收，谷物供应很有可能陷于匮乏"的状况下继续为自己的军队提供粮饷，还意味着在新议会票决通过一笔新的资金，以解散在英格兰和阿尔斯特（由斯特拉福德伯爵率领）的两支军队之前，查理都不得解散议会。[51]

在1640年11月3日为议会发表的开幕演讲中，无法释怀的查理批评他的听众使自己陷入如此困境。查理斥责道，如果之前的大会相信他的话，"那么我由衷地相信事态不会恶化到我们现在目睹的这般田地"。他还号召议会立即进行投票表决以筹集军费，发动新的战争来赶走入侵者。查理的好战立场并不缺少支持者，不少议员要么觉得自己无论对错都有义务服从国王，要么因苏格兰人的胜利深感侮辱："如果苏格兰人真的桀骜难驯的话，（那就让我们）以真正的英格兰勇气和武力让他们回归理智"；"我们应当不惜一切手段把他们赶出去"。[52]同情国王论调的议员人数很快就变得颇为醒目。无论是请愿书还是《里彭条约》都要求对那些过去十年间负责推行引起民怨之政策的人进行"司法审判和严厉惩罚"，斯特拉福德伯爵可谓首当其冲。伯爵的反对者希望让一个小型委员会决定他的命运，但在一场投票表决之后，国王的支持者成功地以165票对152票的优势保证斯特拉福德将接受整个议会的裁定，这意味着他将在审判过程中获得更多同情。

议会的事态让查理得以放心大胆地将斯特拉福德召回伦敦（斯特拉福德依旧是英格兰和爱尔兰两地王室军队的统帅，也是与苏格兰作战的最强硬支持者）。回到伦敦之后，斯特拉福德立即开始加强伦敦塔的防御。仿佛这一举动还不足以震慑议会的反查理派议员似的，伦敦全城都开始谣传，国王和斯特拉福德正在准备对那些已知曾与苏格兰人保持"颠覆性联系"

的人发起叛国指控。胆战心惊的议员们于 11 月 11 日决定先发制人，指控伯爵本人犯有叛国罪，并立即将他拘捕。这一变故不但让与苏格兰的第三次战争无疾而终，也让绝大多数政务停止运转。议会随即搜罗了一系列"特别指控和起诉"以弹劾斯特拉福德。

审讯于 1641 年 3 月在威斯敏斯特宫这座"英格兰最大的世俗厅堂"如期举行，以供尽可能多的民众旁听。尽管议会事先要求听众购买入场券，旁听席依旧一票难求。巨大的人潮还在议会大门前徘徊往复，只求瞥见或听到厅内的情况——正如约翰·亚当森颇具睿智的评论所说，这"也许是议会议程的第一次实况广播"（彩插 15）。[53]伯爵大人娴熟地否认了所有指控，但他的政敌却担不起放他一马的风险。原因正如当时一本流行的小册子所说："（就像）癫狂的带伤公牛一旦逃脱就会惹出更多灾祸一样，如果伯爵逃脱罗网，他就会比之前更加凶猛残暴。"议会下院于是发布了一份剥夺公权法案（这一程序剥夺了被告出庭听证的权利），将为伯爵定罪的希望寄托在亨利·范恩爵士于 1640 年 5 月 5 日战争委员会会议中记下的潦草笔记上。这份笔记（也许是事后回忆）记录了斯特拉福德对国王提出的建议。他说，鉴于陛下现已"不受约束且超脱于政府的所有规则之外……因此可以做权力许可的任何事情"；甚至更具毁灭性的是这句话："您在爱尔兰有一支军队，或许可以部署到这里，削弱这个王国。"斯特拉福德的政敌主张，"这里"和"这个王国"指的都是英格兰。这样一来，伯爵不但是在建议国王进行专横统治，而且敦促国王利用外国（爱尔兰）军队镇压本国的批评者。[54]事态的逆转让国王大为光火，他决定解散议会，并将正在约克服役的军中将官召回伦敦，意在将斯特拉福德救出伦敦塔；不过他的计划走漏了消息，数千名伦敦市民来到威斯敏斯特宫组成了一道人墙，议会下院也趁机通过了剥夺公权法案。这份法案以 204 票对 59 票通过表决，可见查理的举动已经多么深远地改变了舆论，将议员们推到了伯爵的对立面。议会上院于是着手对伯爵展开审判。

突发事件又一次影响了事态的发展。如果被告经由剥夺公权法案被判有罪，即便是国王也无法赦免他。因此，查理就将营救斯特拉福德的希望寄托到游说议会上院的温和派（比如贝德福德伯爵）上面，试图让他们做出流放或是囚禁（而非死刑）的判决。对自己的运作成效颇为自信的查理于 4 月 23 日在一封热情洋溢的信件中（署名"您永恒忠诚的朋友"）告知斯特拉福德，"以国王的名义作保，您的生命、荣誉和财产将免受损害"——但就在他给出这一庄严承诺之后没多久，上院温和派中最具影响力的贝德福德伯爵便因天花一病不起，失去了左右贵族舆论的能力。[55]

于是在 1641 年 5 月 1 日，国王再度访问议会，重复了他对贝德福德的那一番话语。查理解释说，他绝不相信斯特拉福德犯有叛国大罪。查理还表示，希望上下两院能够投票通过一项较轻的有罪指控。查理的听众依旧无动于衷。正如埃塞克斯伯爵（他本人的父亲因叛国罪而遭处决）所说，如果斯特拉福德伯爵不被处死，"一旦议会休会"，查理就会让他官复原职，接下来这头"癫狂的带伤公牛"就将寻仇报复。埃塞克斯因此摇着头说出了他那句最广为人知的名言："**固执如岩石之人没有朋友。**"[56]

也许是意识到他在议会的发言并没有达到目的，查理现在着手推动另一项阴谋：抢占伦敦塔，以解救那位忠于他的大臣。不过这项计划再度走漏了风声。1641 年 5 月 2 日夜间，约 1000 名民众聚集在伦敦塔旁，确保阴谋派待在塔外，斯特拉福德居于塔内。第二天，约 15000 人聚集在威斯敏斯特宫旁，既为保护议会，也为抗议国王的未遂政变。"我确信，"尼西米·沃林顿在日记中写道，"我一生中从未见过这么多人聚在一起。只要看到任何贵族议员经过，他们都会齐声高呼：'公道！公道！'"一位贵族声称，人群之中有人警告他："如果明天没能讨得公道，他们要么把国王带走（即行使私刑），要么把斯特拉福德伯爵带走。"这是第一则关于在公共场合提出以弑君解决英格兰政治困局的记载。[57] 与此同时，在议会上院，斯坦福勋爵建议议员们"感谢上帝给了我们如此之大的恩惠，让我们挫败了这场火药阴谋还要严重的灾祸"。类似的言论迅速传播开来：驻伦敦的荷兰大使也断言，新近败露的"阴谋影响范围更广，也比火药阴谋更为恐怖"。而约翰·皮姆则极力让议会下院相信，他们面临了另一场旨在"颠覆并推翻这个土国"的"教宗阴谋"。皮姆还利用公众的恐慌情绪赶制了一份题为《声明书》（The Protestation）的文件，并授权在王国的每个教区大量散播。[58]

和苏格兰《国民誓约》一样（大概也确实起到了范本作用），《声明书》也要求公众发誓保卫英国国教教会以对抗其敌人，并寻求惩罚所有企图"颠覆英格兰和爱尔兰的基本法，并引入独裁暴政之统治"的人。与苏格兰的情况一样，教士高踞讲坛向信众大声朗读这份文件，之后由众人一一签下自己的名字；他们又呼吁"所有一家之主、他们的儿子和男仆"都在一份特殊的登记簿上"以他自己的双手或手印来签下本名"。包括学徒和仆人在内，有数万人都立下了这份誓言，并留下了他们的签名或是手印，接着又聚在一起"成群结队地将《声明书》悬于剑端，来到议会"。与此同时，城市民兵将"《声明书》固定在他们的长矛或是帽子上"，耀武扬威地穿街走巷。超过 3000 份《声明书》原件保留到了今天，上面留下了超过 37000 人的名字。大卫·克雷西写道："从未有过如此之多的臣民不计等级身份，被请来扮演公民的角色。"[59]

1641 年 5 月 7 日，议会上院批准了针对斯特拉福德伯爵的剥夺公权法案。议会两院中派出一个代表团将法案呈予查理，他们还带去了另一则"未经议会自身同意不得解散议会"的法案。据估计，有 12000 人护送着代表团前往白厅宫。他们在那里堵塞交通、呼喊口号长达 36 个小时，直到查理一世——他已咨询自己的主教和大臣，试图寻找某种途径继续让"王之言"下达臣民，并在得知自己已无能为力时于御前会议的桌前哭泣——最终签署了这两部法案。正如目击者威廉·桑德森在《从摇篮到坟墓：国王查理的人生和统治全传》(*Compleat history of the life and raigne of King Charles from his cradle to his grave*) 一书中所说的："就在同一日期、同一时刻，凭着同一支笔、同一份墨，国王失去了他的王室特权，也失去了斯特拉福德的生命。"约 20 万人迅速集结在伦敦塔的绞刑架旁，欢庆伯爵的处决。之后，远道而来的旁观者在他们行经的每一座城市都目睹了人们"轻骑胜利返乡，手中挥舞帽子，兴高采烈之情无所遁形"的盛况，民众口中狂呼"他的头掉了！他的头掉了！"……并打碎了所有不愿出来参加篝火盛典之人家中的窗户。[60]

这届"长议会"（Long Parliament）已经博得了其"长"

之名——它的召开时间已经超过了之前任何一次会期——而在赢得先机之后，议会着手将优势最大化。就在查理签署斯特拉福德的死刑判决书次日，议会批准了与苏格兰人的和约草案；在处决伯爵后的第二天，议会票决通过了旨在解散英格兰北部和苏格兰军队的预算案。不过用国务大臣范恩的愤懑之语来说，直至这些经费到账之前，"我们仍将困在迷宫之内无法走出"。1640 年 11 月议会开幕之后，长议会就印刷并散播了一本小册子，敦促"王国全境各郡人民"利用"当下的大好时机，提供真实信息"，记录过去 10 年之内的王室暴政劣迹。英格兰全境 40 郡几乎全部群起响应，各处呈递的请愿书上收集了超过 50 万份签名。有些请愿书刊印了不止一份；还有的请愿书上记下了数千位请愿者的姓名——3000 名请愿者"三两成群地骑着马"从白金汉郡涌入伦敦，有 1 万人从肯特郡来，从别处来的更是不可胜数——议会下院不得不任命执法官"管控并防止无序群众涌入所带来的混乱现象"。[61]英格兰人从未目睹过这样的直接民主实践，议会也利用四面八方涌入的诉愿信息准备让国王签下一系列法案。这些法案旨在清除近 11 年来让查理得以绕开议会统治英格兰的种种机构和代理人。迄至 1641 年 9 月休会，议会上下两院对查理任用的至少 53 名人员展开了弹劾程序，其中就包括劳德大主教、12 名主教和近一半的法官，其中多人都在伦敦塔听候审讯；议会还在 8 月 7 日到 10 日之间批准了一系列法案，宣布造船税非法，限制《森林法》，废除非骑士罚款，废除星室法庭和高等委任法庭，宣告"吨税和磅税"非法。查理勉强地批准了上述所有法案，并认可了终结与自己的苏格兰臣民之间"近来冲突"的和约。这份和约的其中一项条款是禁止国王"在无议

会两院一致同意时发动对外战争"。事实上，如今查理的王权
已是有名无实了。[62]

8月11日查理离开伦敦，他首先督导了英格兰和苏格兰
军队的复员工作，接着又去确保北方的苏格兰王国接受和约
条款。起初一切顺利：苏格兰议会解散了军队，批准了和约。
消息传至伦敦时，议会为"英格兰与苏格兰之间达成和平"
举办了一场公开感恩活动。传教士斯蒂芬·马歇尔在活动间
隙的布道中，将"英格兰、苏格兰和爱尔兰三国"的状况与
德意志地区"依旧流血漂橹，城镇十室九空，人们的妻子遭
受凌辱，孩子被人杀戮，许多人以死尸为食，还有人因缺粮
而死"的现实做了一番对比。尽管英格兰一度似将变成"令
全世界惊诧的萧索之地"，但"上帝却让我国得享奇迹般的
和平"。[63]

这的确是个惊人的成就。如果国王的反对者能于此止步的
话，他们也许还能保有先手之利。然而，情势在此时逆转了。
斯图亚特王朝的"复合制"特性一度为反对派提供了方便，
现在却化作国王一方的优势。苏格兰人坚持要求他们"在陛
下的诸领地推行同一种告解仪式，同一种教理问答……和同一
种教会体制"（当然是以苏格兰长老教会的模式为基础）的主
张立即得到执行，却根本无法实现。在爱尔兰占多数的天主教
徒肯定会强烈反对，查理在英格兰的反对派也很少有人愿意服
膺长老教会。进一步而言，与苏格兰人不同的是，英格兰缺少
一个单独的（宗教）号召点：与苏格兰的《国民誓约》不同的
是，英格兰同时并存两份彼此冲突的文件：《声明书》和《公祷
书》。强制从二者中择其一将撕裂整个王国的所有社区乃至家
庭。然而，查理却决定在苏格兰和爱尔兰都创建一股足以打败

其反对者的保王党势力。这一策略的结果便是康拉德·拉塞尔所说的"撞球效应"（billiard-ball effect）。[64]

"意外事故"：悬崖边上的苏格兰

348　　1641 年的夏天，查理一直待在爱丁堡，他在那里参加长老教会的礼拜，并给予教会领袖丰厚的好处（莱斯利成为利文伯爵，阿盖尔伯爵被封为侯爵，沃利斯顿受封为骑士），以竭力争取誓约派的支持。不过，这些姿态并未阻止查理的反对者要求他做出更多让步，特别是对"所有重大任命之否决权"（即对枢密院成员、法官和国务重臣的任命）的索要。查理不情不愿地于 9 月 16 日对此表示应允——但如此一来，他苦心打造的那股由一群必将被誓约派否决之人组成的保王党势力将面临永不叙用的窘境。之后四周里，威廉·穆雷（寝宫侍郎，查理童年以来的密友）筹划了一起阴谋，以消灭他眼中国王在苏格兰的那些劲敌。某天夜晚，在国王寝宫——一个颇不寻常的会议地点——誓约派军中同情王室的约翰·科克兰上校向查理献计，计划在"国王身在别处时"将汉密尔顿和阿盖尔引入圣十字宫的王室住所。科克兰将趁机逮捕二人，并一路押送到爱丁堡城堡。如果二人的追随者试图营救，那么（用一位密谋者的话说）"我就要将造反者"的喉咙切开。[65]

　　因为负责逮捕（如有必要时捕杀）汉密尔顿和阿盖尔的士兵中有两人向计划中的抓捕目标透露了消息，这场阴谋被挫败了。汉密尔顿和阿盖尔闻讯逃出爱丁堡，令查理不得不向苏格兰议会解释这起"事故"。国王否认自己与此事有任何瓜葛，但三项证据都表明他牵扯其中。其一，在议会质询期间，穆雷等密谋者公开表示他们曾知会查理并获得同意；其二，如果没有查理的参与，那么无论贴身侍从在他就寝时与科克兰密会的情节还是在他自己的私人房间内发动政变的计划都将很难解释；其三，国王本人出卖了自己。10月5日他在一封爱德华·尼古拉斯爵士（伦敦的国务大臣）寄来的信件上做了注解。就在尼古拉斯带来的"英格兰议会领袖们兴高采烈，因为他们相信苏格兰的事情对他们极为有利"的消息一旁，身在爱丁堡的国王于信纸边上写道，"我相信一切办妥之后，他们如此兴高采烈的理由就化为乌有了"；"就在你们看到胆小鬼穆雷"的同时，尼古拉斯就会知道"这里的一切将如何终结"——"胆小鬼穆雷"是抓捕汉密尔顿和阿盖尔之计划的唯一设计师，也是国王屡屡委托寄送密信的密使。[66]尼古拉斯立即意识到这一讯息的意义所在：在接到国王秘密批注的同一天，他向一位同僚说："我希望那些曾扰乱陛下诸领地的人能感知到他们应得的千钧惩罚。"他还补充说："**我毫不怀疑他们将不失时机地如此行动。**"[67]

不论查理在这次"事故"中扮演了怎样的角色，此事都给他的事业带来了直接而巨大的影响。政变流产不但让他无法向自己在英格兰和苏格兰的批评者施加"千钧惩罚"，还令许多人质疑他是否诚信。爱丁堡宫廷中的一个人担心："一切都将以对我们主君不利的默契告终，我们终将屈从于（苏格兰）议会起初的所有索求。一切都将陷入比我们所认知的事态更加不利的状况。"几乎在顷刻之间，苏格兰议会就用新得来的否决权驳回了国王提名的行政和司法官员，明白无误地坐实了查理关于自己"在苏格兰不比威尼斯公爵享有更多权力"的担忧（见页边码第335页）。[68]而"事故"的消息在传至英格兰后，也使"一切都陷入更加不利的状况"。对"胆小鬼穆雷"

349

和密谋者的质询（按正常程序交予威斯敏斯特宫）发生在解救斯特拉福德的"军队阴谋"败露短短数月之后，它揭露了查理为消灭政敌可以无所不用其极。虽然爱丁堡议会内查理反对者的"行动与胜利"鼓舞了他们在威斯敏斯特的同侪，让后者"效仿他们的流程"，一俟国王回到英格兰就"根据苏格兰的前例"向他提出诉求，但在此之前，突发事件正在将爱尔兰置于远为"糟糕的境地"。[69]

爱尔兰革命

查理一世治下其他王国的事态让爱尔兰政治精英深感忧虑。后来参与爱尔兰起义的一位要人回忆说，"苏格兰人已向英格兰议会请愿，要求在英格兰、爱尔兰和苏格兰不留一个天主教徒活口"，因此天主教徒唯一有效的反应就是"拿起武器反抗，以夺取所有要塞和据点"。[70]爱尔兰的天主教领袖因此乐于接受查理的暗示：如果他们组织军事和财政力量以支持国王对付其在不列颠岛上的敌人，查理就将批准为他们施予"恩典"（页边码第338 页）。通过以安特里姆伯爵（此人娶了白金汉公爵的遗孀，并通过她建立了与国王的密切关系）为中枢的联络渠道，查理似乎批准了一项"突袭并占领都柏林城堡"的计划，他将为此动员一支 2 万人的军队以"对付（爱尔兰）议会"，并随即在必要时"对抗英格兰议会"。换句话说，查理正试图挑起一场内战：先是在爱尔兰，接着在英格兰。[71]

安特里姆已竭尽全力，但气候再度插了一脚。正如 1639年和 1640 年的情形一样，反常天气于 1641 年再度摧毁了爱尔兰的收成，并造成了广泛的粮食短缺，令出口额（几乎全部为农产品）减少了约三分之一。阿尔斯特受灾最严重，因为斯特拉福德为入侵苏格兰而征召的军队驻扎在此，后者很快就耗光了当地的可用资源。根据一位贝尔法斯特居民的说法，在饥饿的士兵和储粮匮乏的折磨下，穷人"赤贫无着太甚，不堪继续维生"。阿尔斯特全省的地租下跌了一半，这在本地人和新移民之间制造了极大的紧张情绪。那些一度"靠农业过活"的人现在"无以维生"，视造反为唯一出路。[72] 就在高度紧张的气氛之中，国王于1641年8月同意爱尔兰议会将"恩典"付诸辩论；但当消息抵达都柏林时，大法官们（Lords Justices，查理委托组建的一个新教徒委员会，负责在斯特拉福德倒台之后统治爱尔兰）就迅速解散了议会。

这一突然袭击封死了在可预见的未来推行宪制改革的可能，惹恼了爱尔兰议会里的天主教议员。目睹苏格兰人用武装反抗赢得让步（先是从国王，然后是从英格兰议会那里）之后，这些人得出了结论：如今唯有使用军事力量方能颠覆"统治他们的无道政府"，他们决定将"效仿靠这一手段赢得权益的苏格兰"。[73] 在此后数周时间里，一群密谋者在马奎尔勋爵康诺尔的领导下制订了夺取都柏林城堡的计划。另一群密谋者则在菲利姆·奥尼尔爵士（一名声望显赫的地主，也是一名地方治安法官）的领导下，计划夺取阿尔斯特所有由新教徒把守的要塞。所有人都同意在10月23日一齐行动，这一天是都柏林的集市之日，这样当密谋者在夜里齐聚首都时就不会显得那么可疑。马奎尔意在用都柏林城堡贮藏的武器来武装他的追随者，接着以此迫使英格兰政府赋予他们宗教自由和政治自由。

但在10月22日当夜，马奎尔的计划流产了。为数不多的新教同谋者中有个叫欧文·康诺利的人，他不小心向大法官们尽数吐露了他所知道的一切。后者"一开始对这个如此不可

350

信且支离破碎，由一位没有名气且出身卑微的醉汉说出的（故事）根本不予置信"，于是将他赶了出去；但康诺利之后再次试图警告当局的这些大老爷。这一回他的"脾气更好"（也就是说不那么"醉"了），"说服更多人相信了他不再那么错乱的叙述"。康诺利警告，密谋者意在夺取"爱尔兰的所有海港和城镇，并在一夜之间杀死所有新教徒"。爱尔兰政府当即在首都逮捕了马奎尔等密谋者，并派出紧急信使告知别处的新教徒。[74]

然而，他们到得太迟了。10月22日夜间，就在欧文·康诺利于都柏林出卖密谋者时，菲利姆·奥尼尔爵士和盟友们使用一系列谋略夺取了阿尔斯特的各处要塞，令各地的天主教徒大受鼓舞。在米斯郡，"这里第一夜起就知晓了叛乱，基本上"周边地区的"所有天主教家庭都开始欢聚一堂，手舞足蹈，歌唱吟咏和痛饮沉醉，就像地狱已在他们之间被砸烂了似的"。而在莫纳亨郡，一支叛军夸口说"这只是刚刚开始"，因为"第二天夜里都柏林就会热得发烫，任何英格兰狗都没法生存"。其余各郡的叛军也立即宣布反抗英格兰的统治，最终爱尔兰议会中有一百多名议员也加入了叛乱。[75]

和苏格兰誓约派一样（他们的前例既激励也警醒了他们），爱尔兰的叛军联合体起初制定了一个保守的目标：他们并不寻求夺回遭到没收的土地，只求不再扩张拓殖地；他们也不要求从英格兰独立，只求废除伦敦方面改变本地现状的权力；他们并不热衷于推翻新教教义，只求终止对天主教徒的迫害。不过，由于缺少了马奎尔的领导，成群的天主教徒便利用政府当局的暂时崩溃去向本地的新教徒寻仇。

虽然有些冲突呈现剧烈的"私人恩怨"色彩——有的袭

击者将他们结怨多年的邻居刺杀、绞死、焚死或溺死（见第
17 章）——但绝大多数天主教徒并不想杀死他们手下的受害
者，他们更想剥去新教徒的衣服，驱逐他们并对他们极尽羞辱
之能事，幸灾乐祸地说"现在你们也成了与我们一样的爱尔
兰野人"（彩插 16）。不过，小冰期常常让类似事态变得致命。
时人认为，1641 年与 1642 年之交的冬季是"爱尔兰数年以来
最为酷寒，乃至我们有生以来目睹的最冷的冬天"，暴雪和严
霜侵扰了爱尔兰全岛——但当地以前很少见到雪花。寒冷天气
始于叛乱前夜的 10 月，令数千名半裸的新教徒在逃亡时冻死
或濒死。[76]在北部的蒂龙郡，约翰·科尔迪夫牧师"被剥去全
身衣服，赤身裸体"，接着又在当地天主教徒的强迫下"衣不
蔽体"地"冒着霜雪走了两英里"。而在爱尔兰中部，多卡
斯·伊蕾蒙吉尔"与她的两个孩子都被叛军剥去了全部衣
服"，接着又被"暴露在罕见的暴雪之中"：她"与 220 名以
上的英格兰贫民都被迫在几乎赤裸的情况下彻夜立于风雪中，
她的两个孩子也被奇寒冻毙"。而在爱尔兰西南部，蒂珀雷里
的客栈老板基尔伯特·约翰斯顿也是被当地天主教徒"剥去
衣服的一队老幼，共计 40 余人的一员"，他身处"一群赤裸
之人中间，被驱赶进入上述城市的座座大门"，并在那里遭到
刺击，然后"丢进死尸堆里等死"。约翰斯顿"从凌晨 4 点一
直躺到下午 4 点，在此期间（当时正值霜冻）这具见证了暴行
全程的身体（他后来以此自称）快速封冻起来，他自己的血与
周边的死人之血一起将他与地面冻到了一起，以至于这具见证
一切的身体必须使出极大力气才能让自己脱离地面"。[77]

　　出自叛乱受害者之手的现存史料中，因"降雪霜冻"和
"极端寒冷"而死的人要多于直接死于暴力的人。这意味着小

351

冰期至少让1641年秋天非正常死亡的新教徒人数翻倍乃至增加到原来的三倍。[78]最让人揪心（英格兰读者最能感同身受）的史料莫过于那些涉及妇女儿童受害的记载。一名新教徒水手记载了暴乱开始之后他和"妻子及五个孩子"是如何被他们的天主教邻居"剥掉了所有衣服"的。当天夜里，他们"冒着严霜奔逃求安，一个身体虚弱的女儿目睹父母二人受此阖门不幸的折磨，便宽慰他们说自己既不冷也不会哭"，但是之后不久"小女孩就立刻死于低温和虚弱。这位见证者和妻子在出逃的头天夜里匍匐而行，在一处简陋的窝棚里找到了避难所。他们高兴地安顿了孩子们，帮他们取暖并拯救了他们的生命"。[79]

死亡人数增长背后的第二大因素就更容易预测了：宗派狂热。一方面，一些天主教教士（特别在阿尔斯特）为这次暴乱赋予了十字军的名义，他们希望借此机会让爱尔兰之地回归正统信仰，并鼓励天主教团伙"围捕"新教定居者（苏格兰人和英格兰人皆然），要么将他们在家中一枪扎死或是活活烧死，要么将他们赶到冰冷的水中，让其自生自灭。而一旦恢复元气，新教徒也会以牙还牙，命令新教军队"将敌人（天主教徒）住处里的人全数逐出，不要漏了任何男女老幼"。[80]

有多少人死于暴力？当时很少有人有空计算尸体数量，而那些着手计算的人也发现这一任务实在是过于繁重。后来加入了军队的罗斯康芒农场工人安东尼·斯蒂芬斯在五年之后说出了他的看法。斯蒂芬斯坦言："反叛的爱尔兰人对这些地区的不列颠人的人身与财产施加暴行，他们人数众多，本性邪恶卑劣，惨状已非亲历者所能描述。"斯蒂芬斯最鲜明的记忆是目睹了约140人在科尔雷因被埋入"一处深穴或矿井之中，他们的尸体堆叠得如此致密，好比**捆扎成束等待处理与分装的鲱鱼**"——这是一幅生动而令人毛骨悚然的图景。总计而言，斯蒂芬斯"深信自叛乱爆发后的三个月来，在前述的科尔雷因至少有七八千名不列颠人死于非命"。[81]

　　尽管这段记载激怒了不少读到它的不列颠新教徒，但斯蒂芬斯的估算并不现实——科尔雷因只是一座小镇，容不下这么多人口——不过，要做到更精确的估算也很不容易。最近有历史学家在对现存史料进行了刻苦的研究之后估计，爱尔兰有 4000 名新教徒遭到屠杀，还有 8000 人死于饥饿和寒冷；不过，另有一名历史学家在进行了同样辛勤的研究后指出，最多只有"1 万名**天主教和新教的**男女老少"因为"直接暴力、缺乏御寒手段和物资匮乏"而死。然而，在当时发挥作用的是像安东尼·斯蒂芬斯的说法那样四处流传的估算数字，而所有传言都将遇害者的总数严重夸大了。当时（以及之后几十年里）在不列颠本土最广为人接受的数字是由唐郡教区执事长罗伯特·马克斯韦尔牧师提供的：单单在阿尔斯特一地，天主教徒就屠杀了 154000 名英格兰和苏格兰定居者。这个夸张到可谓荒唐的数字（爱尔兰全境的新教徒不论死活加在一起也没有 154000 人）与骇人听闻的单个例证放在一起足以解释，为什么幸存者及其家人、朋友和教友在呼吁立刻举兵向爱尔兰叛军寻仇时，可以赢得这么感同身受的听众。[82]

没有首都的王

　　爱尔兰叛乱的消息迅速在查理治下的复合君主国境内传播。然而，尚在爱丁堡的国王本人却无动于衷，这颇为奇怪，甚至有些可疑。听闻屠杀的消息之后，查理面不改色，接着打了一局高尔夫球；不久之后，他又在一位大臣呈递的信件上潦草地批复说："我希望爱尔兰那边的恼人新闻能阻止英格兰的某些蠢货。"在爱尔兰，不少人公开声明支持国王。奥尼尔和其他阿尔斯特的叛乱者挥舞着"一卷带有大封印的羊皮纸或状纸，声称自己的行动得到了国王陛下的特许"，甚至令不少新教徒相信查理正在支持乃至授意了天主教徒的叛乱。[83]

　　刚刚结束夏季休会期的英格兰议会甫一接到叛讯，就将其视为他们对"天主教徒全面叛乱"的恐惧的清晰印证，并立刻展开了反制措施。议会决心"利用苏格兰的友谊和协助"来重建新教对爱尔兰的掌控，从富裕的伦敦市民那里贷款充作军费，征募并装备军队以立即发动反击。不过问题来了：应当由谁统领这些士兵？现已在议会事务中威名鼎鼎，人称"皮姆王"（King Pym）的约翰·皮姆担心查理有可能利用远征爱尔兰的军队对付他在英格兰的反对者。于是皮姆将 204 条个人观点汇编为一篇《抗议书》，强调国王若没有对未解决的诉愿提供救济，"我们就不能给国王陛下为维护自己的领地所需的军资，**也不能应大海对岸（爱尔兰）新教团体的要求提供支援**"。这 204 条意见不仅包括了苏格兰人提出的"宗教统合"要求，还有许多以查理对苏格兰人之让步为基础的宪制革新事项，比如要求"查理任命官员时必须经议会同意"。[84]

　　就像 1628 年的《权利请愿书》（见页边码第 330 页）一样，1641 年的《抗议书》也将查理即位以来种种私心自用的"恶政"（misgovernment）置于认为天主教徒企图颠覆英格兰和爱尔兰"基本法"（fundamental laws）及宗教信仰的阴谋论之中。并非所有议员都赞同皮姆的危言耸听——正如一位议员所说，"我从不认为我们应当居高临下地告诫人民，向人民述说

无稽的故事，并像描述第三者一样谈论君王"——历经长达
14 个小时的激烈辩论之后，议会下院仅以 159 对 148 的微弱
优势通过了此案。尽管如此，皮姆还是让《抗议书》的刊印
本在第二天也就是 1641 年 11 月 24 日面市发售。11 月 25 日，
在 1000 多名来自刚刚解散的北方军队的士兵护送下，查理进
入伦敦。[85]

"大众骚乱"在此后六周里令首都陷入动荡。失业的年轻
人拉帮结派在伦敦街头游荡，高喊着"主教滚下台！绞死天
主教贵族！"的口号。国王的回应也颇具煽动性：他命令市长
"对那些继续以骚乱煽惑、目无法纪之行恣意妄为者，定要杀
无赦斩立决"。查理还命令廷臣开始佩剑，并在白厅宫外修筑
了一间营房，供那些从约克郡一路追随他进入伦敦的士兵驻
扎。反保王党的帮派与查理卫兵之间的冲突持续激化，直至
1642 年 1 月，约 200 名全副武装的伦敦市民穿越酷寒的伦敦
街道，一边高呼反天主教口号，一边向白厅进军。人群中有人
将一枚"冰块"扔向了保卫宫门的士兵，而这些卫兵也很快
还以颜色，令几个平民受伤。[86]

1642 年 1 月 3 日，议会下院要求伦敦市政官出动城市民
兵（Trained Bands）保护他们，但查理禁止了这一调动。非但
如此，查理还向议会上院提交了针对一名贵族和五位议员的弹
劾案，命令他的代理人查封并搜查"五位议员"的住宅，同
时派出信使前往议会下院要求立即逮捕五人。国王的出版商发
行并散播了针对他们的弹劾案。作为回应，议会下令解除对他
们住宅的查封，拒绝解送上述五人，并要求惩罚印刷"毁谤
污书"的出版商。

这三记打在王权脸上的耳光，以及一场始料未及的水灾令

约 200 名议员没能在圣诞休会期之后重返伦敦的情况，促使查理着手发动政变。根据一份史料的说法，正是王后亨丽埃塔·玛利亚触发了一系列灾难性的行动。"动手啊，你这个懦夫，"据说她如此责怪查理，"拎着那些恶棍的耳朵把他们揪出来，否则别再来见我。"对她的计划而言非常不幸的是，她的闺中密友露西（也是卡莱尔伯爵夫人）偷听到了这段对话，并将查理的计划"及时告知"了议会下院。连日暴雨本已将伦敦的街道变成一片沼泽，因此卡莱尔夫人的信使于 1 月 4 日下午自白厅出发前往威斯敏斯特的速度要快于查理和他的 500 名士兵。即便如此，正如那五位议员中的一员在事后回忆的那样，"恰在我们落入水中（泰晤士河）之前，国王骤然驾到，亲临议会"。五人在泰晤士河里找到了一艘船，这才逃到了伦敦城里的安全之地。[87]查理带来的士兵杀气腾腾、全副武装地立于议会下院门口，国王随即进门，"命令议长离开席位，自己端坐议席，轮番质问这些叛徒是不是在这里"。眼见无人回应，国王小心翼翼地检视议会里的每一张脸，然后说出了他最著名的话："我的鸟全飞了。"之后他悻悻起身，两手空空地回到了白厅。[88]第二天也就是 1 月 5 日，得知"鸟儿"已然飞落市内的查理率领剑士再次搜捕，但还是没能找到他们，只得再度空手而归。

查理对议会特权的公然侵犯也让议会下院不再犹豫。就在穿街走巷回白厅的路上，国王发现商店主都已经拉下了他们的窗板，气势汹汹地手持武器站在门口。更糟糕的是，"粗暴无礼的民众尾随国王而行，反复高呼'议会特权！议会特权！'，他们的手中紧握着《抗议书》"。据一位目击者记载，查理经历了"他在伦敦最糟糕的一天"。[89]

查理的未遂政变证实了之前所有关于他准备以暴力对付自己的英格兰臣民的怀疑。1642 年 1 月 5 日夜间，有传言说"骑兵和步兵正在逼近首都。因此伦敦城门紧闭，（港口）放下吊闸，锁链横贯于我们的街道，所有人都手执武器"。伦敦市政官公开反抗国王，他们调动民兵队一路护送被国王指斥为叛徒的"五名议员"，以胜利者之姿重返威斯敏斯特宫。现在，伦敦忠于议会的武装人员在人数上已大大超过了"保王党"（查理手下剑士的称呼），因此倘若国王在首都多逗留一日（据一位时人的说法），"那么国王早就被市民撕成碎片了"。1 月 10 日，查理携家人逃往温莎城堡。亨丽埃塔·玛利亚完全洞悉这一动向的意义：她对一位大使说，自己丈夫的处境"比威尼斯公爵更糟糕"。[90]

查理一世：问题重重的国王

在他那部私撰一战史中的一个著名段落里，温斯顿·丘吉尔爵士为了推卸自己对某次军事行动应负的责任，将失利归结为"不吉宿命"（sinister fatality），亦即一系列偶发事件。"几个可怕的'如果'互相叠加"，他如此写道，并写下了八个"只要"主角们做出不同选择，就有可能产生有利战果的决定。同样的结论也适用于英国内战：这场战争正是源自"'一系列'大体偶发的事件，在很多时间点上，大都有可能以国王风平浪静的胜利告终"。[91]与丘吉尔一样，我们也可轻而易举地列出这些导致"不吉宿命"的"大体偶发的事件"。只要1625 年对加的斯的进攻能够像英格兰在 1587 年和 1596 年对该城的军事行动一样取得局部胜利，那么"国王风平浪静的胜利"或许就已经注定了。只要查理将白金汉公爵免职，并让其他政

355

治领袖获得权力和恩赐的话；只要他与一位新教徒结婚，而不是娶了一个天主教公主的话；只要他对苏格兰人的礼拜仪式撒手不管的话（或者只要政府的印刷商不要印出"劳德祈祷书"的校样）；只要查理 1639 年在贝里克郡时保持意志坚定的话（或者只要苏格兰人少了一位如莱斯利般老谋深算的统帅的话）；只要菲利姆·奥尼尔没有提前一天行动的话，那么天主教密谋叛乱的警讯就可以传到阿尔斯特省的新教守军那里……

尽管这一"不吉宿命"中每一个链条的合理性都经不起深究，但它们都取决于历史当中三大"改写"要素的干预：不同的历史遗产，不同的君主，不同的反对派。新成立的"大不列颠君主国"是个复合制国家，因此也就有着比其他政体更低的政治"沸点"，意味着在遇到压力的时候剧变会爆发得更快（见第 3 章）。在君主发动战争之时，尤其是恰逢气候反常之际（正如查理一世在 1625～1630 年及 1639～1640 年两度遭遇的那样），复合制国家需要统治者施展特别敏锐的应变手腕。有合理的反对意见认为，没有君主可以预见到足以扰乱军事行动步调的反常天气，但查理很难为自己的无知开脱：任何战事都会迫使他开征新税，这也将无可避免地引发他与议会下院之间的冲突，激起民愤；不过，查理每一次都决定强硬以对。[92]

查理似乎也对传统礼拜仪式的变更所带来的毁灭性后果颇为健忘，尤其是恰逢经济危机和宗教变动之际。正如康拉德·拉塞尔一针见血的评论所说：在斯图亚特多个王国境内"用来遂行宗教统合的诸多举措……不论以哪种宗教的名义着手跨越边界、统合各派，**都只能引发内部分裂，并让（斯图亚特）诸国以秩序瓦解收场**"。[93]查理手下成千上万的臣民之所以卷入了这一政治进程，在很大程度上（乃至完全）是因为他们坚信国王的政策让他们灵魂有无法得救之虞。从苏格兰到英格兰，普通公民纷纷将他们的姓名签到了公共文件之上——分别是《国民誓约》和《抗议书》——他们希望借此保存自己传统的信仰，即使这么做会将他们置于与自己君王的冲突之中。

这一回，查理没办法再度辩称自己一无所知。正如近来凯文·夏普所指出的，查理在位时行事颇为勤勉，表现出一种"对发号施令的痴迷"。他定期主持枢密院会议（甚至召集特别的星期日晨会，监督造船税的征收工作），批阅来信，审查军国重臣候选人的资质；而在宗教事务上，他也会亲自决策，再由主教们付诸实行。他对苏格兰教会法规和祈祷书的直接干预并非孤例。查理也向劳德索取他辖下教省的"年度账目"，并在阅读之后以训斥的口吻给出一连串批示（"必须设法解决这个问题；考虑到我对你有着特别期待"），或者要求获知进一步信息（"我想要知道这事的确信消息"），以及承诺用法律之全部效力支援这位大主教的决定（"告诉我有哪些特殊事例，我必命令法官让这些人弃绝信仰"）。[94]

类似查理这样的"强迫型人格"（Obsessive Personality）（或者按照弗洛伊德的定义，"肛欲期人格"）在统治者中并非罕见。就查理而言，这种人格或许源自他不甚快乐的童年。直到 12 岁之前查理都活在充满魅力的长兄亨利的阴影之下，而亨利身故后的声望也为查理立下了永难企及的标杆——更不用提查理那矮小的身板和伴其一生的口吃了。不过，使国王与其臣民关系复杂化的另外两大人格特征就没有那么容易解释了。詹姆士一世一度向英格兰议会拍胸脯保证："我不会说任何我没打算承诺的事，我也不会承诺任何我没打算起誓的事；我所

356

起誓的是我要签署的事情，对于我所签署的东西，我也将秉上帝之恩不渝地执行。"[95]查理的风格却大不一样：尽管他屡屡大张旗鼓地发出"王命之言"，却常常在之后反悔。比如在1638年到1639年间，他的苏格兰政策就在愤怒难当的顽固（"我宁死也不向那些该死的粗鲁要求让步"）与彻底的让步（《贝里克和约》）之间摆荡不定。结果是查理的臣民对他口中所说的一切都"不予置信"。比如在1641年，在对斯特拉福德承诺"以王之言作证，您的生命、荣誉和财产将免受损害"两周之后，查理就签署通过了伯爵的死刑判决书；而在第二年，查理又在多次强烈拒绝之后签署了一部法案，剥夺了主教在议会上院的投票权。用克拉伦登勋爵的话说，这些退让既在战略上也在战术上"大大弱化了保王党的势力"，因为不少查理的支持者"后来对查理能否拒斥（议会）穷追猛打的要求再也不抱信心"。亨丽埃塔·玛利亚视反复无常为她丈夫的最大软肋，她也就此对查理多有指责。"想想你自己的格言吧：依循糟糕的决心并一以贯之也要好过朝令夕改，"王后指斥说，"起初满怀热忱，结果半途而废，这是你的取祸之道——过去经历已向你展示了这一点。"她还说，"你又开始屡犯不改的游戏了：放弃一切"；还有"（我希望）你还是不要通过民兵法案比较好。如果你这么做了，我就必须考虑暂时去女修院避避风头了。原因很简单，你再也无法保护任何人，甚至不能保护你自己"。[96]

尽管如此，对抗查理并希冀他最终让步仍是一项风险颇高的策略。后来的议会军将领曼彻斯特伯爵将这一点阐述得淋漓尽致，查理当年曾想将他与"五议员"一起抓起来。"我们必须谨慎应对，"他警告自己的同侪，"因为在战斗中我们要冒上一无所有的风险。就算我们打败了国王九十九次，他和他的子孙后代仍是国王，我们仍是臣民；但他只要击败我们一次，我们都将上绞架，也谈不上什么子孙后代了。"[97]查理也总是表现得刻薄寡恩、报复心切。诚如凯文·夏普所说，查理没有因叛国罪或是祸国罪处决过哪怕一个臣民（这与同时代的欧洲君主和后来的共和国政权之间的反差都是惊人的），但他却因禁并放逐了那些出言批评他的人，从弄臣阿奇到贝德福德伯爵，不一而足。更有甚者，1628年他还敦促手下的法官拷问约翰·费尔顿（此人曾经刺杀了他的宠臣白金汉公爵）。十二年后，查理亲手誊写令状，授权拷问一位被怀疑曾在"短议会"解散之后带头袭击兰柏斯宫的人。1639年和1640年，查理两度率军"镇压"他的苏格兰臣民，1641年他也几乎肯定批准了对汉密尔顿和阿盖尔的暗杀计划（即所谓"事故"）。如果议会通过了针对曼彻斯特伯爵及其"五议员"的剥夺公权法案，查理肯定会处决他们六人（毕竟他们的罪名已经成立）。[98]

对许多反对派人士而言，查理的所作所为不只涉嫌政治专断，还激起了对"天主教阴谋"（Popish Plot）的恐惧。理论上英格兰所有的教区教堂都应向公众公布约翰·福克斯（John Foxe）的《殉道者之书》（*Book of Martyrs*），书中图文并茂地展示了过去天主教徒拷打并杀害英国新教徒的实例。几位政治领袖曾经目睹西班牙于1588年对英格兰的入侵企图（在那十二名"请愿贵族"里还有一人曾与西班牙无敌舰队作战），还有的人回想起了"火药阴谋"，而几乎所有人都回忆起了"西班牙婚事"。如此一来，对"天主教统治"的恐惧就构成了斯图亚特英格兰反对派语言中的固定要素。1641～1642年从爱尔兰传来的悲惨消息再度激起了人们的反天主教情绪，这股情

绪几乎每天都外显于危言耸听的小册子里。因此这一因素并非
"偶发"，而是完全可以预见到的。[99]

上述事情足以解释，为什么查理的政敌在斯特拉福德一案
（"固执如岩石之人没有朋友"）中坚持己见——即便这将强迫
国王诉诸司法谋杀，从而极大地增加内战的风险。正如查理后
来写下的那样："未能如约拯救一位友人诚然令我痛心疾首；
因此我决定不再如此行事，没有任何考量能让我改变这个决
定。"查理拒绝信赖那些对斯特拉福德案负责的人，也拒绝再
向他们信守承诺；于是他信誓旦旦地表示，他决没有兴致配合
（议会），因为"我已将我的余生投入了我自己的公正事业之
中，我已下定决心，没有任何极端事例或是不幸事件可以让我
屈服，因为我要么做光耀于世的王，要么做忍辱负重的殉道
者"。就这样，查理让他统治下的几个王国陷入了有史以来最
为混乱且最具毁灭性的数十年岁月。[100]

常常有人说，政治是一种"可能性的艺术"（the art of the
possible）——但在斯图亚特早期的不列颠，究竟何为"可
能"？沃利斯顿勋爵（约翰斯顿律师）明白无误地排除了"在
此进程中退缩哪怕一英寸"的可能性，而他也并非孤例。1638
年6月，汉密尔顿用饶富洞见的话语总结了查理的苏格兰困
局："我不敢也不会擅自推定，在陛下看来，**他们（苏格兰
人）的疯狂**要被容忍到何种程度"，但"我敢肯定的是，除非
他们身上的疯狂部分消解，**他们宁可失去生命也不会背离誓约
派，或者放弃他们的要求**"。[101]自查理决定强制推行"劳德祈
祷书"的时刻起，不论发生什么，只有让苏格兰教会获得完
全的独立地位才能令沃利斯顿勋爵及其同侪满意。同样在爱尔
兰，在1641年夏天都柏林议会骤然解散之后，唯有推行"恩

典"方能一遂马奎尔及其同伙所密谋的愿望。

也许沃利斯顿是对的：1630 年代斯图亚特王室的紧张情势唯有在让"上帝带走查理"之后方可得到和解——只要他死于 1642 年 1 月之前，要么因病而死（1632 年他得过天花，但病情不重），要么死于意外（比如因致命的坠马事故死亡，像他的外孙威廉三世那样）。[102]考虑到各位主要涉事人物的性情，一旦小冰期裹挟着"两大要事，即宗教矛盾和人民自由的削减"一同到来，并驱策沃利斯顿、马奎尔和埃塞克斯这样的臣民反抗一位像查理这样的君主，内战就成了最具可能性的后果，乃至根本"不可避免"。

注　释

1. 感谢 Aidan Clarke、David Cressy、Richard Groening、Andrew Mackillop、Jane Ohlmeyer、Carla Pestana、Glyn Redworth 和 John Walter 的详细评论与建议。17 世纪的英国仍沿用儒略历（"西洋旧历"），比欧洲大陆常用的格里高里历早十天。因此当苏格兰革命于 1637 年 7 月 23 日在爱丁堡开始时（如本章所述），巴黎、罗马和马德里的日期是 8 月 2 日。

2. Nalson, *An impartial collection*, I, iv - vi. 纳尔逊甚至奚落了拉什沃思对理查·克伦威尔的效忠："告诉儿子其父是反贼和凶手，还想由此求得晋升和嘉奖，可真是不妥。"*ODNB* s. v. Rushworth, quoting a letter to Anthony à Wood.

3. James I, *His maiesties speech to both houses of Parliament* (1607), sig D.

4. Ibid., sig. F2, 詹姆士一世致力于向议会"推销"联盟方案的讲话。

5. Ibid., sig. H; Howell, *Cobbett's complete collection*, II, col. 114, the king's speech, 18 Apr. 1664; Davies, *A discovery*, 252; Silke,

'Primate Lombard', 131.

[751] 6. Calderwood, *History*, VII, 263.

7. Ibid. , VII, 514; Appleby, *Epidemics and famine*, 126 – 7, 146 – 7; Thirsk, *Agrarian history*, IV, 582 (quoting letters by local magistrates to the Privy Council in 1623) and 631 – 2 (on the poor harvests of 1618 – 25 in England).

8. James I, *His maiesties speech* (1607), sig. Cv; Coke, The third part of the Institutes, 2, and Jansson and Bidwell, Proceedings in Parliament, *1625*, 35, 两者皆形容 1624 年的议会 "令人愉悦"; Cust, Charles I, 41.

9. Thirsk, *Agrarian history*, IV, 632 – 3; Bamford, *Royalist's notebook*, 27 – 8 and 54. 关于天花参见本书第 4 章。

10. Kyle, 'Parliament and the palace of Westminster', 以及 Kyle and Peacey, ' "Under cover" ', 描绘出一派喧闹而亲切的迷人场面。唯一能在规模和辩论的热烈程度上与威斯敏斯特大厅相媲美的讨论会是投石党运动时期法国的圣路易厅：参见第 10 章。

11. Johnson et al. , *Commons Debates 1628*, II, 58 – 60, Sir Benjamin Rudyerd's speech on 22 Mar. 1628.

12. Rushworth, *Historical Collections*, I, 631 – 8, Remonstrance presented on 17 June 1628.

13. Baker, ' Climate ', 427 (from the diary of Richard Napier); Bamford, *Royalist's notebook*, 79; Wharton, *The history*, 47 – 9 and 51 (from Laud's *Diary*); PRO *SP* 16/282/134, a Latin poem on the 'most intense cold of January [1635] when the whole Thames froze over' (I thank David Cressy for this reference); *CSPV*, XXIV, 63, Anzolo Correr to Doge, 5 Sep. 1636.

14. Fincham, ' The judges' decision ', 236, from Sir Roger Twysden's ' Remembrances ' .

15. 关于三人，参见 *ODNB* s v. John Bastwick, Henry Burton and William Prynne。在他们的日记中，来自北汉普敦的律师 Robert Woodford、来自肯特郡的绅士 Sir Roger Twysden，以及来自伦敦的工匠 Nehemiah Wallington 都义愤填膺地记录了此次裁决，参见 New College, Oxford, Ms 9502, n. p. , *Ms 9502*, n. p. , 1637 年

8 月 25 日与 1640 年 11 月 29 日的条目；Fincham, 'The judges' decision', 237；以及 BL *Addl.* 21, 935/40, 48 及 53 – 66v。

16. Clarendon, *History*, 92 (an encomium sustained in the three following pages), BL *Addl.* 21, 935/48, Wallington's 'Historical notes'；Fincham, 'The judges' decision', 232 – 7, Sir Roger Twysden's summary of views expressed by his fellow gentry.

17. Firpo, *Relazioni*, I, 791 – 814, 'Relation' of Anzolo Correr, Richmond, 24 Oct. 1637, 大部分为加密文字（*CSPV*, XXIV, 295 – 308 有梗概）。柯雷尔的遗漏反映出查理一世朝廷的观点：劳德日记的第一条条目提到了"苏格兰关于礼仪书的骚乱"，其记录日期为 1638 年 4 月 29 日（Wharton, *History*, 55）。"男爵战争"发生于 1264 年至 1267 年间。

18. PRO *SP* 16/527/103 – 7, draft proposal for the British Union of Arms (1627). 詹姆斯·贝尔福爵士（Sir James Balfour）曾接触过重要的苏格兰国家文件（现已遗失），他明确将武装同盟与《地产销还法案》相联系（Haig, *Historical Works*, II, 126）。引用 ibid., 128, 134. Dickinson and Donaldson, *Sourcebook*, III, 67 – 77, 发表了《地产销还法案》的不同版本。Kishlansky, 'Charles I', 71, 声称颁布法案的是大主教法庭而非议会，但这造成了误导：直到 1633 年它才得到议会批准。

19. Charles I, *A Large Declaration*, 16；Rushworth, *Historical Collections*, II, 321, 发表了查理下令让大主教劳德与斯波蒂斯伍德为苏格兰准备一次礼拜仪式的声明，1636 年 4 月 19 日。

20. Rushworth, *Historical Collections*, II, 470 – 1（关于阿奇）；Dickinson and Donaldson, *Sourcebook*, III, 88 – 9（关于仪典）；Donaldson, *The making*, 100（批准新祈祷书的声明）；Charles I, *A large Declaration*, 18（证实查理一世自主发行了这部作品）；*RPCS*, 2nd ser., VI, 448, 1637 年 6 月 13 日法案（让忤逆者"受到反叛的惩罚"）。

21. *RPCS*, 2nd ser., VI, 431 – 2, 438 – 9, 442 – 5, 454 – 6（瘟疫与食物紧缺）and 465（货币），3, 8, 10 and 17 June 1637；Laing, *Correspondence*, I, 93 – 8, Lothian to his father, the earl of Ancram, 19 Oct. 1637 OS, 这封信中通篇是对恶劣天气造成的经济灾难的

抱怨。就来自"自然证据"的确切证明，参见 Baker,'Northwest Scotland stalagmite and climate reconstruction data'。

22. Rothes, *Relation*, 197（use of proofs as wrapping paper）; Braddick, *God's fury*, 3, quoting Montrose. Bennett, *The Civil Wars*, 3, 列出了1637年4月会面的牧师与"教会主母"们的名字。

23. Charles I, *A Large Declaration*, 23; Bennett, *The Civil Wars*, 3, quoting the earl of Wemyss and Bishop Guthrie.

24. *RPCS*, 2nd ser. , VI, 509 – 13, entries for 4, 5 and 9 Aug. 1637; Rothes, *Relation*, 2 – 5.

25. Dickinson and Donaldson, *Sourcebook*, III, 95 – 104, 刊出了《国民誓约》全文，包括誓言部分和之后的联署签名部分。

26. Paul, *Diary*, I, 327 – 31, Mar. ／Apr. 1638.

27. Ibid. , I, 306 – 7（22 Jan. 1638）, 322（27 Feb. ）and 347（4 May）.

28. Russell, *Fall*, 56, Hamilton to Charles, June 1638; Burnet, *The memoires*, 55 – 6, Charles to Hamilton, 11 June 1638; Russell, *Fall*, 56 – 7, same to same, 26 June 1638.

29. Baker, 'Northwest Scotland stalagmite and climate reconstruction data'; *CSPV*, XXIV, *1636 – 1639*, 430, Francesco Zonca to Venice, London, 2 July 1638 NS（cyphered in the original）.

30. Burnet, *The memoires*, 60 – 1, Charles to Hamilton, 25 June 1638; Hardwicke, *Miscellaneous State Papers*, II, 118, Hamilton to Charles I, Glasgow, 27 Nov. 1638.

31. P Paul, *Diary*, I, 348（19 May 1638: studying Althusius all week）, 390（20 Sep. 1638: discussion with Henderson and David Calderwood about armed resistance）. See also ch. 18 below

32. New College, Oxford, *Ms 9502*, Diary of Robert Woodford of Northampton, n. p. , entry for 6 Apr. 1639（'ten weeks' drought'）; Wharton, *History*, 56 – 7, Laud's diary entries for 14 Jan. and 27 Dec. 1639; Aston, 'The Journal', （rain on 27 April, as the royal army travelled from York to Northallerton）; Bruce, *Letters and papers*, 238, Sir Edmund Verney to Ralph Verney, Newcastle, 19 May 1639.

33. Bruce, *Letters*, 228, Sir Edmund Verney to his son Ralph, 1 May 1639; [752] Aston, 'The Journal', 12, 14 (June 1639). Others considered the eclipse ominous: [Voetius], *Brittish lightning*, sig. A3.

34. Mormiche, *Devenir prince*, 281, quoting La Mothe le Vayer, *De l'instruction de Monsieur le Dauphin* (1640); Aston, 'The Journal', 28; Paul, *Diary*, 58 – 62.

35. Paul, *Diary*, 85 and 87 – 8 (entries for 15 and 17 June 1639); Adamson, 'England', 100.

36. Russell, *Fall*, 67 n. 135, Hamilton to Charles I, 8 July 1639.

37. Clarke, 'Ireland', 93.

38. Wharton, *History*, 57, Laud's diary entry for 5 Dec. 1639.

39. Adamson, *The noble revolt*, 23 and 17, 引用了国王于 1640 年 5 月 4 日的演讲。亚当森承认，当 1629 年议员们压制住议长并持续讨论违禁内容时，国王可能只是为避免议会最终以混乱收场，才决定"突然"解散议会；但这一回，为回报造船税的废除，议会领袖们立即批准了 60 万英镑的拨款。除了担心自己的整体方针受到意外事态威胁，例如要求"和解"的动议，查理又有何故要放弃这桩美事呢？

40. *HMC Third Report*, 3, rough minutes taken by Vane at the meeting of the 'committee of war' on 5 May 1640.

41. Bruce, *Notes*, viii, Northumberland to Lord Conway, 5 May 1640; Adamson, *The noble revolt*, 552 n. 211. Elliott, 'The year of the three ambassadors', 175 – 6, 描述了斯特拉福德与西班牙政府间的复杂磋商，1639 年 12 月至 1640 年 9 月。

42. Bruce, 'Notes', xiii, Windebank to Conway, 26 May 1640 ('the rendezvous is again put off till the 1st of August'); Adamson, *The noble revolt*, 551 n. 202, Northumberland to the earl of Leicester, 21 May 1640; Naworth, *A new Almanacke for…1642*, sig. C2; *CSPD 1640*, 118 and 627, George Douglas to Roger Mowatt, Stepney, 5 May 1640, and Strafford to Cottington, Huntingdon, 24 Aug. 1640. *CSPD 1640 – 1*, 630, Vane to Windebank, York, 25 Aug. 1640, also lamented 'the great rains that fell on Saturday', hampering military operations; while *CSPV 1640 – 2*, 72, Giovanni Giustinian to

Doge and Senate, 7 Sep. 1640, noted the havoc caused by 'the rain which has recently fallen most copiously'.

43. Haig, *Historical works*, II, 379, written in the 1650s.

44. Adamson, *The noble revolt*, 47, Lord Savile to Lord Loudun, 8 July 1640, 在第 549~551 页附上了详细的真实性证明（以及那封由萨维尔及六位同僚署名的信件）。

45. Rushworth, *Historical Collections*, III, 1, 214 – 15, Petition of the Yorkshire gentry, 28 July 1640.

46. *CSPD 1640 – 1*, 15, Vane to Windebank, York, 5 Sep. 1640. Hardwicke, *Miscellaneous State Papers*, II, 173, Vane to Windebank, York, 11 Sep 1640, 报告了国王对于伦敦所需的"纽卡斯尔和煤炭"的"深切忧虑"。

47. Hardwicke, *Miscellaneous State Papers*, II, 168 – 71, minutes of the council meeting, 2 Sep. 1640.

48. Gardiner, *Constitutional documents*, 134 – 5, 十二位贵族的请愿书, 1640 年 8 月 28 日。同日，纽伯恩以及约克郡贵族也发表了"谦卑请愿"——尽管这些聚集在贝德福德伯爵家中的贵族同僚此前互不相识。

49. *CSPD 1640 – 1*, 15, Vane to Windebank, York, 5 Sep. 1640; and Hardwicke, *Miscellaneous State Papers*, II, 179, same to same, 14 Sep. 1640.

50. Hardwicke, *Miscellaneous State Papers*, II, 182, Vane to Windebank, York, 18 Sep. 1640; Rushworth, *Historical Collections*, III, 1, 275, the king's speech on 24 Sep. 1640.

51. Hardwicke, *Miscellaneous State Papers*, II, 197, Vane to Windebank, York, 11 Oct. 1640.

52. Ibid., II, 193, Vane to Windebank, York, 1 Oct. 1640; Rushworth, *Historical Collections*, III, part 1, 11 – 12, the king's speech on 3 Nov. 1640; *PLP*, I, 63, 65 and 69.

53. Adamson, *The noble revolt*, 223.

54. Anon., *A declaration*, A4 (almost certainly by Oliver St John); page 340 above (on the minutes of 5 May 1640).

55. Knowler, *The earl of Strafforde's letters*, II, 416, Charles I to

Strafford, 23 Apr. 1641.

56. *PLP*, IV, 164 – 5, the king's speech on 1 May 1641; Clarendon, *History*, 320 – 1, reporting his conversation with Essex on 26 Apr. 1641.

57. BL *Addl.* 21, 935/138 – 9, Wallington's 'Historical notes and meditations' for 3 May 1641; Adamson, *The noble revolt*, 285 – 6, quoting Bishop Warner's diary (another source attributed these words to John Lilburne).

58. Adamson, *The noble revolt*, 288 – 91, quoting Pym and the earl of Stamford; Groen van Prinsterer, *Archives*, 2nd series, III, 459, Dutch ambassadors to the prince of Orange, 7 May 1641 OS ('bien plus générale et horrible que n'a esté celle de *la Fougade*'); and 465, Sommelsdyck to Orange, 9 May 1641 ('horible conspiration contre le parlement et la liberté *bien plus grande que celle de la Fougade*').

59. Cressy, 'The Protestation', 266 – 7, 271, 273 (quotations from John Turberville and Sir John Bramston; he also prints the text). Foreign ambassadors stressed the Scottish connection: the Protestation 'qu'ils appellent un *convenant*, comme en Écosse' (Groen van Prinsterer, *Archives*, 2nd series, III, 444, Rivet to prince of Orange, London, 4 May 1641 OS); 'a union exactly like the Covenant in Scotland' (*CSPV 1640 – 42*, 148, Giustinian to Doge and Senate, London, 6 May 1641 OS).

60. Sanderson, *Compleat history*, 418 (James Howell, in his preface, hailed Sanderson as 'an eye and ear witness'); Kilburn and Milton, 'The public context', 242, quoting Sir Philip Warwick. Hollar's remarkable engraving of the execution on 12 May 1641 is at http://upload. wikimedia. org/wikipedia/commons/1/16/Wenceslas_ Hollar_ – _ Execution_ of_ Strafford_ %28State_3%29. jpg. [753]

61. *CSPD 1641 – 3*, 17, Henry Vane to Sir Thomas Roe, Whitehall, 18 June 1641; Fletcher, *The outbreak*, 192 – 9 (details on the petitions); Adamson, *The noble revolt*, 121 – 2, citing *An order made to a select committee ... to receive petitions* (Dec. 1641) and the Commons Journals. One constituency agent claimed he had printed

enough copies 'that every man of the House might have one' – if true, well over 500 copies: Kyle, 'Parliament', 94.

62. *Articles of the large treaty*, 48, treaty articles approved 7 Aug. 1641. *PLP*, VII, 231 – 2, lists the 53 senior appointees.

63. Marshall, *A peace-offering*, 45 – 6.

64. Perceval-Maxwell, ' Ulster 1641 ', 103, quoting the ' Desires concerning unity in religion' proposed by the Scottish commissioners; Gaunt, *The English Civil War*, 94 (from Russell's 1987 essay 'The British Problem and the English Civil War').

65. *HMC Fourth Report*, I, 164 – 7, 威廉·穆雷、亚历山大·斯图尔特上校及约翰·科克兰上校致苏格兰议会一下属委员会的宣誓证词（提到了克劳德伯爵的血腥目的），1641 年 10 月 22 ~ 27 日。毫无疑问，斯图尔特上校对自己想要谋害两位贵族的意愿心知肚明，补充道："（这）是我曾服役过的德意志的风俗，若他们在我们抓到俘虏之后用更大的兵力突袭我们，他们会连俘虏一起杀掉。"

66. Bray, *Diary*, IV, 78 – 9, 1641 年 9 月 29 日爱德华·尼古拉斯爵士致查理一世的信，查理之后在信纸边缘写下评注，并于 10 月 5 日退回。有关"胆小鬼穆雷"作为秘密信使的内容，参见 ibid., 118, 1641 年 11 月 10 日王后致尼古拉斯的信。

67. Adamson, *The noble revolt*, 394, 1641 年 11 月 10 日尼古拉斯致范恩的信［亚当森指出了君主国持有多片"领地"（dominions）的重要性，并暗示国王也企图惩罚他在英格兰和爱尔兰的敌人］。Bray, *Diary*, IV, 86 收录的 1641 年 10 月 11 日尼古拉斯致查理一世的信声明他于"上周六"，即 10 月 9 日收到了"陛下 5 日发出的旁注评论"。

68. Adamson, *The noble revolt*, 405, Endymion Porter to Nicholas, 19 Oct. 1641.

69. Bray, *Diary*, IV, 76 and 79, Nicholas to Charles I, 27 and 29 Sep. 1641.

70. TCD *Ms* 839/135, deposition of Mulrany Carroll, Co Donegal, 26 Apr. 1643.

71. Ohlmeyer, ' The "Antrim Plot" of 1641: a rejoinder', 434 – 7, 刊

载了安特里姆 1650 年 5 月的"消息"。围绕伯爵提供的对查理极为不利的证据的可靠性问题，学界向来有激烈争议。参见对此争论的总结：Lamont, ' Richard Baxter', 345 – 347。该著作证实了奥尔迈尔教授（Professor Ohlmeyer）认为安特里姆是如实相告的猜测。

72. Gillespie, ' Destabilizing Ulster ', 111, Edward Chichester to Ormond, May 1641; TCD *Ms* 838/30 – 1, deposition of Donnell Gorme McDonnell, gentleman, 11 Mar. 1653.

73. TCD *Ms* 809/14, Examination of Owen Connolly, 22 Oct. 1641. 类似引述参见本书第 19 章。

74. Gilbert, *History of the Irish Confederation*, I, 8 – 9 （作者同样记录了法官们在更早前也收到了一次警告但并未当真）；TCD 809/13v, examination of Connolly, 22 Oct. 1641. 关于此次密谋的"发现"的净化版记录也可参见 *HMC Ormonde*, n. s. II, 1 – 3, Lords Justices to earl of Leicester, 25 Oct. 1641。Clarke, *Old English*, 161 n. 1, 表明康诺利的故事前后不符又矛盾重重，并推测这些状况源自他试图掩盖个人在之中的牵涉程度。1659 年，区区三四十名谋反者便攻占了都柏林城堡（见本书第 12 章），由此显示出少量人员也可取得巨大的战果。

75. TCD *Ms* 816/133v, deposition of Roger Puttocke, 1 Mar. 1642; and *Ms* 834/92v deposition of Richard Grave, 25 Oct. 1641 （thus only two days after the events he described）. Canny, *Making*, 469 – 70, 精彩地描述了阿尔斯特要塞的贡献，该书第 479 页和第 504 页的地图显示了叛乱的进程。尽管叛乱的爆发看似无意，密谋者在不同地区采取的相似行为仍表明他们的行动有着高度的协同：Perceval-Maxwell, *The outbreak*, 253。

76. BL *Harl Ms.* 5, 999/29v, ' Discourse' by Henry Jones and others who compiled the depositions, Nov. 1643.

77. 我选择了为第一位作证人的证词：TCD *Ms* 839/14v, John Kerdiff, Co. Tyrone, 28 Feb. 1642; *Ms* 833/28v, Dorcas Iremonger, Co. Cavan, 22 Mar. 1642; *Ms* 821/42v, Gilbert Johnstone, Tipperary, 20 Feb. 1643。也可参见 *Ms* 817/35, 1642 年 4 月 11 日昆斯郡牧师埃曼纽尔·比尔（Emanuell Beale）的证

词：天主教徒"对可怜的英格兰人毫无怜悯之心"，以及"让无数的妇女儿童暴露在严寒之中，受冻而亡"。

78. Clarke，'The 1641 depositions'，113，估计全部证词中有五分之一提到了 1641 年死于贫困的新教徒，另有五分之一提到了因暴力而死之人。他的后续研究表明，天气是比叛乱者更暴虐的刽子手（私人通信，2004 年 7 月）。Corish，'The rising of 1641'，291，指出死于严寒天气的新教徒人数为被叛乱者杀害之人数的两倍。

79. TCD *Ms* 837/12 – 13，1642 年 6 月 13 日唐郡的托马斯·理查德森（Thomes Richardson）的证词。Hickson，*Ireland*，I，312 刊出了这份文件，但其中日期与职业有误——她将"裁缝"（taylor）写成了"水手"（saylor）——此外还有多处誊写错误。

80. Castlehaven，*Memoirs*，28 – 9；*HMC Ormonde*，n. s，II，251 – 2，Lords Justices to Charles I，16 Mar. 1643. Canny，*Making*，488 – 91，496 – 7，520 – 4 and 527 – 8，以及 Perceval-Maxwell，*The outbreak*，230 – 1，两者都论及了神父和修道士在支持针对新教徒暴力行为中所扮演的角色。ó Siochrú，'Atrocity'，详述了新教徒针对天主教徒的暴力活动。

81. TCD *Ms*，830/41 – 2，deposition of Anthony Stephens，25 June 1646.

[754]

82. Corish，'The rising of 1641'，291 – 2；ó Siochrú，'Atrocity'，59 – 60. TCD *Ms*，809/8v 及 10v，1642 年 8 月 22 日执事长罗伯特·马克斯韦尔的证词两次提到了"154000"这一数字；同时上诉法院法官于 1643 年进行了重申（Bradshaw，Hadfield and Maley，*Representing Ireland*，xx and 192 – 3）。也可参见本书第 12 章。

83. Bray，*Diary*，IV，97，Nicholas to Charles I，25 Oct. 1641，with royal postscript dated 30th；TCD *Ms* 835/158，deposition of John Right，Co. Fermanagh，5 Jan. 1642. Hickson，*Ireland*，I，114 – 15，prints O'Neill's alleged royal commission，dated Edinburgh，1 Oct. 1641，and the depositions she printed at pp. 169 – 73 and 188 – 9 reveal how well the forgery worked.

84. Kenyon，*Stuart Constitution*，228 – 40，the Remonstrance presented to the king on 11 Dec. 1641. Adamson，*The noble revolt*，387，records the first reference to 'King Pym' in early October 1641；and at p. 443 notes that the title *Grand* Remonstrance dates from the nineteenth century.

85. Nalson, *An impartial collection*, II, 668, speech by Sir Edward Dering, 22 Nov. 1641.

86. Details from letters calendared in *CSPD 1641 – 43*, 215 – 17. See also Pearl, *London*, ch. 4.

87. Catherine Macaulay, *History*, III, 150, 刊登了王后的愤慨之辞，但并未提供出处——但是，鉴于亨丽埃塔·玛利亚随后威胁称除非她的丈夫实现她的建议，否则自己将进入女修道院（本书页边码第 356 页），这样的愤怒也合乎情理。在一个注释中，麦考利补充道，卡莱尔伯爵夫人窃听到了这段对话并为下院送去警告，但同样未提供史料来源——不过这次，"五议员"中的亚瑟·黑塞尔瑞格爵士（Sir Arthur Haselrig）证实了这个故事，并讲述了他死里逃生的细节内容：Rutt, *Diary of Thomas Burton*, III, 93, Haselrig's speech on 7 Feb. 1659（如文中所引）。

88. Gardiner, *History*, X, ch. 103, 对这些事件进行了精辟论述，其中他疑惑于查理为何没有"像 1851 年法国议会领袖被捕时那样，尝试在他们酣睡时抓住（那五名议员）"，并由此得出结论：其一，查理希望"披上合法性的外衣"；其次，"查理性格使然，不觉得自己会被一再拒绝"（第 134～135 页）。

89. *CSPD 1641 – 3*, 240 – 2, Thomas Wiseman and Robert Slingsby (one of the 'swordsmen' who entered the Commons) to Pennington, 6 Jan. 1642; Cressy, *England on edge*, 393, quoting John Dillingham. 这位威尼斯大使评论了"持续的恶劣天气"：*CSPV 1640 – 2*, 269 and 276, 1642 年 1 月 3 日及 17 日的信件。若非卡莱尔夫人的消息，查理本可在威斯敏斯特中找到他的"鸟儿"们，而他的士兵（其人数远多于议员）无疑会将其强行带走。由于议员们随身佩剑，以及其中部分议员还可能因为听闻了政变的传闻而秘密携带火器，威斯敏斯特宫当天极有可能发生流血事件。

90. BL *Addl.* 21, 935/162, Wallington; Cressy, *England on edge*, 396, quoting Ellis Coleman; and Groen van Prinsterer, *Archives*, 2nd series, IV, 7, Heenvliet to Orange, London, 19 Jan. 1642 OS, 叙述了前日王后进行的一次极其轻率的会面。

91. Churchill, *The World Crisis*, 274 (on the escape of the *Goeben*, but adding that the same 'sinister fatality' would later 'dog' the

Dardanelles campaign）; Adamson, *The noble revolt*, 503, echoing and citing Russell, *Causes*, 10.

92. 我的观点与基什兰斯基（Kishlansky）在《查理一世》中的说法相抵触，我认为后者从英格兰（以及一小部分来自苏格兰）选取的例子似有美化查理一世之嫌。他完全忽视了查理在爱尔兰的行动。基什兰斯基无疑会反驳说我的例子皆来自苏格兰与爱尔兰这两个首先发起叛乱的国家，对此我并不否认。

93. Russell, *The Fall*, 524.

94. Sharpe, *Personal rule*, 183; Scott and Bliss, *The works*, V, pt 2, 317 – 70, prints Laud's accounts and royal apostils（quotations from pp. 319, 348 and 337）; Donaldson, *The making*, 44 – 7.

95. The last sentence of James I, *His Maiesties speech*（1607）, sig. Hv.

96. Clarendon, *History*, 567 – 8, Green, *The letters*, 65（early May）, 68 – 9（11 May）, and 80（30 May 1642）——仅一个月之内就有三封谴责信。还有哪位近代早期的君主蒙受过如此源源不断的批评？

97. 曼彻斯特选区议员奥利弗·克伦威尔怒气冲冲地报告："大人，若是如此，最初我们为何要使用武器？这意味着就此罢手休战。若是如此，就让我们无比卑劣地求和吧。"事实证明了伯爵的正确性。Woolrych, *Britain in Revolution*, 291, 借助此后的两篇回忆录，重现了这段对话。

98. Sharpe, *Personal rule*, 930; Braddick, *God's fury*, 42 and 95。关于"罪名成立"，参见本书页码边码第 341 页。

99. Shagan, 'Constructing discord', 对这一观点进行了详细论述。1640 年的请愿贵族中曾与无敌舰队作战的那位勋旧人士是马尔格雷夫勋爵（Lord Mulgrave）。

100. Burnet, *Memoirs*, 203, Charles to Hamilton, Dec. 1642.

101. Gardiner, *The Hamilton papers*, 6, Hamilton to Charles, Dalkeith, 7 June 1638. On the need for a 'willingness to wink' among seventeenth-century rulers, see ch. 2 above.

102. Wharton, *History*, 47, 劳德 1632 年 12 月 2 日的日记条目："陛下得了天花；不过感谢上帝，情况并不严重。"

12　不列颠和爱尔兰：从内战到革命，1642～1689 年

在"近年来爆发的那些残酷非凡且毫无人性的战争"中，

> 英国有太多自由民的无辜之血洒遍国土，太多家庭家破人亡，公共财富白白毁弃，贸易受阻，商业惨淡，战火波及之处损失惨重，代价巨大，大片国土遭到蹂躏，有些地方甚至荒芜成墟。

尽管这段惨淡的描述与三十年战争前后德意志地区的惨状十分相似，但这是"英格兰共和国总检察长"约翰·库克于 1649 年 1 月 20 日宣读的起诉书的一部分。这份起诉书宣读于有史以来第一场针对国家元首的"战争罪"审判现场，受审的被告人是国王查理一世。他在 10 天之后被处决，这缔造了不列颠史上迄今为止的唯一一个共和时期、第一部成文宪法、第一个实质统治了大西洋畔英伦诸岛的政治联盟，以及第一个大英帝国。正如克里斯托弗·希尔所说，这是"不列颠有史以来发生过的最重大事变"。[1]

更有甚者，用马丁·本内特的话说，战争"侵入了人们的农田、庭院和厨房；战争扯掉了他们床上的亚麻布，拉下了他们墙上的镜子"。内战还在英格兰、威尔士和苏格兰造成约 25 万人死亡，相当于上述地区总人口的 2%（相比之下，一战造成的 70 万死者不到不列颠总人口的 2%，死于

二战的 30 多万人也远远不及总人口的 1%）。在 1640～1660
年，还有数十万人受伤致残或流离失所，无论英格兰还是北
美都有数万人沦为阶下囚或征服者的奴隶。此外，一系列作
物歉收和流行瘟疫在苏格兰引起了一场"在该国前所未见"
的饥荒；与此同时，"爱尔兰正面临前所未闻的谷物短缺，
残酷的计划已令成千上万的贫民死去"。曾于 1652 年屯驻爱
尔兰的一个英格兰士兵报告说："你策马走出 20 英里也很难
看到任何东西。除了树枝和绞架上悬挂的死尸之外，你很难
使眼神聚焦于其他物体。"三年之后，他的一个同袍也响应
了这一说法："除了极为年老的男性与一些妇孺，你可能走
个二三十英里都看不到一个活的生物"，而这些幸存者的皮
肤"在这场可怕的饥荒之中也变得如炉灶一样黝黑"。用一
位爱尔兰诗人的话说：

360
這是一場毀滅愛爾蘭的戰爭，

成千上萬人乞討求生。

瘟疫饑荒接連來襲。

总体而言，爱尔兰人口在 1640 年代和 1650 年代的降幅可
能高达 20%。[2]

这场内战也造成了前所未有的物质损失。在英格兰和威尔
士，至少 150 座城市和 50 座城镇遭受了严重破坏；11000 多间
房屋、200 多座乡间别墅、30 座教堂和 6 座城堡被摧毁（受到
部分破坏的建筑数量更多）。财产损失总计超过 200 万英镑。[3]
此外，伦敦的中央政府为动员并供养军队向全国人民征收了
3000 多万英镑的税款和罚金，而军队直接征发的物资价值也

以百万英镑计。我们无法计算这场战争的全部成本，但 1642～1646 年柴郡的经历为内战造成的巨大损失提供了触目惊心的例证：该郡居民在此期间至少缴纳了 10 万英镑的税收，此外还有价值 12 万英镑的货物和劳务直接被士兵征用。若将财产没收、劫掠和士兵肆意行事造成的损失也计算在内的话，第一次内战令柴郡损失了至少 40 万英镑的财富（平均每年 10 万英镑）。相比之下，该郡每年的造船税税额（就是那个曾经引发轩然大波，点燃 1640 年宪制危机的税种）只有 2750 英镑。不仅如此，在这之后柴郡公民与其他各郡一样仍需继续缴纳大笔金钱以供养政府及其军队，为时长达 14 年。[4]

类似上述这样对物质损失的精确计算未见于查理一世的其他领地，但 1650 年代的文书显示，在士兵的蓄意破坏之下，苏格兰和爱尔兰的部分地区经受了严重的人口损失（比如苏格兰边境区的抛荒农场、苏格兰坎贝尔氏族的土地，还有爱尔兰阿尔斯特地区的部分地域）。除此之外，1637 年爱丁堡暴乱引发的一连串事态最终导致苏格兰作为独立国家的地位丧失近十年之久，而始于 1641 年的"爱尔兰动乱"也造就了延续至今仍未愈合的社会和文化伤疤。

基于对上述数据和其他数据的研究，伊恩·金特尔斯评论，无论以何种标准而言，不列颠和爱尔兰都为"推翻一名专横君王、消除天主教威胁并进行一个为期 18 年的共和政府实验"付出了极为高昂的代价；J. H. 普拉姆则指出："到 1688 年，阴谋、叛乱、悖逆和密谋成了至少三代英格兰人历史和人生体验的一部分。"普拉姆将为时甚久的不稳定归因于三大缺陷：才能不足且未能听取有益谏言的君主，令宫廷无法控制也无法忽视的威斯敏斯特议会，以及伦敦人对斯图亚特君主"难以平息的敌意"——1642 年 1 月查理一世放弃首都的决策就生动地反映了这一点。[5]

不甚文明的内战

1641 年末到 1642 年初的那个冬天，一场"大恐慌"席卷了英格兰，其强度堪比 1789 年袭击法国的革命动荡；不过这次恐慌并非起于"饥荒恐惧"，而是源自人们对"教宗派等不怀好意者之威胁"的认知，这些人"若不能尽快受到遏止，恐将与爱尔兰那些暴虐嗜血之徒一样暴起伤人"。[6]此处对爱尔兰的提及颇具意义，因为 1641 年 10 月 23 日爱尔兰暴动之后传来的关于屠杀的消息，以及声称国王本人认可这次叛乱的传言，似乎都证明了长期以来对英格兰境内爆发类似暴行的恐惧并非无稽之谈。1641 年 12 月伦敦印制的小册子中有四分之一都刊登了爱尔兰的新闻，这个比例在 1642 年 4 月逐步上涨到了三分之一。在这些小册子当中要数亨利·琼斯博士所作的《有关爱尔兰王国及其教会各种出格行径的严正抗议》（*Remonstrance of diverse remarkable passages concerning the church and kingdom of Ireland*）最具冲击力，琼斯博士本人也曾是爱尔兰暴乱幸存者正式证词的记录者之一（见第 11 章）。琼斯向议会出示了逾 600 名受害者的证词文书，他还将其中 78 人受害的骇人经历收入了他的《严正抗议》。[7]

这一消息在舆论场上造成了巨大的轰动。1659 年清教传教士理查德·巴克斯特在回忆"我本人被打动并投身议会军战事的原因为何"时，着重强调了"令人发指的爱尔兰叛乱"，"成千上万人遭到野蛮屠杀，仅阿尔斯特一地就有至少（根据可靠证词）15 万人遇难"。巴克斯特接着说："如果你问'这一切与英格兰何干'，我会回答：我们深知，如果他们的同党在英格兰作案，这将会带来多么变本加厉的杀戮。"于是他担心自己将"与成千上万人一同就戮，或是落到行事类似爱尔兰人的暴徒手中。……我记得在我所有的熟人里，没有几个不是因为恐惧爱尔兰大屠杀而加入议会军的。他们似乎真的受到触动，认定（在英格兰）除了参军一途之外，别无保证自身安全之道"。1641年10月的爱尔兰事件，以及对查理默许的类似事件在英格兰重演的担忧，是"内战爆发之时让如此之多的知识阶层成员乐于站在议会一边的主要缘由"。[8]议会下院1642年2月的决策有力地佐证了巴克斯特的回忆，在证词面前备感羞辱与震动的议会决定以从爱尔兰叛军手中没收的250万英亩土地为抵押，向那些"冒险"助饷劳军以在爱尔兰恢复新教徒主导权的人提供担保。议会还批准了40万英镑的紧急税收，这笔税款将由议会而非国王来评估与征收。

当然，爱尔兰绝非唯一要求查理和议会给予迫切关心的紧急因素。汹涌而至的请愿书要求政府采取行动以终结经济衰退。一封来自埃塞克斯郡，据称有3万人连署的请愿书声称该郡纺织业和农业面临的危机将导致"成千上万人不幸坠入赤贫境地"——不过它也与宗派要求有关："除非将主教和天主教贵族赶出议会上院，我们将无法期待任何救济补偿。"而在议会之外，愤怒的暴民"也喧哗骚动起来，要求移除上院里的主教和天主教贵族。主教和天主教贵族的财产也应被重新分配，满足他们当下的救济需求。他们以书面和口头的方式威胁说，如若不这么做，他们就有必要采取更为暴力的手段让这些诉求得到强制执行"。[9]贵族们屈从了，答应赶走主教。接着上院又批准了《征兵法案》（Impressment Bill），允许议会强行征兵以保卫爱尔兰。1642 年 3 月查理极不情愿地同意了这两项法案，接着他便跑到了英格兰北部。

362　　议会领袖继续侵夺王室的行政职能——任命他们信赖的人执掌伦敦塔以及赫尔和朴次茅斯的兵工厂，还有海军——这些举措无不令国王灰心丧气。1642 年 4 月查理抵达约克郡时，他的身边只有 39 名贵族和 17 名卫兵，就连一位王党支持者也认为查理"似乎被他的所有臣民抛弃了"。[10]两个月后，一个负责设法"避免内战"的议会委员会向查理呈递了《十九点主张》。这份文件意在进一步削减国王的行政权力：枢密院官员、大臣、法官、要塞司令，甚至国王子女的教师都要得到议会的批准方可履职；不得再有信奉天主教的王后；所有王室成员的婚姻都要事先得到议会批准；尤为重要的是，国王必须认可议会自行选择征兵的权利。

身在约克的查理警告，如果反对派坚持如此激进的让步要求，"普通大众最终"将发现"所有事情都是假借他们之手完成，却并非为他们的利益而做"；如果任由议会妄为，那么议会迟早会"师心自用；将僭越和独立视为'自由'"，议员们的命运将无可避免地以"杰克·凯德或瓦特·泰勒"（分别是1450 年和 1381 年农民起事的领袖）的结果告终。国王接着说，如果他接受这《十九点主张》的话，"我们就将只能束手旁观"议会"摧毁所有的权利和自由，消灭一切基于出身与才能的特权"，直至**"我们这个光荣而卓绝的政体终结于黑暗而普遍的混乱与纷扰"**。于是查理拒斥了这份文书。[11]

《十九点主张》让国王以英格兰传统的捍卫者自居。此时他大可以宣称自己是为法律和秩序而战，对抗"黑暗而普遍

的混乱与纷扰"。查理的巧言很快就赢得了广泛支持。发表于
7 月的一份小册子（一开始是以布道集形式传播）警告，一旦
战端开启，"行政官和民众之间就再无界限可言，凯德、斯特
劳和泰勒将抓住国王的胡须，用他们无法无天的嘴唇发号施
令"。而在数周之后，一个王党贵族也表达了这样的愿望：
"愿我的子孙不会生在一个由众多凯德和凯特统治的国度，受
到众多暴民与动乱的威胁，以至于本国对于君主制、贵族和士
绅的记忆被毁于一旦。"[12] 国王还提醒他的臣民说："我将永远
忠于伊丽莎白女王和我父亲订立的国教会教义与教规，我也决
心（蒙上帝赐福）维护它们，至死不渝。"查理的坚定立场
"大受欢迎，让人们高喊'上帝保佑陛下，我们应当恢复古老
的信仰'"。有几个郡向议会呈递请愿书，表达了对主教制度
和传统礼拜仪式的支持。不仅如此，国王还在身边携有一部印
刷机，他物尽其用地以此签发命令，强调唯有国王才能推行举
措，而只有"靠着这些举措，我们王国良善安静的人
民"——用今天的话说就是"沉默的大多数"——"才能得
到保卫，邪恶放荡之人才会受到弹压"。[13]

　　国王查理的政治直觉堪称优秀。审查制度的瓦解让激进宗
教团体纷纷涌现（伦敦尤甚），这令许多英格兰平民感到警
觉。雪上加霜的是，议会并没有能力终结不断蔓延的经济混
乱。萨福克郡的布匹商人抱怨说他们已有十八个月没有卖出货
物了。而在埃塞克斯郡，纺织业的产量下降了一半以上，达到
了一个世纪以来的最低水平。"穷人要求工作的呐喊，以及他
们发出的咒骂和威胁"令人不禁担忧，失业者"现已沦入极
端匮乏和极端悲惨的境地，他们将被迫采取一些暴力手段来自
我救济，伤害那些更富有和更有能力的人"。1642 年 8 月，一

363

大群失业工人开始在埃塞克斯郡和萨福克郡组团袭击、洗劫当地天主教徒和显赫的新教徒保王党人士的家宅。[14]

这两大变数都对国王有利。惧怕公共秩序瓦解和宗教混乱的人现在纷纷投奔约克，担心自己遭遇和斯特拉福德伯爵同样命运的高级廷臣也在那里与他们会合。议会令人毛骨悚然的措辞吓得罗马天主教徒倒向保王党，那些坚持认为"王权神圣"的人也加入进来。到1642年7月，一度拥有近600名成员的议会下院甚至难有三分之一的人出席投票；议会上院也仅剩下30名贵族议员（上院总议员数的四分之一）。许多议员都投靠了国王。

"保王党"（他们很快就将以此得名）的迁徙让那些依旧留守威斯敏斯特宫的人得以采取更为激进的举措。"皮姆王"和他逐渐流失的支持者群体猛烈反击一切出言反对他们的人：数十位"丑闻累累的神职人员"和心怀不满的平信徒被投入监狱，与业已被关入牢中的占总人数一半的主教和法官为伍。皮姆等人还设立了一个"安全委员会"（Committee of Safety）来强行借款，违者将被没收财产，这正是《权利请愿书》明文禁止的（页边码第330页）。此外，议会还意识到，若要在英格兰成功挑战查理，他们就离不开苏格兰人的介入。他们促成了一项公然旨在赢得誓约派支持的宗教改革计划——这也进一步让那些支持新祈祷书的英格兰民众感到不满。

与此同时在爱尔兰，议会对信仰自由的压制以及议会将派兵"摧毁并根除一切爱尔兰和天主教势力"的传言也让不少人离心离德，而大法官则授予军官"依照军法对所有劫掠者乱党或叛徒格杀勿论"的许可。他们的决议还针对女性天主教徒，指控她们"无疑深度介入了叛乱的罪行"。这一切都昭示着当增援英军到来之后将会发生什么。[15]1642 年 6 月，就在国王查理一世批阅并拒斥《十九点主张》之际，爱尔兰的天主教徒领袖起草了一份旨在申明自卫主张的《结社誓言》（Oath of Association）。他们还创设了一个正式的“联邦”（Confederation），拥有自己的大议会，以及总部设于基尔肯尼的最高委员会（Supreme Council）。这个委员会将在此后七年里统治信奉天主教的爱尔兰，并谋求积极的外交政策，向海外派遣外交代表，并接受欧陆天主教国家派来的可资信赖的公使。爱尔兰联邦还征募并维持了自己的陆海军以击退英格兰的入侵。

爱尔兰人大可不必担心。1642 年 8 月，议会决定挪用对爱尔兰动武的军费，以征募一支 1 万人的志愿军保卫议会自身，并任命埃塞克斯伯爵为总司令。作为回应，查理发布了一则题为《为了弹压当下由埃塞克斯伯爵罗伯特统领的叛乱》的公告。查理签署命令，授权他的支持者征募军队——这是一份公然的宣战声明。待到聚集约 1.4 万名志愿者之后，国王便发动了他近三年之内的第三场战争，进军伦敦。埃塞克斯也统领着志愿军前去阻止王军。在 1642 年 10 月 23 日，即爱尔兰叛乱爆发一周年时，两军在埃奇山（Edgehill）展开激战——这也是 100 多年以来英格兰土地上爆发的第一场战役。双方都遭受了惨重损失并脱离战场。不过查理并未直捣伦敦，而是向牛津进军。他在这里修筑工事，把牛津改造成自己的“临时首都”。查理的选择让议会有时间组织伦敦防务，而待到王军抵达伦敦西郊时，查理一方已经寡不敌众，只得撤回冬季营地。

到 1642 年末，查理的支持者拿下了威尔士、英格兰西部、

364

米德兰大部①和英格兰北部；议会军掌握着英格兰东南部、位于其他地区的一些飞地（许多是港口）和海军。查理只需拿下伦敦就能赢得战争，而他的反对派则需迫使国王投降，确保对整个国家的控制方可获胜。苏格兰领袖利用了这一"不等式"带来的战略杠杆，承诺援助议会一方，而条件则是要求所有18岁以上的英格兰人发誓接受《国民誓约》，并让英格兰议会立誓在爱尔兰和英格兰引入长老派教会体制。这个方案在英格兰应者寥寥，在爱尔兰更是几乎无人接受，但议会领袖们别无选择。用一位旁观者在1643年12月的话说："我们的国家正在急速坠入德意志的悲惨境地，对立双方一整个冬天都还在多个郡的土地上彼此敌对，蹂躏着当地居民。"¹⁶威斯敏斯特的议会因而接受了苏格兰誓约派颇具争议性的要求。1644年1月，一支训练有素的誓约派军队进入英格兰，与议会派的野战军合兵一处。盟军兵力已经远远胜过了王军，两军于7月在约克附近的马斯顿荒原遭遇，这场战争也成了英格兰境内爆发过的规模最大的战斗。短短两个小时之内，王军就损失了5500名士兵，也失去了对英格兰北部的控制权。

不过，马斯顿荒原之役并未终结这场战争。首先，查理说服爱尔兰的天主教联邦派一支远征军去苏格兰，迫使誓约派将绝大多数兵力从英格兰撤回以保卫家乡。其次，国王诱使埃塞克斯伯爵率领议会军主力深入康沃尔郡，并于1644年9月在那里迫使他们投降。最后，查理在10月几乎击败了曼彻斯特伯爵的军队，后者此时正统率着埃塞克斯伯爵所部之外的议会军。这些大败激怒了不少议员，其中就有奥利弗·克伦威尔，

---

① 即英格兰中部地区。

马斯顿荒原之战的指挥官之一。"两院议员掌握了重要的职位
和指挥权，"克伦威尔于 1644 年 12 月警告民众说，"他们不想
让战争迅速结束，唯恐自身的权力随之终结。"克伦威尔随即
提请（实际上）撤掉埃塞克斯伯爵和曼彻斯特伯爵的职位，
并创设一支新的"国家军队"。[17]

尽管克伦威尔及其幕僚赢得了大众的支持，但贵族们却拒
绝接受这种对他们同僚的侮辱。这一僵局促使交战双方的中间
派开始动员推动谈判，以解决在三大争议点，即宗教、军队控
制权、爱尔兰问题上的分歧。尽管查理同意谈判，但他已经在
前两个议题上打定了主意。正如他在写给妻子（她是坚定反
对与叛军和谈的人）的密信中所说（这封信甚至写于谈判开
始之前），"解决宗教和军队问题乃当务之急：要有信心，我
既不会放弃主教制①教会，也不会让上帝赐我的刀剑落入他人
之手"。[18]和谈的破裂促使议会上院同意（尽管只有一票优势）
任命托马斯·费尔法克斯爵士为兵力 22000 人的"新模范军"
的司令，克伦威尔为副司令。1645 年 6 月，新模范军迫使王
军在纳西比决战。尽管这次遭遇战也同马斯顿荒原之役一样迅
速结束，新模范军的胜利却被证明是决定性的：他们不仅俘虏
了绝大多数王军的步兵，缴获了火炮和辎重，而且擒获了查理
的大马车，并在其中发现了国王的私人档案。

国王"大白于世"

一份发行于伦敦的报纸宣称，"最近在纳西比之战中缴获
的国王书信"的重要性"堪与我们俘获的所有士兵以及战利

---

①　Episcopacy，指由主教监督、管理教会的体制。

品相比"。在年轻的数学家约翰·沃利斯将这些信件逐一破译之后，下院随即从查理与其妻子和近臣（特别是爱尔兰的奥蒙德侯爵）之间的通信中选取部分内容公开诵读。观众对此报以嘘嘲之声，还发出了"一阵怒吼，其声量直逼犹太人对希律王①的吼声"（这一场景的意味颇为深长）。议会接着授权印制了一本名为《揭秘国王橱柜》（The king's cabinet opened）的小册子，其中收录了几封查理的密信，并配上了引人注目的评注。这本小册子的意义并不只在其销量：它"为此后的其他出版物立下了标杆，也比内战时期几乎所有大众出版物都引发了更多的争议"。[19]伦敦的十几家报纸几乎都刊登了信件的内容，还有一份报纸将之连载。不少保王党小册子指出这些信件是伪造（但很明显并非伪造）或破译不当（这个辩解很难站得住脚）的产物，或声称人们不该读这些信，因为它们是以私人文书的形式撰写的（如此声张为时已晚）。一位保王党作者在两年后承认，出版这些信件"使国王的隐情大白于世"，并（正如德雷克·赫斯特所说）对"将查理推上审讯台乃至刽子手的断头台起到了推波助澜的作用"。[20]

一本不到五十页的小册子怎能产生如此威力？近年来的一些改变已令英格兰国内外的政治进程吸引了前所未有的公众关切。第一，归功于学校的普及，1640年的英格兰和威尔士已有大量人口可以直接阅读这个与王国的政治和宗教事务相关的信息。第二，由于王室审查制度瓦解，民众可以读到的出版物数量空前增长，其中许多都与政治有关：仅在1641年，英格

---

① 希律王（公元前73～公元前4年），犹太国王，以不得民心、广招民怨闻名。

兰就出版了 2000 多种印刷品，多于之前的任何一年。这个数
字在 1642 年又翻了一倍——这一年的年度出版总量在近一个
世纪之内都无法企及。1642 年春天，一个伦敦工匠发现，自己
家里的"这些'周报'小册子已是如此之多，让我以为有太多
小偷已在不知不觉间偷走了我的金钱"。[21] 第三，尽管 1639 年的
英格兰只有一家报纸，但 1642 年却有 60 家报纸开始发行（插
图 36 和 37）。每份报纸都登有外国和本国新闻，其中包括受雇
的"记者"速记传回的布道和演讲（这又是一大发明），这样
一来，渴求政治新闻的读者就可定期"察知这个王国和国王的
脉动"。拜上述三大革新所赐，1640 年代的英格兰拥有近代世界
最为活跃的"公共领域"，"在这里，诉求和反驳都可以被提出
并得到探讨，君王大事都可被质疑或争辩"。[22]

　　不过，只有为数不多的小册子和报纸出言反驳了《揭秘
国王橱柜》。正如其序言所说，"帷幕已经拉开，国王写给奥
尔蒙德和王后的那些绝密信件已经如登上舞台一般暴露在公众
眼前"。查理的密信抱怨了他在牛津驻扎时随从愚笨迟缓的表
现，嘲笑前往牛津投奔他的贵族和议员为"我们在本地的杂
种议会"，还拿他手下大臣的雄心壮志寻开心。除此之外，这
些通信还显示，国王"事无巨细"都要请求妻子的"知悉同
意"，即便（用编辑们冠冕堂皇的话说）"她出自更懦弱的性
别，出生在外国，生养于敌对的宗教之下"。这一指控的弦外
之音并非今人所能接受：绝大多数生活在 17 世纪的人都视
"惧内"（uxoriousness）为男人的缺点。用畅销的小册子《治
家玉律》（1612 年）的话说："不知何以治家之男人，也必不
知何以治国。"查理写给自己的"甜心"亨丽埃塔·玛利亚的
信中满是恭顺之意，绝大多数读者因而质疑他是否适合统治

366

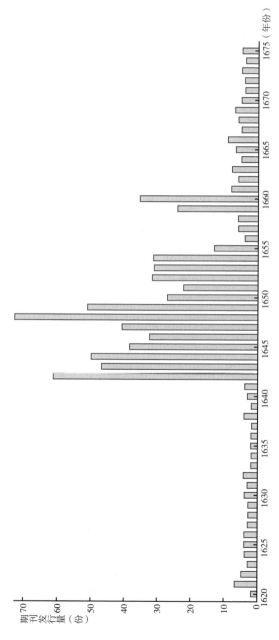

36 英格兰出版的期刊和报纸，1620～1675 年

在 1640 年代，报纸不但激增，而且就此站稳脚跟：一整年里都有连续标注页码的连贯发行物；登载广告和特稿；全面报道国内外新闻。1649 年 2 月 1 日这个周末发行的《中道消息》（*The moderate intelligence*）就刊登了一篇处决查理一世的报道，还有一条讣告。"考虑到这将是我们最后一次提到他的时候喊他国王"；后面的五期则向读者呈现着刚刚结束的"德意志三十年里战争的缩影"。

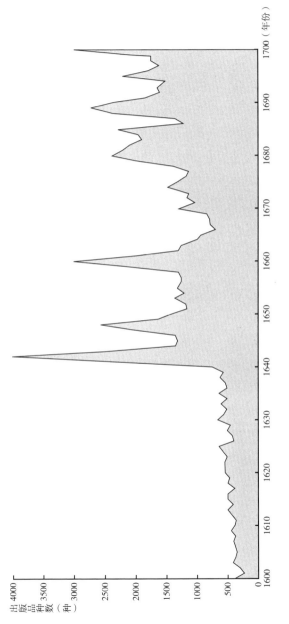

37　17 世纪英格兰的出版物

与数年之前的法国一样，政府审查的取消令出版市场迎来了前所未有的剧增长（正如所有已知出版物标题展现的那样）。1647～1648 年议会、军队和国王之间的交涉以及 1659～1660 年关于英国政体的辩论，同样推动了出版物的盛行；不过，1641～1642 年的出版物品种数，此后一个世纪之内都无法相提并论。

国家。[23]国王企图向外国寻求军援的信件甚至造成了更大的冲击；他承诺"一俟上帝赋我以能"，他就撤销那些针对英格兰天主教徒的严苛法律；而最糟糕的莫过于他对爱尔兰天主教徒的承诺：只要**"他们奉命勤王，对付英格兰或苏格兰的叛徒"**，国王就将给予他们大赦。这本小册子的最后数页还选取了几则查理的公开声明，这些声明中的言论都与他的私人书信相矛盾，这对他的声誉造成了沉重打击。用编辑的话说："只要国王能找到一群人代他站在议会对立面，他就不会做出任何对议会有利的声明；只要他可以找到足够的一伙人代他受过的话，他也绝不会落实任何他已宣告的事项。"《揭秘国王橱柜》不仅将国王的"面罩"剥个精光，还令他的"信用"消磨殆尽。[24]

纳西比之役之后，查理的其他政治资本也在逐渐流失。在英格兰，剩余的保王党守军缴械投降；而在苏格兰，誓约派在菲利普哈弗之役中大破入侵的爱尔兰军队：唯有"基尔肯尼联邦"的士兵还在为国王而战。尽管爱尔兰大主教徒拥有强而有力的行政机构（一院制大议会和最高委员会都根据爱尔兰第一部成文宪法，即"政府典范"运转）和外部支持，但是教宗、法国和西班牙之间互相冲突的战略目标（他们都向爱尔兰派驻公使，支援爱尔兰金钱和弹药）也在爱尔兰联邦各派之中种下了分歧。尤为甚者，派往爱尔兰的第一任教廷大使乔瓦尼·巴蒂斯塔·里努奇尼后来当上了联邦委员会主席，他坚持索回之前所有属于天主教会的地产，并以此作为与英格兰达成一切协议的前提——这是一个无论英王查理还是威斯敏斯特议会都永远不可能答应的条件。各派系之间的竞逐令基尔肯尼联邦政府陷入瘫痪，它也因此无法派出任何勤王援军。于是就在费尔法克斯的军队准备包围牛津的时候，查理于1646年5月骑马逃出他的"临时首都"，投奔了一支苏格兰军队。

新模范军当权

查理一世投奔苏格兰人的举动在英格兰和威尔士制造了权力真空。约翰·皮姆于1643年去世，失去这位领袖的威斯敏斯特议会陷入严重分裂，议员们分裂成占多数的长老派和占少数的"独立派"：多数派主张在三个王国之间立下"神圣盟约"（Solemn League and Covenant），少数派则反对这一主张。多数派在伦敦及周边各郡赢得了广泛支持，也许这恰恰蒙蔽了他们的双眼，看不到其余各郡厌憎长老教会的事实——新模范军中的不少军官和士兵也多有此厌憎之情。

1647年初，英格兰境内的最后一批保王党据点投降。威斯敏斯特议会中的长老派党团投票通过决议，将新模范军的一半兵力运往爱尔兰，并解散剩下的一半部队。他们派出行政专员前往军队司令部执行这些决议，承诺立即给那些同意去海外作战的士兵补发六周的欠饷，但其他士兵却分文不得。一石激起千层浪：议会军士兵曾以极大的勇气南征北战，立下了赫赫战功，而且议会至少还欠他们100万英镑的军饷。费尔法克斯和他的高级军官们因此拒绝与议会派来的行政专员讨论任何解散方案，除非他们解决全额付饷、补偿过往军事行动损失等问题。有关上述议题的小册子在行伍之中广为流传，其中也有"除非所有人都领到全额支付的欠饷，否则不会有士兵同意前往爱尔兰"这样的呼声。

计划遭遇意料之外（尽管客观来说不难预见）的对抗，这让长老派议员大为光火。他们宣布这些小册子的作者都是

"国家的敌人，公共治安的妨碍者"，这番指控激怒了全军将士。在骑兵副司令亨利·埃尔顿（克伦威尔女婿）的主张之下，好几个团都各自推举了代表（也就是广为人知的"鼓动者"）。在这场前所未有的军队民主运动中，出身行伍的鼓动者与长官同心协力，决心"宁愿速求一死，也不愿在领到微不足道的欠饷前复员"。[25]令人吃惊的是，长老派不但没能察觉 370 到迫在眉睫的危险，反而专横地命令费尔法克斯先驱散手下军队，再将他们解散。得到高级军官全面支持的费尔法克斯对此拒不从命，他在 1647 年 6 月 4 日召集全军士兵在纽马克特召开了一场"总集会"（general rendezvous）。

意外状况再一次发生了。议会之前向苏格兰人支付了 40 万英镑，以换取对方从英格兰撤军并交出国王（长老派领袖计划将国王带回伦敦）；但当议员们围绕加诸查理的"新宪政协议"具体条款争辩不休时，查理正被囚禁于他本人位于米德兰地区霍尔姆比的城堡。1647 年 6 月 3 日，当时正担任"骑兵旗官"（Cornet，现役骑兵部队中最低的一级官衔）的前水手乔治·乔伊斯率领一队 500 人的"游骑"（flying column）拘捕了国王。而在查理要求察看乔伊斯军衔的时候，这位旗官只是将手指向了他身后列队的士兵们；于是一行人带着国王骑马前往纽马克特。查理在那里也有一座猎庄——第二天费尔法克斯正是在这里召集新模范军。司令一开始对绑架国王一事大为光火，甚至拒绝同乔伊斯说话。但很快他就意识到，控制国王的人身让新模范军在同议会谈判时获得了无上的优势。议会也顺水推舟，提出补发军队全额欠饷，并承诺以实际行动补偿士兵的战时损失。

无疑，议会冀望用这些妥协条款瓦解军队内部的团结。的确有不少军官和士兵立刻接受了上述条款并奔赴爱尔兰；不过，绝大多数长老派的盟友都在出走的官兵之列，"独立派"军官正好填补了他们的空缺。在纽马克特集合的各团批准印发了一本由埃尔顿和"鼓动者"们联合拟定，名为《军队庄严约定》（The Solemn Engagement of the Army）的激进小册子，他们宣誓将继续维持武装，除非议会在补偿他们的物质损失之外，宣布让士兵和"**其他同样受我们的事业波及的英格兰自由民**"都免于压迫的法律保护。[26]军队还批准建立了一个由费尔法克斯和他手下的高级军官，以及"从每个团选出的两名军官和两名鼓动者"组成的"总委员会"。

总委员会当即决定带着国王进军伦敦。他们随军带着一部印刷机，沿途大量印发一份激进的《宣言》（同样主要由埃尔顿起草），大胆地宣称由于"我们并非一支受雇于任何国家之专制权力的雇佣军，而是受议会的几篇宣言呼召而成立，并保卫我们自己**和人们正当权利和自由的力量**"，因此"我们应当在解散之前，继续为了我们自身**以及王国**的利益而奋斗，为了**我们和王国**的报偿，也为了未来的安全而呼吁恳求"。这份文件公然对比了苏格兰人、荷兰人、葡萄牙人等曾经以武力反抗专制的方式来实现自身目标的先例，并向议会提出五项要求：

· 公开战争期间征收、花费的所有钱款的账目；
· 签发"大赦令"，以消除"未来战争或仇杀的种子"；
· 认可所有守法臣民的信仰自由；
· 对选举权进行大幅再分配，以让"议会更为平等地代表整个"王国；
· 之后议会必须自我解散，这样国王就可依照新的选举人召集新的议会。[27]

这是英格兰史上第一次有一个强有力的公民群体同时提出宗教信仰自由和选举改革的要求——这些议题将在今后二百年里主导英格兰乃至整个西方的政治辩论。人们很容易忘记，这些议题起初正是由西方第一支国民军队提出并加以讨论的。

"年轻的政治家"

1647 年 7 月，军队的总委员会讨论了一份更为激进的文件。这份题为《提议纲要》（*The Heads of Proposals*）的文件不仅详尽列举了军队与国王之间所达成协议的条款，还提出了一部新的英格兰宪法：根据纳税官员分配选举权，并据此每两年选出一届议会；废除王室特权和债务监禁；以及要求为刑事审讯的被指控者赋予不自证其罪的权利。出席总委员会的一名骑兵在辩论这些军国大事时表达了戒慎恐惧之情："（类似议题）事关王国根基"，而"我们之中的绝大多数却只是毫无经验的政治家"。历经长达十天的激烈辩论后，高级军官将《提议纲要》传给查理一世阅读。读到提议之后查理反问军队，如果议会拒绝提议他们又将如何。一阵尴尬的沉默后，托马斯·雷恩巴勒上校脱口而出："如果他们不同意的话，我们会让他们同意。"[28]

国王一语道破了关键所在：现在的伦敦有着坚固的新城墙，可以轻易击退围攻者。尽管如此，首都的民心还是焦躁不安，而近来的收成也颇为寒酸。埃塞克斯牧师拉尔夫·约赛林就在日记中抱怨说："极为艰难的时世，我这辈子从未感到如此缺钱。"而在伦敦，被高昂肉价激怒的一伙人焚烧了史密斯菲尔德牲畜市场的税务署，烧毁了其中的所有档案记录。之后不久，一位勤勉的怀特岛农民写道，尽管他的家乡曾经是"英格兰的天堂，但在1647年的当下，这里却与王国的其他各地并无不同，只是一处沮丧哀伤之地"。[29]迅速高涨的粮价、暴发的瘟疫、无休止的军费负担（军队拒绝解散）都让生活中的艰难和怨望不满同步增长，首都的商贸和产业也随之衰退。

种种紧张情势也在议会的独立派和长老派之间制造了新的裂痕：独立派主张怀柔军队，长老派却反对如此。失势之后的长老派在威斯敏斯特宫外组织了一场失控的聚众抗议活动。1647年7月26日，一群学徒和退伍老兵冲入议会两院，高喊着"叛徒！抓他们出来！用他们的肠子绞死他们！"以及"如果他们不认可你们的要求，就割开他们的喉咙！"的口号。两院议长带着六十多名议员和贵族逃出城去，乞求军队的保护。[30]一周之后，赞同军队的伦敦守军打开了一扇城门，费尔法克斯得以率军一枪不放进入首都。他们身着月桂树叶，成功护送流亡的议员重回威斯敏斯特宫，并将（处在他们看管之下的）国王安置在汉普顿宫。军队则饶具策略地抢先移驻泰晤士河畔的普特尼兵营，那里正好位于国王和议会所在地之间。军队总委员会就在这里继续讨论，如何才能最好地安排王国的大事。

自离开纽马克特以来，军队的内部成分已有改变。首先，不少伦敦的激进主义者，即所谓的"平等派"（Leveller）参军入伍，填补了部队的人员空缺，也影响了军队的政治议程。许多平等派成功当选"鼓动者"。不同于1640年代呼风唤雨的绝大多数激进团体，平等派并没有宗教诉求。他们要求的是广泛的社会政治改革，其中就包括"赋予每个男性公民参与选

择统治者的权利"。1647 年 10 月，总委员会听取了一份名为
《人民追寻以普遍权利为基础之稳固且立即生效之和平的协
定》(*An Agreement of the People for a firm and present peace upon
grounds of common right*，简称《协定》) 的文件的宣读，这本
简短而雄辩的小册子得到了鼓动者的批准。《协定》重申了议
会必须自行解散的要求，认为统治权应当被移交给一个由全体
选民（"依照居民人数按比例分配"）每两年选举一次的一院
制国会，这个国会的主要功能是保障所有英国人的一些"原
生权利"：免于宗教强迫和征兵的自由；获得"对近来因公共
歧见产生的一切言行损失"的全面补偿；在法律面前一律平
等的地位；还有一部成文宪法。最后，《协定》号召军队在必
要时以武力推行其革命纲领。[31]

包括数名新任的平等派鼓动者在内，约 50 名官兵参加
了堪称民主制度史上最为著名的一场辩论。在冗长的祈祷仪
式之后，与会者开始就协定展开辩论。刚刚投入平等派阵营
的托马斯·雷恩巴勒上校陈说了呼吁落实男性普选的主张，
他那极为雄辩的发言时至今日仍然激励着代代读者：

> 我真心认为，英格兰最穷的人（就像）最富有
> 的人一样拥有同等的生存权；因此，先生，我真心认
> 为这是显而易见的道理。所有准备生活在某个政府之
> 下的人，都理应首先用他本人的意志决定，自己是否
> 要受这个政府统治。我坚定地认为，如果英格兰最穷
> 的人不能对即将统治自己的政府发出声音，那么在严
> 格意义上说，他就根本不服从于这个政府。

　　埃尔顿仍然坚持只有拥有财产的人才可以投票。此时，骑兵官爱德华·赛克斯比（之前是杂货店学徒，但在四年的英勇作战之后，他已成为军中领衔的活动家）充满热情地代表战友们发言：“我们已经对这个王国以性命相许，甘冒生命危险，就是为了恢复我们作为英国人与生俱来的权利和权益。”他接着说：“成千上万像我们这样的士兵都已（在战争中）冒上生命危险；我们在这个王国只拥有微不足道的财产，也几乎没有地产，却拥有与生俱来的权利。但现在看来，除非一个人在这个王国拥有一块不动产，否则就没有任何权利可言——我怀疑我们是不是被骗得太惨了！”[32]

　　众人就选举权（及其局限）激烈地交换了意见，直到精疲力竭的速记员弃笔方止。我们因此无法确知普特尼辩论的结果，但似乎大多数人都同意“只要不是乞丐或仆役，所有士兵及平民都理当有权选举那些将在议会中代表他们的人”。平等派获胜了，他们立即寻求将这场胜利的利益最大化。尽管高级军官封锁了消息，但鼓动者们还是为《协定》印制了多份副本，并邀请士兵在上面签名，寄望于发起另一场向伦敦进军的运动，用武力解散“长议会”。此时还有一些小册子号召起义。“你们之中自有适合统治的人，也有理当被赶下台的人，”《对所有军中袍泽的呼吁》如是坚称，“**只需一句话，你就可以推举新的长官。必要之举不受法律约束。**”这本小册子也将国王查理描述为“血腥之人”（a man of blood）——这句《圣经》用语的弦外之音不言而喻——他应当被处死。[33]屯驻在伦敦近郊韦尔（Ware）的两个团立即驱逐了他们的长官，将《协定》挂在他们的帽子饰带上，反复唱诵：“英格兰的自由！士兵的权利！”

费尔法克斯做出了强力回应。他和一队高级军官以匹夫之勇策马冲入韦尔镇的哗变士兵之中，用军刀来回击打，直至那些文书消失不见。之后，费尔法克斯召开军事法庭，将几个首谋判处死刑（不过最后只有一人遭处决），并草拟了一份抗议书，宣誓要"与军队同生共死"，保证全额支付欠饷并大赦，用一个新的代议制机构代替"长议会"，通过"自由和公平的选举"把"（近在咫尺的）议会下院转变为一个由人民选举产生的平等代议机构"。[34]

韦尔镇起义的失败在某种意义上也宣判了平等派的失败。费尔法克斯的抗议书不如平等派的《协定》那么"民主"，但其程度已然远远超过了军队之前提出的任何一份宪政宣言，其计划也切实可行，而平等派的主张则有些不切实际。没有一个保王党会接受一项将国王排除在外的协议，也没有一个长老派议员会接受一项给予圣徒和罪人在议会中平等发声机会的协议。如果平等派在 1647 年得势，并用武力迫使军队解散"长议会"的话，结果就将是无政府状态；而唯一从无政府状态中坐享其成的人，将是查理·斯图亚特。

"我们饱受匮乏之苦：如果战事继续，
两国都将悔恨不已"：第二次内战[35]

国王密切关注着普特尼辩论的走向。类似"血腥之人"这样的表述让他担心自己有遇刺之虞，于是他于 1647 年 11 月逃出了汉普顿宫。很快他就再度被擒，军队领袖这回将他投入监狱（他的出逃被视为对假释的破坏）。克伦威尔等高级军官此时似乎心意已决：军方已不可能容忍查理，只能设法将其罢黜。这位尊贵的囚犯也对事态发展心知肚明，因此他秘密接受

374

了从苏格兰来的专员提出的"主张"。这些苏格兰专员是之前捉拿查理的人，他们已经断定自己的英格兰盟友（长老派）无法达成协定以保障他们已取得的全部让步。1647 年 12 月，国王签署了一份秘密"约定"（Engagement），承诺在英格兰确立长老教制，试行期三年。约定还允诺由英格兰和苏格兰双方共同提名组建一个神学委员会，决定最终的宗教协议。作为回报，苏格兰人承诺派一支军队"进入英格兰，以求保有并确立宗教，保卫陛下的人身和主权，帮助陛下复辟"。[36]苏格兰人接着便向威斯敏斯特议会及其军队宣战了。

当时的经济困境一度对国王和"约定派"（Engager）颇为有利。在英格兰全境，"从 1646 年秋天开始，糟糕的天气在连续五年里摧毁了谷物和干草的收成。每一年的情况都令前一年留下的问题更加恶化，直到 1651 年的丰收才告终"。在埃塞克斯郡，帕尔森·拉尔夫于 1648 年 5 月写道："就在黑麦结穗之时，一场如此恐怖的霜冻（降临了）。麦穗冻死，一无所获。"时至 6 月他又报告说："谷物倒伏（在地），没于野草之中，我们从未见过类似景象。"在怀特岛，查理询问一位地主"这样（潮湿）的天气在我们的岛上是否常见"，地主回答："近四十年里我从未知晓有过类似天气。"他还预言："小麦和大麦的价格将达到英格兰史上从未见过的高点。"[37]而在伦敦，根据詹姆斯·霍维尔的说法："一场饥荒正逐渐朝我们袭来，铸币厂已因缺少金银而停工。贸易曾经是这个岛上的活力所在，现在却也显著衰退，船只的保费从 3% 涨到了 10%。"霍维尔接着说："**的确，我们英格兰在过往时代里也经历了许多这样的黑暗日子。但那些日子和当下相比，就像是一座大山的影子之于月食。**"平等派的约翰·怀尔曼同意此论。1648 年 1 月，怀尔曼警告议会下院："贸易衰退，粮价高企。所有同情之人在听到看到穷人的哭声泪水时都会心神欲裂，他们抗议自己几乎要饿死了。"按照怀尔曼的说法，有布料商人"坦言生意无比惨淡。有的裁缝商人曾与一百位顾客往来，现在的客户还不到十来人"。还有"穷人在路上结成十人、二十人、三十人的团伙，抢夺运往集市途中的谷物，并在谷物所有者的眼皮底下分而食之，表明他们已无法忍饥挨饿"。怀尔德预言："如果不能立即妥善处理此事，继之而来将是骤然而至的混乱。"[38]

这类恐怖预言促使议会领袖和军队领袖做出了大幅让步。议会答应向现役军人提供豁免，并对受伤的士兵进行经济补助（阵亡士兵的寡妇孤儿亦然）；军队则同意遣散约两万名老兵，其中一些是卫戍部队和地方军队，其余的则是占领伦敦期间加入新模范军的激进分子。不过，议会没能落实对海军的补偿，因为海军允许保王党的内应在许多战舰的欠饷船员中煽动兵变；而由于失去了海军的保护，伦敦的海上贸易实质上陷入了停滞。

随着海军兵变和新模范军减员，第二次内战也拉开了大幕。查理的支持者占领并加固了彭布罗克城堡，以作为爱尔兰天主教援军的桥头堡；王党叛乱在肯特郡和埃塞克斯郡此起彼伏；英格兰北部的王党军则夺取了卡莱尔和贝尔维克，准备迎接苏格兰"誓约派"军队的入侵。身在巴黎的枢机主教马扎然的抱怨不无道理："那个国家（大不列颠）总是纷争不休，（制造着）不可理喻的不确定性：接下来将发生什么？"[39]

克伦威尔逐步收复了南威尔士并击退了苏格兰的入侵，费尔法克斯也率军平定了东南各郡；当各路得胜将军聚首伦敦时，他们已怨愤满腹。费尔法克斯领军在科尔切斯特周边的壕沟里度过了 11 个星期，天气"极为潮湿，令人十分沮丧"；克伦威尔的军队则在西北作战，他们日间跋涉于久雨成沼的路上，夜间露宿于"靠近敌军的野地上，就这样浑身脏兮兮而又精疲力竭地走了 12 英里"。克伦威尔抱怨说，他的骑兵参战时"人困马乏之甚，实我毕生未见"，同时"恶劣的路况和天气也让（步兵队伍）支离破碎"。[40]这番窘境足以解释，为何新模范军在 1648 年的战斗前后会如此愤愤不平地对待他们的敌人。相较而言，第一次内战除了少数例外之外，交战双方至少都还对本国敌人以礼相待。如今时过境迁，胜利者狠狠惩罚了那些落入他们手中的敌军士兵。科尔切斯特开城投降时，费尔法克斯进行军法审判，处决了两名守城将官，并判处不少剩余的守军去西印度群岛劳役拘禁。在威尔士，克伦威尔在两名王党将官投降之后将他们枪决，还将 200 多名俘虏卖给奴隶商人，运往巴巴多斯。

不过，最近这场战争的罪魁祸首，也就是君主本人，又该当何罪呢？英格兰法律从未有将专横的君主移送司法的先例，所以军队领袖只好自己动手：1648 年 11 月 20 日，他们要求议会"对我们近来战争的主要祸首和几名傀儡（即查理和他的主要支持者）处以极刑"。第二天早晨，军队将威斯敏斯特宫围住，并驱逐或逮捕了所有被认为可能投票反对审判的议员。不少议员颇为精明地选择缺席，议会下院于是沦为"残缺议会"（这个恶名最终传于后世），只剩下区区 150 名议员出席（战前曾有近 600 人）。残缺议会颇为乐意地创设了一个由 135 名法官组成的"高等司法庭"，成员包括议员和官员。

审判程序始于 1649 年 1 月 20 日，国王被全副武装的卫兵押进法院。"共和国总检察长"约翰·库克宣读了针对国王的指控。"他意欲以邪曲逆谋，为自己建立并维持不受约束的暴政权力，随心所欲地统治他人。"查理试图"颠覆人民的自由和权利"；为达这一目的，他已经"悖逆而恶意地发动了针对当前议会及其所代表人民的战争"。约 50 名目击者给出了证言，提到了 1642 年到 1645 年间国王参与的 12 项明确的暴力行径（今天称之为"战争罪"）。国王拒绝承认法庭的司法权，毫无悔过之意，甚至在听取针对自己的指控时面露微笑。1649 年 1 月 27 日，他傲慢无礼的举止和库克提出的证据说动了 59 名高等司法庭法官，让他们"做出判决：查理·斯图亚特，这位暴君、叛徒、杀人犯和人民公敌应被处死，身首分离"。唯有在 1 月 30 日的断头台上（这一天格外寒冷，冰凌沿着泰晤士河一路漂流），查理才明确声称了自己的清白。片刻之后，蒙面刽子手——有人认为是之前的那个骑兵旗官乔治·乔伊斯——砍下了他的头颅。[41]

建立不列颠共和国

"残缺议会"现在身兼二职，既是英格兰的最高立法机构也是最高行政机构。不过在一开始，这一机构并不知道该如何运用这不受限制的权力。议员们花了足足三周时间，才将"国王"之名从所有法律文书中移除干净，并将君主的行政职能转交一个国务委员会；他们用了整整六周时间才正式废除了议会上院，又用了近四个月才宣布"英格兰及其所有领地及领土之人民从此属于"一个"共和国"。[42]就在同时，一本名为《国王形貌》（*Eikon Basilike*）的书面世。国王在书中"本于我本人良心记下我的反思，写下我最公正无私的想法，就我不久前的烦恼……触及其主要历程"。到这一年年底，这本书已经发行了 35 个英文版本和 25 个外文版本（彩插 3）。[43]

　　就在《国王形貌》宣扬保王党观点的同时，维持陆海军所需的重税也降低了残缺议会的支持度。1643 年议会订立的三项永久税收造成的负担格外沉重，它们分别是重新整合的关税（其收入直接交付海军）、"财产税"（对资产和收入的征税，用来支给陆军。讽刺的是，这项税收分配到各市各郡所依据的正是之前造船税的标准），还有消费税（起初只是向酒类和被视为非必需品的特定货物征收，但之后也向大宗产品征收，税款的用途包括支付陆军军费及偿还债务）。事实证明，由于极端天气和作物歉收，这些税目的征收工作在 1649 年推进得尤为艰难。即便在伦敦（通常是英格兰供给最好的地域），面粉价格也涨到了之后五十年都未能企及的高度。新模范军士兵领到了工资补助，以购买足够过活的粮食，但平民可就享受不到这种待遇了：现存的伦敦总死亡登记簿显示，这一时期的安葬人数大大超过了受洗人数。在埃塞克斯郡，拉尔夫·约赛林在日记中记载，"极度匮乏和物资稀缺"几乎贯穿了整个 1649 年。拉尔夫宣称："这是英格兰的艰难时世，人们根本不敢出门。当然，富人也不敢待在自己家里，因为悍勇的强盗所在多有。"[44] 兰开夏郡的行政官和牧师都明确感知到了"上帝之手"的力量：

　　　　过去三年甚至更久的时间里，这个国家弥漫着因战争加重的鼠疫之灾。英格兰的所有食物都面临极度匮乏和短缺，尤其是各类谷物……谷物价格足有不久之前的六倍之高。所有（对民生助益甚大的）贸易都已完全崩坏。一切好心肠的人看到成群结队、不计

其数的乞讨穷人都难免肝肠寸断；……目睹他们脸颊
泛起的苍白垂死之色；人们常常听到有人被发现死在
家中，或是因渴求面包而落草为寇。[45]

在经济困难面前，英格兰国内对新政权的批评也成倍增
长。1649 年 4 月，几名平等派指控残缺议会的"暴政"。他们
的被捕引发了议会门外数百名女性的聚集示威，在抗议文书上
签名的人达到了 1 万人左右。新的激进团体也出现了："第五
君主派"（Fifth Monarchists）① 主张建立一个由"圣徒"统治
的政权，准备迎接即将发生的"基督再临"（Second Coming）；
"掘地派"（Diggers）则主张所有财产都应归公有；"喧腾派"
（Ranters）则相信他们从自身发觉了神性，这神性将他们从传
统道德中解脱出来；还有"贵格派"（Quakers），他们承认男
女的社会地位并无高下之分，贫富之间也无差别。上述各派无
一支持新生的共和国。

残缺议会的批评者也遍布英格兰之外。弑君事件发生后，
苏格兰议会立即挑衅式地宣布忠于"**不列颠和爱尔兰的国王
查理二世**"。更有甚者，苏格兰议会还宣布，查理二世在行使
王室权力之前必须承诺自己将"**依据神圣盟约**"维护"辖下
（所有）王国的幸福与安宁、各王国之间的联盟，以及宗教的安
全"。[46]这实际上是对英格兰的新一轮宣战。在爱尔兰，天主教联
邦派也承认查理二世为合法国王，并同意维持一支由 18000 名
士兵组成的军队为新王而战；1649 年 7 月，他们占领了除都柏

---

① 意指当时的基督教历史观中继亚述、波斯、希腊、罗马之后统治世界的
第五王国。

林和伦敦德里之外的爱尔兰全境。除此之外，保王党还控制了
锡利群岛和海峡群岛。而在大西洋彼岸，弗吉尼亚不仅宣誓效
忠查理二世，而且将不承认查理为英格兰合法君主的行为定为
非法。百慕大、安提瓜、纽芬兰和马里兰的总督也迅速跟进。
即便在新英格兰地区，也只有罗得岛正式承认了英格兰共和
国；北美各地的其他定居者则将弑君视为"极为严重且怪诞
的行径"，只有在见证新政权得到神恩许可（divine approval）①
的证据之后才会选择投效。⁴⁷而在欧陆各地，几乎没有政权承
认英格兰共和国；俄国沙皇驱逐了所有英格兰商人；流亡的保
王党人刺杀了新生的共和国派往西班牙和荷兰的外交官，还差
点杀死了第三位外交使节，他当时正在出使俄国。⁴⁸

　　面对种种敌对行动，残缺议会就新国务会议（Council of
State）效忠誓言（也即"约定"）的措辞展开了辩论。一份包
括"批准议会审判查理一世"字句的提案遭到 19 对 36 的挫败
（这不仅显示了残缺议会的规模之小，也显示了众人对弑君的
忧虑与质疑）。最终，国务大臣们仅仅宣誓将尽其所能效力于
一个"没有国王也没有贵族议院"的现任政府。残缺议会很
快就要求议会所有议员、公职人员和武装力量成员进行同样的
宣誓，神职人员、大学和各级学校的教师和学生也不例外。最
终在 1650 年 1 月，所有年满 18 岁的男性都须宣誓"我郑重承
诺并宣誓，我将虔诚真心地效忠于新成立的英格兰共和国，一
个没有国王和贵族议院的国家"。尽管如此，还是有一名议员
（虽然他并非弑君者）哀叹，"全世界都是且将是他们的敌
人"，"整个王国都将起来造反，逮到机会就会切断他们的喉

378

---

　　①　神学概念，意指上帝的认可，以神迹或天启的形式显现。

哝"；另有一位议员在国王遭处决一周年时自杀；第三位议员则于一个月后因过度悲伤而死。[49]

爱尔兰成了共和国最迫在眉睫的麻烦。1649 年 8 月，克伦威尔率领 12000 名新模范军老兵渡海开往都柏林，这支军队还带有 56 门攻城炮以及 10 万英镑的军费。克伦威尔军对德罗赫达和韦克斯福德依次进行了残酷洗劫，绝大多数残余的叛军据点大受震慑，因而纷纷投降。只用了不到一年时间，伦敦就比之前更为有效地控制了爱尔兰。诗人安德鲁·马维尔满心欢喜地赞颂弑君之举，视其为建设光荣的新罗马帝国的奠基石。他创作的诗歌《贺拉斯体①克伦威尔自爱尔兰凯旋颂》（Horatian Ode upon Cromwell's return from Ireland）如是写道：

> 此时他们设谋定计处心积虑
> 修筑爱尔兰议会第一道防线，
> 动手之地的第一个流血头颅
> 吓得施工的建筑师大惊而走；
> 不过我国却在那里遂愿
> 美妙的终局早有预言。
> 爱尔兰人羞愧难当
> 目睹自己一年之内就拜倒马前……

马维尔还预言，他笔下的英雄很快就会在苏格兰再建奇功：

---

① 古罗马诗人贺拉斯（Horace）发明的新诗体，有别于古希腊的长诗传统。

> 那些皮克特人①现应发觉
>
> 自己在他那包罗万象的心中无处藏身；
>
> 但只慑于他无畏的气概
>
> 皮克特人便扭头缩入彩格呢里。[50]

与爱尔兰人一样，"皮克特人"也让残缺议会几乎别无选择。1650 年 6 月克伦威尔凯旋伦敦之后不久就有消息传来，称查理二世计划回到苏格兰，宣誓将《国民誓约》推行到自己的所有世袭领地之内，并入侵英格兰。残缺议会因此决定对苏格兰发动先发制人的打击，再次派遣克伦威尔和新模范军老兵出征。苏格兰誓约派面临多项不利条件的打击。自 1636 年以来，苏格兰经受了千年来最为严重且持久的旱灾（见页边码第 335 页），在 1649 年夏天"少量"的谷物收成之后迎来的却是一场暴雪。用历史学家詹姆斯·贝尔福爵士的话说，其结果就是"所有品类"食品的价格"都超过了在世之人记忆中的最高水平"。他也因此断言："自苏格兰立国以来，这个王国还从未目睹此等境况。"贝尔福还提到了与小冰期许多国家一样普遍的恐慌反应：人们认定"巫术之罪每天都在这块土地滋长"。唯恐巫术持续招来上帝责罚的苏格兰议会在 1649 年至 1650 年间发起了约 500 场猎巫调查，在这一期间被处决的巫师数量超过了苏格兰历史上的其他任何时期。[51]

为避免上帝降怒，誓约派高层还清洗了军中所有"恶毒、渎神的可耻人等"——但这也对军队战斗力造成了致命伤害。1650 年 7 月，克伦威尔做到了查理一世本应在十年前就做到

379

---

① 不列颠古代部落，此处代指苏格兰人，为蔑称。

的事情：亲率大军渡过特威德河。随行的还有一支炮兵部队、负责守卫右翼的庞大舰队，以及100多万英镑的军费。在9月3日的邓巴战役中，有约3000名苏格兰士兵阵亡，1万多人沦为战俘。克伦威尔将这场胜利称为"上帝赐予我们的洪恩"。

对英格兰国内外的不少人而言，邓巴之役的胜利证明了共和国的合法性。在伦敦，残缺议会自信满满地印制了发给所有参战士兵的纪念奖章（这是自罗马时代以来第一批"战争奖章"）。在马萨诸塞的波士顿，约翰·科顿牧师将这场胜利称颂为上帝接受新共和国政权成立的符记，他举行了专门的感恩节庆祝活动，以私人名义向克伦威尔发去了一封贺信。在巴黎，托马斯·霍布斯为他第一部用英语书写的政治哲学杰作《利维坦，或教会国家和世俗国家的实质、形式和权力》（*Leviathan, or the matter, form, and power of a commonwealth, ecclesiastical and civil*）写下了终章。尽管有着持久的声名，但这本书却是"因当前的无序状态而作"。霍布斯意在阐述"保护与服从之间的相互关系"，他认为"如果君主因战争所迫而本人臣服于胜利者，那么他的臣民就可将他们之前对君主的义务转交给胜利者"，亦即残缺议会。[52]

查理二世当然反对此论（冒失的霍布斯特地送了他一本《利维坦》）。他拒不接受这一事实：上帝竟会赞同弑君政权对抗被膏立的君王。查理二世在苏格兰集结了一支"国民军队"，其中既有高地氏族，也有誓约派以及保王党人。1651年夏天，他们挥军南下，在三周之内推进330英里，一鼓作气打到了伍斯特：他们企盼在那里得到英格兰保王党余部的增援。但在1651年9月3日，也就是邓巴战役的纪念日当天，克伦威尔对王党军发动了袭击，并又一次大获全胜：又有3000名苏格兰人阵亡，1万多人被俘。相对而言，只有为数不多的人（包括查理二世）得以逃离战场，等待来日再战。在克伦威尔看来，这场"最为彪炳煊赫、正当其时、极具象征性的胜利"是上帝对新生共和国施予的"无上垂怜"。残缺议会在伦敦组织了一场胜利大游行，其中就有约4000名苏格兰战俘，他们很快就踏上了劳役拘禁之路——有些人被送去沼泽地带排水，有的人被送去泰恩河畔挖煤——议会宣布将9月3日定为永久庆祝的感恩节。但一切只是刚刚开始。[53]

缔造第一个不列颠帝国

邓巴之役得胜后不久，克伦威尔就敦促残缺议会追求更大目标："你们应当光照别国，它们也当迎头赶上，在上帝的力量下逐个成为与我们类似的国家。"也就是说，克伦威尔提议对外**输出**英格兰的革命。作为一个现已相对同质化，几乎每个工作日都在开会，且同时履行立法和行政职能的合议机构，残缺议会满怀激情地接受了这一新责任。[54]

共和国的第一个目标就是北美殖民地。尽管绝大多数伦敦商界精英都曾在内战期间支持国王，但那些曾与北美殖民地贸易的商人中的绝大多数却支持国王的反对派：他们一再借款给议会，其中八个商人还参与了对查理一世的审判。"殖民地商人"要求保护他们的贸易，击退王室私掠船，以报答他们对议会的物质和道义支持。残缺议会批准建造了一种适合长距离海上护航编队的新式护卫舰，以取代笨重庞大、仅适合在英吉利海峡组队行动的战列舰，创设了一个旨在促进海外贸易的"贸易委员会"（有许多"殖民地商人"列席），并禁止未获执

380

照的外国船只与英国的北美殖民地进行贸易。1651 年，残缺
议会再次应"殖民地商人"的要求通过了《航海法案》
(Navigation Act)。法案规定，共和国境内进口的所有货物都必
须由英格兰船只或英格兰制造的船只运送。

第二年，一支舰队离开英格兰前往加勒比地区以执行新政
策，途中俘虏了正在与富庶的王党据点巴巴多斯进行贸易的
27 艘荷兰船。荷兰人视其为宣战之举，但在 18 个月的激烈海
战之后两国议和，荷兰承诺尊重《航海法案》。英格兰共和国
的战舰也夺取了巴巴多斯，迫使弗吉尼亚的王党总督出降
（即使双方只是达成了妥协：弗吉尼亚承认共和国的主权，但
无须与国王断绝关系）。残缺议会随即将其击败的反对派从不
列颠和爱尔兰两地驱逐到新世界的殖民地，并增加了（前往
北美的）非洲奴隶的强制迁徙数。这样一来，北美殖民地的
人口在 1650 年代增长到之前的三倍。[55]

英格兰共和国也迫使苏格兰就范。1651 年 9 月在伍斯
特博得"无上垂怜"之后，克伦威尔就立即号召残缺议会
将英格兰和苏格兰合并为一个单一政治实体。一个月以后，
议会发布了一份宣言，号召在宗教宽容的基础上建立一个政
治联盟，颁布了事实上对所有手无寸铁者生效的大赦令，废
除了所有照顾英格兰治安法官体系的司法裁判权，并销毁了
全部王室纹章。议会专员与苏格兰各郡各市的代表会晤，后
者也勉强接受了两个王国的"合一"(incorporation)，同意
苏格兰向新的联盟议会（Union Parliament）派出代表（这达
成了詹姆士六世/一世的未竟事业，见第 11 章）。同时，英
格兰军队也在高地地区和群岛地区驻防，这些地区可是从未
被中央政府——无论是爱丁堡还是伦敦——统治过的。正如

大卫·斯科特语带讽刺的评点所说："1637 年为了防止苏格兰沦为英格兰一省的那场叛乱却正好给苏格兰带来了作为不列颠一省的待遇。"[56]

而与残缺议会对爱尔兰的处置相比，上述这些在苏格兰采取的措施已经算是宽大的了。这回挑头的又是"殖民地商人"。他们曾经"冒险投入"了大笔金钱以支援爱尔兰的新教事业，现在他们提出追索议会曾经以附属担保品的名义许给他们的爱尔兰追没土地。1652 年 8 月，残缺议会通过了一份全面的《爱尔兰善后法案》（Act for the settling of Ireland），要求所有爱尔兰人接受共和国的主权；宣告所有加入 1641 年暴动的教士和参与者有罪，剥夺其生命和财产；剥夺所有曾经"手持（原文如此）武器对抗英格兰议会及议会军"的地主（不管是新教徒还是天主教徒）三分之二地产；没收一切未能在 1641 年到 1650 年间表达"对英格兰共和国之利益的持久友爱之情"的天主教徒五分之一到三分之一的土地。[57]这部法案也宣布所有爱尔兰地主有罪，除非他们可以自证清白——亨利·琼斯及其同侪于 1641 年录下的"证词"现在发挥了很大的作用，这些证词指认了所有曾经胁迫、抢劫新教定居者的人的姓名。由各郡组织编写，仅从名字上看便透着不祥气息的《区别账册》（Books of Discrimination）成了执法依据，数百名爱尔兰天主教徒被处死，超过 44000 人失去了财产。1640 年代天主教徒还拥有爱尔兰约 60% 的可耕地产（新教徒只有40%），而到 1650 年代之后，新教徒拥有的地产达到了 80%，天主教徒只剩下 20%。对爱尔兰土地的重新分配正是 17 世纪危机留下的一个戏剧性的永久后果（插图 38）。

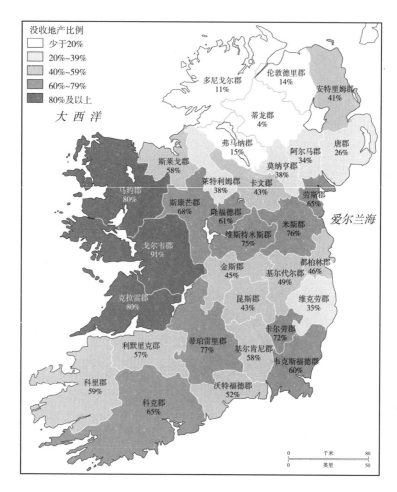

没收地产比例

- 少于20%
- 20%~39%
- 40%~59%
- 60%~79%
- 80%及以上

大 西 洋

多尼戈尔郡
11%

伦敦德里郡
14%

安特里姆郡
41%

蒂龙郡
4%

弗马纳郡
15%

阿尔马郡
34%

唐郡
26%

斯莱戈郡
58%

莱特利姆郡
38%

卡文郡
43%

莫纳亨郡
38%

马约郡
80%

斯康芒郡
68%

隆福德郡
61%

劳斯郡
65%

爱尔兰海

维斯特米斯郡
75%

米斯郡
76%

戈尔韦郡
91%

金斯郡
45%

基尔代尔郡
49%

都柏林郡
46%

克拉雷郡
80%

昆斯郡
43%

维克劳郡
35%

利默里克郡
57%

蒂珀雷里郡
77%

基尔肯尼郡
58%

卡尔劳郡
72%

韦克斯福德郡
60%

科里郡
59%

沃特福德郡
52%

科克郡
65%

| 0 | 千米 | 80 |
| 0 | 英里 | 50 |

38　爱尔兰被没收土地的再分配情况，1653～1660 年

382　　　　土地再分配的大体规律是将天主教徒占有土地的比例从近一半减少到四分之一以下。这一数据还掩盖了更加剧烈的局部地权转让。三个对阿尔斯特郡的详尽重建记录显示，1641 年的 58 名盖尔天主教徒地主中只有 5 人还能在 20 年后依旧保有他们的地产，53 人之中的绝大多数都被强制迁徙到了很远的西部地区。

残缺议会在短时间内取得了巨大的成就：它缔造了共和政体，击败了荷兰人，为北美殖民地打造了焕然一新的行政机构和经济体系，还将苏格兰和爱尔兰置于英格兰的实际统治之下。简而言之，残缺议会缔造了第一个不列颠帝国。尽管如此，这个"共和国"还是只持续了不到五年，因为残缺议会未能做好安抚新模范军的最后一步。这个帝国很大程度上正是新模范军士兵缔造的：但残缺议会却拒绝安排新的议会选举，拒绝根据个人资产（而不只是地产）分配选举权，也拒绝为苏格兰和爱尔兰增设代表席位。

通往复辟之路

1653 年 4 月，克伦威尔已失去耐心。就在残缺议会讨论宪政改革期间，克伦威尔指使一队火枪兵闯入会场，用武力将议长带离席位，清空了房间，并将所有附属建筑上锁。一枚大别针在议会下院的门上别了一则通知："这间屋子挂牌招租，现已清空家具。"曾在内战中失去两位兄弟的保王党人多罗西·奥斯本不无恶意地写道："呵，这真是个有意思的世界，这么一来，如果皮姆先生在世的话，我很好奇他是否会认为这些行径正如（1642 年）对那五名议员的抓捕行动一样，乃对议会特权的粗暴侵犯。"[58]这是个颇为巧妙的对比，因为克伦威尔与十年前的查理一世一样，用入侵威斯敏斯特宫的方式让永久性宪政架构的建立遥遥无期。

克伦威尔先是将残缺议会替换成了新的国务会议（恰好依照《圣经》象征，由十二人辅佐总司令），以作为临时行政机构。他还邀请了苏格兰、爱尔兰、英格兰和威尔士各宗教群体提名的 140 名代表齐聚伦敦，为国家设计一部新宪法。不过

383

这个"提名议会"为期四个月的讨论劳而无功，克伦威尔再度动用军队清空了会场。作为替代，他更青睐由约翰·兰伯特将军起草的一份名为《政府约法》（*Instrument of Government*）的成文宪法文件。这部宪法将"英格兰、苏格兰、爱尔兰及其领地"的"最高立法权"授予一名护国公（Lord Protector），人选由国务会议推荐。护国公每三年都需召集一期议会，由30名苏格兰议员、30名爱尔兰议员以及400名代表英格兰、威尔士和海峡群岛的议员组成，议员由根据各地纳税义务创设的新选区选举产生。每一名拥有200英镑及以上资产的英格兰男性都可投票（除非他们曾与议会为敌）。克伦威尔则成为"英格兰、苏格兰和爱尔兰"的终身"护国公"，他在下一个"国庆日"也就是1654年9月3日召集在新制度下选出的议员开会，这批议员组成了第一届新议会。《政府约法》也建立了一个新的政治体系，在君主制（护国公）、贵族制（国务会议）和民主制（议会）之间达成了平衡；但它的成就也不止于此。尤为卓著的是，新约法在西方历史上第一次保障了所有基督徒的公开礼拜自由；这也是英国历史上唯一一部成文宪法。但它的效力并未持续太久。[59]

在拉丁美洲开拓不列颠帝国的企图给护国公造成了致命伤害。克伦威尔似乎深受一些幻想家的影响：他们是马萨诸塞的约翰·科顿（此人请求护国公从"美洲的西班牙人"那里拿下伊斯帕尼奥拉岛）和托马斯·盖奇（他在皈依新教之前在西属美洲做了十二年之久的多明我会传教士，著有《英属美洲》一书，号召在危地马拉和墨西哥建立一个英属殖民帝国，否则就应征服加勒比）。两名幻想家都认为，英格兰现有的北美殖民地足以为征服计划提供充足的定居者；曾经投资镇压爱尔兰、巴巴多斯和弗吉尼亚的那些"殖民地商人"现在也愿意出钱进行一场旨在"增进上帝的荣光，扩张基督王国的边界"，令不列颠霸权覆盖加勒比地区的"西方作战"（Western Design）。[60]

通过强调此次冒险的宗教意义，克伦威尔打消了国务会议的顾虑（根据《政府约法》，任何开战决定须先经过他们的同意）。"上帝并没有让我们安于现有的地盘，他对我们在世界各地的功业与我们本土的事业一视同仁，"克伦威尔告诉他们，"如果要坐等你们终有余力再行尝试的话，这项事业只怕要永远搁置了。若只有在成本如愿时才行动，行动便将遥遥无期。但现在，圣恩似已引领我们来到这里。"克伦威尔适时吩咐远征军司令"以耶稣基督之名竖起旗帜，因为这毫无疑问是他的事业"，并记住"我们是为主而战"。[61]1654年末，38艘战舰满载9000名士兵和水手离开英格兰远赴加勒比海，但他们只拿下了牙买加。尽管这座岛屿后来成了未来军事行动的有力基地，但绝大多数登陆该岛的人都在那里死去（包括在这次远航中担任随军牧师的托马斯·盖奇）。之后不久，舰队内部也暴发疫病，司令只得下令放弃所有滩头据点，起航返国。

据一位对此大失所望的"殖民地商人"说，西方作战的无功而返为"这个王国（带来了）在任何时期或时间里所经历"的"最为耻辱的失败"。由于担心新闻界的广泛批评会造成后续的政治影响，克伦威尔封禁了几乎所有报纸，只有少数报刊幸免；而出于对这场惨败之后可能被激发的王党叛乱的担忧，他还将英格兰划为12个由少将管辖的军区，下令在英格兰和威尔士全境举行为期一天的公开斋戒和当众羞辱仪式，因为"上帝已用一种巧妙的方式责难并教我们谦逊，那便是西

384

印度群岛的远征"。担心触怒上帝的克伦威尔还召集了又一届议会以求咨询。这届议会颁布了《恭顺请愿和建议书》（*The humble petition and advice*），内容包括：以一部新宪法取代之前的《政府约法》（以及少将军区制度），推举克伦威尔为世袭君主，创设第二议院（也即"另一院"），并改革国务会议（重命名为枢密院）。在深思熟虑之下，克伦威尔拒绝了王位，但他接受了其他宪政修正案。1657 年 6 月，克伦威尔再度就职，成为世袭护国公。[62]

不过，"上帝"仍在"责难并折煞"这个政权。在伦敦，1652 年、1654 年、1656 年和 1658 年的下葬人数都超过了受洗人数；1657 年与 1658 年之交的冬天也似乎成了"英格兰在世之人所知的最严酷的冬季：乌鸦的双足和它们的猎物冻在一起；岛上的坚冰将飞禽和游鱼都冻住了，甚至一些坐在船上的人也未能逃过此劫"。在这灾难性的隆冬寒天里，克伦威尔召集两院议会开会，但在为期一月的争吵之后，他解散了议会——这也是他政治生涯中的第三次。[63]克伦威尔本计划再开议会，却在 1658 年 9 月 3 日突然去世：这一天既是国庆日，也是他两次大捷的周年纪念日。根据《恭顺请愿和建议书》的条款，克伦威尔的长子理查自动成为护国公。尽管理查既无尺寸之功也无行政经验（他只在国务会议里待过区区九个月），他还是依循父亲生前所愿，立即召开了新议会。

《恭顺请愿和建议书》授权护国公和他的国务会议为新议会划定选举权范围。他们决定恢复英格兰的传统选举权制度，允许所有财产在 2 英镑（而不是 200 英镑）以上的自由民依照传统选区投票——这项举措堪称致命失误，因为它拓大了选民总数，令新议会更难管理。雪上加霜的是，议会开会期间正值

"绵长的冬季天候，以前只是霜冻，现在却有雨雪酷寒：这对
穷人来说是（一段）凄惨时光，他们大为消瘦，陷于贫困"。
事态很快就明朗起来：很多人都反对新政权（承认理查·克伦
威尔为护国公的动议仅以191对168获得通过）。就在新会期　385
开始后不久，亚瑟·黑塞尔瑞格（查理一世试图逮捕的"五
名议员"之一，现在却成了护国公政体的激烈反对者）发表
了一番激烈谴责："最近五年我国政局之混乱堪称近五百年来
之最……人们并不关心自己生活在什么政府的统治之下，如此
一来他们也就不会关心农田和生意。"[64]然而，事实证明黑塞尔
瑞格等护国政体的反对派虽然擅长推翻他们不喜欢的体制，却
不见得能在"谁应取而代之"这个问题上达成一致。

　　创建稳定共和政体的重大障碍就藏在奥利弗·克伦威尔的
所作所为之中。他选用的人员来自各种政治派别，既有前保王
党也有狂热的长老派信徒，这样一来他就能建立一个拥有广泛
支持基础的政权，且各派别只因对他个人的忠诚而被统一起
来。一俟奥利弗本人的死亡移除了这一忠诚纽带，这个政权就
注定走向失败。1659年4月，陆军总理事会以近三个月来议
会成事不足为由，要求理查·克伦威尔解散议会；不过，理查
在解散议会之后也辞去了护国公的职位。在为期两周的无政府
状态后，军队领袖重新召集了残缺议会，这一机构也再次开始
商议如何缔造一个可长可久的共和政府。但是，残缺议会同样
进展甚微。于是，约翰·兰伯特将军（就是曾经起草《政府
约法》的那个人）率领大感失望的将士包围了威斯敏斯特宫，
又一次解散了议会。新成立的"安全委员会"暂时充作临时
政府之用，兰伯特及其同袍仍在研议下一步举措。

　　1659年12月，英格兰出现了权力真空。在之前历次政权

更迭期间都得以正常运转的各类中央法庭也中止了运作；纳税
人集结起来反对任何未经议会批准就新开征的税种；失去财政
支持的地方守军则开始直接从当地社区取饷。似乎各自采取了
独立行动的三大群体也适时插手其中：先是在英格兰，海军溯
泰晤士河而上封锁伦敦，要求恢复残缺议会；再是在苏格兰，
英格兰守军司令乔治·蒙克将军出于同样目的集结了一支军队
向伦敦进发，主张恢复残缺议会；最后在爱尔兰，不少忠于残
缺议会的军官夺取了都柏林城堡（就像 1641 年的密谋者一
样），并逐步控制了爱尔兰其他驻防城市。1659 年 12 月 26
日，"安全委员会"只得接受不可避免的现实，恢复了残缺议
会。残缺议会（尽管只有约 50 名议员）恢复了行政和立法职
能，不过，它的存续还是要取决于其能否解决两个迫在眉睫的
难题。首先，它不仅需要支付共和国武装部队的军饷，还需要
偿还高昂的欠饷。克伦威尔的东征西讨在爱尔兰、苏格兰、牙
买加和敦刻尔克（1658 年被西班牙夺走）等地制造了常备军
力量，英格兰各地亦然；残缺议会还需支付陆海军的军费。陆
海两军现在耗费了共和国四分之三以上的预算，国家的债务却
累积到了至少 200 万英镑——这相当于一整年的收入。

残缺议会的第二大难题则是乔治·蒙克。他已经谴责了自
己军中袍泽在伦敦的夺权之举，清洗了他所认定不甚可靠的驻
苏格兰英军军官。时间来到 1660 年 1 月 2 日，蒙克亲率 7000
人越界进入英格兰。尽管他的兵力远远弱于迎面而来的各路部
队，但奥利弗·克伦威尔死后军中再三的清洗和欠饷让英军军
心涣散。"诚实的乔治·蒙克"于是挥军直抵约克，并在那里
接受了残缺议会的委任，率军南下保护议会。2 月 3 日抵达伦
敦时，蒙克将整个英属大西洋世界的政治命运都攥在了自己手

里。在此后两周里，他试图劝服残缺议会重新纳入"长议会"的现存议员（见页边码第 375 页）。残缺议会予以拒绝，于是蒙克直接找到了被逐议员，并从他们那里得到承诺：只要他重回议会，他们就将立即签发令状，举行新的议会选举并自我解散。待到被逐议员同意之后，蒙克的火枪兵便在 1660 年 2 月 21 日将他们一路护送到了议会下院，一直站岗到他们履行承诺为止。蒙克本人则同意接受新议会批准通过的一切宪政协议；同样地，他也信守了承诺。

这是 1640 年以来举行的第一次大选，参与竞选的候选人数量空前。选举结果或许有些惊人：这是一届由保王党人支配的议会。1660 年 4 月 25 日新议会开幕，第一件事就是授权英格兰的所有现任贵族前往威斯敏斯特宫，依照传统方式组建议会上院。包括蒙克在内（他既是下院议员，也挂着不列颠三军将士总司令的职衔）的部分议员也许冀望向查理二世提出回国复辟的条件，但这位流亡国王却用《布雷达宣言》（以他暂避之所的荷兰城市命名）先发制人。这部宣言提出了四大关键让步。首先，查理保证无条件大赦所有对他宣誓效忠的人，但遭议会排除的人除外；其次，查理接受议会对所有有争议的财产权利的处理决议；再次，查理保证对所有和平相处者施行宗教宽容政策，除非议会另有决议；最后，查理承诺，自己将尊重议会支付蒙克手下士兵欠饷的一切举措。尽管尽显宽宏大度，但宣言还是聪明地让议会负责一切艰难备至而又不得人心的决策，亦即奖惩、课税和宗教容忍。[65] 5 月 1 日，听取宣言宣读的威斯敏斯特宫贵族们正式决议："基于这个王国悠久的基本法，政府由且理当由国王、贵族和平民共同运作。"一周之后，议会两院宣布查理二世在其父死后已经成为英格兰的合法国王，并邀请他复辟王位。国王于 5 月 25 日在多佛尔登陆，蒙克是第一个前去迎接新王的人。根据一位时人的说法："现在，不列颠帝国全境的所视所听全是愉悦和狂欢，因为拥有王者之尊的医生即将前来治愈这三个流血的国家，还生而自由的臣民们以良好的生活。"为达这一目的，查理二世立即颁布令状，要求三个"流血的国家"都要依据传统选举制度召集新的议会。[66]

387

"快乐复辟"

在国王的新臣民中，有些人比其他人需要更多的疗愈。数以万计的人（既有女性也有男性）都目睹或经受了暴行，并留下了生理和心理的伤疤。1640 年，格罗斯特郡的一名女子在前去投奔王军的路上被"八名士兵""强暴"；一个王军步兵连打出的旗帜上绘有一名赤身露体的士兵，手持出鞘之剑且下体勃起；1641 年爱尔兰叛乱之后，一些证词以触目惊心的细节描述了轮奸事件（七名"叛军曾经喜出望外地与一名英格兰女性新教徒发生了关系，他们一个接一个施加侵犯，根本不给女方起身的时间，直到最后一人完成性行为方休"）。此类事例不胜枚举。[67]数以万计的女性还饱受家庭分离之苦，有人转而向威廉·里利（William Lilly）等占星师寻求慰藉。正如基思·托马斯的评论所说，"很难想象有"史料比里利干净利落的分类账本"更能鲜明地揭示内战所导致的人类苦痛"。这些账本记载了忧心如焚的女性苦苦寻求的建议，她们渴望知道远在行伍的爱人是死是活。[68]其中不少人都亲眼看到她们心中的最坏打算化为现实。有太多的男性战死沙场，终生未婚的英格兰女性增长了近四分之一；还有不少女性满怀悲伤地做了寡妇。玛格丽特·厄尔将丈夫的死亡认定为——他是在 1643年一年间阵亡的 23000 名英格兰士兵之一——"这世道曾经加诸我身上的最大不幸"，因为这意味着"我一生中认识的最为英勇而温柔的人死去了"。同一年的爱丽丝·摩尔在听说丈夫死于一场遭遇战时，将自己描述为"一个可怜、孤苦而又哀伤的女人"，她还补充说："在这糟糕透顶的极端情况之下，我根本没有能力自我求得安慰。"[69]

不过，查理二世及其"骑士议会"在复辟之后的第一时间并未太多关注这类私人议题，他们的施政重心是让一切回到 1641 年的状态。他们首先清除了共和国的纹章：其盾徽和旗帜被从一切公共场所移除，其硬币被收回重铸，其战舰被重新命名，其纪念碑也被砸毁。弑君周年日，也就是 1 月 30 日，取代 9 月 3 日成了新的国民纪念日——在 1661 年的第一个纪念日里，克伦威尔等共和国领袖的尸体被掘了出来，吊在泰伯恩刑场的公用绞架上示众。当时的法庭审讯并惩罚了约 100 名同行法官，返还了约 800 名英格兰王党地主被抄没的土地，并大体剥夺了那些在王位空缺期（Interregnum）"侵占"土地之人的所有权，另外还允许 3000 户王党家庭赎回他们遭没收的财产。

查理二世接着顺理成章地兑现了《布雷达宣言》中的前两项承诺——实行大赦和财产争议决议——但他未能说动议会批准他所青睐的宗教宽容原则。这届议会反而颁布措施以"阻止天主教顽党（Popish Recusants）可能造成的危险"，严惩所有拒绝"服膺法律现已确立的英国国教礼拜仪式"的人。这些手段的严苛尤以所谓"测试法案"（Test Act）为最。这部法案要求所有传教士、城市行政官、各级学校和大学教师（后来则扩展到所有贵族和议员）都参加一项"测试"，宣誓

388

服从他们的正统信仰。那些拒绝宣誓的人——包括约 2000 名拒绝接受《公祷书》的牧师——都立刻丢掉了工作。骑士议会还恢复了当权教会对合法礼拜的垄断：从今往后，所有未能每周六参与所在教区教堂礼拜，或参加不信国教者（non-conformist）仪式的人，以及未能执行这套法律的官员都将面临罚款。执迷不悟的不信国教者也被投入监狱——其中就有在十二年牢狱生涯中撰写《天路历程》的约翰·班扬（这是 17世纪最著名的英语散文体小说）和在长期系狱期间写就畅销自传的贵格派领袖乔治·福克斯。而拜骑士议会的另一项早期举措所赐，这两部著作并未出版发行多少年：这便是所谓《许可法案》（Licensing Act）。这个法案禁止英格兰境内发行任何未经政府允许的出版物。报纸的发行暂时中止，势如潮水的小册子也成了涓涓细流。[70]

骑士议会还将先王查理一世行使的绝大部分权力都返还给了查理二世。尽管曾于 1630 年代引发巨大争议的特权法庭（不管是世俗的星室法庭还是主管宗教案件的高等委任法庭）和王室特权（比如造船税）都消失了，但国王获得了对武装力量的独占控制权（这一争议曾经加速了内战的爆发）；此外，在议会于 1664 年示好性地撤销了《三年法案》之后，查理便得以随心所欲地召集并解散议会。三年之后的 1667 年，查理二世还收回了单方面任免法官的权利。[71]尤为重要的是，查理二世继承了构成共和政权支柱的三大主要税收——关税、消费税和财产税——而随着英格兰经济的繁荣，前两项税源带来的收入也稳定增长，王室得以再度于和平年代大大独立于议会。1679～1684 年，王室收入中只有 7% 源自议会税收——这五年间议会也根本没有召开——在 1684～1688 年这个比例更是降到了 1% 以下。[72]君主"私人统治"复辟的可能性已显而易见。

　　君主制在苏格兰和爱尔兰复辟的形式则有所不同——其中一个原因是，查理二世曾于 1649 年被推戴为苏格兰和爱尔兰的国王，而《布雷达宣言》中的让步仅适用于英格兰。于是，来自伦敦方面的少数人员就以威斯敏斯特宫骑士议会通过的举措为蓝本，主导了这两个王国的复辟进程。在苏格兰，查理二世恢复了克伦威尔废除的独立议会和法庭，宣布他父亲的反对派通过的所有立法无效，并（和他父亲一样）凭个人喜好挑选枢密院成员，这些人既负责推行伦敦颁布的政策，也提名产生法条委员会，负责将国王意欲推行的所有法案一路保送通过议会。几名誓约派首领（包括阿盖尔和沃利斯顿勋爵约翰斯顿）都被推上绞刑架，罪名是参与推翻君主制。在宗教事务方面，查理二世并未对传统礼拜仪式擅加改动（这是 1637 年革命的直接原因），而是要求所有牧师都承认主教的权威（他还剥夺了 300 名拒绝如此的牧师的职位）。查理二世还获得了维持一支规模可观的常备军，以时刻准备扼杀一切反对派的权力。

389

　　在爱尔兰，查理二世也恢复了克伦威尔一度废除的议会和司法体系——但对其他事项却极少着手。正如国王的首席顾问爱德华·海德（后来的克拉伦顿勋爵）在流亡期间狡黠地领会到的那样："克伦威尔无疑为（平定）该国的反对派……倾尽了努力。诚然，如果能重获爱尔兰，我们将发现统治当地的障碍已被清除得如此彻底，以至于和平时代的一位明君也不敢奢望。"[73]尽管复辟之后设立的"索赔法院"（Court of Claim）受理了不少失地地主的请愿，但得到返还的保王党人却寥寥可数。与之相对，法院确认了近 8000 名克伦威尔军队的退役老兵和许多曾支持共和政体的平民对其自爱尔兰叛军处夺取之土地的所有权。每一年的 10 月 23 日，新教牧师都用布道提醒教众，尽管 1641 年的那一天发生了大屠杀，但叛乱终究还是平息了，加害者也得到了应有惩罚。

国王在英属美洲带来的改变甚至更少。尽管在不列颠和爱尔兰他都下令重建"国教会"，但查理二世还是告诫北美官员"不要让任何宗教信仰者经受骚扰和不宁"。国王甚至无意追杀逃至北美的弑君者（约翰·迪克斯维尔、威廉·戈夫和爱德华·华里最后都在康涅狄格善终了）。[74] 查理二世还延续了共和国迁民实土的政策，将非洲奴隶、本土囚犯、政治反对派和穷人迁往殖民地；他重新颁布了残缺议会的《航海法案》，保护殖民者免于外国竞争。他保留并发展了牙买加，这也是共和国从西班牙手上夺得的唯一一块加勒比地盘。

尽管如此，复辟的君主制起初还是似乎不甚稳定。由于作物歉收，英格兰在 1661～1662 年仍见证了死亡人数的显著上升，以及婚育人数的剧降；1665 年则暴发了一场鼠疫疫情，在伦敦造成近四分之一的人口死亡；1666 年的大火摧毁了首都的绝大多数历史中心街区；1667 年，荷兰人（查理二世鲁莽地对该国宣战）沿泰晤士河溯流直上，几乎进抵伦敦的视线之内。他们接着摧毁了泊在港内的几艘海军军舰，将英国海军的旗舰作为战利品掳回国内。伦敦出身的时任海军大臣塞缪尔·皮普斯正适合评估眼下局势。他是如此记录的："伦敦城从未如今天一般沮丧；人们大声叫骂，甚至口出叛国之词，声称我们被收买并出卖了——我们被天主教徒和国王身边的人出卖了。"1667 年 6 月 13 日，担忧荷兰人进攻伦敦城的皮普斯将他的家人、绝大多数钱款和珍贵的日记"送归乡下"以求安全。（他还记载说，还有"数百名"伦敦人也在"抛弃家人和财货"，离城远遁。）[75]

接下来的十年相对太平，但在 1679 年和 1680 年，一些英格兰政治精英反复游说议会通过一条阻止查理二世的兄弟兼继承人詹姆士即位的法案，后者是一位公开且狂热的天主教徒。他们担心他将把英国变成类似法国那样的绝对君主制国家，"那里的臣民之生死均由国王掌握，国王也会为宫廷的铺张用度入侵别国；很少有平民成为大臣"。尽管英国在两年之内举行了三次大选（这一纪录在英国历史上始终无可比拟），查理二世还是成功避免了签署这项《排除法案》（Exclusion Bill）。他还成功地在自己在位的之后几年里绕开议会统治。[76]

至此，爱德华·赛克斯比在 1647 年普特尼辩论中的豪言——"我们已经对这个王国以性命相许，甘冒生命危险，就是为了恢复我们作为英格兰人与生俱来的权利和权益"（见页边码第 372 页）——已然流产了。唯有等到 1685 年 2 月查理二世驾崩，行为乖张的詹姆士即位之后，赛克斯比的豪言才有了第二次实现的机会。

光荣革命

起初，新王似乎稳坐王位。即位数月后，查理二世的非婚子，即信仰新教的蒙茅斯公爵挥军入侵，但没有获得什么支持，蒙茅斯公爵很快被詹姆士二世的军队击败。受这一忠诚的表现所鼓励，詹姆士决定缩小英格兰议会下院的选民规模（这一进程正是由他已故的兄弟发动的），建立一个更易掌控的议会。他向各郡的贵族绅士施压，要求他们提前同意以

"本郡骑士"（knight of the shire）代表他们，这样便省去了竞争式选举。詹姆士接着又系统性地收回了议会自治市镇（parliamentary borough）的特许状，将其更换为一种新的形式，允许国王任免当地决定市镇在议会之代表人选的官员。任何拒绝王命的自治市镇都将承担沉重的诉讼开销（并且最终常常是丢掉自治权）。从 1688 年 3 月到 9 月，至少已有 35 个自治市镇受到了（用国王的话来说）"管制"。

詹姆士二世如此大张旗鼓地调整选举权，还有一个隐而不彰的动机：他下决心推翻那个将一切英格兰政府公职限定于英国国教会成员的《测试法案》。他因此启用所谓"密室会议"（closeting）制度，亲自与英格兰的政治精英面谈，以争得他们的承诺，让他们在国王下一次召开议会时为坚决反对《测试法案》的人助选。詹姆士将所有拒绝此议的人撤职，并换成更加顺从的人——被替换上来的要么是天主教徒，要么就是"持异议者"（并不服膺国教会的新教徒）。遍布英格兰的郡治安长官、地方治安法官等地方要人都失去了他们世代传袭的职位。约翰·普拉姆写道："王室对各大贵族和显要绅士的既有政治权力展开了诺曼征服以来所未有的持久攻击。"[77]

这场"攻击"牵涉的人有数千人之多，其所耗费的时间也超过了詹姆士二世的预想。于是他在 1688 年 4 月决定采取行动：他并未如期召集议会，而是动用王室特权发布了《大赦诰谕》（Declaration of Indulgence）。国王在诰谕中宣布，"有关宗教事务的各式各样严苛法律"现在都将暂缓执行。他的所有臣民都可"以他们各自的方式方法，集会并敬事上帝"。天主教徒、贵格派、犹太人等其他宗教团体都将享有与英国国教徒同等的信仰自由。更有甚者——詹姆士在这里犯下了致命的错误——他要求所有英国国教会牧师在随后两个周日里在讲道坛上亲自宣读《大赦诰谕》。[78]

就在第一个指定的当众宣读日前一天，七位主教（其中就有坎特伯雷大主教）向国王呈递了一封请愿书，申明他们恕难从命，因为从来没有一位英格兰国王曾单方面动用权力中止一项议会法令（也就是《测试法案》）。唯有议会有权中止法案。詹姆士对此的反应则是指控七位主教"煽动诽谤"（seditious libel）。考虑到本次争议的主题所系，继之而起对主教的审讯也不可避免地引发了对"王权界限"的讨论。正如詹姆士二世的祖父詹姆士一世曾经直面牧师以良心为依据的抗议一样，詹姆士二世也将发现把此事付诸公论有多么愚蠢。"我不记得我们的法律里有哪怕一次（国王凌驾于议会颁布的法律之上的）案例。"一名法官在审讯最后一天如此评论说。不仅如此，**"我看不出，也未曾在法律条文中见过国王撇开教会法律的权力与国王撇开其他一切法律的权力有什么不同。如果允许他一夕破例，议会便再无权力可言；所有立法权力都将收归王命"**。[79]彻夜审议之后，大陪审团于1688年7月10日宣布七位主教"无罪"，他们的现身也获得了狂热的欢迎。

就在同一天，七名贵族联名写信，邀请詹姆士二世的女婿奥兰治的威廉亲王动用在詹姆士二世的陆海军发动攻击时也"足以自卫"的"一支部队"，对英格兰发起入侵。正如他们的前辈于1640年用慷慨的支持条款换取苏格兰入侵一样（见页边码第341页），这些贵族也向威廉打包票说，"这个王国十之八九的人民都渴望改变"这个政权，并敦促威廉在年底之前"冒险一试"。[80]不同于七位主教的请愿，七个贵族的邀请可是明目张胆的叛国：他们已经邀请一支外国军队入侵，来推翻他们的受膏之王。

鉴于后勤上存在颇多困难，指望在 7 月中旬邀请一支大的两栖远征军在适于作战的季节结束前抵达是非常不现实的，而一切冬季两栖远征都将冒上全军溃散或遭风暴摧毁的极高风险。退一步讲，就算威廉亲王成功逃过英国海军的堵截，率军登陆，詹姆士二世手下也有约 4 万人的军队来对付他们；此外，正如一位机敏的英国评论家指出的那样，就算威廉拿下一处桥头堡，"人们也都知道他无法不向法国人明示恭顺而在此长期盘踞"。[81]不过，凭着良好的后勤布置和运气，一支由 500 艘船组成的荷兰舰队还是于德文郡一带靠岸，亲王本人率领23000 名老兵、5000 匹马和炮兵部队开始登陆。

392　威廉率军进军伦敦。与七名贵族提供的担保相反，一路上几乎没有贵族主动出面支持威廉。不过，他所遭遇的抵抗也可忽略不计。最后变节投降威廉的人甚至包括詹姆士的次女安妮与其丈夫，这也摧毁了詹姆士的抵抗能力和意愿；及至圣诞节前，一支荷兰军队小心翼翼地"护送"詹姆士离开位于伦敦的宫殿，在英格兰（英格兰议会断定詹姆士已经退位）和苏格兰（詹姆士正是在那里被宣布罢黜）造成了近一代人时间里的第二个王位空缺期。

1688～1689 年的政治局势与 1641～1642 年冬天的如出一辙：受膏的国王逃之夭夭。尽管绝大多数反对派都同意不让国王回来，但他们对于谁来接替国王却依旧存有分歧。不过当初"皮姆王"可以仰赖的只有伦敦的民兵队，威廉亲王却已将伦敦城内的所有关键据点和附近各郡置于其军队的控制之下——他们绝大多数都是荷兰人，还有一些在荷兰军队中服役的友军：丹麦人、德意志人、英格兰人和苏格兰人。威廉的军队在英格兰驻扎了一年之久，亲王在此期间大力劝说那些请他兵临英格兰的贵族（及其盟友）扶他本人登上英格兰王位——这一举措出乎所有人的意料。威廉拒绝同那些"想要一个威尼斯公爵"（就像之前那位毫无权柄的查理一世一样）的人谈判；而对那些想要让其妻子玛丽（詹姆士二世的长女）成为唯一君主的人，威廉的答复是他"绝不想成为妻子的礼仪官"。于是在 1689 年 2 月，威廉和玛丽接受了贵族平民联席"大会"的邀请，成为英格兰的联合统治者。作为回报——当然是在同一份文书里——他们答应满足特定诉愿（比如承认"未经议会允许，动用王室权力中止法律或延迟法律均属非法"），也为特定的"自由"做了担保。[82]

之后不久，新即位的两位君主批准施行了一些关键举措。《兵变法案》（Mutiny Act）让他们得以掌控本王国的武装力量——但为期仅半年，这实际上意味着他们必须频繁召集议会以续订该法案。《宽容法案》（Toleration Act）尽管并未提及天主教徒（的确也未提及"宽容"一词），却废除了主教和法庭强制其他宗派信徒顺从（enforce conformity）的机制。还有一项尤为重要的措施是，议会不再允许王室征收关税和消费税。议会控制了国家的全部税收，并从中拨付给威廉一笔"王室专款"，以支付王室家庭、官员、法官和外交官的开销。现在，议会几乎重新拿回了其在 1641 年赢得的全部权力——这回它也将持续保有这些权力。

革命之后

不过，"1688 年事件"的不少参与者还是认为自己被"革命协定"出卖了。在英格兰,约翰·洛克和他的一些激进派同侪并不想止步于"零敲碎打的修补,或是任何未触及政府大框架的改变"。他们将这次大会视为"一次不只是可以用来修补政府,而是将其整个熔化并重铸的机遇"。[83]他们的主张与一代人之前的平等派一样危险(且不切实际),同时也不见容于政治精英,因此应者寥寥。而与其他地区的处理结果相比,英格兰"极简主义"革命的明智之处就更显而易见了。在苏格兰,占多数的长老派坚持剥夺所有持不同政见者权力的做法反倒增强了詹姆士党(因詹姆士二世及其后代支持者得名)的力量。尽管1689年的詹姆士党暴乱归于失败,但胜利者再也无力抵御英格兰于1707年强加的"联盟"了。自此直到20世纪末,苏格兰议会再也没有召开过。在爱尔兰,詹姆士党(在法国的支持下)节节获胜,直到在1690年的博因河战役中,被在威廉本人统率下入侵爱尔兰的外籍军队击败。这一仗巩固了早前克伦威尔在爱尔兰确立的"新教至上"原则,进一步打击了天主教的繁盛与影响力。

　　有些观察家对这两名领袖进行了直截了当的比较。一首名为《探头鼬鼠》(*The weasel uncased*),搭配"因为他是个宜人的好家伙"(For he's a jolly good fellow)的曲调演唱的诗中有这么一句韵文:

> 那么就立 O. P. 或是 P. O. 为王吧
> 或者其他人,这都是一回事

　　"O. P."指的是"奥利弗·护国公"(Oliver Protector),"P. O."则是"奥兰治亲王"(Prince of Orange)。1690年代

还有一些英语文学作品（散文或韵文体裁皆有）将两人相提并论，把他们统统斥为篡逆暴君。极端酷寒和接踵而至的灾难性收成再度降临，令所谓"威廉三世的坏年景"的苦难进一步加深。在伦敦，约翰·伊芙琳于1698年5月报告说，如上述这般不合时令的寒冷天气"几乎未闻于所有在世的人"，"所有树果都毁了，其余作物也面临饥荒威胁"。苏格兰的受灾程度还远在其上：在高地地区，湿冷的夏季导致当地在1688年至1698年间的**每一年**都发生了作物歉收。苏格兰政府也在1698年为"**一场全面饥荒**"的来临而哀叹，"**它比这个国家之前经历的一切饥荒都更为凄惨**"。这个北方王国的人口在十年之间减少了十分之一，高地地区的人口损失达到了三分之一。甚至到1780年代，一份苏格兰教区的调查也表明，几处地区"在上世纪末"遭人遗弃，"当时这些地区因七年之久的饥荒几乎彻底无人居住：现在它们无人问津，分处各地的数千英亩的土地也处在同一境况"。[84]

17世纪历次革命的政治遗产也波及后世。在1766年有关废止《美洲印花税法案》的辩论中，议会中的英格兰议员质问说："难道我们要等到他们之中有**奥利弗**起来造反吗？"而在1775年，一篇题为《就美洲人采用的政府体制，以及他们的革命之合法性说明的论文》（Essay upon government adopted by the Americans, wherein the lawfulness of revolutions are demonstrated）的文章在费城出版。文章专辟一节论述了"遭非难的上次内战"，将内战遭到非难的原因归结为"个别人野蛮地杀害了查理一世"。文章另有一节探讨了"如何证成革命"，提出如果君主拒绝保护臣民，那么"臣民可以拒绝对其效忠"，但这位匿名作者也承认（接续托马斯·霍布斯的说法），"这并不能给予臣民任何支配国王本人的权力"：

> （如果）构筑于类似借口之上的原则和实践被允
> 许，它们就将把王亲贵族的权利和社会的安宁置于最
> 不安全的境地；并将听任（统治者）遭遇每一个马
> 萨尼洛的羞辱。他们最不缺的就是粗鲁放肆，这将让
> 政府陷入教皇统治或是暴政的深渊……他们也足够狡
> 诈，懂得把握大众不满的时机行事。[85]

这篇文章据此冀望北美在未来经历一场由"全社会"发
动，就像 1688 年光荣革命一样的不流血起义，从而避免 1640
年代的暴力事件。

并非所有殖民者都这么看待历史。尽管绝大多数新英格兰
爱国者①在回忆起他们祖先对抗查理一世暴政的历史时都心怀
骄傲，但还是有不少"上南部"②（Upper South）人同样满怀
骄傲地怀念他们祖先对抗"清教弑君者"的胜利历史。托马
斯·英格索尔曾经指出，对 1640 年代历史的"冲突记忆"也
构成了发布《独立宣言》的一大障碍；唯有大家对英国内战
实现"集体遗忘"之后，《独立宣言》这个关键步骤才有可能
达成。英格索尔指出，"在 1776 年 7 月 4 日的危机前一年由叛
军领袖撰写的小册子"与更早以前写就的小册子之间的区别
在于，"它们不再提及 1649 年的革命"。[86]

英国政治家也就"奥利弗"等弑君者留下的意识形态残

---

① "爱国者"（patriots）是特定名词，指支持北美十三州对抗英国统治的人。
② 指弗吉尼亚、北卡罗来纳、南卡罗来纳等英属北美"南部偏北"地区。

骸持续角力。1791 年，埃德蒙·柏克在反思法国大革命的可能结果时提到了 1640 年代英格兰的乱局，那场革命始于最含蓄的宪政诉求，却以内战告终。柏克得出结论，暴力构成了反叛之中不可分割的元素。"这种'革命政治'（politics of revolution），"柏克在《法国大革命反思录》中写道，"让人的内心变得激越而冷酷，以便他们在万一之际发起铤而走险的一击。"接着，他语带辛辣地说道，"阴谋、屠杀和刺杀对一些人而言似乎是完成革命所要付出的微不足道的代价"，就在这部著作的下一页，柏克极力抨击了弑君事件。而在评论光荣革命时，柏克又换了一种大为不同的口吻。他在 1791 年出版的另一本书中写道，"我们的所作所为"，若"从宪政的角度来看，就是在事实和实质意义上避免了，而非促成了一场革命"。他认为，这是因为 1688～1689 年的事件解决了绝大多数曾经在三个王国引发内战的争议性议题。北美的新英格兰亦然：詹姆士二世曾经致力于镇压新英格兰全境的代议制议会，以建立一种威权主义的总督制度。[87]

托马斯·巴宾顿·麦考莱在 1848 年写道："我们周围的世界都因大国的痛苦而剧烈抽搐……那些不久前看来还能长治久安的政府经历了突如其来的震动和颠覆。""将一个如此审慎而严肃，且对既定的掌故有如此密切之关注的过程冠以'革命'这个恐怖的名号"似乎"有不妥之处。不过"，他接着写道，1688～1689 年的英格兰革命"是最为平和，却最为有益的革命"。这场革命终结了 J. H. 普拉姆眼中困扰着英格兰政局的三大长期乱源——不称职且不甚明智的君主、不受宫廷控制的威斯敏斯特议会，以及伦敦人对国王难以平息的敌意。不仅如此，光荣革命还开创了一个致力于推动经济发展、促进宗教宽容，并允许不同的政治利益自由竞争的国家。这些特性在今天依旧定义着自由民主制度。光荣革命也依旧如麦考莱语带自豪的宣示中所说的那样，是"我国**最后的**革命"。尽管代价高昂，革命还是帮助英格兰彻底且（迄今为止）永久性地摆脱了"总危机"和小冰期。[88]

注　释

1. Rushworth, *Historical Collections the fourth and last part*, II, 1, 397, the 'charge' read by John Cook; Hill quoted page xxvii above.

2. Balfour, *Historical works*, III, 409; Gilbert, *History of the Irish Confederation*, VI, 270 – 1; Anon. , *A bloudy fight*, 8; Lenihan, 'War and population', 8, quoting Colonel Richard Lawrence in 1655, and 1, quoting Seán Ó Conaill, 'Tuireamh na *hÉireann*', a poem written between 1655 and 1659.

3. Bennett, *Civil Wars*, 363. 其他数据引用了 Gentles, *The English Revolution*, 435 – 56; Aylmer, *Rebellion or revolution?*, 71; Porter, *Destruction*, 65 – 6; 以及 Wheeler, *Making*, chs. 6 – 8。

4. Morrill, *Cheshire*, 28 – 9, 108 – 9.

5. Gentles, *The English Revolution*, 437; Plumb, *Growth*, 1.

6. Walter, *Understanding*, 201, the 'Humble petition' of Essex, 20 Jan. 1642 OS; Clifton, 'The popular fear', 29 – 31, 列举了 1641 ~ 1642 年爆发的恐慌。

7. 据 Aidan Clarke 计算，琼斯的《严正抗议》引用了当时 637 篇可用证词中的 78 篇。Orihel, ' "A presse" ', 129 – 37, 列出了 1641 年 11 月至 1642 年 8 月间发表的涉及爱尔兰事宜的小册子。

8. Baxter, *Holy commonwealth* (1659), 472 – 3 and 478 – 9 (显然引用了"爱尔兰法官的审查"，以及罗伯特·马克斯韦尔执事长在证词中显然有所夸大的数据：本书页边码第 352 页); Lamont,

[755]

'Richard Baxter', 347 – 8, 引用了巴克斯的回忆录。

9. Walter, *Understanding*, 319 – 20, on the Essex petition, and 325 – 6, on Stephen Marshall, *Meroz Cursed* (London 1642, on Judges 5: 23), 这篇布道词被宣讲了六十次并以印刷品形式广为流传。关于要求采取措施以应对失业问题的女性在两周前发起的游行以及议会政要对这一事件的利用，参见 Pearl, *London*, 226 – 7。

10. Russell, *Fall*, 496, quoting Henry Wilmot.

11. Kenyon, Stuart Constitution, 244 – 7 and 21 – 3, 刊登了《十九点主张》（1642 年 6 月 1 日）以及国王的回应（6 月 18 日）。

12. Walter, *Understanding popular violence*, 18, quoting Ephrain Udall, *The good of peace and the ill of warre*, and Smith, 'Catholic', 119, Lord Dorset to the countess of Middlesex, Aug. 1642. 杰克·斯特劳是 1381 年叛乱的另一位领袖；罗伯特·凯特曾领导过 1549 年的诺福克叛乱。

13. Kenyon, *Stuart Constitution*, 194, marginal comment of the king on a letter in Nov. 1641; Russell, *Fall*, 437, quoting the reaction of some Kentishmen to the proclamation of 10 Dec.; Walter, *Understanding popular violence*, 129, instructions.

14. Walter, *Understanding popular violence*, 259, 'Humble Petition' of the Suffolk clothiers; 261, speech of Sir Simonds d'Ewes to the Commons; and 288, Sir Thomas Barrington's report to Parliament (with other similar statements).

15. *HMC Report on the Franciscan Manuscripts* (Dublin, 1906), 112, letter from London to Fr. Hugh Bourke, 29 Dec. 1641; ó Siochrú, 'Atrocity', 61 – 2, orders of the Lords Justices, Jan. and June 1642

16. *CSPD 1641 – 43*, 508, Mr Harrison to John Bradley (in Paris), 28 Dec. 1643.

17. Abbott, *Writings and Speeches*, I, 314, Cromwell's speech in the House of Commons on 9 Dec. 1644.

18. [Parker,] *The king's cabinet* (published 14 July 1645), 1, Charles to the queen, 9 Jan. 1645, postscript.

19. Ibid.; Hirst, 'Reading', 213. Hirst 还指出伦敦报纸上记载的敌意舆论，以及议会公开信件原件是为了证实其真实性。关于沃利斯之后事业发展, 参见本书第 22 章。

20. Symmons, *A vindication*, 241 (part of ' A true parallel between the sufferings of our Saviour and our Soveraigne '). Hirst, ' Reading ', and Potter, *Secret rites*, 59 – 64, discuss both content and context of *The king's cabinet*.

21. Cressy, *England on edge*, 298, quoting Nehemiah Wallington's diary, 6 Feb. 1642 OS. 有关的英格兰都铎王朝及斯图亚特王朝时期 "教育革命" 的更多内容, 参见本书第 18 章。

22. Ibid. , 313 – 14, quoting Thomas Knyvett to his mother, May 1642; Eisenstadt and Schluter, ' Early modernities ', 25.

23. [Parker,] *The king's cabinet*, preface, 43; Hirst, ' Reading ', focuses on this important gender dimension.

24. [Parker,] *The king's cabinet*, 7 – 8, to Henrietta Maria, 5 Mar. 1645; 16, to Ormond, 27 Feb. 1645; 46 – 7 and 54 – 6 (' Annotations ' arranged in six heads).

25. Woolrych, *Soldiers and statesmen*, 38; Firth, *The Clarke Papers*, I, 425 – 6, ' Colonel Wogan's narrative ' . Although Wogan wrote much later, his reliability on these matters is upheld by Norris, ' Edward Sexby ', 41 – 2.

26. Rushworth, *Historical Collections*, VI, 512, ' A solemn engagement of the army ', 5 June 1647.

27. Ibid. , VI, 564 – 70, ' A declaration, or representation from His Excellency Sir Thomas Fairfax and of the army under his command ', 14 June 1647. Woolrych, *Britain*, 371, attributes its authorship ' essentially ' to Ireton.

28. Gardiner, *Constitutional documents*, 316 – 26, ' The Heads of the Proposals…to be tendered to the commissioners of Parliament residing with the army ', debated by the General Council, 16 – 26 July 1647 OS; Firth, *Clarke Papers*, 1, 213, speech by William Allen. For the context, and for the senior officers' discussions with Charles, see Woolrych, *Soldiers and statesmen*, 153 – 79.

29. Macfarlane, *Diary of Ralph Josselin*, 87 (entry for 24 Feb. 1647) Bamford, *A royalist's notebook*, 112. Coates, *The impact*, 218, 将

1646 年大丰收对伦敦物价的影响制成表格。

30. Adamson，'The English nobility'，567 – 8，引用了 1647 年 7 月 26 日议会遭受围攻时的两位目击证人的证词。事后克拉伦登宣称议长、贵族及议员寻求军队庇护的寻求"对所有旁观者而言都是如此愚蠢，至今仍显得不可理喻"：*History*，IV，244 – 5。

31. Gardiner，*Constitutional documents*，333 – 5，*An Agreement of the People*. The author was either John Wildman (Morrill and Baker，'The case'，121)，or William Walwyn (Woolrych，*Soldiers and statesmen*，215).

32. Firth，*Clarke Papers*，I，301 – 2，304 and 322 – 3：Rainborough， [756] Ireton and Sexby in the debate on 29 Oct. 1647. Note that no one suggested extending the franchise to any 'she' – whether poor or propertied. Morrill and Baker，'The case of the armie'，argue that Sexby composed the pamphlet entitled *The case of the armie truly stated*，which triggered the debate at Putney and formed the basis for *The Agreement*. On his remarkable career，see *ODNB*，s. v. 'Sexby，Edward'.

33. [John Wildman，a Leveller spokesman at Putney]，*A cal to all the souldiers of the Army*，7 (second pagination：capitals in the original).

34. 关于韦尔的兵变以及抗议书，参见 Woolrych，*Soldiers and statesmen*，279 – 86。

35. Hindle，'Dearth'，65，quoting a verse written by the vicar of Hartpury，Gloucestershire，in his Parish Register.

36. Gardiner，*Constitutional documents*，247 – 52，'The Engagement between the king and the Scots'，26 Dec. 1647.

37. Thirsk，'Agricultural policy'，301；Macfarlane，*Diary of Ralph Josselin*，125，129，entries for 9 May and 28 June 1648. Bamford，*A royalist's notebook*，120 – 1.

38. Howell，*Epistolae*，III，26，letter of 10 Dec. 1647 to his nephew (the output of the Mint fell by 90 per cent in 1648；see Coates，*Impact*，229)；Wildman，*Truths triumph*，4 – 5 (published 1 Feb. 1648，describing his speech on 18 Jan.).

39. AMAE（P）*CPA* 50/24v - 25，Mazarin to M. de Grignon，10 Apr. 1648 NS，register copy. 一个月后发出的类似哀叹可参见 Chéruel，*Lettres*，III，1，023。

40. Macfarlane，*Diary of Ralph Josselin*，138，entry for 17 Sep. 1648；Abbott，*Writings and Speeches*，I，636 and 641，Cromwell to Speaker Lenthall，Warrington，20 Aug. 1648，and to the Derby House Committee，Wigan，23 Aug. 1648.

41. Rushworth，*Historical Collections the fourth and last part*，II，1，396 - 8（the 'charge' read by John Cook，'solicitor-general for the Commonwealth'）；1，406 - 14（depositions）；and 1，421（sentence）. *ODNB*，s. v. George Joyce，指出占星家威廉·里利曾两次将乔伊斯称为刽子手——第一次是在王政复辟时的证词中，第二次则是在他的自传里——但此处却对里利的言之凿凿表示存疑。高等法院不断变化的构成按时间顺序记录在 *ODNB* s. v. 'regicides'。

42. Firth and Rait，*Acts and Ordinances*，II，2 - 4，'An Act of thos present Parliament for constituting a counsell of state for the Comonwealth of England'，13 Feb. 1649；18 - 20，'An Act for abolishing the kingly office in England and Ireland，and the Dominions thereunto belonging'，17 Mar. 1649；24，'An Act for the abolishing the House of Peers'，19 Mar. 1649；and 122，'An act declaring and constituting the people of England to be a Commonwealth and Free-State'，19 May 1649. 这些及其他宪制法案中无一提到苏格兰，只有 "英格兰与爱尔兰及其属地"。

43. Charles I，*Eikon Basilike*（2005 edition），183 - 4.

44. Boulton，'Food prices'，468 and 481 - 2；Firth，*Cromwell's army*，184 - 5；Gaunt，*Natural and political observations*，37. Macfarlane，*Diary of Ralph Josselin*，152 - 85，entries for 7 Jan.，18 Feb.，15 Apr.，20 May，7 Oct.，25 Nov. and 16 Dec. 1649 reported 'all things were wonderful dear'.

45. *A true representation*（24 May 1649）. 1649 年初令人痛心的类似投诉参见 Thirsk and Cooper，*Seventeenth-century economic documents*，51 - 2，以及 Hindle，'Dearth'，84 - 6。带着合理的不满，

Hindle 强调了“历史学家对 1640 年代末粮食产量危机的忽视”：
ibid. , 65。

46. *Acts done*, 35 – 8, 'Proclamation of Charles the Second, king of
Great Britain, France and Ireland', 5 Feb. 1649, and 'Act anent
securing the Covenant, religion and peace of the kingdom', 7 Feb.
1649. 尽管残缺议会废除了英格兰和爱尔兰的君主制，它却对
苏格兰只字未提。讽刺的是，由此它希望解散 1603 年成立的共
主邦联，因为它认为从中无利可图，而苏格兰人则对此表示
反对。

47. Bremer, 'In defence of regicide', 103, quoting John Hull's journal.
在获悉克伦威尔于 1650 年 9 月在邓巴战役中取得胜利的消息
后，一些人选择认罪，但并非官方或公开行为。

48. 安东尼·阿什克姆（Anthony Ascham）在西班牙被谋杀；艾萨
克·多利斯劳斯（Isaac Dorislaus）死于荷兰；关于布拉德肖
（Bradshaw）在俄罗斯侥幸逃生的故事，参见 Gordon, *Diary*, I,
251 – 2。

49. Firth and Rait, *Acts and Ordinances*, II, 325 – 9, 'An Act for
subscribing the Engagement', 2 Jan. 1650; Worden, 'The politics
of Marvell's Horatian Ode', 526 – 7, quoting Sir Henry Vane, jr,
former governor of Massachusetts.

50. MacDonald, *The poems of Andrew Marvell*, 118 – 21. Worden, 'The
politics', 531, 认为这首诗“至少构思于克伦威尔自爱尔兰回
国后一周左右。这首诗的创作可能当时就完成了”。

51. Balfour, *Historical works*, III, 409（prices）, 432 – 3（weather）and
436 – 7（witches）; Larner, *Source book*, subannis 1649 – 50;
Larner, *Enemies of God*, 61 and 74 – 5.

52. Hobbes, *Leviathan*, 491, 484, and 154（这部作品的写作极有可
能始于 1649 年初，到 1650 年末为止，我的依据是 Richard Tuck
在 1966 年版引言部分的说法）; Skinner, 'Conquest and
consent', 97, 引用了霍布斯随后的自吹自擂（针对约翰·沃利
斯的批判）; Knoppers, *Constructing Cromwell*, 56 – 7, 重现并探
讨了邓巴奖章; Bremer, 'In defense of the regicide', 118 – 24,
刊印并讨论了约翰·科顿（John Cotton）为邓巴所做的感恩节

布道；Bush, *The correspondence of John Cotton*, 458 – 64 and 468 –
70，刊登了科顿 1651 年 7 月 28 日致克伦威尔的赞扬信，以及
10 月 2 日克伦威尔的热情回复。

53. Abbott, *Writings and Speeches*, II, 463 and 467, Cromwell to
Lenthall, 4 and 8 Sep. 1651.

54. Ibid. , 325, Cromwell to Lenthall, 4 Sep. 1650. Rommelse, 'The
role of mercantilism', 597 – 8，强调了残缺议会的性质如何促进
了国家统治能力的建设。

[757] 55. 关于英格兰共和国对英属美洲的影响，参见本书第 15 章。第二
支舰队带去了指令，表示若有需要，舰队应 "激励种植园奴隶
反抗其主人" ——尽管从未实现，这仍是一项名副其实的革命
措施，在一个世纪后的美国独立战争中，它将成为这些种植园
主的后人们的苦涩回忆。感谢 Thomas Ingersoll 提供的细节
内容。

56. Scott, *Politics*, 201；Terry, *The Cromwellian Union*, xxi – xxiii, 'A
declaration of the Parliament of England, concerning the settlement of
Scotland', 28 Oct. 1651. 这份文件让苏格兰长老会教徒难以接
受，不仅因为它打破了苏格兰教会对于合法崇拜的垄断，还要
求苏格兰加入共和国，这一举措与《苏格兰长老会誓约》的第
三条（守卫君主制）相违背。

57. Firth and Rait, *Acts and Ordinances*, II, 598 – 603, 'Act for the
settlement of Ireland', 28 Oct. 1651. 1641 年 12 月发表的大抗议
书业已声明将用没收的叛贼财产来补偿镇压爱尔兰叛乱的开销：
Gardiner, *Constitutional documents*, 205。《善后法案》在事实上
判处了十万名爱尔兰人民死刑——尽管真正被处决的人数较少。

58. Woolrych, *Britain*, 528 – 36；Osborne, *Letters*, 76, to Sir William
Temple, her future husband, 24 Apr. 1653.

59. Firth and Rait, *Acts and Ordinances*, II, 813 – 22, 'The government
of the Commonwealth of England, Scotland and Ireland, and the
Dominions thereunto belonging', 16 Dec. 1653. 尽管少数其他国家
能够容忍私下崇拜的自由，《政府约法》仍是第一部保障公共
崇拜自由的宪法。

60. Bush, *Cotton*, 461 – 2，关于克顿；Junge, *Flottenpolitik*, 246 – 7,

关于盖奇。为夺取阿卡迪亚地区的新尼德兰和法国要塞，克伦威尔已于 1654 年向北美派遣军队。

61. Firth, *Clarke Papers*, III, 207, 'Edward Montagu's notes on the debates in the Protector's council', 20 Apr. and 20 July 1654; Abbott, *Writings and Speeches*, III, 860, Cromwell to Admiral William Goodson.

62. Bethel, *The world's mistake in Oliver Cromwell*, 9; Abbott, *Writings and Speeches*, III, 857 – 8, Cromwell to General Fortescue, Oct. 1655; Worden, 'Oliver Cromwell and the Sin of Achan', 136 – 7, quoting 'A Declaration of his Highness, inviting the people of England and Wales to a day of solemn fasting and humiliation' (Mar. 1656). Gardiner, *Constitutional documents*, 447 – 59, prints *The humble petition and advice*. Worden, op. cit., 141 – 5, shows that the failure of the Western Design led Cromwell to decline the crown.

63. Gaunt, *Natural and political observations*, 37 ('sickly years'); De Beer, *Diary of John Evelyn*, 388, 393. 1658 年 2 月 4 日，克伦威尔本欲坐船前往威斯敏斯特宫解散议会，但由于河流部分水域冻结了，他不得不改乘马车。

64. Macfarlane, *Diary of Ralph Josselin*, 435, entry for 28 Nov. 1658; Rutt, *Diary of Thomas Burton*, III, 256.

65. Gardiner, *Constitutional documents*, 465, the Declaration of Breda, issued by Charles on 4 Apr. 1660. 自 2 月起，蒙克便奉行相同政策，将一切困难决议都交由议会处理。*ODNB*, s. v. 'Monck', by Ronald Hutton, 大概已竭尽所能地查明了蒙克的动机。

66. Ohlmeyer, 'Seventeenth-century Ireland', 453 – 4, 引用了《重见光明》（A light to the blind）一文，作者疑为爱尔兰天主教徒尼古拉斯·普伦基特（Nicholas Plunkett）。由此直到 1802 年，联合议会未再召开。

67. Stoyle, 'Remembering', 19 – 20; Gentles, 'The iconography', 101, and plate; TCD *Ms* 813/286, deposition of William Collis, Kildare, 4 May 1643 (the deposition originally gave the victim's name, but it was later deleted). See also *Ms* 831/176, the gang-rape described in the deposition of Andrew Adaire, Mayo, 9 Jan. 1643

（'severall of the rebells of Phelim o Dowles company ravished the wiffe of one Samuel Barber'）.

68. Thomas, *Religion*, 366 and 379（see the originals in Bod. *Ashmole Ms.* 184,'Figures set upon horary questions by Mr William Lilly'（for 1644 – 5）and *Ms.* 185（for 1647 – 9））.

69. Cressy, *England on edge*, 85；Carlton, *Going to the wars*, 305 – 6. 类似的海军战士妻子与寡妇们的哀伤表述，参见 Rodger, *The command*, 127 – 8。

70. Bunyan, *The Pilgrim's Progress*［到 1688 年班扬去世时，第一部分已经再版 11 次，第二部分再版 2 次，并出现了荷兰语、法语以及（据传）威尔士语版本］；Fox, *A journal*, 另一部主要成书于 1670 年代的经典宗教文献，直到 1694 年才得以出版。

71. Kenyon, *Stuart Constitution*, 361, 指出 1641 年至 1642 年间颁布的法令只有两条被废止：将主教们排除在上院外的法案以及《三年法案》。

72. Wheeler, *Making*, 195. 诚然，在即位之初，每位君主都只能在得到议会首肯的情况下合法收缴关税与消费税。

73. McKenny,'Seventeenth-century land settlement', 198, Hyde to Mr Betius, 29 May 1654 OS.

74. Pestana, *English Atlantic*, 223, Instructions of Charles II to the governor of Virginia, 12 Sep. 1662.

75. Pepys, *Diary*, VIII, 262 – 9, entries for 12 – 13 June 1667；*CSPD 1667*, 185 – 90, letters dated 14 and 15 June 1667.

76. Grey, *Debates*, VIII, 264, speech of Sir Henry Capel, 7 Jan. 1681. 卡博尔还记录了黎塞留和马扎然是如何"为拥护绝对君主制而镇压所有伟大的法国人民的"。

77. Plumb, *The growth*, 60.

78. Kenyon, *Stuart Constitution*, 410 – 11, James II,'Declaration of Indulgence', 27 Apr. 1688. 1688 年 5 月 4 日，詹姆斯下令要求公众于 5 月 20 日和 27 日在伦敦的教堂，以及两周后在其他地方阅读《大赦诰谕》。可与其父于 1637 年下令让苏格兰所有教堂使用"劳德祈祷书"的事例相比较。

79. Kenyon, *Stuart Constitution*, 441 – 2, the bishops''Petition', 19

May 1688 (the day before the first reading scheduled for the Declaration); and 443 – 5, Trial of the Seven Bishops, 29 June 1688, opinions of Justices Holloway and Powell. On 4 July, James deprived both these judges of their office (all dates Old Style).

80. Williams, *Eighteenth-century constitution*, 8 – 10, the ' invitation to William', 30 June 1688 OS. ［758］

81. Goldie, *The entring book*, IV, 340, Roger Morrice's entry for 17 Nov. 1688 OS. He added: ' And it's as well known the Parliament cannot sit here before six weekes be expired, and it will be longer before they can be supposed to dispatch any thing in a parliamentary way. '

82. Williams, *Eighteenth-century constitution*, 60 and 26, notes of discussions between William and the English peers in winter 1688 – 9; he also prints the Bill of Rights at pp. 26 – 33.

83. De Beer, *The correspondence of John Locke*, III, 545 – 6, Locke to Edward Clarke, 29 Jan 1689; and 538 – 9, Lady Mordaunt to Locke, 21 Jan. 1689.

84. *The weasel uncas'd*, *a single printed sheet of verses*, *each one ending ' Which nobody can deny'* (Lutaud, *Des révolutions*, *146 – 7*, *reviews other similar verse compositions*); De Beer, *Diary of John Evelyn*, *V*, *288*; Cullen, *Famine*, *2*, *10*, *and 49*; Sinclair, *The statistical account*, *XVII*, *483*, *report from Insch* (Aberdeenshire), *and II*, *551*, *report from Kilmuir* (Skye). 更多关于 1690 年代"小冰期高潮阶段"的内容，参见本书第 20 章。

85. Ingersoll, ' The lamp of experience', quoting Thomas Molyneux, MP; Anon. , *An essay on government*, 95 – 6. (I thank Tom Ingersoll for bringing this remarkable reference to my attention.) On Masaniello, leader of the Naples revolution of 1647, see ch. 14 above.

86. Ingersoll, ' The lamp of experience'. 关于弑君在当时的欧洲造成的震撼，参见本书第 12 章和第 19 章。

87. Burke, *Reflections*, 223 – 4; Kenyon, *Revolution principles*, 208, quoting Burke's *Appeal from the New to the Old Whigs* (1791).

    Lutaud，*Des révolutions*，描述了 1789 年、1830 年及 1848 年的法国革命者如何参考了 17 世纪英国革命的先例。

88. Macaulay，*History*，II，508 – 9. 之前提到的普拉姆是乔治·麦考莱·特里威廉（George Macaulay Trevelyan）攻读博士学位时的导师，后者是麦考莱的甥孙。值得注意的是，和当年的麦考莱一样，普拉姆的评价只提到了英格兰的情况，光荣革命在苏格兰和爱尔兰都引发了大规模暴力冲突，以及持久未消的物质灾难。

让 我 们 一 起 追 寻

英国学术院奖章表彰之作 十七世纪人类社会的危机指南

数据与文献并重，探究气候变化时代全球历史的大转折

Global Crisis: War, Climate Change and Catastrophe in the Seventeenth Century

©2013 Geoffrey Parker

Originally published by Yale University Press

Simplified Chinese edition copyright © 2021 by Social Sciences Academic Press (China)

GLOBAL

II

CRISIS

全球

危机

十七世纪的战争、气候变化与大灾难

WAR, CLIMATE CHANGE AND
CATASTROPHE IN
THE SEVENTEENTH CENTURY

Geoffrey Parker

〔英〕杰弗里·帕克　著

王兢　译

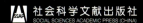

社会科学文献出版社
SOCIAL SCIENCES ACADEMIC PRESS (CHINA)

目　录

·上　册·

第三部分
危机求生

年，意大利传教士塞孔多·兰切洛蒂对那些抱怨世
界空前艰难的人大感恼火，于是下笔予以驳斥。兰切洛蒂的畅
销书《当今时节，又名世界为何并不比之前受灾更甚》
(*Nowadays, or how the world is not worse or more calamitous than
it used to be*) 列出了 49 项时人——兰切洛蒂称这些人为"泣
诉者"（hoggidiani）——犯下的"谬误"，并针对这 49 项谬误
逐一举出反例。他指出，"今天的贵族对待臣民并不比之前更
残暴冷漠"，"当代人的寿命并没有缩短，因此人们在世的时
间也并不比他们数千年以来的寿命更短"。兰切洛蒂还将最后
几章篇幅留给了自然现象。他将近来的饥荒、大火和流行疫病
记录也归结为"当下"的自然灾害（如同地震、洪水和严寒
天气一样），认定这些灾难在过去远比现在更为糟糕且频繁。
按照兰切洛蒂的说法，生活从未如此之好——不过他花了 700
多页的篇幅才证明了自己的结论。[1]

尽管《当今时节》卖得不错，以至于兰切洛蒂写了一部
续篇（主题是强调当时的科学和文学发展也"不比之前差"），
但他的见解可谓纰漏百出。[2]强调 17 世纪的贵族"对待臣民"
并不比之前贵族"更残暴冷漠"，这个说法掩盖了事实：在许
多情况下，他们不明智的政策都导致了远比从前的贵族更惨重
的损失；而他的书中所收录的数据恰恰反映了"人的寿命"

确实比过去"更短",饥荒、火灾、流行病和自然现象(不仅仅是地震、洪水和寒冷天气,还有陨石坠落、火山喷发以及厄尔尼诺现象的出现频率)也都快速增长。毫不意外的是,随着 17 世纪的深入,"泣诉者"的队伍也随之膨胀,他们的看法也变得更为悲观。"最坏的消息持续从四面八方涌来,"西班牙学者弗朗西斯科·德·奎多于 1645 年向一名朋友哀叹说,"我无法确信,事态究竟是正在爆发,还是已经完结。只有上帝才知道!"数年之后在巴黎,托马斯·霍布斯抱怨,他和同时代人都活在"对暴死的持久恐惧与危险"之中。叛逆的律师雷诺·德·塞维涅则认定,"如果有人曾相信最后审判的话,我认为它现在正在发生"。在巴黎附近的一所女修院,院长安杰丽克·阿诺尔认为,"世界的三分之一"都已死去了。

398 异常惊人的物质损失"一定昭示着世界的终结"。就在同时,西班牙耶稣会士巴尔塔萨·格拉西安出版了《评论》(*El Criticón*),这部内容宏大的寓言体小说将人类生活分为四大"季节",并将每个季节都分成以"危机"冠名的各个章节。格拉西安描述了 38 种"危机",每一种危机都是对人类现状辛酸而苦痛的审视。[3]

不过,兰切洛蒂所言也有合理之处。一方面,一些悲观主义者比他们"泣诉"中的预言活得更长一些:尽管格拉西安仅仅享年 58 岁,但奎多和塞维涅都活了 65 岁,阿诺尔享寿 70 岁,霍布斯则享寿 91 岁。非但如此,他们五人都善终于自己的床上。另一方面,尽管 17 世纪中叶的空前艰困摧毁了不少居住在复合制国家、城市地区、边缘地带和大区之人的生活,但还是有一些地区的居民很大程度上逃过一劫。换言之,就算"世界的三分之一都死去了",另外三分之二还是活了下来。

因此，尽管莫卧儿时代的印度、萨法维时代的伊朗和江户时代的日本都在 17 世纪经历了极端天气事件和数起叛乱，它们还是避免了人为因素和自然因素之间那种将世界各地的危机变成灾难的"致命合力"。此外，撒哈拉以南非洲、澳大利亚和美洲各地在小冰期和总危机面前似乎也未受到多少损害（虽然这一结论也许反映了证据的匮乏，而不能证明灾害不存在）。最后，政府于气候灾难期进行的镇压活动在两个西属意大利邦国引发了大规模叛乱——西西里和那不勒斯——但尽管如此，西班牙还是通过做出战略让步在数月之内恢复了控制；与此同时，西属伦巴第依旧维持着忠诚。这些地区的经历也支持了塞孔多·兰切洛蒂笔下的图景：生活并没有变得更加"糟糕"，或是"比之前更具灾难性"。

在日本、大洋洲、撒哈拉以南非洲和美洲，兰切洛蒂的乐观主义似乎得到了应验——17 世纪危机在这里留下的"足迹"似乎更轻——而这四个地区拥有一个重要的共同点：这些地区在进入 17 世纪时都拥有相对较低的人口密度。造成这一境况的原因各不相同——日本经历了为期一个世纪的内战；澳大利亚长久以来有着恶劣的气候；欧洲人对非洲和美洲土著人口的灭绝——但这四个地区却殊途同归：在受到小冰期冲击的上述社会里，粮食需求尚未超过粮食供给。这一因素似乎缓解了灾难的严重性。在日本，小冰期还促进了该国社会的复苏。

注 释

1. Lancellotti, *L'hoggidi*. Hoggidiani 字面意思为"当今人民"。

2. Lancellotti, *Oggidì, overo gl'ingegni non inferiori a'passati*（Venice，1636）

3. Green, *Spain*, IV，6，Quevedo to Don Francisco de Oviedo，21 Aug. 1645；Hobbes quoted on page xxiii above；Sévigné and Arnauld on page 318 above；Gracián, *El Criticón*，3 parts published 1651，1653 and 1657. 格拉西安在其他作品中也使用了"危机"一词，同时带有"评判"之意，以批判他所生活的世界。

13 莫卧儿帝国及其邻国¹

"地球上最有权势的君主"

399

1639 年 4 月，在莫卧儿皇室占星家精密推算出来的吉利时刻，一只云雀被准时献祭于俯瞰亚穆纳河、邻近古城德里的断崖之上。工人立即将几名刚刚斩首处决的犯人尸体布列于莫卧儿帝国新首都的奠基石旁，这里被称为沙贾汗纳巴德，即"阿巴德"（Abad）或"沙贾汗之城"（city of Shah Jahan）。九年后，沙贾汗举行了入城仪式，他带来的约 1 万名追随者也随他定居宫城（palace citadel）。宫城周遭的巨大红砂岩城墙让红堡（Red Fort）这个城防体系恰如其名。皇帝还督导建造了一所穆斯林学校（medrese），一家医院，一座堪称整个伊斯兰世界规模最大的清真寺，还有一道拥有 14 扇城门的巨型城墙（绝大多数城门至今尚存）以保卫该城的 40 万人口。1627 ~ 1658 年在位的沙贾汗打造了世界上唯一一座完全建于 17 世纪中叶的首都。²

英格兰旅行者约翰·奥文顿将这座新首都和莫卧儿王朝其他花费不菲的成就归功于他们治下的"广袤土地"。这块"长近 2000 英里，有人认为更多"的土地给他们带来了"地球上其他最具权势的君主三倍以上的收入"。³此言不虚。莫卧儿人统治着一块面积相当于半个欧洲的领土，人口约有 1 亿（与全欧洲的人口相仿，仅次于中国明朝）。绝大多数莫卧儿臣民都生活在"从印度河口向东北延伸至富饶、供水充足且人口稠密的旁遮普，再往南延伸至更为富饶的恒河平原和孟加拉湾的一片新月状沃土上"。帝国治下的农民种植着 19 种春季作物和 27 种秋季作物，每年都能保证两次收获。虽然总体上仍是个农业国，但帝国还拥有三座人口在 40 万及以上的大城市，以及九座人口在 10 万以上的城市。无论在城市还是乡间，工匠都在制造种类繁多的高质量商品以供出口。[4]

历代莫卧儿皇帝都直接统治着核心区域的广袤土地。但自 1570 年以降，他们也承认声望显赫的支持者［所谓"曼沙达尔"（mansabdars），字面意思为"拥有等级者"］在其他地区代行统治。作为回报，曼沙达尔也向帝国军队提供一定数量的兵员。沙贾汗治下有 400 多名曼沙达尔，但并非所有曼沙达尔都拥有相同规模的土地：迄今为止，占比最大的土地归到了沙贾汗的四个儿子名下，他们占据了帝国近 10% 的土地。每处出让的土地都被称为"贾吉尔"（jagir），字面意思就是"暂持地"，因为皇帝会定期将他的曼沙达尔从一处贾吉尔调往另一处。正如史蒂芬·达尔所指出的："这种体制需要对土地收入的准确估计，因此也就产生了土地测量的必要性。只有这样，政府才能保证封地可以为军官提供充足的经济支持，以供养手下的士兵。这些特征必然催生了一个庞大的财政官僚团队。"[5]为了统治如此广袤多元的帝国，莫卧儿历代皇帝都不得不为政事殚精竭虑。不管是在首都、行军路上还是作战之中，他们每天都在公开授予头衔，颁布晋升命令，听取请愿，聆听诉求，主持公道。一位编年史家认为，皇帝在 1660 年代"每天都出席庭审法庭两到三次……为申诉者主持公道"。[6]

莫卧儿皇帝一直将他们的决策标榜为神灵的裁示。沙贾汗的父亲贾汉吉尔（1605 ~ 1627 年在位）创设并引入了宗教

400

"学徒"制度，以便向饶具名望的穆斯林神职人员提出咨询。
他的儿子奥朗则布（1658～1707年在位）可以凭记忆背诵
《古兰经》全文，"彻夜待在宫中的清真寺里"，命令他的法官
依循沙里亚法（源自《古兰经》等古代宗教典籍的宗教律法）
办案。[7] 沙贾汗于1631～1653年修筑的泰姬陵强调了伊斯兰教
在政府中的核心地位：工匠刻下引自《古兰经》的冗长经
文，解释建筑各部分和周遭的各处花园"何以复制了天堂"，
主体建筑的穹顶则代表着真主的王座。唯恐人们不知这一点
的沙贾汗下令将他本人的陵墓立即置于穹顶之下，再添上一
行将他本人描述为"里兹万"（Rizwan，意为"天堂守门
人"）的铭文。

不过，从来没有一名莫卧儿皇帝只将他的信任付托给真
主。就连他们选取的名字都透着绝对权力的气息："贾汉吉
尔"意为"世界征服者"；"沙贾汗"意为"世界之王"；奥
朗则布则在即位后选用了"阿拉姆吉尔"（世界征服者）的尊
号。约翰·奥文顿指出，每任皇帝都会征募一支"庞大的军
队，震慑他治下那无穷无尽的子民，保证他们绝对效忠"；皇
帝本人也在这一事业上身体力行。照奥朗则布的说法，"皇帝
永远不应允许自己贪图安逸、热衷退休"，他还警告自己的继
任者应当"尽可能多地四处巡视"：

> 对皇帝和流水而言，停滞不动都很糟糕；
> 死水必将腐坏发臭，王权也将动荡无着。
> 君王在巡游中才得享荣耀、安乐与敬仰：
> 在幸福中苟安的欲望将让他们不再可靠。[8]

39 莫卧儿皇帝的年度巡游半径

401　　　莫卧儿帝国皇帝每年都在马不停蹄地巡游，但他们总是会在每年季风来临之前回到他们的首都。这将旅行时间限制到了九个月，而且王室平均每天的行程只有 5 英里左右。如此一来，皇帝的有效巡游半径就是 800 英里左右。值得一提的是，这个半径包括喀布尔（莫卧儿帝国成功保有了这座城市），但不包括坎大哈和巴尔赫（莫卧儿帝国在那里的多次作战都以失败告终）。

奥朗则布忠实地践行了自己的告诫。与前任皇帝类似，他将在位三分之一以上的时间都用于四处巡视——不过他也和之前的皇帝一样，从不离开以德里为圆心、半径800英里的区域（插图39）。有三大因素可以解释这个半径的形成。第一，莫卧儿皇帝走得很慢（单日速度从不超过10英里，常常还会更慢），因为他一路上需要时间亲自接见（并威慑）各地诸侯。第二，莫卧儿宫廷通常要在季风到来之前回到首都。每年7月到10月间，季风都会影响南亚次大陆各地的交通。第三，皇帝如果离某个特定区域太远或太久不去巡视，当地造反的风险就会上升。正如奥文顿指出的那样：

> 印度屡屡爆发的叛乱让那些地区极为悲惨，并使该地居民的境遇降到绝望的境地。本着寻回自由、恢复故国的冀望，各地常常自立王公（当地的印度贵族）并支持他，直至莫卧儿人打垮他们的军队、挫败他们的叛乱、压制他们的进展，并再度迫使他们恢复"卑微的顺从"。

奥文顿补充道，种种情势都"让恐惧哀伤、贫穷饥馑成了那些不靖之地的寻常气氛和普遍情绪"。[9]

奥文顿还不无夸张地说：只有莫卧儿帝国边缘地带的"王公"（rajahs）才有办法对抗皇帝，他们的领地拥有与帝国的波斯式宫廷文化相异的本地传统，可以为他们提供力量。不仅如此，莫卧儿皇帝通常选择用谈判妥协而非武力的方式来终结这些叛乱。首要原因在于，印度有着庞大且有利于"卖方"的雇佣兵市场：皇帝其实只是最大而非唯一的一个每

402

年都征募士兵的领主。根据莫卧儿大臣的计算，北印度有约400 万自备武器且训练有素的人，皇帝需要从中征募足够的兵员：这不仅是为了自己作战打算，也是为了避免任何敌对势力建立起一支有能力发难的军队。因此，沙贾汗维持着一支由 20 万名骑兵和 4 万名步兵组成的常备军，另配有战象、战马、骆驼和公牛作为辅助。[10]

因为空前规模的人力畜力集结不可能仅凭当地资源完成，莫卧儿皇帝不但随军携带足额的现款（以便准时以现金发饷），还会在远征路线上建立大规模金库。皇帝指派的银行家随军行动，将边远领土的收入转入"中军大营"（sublime camp）。这样一来，皇帝的军队就能从商人手里买到粮食：每逢大军扎营，商人都会开市贸易。莫卧儿的军事体制在近代早期世界尚无同类，几乎在整个 17 世纪，这套体制都让皇帝得以有效地统治帝国的领土。

不过与其他崛起于中亚的王朝一样，莫卧儿政权也受累于一大严重弱点：选长制。每任统治者都必须经历一番残酷血腥的竞争方能即位，有时是在兄弟之间，有时甚至发生在父子之间（见第 2 章）。1622 年，当有传言称贾汉吉尔皇帝重病时，他的长子沙贾汗便要求获得帝国军队的唯一指挥权。计划失败后，沙贾汗便率军从西边的古吉拉特一路征伐到了东面的孟加拉，试图建立足够强大的联盟以罢黜他父亲。沙贾汗最终还是失败了，他被迫交出自己的儿子作为人质才赢来和解。1627年贾汉吉尔驾崩后，一场继承权之争又接踵而至。宫廷各派系分别支持彼此之间互相竞争的各位皇子对皇位的索求，沙贾汗在从中胜出之后就处决了其他竞争者。三十年之后的 1657 年，沙贾汗罹患绝症的传言也在他的儿子之间引发了一场战争；这场夺位之战的胜利者奥朗则布于 1707 年去世，但同样的戏码也在他身故后再次上演。

"一场全面旱灾"：1630～1632 年的
印度旱灾

就在沙贾汗巩固个人权势、杀死男性亲人之后不久，一场 403 自然灾难重创了他的帝国。在至少 6000 年里，印度及其周边邻国的福祉都仰赖一年一度的季风，正是季风为次大陆带来了每年 90% 的降水。灾难性的季风不至（monsoon failure）通常只是百年一遇，但在 17 世纪却发生了四次：1613～1615 年、1630～1632 年、1658～1660 年，以及 1685～1687 年。每次季风不至都造成了大范围的饥荒，特别是在人口严重倚赖粮食进口的古吉拉特地区。最为糟糕的灾难发生于几乎滴雨未降的 1630 年（这一年见证了强火山活动和大型厄尔尼诺现象，它们往往与弱季风同期而至）和 1631 年（又是一个火山活动多发之年）。皇帝的官方编年史记载：

> 一场全面旱灾肆虐于德干高原和古吉拉特各地，其结果就是上述地区的居民饱受谷价腾贵和一般生活必需品匮乏之苦。饥馑带来的生存渴望迫使父母杀死子女后代，人们无分高低贵贱都在呼号着乞求面包，或是纯粹死于贫乏……死亡率高得吓人，这些王国境内所有城市、乡镇和村庄的街道市肆都躺满了数不胜数的死尸，（旅行者）甚至难以下脚。[11]

康沃尔商人皮特·蒙迪便是其中一位"旅行者"，他在

《日记》（*Journal*）中详细记载了这场令人痛苦备至的饥荒。他目睹当地父母

> 在极端的粮食渴望驱使之下，以 12 便士、6 便士（甚至）更少的价格卖掉了他们的孩子；是的，而且他们会将孩子卖给任何想买的人……相较而言，看到穷人在泔水粪堆爬上爬下寻找食物都没那么哀伤了。是的，那就是野兽、马匹、公牛，或是旅行者的排泄物，或许只是未曾消化的食物残渣，却成了他们口中欲求之物……

与莫卧儿编年史家一样，蒙迪也提到"每条大道上都堆满了死尸，我们只能踩踏而过或小心避让，否则很难顺利通行"。其他欧洲人也描述了"这块大陆无处不在的粮食匮乏，这个国家正因旱灾濒临全面解体。这些都是之前的时代未曾记载过的"。蒙迪还指出，"大多数织工、洗衣工和染工"都"成群结队地抛弃了他们的住所"，只能"因维生所需之粮食的匮乏而死于荒野"。接着在 1632 年，印度"终蒙上帝开恩赐雨，但雨量太大了，淹毁或冲垮了所有谷物及其他作物"。南亚次大陆遭受了"闻所未闻、见所未见的浸水灾害"，并滋生了一系列疫病，以疟疾和登革热尤为显著。结果，"没有一个家庭"可以免于"疟疾、发热和疫病……这里的局面无比悲惨，饥荒之严重与人口死亡之惨痛前所未见"（彩插 17）。[12]

404 尽管没有任何留存至今的人口普查或"自然档案"可供我们确切了解这场灾害的规模，但皮特·蒙迪还是相信，"仅

饥荒本身就夺走了100多万平民或穷人的生命；饥荒之后的次生灾害杀死了更多的穷人和富人"。外国人也不能独善其身：1630年生活在苏拉特东印度公司商馆的21名英国人中，有17人在之后三年中陆续死去，死亡率超过80%。在苏拉特以南500英里的果阿，葡属印度总督估计饥荒和瘟疫已造成400万莫卧儿帝国臣民死亡，并宣称自己虽然是一名心肠坚韧的军人，也不忍详述他所目睹的苦痛。[13]

一如往常地，在这种"气候型灾难"期间，绝大多数家庭的购买力都随着粮价上涨而下降。仅购买主食几乎就要耗尽他们的收入，对服务业和工业品的需求便因此下跌。与此同时，主食的高价也鼓励农民种植更多的谷物而非"经济作物"。制造业和贸易因而萎缩，进而造成手艺人和运输工人失业。在古吉拉特地区，贸易和工业都陷于瘫痪状态。甚至到1634年，一位身在苏拉特的英格兰商人仍发现市面上没有纺织品售卖，这是因为：

> 数年以来出产的各类谷物都价格高企，这无可避免地将乡下人赶出了那些一度最为赚钱的行业，（他们）也不再继续种植棉花，棉花无法按照往常时节的比例得到处理（卖掉），因为各行各业的技工和手艺人都已悲惨地死去，或者逃离了家乡。[14]

结果，印度境内不论是棉花还是靛蓝的产量都再也未能恢复到灾前水平。旱灾导致"该国普遍受灾"，因为"这个一度是世界花园的国家现在成了一片荒芜之地，根本没有或是很少有人在地里耕种施肥，各行各业也萧条无人；因此，那些从前每天出产 15 捆布料的地方，现在一整个月都很难出产 3 捆"。古吉拉特地区首府艾哈迈达巴德"曾经每年出产 3000 捆甚至更多的靛蓝，现在那里的产量甚至很难到 300 捆"。皮特·蒙迪预言说："这个国家在某种程度上已是荒凉无人，十室九空……我认为印度很难在十五年乃至二十年内恢复到灾前水平。"[15]

福利国家对战争国家

蒙迪的预测被证明是太过悲观了。原因很简单，沙贾汗动用了他能支配的庞大资源，从中调取一部分物资推行了一系列举措，这异于同时代的绝大多数统治者。首先，他创设了施粥棚和救济院"照顾穷人和赤贫者的利益。每天都有准备好的粥汤和面包满足饥民的需求"。同时，皇帝本人驻跸于他刚刚征服的德干高原某印度教邦国的首都，下令称只要他还在那里，"每周一都将有 5000 卢比发给应受照顾的穷人，因为星期一是皇帝继承皇位的日子，有别于其他每一天。在离开当地后的 20 个星期里，皇帝每周一都捐出一拉克（10 万）卢比用于慈善事业"。不仅如此，因为"艾哈迈达巴德比其他任何一地都遭逢了更严重的损失"，沙贾汗"命令官员们拨出 5 万卢比赈济忍饥挨饿的灾民"。同时，因为"谷物的紧缺和高价已给其他多地带来极大痛苦"，皇帝便"蠲免"了相当于 700 万卢比的税赋，这笔巨款"相当于财政总收入的十一分之一"。他意在"让国家恢复到之前的繁盛局面，让人民再度富饶和心满意足"。皇帝也命令他的各大诸侯推行类似举措。[16]

一俟季风重回其正常节奏，沙贾汗便推行了若干振兴经济的政策：他每巡视一处，就向当地穷人捐赠农具，"如此则林木可得到清伐，土地可用于耕作"，令"国家人口蕃息"；他和手下各大廷臣还修建了数百座集镇。皇帝还设法增加出口。他倡导在孟加拉地区种植棉花、甘蔗、丝绸、烟草和靛蓝以吸引欧洲商人；由于新来的商人会用银锭购买商品，他们的购买行为刺激了当地经济的飞速增长，并为皇帝带来了巨额的海关收入。沙贾汗下令在古吉拉特建造大型舰船，这样他就得以参与莫卧儿印度与波斯湾、红海地区之间利润丰厚的转口贸易。在"减税"和"刺激消费"等措施影响下，古吉拉特在十年之内（与其他地区一样）就再度实现了财政盈余。用印度经济史家塔潘·雷森哈里的话说，虽然"这么说也许有些夸大，但在莫卧儿时代，我们确实目睹了一个一体化的全国市场"，尽管"将帝国不同地区联结一体的商业纽带并无先例"。[17]

赈饥经费还为沙贾汗留下了充足的余款以用于其他事项：1000 万卢比被用于打造他那嵌有宝石的"孔雀宝座"；700 万卢比被用于修筑泰姬陵（为他第二任妻子准备的奢华陵墓）；还有 700 万卢比被用于修建沙贾汗纳巴德；近 100 万卢比被用于建造拉合尔的莎莉玛尔花园（Shalimar Gardens）。沙贾汗还不断发动战争。阿卜杜勒·哈米德·拉霍伊根据国家档案文书写成的配图编年史将近一半的书页和插图都留给了皇帝军队的南征北战：征讨德干高原的印度邦国，以及对付孟加拉的葡萄牙军队。在西北方向，沙贾汗还与锡克教第六代"上师"哈尔戈宾德（Guru Hargobind）领导的锡克人作战，其前任上师正是被贾汉吉尔俘获处决的。沙贾汗的军事行动让刚刚摆脱暴力的锡克人再度激进化，哈尔戈宾德鼓励族人修习军事、建立军队，击退了莫卧儿的四次进攻。尽管沙贾汗在即位的头二十年里有这么多靡费，他还是积累了 9500 万卢比的财政积蓄。

有三个原因可以解释这个独特的财政结果。首先是城乡工人的高生产率和莫卧儿治下多个地区的土壤肥沃，这两点的共同作用为帝国带来了丰厚的税收收入。其次，沙贾汗的征伐作战常常带来利润——他不仅得到了战利品，还抓到了大量印度教徒俘虏，并把他们卖到中亚为奴。最后，皇帝对用于外交政策目标的经费有所限制。尽管莫卧儿人在德干高原发动战争，但他们似乎从未考虑过进一步攻击高原以南或斯里兰卡岛上的泰米尔人的土地；尽管莫卧儿帝国曾经扩张到孟加拉境内，并修建了到 1640 年已有 20 万人口的贾汉吉纳加城（即今天的达卡），但历代皇帝从来没有认真考虑过入侵缅甸。正如桑贾伊·萨布拉马尼亚姆评论的那样："从疆土上看，我们也许会将莫卧儿帝国视为一项'未竟事业'，但它也是一个对自身扩张极限有着清醒认识的帝国。"[18] 只有在阿富汗，莫卧儿帝国表现出鲁莽的一面。

阿富汗：永远的战场

莫卧儿王朝颇以自己作为成吉思汗和帖木儿直系后裔的血统而骄傲，其官方编年史常常提及莫卧儿君主重新征服中亚故乡的计划；但唯有沙贾汗将实现这一目标付诸行动。据沙贾汗御用史家的说法，自从 1627 年 "上一任皇帝贾汉吉尔驾崩"以来，"这位征服世界的君主的强大灵魂已经决心"征服"那些理应由他承袭"的土地。十二年之后的 1639 年，莫卧儿军队就从萨法维王朝手里夺取了阿富汗南部边境城市坎大哈，皇帝和他庞大的随从队伍有史以来第一次翻越了开伯尔山口。他们一边在喀布尔避暑，一边准备征服北面的土地，"那里曾是王朝祖先之国的一部分"。不过，自从驱逐沙贾汗的祖先以来，乌兹别克人已经占领了莫卧儿王朝的"故乡"长达一个多世纪。他们组织了有效的防御作战，皇帝的"强大灵魂"只好决定撤军回国。[19]随后，两名乌兹别克统治者之间爆发了一场继承权之争，其中一位向莫卧儿求援。于是沙贾汗于1646年春天重返喀布尔，一支莫卧儿军队最终翻越了兴都库什山，占领了大型贸易城市巴尔赫周围肥沃的冲积平原。捷报传到仍在喀布尔的皇帝耳中之后，大为欣喜的沙贾汗连办了八天筵席，并给伊朗沙阿写了一封咄咄逼人的信件，宣告自己的军队将很快拿下从前帖木儿帝国的首都撒马尔罕。

无可否认，沙贾汗有太多值得吹嘘的资本。他的军队已经扫清了颇不寻常的后勤障碍，翻越开伯尔山口（海拔3000英尺）来到距离莫卧儿首都800多英里外的喀布尔，又继续远征200英里，通过萨朗山口（海拔近12000英尺）进抵巴尔赫。沙贾汗的远征军差不多是1979年苏联进犯之前阿富汗面对的最大规模的入侵者。不过即便是在最好的时代，阿富汗也缺少供养像沙贾汗这么一支庞大而又行动缓慢的军队所需的富余作物和信用体系——而小冰期距离"最好的时代"还差得很远。1640年代反常的暴雪既缩短了适宜战斗的时间，也减少了可以从印度运入的补给量。同时，整个喜马拉雅地区的生长季有所缩短，当地的作物产量也随之减少。这两大因素都让莫卧儿军队只得依赖从当地获取的物资，但乌兹别克人推行的"焦土"政策却让这一策略成为泡影。因此，尽管帝国军队的金银珠宝、锦缎丝绸，以及他们的战马战象、武器装备从一开始就震撼到了巴尔赫人，但1646～1647年的酷寒却让莫卧儿守军"几乎焚于自己点燃的取暖火堆中，出于对冻僵的恐惧，无人离开营帐"。[20]

407

　　皇帝并未就此放弃。1647 年春天他重返喀布尔准备第三度出征，他的儿子奥朗则布则统率另一支军队翻越兴都库什山。王子指挥他的战象和新兵挫败了乌兹别克人的反击（他在战斗间隙镇定自若地下马举行例行祷告，不经意间赢得了巨大的声誉），但在三个月后他就不得不承认失利并放弃巴尔赫。中亚"群狼"现在步步迫近，俘虏了大量撤退途中的印度"奴隶羊"。不少印度人最终亲眼看到了撒马尔罕，不过是以奴隶的身份：来自莫卧儿军中的战俘多不胜数，中亚奴隶市场上的印度奴隶价格甚至暴跌了三分之二。奥朗则布率领残兵败将花了一个月时间才重夺喀布尔，在最后时刻才与皇帝的队伍会合，取道开伯尔山口返回印度。[21]

　　莫卧儿的惨败让伊朗沙阿阿巴斯二世见猎心喜，他趁势要求帝国归还坎大哈。并未得到满意答复的伊朗军队迅速出动，于 1649 年重占该城。沙贾汗闻讯立即返回喀布尔，但即便是其御用史家也指出，在围攻坎大哈期间，莫卧儿军队"根本没有攻城炮等攻城器械，也没有训练有素的炮手"。在为期 14 周的围攻之后，莫卧儿军队"粮草将尽"，皇帝因此承认"在缺少重型火炮的情况下，要摧毁要塞不切实际"，决定撤军。1651 年皇帝再度出兵，这回他带了好几门攻城炮，但其中两门"因持续射击而开裂"，变得"无法使用"。另外五门大炮虽"一直倾泻着炮火，但它们未由技艺精湛的炮手操控，所以并未如预期那般奏效"。围城大军又一次忍辱撤退。1652 年，沙贾汗再次试图攻取坎大哈；但在"历经五个月的围城之后，冬季到来了。铅、火药和炮弹都用光了，牧场上再无草料，军中再无粮饷"，皇帝只得带着幸存者撤退。他们之后再也没有回来。[22]

沙贾汗孜孜不倦的扩张活动只将莫卧儿帝国的边疆自喀布尔向前推进了 30 英里，他却为此付出了"三四万"士兵的生命，以及超过 3500 万卢比军费的惨重代价。[23]这场战争还给阿富汗造成了惨重损失——坎大哈几乎成了战斗从不间断的战场——不过现存史料支离破碎，这让确切评估战争带来的冲击变得极为困难。巴尔赫附近马扎里沙里夫（Mazar-e Sharif）清真寺（意为"圣者之墓"）的记载留下了难得的蛛丝马迹。这处庙宇曾于 17 世纪初兴盛一时，当地的阿富汗统治者赠予土地、兴建经堂，那里的宗教圣事一度能吸引逾 3000 人参加（其中既有生产者也有消费者）；但在莫卧儿军队进入平原地带之时，当地商人和不少农民都逃之夭夭。因此，莫卧儿占领军在第一年只收到了相当于前一年一半的税收，第二年再度减半。谷物价格飞速上涨，木柴（对在这个高海拔地带生存至关重要）也遍寻无着。乌兹别克人在莫卧儿撤军后乘虚而入。直到 1688 年，圣地的行政官才敢离开马扎里沙里夫，向距离最近的统治者申请特许状，恢复因"世界的混乱"而损失的土地和收入。[24]

莫卧儿印度的危机

沙贾汗长子达拉·希科（Dara Shikoh）备受父皇宠爱，可以与沙贾汗一起临朝听政，他所拥有的贾吉尔（封地）几乎等于另外三个兄弟的封地面积之和。沙贾汗的三个幼子分别驻守在边远省份，也是皇帝在各地的代表，皇帝不时委任他们带兵打仗。沙贾汗如此安排，正是为了避免类似他本人和兄弟对抗父亲贾汉吉尔那样的犯上作乱。不过，沙贾汗思虑不周，忽略了第三子奥朗则布的野心、能力和魅力。1636 年，18 岁的

奥朗则布就开始代他父亲统治新近征服的德干地区。此后八年
里，奥朗则布几乎在行政部门的方方面面都安插了自己人手，
还笼络了一批忠于自己的死士，以边疆作战中新取得的土地作
为回报拉拢他们。奥朗则布还建设了一座新城，将其命名为奥
朗加巴德。不论在奥朗加巴德还是别处新征服的土地上，奥朗
则布都慷慨大方地为清真寺和经堂提供特许，建立与宗教狂热
者的关系，并鼓励新的臣民皈依伊斯兰教。

奥朗则布在德干地区取得的赫赫战功令沙贾汗印象深刻，
于是奥朗则布又受命重新征服中亚地区。尽管这次行动失败
了，但奥朗则布还是获得了宝贵的指挥经验。奥朗则布愈发确
信是哥哥达拉·希科撤回了对自己作战部队的补给和支援，因
此他与另外两名兄弟"订立计划以保全自己的身家荣誉"，并
合谋在父皇驾崩时"处理宫廷事务"。[25]奥朗则布随即重返德
干，在那里为不可避免的继承权之争进行准备。他与沙贾汗未
能整合到帝国体制之内的宗教领袖和各大族群建立联系，还聚
集了一批有才干且忠诚的军官，在他们的协助之下成功击败了
帝国南疆的几个邻国，为帝国赢得了巨大的财富和无上的国
威。至此，奥朗则布已坐拥庞大的政治、军事和财政资源。
1657 年末，国内风传皇帝因病"无法听政视事"，这意味着达
拉·希科"有机会"夺取权力的缰绳。[26]统治古吉拉特和孟加
拉地区的皇子们第一时间就夺取了当地的国库，发行了自己的
货币，并以自己的名义主持每周五的祈祷活动。

病中的皇帝闻讯后授权达拉·希科恢复秩序，但这位皇
子却愚蠢地将自己的军队兵分两处，同时对付两地的篡逆者。
奥朗则布此时正率军加入自己的兄弟在古吉拉特的叛军，但
他狡猾地让他兄弟的军队在决战中承受了更多的伤亡。因此

在达拉·希科撤退之时，奥朗则布的大军已经占领了阿格拉，控制了那里的帝国金库、大兵工厂和沙贾汗本人。皇帝提出将帝国领土平分给诸子，但奥朗则布相信自己将独自取胜。奥朗则布自封为皇帝，并对兄弟们逐一发动战争，将胆敢违抗自己意愿的兄弟及其子嗣悉数处决。奥朗则布还将父亲一直软禁到死。

正如一位莫卧儿编年史家评论的那样，新皇帝的臣民颇为不幸地碰上了"帝国各地诸路大军整整两年（1658～1660年）的纷扰和调动，特别是在北部和东部领土"，而更为不巧的是，这场内战还遭遇了又一次季风不至。在德里，谷物价格陡然上升。奥朗则布试图力挽狂澜，他废除了"六十多项税收"以作为"缓解谷物价格飞涨之苦的救济措施。"[27] 但是西南印度还是于1659年见证了"一场大旱灾"。根据定居当地的英格兰商人的说法，"人们每天都因食物匮乏在死亡线上挣扎"。而在古吉拉特，"饥荒和瘟疫"已"愈演愈烈"（正如1630～1632年那样），它们"将大部分居民都扫了个干净，剩下来留守家园的人已是寥寥可数"。1660年再次发生了"季风不至"，上述的那些英格兰商人哀叹道，"大匮乏"在印度"现已持续了十八个月之久"；古吉拉特的英格兰人也相信，"世界各地都没有发生过比这更严重的饥荒，活着的人现在少到几乎无力埋葬死者"。[28]

就在同时，据一位莫卧儿编年史家的说法，"降雨稀少"已在恒河平原造成了饥荒：

> 主食的匮乏日甚一日，穷人变得更加贫穷，绝大多数潘查亚特（parganahs，即行政村落）都已荒无

人烟。来自国家边鄙各地和首都邻近地区的大批百姓
成群结队地夺路进城。

奥朗则布在首都设置了十座"免费施粥棚",并在附近地
区设置了更多,"此外还常设有向公众分发生熟食的集散中
心"。奥朗则布还责成贵族们仿效这一做法。他重新颁布了免
税法令,规定法令将一直适用到"人民生活条件最终变得更
好为止"。[29] 不过好景不长,1662 年的一场大火摧毁了沙贾汗纳
巴德的大部地区,古吉拉特地区的谷物价格也逼近饥荒水平,
只因"上一年度的降水极其稀少","除了部分特定区域之外
根本不足以出产谷物,(即便)是那些特定区域也很少有地方
的产量能达到之前的四分之三"。英格兰商人担心极端干旱将
"彻底消灭上述地区的所有人口",因为"已有五百多户织工
逃离了家乡。如果饥荒加剧,剩下的人肯定也将跟着逃走"。[30]
1664 年的季风恢复正常,但"多年以来的匮乏"在古吉拉
特引发了范围甚广的传染病疫情,"这一带的所有城镇村庄都遍
布病患,几无一间屋舍可以幸免"。在此同时,饥荒、干旱和
疾病导致孟加拉地区的主食价格暴涨,南面的喀拉拉地区也经
受了三年连旱。[31]

1668 年,一位正在德里逗留的法国医生记载:"在构成印
度斯坦帝国广袤领土的各邦国里,许多地方近乎寸草不生,只
剩下枯川瘠野,土地荒芜,人烟稀疏,甚至有很大一部分肥沃
土地因为缺少人手而依旧抛荒未耕";一份不久前编制完成的
奥朗则布国库税收调查显示,帝国核心地带十省的税收较战前
下降了20%。内战也让一位马拉地贵族希瓦吉(Shivaji)得以
创建一个强有力的印度教国家,这个国家将反抗甚至击败莫卧

儿王朝（在 1664 年和 1670 年，希瓦吉两度洗劫了莫卧儿的主要港市苏拉特）。[32]

　　虽然经济史家希林·穆斯维认为，1658～1670 年的危机构成了莫卧儿帝国从扩张走向衰落的分水岭，帝国的扩张在那之后还是持续了四十年之久。[33]奥朗则布于 1670 年代逮捕、审判并处决了极具个人魅力的锡克教上师德格·巴哈都尔，以此遏制了一场侵蚀印度教和伊斯兰教信仰的皈依运动；1680 年代，奥朗则布平息了由自己的一个儿子发动的一场拉吉普特叛乱，征服了德干高原的比贾布尔（Bijapur）和戈尔孔达（Golconda）两个王国，擒获并处决了马拉地联邦的领袖。屡建奇功之后，奥朗则布似乎忘了他自己的警告"对皇帝和流水而言，停滞不动都很糟糕"（页边码第 400 页），在德干高原与马拉地人作战长达 27 年，这场漫长战事造成的破坏也因 1686 年和 1687 年的弱季风期（剧烈的厄尔尼诺活动导致季风在这两年明显偏弱）进一步加剧。根据马德拉斯城中一位商人的说法，有 35000 人在战斗中死去。父母抛弃子女，成年人自卖为奴，只求摆脱饥荒。[34]尽管战争造成了数百万卢比的财政支出，但 1707 年皇帝去世时，莫卧儿国库仍存有 2.4 亿卢比——这比之前所有统治者留下的总额还要多得多，也几乎肯定要多于世界其他任何统治者掌握的资源。整个 17 世纪，莫卧儿帝国的税收收入、贡纳进献和洗劫所得都要高于其财政需求。但是，奥朗则布的拉吉普特、锡克和马拉地邻居也都在虎视眈眈地等待着。他们好整以暇地准备从奥朗则布死后无可避免且必将立即爆发的继承权战争中坐收渔利。就连世界上最富裕的国家，也无法克服"血腥选长制"带来的弱点。

东南亚：从富饶到贫困

17 世纪初，印度尼西亚群岛的几名统治者也拥有巨额财富——他们发财致富的原因与莫卧儿皇帝多有相同之处：异常肥沃的土地带来的税收收入，获利丰厚的商业贸易，还有不时发生的战争。但同样与莫卧儿印度相似的是，他们的土地饱受 17 世纪频率异常的厄尔尼诺现象和火山活动的摧残。群岛大部地区每月通常都会有 4 英寸乃至更多的降水（这里没有"干季"可言），但 1643 ~ 1671 年爪哇岛中部的树木年轮显示，这里经历了有记载以来历时最长的少雨期。1643 ~ 1671 年，群岛地区没有一年的降水量达到了通常水平，1664 年也成了近五百年记录中最干旱的一年。爪哇岛现存的文字史料显示，这个印度尼西亚诸岛中人口最为稠密的岛屿在 1633 ~ 1665 年经历了长达六年的饥荒，并曾在十年里受到水稻歉收的困扰。群岛外围诸岛的文字史料也显示，当地经受了长达两年的饥荒以及十年的水稻歉收。群岛稻米的普遍短缺发生于四个年份：1633 年、1657 年、1660 年和 1664 年（插图 40）。[35]

三大自然优势缓和了小冰期带来的上述冲击。第一，印度尼西亚群岛横跨赤道，太阳能变化带来的冲击不大：平均温度下降给这里的冲击远弱于纬度更高的地区。即使在大饥荒期间，印度尼西亚仍然留有充足的可耕用土地。心怀艳羡的欧洲访客弗朗西斯科·德·阿尔西纳曾于 1660 年代说："这里留有大片的稀疏土地，却没有任何人于此耕种。每处村庄或人口聚集区都有自己的边界，但尽管如此……任何前来定居的人都可以自愿选择土地来耕种，无论位置多优越，面积多广大，而且不需花费分文，即使当地人从没见过或从没听说过他。"第二，

摩鹿加群岛人口

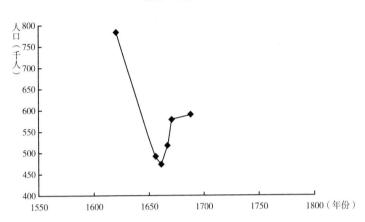

年轮尺寸

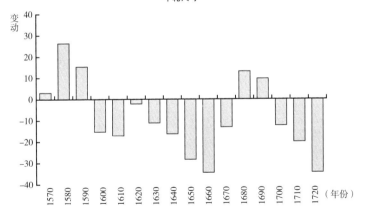

40　印度尼西亚的旱灾与 17 世纪危机

盛产香料的摩鹿加群岛人口剧降，与当地有信史以来持续最久也最为
严重的旱灾几乎完全吻合。

412

群岛的热带气候和肥沃土壤也让种类各异的可食用作物得以茂盛生长，其中一些作物足以抵御反常天气。到访苏门答腊岛的威廉·马斯登指出，如果主食作物歉收，当地居民就会转而采摘"野生植物的根、药草，以及树林里一年四季都旺盛生长的树叶"，因此"作物或谷物的歉收（在苏门答腊）也就不会造成与那些耕耘更精、用度更俭的国度一样的可怕后果"。[36]第三，人口稠密的沿海地区可以从未受灾地区进口稻米，从而部分缓解了旱灾的影响。尤为重要的是，荷属东印度公司的船只通常会从印度买米以纾解饥荒，因为作物歉收很少在印度尼西亚群岛和南亚次大陆同时发生。[37]综上所述，虽然17世纪中叶的印度尼西亚群岛人口多达2000万，但其中很少有人饿死。这一状况一直持续到人为因素"克服"了这种自然丰饶，并"成功"制造危机的那一天。

葡萄牙人、荷兰人、英格兰人、穆斯林、中国人和日本人等商人群体对珍奇香料（班达群岛的肉豆蔻、安汶岛的丁香等）的旺盛需求不可避免地在东南亚列岛造成了单一栽培问题：每座岛屿都全力以赴耕种商品作物，对其余作物则一概舍弃。至1630年代，当地种植业都还是一派繁荣景象。拜出口税所赐，当地的统治者也获利颇丰。不过，随着各种军事与政治的变化导致了一个又一个市场的关闭，这一情势也迅速改变：首先在1638年，日本政府禁止一切由本国人或葡萄牙人进行的对外贸易活动（见第3章）；接着在1641年，荷属东印度公司从葡萄牙手中夺走了马六甲，从而拿下了一处控扼海峡航线的咽喉要地；而从1644年开始，来自中国的海上贸易活动也因明清易代而萎缩。这三大新情势都给荷兰人带来了丰厚的商业利益。一方面，他们借控制航道以排除竞争者，特别是那些从高价香料的长距贸易中致富的穆斯林商人等中间商，并抬高了出口印度尼西亚的粮食价格。有研究估计，荷兰人从当地竞争者手中夺走进口贸易控制权后，米价立即上涨到原来的五倍。另一方面，荷兰人可以频繁封锁那些仰赖进口主食的当地生产商的港口，制造人为饥荒，以迫使受害者廉价出售香料。胡椒价格仅在 1650 年代就降了一半。[38]

香料价格的下跌和主食成本的上涨给群岛各族带来了深远影响。有人捣毁了自己的胡椒藤，重新栽培水稻。群岛地区最大的伊斯兰国家——亚齐的一首韵体史诗道出了原因：

> 做买卖赚不到多少利润，哪怕你去种胡椒，朋友。
>
> 如果国家没有稻米，那么百物皆无一用……
>
> 如果无粮可食，你的儿女就得挨饿，你也得卖掉家中所有……
>
> 如果没有粮食，你又将以何为食？
>
> 如果田间没有稻子，整个国家都将陷于饥馑。

亚洲季风带的其他统治者也出于安全考量停止种植香料。一位穆斯林贵族禁止他的臣民种植胡椒，"这样一来他们就不会卷入战争，不管是同（荷兰人）还是其他有权势者"。[39]但实现这一点可谓知易行难，因为荷兰人常常与敌对的"有权势者"结盟并发动进攻。比如在苏拉威西岛南部，富裕港市望加锡的苏丹们就群起并吞了邻近的波尼国（Bone），接着又顶住了荷兰人要求贸易独占特权的压力，转而欢迎所有贸易者。他们小心翼翼地使用部分开放贸易得来的收入，在王宫周边修筑了一座大型要塞"索姆巴奥普"（Sombaopu）。要塞的滨海

413

一线拥有 14 英尺厚的巨墙和四座棱堡，配有荷兰、英格兰和葡萄牙商人捐赠的重炮。三国商人都在望加锡城内建有商馆。1641 年马六甲失陷后，便有两三千名葡萄牙人转移到望加锡活动。这个苏丹国也享受了前所未有的繁荣，直到流亡的波尼王子阿隆·帕拉卡向荷兰乞求帮助。1667 年，荷兰战舰应帕拉卡的请求炮击了望加锡新建的防御工事，直至赢得重大贸易让步之后方才撤军。两年之后，荷兰人声称苏丹违约，波尼－荷兰联军再次进犯，一举包围并攻克了望加锡城。阿隆·帕拉卡现在成了望加锡的新苏丹，荷兰人则筑起一座堡垒，借此控制南苏拉威西岛的一切沿海贸易活动。联军取胜后不久的一首史诗道出了当地人的情绪：

> 大人们，听我一言：
> 永远别与荷兰人为友。
> 荷兰人身怀邪谋诈术，
> 他们来到近前的时候，
> 没有国家敢自诩安全无忧。[40]

望加锡与荷兰之间的战争对交战各方而言都代价高昂：它让望加锡多地沦为废墟；尽管荷兰人最终从一位竞争对手的消亡中得利，但他们要再花上几十年的时间，才能用贸易的获利抵消两次海军远征的浩繁成本。

"第一场世界大战"：荷兰对葡萄牙

荷兰人也在与葡萄牙的作战中蒙受了巨额损失，这场战争被杰出的历史学家查尔斯·鲍克斯尔称为"第一次世界大战"，盖因其不但覆盖了四个大陆，还波及了周遭的海洋。[41]
荷兰战舰在整个 1630 年代都封锁了葡属印度首都果阿，以及
葡萄牙在亚洲季风带有利可图的前哨站：斯里兰卡（锡兰）、
马六甲和澳门。这些葡属据点的生存都要仰赖出口高价值货
物的能力。1640 年，一位身在印度的英格兰商人评论说，葡
萄牙人"正处于最为悲惨的境地：马六甲和锡兰被团团围住，
（荷兰人说那里）已与被攻占无异；他们的盖伦帆船着火沉
没；他们的士兵衰弱而死；每个人都灰心丧气"。他预言除非
"欧洲即刻派出充足的援助增援他们"，否则葡萄牙人就将遭
受"彻底的毁灭。粗野傲慢的荷兰人也将在各地飞扬跋扈，
自命为印度洋的王者"。[42]没过多久，自里斯本而来的新任总
督带着援军到果阿履职；不过在一年之后，随着葡萄牙起义
对抗西班牙统治的消息传来，这位总督——与亚洲的几乎所
有葡萄牙人一样——声明拥护若昂四世领衔的新政权（见第
9 章）。

　　不过，新王并没有能力保卫他的所有海外领地。正如他
在写给果阿总督的"登基通知信"中告诫的那样，"就算我迫
切地想要援助印度"，也无法向亚洲划拨经费，因为"现在最
为关键的是花费足够的金钱对抗西班牙，保卫我们的边疆"。
总督在回函中断然表示，现在葡萄牙"有必要立即（立即！）
在这些地方与荷兰人议和或休战，因为他们军容鼎盛，而陛
下的军力又孱弱不堪"。接着，总督不屈不挠地主张，倘若不
能立刻与荷兰议和，"陛下每年都应以同等之紧急手段向果阿
提供增援。当下我们需要至少八到十艘强大的盖伦帆船，以
及配备齐全的士兵、水手、火炮和金钱"。[43]但是，里斯本的新
政府尚有其他优先事项：不仅要防守本土，还要从荷兰人手

中收复巴西——事实上，葡王若昂和他的国务会议讨论巴西事务的次数四倍于讨论印度事务。若昂君臣做出决议，"亚洲因其辽远广大而更难保有，花费更多但用处不大"，所以"我们应当按我们的需要放弃亚洲，以此让我们得以在巴西（自由）行动"。[4]因此，"每一年"葡王若昂都会写信给他在果阿的总督，为自己没能派出"配有足额士兵、水手、火炮及金钱的"盖伦帆船致歉，因为同时防守葡萄牙和巴西的任务对他而言过于繁重。

新王的冷漠态度让他在亚洲的臣民大为光火，一些人甚至发动了武装抗议。第一场抗议发生在邻近中国广州，拥有约三万人口的港口城市澳门，尽管这里的葡萄牙定居者与其他各殖民地一样热情欢迎"独立光复"。本土光复的新闻紧随马六甲陷落和日本严禁对葡贸易的消息而来，这两起事件令澳门的绝大多数商人陷入万劫不复之境。1643～1644年，一群西班牙人在几名当地牧师的支持之下，几乎成功为腓力四世重新拿下该城；随后在1646年，欠饷的守军发起哗变，一群愤怒的市民刺杀了总督。为了配合"巴西优先"的政策，葡王若昂命令亚洲官员"绥靖为先，避免制造更多骚乱"，要求他们千万不要试图指认凶手（更不必说惩罚了）。[45]六年后，因为在与荷兰的作战中缺少来自母国的支援，一群心怀不满的葡萄牙殖民者也在斯里兰卡起兵造反。他们高呼"基督信仰万岁！恶政府去死！"的口号，冲进葡属斯里兰卡最大的要塞科伦坡，囚禁了王室总督，并换上了自己的领袖。1653年，果阿也发生了叛乱。在被荷兰剥夺了海上贸易和斯里兰卡获利丰厚的种植园两大支柱之后，这座葡属亚洲殖民地的首府受到重创——之前的果阿还是一座拥有约75000名居民（包括欧洲人、印度人和非洲人）的繁荣城市，但在荷兰人的封锁之下，此时这里的"人口只相当于从前的三分之一"，果阿"多处地域人口锐减，大部分房屋化作废墟"。一群失望至极的葡萄牙殖民者罢黜了总督，用"鼓掌通过"（这是个重要术语，因为它曾在里斯本方面承认若昂四世为新王的仪式上出现）的方式推戴继任者就职。他们"给出的理由是，葡萄牙也曾如此行事，英格兰人民亦然——他们还补充道，近在咫尺的……锡兰也是如此"。[46]

王室专员最终将上述三地的叛乱镇压了下去。尽管如此，葡萄牙在亚洲的帝国再也没能从 17 世纪中叶的危机中恢复过来。1640 年即位时的若昂四世还控制了自非洲索法拉①至中国澳门之间的 26 处据点，但待到他的儿子在 1663 年与荷兰议和时只剩下 16 处。正如久居葡属印度的耶稣会士曼努埃尔·戈蒂尼奥在 1663 年雄辩的评论所说，这个帝国"曾经统治着整个东方，疆域横跨 8000 里格"，现在却萎缩如斯。"如果说它还没有完全断气，那是因为它还未能找到一处配得上其过往伟业的墓地；如果它是一棵树，那么现在它只剩枯枝败叶；如果它是一栋楼，那么它现在已成为丘墟；如果它是一个人，那么它现在唯存残肢断臂；如果它是个巨人，那么它现在只能算是侏儒；如果它曾伟大煊赫，那么它现在就是一无所有。"葡萄牙手中控制的据点只剩下"敌人留给我们的，要么是为了纪念我们之前如此之多的亚洲领地，要么就是提醒我们当今持有的可怜领地的苦涩见证"。[47]

不过，戈蒂尼奥文采斐然的悼文还是无法解释，为什么

---

①　莫桑比克港口。

葡萄牙在亚洲的绝大多数殖民地都被荷兰共和国——一个比葡萄牙还小的国家——夺走。不少葡萄牙人都将问题归罪于遥远的距离：一名总督曾语带哀怨地告诫若昂四世，"印度过于遥远，那里的声音"在抵达里斯本时"总是来得太迟，来得太弱"。[48]此话当然言之有理——在里斯本和果阿之间乘船往返一次需要整整 300 天，航程长达 24000 英里——不过，阿姆斯特丹距离果阿甚至要比里斯本更远（科伦坡和马六甲亦然，它们都被荷兰人夺取）。即便是小冰期导致大西洋和印度洋的风向骤变，从而令航行耗时更久（与太平洋的情况类似，见页边码第 16 页），这些因素对荷兰人的影响也一点不比它们对葡萄牙人的影响小。

这场"第一次世界大战"的结果反映的人为差异要多于自然差异。1649 年，葡萄牙驻荷兰共和国大使以辛辣的口吻总结了这一点。他如此抱怨道："别国两个小时就能决定的事情，在我们国家却要耗费两个月。"尤为显著的例子是，葡萄牙人一再没能在三月底之前如期让本应前往果阿的年度舰队起航，而用一位暴跳如雷的总督在 1650 年的话说："所有在 4 月 1 日之后离开里斯本的船只若想在当年之内抵达果阿，只能指望奇迹发生。"值得一提的是，这位总督正是在他的舰队于 4 月 21 日起航之后写下这些话的。这些船最终搁浅失事。[49]若昂四世的大臣也同意此论：就在前一年（1649 年）他们还哀叹："看到陛下的敌人如此得心应手地航行、征伐，真令人感到悲哀。他们的九艘船无一倾覆，而陛下您派往那里的船只传来了如此糟糕的消息。"的确，现存史料表明，17 世纪中叶荷兰人驶往亚洲的船中，每二十艘船才会损失一艘；而葡萄牙人的船却是每三艘里就要损失一艘。[50]这一惊人差异只是部分由于荷兰人把握有利时节出海航行的卓越能力；它还反映了荷兰人的整个指挥控制系统相对于葡萄牙人的优势。

葡萄牙的根本问题在于，葡王是一切亚洲行动的指挥者。他几乎将葡属亚洲帝国的所有职责都委派给了贵族，这些贵族不仅自身缺乏实际经验，而且总是拒绝倾听称职的平民下属的意见。因此，由于掌兵的贵族拒绝听从手下职业军人的建议，葡萄牙军队常常陷入埋伏；许多葡萄牙航船沉没了，只因掌舵的贵族对海外水手的意见充耳不闻。雪上加霜的是，不少葡萄牙殖民官员都过于腐败，难当其任。正如一位王室官员提醒某位批评者（这位批评者正准备离开果阿回到里斯本）时所说的："你大可以回去，在葡萄牙畅所欲言。待到惩罚到来的那天，要么葡属印度不复存在，要么就是我们已经不在这里了……从葡萄牙到这里可是路途遥远。"[51]

相比之下，荷属亚洲则由 17 名联合东印度公司（United East India Company）的董事直接控制，他们的主要考量就是谋利。因此，这些董事将行政权交给那些被证明是才华卓著的人，而不过问其出身。17 世纪中叶三位最成功的"印度省督"都是意外之选：安东尼奥·范迭门（1636～1645 年在任）曾经是以假名逃亡巴达维亚的破产商；约翰·马绥克（1653～1678 年在任）是个曾在西属尼德兰的鲁汶大学就读的天主教徒；而里杰科洛夫·范·戈恩斯（1678～1681 年在任）则出生在德意志。这些人都拥有雄心壮志和钢铁般的意志力，足以拒斥他们不认可的上级建议乃至命令。范迭门的统治格外成功，他指挥 85 艘战舰发动了对果阿、斯里兰卡和马六甲的一连串攻击，同时还派亚伯·塔斯曼出海远航，将塔斯马尼亚（一开始被命名为范迭门之地）、新西兰和斐济第一次画进了欧洲人的地图。1641 年，范迭门收到了身在荷兰的公司董事寄给他的申斥信，指责他过于冒险。范迭门先是提醒他们自己刚刚立下的奇功（特别是拿下马六甲），然后又接着抗命。范迭门表示："我们说过并在上一封信里确认过，那就是亚洲事务必须委托给我们处理；因此我们若是要为公司服务的话，就不能坐等命令到达。尊敬的董事们，你们知道这是为什么：正所谓时不我待。"[52]正如马努埃尔·戈蒂尼奥所说，葡萄牙在亚洲的殖民帝国也许在小冰期已经"安全消亡"了，但其主因应是人为而非自然因素。

417

伊朗的奥秘

现存史料显示，萨法维王朝统治下的伊朗原本也应在 17 世纪中叶"完全消亡"。游牧部落联盟长期支配着伊朗的历史，它们总是扼住彼此的咽喉。统治伊朗的所有王朝都出自游牧部族，其中就包括萨法维家族，以及王族的精英战士：奇兹尔巴什（"红头"，因他们的红头巾而得名）。萨法维王朝的开国君主伊斯梅尔便是一个苏菲派兄弟会富有人格魅力的领袖，他曾于公元 1500 年前后自称弥赛亚，并号召所有同属什叶派的信众支持他。伊斯梅尔的计划仅在伊朗成事，结果他的国家周遭都是逊尼派的土耳其人、莫卧儿人和乌兹别克人；伊朗本身也拥有数量可观的逊尼派穆斯林和亚美尼亚基督徒少数派，以及犹太教和印度教信徒。不仅如此，1600 年的伊朗沙阿只统治着不到 1000 万臣民（相比之下莫卧儿印度有 1 亿人口，奥斯曼帝国治下则有约 2200 万居民），一旦强邻挑起战事，他的国家将极度脆弱。

萨法维王朝的核心地带是伊朗高原，这里是一片广袤但干旱的内陆盆地，几乎所有大的定居点都位于边缘地带，中部的高原地区却人口稀少。曾于 1660 年代和 1670 年代长居伊朗的法国珠宝商让·查尔丁评论："像波斯这样多山少水的国度可谓世所罕见。甚至没有哪怕一条河流可供船只进入王国的核心地带，也没有一条河流可供在各省之间运送货物。"查尔丁指出，"波斯的国土干旱，荒凉，多山，人口稀疏"，他接着说：

> 十二分之一的土地既无居民也未开垦；若是离开任何大的城镇哪怕 2 里格，你都不会再遇见一座大的宅院；走出 20 里格，你就再也遇不到半点人烟。西部边疆地带比其他所有领土都更为贫瘠，那里也是所有领土中最乏人定居与开垦的。那里除了渺无边际的大片沙漠之外，几乎什么也遇不见。导致状况唯一的原因就是水源的缺乏；整个王国的绝大部分地区都急需水源，当地人被迫存储雨水，或是在土壤之中凿井取水。

查尔丁描述，许多农民都通过"深凿"建造了精巧的"地下沟渠"，以将山泉引入他们的田地之中。但查尔丁敏锐地补充说："伊朗各地都缺乏足够的人手照看沟渠，也没有人挖得出水量充足的沟渠。如此一来，并非土壤贫瘠导致人口稀少，而是人口稀少导致土壤贫瘠。"[53]

查尔丁将萨法维王国在如此恶劣之自然条件下的存续归功于阿巴斯沙阿（1588～1629 年在位）的革新措施。在政治上，阿巴斯引入了两项奥斯曼式的政策。首先他废除了争长制：为

418 避免诸子逐位、罢黜亲父（就像他本人那样）的风险，他将
自己的儿子杀害或致盲，并建造了一座后宫（harem），将诸
孙软禁于此，直至其中有人继承王位。这一残酷政策在每次新
君登位时都会重复一遍，也就终结了继承权之争（尽管与奥
斯曼帝国一样，这个政策也制造了一些不称职的君主）。第
二，阿巴斯征募古拉姆（ghulam，意为奴隶士兵）并用火枪和
火炮武装他们，以制衡奇兹尔巴什。为支付"新军"的军饷，
阿巴斯没收了部落领袖的土地，并将其行政权委任给古拉姆。
阿巴斯还推行了经济改革：他改良道路，创设公路警察团保护
行人，还修筑桥梁，设置驿站；他倡导种植棉花、水稻和丝绸
（他曾强制将两处主要的产绸省份改为官地）。在此之上，他
将亚美尼亚商人带到新都伊斯法罕，让他们督导丝线的生产和
销售。丝绸很快就成了伊朗最有利可图的出口商品，也是伊朗
沙阿的主要收入来源。讽刺的是，阿巴斯使用向奥斯曼帝国出
售丝绸换来的白银，发动了从奥斯曼手中争夺伊拉克和高加索
大部地区的战争。他还从葡萄牙人手中夺取了波斯湾港口冈布
龙（他以自己的名字将其重新命名为"阿巴斯港"）和霍尔木
兹，从而为伊朗丝绸打开了更广大的市场。总体而言，阿巴斯
在位时将萨法维王朝控制的领土扩大了近一倍，伊斯法罕也成
为一座拥有约 50 万居民的大都会。

　　1629 年阿巴斯去世后不久，他的长孙萨菲就将所有男
性亲属杀死或致盲，以避免内战。不过他还是不得不对付在
盛产丝绸的吉兰地区爆发的严重暴乱，一名奇兹尔巴什自封
"弥赛亚"，率领当地民众举旗反抗重税；新任沙阿在处决
这个"弥赛亚"和他手下的 2000 名追随者之后才平息了这
场暴乱。三年后，萨菲挫败了一场对他下毒的阴谋，随即

大开杀戒，将阿巴斯沙阿所有在世的女性后裔处决殆尽，"另外在宫中只留下一名教士，其余尽数诛杀。这名教士也成了沙阿的宗教、教育和司法大臣"。[54] 外朝政府的运转被交予宫中尚存的 3000 名宦官和 1000 名古拉姆负责。不过，这个新体制没能保住阿巴斯南征北战取得的成果。在北面，哥萨克入侵者对里海地区虎视眈眈；在东面，乌兹别克酋长们反复发动袭击；在西面，奥斯曼帝国重夺伊拉克，迫使萨菲于 1639 年批准了《祖哈卜和约》（Treaty of Zuhab），美索不达米亚的全部领土因而重归奥斯曼帝国之手（见第 7 章）。

尽管萨法维王朝再也没能夺回伊拉克，但其对伊拉克的短暂统治却在当地留下了深远影响。伊朗人在当地的新臣民当中优待什叶派，弹压占人口大多数的逊尼派。因此在萨菲让出这一地区的时候，他不仅放弃了什叶派圣城纳杰夫和卡尔巴拉，也抛弃了大批什叶派人口。伊拉克的什叶派信众将从此受到政治排挤和压迫，直至 1916 年奥斯曼统治崩溃方休。不过到了 20 世纪下半叶，萨达姆·侯赛因的统治让这一切又卷土重来。与爱尔兰的情况一样（见第 12 章），17 世纪中叶的教派冲突直到今天仍构成了不稳定的根源。

《祖哈卜和约》的签订令通往地中海的"丝绸之路"重新开通，伊朗本土因而享受了一轮"和平红利"，伊朗沙阿和他的亚美尼亚商人也因此获利颇丰。萨菲在三年之后去世，他 10 岁的儿子阿巴斯二世（1642 ~ 1666 年在位）和平即位。1649 年，阿巴斯二世应阿富汗人的请求从莫卧儿王朝手中重夺坎大哈，并击退了印度人的三次围攻（见页边码第 407 页）。阿巴斯二世用一系列历史壁画庆祝他的胜利，这些壁画

419

今天依然在伊斯法罕的"四十柱宫"（Chihil Sutun palace）花园里供人瞻仰——这是阿巴斯二世修筑的几座华贵宏伟的建筑之一，意在为他的首都增色。史蒂芬·达尔曾认为，"四十柱宫"也许代表了沙阿"本人对其统治作为萨法维鼎盛之世的认知"。不过，就在四十柱宫竣工之后不久，一系列极端气候事件带来了范围甚广的灾害。[55]

伊朗地区不时经受旱灾、疾风、雹暴和地震灾害的侵袭，但 17 世纪下半叶，伊朗见证了远远多于往常的自然灾害。在1663 年的六个月里，伊朗西北部没有任何降水，"水井干涸，庄稼枯萎"。而在 1665～1666 年，一场歉收让商人群体经历了几波破产潮。瘟疫和饥荒的合力竟让阿巴斯二世的继承者于1666 年主动退位，并于次年以新名字重新为自己加冕。不过瘟疫依然肆虐，蝗灾摧毁了此后三年的收成。此外，一再发生的货币贬值也制造了经济波动；斯捷潘·拉辛的哥萨克骑兵侵扰着里海沿岸地区（见第 6 章）；（"在世之人记忆里最严重的"）暴雨摧毁了设拉子（那里生产葡萄酒）的 2000 座房屋。1676 年让·查尔丁重返伊朗时，他认定该国的财富与他十年前初次造访时相比已经缩水了 50% 之多。[56]

两大因素帮助萨法维王朝安然度过了经济波动和政治失灵。第一个因素是，萨法维君主多次驳回了俄罗斯、威尼斯等国相约结盟对抗奥斯曼人的邀请。与莫卧儿帝国一样，我们也可将萨法维王朝视为"一个未实现其领土野心，但对自身的扩张极限有清醒认识的帝国"。[57]第二个因素不那么重要：尽管我们没有任何类似欧洲教区登记簿那样的详尽人口记录，但许多在小冰期造访伊朗的人都对当地的"人口衰减"有所评述。让·查尔丁提出三项解释：

第一个原因便是波斯人不甚妥当的倾向，他们无
分男女都喜欢犯下忤逆自然的重罪（鸡奸）；第二，
该国不加节制的放荡生活。这里的女人很早就生孩
子，之后会继续造人但为期甚短；一旦年过三十，她
们就会显得年长色衰，风华不再……还有一大批女人
让自己堕胎，并服用药物抗拒受孕。第三，上世纪有
大批波斯人前往（印度）定居，甚至举家移民。[58]

尽管查尔丁已精通波斯语，并在伊朗生活多年，但他也没
有资格用妄自尊大的口吻来评论鸡奸频率（这无法估测）和
人口外迁的确切人数（同时代的印度莫卧儿君主确实迎来了
成千上万的波斯人，但也有成千上万的印度人移居伊朗）。不
过，查尔丁对生育控制的说法还是言之有据的。尽管《古兰
经》对生育问题不发一语，多部《圣训》（先知穆罕默德的指
令）还是就节育问题做出了指示。同时，伊斯兰教法允许在
怀胎的前三个月里堕胎（即便在官方的说辞里只是为了保全
母亲生命而非控制人口）。但在 17 世纪，人们可以从阿拉伯语
医学著作中找到近 200 种避孕和堕胎的方法，并在药房里找到
大部分相关药品。一些医学著作公开主张，在"年景糟糕"，
或"不希望身边增添过多需要养育的子女，甚至完全无法养
育任何子女"时，使用避孕（包括在妊娠早期堕胎）手段是
"可以被允许"的。因此，伊朗也就避免了困扰其他各国的
"人口过载"问题。[59]

不过，萨法维王朝的处境依旧脆弱——王朝臣民享受的异
乎寻常的言论自由便是明证。1640 年代，一位法国旅行者震
惊地发现，萨法维当局"允许人们讨论和争辩宗教事务"，而

420

且会"心甘情愿地承认本国输掉了一场战役，或丢掉了一座城池（奥斯曼人却总是将失利归咎于叛徒）"。一代人之后，让·查尔丁满怀惊讶地记载道，在城市咖啡馆里"人们畅所欲言地发表政治评论，完全不受政府监管，因为宫廷根本不在乎他们说了什么"——不过正如常见于 17 世纪的事例所表现的那样，对舆论的宽容在这一时期反映的是软弱，而非力量。[60]萨法维政权之所以安然无恙，还是因为缺少外部挑战者。随着外部形势于 18 世纪初发生变化，事实证明伊朗沙阿在奥斯曼和俄罗斯的领土扩张面前都无能为力。而伊朗的阿富汗邻居先是发起叛变，接着又侵入伊朗本土，最终杀死了萨法维王朝最后的男性成员——在此之前，萨法维还曾打败莫卧儿王朝，并于 1739 年征服了印度。

1700 年以降的萨法维王朝和莫卧儿帝国都陷入了无政府状态，有观点以为两国只是推迟而非躲避了灾难；不过这并非公允之论。如同南亚和东南亚其他地区一样，两国的领土都在 17 世纪中叶经受了自然灾害（特别是旱灾）的侵袭，但他们成功避免了政治灾难后发生。相反，对两国此后两代人而言，对绝大多数臣民来说，在南亚多地生活确实"并不比之前受灾更甚"。

注 释

1. 特别感谢 Lisa Balabanlilar、Stephen Dale、Scott Levi、Sanjay Subrahmanyam、Tristan Mostert 和 Stephan van Galen 协助本章的筹备工作。17 世纪的欧洲人学会了"莫卧儿"（Mughal）这一指代"蒙古"（Mongol）的阿拉伯化词语（可能是一种蔑称），尽管莫卧儿王朝成员从未使用它，但避而不用则似乎有迂腐之嫌。

2. 细节出自 Blake，*Shahjahanabad*。尽管卫拉特蒙古领袖巴图尔珲台吉于 1640 年代在博克塞里修建了一座新都，而郑成功也于 1650 年代在厦门岛上建立了思明州，但这两处聚落都是镇而非城市——且两者都没有存在太久。同样地，荷兰人也于 1619 年后在巴达维亚（爪哇）以及累西腓（巴西）修建起城市，但它们是殖民与帝国中心。最后，尽管马拉地君主希瓦吉（Shicaji）开创了一个新帝国，他仍选择了莱加德这处业已存在的要塞作为自己的首都。

3. Guha，*India in the seventeenth century*，I，82（from 'A voyage to Suratt in the year 1689' by John Ovington）．

4. Dale，*The Muslim empires*，107 – 8；Habib，*The agrarian system*，4，26 – 7．

5. Dale，The *Muslim empires*，100．

6. Elliot and Dowson，*The history of India*，VII，158．

7. Ibid.，156 – 9，print the description of Aurangzeb's exemplary piety in Bakhtawar Khan，*Mirat-i Alam*（1666）．

8. Guha，*India*，I，82（Ovington in 1689）；Sarkar，*Anecdotes of Aurangzeb*，53，from Aurangzeb's advice to his son c. 1695. Beach and Koch，*King of the world*，11，lists the major movements of Shah Jahan.

9. Guha，*India*，I，82 – 3（Ovington）．他引用了 1664 年马拉地人洗劫苏拉特的例子。

10. Data from Richards，*Mughal Empire*，138 – 40（quoting Lahori's *Padshah Nama*）．In 1689，Ovington gave much the same figure：see Guha，*India*，I，82．

11. Begley and Desai，*Shah Jahan Nama*，61 – 2（1657～1658 年皇家史官编撰的官方年度编年史概述：在其被正式承认并获准接受誊写之前，沙贾汗或他的个人代表会逐字逐句进行审阅）．Habib，*The agrarian system*，100 – 10，罗列了发生的饥荒。

12. Temple，*Travels of Peter Mundy*，II，42 – 4，47 – 9，55 – 6：entries for Nov. – Dec. 1630；Foster，*The English factories in India*，*1630 – 1633*，122，165，178 and 218 – 19，letters from East India Company officials in Surat to London，31 Dec. 1630，8 Sep. and 9 Dec. 1631，and 8 May 1632 OS.

13. Temple, *Travels of Peter Mundy*, II, 265, 275 – 6, entries for April-May 1633; HAG *Ms* 1498/11 – 12, Viceroy Linhares to Philip IV, 10 Aug. 1631, copy. 也可参见 Disney, 'Famine', 260 – 1, 基于 1630 年 3 月至 1631 年 12 月利尼亚雷斯 78 篇关于饥荒或由饥荒引发的问题的记录。至 2010 年, 尽管已有多达 39 篇关于印度树木年轮的文章得到发表, 但只有一篇涵盖了 17 世纪的数据。

14. Foster, *The English factories 1634 – 1636*, 64 – 5, East India Company officials in Surat to London, 29 Dec. 1634 OS; Foster, *The English factories*, *1630 – 1633*, 178 – 9, same to same, 9 Dec. 1631 OS.

15. Foster, *The English factories*, *1630 – 1633*, 178 – 9, East India Company officials in Surat to London, 9 Dec. 1631 OS; Temple, *Travels of Peter Mundy*, II, 265, 275 – 6, entries for April-May 1633.

16. Elliot and Dowson, *The history of India*, VII, 24 – 5, quoting Lahori's *Padshah Nama*; Begley and Desai, *Shah Jahan Nama*, 62.

17. Raychaudhuri and Habib, *Cambridge economic history of India*, I, 184. 关于莫卧儿修建巨舰的突然决定, 参见 van Santen, 'De Vereenigde Oostindische Compagnie', ch. 2; 关于沙贾汗统治下的孟加拉的经济发展, 参见 Prakash, *The Dutch East India Company*, 34 – 41 and 234 – 40; 关于财政增长, 参见 Alam and Subrahmanyam, *The Mughal State*, 26 – 7, 以及 Moosvi, 'Scarcities, prices and exploitation', 49。

18. Subrahmanyam, 'A tale of three empires', 73。关于莫卧儿王朝在孟加拉的扩张, 参见 Eaton, *The rise of Islam*, 156 – 7。

19. Foltz, 'The Mughal occupation', 51 – 2, 引用了 *Shah Jahan-nama* 和 *Tazkira-i Muqim Kahni*. Balabanlilar, 'Lords of the auspicious conjunction', 72 – 8, 指出莫卧儿人为纪念帖木儿, 称自己为 Guregeniyya ("女婿王朝"), 帖木儿与成吉思汗后代联姻后采用了这一称谓。

20. Foltz, 'The Mughal occupation', 57, quoting the *Tazkira-i Muqim Kahni*. Borgaonkar et al., 'Climate change', 32, 34, 喜马拉雅地区树木年轮数据显示出 1640 年代的生长季不甚理想。

21. Levi, 'Hindus beyond the Hindu Kush', 280, 引用了 *Tazkira-i Muqim Kahni*, 并表示 1647 年中亚的奴隶买卖 "在历史上和本地

区都是绝无仅有的"。

22. Richards, *Mughal India*, 132 – 5, quoting the estimates in Muhammad Sadiq's *Shahjahan-Nama*.

23. Richards, *Mughal India*, 132 – 5, quoting a *Manshur* (confirmation) by the ruler of Balkh in 1668 – 9.

24. McChesney, *Waqf*, 141, quoting a *Manshur* (confirmation) issued by the ruler of Balkh in 1668 – 9.

25. Faruqui, 'Princes and power', 299, quoting the *Waqiat-i Alamgiri.*

26. Elliot and Dowson, *The history of India*, VII, 178, quoting Muhammed Kazim, *Alamgir Nama.*

27. Moosvi, 'Scarcities', 55; Moinul Haq, *Khafi Khan's History*, 93 – 4. 尽管这一纪录在 *History* 一书中未标注日期，但事发时间应在 1659 年 9 月诸事件发生之后不久。

28. Foster, *The English factories*, *1655 – 1660*, 263 and 256, letters from the English factors at Masulipatam, north of Madras, in Mar. and Oct. 1659; and 210 and 310, letters from the English factors in Surat, Sep. and Oct. 1659 and Apr. 1660; Foster, *The English factories in India*, *1661 – 1664*, 32, letters from the English factors at Madras, 28 Jan. 1661 (all dates OS).

29. Moinul Haq, *Khafi Khan's History*, 130 – 1; Singh, *Region and empire*, 116, 1658 ~ 1660 年旁遮普的 "免费粥棚"。

30. Foster, *The English factories*, *1661 – 1664*, 200 and 321, letters from the English factors at Surat, 28 Jan. and 4 Apr. 1664; de Souza, *Medieval Goa*, 172 (graph of food prices in the city), van Santen, 'De Verenigde', 90 – 6.

31. Foster, *The English factories in India*, *1661 – 1664*, 329, letter from the English factors at Surat, 26 Nov. 1664. 荷兰语资料记载了 1659 年、1660 年、1661 年、1663 年、1664 年以及 1666 年印度发生的饥荒：Boomgaard, 'Fluctuations in mortality', 5。1662 ~ 1663 年孟加拉的大米及小麦价格飙升：Moosvi, 'Scarcities', 47，以及 Prakash, *The Dutch East India Company*, 252 – 3。Borgaonkar, 'Climate change', 51，记录了 1663 年、1665 年及 1666 年喀拉拉地区发生的旱灾。

32. Bernier, *Travels*, 205, letter to Colbert written 'after an absence of twelve years' from France, which he left in 1656; Moosvi, 'Scarcities', 49 – 50 and 55; Moosvi, 'Indian economic experience', 332 (excluding Bengal, Orissa and Kashmir, because their revenues had already declined sharply between 1646 and 1656). See also the tax figures in Guha, *Health and population*, 33 – 4.

33. Moosvi, 'Scarcities', 这是填补莫卧儿时期印度经济史研究上 "忽视生产与消费循环中的短期波动" (例如饥荒和气候变化) 之空白的先驱之作。

34. Love, *Indian records*, 558, Appendix VIII, 'Madras famines'.

35. Liu, *Asian population history*, 197 – 9 and 202 – 7. Peter Boomgaard, 'Fluctuations in mortality', 记录了 1633 年 ~ 1634 年、1641 ~ 1642 年、1647 年、1657 年与 1659 ~ 1662 年爪哇的歉收情况, 以及 1618 年、1625 ~ 1627 年及 1664 ~ 1665 年发生的饥荒; 1633 年、1638 ~ 1639 年、1644 年、1646 年、1648 年, 1651 ~ 1653 年和 1657 年外岛 的歉收情况, 以及 1660 年与 1664 年的饥荒。参见 ibid. , 47 – 9; Reid, 'The crisis', 211 – 17; and Arakawa, *Climates*, 222。

36. Reid, *Southeast Asia*, I, 25, quoting Alcina, *History of the Visayan Islands* (1668); and, I, 18 and 19, quoting William Marsden, *History of Sumatra* (1783).

37. Boomgaard, 'Fluctuations in mortality', 5, 记录了印度与印度尼 西亚干旱的不同年表。

38. Reid, 'The crisis', 211 and 218 – 19. 荷兰的收益无疑成比例大 幅攀升: 经 Anthony Reid 计算, "荷兰人在欧洲以印度尼西亚 收购价十七倍的金额出售香料, 在印度则是十四倍"。

39. Drewes, *Hakayat potjut Muhamat*, 167 [穆罕玛特王子 (Prince Muhamat) 在一场亚齐族内战期间路遇一片荒地时发表了这些 言论]; Reid, 'The crisis', 219, 引用了一位驻菲律宾南部的荷 兰代理商 1699 年的报告。类似声明也请参见 1686 年的相似文 献: ibid, 218。

40. Skinner, *Sja'ir perang Mengkasar*, 215 (written 1669 – 70). 关于荷兰 在孟加锡的困境, 参见 Andaya, *The heritage of Arung Palakka*, 130 – 3; 以及 Parker, 'The fortress', 213 – 15。

41. Boxer, *The Portuguese seaborne empire*, 106 – 7.

42. Foster, *The English factories, 1637 – 1641*, 228, William Fremlen to
the East India Company, Dec. 1639 and 28 Jan. 1640. See also the
similar verdict of Tavernier, *Travels in India*, 150 – 61. [760]

43. Winius, *The fatal history*, 54 – 5, royal letter of Mar. 1641;
Pissurlencar, *Assentos do Conselho do Estado*, II, 573 – 8, Viceroy
Aveiras to John IV, 27 Sep. 1641.

44. Winius, *The fatal history*, 110, letter of 3 Apr. 1647, and 117,
opinion of two councillors of war, Sep. 1649.

45. Boxer, *Fidalgos in the Far East*, 150, 153 – 4.

46. Bocarro, O livro das plantas, II, 155; Winius, The fatal history,
141, 遭到罢黜和囚禁的总督奥比杜什伯爵（count of Óbidos）
致其兄弟的信。两年后，一位来自里斯本的继任者逮捕了密谋
者并将他们押送回葡萄牙。也可参见 de Souza, *Medieval Goa*,
115 – 17; 以及 van Veen, 'Decay or defeat', 108 – 12。

47. Boxer, *Portuguese seaborne empire*, 128 – 9, quoting Manuel Godinho,
Relação do novo caminho que fez por terra e mar (Lisbon, 1665). On
Godinho, see Lobo and Correia-Afonso, *Intrepid itinerant*.

48. Boxer, *Portuguese India*, 7, viceroy to king, 26 June 1668.

49. Prestage and Laranjo Coelho, *Correspondência diplomática*, III, 354,
Sousa Coutinho to Secretary of State Soares de Abreu, 4 May 1649;
Boxer, *Portuguese India*, 23 – 4, viceroy to the king, Rio Licungo,
23 Oct. 1650.

50. Boxer, *Portuguese India*, 35, *consulta* of the Overseas Council to John
IV, 9 Sep. 1649. Figures from Bruijn, *Dutch Asiatic shipping*, III,
75; and Subrahmanyam, *The Portuguese empire in Asia*, 163.

51. Boxer, *Portuguese India*, 7, letter of 14 Dec. 1658.

52. De Jonge, *Opkomst*, V, 248 – 9, van Diemen to the directors, 12
Dec 1641 (the Governor General himself added the italics).

53. Chardin, *Travels in Persia*, 128 – 9. 在第 137 页，查尔丁再次强调：
"总体而言，波斯就是一片不毛之地"，但他还声称"该国还有
十分之一的土地未经开垦"。

54. Newman, *Safavid Iran*, 74 – 5 and 202, 介绍了这场暴乱及处决

活动。

55. Dale, *The Muslim empires*, 218.

56. Floor, *The economy*, 61 – 2, quoting Chardin, *Voyages*. 气候详情出自 Newman, *Safavid Iran*, 94 – 5 和 131 – 2, 以及 Matthee, *Politics of trade*, 175 – 7. 关于货币贬值部分, 也可参见第 2 章。

57. 对 Subrahmanyam 的引用见本书页边码第 406 页。Berchet, *La Repubblica*, 50 – 2 and 215 – 19, 记载了 1644～1649 年一次重要但未获成功的波兰 – 威尼斯使团访问伊朗的活动, 其目的是请求沙阿向奥斯曼帝国宣战。

58. Chardin, *Travels in Persia*, 130.

59. Musallam, *Sex and society in Islam*, 10 (《圣训》), 57 – 82 (关于堕胎与避孕的医药库存与文献, 包括一篇专著中罗列的 176 种方法), 89 [关于记录了 8 种避孕手段的《芳香园》(*The Perfumed Garden*)] 以及 118 (引用了 Ibn Nujaim 和 Shawkani 的论文)。印度教及伊斯兰教教义允许避孕措施, 并认为女性理想的结婚年龄为 15 岁。

60. Maussion de Favrières, *Les voyages*, 89 (La Boullaye-le-Gouz in 1644), and Babayan, *Mystics*, 441 (Chardin in 1676). 沙阿的前任者们则更为保守: 参见 ibid. , 442 – 3。

14　红旗插遍意大利[1]

不少时人都曾期待 1640 年 6 月的加泰罗尼亚叛乱令西班

牙君主国走向崩溃。瑞典驻巴黎大使胡果·格劳秀斯就幸灾乐祸地表示：“火焰终将蔓延到阿拉贡、瓦伦西亚和葡萄牙。”在伦敦，詹姆斯·霍维尔预言：“星星之火终将飞到更远的地方，烧到葡萄牙，或者西西里和意大利；我注意到，西班牙企图控制这些国家，就像一个人妄想抓着狼的耳朵不放。”[2] 的确，葡萄牙于 1640 年 12 月反叛，阿拉贡也在次年爆发了叛乱（见第 9 章）；同时，1645 年最糟糕收成带来的旱灾也在瓦伦西亚王国多地诱发了反抗征兵和增税的暴乱，政府机构因之瘫痪。两年之后的 1647 年，一份宽幅印刷品上写下了带有威胁语气的口号：

> 如果这就是你想要的好政府
> 那么，那不勒斯、墨西拿和巴勒莫
> 已经为你指明了道路。[3]

当时，“星星之火”不仅烧到了那不勒斯、墨西拿和巴勒莫，甚至还波及米兰——不过这些火苗都未能成为熊熊烈火。加泰罗尼亚的叛乱延续了 19 年之久，葡萄牙则在长达 28 年的战争之后赢得了独立。相比之下，西属意大利政府却在一年之内就控制了伦巴第的“火势”，并扑灭了那不勒斯和西西里的火焰。这是为什么？

叛乱中的西西里

西班牙君主国从 1619 年开始对治下的意大利臣民课以重税。腓力三世要求他的意大利领地上缴 300 万杜卡特充作军饷，并派遣援军协助斐迪南二世打败其德意志敌人（见第 8 章）。尽管在幅员和财富上并不等同，但西班牙在意大利各领地分摊税负时却"一视同仁"——伦巴第、那不勒斯和西西里各出 100 万杜卡特——而西西里是一个尤为诱人的"财政目标"。第一，该岛的肥沃土壤让每粒种子通常可以出产 7 ~ 10 粒小麦和 9 ~ 11 粒大麦，这是 17 世纪欧洲的最高纪录。第二，西西里有四分之三的人口都生活在城镇，其中 70 座城镇都位于内陆高地，专门生产用于出口的粮食（见第 3 章）。拜 16 世纪和 17 世纪初的温暖气候所赐，西西里的大多数城市都繁荣兴旺，该岛的人口也从 1500 年的 60 万翻了一倍，到 1623 年已有 120 万人，其中包括巴勒莫的 13 万居民和墨西拿的 12 万居民，它们也是西西里最大的两座城市。

不过，世上存在着两个西西里。第一个是包括行政首都巴勒莫在内的岛西和岛中地区，这里主要生产并出口谷物；而包括商业首都墨西拿在内的岛东地区则主要生产并出口丝绸。两个西西里虽然十分繁荣，其经济基础却颇为脆弱。墨西拿及其腹地几乎不产谷物，因此其人口数量主要仰赖当地进口面包和出口纺织品的能力才得以维持。1645 年威尼斯和奥斯曼帝国（见第 7 章）爆发战争时，墨西拿的丝绸出口锐减了四分之一，数千人因此丢掉了工作。危机也将以同等的酷烈和突然重创西部西西里，因为旱灾让中部高原地带新城市周遭的边缘土地变得贫瘠。在整个 1640 年代，有些土地的出产率甚至跌到了一比三——这是整个近代早期西西里岛有据可查的最低纪录——这就大大减少了可以供给巴勒莫的谷物总量。[4]两个西西里在政治结构上也不尽相同。西部地区绝大多数政府官员都由国王任命，而东部诸市享受着可观的自治权。路易·里波特·加西亚提请将墨西拿单独划出，由一个由六名行政官组成的议院统治，行政官每年选举一次。"墨西拿自此便拥有了在西西里诸城乃至西班牙君主国的所有领地当中最为强大的自治地位，几乎让它成了一个在西班牙保护之下的共和国。"国王直接任命的当地官员只有"将军"（straticò），这一职务负责统率国王的驻军并执行法律。[5]

腓力四世和他的西班牙大臣于 1643 年决定让意大利为他的对外战争做出更多贡献（见第 9 章），他的西西里臣民背负的税负在此后四年里增长了近一倍。西西里岛的总督政府运用了许多在 17 世纪危机期间盛行于世界各地的财政策略：利用"王室特权"（比如"薪酬返公"和印花税）；逼迫岛上议会投票通过新税，接着将税捐稽征权转让给银行家换得预付的现金；政府还向几乎所有日用商品强征消费税。而当这些举措未能满足国王的需求时，总督们也会采用转让王室土地和权利（尽管这会减少收入）、出售公职（尽管这将削弱公职人员的忠诚和纪律性）以及发行公债（尽管利息大大提高了支出）等手段。财政压力迫使各大城市采取了类似举措：他们出售土地，课征新税，高利借贷（1640 年代，巴勒莫的公债攀升至 400 万杜卡特以上）。上述种种举措都意味着，一旦一连串自然灾害袭击西西里岛，无论中央政府还是地方政府都将捉襟见肘。

从 1645 年 9 月开始，西西里岛的降雨在近一整年时间里几乎从未间断。连绵的暴雨先是摧毁了冬季的作物，又让夏季粮食的收获量剧降。不仅如此，洪水还冲毁了房屋，冲垮了桥梁，暴风则摧毁了橄榄树。埃特纳火山的喷发也"造成了显著损害"。然而，国王仍要求他的西西里总督在第二年春天将 30 万蒲式耳的谷物运往西班牙，还驳回了总督关于"本岛粮食的短缺让这一切无法实现"的请愿。腓力还明令要求该城行政官员不得补贴谷物价格（他们往常都这么做）以缓冲粮价上涨给穷人的冲击。1646 年 8 月，小麦价格升到了有记载以来的最高水平。墨西拿议院命令全城面包师将一条面包的标准尺寸缩小一成——这也是为了避免涨价的唯一替代方案了。三周之后小麦价格继续上涨，他们也故技重施，再一次缩小了面包的尺寸。[6]

一群"少年和妇女"此时走上墨西拿街头，挥舞着矛尖挑有小块面包的长矛，高呼"国王万岁，恶政府下台！"的口号。暴乱者杀死了一名行政官，烧毁了另外两名行政官的屋舍，并向几个贵族的家宅投掷石块；不过，曾在 1640 ~ 1641 年的加泰罗尼亚战役中表现糟糕的总督洛斯·韦勒兹侯爵（见第 9 章）迅速采取了应对措施。当时正好有几艘桨帆船停泊在墨西拿港内，侯爵命令甲板上的水兵前往街巷恢复秩序，从政府的"战略储备"中调出谷物输往城内，接着又亲自前往墨西拿，督导对暴乱领导者的逮捕和处决工作。

尽管这些举措令墨西拿的局势重归稳定，却对西西里其他地区因歉收而引发的危机于事无补。恰恰相反，在 1646 年秋天，"已经犁地播种的农民渴望降雨，但一场大旱却不期而至。旱灾不仅甚于当时，而且一直延续到随后的整个冬天，甚至波及 1647 年春天"，似乎"将要带来一场普遍的灾难"。巴勒莫的一场严重瘟疫恰好与旱灾同期而至（或者说是因旱灾而起），瘟疫每周都杀死数百人，面包价格也升至三个世纪以来的最高水平。国王命令巴勒莫的行政官终止对面包的价格补贴（每天耗费300杜卡特），但他们抗命不遵（虑及墨西拿的事件），担心一旦照做就会引发暴乱。[7]

与此同时，巴勒莫的教士组织了多场祈求降雨和上帝宽恕的游行。他们认为正是罪孽才让上帝在人间降下惩罚。"一天又一天，一小时又一小时"，巴勒莫的成人与儿童走上街头，"以种种方式表达他们的忏悔之意。他们头戴荆棘冠，颈上脚上拴着铁制锁链，自行鞭笞自己，一刻不休地哭泣流泪"。奇迹于是发生了：巴勒莫下了两天的雨，庄稼重新开始生长。而就在公众焦虑稍得缓解之时，"一股西洛可风[①]日夜劲吹而来，其强劲之势让喉咙为之干涸，将谷物和水果尽皆杀死"——但在1647年5月19日，第二场奇迹发生了：一艘在巴勒莫港口靠岸的船带来了数吨谷物。[8]不幸的是，这艘船也捎来了国王的最新信件。他在信中威胁说，除非该市行政官停止对面包的价格补贴，否则他们就得自己出钱购买谷物。面包师于是收到指令，将一条面包的标准尺寸缩小15%，"使价格匹配成本"。[9]

大规模饥荒的可怕前景，喷涌而出的宗教狂热，以及两场看似使人得救的奇迹，都让巴勒莫的公众情绪陷于失控。一些妇女带着小条面包前往大教堂，将面包放到圣坛上大喊："上帝啊，看看我们在终日忏悔之后得到了什么吧。"5月20日，约两百人（其中许多是少年和妇女，就像前一年的墨西拿一样）聚集在城墙之外，高呼"国王万岁，恶政府下台！""大块面包，

424

---

① 西洛可风，源自撒哈拉沙漠，盛于地中海地区，常导致干旱燥热。

不要消费税"的口号，乃至更直接的"面包，面包！"。他们的呼喊引来了更大规模的人群聚集，一些人开始向窗户投掷石块，在门口纵火。他们还闯进大型监狱，释放了一千多名犯人。[10]

犯人们一举扭转了局势。就在第二天，一个名叫安东尼奥·拉·佩罗萨的犯人煽动民众冲击公库，并焚烧了藏在其中的税收文书。洛斯·韦勒兹试图力挽狂澜稳定局势，他签署了一份宣言，废除对五类基本主食征收的消费税，将它们的价格都稳定在合理的价位。韦勒兹还恢复了对面包的价格补贴，这样面包师就能以相同的价格烤出更大的面包了。更为惊人的是，韦勒兹还罢免了曾下令削减面包规格的行政官，并答应给予"人民"自行选举两名行政官的权利。他不仅正式赦免了所有暴乱者，还对那些逃犯既往不咎。暴乱平息了。但一波方平，一波又起。也许是担心国王仍会就粮食补贴向他们追究责任，城市行政官坚称除面包外的一切食品都应以成本价出售。拉·佩罗萨及其支持者视此为毁信背诺之举，他们烧毁了参与征税的官员和商人的房屋。

愈发升级的暴力也制造了恐慌情绪。墨西拿大主教告诫本市的所有神父随时随地携带防身用的枪支。行会成员与贵族和贵族家仆们一起行动起来，恢复了街头秩序，并将拉·佩罗萨抓获。屈打成招的佩罗萨供述说，他计划将从城市公库中抢走的钱财分发给支持者，冀望因此被奉为王。他还将"一些希腊人"（有希腊血统的农民）带入城中，打算在圣体节庆典，也就是加泰罗尼亚叛乱的七周年那天一举杀死所有贵族（以及他眼中的其他敌人）。第二天，总督就将佩罗萨和其他挑头的"纵火者"处决，之后写信向国王炫耀说，自己刚刚乘着大马车在街头巡游，且绝对安全。[11]

可洛斯·韦勒兹吹嘘得太早了。巴勒莫人轻而易举就赢得了让步，这给其他西西里城市的饥民上了生动的一课。成群结队的人们"由年轻人和妇女带领，手执木棒，揣着石头"，走上街头高呼"西班牙的王万岁，废除消费税!"，各地行政官几乎都答应了这些要求。如果他们拒绝的话，人群就会砸开监狱，并开始焚烧富人住宅，直到官员接受他们要求的让步条件方休。在墨西拿以南60英里的港口卡塔尼亚，某位当地贵族率领暴乱者释放了所有囚犯，烧毁了全部审讯文书，迫使市政当局废除消费税，签发大赦令，允许行会选举两名终身行政官。在高地小城卡尔塔贝洛塔，公众集会不但诉求废除消费税，还要求进行新的人口普查作为未来税收分配的基础。原因在于，现有的税收账册列有"8000人的姓名，其中大多都很富裕；但是，如今本地只有区区3500个穷困潦倒又悲惨异常的灵魂"。[12]

巴勒莫也迎来了一场财政危机。原因在于，缺少消费税收入的当地政府根本无力向贷方偿债。1647年7月1日，总督会见了新当选的行政官和行会领袖，他们一致同意向富人征税：从此，该城房屋的每个窗户、每座阳台和每一扇门都要纳税，每磅烟草、每辆马车也都被课税。他们还颁布命令，无论贵族还是教士都不会有任何税务豁免。这些举措还建立了近代早期欧洲的第一个"累进"财税体制。如果不是因为那不勒斯革命的消息传来，这个体制也许会长久维持下去。[13]

"我发现没什么比在那不勒斯街头行走更困难的事了"

西西里王国与那不勒斯王国互相毗邻，两国之间有着深切而广泛的文化与商业联系，也服从于同一位君主。那不勒斯方面也密切注视着墨西拿海峡另一边的事态。有关巴勒莫叛乱及其惊人后果的报道迅速传到了那不勒斯。没过多久，那不勒斯也出现了批评西班牙政府的海报。那不勒斯人可以批评的地方太多了。那不勒斯王国的面积为英格兰的两倍以上，人口相对要少（约 300 万人）。不过，该王国的首都（有约 35 万居民）是整个西班牙君主国最大的城市，其规模在整个欧洲也名列前茅。1634 年，朱利奥·切萨雷·卡帕奇奥出版了一本介绍那不勒斯的指南，书中抱怨该市的街道"塞满了徒步而行的人，骑在马背上的人，坐在马车里的人。处处都嚷嚷吵嚷，活像一处蜂巢。不论时间是几点，我发现都没什么比在那不勒斯街头行走更困难的事了"。卡帕奇奥还提到了其庞大人口消耗的海量粮食，其中绝大多数都在该市的主要集市梅尔卡托广场（Piazza del Mercato）买进卖出。[14]

不少观察家都提到了该市精英显贵的奢侈排场（有法国访客认为"世上没有一个种族"能比那不勒斯的贵族"更为自以为是、自矜自大"）与其余居民赤贫生活之间的惊人对比。不少穷人都得在城市中心的"高楼"公寓建筑中抑或城市周边的窝棚里艰难度日，乃至露宿街头。那不勒斯人称他们为"拉撒路"（lazzari）[①]，因为他们竟能从寒酸的床铺中起身行走，堪称奇迹——不过，卡帕奇奥认为他们"是国家的渣滓，天性易叛，倾向革命（rivoluzioni），以及打破法律、风俗和对上级的信任"。卡帕奇奥认为，他们"只要稍有动作，就能令一切进入无序状态"。[15]

为了将"革命"风险降至最低，总督们对不同社会群体

---

① 拉撒路是《圣经》中耶稣最爱的门徒，因被耶稣以神迹复活而闻名。

之间的对抗大加利用。那不勒斯的本地贵族分属六大家族
[所谓"议席家庭"（Seggi）]，每个家族都会向市议会派驻
一名代表，六名代表将与一位候选人一起组成市议会。该候
选人由总督从非贵族户主提交的名单中圈选 [其名称却是带
有误导性的"民选议员"（Eletto del popolo）]，任期六个月，
到期是否延任全由总督决定。尽管挂着"民选"头衔，但这
位候选人反映的却是政府观点。1620 年，时任"民选议员"
的律师朱利奥·热诺伊诺（Giulio Genoino）提出的宪政改革
草案引发了一场大型政治危机。这份草案包括了赋予贵族和
平民（popolo）在市政府中平等代表权的内容。热诺伊诺起
草的一份宣言用平民和贵族各自的人数论证新代表权分配的
合理性——"300000 对 1000"——不过，纵使总督也为该
方案背书，马德里还是将其驳回，并把总督和热诺伊诺都定
罪入狱。[16]

　　热诺伊诺等城市知识精英成员求咨于法源和史料，确信
西班牙政府已经篡改了"古代宪制"。例如，他们发现"那
不勒斯天生为一自由之共和国，却分裂为议院和平民百姓"；
诺曼人入侵之前，那不勒斯从不纳税；那不勒斯还曾"自行
选举总督，以取悦于（拜占庭）皇帝或其他能为那不勒斯提
供保护的友好王公"。历史学家卡米洛·图蒂尼出版了一本
内容广博但充满争议的著作，认为那不勒斯的贵族和平民自
罗马时代以来就已平等地分享权力，暗示如今他们理当再度
分享权力。[17]与之相对，那不勒斯改革者们却对一件事缄口不
言：首都那不勒斯拥有总督辖区之内其余地区都没有的税收
豁免权。那不勒斯王国其余地区的代表们每两年或三年在一
个由贵族把持的议会集合议事，投票表决针对绝大多数地

426

区，最终落到他们臣民头上的税收。类似流程本来少有例外，但到了1640年之时，除那不勒斯之外，王国境内只有十座城市还在王室的直接控制之下，其余城市连同其名下的绝大部分土地则已被王室卖给了贵族。与其他国家一样，王室也出售贵族头衔——1613年那不勒斯有161名贵族，1631年已增加到271名，在1640年更是达到了341名——为了筹集现金，王室还向贵族（不分新旧）出售官职和王室权利，尤其是他们对臣民的司法权（包括最终上诉权）。一俟取得这些范围甚广的王室权利，贵族便调动其扈从军队，迫使佃农以远低于市场价格向他们出售农产品，接受名目繁多（有时是新创条目）的封建劳役，并且用武力镇压其一切反抗。一位退休法官于1634年写作出版的一本著作列举了近来发生的数百起封建主虐民事件，这些案例中的肇事者无一受到惩罚。诸如此类的恣意妄为在王国全境都引发了愤怒和抗议。[18]

马德里方面施加的财政负担日益沉重，原本就紧张的情势进一步恶化。1637~1644年，那不勒斯王国每年都得付出100多万杜卡特用于支付腓力四世的军费——有总督曾抱怨，那不勒斯为帝国防务的付出要超过西属美洲——不过这还没完，因为加泰罗尼亚和葡萄牙叛乱的爆发，以及多个战场上对法作战的展开，西班牙政府在1641年的索求飙涨到了空前的900万杜卡特和14500名士兵。如此规模的要求迫使那不勒斯的总督采用与西班牙君主国其他领地的政府大体相同的办法，以新旧税种合并的方式将税收增加到原来的三倍。他们还向当地银行家借贷，令公共部门负债急剧上涨。到1647年为止，那不勒斯公债总额已在1.2亿到1.5亿杜卡特之间的高位徘徊——这个数字已与那不勒斯王国的国内生产总值相去不远。总督们还"压榨"那不勒斯的八家公共银行,要求其取出现金存款。它们将现金运往海外,同时发行纸制货币代替短缺的硬币(这大概是欧洲第一版真正意义上的纸币)。1647 年,八家银行都已在事实上倒闭,私人银行家则向西班牙和伦巴第政府提出了变本加厉的利率要求:1630 年代的利率是 8%,但这个数字到 1641 年就变成了 40%,在 1642 年上升到 55%,在 1643 年则是恐怖的 70%。

上述财政新事态对那不勒斯王国的全部人口都产生了影响。在以未来税收收入为担保的高额利率吸引下,数万那不勒斯市民积极放贷(无论是直接出资还是由银行家担任中介)。一旦这些税收不能兑现,他们便只能宣告破产,然而恰恰与西班牙本土一样,人口衰减也减少了那不勒斯的税收收入。1595 年那不勒斯王国(除首都外)的人口普查显示,全国共有 55 万户居民;50 年之后的另一次普查却显示,国内人口只能勉强达到 50 万户。为了避免无可阻挡的财政危机,总督的财务顾问将人口衰减归咎于移民:"他们从卡拉布里亚跑到墨西拿;从阿布鲁奇逃往教皇国;以及最悲哀的是,从奥特朗托周边地区渡海投奔奥斯曼帝国。"移民还造成军队新兵短缺,政府有时甚至会给士兵戴上手铐,将他们械送至港口登船,"以防他们逃脱"。[19]

来自马德里的财政压力毫无缓解迹象,那不勒斯的总督们只得四处搜寻新的收入来源。1642 年,王国议会同意追筹空前规模的 1100 万杜卡特钱款,大部分都源自一项王国各家各户都须缴纳,唯独首都住户得以豁免的"壁炉税"——不过这项税收也有一项条件,那就是十年之内不得再要求投票议决新税。这项协议意味着，唯有那不勒斯市的行政官才能征收新税。他们果然也对特定"奢侈"进口商品（比如烟草和水果）征收了消费税，且一再变本加厉。据一位城市编年史家的说法，"已经没有一种食物的税收小于其实际成本了"。这位编年史家的说法有所低估：到1647年，某些食物门类的税收已是其售价的三倍之多。[20]

绝大部分水果消费都来自富裕人家，因此水果消费税（gabella della frutta）针对的是富人。不过类似税种曾在过去引发暴乱，现已成为不公和压迫性税负的象征。即使如此，就在"议席"主动提出贷款100万杜卡特以免缴纳新水果税时，总督还是点头答应了。没过多久，"标语海报就已遍布那不勒斯，煽动人们像巴勒莫一样'发动一场革命'"；匿名分子炸毁了梅尔卡托广场上为住有穷人的棚屋和"高楼"建筑所环绕的税务署。[21]1647年6月，总督行经梅尔卡托广场，去圣母圣衣圣殿（Santa Maria del Carmine）出席弥撒，那里收藏着一幅因施降神迹而闻名遐迩的圣母像。总督在途中收到不计其数针对水果税的抗议。阿尔科斯公爵堂·罗德里戈·庞塞·德·莱昂自1646年以降担任那不勒斯总督，之前还做过三年的瓦伦西亚总督：他本不该答应缓征一项已经被抵给债主的赋税，因为这将意味着他必须找到其他收入来源作为替代。阿尔科斯公爵提出向那些拥有四轮马车的人征税，但就在"议席家族"的代表（他们拥有绝大多数马车）表示强烈反对后，公爵便重新开征水果税。

就在此时，一支法国舰队出现在那不勒斯外海。总督立即抽调该市的守军驾驶部分桨帆船出海迎敌。巧合的是，国王同时又下发紧急命令要求保卫热那亚抵抗法国进攻，于是阿尔科斯公爵又抽调了一支守军，乘剩下的桨帆船前往热那亚。这让那不勒斯成了一座不设防之城。总督的决策让一些忠心耿耿的那不勒斯人不明就里，此时的他本已"深知那不勒斯人因新水果税产生的敌意，也已知晓因为同样的原因——过度征税——巴勒莫人民和西西里其他各地的人几乎都已举兵造反"。对这些忠诚的那不勒斯人而言，阿尔科斯公爵的行为就是政治自杀。结果不出所料。[22]

红旗飘扬在那不勒斯

民众暴力事件常常在周日和假日发生，那时人们不是聚集在街头就是聚集在酒馆。深知这一点的那不勒斯大主教阿斯卡尼奥·菲罗马里诺小心翼翼地取消了 6 月 24 日例行的圣约翰日庆典。他还计划取消 7 月 16 日尊礼圣母玛利亚的节庆活动，因为这项节庆活动包括在梅尔卡托广场举办一场仪式性战斗，由当地的两队年轻人手执棍棒，各自身着"摩尔人"和"基督徒"的装束扮演"交战"双方。一队人将保卫一座饰有油画、立在广场上的木制"城堡"，另一队人马将发起"进攻"。他们每周日早晨都会在广场"排演"。

7 月 7 日周日早上，梅尔卡托广场的小商贩与当地生产商就"谁应该支付水果税"爆发了一场激辩。最终，一名水果贩"陷入狂怒之中。他将两大篮（无花果）丢在地上，口中怒吼：'上帝赐予我们丰盈，邪恶的政府却制造匮乏。我不关心水果了。你们请自便。'""民选议员"闻讯抵达现场并试图恢复秩序（保证市民缴税），市肆之间的"妇女和少女"却"开始高呼'国王万岁，坏政府去死！'的口号"。突然间，一个身着白色长罩衣、头戴红色软帽的男子纵身跳上一个水果摊，高呼"不要消费税！不要消费税！"，他一边说着一边向民选议员投掷杂物，先是水果然后是石块。[23]

煽动者是时年 27 岁的鱼贩托马索·阿尼洛（Tommaso Aniello），诨名马萨尼洛。此人在毗邻梅尔卡托广场的一条巷子里出生长大，也是节庆期间"摩尔人"小队的领袖。马萨尼洛早已将手下身着红黑两色的服装的"小伙子"（ragazzi）们训练得极为协调。"就在一眨眼间，成千的平民"就冲进了广场，在马萨尼洛的领导之下夺取了藏在圣殿尖塔里的一些武器，"并在教堂尖塔上迎风展开了一面红旗，以此作为开战的标志"。人群中有不少西西里难民"称他们是懦夫，因为他们仅仅满足于一件事情（税收）；（难民）鼓动他们对一切事务都提出要求，就像巴勒莫一样"。马萨尼洛引领人群冲入了通往总督官邸的街巷。[24]同时，另一批暴乱者强行打开监狱，释放囚犯。

即便对"这个马萨尼洛"恨之入骨的菲罗马里诺大主教也表达了他的讶异之情。一个寻常的鱼贩子竟可以"获得如此的权威、控制权、尊重和服从。他的发号施令已让整个城市为之颤抖，他的追随者准时、严厉地执行这些命令；简而言之，他已经成了本市之王，也是世上最为光鲜的得胜之王"。马萨尼洛的支持者也宣称"他是上帝派来的人"，将他与摩西相比。[25]马萨尼洛的才华在于，他不仅能激励一无所有的"小伙子"和"拉撒路"，更能动员那些通常站在法律和秩序一边的工匠和店主。1647 年 7 月 7 日白天，起义者已达 3 万人之多。他们抵达总督官邸时提出了立即废除一切消费税的诉求。阿尔科斯公爵担心这一彻底让步（预计将令他损失500 万杜卡特的收入）将带来严重的财政后果，他的回应是许诺仅仅废除其中一部分税赋。这激怒了起义者，他们开始向前冲撞。受命不得开火的总督卫兵退缩了。阿尔科斯公爵侥幸逃脱，避免了七年之前巴塞罗那总督圣科洛马伯爵那样的厄运。

马萨尼洛选了个好时机。桨帆船带走了绝大多数守军，阿尔科斯公爵手下只剩区区 1200 名士兵防守这座在欧洲名列前茅的大城市。总督开始在安茹城堡（Castel Nuovo）周边部署防御，起义民众遂封锁了这一区域。援兵源源不断地从王国各地赶来，他们手执"犁刀、长柄叉和铁铲"，其中还有"为数众多的妇女手持火铲、铁钳和长钩、长钉，儿童则带着木棒与藤条"。[26]第二天，两个重要人物投奔了马萨尼洛阵营：朱利奥·热诺伊诺和他的外甥弗朗西斯科·阿尔帕贾，两人都是1620 年力推那不勒斯市修宪的老将。他们和马萨尼洛一道编纂了一个每晚要洗劫焚烧的房屋清单——其中就包括了热诺伊诺私人政敌的住址，以及那些与压榨式的财政机器有所关联的人。[27]身为调停人的菲罗马里诺大主教游说阿尔科斯公爵，建议后者废除一切消费税并颁布大赦令以至少恢复暂时性的和平。不过，总督大人又一次下错了棋：他的大赦令颇不明智地称暴乱者为"反叛者"。这番不敬之语引发了又一波暴力事件，又有几名大臣和税吏的房屋被点燃。[28]

1647 年 7 月 9 日，热诺伊诺及其同侪起草了一份含有 22 项条款（Capitoli）的清单。这份清单不但坚持要求全面大赦，而且列出了一系列特许权要求。他们认为，历史上的特许状已经授予了该城这些特许权，包括终止一切食品消费税，在首都和外省之间平摊税负，以及由平民大会选举"民选议员"。（阿尔科斯公爵语带悲戚地评论说，清单中包含了热诺伊诺及其支持者在近 30 年前提出的改革计划。）当清单在人头攒动的圣母圣衣圣殿得到宣读之时，一名听众突然高声提出异议：西班牙政府曾经对尼德兰、加泰罗尼亚和葡萄牙的对手出尔反尔，如何才能确保他们这回一定履约？阿尔科斯公爵同意，直到国王批准《清单》为止，起义者可以继续保有武装——考虑到马萨尼洛手下训练有素的民兵已达 1 万人之多，这是一个危险的让步。[29]

430　　与此同时，一些当地教士向起义者们保证，"因为他们遭遇横征暴敛，被西班牙人袭击、激怒"，他们的抗争是正义的；有些教士组织了常备的民兵连，还有一些教士仍在布道传教，将阿尔科斯公爵比作尼布甲尼撒、歌利亚和埃及法老，将起义领袖比作但以理、大卫和摩西。按照一份史料的说法，上述宗教布道"让众人士气大振，人们放开手脚奋勇作战，相信他们将成为圣徒升入天堂"。[30]马萨尼洛巧妙调动民兵部队，阻止王室桨帆船舰队在驱赶法国人之后重返那不勒斯港。他还下达禁运令，严禁该市出口谷物，并废止一切消费税，"几乎所有主食的价格都降到了自查理五世时代以来从未得见的最低水平"。[31]菲罗马里诺力劝阿尔科斯公爵认输让步，接受叛军的全部条件。

　　那不勒斯的叛乱本应在这个时间节点告一段落，但一群重装骑手纵马闯进梅尔卡托广场刺杀马萨尼洛的行动改变了一切。骑手们错过了目标，被民兵击败并受到严刑拷问。骑兵头目招供说，他们的刺杀得到了总督的批准。他们还在广场周边布满火药桶（意欲将其引爆，以便杀死尽可能多的叛乱者），在城市的供水中投毒（以杀死其余民众）。这桩阴谋激怒了起义者，有人呼吁建立一个独立共和国。走投无路的阿尔科斯公爵只得任命热诺伊诺为财政部长，并任命后者的外甥阿尔帕贾为民选议员。公爵还向他们承诺将让王国其余各地支付壁炉税，以代替首都的消费税；进行新一轮人口普查，确立更为合理的税收基准；民众将继续保有武装，直至国王同意让步为止。作为交换，总督只提出了一项要求：除掉马萨尼洛。

此时此刻，不少起义者已经准备好牺牲这位领袖了。热诺伊诺和律师们鄙视他；那些财产被焚的人想向他复仇；许多人自觉地与个人品行越来越怪异的他相疏远。7 月 16 日，四个密谋者（每个人后来都从阿尔科斯公爵那里拿到了一大笔酬金）杀死了马萨尼洛，众人随即损毁了他的尸体。不少人都相信，这次事件将在短短 10 天内终结"这场民众的大革命"；不过，始料未及和毫不相干的事件却又一次扭转了局势。[32]

一名总督卫兵骑马招摇过市庆祝马萨尼洛之死，口中叫嚣称贵族很快就会让人们再度卑躬屈膝。谣言风传，总督即将削减面包的尺寸。有的面包师对这一命令满心期待，但愤怒的消费者却抄起长矛挑着小面包块到总督官邸外抗议。他们还把马萨尼洛的残缺尸体拼凑回来，为数 4 万人的队伍跟随着他的棺木沿街游行，"口中念诵玫瑰经和主祷文，还加上一句'圣马萨尼洛，请为我们祈祷'"。菲罗马里诺大主教亲自主持了马萨尼洛的葬礼。[33]王国其余各地效法首都起事的消息也纷纷传来，第一个是萨勒诺：7 月 10 日，一群市民和农民要求如那不勒斯一般废除所有消费税。消费税税吏拒绝了这一要求，于是众人点燃了税吏的房舍，选举产生了一位"煽动者"（他也是一名渔夫）。到该月月底，在超过 100 座城市里（用一位法国评论者的话说），"人民都对之前虐待过他们的领主进行了残酷的复仇"，数百名领主逃往国外。到 1647 年底（根据托

431

斯卡纳公使的说法），"那不勒斯王国全境已经没有一处村庄未曾经历革命，以及与之相伴的纵火、凶杀和抢劫"。[34]似乎只有教会地产得以免于大众暴力（插图41）。热诺伊诺和他的同侪逐步巩固了对首都的控制，并派人接触其他地方的律师和"知识分子"，像那不勒斯一样在王国各地挑起叛乱。紧接着便传来了巴勒莫最新叛乱的消息。

红旗飘扬在西西里

马萨尼洛起义引发的潮流只用了短短四天就波及了巴勒莫，洛斯·韦勒兹自5月暴乱以来促成的脆弱的力量平衡立即随之紊乱。与北半球其他地区一样，糟糕天气预示着又一场惨淡收成，促使粮价和局势同步升温。目睹"那不勒斯革命"的工匠朱塞佩·阿勒西带着一份22条清单的刊印本返回巴勒莫，他在第一时间就与一些同伙密谋在巴勒莫得到与阿尔科斯公爵在那不勒斯类似的让步条件。计划定妥之后，密谋者们决定，待到下一个宗教节日——1647年8月15日的圣母升天节——就效法马萨尼洛的事迹，他们在这一天在大街上狼奔豕突，高喊着"恶政府去死，西班牙人滚蛋"的口号。总督带着寡不敌众的西班牙卫队逃之夭夭。[35]

支持者们公推阿勒西为城市首领（煽动者）。他们焚烧了四十多座贵族和商人名下的建筑物，之后面见总督，为达成一项各方都可接受的协议进行谈判。其后出炉的"49条清单"中包括了对平民大众（废除王国全境的消费税）、对行会（它们今后将有权任命六名城市行政官中的三名和许多下级官员）以及对律师的各项让步（他们得到保证：改革法律制度，将法律恢复到"阿拉贡王佩德罗的时代"）。尤为重要的

41　那不勒斯王国的叛乱，1647~1648 年

在 1647 年 7 月 7 日首都那不勒斯举叛之前，叛乱仅仅在零星几个农业区爆发。但在首都反叛之后仅仅三天，萨勒莫就成为第一个起而效尤的城市。到这一年年末，已有一百多个社区揭竿而起。几乎所有叛乱地区都一直抵抗到了首都投降之时（1648 年 4 月 6 日）。

432

是，洛斯·韦勒兹立誓，从今往后只有西西里本地人有资格出任神职和世俗职位，或领取年金。[36]

不过，总督大人也在挑唆阿勒西的反对派。8 月 22 日，一群心怀叛意的行会成员和复仇心切的贵族联合起来刺杀了首领阿勒西和他的 12 名忠实支持者。与那不勒斯的阿尔科斯公爵一样，洛斯·韦勒兹随即使出了一记昏着：他逮捕了部分行会领袖。数千名武装市民挥舞着红旗冲上街头，直至总督将 49 条清单公布方止。行会成员重新控制了各处防御工事和市政府，不过他们的权力仰赖便宜食物的持续供应。由于糟糕的收成让谷物价格进一步上涨，想要平抑粮价唯有补贴面包师一途，这么做每天都要花掉超过 1200 杜卡特。到 10 月末时，巴勒莫已面临近 15 万杜卡特的巨额赤字。

巴勒莫的新主人冀望与岛上其他起义者连成一片。不过考虑到西西里各城市强烈的排他主义以及墨西拿对联合事业的拒绝，这只能停留在空想阶段。洛斯·韦勒兹于是借机发布了一份宣言，命令所有离开首都的人都要在三周之内回来，否则就将面临没收全部财产的惩罚。流亡者的回归——绝大多数是保王党人——最终给了他相对于起义者的人数优势。于是韦勒兹要求所有从城市武库拿走的武器都必须上缴，且从此禁止任何人私自携带武器。"突然之间这成了一件咄咄怪事：年轻人和教士开始将武器上缴。"洛斯·韦勒兹似乎已大获全胜，但转瞬之间就传来了一条令人震惊的大新闻：奥地利的堂·胡安（腓力四世的非婚生子）统领的一支强大舰队试图奇袭那不勒斯并将其攻下，不过失败了。[37]

帝国的反击

巴勒莫骚乱的消息于 1647 年 6 月 16 日传到马德里。正如大臣们在第一时间对国王的提醒所说，西班牙与法国的冲突已让整个地中海成为战场，这意味着国王的诏令需要花上几个星期甚至是几个月才能抵达那里。这一延迟让"我们本土的增援根本无法准时抵达那里，因为我们距离需要增援的地方实在太远。早在派遣军衔命抵达那里之前，危险情势或许就已被平息或是升级了"。因此让步也就不可避免。那不勒斯叛乱的消息起初并未改变国务会议的谨慎立场，"因为那里的事态时刻都在变化，今天似乎可行的举措也许到了明天就不灵了"。尽管如此，腓力四世还是采取措施，释放资源。[38] 1647 年 1 月腓力对外宣称，他本人已准备在尼德兰就"任何可能达成和议的事务上让步"，与荷兰共和国签署停火协议（见第 8 章）。9 月，他也注意到了瓦伦西亚大主教的警告："国事已不可为，最不明智的做法就是试图增加新税，因为增税在今天既招人憎恶也极为危险。"腓力同意了王国精英的让步要求。"在这些暴风骤雨的日子里"，他告诉阿格丽达·玛利亚，在反叛波及之地"运用诈谋和容忍要比使用暴力要好"——但腓力还是欺骗了自己的这位密友，因为他刚刚下达命令让海军出航开往那不勒斯。[39]

糟糕的运气和差劲的筹划常常让腓力四世的方案流产，但这一回情况却将有所不同。堂·胡安本已率领西班牙的主力作战舰队离开加的斯前去封锁巴塞罗那，法国人包围热那亚的消息却不期而至。腓力于是又命令他的这个非婚子前去解救热那亚（就像那不勒斯的桨帆船队一样），但当那不勒斯反叛的消息传来时，堂·胡安才刚抵达米诺卡岛。于是，腓力又命令堂·胡安转而开往那不勒斯，冀望他能迅速摆平那里的麻烦。

这座大城市已经成了一个软柿子。马萨尼洛遇刺后，几个"特别利益集团"将公共秩序搅得天翻地覆：仅一天之内，就有 300 名工人、500 名丝绸工人与总督官邸的乐师和牧师一道走上街头，抗议他们当下的处境。喜怒无常的人群将混乱局势归咎于热诺伊诺，后者跑到阿尔科斯公爵那里寻求庇护——不过总督大人却当机立断将他逮捕并押送撒丁岛，秘密指示押解人员在路上将其暗杀。[40] 8 月的最后一周里，仍然身居民选议员之职的弗朗西斯科·阿尔帕贾力劝总督接受新的宪政方案，也就是"58 条清单"。这份文件肯定了那不勒斯城贵族和人民之间的权力分立；将那些暴乱期间房舍遭焚的人流放，并褫夺其公民权利；将王国的公职保留给当地人，命令所有"外籍"教士离开。更为激进的是，阿尔帕贾力劝总督将王室法官统统罢黜，换上 12 名新人。这 12 人都是当地律师，并在与西班牙权威的对抗中证明了他们的能力。当地编年史家将上述事态称为"一场新革命"并非毫无来由。[41]

这就是 1647 年 10 月 1 日奥地利的堂·胡安率领一支武装舰队和 9000 名士兵抵达那不勒斯外海时的局势。堂·胡安并未运用他的优势"以战迫和"，而是颇不明智地接受了阿尔科斯公爵的建议，直接攻城。舰炮和安茹城堡的大炮持续轰击城市长达一天之久，为一场大规模进攻做准备。不过，家住梅尔卡托广场的军械师詹纳罗·安涅西指挥炮兵将西班牙舰队赶出港口，（经过了三个月训练的）城市民兵也在付出巨大代价后击退了西班牙军队。堂·胡安同意休战，但拒绝承认"58 条清单"。于是在 1647 年 10 月 17 日，安涅西就在文琴佐·安德烈的协助之下发布了一份"宣言"，否认了腓力四世对那不勒斯的主权。五天之后，安涅西摇身一变成为那不勒斯的"人民大元帅"，"人们在圣母圣衣圣殿的塔尖上竖起了一面红黑两色的旗帜，宣示他们将战斗到死"。安涅西"高声诵读"了一封法国驻罗马大使寄来的信件。这封信以马扎然的名义承诺，法国将派来一支舰队和大笔经费支援"最尊贵的那不勒斯共和国"（Most Serene Republic of Naples），这个共和国也将"从此居于法兰西国王的保护之下"。[42] 现在，西班牙在意大利的统治乃至其未来的强权地位都已岌岌可危。

那不勒斯对"本国人"[①] 马扎然满心期待，但他本人却态度谨慎。马扎然比任何人都清楚，亲法势力在那不勒斯只占少数，法国的贸然入侵只会疏离那里的多数派。于是，马扎然断然拒绝了将那不勒斯置于法国保护之下的请求。恰恰相反，枢机大人将注意力放在了"大局"之上——如何最好地利用最近的事态，促成各条战线上有利于己的和平——他也相信，区区那不勒斯和西西里的丢失足以保证自己不费吹灰之力就在其他地方斩获更多的让步条件（更重要的是，不需花费分文）。因此，马扎然将所有现存资源都部署在与西班牙争夺米兰控制权的战斗之中。[43]

伦巴第的奥秘

17 世纪初的伦巴第公国拥有约 120 万人口，人口密度达到了每平方英里近 200 人——这在全欧洲仅次于低地国家。一位英格兰旅行者发现伦巴第"享有多样化而充裕的物产"，且"为谋利或赏玩而荟萃于此，丰富到难以言表的商品令人赏心悦目"。伦巴第似乎就是"世界的乐园。这片周长约 200 英里

435

---

① 马扎然生于那不勒斯王国的佩希纳。

的平原极为美丽富饶，在我看来可谓空前绝后"。德意志地区是伦巴第的主要贸易伙伴，那里的战争和货币贬值一度摧残了这座乐园；但伦巴第公国缓慢地恢复了过来。孰料 1628～1629年，暴雨两度造成粮食歉收，当地面包价格也涨到 17 世纪初以来的最高水平。就在这个当口，从德意志和西班牙本土赶来参加曼托瓦之战的军队又带来了黑死病。[44]

1628～1631 年，伦巴第公国有近三分之一的人死去，其经济也随之崩溃。伦巴第各大城市的房屋租金跌幅高达四分之三，纺织工业也应声萎缩；而在伦巴第乡间，多达四分之三的农田因缺少人手和市场需求而荒废。不过，伦巴第又一次恢复过来，而且相当迅速。一位居住在公国首都的意大利人后来写道，在 1630～1634 年，"我目睹了一场惊人的转变：几乎荒无人烟的米兰再度恢复到了从前人尽皆知的模样"。诚然，米兰城的毛纺织业再也没有恢复元气，但其他经济活动却取而代之——尤其是丝绸、玻璃和武器制造业。至迟到 1646 年，一名到访伦巴第首都的英格兰旅行者就发现，这里有着充足的"贸易支持，城市状况繁荣"，因此米兰城"挤满了各行各业的工匠"。还有一个英格兰人记载称，米兰城"到处都是……世所罕见的工匠，特别是精通水晶工艺的匠人"。[45]

极少有访客提及，腓力四世还在伦巴第部署了一支 1 万人的常备军，这支军队的规模还会时而扩大。援军将取道伦巴第前往北欧捍卫西班牙在当地的利益，因此战时的伦巴第公国有可能得到 4 万名战斗人员的保卫。每名士兵都需要粮食、住所和军饷，许多士兵动用武力从当地人手中榨取这些资源，如此做法引起了普遍的民怨。1640 年 5 月，米兰城派出特使卡尔洛·维斯孔蒂向腓力君臣抗议其士兵的"过分行为"，陈述米兰背负高达 20 多万杜卡特的年度财政赤字与近 500 万杜卡特公债的困难，并就"巧立名目的诸多新税以及旧有税负的显著增加"提出申辩。维斯孔蒂到达西班牙宫廷时，巴塞罗那的圣体节事件刚刚发生。他趁机向腓力施压，指出"加泰罗尼亚事件"与伦巴第经历的"兵荒马乱"的起因如出一辙。维斯孔蒂后来声称，就在他描述这些暴行的时候，奥里瓦雷斯伯爵－公爵"多次呼喊'天啊，天啊'"。[46]有大臣提醒国王"尽管您的（伦巴第）封臣忠诚无比，但在如此混乱的时世里，我们不应让他们彻底陷于绝望""此时此刻我们应当待封臣以宽宏友爱"。奥里瓦雷斯却反其道而行，要求伦巴第为西班牙的战争努力做出更多贡献。他认为，"等我们夺回在西班牙的失地之后再收复"意大利地区的"全部失地"，要比"冒着丢失西班牙领土的危险保住我们在意大利的地盘更容易一些"。[47]

奥里瓦雷斯的倒台和法国军队 1643 年在罗克鲁瓦的压倒性胜利（见第 9 章）终于让西班牙中央政府下定决心，"若以现有捉襟见肘的资源在所有战线全面开战，似乎将意味着我们必须尽可能多地削减我们的承诺"。从今以后，意大利就得自掏腰包筹设防务了。人在米兰的一位王室官员因而于 1647 年 7 月警告腓力："迄今为止，我们只是靠着出售资产、横征暴敛和经受难以置信的痛苦才存活至今。"而就在此时，那不勒斯和西西里的叛乱进一步减少了米兰的现金流。于是在"穷尽了人类心智所能想到的一切手段"并提前预支了此后三年的全部收入之后，等着米兰军民的只有挨饿一途了。[48]

马扎然颇为自信地期待伦巴第的绝望处境将引发一场叛乱，这样他就可以派出一支早有准备的军队翻越阿尔卑斯山收割果实。马扎然的期许在 1647 年 8 月已接近实现：受上个月那不勒斯叛乱的激励，一份宣言书在米兰的大街小巷流传，"实话说，不嫌长，'西班牙国王万岁，但是面包块得大起来，消费税必须废除'"。宣言还威胁焚烧那些政府大臣的房舍。[49] 两个月后，米兰制糖商人朱塞佩·皮安塔尼达因持有大量宣言书的刊印本被捕，这些宣言书号召同胞们支持即将到来的法军入侵，因为法军的入侵将"终结（伦巴第）人民在西班牙大臣的邪恶统治和暴政下受到的无法容忍的压迫"。接下来，皮安塔尼达在宣言中保证，全民都将"重新享受"一百年前"最为威严的皇帝查理五世出让给他们的不可侵犯的特权"。[50] 严刑拷打之下，皮安塔尼达不仅供出了一些米兰贵族，还供出了附近的摩德纳公爵。没过多久，这位公爵就一马当先领着一支法国军队入侵了——不过极端天气挫败了他们：暴雨让所有道路都无法通行，这次进军也半途而废。"上天，"马扎然苦笑着表示，"以降雨的方式支援了西班牙人。"[51] 一年之后，目睹西班牙深陷加泰罗尼亚、葡萄牙、那不勒斯和西西里的叛乱之中，希望能从中坐收渔利的另一群密谋者将米兰城划为四大区域，每一区域都安排了一支起义者"中队"。时机一到，四支队伍就会齐聚城市中心，高喊"自由万岁"和"暴君去死"。就在同时，法国军队将公国第二大城市克雷莫纳团团围住，直到突如其来的投石党之乱骤然夺去了马扎然用以支给军队的资源（见第 10 章）。叛乱又一次归于失败。

法国未能向密谋者施以有力的援手，这本身并不足以解释为什么遥遥无期的财政压力、战争和灾难性的收成都不足以撼动伦巴第公国对西班牙的忠诚。许多同时代人都对这一悖论有所论述。一名亲法的威尼斯评论家表达了他对米兰人"不为所动之忠诚"的恼怒之情，特别是时值"西班牙君主国正全神贯注于加泰罗尼亚和葡萄牙的叛乱、那不勒斯的暴动，（以及）强盛的法荷军队对（西属）尼德兰的攻击之际"。威尼斯人接着说道，非常引人注目的是，精英阶层没有一人在忠诚问题上动摇含糊；"许多精英"反而"在战争中英勇战斗，亲自出钱征募步兵和骑兵，将他们自己的财富奉献"出来支持西班牙的事业，满足"国家最为紧迫的需求"。[52]

这是为什么？有人将伦巴第无所作为的原因归结为一个：部署在公国境内的军队。不少军队屯驻在城堡之内，控扼着主要城镇。不过这也说不通：尽管几千名欠饷的驻屯士兵确实起到了威慑作用，但他们也没法无限期地压制超过 100 万心怀敌意的居民。其实真正的原因在于，法国具备在数周之内利用任何反叛的潜在可能，这促使身处米兰和马德里的腓力君臣极力避免与伦巴第封臣的冲突，并与他们形成了一个"利益共同体"（convivenza）。一方面，国王削减或废止了精英阶层之前享受的几条财政特权，并试图确保各社会群体都在维斯孔蒂抱怨的"诸多新税"中支付合理的份额。西班牙特地尽了最大努力在城市和乡村以及各社会群体的税负和强制借宿负担间维持平衡。上述努力并非总能带来理想的结果，但它们至少缓和了一些积怨，打造了一个尚称人意的整体形象。另一方面，西班牙政府维持了伦巴第社会内部权力平衡的大体完好，这就带来了大量的经济、政治和职业机会，确保伦巴第精英（不论是贵族、教士、大学教授还是当地政府官员）成为西班牙统治存续的利益相关方。例如，政府提供了颇为诱人的贷款利率，也绝不宣布破产，以鼓励精英购买政府债券——这就让他们致力于帮助西班牙取胜，因为法国的胜利将意味着本利双输。同样地，西班牙政府还增加了当地精英自征士兵的数量，借以保卫公国（1650 年代，本土兵员在总数中的占比达到了三分之一）——这一举措再次让精英阶层致力于帮助西班牙取得胜利，因为军队若有哗变或有军官投敌，那么征募官兵的人将丧失西班牙国王亏欠他们的一切。最后，教士阶层在公国公共银行里的存款高达 150 万杜卡特，这笔存款的回报要高于农业、贸易和工业——也由此产生了另一个重要的利益相关方：因为银行的主要贷款客户是西班牙政府，所以一场反抗西班牙的成功叛乱会将一切投资都置于险境，其中就包括教士阶层的投资。[53]

最后，还有两个经济因素缓和了 17 世纪战争和气候变化给伦巴第带来的冲击。第一个，也是每位外国访客都会提到的因素是，公国的经济异常繁荣：城市生产的中高价值工业制品为精英阶层带来了利润，也为其他阶层带来了工作岗位；肥沃的土地出产了丰富的作物，养育了大量家畜。尽管为士兵提供住所带来的负担依旧沉重，但伦巴第承受这些冲击的能力要远远强于加泰罗尼亚。第二，1628 ~ 1631 年的灾难大大减少了人口压力。准确地说，正是因为这些年来的饥荒、瘟疫和战争让公国的人口减少了三分之一，不少幸存者都积攒了大笔资产。因此在极端气候事件甚至阻碍了耐寒树木生长的 1640 年代（安东尼奥·斯特拉迪瓦里后来将用这种树木制作风格独特的小提琴，见第 1 章），当地消费总量也没有呈现出超过生产总量的危险迹象：正是早些年里的创伤帮助伦巴第在没有政治叛乱的情况之下安然度过了小冰期。[54]

那不勒斯共和国

詹纳罗·安涅西在圣母圣衣圣殿前发出的"强音"并非

谎言：新生的那不勒斯共和国还是得到了法国的援助。尽管马 438
扎然并不"相信（共和国）计划能成功"，也对承认那不勒斯
共和国颇不情愿，但祖先曾作为法国人统治那不勒斯和西西里
的吉斯公爵亨利在暴乱开始时恰好身在罗马。他声称自己携有
一封路易十四签署的承诺信，并亲自来到那不勒斯支援起
义。[55]新政权展现了惊人的自信，仅在 1647 年冬季就发布了二
百五十多条印刷版敕令，以"最尊贵共和国"的名义下令推
行或是禁止了范围广泛的各种行为。新政权还赞助出版了记载
其他地区成功反叛西班牙之事迹的书籍（比如荷兰人和加泰
罗尼亚人），并委托在城内颇具名声，曾在日记中记下近来大
事的医生兼化学家朱塞佩·唐赛利为共和国撰写一部"正
史"。新政权还赞助了才华卓著的年轻艺术家米克·斯帕达
罗，他的丹青妙手创作了一系列描述革命大事的绘画作品
（彩插 18 和 21）。[56]在政治层面上，新政权还讨论召集一个代表
王国境内十二个行省的"联省议会"（以荷兰为范本），敦促
所有那不勒斯人反抗西班牙统治，"保卫本王国的自由，这项
事业同时也是为整个意大利争取其热望的自由"。[57]

不过，面包短缺仍然是年轻的共和国面临的主要难题。
1647 年和 1648 年的谷物收成极为惨淡。不仅如此，贵族及其
军队还封锁了城市，几乎切断了一切物资供应。身为"最尊
贵的那不勒斯共和国之最尊贵人民的大元帅"，安涅西只得于
1647 年 12 月颁布法令，要求面包师必须将标准面包的大小从
40 盎司减少到 24 盎司，并将面包优先供应给民兵，"这样我
们才能继续这场战争"。[58]两项举措都自然而然地在城中引发了
广泛敌意；待到法国战舰最终抵达那不勒斯外海之时，吉斯
公爵已利用民众的不满自封为新的"那不勒斯王家共和国"

领袖（Duce）。他还"在圣母圣衣圣殿的尖塔上"竖立了一面"新的共和国旗帜"，颁布了新宪法，开始以他本人的形象发行硬币。[59]

上述事件的新闻让腓力四世的大臣们方寸大乱。"我听到的那不勒斯消息简直令人难以置信，"其中一人写道，"因为丢掉基督教世界之中最好的一个王国非同小可。"这位大臣还颇具文采地向同僚发问："当极端必要性迫使某个君主不得不考虑其良心和名誉而接受极端补救之法时，我们要等多久才能将这些补救之策付诸实施呢？"这一回，国王注意到了。1647年10月，腓力签署了一份新的《破产敕令》，没收了债主的资本，拿回了当初分配给他们的资源；四个月后，腓力不情不愿地同意与荷兰达成永久和平，承认后者的完全独立，并允许其保有在亚洲和美洲的征服成果。[60]

腓力还向法国人提出了对后者有利的羞辱性议和条件，但马扎然颇为不智地拒绝了这些条款。马扎然相信，通过破坏荷西和谈的破坏并利用那不勒斯与西西里的叛乱，自己可以进一步扩大战果。然而，马扎然的两个算盘都落空了：荷兰人接受了腓力的议和条件；没过多久，那不勒斯共和国就开始崩溃了。马扎然派去"保护那不勒斯"的舰队未能打败西班牙人，只得撤退；尽管共和国领袖仍在向他的新臣民发布大言不惭的布告——例如，他命令公共银行重开，并"以君王之言"许诺将返还所有存款——但安涅西等人再也不会遵从他的命令。[61]

引爆点

律师文琴佐·安德烈曾为马萨尼洛和热诺伊诺出谋划策，此时他正担任安涅西的首席顾问。按照他的说法，摆在那不勒斯人面前的是五种选择：他们或赞成西班牙，或拥护法国，或推戴吉斯公爵，或站在贵族一边，或追随之前的共和国领袖。这种认同混乱不应无限期持续下去。1648年3月那不勒斯收到信件，报道了"巴黎人民的一场革命"，革命人群反复诵唱"那不勒斯万岁，我们不想再有税收或战争了"。[62]那不勒斯人闻讯毫无喜悦之情，他们意识到法国人现在没法再帮助他们了。别无选择的安德烈于是开启了与堂·胡安（腓力任命他为总督，替换广受嫌恶的阿尔科斯公爵）和奥尼亚特伯爵（他一直以西班牙驻教廷大使的身份密切关注局势，现在则出任堂·胡安的首席政治顾问）的秘密谈判。两位西班牙代表都同意批准"58条清单"中的绝大多数内容，包括：发布一份大赦令；废除印花税、"俸禄返公"以及对粮食征收的一切消费税；绝大多数官职都只由那不勒斯当地人担任；承认共和国任命的公职人员；同意平均分配贵族和"人民"对市政府的投票权。除此之外，他们还承诺补偿去年10月炮击造成的损失，同意公民继续保有武器，直至国王正式批准所有让步条件。1648年4月6日，安涅西及其追随者打开那不勒斯城门，迎接堂·胡安和西班牙军队入城。

许多共和国领袖都已逃离那不勒斯。（尽管有大赦令，）包括安涅西在内的很多人都因积极与法国勾结而被判绞刑。1648年6月，王国境内所有城市的首领都接到立即前往那不勒斯的命令，"否则将被视为叛徒，并被没收所有财物"。这些首领都被投入监狱，部分则被处决。不过，腓力四世颇为审慎地认可了他儿子和奥尼亚特伯爵答允的所有让步条件，他甚至将阿尔科斯公爵推上了审判席。最令人吃惊的莫过于有些叛乱领袖得以继续掌权：文琴佐·安德烈成了颇受奥尼亚特信赖的顾问，他甚至说动了国王，让他认可了"最尊贵共和国"任命的在职法官。[63]

有三个原因足以解释这些让步。第一，叛乱令那不勒斯损失惨重，纵火和炮击摧毁了大量资产（一位时人估计当地损失资产的总价值达到了 600 万杜卡特，几乎与整个王国的年收入相当），也造成了 1 万~5 万那不勒斯人死亡或逃亡。那不勒斯再也无力为帝国防务出钱了。第二，反常天气摧毁了 1648 年整个意大利南部的收成：那不勒斯自身的谷物价格上升到之前的四倍，这增加了大众暴乱发生的风险。第三，暴乱仍在巴勒莫持续不休，也令意大利本土起而效尤的风险进一步延长。

炮击那不勒斯失败的消息于 1647 年 10 月 18 日抵达西西里。尽管洛斯·韦勒兹总督施行新闻管制政策，但"从黎明到黄昏，人们翘首期盼的只有一件事，那就是那不勒斯的消息"。生怕遭到类似入侵的各行会要求恢复查理五世赐予他们的特权，不期而至的暴雨"迅猛残酷，摧毁了磨坊机器"，再度唤醒了人们对饥荒的恐惧。[64]持续的挫折打击了洛斯·韦勒兹的心神，忧虑成疾的他在不久后死去。不过，这位不得人心且不甚成功的大臣之死其实对西班牙有利，因为兼具外交才智与军事经验的西西里大主教特奥多罗·特里乌尔奇奥此时正好在那不勒斯，堂·胡安立即任命他为西西里代理总督。特里乌尔齐奥在前任去世两周之后就抵达了巴勒莫，他老练地利用起义各派之间的矛盾巩固自己的权势。出乎意料的是，极端天气状况的持续反倒帮助了他：大风吹倒了墙垣与树木，暴雨则引发了时人记忆中前所未有的严重水灾。17 世纪初在边缘地带新近开发的农业城镇几乎颗粒无收，也没有谷物送到那些已然依赖它们生活的城市里。最后，一个颇不寻常的严冬让教堂和医院的收容所都塞满了无家可归的人。特里乌尔齐奥轻而易举地将这些不幸解读为神灵反对叛乱的证据。那不勒斯王国陷落的消息进一步强化了枢机大人的手腕，他立即逮捕了阿勒西的前助理，即使这些人刚刚得到了赦免。士气低落的行会成员撤出了防御工事，特里乌尔齐奥要求所有人都放下武器。与那不勒斯王国的情形一样，其他城市的"首领"们也被解除了权力，新消费税的征收也于1648年9月1日重启，堂·胡安率桨帆船和军队随后抵达巴勒莫。

与那不勒斯一样，亲王小心谨慎地做了几项大的让步。重启税种的征收工作交给了一个由选举产生的特殊机构负责，也就是权力范围广泛的"新税代表会"；关税主要落到了奢侈品上（烟草、瓶装葡萄酒和四轮马车），日用品（面粉、大麦、肉类和橄榄油）的关税则得到减少；尤为重要的是，现在无人享受税收豁免权。就在"新消费税"开始征收的时候，特里乌尔齐奥枢机格外强调自己会带头缴纳，他正式放弃了他本人和其他牧师的税收豁免权。自此之后，国王特别留心，只任命西西里人出任获利丰厚的教会职务。在1648年7月某个教会职位出缺时，腓力写道："尽管我可以不偏爱西西里，而是任命一名外邦人出任这个修道院院长，但为了取悦这个王国我还是希望他（继任者）是个本地人。"[65]这番表态与之前岁月里的国王敕命可谓大相径庭。

最后的"暴乱流行"

虽然有这么多让步，但到了1672年，"17世纪下半叶西班牙君主国面临的最重要内乱"还是在墨西拿爆发了。[66]这座城市本已因1647～1648年的忠诚而从王室那里拿到了大量奖 441

励；其中尤为显著的是，堂·胡安授予墨西拿对西西里岛一切
丝绸出口的垄断权，豁免了墨西拿的多项税收，还保证每一任
总督都将带领西西里中央政府各机构在这座东部城市待上与巴
勒莫相同的时间。巴勒莫对这一条件的强烈反对自不待言
（中央政府的驻扎不仅带来利润也带来特许权），实际履行这
一条款的总督也少得可怜。墨西拿议院由此向马德里递交了潮
水般的请愿书，派去了一拨又一拨特使要求总督践行诺言。
1669年，顽固地待在巴勒莫的总督试图向墨西拿抽取新税，
结果引发了大范围的骚乱。

在马德里，辅佐年幼国王卡洛斯二世的大臣们认定，"墨西
拿的事态已经越过临界点，除动用武力之外别无他法可以解
决"——即便有言论担心动用武力将促使（墨西拿）议院"在
绝望之中铤而走险，犯下终极大罪：投向王室的敌人。这个港
口可是那不勒斯和西西里两王国的锁钥之地"。法国舰队现身西
西里岛外海，这让总督得以在墨西拿周边和城内防御工事增加
西班牙守军兵力。1671年，总督任命堂·路易斯·德尔·霍约
为将军，这名官员"熟稔于一切政治手腕，曾于那不勒斯革命
期间担任奥尼亚特伯爵的幕僚"。[67]上述举措恰逢持续有日的酷热
和干旱，全岛各地的收成都因之遭毁。谷物价格几乎攀升到了
与1647～1648年相同的水平，迫使总督不得不引入定量配给制，
绝大多数城市的政府也在无奈之中补贴谷物价格。不过，饥荒
还是带来了高涨的死亡率，让大城市债务缠身。城市街头充斥
着乞丐，乡间路上盗匪横行。因为行政官员没能妥善应对饥荒
后果、保障物资供应，针对他们的城市暴乱此起彼伏。

波及绝大多数城镇的派系斗争令局势进一步恶化，在墨西
拿尤其如此。议院指控霍约利用物资匮乏的局面削弱城市的独

立性，于是当 1672 年 3 月暴乱爆发时，霍约大举复仇。他鼓动人们袭击议院大楼，打开市内所有监狱，将大约五百名囚犯放到城中。两周紧张不安的休战结束后，议员及其支持者借着"圣灰星期三"（Ash Wednesday）① 的掩护，组织了另一场叛乱——不过，霍约成功鼓动人群调转枪口对付肇事者。暴民焚毁了首席行政官的房舍（他们声称在许多官员的宅邸里都找到了私下囤积的谷物）。得胜的派系"梅利派"（merli）宣布议院支持者"马尔维奇派"（这个派别得名于西西里的两种麻雀之一）非法。当 1672 年 5 月总督驾临墨西拿时，"这座城市事实上已被废弃，贵族和重要平民都已弃城而去"。[68]

霍约和总督随即着手消除墨西拿的自治权，他们撤销了许多城市特权，开征新的税收——但马德里之后下达的命令却是将一切可用的资源投入与法国的新一轮战争。就像一代人之前的那不勒斯总督阿尔科斯公爵一样，西西里总督遵从了国王的命令，甚至撤走了通常负责巡逻墨西拿海峡的桨帆船。1674 年 7 月 7 日是马萨尼洛起事的周年纪念日，"马尔维奇派"再度发动叛乱。这一回他们成功了。尽管叛军声明效忠国王，并将御像端放于议院大楼的显著位置，但他们还是逮捕并处决了 50 多名"梅利派"，公开羞辱他们被残毁的尸体。

邻近的那不勒斯总督敦促马德里忽略这一挑衅行为，并对叛军展现出"仁慈、宽厚和沉着"的态度，因为"类似的不满与不平情绪"在别处同样存在。他还说："**正如我们在 1646 年和 1647 年所见闻的那样，流行病一般的暴动始于巴勒莫，却立即袭击了那不勒斯。**"结果，不但他的说法无人问津，政

---

① 基督教宗教节日，是复活节前的第七个星期三，也叫大斋首日。

府反而强行封锁了墨西拿，打算以武迫降。作为回应"马尔维奇派"则"犯下"了五年之前就已认定的"终极大罪"：他们邀请路易十四派兵，将墨西拿置于法国保护之下。[69]

路易十四一开始拒绝了这项"殊荣"（就像之前的黎塞留和马扎然一样），他认为任何缺少贵族支持的叛乱都将迅速失败；不过他在 1674 年 9 月回心转意，并对外宣称"不让一团自燃的火焰被扑灭，这符合我的利益"。路易论证说，增援墨西拿将迫使西班牙"不但从其意大利领地上倾其所能地榨取资源应对暴动，甚至有可能分散其正在加泰罗尼亚作战的部分陆军和海军兵力。"[70]一支法国舰队于数周之后带着军队和粮食抵达墨西拿，西西里在此后的三年里便成了路易十四"荷兰战争"的一片小型分战场（见第 8 章和第 10 章）。尽管如此，路易还是对于将西西里从西班牙统治中"解放"没什么兴趣。及至财政压力迫使他"只将我的兵力部署在那些有极端必要的地方"之时，他便抛弃了西西里岛上的支持者，任他们自生自灭了。1678 年 3 月，法国军舰撤走了最后一批士兵以及数百名马尔维奇派分子。[71]

西班牙当局随即大肆报复：每座参与叛乱的城镇都受到了"褫夺公权"（civil death）的处罚，失去了所有特许权利。墨西拿失去了税收豁免权，以及议院、铸币厂、大学乃至将军官署（可追溯至拜占庭时代）等重要的特权机构。除此之外，胜利者还将该城的历史档案和主要艺术收藏品装船运往西班牙，将议院开会的宫殿夷为平地（换上了一尊卡洛斯二世灭杀象征叛乱之怪兽海德拉的雕像）并建造了一座巨型堡垒，以防动乱再次发生。最为重要的是，又一场旱灾袭击了西西里——1679 年的谷物价格再度达到饥荒水平——这与新征税收造成的苦楚以及战争导致许多农场抛荒的不幸叠加到了一起。1681年的普查显示，墨西拿人口仅为62279人，几乎只有战前的一半。

"为了避免折断，我们得考虑弯一弯"

时光转回一代人之前，面临国内叛乱的奥里瓦雷斯伯爵 - 公爵曾向他的主君建言，"为了避免折断，我们得考虑弯一弯"，没有什么时候比墨西拿叛乱更需要西班牙统治者做出让步了。原因正如路易斯·里波特的评论所说，这场叛乱"令统治西西里王国的一整套西班牙体制备受考验，其虚弱与强韧之处尽显无遗"。[72]一方面，马尔维奇派同时得到了东西西里友邻地区和海峡对岸同情者的支持：几个不但期望得到高额利润，还希望给宗主国制造麻烦的卡拉布里亚大亨就派出兵员和补给增援墨西拿。另一方面，叛军及其法国盟友凭恃武力却进展甚微：没有地方社区主动欢迎他们，岛上其他地区也没有爆发反西班牙暴动。考虑到每座城镇都存在激烈对立的派系（就像梅利派和马尔维奇派一样），再考虑到冲突持续了四年之久，一场"总暴动"的缺席就颇为引人注目了：憎恶西班牙统治的人有大把机会可以行动，却没多少人付诸实践。相较而言，亲西班牙的骚乱却在某些法军控制的地域爆发了，还有不少西班牙政府控制的地区宣誓效忠宗主国。[73]

在某种程度上，这个结果反映了西西里各大城市之间由来已久的敌意。墨西拿曾于1646年自行反叛；但第二年巴勒莫等城市举叛的时候，墨西拿却作壁上观。这个结果也反映了西西里人对法国人的敌对传统，这种敌意始于1282年的"西西里晚祷"屠杀事件，那次事件结束了法国人对西西里岛的统

443

治。不过，西班牙也绝不是仅仅靠着违约食言就能统治的：抛开意大利统一运动（Risorgimento）期间的仇外宣传不论，西班牙君主国对大多数领地的统治在 17 世纪都得到了接受。比如说在尼德兰，1667 年路易十四攻陷里尔之后，不少里尔市民都哀叹他们的城市由西班牙转入法国手中。他们将后续的和议视为"没有欢愉的和平，因为这纸和约将我们置于法王治下"。在此后的数十年里，里尔市民总是欢庆西班牙王室的添丁和婚姻，为卡洛斯二世的健康举杯庆贺，抵制一切对西班牙国王的批评之声。[74]假若西班牙丢掉其意大利领土，我们仍有充分的理由相信，当地人也会像里尔市民一样维持对哈布斯堡的忠诚。

进一步而言，就像在伦巴第一样，马德里在西西里也打造了一个"利益共同体"，将这里的重要封臣集团都转变成政权的利益相关者。慑于 1647 ~ 1648 年的叛乱，西班牙政府限制了贵族的政治权力，废除了特权阶级的税收豁免权，将新税的征收工作（课征奢侈品而非日用品上）委托给了新选举产生的机构（新税代表会）。此外，国库还以 4% 的利率向巴勒莫人支付债权利息，其他西西里人为 3.5%，外邦人则是 3%。西班牙国库还有条不紊地创设了一个"偿债基金"以分期偿还债务。事实证明这套新体制堪称行之有效，除了小幅更动之外它一直发挥效力，直至 1860 年革命爆发时。[75]

马萨尼洛起事之后，腓力君臣在那不勒斯打造类似的"利益共同体"的努力却碰上了大麻烦。一个简单的例证足以证明，他们预备施行的让步计划尺度有多大：新任总督奥尼亚特伯爵甚至决定承认革命政权任命的在职法官，而不是让之前王室任命的法官复原职。"这个决定带来了极大惊诧"，国王抗议说。他提醒自己的总督："1647 年 8 月 21 日提名的这些法官，是暴动和混乱期间出于普罗大众的坚持才得以任职的：正是暴动和骚乱才让这个决定成了权宜无奈之举。现在种种纷扰已经平息，再承认他们的提名似乎不甚妥当。"国王接着说："当我们目睹任命名单里面未包括西班牙人，而这样的事情一再出现的时候，那甚至将带来更大的惊诧。"于是他语带恐吓地说："今时今日，这项任命和这个决定似乎都不可能合乎法律。"不过在一一推演各种论点之后，国王还是让步了。"考虑到你为我效劳的热忱，以及授权你采取一切措施的需要，"腓力只得通情达理地决定，

> 你应当依照这座城市和这个王国的政治事态施行统治，将你的注意力主要放在和平和救济之上，这些不仅是当务之急，也是我们一切行事必欲达成的目标。因此，我们将一切事务都交由您来裁量。这话我只同您讲。[76]

革命者任命的法官保住了他们的职位。类似的灵活举措和不惜一切代价保住"利益共同体"的欲望都足以解释，为什么就算自然和人为的灾难一再持续，墨西拿的叛乱还能成为1648年之后西班牙哈布斯堡家族在意大利面临的唯一重大挑战。展开"一面宣示开战的红旗"并未在意大利引来多少兴趣。

注　释

1. 感谢 Brian Pullan 对本章的评价。1965 年，正是在他于剑桥大学

的讲堂上，我第一次听说了马萨尼洛。我还要感谢 Mario Rizzo，自从 1995 年我们在那不勒斯的国家档案馆初次相遇以来，是他塑造了我对西属意大利的认知。近代早期意大利人曾使用一种二十四小时的计时法，将日落后的半小时定为一天的开始：因此，不论任何季节，日落都发生于每天的"ore 2330"时分。当意大利人记载某事发生于"ad un'ora di notte（晚上一点整）"时，其所指的是'日落后九十分钟'。在本章中，我将当时的计时时刻转换成了现代时间。

2. Grotius, *Briefwisseling*, XI, 609, to Nicolaes van Reigersberch, 10 Nov. 1640; Jacobs, *Epistolae*, I, 420 – 1, Howell letter from late 1640 (the date in the text – 3 Mar. 1638 – cannot be correct).

3. Gil Pujol, ' "Conservación" ', 88 : 'Si busques bon govern/Napols, Messina y Palerm/bon exemple te an donat'.

4. Data from the pioneering articles of Maurice Aymard: 'La Sicilia' and 'In Sicilia' for population; 'Commerce et production' for silk exports; 'Rese' and 'Rendements' for crop yields; and from Davies, 'Changes', 387 – 8.

5. Ribot García, *La revuelta*, 57.

6. Di Marzo, *Biblioteca Storica*, III, 35 – 8 ('Diario' of Vincenzo Auria); AHN *Estado libro* 455, n. p. , *consultas* of the Council of Italy 25 July 1645 and 14 Mar. 1646; Aymard, 'Bilancio', 990; and Ribot García, 'La época', 669.

7. Pocili, *Delle rivoluzioni*, 1; Collurafi, *Tumultazioni*, part I, 8. AGS *SP* leg. 1444, n. p. , *consulta* of the Council of Italy, 3 Aug. 1647, on Los Vélez letters of 31 May and 5 June stating that Palermo spent 300 ducats a day on the bread subsidy. 本章中所有西西里的谷物价格皆出自巴勒莫、特拉帕尼以及其他城镇的年度"谷物合同价格"（mete del frumento），刊印于 Cancila, *Impresa*, 314 – 17。

8. Di Marzo, *Biblioteca storica*, III, 40 – 67 (Auria); ibid. , IV, 64 – 6 and 70 (Rocco Pirri).

9. AGS *SP* leg. 1, 444, n. p. , Los Vélez to Philip IV, 23 May 1647. Los Vélez stated that he had reduced the loaves from 11. 75 to 10 ounces 'para ajustar el gasto con el coste'.

10. Details from Pocili, *Delle rivoluzioni*, 4 – 5；Marzo, *Biblioteca storica*, III, 68 – 71（Auria）.

11. AGS *SP* leg. 1, 444, n. p., Los Vélez to Philip IV, 23 May 1647.

12. Lionti, 'Cartelli sediziosi', 450 – 1, the petition of Caltabellotta, 23 June 1647.

13. Pocili, *Delle rivoluzioni*, 36 – 42, 收录了征收新税的政令。7 月 11 日，一艘三桅小帆船载着那不勒斯起义的消息抵达了巴勒莫：AGS *SP* leg. 1, 444, n. p., Los Vélez to Philip IV, 16 July 1647。

14. Capaccio, Il forastiero, 847. 对于那不勒斯人口的不同意见：Capaccio, *op. cit.*, 846, 估计 1634 年那不勒斯有 30 万人；而 1632~1633 年曾在此居住 8 个月的让 - 雅克·布沙尔（Jean-Jacques Bouchard）认为那不勒斯城市及郊区共有"七八十万人"（Kanceff, *Bouchard: Journal*, II, 254）。1647 年，阿尔科斯总督倾向于认为那不勒斯有 60 万人口（BNE *Ms* 2662/6, 'Relación del tumulto'）；而一位耶稣会士猜测有 80 万（*Cartas de algunos padres*, VII（*MHE*, XIX）, 94, 'Relación', 30 Aug. 1647）。我赞同 De Rosa, 'Naples, a capital', 351, 这份文献提出 1630 年那不勒斯城中有 30 万居民，而在 1656 年黑死病暴发前夕其人口为 36.5 万。

15. Capaccio, *Il forastiero*, 703. Kanceff, *Bouchard: Journal*, II, 242, 265 – 70, 以及 Capaccio, *Il forastiero*, 850, 都提及了"高楼"公寓。Benigno, *Specchi*, 276 – 82, 探讨了"谁是拉撒路"。

16. 具体参见 Benigno, *L'ombra del re*, ch. 2, 以及 Comparato, *Uffici*, 289 – 324。

17. Comparato, 'Toward the revolt', 291 – 2, 引用了 Francesco de Petri, *Responsa sive consilia*（Naples, 1634）；Tutini, *Dell'origine e fundazione de' Seggi*（Naples, 1644）. 据神父 Tutini 称，由于此书，贵族们从未宽恕过他，而在暴乱后，他们坚持让他被永久流放（现实也的确如此）：Tutini and Verde, *Racconto*, xliii, letter of Tutini, 12 July 1649。

18. G. M. Novario, *De vassallorum gravaminibus tractatus*（3 vols, Naples 1634 – 42）. 1647 年 5 月，即便在关于巴勒莫暴乱的消息抵达以前，约 400 名义愤填膺的农民便已袭击了科森扎附近一处前王

室领地贵族行政官：参见：Comparato，'Toward the revolt'，306 – 7。

19. Villari, *Revolt*, 240 n. 89, *consulta* of the Sommaria, 3 Nov. 1643. Rovito,'Rivoluzione', 374, 引用了意大利事务院 1647 年 8 月一篇咨文，宣称有 7 万那不勒斯居民投资了通过税收偿付的贷款。

20. Comparato, 'Toward the revolt', 280 – 1 and 315 (quotation from the 'Istoria' of Carlo Calà,) ; AGS *SP libro* 324/53，1647 年 7 月 8 日意大利事务院的咨文指出肉类的纳税额 "几乎已超过原售价的两倍"。

21. Palermo, *Narrazioni*, 347, Medici to Grand Duke, 18 June and 25 June 1647.

22. Graniti, *Diario di Francesco Capecelatro*, I, 8 – 9 and 12 – 13, on the 'pessimo consiglio', 'gravissimo errore' and 'il secondo gravissimo errore che fece el duca d'Arcos'. 卡佩瑟拉特罗（Capecelatro）是一名上校，因此所言皆是心得之谈。1640 年，圣科洛马伯爵在巴塞罗那也犯过如出一辙的错误（参见第 9 章），由此使得阿尔科斯的重蹈覆辙显得更加愚蠢。

23. Howell, *Exact historie*, 13; Capograssi, 'La rivoluzione', 178, Andrea Rosso to Doge, 9 July 1647. Tutini, *Racconto*, 19 – 21, 宣称暴乱最初的领袖是 "一个西西里人"，他向人群呼吁在当地像巴勒莫一样废除一切盐税，但他最终在街头斗殴中被人射杀，领袖地位这才被马萨尼洛接掌。

24. Graniti, *Diario di Francesco Capecelatro*, I, 15 and II, 67 ('Tenevano i popolari, come solevano, alberato lo stendardo rosso al torrione del Carmelo in segno di guerra'). On the goading by Sicilian refugees see BNE *Ms* 2662/4v – 5, 'Relación del tumulto' prepared by or for Arcos ('Mezcláronse algunos Palermitanos. . . '); and *Cartas de algunos padres*, VII (*MHE*, XIX), 37 – 8, duchess of Arcos to her uncle, [15 July] 1647.

25. Palermo, *Narrazioni*, 385, Filomarino to Innocent X, 12 July 1647; Comparato, 'Toward the revolt', 306, 引用自公证人 Giovan Francesco Montanaro 的日记。许多资料对于马萨尼洛的年龄及出生地有所争议，但 Graniti, *Diario di Francesco Capecelatro*, I, notes

pp. 28 – 9，刊登了他 1620 年 6 月 29 日在福罗的圣卡塔林纳受
洗记录条目。他还于 1641 年在当地结婚。关于"小伙子"的数
量，参见第 19 章。

26. BNE *Ms* 2662/5 – 5v（'Relación del tumulto'）and 41，Arcos to
Philip IV，15 July 1647，copy；Howell，*Exact history*，26 – 30.

27. Howell，*Exact history*，36 – 7，发表了 60 间被设为纵火目标的房屋
的清单；Comparato，'Toward the revolt'，308 – 10，对屋主身份
进行了归类；Musi，*La rivolta di Masaniello*，103，指出了将被纵火
的屋主名单与热诺伊诺的敌人之间的重叠部分。

28. Palermo，*Narrazioni*，381，Filomarino to Innocent X，8 July 1647
'alle 18 ore'，or about 5 p. m.；Capograssi，'La revoluzione'，
181，Rosso to Doge，9 July 1647，notes the unacceptable pardon.

29. Howell，*Exact history*，85 – 95，gives the text of the 'Capitoli'；
Musi，*La rivolta*，338 – 40，analyzes their content；BNE *Ms* 2662/
10，'Relación'，gives Arcos's view.

30. Capograssi，'La revoluzione'，211，Rosso to Doge，17 Sep. 1647.
Tutini，*Racconto*，137 – 8，recorded that 'molti preti di non buona
vita' formed a militia company in Aug. 1647.

31. Tutini，*Racconto*，24，and Correra，'Inedita relazione'，362，关于
半价食物。

32. Capograssi，'La revoluzione'，184，Rosso to Doge，and Palermo，
Narrazioni，387，Filomarino to Innocent X，both dated 16 July 1647.
BNE *Ms* 2662/14v – 15，'Relación'，详细描述了阿尔科斯为此
次谋杀所做的安排，包括承诺若密谋成功，便捐赠一座价值
2000 杜卡特的圣母玛利亚塑像，以及每年为 50 名少女提供嫁
妆。Musi，*La rivolta*，119 – 20，详述了杀手们所获的奖赏。

33. Correra，'Inedita relazione'，380；Capograssi，'La revoluzione'，
185，Rosso to Doge，23 July 1647；Tontoli，*Il Mas'Aniello*，154 –
5，BNE *Ms* 2662/16v – 17；Musi，*La rivolta*，123 – 31.

34. Hugon，*Naples*，95 及 100，引用了托斯卡纳和法国使节的说法。
其他数字参见 ibid.，92 – 100。

35. Di Marzo，*Biblioteca storica*，III，113 – 18 and 150 – 1.

36. La Lumia，*Storie siciliane*，IV，127 – 33，prints the 49 *Capitoli*.

[762] 37. Di Marzo, *Biblioteca storica*, IV, 174 – 5 (Pirri on the edict of 12 Oct. , and on the arrival of the news from Naples).

38. AGS *SP* leg 1, 444, n. p. , *consulta* of 17 June (the same *legajo* contains Los Vélez's letter of 23 May, which had been deciphered and endorsed 'Received 16 June', so the council acted promptly); AGS *SP* 218/72, *consulta* of 27 Aug. 1647, reviewing many letters about the revolt of Naples.

39. ACA *CA* 679/4, *consulta* of 9 Mar. 1649, citing the archbishop's letter of 24 Sep. 1647; Seco Serrano, *Cartas*, I, 118, Philip IV to Sor María, 21 Aug. 1647, in reply to her letter of 1 Aug. (ibid. , 117). 关于巴伦西亚的"动荡",参见 Casey, 'La Crisi General del segle XVII'。

40. Villari, *Per il re o per la patria*, 145 – 72,刊登了关于逮捕和驱逐热诺伊诺的重要文件。在此次事件中,撒丁总督将热诺伊诺送往西班牙以解释其行动,然而这位 80 岁的老人在此之前便与世长辞了。

41. Rovito, 'La rivoluzione', 414 – 17; Comparato, 'Toward the revolt', 312 – 15; and Musi, *La rivolta*, 138 – 43.

42. Graniti, *Diario di Francesco Capecelatro*, II, 46 (有趣的是,红色和黑色是马萨尼洛的代表色); Capograssi, 'La rivoluzione', 216 – 18, Rosso to Doge, 8 Oct. 1647; Conti, *Le leggi*, 52 – 3, 1647 年 10 月 25 日的声明。这份声明同样也在巴塞罗那发表: Villari, *Elogi della dissimulazione*, 119。

43. Chéruel, *Lettres*, II, 466, Mazarin to Fontenay-Mareuil, 25 July 1647 (the day after he heard of Masaniello's revolt); xlvii – xlviii and 931, three letters to Cardinal Grimaldi, 26 July. See also Chéruel, *Histoire*, II, 381 – 2, on the council's decision on 30 July 1647.

44. Coryate, *Coryat's crudities*, 92 – 3, 99:作者于 1608 年穿行于公爵领地。曼佐尼(Manzoni)的小说《订婚者》(*I promessi sposi*)生动且写实地描绘了此次浩劫。也可参见第 8 章和第 9 章。

45. Vigo, *Nel cuore*, 37, quoting Count Onofrio Castelli; Raymond, *Itinerary*, 240; de Beer, *Diary of John Evelyn*, II, 501. D'Amico, 'Rebirth', 699,指出人口因 1630 年的黑死病而减半,但随后由

1633 年的 7. 5 万人恢复到了 1648 年的 10 万人。

46. Buono, *Esercito*, 114 – 22, on Visconti's mission, quoting his Instructions of May 1640 and his report on an audience with Olivares on 4 July.

47. Ibid. , 123 – 4, Council of Italy to Philip IV, 28 June 1641; Maffi, *Il baluardo*, 31, Philip IV to governor of Lombardy, 7 May 1641.

48. Maffi, *Il baluardo*, 40, Philip IV to governor of Lombardy, 30 Dec. 1643, 362 nn. 70 – 1, letters of Mar. 1648, and the tables at 340 – 4; Maffi, 'Milano in guerra', 403, Bartolomeo Arese to Philip IV, 29 July 1647.

49. Giannini, 'Un caso di stabilità', 153, quoting the Venetian resident in Milan on 7 Aug. 1647; and Signorotto, 'Stabilità', 734, Raimundo de la Torre to duke of Ferrara, 28 Aug. 1647 (an explicit link with events in Naples).

50. AGS *Estado* 3365/44 – 6, *consulta* of the Spanish Council of State, 14 Feb. 1648, 附有一份关于逮捕的报告以及皮安塔尼达的宣言副本。感谢 Dr Davide Maffi 提供的信息：私人通信，2003 年 10 月。

51. Chéruel, *Histoire*, II, 433 – 4, Mazarin to Duplessis-Praslin, 29 Oct. 1647.

52. Giannini, 'Un caso di stabilità', 106 – 7, quoting Gualdo Priorato, *Relatione della città di Milano* (1666). 历史研究证实了这一争议性观点，证明伦巴第上层阶级对西班牙哈布斯堡王朝始终保持忠诚：例子参见 Signorotto, *Milano spagnolo*, 32 – 4, 57, 131 – 45, 171 – 203; Maffi, *Il baluardo*, 176 – 91, 195 – 208; idem, *La cittadella*, 118 – 144; Rizzo, ' "Ottima gente da guerra" ', and idem, 'Influencia social'.

53. 感谢 Mario Rizzo 善意地向我介绍了"伦巴第 – 哈布斯堡利益共同体"（convivenza lombardo-asburgica）的出现以及西班牙让伦巴第人加入其"利益相关集团"的成功政策：2007 年 1 月与 6 月的私人通信；他的文章' "Rivoluzione dei consumi" ', 542; 以及他的著作 *Alloggiamenti militari*, 146。

54. 在 1640 年代和 1650 年代，波河下游的威尼斯等受到 1628 ~ 1631 年危机重创的国家仍处在政治休眠期：参见 Sella, 'The

survival'，以及 Faccini, *La Lombardia*, 251 – 5。

55. 在其 1647 年 12 月 4 日的"宣言"中，吉斯声称他与安涅西于 10 月 24 日达成协议，即共和国宣言发表的前两天：Conti, *Le legge*, 147 – 9。在他的回忆录中，吉斯表示"我乃首位提出使用'共和国'之称谓的人"：Petitot and Monmerque, *Mémoires du duc de Guise*, I, 89 – 90（关于他的早期努力参见第 85 ~ 90 页）。Chéruel, *Histoire*, II, 444 – 5，证实吉斯所谓的来自路易十四的支持信为赝品；Reinach, *Receuil*, X, 24, Mazarin to Duplessis-Besançon, 6 Apr. 1648，强调了马扎然对在那不勒斯建立共和国的反对——讽刺的是，该共和国于同日土崩瓦解了。

56. BL, C. 55. i. 3, *Documenti originali relativi alla rivoluzione di Tommaso Aniello*, 是一份约 200 篇公告原稿的合集，其中有许多发表在 Conti, *Le legge*。Villari, *Elogio*, 60, 记录了亚历山德罗·德·罗斯所撰加泰罗尼亚暴乱史料的意大利语版本，该文在那不勒斯出版。Donzelli, *Partenope liberata*, Parte 1a（由安涅西批准并呈交给吉斯）讲述了吉斯的政变；Part II 仅为手稿，叙述了该故事的剩余部分。

57. Conti, *Le legge*, 67 – 9 and 183 – 4, edicts of 4 Nov. and 17 Dec. 1647, exhorting the *regnicoli* to join the Republic.

58. Ibid., 150 – 2, edicts of 4 – 5 Dec. 1647.

59. Ibid., 198 – 9, 211 – 13, 245, edicts of 23 – 24 Dec. 1647（Guise's proclamation of himself *Duce*), 30 Dec. 1647 (a Constitution for the 'most serene and royal republic'), and 12 Jan. 1648; Graniti, *Diario di Francesco Capecelatro*, II, 376 (entry of 27 Dec. 1647).

60. *Co. Do. In*, LXXXIV, 129 – 30, Peñaranda to Pedro Coloma, 7 Feb. 1648; and 513 – 16, "Relaciones" by Peñaranda retracing the course of diplomatic negotiations, 1651. On the terms see chs. 8 and 9 above. Philip signed the decree on 1 Oct. 1647.

61. Conti, *Le legge*, 382, edict on the banks, 31 Mar. 1648 – four days before the Spanish troops re-entered the city.

62. Benigno, *Specchi*, 282 – 3, 关于 1648 年 3 月 16 日巴黎传来的消息（参见第 11 章）。

63. AGS *SP libro* 443/31 – 32v, Philip IV to Oñate, 12 June 1648; *SP libro* 218/93 and 94, *consultas* of 17 and 20 May 1648 建议逮捕和审

判阿尔科斯。Hugon, *Naples*, 241 - 2, 记录了安德烈的累累功名。

64. Di Marzo, *Biblioteca storica*, III, 176 - 8（Auria）records rain and 'scarsezza di fromento' throughout Sicily.

65. AHN *Estado libro* 455, n. p. royal rescript to a *consulta* of 18 July 1648；Di Marzo, *Biblioteca storica*, III, 332 - 3（Auria）；La Lumia, *Storie Siciliane*, IV, 117 - 19.

66. Ribot García, La Monarquía, 15.

67. Ribot García, *La revuelta*, 120, *consulta* of the Council of Italy, 9 Sep. 1669, and 124 n. 272, biography of Hoyo. 法国派军舰阻止土耳其攻占克里特岛，而岛上守军的投降（本书页边码第 208 页）使法国的这场行动失败了。

68. Ribot García, *La revuelta*, 166, viceroy to queen regent of Spain, 28 Sep. 1672. 在第 141 ~ 142 页，Ribot 列出并描述了 1671 ~ 1672 年发生的多起面包暴动，并在第 216 ~ 236 页列出了两大派系已知成员名单。

69. Ribot García, *La Monarquía*, 34, Marquis of Astorga to queen regent, 27 July and 5 Aug. 1674.

70. Ibid., 45, 1674 年 9 月 7 日路易十四致法国驻罗马大使（负责调度法国的对墨西拿政策）的信。关于黎塞留与马扎然的类似假设，参见第 9、10 章，以及第 17 章。

71. Ibid., 119, quoting Louis's *Mémoires*.

72. Ibid., 638. Olivares quoted page 290 above.

73. Ribot García, *La Monarquía*, 524 - 618, 专业地调查了叛乱及战争时期这些有关忠诚的问题。

74. Lottin, *Vie et mentalité*, ch. 4, 'Français malgré lui'.

75. Di Marzo, *Biblioteca storica*, III, 332 - 3（Auria）；La Lumia, *Storie Siciliane*, IV, 117 - 19.

76. AGS *SP libro* 443/31 - 32v, Philip IV to Oñate, the new viceroy, 12 June 1648. 也可参见 SP *libro* 218/37, 1648 年 5 月 5 日咨文，该文勉为其难地同意堂·胡安对叛乱者做出的让步；以及 Fusco, 'Il viceré di Napoli', 150, 关于 1656 年瘟疫后给予那不勒斯的"免税期"。

15 "黑暗大陆"：美洲、非洲和澳大利亚[1]

445

尽管 17 世纪中叶的"人类档案"和"自然档案"都颇为丰富，但这种丰富只是与两个大陆紧密相连：欧洲和亚洲。对于美洲大部分地区和非洲绝大部分地区而言，我们都欠缺"人类档案"，因为很少有原住人口留下可以精确断代的书面或绘画记录；考古学遗迹补充的"自然档案"（尤其是树木年轮）显示，全球变冷也影响到了这两个大陆。不过，两个大陆人类种群所受的冲击依旧不甚明晰。许多定居北美的欧洲人都发觉，原住民人口正在快速减少——在新墨西哥，"1622 年还有三个佩科斯部落，1641 年剩下两个，1694 年却只有一个了"；而在新英格兰，"1640 年代易洛魁部落（及其印第安邻居）的人数几已减半"——无人知道具体原因。[2]在澳大利亚，尽管唯有考古学和"自然档案"能提供可信证词，但如今可供采用者却少之又少。（与世界其他地区一样，）其中不少"档案"都在考古学的精确性上有所欠缺。因此，尽管这些大陆有着广袤的面积（北美洲与南美洲一共有 1600 万平方英里，非洲有近 1200 万平方英里，澳大利亚也有 300 万平方英里），历史学家还是只能从那些已掌握文字读写的居民或从其他地方来的访客（其中绝大多数是欧洲人）那里收集留存至今的书面记录，重建 17 世纪时当地居民的生活经历。

美洲

无论在北美洲还是南美洲，只有欧洲殖民地才保留了大量记录。从北纬 49 度的纽芬兰苔原到巴西的热带雨林，再到南纬 39 度的智利苔原；沿圣劳伦斯河两岸的法国定居点和五大湖南岸；新英格兰、切萨皮克湾和加勒比地区的英国殖民地；西班牙在秘鲁和新西班牙的总督领地；以及巴西沿海。尽管上述殖民地之间相隔千山万水，其环境可谓千差万别，但它们在 17 世纪却拥有五大惊人相似之处：

· 北至纽芬兰，南抵巴塔哥尼亚，美洲大陆分别在 1640 年代和 1660 年代经历了格外寒冷的冬天和异常凉快的夏天；而 1675 这个"无夏之年"至今仍是过去六个世纪里北美有案可查的第二冷的年份。[3]

· 往常容易发生厄尔尼诺现象的地区受害更深，因为厄尔尼诺现象的频率在 17 世纪中叶达到原来的两倍：太平洋海岸和整个加勒比地区都经受了更多的降雨和洪水；太平洋西北经历了更多的干旱；大西洋东北则遭遇了更多的严冬。不仅如此，美洲太平洋海岸的地震活动和火山活动也都随之上涨。[4]

· 几乎所有现存收获记录都显示，1640 年代和 1650 年代出现了粮食不足。

· 用约翰·麦克尼尔的话说："从加拿大到智利，17 世纪的美洲成了不少欧洲政治家和不计其数独立的武装开拓者展现雄心壮志的竞技场。"[5]不少地区都经历了烈度非凡的战争：新英格兰的佩科特战争（Pequot War）和菲

446

利普王战争（King Philip's War）；新法兰西的"海狸战争"；以及荷兰与葡萄牙在巴西的争夺。与欧洲和中国一样，战争爆发于气候异常时期，给人身和财产都带来了大量伤害。

· 最后，所有与欧洲人有所接触（无论直接间接）的原住族群都经受了人口损失，有时达到灾难性的程度。在新英格兰和新法兰西（但也只有这里），这一损失在某种程度上被定居者数量的急剧增长所抵消了。这既是拜强势的移民活动所赐，也是因为在整个近代世界里，很多欧洲人的寿命都要比其他任何人类群体要更长。

"我们的人每二十年就得增长至少一倍"：和平年代的英属大西洋殖民地

根据本杰明·富兰克林于 1751 年的说法，新英格兰的白人定居者从未"害怕结婚"，因为：

他们看到，总体而言愈来愈多的土地都轻易地以平均比率分配。于是，婚姻在北美更为普遍，结婚时间总体也比欧洲更早。如果欧洲那边每年每百人里会有一对婚姻结成，我们这里也许会结成两对；如果在欧洲每对夫妻生下四个孩子的话（他们中许多结婚较晚），我们这里估计会是八个孩子。如果这八个孩子当中有一半长大成人，且我们都在二十岁结婚的话（在我们之间两两相配），那么我们的人口每二十年一定会增长至少一倍。[6]

　　富兰克林的判断缺乏统计学根据，但他的看法一如既往的准确。最早在 1634 年，约翰·温斯洛普就曾对马萨诸塞湾附近定居者的低死亡率有所评述。数年之后，英格兰的小册子作家也盛赞了殖民者普遍良好的健康状况，将其与英伦老家进行了一番对比。有人写道："在公众集会上听到有人打喷嚏或咳嗽颇为罕见，而不是像在老英格兰那样稀松平常。"还有一位作家声称："没听说那里（新英格兰）的人有谁感冒咳嗽过。"最具概括性的是这样一次事件：一群新英格兰人曾临时重返故土，感谢上帝"保佑我们同享超过我们在故土的任何时候的……健康和力量；不少人在这里（英格兰）都虚弱多病，到了那里却强壮健康"。他们都知道原因所在："上帝赐予我们如此繁盛的风土，让我们的体魄更为强壮，子女生来更加健康，我们的人数（也）大为增长。"[7]

　　17 世纪新英格兰的教会记录证实了这一说法：全体殖民者之中有超过九成的人都结婚了；绝大多数女性都早早结婚（首次结婚都在 23 岁或是更早）；有一半殖民者似乎都活到了 70 岁。平均每对"圆满婚姻"（completed marriages，意即双亲都活着将子女抚养长大）可以生养六名子女——与欧洲的情况不同，这六个孩子之中的绝大多数都可以活到育龄。感谢异常之高的生殖力和持之以恒的移民，新英格兰地区的定居者人口从 1640 年的 1.4 万人一路增长到 1700 年的 9 万人——在短短两代人的时间里就增加到之前的约六倍。

　　在北美其他地区，英国殖民者的经历却与此截然不同。几乎从 1607 年建立以来，弗吉尼亚就经历了（用第一任总督的话说）"世界上所有的悲惨境遇"，因为旱灾已让其早期定居者"感受到了饥饿的刺痛"，迫使不少人以"狗猫鼠类"

"鞋靴皮革"为食。绝望之中,"不少人在饥饿岁月里跑去以捕捞为业"——不过只凭"捕捞"也无济于事,因为在1607~1612年,詹姆斯敦附近的沿海低洼地区经历了有记录的近八百年来最漫长的旱灾,原住民和新定居者同受其害。[8]人口增长也因此持续走低:尽管自1607年以来至少有6000名男女老幼从英格兰来到弗吉尼亚,但到1624年,这个殖民地只有1200人。

另外几项因素也造成了这一"低增长率"。首先,尽管在1618年弗吉尼亚公司(Virginia Company)曾决定征募并派遣远多于之前的殖民者去弗吉尼亚,它却未能提供养活他们所需的补给——新移民抵达的时候正好遇上了新一轮旱灾,当地收成为之骤降。许多新移民很快就死去了。1621年,公司方面怒气冲冲地抱怨,"有人竟写道"他们的殖民探险不过是"一种更有纪律的杀人行为"罢了。第二年(1622年)的情况还要糟糕得多:又一场严重旱灾迫使原住民和新移民不得不争抢稀缺的食物,结果便是一场屠杀,近350名英格兰男女老幼因此丧命。据一名饶具有名望的定居者说,随之而来的"是一场大型疫病,以至于我相信我们这里死了近500人,其他的人也没几个不曾引来死神敲门"。不过他接着说,

> 以微薄弱小的力量,我们尚能将印第安人逐出他们的居所,焚毁他们的屋舍,夺走他们的粮食,杀死其中不少人。印第安首长前来求和,还允许我们赎回被他俘虏的同胞。因为有这些人质陷于敌手,我们似乎要受他们摆布,但只要确保了这些被俘同胞的安全,**我们终将用那些印第安人用过的手段消灭他们。**

这一战略大获成功：到 1670 年时，弗吉尼亚沿海地带的土著人口在战争和疾病的双重打击下已从大约 20000 人降到了不足 2000 人。当本杰明·富兰克林等人为"我们的人"子孙繁盛而欢欣鼓舞的时候，他们说的只是和他们一样具有欧洲血统的人。[9]

不过，就算弗吉尼亚的英格兰定居者成功地"将印第安人逐出居所"，他们还是为极为不利的气候所困扰。1637 年，一名新英格兰地区的小册子作者幸灾乐祸地表示，"不少人"都因为"饱经弗吉尼亚之苦"而跑到马萨诸塞，他们"在这里的纯洁空气的帮助下立即复原"；马萨诸塞湾殖民地（the Bay Colony）"七年之内养活的新生儿人数甚至要多于弗吉尼亚 27 年之内的"。1641～1642 年，整个切萨皮克湾都封冻了。而在 1657～1658 年，特拉华河"彻底冻实，可行驯鹿……这一极端现象就连最年长的印第安人也未曾听闻"。[10]甚至到了 1650 年，弗吉尼亚的殖民者人口也只有区区 15000 人。直至 1680 年代，定居者人口超过了 60000 人之后，白人定居者才实现了自给自足。

在英格兰的加勒比殖民地，自给自足的里程碑目标甚至要花上更长时间才得以实现，这主要是因为热带疫病的影响——特别是两种蚊子传播的病毒：疟疾和黄热病。愈演愈烈的厄尔尼诺活动让加勒比地区愈发潮湿，湿润的气候令疟疾丛生，黄热病泛滥。作为克伦威尔 1655 年"西方作战"的一部分，7000 名英军士兵入侵牙买加。不幸的是，其中有超过 5000 人在头十个月里就客死他乡；整个 17 世纪，有约 223000 名欧洲人前往巴巴多斯、牙买加和背风群岛，但当地白人总数却只从 1650 年代的 34000 人增至 1690 年代的 40000 人。[11]

　　17 世纪英属美洲地区的原住民死亡率也很高。1621 年，罗伯特·库什曼牧师在普利茅斯拓殖地的一场早期布道中指出，"近来（印第安人的）人口大幅萎缩，是因为最近三年他们之中的高死亡率，以及他们自身的内讧纷争与血腥战争。我认为，他们当中只有二十分之一的人能够幸存"。考古学家已在马萨诸塞湾地区附近发现了几处 17 世纪初美洲原住民的大型墓地，墓地里没有通常意义上的随葬品，表明他们的死亡率异常之高，死因可能就是天花；而 1622 年抵达美洲的托马斯·莫顿也发现"在他们的几处居住地里，头骨和人骨成堆垒放"。原住民大量死亡的证据"令人震惊"，在他看来莫顿"就像是一处新发现的各各他"。[12]

　　莫顿笔下令人触目惊心的场景反映了欧洲人和美洲原住民之间在病原学上的关键差异。尽管美洲原住民在与欧洲人接触之前就经历过各种疾病，但在许多早期殖民者看来，他们似乎强壮而健康，"颇不寻常地免于一切显见的体格缺陷和生理畸形"。[13]这部分反映了印第安人身上并没有那些制造"发育障碍"和"生理畸形"的病症，比如天花和麻疹；但颇为不幸的是，这也令这一原住民种群在欧洲人抵达之后对上述疾病毫无免疫力。免疫力的"普遍脆弱"和几种在 17 世纪更为致命的（见第 4 章）"旧世界"疾病（尤其是天花和黄热病）不但足以解释为什么托马斯·莫顿眼中的马萨诸塞有如一处"新发现的各各他"，也可以解答为什么类似的"超高死亡率"会在新英格兰地区的原住民人口之中一直持续。1634 年，约翰·温斯洛普曾在马萨诸塞对这一现象有所评述。他思索道："如果上帝不是对我们继承这些土地心存愉悦的话，他为什么要在我们到来之前驱除原住民？还有，**为什**

么他仍在为我们创造生存空间，在我们繁育壮大的时候减少他们的规模？"[14]

不过，新英格兰的一些早期定居者仍然为普罗维登斯殖民地的罗杰·威廉姆斯于 1637 年描述的"我们航行所经那片大洋的困苦和试炼"所震撼。也许，两年之前那场"摧毁陆地所有谷物，让其寸草不得复生"的飓风让他心有余悸，紧随其后的一个严冬迫使不少刚刚在康涅狄格修好农场的人不得不回到马萨诸塞湾殖民地挨饿——他们在这里也遭遇了一场"谷物大短缺"，这要拜旱灾和更多定居者的抵达所赐（超过了垦殖地所能供养的限度）。[15] 但最重要的是，威廉姆斯提及了佩科特战争。

"正是饥饿上尉给我们造成了最大威胁"：战火中的英属大西洋殖民地

起初，天花放过了佩科特族（Pequot Nation），他们的族人占领了新英格兰南部地区约两千平方英里的土地。绝大多数佩科特人都以 10～20 户家庭为单位组成部落，过着一种半定居的生活。不过，有大约 70 户佩科特人生活在米斯蒂克（今康涅狄格）的一处防御工事里。得益于他们的人数规模和战略位置，1630 年代的佩科特人已经控制了英格兰殖民地与北面东面的荷兰人以及西面其他印第安部落之间的所有贸易——不过这也增加了他们与欧洲疾病接触的机会，他们的人数从 1620 年的约 13000 人减少到了 1635 年的区区 3000 人。这一人口损失让整个区域都变得不甚稳定。约翰·温斯洛普于 1634 年指出，佩科特人"现在正与纳拉甘西特人作战（直到这一年他们都还控制着这个部落，也在与荷兰人作战"，因此"考虑到这些境况，他们没法再同其余地区安全地进行贸易了"。[16] 相较而言，殖民者的人数却在持续增长。成群结队的殖民者回到康涅狄格谷地寻找可耕土地。那里的原住民人口远远超过殖民者，因此马萨诸塞总督便雇用曾在欧洲有着丰富军事经验的工程师利昂·加德纳前往塞布鲁克（Saybrook）修筑一座新的堡垒。然而，加德纳却建议总督谨慎行事，因为

> 战争是一个三脚凳：只要缺了一脚，就会整个摔倒。这三只脚分别是兵员、军粮和弹药。因此，既然和平时期你们都会忍饥挨饿，那么战端一开又将如何？又能如何？因此我主张，我们**最好只与"饥饿上尉"作战，并把修筑工事的事情先放到一边**。[17]

时年 24 岁的马萨诸塞总督亨利·范恩上任才六个星期，他并未采纳这一意见。恰恰相反，1637 年初他派出一支殖民者军队，在纳拉甘西特人等与佩科特人为敌的美洲原住民部落的支援下对米斯蒂克发动了一场突然袭击。这次袭击取得的战果远超范恩的预期，"（我们）焚毁了他们的弓弦，让他们无力抵抗"。殖民者和原住民盟友得以不冒风险地射倒了那些试图逃跑的人。在不出一小时的时间里就有 400 到 700 名佩科特人遭到歼灭，只有 7 人侥幸逃离（彩插 19）。屠杀的规模和人类"在血与火中煎熬挣扎"的"可怕惨状"让那些"从未经历战争的年轻士兵"浑身战栗。有人不禁质问："为什么你们可以如此残暴？"但久经战阵的殖民地老兵打消了他们的疑

450

虑："有时经文也会断言，女人小孩都得与其父母一同被杀……我们的行动从上帝之言里得到了足够的启示。"[18]

正如尼尔·索尔兹伯里评述的那样："对许多定居者而言，'佩科特屠杀'在意识形态和军事上都是这场战争和'征服新英格兰'的转折点。"米斯蒂克屠杀之后不久，殖民者"在短时间内派出追兵，逐佩科特人于荒野，俘虏或杀死了1400名佩科特人"，"甚至不放过他们能找到的一切，给全体印第安人造成的极大恐惧和震骇一直延续至今"。到1638年9月，得胜而归的英国人及其盟友聚集在哈特福德的荷兰贸易据点，讨论如何瓜分被征服者及其资产。《哈特福德条约》禁止一切幸存的佩科特人使用他们的名字和本族语言，或"生活在之前本属他们，但现在由英国人征服的地方"。这份条约还纳入了北美历史上第一部"逃奴法"（fugitive slave law）：任何在逃的前佩科特族人都必须回到他或她原先的"捕获者"那里。时至1643年，根据一群哈佛学院毕业生狂妄的说法："佩科特人的名字已（如亚玛力①一样）在天底下被抹杀得一干二净了，没有一个人是，或者（至少）敢于自称佩科特人。"[19]佩科特人的男女性别比在1640年之后降到了一比二十，部落也持续衰落。20世纪初，佩科特族只剩下66人。相比之下，1643年康涅狄格谷地和长岛的英裔人口就已经超过了5000人，仅纽黑文一地就有2500名定居者。

战争期间从佩科特人那里抢来的玉米帮助新英格兰的殖民者安然度过了又一个"极其艰难的冬天，深达一码的积雪从11月4日一直持续到次年3月23日"，以及1639年的一

---

①　《旧约圣经》中与以色列人敌对的闪米特部族，后遭灭绝。

场旱灾；但在 1641 年与 1642 年之交，当地迎来了一百年来第二冷的冬天，马萨诸塞湾"彻底冻住，根据印第安人的说法，其范围之广和时间之长都是过去四十年来所未见"。干旱和寒冷天气也在随后显著影响了新英格兰全境的收成——就在英国内战爆发之际（见第 11 章）。尽管约翰·温斯洛普曾于 1640 年为苏格兰人入侵英格兰以及"长议会"召开的消息欢欣鼓舞，但他还是扼腕叹息道："我们之中有人正考虑返回英格兰"，还有一些人"正迁往南边各地（弗吉尼亚），以求在那里找到更好的谋生环境。为达这一目的，他们甚至以极低的价格出售了在此地的地产"。1640 年 5 月到 10 月间，马萨诸塞的谷物价格下降了近一半，牲畜价格则下降近四分之三，这导致

> 本地所有商品价格急剧下跌……这让人们无法偿还自己的债务，因为他们手头没有金钱和毛皮。在去年乃至三个月前还值 1000 镑的东西，现在就算以200 镑的价格出售也无人问津。上帝借此教导我们，一切身外之物皆是虚荣。

温斯洛普的"虚荣"在 1641 年 6 月经受了又一波打击。他因处决斯特拉福德和逮捕劳德大主教（"我们的劲敌"）一事而燃起的喜悦之情很快就因一个事实冷却下来："这让所有留在英格兰的人都期许（在本国）建立一个新世界，因此前来投奔我们的人就变少了。一切外国货物都变得稀缺，我们自己的货物则根本卖不上价。"[20]

新英格兰地区各殖民地在整个 1640 年代仍旧岌岌可危。

马萨诸塞传教士因克里斯·马瑟后来说："迁出新英格兰的人要比迁入的人更多。"他或许也补充说，那些"迁出"新英格兰以支援议会派事业的人当中有不少殖民地精英：哈佛学院第一期毕业生共24人，其中14人都回到了英格兰（其中就有乔治·唐宁，他后来成为奥利弗·克伦威尔的谍报头目）；休·皮特成为克伦威尔最喜爱的传教士；至少有7个人在军中做到了上校（包括约翰的儿子斯蒂芬·温斯洛普）。还有两个新英格兰人（包括战胜佩科特人的亨利·范恩）在长议会中赢得了席位：一人列席威斯敏斯特神学委员会，另一人则在国王的死刑判决令上签下了自己的名字。[21]不少依旧留在新英格兰的人也成了议会方的斗士——即使只是"打埋伏"。他们祷告上帝，将鼓励议会的布道、诗歌、信函和论文寄回英格兰，以求杀死保王党人。早在1643年，马萨诸塞坎布里奇的安妮·布拉德斯特里特就创作了一篇题为《新旧英格兰之间就当下乱局的对话》的诗歌。安妮是英属北美第一位出版作品的诗人，在她的这首诗里，忠诚的殖民地"女儿"力劝她的"母亲"不要对保王党人手下留情：

> 前进吧英勇的埃塞克斯人，向你的儿女展露真容，
> 心中无须向国王隐瞒，也不必向各国藏私废公；
> 不过对那些蠹国害民、自伤王冠的人你无须怜惜，
> 你必以武力驱逐，用强力摧除，双脚践之而后已：
> 就让监狱里装满这帮人的残党，
> 让坚固结实的泰伯恩绞刑架也不堪重负生出裂隙。[22]

虽然新英格兰地区声援议会派，弗吉尼亚（以及其他殖

民地）却依旧效忠英王查理。他们将议会方面的行事斥为
"将可怖的叛乱"散播到"那些边鄙之地"的行为。巴巴多斯
是当时"新世界"最为富饶的英国定居点，他们认定保持中
立是活下去的最好办法。巴巴多斯的持有人发誓"绝不接受
政府的任何更迭，直至慈悲的上帝赐福我们，将国王与议会团
结起来"，他们还热情洋溢地追求自由贸易政策。[23] 弑君事件在
一开始收效甚微——只有罗得岛在第一时间承认英格兰共和国
为合法政府——但在 1652 年，年轻的共和国派出一支舰队前
往加勒比地区宣示主权，另一支舰队则前去征服弗吉尼亚。共
和国还设立了一个贸易委员会负责促进海外贸易，通过《航
海法》将一切英属大西洋殖民地的贸易都限制在英格兰商人
之手。此外，共和国还将数千名战败的不列颠及爱尔兰反对者
遣送美洲，与数万名自非洲进口的黑奴一起做苦工；同时，正
因为（用一群自吹自擂的殖民者 1643 年的话说）新英格兰享
受了"和平和免于对敌之福，（所以）就在几乎全世界都水深
火热的时候"，生而自由的英格兰人移民美洲的数量仍在上
升。总体而言，英属美洲殖民地的人口在 1650 年代从 5 万人
暴增至 20 万人，为之前的足足四倍。[24]

不列颠革命还以另外几种途径增强了英属美洲的实力。
1640 年以后当地物价的下滑和跨大西洋贸易的中断迫使殖民
者回过头来依靠他们自己的资源。他们不再从欧洲进口必需
品，而是在当地开矿采掘铁和铅，投入更多资金发展渔业和伐
木业，制造他们自己的纺织品和舰船。到 1660 年，每年在波
士顿靠岸的船——许多都在新英格兰制造——已有近百艘之
多。这些船被用于从事对欧洲、南部殖民地和西印度群岛的贸
易活动。从纽芬兰到特立尼达，17 世纪中叶的英属美洲出现

了一整套独具特色的经济、人口、社会和宪政新体制；伦敦的复辟王室听任共和国的殖民地政策一仍旧贯，及至1676年的"一连串灾难"方才给情势带来一些显著改变。[25]

1676年春天，巴巴多斯总督指出，尽管他的岛屿业已先后经受了"黑人（叛变）和飓风之害等种种不幸"，但其居民依旧"保有一项优势"：

> 他们不像美洲其他邻居一样夜不安枕。北美居民每天得到的都是坏消息：实力增长的印第安人每天都在毁家破舍，他们的成功就像传染病一样波及整个北美大陆。从新英格兰蔓延到马里兰，印第安人所到之处无不焚毁城镇抄家灭口，就像他们在弗吉尼亚的所作所为一样。[26]

新英格兰地区的"日常毁灭"始于佩科特战争，正是这场战争为欧洲定居者打开了康涅狄格谷地之门。新移民对土地和食物与日俱增的要求甚至令那些最为忠诚的印第盟友感到警惕。1642年，纳拉甘西特人领袖密安托诺莫（Miantonomo）号召附近族人"团结起来以防追悔莫及"，这位领袖恰恰曾帮助殖民者消灭佩科特人。本着"我们都（是）印第安人，就像英格兰人都是英格兰人一样；他们互道'兄弟'，我们也必须如此，否则就会在短时间内灭亡"的精神，他向长岛地区的蒙托克人发表讲话：

> 你们知道，我们的先祖拥有充足的麋鹿和毛皮，我们的平原上全都是鹿、树林和火鸡。我们的海湾和

　　河流里也全是鱼和鸟。但这些英国人却夺走了我们的
　　土地，他们用镰刀刈除草地，用斧子砍倒树木。他们
　　的奶牛和马都在噬食牧草，他们的猪也在破坏我们采
　　蚌的海滩，我们就要饿死了。

　　密安托诺莫宣布，他和"自东向西的酋长们"已经决心
在"一个特定的日子里"起兵"袭击并杀死（英裔的）男女
老少——但不会杀奶牛，因为奶牛还可以在我们的麋鹿重新繁
衍之前充当食物"。[27]

　　密安托诺莫的呼吁适得其反。一位亲英的蒙托克人泄露了
这一方案。第二年，一个敌对的莫西干酋长抓捕并刺杀了制订
计划的密安托诺莫；不仅如此，对泛印第安联盟的惧怕促使形
形色色的殖民团体联合到了一起。"新英格兰联合殖民地联盟
章程"（1643 年）的前言不但指出了"原住民"犯下的"名
目纷繁之无礼和暴行"，而且点出"印第安人已经耳闻英格兰
本土令人痛心的纷纷扰扰，他们深知我们"接受本土保护之
路"已绝"。殖民地新联盟许诺进行全面合作（包括遣返逃亡
罪犯和契约仆人）和军事互助以防备袭击。[28]

　　仅仅用了不到一代人的时间，新英格兰地区的殖民者就正
好让密安托诺莫预言的危机成为现实。正如弗吉尼亚总督威
廉·伯克利爵士于 1676 年的评述："大陆上的所有英国殖民者
都觊觎超出他们安全保有能力的土地。"他还断言，这种对土
地的渴求"是新英格兰地区种种麻烦的起因，印第安人抱怨
陌生人给他们留下的土地太少，让他们没法保障妻子儿女免于
饥馑"。[29]总督的分析点出了不少真相，"印第安人"的可耕土
地降至生存线以下便是其中之一——但这一现象是由诸多因素

导致。第一，欧洲殖民者人口的快速增长（不论是因为移民还是因为本杰明·富兰克林夸赞的自然增长）自动增加了需要糊口的人员数量，以及对产粮用地的需求。第二，定居者不仅种植口粮作物，还种植烟草这样的经济作物。如此多元化的土地利用也减少了可耕土地的规模。第三，定居者的家畜也需要空间——而且是很多空间：他们的牲口在放牧时践踏庄稼，家猪则掘食蚌蛤和玉米。而当原住民乞求新移民为牧场设置篱笆的时候，新移民就会反驳说，原住民应当给自己的作物扎好篱笆。最后，今天美国东部的"自然档案"显示，17世纪中叶的较冷气候减少了作物的总收成，也因此增加了原住民和新移民社区对各自远期生存愿景的焦虑。上述变故之最著者是新英格兰地区毛皮动物的事实灭绝，尤其是遭遇过度捕猎的海狸。毛皮动物的灭绝导致原住民可以与定居者交换的商品变得更少了，这一差额也意味着每当殖民者法庭因某些越界事件对原住民施以罚款时，土地已经成为他们唯一可以用于偿付罚款的资产。这一事态也导致了几乎将新英格兰从地图上抹去的"菲利普王战争"。

1671年，马萨诸塞湾法庭判处被后世称为菲利普（英语名字）或梅塔康（阿尔冈昆语名字）的万诺帕亚部落酋长缴罚金100镑，他不得不将自己的部分土地让与殖民者才能勉强偿清这笔巨款。据一位消息灵通的定居者称，菲利普计划立即展开复仇，袭击马萨诸塞的定居者，"如果不是上帝立即出手阻止的话，他在当时就已经开始行动了；至少有两次，他的复仇计划都因大雨而作罢"，这是因为雨水摧毁了他的族人赖以生存的收成。菲利普遂开始效法密安托诺莫的先例，与邻近部落结成联盟，同时收集枪炮，修筑要塞。1675年6月的"无夏之年"里，反常的凉爽天气同时威胁到了原住民和新移民的作物。"菲利普王"（英国人现在这么称呼他）发动了一场联合袭击，最终集结了约 8000 名美洲原住民。[30]

菲利普指挥的兵力远远胜过殖民者，他们也精通包括突袭和伏击在内的"潜行战法"。不过，两大关键弱点令他的事业毁于一旦：他的联盟不但受到那种存在于任何联盟之中的固有的紧张关系的困扰，而且新英格兰地区的原住民部族向来缺乏服从于一个共主的传统。事实上，万诺帕亚部落的不少宿敌都在为联合殖民地而战。因此，尽管（再次引用伯克利总督的话）菲利普"迫使新英格兰人丢掉了他们曾在不同年份里垦殖定居、筑垒设防的约一百英里土地"，但他和盟友也经历了一些严重挫败。[31]尤为严重的是，1675 年与 1676 年之交的反常严冬冻住了通常保护一座纳拉甘西特重要堡垒的"大沼泽"（Great Swamp），一支殖民地军队于是得以踏冰而过直取堡垒，并杀死了全部守军。紧接着在 1676 年初，易洛魁联盟的莫霍克部落（Mohawks）袭击了菲利普的冬季大营，迫使他和他的追随者四散奔逃。有那么一段时间里，再度来袭的贫弱生长季与战争状态在新英格兰制造了物资匮乏。不过，殖民者却能从海上获得补给，也能与其他殖民者相互周济，而菲利普的支持者只能忍饥挨饿。[32]此外，殖民者也最终采用了迟迟未行的"潜行战法"，与他们的美洲原住民联盟发起了联合作战。1676 年 8月，他们将菲利普逼至绝境并杀死了他。虽然战争又持续了 18个月，但康涅狄格河以东的印第安势力却永远灭亡了。

不过，殖民者也为胜利付出了高昂代价。约有 3000 名美洲原住民死于冲突、疾病和饥饿，还有 2000 人逃离故土，另有 1000 名印第安人被罚没为奴，遣往百慕大；但在战前新英格兰地区的 90 座定居者城镇里，菲利普的军队袭击了其中的 52 座，掠夺了 25 座，还将 17 座夷为平地。一些较小的殖民据点从此永远消失了，"需要花上整整一代人的努力，才能恢复因冲突而化为荒芜的边疆行政区"。就人口比例而言，菲利普王战争是"所有北美战争中最致命的一次。在总人口约 3 万人的新英格兰，役龄人口之中每 16 人就有 1 人阵亡或因战争而死；还有许多男女老幼遭到屠杀，被掠为奴，死于饥饿，或因印第安人的突袭而露宿荒野"。这场战争还"摧毁了殖民地经济"，扰乱了殖民者的皮毛贸易和与西印度群岛的商业往来，"开拓殖民地的前两代人投入到殖民地的资本大量流失，人均收入直至 1775 年才重新达到 1675 年的水平"。除此之外，仅普利茅斯殖民地一地就在战争中花掉了 10 万英镑的军费，康涅狄格甚至还要比这再多 3 万英镑。如此规模的人力物力损失已经威胁到新英格兰地区的"持久繁荣，也许还有其持久生存"。1676 年 4 月，殖民地领袖只得向伦敦求援。[33]

没过多久，伦敦又收到了一封弗吉尼亚的请愿书。1676 年 7 月，几名切萨皮克拓殖者要求伯克利总督批准他们袭击印第安邻居的行动。总督拒绝这一要求之后，人脉广泛且刚刚抵达的纳撒尼尔·培根率领心怀不满者以"弗吉尼亚平民"的名义发布了一份"宣言"，以"国王陛下的名义"指挥众人逮捕总督及其支持者，将他们斥为"国王的叛徒"。他们还取得了马里兰人的支持。弗吉尼亚和马里兰的起义者都向其反对派的仆人和奴隶承诺，只要他们同意拿起武器反戈一击，就给予他们自由（这是空前的举措）；时至 9 月，培根及其支持者以炮击令殖民地首都詹姆斯敦降服。他们进入城中，"对城镇、教堂和议会纵火"，"到 1676 年 9 月 21 日清晨，价值 45000 英镑的财产遭焚毁，可以居住的房屋百无一存"。[34]

结果，沿海底地（the Tidewater）的恶劣环境将叛乱扼杀于萌芽之中——痢疾夺走了培根和许多新近从英格兰赶来的叛乱拓殖者的性命——不过，有几名评论者将 1676 年弗吉尼亚和新英格兰发生的事情与 1641 年的爱尔兰事件联系到了一起（"如有施暴的手段，美洲原住民的残暴将**超过爱尔兰造反者**"；他们的"**双手沾满了太多国王陛下良善臣民的鲜血**"）。伦敦政府于是派出了一支由 14 艘战舰和 1300 名正规军士兵组成的舰队首先前去平定弗吉尼亚，再去波士顿恢复秩序。[35]

未来的詹姆士二世此时还是约克兼奥尔巴尼公爵，他是新政策制定的主导者。1674 年，詹姆士从荷兰人手中拿到了一块领地并成为其"所有人"，这块领地随即被命名为"纽约"（新约克），两座主要城市也分别得名"纽约"和"奥尔巴尼"。詹姆士手下的纽约总督埃德蒙·安德罗斯也曾动员易洛魁人对付菲利普王，在那场大胜仗中扮演了重要角色。1677 年，安德罗斯与整个易洛魁联盟签署了一系列永久协议，也就是所谓"盟约链"（Covenant Chain），从缅因到卡罗来纳，殖民地与原住民土地的交界地带因此迎来了和平——但殖民者为此也付出了代价：向西的殖民扩张因而中止了近一个世纪。[37]查理二世和詹姆士于是接着采取其他措施抑制殖民地。与英格兰（见第 12 章）一样，他们在整个 1680 年代都在收回北美的宪章和其他王室特许权。1686 年，詹姆士（现任国王）创设了"新英格兰领地"（Dominion of New England），由安德罗斯担任首位总督。

1689 年初，埃德蒙爵士正在波士顿巩固他的职权时，收到了英格兰发生光荣革命的消息。一群马萨诸塞殖民者立即抓捕、囚禁了这位总督（以及他任命的部分理事）。紧接着，他们根据已遭没收的宪章恢复了原先的政府形态，其他新英格兰殖民地也在之后纷纷效仿。马萨诸塞的殖民地精英人士（与马里兰和纽约的人一样，他们也支持对詹姆士的叛乱）之后承认威廉和玛丽为他们的君主，不过他们采取独立行动的能量也让新的君主颇为担忧：虽然这些人废除了詹姆士创设的自治领，但是新王还是颁布了新的殖民地宪章，赋予君主远多于前的主权。

对 17 世纪中叶殖民地与原住民的大战及其结果的记忆一直存活到了阿巴拉契亚山以西。1811 年，肖尼族领袖特库姆塞争取联合中西部印第安部族的行动无果而终。愤懑之下，特库姆塞以雄辩的口吻质问："佩科特人今天在哪里？纳拉甘西特人、莫西干人、波卡奈特人在哪里？其他一度强盛的我族部落在哪里？他们都在白种人的贪婪和镇压之下消亡了，就像夏日骄阳之下的雪花……我们难道心甘情愿让自己也被摧毁吗？"[37]似乎略显奇怪的是，特库姆塞在他的呼吁中略掉了其他一些毁于 17 世纪中叶的"强大部落"，其中就包括纽约和新泽西地区的德拉瓦族（也称"特拉华印第安人"），以及他本人的先祖：操阿尔冈昆语、生活在休伦湖附近的族人。特库姆塞的祖先可不是"白种人贪婪和镇压"的直接受害者，直接加害他们的是易洛魁族人。

新法兰西和"海狸战争"

17 世纪的圣劳伦斯河两岸和五大湖周边地区的历史与邻近的新英格兰有着诸多相似之处，其中以欧洲定居者人口极为快速的增长尤为显著。移民至此的法国女性几乎有 70% 都在 20 岁之前早早结婚；半数已婚定居者家庭都会生下四个或者更多的子女，生下十个乃至更多子女的家庭也占到四分之一。
1650 年后在某些魁北克教区登记簿上，新生儿与死亡人口的
比例是三比一或四比一。法国地方政府用大笔金钱奖励这一超
乎寻常的生育力。1669 年后，每一名 16 岁之前结婚的法籍加
拿大女性都将收到 20 里弗的奖金（每位 20 岁之前结婚的男性
亦然）。每一位生养 10 个子女的父亲都将领取 300 里弗的年
金，生养 12 个子女的则可领到 400 里弗。拜上述因素所赐，
法国定居者的人数从 1660 年的 800 人猛增至 1699 年的 15000
人，这一年沃邦元帅（路易十四的首席统计顾问）预计，殖
民地的人口将每过一代就增长一倍。[38]

与新英格兰的情况一样，即便惹人瞩目的人口增长也没能
抵消美洲原住民人口的下滑。某种程度上，这一下滑是"有
意为之"，因为易洛魁族人是母系社会，施行"依母系家族继
承、女性家长制、女性的婚前和婚外性关系、女性控制生育、
随意的育儿制、试婚制、母亲做主的婚姻、即刻离婚制，如果
离婚则由母亲抚养子女，（还有）一妻多夫制"。最后，易洛
魁女性也时而使用草药堕胎（或许也是为了避孕，因为她们
似乎很少能在两年之内两次怀孕）。上述种种做法都缓解了 17
世纪中叶危机的烈度，因为它们减轻了人们对本已有限且产量
正在下滑的粮食的需求。[39]但是，易洛魁女性却没法抵抗新传
来的欧洲疾病。

荷兰人阿德里安·范德唐克曾于 1640 年代流连于哈德逊
河谷，写了一篇内容详尽的"描述"。按照范德唐克的说法，
原住民"用笃定的口吻说，就在基督徒抵达美洲，天花在自
己的族人之中暴发前，他们的人口是现在的十倍之多；正是这
一疾病让他们的人口锐减，十分之九的族人都患病而死"。[40]

"基督徒"在 1609 年来到这片新大陆，当时亨利·哈德逊乘一艘荷兰船沿河北上（这条河今天就以他的名字命名），抵达了今天的奥尔巴尼；同时，一队法国人在塞缪尔·德·尚普兰的带领下从魁北克（他于前一年发现了此地）的圣劳伦斯河一路南下，最远抵达了王冠岬（Crown Point）。哈德逊和尚普兰都希望找到一条通往中国的"西北水道"，并从富庶的中国获利；虽然在这个目标上失败了，但他们仍然从北美充足的海狸资源中获利颇丰。海狸厚厚的毛皮可以御寒，也能做成防雨的帽子。根据范德唐克的说法，仅在奥尔巴尼一地，"人们每年都能杀死 8 万只海狸"。他接着记载道："有不少人都认为，该国的动物都将在一定时期之内灭绝殆尽，但这只是不必要的焦虑而已。捕猎活动已经持续多年，但所获数量并未减少。"不过，足迹从未踏至阿巴拉契亚山脉以东的范德唐克被误导了。海狸成了"世界历史上历时最久的对单一物种的捕猎行动的对象之一"，继之而来的"毛皮热"不但让海狸的数量急剧减少，最终也令原住民猎手的数量下降。[41]

圣劳伦斯河沿岸的许多美洲原住民都死于 17 世纪的连绵战事。1609 年 7 月在王冠岬，尚普兰和数百名休伦及阿尔冈昆族盟友（他们在安大略湖北岸的森林地带耕种渔猎）与莫霍克族（易洛魁联盟一员，控制着安大略湖南岸的森林地带）主战派爆发了一场遭遇战。战斗一打响，法国人就用火器杀死了全部三名莫霍克酋长和不少逃跑的莫霍克战士，将战场留给了法国－休伦联盟。这场胜利标志着五大湖地区欧洲人和美洲原住民之间关系的一大转折点："一种文化和生活方式缓慢而漫长毁灭的开始，双方（莫霍克和休伦两族）都没能从中恢复"。失败的莫霍克人寻求与其他欧洲族群结盟——但休伦族人主要用海狸毛皮交换金属制品，尤其是金属工具；莫霍克等易洛魁族群则主要用海狸毛皮交换白兰地和火器。没过多久，易洛魁人不仅拥有了许多"猎枪、火枪、手枪等火器"，而且"使用火器的积极性也要高得多"——他们枪法奇准，"胜过许多英格兰人，因为他们脚步灵活，身体敏捷"。[42]

休伦族在相当一段时间里持续繁荣，法国人提供的金属工具让他们得以扩大玉米种植规模，他们的人口也增长到约25000人；不过，突然到来的欧洲人却让休伦族商人暴露在麻疹和天花的魔爪之下，他们在这些疾病面前显然没有抵抗之力。1639年至1640年间格外残酷的一波传染病疫情过后，休伦人的数量减少到约12000人，此时的他们也没有力量抵抗莫霍克等易洛魁部族的攻击了。雪上加霜的是，对欧洲火器弹药的掌握和消费欧洲白兰地诱发的"酒疯"都让易洛魁人的战争行为变得越发残暴。耶稣会士伊萨克·若格于1643年写道，易洛魁人的"目的"是"如果可以的话，抓走所有休伦人；将势力最大的族群屠杀殆尽，再除掉其余的相当一部分族群，这样易洛魁人就将独享这块土地"。[43]若格没能认识到，易洛魁人的战争活动也是为了补偿自己因传染病暴发而蒙受的人口损失：他们从其他印第安部族那里得到战俘，然后编入自己的部族。这种冲突便是所谓的"丧服-战争"：本族女人（尤其是寡妇）单独挑出适合生育的战俘并饶他们一命，其余战俘则在之后被折磨并处决。

休伦人也倾尽全力保卫自己。1645年，他们与易洛魁人达成和议；为了避免和议破产，他们还劝说耶稣会士和法国定居者前来居住，为他们提供武器，教导他们如何更有效地防御村庄。不过，易洛魁人还是焚烧了休伦人的玉米，偷走他们的毛皮。1649年正值饥荒，易洛魁人干脆发动了一场全面进攻。

休伦人早已制订了万一之际的有序撤退计划，于是他们焚烧了
自己的村舍，撤到了休伦湖的一座岛上，随行的还有约50名
法国传教士、工匠和士兵；但是，旱灾杀死了难民们种植的玉
米，许多人（特别是儿童）成为饿殍。1987年对一座要塞和
附近休伦村庄的考古发掘出土了一方墓穴，里面塞满了营养不
良儿童的小型骨架——他们成了欧洲人对火器、皮帽之热衷的
牺牲品。[44]

　　有序进行的迁徙方案让相当人数的休伦族人得以安然度过
这场"海狸战争"和接踵而至的饥荒之冬，他们也在抛弃家
园之后成功保有了集体认同；但与所有移民现象一样，那些陷
于营养不良的逃难族群发现，与资源禀赋、生态环境和自然平
衡颇为熟悉的祖宗之地相比，在陌生的环境下生存要困难得
多。例如，休伦人将自己的一套生活方式带到了他们位于今伊
利诺伊北部和威斯康星的新家园。这套生活方式仰赖于那些曾
于东边地界维系他们生存的主食作物。法国人尼古拉·佩罗曾
在休伦族人之间生活了二十年，他曾描述道："野蛮人最喜
欢，也最愿意费心获取的食物是印第安谷物（玉米）、四季豆
和南瓜。如果谁家手里没有这些食物，他们就会被认为是在禁
食，不论他们家里贮存了多么充足的鱼类和肉类都是如此。印
第安玉米对他们而言就像面包之于法国人。"[45]对难民而言颇为
不幸的是，玉米需要长达160天的生长期。即便在气候温暖的
年份，北伊利诺伊也很难提供多于140天的生长期。若遭遇晚
霜或是早霜，或遇上过多的雨水或干旱，玉米便会颗粒无收。
伊利诺伊的年轮数据昭示了这一点：与北半球其他地区一样，
反常天气在17世纪中叶发生得更为频繁。毫不奇怪的是，不
少休伦族人都因此饿毙。

458

上述种种不幸之事都未能影响欧洲人对海狸皮帽的需求。1665 年，尼古拉斯·佩罗在休伦湖和苏必利尔湖的交界苏圣玛丽（Sault Sainte Marie）建立基地，开始与五大湖沿岸的渥太华等印第安部族开展贸易，用火枪、蒸馏酒和工具交换毛皮。佩罗与路易·乔利埃特一同从苏圣玛丽出发，来到了今天的格林湾，在那里建起了另一个贸易站。1673 年，乔利埃特沿密西西比河顺流而下，抵达了阿肯色河的汇入点；十年之后，谢瓦利埃·德·拉·萨尔划着独木舟一路到了墨西哥湾，他在漫长旅程中遇到了一群休伦流亡者。这些休伦人用活灵活现的证词描述了故土生活中那难以忍受的苦痛。在被问到是否乐意同法国人一道北返的时候，流亡者断然拒绝了。因为"我们身处世界上土地最肥沃，生活最太平，民众最健康的国土，心里不会再有丝毫念头离开这片乐土，更不愿将自己暴露在伊利诺伊人的斧头之下，或是在半路上被易洛魁人烧杀掳掠，去到那片冬季奇寒，夏天无趣，总在作战的土地"。[46]

这些难民也许是夸大其词了。约翰·理查兹在其权威研究《无界边疆：近代早期世界环境史》（*The Unending Frontier: An Environmental History of the Early Modern World*）一书中对"那些陷入皮毛贸易的印第安部族遭受的影响"进行了评估。理查兹写道："每一年，欧洲人都会征募数万名印第安人做猎手、加工人、运货者和贸易商，将海量的北美毛皮对外出口。"他还发现了"三个互相纠缠的问题"：

· 美洲原住民卷入毛皮贸易，是否让他们变得孱弱、难以自足，以及造成了族群之间的文化解体？

·具体而言，欧洲制成品的大量涌入是否促使美洲原住民 459
放弃了自身的文化信仰、政治制度和生活习性？

·最后，贪得无厌的欧洲人的需求是否让美洲原住民放弃
了原本颇具可持续性的狩猎习惯，转而推行对毛皮动物
的无差别屠杀政策，并因而逆向改变了环境？[47]

理查兹小心翼翼地否定了上述所有断言：这至少不是 17
世纪的实情。尽管欧洲的疾病摧毁了北美洲的绝大多数印第安
人族群，金属工具、毛纺织品和精准火器的取得还是"让他
们得以空出多余商品换得收入，并生活得更好、更舒适"。除
了对蒸馏酒的偏爱之外，他们"是小心谨慎的消费者，对于需
求的商品无论在种类还是数量上都自求限制"。尽管新英格兰地
区沿海和圣劳伦斯河下游沿岸的海狸在 1660 年代被捕杀得几近
灭绝，理查兹还是指出，印第安猎人在 1690 年代每年都能猎取
15 万多张毛皮，这些毛皮似乎完全能够满足欧洲人的需求。[48]

不过，17 世纪北美其他原住民人口的经历却依然无从得
知。16 世纪中叶到访密西西比河谷中部的欧洲访客在那里遇
到了颇为发达的等级制酋长国，1670 年代的法国探险家却没
有提到它们，而是记录了密西西比河地区大范围的荒凉沉寂。
研究密西西比河谷乔克托族的权威历史学家帕特里西亚·加洛
威推测，鉴于这一区域足以种植玉米并供养大型定居点的土地
颇为有限，"每逢部分河谷地带无法再供养其人口，或是正好
处在急需粮食当口的人们却经历了一连串凶年乃至气候变化的
时候，临界点就来了：当地居民只能四散而逃，或是坐待饿
毙"。[49]一系列树木年轮数据显示，该地区在 17 世纪中叶发生
了严重旱灾，也许正是这场旱灾制造了这么一个"临界点"？

同样地，中部大平原的树木年轮数据也显示，这里在 17 世纪中叶发生了一场大型旱灾。也许，这正好与某些美洲原住民口述历史的描述相吻合："无狗时期"，即包括家犬在内的所有家养动物全部灭绝的时代——不过由于缺少更丰富"人类档案"的佐证，我们似已不可能得到更精确的论断。的确，1550 年到 1650 年之间的这整整一百年已被阿巴拉契亚山以西的美洲原住民称为"黑洞"。[50]

不过值得一提的是，虽然在东北地区碰到一些挫折，但到 1700 年为止，整个北美次大陆的美洲原住民人口还是要远远超过欧洲人和非洲人；还有，随着原住民对马匹和火器的运用日趋精湛，他们仍能牢牢控制美洲绝大部分土地。密西西比河和阿肯色河谷的原住民数量或许比之前少了，但他们依然占据着卡特林·杜瓦尔口中的北美洲"原生地"（Native Ground）。他们在这里抗拒所有欧洲定居者，凭借优势力量迫使他们议和（如果真有此事的话）。在原生地以东则是一个"中间地带"（Middle Ground），这里的美洲原住民各族群之间以及他们与欧洲人之间都建立了新型关系。作为盟友的价值让各族群得以在之后一个世纪里既能和欧洲邻居缔结外交协约（比如"盟约链"），又能避免仅仅支持一个欧洲族群。考虑到致命的疾病和残酷的战争，印第安人的这种韧性已经是一个了不起的成就。[51]

"巴西这片土地"

17 世纪美洲的各欧洲殖民者之间频频爆发战争，这也是更广泛意义上冲突的一部分——1660 年代的英荷战争，1670 年代和 1690 年代的英法战争——不过，这些战争并不会持续很长时间，也不会故意摧毁多少欧洲财产。但巴西总督辖区却构成了一个显著的例外。1630 年，葡萄牙拥有中部的巴伊亚（首府萨尔瓦多）和北部的伯南布哥（首府奥林达）两片殖民地，每片殖民地都有约 1.2 万名定居者，许多人依靠种植蔗糖生活，那里的"作坊"（engenhos）从甘蔗里提炼蔗糖并销往欧洲；整个巴西大约有 6 万居民，其中近半数都是葡萄牙人，剩下的则是非洲奴隶和美洲原住民。巴西发生了两场大灾难。第一，从里斯本来了两支舰队，甲板上的水手"带来"了黄热病。这种源自非洲奴隶的疾病迅速杀灭了殖民地里大量毫无防护的原住民；第二，一支荷兰远征军占领了伯南布哥，摧毁了奥林达，并沿着海岸平原逐渐向南扩张势力。到 1640 年时，萨尔瓦多本身也被荷军包围。城中某位年轻的耶稣会士在此时创作了一篇也许是 17 世纪最为重要的布道词，他仿照《旧约圣经》中摩西和约伯的口吻发表了一通对上帝的诘问。"看看吧，我主，巴西这片土地得自您手，也失自您手，"安东尼奥·维埃拉的开场白措辞严厉，"您曾在万国之中选择让葡萄牙人为您的信仰开疆扩土，如今却要把这片土地从葡萄牙人手中夺走。"

> 至尊的上帝，宇宙的主宰！如果葡萄牙神圣的"五面盾牌"、耶稣的纹章和伤口被那群荷兰异端、背叛上帝和其国王之徒的徽章取代，事态将变成何种场景？如果您已决心将这片土地赐予荷兰海盗，为什么不在他们野蛮不开化的时候给他们，而是现在？[52]

这段长篇大论也许发挥了实效，因为数天之后就有一支援军抵达并化解了萨尔瓦多之围。1641 年，萨尔瓦多热烈庆祝了葡萄牙奇迹般的"独立光复"（见第 9 章）。不过，通过将效忠对象从腓力四世转为索昂四世就能带来和平和繁荣的希望很快就落空了。1641～1642 年的天花疫情"在印第安人之中肆虐，所有村落（aldeias）几乎完全灭亡了。幸存者逃进了森林，因为他们再也不敢待在自己家里"。[53]

461　相比之下，荷属巴西依旧繁荣。到 1644 年为止，已有约 1.5 万名定居者在从亚马孙三角洲延伸到圣弗朗西斯科河的沿岸肥沃平原扎根。近一半新移民都住在美观的新首府毛里斯塔德（今天的累西腓市中心），建造这座城市的一砖一瓦都从荷兰本土运来。毛里斯塔德拥有一座漂亮的总督府，许多教堂和新世界的第一座犹太教会堂。而在同时，一支远征军攻陷了葡属安哥拉的首府罗安达。这座城市是殖民地所需的奴隶的来源地，正是奴隶生产了殖民地的蔗糖。这么一来，新殖民地的经济前景似乎就得到了保障，但一切都在 1645 年起了变化：葡萄牙定居者在那一年发动了一场反击，将荷兰人赶回了几座海岸线要塞。在此后九年里，荷兰殖民者和葡萄牙殖民者联合各自的美洲原住民盟友互相交战，内战也带来了范围甚广的破坏。荷兰人查没了数百艘向欧洲输送蔗糖的葡萄牙货船，他们的战舰也于 1648 年开进了万圣湾（Bay of All Saints）也就是葡萄牙殖民地的心脏，纵火焚烧了海岸周边的"作坊"。葡萄牙人也以其人之道还治其人之身，焚烧了不少伯南布哥的"作坊"，让这个地区永远失去了作为殖民地主要糖类出口地的地位。人员伤亡同样很高。"上帝的法庭已经做出判决，"毛里斯塔德的拉比写道，"四处劫掠的团伙进而狼奔豕突，侵入森林和田地。有些人冲着劫掠财物而去，还有人意在掠夺人口，因为敌人来此的意图就是要摧毁一切。"[54]

拉比有充分的理由知道：葡萄牙人对待被俘的犹太人格外残忍，要么冷酷地杀死他们，要么就把他们交给宗教裁判所审讯并最终予以处决。总计而言，至少 2 万名荷兰定居者在巴西死于非命，1654 年毛里斯塔德沦陷时，幸存者——大约有 6000 人，其中至少有 600 名犹太人——失去了他们的几乎所有资产。部分非犹太人登上下一支舰队航向巴达维亚，指望在荷属印度尼西亚发财；许多犹太人移民英格兰，冀望好战的共和国或能给他们第二次合法定居美洲的机会。[55]与此同时，葡属巴西却欣欣向荣。特别是在 1690 年代，巴西内陆发现了大型黄金矿床，殖民地便持续扩张，直至其覆盖了南美洲近一半的土地（正如今天的现况）。

"西印度恐慌"

在拉丁美洲其他地区，葡萄牙发起叛乱的消息点燃了所谓"西印度恐慌"（斯图亚特·施瓦茨语）。根据堂·胡安·德·帕拉福克斯·门多萨（普埃布拉主教，也是新西班牙总督辖区的督察长）于 1641 年 7 月的说法，"整个西班牙君主国都战栗不已，因为葡萄牙、加泰罗尼亚、东印度群岛、亚速尔群岛和巴西都造反了"。谣言风传叛军已经杀死了萨尔瓦多的西班牙守军，巴西当地的定居者也将与荷兰人共谋推翻西班牙统治。两则传言都被证明是杜撰，但当里斯本派来的专员抵达卡塔赫纳，试图没收那里运输黄金的盖伦大帆船（每年都会在那里集结）时，根据帕拉福克斯的说法，"忧虑之情和歇斯底里"笼罩了整个首府，那里的 6000 名葡萄牙居民（据他声

称）全副武装，他们发动的任何叛乱都有可能得到手下不计
其数的非洲奴隶的支持。[56]

462   反常的气候（大概与异常频繁的厄尔尼诺事件有关）甚
至让局势更加动荡不安。墨西哥河谷通常都会于每年 5 月到 8
月得到充沛降雨，其余月份则少有降水；但是，错综复杂的灌
溉系统、浮园耕作法（chinampas）的创设和对全年运转的粮
仓的维持，都让墨西哥得以维系较高的人口密度。不过在
1639 年，整个墨西哥河谷都遭遇了第一个"五年期旱灾"，玉
米价格在此期间上涨到原来的五倍，这不仅让粮仓空空如也，
也让市民无水可吃。[57]人们逐渐将上述灾祸归咎于总督也就是
艾斯加罗纳侯爵——尽管出身卡斯蒂利亚最为古老的一个贵族
家庭，但他不仅娶了布拉干萨公爵的妹妹（这或将诱使他把
新西班牙转与葡萄牙人之手），还有犹太血统（有人认为，正
是这一点才让他出手保护当地的"新基督徒"①）。

1641 年 6 月，帕拉福克斯写了一封密信，建议国王最好
将艾斯加罗纳调往他处（最好是欧洲）。腓力四世行事谨慎，
他签署了三份截然不同的密令，授权帕拉福克斯可执行其中任
何一种后者认为妥当的命令：其一，邀请艾斯加罗纳返回西班
牙，国王需要他的效劳；其二，审查公爵的言行，命令他将行
政权移交帕拉福克斯；其三，授权主教杀死艾斯加罗纳。无论
结果是哪一种，帕拉福克斯都将身兼墨西哥大主教和临时总督
之职。1642 年 6 月接到装有这些极不寻常信件的包裹之后，
帕拉福克斯第一时间进入墨西哥城，履行他最新的教会职务。
四天之后的黎明时分，他派出手下发动奇袭逮捕了艾斯加罗

---

①　指改信基督教的犹太人。

纳，并将他拘禁在城外的一处修道院里严加看管，直至后来将其解送上船、押回西班牙本土。

就在之后发生的一系列混乱之中，出现了一位卓越人物：威廉·兰伯特。此人的另一个名字堂·吉伦·隆巴多·德·古兹曼更为知名，他也是奥里瓦雷斯伯爵－公爵的爱尔兰裔门徒（采用了奥里瓦雷斯的姓氏）。堂·吉伦于 1641 年与帕拉福克斯乘同一支船队抵达美洲，他拼命赢得美洲土生西班牙人（Creoles）的支持，为帕拉福克斯推翻艾斯加罗纳出力甚大。但在第二年，堂·吉伦却自称腓力三世的亲生儿子，与他的土生白人盟友共谋将墨西哥"从西班牙的奴役中"解救出来，并自封为"新西班牙之王"。直至 1642 年 10 月一位邻居向宗教裁判所告发他时，堂·吉伦已经起草一份"墨西哥独立宣言"，内容包括：废除奴隶制和强制苦役；确立与中国和欧洲的自由贸易体制，以及不受西班牙管束生产商品的权利；创设一个代表大会，让"印第安人和自由民"都能在其中"享有与西班牙人相同的发言权和投票权"。他甚至还编练了一支由印第安人和非洲黑奴组成、兵力达 500 人的军队，准备攻占总督府。他所等待的发动革命的大吉之时，只是自己吞服迷幻剂引起的一种幻觉而已。"堂·吉伦正在策划自封为王"的谣言越传越广，远近咸知，直至宗教裁判所突然将他逮捕，并没收了他的文书。[58]

西属美洲的其他地方也见证了种种真假参半的阴谋。巴拿马是秘鲁与西语世界之间所有货物运输的转口港。就在一支荷兰远征军绕过合恩角，并在智利的瓦尔迪维亚建立基地的消息传来之时，巴拿马城燃起了一场大火，100 间房屋和大教堂的主体建筑被焚毁。三天之后，大火复起。西班牙当局再一次归咎于葡萄牙人，并将他们集中起来——却发现当地的葡萄牙居民只有区区 17 人。在南边的秘鲁，总督曼塞拉侯爵一开始收到里斯本造反的消息时，根本不予置信；唯有布宜诺斯艾利斯派来的信使证实消息，并请求施以援手时，侯爵才派出军队翻越安第斯山脉以保护对面的殖民据点。[59] 意识到自己"距加勒比地区 500 里格，距布宜诺斯艾利斯 800 里格"，焦躁不安的侯爵还担心利马的葡萄牙居民有可能煽动非洲奴隶造反。他的理由是，"这些奴隶最早接受的宗教教育来自葡萄牙人，他们依旧存有对葡萄牙人的爱"。于是，曼塞拉在首都利马抓捕了 500 名葡萄牙居民并将他们缴械，其中的年轻男性则被强制迁往内陆。[60]

西属美洲因此从政治危险中再度转危为安，但未能规避自然灾害。在智利的圣地亚哥（1647 年）和康赛普西翁（1657 年）与秘鲁的利马和卡亚俄（1687 年），多座教堂、房屋和防御工事毁于地震。一系列年轮档案反映了 17 世纪中叶厄尔尼诺现象和火山活动的异常发生频率，它们像现在一样在西属美洲引发了极端天气现象。在阿根廷，巴拉那河在 1643 年、1651 年和 1657～1658 年的三次洪灾淹没了地区首府圣达菲三分之一的街区，当地行政官们甚至因此产生了弃城而去的想法。他们任凭美观的公共建筑泡在水里，将首府迁到了更高的地面上。就在同时，新西班牙总督仍在经受反复降临的旱灾。1642 年，北方城市蒙特雷经历了"严重短缺"：当地居民"出售不能再吃的腐烂玉米——这在新西班牙未曾见闻，哪怕在更大饥荒发生时也并未如此"。在 1641～1668 年，当地官员授权举办了八场瓜达鲁普圣母像大游行，这幅圣像因其奇迹般的祈雨能力而闻名；他们还赞助印发书籍，让读者相信圣像的力量

（一份用西班牙语，另一份用纳瓦特语写成）。[61]

旷日持久的旱灾也让新西班牙北部边疆的人口大为减少。1638 年，曾赴新墨西哥西纳罗阿和索诺拉传教的新西班牙地方耶稣会士写道："那里曾受洗于耶稣会士的 30 万印第安人里，只有三分之一的人还活着。"之后不久，漫长的旱灾迫使萨利纳斯平原的基督教社区用人们的尿液灌溉庄稼，为造价不菲的教堂制作砖石。同时，阿帕奇族战团（毫无疑问也饱受极端旱灾之苦）也在反复发起袭击。到 1678 年，所有传教据点都已被迫放弃。[62]1629 ~ 1641 年，在格兰德河谷地带，格外致命的天花疫情和阿帕奇族的频繁袭扰导致三分之二的人口死亡，信奉基督教的普韦布洛族①人口也减少了一半。按照丹尼尔·T. 雷夫的说法，"普韦布洛人口事实上在 1608 ~ 1680 年下降了八成以上，就像墨西哥西北部的许多地区一样"。[63]

在加勒比地区，成灾的暴雨与频率递增的厄尔尼诺现象联手为疟疾和黄热病的载体——蚊子提供了绝佳的繁育环境。新世界的第一场黄热病大流行始于 1647 年，这一年也见证了所谓"强厄尔尼诺现象"。在巴巴多斯，蔗糖和每平方千米 200 人以上的人口密度都吸引了蚊子光顾，其所传播的疾病让岛上每七个欧洲人就有一个因之死去，加勒比海其他岛屿和尤卡坦半岛也深受其害。玛雅编年史《楚马亚尔预言家秘史》（*Chilam Balam de Chumayel*）也报告说，1648 年"我们的人开始呕血死去"——这显然指的是黄热病，而无论欧洲人还是美洲原住民（不同于许多非洲人）都没有针对这种疾病的遗

464

---

① 从事农耕的美洲原住民族群，居住地在今天美国亚利桑那州和新墨西哥州部分地区。

传免疫力。雨季之前是一场"异常猛烈的旱灾",这场旱灾"让整片大地寸草不生,也带来了难以忍受的酷热",以至于令野火肆虐整个尤卡坦半岛,烧毁了所有从旱灾中幸存的庄稼。当地编年史家迭戈·洛佩斯·科戈柳多声称:"几乎半数印第安人都被瘟疫死神夺走了生命,饥荒和 1648 年以来屡屡暴发的天花(直至 1656 年当下的这一次)已经耗尽了这块土地的资源,我此刻落笔时天花还在肆虐。"[64]

两大人口策略恶化了上述自然灾害给美洲人口带来的有害影响。第一,根据玛利亚·西比拉·梅里安的说法(这位植物学家曾于 17 世纪末到加勒比地区旅行),无论非洲裔女性还是原住民女性都频频堕胎,以避免孩子也过上被奴役的屈辱生活。梅里安对"孔雀花"(Poinciana pulcherrima)进行了详细描述,这也是她和其他欧洲观察家找到的西印度群岛殖民地风行的十数种避孕药之一。梅里安表示:"几内亚和安哥拉的黑奴以拒绝生育为威胁,要求得到良好待遇。事实上,有时他们甚至会舍弃自己的生命,因为主人对待他们的方式实在太残酷了。"也许意识到有读者或将难以置信,梅里安还加了一句"这是他们亲口告诉我的"。[65]第二,不少女性进了修道院,因此也就没有孩子。与欧洲的情形类似,本地的修女人数高得令人咋舌(其中也包括许多在经济艰困时被人强行送入修道院的情况):在利马(以"众王之城"闻名),进入修道院的女性占女性总人口的比例从 1614 年的 16% 上升到 1700 年的 21%。当时,利马西班牙人和梅斯蒂索人①的男女比例已经达到一比三,穆拉

---

① 指西班牙或葡萄牙人与美洲原住民的混血儿。

托人①的男女比例也达到了这一水平。正如南希·范杜森巧妙的评论所说，"众王之城已经成了女人之城"。66

西属美洲的反叛与抵抗

17 世纪的拉丁美洲与同时代的欧洲有一项重大区别：这里发生的反叛事件相对要少。最大的例外是新墨西哥，那里（如前所述）因漫长旱灾引发的饥荒让人口大为减少，诱使不少普韦布洛印第安人回归传统信仰，以祈求雨水。世俗与宗教当局的惩戒措施于 1680 年引发了一场大规模叛乱，叛军将西班牙人赶出地区首府圣达菲长达十年之久——不过接踵而至的干旱终究还是削弱了得胜（但不团结）的普韦布洛人。时至 465 17 世纪末，西班牙人就已收复了这一地区。在墨西哥河谷，尽管 1640 年代和 1650 年代发生了漫长的旱灾和堂·吉伦·隆巴多·德·古兹曼的活动，这里却并没有发生叛乱；西属南美也没有发生几起叛乱。1656 年，生长在加的斯，后来又移民美洲的西班牙摩里斯科人②佩德罗·博霍克斯·吉隆在遥远的城市圣米格尔·图库曼（今阿根廷西北）现身，自称最后一位印加君主的孙子，即这一地区的正统君主。这并不是 17 世纪秘鲁定居者发起的第一次叛乱（另外几次发生于 1613 年、1623 年和 1644 年），但博霍克斯身怀危险的军事技术（包括建立轻型炮兵部队的能力），还赢得了土著族群的积极支持。历经两年战事之后，西班牙军队才打败并俘虏了博霍克斯，将他解送利马并以叛国罪起诉、审讯。人在利马的博霍克斯

① 指白人和黑人的混血儿。
② 即伊比利亚"收复失地运动"期间被迫改宗基督教的穆斯林。

向西班牙本土递交了一份陈情书，就在他等待陈情结果的时候，上秘鲁又爆发了一场叛乱。[67]

运送欧洲定居者前往美洲的船队大多从塞维利亚启航，因此许多新移民（如博霍克斯）不出意外都是安达卢西亚人。不过，还是有数目可观的迁居美洲者来自别处，不少迁居者都保留了他们原来的地区认同。在他们当中没有比原籍巴斯克诸省的西班牙人更极端的了，许多巴斯克籍定居者都用他们的民族语言交流。虽然巴斯克人一直是移民中的少数派，但其他西班牙族群还是嫉妒他们的采矿技能和成就。最为严重的对抗事件发生在安第斯山脉阿尔蒂普拉诺高原的产银区拉伊卡科塔（Laicacota）。1657 年，两名安达卢西亚勘探者在这里发现银矿并建立城镇，该城很快就成为拥有约 1500 名居民的本地区第四大城市，其中许多都是巴斯克人。几乎在建城之后不久，这一地区就遭受了一连串自然灾害的打击：1659 ~ 1662 年玉米和可可豆双双歉收，流行病也于 1660 ~ 1661 年袭来。在此期间爆发的骚乱不但让巴斯克人与安达卢西亚矿主针锋相对，也促使矿工（印第安人和梅斯蒂索人）与安达卢西亚人大打出手。尽管政府军恢复了秩序，但巴斯克叛军在同情他们的行政官的支持之下，于 1665 年控制了拉伊卡科塔及当地富饶的矿床。但在第二年，安达卢西亚矿主在印第安人和梅斯蒂索人的协助下展开了反击，他们赶走行政官员，高喊"巴斯克人去死"的口号洗劫了城市。[68]

秘鲁总督去世后不久，王室权威遭到公开反抗，西班牙人与印第安人联手的消息就传到了利马。阿雷基帕的市议会开始讨论取消宗教游行，唯恐不满分子借由街头人群煽动暴乱（正如巴塞罗那和那不勒斯发生的情况一样：见第 9 章和第 14

章）。谣言宣称利马的一些印第安人将放水冲垮这座城市，秘
鲁全境的其他族群也将趁机在 1667 年主显节揭竿而起，杀死
所有西班牙人，恢复印加帝国的统治；但行政当局反应迅速，
处决了潜在的叛乱分子。利马城中的拉伊卡科塔巴斯克难民说
服了新任总督莱莫斯伯爵，"王国差一点就已大难临头"。巴
斯克人还说动总督挥军出征，惩罚阿尔蒂普拉诺——他也是一
百年来第一名驾临此地的总督。莱莫斯处决了 60 多个叛乱分   466
子（另外还包括佩德罗·博霍克斯），囚禁了更多的人，将叛
军要塞夷为平地。[69] 马德里的政府对拉伊卡科塔的乱局进行了
正式调查，收集并评估了长达 25000 余页的证词，得出的结论
是莱莫斯反应过激。那里并没有什么迫在眉睫的"大灾难"，只
剩下各派势力对权力的操控：他们口中所谓利马"在造反边缘
徘徊"的说法不过是一些陈词滥调，并不比"佩德罗·博霍克
斯要做印加王"，"堂·吉伦·隆巴多·德·古兹曼是腓力三世
私生子"，或类似帕拉福克斯和曼塞拉口中"葡萄牙居民准备夺
取西属殖民地首府"的说法有更多实质内容。

　　为什么 17 世纪中叶的西属美洲得以逃脱同时期困扰地球
上大片地区的政治动荡——特别是在天气反常和流行疾病业已
带来大范围的高死亡率和经济混乱的情况之下？的确，在某些
地区，比如巴拿马地峡，可用的美洲原住民劳动力资源剧减。
1630 年代已有许多城市粮食不足，殖民者的庄园也缺少足够
的人手去种植经济作物（尤其是可可豆和靛青）。整个地区的
经济陷入了长达半个世纪的衰退。[70] 不过，其他地区的欧洲定
居者找到了弥补劳力短缺的应急之道：他们进口了更多的非洲
黑奴，还增加了那些从事采矿、农耕和纺织业的美洲原住民劳
力的负担——由此制造的骇人生活境况可能也让原住民人口全

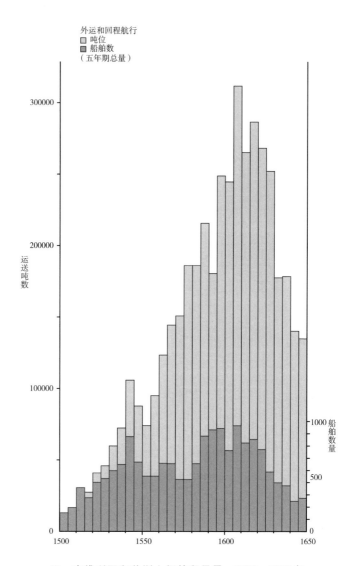

42 塞维利亚和美洲之间的贸易量，1500～1650 年

467　　　位于塞维利亚的西印度交易所（Case de la Contratación）记录了欧洲和西属
美洲之间官方贸易量的起落。经历了一个世纪持久快速的增长之后，从 1620 年
开始，无论是横跨大西洋的船只数量还是它们运送的货物吨位都在下滑。1650
年运送的货物总量还不到 1600 年的一半。

面下降。

也有许多城市没能振兴。"潜在新娘"的严重短缺不但遏制了人口增长，也导致了一些西方世界迄今有案可查的最高非婚生子比率。比如在利马最大的教区，17 世纪登记簿里的所有新生儿中有超过半数都是非婚生子，其中大约一半都是奴隶所生——事实上，生母为奴隶的新生儿中有 80% 都是非婚生子，这是当地强权压迫造成的又一悲剧后果。与欧洲的情况一样，绝大多数私生子都面临着悲惨的前景。利马市育婴堂的工作人员"夜以继日地穿行在大街小巷、牲畜围栏、马厩牛棚（以及）沟壑河川，看看是否有陷入绝望的人在那里生育"。他们将找到的婴儿要么带到医院（那里的婴儿绝大多数都死了），要么带到女修院：活下来的幸运儿最终将成为修女的独身仆人。[71]

总体而言，上述形形色色的生育限制也许正好避免了常见于其他地方的"人口过载"现象，由此也让西属美洲得以避免"普遍危机"；此外，殖民地多元化的经济形态也对状况有所补救。塞维利亚"贸易厅"（House of Trade）的档案显示，欧洲和西属美洲之间的官方贸易额在 1623 ~ 1650 年呈大幅下跌态势，这让不少历史学家认为西属世界的长距离贸易已陷入停滞；不过，尽管贸易衰退对西班牙政府而言堪称灾难，却给美洲带来了可观的收益（插图 42）。跨大西洋贸易至少会将资本冻结一年之久——考虑到更远的贸易距离，这个数字对秘鲁商人而言甚至是数年——同时，腓力四世还时常查扣刚刚进入塞维利亚港口的舰船甲板上的货物，只为搜刮民财支持他的战争。为了避免这些祸端，美洲商人开始在西班牙本土和加勒比地区进行秘密买卖，这样不但可以躲开贸易大厦的监视和国王抄没货物的风险，通常还能规避所有的商税和关税。正如秘鲁

468

历史学家玛格丽塔·苏亚雷斯的评述所说："17 世纪制造的危机……与其说是"拉丁美洲经济的"普遍危机"，不如说反而"削弱了西班牙从其殖民地榨取经济利益的能力"。[72]

这一转换也给西属美洲带来了丰厚的内部利润，促使不少地域大力发展特色作物以出口到别的殖民地：时至 17 世纪中叶，秘鲁的蔗糖、蜜饯、葡萄酒和醋已外销智利、巴拿马乃至墨西哥，挤掉了西班牙本土的竞争对手。更有甚者，绝大多数上述商品都产自相对贫瘠的产地，这让政府难以监管并征税——哪怕是行事警惕的地方官亦然。何况地方官并不警惕：恰恰相反，有关行政腐败低效、敲诈索贿的报告层出不穷，甚至在 1663 年到达了顶峰。惊骇莫名的西班牙王室任命了几位特别督察前去调查秘鲁的财政官员，最终查出了超过 100 万比索的未缴税款。尽管秘鲁总督处决了几名贪腐官员，但上缴西班牙本土的收入还是继续下跌。1630 年代，利马平均每年都将 150 万比索运往塞维利亚，但到了 1680 年代这个数字跌到了不足 15 万比索。[73]

上述种种事态都意味着更多的财富留在了美洲，有两件事可以反映这一点：总督辖区主要铸币厂出产的钱币数量在 1620 年代到 1680 年代之间增加了一倍；在 17 世纪下半叶，几乎每一座殖民城市都建起了富丽堂皇的公共建筑（特别是教堂）。换句话说：尽管小冰期影响了腓力四世的美洲殖民地，国王却"没有权力"以他耗费巨大而又不甚适当的政策"加剧"这些自然灾害的冲击。即便在坐拥这么多对统治有利的条件之后叛乱依旧爆发了，国王在当地的代表们也会快速行动起来——他们常常赶在马德里授权之前便处决嫌疑人（比如隆巴多和博霍克斯）——这是因为在 17 世纪，地方叛乱给总督大员带来的损失要超过对马德里方面造成的损失。事实上，马德里的政府和美洲领地的精英也形成了一种有类于西属意大利式的"利益共同体"（见第 14 章）。这个利益共同体让双方同时受益，也就维系了局势的稳定。

非 洲

南非

在 17 世纪中期，整个地球上气候变化对当地经济、社会、政治结构造成的影响难以考证或者根本无从考察的地区当中，撒哈拉以南非洲的面积是最为大的。我们知道那里发生了极端气候事件，也出现了重大政权更迭，但要将两者联系起来却是难上加难。

荷兰定居者于 1652 年在好望角修建了一座小型要塞，用以保卫海岸，并为往返于东南亚和荷兰本土之间的船只提供补给和维修。好望角的情况也为"可用证据的局限"提供了一个绝佳例证。就在荷兰人开始在要塞墙垣之外修筑农场之时，科霍恩人（荷兰人蔑称他们为"霍屯督人"）向荷兰总督扬·范李贝克抱怨说，新移民"正在他们的土地上生活。霍屯督人觉得，我们正在修建越来越多的建筑物，速度之快让人觉得我们再也不会离开"。于是他们"大胆宣告这块土地不属于我们而属于他们"。[74] 单单诉诸语言似乎无济于事，于是科霍恩人试图以武力阻止殖民者的扩张。不过在三心二意地打了一年之后，他们还是重启和谈。1660 年，科霍恩族人的领袖又一次"强硬表态"，认为荷兰人"一直都在侵吞他们土地，这些土地在过去数百年来都属于他们，他们也习惯于放自己的牛到上

面吃草，如是种种。他们还质问，**假如他们到荷兰本土这么做
又将如何**"——这的确是一个有说服力的论点——"他们还
补充说：'如果你们的人只是待在要塞里倒也没什么，但你们
却长驱直入内陆将最好的土地据为己有，甚至不征询一下我们
是否在意，或者问一问这对我们有什么不便之处。'"范李贝
克对此回应道：

> 他们和我们都缺少足够的牧草；对此他们的回应
> 是："如果你们人多势众，牲畜成群，就一定会用牲
> 畜占领我们的所有草地。如此一来，我们难道没有理
> 由阻止你们拥有更多牲畜吗？正如你们所说，这块土
> 地对我们而言都不够用，那么公正地说，谁该让位
> 呢？是合法的所有者，还是外来的入侵者？"他们就
> 是这样顽固地坚持古已有之的自然所有权。

由于科霍恩显然在论辩中占据上风，范李贝克在他的
《日记》中平淡地记述道："最终我们必须告诉他们，他们现
在失去土地是由战争结果决定的。他们别无选择，只能承认这
些土地不再属于他们……他们的土地在一次保卫战中输给了我
们。我们用刀剑赢得的土地，当然会打算继续保有下去。"而
在科霍恩族人领袖"满腔怨愤地控诉"殖民者"用殴打和打
击"盗取他们的财产，"给他们带来了太多痛苦"之时，范李
贝克也承认（至少在他的《日记》里）他们"所言不尽为
虚"，但还是警告他们要提出正式控诉，不要"用抢劫和盗窃
的手段复仇"，因为"我们之间永远不可能达成和平，本着征
服之权利我们应当从他们手中夺走更多土地"。[75]没过多久科霍

恩人就让步了，他们同意只在那些还没有被荷兰农民占据的土地上放牧；很快，殖民者大量涌入，欧洲疾病（尤其是天花）在原住民中肆虐，在永久打破人口平衡的同时也对新移民极为有利。一百年后，开普殖民地已成为荷兰最大的海外据点。

开普殖民地种种新情势带来的效应既重大又持久——但它们能否与小冰期建立联系？这么设想也是合情合理：1640 年代和 1650 年代的极端气候也像冲击其他地区一样影响到了南部非洲的收成，于是在新的资源消费者群体（荷兰人）抵达的时候，这一地区可用的牧草和粮食资源已然锐减。在荷兰人与土著居民的冲突中，这些资源几乎没派上什么用场——但是，足以反映这一时期盛行气候的"自然档案"却付之阙如，这一联系也就没法成立。除此之外，将结论普遍化会冒上双倍风险，因为开普地区在三个方面来看并非"典型的非洲"：第一，荷兰新移民在一片几乎全部位于热带的大陆上找到了唯一一片面积较大的温带气候区；第二，他们遭遇的只有游牧民族和采集民族，这些族群（不同于本区域的其他土著民族）缺乏铁器尤其是铁制武器，这样一来荷兰人可以更容易地驱逐或奴役他们。第三，开普地区拥有安全的下锚地（除冬季外）和相对容易进入内地的通道，而撒哈拉以南非洲的绝大多数地区既没有众多天然良港，也没有其他各大洲标志性的那些深入内陆腹地的可通航河流：恰恰相反，在距海岸线不到 100 英里的非洲内陆，绝大多数河流都是从中央高原"剧降"入海，威力非凡的瀑布事实上已让船只无法通行。

470

东非

埃塞俄比亚及其邻近地区通常都会在厄尔尼诺活动期间遭

遇旱灾——17 世纪中叶日益上升的厄尔尼诺活动的频率也在埃及尼罗河的水位上有所体现：在 1641～1643 年、1650 年和 1694～1695 年，尼罗河的水位都降到了当时的历史新低。[76]这意味着严重的旱灾曾于 17 世纪定期侵袭尼罗河的发源地，也就是埃塞俄比亚的高原地区；不过，埃塞俄比亚地区和东非其他地区的现存史料却根本没有提及政治骚乱、社会剧变和经济衰退。当然，这也许仅仅反映了证据的缺失。伊特索人世代居住在东非各大湖泊之间，重建伊特索人（也称特索人）生活经历的尝试迄今都归于失败，这正是因为（据当代研究者詹姆斯·B. 韦伯斯特的说法）伊特索人是一个"将族群认同和民族共同体构建于'遗忘之道'（the art of forgetting）之上的民族"。韦伯斯特还语带讥嘲地写道："该领域的研究者每听到一段连贯而又详尽的历史叙事，并从中发现种种具有进一步研究空间的有趣细节。此时部族长者便停止讲述，这一停顿更令人无比期待。"

> 研究者："这是什么时候发生的？"
> 长者们："诺瓦！"（Noi）
> 翻译："很久以前。"
> 研究者："有多久？"
> 长者们："诺瓦！诺瓦！"（Noi！Noi！）
> 翻译："很久，很久以前。"

"在研究伊特索历史期间，'诺瓦！诺瓦！'是最常听到的话。对研究者而言，这也是该语言中最令人绝望的词。"这是一种"起初他学习过但后来又忘了"的语言。[77]不过，17 世纪东非史料的"大沉默"也许正是一种（对）"不存在的证明"

而非"证据的不存在"，大概有两大因素在小冰期来袭的同时发挥作用，让这一地区"人口稀少"。第一，在相当于今天乌干达的地区（伊特索人的故土），16世纪末和17世纪初漫长的缺雨时节最终酿成了1617~1622年的全面歉收和饥馑，随之而来的也许还有大规模迁徙和（可能的）高死亡率。人口稀少也许恰好让下一代人的粮食供需更趋平衡，即便气候异常亦然。第二，整个17世纪苏丹境内有两大贩奴车队集散地，一个是尼罗河畔的森纳尔，另一个位于达尔富尔。奴隶贸易每年都将5000名苏丹男女运往开罗，卖到奥斯曼帝国境内各地充当奴隶或苦工。这一"强制移民"或许也在气候异常的时世里发挥了减轻人口压力的功效。[78]

西非

西非地区存留的史料要更完备，水主导了这里的生态和经济。因此，气候变化也就主要记录于雨情变化之中。"撒哈拉"（Sahara）在阿拉伯语里意为"荒野"或"沙漠"，即便在撒哈拉的南缘地带，绝大多数年份里的降水量也只有区区4英寸。这片名为"萨赫勒"的撒哈拉以南半干旱热带草原带从大西洋沿岸一直延伸到红海，其贫乏的降水仅能维系小型游牧族群的生存，这些族群靠着季节性牧草等耐旱植物，以放牧骆驼、山羊和绵羊为生。萨赫勒以南地区的年降水量为4~16英寸，允许人们饲养牛群、山羊和绵羊——放牧人需要在冬季（干季）南徙，夏季（湿季）北迁，为他们自己和他们的畜群寻找水源。在更南的地方，16~24英寸的年降水量让人们得以种植小米和最耐旱的谷类植物；而在年降水量大于24英寸的地方，也就是土地延绵起伏的热带稀树草原（萨瓦纳），农民就可以种植高粱等仅凭降水即可存活的作物。大多数西非人都住在北纬15°到南纬30°之间的萨瓦纳地带。

这三大农业策略的脆弱性和不相容性值得关注。降水量的微小变动都会造成严重后果，如果一个降水量通常为16英寸的地区久旱无雨的话，一切农业活动都将停止，农民也必须逃离家园，或转为牧民——选择游牧的农民将很快与同样因干旱被迫南迁，为其牛羊寻找牧草的牧民不期而遇。农民和牧民之前还可以互相交换谷物、纺织品和牛奶、肉类、牲畜，现在却要开始直接竞逐已成边缘地带的土地。为达到这一目标，双方有可能动用武力或者武力威胁。同样值得一提的是，上述所有降水量水平都是平均值。比如在塞内加尔北部的波多尔，1887～1927年的年均降水量是12.5英寸，但是这个数字背后有一个降水量超过20英寸的年份，以及一个只有5英寸的年份；而在同一时期塞内加尔南部的济金绍尔，年均降水量达到了60英寸：降水量在其中一年超过了80英寸，在另一年却只有不到28英寸。类似的变动对作物、牲畜和人口的存续至关重要。值得注意的是，济金绍尔的最坏之年仍要好于波多尔的最丰之年，每年充足的降雨维系了谷物的生存；不仅如此，济金绍尔不但在平均降水量上五倍于波多尔，其作物生长季长度也是波多尔的两倍（五个月对约两个月）。这样一来，波多尔的农民面临的便是永久性的风险——然而，两地的距离只有300英里之遥，这比波士顿与巴尔的摩之间的距离还短，也小于伦敦和纽卡斯尔之间的距离（插图43）。[79]

萨赫勒地带的脆弱和不安全也源于热带辐合带（ITCZ）的摆动（oscillation）：那里是自南大西洋而来的带雨海风与北面盛行的干燥信风相遇之地。在16世纪和17世纪初，热带辐合带比今天更靠北面，这让萨赫勒地带的可耕土地得以扩大。不过在 1630 年之后，热带辐合带转而向南，这大概是北纬地区气温变冷和小冰期到来所致。这一动向制造了荒漠地带的"南进"，绵长的旱灾和政治不稳定。塞内冈比亚（塞内加尔河和冈比亚河之间地区）存留至今的史料提到了 17 世纪发生在该地的 15 次"饥荒"，其中特别严重的有 1639～1641 年、1666～1668 年和 1674～1676 年三次。法国商人让·巴尔伯特曾于最后一次饥荒期间造访格雷耶岛（今达喀尔外海岛屿），他报告称当地"已有数千人丢掉性命，很多人失去了自由"，幸存者"竟似形销骨立，那些赤贫的奴隶尤其如此"。巴尔伯特还提到（也许是依据了当地的信息），"1641～1642 年的饥荒甚至要更为严重"——北纬地区经历了不同寻常的寒冷。[80] 而在内地，廷巴克图和"尼日尔河曲"（Niger Bend）地带也经历了"17 世纪最为严重的饥荒"。在这一时期，"1639 年和 1643 年这两年几乎滴雨未下，中间这三年也是降雨稀少"；为期两年的干旱之后，他们在 1669～1670 年再度经历了饥荒。就在同时，东面的土地显然在 1680 年代经历了一场"史诗级别"的旱灾（同样是在北半球罕见寒冷期间），因为乍得湖的水位降到了史上新低（插图 44 和 45）。[81]

　西非这一场场划时代的饥荒并非单单源自旱灾，两种形态的政治紊乱也恶化了局势。第一，"造雨"（rainmaking）可谓西非统治者成功的必备技巧。自然而然地，一场旷日持久的旱灾会令人对这种"造雨能力"产生怀疑，也许还会引发来自其他人的挑战，比如那些被认为拥有超自然力量的宗教领袖［在伊斯兰地区常常是苏菲派谢赫，在很多西非语言里则是隐修士（marabout）］；第二，旱灾期间"造雨"能

473

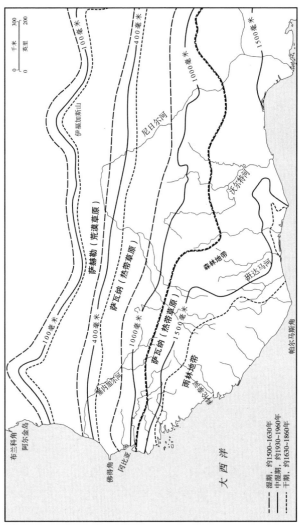

43 1630 年以来撒哈拉沙漠的南扩

西非的降雨模式分布多元，从撒哈拉沙漠边缘的萨赫勒地带的年均年的4英寸（约100毫米），再到海岸雨林地区的约60英寸（约1500毫米）都有。有几项关键性的门槛足以决定何种类型的农业生产是可行的。大约在1630年之后，这些门槛构成的界线一路向南，迫使农民迁往他处。

----- 湿期，约1500~1630年
——— 中湿期，约1930~1960年
-·-·- 干期，约1630~1860年

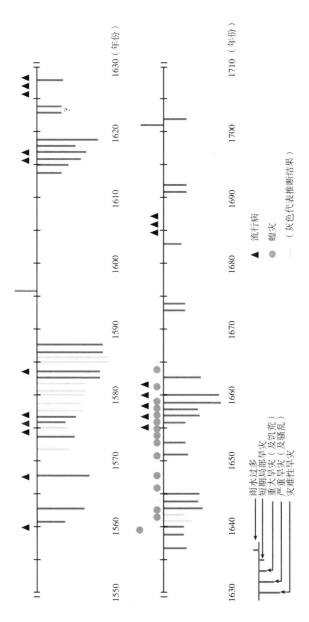

44 西非中部地区的干旱和疾病，1560～1710 年

现存史料显示，17 世纪有多场旱灾侵袭了今天的刚果和安哥拉地区。不过，17 世纪中叶还经历了一场前所未有的自然灾害集中爆发：旱灾、蝗灾和流行病同时来袭。

475

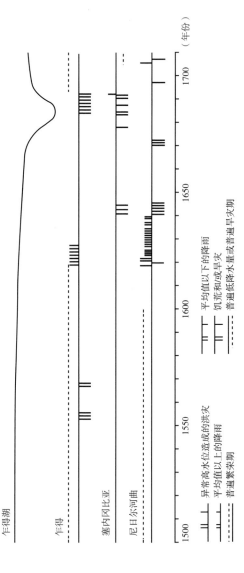

45 乍得、塞内冈比亚和尼日尔河曲地区的饥荒和干旱，1500～1710 年

经历了 16 世纪的普遍繁荣期之后，撒哈拉非洲诸国在 1640 年代经历了频繁的饥荒和旱灾，甚至到 1680 年代还要更加严重——那时的乍得湖水位降到了有记载以来的最低水平。

力失效的游牧社群统治者或许还能以一场成功的战争维系自己的权威，可以利用意外性与机动性将附近的人口驱逐出去或加以降服，这样就能给追随者取得充足水源和牧地的机会。后一种情况毫无疑问足以解释，从很快将被称为"空白之地"（the Empty Quarter）的萨赫勒地带外迁的牧民会立即把南面的农民向更南的地方驱赶，酿成悲剧性的多米诺效应：这些惨遭鸠占鹊巢的农民也会转而攻击他们自己的南面邻居。"隐修士之战"（war of the Marabouts）就是前者的典型例证。

当时正在塞内加尔的法国商人路易斯·莫罗·德·尚博尼尔将 1674～1676 年的饥荒归咎于一场由一位颇具鼓动性的穆斯林谢赫挑起的内战。这位"自称受真主差遣"的谢赫年方三十，"宣讲赎罪经文时全身赤裸，头发也剃得精光。他口中所言唯有真主律法，讲经之语但闻福祉自由"，[82]并在塞内加尔河沿岸的一系列沃洛夫（Wolof）国家吸引了为数众多的追随者。尚博尼尔称这位谢赫为"图贝南"（源于阿拉伯语和沃洛夫语"图阿卜"，意为"皈依伊斯兰"），阿拉伯史料称他为"纳西尔·阿尔丁"（还说他是毛里塔尼亚人）。虽然称呼不一，但大家都同意，"隐修士之战"针对的是经谢赫认定为"不够伊斯兰化"的人。尚博尼尔报告说，位于塞内加尔河河口圣路易斯的法国新基地也于 1674 年遭遇了"由这些战争导致的食品短缺"。不过境况很快就变得糟糕透顶，因为某沃洛夫君主大举反击狂热信徒，"他在 1676 年一整年里只干了一件事，那就是杀戮，抓俘虏，劫掠财物与人口，焚乡清野……摧毁小米地，砍伐尚青的禾苗，让当地人不得不用煮熟的草根充饥"。在尚博尼尔溯河而上做生意的时候，"整户整户的人都主动要做我的俘虏，唯一条件就是喂饱他们。这些人为了偷到

476

一些食物，已经进入互相杀戮的极端情境"。[83]

形势一再恶化。纳西尔·阿尔丁所谓的"伊斯兰化"措施中尤为瞩目的便是从农业向牧业的转换：他要求自己门徒停止播种庄稼。这一改弦更张让他们在 1680 年代严重旱灾卷土重来时完全手足无措。渴求食物的图贝南信徒杀死了他们的牲畜以求生存，即便如此他们还是或死或逃。从塞内加冈比亚诸国沿海路出口的奴隶的已知数量反映了上述变化，这个数字从 1670 年代（"隐修士之战"的十年）的 8000 多人暴涨到了 1680 年代的 14000 多人，几乎翻了一倍。哪怕在一百年之后的 18 世纪末，访客在该地区也根本找不到农民。[84]

像这样由自然因素和人为因素共同造成的不稳定状况也波及了更南面的地区。在 1678 ~ 1679 年和 1681 ~ 1682 年分别造访贝宁湾和比夫拉湾之后，让·巴尔伯特断言，当地各国已经"被连绵的战争酿就的连绵饥荒毁灭了"。根据历史学家约翰·桑顿的说法，"非洲大西洋沿岸地区可能有超过一半的人口生活在统治半径仅为 50 千米（30 英里）的政权之下，这种政权往往只有数千人口，其规模相当于美洲的一个县，或是西欧的一个教区"。不过与美洲和欧洲人不同的是，非洲国家进行"持久战争"并不是为了争夺土地，而是为了掠夺人口：非洲的法律制度并不承认土地是私有财产，因此"非洲人的'奴隶所有权'事实上相当于西欧或中国人的土地所有权"。[85] 及至 17 世纪中叶热带辐合带南移，西非气候剧变，绝大多数"争夺奴隶之战"都还局限在较小的规模，投身其中的精英战士仍用标枪和棍棒作战。不过在此之后，统治者们开始创建由奴隶和雇佣军组成的规模远甚于前的军队，新型军队先用弓箭后用火枪，他们在远比之前更广阔的地域作战，俘获远多于之

前的奴隶。这一改变在后来的一些历史学家看来堪称一次
"军事革命"，由此还催发了一场军备竞赛。随着欧洲人对美 477
洲种植园奴工的需求上升，统治者们急于取得火器保护他们的
奴隶贸易，也为跨大西洋奴隶贸易的急剧升温添砖加瓦。

强制迁徙：非洲奴隶贸易

早在欧洲人染指非洲的很长时间之前，非洲的奴隶制就已
经以两种形式存在。其一，统治者将那些易于惹事之人赶出社
会，降为奴隶。（比如说）那些犯下通奸罪、巫术罪或盗窃罪
的人将被处以超出他们偿付能力的罚款，如果他们的亲族没法
帮忙偿还的话，这些作奸犯科者就会被卖为奴（用出售价格
支付罚款）。其二，战争或突袭行动中被俘的男女也将沦为奴
隶。"这两类奴隶的分际颇为关键"，罗伯特·哈姆斯提醒我
们，"第一类奴隶（罪犯）不大可能逃跑，因为他们无处可
去"，罪奴总是待在原处不动；但是，被俘的奴隶"会迅速被
带离俘虏地，这样他（或她）才不会逃回家"。欧洲和阿拉伯
商人对廉价劳动力的需求让两种形态的奴隶制都有所增加，尤
其是第二种。18 世纪曾有传教士在加勒比地区询问奴隶的背
景，"他们之中的绝大多数都是在公开战斗中被俘的"。毫无
疑问的是，更早时候的奴隶亦然。[86]

拜大卫·埃尔蒂斯和他同事们根据近 35000 份奴隶航行日
志（大概占到总数的 80%）建立的非凡数据库所赐，17 世纪
被强制从非洲运往美洲的 200 万（或者更多）男女老幼的命
运近来变得更为人所知。近一半奴隶来自非洲中西部（刚果
河口任意一侧的 500 英里海岸线），近四分之一源自贝宁湾和
比夫拉湾（尼日尔河三角洲两侧的海岸地区），还有差不多

478

	塞内冈比亚	塞拉利昂	科特迪瓦	加纳	贝宁湾	比夫拉湾	西非中部地区	非洲东南部	总计
1601～1610	16251	0	0	0	583	507	74532	51	91923
1611～1620	18700	0	0	211	4880	1154	124795	62	149807
1621～1630	8185	0	0	0	4854	3884	165502	821	183246
1631～1640	7650	0	0	0	3546	1855	105679	0	118730
1641～1650	28563	521	0	4250	5307	28749	56014	0	123404
1601～1650	79353	521	0	4461	19170	36149	526522	934	667110
1651～1660	30836	989	707	1790	15681	27102	79325	0	156429
1661～1670	21126	151	0	22233	30918	40300	110210	4399	229337
1671～1680	11821	0	0	32083	40843	47434	78819	11776	222775
1681～1690	23493	1539	0	19218	117956	21996	65570	10931	260703
1691～1700	23797	2268	0	33630	163246	40777	74694	2770	341182
1651～1700	111073	4947	707	108954	368644	177609	408618	29876	1210426
1601～1700	190426	5468	707	113415	387814	213758	935140	30810	1877536

46. 从非洲被俘获并贩运的奴隶人数，1600～1700 年

欧洲人在 17 世纪下半叶贩运出口的奴隶总数为上半叶的两倍之多。总而言之，其中三分之一都来自西非中部地区，十分之一出自塞内冈比亚和塞拉利昂，超过一半来自加纳、贝宁湾和比夫拉湾。这个表格并未收入奥斯曼帝国从陆路掠夺以撒哈拉撒哈拉沙漠掠夺的撒哈拉以南非洲出身的奴隶（部分数据疑录人有误，此处照原文译出。——译者注）

十分之一从塞内加冈比亚上船。到 1641 年为止，西葡两国的
船承担了欧洲有组织奴隶贸易的 97%，但是两顶王冠（西班
牙和葡萄牙）的分离和接下来两国之间的战争（见第 9 章）
给法国、荷兰和英国商船打开了通往奴隶贸易的大门。这些国
家将奴隶运往加勒比地区，以满足他们急速增长的蔗糖种植业
之需。在 1680 年代于美洲登岸的 16 万奴隶中，超过 14.1 万
人都去了加勒比地区（插图 46）。[87]

　　小冰期在奴隶贸易量的激增中扮演了重要角色：它不仅通
过热带辐合带在塞内加冈比亚、贝宁湾和比夫拉湾腹地的南移
造成的政治、社会和经济紊乱（如前所述）发挥作用，还在
非洲中西部旱灾、流行病和战争的增加中显现了威力。1639
年的一份评估显示，当年运往美洲的 12569 名奴隶中只有 285
人来自非洲中西部。也正是从这一年开始，非洲中西部见证了
一场一直延续到 1645 年的严重旱灾。就在同一时期，葡萄牙
和荷兰对安哥拉控制权的争夺深远影响了附近的国家，尤其是
大西洋沿岸为数不多的大国之一：刚果。[88]统治着约 50 万臣民
的历代刚果国王长期以来都与葡萄牙人关系暧昧，他们虽然皈
依了天主教，但就在葡萄牙人像实施心灵控制一样向他们持续
施加政治和经济控制的同时，刚果人还是勉力维持着自身的独
立地位。1641 年荷兰对安哥拉的占领改变了这一局面。据葡
萄牙侨民本托·特谢拉·德·萨尔丹尼亚的说法，荷兰人放手
让土著居民"住在他们自己的土地上，允许他们以自己的方
式生产一切赖以谋生的东西，从不允许哪怕一个白人去他们家
里打扰——而这些都是葡萄牙人屡犯不止的。更有甚者，葡萄
牙人还会骚扰并劫掠他们"。[89]

　　就在特谢拉写下这些话不久前的 1648 年，从葡属巴西出

479

发的一支远征军夺回了安哥拉，他们立即重新开始"骚扰"本土人口。就在同时，一连串新的旱灾、蝗灾和流行病将内陆地区搅得天翻地覆，也引发了刚果王国的继承权之争。历经数年风波不定的共存之后，一支葡萄牙军队于 1665 年从卢旺达入侵刚果，在安布伊拉（穆布维拉）击溃了刚果军队，杀死了刚果国王，终结了其境内统一王国的局面。自此之后，各地酋长互相争战掠取奴隶，再将奴隶卖给欧洲商人以换取枪炮弹药。[90]非洲中西部外运奴隶的十年总数从 1650 年代的近 6 万人激增至 1660 年代的近 10 万人，到 1670 年代这个数字已超过12 万人。直至奴隶贸易废除为止，刚果地区出口的奴隶总数一直多于非洲大陆其他任何地区。

居高不下的强制移民人数有没有可能减轻了小冰期对那些撒哈拉以南非洲留守人口的冲击？毕竟，一个地区的对外移民通常都会减少其粮食需求，那些毗邻各大贩奴港口的地域也经历了显著的人口外迁——如果我们不仅把成功抵达美洲的人计算在内，还要统计那些被疾病击倒的人的话就更是如此："捕猎者"将这些奴隶从内地较干燥的地区带到海岸边，他们缺少对新型疾病环境的免疫力，最后死在拥挤不堪且卫生状况恶劣的沿岸圈养栏里，或死在远渡重洋的航行途中。营养不良、残忍虐待和绝望的心态都严重损害了他们的健康：许多贩奴船的航海日志都记载了他们名下"珍贵货物"的死因，其中包括"倔强""消沉"，以及"痢疾""败血病"和"头部受创"。葡萄牙人称那些从非洲到美洲的贩奴船为"棺木"（tumbeiros）并非毫无道理。

如果我们将东非、西南非洲和西非的所有强制移民都计算在内，那么居中运作的欧洲和阿拉伯商人差不多以年均 3 万人的规模，从这块人口大约 1 亿的大陆向外贩奴——这对非洲大陆造成的总体冲击乍一看似乎微不足道（对受害者的影响当然要另当别论）。不过，奴隶并非来自这块大陆的每一个角落：恰恰相反，绝大多数奴隶原先都住在距海岸线150英里的地方——而且常常还是在这一限定地域内的特定地区。尽管我们现在缺少关于17世纪奴隶确切来源的数据，但是18世纪的贩奴现象却呈现出"惊人的地理集中性"。举例而言，自比夫拉湾启航的贩奴船留下的"奴隶概况"（profile of slaves）显示，"绝大多数俘虏都来自狭小的喀麦隆高原地带"。此外，17世纪从比夫拉湾运往加勒比地区的奴隶中超过一半是女性，十分之一是儿童；而从非洲中西部启程的人里有近五分之一都是儿童，超过三分之一是女性。女性和儿童的外迁无疑加剧了移民的冲击，因为这等于（事实上）抽干了下一代人口。[91]

但即便加上上述所有恶化因素，在那些受奴隶贸易影响最深的非洲地区，仅凭强制移民也不太可能上当地人口的降幅达到十几个百分点——然而，一场旱灾，或是旱灾引发的传染病都有可能消灭三倍于此的人口。所以我们回到之前的问题——强制移民是否减轻了小冰期对那些仍然留在撒哈拉以南非洲的人的破坏性冲击？答案可能是肯定的。如果将非洲沿海地区死于饥荒与疾病的人数与强制移民人数相加，这些自然因素和人为因素有可能让撒哈拉以南非洲的人口减少三分之一，比例与欧洲和亚洲相当。因此，这些灾难也许恰恰帮助了那些留下来的人，让他们得以在甚至更加漫长的气候异常中幸存。

澳大利亚

澳大利亚，这块最为干旱的可居住大陆足足占据了地球陆地面积的5%，却有着（大概始终如此）堪称世界最低的人口密度。这一差异的成因在于其混合了独特的气候和地理隔阂。整个澳大利亚大陆唯有东南角和西南角地区同时具备温暖的气候和肥沃的土壤；但这两地却远离其他大陆。直到 18 世纪末，澳大利亚的主要农业区无论在人口还是经济上依旧是几乎彻底与世隔绝。荒漠和半灌溉土地［也就是所谓"内地"（the Outback）］占据了澳大利亚三分之二以上的面积，这一区域部分地方的年降水量可以在低于 4 英寸和高于 36 英寸之间浮动。与撒哈拉以南非洲一样，这里的关键变量并非**平均年降水量**，而是**季节依赖性**。哪怕是在温带区域，旱灾及其潜在威胁都是人们始终萦怀于心的顾虑。

两大因素排除了 17 世纪澳大利亚人历史经验的精确性：首先便是"自然档案"的缺失，特别是生出清晰年轮的树种稀缺；其次便是"人类档案"的完全缺位。虽然曾有几批欧洲人在 1606 年后造访澳大利亚，但他们之中却无人描述气候状况。尽管土著居民可能在他们丰富的口头传说中提到了那些灾难，但给这些传说划定年代的努力迄今为止无一成功。不过，我们还是能得到一些概括性的说法。用气候史先驱理查德·格罗夫的话说，澳大利亚"比其他所有地方都当得起'厄尔尼诺大陆'的名号"。[92] 这就意味着，厄尔尼诺年里侵袭中国、东南亚、印度尼西亚和印度的旱灾同样会侵扰澳大利亚——因此，17 世纪中叶频率两倍于前的厄尔尼诺事件必然也以非凡的力量重创了澳大利亚。更具体而言，这片大陆可能也经历了 1643~1671 年发生在印度尼西亚的那场记录在案的大旱灾，这其中又以 1659~1664 年的烈度为甚（见第 13 章）。南面塔斯马尼亚岛上复原的树木年轮序列似乎也可以证实这一猜想，这些年轮显示，17 世纪中叶出现了年年相继的贫弱生长季，这一时期也见证了"过去七百年里最漫长的寒冷时期"。[93]

17世纪的上述气候事件对澳大利亚人口有着怎样的影响？为了安然度过极端气候时期，乃至只是为了在平常年景里度日，澳大利亚原住民都需要像这个大陆许多独有的动植物一样，采用与这些生物颇为相似的可行策略。不少澳大利亚植物都活了下来，因为它们进化出了更深的根系，提高了防火能力，有些班克斯花（学名：山龙眼）还演化出了唯有经历过丛林大火和之后的降雨才会释放种子的球果——这时的环境正好对种子萌芽和幼苗存续最为有利。同样地，红大袋鼠也进化出了独特的高效机制，以应对降雨的极端变化：它们通过食用高湿度的植被就能不饮水存活很长时间；它们还上下蹦跳，让自己得以在更高速旅行的同时不至于耗损更多的能量；在一个繁殖周期也就是所谓的"胚胎滞育期"（embryonic diapause）当中，一只红大袋鼠足以同时抚养三只生长阶段不同的幼崽，这样待到旱灾结束，其种群数量也得以迅速增长。[94]

20世纪中叶澳大利亚西部沙漠土著人口的"年度生命周期"证明，在地球上一些较为恶劣的环境里，人类也能运用独特策略维持生存。这个年度周期始于12月到次年2月间的"湿季"，大型雷暴会使暴雨倾泻而下，在带来充足水分的同时却不能立即生产食物。于是家家户户便随之向周边迁徙，前往上个湿季未曾光顾的地域觅食，这个状态会一直持续到种子、块根作物和水果破土的3月；他们随后便会定居扎根，依靠平原上的水坑和收获作物过活，如是为期约两个月（尽管常常会遭逢定期而来的小雨，温度也会在夜间降到6℃）。这一"冷季"将在8月结束：随着温度急剧上升，地面也会渐渐干涸。男人会在这个时候点燃植被，既是为了陷阱狩猎，也是为了提升第二年种子和块茎的收益，女人则会准备、贮藏蔬菜，以在本年的剩余时间里维系族群的生存。最后在温度蹿升到 50℃ 的"热季"（也称"饿季"），平原的水坑蒸发干涸，迫使人们躲进岩洞以度余年。他们会在岩洞里减少日常活动，尽可能长时间地保持他们的粮食和饮水。不过由于旱灾和热应力（heat stress）将觅食区域限制在了岩洞附近，人们日均摄入的热量也许会降到 800 千卡——勉强等于维持身材短小者生存所需的一半数值。有的时候，族群中的身体虚弱者会从体格健壮者那里摄取血液，以求撑过暴雨再来之前的最后几周时间，然后离开岩洞到平原地带重新开枝散叶。

纵使西部沙漠条件恶劣，人类居民还是开发并利用了 120 种植物以满足他们的生存需求，其中有 70 种会产出可食用部分，超过 40 种出产种子。族群中的女人会费力地将其削皮、扬谷、磨碎，然后置于篝火中烘焙或者生吃。块茎和鳞茎做成食物要容易得多——只需将它们拔出来烘烤即可——一旦捉住大型猎物（比如袋鼠），人们会将其内脏取出进行烧烤，对于小型猎物（鸟、蜥蜴和蛇）则会直接烘焙。

时令季节和各种生活资源的可获得性在每一年里都遵循相同的变化规律，于是西部沙漠地区的土著人口也就凭着自己精巧的环境知识，靠着对"季候变迁时期可得营养物"知识的掌握，凭借生火技术（设陷阱捕猎、助长未来作物）得以生存下去。但有一项变量无法预测，那就是"饿季"的具体持续时间，其长短将决定人们手中的饮水和食物是否足以让一个族群从一个年度周期安然活到下一个年度周期，决定谁会死去（死于饥饿或干渴），谁将降生（因为饥荒绝经将有碍怀孕）。

斯科特·凯恩对西部沙漠土著的生存之道素有研究，他不但总结概述了上述所有特点，还提到了"饿季"生活的另一大特色："如果降雨并未如期而至，情势就会更紧张，战争也就成了家常便饭。"所有土著族群都携带武器——有些是进攻性武器：长矛，配备投矛器的长矛常常会以每小时 100 英里的速度掷出，在 164 英尺之内都可精确命中；回旋镖；以及有时会在顶端装有锋利外壳的棍棒。显然，这些武器既可以打猎也被用来攻击人类，因为战争题材构成了许多土著口头传说的一大主题。1788 年英国人抵达悉尼时发现，"土著人身上的伤口只有可能是因为（曾）与其他土著部落交战而留下的"。[95]这么说来，敌对族群之间的战争——与族群成员之间的争斗一样——很可能在"饿季"蔓延，并在必要资源锐减的年份里变得更为普遍。另一种情况似乎也很有可能：自然因素和人类因素的"致命合力"主宰了澳大利亚，令当地人口也在 17 世纪急剧减少，直至同样已经减少的可用生活资源足以满足现存人口的最低需求时，这一趋势方得以中止。

斯科特·凯恩（Scott Cane）相信，他对西部沙漠土著人口的研究呈现了"关于世界各地干旱环境中狩猎采集型经济的最后一批可信数据"。原因在于，他所记述的生活方式终于1950 年代。也正是在这一时期，狩猎采集人口"从（西部）沙漠地区迁移到了散落在沙漠边缘的养牛场，以及非政府组织或政府设立的定居点"。[96]不过，一幅现代土著树皮画还是展现了人们对天气破坏之力的敏锐认知。这幅画描绘了"闪电之灵"（Namarrkon）的形象：他手捧自己硕大的睾丸射出股股神力，他的双膝还嵌有石斧。这都在提醒观者，电闪雷鸣将如何摧毁树木，点燃野火，并警告人们应在强风暴的季节开始之前完成一切必要的生产与社交活动。[97]

在 17 世纪，仍有数十万乃至是数百万"狩猎采集者"居住在这个星球上形形色色的"干旱环境"里。在非洲和美洲各大地区，在中亚和欧洲的极北地带，人类都需要演化出类似澳大利亚土著人口那样的应对之道，方能维持生存。此外，与澳大利亚一样，事实证明每逢年度"饿季"变长，这些应对之道都无法全盘奏效。尽管上述诸族群都缺少一锤定音的"人类档案"，但在 17 世纪地球上的干燥环境里，"世界的三分之一都死去了"也是有可能发生的事情。如果此论成立，那就意味着地球上只有一处大面积的地域在这一时期出现了快速且持久的人口增长：不是新法兰西也不是新英格兰，而是日本。

注　释

1. 对于 Dauril Alden、Rayne Allinson、John Brooke、William Russell Coil、Ross Hassig、Karen Ordahl Kupperman、John Lamphear、Kathryn Magee Labelle、Joseph C. Miller、Margaret Newell、Carla Pestana 和 Jason Warren 为完善本章所提出的宝贵建议，我不甚感激。此外，感谢 Andrew Ashbrook、Nicole Emke 和 Maria Widman 为我推荐的关于新英格兰和新法兰西的资料。

2. Kessell, *Kiva*, 170；Richter, 'War and culture', 537. 两位作者的估测皆来自同时期计算数据。

3. Villalba, 'Climatic fluctuations', 355 – 6, 提供了巴塔哥尼亚地区冰川及树木年轮宽度及其中的放射性碳 14 沉淀物，记录下了 17 世纪中叶的极度严寒时期。更多数据参见"自然档案"：

www. ncdc. noaa. gov/paleo/ftp – treering. html，这些证据也呈现出同样的规律。

4. 本书第 1 章讨论了 17 世纪中期同时增多的厄尔尼诺、火山及地震运动，以及几种现象之间存在关联的可能性。

5. McNeill，*Mosquito empires*，91.

6. Franklin，'Observations'（1751），paras 6 – 7. 关于新英格兰人口统计历史，参见 Canny，*The origins*，211 – 12；以及 Fischer，*Albion's seed*，76 – 7。

7. *Winthrop papers*，III，166，letter to Sir Nathaniel Rich，22 May 1634（前一年抵达的 4000 名殖民者中，只有两三个成年人及少数儿童死亡）；Wood，*New England*（1634），4；Morton，*New English Canaan*（1637），94；Anon.，*New England's First Fruits*（1643），246。比较本书第 3 章中对于伦敦市民接连不断的咳嗽与吐痰的描写。

8. Percy，'Trewe relacyon'（撰于 1625 年，但描述的是 1609 ~ 1610 年）；Stahle，'The lost colony'，567. Herrmann，'The "tragicall historie"'，表明关于"饥饿年代"（starveinge tyme）的故事在复述时可能有所夸大。

9. Kingsbury，*The records*，III，485 – 90，Company to Governor of Virginia，London，25 July 1621；and IV，73 – 4，George Sandys to his brother Samuel，Jamestown，30 Mar. 1623. Stahle，'The lost colony'，fig. 15，显示出记录在"自然档案"中的 1621 ~ 1622 年旱灾。

10. Morton，*New English Canaan*，94 – 5 and 121 – 2；关于 1641 ~ 1642 年酷寒冬季，参见第 1 章；关于 1657 ~ 1658 年的严冬，参见 Collin，'Observations'（引用"新瑞典"的记录）。

11. 定量数据参见 Canny，*The origins*，182 – 3 and 223 – 7，以及 Fischer，*Albion's seed*，277。关于厄尔尼诺、疟疾和英属牙买加的内容，参见 McNeill，*Mosquito empires*，103。

12. Cushman，*The sin and danger*，8；Morton，*New English Canaan*，23；Salisbury，*Manitou and Providence*，106.

13. Starna，'The Pequots'，44.

14. *Winthrop papers*，III，149 and 167，letters to John Endicott，3 Jan. 1634，and to Sir Nathaniel Rich，22 May 1634. Starna，'The

[764]

Pequots', 44 - 6，记录了"排汗"等本地疗法加重而非缓解了某些欧洲疾病，并指出一些"本地病原体"如肺结核和梅毒也和天花与黄热病一样在 17 世纪"以愈发致命的形态现身"。

15. *Winthrop papers*, III, 240, Williams to John Winthrop, Providence [3 July 1637]. 其他细节与援引出自 Grandjean, 'New world tempests', 77 - 87。

16. Dunn, *Journal*, 75 (6 Nov. 1634). 数据来自 Starna, 'The Pequots', 以及 Hauptman, 'The Pequot War'。

17. Gardiner, *History*, 10.

18. Underhill, *Newes*, 40, 81; Bradford, *History*, 339. Mason, *Brief History*, 10, 估计死亡人数达到 700 人，但两者都未进行具体的死亡人数统计。Hoffer, *Sensory worlds*, 277 n. 40, 提供了以地形学和民族志为基础进行的独家统计，支持了 Bradford 和 Underhill 提出的另一个更低的数字（400 人）。

19. Salisbury, *Manitou and Providence*, 222; Mason, *A brief history*, 17; Karr, '"Why should you be so furious?"', 907 (引用了《哈特福德条约》, 1638 年 9 月 21 日); Anon., *New England's First Fruits in respect of the progress of learning, in the Colledge at Cambridge in Massachusetts-Bay*, 246 (这标志着哈佛在英格兰第一次认真进行的资金募集活动)。

20. Dunn, Journal, 181, 186, 256. 也可参见第 1 章中的细节。

21. Cressy, *Coming over*, 201, 引用了因克里斯·马瑟所著 *A brief relation of the state of New England*（London, 1689), 他曾短暂回到英格兰。这位弑君者是文森特·波特上校。范恩与皮特由于反对查理一世，于 1660 年后被处决，尽管两人并未在国王的死刑令上签字。关于他们在英格兰的事业生涯以及劳德与斯特拉福德的命运，参见第 11 章和第 12 章。

22. Bradstreet, 'A dialogue', 189 - 90. (我对日期的推测是因为在提及 1642 年的运动之后，她写道"播种时刻已来临"，即 1643 年春季。) 重刑犯在泰伯恩刑场被施以绞刑。

23. Pestana, *The English Atlantic*, 38, Freeholders of Barbados to the earl of Warwick, 1646. Pestana 指出，拥护国王的六处殖民地都属于国王授权的"资产主"，然而大多数殖民地是在 1629 年后由国

王的清教徒批评者建立的，所以它们支持议会。

24. Anon., *New England's First Fruits*, 246.

25. Webb, *1676*, xv, 使用了"灾祸串联"的句子，并提起了"风暴与瘟疫"和"印第安人叛乱与内战"，但其作品鲜少提及自然灾害。

26. *CSPC 1675 - 1676*, 368, Governor Sir Jonathan Atkins to Secretary Williamson, Barbados, 3 Apr. 1676.

27. Gardiner, *History*, 26. 当密安托诺莫于 1642 年夏天递交了其诉求后，Gardiner（塞布鲁克堡的建筑师）正与蒙托克在长岛。酋长关于不要杀奶牛的劝告，构成了证实其他动物群数量稀少的有力证据。

28. 'Articles of Confederation of the United Colonies of New England', 19 May 1643, expanded 7 Sep. 1643：http：//avalon. law. yale. edu/17th_ century/art1613. asp, accessed 29 June 2011.

29. *CSPC 1675 - 1676*, 365, Berkeley to Secretary Williamson, 1 Apr. 1676.

30. Leach, *A Rhode Islander reports on King Philip's War*, 20 - 1. 布里法和奥斯本关于魁北克和切萨皮克的树木年轮记录都显示出 1675 年的恶劣生长季。关于家畜在新英格兰地区称为冲突源头的内容，参见 Anderson, *Creatures of Empire*。

31. *CSPC 1675 - 1676*, 366, Berkeley to Thomas Ludwell, his agent in London, 1 Apr. 1676.

32. 关于新英格兰地区 1676 年歉收的书面记录极其罕见，因此感谢 Jason Warren 向我推荐康涅狄格州立资料馆, *War*：Colonial series I, 1675 - 1775, Record Group 2, part 2, doc. 95, Secretary Allyn to the Assistants of New Haven and Fairfield Counties, Hartford, 27 June 1676, 通篇讲述了解决小麦及"印第安玉米"短缺问题的必要性。

33. Quotations from Slotkin and Folsom, *So dreadfull a judgment*, 3 - 4; and Webb, 1676, 411 and xvi. Other data from Mandell, *King Philip's War*, 134 - 7; and Warren, 'Connecticut unscathed', 18, 22 - 3.

34. *Massachusetts Historical Society Collections*, 4th ser., IX (1871), 184 -

7, 'Declaration of Nathaniel Bacon in the Name of the People of Virginia, July 30, 1676'; Webb, 1676, 64 - 5.

35. 引用了 Webb, *1676*, 201 - 2（就与此处相呼应的关于爱尔兰的援引，参见第 11 章和第 12 章）。皇家舰队于 1677 年 1 月驶入切萨皮克，并完成了任务；但其前往波士顿的计划受到了军中传染病疫情的阻挠。

36. 易洛魁人由分成两部分的五支（后来分成六支）族群组成，即卡尤加人（Cayugas）、奥奈达人（Oneidas）以及随后的塔斯卡洛拉人（Tuscaroras），是为"幼弟"族群，与之相区分的则是莫霍克人（Mohawks）、奥内达加人（Onondagas）、塞内卡人（Senecas）三支"兄长"族群。17 世纪，所有族群的领导人会定期会面，探讨涉及共同利益的事宜。

37. Ball and Porter, *Fighting Words*, 67, 1811 年特库姆塞致乔克托人与契卡索人的恳请书。有趣的是，和 17 世纪的领袖们一样，特库姆塞宣称当年的一颗彗星和一次大地震证明了他的正义性。

38. Henripin, *La population canadienne*, 3, 8, 13, 73, and graph on p. 128; Charbonneau, *Naissance*, 81 96 - 7, 128, 146 - 7. Totals in Dumas, *Les filles du roi*, 48 and 122. 关于沃邦的估测，参见第 21 章。

39. 参见 Mann, *Iroquois women*, 241（quotation）and 261 - 6（on birth control）。

40. Van der Donck, *A description* (1653), 184. 同样参见 Cook, *Born to die*, 192 - 8。

41. Van der Donck, *A description*, 210（who appended to his account a special section 'Of the beaver'）; Richards, *The unending frontier*, 467（part of an excellent chapter on the American fur trade）。

42. Brook, *Vermeer's Hat*, 31; Elliott, *Empires*, 63, quoting William Bradford. 和"莫卧儿人"（第 13 章，n. 1）的称呼一样，欧洲人对印第安诸民族的称谓多是错误的：休伦人（Hurons，法语意为"野猪鬃毛"）称自己为温达特人（Wendats，意为岛民）；莫霍克是阿冈昆语中的侮辱性词语，意为"食人族"；而易洛魁（本词对他们而言则是休伦语中的辱骂之辞，意为"蛇"）自称霍德诺肖尼人（Haudenosaunee），"长屋建造者"。阿冈昆

（Algonquin）则只表示"同盟"之意。

43. Thwaites, *Jesuit Relations*, XXIV, 295, Isaac Jogues, S. J., 'from the village of the Iroquois', 30 June 1643.

44. 我感谢 Kathryn Magee Labelle 与我分享她的论文 "Dispersed but not destroyed leadership, women and power in the Wendat diaspora, 1600 – 1701"（Ohio State University, 2011）的结论。

45. Perrot, *The Indian tribes*, 102（作者曾于 1665 ~ 1684 年在当地做过猎人、翻译和官员）。

46. White, *The middle ground*, 4 及 48 – 49 引用了关于拉萨尔于 1682 年沿密西西比河而下的航行故事。这些难民中包括特库姆塞人的祖先（页边码第 455 页），他们在如今的阿拉巴马定居下来。

47. Richards, *The unending frontier*, 502 – 3.

48. Ibid., 504, 509.

49. Galloway, Choctaw genesis, 347 – 8.

50. Ibid., xiii; Cook et al., 'Drought reconstructions'; 美国国家海洋和大气管理局（NOAA）对奥扎克高地（Stahl and Cleaveland: disastrous drought 1639 – 45）以及亚利桑那、新墨西哥和犹他州（Cook: severe drought 1666 – 1670）的复原。感谢 Russell Barsch 提醒我注意"无狗岁月"（dogless period）的口述传说。

51. DuVal, *The native ground*; White, *The middle ground*.

52. Smulders, *António Vieira's Sermon*, 164 – 6.

53. Van den Boogaart, *Johan Maurits*, 47, 关于黄热病; Hemming, *Red gold*, 293, 引用了来自圣路易斯的两封信：其一为一位荷兰官员于 1642 年 4 月 7 日所写，其二为马拉尼昂提督写于 1645 年 3 月 14 日，后者控诉荷兰人发起了生物战，因为对方"带来了罹患天花的印第安人，这种病是北美那片土地上的瘟疫。他们因此杀死了我们的印第安村庄里的大部分精壮人员，以及移民者的几乎所有奴隶"。

54. Israel, *Diasporas*, 369, quoting Rabbi Isaac Aboab da Fonseca.

55. Ibid., 390 – 1, 估算了荷属巴西犹太人在 1645 年为 1500 人，而在 1650 则为 650 人，包括玛拿西·本·以色列的兄弟。部分犹太人直接前往荷兰和英格兰在北美的殖民地，另一部分则回到了尼德兰共和国。

56. Schwartz, 'Panic'; Álvarez de Toledo, 'Crisis', 272 – 4, quoting Don Juan de Palafox to Philip IV, 10 July 1641.

57. García Acosta, *Desastres agrícolas*, I, 176 – 9: data on 'carestía', 'hambre' and 'falta de lluvias', 1639 – 43.

58. 消息与引用出自 Crewe, 'Brave New Spain', 依据大量审讯记录以及堂·吉伦被没收文件中的一卷。他的文章包括了一幅范·迪克（Van Dijk）所绘的堂·吉伦肖像画（第 61 页）。关于他在那之后的经历，参见第 18 章。

59. AGI *Lima* 50/289 – 90, Viceroy Mancera to Philip IV, 8 June 1641, 记录了刚从卡塔赫纳收到的关于葡萄牙人起义的报告；AGI *Lima* 277, n. p., same to same, 22 July 1641, 曼塞拉承认直到收到布宜诺斯艾利斯的确认信，他才相信了报告的真实性。AGI *Lima* 572 *libro* 52/234v, same to same, 23 July 1642, 报告了跨安第斯山脉远征的情况。

60. Schwartz, 'Panic', 220 – 1, quoting Mancera to Philip IV, 20 July 1642. 那些在首都的悲惨的非洲人应不太可能"喜爱"那些逼着他们翻越安第斯山的残暴奴隶监工。

61. Rosales, *Historia general*, 192 – 3, on earthquakes; Prieto, 'The Paraná river floods', on 'Ciudad Vieja'; García Acosta, *Desastres agrícolas*, I, 178, quoting the *Historia de Nuevo León*; Miguel Sánchez, *Imagen de la Virgen María* (Mexico, 1648); and Luis Laso de la Vega, *Huei tlamahuiçoltica* ('The Great Happening': Mexico, 1649). 至 1730 年，为祈求雨水，"瓜达鲁普圣母像"已经进行了 24 次游行，其中三分之一发生于 1641 ~ 1668 年。

62. Pérez de Ribas, *History*, 42; Treib, *Sanctuaries*, 268 – 95, 附有萨利纳斯遗址的精美照片。

63. Reff, 'Contact shock', 270. 1680 年普韦布洛人余部发起的叛乱销毁了（包含在所有损失之内）阐释其部落早期衰败的档案。

64. McNeill, *Mosquito empires*, 64. García Acosta, *Desastres agrícolas*, I, 181, 引用了洛佩兹·科戈柳多, Historia de Yucatán。同请参见 Cook, *Born to die*, 180 （对肆虐拉丁美洲的传染病的精彩概述的一部分见于第 167 ~ 182 页）；以及 Kiple and Higgins, 'Yellow fever'。

65. Schiebinger, *Plants and empire*, 1, 引用了对梅里安 *Metamorphosis insectorum Surinamensium*（一本关于毛虫的书！）插图 45 的评论。施尔宾格在第 144～149 页呈现了更多关于奴隶堕胎与杀婴的同期报告。

66. Van Deusen, *Between the sacred and the worldly*, 11 – 12（quote）and 176 – 7（population）. 关于欧洲修女，参见第 4 章。

67. Lorandi, *Spanish king of the Incas*. 关于其枪支的内容参见第 143～144 页及第 166 页。

68. Guibovich and Domínguez, 'Para la biografía', 描述了这些暴动。

69. Glave, *Trajinantes*, 198 – 205, 回顾了 1660 年代的"动荡、骚乱与暴动"，但未发现能证明这些动乱系协同行动的充分证据（引用了 199 页 n. 31，1671 年的一封信件）。AGI *Escribanía de Cámara* 561 – 565 包含关于"拉伊卡科塔叛乱"（revolt of Laicacota）的证词及评估。

70. McLeod, *Spanish Central America*, 217 – 23 and 307 – 9.

71. Van Deusen, *Between the sacred and the worldly*, 40, 241 n. 59（quoting the history of the *Casa de Niñas Expósitas*）；Mazet, 'Population et société', 61；and Mannarelli, *Pecados públicos*, 168 – 72, 251 – 2（应注意 Mannarelli 的表格来自两个教区，它们仅能代表五年内的数据样本。ibid., p. 169 n. 21）。

72. Suárez, 'La "crisis"', 317.

73. Figures and details from Suárez, 'La "crisis"' and idem, *Desafíos transatlánticos*；and from Andrien, *Crisis and decline*, 34, 188 – 9 and 205.

74. Thom, *Journal*, I, 292 – 3（10 Feb. 1655）. 同样参见 Elphick, *Kraal and castle*, 110 – 16。"科霍"（Khoe）是纳马族语中的"人"（person）一词，而"科霍恩人"（Khoekhoen，即更早期文献中的科伊科伊人）则是纳马族语中的"人们"（people）。

75. Thom, *Journal*, III, 195 – 7（5 – 6 Apr. 1660）. 在会议结尾，范·李贝克告诉科霍恩首领，若对方不满意他的提议，可以选择"驱逐我们。这样一来，他们就能……成为要塞及其一切附属财产的主人，只要他们能守得住。若他们接受这一选择，我们再考虑接下来的行动方针"（ibid., 196）。

[766]

76. Diaz and Markgraf, *El Niño*, 144; Mikhail, *Nature and empire*, 216 – 17; and Ibrahim, *Al-Azmat*, Appendix 11 on the Nile. See also ch. 7 above.

77. Webster, *Chronology*, 1. See a similar lament concerning West Africa in Harms, *River of wealth*, 8 – 9.

78. Webster, *Chronology*, chs. 2 and 9, on Interlacustrine Africa; and Hathaway, *Beshir Agha*, 18 – 19, on the slave exodus from East Africa.

79. 基于 Curtin, *Economic change*, 15 – 18 的透彻分析。

80. Hair, *Barbot*, 76 and 83 – 4; Curtin, *Economic change*, *Supplementary evidence*, 3.

81. 关于尼日尔河曲, 参见 Curtin, *Economic change*, *Supplementary evidence*, 5; 关于乍得湖, 参见 Nicholson, 'Methodology'; 以及 Martinson, *Natural climate variability*, 32 – 5 (by Nicholson)。

82. Ritchie, 'Deux textes', 339, from Chambonneau's Histoire de Tourbenan (1678).

83. Ritchie, 'Deux textes', 352.

84. 细节出自 *Desert frontier*, 24 – 35, and 68 – 87; 以及 'Unwanted cargoes', 47 – 8 and 78。

85. Hair, *Barbot*, 434; Thornton, *Warfare*, 15 – 16.

86. Harms, *River*, 33; Georg Oldendorp, quoted by Thornton, 'Warfare', 129 (see also Hair, 'The enslavement').

87. Hard copies of material from the database www. slavevoyages. org (which is regularly updated) are available in Eltis and Richardson, *Atlas*. Data in this paragraph from the maps on p. 14 – 15 and tables on pp. 23 and 89.

88. 气候数据来自 Miller, 'The significance', 43 – 6; Thornton, 'Demography'; 以及 Alden and Miller, 'Unwanted cargoes', 48, 78。在 17 世纪中叶的一些年里, 所有的奴隶都来自中西非地区: http：//www. slavevoyages. org/tast/assessment/estimates. faces。

89. Boxer, 'Portuguese and Dutch colonial rivalry', 35 n. 78, Teixeira to John IV, Luanda, 10 Apr. 1653. 请注意来自巴西, 而非欧洲的远征军, 他们于 1641 年及 1648 年迫使安哥拉改变了效忠立场。

90. Birmingham, *The Portuguese*, 以及 Thornton, *Kingdom*, 描述了这些事件；Miller, 'The significance', 25 - 8, 将其与气候变化相联系。

91. Eltis and Richardson, *Atlas*, 192 and 194, 'Linguistic identifications of liberated Africans who embarked in Cameroon' and 'in the Sierra Leone region' in the early nineteenth century; and 163 ('Gender and age of slaves carried from African regions to the Caribbean, 1545 - 1700), and passim (quotations from ships' logs). 作者们指出一个重要的例外："在非洲中西部有其他种类的证据显示，奴隶们在登船前已迁移了更远的距离。"

92. Grove, 'Revolutionary weather', 128. Heinrich, 'Interdecadal modulation', 63, 指出澳大利亚缺乏适宜的树种。

93. Martinson, *Natural climate variability*, 27; Mikami, *Proceedings*, 15; Cook, 'Warm season temperatures', 84, fig. 7A. 尽管在前一页中 Cook 与共著者们宣称"出现极寒的'小冰期'的迹象微弱"，他们的图表仍显示出"暖季温度复原数据"在 17 世纪中叶的明显下降趋势。相同现象也出现在 Pollack, 'Five centuries', 705, fig. 4A, 而 fig. 4B 显示出新西兰树轮更剧烈的生长减缓趋势。

94. Diaz and Markgraf, *El Niño*, 161 - 5.

95. Cane, 'Australian aboriginal subsistence', 395 - 6; Connor, *Australian frontier wars*, 2. Parenti, *Tropic of chaos*, 将非洲暴力事件的增长与气候灾害的次数相联系。

96. Cane, 'Australian aboriginal subsistence', 391 and 431 (quotations). 前文段落主要基于凯恩的研究。

97. 澳大利亚北部的树皮画"闪电之灵"参见 Sherratt, *A change in the weather*, 30。

16　举措得宜：德川幕府早期的日本[1]

484

德川治下的和平

在 17 世纪，一位杰出的日本编年史家曾欢欣鼓舞地说："于今之世，即便那些卑微的农人和乡民，手里也不会缺乏金银。吾国尽享和平与繁荣；沿路不见一乞丐，亦无一流浪者。"数年之后，他的某位同行说得甚至更为夸张："何其繁盛之世！纵使平民如我，也得享安宁和平……他们住在极乐之地。如果这不是（佛教极乐世界）的话，那我们如何才能生逢如此幸运之时世？"不可否认的是，同时代世界其他地方的人大多对不远的将来没有信心：一位英国驻外大使在 1618 年幸灾乐祸地表示，各地的"雅努斯①之门"都已关闭，唯有"基督教世界之明珠"享受了"应许的太平时日"；意大利传教士塞孔多·兰切洛蒂在五年之后也有相似的（痛斥"泣诉者"的）乐观论调。不过，就在 17 世纪余下的岁月里，欧洲经受了战争、革命和经济崩溃，同一时期的日本却经历了**德川治下的和平**（Pax Tokugawa）：日本的人口、农业和城市规模快速增长，而且没有战争。[2]

下面表格里的数据令人惊叹，不仅因为人口的剧增——日本列岛某些地区的人口在一百年间翻了两番，而世界绝大部分

---

① 罗马神话中的双面门神，象征凯旋。

表 16.1　江户时代的日本：第一个百年

年份	人口规模 （百万）	城市人口 （百万）	耕地面积 （百万英亩）	作物产量 （百万蒲式耳）
1600	12	0.75	5	100
1650	17	2.5	6	115
1700	27	4	7	150

地区的人口却大幅减少——也因为总耕地面积、作物产量和城市人口的同时增长。归功于复杂水利工程项目的建设（1601~1650 年有 153 项工程，1651~1700 年则有 227 项），17 世纪的日本新建了 7000 多座村庄，其中不少建立在新开发的土地上。每座村庄的平均水稻产量也从 1645 年的约 2000 蒲式耳增加到了 1700 年的超过 2300 蒲式耳。不仅如此，这些平均数还掩盖了不少卓越成就：比如说，武藏国（今东京都周边地区）在 16 世纪末到 17 世纪末的一百年里新建了近 400 座村庄，该地的水稻产量也从 330 万蒲式耳飙升到 550 多万蒲式耳。[3]

江户时代早期的日本也经历了一场"史无前例的城市化进程"：1600~1650 年，生活在城市和市镇的人口增长到之前的三倍多，而在 1651~1700 年又增长了近一倍。绝大多数日本城镇人口都生活在 100 多座"城下町"里。比如在 1583 年成为西日本最大藩国中枢的金泽城，其居民人口就从 1583 年的 5000 人攀升到了 1618 年的 7 万人，到 1667 年已有近 10 万人。江户（东京当时的名称）也从 1590 年的一座渔村发展为德川政权的中枢，在一百年后已成为一座拥有约百万人口的大都会。[4]

上述独特的成就并不是源于良好的环境；恰恰相反，日本

485

列岛在气候变化面前总是极为脆弱。首先，日本北部地区同时受到千岛寒流和"山背效应"的影响：千岛寒流使北极海水一路南下，"山背效应"则在夏季的长时段里都制造寒冷气流。这两大气象事件都会导致谷物歉收。此外，日本的绝大部分领土都由板块构造碰撞产生的山区构成，这带来三大不良后果：第一，日本列岛像环太平洋地区的其他地带一样拥有数量异常多的活火山，其喷发有可能触发（且确实触发了）"山背效应"；第二，大多数日本人都生活在（今天依然如此）本土三岛（本州岛、四国岛和九州岛）的沿海平原地带，从这些平原到内陆的海拔骤变也让垦殖新地难上加难；第三，迅速增长的人口带来了筑屋和取暖的需求，陡峭斜坡上的树木植被遭到"净伐"（clear-cutting，意即清除所有品类的林木，而不只是采伐特定树木），随之而来的则是严重的水土流失，以及更大的霜冻、洪水和干旱风险。

根据著名的日本环境史研究者康拉德·托特曼的说法，对新近开垦之地的过度耕种与对陡峭斜坡之广泛"净伐"的共同作用下，"可耕作物的生物分界线拥挤不堪"，让边缘地带在"相对丰饶"（relative abundance）和"生态超载"（ecological overload）之间的转换异常突兀，同时"也增加了粮食总产量中长期受歉收风险威胁的部分的比例"。[5] 因此，日本列岛也无法逃脱小冰期的影响。在1641年与1642年之交的那个异常寒冷的冬季，江户的初雪比往常早到了六个星期；家住江户附近的商人榎本弥左卫门在回忆录中写道："新年那天，锅盆瓶罐里的水都冻住了，似乎要爆裂开来；地上覆盖着一尺厚的冰霜。在那之后我目睹了七次降雪，至春方休。"漫长的寒冷天气引发了宽永饥荒（以当时的年号命名），稻米的单位价

格从 1633 年的 20 匁①飙升到 1637～1638 年的 60 匁，1642 年
则是 80 匁。⁶哪怕在大坂这座"日本的厨房"（正常年份里，
商人、大名和官员都会在此囤积大量粮食），稻米也变得金贵
起来。1642 年 7 月，大坂的"寻常庶民已经无法养活自己和
妻儿，许多人死于饥饿"。大批人群聚集在"町奉行所②前哀
泣……乞求奉行大人下拨一些生活用品，好让他们生存下
去"。为了安抚抗议民众，"这位奉行就从大坂城的粮仓和其
余各处库房里调出米谷，以低价出售给这些贫苦无依者。这一
举措结束了混乱的局面"。⁷

　　另一场叛乱发生于日本南部九州岛上的岛原，起因是气候
异常时期的横征暴敛。根据当时住在附近的一名荷兰商人的说
法，岛原藩主征收的"税金和稻米贡赋让民众无法承受"。他
的家臣还将无力支付的人捆起来，给他们穿上"稻草衣服"，
再点上火。这帮幕僚还羞辱"他们的妻子，将她们光着腿绑
成一排"。种种暴行激怒了村民，他们疲于应对"超过他们能
力的税收"，无法再"依靠根茎和蔬菜维持生存"，于是决心
"与其生不如死，不如举事赴死"。1637 年 12 月，当地农民揭
竿而起。他们的反抗也激励了邻近的天草诸岛上同样长期饱受
领主欺压的农民，这些人同样起来造反，杀掉了前来恢复秩序
的官吏和士兵，然后渡海到九州岛加入起义。这一地区的欧洲
传教士已将不少日本人洗礼为基督徒，其中就有自称基督再世
的 16 岁少年天草四郎；许多受洗的基督徒都加入了起义队伍。
约有 200 名武士也投身其中，为起义军带去了宝贵的军事经

486

---

　　①　又称"文目"，约合 3.75 克，是日本币制下一贯的千分之一。
　　②　负责城镇司法、行政、警察事务的机构。

验。起义者人数约有 25000 人，他们"高擎着绘有十字架的旗帜"进军，将藩主居城岛原城的城下町付之一炬，将收集来的粮食和武器运往附近的原城，这里位处一个大海环抱的海岬。在此后三个月里，天草四郎"每两周举行一次布道和弥撒"，他自信满满地宣称"全日本的审判日即将到来"，"全日本都将成为基督之国"。最终，幕府派出的 10 多万人的军队围攻原城，杀死了城中的所有人，包括天草四郎。[8]

大坂和岛原的叛乱后来成为日本历史的转折点。日本在 17 世纪的头 40 年经历了约 40 场大型农民起义（"蜂起"）和 200 场较小的骚乱（"百姓一揆"），同时还有各大名之间近 800 场纷争；但在此后 80 年里（1640～1720 年），无论骚乱还是纷争几乎都消失了。[9]大坂的粮食暴乱并无后续，绝大多数日本城市都维系了延续 100 多年的和平。其中最值得称道的是，岛原战役后来成了 200 年里日本列岛上的最后一次大型军事行动。17 世纪的日本因此也与世界其他地方形成了让人好奇的对比：尽管日本在 17 世纪初也经受了小冰期和总危机的双重打击，尽管这块土地的经历一开始与其他国家也没有太大不同，但进入 1640 年代日本却得脱厄运。这是如何做到的？

487

勤勉革命

杰出的日本史学家速水融提出了两条逃离"温饱型农业"（subsistence agriculture）陷阱的路径。第一条路径以西欧为典型，强调资本密集和节省劳力的生产方式：生产者将资金投入农业以使生产更有效率，从而制造一个巨大的廉价劳动力来源以满足工厂的用工需求，如此便可以为产业革命提供便利。第二条路径则反其道而行之：速水融将这种节省资本的劳动密集型策略称为"勤勉革命"。农民投入更多的时间和精力（而非金钱）用于农业生产，以摆脱温饱型农业的桎梏。尽管改进后的农具和农技在日本的勤勉革命中扮演了重要角色，但产量的提升主要还是因为农户对生产进行了合理化，延长了耕作时间并在耕作时更加勤奋。速水融认为，"自我剥削"（self-exploitation）才是日本在 1600 ~ 1868 年耕地面积增长一倍、人口增长两倍以及作物产量增长三倍的主要原因。[10]

日本的家庭还会采用四种谨慎策略，保证基本生活资源不至于入不敷出。第一，许多人都长期在他乡工作：在一些村庄里，青少年人口中的三分之一都离家工作，要么去邻近的村社，要么就去市镇。速水融的研究显示，"社会阶层越低，离家工作的人就越多；这样一来，他们返乡结婚的年龄也就更大"。此外平均而言，穷苦人家的女儿都会比富裕家庭的女儿晚五年结婚。这一延迟显著减少了她们可以生养的儿童的数量。[11]第二，留在家里工作的女性会在田间地头长时间劳作，这无疑既降低了她们的生育能力，也导致婴儿的死亡率上升（见第 4 章）。第三，由于缺少动物乳类（日本很少有农民畜养牲畜），母亲只能用大量母乳喂养婴幼儿，有时甚至哺育到三四岁，这通常也会抑制排卵。

第四项也是最后一项策略是，日本家庭如果面临即便采取上述谨慎举措也不能缓解的经济困境，他们也常像中国人一样诉诸堕胎和杀婴。这些举措在日语中有个特别术语——"间苗"（間引き），用于农业上时指拔除过密的秧苗。定性数据显示，堕胎和杀婴现象都很普遍。1646 年，中央政府禁止了京都的"调经药"广告，1667 年又宣布京都的堕胎非法。尽管如此，1692 年的日本还是出了一本全面介绍堕胎技法的《妇人寿草》，虽然绝大多数技法都使用草药，但书中也描述了如何将木杆插入子宫，以及如何震颤子宫以实现堕胎的办法。[12] 就杀婴而言，根据 17 世纪最精明的日本观察家——英格兰商人理查德·科克斯的说法："最骇人的是，如果父母无力抚养新生儿，他们会在婴儿出生之后的第一时间就杀死他们。"就连给孩子取的名字也反映了日本父母控制家庭规模的决心：有孩子被称为"止"（止め）和"末"（すえ）；旅行者在某些寺庙还能发现德川时代悲痛的母亲留下的匾额，她们以此向被堕掉的胎儿"致歉"。[13]

488

除了上述在艰难时世里因生存所迫而采取的"消极策略"以外，日本各地的村庄也会积极地采取一些手段保障集体生存。首先，普通社区里的地产所有权依照不同规模分配：一到两家拥有大量地产，略多一些的家庭持有中等地产，大多数家庭只持有小型或极小规模的地产。这种分配模式通行于近代早期世界，但日本的独特之处在于，许多农民的家里还住着仆人和租户，绝大多数无地村民也依附于某户有地人家过活。文书档案常常称户主为"亲方"（"扮演父母角色的人"），称仆人和转租户为"子方"（或"子"：在日语中，"孤儿"并不是"没有父母"，而是"没有家人"）。因此，每座村庄与其说是自治农民单位的集合体，不如说是一群相互依赖的户主。从观念上说，亲方定期为小户人家提供所需的生产资料，子方则在特定时期为大片农田贡献所需劳力，其中最为重要的是为稻田插秧：虽然让每片稻田依次得到灌溉需要耗费大量水资源，每一片田地里的插秧工作仍需在数小时内完成。各社区也合作起来履行那些超过个体家户资源限度的"集体职责"，比如修建房屋、重铺房舍屋顶、维修公用水坝或疏浚灌溉沟渠。尤其是

在缺粮时节里，亲方要为他们的子方提供食物（不管是仆人
还是佃户），不得抛弃他们。[14]

上述安排都有助于减轻小冰期给江户时代早期的日本带来
的冲击，但尚有另外两大因素扮演了更重要的角色。首先，尽
管日本和北半球各地一样在 16 世纪享受了温暖气候，但一个
世纪的内战（战国时代）让列岛的绝大部分地区陷入人口过
疏而非过载的状况。据 1580 年代生活在日本的一个欧洲人说
（他目睹了最后十年的内战）：

> 大片土地都未耕种。耕地一经播种就遭蹂躏，被
> 敌对派系和邻国洗劫。所有地方的人们都在自相残
> 杀。王国上下乃至贵族华胄都陷入极端的贫困和不幸
> 之中，他们的尊严和财产化为乌有，唯一的律法就是
> 军事强权。人们凭一己喜好互相打杀。[15]

日本曾于 1590 年代耗费大量资源侵略朝鲜半岛，结果无
功而返；甚至在这次跨海冒险行动结束之后，各路诸侯依然调
遣大军互相争斗，为争夺列岛控制权一直斯杀到 1615 年。其
次，战国时代也为日本留下了颇为有利的政治遗产：永不止歇
的权力斗争最终被一套集权体制所取代，只有一家大名掌握了
霸权——德川幕府及其盟友。1614 年，理查德·科克斯将德
川幕府的体制称为 "世人所知的最伟大最强力的僭主政体"，
而在此后两百年里，这个幕府运用权力采取了彼此协调的应对
措施，避免了小冰期的一些最坏后果，为经济和人口的快速增
长创造了有利条件。[16]

489

"世人所知的最伟大最强力的僭主政体"

日本一直都是一个帝国，但 16 世纪的日本天皇并不行使行政权力。日本列岛的政治和军事权力分别落在各地的大名手中。时至 16 世纪末，三个强大的大名将日本重新整合起来：织田信长（死于 1582 年）、丰臣秀吉（死于 1598 年）和德川家康（死于 1616 年）。经过一连串天才般的军事行动，丰臣秀吉（他从一个农民步兵成长为统帅，因此也对日本社会的运行机制有着独特理解）推行了一系列举措，有效促进了社会和经济稳定。他命令全日本的农民都交出手中的"刀剑、弓矢、枪矛、火枪和任何形式的武器"；自此之后，农民就不能合法持有任何武器，只得"将全部精力用于耕种"。接着，丰臣秀吉发布命令，规定武士不得再成为农民，农民也不能再做武士。这样一来，藩主就"不得豢养那些既不习武道也不事稼穑的人"。[17] 尽管有少数武士解甲归田成了农民，但绝大多数武士还是举家攀附当地大名，在藩国体制下成为领薪的家臣。这些武士大多住在本城附近新建的城下町里。一如丰臣秀吉所愿，上述举措既剥夺了武士在乡村的传统权力基础，也让日本乡村实现了非军事化。

为保证今后无人滥权"征敛岁赋，激起暴乱"，丰臣秀吉还推行了一场声势浩大的土地清查工作（"太阁检地"）。检地奉行巡查日本列岛各地，丈量所有土地区块，确定它们的用途（稻田、旱田或是住宅用地）和品质（从"优质"到"非常劣质"），根据标准度量评估它们潜在的产量，即石（约合 5 蒲式耳稻米，这个度量单位最为常用但并非唯一）。土地也根据产米的"石"数标注，即"石高"。在检地过程中，丰臣秀吉不允许出现任何例外或者豁免情况：他手下的官员必须"将领主赶进他的城堡，用刀剑逼迫他和手下所有臣民聚到一起"，如果他们拒绝配合的话，那就"杀死全境所有拒不服从的农民"。[18] 尽管在秀吉去世的 1598 年尚有少数地区未能完成检地，但他还是在日本建立了一套极尽详备的生产能力统计目录，这一点远远超过近代早期世界的其他统治者。

1598 年，丰臣秀吉去世后没有留下成年继承人，内战因此再次爆发。但德川家康仅仅用了两年时间就击败了他的敌对者联盟。1603 年，家康从天皇那里获封"将军"（全称"征夷大将军"）之位。家康和他的直系亲属控制了各大城市和日本约四分之一的耕地，约两百家大名——其中绝大多数要么是家康本人的亲属，要么是与他长期合作的盟友——以采邑的形式占有日本的其余地区。

490

家康并不向大名直接征税，而是要求大名就特定用途缴纳"捐税"（比如用于扩建、加固他在江户的根据地所需的建筑材料和劳力），并"邀请"所有盟友来到江户与他共度冗长岁月，这样他便可以就近监控他们。家康还继承了秀吉的做法，收集各地信息以巩固自己的权力。他手下的制图师利用土地测量清册制作了一幅无论在细节、尺寸还是范围都前所未有的标准"全国地图"。这幅 14 英尺长、12 英尺宽的地图展示了日本所有的城市和藩国、海岸线和港口、道路和驿站，以及各藩国主城之间的陆路和海路旅行距离。地图上的日本是个无缝糅合的统一体：抹去了所有地区性、行政性和社会性的差异。将军们允许他人对这张图进行印刷、复制，于是这幅地图很快便成了新近完成统一的国家的标志。当时还没有第二个国家的政府制作过（更不用说大规模印制）类似的地图。[19]

家康也投资修建了综合性的交通基础设施，着重于干道网络，也就是所谓的"五街道"。每条干道都设有检查站，旅行者须出示文书方可通行。就在崇祯皇帝在中国明朝裁撤驿站体系（见第 5 章）的同时，新任将军在干道上依照固定间距设立驿站，每个驿站都配备快马、力夫和食宿，职业驿卒双人组队，接力将这些驿站联结起来（一人携带文书或小型包裹，另一人举灯，这样两人就能日夜不停地奔跑）。[20]这一体系的运转颇为高效，德川幕府甚至可以精准预测信息抵达目的地所费时间。比如，"12 月 21 日（1637 年），一封报告岛原叛乱的急报由通信船运抵大坂城"。那里的德川幕府高级官员意识到，"此时此刻，叛乱或许已经蔓延开来。必须在其扩大之前镇压下去"。他们紧接着讨论了眼下的选项：

> 天色将明之时，众人向江户的幕府寄出了一封警示信。阿部备中守（一位高级幕臣）提到，江户和大坂之间的距离是 325 英里，驿卒接力往返也要花上 10 天。接下来，（在江户）的议事又至少需要 1 天，（那么回程时间）就是 11 天。我们收到江户方面回复之后，走完 878 英里的海路（回信）至少要花上 10 天。如果有利航行的西风有变，那么抵达江户就要花上 14~15 天。[21]

结果，拜幕府极为高效的交通体系所赐，两名将领和数万精兵从江户出发，在 2 月 17 日就抵达了岛原——此时离将军收到警示信还不到六个星期，离叛乱爆发也不到两个月。没有一个欧洲政府能对国家边缘地带的危机具备如此高效的应变能力。

在于 1614 ~ 1615 年摧毁最后一个对手的据点之后，德川 491 家康立刻以日本朝廷乃至天皇本人的名义（尽管天皇没有实权，但仍拥有巨大的威望）签发了一系列"诸法度"，要求日本各地的大名和家康本人的追随者遵守。这些法度事无巨细地规定了国内事务（甚至包括要求宫廷贵族在便池里小便），其中重要的条文是，每位大名从此都只能保留一座城池，必须拆除其余的要塞。第二年家康去世，但他的儿子德川秀忠（一直统治到 1623 年）和孙子德川家光（1623 ~ 1651 年在位）先后继承了将军之位，并进一步强化并扩张了中央集权。[22]

幕府历代将军都会定期派出巡察人员评估各藩的防务布置、法令体系、经济收入和总体士气。只凭一份不利的报告便有可能令藩主的领地被收回。世所认定的无能之举（比如以铁腕政策导致农民起义，或是听任臣民彼此仇杀）也会导致大名封地被没收。因此在派兵残酷镇压了岛原和天草群岛臣民的叛乱之后，家光将军褫夺了两位因需索无度引发属民叛乱的大名的领地：一人被迫自杀，还有一人被投入牢狱。德川家光于是将岛原划入德川家领地，并签署了一份命令，要求所有人"重回往昔太平生活"，禁止"犯上作乱之举"，宣布基督教非法，并禁止向逃亡农民或流亡武士"提供庇护或是援助"。不过，这份命令也对臣民的冤屈有所补偿：它禁止"人身买卖"，废除了所有积欠的税捐债务和劳役，将已被定罪的反叛者的农地赠予任何希望拥有的人。[23] 1615 ~ 1651 年，德川幕府总共没收了 95 位大名的封地，这些人因此失去了全部经济来源，他们的家臣亦然。这些失去薪俸的家臣就成为所谓的"浪人"（无主武士）。而在同一时期，幕府将军也曾对 250 块封地进行转封，即将一位大名的领地转交给另一位大名。用哈罗德·博莱索的话说："日本历史上从未有过对地方自治如此蛮横的干涉。"[24]

德川家光还以其他手段加强他对大名的控制。他禁止大名建造大型船只、征收通行费，或是自行解决彼此之间的纠纷；他要求大名出钱保养各自领地之内的道路、桥梁和驿站；他还命令他们禁绝基督教，"依照江户的法律"议决一切司法案件。尤为重要的是，他将大名对江户的参访制度改革成了管控严格的"参勤交代"制度（"参勤"意为"向听者报告"，"交待"意为"轮替"）。[25]自此之后，各大名都要在每 24 个月里留驻江户 12 个月，并将他的正室妻子和继承人永远留在那里（形同人质）。家光让不同群体的大名在每年的不同月份里错开进行"交代"，这样既能防止他们之间串联密谋，也可以避免在同一时间内调走敏感地域里的所有地方领主。除此之外，幕府的卫兵把守在所有进出江户的交通要道上，检查流入的武器和出城的女人（藩主将他的妻子接回藩国也许就是在谋叛），并盘查所有不能出示书面旅行文书的"形迹可疑者"。1636 年，有个颇具名望的大名在例行的"参勤交代"中到岗稍迟，德川家光就将他软禁长达三年。

492

各位大名都力求避免受到幕府将军的羞辱和惩罚，他们彼此之间竞奢逐靡，在江户为自己、家人和家臣修建并保有越来越多（且更为豪华）的宅邸。而且，理论上"参勤"就是服兵役：每位大名都得全副武装地前往江户，带上人数与自己级别相应的随行武士（如果领主地位稍逊的话，也许他就得带上自己的所有家仆；如果领主地位较高的话，他的队伍可能多达数千人），"参勤"有时甚至会消耗某些领主总收入的一半。

时至 1700 年，江户已有超过 600 座大名宅邸，其中居住着至少 25 万人。[26]

德川家光还颁布了全国统一的法律，约束其他各类臣民的行为。1643 年他在德川家的领地上颁布了"御触书"，将种种"合宜举止"编成一部详尽而冗长的法典。这部法典特别规定了各个社会群体可以穿戴的服饰形制。例如，村落长老可以穿丝绸衣物，他们的宅邸可以有大门，他们的家舍可以修建天花板；庶族平民制作纺织品的时候不得使用红色或是紫色的染料；如此等等。"服饰要依照等级予以规制，因为必须表现等级制度，"艺术史家罗伯特·辛格的评价恰如其分，"消费（尤其是公共消费）不应当展露个人财富，而是应该表明个人在国家政治中的从属身份或高贵地位，以及这个人对其地位的接受。"[27]同样，所有大型商业和产业中心城市都受幕府将军的直接统治，德川家光也就得以发布命令管控商品的生产、流通和消费，敦促城市手工业者、工匠、艺术家和建筑师辛勤劳动提高生产率。综合性的立法也为"勤勉革命"打下了基础。

德川家光还断然采取措施限制日本的海外贸易。前几位幕府将军尚且鼓励日本商人建造大型船只出海与东南亚诸多港口进行贸易，扩张他们在柬埔寨、台湾岛和印度尼西亚的贸易殖民地。但在 1630 年代，德川家光禁止了一切海外贸易，也禁止所有日本人旅居国外。仅有的两个例外分别是朝鲜釜山附近的倭馆和琉球群岛之中的冲绳岛。有那么一段时间，德川家光允许葡萄牙商人出现在日本，尽管他于 1636 年将这些葡萄牙人限制在长崎湾里的人工岛——出岛。这座人工岛仅用一座桥梁与日本本土连接起来，一切事物乃至饮用水都独立于日本主权之外。[28]三年后，将军因岛原叛乱带有基督徒起义的性质而向传教士问罪，下令将所有葡萄牙人驱逐出日本；1640 年，一支人数超过 50 人的葡萄牙使团再次访问日本，请求重开自由贸易。家光将这些人尽数处死，并在那里张贴了一张告示：

498

> 今后，倘有葡人登此岸境者，不论水手抑或使节，不论彼乃误登此岸或被风暴驱至，皆依前例格杀勿论。如有进者，即便葡王、佛陀，乃至耶教上帝来到我境，亦当受此极刑，概不宽贷。

家光似乎预料到葡萄牙人会来寻仇，于是命令长崎附近封地的大名及其家臣都待在原地，不必来江户参勤交代。不过将军多虑了。葡萄牙人此时正在起义反抗腓力四世（见第 9 章），根本腾不出手来对付他。1641 年，德川家光将国内所有的荷兰商人移居到空出来的出岛；此后近两百年里，荷兰人成为唯一可以合法访问日本列岛，并与日本贸易的欧洲人。[29]

对葡萄牙人的粗暴禁令也是德川家光控制臣民信仰生活的一系列手段之一。1638 年，将军要求所有住在德川家领地上的人都要向当地知事出示他们隶属于一所佛教寺庙的证据。1665 年，新的将军将这项命令的范围扩大到了各大名领地；从 1671 年起，又改成了每年出示一次。各地官吏强迫任何被怀疑行为异常的人践踏圣母玛利亚的画像，以"证明"他们并不信仰基督教；那些拒绝如此行动的人和所有被捕的传教士都遭到残酷折磨并被处死。[30]德川家的辩护者试图"圣化"这个新幕府，他们大肆倡导对奠基人家康的崇拜，将他奉为"神君"，并广立神社纪念他。1624 年的日本已有 40 多座"东照宫"（绝大多数都是家康的儿子秀忠修建的），更多的人也跟着效仿（有些是家光修建的，其他的则出自那些迫不及待取悦家光的贵族）。最重要的东照宫今天依旧巍然耸立于江户以北 80 英里的日光，德川家光于 1634 ~ 1636 年在那里建起了一座宏伟壮丽的大型建筑，占地面积超过 1 平方英里，内部有 500 多幅绘画和 5000 多座雕塑。[31] 将军也印发混有佛经、儒学和神道教文本的小册子，向臣民解释为什么德川幕府可以受命于天，为什么日本的尚武精神（武士道）是保国安邦的理想利器。撰写这些宣传作品的人要么是武士要么是武士子弟，他们强调对主君的绝对服从就是臣民的无上美德，他们平时对军事信条的推崇不让战时，他们将文职首脑的主要职责与将军们相提并论：两者都需要指挥、协调一大群人的行动。后来成为僧人的武士铃木正三在 1652 年的一本小册子里写道："生为百姓，无异受命于天，仰承万物滋养以为官禄。"铃木还认为（和英格兰的霍布斯一样，见第 12 章），臣民应该服从所有带给他们和平和公正的统治者。[32]

应对宽永饥荒

在上述因素的作用下，江户时代的日本得以在小冰期到来之时享有相对其他国家的几项结构性优势。就地方层面而言，亲方–子方制度给不少最为脆弱的人编织了一张安全之网，而石高制也造就了不少可在饥荒时开放的粮仓。大名和武士已与他们世代继承的土地相互分离，"刀狩令"的颁布更是让有组织的抵抗难上加难；同时，一连串规制武士行为的"法度"既让中央政府能够得心应手地主动操控社会经济事务，也诱导臣民服从。尽管如此，气候异常还是给日本带来了沉重压力。1641 年与 1642 年之交的可怕冬季（借用榎本弥左卫门回忆录

的说法）"饿莩布满街巷"，江户城"尽是稻草蔽体的乞丐"，
"日本有5万到10万人死于饥饿"。一座山地村庄于1642年向
将军报告称，饥荒已导致当地三分之一的居民死亡：147户人
家饿死，92户人家被迫出售他们的全部土地，还有38户村民
离乡逃荒。[33]

德川家光召开一系列紧急会议与江户周边地区的官员讨
论应对宽永饥荒的适当举措。就最基本层面而言，家光为饥
民设立了粥棚和避难所，要求所有大名和町奉行也照此办理；
他还授权各地奉行打开政府粮仓放米赈济饥民和缺少谷种的
农民；他还令待在江户"参勤交代"的大名返回领地组织
救荒。家光最为震撼人心的政策是禁止大名未经政府同意向
手下农民强加劳役，他也大大减少了政府的税收。一座村庄
的未纳税额记录显示，该地1636年向中央政府缴纳了总产量
的23%，但在1640年只缴了21%，1641年是11%，到1642
年这个比例下降到了6%。[34]

尽管有上述种种谨慎俭约之举，粮食价格还是持续走高。
于是家光命令农民只种主食作物（例如在饥荒期间，不种烟
草等经济作物），并禁止用稻米酿造米酒。幕府官员在日本全
境竖立告示牌，敦促农民勤俭持家，照料田土，出售他们的庄
稼。1642年7月，德川家光收到指控称有一些粮官和米商正
在囤积大米以求抬高价格。家光将8名涉事官员处死，要求另
外4人自杀谢罪，并将更多案犯抄没家产然后流放。囤积现象
消失了。将军又发布了一批经济法令：每村每镇的农民都有缴
纳税收配额的集体责任，因此境况较好的村民必须帮扶他人；
所有废弃的小片农地都可以充为公产；道路和桥梁必须得到维
护，以便加快向那些饥荒地域运输粮食的速度；"考虑到糟糕

的收成，也因为人们正在忍受赤贫，大名必须小心翼翼地避免那些让百姓境况进一步恶化的举措"。而由于会津藩主的领地内依旧发生了农民暴动，家光第一时间剥夺了他的领地。[35] 将军应对饥荒的"组合拳"还包括一项立法：限制臣民集体抗议暴虐藩主的能力，对越级请愿者处以死刑。这么一来，那些处在暴虐大名治下的不满臣民就只得求助最后一道"安全阀"了：他们可以集体迁居到邻近的藩国。这一过程也就是有名的"逃散一揆"（集体逃亡）。[36]

家光的一连串积极举措似乎收到了成效。虽然日本和北半球其他地区一样持续经受着周期性气候异常的侵扰，但留存至今的 1640 年代史料中再也没有出现人们死于街头的记载。不仅如此，臣民反抗大名统治的次数也从 1631 ~ 1640 年的 17 次减少到 1641 ~ 1650 年的 9 次；而在 1640 ~ 1680 年，日本仅仅发生了不到 50 起"逃散一揆"事件。但将军并没有因取得了此等成就而满足。为阻止骚乱复发，也为防范生存危机，他于 1648 ~ 1649 年着手进行了又一轮检地，颁布了大量更为细致的法令，这些法令后来被称为"庆安法令"。部分法令旨在减少引人注目的消费。从此城镇居民不得建造三层楼房，也不许使用黄金装饰家宅（不管是建筑结构还是家居用品），不得乘坐轿子出行或佩戴羊毛披肩，他们的仆人也不准穿戴丝绸制品。甚至人们的内衣所用的织物也被管制（不能用丝绸！）[37]而就大名自身而言，他们也不得为住所定制精美的木雕、金属装饰品、上漆的模具或格栅式墙面；大名只能享用清淡的饮食与（法定的）少量米酒。简而言之，将军如此发号施令："不要嗜好你们根本不需要的物品，亦即那些军事装备以外的物品。不要沉湎于个人奢靡。凡事都要俭省而行。"家光无疑认

495

为，这一切的合理之处都在于此。他指出，时值总危机之世，极有必要储藏战略资源。"如果你不一切从俭的话，你就无法统治这个国家。如果上位者沉湎于奢靡的风气加剧的话，那么他们臣属的税赋和劳役也会增加，他们就会陷入窘困。"[38]家光还大力兴建公共工程以增加粮食产量（特别是开凿运河、土地开垦和引水灌溉：1640年代以降，日本的年度水利工程施工率增长了一倍之多），并创设了一整套紧急贷款制度，以在第一时间令苦于自然灾害的大名（不管是火灾、洪灾、地震还是火山喷发）受益，且便于偿还。[39]

编纂于1648~1649年的庆安法令还巨细靡遗地约束了人们的日常行为。将军教导城镇居民每天早晨早起锄草去荒，全天都要耕种土地，晚上则要制作绳索和麻袋。除了特定的节日，他们应当只吃大麦和小米，留下收获的稻米缴纳税款；他们不得饮用米酒或茶；他们应当在家宅周围遍种树木以提供木柴；他们的马桶应当留出充足的空间贮藏屎尿以作为庄稼肥料。还有一些条款牵涉到照料家畜、子女孝亲、健康养生和所有男性婚育的必要性（法律将单身汉称为"不良村民"，并授权农民休掉他们认定懒惰的妻子）。还有一些条款仍在重复之前约束农民消费的立法：农民不得穿戴丝绸制品（哪怕是他们自己生产编织的丝线）或身着染有花纹的衣物；只有上流人士才有资格穿戴棉制雨披、使用雨伞（其他人只得使用蓑衣和斗笠）；烟草、茶叶和米酒的消费禁令也被永久化。[40]

496　　　这些强有力的反应充分展现了一个头脑清醒的近代早期统治者在大灾难面前所能采行的举措和办成的事情。不仅如此，将军树立的典范也扩展到了诸大名的领地：1642年会津藩农民暴动之后（页边码第 494 页），家光将这片领地转给了自己的同父异母弟保科正之，后者立即在领地内效仿将军的政策。首先，保科对各村的产米潜力进行了新一轮普查，汰除了那些因洪水或山崩而抛荒的土地。其次，他向那些歉收的村落提供税收补助，并且降低了总体税率，"以帮助那些最需要帮助的人，防止农民因拖欠纳税而被迫成为契约奴工"。再次，保科还创设了不少资助机构，向身处困境的村民以及希望前来定居的外乡人放贷（有些是无息贷款）。最后，他还发起了土地开垦计划，大大增加了这一区域的耕地面积。拜上述举措所赐，1643～1700 年，会津藩的人口——一个拥有约 200 座村落的藩国——增长了 24%。尽管当地的税收上涨了 12%，但人均税收却下跌了 11%。[41]

　　日本其他各藩也都在领地遭遇危机时效法家光的所为。1654 年 8 月，备前国（本州岛中部）冈山藩主池田光政在日记中坦言，"本年的旱涝灾害是我就任大名以来遇到的最大灾难"，因此他得出结论，"我们必须从全藩国百姓那里汲取智慧，所以得设立一个意见箱。从年长的人到那些身份卑微的人，大家都可以匿名往意见箱里投书"。池田光政还告诫他的佃农早点收获当地的稻米，并去大坂采购额外的粮食；他还推迟了缴税期程，"蠲免"欠款，并听取穷人的请愿，免除那些被认定不具偿还能力之人的债务。[42]虽然这份日记的存留或许让池田显得特别关心民瘼，但在照料和保护臣民这一点上他远非个例：其余大名纷纷效仿德川的"政策，哪怕他们在严格意义上并没有受到要求这么做的嘱托"。这些大名总是小心翼翼地制定与中央政府"确立的大致轮廓相符"的政策。因此在 1657 年，这位冈山藩主就如此提醒他手下的官员：

　　（将军）要求的不过是藩国全境无人受冻挨饿、
一派繁荣罢了。不过他无法事必躬亲，于是就将整个
藩国委托给［像我这样的诸侯］……同样地，我也
无法独自处理境内的全部事务，所以我要将［部分］
事务交给你们全体地方官员，命令你们依照我的本来
意图统治这些领地。不过，你们却像是将（这些领
地）视为你们私产似的，现在事情已经到了这步田
地：你们剥削低等级的人，根本没意识到人们正在挨
饿……如果我们的统治粗心大意，让人们忍饥受冻，
或是让各地人口锐减的话，我们恐怕无法逃脱将军殿
下剥夺领地的惩罚。[43]

497　　就小冰期时代德川幕府的国内政策而言，很难找得出比这
更好的总结了。

　　在外交政策上，家光寻求"规避风险"，这也是他努力保
护日本免受危机冲击的最后一个关键步骤。他不但将所有与外
国人的联系严密限制在长崎湾（先是葡萄牙人，接着是荷兰
人，后来中国人亦然），而且禁止朝鲜和琉球之外的所有外国
使团进入日本。更重要的是，将军小心谨慎地避免对外干预。
诚然，后金于1627～1628年和1637年两度攻打朝鲜的时候，
家光都愿意出兵帮助朝鲜（朝鲜人自然拒绝了，因为他们想
起了1590年代日本人毁灭式的入侵）。但到1646年，长崎的
将军官员禁止"那些剃发垂辫有如鞑靼人"的水手——那些
遵从清廷命令剃去前额头发的人——操纵的中国帆船进入港

内，"只要长得像清国人就得依命返回"。[44]家光甚至还采取了更为激进的举措，为不少忠于明朝的人提供庇护之所。不过，他没有更进一步：在1646年和1650年，将军都拒绝了忠明之士争取日本助其反抗清朝"篡逆"（见第5章）的请求。同样地，在1637年和1643年，家光也拒绝了荷兰人合兵攻击西班牙殖民领地马尼拉的邀请——尽管后来他也曾收下一个西班牙变节者送给他的马尼拉地图，并向到访江户的荷兰商人确认其是否精准。家光本人也曾亲自审问荷兰俘虏，在询问他们是如何夺取台湾岛上的西班牙要塞，以及如何在海上作战之后，才予以释放。[45]

日本极力避免与外国之牵涉的重要性再怎么也不为过。欧洲在整个17世纪只有4年的和平时间，中国的战争甚至从无休止，但是德川日本只**经历**了4年战事（1638年之后就再无战争）。正是因为避免了战争，日本才甩掉了这个令绝大多数近代早期国家深受其害的收入无底洞。历代将军不但成功将税率维持在较低水平，而且仍能积攒起有效应对自然灾害的财税资源。

引爆点：步步登天

1651年，家光在久染沉疴后去世，留下了10岁儿子继承他的职位。一个摄政团负责指引幼主——不过这些摄政者曾是将军的娈童，其中两位资深摄政者立即自杀"为主君殉葬"。如此一来便形成了权力真空，这正是曾受德川家镇压的政敌筹谋已久的。[46]

德川家光成功避免内外战争的政策剥夺了武士阶层的安身立命之道（raison d'être），不少武士只得作为学生或教师进入学校和书院。用玛丽·伊丽莎白·贝里的话说："对和平年代的士兵而言，他们被剥夺了戎马生涯，而将军与大名的官府又以雇员稀少著称。于是，学习既成了他们保有特权的理据，也成为他们的工作机会——医生、政治幕僚、家庭教师、塾师抑或作家。"[47]不过，并不是所有武士都成功适应了"和平年代士兵"的角色。尤为显著的是，将军每次削夺某个大名的领地都会令数万名武士成为"浪人"，也就是"无主武士"。每名浪人都对德川家族怀恨在心；区区 200 名浪人就足以将岛原之乱恶化为一场对幕府统治的严重挑战，这无疑反映了他们的破坏性潜力。有关德川家光染病许久的报道给了几个心怀不满的武士团体相互串联的时间，他们好整以暇地制订方案，准备一等家光病死就夺取权力。

由井正雪是江户一间兵学私塾的教师，他统领着一群武士密谋者，企图攻占并炸毁江户城武库（他们已经收买了武库的次长），在江户周边 20 个地点同时纵火，拿下家光修建的将军居城，并在此后的混乱中杀死剩下的摄政者。他们本可以成功，但一个细节决定了成败：家光去世期间，一个密谋头目生病了，由井决定先等他康复再说。就在这一间隙，又有一个密谋头目得了热病，精神错乱之中的他竟将密谋细节和盘托出。政府于是成功地将密谋扑灭在萌芽状态，折磨并处死了 30 多个叛乱者。德川家的权力也得以完好无损地继续运转两百年。[48]

不过，德川家在 1651 年成功克服这场危机的事例绝不仅仅是一场意外事件，也不只是处决了几名谋逆分子那么简单。在世界各地，幼主即位（比如亨利四世或路易十三死后的法国，以及威廉二世驾崩后的荷兰共和国）和年老君主的死亡

伤残（比如丹麦的克里斯蒂安四世或莫卧儿的沙贾汗）一样，
都会引发政权更迭乃至内战。德川家光去世和其重臣殉葬的消
息传到长崎不久，为荷兰使团服务的日语翻译就预言灾难将
至。"参勤"体制让江户城中满是大名，其中不少人都曾在内
战中与德川家为敌，他们身边也有数千名忠心耿耿的武士；这
些翻译指出了"这一剧变在民间带来的反响与动荡，因为小
将军（家光之子）尚未成年，幕府须在此时将国政委予托孤
重臣，人们担心贵族对权力的妒忌和渴求将引发骚动和叛
乱"。[49]那么，为什么上述暴力之果并未在日本结成呢？

　　从消极因素来看，前三代德川将军采行的专断举措已经卓
有成效地摧毁或削弱了反对派的力量，因此，时至 1651 年，
日本人发现他们已经没有德川将军家以外的效忠对象了。天
皇、各主要寺院和绝大多数大名都欠下了巨额债务（常常是因
为根据将军的建筑工程之需出钱"捐献"，或是应"参勤"制
度要求在江户建造奢华宅邸）。因此，他们的资源不足以支持一
场夺权行动，以利用家光之死留下的短暂权力真空。此外，"一
国一城"的政策也让大名在挑战中央时极端不利：幕府在日本
多地拥有数十处战略据点，包括大城江户。按照荷兰公使的说
法，"这座城池可与欧洲最大的设防城市相媲美"，其中贮藏
的武器足够武装 10 万名士兵。[50]

　　此外，1651 年日本武士的战斗力也不复当年。一方面，
许多留在江户保护主君的武士都只与其藩国保持松散的联系，
有些出生在江户的人甚至从没见过在藩国领地的同僚。另一方
面，不管这些武士是不是住在江户，他们都没有"做好战斗
准备"。1637～1638 年的岛原之围是绝大多数武士所能回想起
的唯一一场军事行动，即便如此，也只有少数藩国的武士亲历

499

了这场战斗；除此之外，绝大多数武士完全没有军事经验。更有甚者，德川家还将大量武器贮藏在自己的武库里，并严格监管（并限制了）枪炮生产。这样一来，大名军队与德川家爆发任何武装冲突都有可能付出惨重代价。德川家光将和平绥靖定为他最重要的政策目标；到 1651 年为止，他的孙辈事实上已经达成了这一目标。

进一步而言，德川幕府的统治或有专断之处，但这的确给几乎所有的社会群体都带来了实实在在的好处。大名得到了好处，因为历代将军都会保护弱小藩主对抗强横的邻居：在此后250 年里，再也没有大名袭击其他大名的领地（这与 16 世纪形成鲜明对比），而那些申诉冤屈的大名常常也可在江户得到救济。武士家臣现在集中居住于城下町，他们提升了对粮食和手工业品的需求，各大城镇也因之繁荣。商人受益于浮标、灯塔和施救设备的创设，这些措施让他们的海上贸易更加安全；道路和桥梁的改进也大大便利了陆上商业。上述情势都增加了对制造业产品的需求：1637 年出版的一本手册列表登出了超过 1800 种正在日本售卖的"著名产品"。[51]

最后，德川幕府的统治也为农民阶层带来了和平与繁荣。在政治上，历代将军强化了"争议事件"的解决机制：他们允许农民"集体逃亡"，虽然叛乱总会引来无情的镇压，但是抗议者通常至少能达成部分目标（尽管常常是在身死以后）。[52] 在经济上，藩国的财政需求有所下降。正如速水融的评论所言："德川日本的税收基于'创设固定生产额度'的原则，其征税也是基于这一原则。"这也就是说，绝大多数日本社区一直都基于 1590 年代丰臣秀吉的检地结果来纳税，在那之后的新耕土地与改良耕地的新增产出因此没有被包含在内。这么一

来，1590 年代一个登记水稻产量为 1000 石的村庄，按照 50%
的税率应当上缴 500 石；即便这个村庄在 1651 年的产量上涨
到了两三千石乃至更多，它还是要按章缴纳 500 石。这就好比
让今天的美国农民依旧按照 1945 年（这是个随意假设的年
份）的标准缴纳农地收益税。不仅如此，历代将军和各地大
名都不向农民的"非农活动收入"——棉织品、丝绸、纸张、
酱油等——征税。德川幕府不征收入税、继承税，也不对商业
活动设定期税。[53]

上述举措不但有利于"勤勉革命"，还促进了经济增长。
从前农民即便辛勤工作也只能维持果腹并完成纳税，但现在日
新月异的市场需求和保有利润的有利前景都鼓励农民扩大生
产。政府的低税率让地主大获其利，他们也对"勤勉革命"
大有贡献：有些地主引入了新的稻种并改进了现有稻种，允许
农民选种最适合当地环境的种子。还有不少地主向他们的农民
发放铁齿农具，提倡土木工程的技术革新（尤其是灌溉和供
水）。最后，农民从"武士必须离开村庄前往藩主城下"的法
度中获益匪浅，因为长住当地的武士可以亲自检视并确定各家
农户的资产和收入，而从远在城下町的武士当中选派的检地人
员则更容易受到蒙骗。[54]

纵使有上述的种种利好，倘若幕府的摄政者未能及时处理
那些催动密谋者造反的重大冤屈，德川政权在 1651 年仍有轰
然崩溃之虞。于是自 1651 年起，他们大幅减少了江户建筑工
程对各大名的"捐献"要求。比如，在 1657 年明历大火之
后，几位摄政者很想重建德川家光在江户城中留下的天守阁。
保科正之（上一代将军的同父异母弟，也是现任资深摄政）
"力排众议，认为幕府治下的太平盛世十分稳定，将军的城池

不再需要一座高阁"。保科没有理会天守阁，而是将所有可用的资源都用来重建江户城。数月后抵达江户的一支荷兰使团不无讶异地提到"由将军的 50 匹骏马组成的壮观队列，每匹马都驮着 3 只宝箱，抑或 3000 两银子"。让荷兰人吃惊的还在后面：江户的东道主告诉他们，这些财富源自德川家在大坂城的仓库，"从现在到年底的十个半月里，如此架势每天都会上演……将军还会分拨金钱，用于江户房屋的重建"。[55] 此外，1651 年以降的历代将军都不再干涉诸大名在各自领地的统治。幕府允许各藩国发行自己的货币（后来则是纸币），颁布自己的法典。同时，大名尊重将军在藩国之间息讼止纷，决定一切全国事务（比如宗教、国防和海外贸易），以及规制公共游行的独占权利。他们也接受了前往江户的"参勤"制度，诸大名按时抵达或离开江户，在那里保有富丽的宅邸，许多大名甚至就是在这些宅邸里出生长大的。

　　1651 年之后德川幕府唯一未能解决的问题是武士失业，但他们已经尽力而为。事实上幕府已经不再削夺藩主领地，这就消除了无主武士产生的主因，正是他们的愤怒威胁到了幕府政权。历代将军也尽其所能地为众多武士提供带薪职位，比如在明历大火之后，江户城聘用了 1200 名武士担任精英消防员。幕府也聘请武士充当文人，用他们的笔编织出一套"无条件服从"的意识形态。赫尔曼·奥姆斯曾经提到铃木正三等武士所写下的小册子长期具有影响力（见页边码第 493 页）。在 1930 年代，当时的日本"急需一种更为鲜明突出的国族认同以最大限度地动员国民"，于是政府借用了 17 世纪江户辩护士的专制主义学说。"今天日本的社会和政治价值观依旧维系了他们在 17 世纪采用的那一套制度。"[56]

印版上的日本

德川幕府知道他们不喜欢什么，正如他们自知喜欢什么一样。1630 年德川家光颁布法令，禁止 32 种汉文书籍流通（其中绝大多数都是欧洲著作的中译本），还在长崎的儒学书院设立了一间审查所，负责检核、报告所有流入该城的外国书籍：长崎是日本和外部世界之间的主要转口港。根据审查官的报告可知，长崎奉行将违规书籍尽数焚烧禁绝，其余书籍凡有引用基督教之处也予以删除涂改。不仅如此，将军还命令全日本书商将所有提到外国宗教的日文书籍都送来一一审阅，现存史料显示，书商纷纷顺从：雕版遭到焚毁，书商也被惩罚（尽管也有少数被禁书籍的手抄本仍在流通）。携有基督教文献的人一经查获就将面临严苛刑罚。在 1643 年，也就是来自澳门的葡萄牙使团被屠杀之后的第三年（见页边码第 492 页），一艘载有 4 名欧洲教士和 6 名日本教徒的船在九州岛靠岸，当地人立即抓住他们移送当地奉行。家光命令将这些人解往江户，拘于他的某个近臣家中。家光前后 11 次亲自出面，监督对这些人的酷刑折磨，最后有两人被迫叛教，其余的人死于非命。[57]

相比之下，德川幕府在非宗教事务上的警惕性就没那么高了。政府名义上禁止未经授权印刷出版涉及幕府本身及其大臣、政策或丰臣秀吉及其家人的书刊，以及任何批评贵族精英，夹带诲淫诲盗内容，语涉"近来发生之怪奇事件"（包括殉情、通奸、仇杀、大型火灾和国外新闻），或（借用 1673 年一份江户法令的说法）提到"任何可能冒犯他人，事涉怪奇新谲之事"的书刊。1686 年的法令不但禁止出版"类似近来谣言与轻浮歌谣这样的骇人题材"，也要求逮捕那些"在街

501

头巷尾贩售此类书刊的人"。不过,实践与理论往往并不相
称。绝大多数与出版素材相关的将军训令都是针对个别违逆案
例而发,往往属于劝诫而非规制性质。政府偶尔会将禁书的作
者和出版商软禁在家,但即便如此,通常还是会有不少印本和
手稿流传于世。自 1680 年代以降(之前或许也是如此),街
头摊贩开始出售载有当下非政治性事件消息的宽幅印刷品,
这要感谢他们的托词巧计:尽管这帮人的所作所为违反了
"出版品不得提及时事"的禁令,但他们的出版物往往拥有
足以赢得政府原谅的封面。作者也会通过调整情节巧妙绕开
审查。比如日本最著名的剧作家近松门左卫门甚至成功地出
版并上演了一部关于 1637～1638 年岛原之乱的剧作:从表面
上看,剧本的时代背景设定在 12 世纪。除了绝对禁止基督教
内容之外,德川幕府审查制度之严厉远远不及清朝、罗曼诺
夫王朝、教皇国或其他欧洲统治者。[58]

德川家深知出版的威力,他们大力推销自己认可的书籍。
从 1643 年开始(参勤交代制刚刚成为义务不久),江户的书
坊就开始出版印有每位大名姓名、等级、年龄、纹章、收入和
地址的人事花名册;上面还有他们的家人、家臣与参勤的期
程,从各自封地抵达江户的距离,以及献给将军的礼品等。从
1659 年开始,另一批花名册印刷品则列出了德川幕府主要官
员(包括在江户和各藩任职之人),以及他们的职责、地址、
薪俸、副官、任职年限和之前的履历。各大书坊每年都会印制
数万份这样的花名册,每份花名册都会按时更新(彩插 20)。[59]

德川时代的文学一开始主要服务于城市里的武士读者,特
别是居住在所谓"三都"(江户、京都和大坂)的武士。不
过,绝大多数大名都得誊写中央政府发布的大量法令,而各地

的请愿和报告也坚持使用书面形式，这就意味着在日本列岛的7万座村庄里，每一座村庄都至少需要几名识字的男性。他们负责依照固定的时间表（上一座村庄的头人已经按照日程需要，完成了规定的传播工作）诵读抄录每一份文本，将其特别造册，再发往下一座村庄。同业公会和城镇街区亦然：它们都需要掌握读写技巧的人。[60]

根据池上英子对德川时代日本文化的研究，尽管在1600年前后"绝大多数掌握良好阅读能力的日本人——包括阅读汉字的能力——都是上层市民或不需要从事体力劳动的农民"，拥有读写能力的人的数量还是迅速大幅增加。当时的一则故事淋漓尽致地描绘了这一累积效应。一个运营大米清洗店的父亲告诉他的孩子（正如其他各地的父亲也会这么做），他们究竟是何等幸运：

> 为父年轻的时候，除非家境富裕，孩童可没有家庭教师来教授读写。任何一座城镇里可以写字的至多只有三到五人。当然，为父当年也没有家庭教师。我甚至无法正确写出平假名"い"（日语假名表的首字母）。不过我还是成功地凭经验学会了阅读。今天世道已变，哪怕是像我们这般贫寒人家的女儿也可以上读写课了。[61]

这般勤勉却不识字的父亲生养的识字女儿当然是幸运的：她们有范围广阔的阅读材料可选。1590年之前的日本书坊大多挂靠佛教寺院，它们出版的书籍还不到500种（几乎都是以汉文印制的佛经）；但是自那之后，印刷书籍的商业书坊数量激

增：1615 年有 12 家，1650 年已有 120 多家，1700 年更是超过
500 家（插图 47）。虽然不少书坊也介入印书以外的活动，但它
们的总产量令人印象深刻。1625 年，日本出现了 500 种新书，
几乎将此前已出的书籍总量翻了一倍。1666 年，初版《和汉书
籍目录》收录了 2500 多种书籍。这个势头还在加快：1670 年的
书目已经收录了近 4000 种，这一数字在 1685 年增长到 6000 种，
在 1692 年更是超过了 7000 种。[62] 新书的急剧增长削弱了宗教典
籍的优势地位，但并未消除之。甚至到 1693 年，佛经在所有书
目之中的占比仍高达近一半；不过，另一半书籍的知识跨度却
令人吃惊。关于"俳谐"的书籍迅速增长，从 1670 年的 133 种
暴增到 1692 年的 676 种。尽管今天人们主要将这些俳谐与松尾
芭蕉（1644 ~ 1694 年）联系到一起，但松尾氏只是众多俳谐师

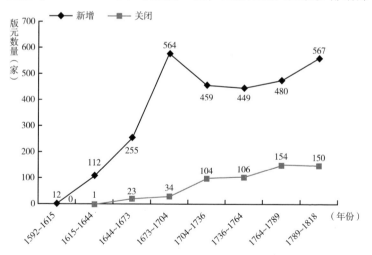

47　日本版元（出版商）的增长情况，1591 ~ 1818 年

从 16 世纪末开始，日本出版业迅速发展。1700 年存在的版元数量已经比此
前两百年之内的任何时间节点都要多。当时的出版商多数分布在京都，紧随其
后的是大坂和江户。

中的一个代表人物。芭蕉得以畅游远行写出他的俳谐诗歌，恰恰是因为日本各地的俳谐爱好者欢迎并款待他。这些俳谐创作者也花钱参与诗赛，有些诗赛会提供丰厚的赏金。芭蕉去世那一年，一份京都小册子宣布了最近一场诗赛的结果：这场比赛吸引了 1 万多名参赛者，他们分别来自 15 个藩国。[63]

　　毫无疑问，不少参赛者都会向松尾芭蕉等俳谐大师学习作诗，但其他读者也许会从名目繁多的参考书中学习创作之法。到 1690 年代为止，日本读者可以找到的参考书几乎涵盖了所有美学追求和业余嗜好：从插花、茶道、三味线①到撰写信件。他们还能看到旅行指南，或是载有形形色色和服纹样、歌舞伎或大城市艺伎身着服饰的绘本。1685 年的《和汉书籍目录》收录了 55 种描述"色艺"的书籍，这个数字到 1692 年更是增到了 119 种。虽然幕府将军禁止色情文化，但还是有不少此类书籍得以出版。这些书收入了精彩刺激的版画插图（常常是手工上色），描绘着各类性行为（既有异性也有同性），连主角的生殖器也会暴露于外。[64]

　　多产的作家（曾为武士）浅井了意于 1661 年出版的《浮世物语》一书中将上述种种欢愉之事推而广之。他以那些"浮世者"的名义写道：

> 活在当下，尽情享受月光、白雪、樱花和鲜红的枫叶，纵情歌唱，畅饮清酒，忘却现实的困扰，摆脱眼前的烦忧，不再灰心沮丧，就像一只空心的葫芦，漂浮于涓涓细流中。这就是所谓浮世。[65]

① 日本的一种弦乐器。

　　"浮世"生活主要体现在两大地点，它们都是 17 世纪产生的新事物。第一个是各大城市的剧院区，男性演员（直至1627 年为止还有女演员）在那里登台表演"歌舞伎"（字面意义是"倾斜而非正直"）剧目，这种艺术形式源自传统能乐、神道教舞蹈和通俗哑剧的结合。第二个地点是"游乐区"（"恶所"，字面意义即"坏地方"），几乎每个大型城镇的游乐区都由奉行亲自颁发证照。江户的"吉原"是当时规模最大的恶所。部分原因在于，"参勤交代"制度为首都带来了大量单身男性。到 1680 年时，江户发行的几部旅行指南都有一张"便利清单"，列出了 1000 多名艺伎的名号、级别和住址（有的还加上了收费要求、外貌和专长）。[66]

　　浅井了意出版《浮世物语》时，那场摧毁江户三分之二街区的明历大火才刚刚过去四年，因此他在描述笔下主角"活在当下""忘却现实的困扰，摆脱眼前的烦忧"的时候并没有夸大其词。有些火灾幸存者的确生活在灰烬与废墟之间。而在 1661 年当又一场大火威胁江户荷兰使团住处的时候，他们记载道，"我们可怜的房东啊，他四年之中遭遇了三次（1657 年、1658 年和 1660 年）火灾"，失去了"家宅和不少货物"。之后没多久，另一批荷兰使节也记载说，"在这个令人生畏的火灾之地长居，相当危险"。1668 年一队商人抵达将军的首都，他们遭遇了"又一场大火，这次烧毁的街道比那场（明历）火灾还要多四条"。[67]

举措得宜？

　　江户时代的日本同样遭遇了小冰期的冲击和灾害的侵袭（比如城市火灾），这一点与世界各地并无显著差别：两者都经常摧残着日本列岛。日本与世界各地的主要区别在于其他方面。第一，世界各地都已人口过载，而日本在进入 17 世纪时却"人口稀疏"。这多亏了农业向边缘地带的扩张，但主要还是归因于战国时代。第二，德川幕府实施的政策减轻而不是加剧了反常气候的影响。历代将军的外交政策都旨在规避风险，这不仅意味着他的臣民与兵燹之灾绝缘，也意味着不会有主要社会群体被迫缴纳更高税款，也很少有人遭遇那些偿还机会不大的强制借款。不仅如此，从 1615 年开始的德川治下的和平将精英武士变成依靠薪俸过活的城市消费者，他们借以安身立命的商品经济带来了廉价劳动力和商品服务。这么一来，那些积极维持或增加廉价劳动力、商品与服务之供应的革新举措（比如田地开垦计划、改良作物品种）也就符合他们的利益。

505

不过，德川日本的"举措得宜"并非源自统治精英一贯且理智的经济政策——尽管德川家康对道路桥梁的投资和德川家光对宽永饥荒的处理都颇为巧妙。恰恰相反，德川幕府许多利国利民的结果都是惯性（无法向绝大多数商业和生产形态征税）、各方合谋（允许村庄少报增加的生产率和作物产量）和返祖式的书生之见（强制性的俭省等传统美德）的产物——因为在经济危机时代，有的时候"少即是多"。尤其是最小化对一般人口的课税，这一手段增加了对商品和服务的需求，顺带成为勤勉革命的强劲推力；避免国内外战争的做法也避免了那种在不少国家阻碍了增长的有害财政政策。

然而，德川治下的和平也有其代价。在政治上，历代将军都剥夺了臣民的不少自由：日本人不得进行海外贸易，到国外旅行，信仰幕府严禁的宗教或运用特定的文学体裁。各地臣民丧失了组织集体抗议藩主暴政，或向将军请愿求偿的权利。在经济上，尽管勤勉革命显著增加了产量，但它不仅要求生产者以残酷无情而且不加休止的"自我剥削"为代价，还（就农民而言）造成了大量的森林砍伐以及需要不断保养的劣壤耕地。用康拉德·托特曼的精辟之论说，农民在 17 世纪"渐渐落入僵硬呆板、高风险、高投入低产出的劳作之中，唯有遵循最为谨慎的经营策略才可维系生计"。同时，范围广阔的森林砍伐、新城镇的建设和采暖都意味着——

> 附近农田面临急剧增长的霜冻、洪水和旱灾风险。就算没有气候的波动和异常，森林面积的急剧缩减也必将令歉收事件成倍增加。除此之外，越来越多的山地和北部地域也在 17 世纪开放屯垦，这些新耕地榨干了作物活力（crop viability）的生物极限（因为气候边缘带和土壤性状之故），增加了歉收的危险。[68]

同样，从军事角度来看，对战争的极力避免让日本忽视了军事革新。因此，当 1853 年大举投资军事科技的西方列强派出海军前来叩关的时候，德川政权根本无力进行抵抗：日本不得不接受屈辱性的贸易协定，继之而起的倒幕运动最终摧毁了幕府政权。

506　到 1853 年为止，德川政权已为日本带来了两个多世纪的和平，这对如此大规模的人口而言是一番空前的成就，也保护日本列岛免受 1690 年代侵扰北半球诸多国家的饥荒之苦，"小冰期的顶峰"让那时的平均温度比起 20 世纪末低了 1.5℃。1641～1642 年宽永饥荒之后，下一场大型粮食危机要到 1732

年才发生，两次饥荒几乎间隔了一个世纪：这又是一个空前的成就。对德川幕府治下的绝大多数臣民而言，1642 年以降的全球危机仿佛与己无关。

注　释

1. 感谢速水融自我于 1983 年首次访问日本以来关于日本人口统计、经济以及社会历史的持续指导；感谢玛丽·伊丽莎白·贝里对于本章初稿的严厉评论；感谢艾维四和 Reinier Hesselink；感谢岸本美绪与 Ronald P. Toby 对于参考书目的珍贵建议；感谢 Matthew Keith 与田口宏二朗协助我研究、翻译和解释日语资料；最终感谢所有出席 2010 年 10 月速水教授在东京国际文化会馆举行的关于本书的两次研讨会的学者。

2. Elison, 'The cross and the sword', 55, quoting Ōta Gyūichi c. 1610 and Miura Jôshin in 1614；Reade, *Sidelights*, I, 183, Isaac Wake to Secretary of State Naunton, 15 June 1618；Lancellotti, page 397 above.

3. 数据来自 Smith, *The agrarian origins*, 3；Hayami, *Economic history*, 36 – 40；Ibid., *Population and family*, 10 – 11 （表明 1600 年的日本人口为 1200 万，误差区间为 ±200 万）。请注意在 1700 年以后，每个村庄大米产量的增速变得更为缓慢（从平均每村 2340 蒲式耳至 1830 年的 2400 蒲式耳）——进一步凸显了 17 世纪日本农业令人印象深刻的增长势头。　[767]

4. 数据与引文出自 Hayami, *Economic history*, 43, 163 and 218。

5. 引用了 Totman, 'Tokugawa peasants', 465；统计数据出自 Totman, *The green archipelago*, 53, 65, 68。关于"江户时代日本的生态策略"的讨论也可参见 Richards, *Unending frontier*, 148 – 92。

6. Ono, *Enomoto Yazaemon*, 137 – 8；Nagakura, 'Kan'ei no kikin', 78 – 80，提供了稻米价格。宽永饥荒始于 1624 年，终于 1643 年。Endō, *Kinsei seikatsushi nempyō*, 49 – 70，列出了这期间的自然灾害，

而 Yamamoto, *Kan'ei jidai*, 197 – 9, 探讨了其中大部分灾难。关于宽永饥荒的更多数据参见 Atwell, 'Some observations', 224 – 7; Atwell, 'A seventeenth-century "General Crisis"', 239 – 40; 以及第 1 章。

7. *Diaries kept by the heads of the Dutch factories*, VI, 87: entry for 15 July 1642, 报告了长崎荷兰商馆所聘日本通事（de tolcken）发来的消息。

8. Geerts, 'The Arima rebellion', 57 – 61 and 96 – 8, Koekebacker to van Diemen, Hirado, 18 Jan. and 25 Mar. 1638（鉴于 Geerts 的英文翻译有时不甚精准，此处直接翻译自荷兰语文本）; Elison, *Deus destroyed*, 220 – 1 引用了当时基督教会的通告。这位"弥赛亚"的原名为益田四郎，但由于他随后改用自己出生岛屿的名字作为姓氏，参考文献称他为天草四郎。

9. Bix, *Peasant protest*, xxii, 关于骚乱; Fukuda, 'Political process', 55 – 8, 关于纷争。

10. Hayami, *Population and family*, 6 – 8; and idem., *Population, family and society*, 42 – 51 and 64 – 72. 速水氏于 1977 年一篇文章中首创了如今广为人知的"勤勉革命"（Industrious Revolution）一词。

11. Hayami, *Population and family*, 26 – 7. 速水融将年收获大米 50 蒲式耳及以上的人群定义为"富裕者"，而将收获大米仅 5 蒲式耳以下的人群定义为"贫困者"。

12. Kazuki Gyûzan, *Fujin jusô*, discussed by Hanley and Nakamura, *Economic and demographic change*, 233 – 4. 日本人与中国人一样，将弑婴看作晚期堕胎的一种形式，并用"间苗"（間引き）这一术语统称两者。

13. Cooper, *They came to Japan*, 58, quoting a letter from Cocks, English Factor in Hirado, 10 Dec. 1614. Cornell, 'Infanticide' 认为，杀婴行为十分罕见，但这忽略了 Richard Cocks 等提供的同时期证据，以及 Smith, *Nakahara* 等提供的人口统计复原资料。感谢 Richard Smethurst 提供他于 1605 年建立的增上寺中发现的"堕胎匾额"上的信息。一条有代表性的留言写道："我们来世再见，那时我会当面向你道歉。"

14. Smith, *The agrarian origins*, 3 指出，近代早期日本得以留存的土地

登记簿"显示出具有惊人一致性的土地所有制模式"。本段的剩余部分主要基于 Smith 的权威概述。比较本书插图 10，一个"典型"的欧洲村庄的结构。

15. Cooper, *This island of Japan*, 75 – 6（by João Rodrigues, S. J.）. Berry, *Japan*, 33 and 261；Farris, *Japan's medieval population*, 191 – 208 认为，在日本战国时代的最后阶段，战役虽然次数较少，但由于军队规模的扩张，还是造成了大范围破坏。

16. Cooper, *They came to Japan*, 57, Cocks to the earl of Salisbury, 10 Dec. 1614，关于德川家康采取的革新政策。

17. Tsunoda et al. , *The sources of Japanese tradition*, 328 – 31 刊登了丰臣秀吉的"刀狩令"（1588 年）以及"身分统制令"（1591 年）。Berry, *Hideyoshi*, 102 – 10 对这两份政令进行了专业的论述，指出两者在日本"都是史无前例的"。

18. Yamamura, 'From coins to rice', 359，引自丰臣秀吉在 1594 年对检地奉行的指示。更多关于意义重大的太阁检地的内容参见 Berry, *Hideyoshi*, 111 – 18；Berry, *Japan*, 82 – 8；Brown, 'Practical constraints'；amd idem, 'The mismeasurement'。秀吉于 1580 年前后在他的直辖领地上引入了石高制，见 Wakita, 'The kokudaka system'。请注意丰臣的检地与奥里瓦雷斯伯爵 – 公爵对于加泰罗尼亚与卡斯蒂利亚地区资源进行的灾难性误算间的对比，见第 9 章。

19. Yonemoto, *Mapping*, 9 – 16，以及 Berry, *Japan*, 40 – 3, 88 – 90 and 98 介绍了这张地图（图中遗漏了北海道），它于 1605 年在官方要求下开始绘制，完成于约 1639 年，并在 1653 年有所修订。Harley and Woodward, *History of cartography*, II, book 2，插图页 26，为全彩副本；Berry, *Japan*，复原了一张黑白细节图（第 40 页）以及一张原版分国地图（第 89 页）。

20. 详情出自 Vaporis, *Breaking barriers*, 19 – 20。往来于江户处理官方事务的政府信使、官员以及贵族可以免费优先使用这一系统；商人及其他个人则需付费使用。

21. 'The warning of Ōsaka and Edo', in Rekishi, *Senki Shiryô*, 377 – 8. 感谢 Matthew Keith 允许我使用这段由他翻译的重要文献。同样，当 1642 年粮食暴动的参与者与大坂的主官对峙开始时，他

便"派遣一名信使将事件通报幕府",见 *Diaries kept by the heads of the Dutch factories*, VI, 87：entry for 15 July 1642。

22. 法律的英文版本参见 Hall, *Feudal laws*, 276 – 83（适用于天皇及宫廷贵族）以及 288 – 92（适用于大名）。德川家康与德川秀忠为支持其子皆提前退位，但仍继续行使权力，因此德川家光于1623 年正式成为征夷大将军，但德川秀忠直到 9 年后去世之前仍握有实权。

23. Keith, 'The logistics of power' 提供了这份含有 10 个条款的法令的精彩翻译与讨论，法令的发布日期为 1638 年 5 月 18 日。关于德川家光 1638 年对庄内藩白岩领的类似处置，也可参见 Vlastos, *Peasant protests*, 35 – 7。在白岩的百姓一揆平息之后，幕府同时惩处了叛乱者及招致叛乱的大名。

24. *CHJ*, IV, 196（引用了 Bolitho 'The Han' 章节）。尽管其他国家也曾进行大规模的土地再分配，如 1620 年代波希米亚暴乱之后（第 8 章）以及 1650 年代的爱尔兰（第 12 章），但这种情况仅发生于特殊（往往再无他例）背景下，且从未成为政府规定。

25. 实际上，"参勤"既可表示"会面报告"也有"服役报告"之意，具体取决于所用第二字是"觐"还是"勤"：德川家的文书通常使用前者，但其含义为后者。Hall, *Feudal laws*, 293 – 7，发表了 1635 年的《武家诸法度》全文，这一法令对参勤交代制度进行了明文规定。

26. 对"参勤交代"制度的最佳介绍出自 Tsukahira, *Feudal control*；关于不同的江户在府时间表（以及行动迟缓的盛冈藩主），参见第 44 ~ 46 页；关于豁免及特殊待遇，参见第 52 ~ 56 页；关于对大名花费的估算，参见第 88 ~ 89 页及第 96 ~ 102 页。关于随从人数，同样参见 Vaporis, 'To Edo and back'；关于大名的竞争性支出，参见 Yasaki, *Social change*, 193 – 7 及 209。

27. Singer, *Edo*, 26（引文），附 1998 年一场展览中的图片；'Regulations for villagers' in Lu, *Sources of Japanese history*, I, 209 – 10。

28. 1634 年，德川家康说服一个长崎商人联盟修建人工岛屿出岛（意为"伸出去的岛屿"），以供葡萄牙商人居住。其面积为 16 万平方英尺，而葡萄牙人于两年后搬离。在他们离开后，德川家康逼迫荷兰人离开其大本营平户迁往出岛。1689 年，长崎建成了另一处"中国城"，内有约 5000 居民（Ibid. , 77）。更多关于德川家康在国外贸易中的条例，参见第 3 章。

29. Cooper, *They came to Japan*, 402, 安东尼奥·卡迪姆（Antonio Cardim）对 1640 年这次失败任务的记录；Kuroita, *Shintei zōho kokushi taikei*, XL, 217, 德川家康 1641 年 2 月 8 日向九州的大名发布的命令（引用了《德川实纪》）。Lu, *Sources of Japanese history*, 216 – 18, 刊登了数篇锁国令。其中一些文本宣称德川"封锁了"日本，并禁止同国外的一切联系，但这显然有误，参见 Toby, 'Reopening the question of sakoku'；以及 Innes, 'The door ajar'。

30. 每家每户提供的证据都被仔细收入"宗门改账"，并常被加以注释来显示之前记录的变化，由此构成了近代早期各地家庭结构的最佳参考文献，参见 Hayami, *Population, family and society*, 165 – 84。

31. 东照宫之名源自德川家对东照大权现的崇敬，这是德川家康死后被追封的神号。日光东照宫成为江户地区及周边一系列仪式建筑群的基石，这些建筑多由同一批建筑师和工匠主持修建，参见 Coaldrake, *Architecture and authority*, 164 – 92；以及 Gerhart, *The eyes of power*, chs. 3 – 4。如今，日本全国东照宫联合会集结起了约 130 座供奉德川家康的神社，并发行了一份时事通讯。

32. See Ooms, *Tokugawa ideology*, 129（on Suzuki's Hobbesian views）and 131, quoting Suzuki, *Banmin tokuyō*［*Right action for all*］（1652）.

33. Ono, *Enomoto Yazaemon*, 35 – 6 and 137 – 8；Nagakura, 'Kan'ei no kikin', 75 – 8（今长野县南小谷村）.

34. Kuroita, *Shintei zōho kokushi taikei*, XL, 258, 269 – 71, 德川家光 1642 年 2 月 1、2、8、17、22、24 日，以及 5 月 25 日下达的指令；Nagakura, 'Kan'ei no kikin', 75 – 8（人口下降）.

35. Ibid. , XL, 279 – 81, 285 and 287 – 8, 德川家光于 1642 年 6 月 28 日、7 月 8 日与 14 日，以及 8 月 20 与 21 日所下的命令（十九条法令）；*Diaries kept by the heads of the Dutch factories*, VI, 128 – 9, entry for 2 Sep. 1642（报告大坂传来的消息）；Nagakura, 'Kan'ei no kikin', 80 – 5（立法）；Toyoda, *Aizu-Wakamatsu-shi*,

II，157 – 8（1642 年暴乱）。

36. White，'State growth'，18 – 19（关于限制请愿）；Fukuda，'Political process'，55 – 8（关于纷争）；Bix，*Peasant protest*，xxii（关于"集体逃亡"）。

37. Shiveley，'Sumptuary regulation'，129：1648 ~ 1649 年的立法。对内衣的规定源自对人们穿戴违禁品而不被察觉的顾虑。这些法令被称为"庆安法令"，因为它们于日本庆安年间（1648 ~ 1652 年）由德川家光颁布。

38. Shiveley，'Sumptuary regulation'，150 – 1（关于旗本的法律），and 152（德川家光政令）。

39. 详情出自 Sasaki，*Daimyō to hyakushō*，243 – 53；以及 Hall，*Cambridge History of Japan*，IV，203 – 4（贷款）。

40. 庆安法令参见 Kodama and Ōishi，*Kinsei nōsei shiryōshu*，I，35 – 40，summarized in Nakane and Ōishi，*Tokugawa Japan*，41 – 2（data collection noted in idem，39 – 40）；其他措施参见 Yamamoto，*Kan'ei jidai*，199 – 203；and Sasaki，*Daimyō to hyakushō*，233 – 9。同时可见 Shiveley，'Sumptuary regulation'，153 – 5。就在同一年（1649 年），俄国也在一场重大危机后颁布了一部影响深远的法典（Ulozhenie），对包括农业社会在内的各种方面事务进行了规定（第 6 章）。

41. Vlastos，*Peasant protests*，38 – 9，Instruction of Hoshina Masayuki to his district magistrates；and 39 – 41（from a chapter entitled 'The political economy of benevolence'）。

42. Hall，'Ikeda'，quotations from pp. 69 – 75. 池田对于男性非文盲率较高的默认假设不无道理，参见第 21 章。

43. Howell，*Capitalism*，33；Sasaki and Toby，'The changing rationale'，285，池田光政所下指令，1657 年。

44. *Diaries kept by the heads of the Dutch factory*，IX，154（10 Sept. 1646，the Nagasaki magistrates sent away Chinese crews 'na de maniere der Tartaaren geschooren' and told them 'niet wederom te coomen，tenwaare als Chineesen'）and 167（junks manned by men 'alle geschooren' also turned away on 16 Oct. 1646）。

45. Toby，*State and diplomacy*，113，119 – 39，148；Hesselink，*Prisoners*

from Nambu，81 - 2. 德川家光只有在建筑工程中才会放弃节俭姿态：他在 1620 年代到 1630 年代花费重金建造的不只是日光东照宫和京都二条城（两者都保留至今），还包括后来皆被损毁的江户城、名古屋城和大坂城。他主持的建筑项目列表参见 Gerhart，*The eyes of power*，148 - 9。

46. 参见 *Kodansha Encyclopedia of Japan*，IV，s. v. *junshi*（殉死）。Pflugfelder，*Cartographies of desire*，37 - 8 记录了这些摄政自杀的原因。

47. Berry，*Japan*，32；也可参见 Berry，'Public life'，147 - 51。

48. Ono，*Enomoto Yazaemon* 189 - 92，记录了此次密谋的诸多细节，并在备忘录中介绍了对这起阴谋的镇压活动。Sansom，*History*，III，53 - 8，对此事进行了简短介绍（还介绍了 1652 年另一次流产的浪人阴谋）。Statler，*Japanese Inn*，74 - 95，以江户和京都间主干道上的一处宿驿为焦点重现了这次事件。

49. Viallé and Blussé，*The Deshima Registers*，XII，16（23 July 1651）. 这些草率的通事还指出他们对德川家康的"先例"仍"记忆犹新。他也曾被丰臣秀吉委任为其正统继承者（丰臣秀赖）的保护者之一，但他出于权欲将其杀害"。

50. Ibid.，XII，296（3 Mar. 1657）. 江户城周长约为 10 英里，在德川时期的占地面积远超于如今遗址的范围。毁于明历大火的五层楼城堡主楼（天守）高 167 英尺，是当时日本最高的建筑。江户城平面图见 http：//en. wikipedia. org/wiki/File：Edo＿ Castle＿ plan＿ 1849. svg。

51. Hayami，*Economic history*，169 将 1637 年《毛吹草》中记录的产品绘成表格；也可参见 Hayami，*Population，family and society*，42 - 51。

52. White，*Ikki*，281 指出中央政府经常命令地方行政官员惩罚抗议者，但随后也会惩罚容许"抗议事件"发生的地方官员。他的结论基础是对 1590 ~ 1868 年日本约 7500 起"抗议事件"记录的研究。

53. Hayami，*Economic history*，30 - 1. 就"1945 年税率"的类比内容我要感谢 Mary Elizabeth Berry，而本段其余部分主要参考了速水氏的洞见。

54. 关于避税行为的有力证据参见 Brown，'Practical constraints'；以及在长原和山村科技进步的例子，'Shaping the process'。

55. Tokugawa，*The Edo inheritance*，88；Viallé and Blussé，*The Deshima*

Registers, XII, 345 – 6（17 – 19 Mar. 1658）.

56. Ooms, *Tokugawa ideology*, 297 – 8.

57. Hesselink, *Prisoners from Nambu*, 50 – 2, 62 – 4, 101 – 2.

58. Ikegami, *Bonds of civility*, 307; Kornicki, *The book in Japan*, 63 – 59（街头小贩）, and 324 – 52（近松门左卫门的戏剧《倾城岛原蛙合战》）。更多有关出版审查的内容，参见第 22 章。

59. Berry, *Japan*, ch. 4 介绍了这些被称作"鉴"的花名册。她在第 122 页指出，正如贵族花名册的出现时机反映出德川家光对参勤交代制度的推行，官员花名册的诞生也表明对家光对德川政权的行政体制进行了整饬。

60. Nakane and Ōishi, *Tokugawa Japan*, 60 – 2 强调了留存下来的村庄文书的庞大数量。

61. Ikegami, *Bonds of civility*, 300 – 2，引用了 *Mukashi gome mangoku tsū*（1725）。关于 17 世纪中其他"吃一堑长一智"者的事例，参见第 18 章。

62. 数据来自 Kornicki, *The book*, 20; Berry, *Japan*, 31; 以及 Ikegami, *Bonds of civility*, 286。在 1642 年，拥有 1700 万人口的日本每年印刷 100 ~ 150 种书刊，与之相对，人口少于 500 万的英格兰每年印刷的书刊却有 2000 种，参见第 11 章。

63. Nakane and Ōishi, *Tokugawa Japan*, 119; Ikegami, *Bonds of civility*, 173, 181 – 2. 在 17 世纪的欧洲，宗教文献也占据了主流地位。

64. Ikegami, *Bonds of civility*, 298; Pflugfelder, *Cartographies*, 23 note.

65. Lane, *Images from the floating world*, 11，引用了 Asai, *Ukiyō monogatari*（《浮世物语》, 1661）。浮世（Uki-yo）最初为佛教用语，yo 意为"世界"，uki 表示"忧"，但与"漂浮"的"浮"双关。后缀 – e 为绘画之意。

66. Ikegami, *Bonds of civility*, 142，引用了 *Kyōhabutei*. Berry, *Japan in print*, 1 – 12，呈现了一份关于旅行指南和地图（至 1700 年为止，包括了约 200 张江户地图）的出色调查（配有插图）。

67. Viallé and Blussé, *The Deshima Registers*, XIII, 8 – 9（2 Apr. 1661）, 371（4 Apr. 1663）and 247（1 Apr. 1668）. 参见本书页边码第 63 页中浅井对于这次灾难的生动描述。

68. Totman, 'Tokugawa peasants', 464 – 5 and 467.

第四部分
直面危机

17 世纪的不少作者都将他们目睹的周遭乱象归因于人性的内在缺陷。根据托马斯·霍布斯在 1641 年的说法，"形成社会之前，人类的自然状态，就是战争；不仅是战争，而且是所有人对所有人的战争"。1643 年英格兰内战白热化之际，一名身在伦敦的作者在小册子中写道："我们看到所有家庭都面临严重的分裂。分歧是如此普遍，以至于没有一个郡、一座城市或一个社团可以保持一致，它们都饱受分裂之苦，足以自我瓦解。情况很明显：如果这种分裂加剧的话，我们迟早会被撕成碎片。"同一年，腓力四世手下的一位随军牧师也断言："上帝想让茫茫世界和区区人类尘世都为敌对情绪所统治，令世上的一切征伐不休。"布莱士·帕斯卡在十年之后说得更为简洁："所有人都天然仇恨彼此。"[1]

这些作者和不少同时代的人一样，视人生为一场"零和游戏"，一个人的资源只可重新分配，无法额外增值——或者用弗朗西斯·培根的格言说：**"凡有所得，必有所失。"** 在每个农业社区，这种零和心态都会导致剧烈、不稳定和永无休止的竞争，浓缩成一句阿拉伯谚语就是："我与哥哥为敌；我们兄弟与表兄弟为敌；我们兄弟和表兄弟，一起与邻居为敌。"近来对近代早期法国的一项研究指出，"友善和敌意塑造了个人和团体之间的一切社会关系"。研究印度农村的一位历史学家也发现，"不平等和冲突"（而不是"简单的同质和谐"）成为农村生活的特色："农民当中的多样性和各类村民之间的冲突定义了农村环境。"还有一位学者发现，日本村民之间也有着相似的"不平等和冲突"。他还指出，这种竞逐通常"隐蔽而不公开，却剧烈且无休止。农事是竞争的主要领域，取得胜利的工具是技巧、智谋、勤勉工作和坚持不懈"。[2]

同样的"零和游戏"也在城镇社会催生了类似的竞争——与乡间一样，在城市里维系一个人社会地位的唯一途径也是保护其所有资产免受侵夺。不过，城镇社会是更为复杂的有机体，穷人和富人之间的差异更大，因此各家各户都倾向于成立协会保护自己的资产：行会负责经济事务，教团负责宗教和社会议题，帮派负责政治。在 17 世纪，帮派"在大大小小的城镇都构成了社会风貌的一部分"，每个帮派都有能力拟订"行动计划，打造标语，组织公众示威"。和其他类型的冲突一样，示威游行通常会在生活资源短缺时变得更普遍且更剧烈，原因正如苏格兰慈善家兼政治家罗伯特·希巴尔德爵士所说，但凡"贫困和匮乏让许多人丧魂落魄……狂怒和躁动的情绪主宰之下，他们变得吵闹、贪婪、癫狂，乃至绝望"。[3]

17 世纪绝大多数被"狂怒躁动情绪"主宰的"有组织公共示威"都可归入几个互不相同的特定类别。晚明的干练官员吕坤辨别了其中最重要的几类。他告诉皇帝，"自古幸乱之民有四"：

> 一曰无聊之民。饱温无由，身家俱困，因怀逞乱之心，冀缓须史之死。二曰无行之民。气高性悍，玩法轻生，居常爱玉帛子女而不得，及有变则淫掠是图。三曰邪说之

民。……倘有招呼之首，此其归附之人。四曰不轨之民。乘衅蹈机，妄思雄长。惟冀目前有变，不乐天下太平。陛下约己爱人，损上益上，则四民皆赤子，否则悉为寇仇。[4]

吕坤的分类方法不但适用于中国，也适用于 17 世纪的世界其他地区。本书第 17 章将检视那些因经济困境（特别是匮乏、失业、高税收和政府压迫）而"饱温无由，身家俱困"并铤而走险的造反者的动机和程式，以及那些"气高性悍""及有变则淫掠是图"的同路人。第 18 章将讨论那些"邪说之民"（政府的批评者）的抗议活动，他们"惟冀目前有变"——尤其是那些创设意识形态的贵族、教士和知识分子，这些意识形态被用来论证政治和经济的不满，并就当下难题提出替代方案。第 19 章将重点论述种种叛乱团体何以能够成功令人"招呼""归附"。他们使用一切可用的媒介令他们的冤屈和求偿策略"遍及四方"，希望吸引国内外的更多支持，这样不但可以赢得更大让步，还可避免行政当局的镇压。17 世纪中叶，上述"吵闹、贪婪、癫狂、绝望"之人至少让北半球的一半国家都为之屈服。

注 释

1. Hobbes, *On the citizen*, 29；Anon. , *The moderator*, 11；Vitrián, *Las memorias*, in Gil Pujol, 'L'engany de Flandes', 418；Pascal, *Les Pensées*, # 451.

2. Bacon, *Essayes*, 'Of seditions and troubles', 47；Carroll, 'The peace', 76；Ludden, *Peasant history*, 8；Smith, *Nakahara*, 112,

115. 本段应归功于 Thurow，*Zero sum society* 提供的独到见解。

3. Beik， 'The violence'，77 - 8，92；Sibbald，*Provision for the poor*（1699 年，引用了第 1 章）。

4. Des Forges，*Cultural centrality*，176 - 7，引用了吕坤呈给万历皇帝的奏章。在意大利，乔万尼·博泰罗（Giovanni Botero）几乎在同一时期做了类似的分析（1589 年）；参见 Villari，*Baroque personae*，101 - 2。

17 "饱温无由之人"：
集体反叛的特性[1]

公开文本和隐秘文本

"集体反抗"也许是人类面对 17 世纪危机时最常见的反应。正如一个满腹牢骚的英国地主所说的那样："地位卑下的人（们）总是容易举叛，哪怕最微小的理由也会令他们暴动。"的确，英格兰"粮食暴动"的总次数从 1600～1620 年的 12 次暴增到了 1621～1631 年的 36 次，在 1647～1649 年又增至 50 次。而在德意志地区和瑞士，17 世纪记录在案的大型农民起义中有一半以上发生于 1626～1650 年；而在法国，农民起事在 17 世纪中叶的数十年里达到了高峰。[2]

表 17.1　法国农民暴动频率，1590～1715 年

时期	阿基坦（法国西南部）		普罗旺斯（法国东南部）	
	次数	年均次数	次数	年均次数
1590～1634	47	1	108	2.4
1635～1660	282	11.3	156	6.3
1661～1715	130	2.7	110	2

其他各国的史料也显示，17 世纪中叶出现了类似的叛乱高峰。在俄国，1648～1649 年的一波城市叛乱撼动了中央政府的根基；1590～1642 年的日本至少爆发了 40 场农民暴动——超过了之后两百年的总和。最后是中国：大型武装暴动

的次数从 1610 年代的不到 10 次激增到 1620 年代的 70 多次，以及 1630 年的 80 多次（波及 160 个县）。根据同时代历史学家郑廉的说法，土寇"大起如猬毛"，"黄河南岸上下千里中营头不下百余。割据相攻杀，郡县从事率为其耳目，有司不敢过而诘焉"。[3]共有超过百万人参与了晚明时期的一波波起义大潮（插图 48）。

农民起义在世界各地似乎都是长久威胁。在印度，贾汉吉尔皇帝（1605~1627 年在位）抱怨："尽管我们频繁血腥地处决印度斯坦人，但骚乱和不满者的人数似乎从不减少……时不时在某地或别地，总有一些可憎的歹徒起事叛乱；印度从未享受过一段完全平静的时期。"一代人之后，意大利中部的两位官员抱怨说，"每逢群氓（plebbe）啸聚而起，他们就是一头无法约束而又没有理智的野兽，完全受到当下的欲求支配"，他们变得"无比鲁莽轻率，既不遵从也不畏惧统治者"。[4]

510

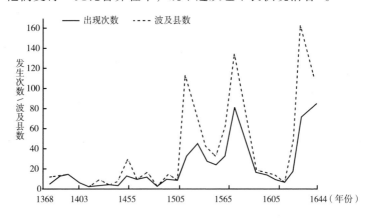

48 明代中国（1368~1644 年）的集体暴力事件

汤维强发现，现存明代方志记载了 630 次集体暴力事件（叛乱和盗匪）。据他的研究，其中有五分之四都发生在明朝的后半期，侵扰了几乎所有 1000 个县，并在 1620~1644 年达到高潮。

尽管如此，官方文书和回忆录往往只记载了"叛乱大旗"被举起的瞬间：绝大多数叛乱都没有在现存档案里留下多少痕迹。比如在 1643 年，西班牙的萨拉戈萨爆发了一场大规模骚乱：正在该地扎营驻守的外籍士兵抢劫集市上的粮商，遭到一群激怒的当地学生用石头回击。军队随之纵火，一场全面骚乱就此爆发，可能有 140 名士兵在骚乱中丧生，直到一场暴风雨迫使所有人急忙避难——但记载上述事件的现存史料只有两份手稿。[5]同样地，只有一份文件记载了 1641 年发生在圣卢卡德巴拉梅达的暴乱，此事"因出现在当地的军人而起，导致多人伤亡"；也只有一份文件提及了第二年圣地亚哥·德·孔波斯特拉大学生为反抗征兵发起的骚乱。事实上根本没有文件记载佩德罗·卡尔德隆·德·拉巴萨笔下最著名的剧作《萨拉梅亚市长》（*The Mayor of Zalamea*）所取材的那类暴力抗争。这部剧作初版于 1651 年，讲述一名士兵在前往前线途中强暴乡村姑娘引发了骚乱——鉴于西班牙哈布斯堡王朝在这一时期几乎征战不休，这种悲剧事件一定层出不穷。[6]

那些以言语而非行动对抗行政当局的人更是在文献档案中难觅踪迹。根据英国社会史家约翰·沃尔特的说法，在 17 世纪"出言抱怨大概是弱者的第一武器，也是最容易觅得的武器"，怨怼之言主要发生在"不受管理"的地点，比如小酒馆和咖啡馆。沃尔特还推测，"匮乏年代毫无疑问见证了怨言的激增"——武装冲突、宗教改革和政局紧张的岁月也必然如此。[7]在英格兰，1639～1640 年的主教战争（Bishops' Wars）和继之而起的国王与议会之争催生了频率和烈度空前的口头抗议。在肯特郡，一个年轻人公开用"流氓无赖、马屁精等辛辣刻薄不堪入耳的词语"辱骂一个显贵子弟。在埃塞克斯郡，

511

一群偷猎者对由当地爵位最高的贵族签发的"法庭传票嗤笑不已",声言"现在没什么法律可依"。而在萨赛克斯郡,当一名教会委员一本正经地问"我们怎么看待国王陛下的法律法规"时,不少好事者一边比出侮辱性的手势一边口出污言秽语。1640年,诺维奇显贵要人齐聚大教堂出席周日礼拜时,一本《圣经》从上层回廊上坠下,砸中了市长的头颅,击碎了他的眼镜;"还有一次,有人从上层向市议员巴雷特的头顶吐口水";在另一场合,"一个性如烈火的人"向楼下的一位市政官"泼粪倒污"。[8]

不过,就算历史学家可以汇总出一部全面的史料清单,列出所有记录在案的"争议事件"、污言秽语、侮辱手势和怨怼之言,也远远不足以尽数呈现17世纪大众抵抗的面貌。一方面,各地行政官和精英阶层都在事态无法控制、进入"公共文本"之前竭力避免抗议。在欧洲,来自地方要人的压力迫使冲突各方以公开姿态结束纷争、表示和解(比如握手和具有南欧特色的亲吻礼),承诺任何一方在未来打破和平都须缴纳罚款。中国也有同样的息讼解争之道,以上海附近为例:

> 中外有构,幸汪处士(富商)居其间,即构者纷纷,可立解……(比如)朱某方坝田,私斗连千人,有司谕祸福,百端不相下,乃属处士。处士遗咫尺书平之。[9]

另一方面,许多抗议者都格外注意不让他们的反抗在公共记录中留下痕迹。"对历史学家而言,"马克·布洛赫于1931年

写道，"农民起事似乎是法国领主制（seigneurial system）① 的
必然产物，就像罢工事件总是与大型资本主义经济密不可分一
样。"不过他接着又写道："大规模农民暴乱总是太过松散，
无法达成任何长久的结果，几乎总是以失败乃至屠杀告终。相
比之下，**农村社区里那些更为坚忍的静默抗争却总能获得远多**   512
于此的成果。"半个世纪后，人类学家詹姆斯·C. 斯科特重申
并补充了布洛赫的论点。他在论著中主张，穷人通常会在与邻
人、精英和国家打交道时采取一种"风险规避"的策略，发
动"防御性消耗战"，其手段包括"拖延、伪装、开小差、假
装顺从、偷盗、故作无知、诽谤中伤、纵火和破袭"。斯科特
指出，上述日常不服从行为"只需要很少或根本不需要协作
和事先计划，它们利用的是人与人之间的默契和非正式关
系"。这样一来，它们并不"制造头条新闻"，却留下了斯科
特定义的所谓"隐秘文本"。如果它们真的存在，也只能出现
在叙事文本和口头传说里。[10]

　　即便在物质条件无比恶劣，大规模叛乱空前频繁的时候，
"坚忍的静默抗争"和"防御性消耗战"的数量也要远远超过
大型抗争事件。原因在于，布洛赫和斯科特所指出的这种
"风险规避策略"反映了任何时期里穷人关注的中心议题：生
存。为了保证有足够生存的粮食，穷人做了一道简单的算术
题：**我还剩下些什么？**唯有在这道算术题教授他们从秘密反抗
转为公开反抗乃至反叛的时候，集体抗议才会进入公开文本，
而在 17 世纪，这种转变发生得异常频繁。

---

　　① 法国中世纪以来逐渐形成的小农租佃制度。

申诉冤情

严重民变主要诞生于三种情境之下：作物歉收，驻军对粮食和住处需索无度，以及新税的课征或旧税的增加。每种情境都自有其发展规律：通常而言，由于当时流行"罪孽果报"的观念（见第 1 章），近代早期世界的绝大多数灾难都会驱使受害者寻找可以归咎的人。这一进程常常始于自省：某个社区试图用种种告解忏悔之举弥补集体罪过，比如游行、祷告、朝圣或自我鞭笞。如果不管用，人们的注意力就会挪到当地某些可能触怒上帝的个人或群体之上。一些人会归咎于他们的邻人，谴责他们为巫师、犹太人，等等，试图借助法庭的合法化暴力清除他们。还有人怀疑上级长官出于一己私利人为制造了短缺，他们就会自己动手执行法律。如果不能以可承受的价格买到足够的粮食，愤怒的民众会威胁谷物商人和面包师，或运输谷物的马车夫和驳船船员，迫使他们要么免费，要么以人为强制的低价分配宝贵的存货。[11]

如果上述策略还是没能令民众填饱饥肠，他们就会迁怒于当地行政当局。有时他们会要求市政官强制压低市场价格，在别处购买粮食或开列一份所有谷物存货的清单；有的时候他们则会袭击城市粮仓，以及贮藏什一税的修道院和教堂谷仓。最后，各地社区也会试图阻止外人从该地向外出口粮食——不管是希冀如此行事以便使利润最大化的商人还是代表城市或军队购买谷物的代理商——虽然这一举动（阻止出口）常常会导致集体暴力升级。通常而言，胁迫掌管谷物的当地人只需出言恫吓，或是没收他们的货物；为了左右地方当局，民众或许还需要投掷石块，拆毁围墙；但是，阻止谷物出口常常意味着砍断役畜的腿，有时还包括殴打乃至杀死民众所认定的"加害者"。[12]

军队借宿是民变的第二大诱因。欧洲各地的宿营士兵都会向当地社区的主人家索要免费的照明与采暖燃料、干净的被单枕套和一日三餐。当时一份史料显示，在西班牙，"供养士兵一周的消耗相当于农民养活全家老小一个月的花销"。而在法国，马扎然提醒他的幕僚："三天的军队借宿再加上士兵常常犯下的放荡淫乱之举，可以对一个平民造成比一整年的租税还要繁重的负担。"这一计算有助于解释，士兵借宿带来的压力在 1640 年加泰罗尼亚民变和次年阿尔斯特民变爆发的过程中扮演了何种角色。[13]

尽管如马扎然所说，三天的驻军借宿带来的伤害或许比农民一整年的财税负担还要大，但是税收本身也引发了大量骚乱——特别是在战时。比如在 17 世纪的阿基坦，大多数已知的抗税暴动都发生在 1635～1659 年的战争岁月。这些抗税暴动不但反对政府的课税数额，也反对税负的分担方式。通常而言，国家会向全国各地而非生活其间的居民个体分摊直接税税额，因此，某个特定地区纳税人数量的下滑就会不可避免地增加该地留守居民的税负。比如在 1647 年，西西里小城卡尔塔贝洛塔就抱怨"若根据过去的居民编户资料，仅城区及其邻近土地就住着近 8000 人"，但"今时今日，这里只有 3500 个穷困潦倒而又悲惨异常的灵魂。这座城市……不得不承受大额税款和王室税的欠款，这种境况每天都在恶化"。在伦巴第，一个农夫叹息说，"如果能找到某个诚心实意愿意支付"自己所拖欠的追缴税款的人，那么"我会很乐意将手头拥有的土地转卖掉"。法国的情况也类似，政府探员报告说："缴纳土地税最少和拖欠土地税最多的教区，竟然与那些缴纳土地税最多的教区一样贫穷（乃至更穷）。"[14]

增加现有税种征收额度的困难（和不得人心）足以解释，为什么许多近代早期国家的政府都在战时乞灵于两项替代性财税策略：向之前豁免的商品征税，或是向之前有豁免权的臣民征税。比斯开（1631年）和诺曼底地区（1639年）推行的食盐专卖制度，葡萄牙（1637年）和巴黎（1648年）课征的新财产税，以及那不勒斯对水果开征的新消费税（1647年）都引发了大型骚乱。在日本，来到各地村庄测绘农民拥有的水旱田地、抽查庄稼质量的检地奉行也是最常引发农民骚乱的一大因素，这是因为人们知道检地往往意味着增税。在奥斯曼帝国，奥斯曼二世终结教士精英的税收特权，并威胁对宫廷侍卫采取同样措施的决定导致他在1622年被罢黜并遭杀害；此后，他的弟弟易卜拉欣对伊斯坦布尔教士的需索迫使后者于1648年支持了又一起弑君事件。不论在葡萄牙还是在西班牙，让教士缴纳印花税的尝试都激起了坚决抵抗。而在法国，中央政府对贵族阶层和公职人员免税特权长久以来的侵蚀政策最终让这两个群体都起而兴叛。最后，查理一世君臣诉诸的"王室特权"（比如苏格兰的"地产销还"、爱尔兰的"全面彻底"政策和英格兰的"造船税"——上述举措都是源自王权）都向之前具有豁免权的社会群体施加了沉重负担。比如在埃塞克斯郡，通常只有不到3000户人家缴纳经议会审议的税收，却有14000多户需要面临造船税的财产评估——的确，国王的专员会在少数几个名字旁边写上"£ 0－0s－0d"，以示他们已经走访、评估了哪怕是王国境内最穷的居民。如此之多的查理臣民起来抗议也就不足为奇了。

对困难时期的政府来说，激起反抗尤为危险，因为拿起武器抗议的人们难保不会将暴力手段对准下一个目标。清朝的一位地方官就于 1699 年雄辩地评述了这一"任务蠕动"（mission creep）进程："始于生计问题的权宜事件，常常演变成有组织的叛乱"，一两种生活必需品面临的威胁——不仅仅是食物，还有工作、福利和传统权利——都将首先令整个社区团结一致，然后刺激其举事造反。一代人之后，一位法国政府的代理人也用稍长的篇幅阐述了相同的论点：

> 如果有人允许谷物（从某个已经抛荒的地域）出口，所有人都会跑去袭击（谷物）商人。一旦被这种不劳而获的情绪所鼓动，他们无疑会三五成群地组织起来，封锁一切可能会有运送国王钱款之人通过的道路，将陛下的税收所得置于险境；**人民一旦武装起来造反，就会动用武器对抗所有向他们需索钱财的人。**

1640 年佩里戈尔阿布雅镇发生的事情堪称这一过程的范例。这一年是个匮乏之年，"乡巴佬叛乱"才刚刚被镇压下去（见第 10 章），一个前去支援西法边境王家军队的骑兵连抵达阿布雅镇，要求免费借宿。当地居民拒绝他们进驻，高喊："我们必须干掉这些窃贼，不能允许他们住宿。"而就在士兵们试图在附近村庄里寻找宿营地时，数百名农民对他们发动突袭，还杀死了连长，将其尸体肢解游街。事后，王室法庭不仅起诉了 109 个有名有姓的人，包括当地教士、12 名村庄官员、4 位王室官员、4 个商人和 14 名工匠，还有"阿布雅教区和镇上的所有居民和户主",因为几乎所有人都牵涉其中,从当地绅士(他们收容了农人的家畜)到邻近城市皆然(窝藏了首恶元凶)。拜这个"统一战线"所赐,守御阿布雅周边路障工事的居民得以成功地反抗政府长达五年之久。[15]

对集体暴力的威慑

考虑到诸多不满的存在,以及它们与现实困境的关联,一些骚乱事件最终没有恶化升级才更令人惊讶,而詹姆斯·C. 斯科特在他的农民社会研究中对这一悖论有一番细致考量。他指出了四项通常会令村民(不论多么绝望)不敢公开抵抗的因素。第一,挣取日薪的需求强有力地抑制了叛乱倾向:一户人家如果不工作——不管是因为罢工、叛乱还是失业——就会没饭吃。第二,在每个社群里,亲族、友情、派系、恩主关系和仪式的纵向联系都在支配者和被支配者之间构筑了排斥暴力行动的纽带。第三,颇具悖论意味的是,社群之内的任何经济发展都会在增加社会分化的同时影响集体行动。例如,一个地区的产业向"作物出口"(尤其是经济作物)这一方向的转变通常都会缔造一群群富裕的农民:只要作物的市场需求持续旺盛,他们就能在很大程度上避免那些仍困在"温饱农耕"状态下的农民所面临的挫败和痛苦;这样一来,这两个群体之间展开联合抵抗行动的可能性也会显著减少。第四,在近代早期世界的绝大多数农耕社群,穷人的维生常常都有赖于顺从和主从关系。境况良好的邻人更容易在危急时刻出手救助那些总是恭顺服从的人,怠慢粗鲁者也许会被拒绝救济,甚至被逐出社区。尽管穷人也许会愤怒于自己的顺从和屈辱地位,但他们迫于情势只得服从：他们或许会尝试协商主从关系的具体条件，但罕有人胆敢挑战这一关系。[16]

基于上述原因，尽管穷人面临艰难绝望的经济条件和似乎无可容忍的挑衅刺激，他们通常还是会保证自己的抗议不会触犯任何法律。穷人小心翼翼地避免盗窃（常常是公然招摇地焚毁他们反抗目标的财产，殴打所有被发现带着这些财产逃匿的人），也很少携带违禁武器。在英格兰，摧毁他人财产的人往往是两两成群，因为（必将受到严惩的）"暴乱"的法律定义是至少有三人或三人以上参与，而不论在英格兰还是中国，满怀怨气的臣民都会等到"旧王已死，新王当立"的过渡期再寻机报复。这是因为在这种权力真空状态下就连一些司法官员也会对法律是否依旧有效存有疑虑。[17]

女性引领抗议活动

除少数特权群体之外，那些试图集结大于家庭规模的社群以达成社会和经济诉求的人都得冒极大风险。因此在西方——17 世纪和 20 世纪一样——女人在许多集体抗议中扮演了重要角色。对法国西部"面包暴乱"的一项研究指出，"最恒定的要素就是女性的在场"——的确，在法国全境，超过一半的已知乡村粮食暴乱和四分之三以上已知的城市粮食暴乱中的女性参与者都比男性要多；"有些人群几乎全由女性组成"。[18]这一男女差异部分反映了日常生活的真相：在村庄里，男人整天都要在边远田地上耕作，只留下女人在家；而在城市里，女人将大部分时间用于在街道上购物或卖货。不过，这种性别失衡也反映了长期以来的传统。让·尼古拉斯发现了这一失衡，他指出：

516

（近代早期粮食暴乱中领衔的女性）已经继承了
长久以来的仪式化行为模式。在法国各地，数百年来
她们的行动节奏似乎都是完全一致的：先是大喊大
叫，接着是打翻所有容易翻倒的支架，倒掉装满谷物
的篮子，冲进商店，阻塞道路……将骚乱转变为暴乱
需要的仅仅是用力掷出的石块，撒进商人眼睛里的灰
烬，以及划破麻袋的刀子。[19]

女性也引领了 17 世纪欧洲其他各地的大众骚乱。1628 年
在荷兰共和国，哈勒姆的行政官员招标征收新的消费税，一群
女性出手袭击了第一个竞标的人，嘶吼着说：“让我们擂响战
鼓，将我们的丈夫送回家；然后抓住这个恶棍狠狠揍一顿，因
为我们不会因打架斗殴而受罚。”1645 年在英格兰，一群女性
发动了一场抗议，对抗德比郡的新征消费税。她们“击着鼓
上蹿下跳，发布公告……号召不愿缴纳消费税的城镇都加入她
们，这样她们就可将（消费税）专员赶出城市”。而就在专员
们试图与市议会讨论相关事务时，一名女性在议事厅外擂响了
她的鼓，发出的巨响甚至淹没了辩论的话语声。而在一个士兵
试图收税的时候，一群人将他绑到了集市的拴牛环上，“女人
们击鼓如故”。唯有到行政当局同意将税收款项用于当地而非
运往伦敦的时候，征收工作才得以开始。[20] 荷兰叛乱者常常诵
唱着一个口号说“女人不会做错事！”，而英格兰的市政官对
此也深表同意。1619 年的一份市政官标准手册如是写道：“如
果相当规模的女性（或是在法定责任年龄以下的儿童）为了
自己的诉求聚在一起，那么没有集会是可以受罚的。”就在同
一年，英格兰星室法庭在审理一桩涉及拆毁封闭林场栅栏的案

件时宣告，女性"并不服膺本王国那些管辖男性的法律……违反法律而不必受惩处和威慑"。[21]

这一双重标准部分反映出一种意识，那就是女性及其家庭的生活状况有可能在数天（乃至数小时）之内跨越生存和饥饿的门槛。1930 年，研究近代英格兰的社会史家理查德·唐尼在访问中国（当时正面临饥荒）之后报告说，在某些地区，"农村居民的处境就像是一个一直被水淹到脖颈的人，哪怕一点涟漪都足以将他们淹死"。在 1629 年埃塞克斯粮食暴乱期间出版的一份英格兰小册子也以惊人的相似语言描述了当地织工的困境：绝大多数工人"若不能每晚领薪就活不下去，数百人无床可睡，无粮可食，仅能凭工作保证自己和妻儿糊口"。而在半世纪之后的法国，造反者宣称饥荒之时"人只能死一次"，于是他们"宁愿被绞死也不要被饿死"，而"饥饿中濒死的他们宁愿上吊自杀，以更快地结束生命"。在巴黎，"你可以听到女人在市集里悲泣，她们宁愿割断孩子的喉咙，也不愿眼睁睁地看着他们饿死"。在这种情况下，"生存"欲望可以轻易引发抵抗甚至是叛乱。[22]

欧洲女性唯有在抵抗行动失控的时候才会失去她们的豁免权。1629 年饥荒期间，埃塞克斯郡马尔登市一个屠夫的妻子安·卡特带领一大群女性阻止谷物从本地区出口。在"本地人的呼声和自身穷困"的鼓动下，她们强迫那些准备出口粮食的商贩将谷物倒进她们的软帽和围裙。卡特值此之际的所作所为堪称近代早期抗议活动的"公认程序"（accepted protocol）。不过在此后两个月里，她在该地巡回动员寻求支持，自封"队长"，宣称"来吧我勇敢的少女们，我会成为你们的领袖，让我们免于饥饿"。这一回有数百名失业的布匹工人冲进一家粮仓，搬走了粮食。政府在一周之后逮捕了安，以煽动罪起诉了她。陪审团（全是男性）最终判她有罪，她在次日被绞死。1652年在荷兰，45岁的葛丽埃杰·亨德利克斯也同样被逮捕、审讯、判刑，其罪名是在围裙里装石块并分发给暴乱者，且"煽动旁观者加入"。第二年，行政当局签发拘捕令，逮捕了两名领导暴乱的女性：

> 葛丽埃特·皮埃特·希尔，36岁，金发瘦脸，蓝眼睛，身材很高且瘦，衣着朴素，有时着黑衣，有时则身着蓝色外衣和红套袖；她充当"队长"。阿丽特·塔夫沃尔斯特是旗手，她的个子和前面提到的葛丽埃特差不多高，但性格更强硬；她对周边的一切嗤之以鼻，肤色棕褐，头发乌黑，衣着不整洁；她在连衣裙外总是套着一条亚麻围裙，年届三十。

法庭卷宗显示，很少会有不到25岁的女性被指控在街头抗议中带头，超过60岁的则更少：绝大多数被指控者（就像上述提到的所有造反者一样）都在30岁到45岁之间。[23]肺活量和年龄都有作用，女性在这一点上也有优势，因为她们当中有不少人都是街头摊贩，平时要花上一整天穿街走巷叫卖货物。一名观察家曾于1643年（这一年也是17世纪的法国爆发粮食暴动最多的一年）指出，波尔多的骚乱唯有在行政当局向"叫嚷最大声的女人们"分发面包之后才得以终止。[24]

女人还可领导其他类型的集体抗议活动。1630年代英格兰东部地区抗议威胁集体权利的排水工程的暴乱，其参与者就主要由"女人、少年、仆人和那些没法知道姓名的穷人"组

518

成。他们破坏了新的水坝，追打工人，砸烂了他们的小推车。
1637年，正是爱丁堡一群大吼大叫"投掷折凳"的女人挑起
了苏格兰革命。三年之后在巴塞罗那"血腥圣体日"期间，
一名观察者提到了妇女扮演的角色："一个疯女人——绝大多
数人在此时都残忍非凡——向暴乱群众说，她刚刚看到一个卡
斯蒂利亚人"进入了当地教堂。男人们接着冲进教堂，"将这
个人殴打致死"。[25]爱尔兰七郡的新教幸存者也提到了女性在
1641年爱尔兰叛乱期间"伤害"不列颠定居者的行动中扮演
的重要角色。根据唐郡纽里一名女性的说法，她的天主教女性
邻人"要比男人更加刻薄残忍，口中兀自咒骂，发誓要杀死
他们，因为他们都是英国种"。而在阿尔马郡（County
Armagh），一名妇女"对待英格兰人和苏格兰人残忍无比，甚
至迁怒于没能把不列颠人赶尽杀绝的爱尔兰士兵"。还有三名
阿尔马郡证人（都是女性）描述了一个"嗜血悍妇"如何手
执一柄干草叉"强迫并戳刺"着把10多名新教徒邻居赶进了
"一间茅草房子"。这个悍妇接着"点着了火"，所有人"都被
悲惨且野蛮地烧死"。[26]另一个幸存的女性在证词中指出，"爱
尔兰女人总会紧随爱尔兰叛兵之后，用各种粗鄙之语驱使他们
野蛮行事，'不要放走了一个男人、女人和孩子'"。一名男性
证人说，还有一个"嗜血悍妇"则是出于"对英格兰人和苏
格兰人狠毒卑鄙的怨恨和恶意"，成为"淹死50名新教徒暴
行的煽动者和主谋——他们在同时被淹死，其中有男人、女人
和儿童"。同时在爱尔兰联邦首都基尔肯尼，几名战败的不列
颠士兵的头颅被"置于市集路口，叛军——尤其是那里的女
人"——在那里聚成一圈，"刺、砍、鞭打这些脑袋"。一名
妇女甚至掏出匕首"刺进了（已故的）威廉·阿尔弗雷的脸

庞，挥拳殴击他的鼻子"。[27]

尽管欧洲以外的叛乱记录有时也会提到女性的参与，但是她们常常都扮演了辅助角色。比如在1650年代的印度，时值村民抵抗莫卧儿帝国征税之际，"女人手执长矛和箭杆站在她们丈夫身后。丈夫射出火绳枪的时候，妻子会递给他箭杆，同时重新装填火绳枪"。[28]在中国，尽管女性在明代"歹徒小说"《水浒传》记载的造反事业中也有亮相，但她们只是以盗匪丈夫的帮手形象出现。毫无疑问，一些女性参与了明末的农民起义——虽然中国官员通常只会提及起义头子（都是男人）并略去他们的追随者（所谓"流贼"和"败类"）——不过，两点原因让中国的妇女不大可能像安·卡特、葛丽埃特·皮埃特·希尔和阿丽特·塔夫沃尔斯特一样领导反叛。首先，无论中国的法律还是风俗中都没有类似"女人不可能犯法"的概念；其次，将"贞妇"先缠足，再把她们从青春期到绝经期都隔绝于室内的做法，无疑严重限制了她们领导街头抗议的能力。[29]

519

教士和愚人

在欧洲，教士构成了第二个充当大众抗议代理人的群体。有的教士甚至变得直言不讳。比如17世纪中叶的一本法国教理问答册曾主张那些"手握权力却不能平息和驱散大众暴动的人，比如行政官"犯下了谋杀罪。一位法国教士直言认定治下教众反抗士兵借宿的举动必将大盛，因为"士兵没有正义的目标。他们脑子里只有抢掠城市等卑鄙念头，上帝必将收回他的垂怜和赐予，第一个受命（为军队寻找住处）的人必将灭亡"。[30]1647年在那不勒斯，一些教士断言反叛者的抗争

"是正义的，因为他们备受重税压迫，也饱受西班牙人的攻击挑衅"。许多西班牙人都质疑大主教菲罗马里诺的忠诚：此人在革命期间留守那不勒斯，有时甚至与叛变领袖一起出席公共仪式。[31]

世界各地抱持其他信仰的宗教人士也以代理人的身份介入民变。在奥斯曼帝国全境，地方谢赫（苏菲派领袖，或托钵僧居所之长，见第 7 章）都会主持中央政府和地方社区之间的谈判，他们经常能在暴动开始之前保证那些备受重税和地方官员压迫的地方社区能够得到补偿。比如在开罗，抗议的商人和工匠习惯性地从城市的主要市场"哈利利市集"（也以"土耳其大巴扎"闻名）进军艾资哈尔大清真寺（al-Azhar mosque），请求与统治精英素有交情的谢赫为他们斡旋。[32] 而在中国，佛教僧人有时会成为被压迫者的发言人。比如在 1640 年的一座江南城市里，一名僧侣组织了一场"打米"运动：100 多名农民拜访富人家宅求取粮食，他们焚烧拒绝出粮的家户，但放过那些提供粮食的宅邸。不过总体而言，佛教（和道教）人士并没有基督教和苏菲派同行在地方上的权威，这一方面是因为他们住在远离其他居民的庙宇里，另一方面则是因为占据支配地位的儒教伦理令其他任何派别无法掌握道德领导权。[33]

第三种偶尔有能力向掌权者陈情诉愿的代理者是所谓的"愚人"：古已有之的传统容许这些人向统治者说出逆耳之言。绝大多数伊斯兰统治者都会勉强容忍"圣愚"（Majdhūd）的批评和主张——奥斯曼当局一开始也许的确是对沙巴泰·泽维的弥赛亚主张听之任之，因为他们认为此人是个"圣愚"。[34]"圣愚"在东正教也颇为普遍：他们衣不蔽体，自缚铁链，身着铁帽，赤贫维生，乞讨求食。尽管这帮人通常都语无伦次，但有时也会寓尖锐批评于其愚行之中，甚至可以用逆耳忠言顶撞沙皇。1660 年代，东正教旧礼仪派的阿弗拉米就因假扮"圣愚"，才得以辛辣地讽刺沙皇阿列克谢支持的礼拜仪式改革而免受罪责（尽管沙皇只赦免了他的言论，仍不允许他写作）。同样在 1637 年的葡萄牙，埃武拉骚乱中反对开征新税的人群也将他们的领袖装扮成一个傻子："曼努埃利尼奥，年轻人的书记官，神圣正义的公使"，以他的名义签署宣言，张贴在大街小巷反对"暴虐的法老"。同一年，阿奇巴尔德·阿姆斯特朗，也就是查理一世宫中的"苏格兰愚人"，在听说他的家乡因为政府强制推行英格兰式新祷书而爆发骚乱的时候，便向这一计划的始作俑者劳德大主教问"现在谁才是傻子"，以求改变政府的政策。尽管劳德将阿奇巴尔德驱逐出宫并没收了他的愚人外套，但这个弄臣还是笑到了最后。有个廷臣曾巧遇没穿愚人外套的阿奇巴尔德，问他外套去了哪里，得到的回答却是："噢，我的坎特伯雷大人（劳德）夺走了我的外套，因为他手下的一些苏格兰主教也许用得上！"[35]

集体暴力的定式

不管有没有代理人，绝大多数近代早期的起义者都会在诉诸暴力之前发布"警告"：街头巷尾的海报会以全体居民的名义警告某个众所周知的个人改弦更张，妇女们会聚集起来跪成一团，在某个暴虐地主的家宅门前大声哭喊。如果这类"羞辱"策略没能让对方做出让步，人们就会创作讽刺歌谣，在欺压者的屋外彻夜歌唱。人工制品也被用来传递信息：一辆运货马车停在门口，寓意另一辆车将很快带走一口棺材；一堆篝火燃起，暗示房主的房舍将是下一个纵火目标；或者某人的雕塑会吊在绞架上——这是抗议者在诉诸暴力前的最后通牒。如果上述警告讯息还是没能带来期望中的改变，愤愤不平的人群会进一步开始破坏财产。他们会从位置较远的资产（比如葡萄树、果树、磨坊和仓库）开始，接着投石砸窗，或砸开前门。在此之后，恐惧万状的"被害者"通常就会逃之夭夭。[36]

那些对警告讯号熟视无睹的人将面临严重受伤的风险；尽管如此，针对人身财产的暴力通常却有具体目标。1642 年在英格兰，一个名为"科尔切斯特抢掠团"的群体洗劫了埃塞克斯乡下的 20 栋别墅，这场洗劫是如此彻底，以至于后来的访客只能在案发地找到"断壁残垣"和"空无一人"的废墟；不过，抢掠者的目标仅仅针对那些议会和新教宣传蔑称的"天主教徒和恶毒之人"（即保王党）。而就在同一年，人群聚集在威斯敏斯特宫外，大声要求放逐主教。正如某位法国外交官的评论所说的："如果这发生在其他任何一个国家的话，我敢说这座城市（伦敦）就将化为一团火焰，全天 24 小时都会流血不止。"[37] 的确，欧洲大陆一些地区的暴乱者出手时往往不加克制。在巴塞罗那，1640 年 6 月总督遇害之后，一名王室法官躲在一座教堂尖塔的藏匿处，惊慌失措地目睹暴乱者杀死了他们所能找到的所有卡斯蒂利亚人。这帮人"心中满是不可想象的怒火，连教堂也不放过。他们杀死所有藏在圣坛下的人，根本不加审视也不去了解这人是谁，直到圣坛前帷涌出的血液显示有些不幸的人藏在那里"。次年 12 月，暴怒的加泰罗尼亚人再次冲上巴塞罗那的大街小巷，四处搜捕并杀死所有被怀疑与"敌人"（也就是他们之前的君主腓力四世）合作的人；这一次，他们反复殴打受害者直至其体无完肤，然后在城市广场的绞架上将他们绞死。[38]

　　第二年的爱尔兰叛乱也见证了针对平民的极端暴力事件。比如唐郡就有一名天主教徒声称，他用刺剑刺向邻人，"刺进其身体两到三次"："这会给他一个了结，他就再也不会签发逮捕令把我送进监狱了。"在安特里姆郡，另一个天主教徒将他的新教邻居砍成了"碎片"，接着"放下他血腥的剑柄，将手指"放在死者的"嘴唇上，捏着皮肉查看他是不是死透了；确认对方已经死亡之后他说，'我很高兴自己干掉了你，因为我宁愿干掉你而不是城里的其他人'"。[39]威廉·贝克曾提出，在法国南部存在一种"惩罚文化"（culture of retribution）：一旦愤怒莫名的人群认定某人"'活该'，那么'过度施暴'的概念就不复存在了"。比如在阿基坦，17 世纪爆发的 50 场已知的抗税暴乱中至少有 30 场出现暴乱者羞辱、处决税吏甚至（常常是）将其肢解的情况。[40]

　　人类学家大卫·里奇斯指出，暴力不仅是一种改造社会的廉价手段，也是象征式宣言的"优良传播工具"。因此在欧洲许多地方，群体暴力都常常遵从一种与法律程序相仿的定式。暴乱者押着他们的发泄对象（常常是税吏）在城市中游街示众，将身着单衫的"罪人"缚住手足，强迫他在每一个路口和广场都做出"改过自新的表态"——就像是那些被国王法官定罪的人一样。有时人群也会释放一些受害者，这样就可以让他警告他人：等待所有税吏的是相同的命运。那些未被释放者则遭到处决并被分尸，这些行为所遵循的仪式和举行的地点都常常与国家审判相同。[41]

　　不过，欧洲民众即便在极为愤怒的时候也很少胡乱杀人。在葡萄牙，1640 年 12 月 1 日占领里斯本的密谋者杀死了广受憎恨的中央政府代理人米格尔·德·瓦斯孔塞洛斯。密谋者将他从宅邸窗户扔到楼下的广场上，一名"工人砍下他的手指，取走了他佩戴的指环"。紧接着，以妇女和少年为首，人群鞭打他的尸体，"掰下他的牙齿，拽掉他的须髯，反复戳刺。他们接着又砍下他的耳朵，并公开展示拍卖"。但瓦斯孔塞洛斯之死只是孤例：腓力四世其他的臣仆并没有在葡萄牙"复国"运动中丧命。同一年里夺走易卜拉欣苏丹性命的那场伊斯坦布尔暴乱在令君主本人和大维齐尔丧生之外，也没有导致很多人死亡。应当承认，像米格尔·德·瓦斯孔塞洛斯一样，大维齐尔的结局极其悲惨——"被绞死并被碎尸万段（切片）。第一个人挖掉他的一颗眼睛，第二个砍下他的一只耳朵，第三个切下他的一根手指"——但他的惨死也只是个案。在 1648 年的莫斯科，尽管暴乱者纵火焚烧了数十座贵族和商人的居所，但他们事先编纂了一个清单，列入那些属于他们认定"欺压者"的房屋，再系统性地一路扫荡过去。在 1647～1648 年那不勒斯革命期间，几名贵族被残杀、肢解，尸体也被置于叛乱总部外专门竖立的纪念碑上示众，但他们正是那些试图杀死马萨尼洛及其追随者的人。更具代表性的事例是起义者焚烧房屋的"规定动作"：他们在纵火时谨守收录了 60 个目标的书面清单，其中绝大多数房屋的所有者要么是新税的订立者，要么是收税人（彩插 21）。[42]

在中国，大众抗议往往也谨守分寸。许多抗议行动都始于当地孔庙的"哭庙"仪式，愤愤不平的黎民百姓在街头巷尾贴遍揭帖，诉说他们的请愿和委屈，举行公共哀悼。在中国南部，贫苦乡村也会缔结约社（"纲"，网络之意），所有参与者都将他们的名字记在一张登记簿上，宰牲祭神，共同立誓绝不缴纳租税，也不向富户乞食。如果这些办法无济于事，人们就

522

会开始焚烧屋舍；不过与欧洲的情况一样，他们不但会制作一份税吏住址的清单，也会预先通知邻近房舍的居民，让后者采取措施避免火势蔓延。除此之外，他们还严格禁止偷盗行为，常常将趁火打劫者殴打致死。[43]

源自"非物质性不满"的大众抗议常常有着截然不同的程序，也会牵涉"示众"现象。比如1641年在英格兰，过去十年教会改革的反对者竭尽全力让所有人都看到他们对教会事物的鄙视，比如牧师穿着的白色罩袍以及新版公祷书。人们不仅随处丢弃罩袍，还公然将其剪成碎片（常常是由女人用刀和剪刀完成），充作形形色色的亵渎之用：绷带、手帕、衬衫，以及（最具象征意义的）月经垫；而在伦敦，四名骑手"堂而皇之地"策马穿过各条大街，身着白色罩袍，"手执公祷书，一边唱着讥嘲之歌，一边将书撕成一页页后塞到臀下"。讽刺的是，爱尔兰的天主教徒也在同一年公然欢快地亵渎新教徒尊奉的宗教器物。他们捣毁并焚烧讲道坛等教堂用具，点燃并亵渎宗教文本；不过，他们的"特殊待遇"还是留给了《圣经》。有个人曾目睹俘虏他的人拿走了他的《圣经》，"并将打开的那一面浸入污水坑，站在上面踩了一脚，口中还念念有词'给它染上瘟疫。这本书引发了所有纷争'"。一位新教牧师曾目睹一名天主教修士"从一艘船上找出了给穷人用的《圣经》，将其撕成碎片并掷入火中，口中还念叨着他'要用同样的方式对待所有的新教和清教经书'"。还有一个愤怒的不列颠定居者报告说，一名天主教徒"打开了神圣的《圣经》书页并在上面撒尿，还说'如果有更糟的事我也会做'"。[44]

地点和时间

大众抵抗发生频次最高的两种区域似乎彼此并不相关：第

一类是不满情绪蓄积最快的地区（城市和"大区"，见第 3
章），第二类则是在之前以某种方式从政府视线中绝缘的那些　　523
社群。而在后一种情况下，艰难时世中得到自然障碍（比如
沼泽、森林或荒原）保护的地域常常成为所谓"叛乱绿洲"
（oases of insurrection）。在位于布列塔尼东界的里耶兹沼泽地
区，一些村庄在 1636 ~ 1660 年一直坚持着抗税斗争，每个社
区都在沼泽之间占据了一座通常只能涉水抵达的"岛屿"。只
有居民知道穿过这些沼泽的通路，因此政府每次派兵征税的行
动都失败了。不仅如此，这些沼泽居民（marsh-dwellers）还
激发了附近社群的反抗意志，他们在 1633 ~ 1658 年拒绝缴税
并发起了 6 场叛乱，相信一旦形势不妙自己就可以跑到里耶兹
去。[45]阿基坦地区最大的采邑是拥有 10 万左右居民和近 100 个
教区的蒂雷纳（Turenne），此地依靠着特殊的法律地位形成了
又一处"叛乱绿洲"：当地领主宣称自己是独立贵族，只在名
义上忠于法国国王。蒂雷纳人向他们的领主缴纳年税，也应其
需要提供兵员。不过，他们不但强烈抵制王室的一切干预
（比如允许王室军队穿越他们的领土），也出手帮助他们的邻
居抵制王权。在整个 17 世纪里，"在阿基坦地区的所有叛乱
中，（蒂雷纳）都扮演了集结点和煽动性示范的角色"。[46]

　　类似的"叛乱绿洲"在别的地方也不罕见。在欧洲内陆，
肖恩贝格家族位于奥地利的领地也自称为法外之地，这片土地
位居 1620 年、1626 年、1632 ~ 1633 年和 1648 年农民起义的
核心地带，就像之前数百年来一样。同样地，来自英格兰西
南边远地区的康沃尔语教区圣凯弗恩的人也在 1648 年发动了
一场大骚乱，正如他们在 1497 年、1537 年和 1548 年所做的
那样。某些地域似乎一直是抵抗运动的传统基地：控制泰晤

士河上一座重要桥梁的金斯顿（Kingston）曾为伊丽莎白一世最高调的批评者提供了庇护，当地人还于1628年公开庆祝查理一世宠臣白金汉公爵遇刺，就像他们后来也会窝藏掘地派（一个主张开垦农村公用地并推行财产公有制的派别）和贵格派一样。[47]

边疆社会甚至能为叛乱者提供规模更大的庇护所。俄罗斯和波兰－立陶宛联邦的南部边界是森林变为草原的过渡地带，这里为被压迫者和心怀不满者提供了永久性的避难所，让他们得以定期发动对抗北方国家的叛乱（最为显著的就是1648年之后的乌克兰，博格丹·赫梅利尼茨基率领一股哥萨克叛军对抗其波兰领主，1670年斯捷潘·拉辛也在这里对抗莫斯科的沙皇政府，见第6章）。而在美洲，"逃奴"（Maroons）——从欧洲定居点逃出的黑奴——也在巴西、中美洲和加勒比诸岛各地建立了结寨自守的营地，丛林、峡谷和沼泽都给他们提供了某种程度的保护。这些逃奴在那些曾于被从非洲诱拐而来之前担任统治者之人的领导下，以上述避难所为基地同美洲原住民结成了联盟，同时也欢迎所有在逃的欧洲仆役和不法之徒。他们同心协力，给殖民地施加了经久不衰的威胁（特别是焚毁甘蔗种植园——甘蔗是方便易燃的作物）。[48]在中国，李自成等起义军领袖最终于1620年代和1630年代在陕西与河南交界的深山密林中找到了根据地；而在1640年代，山东梁山附近的沼泽地带豢养了一个大型盗匪集团，就像当时一部流行小说《水浒传》中描写的那些12世纪的盗匪一样。[49]与欧洲的情况类似，仅仅是靠近某块"叛乱绿洲"都会激励某地的人起来抵抗。而在俄罗斯和波兰－立陶宛联邦，南部边疆充足的"无主"肥沃土地也让"威胁逃亡"成为农民向他们领主讨要更好待遇时的谈判利器。正如一群孟加拉人提醒他们统治者的那样，一个"有一千个国家可去"的人总是可以选择逃亡。[50]

　　历法也成为大众抵抗的影响因素。反叛常常始于春季的集市之日，或是（天主教欧洲的）宗教节日，因为前一年收获的谷物会在此时用尽：1639 年，在一个纪念圣母玛利亚的节日期间，诺曼底爆发暴力事件；1640 年巴塞罗那的圣体节和 1647 年巴勒莫的圣母升天节也都演变成暴乱。原因很简单：教会禁止在节假日工作，人们便蜂拥到大街上和小酒馆里交谈畅饮，这迅速就能为一场反叛积攒动能。1647 年 6 月，西西里总督下令，圣礼节只能由教士们庆祝，不准各帮派、行会等世俗团体参与，唯恐"因为大群人潮聚集，一场打架斗殴就会引发更为严重的纷扰"。接下来的一个月里，那不勒斯大主教也出于同样的恐惧取消了礼敬圣母的节日活动。[51]市集日也会为暴动者提供机会。比如在 1641 年，领衔的爱尔兰密谋者就计划在一个市集日占领都柏林城堡，因为前一天夜里会有大批人员（像他们一样）进入城市，这样他们就不太可能引人生疑。最后，"革命纪念日"也会刺激人们起事：1648 年的菲尔莫和 1674 年的墨西拿都是在马萨尼洛起义纪念日，也就是 7 月 7 日起事；而在 1647 年，安东尼奥·拉·佩罗萨选择在巴塞罗那"血腥圣体日"七年之后的同一天，于巴勒莫策划了一场暴动。[52]

　　历法也影响了伊斯兰国家的大众抗议运动。在奥斯曼帝国，伊斯坦布尔的驻军往往在斋月结束前夕异常不安，根据传统，他们应在这个时候领到奖金：如果国库没能兑现这一义务，或只能部分兑现，军队就会哗变。[53]不但如此，在伊斯兰世界牵涉到公众游行的宗教节日，例如穆哈拉姆月（伊斯兰教历第一月），都会轻易触发暴乱——特别是在同时拥有逊尼派和什叶派居民的美索不达米亚地区，这里的一派教义支持者会干扰另一派的宗教活动（这种做法一直延续到了今天）。

武器、士官和徽章

　　大众叛乱的最后一项公约数就是已经习惯共同行动的群体带来的变革性作用，特别是那些惯于操作武器的群体。在缺少有效警力的社会，拥有武器（尤其是火器）为民众提供了对抗公认威胁的安全手段：盗匪、“粗野”乞丐、私敌以及乡间的野生食肉动物（尤其是狼群）。在欧洲和英属美洲的某些边疆地带，拥有火器被视为生存的关键。在法国，政府主动向诺曼底和布列塔尼的海岸警卫队输送武器，1659 年的《比利牛斯和约》也保障了罗塞利翁地区所有居民携带武器的权利；20年后，靠近西班牙边境的军需官懊悔地表示：“很难阻止巴斯克人携带武器，因为他们已经具备这一能力很长时间了。”[54] 在印度，17 世纪的政府档案和旅行者的记载同时指出，大量“劳工带着他们的枪、剑和盾去耕田犁地”。莫卧儿政府将部分地域定为“叛区”（mawas）或“需镇压区”（zor-talab），因为那里的村民全副武装，拒绝出让他们的财富。无论是政府还是盗匪，想要夺取他们的财富“都至少要打上一仗”。尼科洛·马努奇在 1650 年代写道：“为了自保，这些村民躲在多刺的树丛中，或是藏在环绕他们村庄的矮墙里。”他们使用弓箭、长矛和火器作战，“直到难以为继”。[55] 1640 年代内战期间，英格兰的“棍棒团”（Clubmen）常常成功地保护他们的社群免遭各路军队的洗劫和借宿，尽管他们有时只有“大棒、长剑、锯子、干草叉等武器装备”。而在 1676 年，即弗吉尼亚“培根叛乱事件"之年，贝克莱总督哀叹，他的反对者都是"一贫如洗、负债累累而又心怀不满的武装分子"。[56]

武器一旦落入那些习武之人（比如复员老兵和亡命之徒）的手中就会带来更大的危险。一旦暴乱者打开地方监狱的大门，他们就会放出数百名拥有反抗政府经验的人，同时与其他依旧逍遥法外的不满者群体建立联系。尽管有些重获自由的囚犯立即逃离本国寻求安全，但还是有不少囚犯抓住机会反戈一击，给欺压他们的人造成了损失。1647年暴乱者打开巴勒莫监狱的时候，磨坊主安东尼奥·拉·佩罗萨着手组织邻近的农人去杀死巴勒莫的全部贵族。而那个出狱之后跑到那不勒斯的朱塞佩·阿勒西也在听闻总督颁布大赦令之后立即回到了他的家乡城市，组织了一场更为激进的叛乱。同时在那不勒斯，朱利奥·热诺伊诺和弗朗西斯科·阿尔帕贾在经受了四分之一个世纪形形色色的王室监狱之灾后重新崛起，主导了一场对抗囚禁者的革命。

退伍老兵的参与也给叛乱带来了变革效应，因为他们不仅熟稔武器操作，也经历过战火淬炼，具备协调战术的能力。在法国，有时人表示，1637年佩里戈尔起兵造反的8000名拥有武装的农民（"乡巴佬"）"大多来自这个王国最为好勇斗狠的省份"，久经战阵的头目领导着他们，"这些人都是他们所能找到的最佳人选"。乡巴佬们的确表现得像是正规军一样：他们不仅布设哨兵，在途经的市镇发布正式招降令（不投降的市镇将被"夷为平地，烧为白地，化为废墟"），还摧毁农场、杀死家畜，焚烧所有拒绝加入者的庄稼。[57]正是因为有四五十个"流氓"干部（coquins）、不少退伍老兵，或许还有一些军官加入了1639年诺曼地区的叛乱，蓬埃贝尔勋爵（"赤足党

526

将军")和他的"受难军"才得以一次次在激战中击退正规军的攻击。[58]而在那不勒斯,马萨尼洛对他手下"小伙子"的正规训练——他们曾在梅尔卡托广场的模拟战斗中经受了训练——同样足以解释他手下追随者的凝聚力,以及他"开掘壕沟和布设岗哨的技巧"(所有评论家都不无惊讶地提到这些)。同时,城市民兵——起初是为抵挡土耳其人可能的攻击而设,他们定期训练且得到训练有素的军官领导——成功击败了保王派军队的每一次攻击。对火炮的熟稔也带来了关键优势。1647年,职业是军械师的詹纳罗·安涅西对西班牙舰队发起了一轮成功的炮击,挽救了那不勒斯。五年之后塞维利亚的起义军尽管俘获了几尊巨炮,却未能进行同样的轰炸,这也注定了他们的失败。在秘鲁,佩德罗·博霍克斯敢于叫板政府,也是因为他对自己浇铸和使用轻型火炮的能力颇为自负。最后,不论是1639~1640年起兵的苏格兰人还是1641~1642年起兵的爱尔兰人,如果没有大批奋战在欧陆的老兵带着装备和技能返乡的话,他们都不可能掀起波澜。[59]

亚洲的情况类似:不少叛乱之所以能取得哪怕是初步的成功,都要归因于老兵的参与。在1638年的日本岛原,200名曾经的武士教导其他起义者如何使用火器守住原城,对抗兵力超过10万人的幕府军。而在中国,正规军的逃兵增强了1620年代和1630年代"流寇"的力量:四川的所谓"大西王"张献忠便是其中一员。1640年之后明朝军队逃兵的大量涌入大概可以解释,为什么李自成突然之间就有了攻城略地的能力。1644年,李自成的军队已经达到军事效率的顶峰,几乎要击败山海关的明吴三桂部精兵,直到清朝生力军的到来扭转了战局。[60]

在武器和训练之外,徽章和纹章也可以有效增强反抗政府的效果。在美洲，墨西哥城的行政官员逐渐将哈布斯堡的军徽换成了古代阿兹特克人的图案：一只老鹰立在仙人掌上捕食毒蛇。这一做法一直延续到 1642 年，对葡萄牙和巴西叛乱激起的任何造反征兆都疑神疑鬼的总督下令禁止了这一徽章。马萨诸塞总督约翰·恩迪克特的成就无疑更大，他于 1634 年决定为殖民地创设一面新的旗帜，将红十字从王室旗帜中拿掉，其理由是红十字乃教宗的符号：这个殖民地将其纹章一直保留到了 17 世纪末。同样在日本，1638 年岛原叛乱中起兵的天主教徒也将"许多小型旗帜的图案换成了红十字"，并把它们放在城垣四周。第二年，菲律宾群岛的华人起义军也挥舞着截然不同的旗帜对抗西班牙人。中国本土的反叛群体则展开了一面面红色条幅（尽管这一做法也许只是因为红色在中国是代表幸福快乐的颜色）。[61]

在欧洲的一些地区，红色也成为革命的代表色。1647 年在那不勒斯，起义者在总部"展开了红旗"（lo stendado rosso）作为"战争的标志"。顷刻之间，遍布全城的起义者都打出了红旗。第二个月在巴勒莫，起义者也挥舞红旗作为反抗的标记；6 年之后，瑞士起义者也打出了红色的"恩特勒布赫旗"。1647 年，马萨尼洛戴上了一顶红色帽子。英格兰新模范军的士兵则在左腕系上一条红色绶带，寓意"我们将以自己的鲜血保卫我们（事业）的权益"。在法国，波尔多"奥梅"起义（1651～1653 年）的参与者也戴上了"红帽子"（chapeu rouge）；1675 年布列塔尼的起义者也以"红帽子"命名该省反抗路易十四的叛乱。[62]

同样地，许多革命领袖的形象也得到传播以激励追随者。1666 年，沙巴泰·泽维和加沙人内森的形象不但出现在书刊里，还以画像的形式被人们拿着在波兰的街道巡游；英国革命的绝大多数领袖——约翰·皮姆、托马斯·费尔法克斯爵士，尤其是奥利弗·克伦威尔的形象——也屡屡被支持者和诋毁者两方描绘到画布、版画、雕塑、奖牌之上，甚至做成人偶。不过，他们都赶不上那不勒斯人马萨尼洛的身后盛名。尽管其"统治"只持续了区区 9 天，这个出身卑贱的渔夫成就的偶像级地位堪与 20 世纪的切·格瓦拉相比拟：艺术家用画作、奖牌和蜡像制作他的肖像，有些产品甚至用于出口；知识分子创作短诗赞颂他的成就；以他为主题的剧作后来曾在英格兰、德意志和荷兰共和国出版。荷兰哲学家本尼迪克特·斯宾诺莎在他的房间里挂着一幅自己模仿马萨尼洛装束的画像。不久之前，那不勒斯导游就会在外籍游客的行程中安排他们参观马萨尼洛走过的故地。[63]

最后，在那些多数起义的主角都不识字的社会里，标语和歌谣常常在维系叛乱凝聚力上发挥了重要作用。1647～1648年那不勒斯革命的编年史记载了约 30 种流行标语，其中有人担心西班牙反攻倒算时的警告（拿起武器，团结一致！），也有更为激越的喊声（杀，杀），不一而足。有些标语是押韵的：

> 愿那不勒斯人民的脚步永不后退；
> 上帝万岁，法兰西国王万岁！

当时那不勒斯最常见的标语与西欧其他地区一样，要么诉诸经济要么牵涉政治："国王万岁，打倒坏政府！"和"国王万岁！降低赋税！"[64]一些人群也将他们的诉求谱写成曲。在英格兰，于 1640 年初闻于世的一首流行歌曲给一段题为《我们攀登高处》（Heigh then up go we）的叠句配上韵文，攻击社会阶层差异、繁文缛节、"放荡的女性"、主从关系和大学。许多同时代的人后来都回忆说，这首歌堪称"预示内战爆发的革命标语"，但更多的歌曲在这之后流行于世。在出版于 1662 年的《余音：或称最近年代里的诗歌精选集。1639~1661 年，由最杰出的智者所作》（Rump：or an exact collection of the choycest poems and songs relating to the late times. By the most eminent wits, from anno 1639 to anno 1661）一书中收录了 210 首"中伤诽谤之歌"。正是这些歌曲在大混乱之前的 10 年里愉悦了英格兰的男女居民，调动了他们的热情。[65]

欧洲各国的革命歌曲还包括 54 节的《法丁格之歌》（上奥地利，1626 年），纪念马丁·莱姆鲍尔的颂歌（下奥地利，1636 年），哥萨克的《胜利进军》（乌克兰，1648 年）以及《威廉·退尔在恩特勒布赫的新歌》（瑞士联邦，1653 年）。在爱尔兰，盖尔语吟游诗人谱唱了一首首自由诗歌，许多记载 1641 年反叛的史料都有风笛手为暴乱者提供娱乐的记载。[66] 17 世纪谱写的一些鼓动人心的反叛歌曲都流传甚久。在诸多纪念 1670 年斯捷潘·拉辛叛乱的歌曲之中，一首歌的旋律在 300 年之后改头换面，以《狂欢节结束了》（The carnival is over）之名位居排行榜前列。有两首 17 世纪的革命歌曲传唱至今：第一首是《收割者之歌》，其歌词抗议了奥里瓦雷斯伯爵-公爵强加的政策和强派的军队，号召人们武装保卫加泰罗尼亚的自由。1640 年夏天问世的这首歌已经成为"加泰罗尼亚赞美歌"（尽管在歌词和曲调上都有了一些现代化元素）。[67] 在荷兰共和国，一部题为《纪念荷兰颂歌》（Netherlands Anthem of

528

Commemoration）的作品集于 1626 年出版，收录了纪念对抗"西班牙暴政"重大胜利的爱国歌曲和舞蹈内容。其中最铿锵有力的一首歌曲——《现在看这力量》（Merck toch hoe sterck）正是为了庆祝贝亨奥普佐姆（Bergenop-Zoom）市于 1622 年成功抵抗西班牙围城的战斗而作的，今天这首歌依旧会在荷兰足球比赛的关键时刻被吟唱。[68]

让步，还是镇压？

精心策划的民变让世界各地的政府都左右为难。一方面，不少政府视叛乱为多米诺骨牌，担心一旦未能及时以严厉手段加以处置，其他人势必起而效尤。西属秘鲁的一位主教在 1635 年的言论就论证了铁腕镇压王室课税批评者的必要性："星星之火很容易演变成大火，所以更稳妥的做法是在损失刚开始的时候就大力扑灭，免得在难以补救或是无法补救时再努力灭火。"奥里瓦雷斯伯爵-公爵对此深表同意。两年后，他十分担心向埃武拉起义者让步会造成严重的后果：

> 这不但将让葡萄牙各地起而效尤，也会鼓动国王陛下在欧洲、美洲和印度的其他领地起来造反。他们的理由很充分：这么做不会冒任何风险。因为他们知道，一座处境悲惨的城市只要揭竿而起，就能迫使国王通过他们的条款——那些有利于他们的让步条款。

没过多久，面对苏格兰人的重大宪制让步要求，汉密尔顿侯爵（查理一世的堂兄弟，也是他在苏格兰事务上的资深顾问）发出了一则类似的警告：除非国王拒绝让步，"他将丢掉自己的三项王冠，因为这帮人（他的反对者）会将这些王冠统统踩在地上"。[69]

另一方面，尽管奥里瓦雷斯和汉密尔顿的说法没有错，但对不愿妥协的绝望臣民的请愿视若无睹同样会引发灾难。1620年代，弗朗西斯·培根就断言"因饥饿而起之叛乱是最糟糕的"。20 年后，英格兰议会领袖约翰·皮姆对"贫困阶层的骚乱与暴动"深感忧虑，一旦他们买不起面包，就会揭竿而起，因为"没有什么比必需品和需求更为急迫的了：他们会夺取自己买不起的东西"。[70]1648 年，面临记忆中最糟糕收成打击的伦敦搬运工向议会递交请愿书，警告说如果他们得不到救济，经济困境就将"迫使您的请愿者铤而走险，这种说法也许不太恰当，说得好听一点就是不得已而为之，不遵王法"。一本名为《数千小货贩的悲鸣》（*The mournful cries of many thousand poor tradesmen*）的小册子也提醒议会注意，"温饱之需会消解所有法律和政府，饥饿将撞破石墙"。同一年在意大利，菲尔莫的暴乱者认为，"死于刀剑也要好过死于饥饿"。而在法国的一场大型粮食暴动之后，波尔多的一位律师颇富哲理地向中央政府报告说："没有什么比为自己的生命而战更自然而然的了。面包是最普遍的食品来源，人们辛苦而努力地工作以争取面包。穷人担心他们永远不能拥有充足的面包，因为他们并不总能保证自己得到面包；在他们的心智中，这种恐惧会将短缺解释成饥荒。"[71]

不少统治者都意识到了上述危险。他们允诺向抗议者做出"短期让步"。统治者的任性冲动或是踌躇游移有时会带来救济。在中国，每位皇帝通常都会为庆祝自己登基或后嗣出生而蠲免未缴的税赋。1641 年，腓力四世甚至设立了一个"良心委员会"（committee on conscience），以检查自己有没有因课征的税赋不甚公正而触怒上帝。腓力的理由是，"我不希望从任何有不公正之嫌的税收中获利"。[72] 很多国家的政府都创设了永久机构，听取个别的减税陈情。在中国，行政官定期向中央政府请愿，请求蠲免或削减税赋，或至少推迟征缴，因为他们的辖区已经承受了不少自然灾害之苦。并非所有诉愿都徒劳无功。比如在山东郯城县，当地知县就因 1668 年的破坏性地震而向户部请愿，要求减免税收。于是户部官员亲自视察，18个月之后，当地纳税人得到了 30% 的税收减免：要么是"蠲免"积欠税赋，要么就是返还已经缴纳的额度。户部还减少了郯城县维护道路桥梁的强制劳役负担。在奥斯曼帝国，苏丹的理事会每周都会抽出一天时间听取个人、村庄或是村镇群体降低税额评估的诉愿。有些人会援引最近的水旱灾害、盗匪袭击或是总人口滑落，强调他们的社群已经无法再足额缴税；还有人声称他们误被归入一份税收登记簿（常常是因为他们已经在另一份登记簿里了）；还有极少数人抗议敲诈勒索。尽管后续调查有时会发现这些纳税人为减少甚至是逃避纳税义务而进行了瞒报或欺骗，但通常而言，政府还是会承认登记簿有错误，并因此削减或"蠲免"他们受理的数千件请愿中针对的税收。[73] 在西班牙，法典明确规定，王室的需索若有碍良心或与天主教信仰冲突则可以不必遵从。许多纳税人就援引此条向当地法官请愿，抗议税金过高；他们还以灾祸或是情势改变为由，论证自己不纳税的合理性。法官常常也能同情民众疾苦，而如果他们不这么做（正如在奥斯曼帝国那样），纳税人或许会直接向王国政府请愿，抗议沉重的税负。国王的财政大臣也会适当地考量他们的诉求——他们常常能得偿所愿。[74]

应当承认，同一部西班牙法典既能基于良心而容忍"不 530
服从"，也会将反抗权威者处以死刑。不过，法官常常在做出
极刑判决前再三犹豫，生怕激起反弹。尽管在 1620～1685 年，
西班牙最高法院审讯了各地爆发的 9 次反领主暴乱的 336 名参
与者，其中却只有 10 人被判死刑，不到 100 人被罚苦役。显
而易见的是，西班牙这一时期爆发的反领主暴乱可要远远多
于 9 次，那么其余暴乱又是如何处置的？[75]阿尔德亚努埃瓦 -
德 - 埃夫罗（西班牙里奥哈地区的一个村庄）的暴乱传说及
其后续事件就是一个生动案例：持久的克制如何可以将镇压
最小化。1663 年有消息称，国王已将此前一直属于王室领地
的阿尔德亚努埃瓦出售给了一名贵族，这里的居民于是发起
了骚乱，高喊着类似情境中的普遍口号——"国王万岁，坏
政府去死！"，还夹带着特定诉愿的呼声——"让我们杀死任
何想将我们像狗一样售卖的人！"，以及更出格的口号："羊泉
村（Fuenteovejuno）！羊泉村！"最后这个口号指的是一部由
西班牙最著名的剧作家洛佩·德·维加在 50 年前创作的戏
剧，描写了中世纪村庄羊泉村反抗领主虐待，但在后来拒绝
指认抵抗者头目的事迹。同样在阿尔德亚努埃瓦，新任领主
的代理人试图围捕一些叛军"元凶"（philothespian），但没有
人愿意指认"首恶"。一位法官于是宣布 67 名村民有罪，但
全村人决心直接上诉到西班牙最高法院。在 20 年之后，法院
裁定之前的判决事证不足，下令发回重审——而到了此时，
绝大多数参与者都已过世。最后似乎只有两名暴乱者受到了
某些惩罚。[76]

在少数情况下，暴力抵抗会带来永久性让步。比如在
1641 年法国西南部邻近西班牙的战争地带，暴乱者将法王税

吏的办公室烧成了平地，并将他的官员赶出了城镇。人们高喊着"盗贼和税吏听好了：我们将杀死你们，将你们根绝，不让任何（与你们有关的）记忆留存"。惧怕报复的市政官员派出幕僚前往巴黎，申诉了自己城镇面临的困难。此时法王对臣民的抱怨表示了认可，也认定税吏的行为并不合理：幕僚从巴黎寄来的信件如此开头，"绅士们：感谢上帝！不再加税了！"[77]类似的王室让步得到了大肆宣扬——印制的海报将新闻传播到各地——给人们带来了大众抵抗"有用"的印象；不过，政府可不会这么容易崩溃。

反叛和抵抗常常要冒着极高的风险，因为政府通常都会待反对者如叛徒。[78]比如在1639年菲律宾的华人社区起事时，西班牙总督就将所有华人拘禁起来，并残忍地一一枪杀。西班牙人还杀死了所有基督徒家庭里的华人仆役，在马尼拉城郊的华人社区纵火，将其中一切都焚为灰烬。反叛者在他们故土的遭遇也好不到哪里去，明清两朝的法典都要求对所有反叛者及其家属施以严刑，中国的绝大多数暴动最后都以大规模处决告终。[79]反抗罗曼诺夫王朝的俄罗斯人也面临相似命运。在1662年莫斯科暴乱（抵抗货币贬值和高额粮价）之后，

> 沙皇残忍地处置了那些参与暴乱的人：超过400人被处决，有些被砍头，（有些）被绞死，这还不包括那些被溺死的人。还有暴乱者被砍掉手足，或是割掉舌头。他们将700（人）系上铁链，以最快速度和全家妻儿一起流放西伯利亚，每个人（男人）都在左脸颊烙上一块记号……叛军中所有的年轻男孩——12岁或14岁——都要被割掉一只耳朵以儆效尤。[80]

在印度，根据贾汉吉尔皇帝的说法，虽然"帝国很少能有一个省份同时免于战祸和行刑者的刀剑，还是有五六十万人在不同时期里免于沦为不满与混乱之致命倾向的受害者"。[81]

西欧许多政府也竭力让失败的叛军接受"威慑式惩罚"（exemplary punishment）——这个术语在官方文书里反复出现。1639年诺曼底赤足党之乱平息之后，官方有关合理善后的讨论中就有提及。事件结束后，路易十三派出他的资深法官，也就是首席大法官皮埃尔·塞吉埃前去惩罚罪人。他审讯了300多名罪犯，近30人被判死刑，还有15人遭永久流放（还有不少在逃囚犯被缺席审判）。塞吉埃还让所有牵涉其中的城市缴纳巨额罚款，下令赔偿那些财产遭毁的人，要求立即偿清所有欠缴税额（由他随身带来的军队强制执行）。1648年，震惊于意大利菲尔莫的粮食暴乱，这座城镇的最高领主（教宗）立即派出1500名士兵着手搜捕暴乱分子。借助于对元凶的遣责告发、书面描述以及教宗签发的进入教堂特许状（以逮捕那些寻求庇护者），他们最终抓住并审讯了30人。其中有6人被处决，10人充作战俘，为教皇国的桨帆船划桨（常常等同于死刑判决）。他们还接着拆毁了暴乱者的房屋，以及那些被控逍遥法外者的家宅，没收了他们所有可移动的财物并禁止17名不称职的行政官（其中近三分之一都是城中精英）及其子孙后代出任公职。[82]

在英格兰，第二次内战的胜利者最终处决了查理一世和他的数十名追随者（特别是苏格兰人和爱尔兰人），还判处数千人终身服劳役（排干沼泽，挖掘泰恩河畔的煤矿，去美洲殖民地做苦工）；而在1685年，信仰天主教的詹姆士二世让那些支持自己的侄子，即信仰新教的蒙茅斯公爵举叛夺位的人付出了可怕的代价。据蒙茅斯公爵本人记载，他在英格兰西南部的德文郡登陆时只有不到 80 人，但四周之后迎击王军时，他麾下已有约 7500 人。很少有人逃脱灾祸。"这场战斗事实上只持续了半小时"，公爵评论说，双方都没有多少人阵亡，"但追击残敌的过程十分血腥"。蒙茅斯一方有 1300 名士兵被俘，政府立即杀死了其中不少人，后来又在一次仓促的审讯后处决了 300 人（包括公爵本人），判决余下的 850 人去美洲服劳役。[83]

就连那些允诺叛军一旦投降就行大赦或做出让步的政府也会在占据上风之后迅速反悔。最为恶名昭彰的例证发生在那不勒斯。热纳罗·安涅西等叛军领袖同意投降时，奥地利的堂·胡安向城市居民许诺自己将"赦免所有罪行，不管这罪行是出于无知还是恶意，哪怕牵涉到叛国行为，同时免除所有消费税"，并恢复查理五世授予他们的种种特权。不过，腓力四世后来却向一个神学家委员会咨询"我们是否不得不继续执行那些答允那不勒斯人的大赦条款，并且把那些尊重其特权地位的誓言当真；他们的回答是否定的"。结果，继堂·胡安之后接任总督的奥尼亚特伯爵宣布，他的前任"已经根据他当时的情形履行了职务；不过现在轮到他按照现在的处境来履职了"。伯爵以最快的速度建立了一个间谍网络，专门揭发西班牙的敌人，还设立了一些特别法庭以审判他们。在此后三年里，数百名前叛军成员——西班牙史料称其为"马萨尼洛党"——都被处决。这一连串处决始于安涅西和王国境内其他几座城市的"首领"，还有数千人被褫夺公权（这些人得以存活只是因为他们已逃亡海外）。奥尼亚特还收回了其他不少招降时答应的让步条款，捣毁了大理石碑上的铭文（Tavolato），其中包括马萨尼洛争取到的"永久条件"清单。紧接着奥尼亚特伯爵又拆毁了大理石碑，换上的"奥尼亚特喷泉"至今矗立在那不勒斯国家档案馆前方。[84]

　　无论是用让步还是镇压的办法恢复秩序，绝大多数政府都认为除非有精英成员参与，否则叛乱根本无关紧要。比如1637年，在听到葡萄牙第二大城市埃武拉大众暴动的消息之后，奥里瓦雷斯伯爵－公爵轻蔑地写道："通常而言我们对这种事都不屑一顾，因为我们每天都能看到掀不起什么风浪的骚动"——不过，葡萄牙王国的一半地域很快就举兵叛乱了。三年之后黎塞留初闻加泰罗尼亚叛乱消息的时候也颇为轻蔑，他对此无动于衷，因为"这种类型的骚乱绝大多数都只如灌木火灾（un feu de paille）一般"——不过，这场叛乱却持续了近20年。[85]更夸张的是1648年马扎然对巴黎"街垒之日"的轻蔑，他用了和黎塞留一模一样的轻蔑比方。"城市里发生了轻微的骚乱，"他宽慰某同事说，"这只是一场灌木火灾，我们要扑灭它和点着它一样容易。"不过，法国首都却经历了60年来最严重的骚乱，此等事态直到法国大革命爆发前都未再出现。

　　奥里瓦雷斯、黎塞留和马扎然都没能意识到，有一大批心怀怨恨的社会精英都在寻求任何可能"将小裂痕变为大型斗争"的借口，他们"认为如果叛乱发生，自己就能偷到任何想要的东西"。1648年，教皇国一名因暴乱被迫逃离的官员对民变的本质有着更好的把握。"你永远不能低估庶民大众（la Plebe）轻易被任何向他们的处境表示关切之人说服的可能"，他如此警告教宗说。他还强调，特别是"那些激情满怀的绅士，这帮人极其高效地让人民相信不可能的事情，特别是那些用公共利益包装的狂热"。[86]在17世纪中叶的所有灾难里，"满怀激情的绅士"在"让人民相信不可能的事情"时总表现得"极其高效"，不过他们并不孤单。

注 释

[770] 1. 特别鸣谢 John Walter 帮助我构建本章论点。同时，我要感谢包筠雅、David Cressy、Stephen Dale、Kaan Durukan、Suraiya Faroqhi、Jane Hathaway 和 Sanjay Subrahmanyam 提供的参考文献。

2. Bamford, *Royalist's notebook*, 60；Walter, *Crowds*, 69 – 70；Blickle, *Aufruhr*, 66 – 7（德意志与瑞士）；Bercé, *Histoire des Croquants*, 682（阿基坦）；Pillorget, *Les mouvements*, 988（普罗旺斯）。

3. Des Forges, *Cultural centrality*, 198, quoting Zheng Lian's *Outline history of the changes in Yu.* 数字与图表参见 Tong, *Disorder*, 47 – 9；Parsons, *Peasant rebellions*, 86 – 7。*CHC*, VII/1, 624 – 5 提供了呈现明朝晚期人民起义格局的精彩地图。有关俄罗斯与日本的情况，参见第 6 章和第 15 章。

4. Price, *Memoirs of the Emperor Jahangueir*, 225 – 6；Bercé, 'Troubles frumentaires', 789 and 777 – 8, Giuseppe Caetano and Alessandro Bini to Cardinal Panzirolo, 8 and 9 Aug. 1648.

5. BNE *Ms 2375/5 – 10v*, 'Relación del motín contra los Walones', in May 1643. 其他未报告的"农民之怒"的清单也可参见 Jago, 'The "Crisis of the Aristocracy"', 79（对贝哈尔公爵），及 Lorenzo Cadarso, *Conflictos populares*, 72（对纳赫拉公爵）。

6. A. Domínguez Ortiz in *Manuscrits*, IX（1991），263 – 4，一场关于 1640 年代西班牙君主国所面临之问题的"圆桌会议"。Calderón de la Barca, *El alcalde de Zalamea*，其背景便设在一座位于与葡萄牙战争前线的村庄；作者本人曾服役于 1640 年入侵加泰罗尼亚的军队。

7. Walter, 'Public transcripts', 128 – 9.

8. Evans, *Seventeenth-century Norwich*, 113 引用了一篇市长与诺维奇市议会致长议会的请愿书；其他详情引用了 Cressy, *England on edge*, 361 – 72（其中包含了 1640～1642 年法庭记录中的多个案例）。

9. Ebrey, *Chinese civilization*, 160 引用了 1591 年《汪处士传》（汪道昆《太函集》）。

10. Bloch, *Les caractères originaux*, I, 175（italics added）；Scott, *Weapons of the weak*, xvi – xvii. See also Scott, *The moral economy*, and *Domination and the arts of resistance*.

11. 关于时人归咎自身的情况，参见 Barriendos，'Climatic variations' 及'Climate and culture'与本书页边码第 423 页。本书第 1 章与第 8 章也提到了民众将灾难归因于巫师与犹太人的风气。

12. Nicolas, *La rébellion*, 223 提供了一份全国范围内谷物暴乱的数据分析。1661～1789 年法国发生的所有暴乱中有五分之一即超过 1500 起与食物短缺有关。而在这 1500 起暴乱中有三分之一要求"公平定价"，另有二分之一则是为阻止本地谷物卖到外地。

13. Gutiérrez Nieto, 'El campesinado', 70, quoting a manuscript treatise；Chéruel, *Lettres*, I, 413 – 14, Mazarin to the Intendant of Guyenne, 11 Oct. 1643. 参见于同日致其他西南地区官员的同类信件，loc. cit.，pp. 414 – 16. 关于加泰罗尼亚与阿尔斯特的情况，参见第 9 章与第 11 章。

14. Lionti, 'Cartelli', 450 – 1, petition of Caltabellotta, 23 June 1647；Sella, *Crisis and continuity*, 54, quoting a farmer near Milan in 1631；Bercé, *Histoire des Croquants*, II, 657, Argenson to Séguier, 2 July 1644, visiting Poitou. 在中国明朝时期，废弃土地同样也需缴纳欠税，参见页边码第 123 页。

15. Bailey, 'Reading between the lines', 71 引用了黄六鸿 1699 年写给地方官员的手册《福惠全书》；*A complete book concerning happiness*；Bercé, *Histoire des Croquants*, II, 548 n.44, count of Jonzac to Chancellor Séguier, 12 Dec. 1643；and ibid.，II, 550 – 62, 570 – 1。阿布雅发生的事变留下了详细记录，因为那位被害连长的亲属——一位当地贵族因受到的损害而起诉了该村庄。

16. Wood, 'Subordination', 66, and 'Fear', 810 强调了不幸的请愿者所遭受的羞辱，他们被迫在公开场合跪地乞求，并使用规定的语言。有关四个不敢公开抵抗的因素，参见 Scott, *Weapons of the weak*, 242 – 8。

17. Wood, 'Subordination', 63；Walter, *Crowds*, 58（仍然遵守法律）及 187（"法律不再有效"）；有关在中国政权空缺期同样意味着一切法律暂停生效的观点，参见第 5 章。

18. Bercé, *Histoire des Croquants*, II, 543. Bercé 研究的暴乱中有五分之一与女性相关；女性同样见于尼古拉斯所研究的面包暴乱中发生于乡村地区四分之一及城镇地区三分之一的案件（*La rébellion*, 269）。我感谢 John Mueller 告知在 1960 年代美国抗议活动中，"小妞上前线"（Chicks up front）成为一个斗争口号，因为和在 17 世纪时一样，执法者较少对女性使用暴力。

19. Nicolas, *La rébellion*, 269 – 70. 在荷兰共和国（可能还有其他地方），女性同样以掀起裙子"露出臀部"的方式羞辱官员。

20. Dekker, 'Women in revolt', 343（哈勒姆）; idem, *Holland in beroering*, 56 – 7（奥德瓦特）; Bennett, *Civil wars experienced*, 119（德比）。关于女性在 1647 ~ 1648 年暴乱中的角色，也可参见 Hugon, *Naples*, 82 – 4。

21. Dekker, 'Women in revolt', 344（引用了 1621 年及 1691 年暴乱中所用相同口号）; Walter, *Crowds*, 41 引用了 William Lambarde's *Eirenarcha*（1619 edition）以及星室法庭的一个案例。Michael Dalton, *The Countrey Justice*（1622）谈论了相同内容; Capp, *Gossips*, 312 – 18 提供了相似引述。有意思的是，英国妇女在新英格兰却失去了她们的豁免权，在此她们因危害治安而受到了严厉处罚，可参见 Westerkamp, 'Puritan patriarchy', 以及 idem, *Women and religion*, 35 – 52。

22. Tawney, *Land and labour in China*, 73, 77; Walter, *Crowds*, 44 引用了一篇关于羊毛制造情况的简短声明（1629 年）; Nicolas, *La rébellion*, 281, 引述自 1694 年、1699 年及 1709 年的暴徒。此类绝望评论引用于本书第 3 章，两个西班牙事例引自本书页边码第 280 页。

23. *ODNB* s. v. 'Ann Carter' by John Walter（安是目前已知唯一一位因参加食物暴动而被判绞刑的英国女性；其年龄不得而知，但她于 1620 年结婚，因此暴乱时她应已年近三十）; Dekker, 'Women in revolt', 351 – 2。

24. Bercé, *Histoire des Croquants*, II, 548: 'aux femmes les plus criardes'. 关于 17 世纪欧洲其他地区妇女在民众暴力中所扮突出角色的内容，参见第 9 章（毕尔巴鄂、巴塞罗那和里斯本），第 10 章（巴黎）以及第 14 章（巴勒莫和那不勒斯）; 以及 Beik, *Louis*

XIV，ch. 6。

25. Lindley，*Fenland riots*，75，引用了 1626 年哈特菲尔德低地整治公司（Hatfield Level）一名承包商代理人的说法（该书 63 页还提到了男性与女性的相对地位）；Simon i Tarrés，*Cròniques*，269 - 70，法官拉蒙·德卢比的记录；苏格兰的情况参见本书第 11 章。

26. TCD *Ms* 837/5 - 5，deposition of Elizabeth Croker，Co. Down，15 Mar. 1643（on Lady Iveagh）；*Ms* 836/ 73 - 74，deposition of Ann Smith and Margaret Clark，Co. Armagh，16 Mar. 1643，and *Ms* 836/87 - 90，Joan Constable，Co. Armagh，6 June 1643（这份档案称简·汉普顿"曾是新教徒，但她只是个爱尔兰民妇，近来又转信了天主教"）。克罗克尔女士在署名时只写下了"伊莉沙"的字样，另外三名妇女则留下了自己的姓名。

27. TCD *Ms* 834/111，deposition of Martha Culme，Co. Monaghan，14 Feb. 1642；*Ms* 832/80，deposition of Marmaduke Batemannson，gent.，Co. Cavan，14 Apr. 1643（about Rose ny Neill）；*Ms* 812/ 202 - 8，deposition of Joseph Wheeler，gent.，and others，Co. Kilkenny，5 July 1643（about Alice Butler）. 他们还控告佛罗伦萨·菲茨帕特里克缢死了 6 个著名清教徒"以及其他若干人"。

28. Khan，'Muskets in the *mawas*'，93，引自 Manucci，*Storia do Mogor*。

29. 在 19 世纪，太平天国及义和团运动中都出现了女兵队伍，但即便此时，她们也不过是男性军队的辅助。不同于其中国同侪，1857 年的大叛乱中印度妇女扮演了重要角色。感谢包筠雅协助我构思本章。

30. Pillorget，*Mouvements*，564（1633 年《阿维尼翁教义问答书》，1647 年于普罗旺斯地区艾克斯再版）；Bercé，*Histoire des Croquants*，II，553（罗卡马杜尔受洗记录中教区教士记录，1653 年）。两个作者都记录了教士在其他民众暴乱中的参与情况。同样还有 Foisil（致诺曼底赤足党人）；以及 Nicolas，*Rébellion*，92 - 6。在许多欧洲暴动中，教士们还扮演了政治及精神领导角色，参见第 18 章。

31. Hugon，*Naples*，153 - 6（引述自 Tutino，逃亡教士之一）。有关菲罗马里诺的暧昧角色，参见第 14 章和第 18 章。

32. 例子参见 Faroqhi, *Coping with the state*, 43 - 58; McGowan, 'Ottoman', 480 - 2; 以及 Barkey, 'Rebellious alliances', 706 (作者指出苏菲派通常将隐修所而非清真寺作为社交生活中心)。感谢 Jane Hathaway 提供的有关开罗的信息。

33. Wakeman, *Great Enterprise*, I, 627 描写了太湖附近的吴江发生的事件。我再次感谢包筠雅帮助我评估关于中国的数据。

34. 参见 Terzioglu, 'Sufi and dissident', 192, 关于穆斯林的"圣愚"以及第 7 章关于沙巴泰·泽维的内容。

35. 关于阿弗拉米, 参见 Crummey, 'The origins'; 关于愚人"曼努埃利尼奥", 参见 Viñas Navarro, 'El motín', 339; 关于阿奇巴尔德·阿姆斯特朗, 参见本书页边码第 333 页, Rushworth, *Historical Collections*, II, 470 - 1; Rothes, *Relation*, 115, 208 - 9。Shannon, '"Uncouth language"' 探讨了阿奇巴尔德的职业生涯, 他比大多数倡议者都要长寿, 于 1672 去世。

36. 更多有关煽动性印刷品的例子, 参见 Lorenzo Cadarso, *Los conflictos*, 75; Lario, *El comte-duc d'Olivares*, 173. Walter, *Understanding popular violence*, 340 - 7, and 'Public transcripts' 分析了英国斯图亚特王朝时期群众暴动在诉诸暴力前的不同"阶段"。Briggs, *Communities of belief*, 175 - 6 评论道, 当暴乱保持孤立及低调时, 其达成目的的可能性更大:"足以驱赶税吏却不产生更大规模的破坏。"对近代早期欧洲暴乱的"规范与价值观"的精彩分析, 参见 Blickle, *Resistance*, 155 - 214。

37. Walter, *Understanding popular violence*, 36 - 9 引用了 Bruno Rives, *Mercurius Rusticus*, Lady Rivers (受害者), 以及 1648 年的证词 (同样参见第 34 ~ 35 页, 1642 年 8 月至 12 月受袭地点地图); Gentles, *The English Revolution*, 88, 引自一位法国公使。

38. Simon i Tarrés, *Cròniques*, 269, 雷蒙·德·鲁维 (Ramon de Rubí) 法官的叙述, 他剃掉胡子和头顶的头发, 将自己伪装成耶稣会士才逃过一劫 (ibid., 274)。

39. TCD *Ms* 837/117, deposition of Captain Thomas Clarke, 12 May 1653; *Ms* 838/81, petition of Joan Todd, widow of John Hilhouse. Aidan Clarke 估计阿尔斯特地区的证词中有超过半数汇报的是谋杀案件 (私人通信, 2005 年 9 月)。

40. Beik, 'The violence', 77 and 87.

41. Riches, *The anthropology of violence*, 25; Bercé, *Histoire des Croquants*, II, 582 – 3; Villari, *Revolt*, ch 2.

42. 有关葡萄牙的情况，参见 Schaub, Le Portugal, 31 – 5，以及 Pérez Samper, Catalunya, 243; 有关伊斯坦布尔的情况，参见 Brennan, Bargrave, 82; 关于那不勒斯的情况，参见第 14 章，以及 Hugon, Naples, 303 – 8。关于 1637 年埃武拉的类似"规定动作"，参见第 9 章。

43. Wakeman and Grant, *Conflict and control*, 10 及 57 记录了寺庙中上演的仪式性抗议活动。其他细节引用了 Parsons, *The peasant rebellions*, 4 – 5 and 187 – 8; Tsing Yuan, 'Urban riots'; Parsons, 'Attitudes', 179 – 80 and 185; Wakeman, *Great Enterprise*, 627; 以及 Tong, *Disorder*, 162 – 3。尽管李自成于 1643 ~ 1644 年领导的对于明朝宗室的大规模亵渎及屠杀活动似乎构成了一个例外，但他们也可以被视为一类遭受针对性惩罚的目标。

44. Walter, '"Abolishing superstition", 90 – 2; TCD *Ms.* 835/170, deposition of Edward Slacke, Co. Fermanagh, 4 Jan. 1642; Hickson, *Ireland*, I, 193 – 4, deposition of Rev. John Kerdiff, Co. Tyrone, 28 Feb. 1642; and TCD *Ms* 836/64, deposition of John Parrie, gentleman, Armagh, 31 May 1642.   [772]

45. Bercé, *Histoire des Croquants*, II, 647 – 8。此外，"在 1637 年、1643 年以及 1648 年的起义潮中"，布列塔尼与普瓦图交界地带的村庄"最早爆发起义，最晚得到平息"（ibid., 648）。来自那些村庄的农民也领导了 1793 年的旺代起义，参见 Bercé, *Révoltes*, 161。

46. Bercé, *Histoire des Croquants*, II, 650 – 1，它属于布永公爵。再一次，Bercé 记录了延续下来的传统：1950 年代，反对纳税的"布热德运动"（Poujade movement）在前蒂雷纳子爵领地的所在区域取得了首次胜利（Ibid., 652）。

47. Hoffman, 'Zur Geschichte' (revolts in 1511 – 14, 1525, 1560, 1570 and 1595 – 7); Stoyle, ' "Pagans" or "paragons" ', 323 (1497 年的暴动和 1537 年计划中的另一场暴动都从圣凯弗恩开始); Hill, *The world*, 110 – 13 (关于金斯顿)。Clifton, *The last popular rebellion*, 48 – 56 指出了陶顿及萨默塞特其他地区拥有的起义传统，这在当地人对

1685 年蒙茅斯叛乱的参与中达到了巅峰。

48. Price, *Maroon societies*; Beckles, 'From land to sea'. 我感谢 Carla Pestana 提供的参考资料，以及与我讨论"逃奴"（marronage）现象。

49. Wakeman, *Great Enterprise*, 430 n. 41 及 702 记录了 1640 ~ 1641 年及 1647 年在梁山泊活动的盗贼团伙，他们最终被清军歼灭。更多关于《水浒传》的内容，参见第 18 章。

50. Wilson, '"A thousand countries to go to"', 84. 相似例子参见 Wood, 'Subordination', 69。

51. Pillorget, *Les mouvements*, 406 – 10；Bercé, *Histoire des Croquants*, II, 564 – 5；Nicolas, *La rébellion*, 224 – 6；Di Marzo, *Diari*, III, 99, Diario of Auria, 20 June 1647.

52. 更多细节参见第 14 章。英国人举行过多次革命周年纪念活动：1 月 30 日（查理一世被弑/殉难）、9 月 3 日（克伦威尔在邓巴及伍斯特的胜利）、10 月 2 日（阿尔斯特大屠杀）以及 11 月 5 日（火药阴谋以及随后的奥兰治亲王威廉的登陆）——但这些事件无一引发后续暴动。

53. 饷金得不到足额支付便会有兵变之虞，不能为伊斯坦布尔驻军提供额外奖金的新任苏丹或为省城驻军提供额外酬劳的新任地方长官也是如此。有关都柏林与巴黎的事件，参见第 10 章和第 11 章。

54. Lebrun, *Les hommes*, 290, 关于安茹的凶猛狼群；Nicolas, *La rébellion*, 412 – 13, 关于法国武器。

55. Khan, 'Muskets in the *mawas*', 93, quoting Mundy, *Travels*, and Manucci, *Storia do Mogor*.

56. Morrill, *Revolt in the provinces*, 132 – 51, with afterthoughts at pp. 200 – 4；quotation from p. 144；Shy, *A people numerous and armed*, vii.

57. Bercé. *Histoire des Croquants*, I, 421 – 2, 关于"乡巴佬"的军纪。当然，他们的暴行只是反映了当时盛行的军队行为准则。Bercé, *Révoltes*, ch. 3 讨论了"头目"（les meneurs）的问题，其中包括退伍军人。

58. BNF *Fonds français* 18, 937/233 – 40, 'Relation de la révolte de la

Basse Normandie'提供了"赤足党"组织的细节，并指出了其领导者的身份。同样参见第 10 章。

59. Hugon，*Naples*，196 – 204（quoting Bissacioni，*Historia*）．更多细节见第 9 章（西班牙）、第 11～12 章（苏格兰和爱尔兰）、第 14 章（那不勒斯）及第 15 章（美洲）。

60. 参见第 5 章。Parsons，*Peasant rebellions*，228 – 37 指出，张献忠也开始招揽前官员，这让他成功地在四川攻占城池。

61. Geerts，'The Arima rebellion'，96 – 8，Koeckebacker to Anthonio van Diemen，25 Mar. 1638（此处由我本人翻译自荷兰语原文）；Blair and Robertson，*Philippine islands*，XXIX，220，report of Juan López，S. J.；Dardess，*Blood and history*，133，and Parsons，*Peasant rebellions*，251，两处皆记录了反叛群体中的红旗条幅。Elliott，*Empires*，146 谈到了墨西哥和波士顿的徽章。

62. Graniti，*Diario*，II，67；Anon.，*The red-ribbon'd news*，5；Kötting，*Die Ormée*，111；pp. 322 – 3 above（on the 'bonnets rouges'）。Rodger，*Safeguard of the sea*，132 指出，红色的旗帜从 13 世纪开始"就被各地的海员……视为死战到底的标志"。并非所有叛军旗帜都是红色的：在奥地利，1636 年由马丁·艾辛格尔领导的农民团体使用的是写有标语的白色亚麻横幅（Wilflingseder，'Martin Laimbauer'，206 – 7）；1637 年，佩里戈尔的"赤足党"则举着一条蓝白相间的横幅行进，这是因为队伍首领宣称其事业受到了圣母的保佑，而蓝白色是圣母玛利亚的代表色（Bercé，*Histoire des Croquants*，I，423）；于 1647 年 10 月首次面世的那不勒斯共和国旗帜，一侧是圣母玛利亚与圣雅纳略（San Gennaro），另一侧则是法国百合花饰（Hugon，*Naples*，152）。

63. Maier and Waugh，'"The blowing of the Messiah's trumpet"'，146 – 7，关于沙巴泰和内森的形象；Knoppers，*Constructing Cromwell*，关于奥利弗；Hugon，*Naples*，309 – 13，328 – 57，探讨和再现了马萨尼洛的诸多画像。此外，Palermo，*Narrazioni*，353，Medici to Grand Duke 20 Aug. 1647 提及制作于马萨尼洛生前的两座蜡制半身像，它们系为总督阿尔科斯所作，以送西班牙。Blok，*Nikolaus Heinsius*，29 – 31 谈论了那些短诗；Mastellone，'Les révoltes'，167 提及了斯宾诺莎及马萨尼洛的画像；

D'Alessio，Contagi，第六章，探讨了提到马萨尼洛的早期游记文学。Heilingsetzer，*Der oberösterrichische Bauernkrieg*，36－7 记录了同时期斯蒂芬·法丁格的画像，他是 1626 年奥地利暴乱的领袖；以及 1640～1641 年在加泰罗尼亚地区流传的保·克拉里斯（Pau Claris）的画像。

64. Hugon，*Naples*，125－31 罗列并讨论了两部编年史及某些革命歌曲中记录的 30 条口号。请注意"双行押韵诗"（Knittelvers）这一刊登于德意志宽幅印刷品上的押韵双行抑扬四步格诗体（第 8 章）。

[773] 65. Cressy，England on edge，337－8 刊印了整首诗（关于大学的诗篇参见第 18 章），并在 330－346 讨论了其他部分。Brome，*Rump* 是其第三本内战歌曲精选集。

66. 参见 Heilingsetzer，*Der oberösterreichische Bauernkrieg*，35－7；Wilflingseder，'Martin Laimbauer'，206－7；Hrushevsky，*History*，VIII，450－1；Suter，*Der schweizerische Bauernkrieg*，64。

67. 关于《收割者之歌》，参见 Simon i Tarrés，*Orígens*，212－13. Neumann，*Das Wort*，214－18；Lucas Val，'Literatura i historia' 讨论了加泰罗尼亚暴乱中的歌曲、诗歌与戏剧。

68. Valerius，*Neder-Landtsche Gedenck-Clanck*，235－6. 然而，在 1640 年代，歌曲并未展现出之前在法国革命中的重要意义，参见 Weber，*My France*，92－102，'Who sang the Marseillaise'。

69. Lorandi，*Spanish king of the Incas*，23，quoting Bishop Juan de Vera of Cuzco in 1635；Valladares，*Epistolario*，139，139，Olivares to Basto，26 Nov. 163（similar sentiments in his letter of 18 Dec. 1637：ibid.，157）；Paul，*Diary*，87－8，沃里斯顿的约翰斯顿关于偷听到的汉密尔顿对查理一世讲话的报告，1639 年 6 月 17 日。

70. Bacon，*Essays*（1625），'Of seditions and troubles'；Walter，*Understanding popular violence*，259（约翰·皮姆于西洋旧历 1642 年 1 月 25 日或 26 日的讲话）。有关类似的西班牙评论，参见第 3 章与第 9 章。

71. Wood，'Fear'，814；Hill，*World turned upside down*，108，quoting *The mournfull cries*（and several other similar statements from 1648－9）；Bercé，'Troubles frumentaires'，772，report on the rioting at

Fermo；Bercé，*Histoire des Croquants*，II，546，account of the Bordeaux riots in Aug. 1648.

72. Huang，*Taxation*，145 – 7；Cueto，*Quimeras y sueños*，80 – 1，Philip IV's Instructions to his 'junta de conciencia'。当然，1641 年国王的担忧可能只代表对加泰罗尼亚与葡萄牙暴乱扩大的恐惧。

73. Spence，*Woman Wang*，13；Darling，*Revenue-raising and legitimacy*，248 – 67 提供了一份对一个财政部门接收的请愿书之记录的详细分析，这份记录中包含了 1634～1643 年接收的 625 份请愿，该部门只拒绝了其中两三份。其他事例参见 Faroqui，'Political activity'，especially 31 – 32；以及 Barkey，'Rebellious alliances'，706。

74. Mackay，*Limits*，ch. 4 提供了一些惊人的事例。就请愿书在近代早期英格兰作为"弱者的武器"的情况，参见 Walter，'Public transcripts'，137 – 43。

75. Lorenzo Cadarso，*Los conflictos*，178 – 9. 这 9 场叛乱的发生地便包括阿尔德亚努瓦 – 德 – 埃夫罗。

76. Ibid.，109，179 – 80 and 192. Lope published *Fuenteovejuna* in 1619. Olivari，*Entre el trono*，125 – 6，Olivari，*Entre el trono*，125 – 6 讨论了该戏剧在西班牙的一举成名。

77. Bercé，*Histoire des Croquants*，II，597 – 9（Bayonne in June 1641）. 两年后，政府废除了一项不得人心的财产税，理由是"收缴前述税金的花费与苛捐杂税超过了陛下所得的三倍或四倍"（loc. cit）。关于其他"战略性撤退"的情况，参见 ibid.，680 以及 Pillorget，*Mouvements*，566（皆来自法国）以及西班牙的"绿旗"暴乱（第 9 章）。

78. Robert von Friedeburg 提醒我与国家权力相对抗向来都是高风险策略：近代早期政府为其反对者贴上卖国贼的标签，从而采取相应措施，而它们的当代继任者则称其反对者为"恐怖主义"，并以此为依据行事。

79. Blair and Robertson，*Philippines*，XXIX，221 – 5，Juan López，S. J. 对 1639 年"常来人"暴乱受到的残酷镇压的叙述；关于中国法典的暴虐之处，参见 Spence，*Emperor of China*，31 – 7 及本书第 3 章。

80. RAS *Muscovitica* 602，n. p.，Adolph Ebbers to Charles XI of

Sweden, Moscow, 21 Aug. 1662; and Gordon, *Diary*, II, 159 – 62. In RAS *Livonica* II, vol. 176, n. p. , Ebbers to Governor General Helmfelt, 26 Sep. 1662 指出，"那些我之前提到的将被割一只耳朵的男孩们得到了赦免，他们可以留下自己的耳朵，但是需要被烙上和其他（暴乱者）一样的印记"。关于对斯捷潘·拉辛领导的反叛的残酷镇压，参见第 6 章。

81. Price, *Memoirs of the Emperor Jahangueir*, 225 – 6.

82. Foisil, *La révolte*, 310 – 35; Bercé, 'L'émeute', 759 – 89.

83. Goldie, *The entring book of Roger Morrice*, III, 27 – 8 （蒙茅斯还说 "他本可以多添两三万士兵，但他无法为他们配备武器"）; Clifton, *The last popular rebellion*, 231 – 41。

84. Hugon, *Naples*, 238 – 9, quoting Don Juan on 21 Feb. 1648, and Philip IV and Oñate after the surrender on 6 April; 243 – 56 and 263 – 6. 虽然如此，奥尼亚特为了保留西班牙的控制权，仍做出了部分重大让步，参见第 14 章。

85. AHN *Estado libro* 961/56 – 59v, Olivares 'Relación' prepared for the duke of Bragança, Nov. 1637 （the same phrase appears in Viñas Navarro, 'El motín', 38, Philip IV to Duchess Margaret of Mantua, ［undated］）; AMAE （P） *CPE Supplément* 3/189 – 91, 'Première négociation des François en Cathalogne' by Bernard Duplessis-Besançon.

86. Chéruel, *Lettres*, III, 1, 061, Mazarin to Ambassador Chanut in Stockholm, early Sep. 1648; Bercé, 'Troubles frumentaires', 789, Giuseppe Caetano, governor of Perugia, to Cardinal Panzirolo, 14 July 1648.

18 "惟冀目前有变"：贵族、知识分子、教士和"无名无姓的泥腿子"[1]

后来成为路易十四首席财务大臣的尼古拉斯·富凯在 1644 年还是法王在罗讷河畔瓦朗斯的代表，他对当时该城居民发起的骚乱进行了一番分析。富凯总结说，尽管他所直面的骚乱的**根源**"的确在于普通大众的悲惨境况，但事态**升级**的过程始于最具权势者之间的分歧——尽管这些人本应一致反对骚乱"。数年之后，苏格兰革命的主角阿盖尔侯爵也用另一种说法表达了相同的观点。"大众的怒火，"他写道，"若没有上位者的鼓动，便不会有明确的目标。"[2] 近代早期世界有三大"权势者"群体拥有令"大众怒火"威胁到政府存续的力量：贵族、受过教育的世俗人士，还有教士——在 17 世纪中叶的每次大型骚乱里，以上三类群体至少会有一类牵涉其中。不过有的时候，出身卑贱的"无权无势之人"也会扮演重要角色（尽管为时短暂），在城市暴乱中尤其如此；他们有时也能像阶层更高的人一样搞出一整套精巧的学说和论述，论证他们反抗政权的合理性。

贵族制的危机

尽管互为死对头，黎塞留和奥里瓦雷斯却都完全同意一则治国的恒言。1624 年，（出身贵族家庭的）黎塞留提醒路易十三要"将贵族置于王权之下，王权才是国家运转的唯一枢轴"；就在同一年，奥里瓦雷斯伯爵－公爵告诫腓力四世，有必要让贵族"始终由自己驾驭，不让他们中的任何一人变得太过强大"。国王"在任何情况下都不能允许大大小小的贵族赢得人心"。[3]在此后20年里，两位大臣都残酷无情地践行了他们自己的建议。公开挑战国家政策的法国贵族（不论是国内政策，比如对黎塞留禁止决斗的抗议；还是国外政策，比如赞成与西班牙媾和）要么被送上绞刑架，要么被投入监狱，要么被流放。在腓力四世这边，他也将1632年密谋反对他的南尼德兰贵族处以死刑；他囚禁了梅迪纳－西多尼亚公爵，处决了阿亚蒙特侯爵和两名西班牙最具权势的贵族（事发于1641年，他们试图创建一个独立的安达卢西亚的密谋败露之后）；腓力还下令拷问伊哈尔公爵，逼他吐露所谓密谋的实情。1640年12月奥里瓦雷斯初闻里斯本暴乱的传言时，并没有太过担忧，"因为贵族还没有加入，而在葡萄牙，除非贵族卷入，民众作乱不足为惧"。奥里瓦雷斯唯一担心的是"布拉干萨公爵已经有些时候没有来信了"——他还不无睿智地补充说，"他与上述混乱的距离是如此之近，他要写信也是易如反掌"，因此他的沉默"有些令人生疑"。此时，布拉干萨公爵获"鼓掌通过"被拥立为葡萄牙若昂四世已经一个星期了。[4]

17世纪欧洲贵族造成的政治危险要胜过世界其他地区，而欧洲大陆本身也包括三个各不相同的"贵族地带"。一些地区的贵族家庭在总人口中占据的比例很高，形成了一个极端：西班牙有10%，波兰－立陶宛联邦有7%，匈牙利则有5%。与之相对，法国、英伦诸岛、荷兰共和国和北欧诸王国则属于另一个极端，那里的贵族人数相对稀少，只占总人口的1%乃至更低。[5]欧洲大陆其他地区则处于上述两个极端之间，不过各地的贵族人口几乎都在膨胀。1644～1654 年，克里斯蒂娜女王就将瑞典的贵族阶层规模扩充了一倍；而在 1600～1640 年，腓力三世和腓力四世几乎令那不勒斯王国的贵族头衔数量增长到之前的三倍，西班牙本土的头衔数量则翻了一番；詹姆士一世和查理一世也让爱尔兰贵族阶层的规模增长到之前的近四倍，在英格兰则增加到之前的两倍多。

不少新贵族获得头衔都是出于传统原因——回报他们对国家的杰出贡献——不过更多的人之所以成为贵族，要么是因为他们对君主有功，但君主除了封爵之外别无回报之法，要么就是因为君主采用了牺牲其他人的利益，赋予某个群体（比如"宠臣"的亲戚）以权力的策略。不过，不论是新贵族还是旧贵族，绝大多数贵族都为自己设定了三重政治角色：第一，他们相信自己应当帮助国王统治；第二，他们试图让国王注意到自己家人和追随者的需求和利益；第三，为了保有他们祖先为王室效力换得，也是自己与生俱来的"自主权"，他们自觉（根据法国历史学家阿莱特·乔安娜的风趣说法）有"反叛的义务"（duty to rebel）。[6]

黎塞留、奥里瓦雷斯和乌克森谢纳这样的军国重臣和宠臣都以两种不同方式激怒并最终疏离了他们的贵族同僚。其一，上述诸大臣坚持"必要性面前无法律"（necessity knows no law），结果他们反复破坏了贵族在征兵时期免于征发，筹集军费时免受税吏盘剥，以及专员要求贵族登记自身免税身份时的豁免权；其二，宠臣力求将国王的注意力限制在自己的追随者身上。贵族家庭的经济状况曾仰赖王室的恩惠——例如肥缺公职的授予，或是颁布单方面降低他们债务利率，保护他们免受债主催逼的法令——但是，现在他们就不得不仰赖宠臣的恩惠

536

了。在经济困难且税收苛重的年代里，许多贵族都因宠臣说服国王撤回对他们的财务优惠而蒙受经济灾难。[7]

尽管如此，被怠慢的贵族还是会出手反击。1637年爱丁堡女仆在教堂礼拜期间的"喧哗骚动"拉开了苏格兰革命的序幕，而这场喧哗骚动正是始于几家心怀不满的贵族，他们仔细地吩咐自己的仆人应该在什么时候采取何种行动。贵族的介入不但解释了这些仆人的行为为何如此大胆，也解释了政府何以做出既不拘禁也不惩罚任何一人的决定。而在英格兰，对查理一世的正式反抗始于1640年，标志是一封由7名贵族签署（后来有超过20人签署）的请愿书。这封请愿书要求国王"消解并阻止"特定的不平之事，并将不平之事的"始作俑者和加害者"移送"司法审判并施以应得的惩罚"。他们的举动迫使不情不愿的国王首先召集了一场"贵族大议事会"（超过70名贵族与会），接着又召开了议会。上院（贵族院）在这届议会扮演了重要角色，确保让国王进一步让步。三分之一的英国贵族阶层最后都参加了英国内战。

贵族们发现，如果缺少"宪制平台"，他们的反抗就会更为困难，尽管不是全无可能。在西班牙，贵族阶层放弃了参与议会的权利，所以个别贵族的叛乱（1641年的梅迪纳－西多尼亚和阿亚蒙特，1648年的伊哈尔）一无所获；但在佩皮尼昂于1642年落入法国手中之后，集体行动就发生了。卡斯蒂利亚的显贵们抵制宫廷，声明如果国王陛下不将奥里瓦雷斯撤职，他们的抗议就将继续。在贵族"罢工"进入第三周后，腓力退缩了。虽然贵族之间如此规模的团结一致在哈布斯堡时代再未重现，但是拥有领地之精英阶层的集体抗争仍在地方上延续了下来，例如在1652年和1653年对抗纳赫拉和纳瓦雷特领主的四场叛乱中，就有33名加入了卡斯蒂利亚各骑士团的骑士参加，这四场叛乱也都赢得了较大让步（尽管只是对地方社区的让步）。[8]

法国的贵族也缺少发泄怨情的公共平台。尽管几个省份都有代表会议，也可以依法在国王缺席时集会以让这些地区的贵族集体发声，但将整个王国的代表聚在一起的三级会议唯有得到法王的召集才可举行——而在1614年之后，法王就再也没有召开过三级会议。与西班牙一样，17世纪的法国贵族试图以集体行动让君主知晓他们的意见。1651年孔代亲王和两名贵族盟友被捕之后，约800名贵族从法国全境齐聚巴黎，花了整整六周时间要求释放他们的领袖，并对他们的不平处境予以补偿——其中就有一个新成立的三级会议。政府最终承诺答应他们的诉求，劝说各路贵族回到他们的省份，还起草了一份《陈情请愿清单》（*Cahiers de doléances*），不过这是一场骗局：从此直到1789年为止，三级会议再也没有召开过。

缺少宪制平台的不满贵族只好另寻他法来表达冤屈。有些 537 人诉诸印刷品：1610～1642年，法国近半数小册子作者都是贵族；而在佛兰德地区，几名贵族出钱雇用了一小群写手宣传他们的观点（孔代亲王也在他的巴黎别墅里放了一台印刷机）。[9] 还有贵族发动地方叛乱。1637年在法国西南部的佩里戈尔，刚从军旅退伍的莫特－弗雷特勋爵安托万·杜普伊慨然答应领导 "乡巴佬" 叛乱；两年之后在诺曼底，蓬埃贝尔勋爵也摇身一变成了 "赤足党将军"，统领着一支 "受难军"。这两场叛乱都没能获得长期的让步，但有时贵族会取得更大的成就。比如在1641年布永公爵就下令，若有任何王室军队试图在他领地之内的 "任何教区强行借宿"，同时 "却没有国王明令的话，上述教区就应敲响教堂大钟警告邻近教区，提醒它们履行义务立即赶来支援"，将王室军队赶出辖境。[10]只有一名法国贵族将"反叛的义务"履行到了近代早期数百年间的极致，他就是孔代亲王路易·德·波旁：他得到举国拥戴，竭力谋求首相大位；而在失败之后，他转投法国的劲敌（腓力四世），以继续推进他的事业。

有三大因素足以解释为什么孔代的极端举动事实上在 17世纪的欧洲仍属孤例。第一，绝大多数号召"举国拥戴"的企图都因地方上对首都和宫廷的切齿仇恨而毁于一旦。正如一份记载"乡巴佬叛乱"的史料指出，"只凭'巴黎人'这一字眼就足以点燃所有人心中的仇恨和恐惧，这个词一说出口便有可能招来杀身之祸"。不论在法国还是其他各国，地方的反叛者通常都"决心绝不欢迎任何从宫廷来的贵族或领主"。[11]第二，叛乱成本巨大，绝大多数异见贵族都缺少足以维持长期抵抗的收入：一旦王室同意恢复他们的偿付能力以换取和解，很少有人会拒绝。比如在 1651 年，马扎然就通过承认布永公爵对自己在法国之领地的统治主权并赠予他大片王室领地赢得了他的效忠。第三，绝大多数欧洲大贵族的既得利益令与政府斗争到底的策略得不偿失。成为葡萄牙国王之前的很长时间里，布拉干萨的若昂公爵拥有的权力多过其他任何葡萄牙贵族（乃至整个西欧的大多数贵族）。他的庞大收入足以按王室规制养活拥有 400 名成员的家族，而在此之外，他还能得到大量教会赞助。若昂公爵还能自行授予贵族头衔，这在欧洲绝无仅有，他也因此长期与宫廷政治保持距离，因为他对国王已别无可求了。相反，他专注于明哲保身，打理自己继承的资产、特权和优渥地位。直到 1640 年，若昂公爵才抛开了他的审慎立场，因为奥里瓦雷斯坚持让他自己征募军队并率军去加泰罗尼亚作战。公爵担心（这大体上是正确的）这样一来他就再也回不去了——因此他决定与一群试图拥立他为王的密谋者并肩作战。若昂的王朝也将从此统治葡萄牙和巴西近三个世纪。[12]

在布拉干萨的若昂公爵之外，还有很多显赫贵族将保证祖业的存续放在他们政治议程的头等位置，尽管这会让他们的效忠不再那么可靠。安特里姆侯爵兰道尔·麦克唐奈（Randall McDonnell）的决断就是一例。他在爱尔兰、英格兰和苏格兰都有规模庞大的地产和利益，保障这些地产和利益完好无损就成了他在 17 世纪中叶剧变期间的第一要务，他也因此维系对查理一世的忠诚直至 1645 年（考虑到国王政策的反复无常，这绝非易事）。而一旦国王无法再提供保护，麦克唐奈便与其他势力暗通款曲，他在这之后成了爱尔兰天主教联邦的总统、私掠船主和军阀、克伦威尔的合作者，最终竟又成了王权复辟的支持者。有些同时代人指责他"坑害盟友"，还有人控告他"毒害万物"，令"王国的大部地区蒙受损害"。不过正如安特里姆侯爵的传记作者简·艾伦美的评论所言："类似'背信弃义'（treachery）和'爱国主义'（patriotism）这样的概念在近代早期的盖尔语世界没有多少意义，这里的人首先忠于家庭和氏族，其次是宗教，最后才是君主和国家。"只要战争的运势来回摆荡，贵族阶层为了保护他们祖产的完好无损就会做出类似的妥协，安特里姆这样的人在西欧也因此层出不穷。[13]

在某些国家，贵族阶层已经取得了如此之大的经济权力和政治权力，以至于他们不必做出上述妥协也能得偿所愿——因此也就不会认识到"反叛的义务"。在瑞典和丹麦，直至 1660 年为止，贵族阶层不仅拥有大片地产，还控制着王

538

室枢密院，君主没有这一机构的首肯便难以施政；波兰－立陶宛联邦的贵族不仅在联邦议会里拥有一票否决权这样的绝对控制权（可以使所有议程陷于瘫痪），还可强行解散议会。在俄罗斯，贵族运用他们在"缙绅会议"中的优势地位推动授予自己对农奴之绝对主权的立法。他们还毫无廉耻地收割了1648～1649年震动帝国的那场大众骚乱留下的果实，以倒逼沙皇顺从（见第6章）。

没有任何欧洲以外的世袭贵族群体在17世纪中叶的政治大变动中扮演了重要角色。事实上，有的国家甚至根本没有世袭贵族。尽管莫卧儿帝国将封地赠予他们的重要追随者，这些封地却不能世袭。虽然历代奥斯曼苏丹也将封地赠予手下骑兵，但他们从未成为欧洲意义上的"贵族阶层"。明代中国存在大量拥有封地的家族，但其中绝大多数都是朱家宗室（他们享有丰厚的宗禄）。明朝宗室对中央的忠诚坚定不移，因为他们深知若非皇室庇护，他们就会失去一切——1640年代恰恰发生了这样的事，起义军公开羞辱、处决所到之处的宗室子弟，没收他们的财产。最后，历代德川将军都推行了范围甚广的政策，以控扼日本的200个大名：命令他们在各自封地只保留一座城池，其余尽数摧毁；命令大名给将军自己的建筑工程提供大笔"捐献"；要求所有大名都花上一半时间待在江户出勤，妻子儿女也全部留在江户保证效忠。此外到1651年为止，历代将军都将招惹自己的大名撤封，有时甚至处决。幕府还强制大名们从一个封地轮换到另一个封地，时而直接控制少数大名封地的行政权。1651年德川家光去世时，尽管一些心怀怨恨的武士密谋推翻德川幕府，但他们完全没有得到大名的支持（见第16章）。

教育和革命[14]

在 17 世纪中叶的世界各地，第二类"有权势者"（用尼古拉斯·富凯的术语来说）也推动了大众抵抗：受过教育的世俗人士。讽刺的是，国家一手打造、用于培养饱学官员的教育体制也制造了受到良好教育的批评者和反对派。在中国，根据学者汪道昆的说法，绝大多数家庭都发现，科举制度带来的成功回报是难以拒绝的：

> 新都，三贾一儒，要之，文献国也。夫贾为厚利，儒为名高；夫人毕事儒，不贾，则弛儒而张贾，既则身飨其利矣。及为子孙计，宁弛贾而张儒，一弛一张，迭相为用；不万钟，则千驷犹之，转毂相巡，岂其单厚然乎哉？[15]

汪道昆本人是商人子弟，跻身成功官员行列的他深知，尽管经商可以获利，只有"事儒"才能带来名望——他一定也知道，究竟有多少人"屡试不第"。这道算术题很简单：5 万名生员之中有 99% 的人都在三年一次的举人考试中落第，而 15000 名参加三年一次进士考试的举人之中也有 90% 名落孙山（见第 5 章）。中国的总人口也许在明朝翻了一倍，但如果将所有应举和落第的人都算上的话，1620 年代的生员人口可能已经超过 500 万，达到明初的 21 倍。在一些县城里，失意文人可能有 1000 人以上。随着国家面临的难题成倍增加，一些文人开始批评政府，乃至造反。

文人群体于 1626 年发动了一场极为大胆的骚乱，地点是富庶的江南城市苏州。当时皇帝的大太监魏忠贤下令逮捕他的批评者——颇有令名的退休官员周顺昌（据一份史料说，他"嫉恶如仇"）。约500名生员表达了正式抗议，他们围在当地官员的衙门前，乞求他不要执行这一逮捕令，因为这是由魏忠贤而不是皇帝下发的。尽管官员颇有迟疑，缇骑还是开始逮捕周顺昌。据一个目击者的说法，此举引发了"一场千古未见的大骚乱……事态完全失控，法律和秩序都无法实施执行"。读书人打死了一个缇骑，还追打剩下的人。暴乱持续了三天之久。魏忠贤后来将五个为首的苏州造反文人处决，将其余五人降职，其余不少人也被罚做苦役。[16]

540　　　尽管上述严厉举措暂时压住了文人群体的集体骚乱，但还是有个别文人继续批评明朝政府的政策。同时，还有落职闲住的官员发声批评那些赶他们离开朝廷的人。汤显祖（1550～1616年）通过了全部三级科举考试，开启了前途无量的宦途，却在47岁那年辞职回乡寄情创作，写出了著名的剧作《牡丹亭》，以及其他一些小册子。这些小册子将他在官场的前同事描绘成腐败透顶而又极其无能的书呆子。冯梦龙（1574～1646年）屡试不第，干脆退而收集并发表小说、诗歌、笑话和短篇故事，他也将文人士大夫描绘成贪腐的丑角。艾南英（1583～1646年）在1624年的举人考试中取得功名，也博得了声誉，他的策论被公认为含有批评魏忠贤的内容。一怒之下的魏忠贤下令让艾南英必须再等九年才可参加进士考试。艾南英的回应则是撰写批评文章、书信和诗歌，结果他的作品大受欢迎，"苏杭的书商花钱请他前去撰写文章——不论什么——他们都可出版"。三种版本的艾氏文集也在该世纪末得以刊行。

　　一位名叫张涛的县官通过了所有科举考试，他在1609年编纂的一部县志中撰写了一篇文章，将明朝历史与一年四季相比拟，提出了强有力的批评。根据张涛的理论，"冬"与王朝的早期相符，那时"家给人足，居则有室，佃则有田，薪则有山，艺则有圃。催科不扰，盗贼不生"。接下来便是"春"——时值15世纪末和16世纪初——"出贾既多，土田不重。操资交捷，起落不常"。由此导致了道德秩序的衰退，"诈伪萌矣，讦争起矣，芬华染矣，靡汰臻矣"。时间推移到16世纪末，情势又加速到了"夏"："富者愈富，贫者愈贫。起者独雄，落者辟易……奸豪变乱，巨猾侵牟。"而到17世纪，张涛认定的"秋季"已大行于世："富者百人而一，贫者十人而九。贫者既不能敌富，少者反可以制多……贪婪罔极，骨肉相残，受享于身，不堪暴殄。"[17]

随着公共秩序和经济境况趋于恶化，晚明失意文人纷纷加入"书院"重拾信心，在当时的2000多家书院中最负盛名的就是无锡的东林书院，致仕官员、应举士子和其他文人都在那里讨论时事议题。书院被镇压后，不少东林士人都加入了复社（1629年成立）或其他"文社"。他们在文社里不但讨论文学、哲学和历史，有时也讨论终结政府腐败和应对那些传统秩序面临的内外威胁的切实办法。尽管书院和文社的顶尖成员都成功将他们的理念纳入了科举考试，但他们既没能遏制贪腐，也没能左右中央政府的政策（见第5章）。有些人因此投奔了李自成或是清朝（有些人甚至先后投奔了上述两大政权）。还有一些文人创设了自己的盗匪帮派。1643年，山东孔家的一名幕僚抓住了一群盗匪，他惊讶地发现被捕的24人中的绝大多数是本县学校的生员。当地文人贿赂一名官员，将他们释放。这帮人带着1000名仆从卷土重来，将那位幕僚的居所焚

541

为平地，还杀死了他的不少亲属，从山东省最有权势的孔家盗走了"谷物、驴、马、牛羊，所有积攒的财物"，以及相当于8000盎司的白银。[18]拜上述"胜利"所赐，"生员匪帮"因而蓬勃壮大，至清兵入关时方休。

明朝士子制造变乱的全部潜能要到清朝于1645年颁布"剃发令"之后才会显现（见第5章）。中国南部的数万士人不分科第级别都站出来誓死抵抗清朝的统治，许多人宁愿杀身成仁也不愿像满洲人一样剃发垂辫。当然，他们还是没能迫使清廷改弦更张，但他们的学识和共同拥有的价值观都发挥了"力量放大器"的效用，大大加强了他们政治反抗的力量。

与中国一样，欧洲各国培养受良好教育之官员的做法也孕育了一批有文化的批评者和反对者。到1620年代，欧洲男性可在近200个机构接受高等教育，其中一些机构的规模大得惊人（插图49）。那不勒斯大学的学生人数竟有5000人左右，萨拉曼卡大学则有约7000名学生。查理一世时代，每年都会有约1200名学生从牛津大学和剑桥大学毕业，此外还有数百人在律师学院（Inns of Court）学习法律。时至1650年代，根据苏格兰访客詹姆斯·弗雷泽的说法，"四大律师学院的师生现在已经达到1000人或1200人"，剑桥大学"则有3200名学生或更多"，（"近来衰落不少"的）牛津大学则要少上一些。[19]

绝大多数欧洲国家的学生群体都包括许多贵族子弟。在巴伐利亚，1600～1648年因戈尔施塔特大学录取的学生中有近五分之一都是贵族；1620年，下奥地利新教贵族中的一半都受过高等教育。在英格兰，按照詹姆斯·弗雷泽的说法，"所有绅士，以及数目可观的高等贵族"都能"精通修辞、逻辑、算术、数学，掌握使用法语和拉丁语辩论的能力"。大多数人

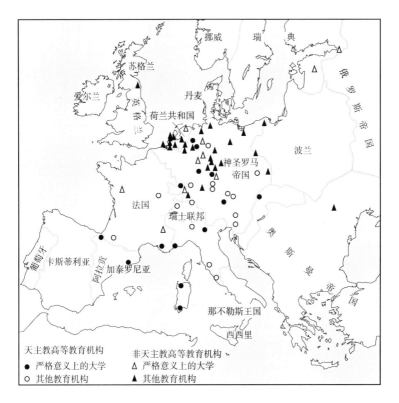

天主教高等教育机构
● 严格意义上的大学
○ 其他教育机构

非天主教高等教育机构
△ 严格意义上的大学
▲ 其他教育机构

49 欧洲成立的大学，1600～1660 年

尽管欧洲高等教育机构的扩张在 1600 年之后一度停滞，但此后的数十年里 542
我们还是见证了为数众多的新设机构，特别是在天主教和新教交相竞持的那些
地域。有些教育机构为时并不长久：1658 年在杜伦成立的大学学院仅仅一年之
后便关门大吉。

都学习法律——虽然用弗雷泽的话说，他们只是"学到足够
管理地产，掌握绅士必需之品质的程度而已"。[20]

西班牙的情况也与此类似，当地的许多学生都是前来学习
法律的贵族子弟。堂·加斯帕·德·古兹曼（也就是未来的
奥里瓦雷斯伯爵－公爵）年方 14 岁就进入萨拉曼卡大学学习
教会法。他在上午和下午都要接受讲座授课，夜里学习课堂笔

记，每天还要熟习六项新戒律及其注解。在入学之后的第三年，同学们就选举堂·加斯帕为牧师，他似乎注定要在毕业之后进入教会。不过在哥哥去世后，父母将加斯帕召回了宫廷。如果堂·加斯帕一直从事神职的话，他也许就会进入西班牙的某座进修学院（Colegios Mayores）深造，那里不但培养主教和修道院院长，也会派学生出任西班牙和美洲殖民地的高级行政和司法官员。正如理查德·卡根对哈布斯堡西班牙境内大学的经典研究所论述的那样，"世上没有第二条职业或学业路径可以带来如此丰厚的经济机会和阶层跃升机会"。[21] 就连汪道昆恐怕也要对此妒羡交加。

到 1630 年代，差不多每 40 个英格兰年轻人中就有 1 个人上大学，这一比例在西班牙则是二十分之一——这个比例在长时间内无可比拟，直到 20 世纪末才被超过。除此之外，英格兰所有成年男性里有近三分之一或多或少参与过执法过程，不论是作为治安官、警察，还是陪审员——这一参与率高得惊人。与中国明朝一样，读书人及其传递的价值观都发挥了"力量放大器"的作用，他们的政治反对力量也因此大大增强；没有一个欧洲政府成功让所有高教机构的毕业生就业，这一点也与明朝类似。到 1630 年代，牛津剑桥两校每年有约 300 名毕业生进入教会，还有 200 人转而学习医学或法律——但是，尚有另外 700 人找不到好的工作。西班牙等国的情况也类似——尽管许多毕业生都进入教会，也有少部分人成为大学教授，但还是有更多的人面临毕业即失业的困境。

毕业生的"供给过剩"令政府大为不安，原因正如英格兰的一位资深法官——他毕业于牛津和四大律师学院——的金句所言，"饱学而无业只会滋养叛徒"。他表示，"我们的美好生活对饱学之人供不应求，相形之下，我们的饱学之人对美好生活而言又是供过于求"。在西班牙，尖酸刻薄的作家弗朗西斯科·德·奎维多（毕业于康普顿斯大学）也认为，大学与其说是巩固了国家还不如说是侵蚀了国家。王国"常常得自将军，朽自学生"，他写道，"是军队而非大学赢得并捍卫了"国家；"战斗带来了王国和王冠，而教育只会给你学位和毛绒球"。在瑞典，乌普萨拉大学秘书长抱怨："文人学士太多了，尤其是在政治领域，其人数多于可以提供给他们的收入和工作。他们愈发绝望，愈加缺乏耐心。"毕业于因戈尔施塔特大学的神圣罗马帝国皇帝斐迪南二世也将波希米亚和奥地利的叛乱归咎于大学。斐迪南声称，他的贵族臣民"在青年时代吸纳了叛乱精神和反抗合法当局的情绪"。[22]

他们的指责不无道理：落魄文人在欧洲的很多叛乱中起到了重要的推动作用。在波希米亚，叛乱政府里有 12 名大学毕业生；在法国，投石党之乱因一群失意律师（*Maîtres de requêtes*）而起，变乱的第一个高潮也是起源于一位敢于直言的法官（皮埃尔·布鲁索尔）遭到逮捕。在瑞典，两名接受过大学教育的律师（斯德哥尔摩的市长和市政厅秘书）和王室史官领导了 1651 年反对克里斯蒂娜女王的行动。腓力四世的反对派领袖中有许多也是受教于大学的律师（那不勒斯的朱利奥·热诺伊诺、弗朗西斯科·阿尔帕贾和文琴佐·安德烈；加泰罗尼亚的琼·佩雷·丰塔内拉，其子约瑟普，以及马蒂·维拉达莫尔），支持他们的还有大学毕业的历史学家（西西里的弗朗西斯科·巴洛尼奥斯、那不勒斯的弗朗西斯科·德·佩特里和加泰罗尼亚的琼·路易斯·蒙卡达）。[23]

尤为值得关注的是，查理一世几乎所有的主要反对者——

无论在新世界还是旧世界——都接受过高等教育。哈佛学院一期毕业生有24人，其中至少14人返回英格兰支持议会派。苏格兰革命的"设计师"包括在格拉斯哥大学教书的罗伯特·拜利，他的学生沃利斯顿勋爵，还有曾在圣安德鲁斯大学就读（也曾短暂执教）的亚历山大·亨德森。在爱尔兰，菲利姆·奥尼尔（阿尔斯特叛乱的领导人）曾在伦敦的律师学院学习，爱尔兰联邦大议会成员中有五分之一的人亦然；马奎尔勋爵（1641年密谋的策划者）也曾于牛津的莫德林学院就读。最后，1640年英国议会下院的当选议员中有五分之四都曾在大学或律师学院就读，有人甚至兼而有之。在1668年写成的《贝希摩斯》一书中，托马斯·霍布斯以对话体的形式回顾了英国内战的起因。他认为，牛津（他的母校）和剑桥"对这个国家而言就像特洛伊木马一样"，因为"从这两所大学里毕业的都是一群布道者，他们教授的"是反抗。更严重的是，"我们的叛军正是在讲坛上被公然灌输了谋叛的想法"。霍布斯并未将这一评论限于英格兰一国。这篇对话后来出现了一个暴躁冲动的英格兰内战幸存者，他宣称："正如你所见到的，也正如你所读到的，英格兰叛乱和其他各国的叛乱，核心都在大学。"他的年轻对谈者闻言回复说："就我所目睹的一切而言，只要世界延续下去，基督教世界诸国都将受困于这种频频发作的叛乱。"的确，17世纪西欧每一场大型叛乱都少不了为数众多的大学毕业生的身影。[24]

西欧基督教世界：好辩的教士们

教士阶层构成了第三个有能力将大众骚乱转变为革命的"权势者"群体，这在西欧基督教世界尤为显著。乍一看来他们的角色也许让人讶异，因为诚如阿盖尔侯爵于 1661 年所言：
"真正的宗教在政治中应缓和而非激化局势，他们会巩固人们
对当权政府的服从，而不是邀请他们建立一个新政府"——
的确，《圣经》（特别是《新约圣经》）和许多宗教作家都强调
服从之必要。阿盖尔对此无疑感受更深：他曾目睹苏格兰的加
尔文宗教士先是运用自己的权威谴责合法政府，接着又成立了
一个新政府，最后还强迫他们的国王皈依他们的信仰，以此作
为允许他进入苏格兰王国的条件。苏格兰历史学家（也是一
位滥用隐喻手法的作者）詹姆斯·贝尔福爵士在谴责苏格兰
教士的时候并未夸大其词：他认为，这些教士是为内战之
"可怕烈火助燃的最大风箱"。原因在于，"对任何国家而言，
他们都是最好的工具傀儡，一旦误用就会遗祸无穷，带来最严
重之危险"。接下来贝尔福还辛辣地说道：

> （如果教士选择）滥用他们的天分，放任自己攻
> 讦倾轧之情，那么他们在任何国家都将成为穷凶极恶
> 的敌人、溃疡朽坏的害疮、五毒俱全的蛇蝎，对任何
> 贵族君王都是最为危险的祸害；他们会在良心问题上
> 左右摇摆，而这恰恰是操纵理性生物之行动、言语和
> 思想的船舱；他们依照身前指挥棒的颜色随心所欲地
> 拨弄这些言语和思想，在人们心中注入兽性。[25]

新教牧师也在其他国家扮演了煽动暴动的"最大风箱"
的角色。在英格兰，根据 1640 年代一位传教士的说法，虽然
"教士曾经将政府的权柄置于掌握之中"，但现在"基督王国
里人民的利益不只存在于顺从、服从和屈从，也存在于磋商、

辩论、商讨、预言、投票等活动当中；让我们固守那些由基督赐予我们的自由吧"。这位教士的一个同侪说得更为直白："牧师可以逐步帮助人民"直接参与政治，这样在"周日布道或宗教讲座上，他们不但可以知晓议会一周之前做的事情，还可知晓未来数周议会要做的事情"。于是，他们的教民就会准备好"前往议会（下院）喧腾以寻求公道"。[26] 在一代人之后的荷兰共和国，阿姆斯特丹的阿德里安·斯莫特牧师就利用布道谴责市政官和荷兰省督派出战舰"协助毁灭之子、撒旦之子……法王路易十三"。斯莫特的华丽文辞最终让荷兰舰船回国——而在此之前不久，阿姆斯特丹市政官还将斯莫特驱逐出城，以让他闭嘴。[27]

斯莫特的命运远非孤例。数年之前，荷兰改革派教会还驱逐了 200 名牧师，因为他们支持自己同道中人反对的阿民念派观点。在苏格兰，因为反对国家强制推行的教会体制（先是圣公会，后来是长老会），所有主教和 200 多名牧师都在 1638 年后丢掉了职位，1660 年之后更是有 300 多人被逐。出于同一原因，英格兰的所有主教和近 3000 名牧师（占教区牧师总数的三分之一）都在 1640 年代被赶下圣坛，另外还有 2000 名牧师在 1660 年代同遭厄运。上述被逐的牧师转而加入了那些尽管资历足够却没能拿到永久职位的学人：这两大群体都给公共秩序施加了潜在威胁。[28]

同样地，天主教教士也屡屡煽动不满情绪。一位西班牙宣传家曾说："葡萄牙人已经反叛了，他们还是坚定感谢许许多多教士的劝诫，因为后者用鲜明意见、危险宣言和那些臭名远扬的布道……论证了暴动的合理性。"他说得没错：1637 年，在埃武拉执掌当地大学的耶稣会士公开支持反抗西班牙的叛乱，还在邻近区域巡回煽动反抗情绪；而在 1640 年代，已知有 80 名葡萄牙传教士曾经布道支持"葡王复辟"。有些人将若昂四世重建葡萄牙王国比拟为重建耶路撒冷圣殿，他带领葡萄牙人摆脱束缚就好比摩西带领以色列人出埃及。还有一些教士提醒听众，与其"重回西班牙人的恶毒枷锁"还不如一死了之，为布拉干萨公爵的事业而死等同于宗教殉道。在法国，1676 年布列塔尼"红帽子"叛乱平息之后，路易十四从大赦令中排除的名单上就有 14 名教士。[29]

在加泰罗尼亚，教士同样在为反西班牙骚乱赋予合法性一事上发挥了关键作用。1640 年，主教和宗教裁判员都将那些在两所村庄教堂纵火的国王士兵开除教籍（正是这两座村庄举兵反抗）。而在之后的巴塞罗那围城期间，教士进行讲道与游行，夜以继日倾听忏悔，以团结抵抗力量。与葡萄牙类似，也有教士向教众保证，只要与腓力四世作战"且为祖国而死就会得到永生"。[30]七年之后在那不勒斯，异见教士（特别是修士）"鼓动人们安心作战，让大家相信自己将成为殉道者进入天堂"，还有一群教士拿起武器成立了一支常设民兵连队（他们和其他很多教士一样在叛乱平息之后选择逃之夭夭）。那不勒斯王国至少有三名主教后来被控煽动民变；地方城镇纳尔多的政府以煽动叛乱的罪名处决了四名主教座堂里的圣职人员。[31]就连枢机大主教阿斯卡尼奥·菲罗马里诺也直接介入了革命。1647 年 11 月，大主教在他的大教堂主持了吉斯公爵成为那不勒斯"领袖"（Dux）的仪式：他聆听了法国和那不勒斯共和国之间条约文本的正式宣读，还听取了吉斯公爵成为共和国永久"护国公"的宣誓；他还祝福了仪式上的佩剑和权杖。之后，大主教又与新任领袖一起出席了"赞美颂"庆祝活动，两人一同骑马穿过高呼"法王万岁"的人群。尽管数月之后西班牙人重夺那不勒斯，菲罗马里诺也曾与奥地利的堂·胡安并肩策马，但至少有一名编年史家断定，这位大主教"其实是大众运动的支持者，对西班牙没有多少感情"。[32]

事实证明，爱尔兰天主教教士最为好勇斗狠。尽管他们看似并没有怎么参与 1641 年暴乱的谋划工作，还是有许多教士在暴乱发生后立即伸出了援助之手。一些教士在战场上勉励叛军："亲爱的圣帕特里克的子孙，你们要凭着神圣信仰狠狠杀敌"，有个教士如是说；还有个教士在弥撒时"劝说现在的教众统统投身叛乱事业之中"，同时还诉诸极端情形，"向教众保证，尽管英格兰人会开枪射击，尽管有人会因此丧命，但他们不应当畏惧，因为如此而死就会成为圣徒；他们应当继续大举前进，杀死所有新教徒"。在阿尔斯特，有说法称"叛军之中的教士"断言"杀光新教徒并不是犯罪，因为他们活该如此"。在康诺特，一位修道院副院长信誓旦旦地向同道们表示，"他们杀死"新教徒"就像杀死绵羊和狗一样，完全合法"。在芒斯特，有人询问一位多明教会修士有关天主教徒对付新教邻居的计划，发出了"为什么要杀他们"的质问。这位修士回应说："因为若不杀死他们的话，天主教徒就永远无法在这个王国摆脱新教徒。"他还一语成谶地加了一句："我们已经有了法国的类似案例，除非来一场大屠杀，否则他们就没法免于异端邪说"——这显然是指 1572 年导致 1.2 万名新教徒被杀害的圣巴托洛缪大屠杀。[33]同样激进的还有 1645 年的爱尔兰耶稣会士康诺尔·奥马霍尼，其时正在埃武拉大学教书的他出版了一本小册子，祝贺自己的同胞杀死了 15 万新教徒、新移民，敦促他们再接再厉杀死剩下的新教徒，将国王查理一世换成一名爱尔兰本土君主。[34]

教士阶层在全欧叛乱中的介入颇具意义，因为他们构成了欧洲"公共知识分子"之中的一大部分：他们通过口语和写作左右大众意见，其载体既有讲坛、布道，也有书籍、小册子。以西班牙为例，尽管教士阶层只占总人口的 5%，但 17世纪该国超过一半的知识精英都曾领受圣职。此外，一份在1500 年到 1699 年间西班牙出版的书刊总目收录了 5385 种宗教书刊，这些书刊几乎全由教士撰写。相较之下，其他所有类型的书刊总共只有 5450 种（其中不少同样是由教士撰写）。[35]而在天主教欧洲的其他地区，17 世纪那不勒斯王国出版的书刊总目之中有五分之二由教士撰写，1640 年葡萄牙革命期间支持革命的小册子超过一半的作者是教士，1610～1643 年法国有名有姓的小册子作者之中有五分之一是教士。[36]

为鼓动反抗，天主教教士和新教牧师一样不仅将激进思想笔之于书，也会腾之于口。英格兰传教士斯蒂芬·马歇尔在题为《被诅咒的米罗斯》（*Meroz Cursed*）的布道词中向他的教众宣称"上帝不允许任何中立者"，还谴责了那些"虽很少想到德意志，但一想到德意志就表示遗憾"，却没有以实际行动支持当地新教事业的人。马歇尔还预言，那些没能在英格兰拥抱"上帝事业"的人将与《士师记》里遭诅咒的米罗斯下场一样，"因为他们没有去帮助上帝……对抗世间的强敌"。英国内战爆发的前一年，马歇尔向 60 个不同的会众团体布道，其中就包括将这些布道辞出版成书的议会下院。[37] 17 世纪的一些天主教和新教布道长达数小时，技艺娴熟的教士会在期间成功点燃虔敬听众的狂热，甚至让他们几近歇斯底里。1640 年代一位爱尔兰耶稣会士"总是被虔诚信众的哭声和泪水打断，甚至不得不放弃布道，因为他的声音已难以被听到"。一位法国耶稣会士总能将听众说得潸然泪下，教众争相触碰他的法衣，亲吻他的手，拥挤推搡的人潮有时甚至将他撞倒在地。[38]

西欧基督教世界的教士如此耸动人心的影响力在很大程度上要归功于他们接受的教育和精英背景。例如，在1641年的爱尔兰，所有主教、寺院修会教区长和数百名各级圣职者都到欧洲大陆接受了严格的神学教育。神学院的训练不但培养了爱尔兰牧师统一行动的能力，也带给他们相当程度的学识、纪律和举止，既能发起也能引导大众行为。虽然法国的天主教圣职者可能并没有同等水准的学识和纪律，但在1640~1660年获得提名的90名法国主教之中有四分之三出身贵族，有些人还来自法国境内最显赫的家族（枢机主教雷兹就是一位公爵的兄弟）。最后，在1640年葡萄牙"复辟"期间以布道对复辟事业表达支持的79位留下姓名的葡萄牙教士中有近一半都是贵族子弟。[39]

尽管在出身上通常没有天主教同行那般高贵，但几乎所有新教牧师都拥有耀眼的学术资质。一份对1640年代约400名苏格兰牧师的分析（他们全都参加了对抗查理一世的反叛）显示，其中只有四分之一出身领主家庭（里面只有20人是贵族），但他们无一例外都拥有大学学历。亚历山大·亨德森堪称是苏格兰"造反牧师"的代表。他从圣安德鲁斯大学毕业后立即留校任教，接着又成为附近一个小型教区的牧师。亨德森后来前往爱丁堡，在反对"劳德祈祷书"的行动中展现了令人生畏的口才和组织才华。1638年，亨德森起草了《国民誓约》，并主持了废除主教制度的大会。之后他当众布道，出

版小册子，论证武装抵抗查理一世的合理性，并直接与国王谈
判，主持了迫使英格兰和爱尔兰接受"神圣盟约"（见第 11
章）的交涉。用一位遭罢黜主教的刻薄之语来说，他已经成
为"苏格兰的教宗"。国王的画师安东尼·范迪克为其制作的
全身画像也让他声名鹊起。[40]

548

与亨德森同时代的两名圣职者也领导了欧洲的叛乱，不过
他们都是天主教神父。在加泰罗尼亚，帕乌·克拉里斯（出
身于巴塞罗那律师家庭）曾在莱里达大学攻读法律，后来成
为乌尔赫尔大教堂的一名神父。1638 年，克拉里斯与亨德森
在同一年赢得了声望：他在三年一度的抽签中当选为加泰罗尼
亚议会常设委员会的资深成员（"迪普塔西奥"，见第 9 章）。
凭借这一职位，克拉里斯精心策划了对腓力四世的抗命和进一
步的武装抵抗。1641 年他宣布加泰罗尼亚为独立的共和国，
由他本人出任元首。在爱尔兰，1642 年的基尔肯尼联邦宪法
赋予每位爱尔兰主教列席大议会（共有 17 人列席）的权利，
最高委员会（政府的行政分支）中也有至少 5 名主教。3 年之
后，教皇国派出乔瓦尼·巴蒂斯塔·里努奇尼担任教廷驻爱尔
兰大使，他给联邦带去了方向与指导。里努奇尼出身于佛罗伦
萨贵族家庭，在取得民法和教会法的双料博士学位之后出任菲
尔莫大主教，他在这座教皇国城市待了整整 20 年，在撰写与
出版著作的同时也治理教区，直至离任远行爱尔兰。1646 年，
里努奇尼成为最高委员会主席，也就是爱尔兰联邦的总统。[41]

世界各地的好辩教士

教士阶层的反对也在 17 世纪中叶威胁了其他国家的稳定，
其中尤为显著的便是奥斯曼帝国，那里的精英家族群体（所

谓"梅瓦利",见第7章)拥有将自己的职位和利益传给其他家庭成员的特权。只要奥斯曼帝国持续扩张并继续为培养经师、教士和法官的经学院的毕业生创造新的职位,这一特权带来的冲击就很有限;而一旦扩张停止,有些毕业生就得等待多年才能拿到讲道或教书的执照。职缺一直有限,心怀不满的无产教士阶层也就迅速滋生。

即便那些找到职缺的幸运儿也会煽惑生事。1630年代,极具个人感召力的卡迪萨德·穆罕默德号召回归先知穆罕默德时代的伊斯兰信仰实践,这套学说先在伊斯坦布尔,后在奥斯曼帝国全境都赢得了广泛支持。卡迪萨德吸收了虔心戒律的信徒,将矛头对准了与苏菲派相关的"宗教革新"。他们既谴责苏菲派的信仰实践(比如一边唱歌、念咒和跳舞,一边呼喊真主之名),也怒斥他们在社会生活领域的新做法(例如消费烟草和咖啡这样的兴奋剂以维持歌舞念咒的耐力)。每当有苏菲派领袖发起反击,卡迪萨德派(他们以此得名)就会还击。他们还殴打个别的苏菲派谢赫,洗劫他们的住所,威胁他们若不改弦易辙就杀死他们的信徒。

英格兰人保罗·里考特曾于1650年代居留奥斯曼帝国,他认为卡迪萨德派等极端的宗教派别"十分危险,容易对(奥斯曼国)长久以来的内部统一造成相当大的破坏。一旦形势有变,**各式各样的革命就会调动一些动荡不安的情绪力量,用这些学说和其他似是而非的矫饰之辞纠集士兵和追随者**"。[42]尽管苏丹穆拉德四世也曾于1630年代亲临卡迪萨德的讲道会并将其部分学说付诸政策实践(比如禁止消费或持有咖啡和烟草,将抽烟者和饮咖啡者肢解或钉桩示众),卡迪萨德派还是在10年之后,也就是1640年穆拉德苏丹去世后,因为苏丹之母柯塞姆运用其滔天权势袒护苏菲派而失势。但在 1651 年柯塞姆遇刺后，政府颁布了新的法案禁止吸烟饮酒，并批准拆除一些苏菲派居所。直至 1687 年穆罕默德四世被废黜，卡迪萨德派的主张才得到了官方支持，为期半个世纪的争执也告一段落。他们在此期间与苏菲派的暴力争斗不但"散播了极端观念并刺激了人们，在穆罕默德先知的子民之间种下了不和的种子"，还极大地削弱了帝国的力量。[43]

教士阶层也在另外三国的反抗运动中扮演了重要的启发性角色：在俄国，一小群受过教育的神父和修士在几个卓具名望的世俗赞助人的保护之下，于 1650 年代和 1660 年代建立了"旧礼仪派"的学说体系，发动了一场挑战罗曼诺夫王朝统治权的运动（见第 6 章）；在乌克兰，赫梅利尼茨基于 1648 年领导哥萨克反抗波兰领主，东正教神父在讲道坛上向他表达了激情满怀的支持。作为回报，赫梅利尼茨基将许多宗教诉愿纳入了哥萨克人对波兰王室的诉求，包括要求波兰国会吸纳东正教高级教士，政府任命信仰东正教的地方官员，将天主教夺走的所有东正教教堂物归原主，等等（见第 7 章）。最后在印度，富有号召力的锡克教第六代"上师"哈尔戈宾德于 1630 年热情洋溢地煽动他的追随者起兵与莫卧儿皇帝的军队作战（见第 13 章）。

"无名无姓的泥腿子"

17 世纪中叶的政治剧变也让传统精英之外的许多不满之人得以乘时运力。在东亚，后来被神化的清太祖努尔哈赤如彗星般辉煌的一生开始时，他只是一个满洲部族的小酋长，自称在起兵时身边只有十三副遗甲。忠于明朝的国姓爷郑成功原是一个日本武士之女和一名海盗的私生子。推翻明朝、后来自封大顺皇帝的李自成起初只是陕西边关的区区驿卒。在俄罗斯，领导近代早期最大规模哥萨克叛乱的博格丹·赫梅利尼茨基和斯捷潘·拉辛也都出身贫寒；一度可与沙皇平起平坐分享权力的尼康神父也只是农民之子。

欧洲的情况也是一样。许多叛军头目都出身卑微——这个细节深深刺痛了克拉伦登伯爵爱德华·海德。在那本颇具洞察力的《英格兰内战及叛乱史》（*History of the rebellion and civil wars in England*）中，克拉伦登反复怒斥国王的反对派为"无姓无名、荒陋鄙俗之徒"，是一群"沉溺于党同伐异和教派纷争，臭名昭著的下等人"，乃至"无名无姓的泥腿子"。这番鄙夷之言道出了一些事实。就连领导议会下院反对派的约翰·皮姆也一度在"长议会"的前几个月里默默无闻，有个同事在提到他的时候以（亲狎而不合时宜的）"蒲柏先生"相称。一份官方记录在提及奥利弗·克伦威尔（后来的护国公）时用了"康维尔先生"的称呼。还有一名议员对这个"全知时代里各种天花乱坠的幻想"表示抗议：

> 如今，不戴眼镜的老妇人也能看穿天主教徒的阴谋；年轻人和学徒可以对爱尔兰的叛乱指指点点；海员和水手竟可以改革贵族院；穷人、搬运工和体力劳动者也可以刺探恶性团体并管束它们；这个国家的乡巴佬竟然可以重振衰退的城市贸易；补鞋匠可以修补宗教。[44]

内战和王位空缺期让更多出身卑微的英格兰人飞黄腾达。杂货店学徒爱德华·赛克斯比于 1647 年在普特尼辩论上自信满满地主张"人的权利"，后来又为波尔多撰写了《共和国的政府、基础与诸原则》（*The principles, foundation and government of a Republic*）；这一时期最具感召力的宗教领袖之一乔治·福克斯曾是一个牧羊人和鞋匠学徒，另一位领袖约翰·班扬曾是个补锅匠，詹姆斯·内勒则只是个自耕农。奥利弗·克伦威尔的祖父曾是个酿酒商。[45] 1647 年许多意大利主要的革命家都是城市贫民出身：朱塞佩·阿勒西（巴勒莫）是个工匠，曾在监狱里长期受苦，是暴乱者将他放了出来；朱塞佩·皮安塔尼达（米兰）只是个糖果商人；马萨尼洛（那不勒斯）则是个目不识丁的渔夫。

政治变动和战争也让一些出身卑微的欧洲女人时来运转。在英格兰，女性不但像欧陆的姐妹一样领导暴乱（见第 17 章），而且积极参与了政治进程。1642 年在英格兰南部的不少教区里，在被要求签署《抗议书》公开支持议会的时候，"女人和不分性别的年轻人都一致同意签名，尽管他们并没有动手，因为他们不会写字"。[46] 此外，"长时间禁食、身体虚弱的几名清教徒少女发表激情澎湃的演说，表达她们的宗教情怀和千禧年狂热"，这种状况被称为"神圣厌食症"。她们之中至少有一人得到了面见英格兰统治者的机会：1648～1649 年，陆军委员会答应派出两人听取伊丽莎白·普尔（尽管她已被教会以异端和不洁开除教籍）解释她对于这个王国最佳前途的预言。在他们拒绝留意她的预言之后，她将这些预言印刷成了小册子。玛丽·卡利则将自己形容为"福音书的牧师和仆役"，她也于 1647～1653 年出版了长达数百页的预言，详细解说上帝对英格兰和世界的安排。她的预言基于自己对《圣经》的 12 年研究（从 15 岁开始）。"在一个全新的世界里，"预言书评论说，"女人也可以成为牧师。"[47]

551　一些女性天主教徒也在政治剧变中扬名立万。1640 年在西班牙，进退维谷的加泰罗尼亚总督转而求教于一位圣女，她"因异乎寻常的人生经历而声望卓著，据说她曾一连 6 天不吃东西，40 天没有排便。她的声望因而节节攀升，她给总督大人的警告也不幸成真：他将死在圣体日"（结果就是如此）。1643～1665 年，西班牙的腓力四世经常写信给阿格丽达·玛利亚，这名修女据说有着预言神力，每月至少两次为腓力排忧解难：既为腓力祷告，也能给出她的建议（见第 9 章）。玛利亚也成为西班牙君主国最有权力的女性。[48]

不管社会背景为何，17 世纪中叶趁乱掌权的人都惊人地年轻。加沙人内森推戴沙巴泰为弥赛亚的时候只有 22 岁；伊丽莎白向英格兰军委会的大员陈说自己的灵视时只有 26 岁。马萨尼洛年仅 27 岁就成为那不勒斯的统治者，起草《国民誓约》时的沃利斯顿勋爵和出版第一本小册子时的玛丽·卡利也都是 27 岁。孔代亲王试图推翻路易十三的首相马扎然时年方 28 岁。1648 年英格兰内战结束时，新模范军的煽动者，类似贵格派这种激进宗教团体的领袖年纪大多不到 30 岁。1644 年的多尔衮和吴三桂在山海关达成协议的时候是 32 岁，两人的联手决定了中国此后近 300 年的命运。吉斯公爵控制那不勒斯的时候只比上述两人年长一岁。托马斯·费尔法克斯于 1645 年统率新模范军的时候也是这个年纪，38 岁的时候他就解甲归田了。1659 年，国姓爷郑成功率领忠于明朝的军队溯长江北上直取南京的时候才 35 岁。沙巴泰·泽维和詹姆斯·内勒被支持者拥为弥赛亚的时候都未到 40 岁。其他"配角"同样年轻，尽管要证实这一点会因史料缺乏更为困难。在那不勒斯,跟随马萨尼洛起兵的都是十几二十岁的"小伙子",就像 1640 年代绝大多数伦敦城市暴乱时冲在最前线的学徒一样。"年轻人"也领导了法国近十分之一的大众叛乱。克里斯托弗·希尔对革命时代英格兰的评论也许可以用来形容 1640 年代到 1650 年代整个北半球的情形:这"是一个年轻人的世界,它仍在持续"——不过,这种情形能持续多久,很大情况下要仰赖于"惟冀目前有变"之人如何为抵抗运动之合法性辩护,并以此动员他人。[49]

对不服从的辩护之一:诉诸历史

17 世纪最常见的对抗命行为的辩护手法就是动用宗教、法律和历史文本,呼唤一个亦真亦幻的"黄金时代"。比如在奥斯曼帝国,起义者要求苏丹废除所有自"立法者苏莱曼"以来施加的税收,卡迪萨德派教士也引用《古兰经》和先知穆罕默德的《圣训》要求苏丹禁止一切新奇事物,苏菲派谢赫尼亚兹·米斯里则援引了古史,比如亚历山大大帝和他的"谢赫"(老师)亚里士多德的事迹。[50]中国的情况也与之类似,暴乱者常常要求回归"黄金时代"。比如在 1640 年代,福建的心怀不满者就重提 200 年前当地一位反叛英雄的故事:这个英雄以"均平王"之名为人所知,他"锄强扶弱,主奴、贵贱、贫富,无不使之均平"。在中国不少地方"佃农穿上地主的衣服,登堂入室进入地主家大门,抢夺并分占他们的房屋,分发他们的存粮,将主人系在柱子上用鞭子抽打",声称天下之人一律平等,宣布"自今而后要乾坤颠倒了"。[51]

平等主义盛行于明代大众文化之中——不论是以口头(地方剧、评书、歌谣和戏文)还是书面(尤其是历史小说

552

《三国演义》《水浒传》，两者都被政府禁止）形式。《三国演义》描绘了 3 世纪汉朝倾覆时宦官势力之恶（明显影射明末人人怨恨的宦官），成为"一部名副其实讲述地方军阀如何终结（统治）王朝的教科书"。[52]《水浒传》的故事背景设定在 12 世纪初的山东群山，描绘了一片中国的"舍伍德森林"（侠盗罗宾汉所在地）的景象。这里不但住着充满英雄气概且无私忘我的亡命之徒，还有行脚僧、乞丐、骗子无赖和武术高手。他们都站出来反抗贪腐残虐的政府官员。在明朝晚期，至少有 30 个版本的《三国演义》面世，其中半数版本都是用简化字体写成的删节版，每一页的天头（上方三分之一的空白）都印有大幅插画。绘本乃至印刷版纸牌也让小说各主角家喻户晓。1620 年代就有一个著名的起义将领用了《三国演义》里一位将军的名字，李自成手下的不少部属也选用了《水浒传》英雄的名号。努尔哈赤后来声称，他正是靠着阅读《三国演义》学习汉人的政治和军事谋略，他的孙子也下令将此书译成满语让手下人阅读。[53]

满洲人还从中国历史中挖掘相关先例论证他们攻打明朝的合法性，学习那些记述王朝兴衰的编年史书。1621 年，努尔哈赤在写给汉人邻居的一封信中开列了一个昏君清单（上溯到公元前 11 世纪的纣王），认为这些君主"沉湎酒色，敛财无度，不再忧心朝政"。努尔哈赤还断言，"（现任）明朝皇帝失政"，因为他不但允许"宦官窃国"，而且还残害"那些朝中的忠良大臣"。结论一目了然："（上天）已将皇帝之土赐予了我……上天眷我。"他的儿子多尔衮也在 1644 年进入北京之后使用了同样的话术。多尔衮的第一封布告宣示说："天下非一姓之私产，唯有德者居之。兵非一人之私兵，民非一人之私民，而吾朝居之。"[54]努尔哈赤和多尔衮试图用"天命"的概念来论证他们进攻明朝的合法性，这个词语在《诗经》和《尚书》中均有出现——这两部有 2000 多年历史的古书在东亚的地位相当于《圣经》在基督徒当中的地位。[55]

在基督教国家，同样有人援引历史先例论证大众叛乱的合法性。1641 年爱尔兰叛乱期间，蒂龙郡的一位教士就从"汉默的《爱尔兰编年史》里找出了 11 世纪丹麦人被爱尔兰人击退的故事激励叛军。尽管当时爱尔兰人绝大多数都手无寸铁，丹麦人还是屡屡被爱尔兰人挫败。他就用这段历史比照当下"；而在多尼哥郡，有些"叛军现在希望实现圣高隆①的预言：（他们如此解读）爱尔兰人终将重新征服爱尔兰"。[56]不独爱尔兰，查理一世的苏格兰反对派也从历史文件中汲取了强大力量，比如 1320 年的《阿布罗斯宣言》，正是这份宣言授权苏格兰贵族保护他们的"基本法"免受刚愎君王的破坏。他们还盘点了盖尔人传统中罢黜不孚众望之君主的先例，从玛丽·斯图亚特（查理一世的祖母）到费格斯（传说中苏格兰的首任国王）不一而足。查理一世的英格兰反对派也会时常提起他们北方邻国的那段混乱历史。1649 年处决查理一世前三天，最高法院颇为笨拙地提醒查理注意"好几个国王被自己臣民罢黜囚禁的前例，特别是在他自己的苏格兰王国：那里有过 109 名国王，绝大多数都被罢黜、囚禁，因治国无能而遭反对；他自己的祖母也被废黜"。[57]还有反对派抓住一个细节不放：英格兰拥有自己独特的法律和习惯。有人甚至将这一传统

553

---

① 爱尔兰中世纪传教士、圣人（521～597 年），曾于不列颠及爱尔兰诸岛广泛传播基督教。

回溯到外国侵略者对英格兰施加所谓"诺曼之轭"的1066年以前,敦促"真正的英格兰人"恢复他们的"古老宪制"。还有人执着地要求废除一切"与英格兰《大宪章》(1215年)相左"的法律或习惯;1637年肯特郡的绅士在讨论造船税合法性的时候曾搬出一个细节,宣称"福蒂斯丘的全文论述"(写于1460年代)说得清清楚楚,那就是在英格兰,"君主并没有绝对权力"。[58]

在西班牙,加泰罗尼亚学者也发现并出版了加洛林王朝于9世纪授予巴塞罗那及其腹地地区在法兰克人宽松保护之下的自治特权之相关文书,这些文书保障了加泰罗尼亚人施行自己的西哥特法律的权力,还允诺在未来免除一切税收。他们也据此要求腓力四世做同样的事情。在1634年反抗食盐专卖的叛乱中,吉普斯夸地区要求中央政府尊重"当地并入卡斯蒂利亚王国(公元1200年)时那些依旧有效力的约定和条款"。[59]在法国,1630年代别里戈尔的叛乱者也要求回到"我们曾于路易十二时代享受的相同待遇"(路易十二死于1515年);诺曼底的造反者则要求尊重1315年赐予该地的宪章。1647~1648年,意大利巴勒莫的反叛者坚持回到"阿拉贡的皮特王(死于1285年)统治的时代";那不勒斯人甚至想要恢复约安一世(死于1382年)、约安二世(死于1435年)和查理五世(死于1558年)的法律;绝大多数叛乱城市都试图恢复它们在中世纪作为独立公社的地位。在瑞士,1653年的反叛者最终从300年前威廉·退尔传奇般的抵抗事迹中汲取了力量。[60]

叛乱的辩护士也时常将他们的领袖比作《圣经》中的英雄人物,他们要反对的人则被比作《圣经》里的反派角色。在天主教世界的叛军里,葡萄牙传教士就把腓力四世比作扫罗

或希律王，若昂四世则是大卫或耶稣；他们还将若昂四世的加 554
冕同大卫王的即位相提并论，把马德里统治葡萄牙的 60 年比
作犹太人所受的"巴比伦之囚"。在那不勒斯，传教士的布道
词同情叛乱，将起义领袖比作但以理、大卫和摩西，把阿尔科
斯总督喻为尼布甲尼撒、歌利亚和埃及法老；保王党反其道而
行之，视奥尼亚特伯爵（恢复秩序者）为基甸。加泰罗尼亚
的小册子也进行了类似这样引发共鸣的比拟，将腓力四世比作
《旧约圣经》中被上帝毁灭的恶人。[61] 在新教徒当中，英格兰的
新教徒将约翰·费尔顿（一腔怨愤之下刺杀白金汉公爵的退
伍老兵）与非尼哈和以笏①联系到一起；费尔顿就义时，一个
旁观者哭着说"上帝保佑你，小大卫"；人们写了 20 余首诗
歌庆祝公爵遇刺，其中一首如是结尾：

> 勇敢的马加比②……你们是最强的军人，
>
> 胸怀热情，身佩正义，
>
> 你们其实已赢得了爱国者的奖赏，并惠及不列颠
> 之子孙。

一代人之后，有人将议会军司令埃塞克斯伯爵比作施洗者
约翰，很多人也视奥利弗·克伦威尔为基甸。荷兰加尔文宗信
徒习惯于将西班牙国王和埃及法老画上等号，把历代奥兰治亲
王与摩西、基甸、大卫和马加比等量齐观。[62]

---

① 《旧约圣经》人物，非尼哈曾杀死藐视摩西的异端，以笏曾杀死压迫以色
列人的摩押人之王。
② 指曾发动起义反抗将耶路撒冷圣殿改为希腊神庙之塞琉古王朝的祭司犹
大·马加比及其族人。

一些新教辩护士的言论更为高调。在荷兰，若斯特·范德冯德尔 1612 年创作的史诗《逾越节》（*Passcha*）中有着这样张扬的诗句，"比较一下离开埃及并得解救的以色列儿女和从西班牙统治中求得解放的尼德兰联省共和国吧"；一位荷兰牧师夸赞自己故土的诗歌宣示得更直接：

> 但最重要的是，我要感谢他
> 将荷兰变成了耶路撒冷。

在苏格兰，《国民誓约》的所有概念和抵抗的理论基础都直接来自《旧约圣经》。沃利斯顿勋爵目睹自己同胞"签署"1638 年的羊皮纸文件时发现，"以色列和这个教会之间存在非常接近的并行关系，它和苏格兰是仅有的两个向上帝立誓的国度"。还有许多苏格兰人自命为上帝拣选的子民，同埃及法老作战。[63]

全欧范围内，异见人士不但借用《旧约圣经》的文本，也援引先知的语调来论证他们的抵抗。英格兰议会在常规间歇期听取的布道词都援引《圣经》论证他们对国王及保王党采取的极端手段，比如这样的文句："耶和华你神将他们交给你击杀，那时你要把他们灭绝净尽，不可与他们立约，也不可怜恤他们"（《申命记》7：2）；"我要向我的对头雪恨，向我的敌人报仇"（《以赛亚书》1：24）；还有"要将年老年少全都杀尽"（《以西结书》9：6）。1641 年斯特拉福德伯爵受审期间，一名传教士用亚干和亚希多弗的下场提醒议会（议会既是法官也是陪审团），那些"以色列的捣乱者"因误导君主受到了死刑的惩罚。在新教世界的其他地方，传教士也威胁他们的统治者，违反上帝诫命终将受到永久谴责（就像耶利米一样）。他们还坚称（如《哈该书》所说）世界末日正在迫近，所以君主若拒绝推行必要的改革，他们的臣民就必须接管政权。[64]

天主教世界的宣传家也利用《圣经》内容为极端暴力辩护。马扎然的反对派选用的名号"投石党"意谓"弹弓"，它也拥有《圣经》寓意：小册子和漫画都将枢机喻为歌利亚，他的敌人就是大卫。还有不少人将马扎然治下的法国人比拟为埃及法老统治下可怜的以色列人。[65]爱尔兰叛乱爆发之后，一位方济各会修士劝勉同胞"为我们的祭坛和炉膛战斗到最后一息。我们别无选择，要么征服要么被征服；我们无路可走，要么将敌人赶出爱尔兰岛，要么就是我们自己被逐出去。这个国家太小，没法同时容纳英格兰人和爱尔兰人"。数年之后，一名天主教军队指挥官也告诫他的士兵，"你们都是阿尔斯特之花……是力抗敌人的马加比一族"。身处葡萄牙安全环境之中的康诺尔·奥马霍尼也论证了用暴力对付所有爱尔兰非天主教徒的合理性，他的论据大部分基于《出埃及记》（32：27）的记载，在这一节里摩西下令击杀了数千名偶像崇拜者。[66]

最后，欧洲异见者从历史中寻找造反先例时也像搜寻经文一样搜了古希腊和罗马文献。那不勒斯的学者出版了带有注解的古典文献，将西班牙当局与该城史上"共和时期"颇得民心的一位总督做了不怀好意的对比，这位古代总督在贵族和"庶民"之间实现了很好的平衡；而在英格兰，根据托马斯·霍布斯的说法，"在叛乱，特别是反抗君主的叛乱背后，最常见的起因之一便是人们读了古希腊和罗马人写作的历史书和政论书"。霍布斯接着说："我敢说，读了这些书的人就会试图杀掉他们的国王，因为希腊和拉丁作家在他们的书籍和政论里对任何敢于这么做的人都褒奖有加，认为他们的举动合法合理——前提是，他在弑君之前就称这个君主是暴君。""我无法想象，和允许这类书籍为公众所阅读相比，"他总结说，"还能有什么事情可以对君主制造成更大的伤害。"[67]

对不服从的辩护之二：展望未来

许多反叛者也在回顾过去的时候展望未来，他们运用预言、神启和征兆说服自己，也用他们抵抗的有利后果来说服他人。一种名为白莲教的宗教曾风靡中国全境，其成员从很久以前起便预言会有一个姓李的人即将登基为帝。为使这一预言成真，李自成向一位通灵者寻求建议。这位先知不甚明智地表示"自成并非真命天子"，还预言他的权力即将倾覆，李自成便将他处决。尽管有这个不快的插曲，李自成还是在准备进攻北京的时候转而求咨于另一名占卜者，询问如何才能最好地实现他的目标。也许是得知了自己前任的厄运，这位占卜者建议李自成选派童子军做他的先头部队（李自成照做了，结果他几乎兵不血刃就进了北京）。像同时代绝大多数中国人一样，李自成也对征兆极为重视：登基成为"大顺王"之后不久，一股沙尘暴和黄色雾气就笼罩了他的临时首都，李自成对此大为恐慌。手下谄媚的占卜者告诉他这可是吉兆，因为中国新王朝崛起的时候，太阳和月亮都会暂时失去光芒。[68]

欧洲的情况也是如此，反叛者很乐意向那些号称可与天堂沟通的人寻求启示和支持。天主教徒再三承认"低等人"（lowly personage）的精神权威。正如亚历珊德拉·沃尔沙姆所说，"他们凭借神圣授权而与俗世的贵族区别开来"。例如，在腓力四世军队镇压加泰罗尼亚人叛乱的 1641 年初，出家近 30 年的贵族修女索尔·尤芙拉西娅·贝伦格尔就目睹了基督、圣母和圣欧拉丽娅（巴塞罗那的主保圣人）的显现，他们共同保护巴塞罗那城。这几次显现大大坚定了城市守军的信心：最后一次显现"发生于（1641 年 1 月）22 日，1 月 26 日就有蒙犹依克山的大捷"。[69] 非天主教教徒有时也求问于先知。1638 年，许多查理一世的苏格兰反对派就从"穷苦的玛格丽特·米切尔森小姐那里听到了鼓舞人心的言论、劝诫祷辞（和）赞颂。她按捺不住心中的狂喜，口吐奇怪之语，讲述上帝事业和基督王冠在苏格兰王国将取得可喜的胜利，并说这些都已在天国注定"，让听众从中颇受慰藉。玛格丽特出神入化的预言激发了"数千人心中的兴奋讶异之情"；不少之前还心存游疑的人"至此信念坚定，心神激荡，要为上帝的杰作献上一臂之力"。[70]

有些"革命先知"将他们的预言印刷成书广为散播。威廉·里利 1644 年出版的《白王预言集》在刊行之后的前三天里就卖出了 1800 本，其内容预言了查理一世的败亡。里利还在另一本小册子里重复了他的预言，这本出版于 1645 年 6 月纳西比之战（国王战败）当天的小册子既巩固了他作为神算的声誉，也为他赢得了胜利者派发的 100 英镑年金。"他的著作保障了士兵的斗志，我们的不少议员和这个王国的诚实之人也大获其利。"一位议员如是说。[71] 1650 年，曾任新模范军军官的乔治·福斯特出版了一部记载自己经历上帝显现事件的书，声称上帝已经拣选托马斯·费尔法克斯爵士作为他的"工具"，在摧毁议会的同时减损"所有他所遇见比中等阶层要高的男女，拔擢那些低于中等阶层的人，让他们一律平等"。后来，乔治还将自己的名字改成"雅各·以色列·福斯特"并出版了一本预言集，声称上帝会在五年之内摧毁教宗，并在之后一年内干掉奥斯曼苏丹，然后为世间带来一个人人富足的时代。[72]

17世纪中叶也有一些穆斯林、犹太教和基督教作家预言世界即将终结，有些反叛领袖还利用盛行一时的千年王国思潮[①]自命拥有救世主的神力。1629年在伊朗，许多什叶派穆斯林都将反叛中央的吉兰（Gilan）省督拥为救世主。而在逊尼派的奥斯曼帝国，1658年的阿巴扎·哈桑（也是反叛中央的省督）和1667年一名库尔德苏菲派信徒之子也号称自己是救世主"马赫迪"（见第7章）。1670年代，极具人格魅力的穆斯林谢赫纳西尔·阿尔丁"自称受真主差遣"，在塞内加尔"讲道赎罪"，"口中所言唯有真主律法，布道之语但闻福祉自由"（见第15章）。

557 在欧洲，1635年曾于奥地利领导农民起义的新教徒农民马丁·莱姆鲍尔靠两条主张坚持了近一年之久：世界末日即将到来，他就是救世主。1640年代和1650年代也有为数众多的英国人自命救世主，詹姆斯·内勒就是其中之一。他故意将自己的头发和胡须留长，于1656年——许多预言家都将这一年定为世界末日之年——的圣枝主日（复活节前的星期日）在众人簇拥之下进入英格兰第二大城市布里斯托尔，效仿基督骑着毛驴，在播撒棕榈的人群簇拥下堂皇入城。最为惊人的事情发生在1665年，当时有许多犹太人都奉沙巴泰·泽维为世界之王兼弥

———————

① 也称千禧主义，指相信世界将迎来翻天覆地的变化并就此临近终结的思想，存在于多种宗教当中。

赛亚。[73]

西属美洲也出产了弥赛亚式的反叛领袖。1647年在智利圣地亚哥，有个非洲奴隶自封为"几内亚之王"，号召大家向欧洲移民复仇；数年之后，佩德罗·博霍克斯自称印加皇帝后裔，因此也是秘鲁的真正统治者。1650年，堂·吉伦·隆巴多（见页边码第462页）从墨西哥宗教裁判所监狱出逃，四处散发"他针对裁判官和大主教的不虞毁谤"，其中就有一本（他手里准备了多份复制本）题为《上帝公正审判之宣言》（*Proclamation of the just judgements of God*）。堂·吉伦在接受裁判官审讯期间一直在撰写救世主诗篇，直至1659年裁判官们认定让此人活着实在过于危险，裁定将他绑在火刑柱上烧死。堂·吉伦的丰功伟绩在后世显然为佐罗的传说提供了启发。[74]

对不服从的辩护之三：打造新的反抗理论

若是从经文、史书和古典著作中都找不到好的先例，而救世主宣言又没能赢得皈依者的话，欧洲的"惟冀目前有变"者还会动用三种替代性策略来论证抵抗的合理性：编造伪冒文书，借用其他地方造反者的论点，或是发明全新的抵抗理由。不少反叛者都伪造了旨在证明他们行动合法的文书。1641年在阿尔斯特，菲利姆·奥尼尔爵士挥舞"一卷卷带有大封印的羊皮纸或状纸，声称自己的行动得到了国王陛下的特许"。许多新教幸存者留下的"证言"都显示，他们和许多人都被成功地愚弄了。[75]1647年，吉斯公爵也用如出一辙的手法说服了"最尊贵的那不勒斯共和国"的领袖们：他声称自己拥有一封路易十四承诺为后者提供支持的亲笔信；无论是乌克兰的博格丹·赫梅利尼茨基还是俄罗斯的斯捷潘·拉辛都向他们的哥萨克支持者声称自己手头的皇家信件授权他们动员众人反抗压迫。尽管每次编造事件里的文书都赢得了广泛信任，但它们都是不折不扣的赝品。[76]

第二大替代性策略则是借用其他地区异见人士发明的抵抗理论。苏格兰誓约派领袖给了我们也许是最为详尽的类似记录，这要归功于他们异常的多嘴多舌。1638年，苏格兰与查理一世的冲突逐渐升级。沃利斯顿勋爵读到了荷兰人成功反抗西班牙国王的历史（由艾曼努尔·范米特伦撰写），他在接下来的"一整个星期里都在学习《阿尔图修斯论政治》（*Althusii Politica*）"——约翰尼斯·阿尔图修斯撰写的这本长逾千页的专著认为，契约（contract）抑或誓约（Covenant）构成了一切人类间结合（association）的基础（从家庭到职业群体，从城市、省份再到国家），下级法团的代表可以在特定情况下反抗专横的上级法团。第二年，沃利斯顿"开始倾心于在苏格兰发起反抗假说"，为了清醒头脑，他"在勃鲁图斯式的叛意里融入了自己的理智"——这指代的是60年前出版的法国加尔文宗著作《为反抗暴政辩护》（*Vindiciae contra tyrannos*），这本书论证了武装反抗的合法性。[77]而在同时，沃利斯顿的大学教师罗伯特·拜利也在马丁·路德等宗教改革者的著作里找到了抵抗的依据，因为这些著作"在君主绝对专制于臣民，但并非专制于他所宣誓的国家和联结的教会法的情况下为臣民留有自卫的空间，而现阶段所有基督教国王都是如此"。两周之后，拜利、沃利斯顿勋爵和一些激进的苏格兰牧师就"**我们武装自卫的合法性和必要性**"展开激辩。[78]亚历山大·亨德森也在思考"何种情势之下反抗国王命令并因此拿起武器"才算合法的时候想起了荷兰作家。他援引胡果·格劳秀斯

1625 年付梓的《战争与和平法》的论据，"必要性之强力"也许"会证明在其他情况之下无正当理由之行动合法"。"在类似的极端情形之下"，亨德森接着写道，倘若"坐着不动……即是自取灭亡"，这"不但有悖宗教，也（违逆）人性"。他得出结论，没有什么可以比国家的宗教和自由之存续"更为迫切"，因为"必要性即主权，这是凌驾于所有法律之上的高级法"。[79]

查理一世的英格兰反对者也阅读和借用了阿尔图修斯和格劳秀斯等人为荷兰反叛西班牙辩护的学说。1641 年，受国王主要反对派庇护的清教牧师卡里巴特·唐宁出版了一本小册子，将英格兰的现状与 1560 年代尼德兰叛乱前夕的情况进行了一番比较。唐宁特别点出了阿尔巴公爵和斯特拉福德伯爵间的相似之处：腓力二世派出的那位"专横总督"曾亲自率领西班牙军队镇压他的荷兰批评者，而时人也普遍怀疑斯特拉福德伯爵将从爱尔兰拉起一支军队镇压查理一世的英格兰批评者。唐宁总结说，消灭"专横的"斯特拉福德伯爵就是避免英格兰陷入"内战"的唯一机会，这场"内战"一旦爆发，其情节将与阿尔巴在尼德兰挑起的战争相差无几。[80]

1643 年，绅士学者威廉·普林恩用他最知名著作的标题显露了他所推崇的反抗理论：《论议会主权和王国主权，以及当前议会武装自卫反抗其君主，有时动用军队之充分正当性》（*Soveraigne Power of Parliaments and Kingdomes, wherein the Parliament's present necessary defensive armes against their sovereignes, and their armies in some cases, is copiously manifested to be just*）。本书用整整 200 页密密麻麻的文字大肆攻击查理一世。书中散布着引自《圣经》、古典著作和当代作家的文句

（天主教和新教都有），书后附录还列出了外国人抵抗、罢免和弑君的例证，从古以色列到近世法国都有，并附上了荷兰人1581年宣布放弃效忠腓力二世的《公开弃绝法案》（Act of Abjuration）全文以及《为反抗暴政辩护》的选译段落（这本书的英译本不久也会面世，标题则是火药味十足的《为自主反抗暴君辩护》）。[81] 在普林恩看来，英格兰的问题并不在于专横的大臣，而在于刚愎自用的君主。这么一来，唯一得救的机会就是创建共和国了。

559

普林恩面前摆着两幅截然不同的共和愿景：第一幅图景是由凭借此前的治国才干、从政资历与法律素养证明自己有资格治理国家的"有德之人"（virtuous men）统治的国家，一如荷兰共和国；第二幅图景就是少数权势家族垄断所有权力的寡头国家，一如威尼斯共和国。在17世纪中叶的欧洲，赞颂这两类政体的作品都广为流传。尤其是荷兰爱思唯尔出版社运用先进的"微缩"印刷技术出版了一系列小开本的廉价书籍，记述了古往今来的各种共和国政体：雅典和斯巴达、希伯来和罗马、威尼斯和热那亚、瑞士、汉萨同盟以及荷兰。这些简明凝练的拉丁文著作取得了巨大成功。17世纪的每座大型图书馆似乎都收集了一套，书的规格也让读者得以轻松携带，许多书籍还有多个版本。[82]

各种共和主义书籍造成的深远影响足以解释，为什么1647年那不勒斯从西班牙统治之下宣告独立时，采用了有如威尼斯的"最尊贵共和国"的政体，吉斯公爵也宣誓保卫"最尊贵的那不勒斯共和国的自由，就像奥兰治亲王在荷兰一样"。[83] 同样地，1620年代的爱尔兰流亡天主教徒号召"以祖国自由的名义"入侵他们的家乡，建立"一个共和国，其旗帜和行政机构都应冠以共和国之名；其他所有公共条例都应冠以爱尔兰共和国或爱尔兰王国之名"。1641 年的一些造反者也宣称"爱尔兰人的意愿是像荷兰人一样建立一个属于自己的自由之国，因此不被任何国王或是贵族统治"。[84]

此类措辞令国王和大臣们感到警惕。1646 年马扎然就要求新近派往伦敦的公使留意"低地联省共和国"，这个国家"现在在一年之内愿意为战争付出的金钱与生命代价比从前被西班牙国王统治时为西班牙打五十年的仗付出的还多"。因此马扎然预言一个英格兰共和国将比曾经的英格兰王国强大得多，"特别是如果苏格兰也并入了这个新共和国的话：那可是个好战者和穷人云集的国度"。[85]历史的发展很快就证明了马扎然的先见之明。1647 年，一些得胜而归的新模范军官兵发表了大胆的平等主义原则，比如"英格兰最穷的人（就像）最富有的人一样拥有同等生存权"，因此"所有准备生活在某个政府之下的人，都理所应当首先咨询他本人的意愿"，没有人有义务遵从一个"统治着他却让他不能发声的政府"（见第 12 章）。第二年，正是这些军官在持有相似理念的政治家协助下设立了一个法庭，审判"查理·斯图亚特"（他们现在就是这么称呼他），判处他死刑并将其处决——这可是前所未有的事态（之后也罕见）。1650 年代，甚至还有更为激进的纲领在英格兰和苏格兰两国广为传布，从要求财产均分的平等派和掘地派，再到主张女人和男人一样生而平等的贵格派。

在 17 世纪中叶，这些激进的政治和社会观点依旧局限在 560 不列颠岛；而且就算在那里，激进主义也有其局限。将国王推上审判席的同一批陆军军官后来也镇压了平等派；有些曾经投票处决国王的议会议员也以渎神罪票决了对自封弥赛亚的詹姆斯·内勒的死刑。[86]不但如此，1660 年代君主制复辟之后，英格兰绝大多数激进观念都从公众视野中消失了，时间超过一个世纪。不过，1640 年代和 1650 年代世界多地抵抗理论的传扬确实值得大书特书：人类历史上的政治新闻和政治观点从未传播得如此之远、如此之速。之前的反抗运动往往是几百人的规模，最多也不过有几千人参与；17 世纪中叶的不少反抗活动却动辄有百万人参与，甚至更多。规模的大幅转变有赖于两大关键前提：东亚和欧洲不但拥有大量热忱的读者，还有大量可供他们阅读的读物。不管是诉诸宗教文献还是古典，不论是援引古史还是古老的宪章、誓约或契约，17 世纪中叶的“惟冀目前有变之人”都能吸引远多于以往的追随者，因为他们拥有将自己的论点传递给空前规模之受众的手段。

注　释

1. 标题重申了中国人吕坤提出的对暴乱的分类，见本书页边码第 508 页。

2. Mandrou, 'Vingt ans après', 36, Fouquet to Chancellor Séguier, 1644; Argyll, *Instructions*, 8, written in 1661.

3. Briggs, 'Richelieu and reform', 72, Richelieu paper of 1624; Elliott and La Peña, *Memoriales y cartas*, I, 55, 62, the 'Gran Memorial' of 1624. 就枢机主教黎塞留对贵族的看法，也可参见其著作 *Testament politique*, 218 – 23。Villari, *Baroque personae*, ch. 5 对 17 世纪欧洲的暴乱动机进行了精彩概述。

[774] 4. AGS *GA* 1331, n. p., *consulta* of the Junta de Ejecución, 7 Dec. 1640 (see Plate 12 above).

5. 这样巨大的数字会产生误导，因为国家内部存在极大的不一致性。因此在西班牙，平均 10% 的贵族人口隐藏了一个事实，那就是在科尔多瓦省只有 1% 的人口是贵族，而在北方的比斯卡亚省与吉普斯夸省，所有家族都自称贵族。在波兰，马佐维亚地区的一些村庄中全都是贵族家庭，但是克拉科夫地区附近贵族人口只占 2%。此外，如 Hamish Scott 指出的那样："随着对贵族人口统计的研究的深化，利用财政及其他记录可知，先前的预测结果需要下调。"参见 Scott, *The European nobilities*, I, 21。

6. 详细内容参见 Jouanna, *Devoir*, 268 – 70。

7. Jago, 'The influence of debt', 227 – 36, explains the system, the equivalent of 'Chapter XI bankruptcy protection'.

8. Lorenzo Cadarso, *Los conflictos*, 72 – 3. 其他例子引自第 9 章。

9. Duccini, *Faire voir*, 53; Carrier, *La presse de la Fronde*, I, 104 – 45 (on Condé).

10. Bercé, *Histoire des Croquants*, II, 557 (Bouillon). Idem, I, 413 and II, 570 – 1 and 574 – 5 引用了贵族参与群众暴动的其他事例。Corvisier, 'Clientèles et fidélités' 介绍了一些委托人的关系网络。

11. Bercé, *Histoire des Croquants*, II, 737, anonymous relation of the Croquants of Angoumois and Saintonge, 1636 (谈及对一些巴黎官员的残忍杀害)。关于 1640 年加泰罗尼亚暴乱时期对任何被怀疑来自卡斯蒂利亚之人的谋杀，参见第 9 章。

12. Soares da Cunha, *A casa de Bragança*, 15 – 16 and 554 – 555, 以及第 9 章；关于公爵的"保守主义"。

13. Ohlmeyer, *Civil War*, 283, quoting Lord Clanricard in 1651 and Sir Lewis Dyve in 1650, with other similar examples on pp. 283 – 8.

14. 我感谢包筠雅、彭慕兰与罗友枝就这一主题有关中文资料所给予的帮助。

15. Ho, *The ladder*, 73, 引自汪道昆《太函集》（1591 年）。关于汪道昆，同样参见本书页边码第 511 页。

16. 详情引用自 Hucker, *Two studies*, 41 – 83; 以及 Wakeman, *Great Enterprise*, 109 – 10。

17. Brook, *Confusions of pleasure*, 1 – 4, 引用了 1609 年张涛汇编《歙县志》。

18. Agnew, 'Culture and power', 47, 生员王世英（音译）致孔家

贵族的抱怨，后者作为孔子直系后裔拥有名望与大片土地。此人的经历帮助解释了为何孔家这样的地主欢迎清朝统治。

19. AUB *Ms* 2538/21 – 2 and 37v, Fraser, 'Triennial travels'. 作者在牛津待了三周，在剑桥待了四周，造访了那里的每一座学院。

20. AUB *Ms* 2538/21 – 2, Fraser, 'Triennial travels'. 学习"法语辩论"似乎是项高深的活动。

21. Kagan, *Students*, 85 and 182 – 5; Elliott, *Count-duke*, 15 – 18.

22. Curtis, 'Alienated intellectuals', 299, quoting Lord Chancellor Ellesmere; Quevedo, *La fortuna con seso y la hora de todos* (1632), I, 264; Roberts, 'Queen Christina', 217, quoting Magnus Gabriel de la Gardie in 1655; Zeman, 'Responses to Calvin', 45, quoting Ferdinand II. 在其论文 'Of seditions and troubles', drafted c. 1610，弗朗西斯·培根同样预言"人民之受教育者多于使其飞黄腾达之官职时便会出现叛乱"，*Essayes*, 47。

23. Amelang, 'Barristers and judges', 1, 281 – 490（表明人们可称加泰罗尼亚暴乱为"律师暴动"）; Marques, *A parenética portuguesa e a Restauração*, I, 56. 有关波希米亚和瑞典的情况，参见第 18 章；关于投石党运动，参见第 10 章。

24. Hobbes, *Behemoth*, 40, 70 – 1, 144, 147 – 8.

25. Argyll, *Instructions*, 6, written in prison shortly before his execution for treason; Balfour, *Historical Works*, III, 426 – 7, final 'nota' to his 'Shorte memorialls and passages of this yeire 1649'.

26. Saltmarsh, *The smoke in the temple* (1646), 62; Anon., *Persecutio undecima* (published, perhaps significantly, on 5 Nov. 1648), 57.

27. Groenhuis, *Predikanten*, 31 – 2, 出自一篇 1626 年 1 月的布道。如同其他许多自命不凡的牧师那样，斯莫特也有一个非婚生子，这使得他成为自己众多批评对象的笑柄。

28. 有关荷兰共和国的内容，参见第 8 章；关于苏格兰的内容，参见 Makey, *Church of the Covenant*, 102 – 3, Stevenson, 'Deposition of ministers', 以及 Donaldson, 'The emergence of schism'; 关于英格兰的内容，参见 Green, 'The persecution'; idem, *The re-establishment*, ch. 8; 以及 Holmes, *The Suffolk committees*。

29. Marques, *A parenética portuguesa e a Restauração*, I, 69, quoting Valenzuelo, *Portugal unido*; 54 – 6, statistics on 79 preachers; and II, table 1. 2, sermons on 23 Dec. 1640 and Oct 1641, and table 2. 1, analysis of five sermons from Dec. 1640. On the 'bonnets rouges', see pp. 322 – 3 above.

30. Neumann, *Das Wort als Waffe*, 206 (quoting *Triomphos del Amor*, 1642).

31. Monod, *Power of kings*, 181 (Torano and Nardò); Capograssi, 'La revoluzione', 211, Rosso to Doge, 17 Sep. 1647 (Naples).

32. Hugon, *Naples*, 153 – 6, and idem, 'Le violet et le rouge' (citing Capecelatro). 那不勒斯主教长的地位特殊，因为那不勒斯王国曾是教宗领地，因此西班牙君主也要对主教长保持敬意。在革命前后，菲罗马里诺和总督们就当地的司法管辖权展开了激烈辩论。Hugon 指出，位于锡曼卡斯的西班牙政府档案馆中有一整册题为"菲罗马里诺"的卷宗，用以记录这些争论。

33. Perceval-Maxwell, *Outbreak*, 231, quoting a Jesuit chronicle of the [775] rebellion, Dec. 1641; TCD *Ms* 817/37v, deposition of Rev. Thomas Fleetwood, Westmeath, 22 Mar. 1643; TCD *Ms* 816/8v, deposition of Charles Campbell, Monaghan, undated; *Ms* 831/191, deposition of Rev. Thomas Johnson, Mayo, 14 Jan. 1644, and *Ms* 821/154, deposition of Elizabeth Nelson, Tipperary, 16 Dec. 1642. 所有的宣誓证人皆为新教徒，因此他们可能夸大了天主教神职人员的参与程度，但他们的证词不可能都是谎言。

34. O'Mahony, *Disputatio apologetica*, discussed by ó hAnnracháin, ' "Though hereticks and politicians" ', 159 – 63.

35. Linz, 'Intellectual roles', 81 – 3 估计其 5% 的概算需要多达 15 万个教士职位。在他记录了 116 位 17 世纪知识精英的数据库中，33% 的人担任宗教职务，而其中 22% 为在俗教士或较为卑微的圣职人员。图书出版数据统计来自 Antonio, *Biblioteca Hispana Nova*。

36. Santoro, *Le secentine napoletane*; Duccini, *Faire voir*; Reis Torgal, *Ideologia política*.

37. Marshall, *Meroz cursed.* 关于这段文本的讨论，同样可参见 Hill,

The English Bible。

38. Cunningham, ' "Zeal for God" ', 116 – 18; Croix, *La Bretagne*, 1, 238. Villari, *Baroque personae*, 185 – 7 描绘了夸张的布道。天主教神父也作为 "精神导师" 向富人名流施加过影响。

39. Cregan, ' The social and cultural background '; Walsh, *The Irish Continental College Movement*; Bergin, *The making of the French episcopate*, 187 – 8; Marques, *A parenética portuguesa e a Restauração*, I, 56.

40. *ODNB*, s. v. ' Henderson ', quoting John Maxwell, deposed bishop of Ross, *The Burden of Issachar*, n. d.; analysis from Makey, *Church of the Covenant*, ch. 7.

41. 关于两位主角，参见 García Cárcel, *Pau Claris* 与 ó hAnnracháin, *Catholic reformation*，以及第 9 章与第 12 章。尽管在 1647 年朱利奥·热诺伊诺掌管那不勒斯革命时他的职业是神父，但他当时也已是一位杰出律师。

42. Rycaut, *Present state*, II, 128 and 135 (italics added). 里考特对英国清教徒（迫使他过上逃亡生活的罪魁祸首）的深恶痛绝无疑使其判断沾染上了主观色彩，见 Darling, ' Ottoman politics through British eyes '。

43. Katib Çelebi, *Balance of truth*, 99. 更多细节参见第 9 章。

44. Clarendon, *Brief view*, 319 – 20 (' dirty people of no name '); Hill, *Puritanism*, 204 – 5 (the rest); *ODNB*, s. v. ' Pym '; Adamson, *The noble revolt*, 387, 582 and 681; Aston, *A collection*, sig. A2 (preface).

45. 参见 *ODNB*, s. v. ' Sexby, Edward '，以及第 12 章与下文第 19 章。克伦威尔的敌人们称他为 "酒糟鼻国王的酒糟鼻，别西卜的首席酿酒人" 以贬低其出身，见 Knoppers, *Constructing Cromwell*, 19 – 20。

46. Cressy, ' Protestation protested ', 272, return from Middleton, Essex. Cressy adds: ' Female subscription occurred occasionally in more than half a dozen counties. ' See also chapter 11 above.

47. Walsham, *Providence*, 213; Mack, *Visionary women*, 78 – 9 and 90 – 1. 更多关于伊丽莎白·普尔的内容，参见 Firth, *Clarke Papers*,

II，150 - 4 and 163 - 70（普尔参加的议会会议记录）；Poole，*A vision*（她自己的记录）；*Brod*，'*Politics and prophecy*'；Davies，*Unbridled spirits*，137 - 41；以及 *ODNB* s. v. Poole and Cary。更多女性通过缴税、照顾伤患以及支持商贸和家庭的方式参与到战争之中。

48. BNE *Ms* 2371/21，draft history of the year 1640 by Jerónimo de Mascarenhas，on the 'Beata Paula'；关于腓力四世及其先知们，参见第 9 章，其中部分人员后来因异端嫌疑遭到宗教法庭监禁。

49. Hill，*World turned upside down*，366；Smith，'Almost revolutionaries'；Nicolas，*La rébellion*，443。并非所有暴乱的领袖都是年轻人：当皮埃尔·布卢赛尔被捕一事引发了巴黎的"街垒日"时，他已年届 73 岁；当 1647 年朱利奥·热诺伊诺建立那不勒斯共和国时，他已年过 80。

50. 关于米斯里对亚历山大大帝和亚里士多德的援引，参见 Terzioğlu，*Sufi and dissident*，291 - 2 and 299。关于他的其他观点，参见第 19 章。

51. Wakeman，*Great Enterprise*，I，625 - 6，引用了一篇来自江西省的县志。

52. Des Forges，'Toward another Tang or Zhou?'，75.

53. Burkus-Chasson，'Visual hermeneutics'，384 and 414 n. 37 记录了那些图画与纸牌；Ho，'In defense of Sinicization'，142 n. 5 记叙了努尔哈赤对于中国经典的掌握。Crossley，*A translucent mirror*，244 - 5，287 记录了 1647 ~ 1650 年《三国演义》的满文版本；Di Cosmo，*Diary*，42，82，116 证实了它曾被清军士兵所阅读。Brokaw，*Commerce and culture*，570 也记录了对《水浒传》的阅读和借鉴。

54. Elliott，'Whose empire?'，39 引用了 1621 年末努尔哈赤致辽东汉民的信件原文（该文献第 38 页还引用了努尔哈赤于 1620 年写给喀尔喀蒙古人的一封信，他在那封信中也表达了类似的观点）；Wakeman，*Great Enterprise*，316 - 17，引用了 1644 年 6 月 5 日多尔衮的训令。

55. Des Forges，'Toward another Tang or Zhou?'，82 - 9. 本书第 5 章记录了明末清初李自成等其他叛乱者为自己的行径寻求合理

辩护时寻找历史先例所做的研究。在中文中"革命"一词至今
仍未改变:"变革天命。"

56. Hickson, *Ireland in the seventeenth century*, I, 194, deposition of Rev. John Kerdiff, Co. Tyrone, 28 Feb. 1642 citing Meredith Hanmer's *Chronicle of Ireland* (1571); TCD *Ms* 839/134v, deposition of Mulrany Carroll, Co. Donegal, 26 Apr. 1643.

57. Rutherford, *Lex*, *rex*, 449 – 53 (more examples in Cowan, 'The political ideas'); Rushworth, *Historical Collectionsthe fourth and last part*, II, 1, 420 – 1, President John Bradshaw to Charles I, 27 Jan. 1649.

58. Hill, 'The Norman Yoke'; Morrill, *Revolt in the provinces*, 143 (棍棒团); Fincham, 'The judges' decision', 234 (包括 1630 年代王权批评者引用福蒂斯丘的其他事例)。

59. Neumann, *Das Wort als Waffe*, 107 – 11 (加泰罗尼亚); Truchuelo García, 'La incidencia', 89 (吉普斯夸)。

60. Bercé, *Histoire des Croquants*, II, 635 – 6 (Croquants); Foisil, *La révolte* (*Nu-Pieds*); Hugon, *Naples*, 108, 114, 146, 235 and 294; Bercé, 'Troubles frumentaires' (communal aspirations); and chs. 14 and 8 above (on Palermo, Naples and Tell).

61. Marques, *A parenética portuguesa e a Restauração*, II, table 2.1, on Portugal; d'Alessio, *Contagi*, 88 – 93; Hugon, *Naples*, 85 – 6, and Benigno, *Specchi*, 242, on Naples; Simon i Tarrés, *Orígens*, 216, and Lucas Val, 'Literatura', 175, on Catalonia.

62. Fairholt, *Poems and songs*, xxviii and 70, and Braddick, *God's fury*, 43 – 5 and 53 – 4 (lionizing Felton); Adamson, 'Baronial context', 107 (Essex as John the Baptist); Hill, *The English Bible*, 453 – 5: an 'Index of Biblical persons and places' cited by seventeenth-century English authors.

63. Schama, *The embarrassment of riches*, 113 (Vondel's *Passcha* of 1612); Groenhuis, *De predikanten*, 81 (Lydius, *Belgium Gloriosum*, 1667); Paul, *Diary*, I, 344 (Feb. 1638).

64. Trevor-Roper, 'The Fast Sermons', 280 – 1, quoting Samuel Fairclough, *Troublers of Israel* (with other texts); German examples

[776]

in Theibault, 'Jeremiah in the village', 444 – 53.

65. 可参见 Carrier, *La Fronde*, II, no. 36, *Lettre du père Michel*（1649）
    对此进行的精准比较。关于法国在马扎然治下的"埃及式奴
    役"，参见 Benigno, *Specchi*, 133。

66. Lenihan, *Confederate Catholics*, 73, quoting Fr Anthony Geoghegan,
    Sep. 1642；Casway, 'Gaelic Maccabeanism', 178, speech by
    Owen Roe O'Neill（hailed by others as 'your present Maccabean and
    only champion'）；O'Mahony, *Disputatio apologetica*.

67. Comparato, 'Barcelona y Nápoles'；Hobbes, *Leviathan*, 225 – 6,
    写于弑君事件后不久。

68. Parsons, *Peasant rebellions*, 189 – 99.

69. Mitchell, 'Religion, revolt', ch. 5, quoting the *Resumen de la vida
    de Sor Eufràsia Berenguer*.

70. Paul, *Diary*, I, 393, 395, 396 and 397（Oct. and Nov. 1638）.
    沃利斯顿记录下了这些细节，并虔诚地祷告"上帝将让玛格丽
    特的狂喜与倾诉持续到伟业成功之时"。同时，在北爱尔兰，一
    位主教抱怨说："我已经受够了那些来来去去的再洗礼派女先
    知。" *CSP Ireland*, *1633 – 47*, 182, Bishop Bramhall of Derry to
    Laud, 23 Feb. 1638 OS. 更多例子见 Gillespie, *Devoted people*, 137 –
    42, 以及 Groenhuis, *De predikanten*, 98 – 102。关于伊丽莎白同
    样参见页边码第 550 页。

71. Hill, *The world turned upside down*, 87 – 106（"预言者之国"），引
    用自第 90 页。Thomas, *Religion*, 371 – 2 and 441 – 4 列举了向里
    利咨询过的政要（包括查理二世）。

72. Foster, *The sounding of the last trumpet*, 17 – 18；Foster, *The pouring
    forth of the seventh and last viall*, 64 – 5. 福斯特未卜先知的能力不容
    小觑：教皇英诺森十世的确死于 1655 年，而 1655 ~ 1666 年苏丹
    穆罕默德四世的统治险些被推翻。Hill, *The world turned upside
    down*, 223 – 4, 以及 *ODNB* s. v. George Foster, 两者都提供了其
    简介与作品。

73. Wilflingseder, 'Martin Laimbauer'；*ODNB* s. v. 'James Nayler'。
    清教徒牧师拉尔夫·约赛林在日记中记载了世界末日将在 1655
    年或 1656 年来临的流行预言（Macfarlane, *Family life*, 23 – 4,

185，189－91）。这些预言者中包括弗朗索瓦·达凡特（参见 Labrousse，'François Davant'）。1658 年，约翰·班扬开始预测"最后审判日迫在眉睫"。关于沙巴泰·维泽以及世界末日将在 1666 年来临的预言，参见第 7 章与第 19 章。

74. Price, *Marroon societies*, 37（the king of Guinea）；page 465 above on Bohorqués；Guijóo, *Diario*, I, 143－4（26 Dec. 1650）and 220（20 July 1653）on Lombardo. Guijóo 作为一位普通牧师却对堂·吉伦了解如此之深，足以证明后者的名声远扬。有关由堂·吉伦衍生出佐罗故事的情况，参见 Troncarelli, *La spada e la croce*, 256－339。

75. TCD *Ms* 835/158, deposition of John Right, Co. Fermanagh, 5 Jan. 1642. Hickson, *Ireland*, I, 114－15, prints O'Neill's alleged royal commission, dated Edinburgh, 1 Oct. 1641, and at pp. 169－73 and 188－9 揭示了这份赝品足以以假乱真的程度。Gillespie, 'Political ideas', 113 引用了一位天主教会主教的说法，后者承认这些文件被公然伪造出来以诱导"普通百姓……犯下接下来的那些残酷行径"。

76. 关于吉斯公爵的伪造信件，参见第 14 章；有关赫梅利尼茨基与拉辛的情况，参见第 6 章。并非所有叛乱者发表的反政府信件都是赝品：由加泰罗尼亚人发布的奥里瓦雷斯的信件，以及查理一世英国反对者发表的信件皆为真迹，参见第 9 章与第 12 章。

77. Paul, *Diary*, I, 348 and 410－11（19 May 1638 and 8－10 Feb. 1639）. 关于《阿尔图修斯论政治》在苏格兰的流行（1603 年；1614 年加长版），参见 Cowan, 'The making of the National Covenant'. von Friedeburg, *Self-defence*, ch. 3. *ODNB*, s. v. 'Archibald Johnston' 记录了沃利斯顿用于"着手寻找佐证论据"的其他书籍。

78. Laing, *Letters and journals*, I, 116－17, Baillie to William Spang, 12 Feb. 1639；Paul, *Diary*, I, 411（24 Feb. 1639）.

79. Dunthorne, 'Resisting monarchy', 136－40 探讨了亨德森对格劳秀斯的引用；Paul, *Diary*, I, 390（沃利斯顿对亨德森与大卫·尔考德伍德就外国关于抵抗运动的文献所进行的讨论之记录，1638 年 9 月 20 日）。

80. Downing, *A discoursive coniecture*, 38（which Adamson, *The noble revolt*, 207 – 9 and notes, dates to early 1641）. Salmon, *French religious wars* 研究了英格兰读者对阿尔图修斯、格劳秀斯及其他作者著述的认识与接受。

81. Prynne, *Soveraigne Power*, Part IV, 153 – 99，大部分是《反抗暴政辩护》的翻译（完整英文翻译出现于 1648 年）。

82. 有关 1626 ~ 1649 年出版的系列小开本的情况，参见 Conti, *Consociatio civitatum*。

83. Hugon, *Naples*, 217 – 23; Mastellone, 'Holland as a political model'; idem, 'Les révoltes de 1647', 177 – 84; 以及 Musi, *La rivolta*, 203 – 4，都进行了详细的探讨。 [777]

84. Casway, 'Gaelic Maccabeanism', 180 – 1, quoting a proposition sent to Philip IV of Spain in 1627; TCD *Ms* 829/311, deposition of William Fytton, Limerick, 8 July 1643.

85. Jusserand, *Recueil*, XXIV/1, 35 – 6, Instruction to M. de Bellièvre, 27 June 1646.

86. 有关平等派的情况参见第 12 章，同时"内勒案例"参见 Peters, *Print culture*, ch. 8。

19 "邪说之民……倘有招呼之首，此其归附之人"：散播革命[1]

在《引爆点：小事情如何制造大事件》一书中，马尔科姆·格拉德维尔评估了 1775 年 4 月 18、19 两日之间的夜晚保罗·里韦埃在马萨诸塞乡间的那次骑行。正是他捎去了波士顿的英国军队将在第二天上门逮捕莱克星顿的北美爱国者领袖并夺取康科德民兵武器的口信，因之而起于 4 月 19 日的敌对行动引爆了美国独立战争。用格拉德维尔的话说，里韦埃成功的关键元素就在于他的"连接者"身份。银匠的身份和屡屡进行的商业旅行都让里韦埃建立了一个广阔的日常人际网络，赢得了许许多多社会群体的信任。就在反英情绪不断增长的时候，里韦埃频繁在爱国者领袖之间传递口信。因此在 4 月 18 日至 19 日这一晚，他知道去哪里找到这趟旅程所需的船与马匹，也知道去哪里找爱国者领袖，以及如何在路上避开英军巡逻队。里韦埃的"连接者"身份让他得以像传播"病毒"一样散播自己的消息，格拉德维尔也将他策马递信的事迹赞颂为"或许是史上最著名的信息'口头传播'事件"。[2]

17 世纪中叶的不少欧洲评论者也用类似的医学术语形容暴乱传播的惊人速度。西班牙作家弗朗西斯科·德·奎维多于 1641 年表示，暴乱"就是国王的天花：所有人都会得天花，那些至少留下痘印的人才能生存"。十年之后，意大利史家乔瓦尼·巴蒂斯塔·比拉格·阿伏伽德罗在他对"我们时代的政治暴乱"进行的研究中宣称："大众暴乱就像传染病，致命毒物在人与人之间传播；不论是距离远近还是时间延迟，不管是气候多元还是生活方式差异，都没法阻滞这些危险传染病的传播。"1676 年，巴巴多斯殖民地总督惊叹"印第安人的日常破坏"如何可以"像接触性传染病一样波及整个大陆，从新英格兰……到马里兰"。不过，正如休·特雷沃-罗珀在 1957 年那篇让"总危机"这一术语风靡于世的宝贵论文里指出的那样，虽然"革命的普世性确实与单纯的传染病有所关联"，但是"传染病的流行也与被感染者的易感染性（receptivity）有关：一个健康或是进行过预防接种的躯体是不会染病的，哪怕疾病本身有传染性"。[3]

"接触性传染病"和复合制国家

562

值得一提的是，奎维多和比拉格·阿伏伽德罗都从同一种政体中找到了"接触性"的例证，正是这种政体显示出了不同寻常的"易感染性"：复合制国家。17 世纪欧洲爆发的叛乱有一半以上都发生在这种政治实体，原因很大程度上在于它们的政府试图将一系列相似的政策强加于政治、财政和文化体制以及传统习俗都大不相同的各个地区。1618 年，刚刚赢得选举的斐迪南二世试图将整齐划一的宗教体制从他的世袭领地推广到波希米亚。十一年后，他还借由《归还教产敕令》在帝国境内发起了相似的进程（见第 8 章）。1625 年即位后，查理一世宣布，他希望"在我们王国全境建立一个政令统一的政府"，他还要求手下大臣"将他手下的三个王国合并成一个紧密的联邦，一旦有一个王国遭到攻击，另外两个王国有义务彼此设防，三国都要根据合理的比例提供马匹、步兵或船只"。查理一世的计划显然借鉴了腓力四世和奥里瓦雷斯在西班牙君主国强力推行的"武装同盟"计划。[4]

这些雄心勃勃的计划不但无一奏效，反而激起了义愤填膺的抵抗——这部分要归咎于其推行者的顽固不化。当一些德意志天主教徒也开始表达他们对于在德意志全境推行《归还教产敕令》所带来之风险的担忧时，斐迪南告诉他们自己已经准备好"冒着失去奥地利和自己所统治之所有王国与行省，乃至在世上之一切财产的风险拯救自己的灵魂，而这是非推行这份敕令不能做到的"。十年后的查理一世也抗议说："只要这个盟约还有效力，那么我对苏格兰就不比威尼斯公爵享有更多的权力，我宁死也不容忍这种处境。"奥里瓦雷斯也曾叫嚣道："如果所谓'宪制'不容的话，那就让宪制见鬼好了！"[5]

"统一派"不但常常达不到目标，似乎也没有能力从失败中吸取教训。1646年，曾在阿拉贡和墨西哥（西班牙君主国治下的两个"边缘"国度）任职的堂·胡安·德·帕拉福克斯就对同僚表示：

> 大人请恕我直言，我们失去葡萄牙的原因并不在葡萄牙，失去加泰罗尼亚的原因也不在加泰罗尼亚，其根源都在马德里的心脏地带。我们也将因此像失去（葡属亚洲）一样失去（西属美洲），因为每当大众眼里的丑角与恶事反而得到了犒赏与表彰，风暴就会在那里聚集，并在日后通过罪孽、蓄意的错误与专横统治等手段令诸王国从君主国的统治中疏离，并最终分裂出来。

同样的情况也在其他复合制国家发生。尽管收到不计其数的警告，尽管知道在苏格兰按照英格兰礼拜仪式推行公祷书将

招致反对，劳德大主教还是一意孤行地制订了在爱尔兰也一体
推行的计划；1639 年武力镇压苏格兰叛军的失败也没能阻止
斯特拉福德伯爵和查理一世在 1640 年重蹈覆辙。尽管大败而
归，君臣两人还是在 1641 年做了第三次尝试。[6]

　　这种顽固不化颇为危险，因为叛乱不仅会在各复合制国家 563
的边缘地带开始，也常常会沿着边缘地带扩散。1618 年的波
希米亚叛乱就只是倒下的第一块骨牌：斐迪南二世统治的几乎
所有领地——匈牙利、西里西亚、摩拉维亚、上奥地利和下奥
地利——都起而效尤（见第 8 章）。二十年之后在法国，有法
官评论说"下诺曼底骚乱的新闻（赤足党之乱）让鲁昂（诺
曼底公国首府）百姓的勇气增长了一倍"，于是"这些骚乱就
成为街谈巷议的核心话题，大家将其宣传成英雄之举"。在鲁
昂的人群杀死了一名税吏五天之后，在卡昂就发生了一模一样
的事情（卡昂是诺曼底第二大城市，距鲁昂 80 英里）。1640
年，奉命与加泰罗尼亚叛军联络的某法国外交官表示，葡萄牙
人"如果没有加泰罗尼亚人的示范在前，就永远也不会有胆
子造反。他们担心如果开启如此危险的独舞就会被迅速扑灭镇
压"。七年之后，在听说安达卢西亚诸多城市爆发骚乱，"西
西里也行将失守"的时候，一位镇定如恒的西班牙大臣评论
说："在一个拥有许多各自独立之王国的君主国里，第一个起
来造反的要冒上极大危险，因为其余部分可以轻而易举地将其
镇压；但是，第二个造反者所冒的风险就大大降低了；再往
后，任何造反者都可以毫无恐惧地冒险举兵。"[7]

"连接者"

　　还原上述"危险群舞"的前因后果常常颇为困难，因为

那些试图协调叛乱的人都竭尽全力掩饰他们的行迹。葡萄牙人算是个例外。1640 年 12 月，布拉干萨公爵加冕为王之后不久，他就派出信使煽动其他地区一起叛乱，对抗自己的前君主。公爵派出两名耶稣会士前往巴塞罗那，邀请加泰罗尼亚人与他签署盟约一起对抗腓力四世。他还派出三名绅士去葡萄牙的各海外殖民地要求效忠。这一协调工作很费时间：为免中途被拦截，负责向东亚传递消息的绅士们先是去了伦敦，然后搭乘一艘中立的英格兰船去了爪哇，在那里等候荷兰船将他们载去台湾。疲惫不堪的"连接者"们最终从台湾来到了澳门，其时已是 1642 年 5 月 30 日。自那之后，只有北非城市休达还继续效忠马德里（今天依然如此）。[8]

"连接者"也在其他复合制国家传播叛乱。在西西里，1647 年 5 月 20 日巴勒莫开始叛乱的消息不但触发了该岛其他地区的城市暴乱——特拉帕尼在 25 日，塞法卢和玛萨拉在 27 日，卡斯特罗诺沃和圣菲利波在 29 日，等等——而且有一名参与过巴勒莫叛乱的老兵凑巧于 1647 年 7 月 7 日出现在那不勒斯，正是他引领了梅尔卡托广场的暴动。这位老兵死后，其他西西里人也出手让愤怒的人群更趋激进。他们的成就也激励了那不勒斯王国全境的暴动民众（见插图 41）。[8]月 15 日，一名刚刚亲历了马萨尼洛革命的目击者在巴勒莫发动了一场新的骚乱，显然是想要得到同样的让步条款。[9]在564 1648 年 6 月的俄罗斯，曾在首都待过的地方城市请愿者也充当了高效传播革命的"连接者"：一俟他们重返家乡，向当地人传播莫斯科人反抗沙皇的消息，该地的骚乱也就继之而起。一代人之后，斯捷潘·拉辛的支持者用一封杀气腾腾的信为他在远离哥萨克根据地的地方赢得了支持者（见第 6

章）。1653 年开启"瑞士革命"的恩特勒布赫农民派出特使
到卢塞恩州各地以及邻近各州动员支持者（见第 8 章）。最
后，就在詹姆斯·霍维尔试图探明英国内战"到底因谁而
起"的时候，他（用他那一贯大胆的驳杂比喻）得出结论：

> （革命之火）最初是在苏格兰点燃的。清教徒是
> 孕育它的温床；不过我必须告诉你们，产出这个怪物
> 的生殖区就在这英格兰的清教徒之间。如果燧石和铁
> 片不曾在英格兰打着火花，苏格兰的火种就永远不会
> 点着，那么火焰也就永远不会延烧到爱尔兰。[10]

不过，满腹怨恨的臣民并不总是需要充当"连接者"的
个人来"点燃"自己的不满之情，他们也可以自行燃烧。腓
力四世的意大利臣民就小心翼翼地通过信件、小册子和书籍观
察加泰罗尼亚叛乱的事态进展。1646 年（马萨尼洛暴动的前
一年）在那不勒斯，亚历山大·德·洛斯出版了他所撰写的
加泰罗尼亚叛乱史。尽管这本名为《受骗的加泰罗尼亚》
(Catalonia deceived) 的著作谴责了叛军，但也勾勒了一副"叛
乱何以聚集动能"的实用蓝图。而在巴勒莫，文琴佐·奥利
亚（律师、诗人和历史学家）根据个人图书馆里收藏的史书
梳理了倒霉的西西里总督洛斯·韦勒兹侯爵在前来就任之前的
完整履历，梳理了他在担任纳瓦拉和加泰罗尼亚总督以及出任
驻罗马大使期间的一系列经历，探究他的行为模式。[11]在斯图
亚特王朝，身在爱尔兰的一位英格兰国教会主教于 1638 年抱
怨，"拒不服从的不守国教者（苏格兰誓约派）给英格兰和爱
尔兰都开了恶例"。他还哀叹说，"这种传染病"已经开始波

及阿尔斯特。第二年，用一位职业"写信者"（报纸记者前身）的话说，"爱丁堡成为英伦诸王国的政治主舞台已有一段时间"，其他各地的人都会观察"那里可能会发生什么"，并以此来"为他们自身的利益设计剧幕"。[12]

没有人比爱尔兰天主教徒更关注苏格兰的事态了。他们目睹了"苏格兰人假装委屈，然后拿起武器申冤，最后不但拿到了各种特权和豁免权，而且靠着一场入侵就挣了 30 万镑"的全过程。一位爱尔兰造反者想要"效仿苏格兰取得特权的全过程"，以便终结"统治他们的专横政府"；另一个造反者夸口说，"既然苏格兰人已经用武力实现了他们的愿望，那么这个王国也可以如此行事"；第三个反对派则认为"如果说马奎尔勋爵不放一枪就拿下了都柏林城堡的话，那么除非国王陛下满足他们所提的条件，否则他们就会一直占领这座城堡——他们觉得这么巧取豪夺可是合情合理，因为苏格兰人就是这样在英格兰满足自己的欲求的"。更露骨的无疑是一位爱尔兰联邦领袖与其新教徒战俘之间的问答："什么？你们和苏格兰人之间已经立约了？'对，'他说，'苏格兰人已经教会了我们（关于叛乱的）基本知识。'"[13]

565 革命"传染病"的散播并不仅限于复合制国家。比拉格·阿伏伽德罗于 1654 年解释了一场反抗一位君主的暴乱为什么有可能激起一场反对另一名君主的暴乱："第一场暴乱提供的例证足以在其他国家唤起下一场叛乱，因为榜样对人心的感召力的确强大无比。我们注意到，人们目睹他人起事的时候，不但会受到劝勉，甚至会期许、鞭策自己起事。"[14]形形色色反抗查理一世的叛乱也吸引了欧洲大陆各国的关注。1648 年法国《法兰西公报》"号外版"有三分之一的篇幅都聚焦英

格兰事务,其中刊载的近一半文件和宣言都出自叛军之手。德
意志社会似乎也为海峡对岸的事态着迷:1640～1660年,德
意志地区约50份报纸用2000多版的篇幅报道了不列颠和爱尔
兰的形势,德语作者也出版了600多本相关主题的著作。在荷
兰共和国,1640～1648年出版的小册子总数中有三分之一都
在关注英国事态。加泰罗尼亚的起义者不但出版小册子登载了
关于反抗查理一世之暴乱的消息,还推出了爱尔兰天主教徒宣
言的加泰罗尼亚语译本。[15]

反抗腓力四世的"那不勒斯革命"在一开始的成功同样
激起了他国人民反抗君主的暴动。根据一位驻巴黎大使的说
法,绝大多数巴黎市民相信"那不勒斯人的行动颇为睿智。
为了摆脱压迫,他们的例子值得效法";抗税的人们反复高喊
着"那不勒斯!那不勒斯!"——这尖锐地提醒了当权者在大
都会里推行不得人心税收将有何种后果。1648年马萨尼洛起
事的第一个周年纪念日,教皇国的菲尔莫也爆发了骚乱。许多
人都认为,那些"洗劫焚烧"富人别墅的人只不过是效仿了
"那不勒斯叛乱的先例"而已。的确有不少革命者群体跨越边
界,激励教皇国内至少六个地区的社群起来造反,他们的任务
因为糟糕的收成而变得更加容易。一名教皇国官员报告说,
"我在所到之处都注意到,臣民的情绪因饥荒而大大激化",
因此"乡间农人都聚在一起拉帮结伙,一场大火或将燃烧起
来"(插图50)。[16]

全欧洲范围内的信件、报纸、小册子、书籍乃至剧作都在
详尽叙述那不勒斯的事件并给出结论。1649年伦敦上演的一
出名为《那不勒斯叛乱,或马萨尼洛的悲剧》的戏剧就在尾
声部分借"马萨尼洛"本人之口说出了一段威胁性的总结,这

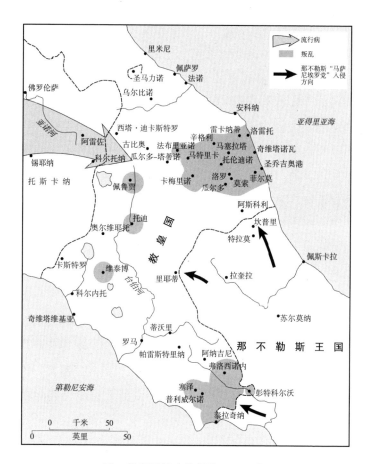

50 教皇国境内的叛乱，1648 年

　　尽管菲尔莫居民反抗教宗统治的叛乱博得了同时代人和历史学家最多的关注，但至少有其他六座城镇——维泰博、托迪、佩鲁贾、阿斯科利、彭特科尔沃和泰拉奇纳——也爆发了叛乱。每一次叛乱都是在那不勒斯造反者到来后爆发的。

段话的开篇是：

让君王们知道，他们

用何等的重担欺压着自己的臣民，

当一切就绪时，这事态便不会持续：

你瞧众人将把这枷锁劈成两半。

　　两年之后在荷兰共和国，多德勒支的暴乱者将马萨尼洛称
为他们的英雄。[17]与之相对，马萨尼洛及其追随者也很受荷兰
人的鼓舞。宣布腓力四世不再为那不勒斯主权君主的"那不
勒斯最虔诚之人民宣言"在行文上模仿了1581年尼德兰联省
议会宣布推翻腓力二世统治的宣言；吉斯公爵宣誓就职的护国
公"享有与最尊贵的奥兰治亲王保卫荷兰共和国及其自由市时
相同的权力"；一本小册子提醒读者："（西班牙人已）无可奈
何地被荷兰渔夫从佛兰德的七个省份赶了出去……那么，他们
又能……拿你怎样？"[18]
　　那不勒斯人并不是唯一得出这一结论的人群。17世纪稍
早的时候，约翰尼斯·阿尔图修斯就在他那颇具影响力的政论
著作中断言，荷兰共和国对西班牙的反抗"极为成功，以至
于外溢邻国"，并"引得旁人效仿那些"得以"保卫你们的共
和国免于暴政和灾祸的美德"。一位法国作家也持相似看法：
荷兰人已经"向所有统治者发出警告，提醒他们正视自己对
人民的义务。荷兰人给所有人提供了值得铭记的例证，展示了
他们可以做些什么来反抗自己的统治者"。在西班牙本土，奎
维多将加泰罗尼亚人的叛乱归咎于"荷兰的先例"；而在英格
兰，不少人都将反抗查理一世的叛乱归咎于荷兰人的示范：尼
德兰的案例表明"反抗主君"的人民也能享有"冠绝全欧的
繁荣富庶"。1641年，驻伦敦的一位大使发觉"（英格兰人）
有向荷兰政体靠拢的隐秘企图，这里的人对荷兰展现出极强的
偏好"。十年之后，托马斯·霍布斯断言："英格兰近来的动

乱都始于对低地国家的模仿。"[19]

欧洲的一系列叛乱甚至也鼓动了海外殖民地的不满人群。1642 年，堂·吉伦·隆巴多在墨西哥拟定的"独立宣言"就引用了其他造反者的成功案例。"他们的叛乱有着充分理由，他们下定决心，与其受压迫、被虐待、遭受暴力对待而苟活，还不如为了自由和求偿冒死一战，就像我们在葡萄牙、加泰罗尼亚、纳瓦拉和比斯开诸王国目睹的那样"。宣言还补充道，在新西班牙"这个边远且遭篡夺的王国"，西班牙君主国的虐行"远比"欧洲"各地更为普遍也更为严重"。隆巴多论证说，腓力四世镇压的美洲原住民"不但可以，而且应当奋起"反抗他的统治。[20]十年之后，一群身在果阿的失意葡萄牙殖民者废黜了总督，"理由是葡萄牙本土也是这么做的，英格兰人更是这么做的——同时，附近的锡兰也是如此"。1643 年在英属美洲的新英格兰殖民者提到，美洲原住民对"英格兰本土的动荡"幸灾乐祸，"他们听到消息就知道我们"从本土得到的保护"受到了阻碍"。1676 年伦敦政府得到警报：弗吉尼亚造反的殖民者领袖纳撒尼尔·培根"已经向新英格兰各地政府求援"。[21]

输出革命

除纳撒尼尔·培根以外，很多反叛领袖都向外部世界求援。1619～1620 年，波希米亚的"冬之王"弗里德里克就曾徒劳无功地向北欧、不列颠和荷兰共和国的新教教友寻求军事援助，他甚至还向奥斯曼苏丹和苏丹的封臣特兰西瓦尼亚大公求助（最终只有这位大公出手相助）；1626 年，上奥地利的反叛者也向刚刚入侵德意志的丹麦国王克里斯蒂安求援（但后

者并未做出实际回应）。[22]十年之后，查理一世的苏格兰反对派
发起了一次成功的外交攻势，从丹麦、荷兰共和国，尤其是从
瑞典那里弄到了军火（尽管他们向天主教法国和新教瑞士的
求援都归于失败）。葡萄牙人的求援活动也得到了可观的响
应：法国、荷兰共和国还有不列颠都先后承认了这个新政权，
并将钱款、军队和战舰送往葡萄牙，阻止西班牙运用其优势资
源再度征服这个西面的邻国。[23]爱尔兰天主教联邦同样赢得了
西班牙、法国和教皇国的外交承认（还有弹药与经费），爱尔
兰史上第一次，也是 20 世纪之前该国唯一一次有了外交使团
（corps diplomatique）进驻，其中又以教廷大使居首。诚如爱
尔兰联邦驻荷兰共和国代表在联省议会的发言，这的确是个了
不起的成就：之前"我们手中空空如也，没有武器弹药，也
没有久经战阵的将军"，但是"蒙上帝眷顾，我们已经给自己
装备了武器弹药，召回了我们在外作战而且久经沙场的将士，
为我们自己配备了数量可观的护卫舰和战舰"。因此，现在无
论是敌人还是朋友"都将我们视作一支可观的力量，与我们
谈判，并为我们留出了商讨平等条款的空间"。[24]

有些国家甚至早在他国反叛者开口之前就主动援助。
1637 年，路易十三给布拉干萨公爵若昂捎去密信，许诺提供
10000 名步兵和 1000 名骑兵的支援，只要他决心加冕成为葡
萄牙国王。尽管一开始深感疑虑，三年之后，路易十三还是
向加泰罗尼亚人派去了军队、金援和顾问。腓力四世则在
1651~1652 年同孔代亲王和叛乱的波尔多签署了盟约。不过，
上述情形都只是投机和纯然反应式的举动，意在努力维系业
已开始的叛乱。荷兰共和国则对别处的叛乱进行了更为系统
的鼓动与支持。

　　根据荷兰共和国官方史家列韦·范艾泽马的说法，鉴于"荷兰的存续有赖于邻国的妒羡"，共和国领袖常常急着与世界各地所有"切齿敌对西班牙"的群体建立利益共同体（gemeyn interesse）。于是，他们与"所有反对西班牙君主那徒具形式之'普世王权'的王公贵族"签下盟约，其中包括信仰天主教的法国和威尼斯，信仰新教的丹麦和瑞典，信仰东正教的俄罗斯，信仰伊斯兰教的阿尔及尔和突尼斯，甚至还有信仰佛教的斯里兰卡统治者。1638 年，荷兰的加尔文教牧师出席了苏格兰教会废除主教制的大会，莱顿大学也公开声援苏格兰人捍卫他们的自由。荷兰当局欢迎誓约派领袖渡海来访，印刷小册子并购买大量武器弹药；荷兰人还从军中抽调不少老兵前去与查理一世作战。数月之后英格兰内战爆发，一名荷兰作者认为，"我们尼德兰人"必须"停止资助对议会的镇压"，因为"如果那些保王党和国王一起在英格兰和苏格兰占据上风的话……他们就会动手对付我们了"。[25]同样地，1640 年"加泰罗尼亚革命"的消息传到荷兰共和国的时候，联省议会设立了一个特别委员会，协调支持当地"叛乱同侪"反抗腓力四世的行动。荷兰人还要求黎塞留为海牙和巴塞罗那之间的交通提供便利。第二年，荷兰人接受了葡王若昂四世的大使呈递的国书——也就是承认了"复辟"的合法性——并派出 12 艘战舰保护里斯本免于西班牙的海上威胁。[26]

　　查理一世的反对者也在世界各地极力煽动和支持叛乱。1642 年，伦敦传教士约翰·古德温向同胞们保证，对国王的成功反抗对"你们在海外遥远国度（北美）的种植园兄弟"来说将是"令人愉悦并振作的消息"；反抗行动的"热情和热度"也将"传遍许多大国，比如法国、德意志、波希米亚、匈牙利、波兰、丹麦、瑞典，等等"。三年后，苏格兰议会邀请"所有新教君主和共和国领袖参与或加入《大不列颠王国神圣盟约》或是类似的盟约，一致对抗他们的共同敌人"。最高调的表态发生于 1648 年，休·皮特在一场布道中宣称，"我军（新模范军）不但要铲除本国的君主制，还要推翻法国和周遭各国的君主"。[27] 类似观点在相当一段时间里吸引了不少外国支持。1640～1648 年，荷兰印刷商出版了 300 多种以英格兰事务为主题的小册子，其中不少都是直接由英格兰人委托出版的。在法国，有人预计"邻国（英格兰）的例子势将点燃"马扎然反对者的情绪，他们或将以相似的条款向摄政政府提出要求，因为"巴黎人认为自己不比伦敦人差"。还有人直言："他们在巴黎公开谈论的只有共和与自由，他们说君主制太老了，现在正是结束它的大好时机。"[28]

　　1649 年 1 月查理一世的处决改变了这一切。多产且自学成才的法国学者弗朗索瓦·达万对弑君事件大加称赞，因为它提醒国王警惕"虐待臣民"带来的种种危险，并推论说"困难重重的君主制或将催生共和国"。他还以《旧约圣经》里那些被上帝罢黜的君王为鉴，预言法国君主将是下一个；一本名为《国家疾患的神圣本质》（ *The divine nature of the disease of state* ）的激进主义小册子也高调认为，法国在为自由而战的路上并不孤单，因为那不勒斯、加泰罗尼亚和英格兰都在摆脱暴政、争取自由的道路上打了头阵。但在欧洲并无多少人认同这一观点。与之相对，在法国出现了针对"基督徒犯下的最骇人、最可恶的篡弑君父事件"的大量谴责；皮埃尔·高乃依写了一部同情国王的戏剧；已故君主的自白书《国王形貌》（彩插 3）在第一时间就发行了四个不同的法语译本。[29] 甚至那

569

些之前还坚决支持议会的人也严厉批评了这起弑君事件。荷兰牧师在他们的布道词中痛斥弑君者。弑君消息传到瑞典后,雅各布·德·加拉尔迪元帅立即哀叹说,因为"这股妖风(spiritus vertiginis)"已在欧洲"吹开",现在没有当权的政府有安全感(还有一位瑞典大臣迅速出版了一本谴责处决事件的小册子)。[30]在德意志,政府谴责自己的所有批评者,说他们都受到了英格兰"清教徒原则"的污染。剧作家(和法国一样)纷纷创作同情国王的剧本。在波兰首都,贵族阿尔布雷希特·斯坦尼斯拉夫·拉德兹维尔在自己的回忆录中详尽记述了查理一世生命的最后时刻,声情并茂地表示希望"类似的情形永远不要出现在波兰"。最极端的反应莫过于沙皇阿列克谢的举措:得到英格兰人弑君的消息后,他下令将所有英格兰商人驱逐出境。[31]敌对状态仍在持续。1651 年,雅各布·德·加拉尔迪提醒瑞典国务会议,有些瑞典人"想要像不久之前的英格兰人一样行事,那样的话我们都得沦为俎上之肉";克里斯蒂娜女王也抱怨"国王和议会甚至没有应得的权力,反倒是那些大众(canaille)得以随心所欲地发号施令"。三年后听说克伦威尔成为护国公的时候,克里斯蒂娜断言,阿克塞尔·乌克森谢纳也想在她处于弱势的时候干同样的事情。[32]

为了遏制不利于己的外国声浪,英格兰共和国任命约翰·弥尔顿为"对外宣传部长",委任他向外国发声,为新政权辩护。弥尔顿着手翻译自己辛辣反驳《国王形貌》的著作,其标题为火药味十足的《破毁形貌》(Eikonoklastes),他还印发570了数量众多的小册子和官方印刷品专供国外发行。英格兰共和国还用法文出版了周报《伦敦普通新闻》(Nouvelles ordinaires de Londres),设立了"英格兰和苏格兰议会驻巴黎办事处",

负责监控和散播从那不勒斯到乌克兰的外国叛乱新闻。1654年,弥尔顿在《为英格兰人民再次声辩》(*Second defense of English people*)一文中大胆构想:

> 从赫拉克勒斯之柱(位于西班牙加的斯)到(印度)最为遥远的边境,我似乎在世界各地再度将自由女神引回家中。光阴相隔百代,自由女神已经被放逐了太久了……我似是在向世界诸国介绍我自己国家的一件产品……自由的再造,公民生活的复苏,我将它们散播到各个城市、王国和国家。[33]

他的工作相当成功,以下事实就是明证:德意志各地的统治者宣布禁止翻译"叛乱者著作",并禁止居民持有或出售所有约翰·弥尔顿的著作。马扎然也下令禁止所有弥尔顿著作,还指控弥尔顿是"一切弑君犯上者最邪恶罪行的最无耻且狡诈的辩护士,英格兰的名声被他玷污败坏"。[34]

1652年,几名英格兰细作奉命前往法国调查其港口的防御状况,确定有哪些港口有望接受共和制政府统治。爱德华·赛克斯比领衔了这次考察。这位曾在新模范军在普特尼的辩论中大放异彩的主角带领手下在法国西南部港口波尔多集合,因为这里已经起兵反抗中央政府了(见第 10 章:"奥梅")。赛克斯比准备了两本印刷好的小册子,为吉耶讷的共和制政府规划了一副蓝图(其中一份显然是以他起草的《人民之协定》为模板,见页边码第 372 页),波尔多的革命政府也派代表去伦敦求援。克伦威尔派出 40 艘战舰和 5000 名士兵供波尔多调遣。尽管城市领袖接受了这一馈赠,路易十四还是在英国援军抵达之前迫使该城投降了。[35]一份法语小册子不无怨气地说，英国领导人自命"摩西和约书亚"，以为"自己可以赋予全欧人民足够的力量重夺自由"，向往一个"所谓的普世帝国"。[36]

西方的"公共空间"?

人们用言语和行动传播"叛乱传染病"的能力反映了一个事实：西方世界既生产了前所未有的海量文本，也存在大批有能力接受和理解这些文本的受众。1605年，曾以汇编、发行每周手写新闻消息为生的斯特拉斯堡（当时属于德意志西南部）人约翰·卡罗勒斯得到了一台印刷机，创办了世界上第一份印刷报纸。自此之后，他不再像往常那样向富有的个人订户分发15～20份每周手写新闻简报，而是用远小于之前的成本刊印500份并公开发售。1618年的"布拉格掷出窗外事件"——几乎所有人都认定它是战争的先兆（见页边码第8页）——触发了新式媒体的快速膨胀：1620年至少有15座城市出版德语报纸，这个数字到1640年时上升到了30座。当时的汉堡就有两份报纸出版，每份报纸的发行量都在2500到3000份；1650年，德意志地区发行了第一份日报。[37]其他纸质媒介也在蓬勃发展：三十年战争期间，德意志地区出现了约1万种政治小册子和2000种宽幅印刷品，这一热潮在波希米亚战争和古斯塔夫·阿道夫二世入侵期间达到顶峰（见插图23）。德意志地区的印刷品数量要重新达到这一水平还要再等上一个世纪。[38]

"对于好消息和坏消息我一向表示欢迎，因为它们让我了解这个世界"，荷兰学者皮埃特·科内里松·胡夫特于1640年写道。不过，其他人可没有这样的热情。一位法国学者抱怨，报纸"让人们知道了太多关于本国和邻国的消息……普通人竟然知道这么多消息，在我看来这并不明智：将那不勒斯叛乱、土耳其造反和英格兰弑君的细节如此详尽地告诉他们，意义究竟在哪里？"数十年后，一位意大利政治评论家的看法更激进。他评论说，"普通大众"在阅读新闻时"**虽只见印刷出来的文字，却随心所欲地加以解读。他们在多数情况下将好新闻变成坏新闻，而不是把坏新闻弄成好新闻**"。他接着说：

> 从前，人们不会为从报纸上读到的那些幻象与妄想浪费精力，而是淡然处之，每个人只关心自己的事而不是统治者身上发生了什么；但那些报纸上的妄念与臆想已经鼓动人们把自己当成王公，让无知者成为专家，让傻子变成贤人，让顺服者变得桀骜不驯。

按照他的一位同僚的说法，军事进展的消息一旦传来就特别有破坏性，因为这些消息"会引发关于刀兵之战的口舌之争，读者用唇舌挑起的争斗比士兵们用刀剑发起的战斗还多"。[39]

军事新闻（还有其他新闻）的受众不但有识字的读者，还有目不识丁的听众。比如在1659年末，乔治·蒙克将军发行了一本小册子，详述他挥军自苏格兰南下，在英格兰恢复议会制政府的动机，以寻求大众支持。爱丁堡的港口里斯也收到一份蒙克的小册子，当地守军上尉自己先读了一遍，与另一名军官讨论了一番，然后将这份篇幅不到1000个词的小册子"向（他手下的）士兵宣读"。数百人就这样收到了同一份讯息，无论他们是否识字。只要设想蒙克的全军将士都经历了类似场景，我们就不难理解为什么蒙克在向伦敦进军的途中没有碰到什么有效抵抗（见第 12 章）。言语之力的确胜过了刀剑。[40]

　　总而论之，拥有大批受众的各类媒体共同制造了一个"大众公共空间"，这是一系列至少部分免于政府干预的公共场域。世界上第一次有这么一个地方，人们在这里主张、协商各种观点和反对观点，在这里贵族权力乃至王室权力都可受质疑乃至挑战。[41]公共空间的这一构乱倾向让不少时人感到惊骇困惑。英格兰议会的一位议员在 1642 年哀叹道，因为"一系列笔战、宣言、抱怨、抗议、投票、消息、问答和回应……我们竟不知不觉地滑向一场内战的开端，这真是一桩怪事"。数十年后，一名保王党人认为，没有什么"比媒体射来的纸质子弹对已故国王（查理一世）造成了更大的伤害"。1646 年，忠于腓力四世的一位加泰罗尼亚教士表达了完全相同的论点，"今时今日，我们与书籍打的仗比和敌人打的还多"，他还表示自己正是要用刚刚出版的书来"赢回加泰罗尼亚，怎么丢掉它就怎么赢回来"。[42]全欧的反叛者似乎都能轻而易举地找到一台印刷机：波尔多的"奥梅"政权发行小册子；诺曼底的赤足党出版"宣言"；就连打算在米兰造反却在起事前被捕的朱塞佩·皮安塔尼达也成功印制了一版声明。因为在 1647 年叛乱爆发后印制了太多政令（bandi），那不勒斯当局在五个月后"鉴于印刷制品及其在世界各地所受到之理解的重要性"，命令城内的印刷厂必须将所有待印文稿交出，否则就将面临巨额罚款，印刷机也将被没收。[43]

　　在 1660 年查理二世复辟之后不久，约翰·洛克回顾往昔，狠狠抨击了"这个时代的乱涂乱写"，他还——

　　　　指责英格兰人的笔所犯下的罪行与他们的剑一样多，

断定人们如果不那么靡费文墨，由此而生的血河至少
不会流淌那么久，甚至从一开始就不会流淌；正是那
些私人研究中臆想出来的愤怒、战争、暴行、劫掠和
混乱等异状打扰了人们曾享受的宁静，让这个可怜的
国度陷于疲劳和虚耗之中。[44]

　　一些与洛克同时代的人将初萌于欧洲的"公共空间"归
咎于教育。在西班牙，一个政府委员会呼吁腓力四世"关闭
一些小城镇和村庄里新设立的文法学校，这些近在咫尺的受教
育机会让农民们乱了心智，纷纷让他们的儿子离开世世代代从
事的职业，去学校读书"。在法国，黎塞留希望关闭四分之三
的"全科学校"（提供古典学综合教育的学校），因为他和腓
力四世一样担心如果所有人都接受教育，"穷人子弟就会放弃
祖辈的事业，转而追逐各种舒适的公职"。法国学者加布里埃
尔·诺德也同意此论。他于 1639 年预言说，"大量的学院、神
学院和学校"势将提升"国家革命"的频率。二十年后，一
度担任查理二世教师的纽卡斯尔侯爵警告他的这位显赫学生，
英格兰"有着太多的文法学校"。侯爵断言，这个国家只需要
足以"为教会，并在合适的程度上为法律事务提供人才"的
学校就可以了，"否则就会培养出懒汉和多余的人，他们势将
成为国家的负担，并制造分歧"。在北美，保王党人威廉·贝克
莱也赞同此论，这位弗吉尼亚总督于 1676 年表示："学习……
给世界带来的是不服从者、异端分子和拉帮结派之辈；正是出
版业放出了这些人和谣言讪谤去对抗最好的政府。上帝保佑我
们远离这两类东西！"[45]
　　这些批评也都言之成理。对古典学之兴趣的升温（文艺

复兴）和在那之后因宗教狂热而产生的文化程度更高的教士和世俗信众（宗教改革），在 16 世纪的欧洲引发了一波"教育革命"。全欧各地如雨后春笋般涌现的学校几乎都在教当地的儿童读写和简单的算术，到 1640 年为止，英格兰和威尔士某些地区的半数教区、苏格兰低地四分之三的教区，还有法国巴黎及其周边五分之四的教区都有了自己的学校。一些教师公开地以古典时代为先例鼓励"自由且大胆的言论"，冀望以此"培养年轻的绅士以及任何有望被教育成智者和良善国民的人"，让他们"如学习掌舵一般磨炼、掌握口才，而这船舵将指引国家的运转"。这样也带来了危险："演讲者不加节制的言论自由让他们得以直接导引人们的心智"，一位法国政治家警告说，这会轻而易举地带来"煽动和叛乱"，因为"没有什么比利口巧舌更能影响民意的了"。1641 年英国内战前夕，托马斯·霍布斯也呼应说，"雄辩之长才"是"那些诱导人们起来革命之煽动者的真正特质"。[46]

但是，许多学校教师没能将"口才"传授给他们的学生，因为教育很花钱。1642 年马德里的一份学校调查显示，三分之一的学生每月花 2 里亚尔却只能学习阅读，而那些兼修读写的学生要花 4 里亚尔，同时学习读写和算术的人则要付 6 里亚尔。理查德·卡根写道，每所学校都有多至 140 名学生，"你可以想象这样一个场景：最穷的学生也就是'阅读生'每人只花 2 个里亚尔，他们集中坐在教室后排；家底更为殷实的学生每人花 6 个里亚尔，坐在教室前排。"[47]不过，西班牙语（就像所有欧洲语言一样）字母表也只有 26 个左右的字母，那些信念坚定的人并不一定要完全倚赖学校来学习读写和表达。17 世纪不少出身卑微的男女都描述过自己自学的进程。1636 年生于（英格兰）伯克郡的奥利弗·桑松表示："大概六岁那年我去上学，教我阅读的是个女老师，她发现我并非不适合学习。老师教我教得很好，大概用了四个月的时间我就可以毫无障碍地阅读《圣经》了。"1634 年出生在格洛斯特郡的托马斯·特里昂也于"五岁左右"开始"上学，后来却耽于娱乐。年轻同学娱乐嬉戏，我也有样学样。结果，我被带去自谋生路的时候，根本就没学会辨识字母"，而他的父亲是个乡下工匠，"生了许多子女，不得不让他们从小一起工作"。托马斯负责修剪和梳理羊毛，成了一名牧羊人，于是"在那时，尽管已经十三岁，我还是不能阅读；考虑到阅读大有用处，我就给自己买了一本识字课本"，劝别的牧羊人"教我拼写阅读，磕磕绊绊地读书，尽管这些老师自己还不能通读文字；但很快"他就"可以读得很好了"。牧羊人没法教他写作，因为没有人知道怎么写；但特里昂却说动了"一名曾教穷人子弟读写的粗通文墨的年轻人"来"教我拼写字母，和他们一起上课"。他最终出版了约二十本书——这对一名六岁就结束正规教育的人来说堪称破天荒的成就。[48]17 世纪也有一些女性没有上学也能自学成才。伊丽莎白·安吉尔是兰开夏郡一位牧师的女儿，她"年方四岁就能阅读《圣经》里最难的章节"，"六岁（就能）在小礼拜堂写下布道词的篇章"。贵格派的玛丽·菲尔也来自兰开夏郡，她不但凭着记忆就习得了《圣经》，而且还能在狱中创作的一本书中凭着记忆大量引用经文（尽管她的"虚构《圣经》"中漏掉了那些要求女人服从男人的经文）。[49]

信仰路德宗的瑞典堪称 17 世纪欧洲人阅读能力最卓越的典范。瑞典的绝大多数教区都辖境广袤，教会（在政府支持下）受命教导各家各户的男女儿童记诵教理问答。如此一来，不论是在教会学校就读还是在牧师和教会长老的家里学习（更常见），儿童都可以阅读并理解他们早已默诵在心的内容。之后，牧师每年都会检查学童的读写能力，将他们从"不能阅读"到"可以阅读"分成六级，奖励其中能力最强的学生。最后，当地司铎会对考试登记簿详加检核。1680 年代的三份登记簿显示，瑞典人（不分男女）"可以阅读"的比例已经高达 90%。最终，拒绝向那些不能很好阅读《圣经》经文的人派发结婚证，也就成为可能。[50]

在 17 世纪进行系统性阅读能力检测的只有瑞典一国，因此历史学家只能对其他国家的国民读写能力进行间接估计，主要是通过计算婚姻登记簿或公证书中签名的频率（与手印或文盲证明相对照）。尽管 1680 年代荷兰乡下人和女性当中具读写能力者的比例很少超过 10%，但在阿姆斯特丹这样的大城市里，超过三分之二的男性和三分之一以上的女性都可以签下自己的名字。考虑到全欧范围内的学生都是在学会阅读之后才能写作，阿姆斯特丹（也许其他各大城市也是如此）的男性功能性识字率可能已经达到了瑞典的水平。尽管 1649 年的一本英格兰小册子不无尖刻地质问"还有谁会在离开学校之后阅读课本"，但 17 世纪涌现的各式文学体裁无疑是面向具有功能性识字能力的读者的。[51]

在半文盲人群中最通行的媒介是"宽幅印刷品"。这种单面印刷品与现代报纸的头版差别不大：一个醒目的"标题"被置于一幅图像之上，图像之下则是解释性文字（常常是读者和听众都更容易接受的韵体诗句）。为了吸引购买者，标题常常新奇怪诞、危言耸听，大幅图像的内容也兼具投机取巧和模棱两可。从 1606 年开始，特鲁瓦（法国地方城镇）的印刷商尼古拉斯·乌多就运用类似的手法印制了 8 或 16 页的小册子，让小商贩以几便士的价格叫卖。绝大多数诸如此类的 575 "廉价小册子"是信仰书（特别是圣徒传记）、时事新闻（特别是犯罪和刑罚）、预言书（"年鉴"）、故事（绝大多数是爱情故事或是避世传奇）与笑话（几乎都是淫秽主题）。还有一些"廉价小册子"的主题是实用建议：如何玩游戏，如何写信，如何在爱情和人生中取得成功，如何保持健康。乌多家族出版的绝大多数廉价册子采用大幅版式，在标题页印上耸动人心的图像（类似宽幅印刷品），内页则是短小的篇章和大量插图。有些廉价小册子的印数甚至多达 10 万册。尽管投石党之乱期间的审查制度限制乌多家族（与其他法国出版商一样）印刷政治新闻，但用一位编年史家的话说："这些在大众之间广为流传的小书就像吗哪①一样吸引着他们。"廉价小册子也对阅读的广泛普及发挥了重要作用，进而塑造了 17 世纪中叶的政治辩论。讽刺的是，官方宣传也因此广为人知。[52]

1631 年法国才有了第一份报纸，这一年官方周报《法兰西公报》面世。尽管政府小心翼翼地审查其内容（见第 10 章），但公报的"好消息"栏目还是成功勾起了读者对政治新闻的兴趣。1649 年审查制度结束后，巴黎街头叫卖的新刊小册子一度不下于 12 种（见插图 32 和 33）。针对马扎然的出版物一度多如牛毛（它们因此得名反马扎然小册子），有论者兴高采烈地向马扎然本人保证"针对您的攻击加起来已经超过了罗马历代暴君的总和"。5000 种现存的反马扎然小册子加起来超过了 5 万个版面。[53]

1653 年投石党之乱的结束也终结了法国公众舆论的第一

---

①　上帝赐给以色列人的食品，见《出埃及记》。

波动员尝试，但是另一波动员几乎又立即开始了：教宗谴责了据说是在科内利乌斯·扬森著作里找到的五大"倾向"（见第10章），后者对禁欲苦行和虔敬奉献的强调赢得了诸多拥趸。四年之后，有扬森主义支持者出版了系列著作《致外省人信札》，以一位巴黎人给乡下朋友写信的形式，狠狠地取笑了扬森主义的敌人。这类诙谐机智的讽刺信函出自布莱士·帕斯卡之手，他的文风刻意迎合了大众的兴趣。帕斯卡于1656年表示："所有人都读过它，所有人都读得懂，所有人也深信不疑。这些信不只在神学家那里享有很高声誉而已：事实证明，它们在世俗人当中也广受欢迎，甚至女士小姐也对其爱不释手。"路易十四曾下令将《致外省人信札》尽数焚烧销毁，其巨大影响力也可见一斑。[54]

西班牙出版的第一份报纸《新公报》（La Gaçeta Nueva，一份官方周报）直至1661年才面世。不过和法国的情况一样，《新公报》不登任何负面新闻的做法制造了"信任鸿沟"（credibility gap）。一批专业作家填补了这个鸿沟，他们以汇编"通报"（aviso）的方式传递"另一个西班牙"的消息：暗杀、武装抢劫；鸡奸、强奸和滥交；政治不满，军事失败，还有叛乱。谨慎行事依旧是明智的，因为不少在街头巷尾或是小酒馆里批评官方政策的人从此人间蒸发了。不过，匿名手写新闻简报能规避审查，也能在第一时间面世。有些新闻信出自失业毕业生之手，他们会依据需求，像现代的复印机一样抄写其中的数页版面。还有一些新闻简报由专业书写员写成，他们甚至可以在一夜之间凭借记忆默写一段复杂文本（比如多场景的五幕剧）——这是今天也罕有其匹的卓越成就。[55]

随着西班牙君主国每况愈下，王室史料编纂者何塞·德·

佩里塞尔·托瓦尔创设了一个秘密信息传递网络：他雇用了一些抄写员，负责撰写伊比利亚半岛地区的"通报"，再交给同侪学者。每人都会收到一份通用新闻简报，附加牵涉当地利益的额外特报。佩里塞尔期许学者返还给他完整报告，满足他自称的"求知之渴"（sed de saber）；然后他会把它加入下一份简报里，并传递给其他通讯员。这些通报都对西班牙君主国面临的险境直言不讳。1640 年 6 月 12 日，佩里塞尔散播了第一批巴塞罗那反叛的消息（发生于一周之前），其标题写道："今天的一切新闻报道几乎都是悲剧，甚至还有惊人的惨剧：不论是西班牙君主国还是其他国家都从未目睹过这样的景象。"[56]

与法国的情况一样，叛乱终结审查之日也是剧变产生之时。1620 ~ 1634 年加泰罗尼亚平均每年出版 3 种小册子，1635 ~ 1639 年每年有 13 种，这个数字在 1641 年跃升到 70 种：反叛政权决定将军费总预算的 5% 用于印刷和宣传，"将真正的事态告知所有加泰罗尼亚人，不分男女老幼，以让他们明辨真相和谎言"。加泰罗尼亚出版商在 1640 年代的发行量创下了历史新高，也超过从此时到 19 世纪中叶的任何一个十年。[57]葡萄牙的情况颇为相似，那里的出版物从 1640 年的 2 种暴增到 1641 年的 133 种。西葡战争（1640 ~ 1668 年）期间的葡萄牙书刊则达到了惊人的 800 种，超过了这个世纪其他时间的总和。此外，葡萄牙人也仿照法国人的先例印制了他们自己的公报，这是第一份葡语报纸。与其他反叛政权一样，他们也借助印刷出版让国外人士同步感受他们的雄心壮志和所获成就。许多加泰罗尼亚和葡萄牙的小册子也在法国和荷兰共和国出版发行，有时还被译成当地语言；十多种为两场叛乱正名的小册子在德意志地区出版了，有时还会译成德语发行。[58]

与上述地区相比，英格兰审查制度的废除甚至更为强烈地影响了人们通过出版传播"革命传染病"的能力。1641 年的英国有 2000 多种出版物，已是史无前例，而这个数字到了 1642 年甚至又翻了一倍——当年的数字直到 18 世纪都无可匹敌（见插图 37）。英格兰各地感兴趣的读者一直都有能力雇用常驻伦敦的通讯员（就像马德里的佩里塞尔一样）每周向他们寄送谈论政治动态的手写报告——其数量之多甚至让查理二世的家庭教师纽卡斯尔侯爵认为，这些职业新闻写手已经对国王的事业造成了严重损失："一封信会让一个人更胆大妄为。" 1630 年代，渴求伦敦新闻的人必须每年花上 20 英镑才能换来大约每周一期的手写稿件，但仅仅过了十年，人们就能用 1 便士买到数千字的印刷版新闻了；1639 年的英格兰还只有一种新闻册，1641 年是 3 种，1642 年的报刊总数便急剧上升到 60 多种，这一数字在 1648 年更是达到了 70 种之多（当年也是 17 世纪里报刊总数最多的一年：见插图 36）。最近的研究显示，仅在 1654 年上半年英格兰就出现了 23 种新闻册，总字数近 90 万；在 1642~1660 年，英格兰出版商也发行了逾 7000 种新闻册。每份报刊都登载国内外的新闻故事，其中包括史上第一批职业"记者"速记下来的布道词和演说词；每份报纸都有其"党派偏向"（支持国王或是议会），它们的报道也说辞各异。纽卡斯尔侯爵建议查理二世也禁止这些报纸，因为它们"让陛下的人民极端亢奋，陛下也将因此大受伤害……所有人现在都俨然是个政治家，造成这些的不过是国内外那些每周一期的报刊（coranto）而已"。1657 年到访英格兰的一位苏格兰来客也同意此论。"近来已是如此，"他写道，"以英语印刷出版的书本无论好坏，在数量上都已远远超过了欧陆其他地方以本国语言印成的书籍。"[59]

中国的"公共空间"？

就像17世纪没有任何一国比英格兰更政治化一样，17世纪也没有任何一国像中国一样见证了如此之多的人参与政治剧变。数量空前、背景各异的帝国臣民们以演说和写作的方式在帝国境内报道并传播新闻。据卜正民的说法，"晚明涌现的可供阅读之书籍、读者人数和人们的书籍拥有量都多于此前中国历史上的任何一个时代，也比世界任何一国都多"。司徒琳也对现存史料做了大量研究，认为"整个帝制时代中国大众用书面形式发表的言论总量也许都比不上17世纪初到17世纪中叶的这个时期"。这种异常突出的"声量"（vocality）反映了与同一时期的欧洲完全一致的"要素集合"（combination of factors）：规模空前的大众读者、数量空前的阅读材料，还有前所未有的讨论空间。[60]

与欧洲类似，中国逐步扩大的公共空间也反映了16世纪至17世纪初的"教育革命"——只不过中国教育革命的"基础设施"大有不同。因为汉语并不是所有词语都可用相对少的字母拼成的字母文字，即便达到功能性识字率也要求一个人熟习数千个汉字，且每个汉字都有不少笔画，遵循从左上到右下的特定书写顺序。我们找不到类似托马斯·特里昂那样几乎不接受正规教育就可以自学阅读的中国人；在中国也几乎不可能有人像奥利弗·桑松那样，只上四个月的学就能"相当顺畅"地阅读一章内容复杂的书籍；中国更不可能有人像伊丽莎白·安吉尔那样在"六岁（就能）在小礼拜堂写下布道词的篇章"。[61]不过，在明朝末年，中国各地还是布满了学校。17世纪初的一项调查显示，在500个县内共有近4000所学校，其中有四分之一在城中，其他的都在乡间。某些地区的学校分布已颇为密集。根据浙江一份县志的说法："如今就连赤贫之人也以不教子弟学习经书为耻。从商人到信差，很少有人不是粗通文墨。"1620 年代在福建乡下旅行的一位耶稣会士也同意此论：

578

> 学校在中国多如牛毛。很少有二十或四十户人的村庄没有学校的，城市里也很少有哪条街上没有几所学校。我们走过一条街道，几乎每走一步都能听到幼童背诵课文的声音。考虑到有这么多的年幼学童，设立如此之多的学校是有必要的。每位教师在他的课堂都要同时为 12 到 15 名学生授课。[62]

中国教育革命的背后似乎有两股截然不同的推动力。强调自省和良知之必要性的儒家学者（见页边码第 121 页）相信"人人皆可以成圣"，道德原则也可在"愚夫愚妇"的生活中寻得。他们因此将教育视为重中之重。还有学者推崇让男孩背诵并准确默写科考所需之经史文献的学校制度，因为考取功名能为学生带来各种社会与经济上的福利（见第 5 章和第 18 章）。这一教育进程通常都要花上数年，学生每天除短暂午休外都要从早到晚学习，全年无休（除了新年的两周时间以及一些节假日）。原因很简单，即便想通过生员考试，一个人也得学习 40 万字的经典著作，有些还颇为古奥晦涩。尽管有些神童年届十五就可完成这一伟业，绝大多数学童也能在 20 岁之前学完，但还是有太多的学生半途而废。不过他们就算辍学，也已经掌握了一定的阅读能力。在 17 世纪中叶的中国，具备功能性识字能力的民众人数远超 100 万，甚至有可能超过 500 万。换句话说，晚明时期的中国男性中有五分之一的人都具备可观的受教育水平。[63]

庞大的潜在读者群也推动了出版业的蓬勃发展。1630 年代，南京有 38 家书坊出版或售卖书籍，苏州有 37 家，杭州则有 25 家（都在江南），北京也有 13 家。虽然有的书坊专注印制少数书法几乎和内容一样重要的高品质书籍，但其他书坊还是转向更为简单的"工匠风"：削减冗字，降低成本。"递增效应"颇为惊人：有明一代（1368～1644 年）南京一地已知的商业出版书籍就有 830 种，其中 750 多种都出现在 1573 年之后。其他出版中心似乎也以相似的速率增长：到 17 世纪初，苏州的出版商已经雇用了 650 名雕版工人。[64]

与欧洲同行相比，中国出版商拥有三大优势。首先，近代早期的欧洲一共有 50 多种书面语言，而中国皇帝的子民使用同一种文字（虽然他们说着许多不同的方言）。这样一来，中国任何一地出版的书籍都能拥有数百万人的买家市场和读者群体——这个市场远远大于任何一家欧洲出版商所能享受到的份额。第二，适合印刷的新型竹制廉价纸取代了用布纤维制成的纸张，大大降低了印刷成本。最后，木版印刷术（xylography）的应用意味着中国书商可以不靠印刷机或活字块就能印出配图书籍；而对于使用活字的欧洲出版商而言，这方面的巨额支出必不可少。不但如此，中国书商还可以在任何时刻印出刚好能够满足市场需求的印数，然后将雕版储藏起来以备日后之需。一旦初版书售罄，他们可以很轻松地用现有的雕版再行刊印，而不用（像活字印刷那样）重排文字。[65]

上述种种因素都催生了晚明颇具特色的"生员文化"：讽

刺文章、诗歌、字典、名文选编、"实用"书籍（关于如何写信、如何治病）以及科举时文类编都流行于世。中国历史上第一次有官员阶层之下的人参与书籍文化，由此缔造了前所未有的"公共空间"：作者既有商人（他们像出版商业手册一样出版诗歌），也有大众（写作小说）。有些书籍成为畅销书（特别是科举初级读本）。一位长期居留中国的欧洲人盛赞"这里发行了数量异乎寻常的书籍，它们售卖的价格又是超乎想象的低"。江南的一些藏书家甚至拥有一万多卷藏书，有些书带有黑白或彩色插图——原因正如一位编书者在1625年抱怨的那样，有的书"没有插图就是卖不出去。因此我也不能免俗，按照您的兴趣绘制了这些插图。正如他们所说的，'时势难当'"。[66]

晚明时期的皇帝对出版物的使用也达到了空前规模。他们不但发布了不计其数的布告，也印刷了每日发行的报刊"邸报"（后来改为"京报"）。邸报向各级官员传递皇室诏令，宣布升迁罢免命令，登载海内外的消息。但手写的"邸抄"还是广为流传，因为地方官都雇有书吏——许多书吏无疑都是科举落第者——他们在首都搜索邸报中事关自己的内容，抄写分发。有人甚至在北京创立常设新闻社，书吏在那里抄写官方或非官方的新闻。商人也发行"商业版本"的邸报，除官方通告外，他们还常常加上当地新闻和传闻。"新闻生产商"也从邸报等信源摘编消息，然后汇编出售。这个信息网络颇为有效，从江南小城官吏姚廷遴的回忆中可见一斑。1644年的某一天，他和族人正"用金杯酌酒……忽报沈伯雄来，觉怆惶之状，手持小报（非官方的新闻出版物）云四月二十五日，闯贼攻破京师，崇祯帝自缢煤山等话"。证实消息的官方邸报在一天之后才送到。[67]

　　北京的高级官员于慎行曾经抱怨，"市井消息贩子为了一己私利"散播假消息，"对国家的急务毫不用心"。于慎行就像后世无数饱受记者困扰的政治家一样质问："为什么不严禁他们？"[68]不过就算于氏得偿所愿，将这些新闻生产商尽数取缔，信息的扩散也无法阻止。原因在于，不论真消息还是假消息都得以通过明朝发达的传播网络口耳相传。行走于密如蛛网的全国驿道上的旅行者在每 25 英里之内（理论上）就能找到一家驿站，这些驿站将所有州府的治所连到一起。而在每座县治的主要道路上，（理论上）每隔 4 英里就有一家驿站。《大明律》为送信延迟规定了严苛刑罚：驿卒送信迟到一天，鞭打 20 下；邮差迟到 45 分钟，也要受鞭 20 下（更严厉的刑罚表明了一个事实：邮差的业务距离要远远短于驿卒）。

　　明代中国传播网络的基础设施之完备令人印象深刻，也在诸多层面提升了社会交往的程度。这一网络让数以千计的学生得以前往府州治所乃至大都市赶考（对于在地方考试中取得成功的人而言），也令数以千计的官员得以远行赴任，数以百计的官员得以巡查全国，更不用说方便络绎于途的商人（其中一些人也会在路上花很长时间），带着货物在各地市镇间奔走的掮客，以及指望在别处讨到更好生活的难民了。1680 年代曾在中国境内旅行数千英里的法国籍耶稣会士李明（Louis Le Comte）说："中国的一切都在行进之中：在路上，在大道上，在河流里，在沿海诸省的海岸，你都能看到成群结队的旅行者。"这些人都想打听家乡的消息。不论他们的生活状况如何，或是他们碰到了什么，旅行者都会将"外部世界"的消息散播开来，娱乐那些待在家里的人以及路上遇到的人。同

580

时，他们的仆人也会在自己简陋的寄宿房舍里交换消息。[69]

1620 年代魏忠贤对东林党的迫害和之后魏忠贤本人的失势（见第 5 章）都是方兴未艾之"公共空间"的早期缩影。许多文人士大夫互写密信通报这两次事件，驿站和邮政系统也在传递分发相关的公开诏令，全国范围内的公众兴趣都被点燃。积极谋利的出版商将官私文书汇编起来，满足公众对具体事件及其前因后果的兴趣；苏州的暴乱者也拼命印刷他们声援"东林烈士"的书刊（见第 18 章）。东林人士成为舞台剧和通俗文学中的英雄，以及四部历史小说的主角。其中一部小说的作者告诉读者，他曾经为官三年，"此书本于我之见闻"：他详细审看了一叠"加在一起一丈多高"的邸报，还有"数十本公私文书"。[70]

用历史学家约翰·达第斯的话说，"在中国漫长的历史里，此前大概从来没有像东林事件这样可以根据档案在今天一再复述的历史事件"。不过仅仅在几十年后，那些从明清易代中幸存的人甚至产出了更多的回忆录，其中有约 200 种流传至今。方秀洁（Grace Fong）曾指出，江南（长江下游）出产了比其他任何地域都要"多得多的史料文献"，这反映了一个事实：这个"明朝的经济文化中枢"拥有更高密度的知识分子人群（不分性别），他们想要在去世之前留下自己的书面记录，回顾自己的平生所见和亡国之苦（不少著作都是他们亲笔所写）。司徒琳估计，以 17 世纪中叶政治风暴为主题的书籍卷帙"以异常的巨量涌现，这在中国文化史上直至 20 世纪下半叶才被超过"。[71]

晚明社会关于王朝所面临之内忧外患的信息的空前传播与前所未有的受众规模两相叠加，让各地公众得以从一个更广阔

17 / 鬻子而食：明末的河南（页边码第 403 页）

杨东明《饥民图说疏》中的另一幅骇人插图，其所展示的中国人绝望之举与观察家口中古吉拉特邦 1630 ~ 1632 年的"全面饥荒"不相上下：在左边这幅图中，饥饿的母亲将孩子卖掉只为弄到一锅米，而在右边，还有几位母亲正在排队做相同的事情。

18 /1647 年的"马萨尼洛叛乱",米克·斯帕达罗绘(页边码第 438 页)

在欧洲最早的一幅"时事"图像史料中,年轻画家多梅尼科(简写为"米克")·加尔久洛(也以"斯帕达罗"闻名,因为他的家族制作宝剑)描绘了那不勒斯叛乱头几天里发生在梅尔卡托广场上的事件。在图的左边,马萨尼洛向众人讲话,就像他 1647 年 7 月 7 日做的那样。同时,他手下各式各样的支持者群体(包括武装起来的赤足小伙子)簇拥着他,狼奔豕突。而在图的中央,"碑铭"呈露出堂·朱塞佩·卡拉法的裸体躯干雕像,还有其他几个试图刺杀马萨尼洛的人的离身之首。在图的中下方,马萨尼洛身骑骏马会晤总督,身着 7 月 11 日穿上的那件银色服饰。圣母圣衣圣殿的穹顶是叛军总部所在地(右上方),那里高耸入云的多层公寓俯瞰整个广场。

- - - - - -

19 / 康涅狄格米斯蒂克堡垒对佩科特人的大屠杀，1637 年（页边码第 450 页）

在米斯蒂克，英国殖民者冲进尖栅栏环绕的佩科特营地，放火烧毁"印第安房舍"。英国人接着围成一圈，用火枪射杀那些试图逃跑的人。外面还有更大一圈美洲土著盟友协助英国人，他们好整以暇地用弓箭杀死了一切冲破英国人第一道防线的佩科特人。近来的考古发掘结果显示，大约 400 名佩科特人死于这次屠杀。

20／知识就是权力：德川日本的首都——江户的规划图（页边码第 502 页）
这是诸多江户城图像中的一幅（中间部分），德川幕府经过全面彻底的测绘才完成了该图。
将军的城堡（大奥）居于正中央，用红金亮色的德川三叶羽饰标记。四周环绕的则是壕沟、
运河和河流，同样也有街道、小巷和桥梁。所有这些都详尽标出。寺庙、神社和货栈一
目了然；每位大名的府邸都用其名字、羽饰和徽章标示；平民的居所则留白不注。

21 / 在那不勒斯处决堂·朱塞佩·卡拉法，1647 年，米克·斯帕达罗绘（页边码第 522 页）

这幅让人望而生惧的"幻想画"显示马萨尼洛身着他的渔夫工装裤，头戴红色兜帽，正在动员他的支持者。时在 1647 年 7 月 10 日，他们处决了这名贵族，损毁了他的肢体，只因此人行刺马萨尼洛。人群中的其他支持者则挥舞着红色旗帜。

Die Trückene Trunckenheit.

22 / "吸烟致死"（页边码
第 602 页）
死亡、朽坏和衰弱占据了
雅各布·巴尔德讽喻诗《干
酗酒》的封面。这本书的
拉丁文版于 1657 年出版，
次年推出了德文译本。图
中吞云吐雾的吸烟者提醒
观者这种习惯的副作用；
而右边骨架的眼窝仍有烟
雾飘出，目睹此情此景的
人无疑会明白使用烟草将
把人带往何方。今天的禁
烟图像相较之下未免黯然
失色。
- - - -

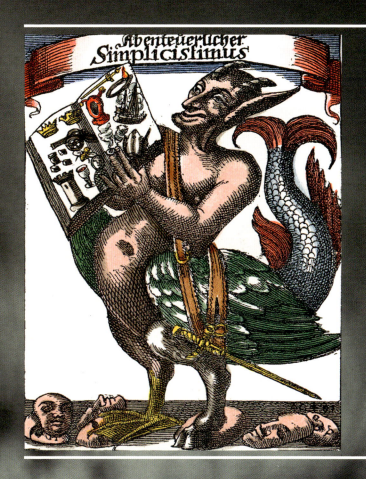

23 / 格里美尔斯豪森《痴儿西木传》卷首插画（页边码第612页）

一只火凤凰，身上只有一柄剑和一条肩带，重重地踏在一个个戏剧面具上。这些面具指代书中的战争群像。在识字率有限的年代里，人们小心谨慎地选用图像。这幅版画浓缩了《痴儿西木传》的信息：三十年战争结束了；德意志已从灰烬中重生。

24 / 天津附近的大运河，中国，1656 年（页边码第 622 页）

这幅图出自 1656 年出使清朝的荷兰使团秘书约翰尼斯·纽霍夫之手，该图捕捉到了他们的驳船抵达大运河终点天津时熙熙攘攘的场景。天津是所谓的"津梁"，"无论去往北京的船来自中国的哪个地方，都必须先抵达"这里。

25 / 伦敦的死亡总登记簿，1665 年（页边码第 630 页）

伦敦瘟疫那一年的埋葬人员名册，依照位置（上方：一栏记录总数，另一栏记录瘟疫死亡）和死因（下方）。不同类型的"疾病和死亡"包括了"堕胎和难产"（617 例）以及自杀（"上吊和自我了结"7 例）。总而言之，1665 年的埋葬人数是 97306 人，远远超过了前一年的 79009 人。

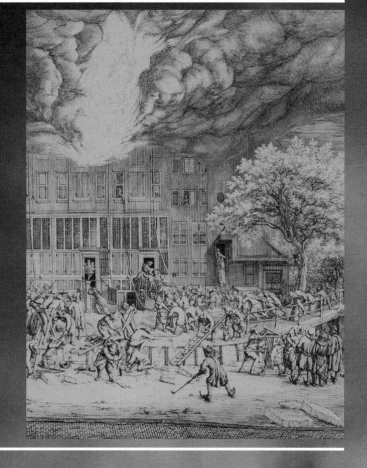

26 / 漫长严冬，一台新型灭火器正在灭火，阿姆斯特丹，1684 年（页边码第 636 页）

扬·范德海登既是画家也是发明家，更是消防队长，他写了一本书——半是描述，半是销售目录——介绍他设计的新型强力灭火器。这台灭火器可以从河流和运河中抽水，就算河流结冰时也能照常使用。范德海登花了三页篇幅介绍它是如何在1684 年 1 月从运河中取水并扑灭了一栋房子的火情（但他对灭火器如何工作以及生产抽吸软管的方法守口如瓶）。

27 / 沉浸在研究之中的笛卡尔（页边码第 649 页）

这位学者轻蔑地将一只脚踩在一本标着"亚里士多德"的书上，
同时给另一本书做注释——这本书肯定不是伽利略的《关于托
勒密和哥白尼两大世界体系的对话》。笛卡尔在它于 1638 年出
版时就买来读了，结果却冷嘲热讽："我用两个小时就翻完了这
书，但我的收获甚至不足以填满页边空白处。"

28 / "一项计划：一目了然地呈现一个月观测得来的天气数据"，英格兰，1663 年（页边码第 661 页）

罗伯特·胡克是英国新生的皇家学会的"实验经办人"。他向学会会员提出了一套收集"天气志"数据的办法，那就是动员英格兰全境各站的观测员。尽管这项"计划"一无所获，但皇家学会的首位历史学家托马斯·斯普拉特仍然认为它值得纪念。

/ /1622 年天主教阵营的西班牙军队在西属尼德兰的弗洛鲁斯击败新教阵营的尼德兰军队，文琴佐·卡尔杜齐（Vincenzo Carducci）绘。

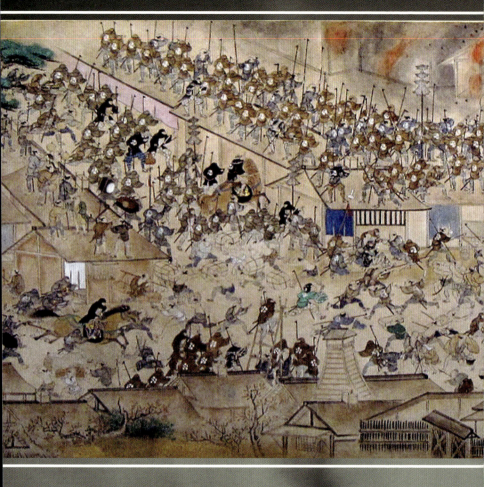

// 描绘 1657 年明历大火的《江户火事图卷》，19 世纪画家田代幸春绘。

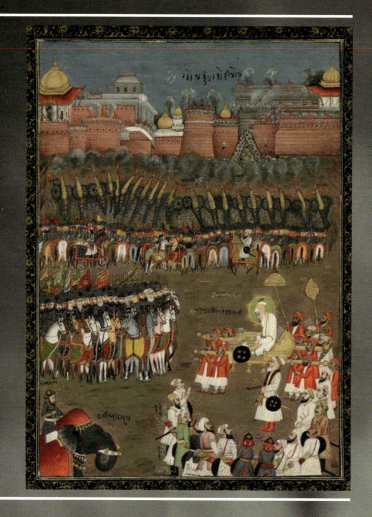

／／描绘 1687 年莫卧儿皇帝奥朗则布率军围攻印度南部的戈尔孔达的绘画。莫卧儿帝国是 17 世纪世界上最为富强的国家之一，在奥朗则布的统治下，帝国的疆域扩张到了极限。

的视野审视自身正在遭受的逆境,并寻找全面的解决方案。父亲曾是东林烈士的学者黄宗羲于 1676 年不无夸张地表示,在中国某些地区,"我们看到佃农、樵夫、陶匠、砖瓦匠、石匠及其他行业的出身寒微之人参加讲会,朗诵经书"。虽然此语略显夸张,但不可否认的是,有数以百万计的帝国臣民积极参与了明清易代,这个世界最古老的国家从来没有见识过类似现象——这也是明清易代能够夺走如此之多的生命并持续如此之长时间的一大原因。[72]

其他地区的"公共空间"?

尽管伊斯兰教是一种"经书宗教"(religion of the book),而阿拉伯语也是字母文字,但在广袤的伊斯兰世界,17 世纪却没有见证任何"公共空间"之类的事物显现。而据一位法国传教士的说法,西非地区的黑人"根本不写字:除了苏菲派谢赫和某些大领主之外,没有人知道如何读写"。更有甚者,曾于 1670 年代在塞内加尔生活的一位法国商人表示,"除了那些想成为谢赫的人以外,几乎没有一个人学习"。他还不无鄙夷地补充说:"他们(谢赫)除了读写之外什么都不学。他们不会投身任何精深的科目。"[73]伊斯兰世界的其他多个地区似乎也类似塞内加尔:读写能力仅限于神职人员,他们也只学习宗教内容。

相较而言,印度既有大规模的识字人口,也有丰富的书写文化。在莫卧儿帝国,大量书吏用波斯语和次大陆其他诸语言"抄写和出产数万份手稿",有些还事关治国之术和政治。不过,其读者面——以及它们对地球最富裕国家政治生活的影响——仍然远未明了。而在南印度,"每天的记录并非笔之于书，而是印在棕榈叶上。由此产生的手稿想要留存就得每个世纪重写一次。"这一时期留存下来的绝大多数泰米尔语文书都是诗歌，因为唯有诗歌被认为值得永久保存。在印度教诸国，学者认为单纯的"事件"并不重要，因此也没有多少书面资料记载它们。[74]

奥斯曼帝国的文化生活则大不相同。饱学官员卡迪布·切列比（1609~1657年）既阅读阿拉伯语著作，也读过一些用西方语言写成的著作（这要感谢一位皈依伊斯兰教的法国人的帮助）。他最终开列了一份目录，胪列了"图书馆里我亲手检核的数千卷书册，以及二十年来书商不断捎给我的书籍"。这份目录收录了近15000种书。尽管历代苏丹禁止出版阿拉伯语书籍，但还是有20种《卡迪布·切列比目录》手稿留存至今，显示出他广泛的学习兴趣。[75]然而，评估这些文献的实际影响要困难得多。例如，虽然卡迪布·切列比对奥斯曼帝国面临的诸多问题有着透彻的分析，但他并未将1653年写就的文章出版发行。"我早就知道自己的意见难获采纳，"他写道，"因此我也没有去自寻烦恼。"他只是希望"未来某个时候的苏丹或可意识到这一点"（见第7章）。

奥斯曼苏丹只允许其治下的两大臣民群体使用印刷机：东正教基督徒和犹太人。1627年，君士坦丁堡牧首西里尔·卢卡里斯（生于克里特岛上的威尼斯人家庭，在帕多瓦大学接受教育）从英格兰进口了一台希腊文印刷机。在两名新教徒的帮助下，卢卡里斯印刷了多个版本的教父遗书（Patristic texts）。但是，奥斯曼帝国首都嫉妒心切的天主教居民以"煽动叛乱的风险"说动了苏丹，他在数月之内就关闭了这个印刷场所（后来还罢免并处决了卢卡里斯）。[76]这一事态令奥斯曼境内只剩下伊斯坦布尔和塞萨洛尼基两地的犹太出版商还有印刷机了。他们将希伯来语著作印成散册（而非整本著作），这就让作者得以在后续的散册里看到他人的评论。这些印刷品会在沙巴泰的犹太会堂里分发，也会被存入图书馆（有些是公共图书馆），或被寄给有名望的学者（有些学者会将其加印以供自己的学生使用），这让新闻和观点的传播又快又远。1650年代安纳托利亚港口城市伊兹密尔的犹太社区（沙巴泰·泽维曾是其一分子）开始印刷希伯来语和西班牙语的双语书籍，其中就有玛拿西·本·以色列的著作《以色列的希望》。[77]

　　与中国一样，奥斯曼帝国境内的旅行者也在消息的传播和观点的传递中发挥了重要作用。中央政府致力于让高级官员轮换任职，这样的话他们就不会在任何一地"扎下根基"。尽管这套制度并非一直成功，但还是有数千名高级行政官、法官和军人按照规定的期限从一地转往另一地。艾弗里亚·切列比（1611～1680？年）的职业生涯便是一个有趣的例证。切列比曾在伊斯坦布尔接受公职培训，他对自己奉命从军作战，或因商业、财政和外交使命而走遍欧亚非三大洲的经历进行了详细记录（期间他曾与数千人会面交谈）。最后，他写成了一套十卷本巨著。[78]不少穆斯林也遍游帝国全境，向卓具名望的教师求学。例如，生于安纳托利亚小城的谢赫尼亚兹里·米斯尔（1618～1694年）就曾前往附近拥有多家经学院的城市学习《古兰经》，接着又迁居开罗（他正是在那里取了一个时髦的名字"米斯尔"）。尼亚兹里·米斯尔在开罗待了三年，在艾资哈尔清真寺的附属"大学"上课，并住在苏菲派居所里；在开罗的苏菲派居所、众多市集和咖啡馆，他与来自整个伊斯兰世界的学者会面畅谈。之后他又遍游西安纳托利亚和巴尔干半岛，最终吸引到了自己的追随者前来求学。1640年代的米斯尔开始了流亡生涯，先后去了罗德岛和莱斯博斯岛，起因是他指出易卜拉欣苏丹和他的儿子们、大臣们都是"犹太教徒"——这一污点（如果属实）让他们不再适合统治穆斯林。他还提出让克里米亚可汗取代"腐败透顶"的奥斯曼家族。尽管身在流亡途中，米斯尔仍拥有大批门徒。他们阅读米斯尔的著作，还在他死后创设了一个小型苏菲派教团。[79] 尽管尼亚兹里·米斯尔本人从未去过麦加，但其他不少人都去了，因为伊斯兰教期许每名男性穆斯林都要在人生中完成至少一次朝觐（hajj）。无论是在朝觐路上还是在朝觐目的地，朝圣者都能遇到拥有不同经历、信息和技能的各地信众，他们的精神视野也将得到拓宽。

另外两场宗教运动的领袖卡迪萨德和沙巴泰的经历足以证明，消息和观点可以在17世纪中叶的伊斯兰世界传布得多快多广。卡迪萨德·穆罕默德的门徒们在奥斯曼帝国全境传播他的学说。1650年代艾弗利亚·切列比走访东安纳托利亚边远小城的时候，曾经目睹一名自称卡迪萨德派的士兵动手摧毁一份插图漂亮的波斯写本，理由是该写本所含的人像严重违背了先知的教诲。驻扎在埃及的奥斯曼士兵中也有大量卡迪萨德派门徒。迟至1711年，卡迪萨德运动早已在奥斯曼首都销声匿迹，一群来自安纳托利亚的士兵却在读了一篇卡迪萨德派学说的重要论述文章之后闯入开罗城内，破坏当地宗教狂热者的坟墓，攻击城内的宗教精英。[80]

沙巴泰·泽维的人生如流星般耀眼而短暂，而考虑到当时犹太教并非任何一国的官方信仰，且绝大多数拉比和奥斯曼官员视沙巴泰·泽维为骗子，关于他的消息能在奥斯曼帝国境内外飞速传播，无疑出人意料（见第7章）。正是在上述环境下,加沙人内森于 1665 年 5 月宣布沙巴泰是弥赛亚之后,这一消息仅仅用了六个月的时间就传遍了从开罗到萨勒(摩洛哥的大西洋沿岸城市)的北非犹太社区。消息也传到了伊斯坦布尔,并从那里扩散到巴尔干半岛、匈牙利、摩尔达维亚和克里米亚的犹太社区。奥斯曼帝国首都的犹太出版商也发行了加沙人内森编纂的两卷本祷词,一本用作夜间祷告,另一本则"来自兹维之地(巴勒斯坦),用作白天祷告"。[81] 1665 年 12 月,沙巴泰宣布自己希望前往伊斯坦布尔面见苏丹,消息传出的第一时间就有数千名"来自波兰、克里米亚、波斯、耶路撒冷,以及土耳其和法国"的犹太人聚集到这座奥斯曼首都,好整以暇地准备在两个月之后欢迎沙巴泰的到来。[82] 沙巴泰的盛名甚至传播到了美洲:加勒比群岛的犹太社区对他表示了极大兴致;而在马萨诸塞的波士顿,因克里斯·马瑟在好几次布道中都提到了"远方的报告",承认"以色列人踏上了去耶路撒冷的旅程,他们成群结队从各国赶来"。[83]

沙巴泰的讯息在四个大陆快速传播,背后反映的不仅是他对当时犹太教和基督教都存在的千禧主义狂热情绪的迎合,还有那些联结东地中海犹太社区和外部世界的惊人"连接者"网络。沙巴泰本人曾于 1665 年之前在奥斯曼帝国的多座城市居住,他父亲曾为伊兹密尔的英国商人工作。他的妻子生于波兰,也曾在阿姆斯特丹、威尼斯、利沃诺和埃及居住。加沙人内森和其他一度加入沙巴泰随行团队的拉比都拥有绵密的人脉网络。他们通过雪片般的信件和(后来的)私人拜访向他人确证弥赛亚的头衔实至名归。除此之外,住在奥斯曼首都的西方商人和外交人员也给他们的长官撰写详尽的报告,消息甚至沿着欧洲的大西洋海岸传了遥远的汉堡,那里的拉比也在祷

584

词里加入了保佑沙巴泰的内容。仅仅用了 18 个月的时间，沙巴泰和他的"连接者"网络就将希伯伦的一位犹太学者晦涩难解的宗教主张变成了一场波及全球的宗教运动，这场运动直至 1666 年 9 月沙巴泰叛教才告一段落。[84]

少数人的统治

尽管无分新旧的绵密网络都让重大事件得以"昭告天下"，绝大多数的历史事件还是出自属于少数派的一群人，他们在"将世界转个底朝天"（这是英格兰革命期间的一句流行语）的事业中起到了不成比例的重大作用。比如在 1640 年，一位时人曾目睹喧嚣狂怒于巴塞罗那街头的收割者，他认为其核心人群最多不过 500 人；第二年，马奎尔勋爵策划占领都柏林时的同谋也不到 200 人（1659 年，不到 40 名英格兰军官就干成了同样的大事）；菲利姆·奥尼尔爵士也用差不多数量的人手拿下了阿尔斯特地区几乎所有的据点；1647 年马萨尼洛起事时手下的"小伙子"还不到 30 人，其中许多人还是青少年，他就是靠着这些人将一次水果消费税纠纷升级成为一场革命；朱塞佩·阿勒西拿下巴勒莫时，与他一起密谋的也只有12 人。马萨尼洛和阿勒西巩固权威都只用了不到 500 个"成人和少年"[85]；第二年，博格丹·赫梅利尼茨基掀起哥萨克叛乱的时候，追随者也不到 250 人；摧毁安达卢西亚城市卢塞纳的政府档案的那些"面如黑炭、籍籍无名"之辈也只有 500人；同样，锡克教第六代"上师"哈尔戈宾德手下也不过只有"500 个青年"。就连取得了成功的革命也可能只有异常之少的主角。拥有 17.5 万名居民的里斯本在 1640 年爆发了一场旨在永久性恢复葡萄牙独立地位的政变，参与其中的人最多只有 40 名贵族和约 100 名追随者。二十年之后乔治·蒙克挥军进入人口约 25 万的伦敦，他带来的士兵也不到 6000 人，而且还是一支越过苏格兰边界南下，在冬季行军 350 英里的困乏之师。不过，他仅凭这支队伍便永久性地终止了不列颠的共和制实验。

对上述现象——所谓"小事情如何制造大事件"——的解释就藏在"意外事故"一词里，而时机的选择尤为关键。用英国内战时期一名沮丧但不乏判断力的法国外交官的话说："这里的事情变化得太快了。你不可能再以星期和月份为单位作预估，你得以小时甚至分钟为单位对事态保持关注。"[86] 这句话在其他地方也一样适用。在爱尔兰，天主教徒叛乱势不可当，奥尼尔和他们的盟友在 10 月 22 日至 23 日的夜里成功说服阿尔斯特地区六座城堡的主人倒向叛军，承认他们——此时距离都柏林发出警讯只过了几个小时。六年之后，随着马萨尼洛带领"小伙子"们顺利赢得了梅尔卡托广场假日人潮的支持，阿尔科斯公爵在几分钟之内就失去了对那不勒斯事态的主导权。在上述案例里，每个政府在"引爆点"到来的前一刻都还拥有远远强于对手的优势资源，却未能及时加以运用。事实证明这会带来致命的后果，因为新的信息网络能够快速散播革命观点的"传染病"——就像一百年后的英国巡逻兵没能在保罗·里韦埃拍马送信的途中截住他，遂令他得以将引发美国革命的"病毒"传播开来那样。

585

注　释

1. 本章要极大归功于与包筠雅和 David Cressy 的热烈讨论。如同第

17 章和第 18 章，本章的标题也采纳了吕坤提出的暴乱分类方法：页边码第 508 页。

2. Gladwell, *The tipping point*, 30–4 and 57–60. 在欧洲，"史上最著名的信息'口头传播'事件"要等到 14 年后才发生，那就是 1789 年法国的"大恐慌"。参见 Lefebvre, *La Grande Peur*, 尤其是第三部分。

3. Quevedo, *La rebelión de Barcelona*, in *Obras*, I, 284; Birago Avogadro, *Turbolenze*, 369–70; *CSPC 1675–1676*, 368, Sir Jonathan Atkins to Secretary Williamson, 3 Apr. 1676; and Trevor-Roper, 'General Crisis', 61. Burke, 'Some seventeenth-century anatomists', 25–6, 列出了其他使用此类譬喻者的名单。

4. Brigham, *British royal proclamations*, 53, 'A proclamation for settling the plantation of Virginia', 13 May 1625 OS; PRO SP 16/527/103–7, 一份大不列颠武装联盟的提议草案（1627 年）。关于该草案的西班牙先例，参见第 9 章。

5. 第 8 章引用了拉莫马伊于 1630 年的说法；第 11 章引用了查理一世于 1638 年的说法；第 9 章引用奥里瓦雷斯于 1639 年的说法。

6. Álvarez de Toledo, *Politics and reform*, 99, Palafox to the count of Castrillo, 1648（翻译略加修改）；Rothes, *Relation*, 10, 报告了一场对话，其中圣安德鲁斯大主教提到了一位爱尔兰主教对于"劳德祷告文"的满腔热忱；关于入侵苏格兰的计划参见第 11 章。

7. Foisil, *Révolte*, 231, quoting the memoirs of Bigot de Monville; AMAE（P）, *CPE Supplément* 3/240v–241, Duplessis-Besançon, 'Première négotiation des françois en Cathalogne'; *Co. Do. In.*, LXXXIII, 313, count of Peñaranda, chief negotiator at Münster, to the marquis of Caracena, Governor of Milan, 27 June 1647.

8. Pérez Samper, *Catalunya*, 265 and 268–9, 271–2, 275, 详述了与葡萄牙的联系；Boxer, *Seventeenth-century Macau*, Part II, 描述了安东尼奥·菲亚略·弗雷拉（Antonio Fialho Ferreira）的艰险旅程。

9. Hugon, *Naples*, 92–100, 关于革命在那不勒斯的传播；Lionti, 'Cartelli sediziosi', 根据各地"煽动性宣传品"上的日期，整理

出了西西里岛上革命传播的过程，并附上了部分海报的图片。同样参见第 14 章。

10. [Howell], *A discourse*, 15. 同样参见第 11 章，以及 Merriman, *Six contemporaneous revolutions*, 115 – 208。

11. Ros, *Cataluña desengañada*；Di Marzo, *Bibliote storica*, III, 206 – 11 (citing books by Assarino, Birago Avogadro and Collurafi). See also Villari, *Elogio*, 60 – 1.

12. *CSPI 1633 – 1647*, 182, Bishop Bramhall of Derry to Laud, 23 Feb. 1638 OS；Braddick, *God's fury*, 30, quoting John Castle to the earl of Bridgewater, 24 Oct. 1639.

13. Castlehaven, *Memoirs*, 13 (with corroborating statements at 14 – 16)；TCD *Ms* 834/18, deposition of Gerrard Colley, Co. Louth, 2 May 1642；*Ms* 828/194v, deposition of Thomas Dight, Co. Kerry, 24 May 1642, quoting an Irish priest；*Ms* 836/64, deposition of John Parrie, gentleman, Armagh, 31 May 1642 (quoting 'George Sexton, Provost Marshall to the rebels of Ulster')；and *Ms* 833/228v, deposition of Rev. George Creighton, 15 Apr. 1643 (quoting Richard Plunkett). Italics added.

14. Birago Avogadro, *Le turbolenze*, 369 – 70.

15. Solomon, *Public welfare*, 160；Berghaus, *Aufnahme*, 24 and 109 – 402；Haan, 'The Treatment', 28 – 9；Mitchell, 'Religion, revolt'.

16. Te Brake, *Shaping history*, 109 – 10, quoting Ambassador Nani to the Doge and Senate of Venice, Sep. 1647；ch. 10 above (the French echo)；Bercé, 'Troubles frumentaires', 770 (the magistrates of Fermo on the 'esempio forse de sollevati di Napoli')，and 772 (Cardinal Montalto, 7, 8, and 17 July 1648)；775 (map of rebellious areas of the Papal States in 1648) and 779 ('i Masanielli')；and idem, *La sommossa*, 53. Bisaccione, *Historie delle guerre civile* (1652), included a special section on the revolt of Fermo four years before.

17. 'T. B.', *The Rebellion of Naples*, 76 – 7 (讨论见 D'Alessio, Contagi, 116 – 30 与 Hugon, *Naples insurgée*, 328 – 35, 以及其他

类似作品）。Burke，'Masaniello: a response'，198，记载了 1651
年多德勒支的叛乱者援引了马萨尼洛的例子。Polišenský, *War and
society*，186 - 95，以及 Villari，*Elogio*，51 - 67，讨论了叛乱中其他
外国政府显示出的兴趣的例子。

18. Hugon，*Naples*，219 - 21，citing the Manifesto and the Oath; Te
Brake，*Shaping history*，109，quoting *Discorso fatto al popolo napoletano
per eccitarlo alla libertà*（1647）.

19. Dunthorne，'Resisting monarchy'，126，quoting Althusius and
Guez de Balzac; Quevedo，*La rebelión de Barcelona*（1641）in *Obras*，
I，283; Parker，*The cordiall*，30; *CSPV 1640 - 1642*，220，
Ambassador Giustinian to the Doge and Senate，27 Sep. 1641 NS;
Hobbes，*Leviathan*，225. 关于英格兰人对"荷兰表率"的其他
称赞之词，参见 Hill，*Intellectual origins*，250 - 1。

20. Crewe，'Brave New Spain'，77 - 8，quoting the paper that began
'Por quanto Dios Nuestro Señor compasivo de nuestrros duelos
inhumanos'，confiscated at Lompart's arrest.

[778] 21. Winis，*Fatal history*，141，Count of Óbidos，Goa，1653; 'Articles
of Confederation of the United Colonies of New England'，19 May
1643; Webb，*1676*，237 n. 81 on Bacon's initiative.

22. Heiligsetzer，*Der oberösterreichische Bauernkrieg*，17; 第 8 章。

23. On Scotland's diplomatic successes，see ch. 11 above; on its failures，
see Grotius，*Briefwisseling*，XI，251，to Oxenstierna，5 May 1640
（rejected appeal to Louis XIII）; ibid. ，329，from Charles Marini，
Zurich，4 June 1640; and *Theatrum Europeaum*，IV，184 - 92，
Andrew Ramsay to the Swiss Church，1 April 1640（also rejected）.

24. Gilbert，*Irish Confederation*，VI，233 - 4，Oliver French to the
States-General，5 May 1648.

25. Van Aitzema，*Saken*，I，146（alliance with Tunis and Algiers
because they all 'een machtigh vyandt hadden aen Spangien'）; 905
（jealousy）; and 1，103（Universal Monarchy）; [Voetius]，
Brittish lightning，sig. B. Haan，'The treatment'，39 - 48，discusses
this pamphlet from 1643（not 1642）—originally published in Dutch
and French-and plausibly attributes it to Gisbertius Voetius. Sharpe，

Personal rule，833 n. 68 and ch. 11 above（support for the Scots）.

26. 参见 van de Haar，*De diplomatieke betrekkingen*，chs. 2 – 3；以及 de Jong，'Holland'（荷兰对葡萄牙的支援）。

27. Goodwin，*Anti-Cavalierisme*，5 and 50，出版于 1642 年 10 月（也可参见 *ODNB*，s. v. John Goodwin）；Young，'The Scottish Parliament'，92，引用了致托马斯·坎宁安的指令，1645 年 3 月（1643 年 11 月，苏格兰议会同样下令其在英格兰的特派员寻求外国盟友：ibid.，82 – 3）；Markham，*Anarchia anglicana*，part ii，49 – 50（休·彼得的布道）。

28. Haan，'The Treatment'，30 – 1；Carrier，*Labyrinthe*，80，quoting Charles de Saumaise to Jacques Dupuy，8 Sep 1648；83，quoting Anon.，*Epilogue，ou dernier appel du bon citoyen sur les misères publiques*（1649）；and 108 – 19，on Republicanism in the *Mazarinades* and other publications of the day.

29. Carrier，*La Fronde*，I，no. 16，Davant，*Avis à la reine d'Angleterre et à la France*（1650），3 – 6；Carrier，*Labyrinthe*，111 – 12，citing *Le Ti θεíου de la maladie de l'État*（Paris，1649）；Knachel，*England*，66 – 70；Corneille，*Pertharite，Roy des Lombards*，first performed in 1651.

30. Van Aitzema，*Saken*，III（1645 – 57），323（news arrived in The Hague on 14 Feb. 1649）；Bergh，*Svenska riksrå-dets protokoll*，XIII，17，minutes of de la Gardie's speech at the Council of State on 21 Feb. 1649 OS-thus just three weeks after the regicide. The book was Caspar Salmasius，*Defensio Regia*（Stockholm，1649）.

31. Berghaus，*Aufnahme*，56 – 8；Schilfert，'Zur Geschichte'，129，Chancellor Schwarzkopf of Lower Saxony in 1651（with similar fears voiced by the Elector of Brandenburg and others at ibid.，pp. 129 – 30）；Radziwiłł，*Memoriale*，IV，116 – 18，written in Kraków on 18 Feb. 1649；Vernadsky，*Source book*，I，246，decree of 1 June 1649 OS. Robin Briggs 向我提示了 1793 年的类似情况：处决路易十六令其他国家的激进主义活动失去公信力并陷于瘫痪。

32. Bergh，*Svenska riksrådets protokoll*，XIII，128，minutes of de la Gardie's speech，10 Oct. 1651；Christina quoted in Roberts，

'Queen Christina', 196 – 7; and Grosjean, *An unofficial alliance*, 247 n. 42.

33. BL *Addl. Ms* 4, 200/14 – 70, letters from René Augier, 'Resident for the Parliaments of England and Scotland in Paris', to Giles Greene in London, 1646 – 8; Milton, *Complete prose works*, VIII, 555 – 6, *Pro populo anglicano defensio secundo*, May 1654.

34. Benigno, *Specchi*, 98; Berghaus, *Aufnahme*, 92.

35. Cosnac, *Souvenirs*, V, 256 – 77, 'Les principes, fondement et gouvernement d'une république' and 'Manifeste'; Carrier, *Labyrinthe*, 114. See also Knachel, *England*, 198 – 200, 212 – 13 and 267 – 9; Kötting, *Die Ormée*, 194 – 244 and passim; and Lutaud, *Des révolutions*.

36. Carrier, *La Fronde*, I no. 22, Anon. , *Les cautelles de la paix* (May 1652), pp. 17 – 18 ('l'empire de l'univers'). 无疑, 随后英国对荷兰共和国发起的进攻以及在加勒比地区为占领西班牙殖民帝国的部分领土而进行的"西方作战"证实了作者的观点。17世纪中叶, 似乎在欧洲之外没有起义者像荷兰人与英国人一样"输出革命"。

37. Weber, 'The early German newspaper' (quotation from p. 74); Behringer, *Im Zeichen*, 303 – 80 and table on 414; 以及 Berghaus, *Die Aufnahme*, I, 21 – 2. 关于法国与英国的统计数据, 参见第10章与第12章。

38. Schmidt, *Spanische Universalmonarchie*, 14 (对小册子数量的估算); Paas, *The German Political Broadsheet*, II – VII, 重制了超过2000种出版于1618~1648年的宽幅印刷品, 其中部分印刷品只保存下一份。更多宣传品只有标题仍流传于世, 其他的则都已湮没于历史之中。

39. Stolp, *De eerste couranten*, i, Hooft letter of 24 June 1640; Carrière, *Le labyrinth*, 156, quoting a pamphlet by Gabriel Naudé, Mazarin's librarian; Infelise, 'News networks', 66 – 7, quoting Gregorio Leti, *Dialoghi politici* (Rome 1666) and Francesco Fulvio Frugoni, *Del cane di Diogene* (Venice 1687). I have provided my own translation of the Italian texts.

40. Firth, *The Clarke papers*, IV, 231, Captain Newman of the Leith garrison to Monck, 31 Dec. 1659 0S（这本小册子采取了"一名苏格兰军官……致一名英格兰军官的信件"的形式）。Haan, 'The treatment', 2, 讲述了荷兰的平民是如何在货船与渡轮上阅读政治著作，并在酒馆和广场讨论这些作品的。

41. Eisenstadt and Schluter, 'Early modernities', 25. 于尔根·哈贝马斯于 1962 年发明了这个短语，他坚持认为一个 "与文化公共空间相抗衡的大众公共空间最早是在 18 世纪晚期出现的"，因此这一术语不适用于更早的时代。然而，自 1640 年代起，西欧便见证了被哈贝马斯看作公共空间基本因素的两大相交进程：其一，"合法权力的交互式生成"；其二，"以获取民众效忠、消费者需求与对系统性命令的服从为目的对媒介力量进行的操纵性部署"。Calhoun, *Habermas*, 452, 464 – 5（出自哈贝马斯对批判者的回复以及他的 "结束语"）。有关讨论的情况也可参见 Dooley, 'News and doubts'；以及 Condren, 'Public, private'。 [779]

42. Whitelocke, *Memorials of the English affairs*, 176, speech on mobilizing an army, July 1642; Raymond, *The invention of the newspaper*, 186, quoting Dudley, Lord North, in 1671; Neumann, *Das Wort als Waffe*, 1, quoting Alexandre de Ros, *Cataluña desengañada*（Naples, 1646）.

43. Conti, *Le leggei*, 92 – 3, *bando* of 15 Nov. 1647. Hugon, *Naples*, 128 – 37, discusses revolutionary writings.

44. Locke, *Political essays*, 5, from his 'First tract on government', written Sep. – Dec, 1660 but never published.

45. Kagan, *Students*, 45; Brockliss, 'Richelieu', 245 – 6; Naudé, *Considerations*, 127 – 8; Newcastle, *Advice*, 20; Bremner, *Children and youth*, 90, quoting 'The Report of Sir William Berkeley, Governor of Virginia, on the state of free schools, learning and the ministry of the colony, 1671'.

46. Brinsley, *Ludus literarius*, 176; Molinier, *A mirrour*, 356 – 7; Bodin, *The sixe bookes*, 543; Hobbes, *De Cive*, 139（in a section entitled 'Causes dissolving a commonwealth'）.

47. Kagan, *Students*, 13 – 14.

48. Spufford, 'First steps', 410, 415 – 17, quoting the autobiographies of Sansom and Tryon (see also *ODNB* s. v. Thomas Tryon).

49. Ibid. , 410 – 11, quoting Oliver Heywood's *Life of John Angier*, his father-in-law and Elizabeth's mother. Donawerth, 'Women's reading practices', 还原了 1666 年玛丽·菲尔是如何在狱中撰写《女性的正当声音》(*Women's speaking justified*) 的, 并引用了她默写的《圣经》文字。

50. 参见 Johansson, 'The History of Literacy in Sweden'。由于国家并未推行义务书写教育, 17 世纪瑞典只有不到四分之一的男性与极少数女性能够签署自己的姓名。

51. Hart, *Geschrift en Getal*, 131; Snel, *The right teaching of useful knowledge*, 314.

52. Cayet, *Chronologie novenaire* (1608), 22. 其他细节部分引用了 Paas, *Kipper and Wipper*, and Bollême, *La Bibliothèque bleue*。

53. Carrier, *La presse*, 56 and 58 (quoting the complaints) and 71 (calculation of total printed *Mazarinades*; another 800 exist only in manuscript).

54. Pascal, *Lettres provinciales* (1657; trans. T. M'Crie), 'Reply of the provincial', 2 Feb. 1656.

55. Ezquerra Abadía, *La conspiración*, 12, 列出了佩里塞尔的"通报"中因诽谤国王与皇家警察被捕者的名单。有关学生的情况, 参见 Bouza, *Corre manuscrito*, 34 – 5; 关于抄写剧本与布道参见 40 – 3。

56. Ettinghausen, 'Informació', 47, 引用了 1640 年 6 月 12 日佩里塞尔的"通报"。Infelise, 'News networks', 55 – 62, 介绍了威尼斯的乔瓦尼·克奥尔利 (Giovanni Quorli) 在 1652 ~ 1668 年经营的类似的新闻网络。

57. Neumann, *Das Wort als Waffe*, 193. 有关加泰罗尼亚小册子的情况, 参见 Ettinghausen, Guerra dels Segadors, 13 – 14, 以及 Reula, '1640 – 1647'; 有关公报的情况, 参见 Ettinghausen, 'Informació', 54。

58. Schmidt, *Spanische Universalmonarchie*, 218 – 31 and 470 – 2 (列表), and 371 (印刷)。

59. Newcastle, *Advice*, 56 (see the 'young statesmen' reference on page 371 above); AUB Ms 2538/44, 'Triennial travels' of James Fraser. Figures from Raymond, *Invention*, 22 – 3, and Atherton, 'The press', 91. On 'spin', see Peacey, *Politicians and pamphleteers*. On the news-writers, see Atherton, *Ambition and failure*, 153 – 7; and Dooley and Baron, *The politics*, chs. 2 and 9. The 1653 – 4 database may be consulted at http：//www. ling. lancs. ac. uk/newsbooks.

60. Brook, *The troubled empire*, 199; Struve, *Ming-Qing conflict*, 8. Wong, *China transformed*, 112 – 13 and 125 – 6，强有力地提出"欧洲的公共空间"（他将其定义为"政治参与群体得以表达其对政府之意见的场所"）未曾也无法存在于清代中国，这主要是由于"可供理性进步发展、令合理发言得到听取"之舞台的缺失。他并不认为在明末清初时期的许多"场所"中存在辩论自由。

61. 然而请注意，本书页边码第 502 页提到一个日本商店老板曾称自己"凭经验学会了阅读"，即便日文字符众多，且有不止一种书写系统。

62. Rawski, *Education*, 92. 这项调查的范围覆盖了中国明朝时期三分之一的州县；Ho, *Ladder*, 251，引用了一篇 1586 年的县公报；Las Cortes, *Le voyage*, 191 – 3。

63. 有关精彩计算的内容，参见 Peterson in *CHC*, VIII ii, 714 – 15。但请注意包筠雅的提醒：由于中国汉字数量庞大，能够流畅阅读某一类文献的人也许会在其他主题上碰壁（*Commerce*, 560 – 8）。

64. Chia, 'Of Three Mountains Street', 128. 然而请注意，与欧洲相比，中国的印刷品产量明显不足：尽管 1621 ~ 1644 年，南京的 38 位出版商发布了 110 部作品，但那不勒斯的 30 位出版商仅一年便出版了 94 部著作（1632：Santoro, *Le secentine*, 41）。

65. Brokaw, *Commerce*, 13 – 17. 1639 年，朝廷开始使用活字印刷术印刷"京报"，但这只是因为这份刊物每天的内容都有所不同。

66. Gallagher, *China*, 21，引用自利玛窦（Brokaw, *Commerce*, 513 – 18，证实了书本的廉价）；Ko, *Teachers*, 50（引用了著名戏曲《牡丹亭》的一位编辑的说法）。

67. Will, 'Coming of Age', 31，引用自姚廷遴的《历年记》。他还

提到"京师之变，未及两月，即有卖剿闯小说一部，备言京师失陷"（loc. cit.）。

[780] 68. Brook, *Confusions*, 171 - 2，引自大学士于慎行（1545 ~ 1607 年；注意前文纽卡斯尔勋爵的类似抗议）。关于邸报的内容，参见 Struve, *Ming-Qing conflict*, 9 - 10，以及 Yin, *Zhongguo*（感谢包筠雅提供的参考资料）。

69. Le Comte, *Nouveaux mémoires*, 498.

70. Wu, 'Corpses' 44，引用了陆云龙《魏忠贤小说斥奸书》（'Account to condemn the villainous Wei Zhongxian'）。关于苏州叛乱者的声援，参见 Kishimoto, *Min shin kyōdai*, ch. 4。

71. Dardess, *Blood and history*, 5；Fong, 'Writing from experience', 257 - 8；Struve, *The Ming-Qing conflict*, 7 - 9 and 33 - 4（引用了计六奇的历史记录）；以及 idem, *Ming formation*, 336。

72. Ho, *Ladder*, 199，意译了明朝儒家思想黄宗羲在《明儒学案》（1676 年）中的研究。1640 年代同样是第 16 章所论日本"公共领域"的开端。

73. Labat, *Nouvelle relation*, II, 151（补充道"他们用阿拉伯字母书写自己的语言"）；Ritchie, 'Deux textes', 323 - 4，出自 Chambonneau's Traité de l'origine des nègres（1678）。

74. Subrahmanyam, 'Hearing voices', 94 - 5；Ludden, *Peasant history*, 8.

75. Çelebi, *Balance*, 11, 143 - 4: the *Kashf al-zunā*. Gottfried Hagen 教授让我了解到，尽管并非所有副本都来自 17 世纪，但其中仍收录了大量不被用于伊斯兰学校教育的书。

76. 参见 Hering, *Ökumenisches Patriarchat*, 以及 Trevor-Roper, 'The church of England'。天主教传教士同样将希腊文宗教文献引入奥斯曼帝国，但苏丹不允许这些作品在本国印刷。

77. 参见 Hacker, 'The intellectual activities'。关于玛拿西及他的作品，参见第 7 章。

78. Evliyā Çelebi, *Seyahatname* [Book of travels]. （鉴于在土耳其语中 Evliyā 意为'政府官员'，而 Çelebi 表示'绅士'，这可能是一个笔名。）

79. Terzioğlu, *Sufi and dissident*, 328 - 9，记录了声称易卜拉欣是"犹太教徒"的诽谤；346 - 53，关于克里米亚选项的情况（米斯尔在流亡时期与克里米亚王子们在一座岛上相遇）；关于米斯尔教团及其他遗产，参见第 464~490 页。

80. Ibid. , 41, quoting Çelebi; Hathaway 'The Grand Vizier', 669 (the text was Birgeli Mehmet Efendi's *Risāle*, which had inspired Kadizade Mehmet).

81. Scholem, *Sabbatai*, 937 – 9, 列出了 Sefer Tiqqun ha-Laylah and Sefer Seder Tiqqun ha-Yom 的版本目录，始于 1666 年伊斯坦布尔的两个版本。

82. Scholem, *Sabbatai*, 604, quoting an Armenian living in Istanbul at the time. A single example：the father-in-law of Glückel of Hameln sold everything he owned to buy provisions for the journey from Hamburg to Israel：Lowenthal, *The Memoirs of Glückel of Hameln*, 46 – 7.

83. Scholem, *Sabbatai*, 549, quoting Mather.

84. 本段参考了 Benzion Chinn 在俄亥俄州立大学的博士研究生论文研究。我对他能与我分享其研究成果表示不胜感激。

85. 不同资料提供了马萨尼洛"小伙子"队伍人数的不同说法：Graniti, *Diario*, 15 及 Donzelli, *Partenope*, 7 – 8 都声称他有 8 位伙伴，年龄在 23~25 岁；而 Filomarino 则表示马萨尼洛指挥着 25 ~ 30 名 15 岁及以下的少年（Palermo, *Narrazioni*, 385, Filomarino to Innocent X, 12 July 1647）。Giraffi 随后记录称马萨尼洛最初训练了 500 名少年，这一数字最终在一次反对征税的抗议活动中达到了 2000 人（Howell, *Exact history*, 11 – 12）。

86. AMAE（P）, *CPA* 54/101 – 7, M. de Bellièvre to Secretary of State Brienne, 31 Dec. 1646.

第五部分
超越危机[1]

　　充斥着政治、社会和经济剧变的"总危机"本已于1680年代大为缓解，但"全球变冷"还是在这之后持续了一代人的时间。1687～1700年的全球平均气温比之前的十年下降了1.5℃；就在巴黎地区，月平均气温也曾于1691～1697年八次降到了0℃以下——这一现象再未重现。1690年代也见证了目前为止几个欧洲长时段温度档案里最冷的一段时间，气候学家也因此将其命名为"小冰期高潮"的十年。[2]上述波动看似颇为微小，事实上却影响重大，特别是在如此之短的时间里。气温每波动0.1℃，都会让作物的成熟提前或推迟一天。1690年代的全球变冷让温带地区的作物成熟平均推迟了两个星期，亚北方带（subboreal regions）当时所受的影响就更大了。1690年代奥克尼群岛和斯堪的纳维亚半岛周边的海水温度比今天要低5℃。经历了也许是过去500年里的最冷冬季之后，1695年6月南至乌克兰的利沃夫都仍有积雪覆盖，一连串"寒冷"夏天也造成了大范围的作物歉收。

　　而就在一段时间的温暖天气之后，1708～1709年的欧洲经受了被幸存者称为"超级严冬"的一个季节。1709年1月5～6日，巴黎的温度从9℃降到了 - 9℃，并在近三周时间内都保持在0℃以下；法国大西洋沿岸的圣特（Saintes）积雪厚达24英寸；而在法国的地中海沿岸，温度剧降到了 - 11℃；

588

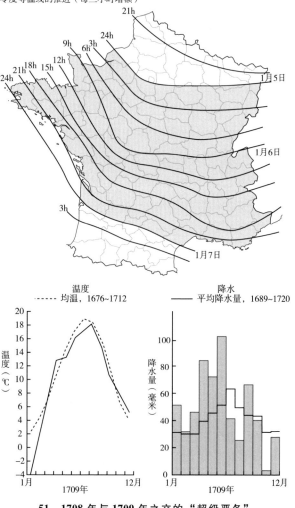

主显节期间，1709年1月5日至7日。
零度等温线的推进（每三小时增额）

21h
24h
9h 3h
12h 6h
21h 18h 15h
24h
1月5日
1月6日
3h
1月7日

温度
---- 均温，1676~1712

降水
—— 平均降水量，1689~1720

温度（℃）
20
18
16
14
12
10
8
6
4
2
0
-2
-4
1月 1709年 12月

降水量（毫米）
100
80
60
40
20
0
1月 1709年 12月

51 1708 年与 1709 年之交的 "超级严冬"

　　法国有数十人在 1709 年主显节当天记录了降雨变为降雪、水结成冰的时间点。他们的关注不但反映了西伯利亚气流从佛兰德地区向地中海的快速移动——这是小冰期有案可查的最后一次 "极端天气事件"——也显示了人们对气候变化，以及其所带来的危险的意识有所增强。1709 不仅出现了过去五百年里有案可查的最冷月份，也有一个异常多雨的夏季。

在威尼斯，富人来到潟湖上溜冰。1709 年 1 月是过去 500 年来最冷的一个月。尽管气温在 2 月有所上升，但在谷类作物开始发芽的时候，气温再度下降，令作物全部凋零。谷物价格也在此时飙升到了整个旧制度时期的最高水平（插图 51）。[3]

这次全球变冷的潜在起因也与之前相同：天文学家还是未能观测到太阳黑子。厄尔尼诺现象的频率也在增高（1687 ~ 1688 年、1692 年、1694 ~ 1695 年和 1697 年）。火山运动在 1693 ~ 1694 年猛增（印度尼西亚的塞鲁阿火山、冰岛的赫克拉火山和日本的驹岳火山都有 4 级爆发；意大利的维苏威火山和埃特纳火山也都发生了 3 级爆发），这在 1707 ~ 1708 年也有重演（至少 10 次大爆发，其中维苏威火山和圣托里尼火山各有一次 3 级喷发，以及富士山的一次 5 级喷发，富士山的那次喷发很可能释放了 3 万立方英尺的火山灰，有些甚至落到了 62 英里之外的江户）。整个北半球的温度也经历了骤降。[4]

与往常一样，极端自然现象造成了广泛的人类苦难。1690 年秋天，驻扎在巴尔干半岛的奥斯曼军队承受着"降雪、落雨和霜冻。深至马腹的积雪阻塞了道路，步兵无法继续行军；许多动物都在垂死挣扎，军官只能下马步行"。所有人都经历了严重的"物资短缺"，他们"承受的困窘和痛苦也是其生平未曾目睹的"。在中国，一场严重的旱灾在 1691 ~ 1692 年造成了大范围的饥荒。而与此同时在新西班牙，冰雹雨、蝗害和暴雨接着旱灾和早霜而来，摧毁了连续两年的玉米收成，造成了一场一直延续到 1697 年的漫长饥荒。在大西洋对岸的芬兰，约 50 万人死于 1694 ~ 1696 年的饥荒，该国人口足足花了 60 年时间才得以恢复。[5]而在法国，1693 年与 1694 年之交的冬季冰冻和夏季暴雨带来的苦难"在人们记忆里从未有过"，且

589

"过去几百年里罕有其匹";而在 1691~1701 年,气候变化导致超过 100 万人死亡——正如埃马纽埃尔·勒华拉杜里的评论所说,这一死亡人数已经与法国在一战期间的伤亡总人数相当,但当时法国的总人口只有 2000 万(而非一战时的 4000 万)而已。还有 60 万法国人死于 1708 年与 1709 年之交的那个"超级严冬"。此外,那些侥幸从这些饥荒中幸存的人依旧要在人生中饱受"阻碍",他们的平均身高竟然只有 5 英尺——这是有记载以来身材最矮的一批法国人。[6]

与 17 世纪中叶一样,这些气候异常现象都发生在战时。法王路易十四与其敌人之间的敌对状态在 1689~1697 年震撼了西欧,在 1702~1713 年亦然。瑞典国王卡尔十二世和敌人之间的"大北方战争"也在 1700~1721 年对东欧地区造成冲击。清朝康熙皇帝于 1690 年代率领大军征服亚洲内陆。莫卧儿皇帝奥朗则布也在印度中部与马拉地人及其盟友征战不休。上述战争都带来了沉重的税负,造成了范围甚广的破坏。

虽然战事的绵延、全球变冷的持续与灾害的规模都酷似 1640 年代和 1650 年代,1690 年代却并没有相似的社会和政治剧变"应运而生",这令人颇为意外。这表明,小冰期的高潮时段并不与总危机的顶峰时段相重合。应当承认,大众"骚乱"也曾于新西班牙的一些城市爆发(其中就有总督府所在地),奥斯曼帝国的某些地区首府也不甚宁静。而在法国,"超级严冬"结束之后的 1709 年饥荒引发了近 300 场抗税暴乱以及更多的面包骚乱。即使在巴黎,人群也洗劫了面包坊,并向城市卫兵投掷石块。尽管如此,上述剧变都未能吸引那些"惟冀目前有变之人"——那些数十年前挑战政府,有时还推翻政府的边缘贵族、失意文人和教士——的参与。不但如此,虽然其规模直到 1789 年才被超过，但 1709 年的骚乱中不再有投石党了。"致命合力"已经终结。[7]

休·特雷沃 - 罗珀在 1959 年那篇开创性的论文《总危机之争》中用一个华丽的比喻描述了 17 世纪中叶的革命带来的冲击。他在文章最后写道："就智识、政治、道德风尚而言，此时的人们都已身处新的时代和新的气候之中。这就好比一场雷暴终结了之前的一系列暴风雨，它荡涤了欧洲的空气，永久改变了欧洲的温度。"（见页边码第 xx 页）本书第二部分的诸章节叙述了法国、西班牙、不列颠、德意志及周边国家的情况，印证了上述论点，还对欧洲以外一些国家（中国、俄罗斯、波兰和奥斯曼帝国）的"温度"做了相似论断。第三部分的诸章节认为，江户时代的日本、西属意大利、莫卧儿印度（及其邻国），以及非洲、美洲的部分地区成功避免了"终极雷暴"，但还是经受了不愉快的"一系列暴风雨"。

590

特雷沃 - 罗珀的比喻并未充分论证"改变"的强度。最重要的是，"系列暴风雨"常常伴随着大规模死亡，所以在世界许多地区，1680 年代尚存于世的人口要少于（乃至远远少于）1640 年代。在中国、奥斯曼帝国、俄罗斯和欧洲大部地区，绵绵无期的战争和饥荒、疾病一道夺走了数百万男女老幼的生命；1630 ~ 1632 年的印度古吉拉特饥荒让数十万人死于非命，1641 ~ 1643 年日本宽永饥荒亦然。特雷沃 - 罗珀所指出的 17 世纪中叶之后"新时代"的最重要特色，正是他所忽视的一点：**1690 年代面临饥荒风险的人远远少于 1640 年代和 1650 年代。粮食需求不再那么严重地超出当地的经济承受能力。**

不过，光是"人口缩减"并不足以解释"小冰期高潮"时期政治剧变的缺位。正如克里斯托弗·毛奇提醒我们注意的那样，灾难常常造成一种"凤凰涅槃效应"（phoenix effect）：活过危机的人常常在面对任何新一轮灾难的时候准备得更加充分。大灾难"提升了应急准备水平，刺激了技术进步；无论是在自然灾难突如其来之时，还是在灾后重建期间，人类的脆弱性都大大降低"——这一现象有时被冠以"创造性毁灭"（Creative destruction）的名称。[8]熬过 17 世纪中叶的人研拟了多种多样的"应对策略"（coping strategies）。有人陷于避世主义（沉湎于厌世避世，也就消减了对周边环境的恐慌情绪：见第 20 章）；有人创新求变（用隔离限制疫病传播，用医疗接种避免天花扩散；种植具备更能抵抗气候变化的新型作物；用砖石重建城市，降低灾难性大火的风险，并创设火灾保险公司：见第 21 章）；还有人致力于研究新型"实践"或是"科学"知识，希冀弥补之前灾难带来的损失并减小未来灾难造成的冲击——正是总危机的这一遗产，才为西方和外部世界之间的"大分流"（the Great Divergence）奠定了基础（第 22 章）。

注 释

1. 特别感谢 Derek Croxton、Kate Epstein、金世杰、Daniel Headrick、Paul Monod、Sheilagh Ogilvie 与彭慕兰在我构思本书最后几章的结构时提供的帮助。

2. 关于两组表明 1690 年代气温达到有记录以来最低水平的代表性数据，参见 Brázdil et al., 'Use', fig. 2（记录了公元 1000 年以来的德意志地区气候）和 Dobrovolný et al., 'Monthly', 93（1500~2007 年的中欧气候）。也可参见 Manley, 'Central England

temperatures', 402（数据覆盖 1659 ~ 1973 年）及 Xoplaki et al.,
'Variability', 600 – 1。

3. Garnier, *Les dérangements*, 141 – 8, 和 figs 22 – 24, 提供了目前对欧洲西部地区"超级严冬"相关数据的最新整理。关于巴尔干地区的气象体验，参见 Xoplaki et al.,'Variability', 598。加布里埃尔·贝拉（Gabriele Belle）的画作《1708 年封冻的威尼斯潟湖》（*The Frozen Lagoon in 1708*）描绘了威尼斯人在潟湖上滑冰的奇特景象。

4. Shindel,'Volcanic and solar forcing', 4, 104,'GCM simulation 1680 vs 1780 solar + volcano'; Luterbacher et al.,'European seasonal and annual temperature', 1, 501 – 2; idem,'Monthly mean pressure', 1, 050, 1, 062; Pfister,'Weeping in the snow' 54, 呈现了两幅还原 1695 年异常寒冬的气象图。http://www.volcano.si.edu/world/find_ eruptions.cfm 以年为单位列举了火山爆发的记录；http://en.wikipedia.org/wiki/File: Volcanic – ash – downfall_ map_ of_ Mt. Fuji_ Hoei – eruption01.jpg 还原了 1707 ~ 1708 年"宝永喷发"时富士山火山灰的扩散情况。

5. 数据来自 Teodoreanu,'Preliminary observations', 189, 引用来源为一位土耳其编年史家；García Acosta, *Desastres agrícolas*, I, 203 – 14; Myllyntaus,'Summer frost'。82. 也可参见 Xoplaki et al.,'Variability', 596 – 604。

6. Nicolas, *La rébellion*, 232 – 4, 引用了利摩日（Limoges）和穆兰（Moulins）地区政府专员的说法；Lachiver, *Les années de misère*, ch. 8; and Le Roy Ladurie, *Les fluctuations*, 105 – 12, 114 – 15, 300 – 1。也可参见本书第 4 章、第 10 章（关于"突变"）和第 12 章（关于不列颠的气象状况）。

7. 关于新西班牙的"动荡"，参见 García Acosta, *Desastres agrícolas*, I, 211；关于法国在 1690 年代和 1709 年的大众暴乱，参见本书第 10 章；关于奥斯曼帝国境内的市民暴动，参见 Ze'evi, *An Ottoman century*, 5, 60, 83 – 4。Subtelny, *The domination*, chs. 4 – 5, 注意到小股心怀不满的贵族曾在 1700 年代于利沃尼亚、波兰、乌克兰、摩尔多瓦和匈牙利发起叛乱，但他们都未能赢得广泛的支持。虽然 Subtelny 为上述五场叛乱提供了精彩的阐述，并注意

[781]

到了其中的一些共通之处，但这些事件无论在规模还是影响上都远远不及 1640 年代与 1650 年代发生的大规模叛乱。

8. Mauch and Pfister, *Natural disasters*, 6 – 7（Mauch's introduction）. "创造性破坏"的概念时常被人误用。1848 年，马克思和恩格斯注意到，大多数社会在"一次饥荒、一场普遍性的战争，使社会失去了全部生活资料……工业和商业全被毁灭"的时刻，将面临"危机"。他们就此认为，这些挫折将刺激人类社会"夺取新的市场"并"更加彻底地利用旧的市场"（《共产党宣言》第一章）。马克思和恩格斯没有使用"创造性破坏"一词，它要等到一个世纪后才由约瑟夫·熊彼特首次提出，以作为他对马克思主义理论的评论著作《资本主义、社会主义与民主》第七章的标题。不过，熊彼特明确地将"战争、革命等"事件排除在经济变化的"首要推动力"之外。他认为，"创造性破坏"是经济发展的一种内在过程，新的市场、产品与生产方式"不断地从经济结构的内部发起革命性变化，不断地破坏旧格局，不断地创造新格局"（《资本主义、社会主义与民主》，82 - 3）。和大多数历史学家一样，我将不甚恰当地出于权宜之计，用熊彼特发明的这一概念描述马克思的有益见解。

20　逃离危机

逃离一切

許多生活在 17 世纪的人在面对那些无法解释也无法规避的逆境和焦虑时的反应与今人大体相同：有人自杀殒命，有人向治疗师或是牧师求助，还有的人以消磨时光的方式找到了安慰。上述三种人都很难详尽描述，因为他们在现存史料里都难觅踪影。一些自杀者后来曾在法庭记录里出现（比如英格兰验尸官召集的陪审员证词），或零星见于编年史中（比如《明末忠烈纪事》记载了一千多名自杀殉国、宁死不从清廷的忠明之士的事迹）。少数自杀者留下了自杀理由，比如在绝望之中写下《题壁诗》再自杀殉国的中国精英女性，再如苏格兰雇佣兵帕特里克·戈登。激战正酣的时候，戈登"忘我"地返回营帐，试图援救自己的队长，并因此负伤，但他得到的却是一通斥责，因为他破坏了阵列。队长的举动"的确令我无比气恼"。戈登遂以"死战的决心"，"冲进了"两军"之间的空地"，"只求一死……用手枪在我脑门前晃动，吸引敌军的全部火力"。戈登幸运地从这次自杀式举动中存活下来，只受了点皮外伤。

绝大多数在困境中向医生、治疗师和牧师求助的人留下了更为稀少的文书痕迹，这些记载往往以隐秘笔记的形式保存在求助对象的手中。1640 年代，位于西属尼德兰梅赫伦的世界第一所常设军事医院开始接触一种新的病症，医生们称之为

"心理失调"（el mal de corazón），其字面意思为"心病"。但这显然是一种"创伤后应激障碍"（PTSD），这一病症令士兵不再适合服役。还有一种大概与之类似的症状是"心碎"（estar roto）；与心理失调一样，患者都被认定为不能在军中服役，并被遣送回家。[2] 在海峡对岸，每月都大概有 40 人就他们的未来运势咨询英格兰最著名的占星师威廉·里利。绝大多数咨询者是女性，她们想知道自己"会不会有小孩"，"是不是该踏上一段旅程"，"爱的男人在法国还是英格兰"，"丈夫会活多久，夫妻二人谁会先死"；"会不会有什么敌人"。而最简单的问题是，"自己会有什么样的生活"。里利会详细比对所有患者的星盘，给出自己的答案，然后将细节记载在他的案例集里。[3] 同时代的英格兰乡村牧师理查德·纳皮尔则赢得了作为"心理治疗师"（用今天的话来说）的全国性声望，他的笔记用 1.5 万页的篇幅记录了约 4 万名病人的咨询。纳皮尔将 2000 多人标为"问题病人"，还将 150 多人标为"有自杀倾向"。在因为心理困扰而来求助的人当中，女性是男性的两倍之多，其中又有近一半女性报告称自己在恋爱、婚姻和抚养子女上颇感焦虑。四分之一的病人刚刚经历丧亲之痛。绝大多数"问题病人"也诉说了自己主要源自债务的经济压力（毫不意外的是，这都是拜他们生活的艰难时世所赐）。三分之一的"问题病人"年龄都在 20～30 岁，十二分之一则在 60 岁以上（这两个年龄层的人各自占到了当时总人口的四分之一和五分之一）；仆役则是咨询者当中人数最多的一个职业类别。[4]

理查德·纳皮尔断言，自己诊治的不少"问题病人"都饱尝"忧郁"（melancholy）或称"重度抑郁障碍"（clinical depression）之苦。一模一样的病症也曾在西奥多·图尔奎特·德·梅耶恩的案例汇编里出现。梅耶恩是当时最负盛名（挣钱也最多）的欧洲医生，他的病人包括后来成为护国公的奥利弗·克伦威尔，他曾在 1628 年将克伦威尔诊断为"重度抑郁"（valde melancholicus）；此外还有查理一世最小的女儿伊丽莎白公主，图尔奎特在 1650 年写道："父亲去世后，她陷入了深度忧伤，她所罹患的其他所有小病也因此雪上加霜。"伊丽莎白公主没过多久就去世了。[5]

图尔奎特和克伦威尔都读过《忧郁的解剖》，这本由牛津学者罗伯特·伯顿所著的书籍尽管卷帙浩繁（初版超过 35 万字，后续版本则超过 50 万字），仍然成为名噪一时的畅销书。这本书认为，"忧郁"是"一种痛苦剧烈而又稀松平常的疾病"，"在我们的悲惨时世里"，很少人"感受不到忧郁的创伤"。伯顿深入解剖道："忧郁随着心灵的每一次细微颤动——哀伤，贫穷，麻烦，恐惧，悲痛，盛怒，或是烦恼——不期而至；忧郁也会同各种形式的顾虑、不满和沉思一起到来，忧郁会带来情绪上的痛苦、沉重或是苦闷。"他的结论是"拜这些忧郁气质所赐，没有人的生活是自由无拘的"。伯顿本人也不例外。他向读者坦白说："我书写忧郁，正是为了让自己忙起来以摆脱忧郁。"与纳皮尔接待的几名患者一样，这一状态杀死了他——1640 年，他在学院寓所里自缢身亡。[6]

患有"忧郁"症而又没有得到治疗的病人也会置他人于险境。陆军军官约翰·费尔顿在他的兄弟看来有一股"忧郁气质"，他之前的邻居也回忆此人"性格忧郁，很大程度上是因为他读过的书"。费尔顿在 1628 年的读物里有一本"抗议书"，这是一份谴责查理一世宠臣白金汉公爵的文献。费尔顿花了好几个星期反复推敲"抗议书"里的各条指控，最后决定"让自己成为国家的殉道者"。为达这一目的，他买了一把用谢菲尔德精钢打造的厨刀，在某日早餐之后紧紧尾随公爵，只刺了一刀就杀死了公爵。费尔顿本就没想着逃跑：他事先写好了两份宣称自己行为正当的声明藏在帽子里，以防自己在行刺时身亡。他本有机会趁着混乱逃脱，却站在原地宣称"我就是那个人"（这么一来他就通向了自己预期的命运：逮捕，折磨，还有公开处刑）。[7]

罗伯特·伯顿在他那范围广博的引用书目里加入了中世纪穆斯林医生、哲学家阿维森纳的《医学真义》（Canon of medicine），这本书的其中一章论述了由恐惧、不幸和挫败感引发的"忧郁"。与伯顿同时代的穆斯林和犹太人自然也熟悉阿维森纳的学说和"忧郁"的概念（在阿拉伯语中被称为"ḥuzn"）。忧郁是极端重压之下的反应，现存的极少数关于患者向教士寻求专业建议的记录反映了这一点。我们永远无从得知绝大多数谈话的内容，但在面对棘手的道德难题时，犹太拉比有时会向博学多闻的同行寻求书面建议，这些问题因而留下了纸质记录。有一个在小冰期时代造成"忧郁"的案例耐人寻味：一个虔诚的塞法迪犹太人抵达埃及出任新总督的财务官，将妻子留在了伊斯坦布尔。"从他抵达埃及的第一天起，"当地拉比写道，"他就染上了种种可怕的疾病，整个人几近崩溃。"此人先是向犹太医生求助，在治疗无果之后，一位基督教医生立即道出了病症所在："疾病已经升级为精神抑郁症（melancholia）"，因为此人的"精液已经聚集起来在体内形成了一股脓疮，挥发的精子上冲至脑，直抵心间"。这名医生预言，如果该官员"一直如此而不加排解的话，疾病终将把他压垮"。犹太教戒律严禁手淫，官员的婚约显然也排除了找个

女人的可能性，于是他只好向当地的拉比求助。拉比们的反应
是与犹太教医生和基督教医生会谈一番，然后"着手对医生
们的著作做了一次非常彻底的查阅，看看世界上究竟有没有类
似的疾病存在"。他们最后找到了阿维森纳的《医学真义》，
书中收入了一段支持这一诊断的描述：性交。人们意识到，就
算他们火速将此人的妻子从伊斯坦布尔召到埃及，精液的聚集
也会在女方抵达之前杀死他。于是拉比们同意他毁弃结婚誓
言，娶了第二个妻子，这样就能让他免于"忧郁"而不必触
犯重婚罪了。[8]

　　塞缪尔·皮普斯一定不会有这方面的困扰，因为他可是在
多个场合和多个地点都触犯了这一罪行，其中就有一次发生在
圣诞节前夜的王室小礼拜堂——他把这一"成就"记到了他
连续九年不曾间断的日记里。皮普斯还记录了他与五十多个女
人之间的床笫之欢——其中一些交媾发生在 1665 年，当时他
的妻子和仆人为躲避大瘟疫离开了伦敦，他也因此获得了异乎
寻常的作案自由。根据他在日记里以速记密码留下的记录，就
在疫病肆虐半荒凉状态的首都之时，皮普斯在小酒馆里亲吻、
调戏女招待，在教堂里骚扰少女，还收买一位船工的女儿，要
她在父亲划船载他沿泰晤士河而下的时候为他手淫。皮普斯还
反复与人通奸：在"被瘟疫包围"的情况下，他依旧与情妇
（有时还有情妇的女儿）做爱。性爱甚至屡屡进入皮普斯的梦
境：在身边死亡人数节节攀升时，皮普斯却做了一个"我做
过的最好的梦——那就是我将我的卡斯特梅恩夫人（国王的
情妇）抱在了臂弯里，得以使尽我意欲对她使出的调情手
法"。[9]1665 年 9 月皮普斯写道："在瘟疫盛行的悲伤时光里，
瘟疫以外的所有事情都给了我幸福和欢愉，过去三个月的短短

594

时间里，我所得到的幸福和欢愉甚至超过我之前人生的总和。愿上帝令我长享此福。"造物主显然用心倾听了这位肆意乱交的子民的心愿，因为到了这年年末，皮普斯写道："我此生从未像这场疫情期间这样开心过（也从未赚过这么多的钱）。"[10]

17世纪世界各地的人们也在故意触罪行淫，以使自己不去顾虑身边的种种灾祸。在德意志，巴伐利亚选帝侯马克西米利安于1636年怒斥自己臣民在"近年来战火纷飞之时"却过上了一种他所定义的"浮薄生活"（Leichtfertige Leben）。选帝侯对"非法怀孕之盛行，尤其是在乡间的未婚农民和其他平民之间"大为哀叹，而"通奸之大恶"也已经"像污言秽语和亵渎神灵一样普遍，男女老幼皆不能免"。信奉新教的邻国的官员和牧师也同意此论。"所有罪恶都因战争而更加肆无忌惮，特别是污言秽语"，有人如此哀叹。还有人呼应称："战争非但没能让人更虔诚，反倒使人们的放荡恶化了九倍。"在日本，1657年江户发生明历大火之后，浅井了意出版了他的《浮世物语》，在书中号召读者"活在当下"，将忧郁赶到一边，"纵情歌唱，畅饮清酒，忘却现实的困扰，摆脱眼前的烦忧，不再灰心沮丧"。[11]

在中国，许多明朝读书人和士大夫都以不那么显眼的方式逃离苦难，"以在任何一次改朝换代里都属空前的规模出家遁世"。有人逐渐生出一种宗教义务感，以作为对一些明朝大臣所感受到的"与军国大事渐行渐远，以及绝望、挫败、一无是处、自我贬抑之感"的回应。还有人在清朝颁布剃发易服令之后遁世为僧，因为佛教僧侣会将整个头顶剃光再穿上传统的僧衣。这样一来，他们就不必被迫留辫发、穿满人服装，也可以避免公然反抗新朝（公然反清通常会以身死告终：见第5

章）。[12]有些前朝遗民遁入寺庙，并在那里度过了余生；还有不少遗老遗少，特别是那些清廷大力搜捕的人，不断从一地逃难到另一地。后一群人之中包括叶绍袁，他写了一本三部曲式的自传，记述了明清易代期间他在上海及其周边地区亲眼见证的悲剧。1645 年 8 月，"敌军大举南下，剃发之令如风骤雨"，叶绍袁和他四个幸存的儿子开始了"隐遁为僧"的旅程，进入江浙交界地带的群山。之后三年里，叶绍袁在日记中记载了他所耳闻目睹的山民生活：他退隐之地周边的群山里住满了化身为隐士和僧人的明朝遗民。他们定期互访、交换讯息、诗文和礼物；叶绍袁甚至在一场秘密仪式上碰到了近一百五十名"僧人"。[13]

　　还有一些满腔怨愤、无所凭依的汉人精英效仿前人的事例，筑山造园并深居其中，作诗撰剧，以文自娱。还有的人向宿命论屈服。家住上海附近的小官姚廷遴就意识到，随着新王朝为当地带来了新的服制与新的社会等级秩序，他已经进入了"另自一番世界，非复旧态矣"，他自己也已在"新世界"重生——这是在"创伤后压力"面前典型的应激反应。姚廷遴先是经商后是务农，在统统失败之后做了一名小官吏——但他还是失败并欠下了巨额债务。1667 年，年届不惑的姚廷遴在日记中写道："大半生虚度，涉历异常辛苦，而至此尚一事无成，有感于心。"于是他在第二年辞官返乡，聚徒讲学，以教师的身份度过了此后的三十年余生。[14]

　　一些满腔怨愤、无所凭依的欧洲人也相继采取了类似的逃避策略。在法国，马扎然的著名批评者罗伯特·阿诺尔·德安蒂利跑到巴黎近郊的波尔罗亚尔修道院看护果园，并发表了一篇精深的论文《如何种植果树》。他播种、整枝、修剪树木以

595

尽可能增加果树的产量,以此逃离那些棘手难解的政治难题——这是"和平诉求"终将重建繁荣的显见隐喻。17 世纪全欧各地都见证了"几何式花园"(geometrical garden)的兴起,这类花园不但提供了避世退隐之地,也让那些因自然恶力而担惊受怕、精疲力竭的人可以通过修剪周正的花园在微观层面上驯服自然。[15]在英格兰,最后一次被俘的查理一世寄情于手头的莎士比亚戏剧:他"改进"了行吟诗人的语言,写下了"我最无偏无私的想法,触碰我最主要的人生历程,那些我最新烦恼里最有争议和最受瞩目的篇章",这部混杂着祷词的作品在查理一世身故后出版,题为《国王形貌》。之后没多久,查理一世手下失魂落魄的支持者伊萨克·沃尔顿写了一本公然鼓吹逃遁避世的书:《熟练垂钓者,或名沉思者之欢愉》(*The Compleat Angler, or the completive man's recreation*)。书中,猎人、放鹰者和渔夫之间展开了一场有关消遣时光的对话,精神萎靡者得以因此逃离身边正土崩瓦解的现实世界。本书于 1653 年出版,至今已有 400 多个版本。[16]还有人流亡国外以躲避暴力和仇衅。托马斯·霍布斯于内战前夜的 1641 年离开英格兰来到巴黎,直到议会军胜势已定时才回到故国(他在《利维坦》里留出篇幅论证了那个给他年金的共和政权的统治合法性)。三年之后,纽卡斯尔侯爵也加入了霍布斯的行列:他的军队刚刚在马斯顿荒原之役中全军覆没。其他许多英格兰保王党人纷纷出国,其中绝大多数人在欧洲大陆逗留到了 1660 年王党复辟时才回国;几名挑头的英格兰共和主义者则因此踏上了他们走过的流亡之路。"嗜血战神"在中欧迫使更多男性与女性逃离,其中有人甚至是身居高位的知识分子(比如音乐家海因里希·舒茨、诗人马丁·奥皮茨、数学家兼天文学家约翰内斯·开普勒）；还有的人则是不能保护家人的乡村平民，比如村里的鞋匠汉斯·赫贝勒，他曾在三十年战争期间带着家人 30 次避难乌尔姆。有的流亡者仅以身免，比如奥尔登巴恩菲尔特被处决之后的胡果·格劳秀斯。还有的人组团逃亡，比如数以千计的"马萨尼洛派"在 1648 年反抗腓力四世失败后就逃到了罗马，以及三十年后的数百名"马尔维奇派"分子，他们登上奉命撤走该城守军的法国舰船，流亡法国。[17]

逃避策略在东欧甚至更为普遍，那里的农民可以就地加入哥萨克，向南投奔鞑靼人，或者（对俄罗斯农民而言）越过乌拉尔山进入西伯利亚。此外，不少波兰、特兰西瓦尼亚和奥地利贵族都使用"双重公民权"抵御潜在灾难。就连摩尔达维亚大公瓦西里·卢普（"野狼巴希尔"）也在将女儿嫁给博格丹·赫梅利尼茨基之子之后得到了"波兰公民权"：这显然是为了获得安全避难所，以备臣民驱逐自己之后的不时之需。[18]在中国，许多忠明之士在事败之后也选择远走高飞，逃避那些让他们心灰意冷的境遇。数千名士大夫拒绝出仕清廷，他们用尽了公开反抗之外的一切手段，要么跑到辽远之地隐遁不出，要么就在各位师友同侪的家里避难。1661 年，约 6 万名忠明人士跟随国姓爷郑成功前往台湾，并在那里继续抗清二十余年。

17 世纪中叶的暴力也让不少胜利者心惊胆战，托马斯·费尔法克斯爵士就是一例。担任新模范军司令五年之久的费尔法克斯每年都能拿到 1.9 万英镑的薪俸和 1 万英镑的奖金，以及价值 4000 英镑的土地。他的名字还出现在约 700 种小册子的封面上。1650 年，38 岁的费尔法克斯不但没有率军对苏格兰发动先发制人的攻击，反而辞去了司令之职，退隐于自己在约克郡的领地，在那里撰写忧郁的诗篇（《我的独居之乐》），还亲笔翻译了长达 204 对开页的印度史诗《贝尔拉姆与约瑟伐特》（*Barlaam and Josaphat*）的基督教版本。这部史诗的高潮紧接着约瑟伐特将军"放弃他所有俗世的浮华和荣耀"而来。就在这个当口，约瑟伐特的主君奚落他说："你是我王国的头号大将，我的三军统帅（费尔法克斯的译文偏离了原意，倒是与他自己的职位吻合），但这让你自己变得邪恶且令人厌恶，就连孩童也会出言讥嘲。"费尔法克斯继续过着与世隔绝的退休生活，直至 1671 年去世。[19]

类似情绪也困扰着清初的旗人曾寿。在艰难备至但最终胜利的平定三藩之役（这场战事中的绝大多数战斗发生在高山密林之间，时常伴随着大雨）结束后，曾寿在解甲归田的路上目睹了一场"友军误伤"事件（见第 5 章）。战友之死给曾寿以极大震撼，当晚他就在日记里写道："我的内心惶恐不安。为使自己心神宁静，我陷入沉思：'我已经服役作战十年之久，并未在战斗里送掉性命。'"一个月后，曾寿和战友们在皇帝面前进行了一场胜利游行，他终于回到了北京与家人团聚，但他还是不甚开心，在日记中坦言："我与孩子和弟弟已经相见不相识。看着这些人、自家住宅和都城的暖和床铺，我甚至感到奇怪。突然之间我就像是进入了困惑朦胧的梦境。我越是琢磨这些，就越是惊叹于这如重生一般的奇怪处境。"（这又是一个典型的"创伤后应激障碍"反应。）曾寿是一名军衔相当于陆军中尉的高级军官，身边通常都有七八位仆人，他的家人也在中国的首都拥有一处条件优越的宅院，然而他目睹了骇人的战事，财富和胜利都没能给他心灵上的平静。[20]

曾寿的战斗日记只有最后一部分保存下来，而散佚的内容也许记述了他在总体阴郁的环境里得到的强烈满足，就像三十年战争期间在天主教阵营服役的步兵彼得·哈根多夫一样。哈根多夫的日记也充斥着对永无休止之行军与战事的抱怨（他在三十年里行军的征程超过 12000 英里）、家人的死讯（他埋葬了一个妻子和八个子女）以及种种危险时刻的记录（他用一系列恶言辱骂总结了他的讷德林根行迹："傻瓜、蠢人、笨蛋、婊子等"）；但他也记下了自己和战友"在军营里狂吃豪饮，非常愉快"的开心时刻。（对他而言）最愉快的事情是，他在两次成功劫掠城镇之后"都搞到了一个漂亮女孩作为战利品"。直到所属的团开拔之后，哈根多夫才释放了她们。哈根多夫的对手，加尔文教的苏格兰人罗伯特·门罗也以相同的兴致回顾了 1631 年的秋天，当时他率领手下部队在德意志境内行军：

> 这趟征程获利颇丰也令人赏心悦目。（于是）我们看到，士兵并不总是如人们普遍认为的那样生活困顿；有时他们很富足，因此在缓缓行军的途中享有种种欢愉，不带恐惧也没有危险地行经肥沃的土壤和友善的乡村。在如此肥沃富饶的土地上，他们的征程更像是国王的巡行而非作战，到处都是和平气象。

不过，门罗的好运气不久就用完了。他目睹许多战友战死沙场；他的部队惨遭解散；在 1646 年率领苏格兰军队在阿尔斯特作战时，他又被天主教敌人击溃——门罗沮丧地总结说："上帝与我们颇有分歧，他要给我们的脸颊涂上耻辱。"

两年之后，与许多苏格兰人一样，门罗也同意为了被囚禁的查理一世与议会作战。结果，门罗却不甚光彩地于"在床上与女人厮混"时被俘，并被解送伦敦塔囚禁五年。出狱之后的门罗像托马斯·费尔法克斯爵士一样归隐于自己的地产，并在那里隐居至死。[21]

留下记录

命运的极端波动让 17 世纪的不少人留下了一份关于自己所作所为的私人记录。激进新教徒、英格兰和新英格兰两地的知名传教士休·皮特就要求他的信众每天记日记，"在一面纸上写下你的罪孽，用另一面记下上帝的小小垂怜"。伦敦匠人尼西米·沃林顿听到（并记下）了这番训诫，欢欣鼓舞地表示"凭借上帝的垂怜，我已付诸实践了"。自 1637 年至 1654 年，他记下了自己对公共事件和私人事务的夜间"反省"，足有八大卷之多。他相信不仅对他也是对那些怀抱同一信仰的人而言，这些日记反映了"上帝的小小垂怜"。1660 年塞缪尔·皮普斯开始撰写他著名的《日记》，起初只是作为信仰日记和记账簿。1662 年的圣灵降临节，伊萨克·牛顿（当时是剑桥大学的 19 岁学生）汇整了他能想起来的到那时为止自己犯下的 49 项罪过，其中绝大多数是以某种方式不守安息日，或是与人斗殴（有趣的是，皮普斯和牛顿都是以速记法汇编他们的记录，这无疑是"为了隐藏那些他希望记下仅作自我启迪的想法"）。[22] 数十年后的格韦斯·迪士尼牧师则不认为有什么隐瞒的必要，他在日记里用正常的写法记下了每天的不幸和"垂怜"。例如，他"注意到了我妻子得到的垂怜，这将她从牙痛最激烈的痛楚中拯救出来"；他也在某一天将要结束的时

候骄傲地写道自己"未闻有罪"。他敦促妻子效仿他：她必须
"每周每日地履行公私天职；用一本确切的日记，记载一切罪
愆与不当，每天晚上谦恭反省"，"留意上帝每天赐予的恩
典"，"写下上帝与你打的交道"。[23]

　　与沃林顿、皮普斯、牛顿和迪士尼同时代的狂热天主教徒
也采用了类似策略。在法国，有人受到扬森主义"精神导师"
的激励，留下了一份酷似海峡彼岸清教徒嘱咐的"善行恶举
之记录"；而在西班牙，"灾难将至"（Catastrofismo，迫近的
厄运）情结让不少人都为了生存编撰个人手册。塞维利亚的
绅士加斯帕尔·卡尔德拉·德·赫雷迪亚医生写了一本名为
《政治细目》（副标题是"我们时代的生活指南"）的日记，其
中写满了他对自己人生因为"通常而言定义一个伟大帝国的
那些品德的全面崩坏"而误入歧途的反思。[24]作为在危机面前
的反应，17 世纪的很多天主教徒还时常寻求圣徒的居中调
解，圣徒越多越好。那不勒斯王国境内各地都在"选举"新
的主保圣人，首都那不勒斯引领了这一风潮：该城在 1600 年
有 7 名主保圣人，到一个世纪之后则超过了 200 名。圣人在
1624 年已经为数众多，以至于出现了一份特别指南《那不勒
斯圣骸》（Napoli sacra），标示了每一处圣所和圣人遗迹，还
有其广为传颂的神力。1647 ~ 1648 年那不勒斯革命期间，数
千名犯上作乱的人意识到自己一旦做出错误选择就将面临逮捕
和处决，于是他们跑到自己属意的礼拜堂，乞求灵感和保护。
焦虑不安的天主教徒也一再重建或扩建他们礼敬圣母玛利亚的
朝圣中心。到 1655 年为止，朝圣中心数量的剧增也推动了综
合性指南《圣母指南》（Atlas Marianus）的诞生。这本书在
1672 年的增订版描述了 1200 个圣母朝圣地的位置（其中 300

处在德意志地区，几乎所有圣母朝圣地都兴起于 17 世纪）和对应的"神圣效力"。[25]

在晚明时代的中国，也有不少心怀忧虑的个人转向内省和自我批评，以求消灾避祸。一种预先印制好的"功过格"带有一份日历，其拥有者可以在上面记下善行和恶行，每项行动都表示相应的"分数"。这本日历也留下了用于做流水账的空白页面。如果某人向穷人施舍并拿到了（打比方说）5 点分数，却因诽谤某人而得到 30 点负分，那么他就得计入"负 25 分"的净得分。诚如包筠雅指出的那样，每个人的"月度功过格都帮助他衡量自己的德行进度，年终的总得分则昭示着他在今后几年里应预期上天为自己降下好运还是厄运"。[26]还有一些受过教育的中国人留有精神自传（男性用散文，女性常用诗歌）或内省性的"游记"，作者在里面记录、审视自己的日常言行。用一位著名知识分子的话说，"日日知汝过，日日匡汝行"。如人所料，上述三种"自我书写"——分类账簿、自传、游记——恰恰在那些经历了 17 世纪经济社会剧变的地区，即江南、福建和广东广为流行。[27]

精神刺激革命

大卫·库尔莱特提出，17 世纪流行一时的"忧郁"情绪导致了用于刺激或麻痹人类感官的"六种物质"的快速传播，这一现象被他称为"精神刺激革命"（the psychoactive revolution）。人们对其中两种物质的消费（酒精和鸦片）早已广为传播，但其余四种（咖啡、茶叶、巧克力和烟草）却是新事物——它们似乎比今天更有效力。库尔莱特认为，这些商品的消费量之所以大幅上涨，正是因为它们能帮助时人（即

"能够吸烟喝酒的人")打发"那些近乎生不如死的时光"。[28]

　　17世纪的人确实热衷饮酒。1632年，派往丹麦的英格兰公使见到了55岁的丹麦国王克里斯蒂安四世。公使先生一本正经地评论说："这就是国王的生活：白天饮酒作乐，晚上拥妓入眠。"数年之后，克里斯蒂安属下的一位大臣在日记里记载了宫廷的饮酒活动，用一到三个叉号评定醉酒的程度。在一个特别引人注目的夜晚，他的日记上出现了四个叉号，之后则是一句祷词"愿上帝饶恕我们"（Libera nos domine）。克里斯蒂安和他的宫廷似乎平均每年都有一个月的时间烂醉如泥。[29] 在北海彼岸，英国人每年要喝掉600多万桶啤酒——平均每个男人、女人和儿童每天都要喝掉1品脱（约500毫升）；每人每年还要喝掉2加仑的葡萄酒。塞缪尔·皮普斯在他的《日记》中也记载，自己曾于1660年代造访伦敦的小酒馆百余次。多亏英国玻璃制造商发明了更坚硬的玻璃瓶，他在那里既能享用当地的麦芽酒，也能喝到英格兰不同地区酿造的更为浓烈的啤酒。皮普斯和他的同时代人也跑到"贩水屋"（strong water houses，这是17世纪的另一项发明）里放松自己，他们在那里畅饮荷兰琴酒、法国白兰地、苏格兰和爱尔兰的威士忌，还有英格兰的朗姆酒。17世纪的部分欧陆天主教徒也常常喝得昏天黑地。用卡尔德拉《政治细目》一书中的格言警句来说，"酒比水倾覆了更多的船"。[30]

　　印度的莫卧儿宫廷也有不少醉汉。贾汉吉尔的一个叔叔、两个兄弟和一个外甥据说都得了酗酒症；未来的皇帝本人（贾汉吉尔）有一回也被父亲关起来戒酒。不过，贾汉吉尔在庆祝即位之后的第一个新年时还是颁布了这样的法令："所有人都可以不受禁止、不遇障碍地畅饮令自己兴奋或产生醉意之物。"贾汉吉尔的回忆录也提到了周四晚上的例行聚会,他和廷臣在聚会上纵情豪饮,只为"在此世预先享受天堂之乐"。一位宫廷诗人写了一首"对句"纪念他嗜酒如命的主君:"我有两片嘴唇,一片献给美酒,另一片为酗酒道歉。"[31]贾汉吉尔还沉溺药物——他确实雇用了两名管家,一个为他上酒,另一个为他递鸦片。皇帝的《自传》里有一个袒露真相的条目:就在挥军追击忤逆自己的皇子的时候,"时值正午,天气极热,我在树荫里小憩片刻,(对一位随员)说:'就连我——虽然现在还算镇静——也还没来得及按照每天早上的常规剂量服用鸦片,且没有人提醒我,那个可怜鬼(我的儿子)现在的惨状也就可想而知了。'"正如丽莎·巴拉班丽拉尔指出的那样,"毫无悔意的药物服用与微露窘意的酗酒检讨时常见于贾汉吉尔的作品中";哪怕在临终之际因病情过重而无法服用鸦片("他酷爱四十年之久之物")时,他还是抿了几口葡萄酒。[32]

17世纪踏足其他伊斯兰国家的访客也对鸦片和酒精的大量消费有所评论。长居奥斯曼帝国首都的保罗·里考特报告说,苏丹臣民放纵自己,"豪饮酒水,沉迷鸦片或其他迷醉药物,实乃稀松平常之事"。在伊朗,尽管阿巴斯二世两次下令禁止酒精消费并关闭了所有小酒馆,他和手下廷臣却在其他时候沉迷于持久的豪饮。在阿巴斯二世去世的1666年当年,他的宫廷就喝掉了145000升设拉子葡萄酒。此外,据一位英格兰旅行者所说,"鸦片(罂粟汁液)在伊朗广为使用"。这位旅行者表示,罂粟"如果适量服用的话是好的;但若是过量的话就不太妙,甚至会致命;在实践中,伊朗人用的罂粟等同于我们的杀人之物,他们的药品就是我们的毒物。他们服食太多鸦片以医治黏膜炎、怯懦和癫痫，或者（按他们的说法）壮阳"。他记载了将赴沙场的士兵，奉命以最快速度长途跋涉的信使和试图驱赶疲倦、乏味和压力的普通人对鸦片的"使用"。有人将鸦片当成药片吞食，有人吃鸦片犹如吃补品，还有少数富有冒险精神的上瘾者将鸦片当成栓剂服用。一名法国访客认为，十个波斯人里只有一个人不服用鸦片。拜这一鸦片文化的流行所赐，"街头路遇癫狂幻想的人们和天使说笑吵闹"的情形并不罕见。这些极端化的描述或许很容易被归结为西方的偏见，但在 1660 年代，伊朗本地的毛拉昆米（Qummi）也认为苏菲派"服食印度大麻以加快"认知真主的进程，还将印度大麻免费分发给门徒。昆米还认为，这些与苏菲派生活方式息息相关的药物吸引了许多缺少真正的宗教热忱的人。这样一来，"每当有人问他们'入圣意味着什么'的时候，他们就会说，这意味着单身不婚和四海为家"（似乎是蒂莫西·利里①"激发热情、内向探索、脱离体制"疗法的一种早期表述）。[33]

对咖啡、茶叶、巧克力和烟草的消费也在 17 世纪增长迅速。在伊斯兰世界，咖啡长期以来有两种功用：一是培育苏菲派和苦修士这样的宗教狂热者，他们一边喝咖啡一边载歌载舞陷入癫狂；二是充当咖啡馆里的社交润滑剂，人们聚在一起边喝咖啡边交谈。正是出于这些原因，奥斯曼、莫卧儿和萨法维政府都定期迫害，甚至处决咖啡的消费者——尽管这显然并未抑制对咖啡的需求（见第 6 章和第 13 章）。咖啡店传到基督教欧洲的时间要略晚一些——1645 年传至威尼斯，1652 年抵达

601

① 20 世纪美国心理学家，因主张用致幻剂治疗病态人格而饱受争议。

牛津和伦敦，1672年到了巴黎。不过，咖啡在此之后的扩张颇为迅速。1665年的伦敦已有80多家咖啡馆，塞缪尔·皮普斯曾在其中一家初次尝到了茶的滋味——"我派人去拿来了一杯茶（中国饮料），之前我从未喝过这玩意"——但他发现，以英镑计算，茶叶要比咖啡贵上二十倍。欧洲西北部对这两种饮品的消费一直不怎么多，这一状况直到1680年代"给它们加糖"的习俗兴起之后才有所改变。加糖咖啡和加糖茶水促使一群耶稣会士诗人用热情洋溢的诗句夸赞它们的神奇功效。据纪尧姆·马修的说法，咖啡饮用者应当自认为"蒙福者"。原因在于，"感谢这种神奇的饮品，你能从床上一跃而起开始工作，甚至期许太阳快快升起"。马修还特别指出，传教士"应当喝咖啡，因为这种液体可以振奋疲敝之躯，为人的行动举止增添生气，让人的声音更有力量"。[34]

人们相信巧克力也有相似的功效。1660年代，人在伦敦的塞缪尔·皮普斯时常会享用一种"早间药片"。1689年在那不勒斯，托马索·斯特罗齐（另一名耶稣会士）用三卷本的拉丁文诗作《论心灵之饮品，又名：巧克力之制造》（*On the mind's beverage; or, the manufacture of chocolate*）对巧克力大加赞颂。它记述了美洲可可的起源、制备可可粉的正确方法，以及可可的神奇药效：（斯特罗齐认为）可可的效力从治疗腹泻（或是便秘，这取决于剂量）到击退热病再到唤起性欲不一而足。斯特罗齐一度还将这些神奇特性汇集到一段著名轶事里：正是一位天使显现，带来一杯巧克力，才治好了新近封圣的利马人圣罗萨（Santa Rosa）的热病。她"怀着对惨遭虐杀的未婚夫的满满的哀痛之情，如饥似渴地张嘴啜饮。她深吸一口，自神性中汲取喜乐和生气"。[35]1640年代，饮用热巧克力的习俗从西班牙传至法国，在十年之后又传到英格兰。当时伦敦的一家"巧克力馆"一直存续到今天，人们聚在那里，一边饮用热饮，一边议论时事。这就是1693年开业的"怀特"巧克力房，创始人是意大利移民弗朗西斯科·比安科，今天它成了怀特绅士俱乐部。今天的怀特俱乐部仍然只对男性开放，但已不再售卖巧克力饮品。

一本描述迷醉药物（intoxicant）的英文小册子反映了最受欢迎且最具威力的兴奋剂——烟草的快速传播。这就是初版于1629年的《葡萄酒、啤酒、麦芽酒之见闻总录》（*Wine, beere and ale, together by the eares*），不过，本书1630年出第二版时书名就变成了《葡萄酒、啤酒、麦芽酒和烟草竞逐至尊》（*Wine, beere, ale and tobacco, contending for superiority*）。烟草素有"预防瘟疫"的美名，这促使皮普斯在伦敦瘟疫（1665年）期间"买了一些烟卷以供嗅闻和咀嚼"。不过，他与吸烟最著名的一次邂逅发生在两年之后的1667年，当时他的四轮大马车中有一匹马受惊抽搐，似乎就要"倒地死去"。马车夫"朝这匹马的鼻子吹入了一些烟（吸烟时的烟雾），它打了个喷嚏之后，就重新站起来昂蹄奋进，带着我们跑完了剩下的路"。大吃一惊的皮普斯收到的只是马车夫一句冷冷的评论："这是家常便饭。"17世纪时的烟草显然要比今天任何可得的混合物都具备更强大的止痛和提神功效，因为它不但能复活将死的马匹，还能为人减少疼痛、造成精神恍惚、压制饥饿、驱寒保暖。除此之外，烟草还能致幻。在中国，1620年代的作家姚旅就描述了烟草何以"致人沉醉"。三十年后，德意志诗人雅各布·巴尔德则给他的诗歌起了这样一个标题，以讽刺时人对烟草的滥用：《干酡酒》（*Die truckene Trunckenheit*）（彩插

602

22）。[36]

上述功效让烟草成为病理性抑郁症患者的绝佳慰藉品。毫无疑问，这也是烟草的消费量在多国消费者面临"官方阻挠"（有时是严厉处罚）的情况下依旧飙升的原因。在英格兰，不论是詹姆士一世撰写的威胁式颂诗《强烈抗议烟草》（A counterblaste to tobacco），还是对那些坚持抽烟者施加的重税，都没能减少烟草的消费。恰恰相反，每年从英属北美殖民地进口的烟草总量从 1620 年初的约 30 吨飙升到了 1630 年代末的近 1000 吨，在 17 世纪末更是涨到了约 5000 吨。在中国，崇祯皇帝尝试了多种禁烟策略。1639 年，他下诏禁止种植烟草，这也许是希望臣民们节省开支。崇祯还下令，京城凡获贩烟者，一律格杀。第二年，他批准了第一例以身试法者的死刑令。但没过多久他就在军队统帅的提请下撤回了这一命令，因为正是烟草才让士兵不必苦于寒冷、潮湿和饥饿。家住山东的某散文作家记载了在 1640 年代天下大乱之时，吸食烟草的习惯传播得有多么快。正如卜正民指出，"17 世纪到 18 世纪有数百首以烟草为主题的诗歌流传至今"。进入清代，精英阶层已经不再以成为"烟袋鬼"为耻了，因为（正如某位作家所说）正是它让抽烟者得以逃离现实。诚如另一名作家所说，真君子"烟不离手。简而言之，就是抽烟到死，至死不倦"。[37]

在奥斯曼帝国，宗教纯净主义者将烟草归为《古兰经》明令禁止的所谓"兴奋剂"，试图将其彻底消灭。尽管如此，烟草还是渐渐流行起来。鸦片和烟草的混合物，也就是所谓的"巴什"（barsh）也在咖啡馆和市肆坊间广受欢迎。定期发布的禁烟令根本无济于事，迫不得已的穆拉德四世于 1633 年宣布，不但生产、贩卖和消费烟草都属违法，而且触犯法律者将被处决（见第 7 章）。不过与中国的情况一样，士兵们打破了这一禁忌：根据卡迪布·切列比的说法（他曾在穆拉德出征伊拉克时任随军文书官），饥饿而困倦的士兵在公共厕所里吸烟以躲避监察，直至禁令失效。1691 年，苏丹不顾教权主义者的持续反对，开始对他无法遏制其消费的烟草征税。[38] 在俄罗斯，17 世纪的吸烟者最终冒上了极大的个人风险。俄罗斯本土既不能（像印度、伊朗和中国那样）生产这种作物，也没法（像英格兰那样）以低价自殖民地进口：每一磅烟草都得从国外购买。进口烟草不但让政府大为忧虑（因为这导致财富外流），也让东正教会大为光火（他们将一切烟草都贬斥为"西方货"）。与奥斯曼帝国一样，俄罗斯于 1633 年开始对购买和贩售烟草的人处以极刑（第二年，旅行者亚当·奥勒利乌斯就亲眼看见八个男人和一个女人因为贩售烟草而遭鞭笞）。1649 年颁布的《会议法典》中也包含了 11 条针对烟草的条款，其中有一条重申了对持有和交易烟草者处以死刑的规定。尽管如此，无法抑制的需求也让俄罗斯的烟草消费量和世界各地一样在 17 世纪持续上扬。[39]

和平突至

上述为了克服 17 世纪中叶危机之"忧郁"而生的个人"应对策略"无一例外都独立于（甚至违反）政府政策。一些集体的"应对策略"也有相似状况。这些策略的成功都要仰赖和平的恢复和安全的环境，而此类条件有时甚至要等战争结束几十年后才会降临。1653 年，沙皇曾就进攻波兰 – 立陶宛一事征询贵族阶层的意见，他们提醒沙皇说："要拔剑出鞘的确轻而易举，但还剑入鞘时可就没那么容易了。"他们的请愿没能成功。数月之后，沙皇就发动了一场持续十三年之久的战争。[40]

除欧洲以外，17世纪的战争通常都以一个赢家用武力击败其竞争对手作结。日本的"战国时代"就是如此：德川家康在大坂城附近的一系列战役中彻底击败了最后的敌人。他的军队焚毁了大坂城，对抗家康一方的头目全部自杀。家康接着要求天皇改元"元和"，将他的胜利称为"元和偃武"。同样，清朝的"洪业"一直要等到最后一代明朝皇帝被杀，剩下的忠明人士被迫降服剃发之后才告完成。莫卧儿皇帝四个儿子之间的内战，直到奥朗则布击败并在事实上处决自己的所有男性亲属之后才结束。[41]而在美洲，无论是欧洲人与原住民之间的战争还是各原住民族群之间的战争，结局通常都是被征服族群几乎所有男性成员的死亡以及他们的家人沦落为奴。

欧洲的情况与之形成对照。1648～1661年那几场蹂躏整整一代欧洲人的战争，恰恰是在一系列精巧的交涉妥协之后才得以终结，这些妥协源自普遍的反战情绪和疲惫之感。西方文学长期存在一种强烈的反战元素。1620年代的一位法国作家评论说："每两位发战争财的士兵背后，你都能看到五十个只能得到伤痛和不治之症的士兵。"十年之后，一位丹麦贵族引用了公元前5世纪希腊诗人品达对他即将走上战场的弟弟提出的告诫：

604　　　　当你自称为士兵时，你应谨慎思考自己寻求的是
　　　　什么。不要被对这一名号的虚荣欲求所操纵，当你置
　　　　身于那些高喊"甜蜜的战争，甜蜜的战争"（dulce
　　　　bellum, dulce bellum）的人之中时，要克制自己，不

要跟着他们起哄。不要让自己因目睹流血的场面而感
到愉悦。[42]

　　类似的反战情绪总会在战事久拖不决，对民众生命财产造
成严重破坏的时候变得倍加强烈。伦敦匠人尼西米·沃林顿在
他记述查理一世诸战役的多卷本著作《历史记载及沉思录》
的每一个跨页天头上都写下了"战火之苦涩，战争之痛苦"
的字眼。1642 年的一本英文小册子警告说："除了那些亲历战
火之人，无人知晓战争之苦。"还有一本小册子提醒读者，内
战将带来"各式各样的痛苦"，"德意志、法国、爱尔兰等地
的例子"就是前车之鉴。[43]四年之后，有些威尔士保王党人指
出，那些曾在 1642 年"疯狂叫嚷不惜一战"的人如今"却宁
愿在最公正的战争到来之前，选择不公正的和平"。同一年里
年轻的罗伯特·波义耳到英格兰南部旅行，当地的危险气氛让
他恐惧。"上帝啊！"他在给妹妹的信中写道，"那些自称为基
督徒的理性生物啊！他们竟可以在战争这种事物里取乐，就连
'残忍'在战争中也已成了必需品。"1647 年在德意志，一位
农人的日记里写下了一段绝望的文字："我们活得像动物，吃
着树皮和草根。没人料到任何类似的事情居然可以落到我们头
上，许多人都说世上并没有上帝。"[44]
　　反战情绪也在文学艺术作品中更频繁地浮现，1630 年之
后尤其如此。很多画家和雕塑家都在作品中强调了战争的暴虐
和灾难性本质，他们不仅要记录战争还要制止战争。雅克·卡
洛创作了一系列主题鲜明的名为《战争之不幸》的版画，为
每一幅都加上了谴责士兵暴行的说明文字。卡洛并不独行：在
德意志地区，汉斯·乌尔里希·弗兰克创作了二十四幅题为

《战争剧场》的系列版画，题图页上有一个拉开了帷幕的舞台，上面一名军官一边挥舞武器一边试图平衡他的占卜球。题词写道："听好了！留心当下；观察未来；不要忘了目标所在。"就连为纪念三十年战争而制作的巨大玻璃酒杯（humpen）上也饰有"天父自天堂俯身"祝福神圣罗马帝国皇帝、法国国王和瑞典女王的图案，并附有一段冗长的说明文字，其开篇如此说道："和平，和平，您所赐予的神圣和平：请不要让它从我们手中被夺走。让它长留世间；让它传于子孙；让被摧毁的教堂与学校得到重建……。"[45]音乐家也痛恨战争。早在1623年，一位作曲家就曾哀叹，战争将一支长矛放进了王亲贵族的手里，让他们刺杀音乐家，就像魔鬼给了扫罗一支长矛以刺杀竖琴手大卫一样："扫罗的长矛……就在宫廷财务官的手中，他们听到音乐家（指大卫）走近的时候就关上了宫门。"海因里希·舒茨是萨克森选帝侯国的宫廷音乐家，也是那个时代最好的作曲家。他创作短篇宗教合唱乐曲的时候，不得不"只用一、二、三到四种声部"，由两架小提琴、大提琴等乐器完成。这是因为战争没有留给他任何大型的合唱团和管弦乐队。"时局既不需要也绝不允许我们演奏大规模的音乐，"舒茨抱怨说，"现在根本不可能演奏大型音乐，也根本没有这么多合唱团。"1636年，舒茨在《灵性小协奏曲》（Small spiritual concerti）的前言中表示，他发表这组音乐作品并不表示它们可以被演奏，因为已经很少有地方拥有充足的乐手了；只有出版它们，他才不会遗忘该如何演奏。[46]舒茨现存的70首音乐作品中，竟有30首是哀歌。

散文家和诗人都在战火延烧时大声呼吁和平。1642年《和平的胜利》（Friedens Sieg）首演，剧作者尤斯图斯·格奥尔格·肖特尔本人正是不伦瑞克公爵家子女的家庭教师。他的学生出演了主要角色，小演员们的父母和勃兰登堡选帝侯就在台下观看。[47]一篇出自路德宗牧师保罗·格哈特之手的赞美诗情真意切，其开篇是："噢，赶快！醒来吧，醒来吧，看看这冷酷的世界；张开双眼，在骇人之事突如其来之前，醒来吧！"而在《失乐园》的第二部里（大致写于 1660 年），约翰·弥尔顿对战争带来的长期与短期罪行都进行了强而有力的谴责：

> 那些力主开战的人说，既然我们已被定罪，
> 注定永远陷入悲哀的处境；
> 我们无论做什么，又能再多受什么苦难，
> 处境能糟到什么地步？
>
> ……我们又能回到怎样的和平中去，
> 还不是凭一己之力敌视、仇恨，
> 沉湎于不受驯服的抗拒和复仇之心，虽然收效缓慢，
> 但总是盘算着，怎样让胜者
> 从胜利中受益最少，如何让他从加诸我们之上的
> 苦难中得到最少的快乐。[48]

1668 年，德意志作家汉斯·雅各布·克里斯托弗·冯·格里美尔斯豪森出版了《痴儿西木传》。他在书中公开提醒"子孙后代记住我们德意志战争期间发生的骇人罪行"。小说开头，年方 10 岁的主角（相对于外部世界而言也就是个"痴

儿")目睹一群"铁人"(后来他才知道,这些人是骑兵)在他家的农场里折磨男人,强奸女人,带走了他们能带走的一切,把带不走的付之一炬。痴儿西木之所以幸存下来并记述了后续暴行,只因他在"铁人"走之前挨了一枪,倒地装死。这本书在出版之后立即成了一本畅销书。[49]

正如西奥多·K. 拉布在他那标志性的研究《近代早期欧洲追求稳定的努力》(*The Struggle for Stability in Early Modern Europe*)中所说的那样:"不受拘束的混乱与无数冲突的主张互相攻伐、同归于尽带来的冲击,令有识之士意识到,这些轻率的一己之见势必会成为最易酿祸的灾难之道。"古典历史在欧洲绝大部分国家是教育的关键一环,许多精英人士无疑都将那些在摧毁罗马共和国的内战之后盛行于统治精英当中的"政治顺从"现象与时局联系起来。自由"的确是丢掉了。但是,绝大多数最能理解自由、最珍视自由的老贵族在战争和放逐中消亡了;他们之中为数不多的幸存者只能准备为安全付出代价"。[50]类似的服从派观点也在 17 世纪中叶的欧洲得到认可。

1647 年,一位威尔士保王党人士在日记中坦言:"一切所谓的政府革新、政体更迭都是糟糕透顶、极为危险的。最好的政体总是当前的政体,(因为)政治更迭不但困难重重,而且极其危险。"四年之后,托马斯·霍布斯在《利维坦》中叮嘱读者服从新兴的英格兰共和国(尽管其合法性仍然存疑),理由是"如果战败的君主本人臣服于胜利者的话"(霍布斯根本不需要提醒读者,查理一世刚刚干的就是这事),那么"他的臣民就可将他们之前对这位君主的义务转移给胜利者"。还有不少同时代的英文出版物(其中一些由共和国政权赞助)提

出了类似的论调（尽管说得没有那么复杂，也未能如《利维
坦》一样传世）。[51] 在加泰罗尼亚，1644 年一位法国细作报告
说，当地牧师"表示，加泰罗尼亚对法国的忠诚许诺有且仅
有'法国承诺保护'这一根基，因此当这一保护欠奉的时候，
加泰人就没有履行誓言的义务了"。五年之后，一位巴黎的小
册子作者提醒本国臣民，君主"对我们负有保护之责，就像
我们对他们有忠诚之义务一样"。[52]

十年后，约翰·洛克对查理二世的复辟表示欢迎，原因
不仅仅在于"自从我在这个世界中感知到自我以来，我就发
现自己一直身处一场几乎延续至今的风暴之中"。现在的洛克
自觉责无旁贷，要"通过让人们的心智忠于那个恢复了当初
被我们超出自身认知乃至预想的轻浮愚行所打破之安宁与和
解的政府"来"致力于延续"这一新政权。英格兰的"风
暴"也震惊了一些外国访客。丹麦人彼得·舒马赫曾在牛津
大学女王学院就读三年，他也许就是在那里阅读了托马斯·
霍布斯的政治学著作。他肯定目睹了 1658 ~ 1660 年英格兰共
和国的衰落与垮台，之后又在巴黎目睹了路易十四巩固个人
权力的手腕。回到丹麦之后，舒马赫援引这些经验起草了
《王室法》（Kongelov），这部 1665 年宪法授予国王"无上的
权力与权威"。[53]

不再有战争

欧洲战事的其他幸存者提出应打造一套全面预防未来战争
的机制。有人撰写论文，呼吁"普遍和平"。1625 年，法国修
士艾默里克·克略西提出，创设一个常设的国际大使会议，各
国君主可在这里表达他们的分歧，听候裁决，与会者庄严宣

誓，接受多数决议（尽管在多数表决失效时，各国仍可以通过经济乃至军事手段来强制执行协议条款）。这将是一个真正意义上的国际组织。克略西提名威尼斯为这个组织的理想所在地，他自信满满地表示，"航海技术足以克服"会妨碍波斯、中国和美洲代表抵达这里的"种种困难"。两年之后，荷兰的博学之士胡果·格劳秀斯出版了一本题为《战争与和平法》的著作，提议用协定避免无谓的战争以及在必要的战争中出现的无谓暴行。1693 年，贵格派殖民者威廉·佩恩出版了《论欧洲当前和未来之和平——以创设一个欧洲议会为中心》，提出创建一个与克略西的提议极为相似的国际法庭，和平解决国际争端（尽管仅限欧洲）。如果任何国家拒绝接受仲裁（或单方面动武），"其他所有主权国家就当共同出兵，强迫（该国）服从"。[54]

面对他们所认为的这场"普世灾难"，17 世纪作者（包括上述几位）提出的普世解决方案都写于战时。相比之下，那些写于战后的方案青睐更克制且更务实的做法。1648 年和1652 年，黑森－卡塞尔两度向神圣罗马帝国最高法院提交正式请愿，要求帝国本着宪法保障精神保护当地"免遭掠夺自由，并免于像无辜羔羊一样被卷入一场又一场的血腥屠杀"。1667 年，家住乌尔姆附近、长期受苦受难的鞋匠汉斯·赫贝勒听说法国已经再度向西班牙宣战。他在日记里坦言"我们打心底里祈求万能的上帝，保护我们的德意志和整个神圣罗马帝国"免于另一次"外国军队"的进犯，"因为我们在三十年战争里已经见识够了也受够了"。[55]这种"永不再战"之情绪的最激烈表述也许见于 1661 年，当瑞典摄政政府就是否继续已故国王卡尔十世的那些战争展开激辩时，财政大臣古斯塔夫·

邦德提醒同僚们注意：

> 战争对王室的资源造成了最严重的损耗，也为臣
> 民带来贫困与毁灭；我们凭经验就知道，过去的战争
> 即便为国王与国家带来了名望、利益或好处，却没有
> 一场不与此同时大量榨取我们的资源，并让国民背上
> 税收与征兵之重担……我们似乎有必要下定决心达成
> 一段时间的和平，并在需要维持和平的时间里搁置一
> 切关于战争的念头。

邦德承认近来的战争为瑞典带来了利润，但他还是向同僚
们指出：

> （我们不应）将我们的思维导向未来的战争，乃
> 至无论我们如何行动，上帝都将为我们安排和往常一
> 样的有利局面，并在这样的幻想之下制订计划。我们
> 更该牢记，战事总是无法预计的。对于那些相信自己
> 从事正义事业的人而言，战争带给他们的往往是最具
> 灾难性的结局。[56]

邦德的论点占了上风。瑞典又维持了十年的和平。尽管
包括英格兰、俄罗斯、瑞典在内的绝大多数国家仍将涉足战
争，但它们参战的频率已经远远低于本世纪上半叶。比如在
1688 年的英格兰，奥兰治的威廉亲王率领一支劲旅于英格兰
西南登陆的消息刚一传来，詹姆士二世和手下大臣就立即派
出特使，请求亲王说出意图所在，"因为他们未战先怯，对开

战之后他们即将面对的遍地鲜血与种种罪恶忧心忡忡"。这一
"怯懦"足以解释为什么"光荣革命"没有让英格兰"遍地
鲜血"。[57]

17 世纪中叶几场战争所共有的一大"罪恶"之处，便是
持久不休。在欧洲，就连"结束敌对状态"的谈判交涉也要
拖上好几年——一个重要原因在于，没有任何一方相信另一
方。比如在 1643 年夏季，法国和西班牙政府都向他们派驻威
斯特伐利亚会场的全权大使下达了会事实上阻碍协定达成的
"指令"："经验显示，（另一方）并不尊重达成的条约"——
是的，双方用了一模一样的文辞。这种水火不容的观念有助于
解释，为什么两国在威斯特伐利亚会议上根本不可能弥合彼此
之间的重大分歧（1659 年的《比利牛斯和约》才让此实
现）。[58]其他各方之间的谈判也拖了五年之久：不但因为缺少政
治信任，也因为不可调和的宗教主张。德意志的新教代表和天
主教代表到 1648 年 3 月才达成了一项承认分歧依然存在的原
则性共识：

> 在宗教事务，以及其他一切事务上，神圣罗马帝
> 国将不再被视为一个单一实体，天主教诸邦和路德宗
> 诸邦也将分成两派；两派之间的分歧必须且**只能通过
> 友好调解解决，任何一方不得以多数威逼少数派
> 就范。**

在条款通过时，许多人潸然泪下，因为该原则开启了彻
底解决纷争的道路（最终协议在六个月后签署）。后人则将其
称为"建筑在血泊之上的最重要的自由平等之柱"。一百多年

以来，天主教徒和新教徒之间的武装冲突都给外国干涉提供了绝佳借口，内战进而引发了国际战争。而在条款通过之后，没有德意志统治者可以再利用宗教分歧煽动或是延长战争了——外国统治者也不行。[59]

德意志地区的宗教和解构成了欧洲重回稳定的重要一步。因为正如托马斯·霍布斯于1641年所言："我敢肯定，迄今为止的经验已经教导我们，最近宗教权力和世俗权力之间的（主宰权）之争胜过世上其他任何事情，堪称基督教世界一场场内战的最大起因。"二十年后，约翰·洛克"注意到多年以来，几乎所有困扰基督教世界的悲剧性革命都始于这一枢轴（宗教）"。事实上，洛克接着说，"没有什么比披着宗教外衣的阴谋诡计更邪恶的了。几乎没有叛乱不是"自我标榜为"一种补正宗教疏漏，或者纠正宗教错误的计划"：

于是凡人的诡诈邪谋趁机将和平与慈善之说曲解成战争和竞逐的永久基石，战争和竞逐燃起的火焰已给欧洲带来了如此这般的浩劫和荒芜，非数百万人的鲜血不足以浇灭这冲天烈焰。火舌一开始引燃了祭坛周边的煤块，接着大大干扰了聚拢在祭坛周边的信众，人们终于忘掉了他们的天职：本应增进和平和温顺的呼喊，最终却鼓动了冲突竞逐，听起来像是一则"米罗斯诅咒"①。[60]

609

---

①　出自《士师记》5：23，天使对米罗斯人的诅咒。

洛克引述的这段经文（米罗斯诅咒）在英格兰内战期间频频被人提起，不少激进传教士都曾用这段经文鼓吹政治运动。塞缪尔·巴特勒"写于前几场战争期间"并付梓于1662年的讽喻诗《胡迪布拉斯》在回忆战争岁月时说道：

> 起初，公众的愤怒之情节节高涨，
> 人们不知何故，互相争吵；
> 怒言、嫉妒、恐惧，为数不少，
> 口耳相传、聚到一起的人潮，
> 他们如醉似狂，恶斗自扰，
> 都为了那该死的宗教……

他也尽情嘲讽那些人——

> 把信仰建立在那些
> 鼓动干戈的经文之上；
> 他们解决一切纷争
> 靠的都是永不出错的火炮；
> 为证明自己学说正统可靠
> 他们像使徒一样殴打喧闹；
> 召唤火焰刀剑和荒烟蔓草，
> 多么神圣彻底的改革浪潮。

根据塞缪尔·皮普斯的说法，这本书刚一面世就大获成功——"全世界都称颂（这首诗）是智慧的典范"。它也出了多个版本。[61]

宗教分歧持续作用于欧洲政局。有些统治者将宗教少数派驱逐出境。信仰天主教的路易十四就赶走了法国的胡格诺派。威廉三世与路易十四作战时，支持者尊奉他为基甸和大卫。不过，洛克和巴特勒的论点还是持续引发了共鸣。1689年洛克在《论宗教宽容》一书中更加有力地重申了对信仰政治的谴责：

> 因此，不论个人还是教会，不，连国家也在内，总而言之，谁都没有正当的权利以宗教的名义侵犯他人的公民权和世俗利益……只要那种"统治权是上帝的恩典，可以动用武力传教"的意见占了上风，那么在人与人之间，便不可能建立并保持和平与安全。

按照杰出的宗教史家海因茨·席林的说法，"准确而言，教权欧洲终结于1650年前后"，其原因在于"宗教正统派的内部瓦解，以及各国政治和社会的去教权化"。正如他同样杰出的同事菲利普·本尼迪克特指出的那样，"宗教冲突的频率逐年递减，最终自行消散"。[62]

然而，在漫长战争之后签署和约仅仅标志着疗愈伤疤、终结恐惧和创造信任气氛之进程的开始。许多主权国家都禁止对不久前的争议事件进行任何讨论。1648年的《威斯特伐利亚条约》规定，禁止"任何人在任何地点以任何公开或私人的形式（例如布道、教学、争论、写作或咨询）非难或质疑《帕绍条约》（1552年）和《奥格斯堡条约》（1555年），尤其是本次和会达成的条约"。在此之前，伦敦的一群学者已经达成了类似的协议，他们后来成为皇家学会的第一批会员：从

1645 年"初次奠基和创办"开始，学会各成员在每周例会上
"禁止讨论所有神学、国务和新闻议题……我们的话题仅限于
哲学研究"。[63] 十五年后，查理二世也在返回英格兰的途中效法
了他们的明智先例。他签署法案，禁止法院受理所有因"过
去这段纷扰"期间的"咨商、指示、行为或做成之事"而起
的诉讼。查理二世甚至发布了临时禁令，不准人们讨论刚刚过
去的这段历史："如果有任何个人或多人在今后三年里，被认
为恶意地称呼、指控或用言语针对其他任何有名有姓的个人或
是多人，或是以任何语言进行斥责，最终以某种方式唤醒人们
对过去分歧或是当时场景的记忆"，冒犯者都必须"向对此不
满的一方"支付赔偿金。查理二世还以更高的标准要求自己
身边的人。一个海军上尉曾于 1665 年嘲笑他的上校和另一名
军官"曾当过叛军，在克伦威尔的军委会供职"。这名上尉被
送上军事法庭，亲自主持提审他的是查理二世的弟弟，未来的
国王詹姆士二世：

> （这名上尉）因冒犯行为而被判有罪，从他的舰
> 队中被开除革职。殿下（詹姆士）极有风度，他很
> 乐于表达他本人和国王陛下对于旧事重提（也就是
> 重提过往分歧和党派斗争之事）之举的不快。詹姆
> 士殿下还说，所有指挥官都同样受人敬重，都是良善
> 的臣民和军官。他毫不怀疑，他们在任何状况之下都
> 能证明自己；他也将严厉谴责一切翻旧账挑事的
> 言论。

"强行和解"的政策影响颇大，这从保王党老兵要求赔偿

自己财产损失和人身伤害的请愿书里那谨慎的措辞中可见一斑（他们故意规避了"叛军"和"叛乱"这样的称呼）。同样，塞缪尔·哈特利布（Samuel Hartlib）等科学家在申请政府经费（见第 22 章）的时候，也常把令他们的项目不能按期完成的原因解释为"那些动乱"。[64] 如是这般，英格兰从为时近二十年的战争中实现了自我疗愈。

英格兰取得的成功令人印象深刻。正如约翰·普拉姆爵士指出的那样，"到 1688 年为止，阴谋和叛乱、不忠和逆谋已经成了至少三代英格兰人历史和人生经验的一部分"。不过"相比之下，18 世纪英格兰的政治结构却拥有坚定的力量和深远的惯性"。普拉姆强调，这种政治稳定（他将其定义为"社会对自身政治制度、以及对那些把持政治制度的官员和人的接受"）直到相对晚近的时代才成为一种普遍的政治现象。不但如此，稳定"常常相当之快地出现在某个社会"，但在"到来之后却很难持续"。[65] 普拉姆还将英格兰政治稳定性的增长归功于 17 世纪中叶危机所引发的三项结构性改变：从人口减少到人口增长的转变；经济活动的重启和多样化；政府决定将注意力和资源投入给福利而非战争（或是兼顾福利）的决策。普拉姆的理论不仅适用于英格兰，也适用于北半球的其他国家。这三项变化一道终结了那股一度制造危机并拉长危机的"致命合力"。

611

注　释

1. Gordon, *Diary*, I, 259 – 60（也许这是凯文·科斯特纳在电影

《与狼共舞》片头中画面的灵感来源?)。关于戈登宿命论的其他例子,参见 ibid., 228,260,及别处。关于"真实记录"参见第 5 章。Mann,'Women in East Asia'提供了绝妙概述。

2. AGRB *SEG* 43 中记录 1643~1644 年西班牙军队因为"心理失调"至少遣散了六名军人;SEG 37/148 记录了一名被遣散的 42 岁士兵"因崩溃和其他病症不堪服役"(Por hallarse roto y con otrosachaques está inhútil)。

3. Bodleian *Ms Ashmole* 185,'Figures set upon horary questions by Mr William Lilly',vol. III,1646 年 8 月至 1647 年 5 月由女性提出的近三百个问题的随机记录。

4. Macdonald,*Mystical Bedlam*,36,38,40 – 1,55,73. 许多精神病医生的"问题病人"也有着同样的顾虑,而 6:4 的男女比例也惊人地相似;但他们大多数是中年人且都不是仆人。关于自杀者的相似分布,参见第 4 章。纳皮尔有着丰富的医学实践经验:他的"问题病人"(1286 名女性与 748 名男性)只占他自 1597年至其去世的 1634 年医治病人总数的 5%:参见 *ODNB* s. v. 'Napier'。

5. Trevor-Roper,*Europe's physician*,8(克伦威尔)及 363 –4(伊丽莎白公主)。梅耶恩医治了无数性病患者,包括青年时期的黎塞留(ibid., 66)。Macdonald,*Mystical Bedlam*,150 – 64,探讨了纳皮尔的"忧郁"与"消沉"病人;Villari,*Baroque personae*,29,同样讨论了当时的"躁郁症"。

6. Burton,*Anatomy*,5 and 76 ('Democritus to the Reader') and second pagination 11 (Partition I,section I,subsection V:'Melancholy in disposition');Aubrey,*Brief lives*,s. v. 'Burton',报道了其自杀事件。伯顿是当时众多关注这一题材的英国作者之一,其中还包括约翰·多恩(Devotions upon emergent occasions,1624)、约翰·弥尔顿('Il pensoroso',1645)以及托马斯·布朗爵士(Hydriotaphia;Urn burial,1658)。参见 Gowland,*The worlds of Renaissance melancholy*。

7. *ODNB*,s. v. 'Felton' by Alastair Bellany,quoting from trial papers;*CSPD 1628 - 1629*,343,examination of Elizabeth Josselyn,3 Oct. 1628. 尽管以叛贼名义被处决,费尔顿的所作所为却被人们用祝

酒、诗歌与小册子纪念（参见第 18 章）。

8. Goldish，*Jewish questions*，131 – 3（a 'responsum' first published in Venice in 1697）. 阿维森纳（伊本·西那）在他关于大脑疾病的专著论文的第三部分讨论了抑郁。

9. Pepys，*Diary*，VIII，588，entry for 24 Dec. 1667（皮普斯感到自责——"上帝请原谅我在教堂里行为不端"——但他自我安慰说自己亵渎的是一次天主教而非英国国教仪式）；ibid. VI，132，145，310（"性挑逗"），202（船工不检点的女儿）；162，253，294（与"情人"交欢，他总是不提对方的名字，称她为"巴格韦尔的老婆"）；189，201（他情人的女儿）；以及 191（春梦）。

10. Ibid.，VI（1665），240（entry for 24 Sep. 1665）and 342（verdict on the plague year）.

11. Haude，'Religion'，545 – 6，引用了马克西米利安 1636 年 9 月 20 日的指令（授权）；纽伦堡附近的赫斯布鲁克牧师；以及勃兰登堡的戴维斯·瓦根特罗茨牧师。浅井的说法引用于第 16 章。其他危机使得对性行为的约束被放松。尽管薄伽丘的《十日谈》是虚构作品，但它表明了黑死病对于 14 世纪佛罗伦萨居民的性欲起到了相同作用；而在 1944 年的一场空袭中，路易 – 斐迪南·塞利纳在德国的一座火车站里注意到"饥饿和磷使得人们欲火焚身、饥不择食！整个候车厅和餐厅都充斥着交换跳蚤、疥疮、梅毒和爱欲的人！"（Céline，Castle to castle，184。我感谢 Mircea Platon 和 Leif Torkelsen 提供的有关皮普斯的资料。）

12. Struve，'Dreaming'，159 – 60，提到了薛寀（1598～1665 年，1631 年进士）进行的一项研究的部分内容，他是已知 160 名剃度出家的杰出文人之一。（另有 23 人"皈依道教"。）Peterson，*Bitter Gourd*，指出另一位出色的学者方以智在南明抗清失败后，于 1650 年遁入佛门，并从此在庙中潜心修行，直到 21 年后与世长辞。 [782]

13. Fong，'Reclaiming subjectivity'，分析了叶绍袁内容丰富的自传类作品（生于 1589 年；1625 年中进士；退休于 1630 年；卒于 1648 年），并在第 35 页引用了叶的《甲行日注》。Brook，*Praying for power*，114 – 16，指出许多明代学者将寺庙作为"归隐之地"，他们在此准备科举考试，或将其作为讲学会晤的公共场所——因此他们已与个别庙宇建立了联系。在第121~122页，他表示自1630年代起，不得志的官员退休后进入寺庙的人数开始增多。"皈依"佛门的人数引起了清政府的警惕，后者因此于1653年收紧了出家政策；但当反清复明的事业失败后，这一出世避难所的吸引力也不复以往。

14. Will, 'Coming of age', 33.

15. Sieur Le Gendre［Robert Arnauld］, *La manière de cultiver les arbres fruitiers* (1652). 在同一年，Arnauld也出版了言辞最为激烈的反马扎然小册子之一《祖露真相》(*La vérité toute nue*)。

16. 沃尔顿《熟练垂钓者，或名沉思者之欢愉》(1653年的初版为两个人物间的对话形式，但在1655年及之后的版本中，他又加入了一位角色)。关于《国王形貌》，参见第2章、第12章及第19章。

17. 保王党难民Van Beneden与de Poorter介绍了流亡的纽卡斯尔侯爵与妻子玛格丽特·卡文迪什是如何在今天安特卫普鲁本斯故居中生存下来的。关于霍布斯，参见第12章；有关赫贝勒、舒茨、奥皮茨以及开普勒的情况，参见第8章；有关"马萨尼洛派"和"马尔维奇派"的情况，参见第14章；关于波兰和俄罗斯农民的情况，参见第6章。

18. Nicoară, *Sentimentul de insecuritate*, I, 189 – 92 (策略并未生效：自1653年被臣民推翻统治后，他在土耳其一所监狱中度过了余生)。

19. ODNB, s. v. 'Thomas Fairfax'; and Philip Major, 'Jumping Josaphat', *Times Literary Supplement*, 28 July 2006, p. 15. 关于其他意志消沉的英国胜利者（其他残缺议会成员）的情况，参见页边码第378页。

20. Di Cosmo, *The diary*, 46, 83, 87 (from 1682).

21. Peters, *Ein Söldnerleben*, 42 – 3 (good living), 62 ('mit Vermeldung, oh lutrian, begfutu, Madtza, Hundtzfudt, etc'), 226 (the 'hübsches Mädelein'); Monro, *Expedition*, 218; Rushworth, *Historical Collections*, IV, part 1, 399; *ODNB* s. v. Monro.

22. Seaver, *Wallington's world*, 11; Pepys, *Diary*（参见他在 3 月 26 日关于一场危险但成功的肾结石移除手术周年纪念日的记录）。关于牛顿，参见 Westfall, 'Short-writing', 全文可参见 http://www.newtonproject.sussex.ac.uk/view/texts/normalized/ALCH00069，访问于 2012 年 3 月 12 日。

23. Disney, *Some remarkable passages*, 143（entry for 14 Dec. 1685），137（12 Oct. 1685）and 125，在他死后其妻子需要遵守的"几点建议"。其他例子参见 Von Greyerz, *Versehungsglaube*, ch. 3。在苏格兰，像沃里斯顿的约翰斯顿一样的加尔文派教徒也将日记作为"反省书"。关于参见沃里斯顿的情况，参见 Stevenson, *King or Covenant?*。

24. Gallardo, *Ensayo*, II, cols 168 – 82, summarizes Caldera's *Arancel politico. Defensa del honor y práctica se la vida de nuestro siglo*（313 manuscript folios approved for publication but never printed）; quotation from col. 174. Jover, *1635*, 430 – 3, documents the rise of 'catastrofismo' in Spain.

25. Sallmann, *Naples et ses Saints*, 345 – 6, 根据一所小教堂的来宾登记簿计算了总数，这座教堂保存着本地圣人 Gaetano de Tiene 的遗骸; Guilielmo Gumppenberg, S. J., *Atlas Marianus sive de imaginibus Deiparae per orbem christianum miraculosis*, 2 vols（Ingolstadt, 1655），再版多次，并于 1672 年发行了德文版和拉丁文增订版。

26. Brokaw, *The ledgers*, 3 – 4.

27. Fong, 'Reclaiming', 28, 引用了《袁黄立命文》（1601）以及其他"自我价值类文献"。彭慕兰为我指明了这同沃林顿与基督徒的"自省"的区别：基督徒只设想了一个最终审判日，而中国学者将自己的所作所为看成可以赢得奖励和招致惩罚的持续性记分卡。

28. Courtwright, *Forces of habit*, 2, 59.

29. Lockhart, *Denmark*, 55, 引用自莱斯特伯爵于 1632 年的记述; Ladewig Petersen, 'Conspicuous consumption', 64 – 5, 引用了 Esge Brock 的日记（重现于 Parker, *The Thirty Years War*, plate 24）。

30. Pepys, *Diary*, X, 104 – 8 ("酒"), and 416 – 18 ("酒馆");
Gallardo, *Ensayo*, II, col. 175. Clark, *The English alehouse*,
210 – 11, 记录了黑色瓶子对于啤酒饮用的影响。

31. Thackston, *Jahangirnama*, 320, 引用了 Taleb Amuli, 他是出生
于波斯的皇家桂冠诗人。

32. Ibid., 46 and 50；Balabanlilar, *Imperial identity*, 91.

33. Rycaut, *The present state*, 114；Matthee, *The pursuit of pleasure*,
107, quoting Thomas Herbert；Babayan, *Mystics*, 444 – 5,
quoting Jean Chardin and Rafael du Mans, and 446 – 7, on
Qummi. 17 世纪的欧洲人也使用鸦片，但主要为医用。参见
Maehle, Drugs on trial, ch. 3。

34. Pepys, *Diary*, I, 253, entry for 25 Sep. 1660；Massieu, *Caffaeum*
(c. 1700). 也可参见 Thomas Fellon, SJ, *Faba Arabica*, *vulgo
caffetum*, *carmen* (1696)；以及 Pierre Petit, *Thia Sinensis*
(1685), 致一名耶稣会士。De Vries, *The industrious revolution*,
32 – 3 and 156 – 7, 绘制了有关茶和咖啡饮用的缓慢传播的图表。

35. Haskell, *Loyola's bees*, 94, 引用了 Strozzi, *De mentis potu, sive
de cocolatis opificio libri tres* (Naples, 1689)。Haskell 将她精彩作
品的第二章中的大部分内容归功于 Strozzi。

36. Withington, 'Intoxicants', 631 – 8, 讨论了这本匿名小册子；
Pepys, *Diary*, VI, 120 (7 June 1665), and VIII, 389 – 90 (18
Aug. 1667)；Dikötter, ' "Patient Zero" ', 7, 引用了姚旅。
Grehan, 'Smoking', 1, 373, 指出 "至今中东人仍称吸烟为
'饮烟'"。

37. 所有引用出自 Brook, *Vermeer's hat*, ch. 5, 'School for smoking'
(引用自第 143 页，事例引自第 143 ~ 146 页)。

38. Grehan, 'Smoking', 1, 364 – 5 (quoting Katib Çelebi in 1653)
and 1, 355 (quoting 'Abd al-Ghani al-Nabulsi of Damascus in
1682). Ze'evi, *An Ottoman century*, 29, 记录了咖啡、烟草以
及哈希什（大麻膏）在 17 世纪耶路撒冷的广泛使用。

39. Romaniello, 'Through the filter of tobacco'. 莫卧儿皇帝贾汉吉
尔于 1617 年下令禁烟，但其子在约十年后取消了禁令。伊朗沙
阿阿拔斯也在大致相同的时期选择了禁烟和解禁。

[783]

40. 瑞典大使彼得·卢菲尔德记载的 1653 年缙绅会议的一次会议，引自本书页边码第 174 页。与之相对比，一代人后，类似的恐惧的确使得英格兰于 1688 年避免了流血冲突，见本书页边码第 608 页。

41. 只有一个例外。1689 年，在几十年的边境战争后，中国与俄罗斯通过签订《尼布楚条约》达成了和解。这一事件在东亚史无前例。

42. Crucé, *Nouveau Cynée*, 13; Lind, *Hæren*, 193 and 426 note, Jørgen Rosenkrantz to his brother Otto, 1636 (citing Pindar, 'Dulce bellum inexpertis': 'War is sweet to those who have never experienced it').

43. BL Addl. *Ms* 21, 935/78v – 79, 88 – 92（沃林顿）; Anon., *The victorious proceedings*, 2; Parker, *The manifold miseries*, 1。

44. Bennett, *The Civil Wars*, 95 and 133, quoting Samuel Woods and Rowland Watkins; Birch, *The life*, I, 55, letter to Lady Ranelagh, 30 Mar. 1646; Kuczynski, *Geschichte*, 117, quoting a family Bible from Swabia in 1647.

45. 2012 年，一只 1649 年的"亨芬"杯在出售时以 4 万欧元价格成交。全文转载于：http: //www. auctions – fischer. de/selling/highlights/glass – 16th – 19th – century. html? L = 1&objekt = 137&cHash = 18f276ebbe，访问于 2012 年 2 月 8 日。关于弗兰克与其他当时的战争艺术家，参见其作品和讨论于 van Maarseveen, *Beelden*, and Bussmann and Schilling, *1648*, vol. II: *Art and culture*。

46. Raynor, *A social history of music*, 115, 203 – 204，引用自伯克哈特·格罗斯曼与海因里希·舒茨。

47. Schottelius, *Neu erfundenes Freudens-Spiel genandt Friedens-Sieg* (Wolfenbüttel, 1648)。数字化版本请参见：http: //diglib. hab. de/wdb. php? distype = img&dir = drucke% 2Flo6992。图片 36 是一幅表现首演场景的版画，绘有神色庄严的演员与观众们。

48. Rabb, *The struggle*, 119, quoting Gerhardt; Milton, *Paradise Lost*, Book 2, lines 160 – 4, 335 – 40（撒旦法庭上关于是否需要发起另一场战争以夺回天堂的"大辩论"的一部分）。Rabb,

The artist，101－18，将西方艺术家"对战争全新批判方法的兴起"时间定在 1630 年代。Burke，'The crisis'，251－5，提供了一份 17 世纪中叶以谴责战争与革命为主题的绘画作品的名单，颇有参考价值。

49. Grimmelshausen, *Der abentheurliche Simplicissimus teutsch*，首次出版于 1668 年，并很快再版，它是唯一一部至今仍广为流传的巴洛克时期德语小说。在 Book I，ch. Iv，男孩见证了自家农场被洗劫的过程。

50. Rabb, *The struggle*，119，引用了英语和德语文献以支持原文；Brunt, *Social conflicts*，152－4（我感谢 Nathan Rosenstein 为我推荐这篇文献）。

51. Bod. *Ms. Eng. Hist.* c. 712 e. 312（The 'Commonplace Book' of Sir Roger Whitley for 1647－8），p. 47，'Innovations and novelties'；霍布斯引于页边码第 379 页。Skinner, 'The ideological context'，指出还有许多英国作者在同时期提出了相同的观点。

52. AMAE（P）CPE 21/242－3v，Bishop Marca to Mazarin，Barcelona，17 June 1644；Anon.，*Avertissements aux rois*，6. 同样，1644 年 6 月，睿亲王多尔衮在北京宣告，因为"我今居此"，天命已归于大清（参见第 18 章）。在日本，铃木正三于 1652 年也在文章《万民德用》中也提出了几乎一样的观点（参见第 16 章）。

53. Locke, *Political essays*，7，出自 'First tract on government'，撰于 1660 年 9 至 12 月，但从未发表。关于 Kongelov，参见第 8 章。

54. Crucé, *Nouveau Cynée*；Hugo Grotius, *De jure belli ac pacis, libri tres*（Paris，1625）；William Penn, *An essay towards the present and future peace of Europe, by the establishment of an European Dyet, Parliament or Estates*（London，1693）. 佩恩以赞赏的语气提到了亨利四世前大臣萨利公爵于 1630 年代提出的"伟大计划"，该计划主张设立欧洲联邦以在各国间创造均势，由此促进和平。1671 年，在《人类和平方法论》（*Traité des moyens de conserver la paix avec les hommes*）中，法国扬森派教徒皮埃尔·尼科尔（Pierre Nicole）提出宗教和道德约束能够减少战争。Jacob, *Peace projects*，刊印了格劳秀斯、萨利和佩恩著作

的英文版本。

55. Von Friedeberg, 'The making', 916, 1652 年神圣罗马帝国最高法院前的证词; Zillhardt, *Zeytregister*, 267 (注意用 "三十年战争" 形容近期冲突的提法)。

56. Roberts, *Sweden as a great power*, 173 – 4, Gustav Bonde's Memorial to the Council of the Realm, 26 June 1661.

57. Morrice, *Entring book*, IV, 335.

58. Rohrschneider. *Der gescheiterte Frieden*, 81, 'La experiencia ha mostrado quan poco de puede fiar de las palabras y fee pública de Franceses en los tratados' (1643 年 6 月) 和 'L' expérience nous fait cognoistre que les Espagnolz ne gardent leur traités' (1643 年 9 月) 拥有惊人相似的观点, 两者都是在完全保密的情况下完成的。

59. *Instrumentum Pacis Osnabrugensis*, V, 52 ('*sola amicabilis compositio lites dirimat non attenta votorum pluralitate*'); Heckel, 'Itio in partes', quoting a constitutional tract of 1722. On the tears, see Dickmann, *Westfälische Frieden*, 460.

60. Tuck, *Philosophy*, 319, quoting Hobbes to the duke of Devonshire, July 1641; Locke, *Political essays*, 40 – 1, from his 'First tract on government', written Sep. – Dec. 1660. 以 "米罗斯诅咒" (《士师记》5: 23) 的文本为内容进行的布道, 在第 18 章已有讨论。

61. Butler, *Hudibras*, Part I, canto 1, 1 – 6 and 195 – 202; Pepys, *Diary*, III, 294 (26 Dec. 1662), and IV, 35 (6 Feb. 1663). 皮普斯于 1662 年首次购买了此书, 但认为其很 "愚昧", 遂又在当天亏本将其转手。两个月后, 他再次购买了一本并发现了自己之前未曾注意到的内容 (但仍未觉惊艳)。其他作者喜欢巴特勒将这些句子用于讽刺皮普斯这样的前清教徒。 [784]

62. Locke, *A letter*, 33; Schilling, 'Confessional Europe', 669; Benedict, 'Religion and politics', 133.

63. *Acta Pacis Westphalicae*: *supplementa electronica*, IPO, V: 50; Wallis, *A defence of the Royal Society*, 7.

64. Kenyon, *Stuart Constitution*, 365 – 71, 'An Act of free and general

pardon'; Anderson, *The journal*, 173, Court Martial, 7 Apr. 1665;
Stoyle, ' "Memories of the maimed" '; Young, *Faith*, 54.

65. Plumb, *The growth*, xvi – xviii and 1. 毫无疑问，苏格兰、爱尔兰以及英属美洲的情况与此不同。我于 1965 年在牛津参加普拉姆博士（当时的头衔还是如此）的福特讲座时，首次听到了他阐释自己的论文。令人振奋的是，时隔 45 年，其内容仍准确可靠。

21 从军事国家到福利国家

凤凰涅槃效应

汉斯·雅各布·克里斯托弗·冯·格里美尔斯豪森为他在1668年出版的小说《痴儿西木传》选用了一幅震撼人心的卷首插画：一只凤凰。一望而知，本书描绘了一幅幅战争图景（彩插 23）。卷首插画下方的诗句这样开始：

我像一只凤凰一样生于烈焰；

接着作者提出了如下的问题：

是什么常常让我伤心，很少带来快乐？
这到底是什么？我已经写在这本书里。

格里美尔斯豪森故意使用了过去时，画中的凤凰也生于自己的灰烬之中，暗示出"烈焰"已经熄灭。同样，他笔下的"痴儿西木"将那些古典作品和《圣经》故事中的典故散布于"我们的德意志战争"之间。这一叙事方式也表明，那个人身财产遭遇野蛮蹂躏的年代已经过去。

历史学家大可借助量化数据验证格里美尔斯豪森的观点，比如纳税申报单和通行费，作物收成和什一税，以及洗礼登记簿。不过，上述数据几乎只与单个社区有关，也许不算

"典型"。相较而言，外国旅行者的记载尽管只源自个人印象，却能提供覆盖更广区域的直接观察。1663 年，菲利普·斯基彭（他的父亲是同名的英国内战时期将领，母亲则是德意志人）与他在剑桥大学的教师约翰·雷博士进行了一场跨越德意志、奥地利和意大利的"壮游"，战后德意志速度奇快的人口复苏和经济重建在第一时间震撼了他。"自从和约（指 1648 年的《威斯特伐利亚和约》）达成以来，"斯基彭写道，"该国人民已在很大程度上恢复了元气。"前一年（1662 年），一位不知名的意大利旅行者的记载也肯定了这一印象。"尽管你看不到多少成年适龄人口，"他评论说，"这里却有着不计其数的孩子。"斯基彭和雷都在游记里写下了大量重建的案例。例如，尽管"战争将曼海姆（距海德堡 10 英里）的旧城区摧毁殆尽"，但现在的"街道却设计得整齐划一"，"宽敞笔直的街道旁也都是整齐划一的建筑物"。他们发现，海德堡也"人口繁盛。尤其是要考虑到，该城已经因该国之前的战争而备受破坏。房屋虽然大多为木制，但还是整修良好，漂亮耐用，这意味着居民十分勤勉，繁荣可期"。同样，维也纳也让两人印象深刻：斯基彭发现该市"人口众多"，"街道的密集程度（除了伦敦以外）是我们平生目睹之最"，雷则认为"在英格兰以外，维也纳是我见过的最为繁忙拥挤的城市"。[1]

类似的城市复兴并非广泛现象。1662 年来到德意志的一位不知名姓的意大利访客评论说："很少能有城镇成功从战时的持续损害中恢复，许多大城镇依然还是萧条无人。"雷博士在第二年认为，奥格斯堡"规模虽大，人口却不是很多。我相信（这座城市）有些衰退，少了它曾经拥有的东西，不仅对富人而言是这样，对普通民众也是如此；这种衰退或可归罪于之前战争期间的损失和伤害"。1671 年，巴黎医生查尔斯·帕亭还能在法兰克福郊外的霍赫斯特（Höchst）发现不少昭示"战争凄惨后果"的痕迹，"这座美丽的城市"现在"顶多是座村庄"，他如是写道。而在更遥远的东方，耶拿和莱比锡之间的几处战场上，帕亭指出"九千到一万具埋在那里的尸体似乎还在为土地提供养料"，他还预言说："邻近的所有城市都将在很长一段时间里打上悲伤的战争烙印。"帕亭颇具睿智也不无悲伤地总结道："战争没有放过一切。"[2]

德意志乡村经济的快速复兴也让外国访客惊叹不已。1658年前往慕尼黑时，巡游欧陆的苏格兰神学生詹姆斯·弗雷泽就对一路上碰到的"小树丛、花园、公园、肥沃的田地，漂亮的溪流以及贮满鲤鱼、鳟鱼和鲑鱼的水池"赞叹不已——即便这里描述的是在三十年战争后半段里被军队反复踩躏的巴伐利亚地区。同样，就在抵达雷根斯堡（一座曾被长期围困的城市）时，弗雷泽发现"一群经过的货郎和驮篮贩正在那里出售烤面包、煎蛋、水果、长袜、鞋子、帽子，还有任何你所需要的小型针织品……他们彬彬有礼，小心谨慎，贩卖的东西便宜得出奇"。1671 年，英格兰医生爱德华·布朗在路过被战争踩躏近二十年的黑森时，发现"整个乡间地区都种上了核桃树、葡萄和谷物，有些地段还种上了烟草"。在更东边，帕特里克·戈登（另一个漂泊的苏格兰人）在和他的部队穿行于波兰的"乡村和小型城镇"时，发现这些地方"物产丰盈——考虑到波兰乡间已是如此频繁地遭到敌军之破坏，而我自己的士兵也没有太善待当地人，我对此极感钦佩"。他后来总结说："尽管波兰人的不少房舍看起来都逼仄不堪，缺少窗

帘、卧床、凳子或图画……但那里却有充足、考究、上佳的
（准备好的）食品和酒水。"整整一代波兰人的起居之地都被
充作战场，他们显然已经认识到，有必要将可能成为战利品的
财产最少化，将便携的生活必需品最多化。[3]

在中国，现存史料的性质让统计明清易代所造成之损失的
工作变得更为复杂。一方面，"官方档案里的收获量、米价、
降水量、粮仓储量等信息都得到了细心保管，但是没人能计算
或记录下灾难中的死亡人数"，因此并没有关于人口损失的估
614 计。另一方面，几乎没有汉族艺术家敢在他们的剧目中上演军
事场景，而满族艺术家也自然而然地试图避免（且的确规避
了）描述他们的军队杀人放火的场景。与之相对，正如方秀洁
所言，"中国诗歌从一开始就全情表述战争悲剧"；或者用诗人
归庄（他的一位嫂嫂死于兵燹，另一位则死于盗匪）的话说：
"我悲何所遭，诗且为君哭。"[4]17 世纪中叶的危机在男性和女性
之间催生了一场无论是烈度还是广度上都极不寻常的情绪宣泄，
其中一首格外动人的诗出自既是上海诗人也是清朝臣子的李雯
笔端。李雯早年加入复社，以文名显，在 1644 年的剧变期间滞
留北京。李自成手下的士兵杀死了他的父亲，他便转投清军，
并在此后两年里在多尔衮身边任职，为后者起草了绝大部分汉
文告示和正式文书。1646 年，李雯请求返回江南省亲并得到批
准，在返乡旅程中遭遇的荒寂萧索让他惊骇莫名。有感而发的
李雯写了一首题为《道出盱眙见贼所烧残处》的诗：

……

　　寇来千里白，日下数山黄。

　　行客欣遗灶，居人倚短墙。

中原半如此，何计出风霜。

忠明义军领袖陈邦彦则在南方的广东据城抗清，他在清军破城之后写了一首绝命短诗（后来他被清兵折磨致死）：

无拳无勇，无饷无兵。
联络山海，矢助中兴。
天命不佑，祸患是婴。
千秋而下，鉴此孤贞![5]

不过，一些中国作家或许忽视了战后的复苏迹象。一个多世纪以来，诗人们在提到扬州的时候一直用"榛莽之城"的比喻形容这座曾在1645年经受整个明清易代期间最残酷浩劫事件的城市（见第5章）。然而，扬州的学校在一年之内就重新开放，两年之后更是有12名土生土长的士子参加并通过了乡试——这是部分精英从暴行中幸存，并接受清朝统治的明确信号。十年之内，扬州就有了一座新的育婴堂，还有几座重修的庙宇；到1664年，据一位时人的说法，已有100多处花园点缀在城墙之外的水道旁，人们在那里可以租到游船。又过了十年，当地县志已经再次将扬州描绘成一座适宜文人雅集、写诗、饮酒、游览的城市。康熙皇帝南巡扬州的时候，当地商人、官员、诗人和艺术家与他同乐，观赏戏剧灯展，享受盛席华筵。"榛莽之城"的元气已大为恢复。[6]

与欧洲一样，旅行游记也阐明了战后恢复的程度。1658年，衔命出使的荷兰使节约翰尼斯·纽霍夫留下了一份带有插图的详尽日记，记载了他在从广州到北京时沿途1500英里的

615

所见所闻。尽管日记里没有废墟城市的图像（也许是因为驳船上的清朝官员不准他记录此等景象），纽霍夫还是指出有一座座城市被清兵"摧残殆尽，彻底洗劫"。他的记述从广州开始，这座城市 1650 年陷落后就成了"一幅苦难地图"，"8 万多人死于非命，这还不包括那些饿死的人"。而在另一座城市南昌，城中先前的建筑物只有一座"幸存，其余都被清兵毁坏殆尽"；（江西）湖口 **"在中国大乱之前曾是一座商业繁荣的美丽城市"**，现在也变得荒烟蔓草。[7]

不过就像那些哀泣"黍离之城"的诗人一样，纽霍夫的日记也不无夸大之处。第一，正如德意志的情况，一些因兵燹"毁灭殆尽"的城市中心实现了迅速复兴。广州屠城六年后，纽霍夫就发现该城又成了一个兴盛的商业中心。"尽管这座城市很悲哀地荒废了，"他写道，"它仍在数年之后重建了往昔荣华。"第二，纽霍夫承认，"清军遵循一个信条，那就是凡是起来反抗他们并被武力弹压下去的城市，都应该在之后受到如此对待"——也就是说，屠城洗劫——**"而对于那些不加抵抗就开门投降的城市，清兵对它们秋毫无犯"**。大运河上的所有城市几乎都"不加抵抗"就向清军开城投降，因此纽霍夫在扬州以北发现，这里仍有熙熙攘攘的经济活动，"满仓的储粮"，乡间地区也"满满当当地全是建筑物，似乎这里除了某处村庄（扬州）之外都延续了繁荣"。[8]

如果纽霍夫的游记只留下乐观记载——又或者雷的《观察录》（*Observations*）成了研究战后德意志社会的唯一史料的话——历史学家也许会理直气壮地反问道："危机？什么危机？"不过，旅行者从一处旅游胜地前往下一处地点的时候往往会选取最快最安全的路线，纽霍夫在沿大运河北上时选择了流行的驳船，雷和他的学生溯莱茵河而上时也是如此。苏格兰神学生詹姆斯·弗雷泽走的也是通衢大道而非偏僻小径，因此更容易经过那些严格来说更容易以最快速度复苏的地域——这也可以解释所谓"彬彬有礼、小心谨慎之人"以及"一群货郎和驮篮商贩"为什么会出现在他的视野里。不过，战争的灰烬就像突然袭来的一轮自然灾害一样，并不总是会产生一只浴火凤凰：有时战火会扼杀而非激励幸存的人。只需三个乡村例子即可证明这一点：在苏格兰边境，气候变冷和军队的四处劫掠消灭了彭特兰山区农地的耕植能力，之后农民再未回来开垦；在印度，古吉拉特的棉花种植业和棉纺工业也再未回归，饥荒和洪水永久摧毁了它们的市场；在中国，明清易代的创伤也永久性地消灭了陕西的养蚕业，尽管当地的养蚕传统可以追溯到两千年前。城市也是如此。每一个南京背后都有一个南昌，每一个维也纳也对应一个霍赫斯特：那些地方的人口将一直徘徊在低位——常常在 17 世纪的剩余时间里都大大低于战前水平，甚至比战前水平还低。全球危机之后的人口复苏，也有赖于自然和人为因素的"良性合力"。

"生养众多，遍满地面"

前工业时代欧洲的不少地区都见证了每逢战后就会出现的"婴儿潮"，因为（借用一位法国文人的说法）某些地区确实"土地肥沃，被战争摧残的人口在一年之内就能增长一倍"；还有人（用另一名学者的话说）"用一只丰腴的鸟做比喻：你拔去的羽毛越多，它重新长出来的也越多"。17 世纪下半叶的欧洲也不例外。[9]优质土地上的抛荒农场往往会率先恢复也最快恢复，它们天然的肥力凭借"强行休耕"得到了暂时的提升；

一俟农作条件转趋安全，未婚或丧偶的幸存者就会利用每次灾难（无论是天灾还是人祸）留下的空闲土地和房舍，在其中结婚、迁居，成家立业。在意大利的瓦莱达奥斯塔，1630～1631 年的战争和瘟疫杀死了一座村庄的 600 名居民，幸存者仅剩下约 600 人；1620 年代这里每年还只有 5 对新人，不过到 1630 年时当地就有了 14 对新人，1631 年这个数字更是上升到 38 对。不仅如此，1620 年该地年均受洗数（新生儿）只有 24 人，这一数字在 1630 年达到 42 人，之后十年里每年都有 25 人出生——这意味着该地用仅相当于之前的一半的人口成功养育了更多的新生儿。[10]

肥沃土地上那些饱受战争蹂躏的村庄重获平安，不但刺激了当地的人口增长，也引发了移民浪潮。尽管三十年战争让南德意志奥托博伊伦本笃修道院治下土地的人口锐减 80%（这块封地包括一座集镇，十八座小镇和散布其间的村落），但是一待和平重现，"真的就有数千名"来自"全德意志乃至全欧洲的旅行者"来到该地。有些人是从外地避难归来的原居民，剩下的则有"客途中的演员，复员的士兵，寡妇，孤儿，还有流浪者"。甚至有一些大名鼎鼎的人也加入了流浪者的行列，比如"法国贵族罗伯特·德维拉先生"，"来自英格兰伦敦，带着四个小孩举家流亡的尼古拉斯·哈普"，还有"尊贵的爱尔兰爵士，被英格兰异端分子洗劫并流放的"雷蒙德·奥代亚。许多无家可归的难民都定居在奥托博伊伦土地上空了一半的乡镇里。1650 年代，这块封地上几乎半数的婚姻都至少牵涉到一名移民。[11]

城市人口也在灾后迅速复苏。在 1656～1657 年经历瘟疫之后，意大利海港城市热那亚的婚姻次数每过三年都要变成前一个三年的两倍——瓦莱达奥斯塔新生儿数量激增的原因也大体相同：灾难留下了充足的空置房屋和工作空缺，人们有钱更早结婚。而在世界各地，人口迁入都起到了关键作用。在奥斯曼帝国，安纳托利亚港口城市伊兹密尔（士麦那）的人口从1603 年的约 3000 人增至 1648 年的 4 万人，到 1700 年则已超过 10 万人，其中大部分是移民。有的人来自邻近乡镇，有的人则从巴尔干半岛迁来（包括沙巴泰·泽维的父母），甚至还有的人来自更远之处，比如为躲避波兰 – 立陶宛联邦境内的屠杀而出逃的难民（其中就有沙巴泰的妻子萨拉）。西班牙港口城市加的斯的人口从 1600 年的 7000 人激增至 1650 年的 22000人，为之前的三倍多。这个数字到 1700 年又几乎翻倍，达到41000 人。加的斯的人口增长要归功于三大因素：邻近乡镇大量人口的迁入，严格的隔离检疫制度避免了鼠疫流行（正是这种瘟疫于 1649 ~ 1650 年毁灭了加的斯在经济上的竞争对手塞维利亚），以及该城与美洲之间的贸易额增长（很大程度上也是因为塞维利亚的衰败）。[12]

接纳移民的举措有时也需要当地人做出妥协。比如，威尼斯就在 1630 ~ 1631 年的瘟疫中失去了近 5 万名居民，其中超过半数都是隶属于城市行会的"商人和匠人"。该城的所有行会在此之前都只接纳土生土长的市民子弟，但在瘟疫过后他们也开始欢迎资质合格的移民加入，为的是恢复人数上的竞争力。在勃兰登堡，"大选帝侯"腓特烈·威廉"以君主之权和国家主权之名"颁布敕令，"所有准备来重建抛荒农场的人，都可以享受为期六年的免税、免租和免于向士兵提供借宿的优待"——这一举措在地主阶层当中引发了大范围抗议，单方面宣布的"租金豁免期"让他们大为光火。他们也担心外国

617

拓殖者会不会只是跑到这里"榨干土壤",然后"消失在尘土里"。大选帝侯理所当然地对这些抗议置之不理。最引人注目的是城邦卢卡,为弥补 1631 年之后瘟疫导致的人口锐减,该城竟然向其他国家的亡命之徒提供安全庇护(前提是他们没有在路上犯下叛国、异端、伪造或是杀人这样的罪行)。城市档案馆中收藏的整整两大册记录里填满了明显是为恢复瘟疫之前人口水平而签发的庇护许可证明。[13]

绝大多数战后移民是退伍老兵。"大陆战争"结束之后的1650 年,有近 5000 名步兵和 3000 名骑兵返回芬兰,他们的荷包里装满了德意志纳税人为偿付欠饷而给他们的钱。回家的瑞典老兵数量更多,其中绝大多数人在 18 ~ 29 岁。他们不仅带来了金钱,自身也为本国增加了规模可观的一群"适婚单身汉":在瑞典国内各地,多年以来都是女性人口远超男性(见第 8 章)。[14]法国、西班牙、低地国家和瑞士的情况一样,退伍老兵的归来无疑给不计其数的社区注入了财富;而在 1660 ~1662 年的英格兰,王室国库就向复辟期间放下武器的数千名前共和国士兵和水手支付了近 80 万英镑的欠饷——这样一来,他们回归平民生活的时候要比入伍之前富裕得多了。[15]

尽管有婴儿潮和移民潮,但通常而言限制近代世界人口增长的那些因素仍然占了上风。稳定而显著的人口增长不仅要依靠和平的再临,还需要流行性疾病的缓解,以及商人和制造商景气的回归。尽管这几项因素在 1650 年代之后的日本和莫卧儿时代的印度得以显现,但绝大多数西欧国家的人口唯有等到1660 ~ 1662 年饥荒过后才得以复苏。然而在中国,"康熙衰退"(起因是明清之间久拖未决的战事,以及在沿海地区实施的海禁)一直持续到 1680 年代。雪上加霜的是,就算有着良好的经济条件，17 世纪之初的几场大灾难造成的"出生组耗减"（depleted cohorts）——1618~1621 年、1630~1631 年、1647~1653 年、1661~1662 年——都在持续限制着人口的增长。问题不仅在于这些年龄段的人口数量不足以让总人口恢复到之前的水平，还有一个颇为悲伤的巧合：就在这批同龄人口步入适婚年龄之时，新一轮饥荒和疾病进一步减少了他们的数量，这在 1672~1675 年与 1694~1696 年都是如此（见第 4章）。最后，"城市坟场效应"也在持续造成人口损失。比如在意大利北部，饥荒、瘟疫和战争于 1630~1631 年蹂躏了曼托瓦公国，城市和乡间同受其害。不过在三十年后，一些英格兰访客发现，尽管曼托瓦"是一座大城市，其人口规模并不令人信服。这座城市还未使自己从 1639 年的损失中恢复过来，当时斐迪南二世皇帝的军队对曼托瓦进行了残酷的洗劫"。这位英格兰访客还提到，相比之下，周边的"乡村则非常富裕"。他们说对了：1676 年的一次人口普查显示，大公国乡村地带的人口水平已经恢复到了战前的 90%，而首都地区依旧惨淡，人口仅恢复至战前的 70% 不到。[16]类似的城乡不均在欧洲各地也有发生，城乡之间的权力平衡就此改变。1600 年，德意志城市梅明根的行政官曾经轻蔑地驱赶附近的农民，称他们"既没有足够的牲口和谷物，也没有其他货物或食物，根本不足以建立一个年度集市"。一百年之后的情况恰恰相反：梅明根人的子孙不得不承认，该市和周边的村镇"结为一体，一方常常要仰仗另一方，如此一来，城乡两方都要始终遵守并捍卫'唇齿相依'的信条"。[17]

成功摆脱战后经济停滞的欧洲城市显然只有各国的首都，中央政府的扩张和耀眼的宫廷消费刺激了这些城市的经济增长，也吸引了移民。北大西洋诸港口与美洲之间迅速增长的贸易，既制造了财富，也创造了工作机会。除此之外的绝大多数城市可就没这么幸运了：直到 19 世纪之前，它们都没能恢复到危机之前的人口水平，也没能重振自己的经济地位。

教区登记簿的缺失让我们更难确定 17 世纪中叶危机的结束是否也在欧洲之外的地区创造了一股"婴儿潮"。不过，"婴儿潮"现象至少在两个地区是不大可能出现的。首先是西非那些奴隶输出地：在被捕被贩的黑奴之中，占总数三分之一到二分之一的人是女性（特别是在西非还有比夫拉湾的周边地带），如此一来，这些地区在这一时期的人口甚至很难保持稳定，更不用说人口增长了。其次，女性早婚在亚洲各国几乎是普遍现象，溺杀女婴也是减缓人口压力的主要手段。这么一来，危机过后的人口结构便不再具备有助于复苏的"闲置能量"。出生人口又持续走低了至少一代人之久。于是，明清易代期间中国人口的任何增长大概只能反映死亡率的某种下降，甚至只是人口从贫穷地带向富裕地区的迁移。

新王朝的统治者的确尽了最大努力促进人口安居。他们干脆利落地给那些已经在抛荒土地上定居的"流民"颁发永久所有权，驳回其他人的声索要求。他们向贫苦农民借出谷种并创设乡村当铺（康熙皇帝甚至一度亲自决定每一笔贷款的数额和条款），还出台激励政策（比如旅费、起耕贷款、自由保有的地产、农业资产和器械），以向任何准备移居到北部和西部乱后闲荒之地的农民提供优惠。利用上述政策的农民人数"仅在 17 世纪末和 18 世纪初就轻而易举地超过了 1000 万"。拜这些举措之赐，曾在 1645 年下降到 6700 万英亩的中国耕地面积又在 1661 年增长到 9000 万英亩，1685 年更是达到了 1 亿

619

英亩——尽管中国已耕的土地曾于 1600 年达到 1.91 亿英亩以上。这一反差意味着全球危机给中国留下的沉重烙印直到 18 世纪仍切实可感。[18]

第二次农业革命

婴儿潮通常会刺激农业生产，因为每一个新生儿都嗷嗷待哺，这会激励农民在灌溉和排水工程上加大投入，提升传统作物的产量，而且引入新型作物。在莫卧儿印度，恒河流域多才多艺的农民在 17 世纪初的时候就已经种植近 50 种各不相同的作物，之后他们又在这个清单上加进了玉米（还有烟草，这是另一种来自新大陆的"奇迹作物"）。而在非洲中西部，农民种上了玉米，也开始种植木薯（原本是巴西的作物），以备干旱期间小米和高粱歉收的不时之需。事实证明木薯在战争期间格外宝贵，因为不速之客可能会忽略地下的块根。在西尼德兰和东英格兰，17 世纪中叶的灾难性歉收促使人们利用谷物和根菜（比如胡萝卜和大头菜）进行系统性轮耕，并开始种植苜蓿等富氮作物。1650 年，为逃避三十年战争而定居英格兰的难民塞缪尔·哈特利布出版了《布拉班特和佛兰德农业论》（*A discours of husbandrie used in Brabant and Flaunders*）一书，其增订版还收录了关于新英格兰和爱尔兰的信息。这本书介绍了能让贫瘠土壤变肥沃的耕种和轮种方法，如何拣选和播种最适宜当地土壤的作物品种，以及如何使用化学肥料以获得最佳效果。哈特利布也做了不少试验，验证不同耕作方法的相对产量。有英国历史学家将 1640 年代和 1650 年代这些方兴未艾的理论和实践誉为"农业革命"。[19]

中国农民也在这一时期屡有创新，其中特别重要的是玉米、花生和甘薯的种植：这些作物刚从美洲转贩而来，它们在并不肥沃的土壤中也能茂盛生长，可以抵御旱灾和蝗害，也不需要像水稻一样接受移栽；它们的产量两倍于其他旱地作物，人力投入却少得多。根据江西的一份县志记载，"总体而言，玉米生长于山坡的阳面，甘薯则生长于背阴面"，玉米"每年为山民提供了相当于半年所需的口粮"。穆素洁（Sucheta Mazumdar）将 17 世纪末的这些进步誉为中国的"第二次农业革命"。这场革命"旨在实现对所有作物的最大限度利用，以及对互补的作物选种模式的开发"。这场农业革命保证了成年男性的日均摄入热量达到 2500 卡路里的门槛，也为人们供应了更多的蛋白质和维生素，既增强了身体素质，也减少了饥饿（见第 1 章）。[20]

消费革命

前工业时代的经济通常由国内需求所驱动。尽管那些满载亚洲珍奇货物的印度贸易船返回欧洲大西洋港口时总能抓住时人的眼球和想象力，但它们的货物（最多）只能占到欧洲国内生产总值的 2%。换言之，全年自亚洲海运到欧洲的货物加起来只相当于当代的一艘集装箱运货船。与欧洲贸易的商品在亚洲国内生产总值中的比例甚至更加微不足道：正如金世杰所说，"与欧洲的贸易额从未超过中国经济总量的 1%"。[21]就连欧洲和美洲之间的洲际贸易，也只是在 1690 年代及之后才达到了比较显著的规模和拥有较大的价值。相比之下，17 世纪中叶危机之后的"婴儿潮世代"及其家人衣食住行的需求，确实刺激到了经济活动的各个部门。

经济史学家扬·弗里斯以西北欧和北美居民家庭的生产及

消费为中心进行了大胆的研究，他认为西方在 1650 年代也开启了一场与日本类似的"勤勉革命"。根据弗里斯的说法：

> 越来越多的家庭着手对他们的生产性资源（以家庭成员的时间为主）进行重新配置，不但增加了对市场导向型营利性经济活动的投入，也增大了自市场购得的货物的需求。日趋专门化的家庭生产活动为市场上消费选择的扩张铺平了道路。

简而言之，因为"婴儿潮世代"对商品的需求不仅限于单纯的生活必需品，17 世纪下半叶生产和消费的商品就价值和数量而言都在增长。以房屋为例，1650 年之后在欧洲西北部各地，"砖石建筑取代了木材与石灰制建筑；功能性空间的设计更臻完善，中产阶级家庭的住所开始出现客厅和用餐室，专门的卧室开始形成……越来越多更趋精细的家具也开始填充这些室内空间"。这种多元化也成了消费的特征，并进一步左右了生产（比如衣服、食物和饮料）。不仅如此，单靠技术无法满足更富裕消费者的饮水、采光、供热和卫生需求。因此，对不少此类必需品的需求之上升也增大了人们对提供这些服务的仆人的需求。[22]

对于"舒适用品"的需求在明代晚期的中国社会也经历了蓬勃增长，但明清易代的创痛让这一趋势在中国绝大部分地区戛然而止。例如，17 世纪初有 50 万人口的苏州是"地球上人口最多、最为繁荣的非首都城市"，但晚明的饥荒、瘟疫和暴乱摧毁了苏州的繁荣景象。苏州对清朝统治的抵抗也招来一场浩劫，城市剩下的只有"断壁残垣"，而"在城外，每十座

621

房屋中就有四到五座被毁，惨状触目惊心"。[23]但到1676年，四个商人行会（包括印刷商和药商）和"外埠"商人群体就已在该城建立或重建了商馆，此后二十年里又陆续有另外十一家商馆成立：每家商馆的背后都有一大笔投资，商馆数量的剧增既反映了城中商船的制造情况（这是一个新进展），也表明装载在这些商船上的高档货物正被生产出来。在1656年行经南京时，约翰尼斯·纽霍夫记载道，"显贵和商人开设的商店里布满了各式各样昂贵的中国商品，如棉布、丝织品、瓷器、珍珠、钻石"，而在长江江面上，"各种船千帆竞航，仿佛世上所有船舶都停靠在此"。[24]

在1680年代的上海，在县学担任教谕的姚廷遴在日记中记载了明亡以来物质生活的转变。他强调，普通人可选的衣服和食物品类大为增加，这部分是因为那些在明末还无人知晓或仅供富人消费的商品如今已实现了大规模生产。邻近的苏州也通过迎合这一市场需求而富庶起来。清朝官员曾下令禁止苏州城内的女人到寺庙进香（线香被视为奢侈品），不过这一禁令后来只能被废除，因为此举导致许多船夫和轿夫丢了工作。康熙皇帝在1680年代南巡期间曾不无鄙夷地表示，苏州居民"诈伪豪奢之人设肆立馆，人皆惑溺悦乐之中；射利逐巧之人众，务耕田土本业者少"。但之后不久，皇帝宠信的臣子曹寅却"谓苏州为天堂"。[25]

与日本一样，中国和欧洲的"勤勉革命"也与基础设施的劫后重建同步展开。在明代，湖南的洞庭湖在每年秋天都会成为中国最大的湖泊，因为携带富营养物和鱼类的长江洪峰会涌入湖中。中国古代的中央政府会修筑堤坝控制洪水，让人们得以在肥沃的土壤上进行开垦。这进而鼓励了私人排水项目，

刺激了富余作物的生产和输出，并吸引劳动者和稻米商人移居
至此。17 世纪初国家停止了堤坝维护，这也连累了私人冒险
事业，造成了耕地抛荒、人口外迁与修筑堤坝的税源流失等恶
果。当地史料不停哀叹当地的穷困状况，直到 1680 年代：在
接下来的十年里，清廷拨款重修了 16 座大型堤坝，再度刺激
了私人拓殖事业和当地的复兴。[26]另一种关键基础设施的复兴
也遵循了类似的时间流程。自称曾于 1680 年代走遍中国"几
乎所有省份，旅程长达 2000 里格"的法国耶稣会士李明深深
折服于这般景象：

> 得宜的举措让通衢大道顺畅通行。这些道路大约
> 80 英尺宽，由淡色泥土筑成，在雨后很快就能恢复
> 干燥。在有些省份你会发现在道路两侧设有［就像
> 我们（法国）的桥梁］专为步行者准备的垫高堤道，
> 两侧都由一望无际的巨大行道树保护，常常还附上一
> 堵 8 英尺或 10 英尺高的土墙，将来回跋涉的旅客与
> 田地分开。

李明还以赞赏的语气记述了每条路上每隔一段固定距离就
会修建的驿站和兵营，以及不计其数的拱门。除少数例外之
外，每座拱门上都会悬挂——

> 一块写着汉字的木板，你可以读到自己距刚刚离
> 开的城市已有多少步之远，以及距离这条路上的下一
> 座城市还有多远。这样一来你就不需要向导了，你总
> 能知道自己前往何处、走过了哪些地方、旅行了多

622

久，以及你还要走多久。[27]

其中一些道路一直被使用到 20 世纪。

水运也大有发展。尤为重要的是，清廷动用 47000 名全职劳工整修大运河。正是这条世界上最长（1000 英里）的人工水道让北京和江南之间实现了相对快速的旅客和货物运输。尽管约翰尼斯·纽霍夫来自一个密布水道的国家（荷兰），但他还是认为"在全世界都没什么比看到大运河更让人感到愉悦的了"，因为它有"平滑的河岸"和"非同寻常的运输量"。纽霍夫为距北京不远的天津大运河绘制的素描显示，这条运输大动脉在 1658 年已恢复全盛时的状态，其时距清兵入关不过才十四年（彩插 24）。[28]

欧洲的交通基础设施也在 17 世纪中叶的混乱平息之后得到了飞速发展。1657 年到访伦敦的詹姆斯·弗雷泽惊讶地发现，当地已形成了一个由"1 名邮政长官（postmaster general）和约 200 名邮政局长"主持运行的邮政网络，这个网络传递邮件的速度达到了"每 24 小时 120 英里"。此外还有"出租马车（hackney）和驿递马车供消费者选择，乘客花上 1 个先令就可以旅行 6 英里，即便遭遇糟糕道路和天气也能快速前进"。第二年，一辆大马车成功用短短四天时间跑完了联结伦敦和约克、长达 200 英里的"北方大路"（Great North Road）。五年后，一部议会法案授权北方大路沿线的治安官设立关卡收费，并将所得款项用于改进路况。类似的改进工作显然在英格兰各郡都有开展，因为 1688 年 11 月 5 日清晨 5 点离开德文郡达特茅斯的一名邮差于第二天凌晨 3 点就带着消息抵达了伦敦白厅，将奥兰治亲王威廉率领 500 艘舰船出现在英格兰海岸的警讯告知众人。这也就是说，他用"不到 24 小时就跑完了 160 英里"。[29] 1696 年之后，一系列"关卡法案"（Turnpike Acts）促使英国路网得到了更为迅猛的发展。这些法案允许治安官设关立卡向旅行者收取通行费，或者借钱任命测量员来改进道路。1720 年的英格兰已经有近 40 家关卡信托公司。

运送笨重货物唯一高效的办法是走水路，17 世纪末的整个西欧地区也见证了水路运输的重大革新。开凿运河堪称那一时期最艰巨的土木工程，但 1665 年的荷兰共和国还是花费近 50 万英镑开凿了全长 400 多英里的市内运河。每条运河都有一条拉船道（towpath），让马拉驳船得以依照固定时刻表在各滨海行省的大城市之间廉价且快速地运送货物和乘客。不久之后，挑剔的阿姆斯特丹市民甚至将他们的脏衣服装上驳船运往 15 英里之外的哈勒姆，交予那里更便宜且干净的洗衣房。1667 年，一群法国投资者动用多达 12000 名工人开凿了全长 150 英里的"朗格多克王家运河"，将地中海和大西洋联结起来。这项工程包括在山顶开凿的人工湖，几条沟渠，还有欧洲第一条明确为运河而建的隧道。在运河投入使用的 1682 年一年之内，第一批驳船和近 4000 名乘客便付费使用了这条运河，朗格多克运河此后也继续运作，直到 1989 年的干旱让它无法通航。

英格兰运河开凿的兴旺期要开始得晚一些，但尽管如此，1650 年代的本土企业家就已着手投入资金改善河运，以便驳船可以运输货物往返于相距较远的市场。诺福克郡议员、陆军上校罗伯特·沃波尔留下的账簿显示，1690 年代他来到伦敦的时候既买了诺丁汉的麦芽酒，也买了伯顿的托马斯·巴斯啤酒（拜特伦特河谷的独特地质条件所赐，这两地直至今日仍在出产佳酿），因为这两种啤酒可以通过水路运到首都伦敦的

623

小酒馆里。沃波尔还以每瓶 3 先令的价格购买苏格兰威士忌，以及其他不计其数的奢侈品。17 世纪那标志性的相互连结的"浅水池"经济（插图 9）也让位于各地区相互倚赖的新式经济（插图 52）。[30]

有人将这些消费谴责为"罪恶的奢靡"，不少国家都通过法律（所谓的"禁奢法案"）明令限制消费。1662 年，杰出的经济思想家威廉·配第爵士主张：

> 有两种富人，一种是事实上的富人，一种是潜在的富人。一个在现实中富有的人会在饮食、穿着和其他用度上显露出自己的财富，但还有一些人只是潜在的富裕，他们虽然有消费的能力，却不对其多加使用。他们更像是为前者保管或代管财物，而非财富的真正所有者。

基于此论，配第认为政府应征收消费税，因为消费税鼓励"节俭；这也是一个国家致富的唯一途径"。不过，类似观点很快便不再流行。三十年之后，曾经环游世界、凭贸易发家的商人杜德利·诺斯爵士言简意赅地指出，"凡是颁布禁奢法的国家都一样贫穷"，因为"刺激贸易、产业乃至创造力的主要因素不是别的，正是人们强烈的欲望。他们会倾其所能满足欲求，也会热忱工作。除欲望之外没有别的东西能驱使他们这么做，因为一旦人们仅仅满足于基本的必需品的话，我们恐怕就会面对一个穷困潦倒的世界"。[31]

624 英格兰、新英格兰、荷兰共和国和法国北部地区留存至今的存货清单显示，如沃波尔上校一般的消费者的"强烈欲望"构

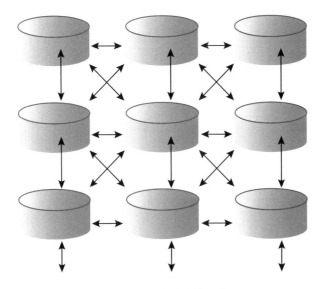

52 连成一体的地域经济

尽管每个区域经济体都保持开放态势，不过本地市场业已
完成整合。更强势的区域经济体当然也进行对外贸易，但即便
在那里，与其他区域经济体之间的多向贸易仍然更加重要。可
与本书插图 9 进行比较。

成了"消费革命"的关键一环。18 世纪初，丹尼尔·笛福就在他
的《英格兰商人须知大全》（*The Compleat English Tradesman*）一
书中专辟一章"商业中的奢华侈成为美德的年代，以及它
们如何推动了整个国家的贸易和制造业"大力主张（就像杜
德利·诺斯一样），如果将"我们称之为禁奢法案的那些法
律"重新颁布，势将"摧毁千家万户的生计"，因为"人民的
奢侈正在成为生意上的美德"：

> 如果对在耕作、制造和手工业之外的那些只由国
> 民的"罪孽"支撑的行业……（亦即）那些因无比

喜庆的盛装，还有暴饮暴食和其他生活中过度奢侈的行为才得以存在的行业进行公正的清算，那么真正为国民生业带来更多福利的到底是必需品还是非必需品的生产，这个问题的答案恐怕依旧存疑；同理，倘若彻底改正这些"罪孽"，我们也无从得知这个国家会不会迎来毁灭。

笛福语带谨慎地写道，"上天只需用一个过于干旱或多雨的夏天就可以将我们送回消费剧减，只能靠必需品维持生计的生活方式"，但他仍认为，自己生活的不列颠是"世上最繁荣充裕的国度"。[32]

625　　类似的"纵乐困惑"（confusions of pleasure）也出现在 17 世纪的中国。中国圣哲孟子曾经点出了"子不通功易事，以羡补不足，则农有余粟，女有余布"的必要性。一位上海文人语带赞许地引用了《孟子》中的这一说法并指出，尽管一个家庭的节约"或许可以拯救这家人免于贫困"，但同样的俭省之道并不适用于更大的社区。原因在于，"如果某地习惯奢靡，那么该地之人就会易于谋生；而若某地之民惯于节俭，那么该地之人就会难于谋生"。说得再明确些，一旦富人"食肉用米、用度奢侈，农民和厨师也能分享好处；而当他们在丝绸制品上挥霍铺张的时候，纺织业者和经销商人也能从中获利"。经历明清易代期间的艰苦岁月之后，中国重新拾起了孟子的智慧。"挥霍无度者也许会一日靡费万贯财产，"一名官员在 1680 年前后写道，"但在愚蠢的奢侈消费中花掉的钱财却在世人之间流转，经手之人都能分享其好处"；然而，"一个保有巨额金钱却不花掉的守财奴会让他身边的诸多家庭陷于贫困"。[33]

"国家的视角"

丹尼尔·笛福在对炫耀性消费的礼赞文章中表示，对服装和饮食的"挥霍无度……以及贸易在政府财政收入中的地位已如此重要，以至于一旦没有了来自这些活动的收入（消费税），我们无法想象公共事业还能如何运转下去"。[34] 这番言论非比寻常，尤其是考虑到仅在几十年前，正是同样的消费税（欧陆的"盐税"）引发了西班牙共和国、法国和荷兰共和国的大规模叛乱（见第 9 章、第 10 章、第 14 章和第 17 章）；愤怒的人群焚毁了税务机关，对税吏大打出手（见第 12 章和第 14 章）。英格兰的消费税初现于 1643 年，当时是战时的临时之举。但正如斯特勒·惠勒指出的那样，消费税"以一种前所未有的方式给英格兰人民带去了'国家强制力'（the state）"。自此以降，"英格兰所有人不论经济地位高低都会缴纳一定的税收"——的确，消费税成了王室在和平时期的第二大收入来源，以及战时的第三大收入来源。[35]

尽管如此，就算将不列颠的消费税、关税和"财产税"（后来被称为"土地税"）这三大公共收入加在一起，所得的总税入也几乎尽数消耗在了英国的国防预算上。笛福夸赞的经济增长反映的更多是私人财富而非公共收入。就连最花费金钱的投资项目（比如道路桥梁的养护）也要由私人群体，也就是所谓的"经手人"（undertakers）承办，尽管国家还是会扮演提供安全和稳定的关键角色。例如，每位经手人都要得到政府的允许才能开工并收取通行费。不过到 1688 年为止，在英格兰取得并执行养护权需要经过两套彼此竞争的体制：一个是通过王室颁发的特许状，另一个是经由议会颁布的法案。纵观

整个 17 世纪，英格兰的每一次政权更迭都会威胁到那些在前
626 一个政权统治下获得特许权的"经手人"（例如 1660 年王权
复辟期间就颁布了一项法案，宣布王位空缺期颁布的一切
"法令和条例"都"为无效并被废止"）。光荣革命终结了这一
双重体制：自 1688 年开始，王权和议会联合建立了稳定且可
预期的管制机构，保证投资物有所值。此外，拜充满商业信心
的新气氛所赐，在 1695 年到 1709 年间用于养护道路和河流的
私人投资额已经与从 1604 年到 1688 年这 85 年间的总额相当。
不仅如此，这些投资还大大降低了运输成本，让生产商和投资
者同享其利，由此激励了进一步的投资。[36]

逐渐增长的消费额也让不少政府得以将财政基础从直接税
转变为间接税。在英格兰，1650～1659 年的政府财政总收入
超过 1800 万英镑，其中超过三分之一来自针对地产的"财产
税"；而在 1680～1689 年，政府总收入降到了 1500 万英镑之
下，其中只有 53 万英镑来自财产税。在法国，尽管路易十四
的财政总收入从 1661 年的 8400 万利弗尔飙涨到 1688 年的
1.14 亿利弗尔，但主要土地税收入却从 4200 万利弗尔降至
3200 万利弗尔。"欧洲各国财政数据库"收录的其他国家的数
据也显示了类似的趋势。[37]上述转变——国家的稳定（乃至逐
渐增长的）财政收入之主要源头从生产税向消费税转移——
让富裕的纳税人（他们的收入相对较少花在生活消费品上）
和国家（获得了更多的可支配收入）都获利不少。

正如谢拉·奥格尔维的评述所说，17 世纪上半叶欧洲君
主筹措军费的努力"造成的影响超出了财税和战争的范畴。
为上述目的而设立的行政机构也可以管控那些之前政府力量所
不及的领域"。詹姆斯·C. 斯科特在他的《国家的视角》一

书中检视了近现代政府对自身希望管制之领域发号施令（他称之为"易读性"）的进程。斯科特认为这一进程不无代价，因为"特定的知识和控制形态**需要一种视野的狭隘化**"：

> 这种管窥法（tunnel vision）的一大好处在于，它允许观察者在一个极为复杂且难以驾驭的现实状况面前聚焦于有限的领域。正是这种简化让处在焦点下的现象变得更可识别（legible），因而更便于精细的测量与计算。只要将其结果与其他类似的观察结果放在一起，便能就被选择过的现实（selective reality）得出一种更具总体性的累加综观认识，让一种更高层次的纲要性知识、控制和操纵成为可能。[38]

斯科特将"易读性"的增长和"视野的狭隘化"都追溯到了 17 世纪中叶。

这一时间尺度并不令人意外。全球危机的创伤自然而然地让政府希望能更高效地"了解、控制、管理"自然和社会，以防危机重演。日本引领了风气之先，历代德川将军的检地工作（见第 16 章）都让农业和人口变得更加"易读"。事实证明，各国政府也因此减轻了小冰期的冲击。在中国，康熙皇帝颇为在意作物歉收对前朝覆灭的影响，他认为系统性地收集校订准确的天气信息将大大有助于提升政治的稳定性。尽管明朝地方官员通常也会在他们的定期记录中收入"雨情报告"，但中央政府对此不甚注意。相比之下，康熙皇帝不但阅读官方的天气报告，而且向他的旗人家臣征询有关洪涝农收的推断报告（特别是江南地区，这里供应了首都所需的绝大部分粮食）。[39]

　　康熙皇帝的例子至少启发了一位欧洲国家的大臣。沃邦侯爵塞巴斯蒂安·勒·普雷斯特雷（1633～1707年）就承认，他将路易十四治下法国的复杂税制换成一套人头税制度的大胆计划"在某种程度上就是中国人的做法"。侯爵参考了卫匡国的中国见闻（他有一份副本）和李明（沃邦侯爵列席了法兰西科学院有关李明观察笔记的讨论会）的书面记述。[40]但事实上，法国人对"易读性"的追求在此之前便已开始。1656年，让-巴普蒂斯特·柯尔贝尔就告诉自己的上司马扎然，一些巴黎法官正在"他们的登记簿里搜集事例和论点"，这些数据或将被这帮人用来反对马扎然的财政要求。柯尔贝尔因此向马扎然提议"由鄙人对那些法官提及的信息进行调查"，以准备有效的驳论。马扎然对这个主意表示欢迎，他还加了一句："之前未曾有人留心记下这么一份档案，这倒是挺奇怪的。"柯尔贝尔没花多少时间就填补了这个空白，他系统性地收集了法国税收、人口规模、土地所有者、经济产出的相关数据。1661年马扎然死后，柯尔贝尔为国王进行了同样的工作。以此为基础，他每年都会费心费力地准备一份公共收支详尽记录的概要，专门由知名书法家誊录在一本小书上，以红色皮革精心捆扎好，再呈递给路易十四。这样一来，路易十四就能一直把这本概要带在身边。[41]

　　沃邦侯爵向路易十四提交了更多雄心勃勃的计划。与寸步不离宫廷，绝大多数信息靠间接渠道获取的柯尔贝尔不同，沃邦几乎一刻不停地到处巡视，亲历亲见，他常常将自己的发现以可视化形式提交给路易十四。例如，在巡察了法国边疆地区要塞的修建和复建之后，沃邦为每一座要塞制造了等比例模型，让路易十四得以足不出宫而遍览王国防卫状况——这是

"谷歌地球"的古老版本。到 1700 年为止，他制作了近 150 个模型，绝大多数都遵照 1 比 600 的比例，附上以木头、纸张和沙子制成的微缩版城垣、教堂、房屋和树木。一次围城作战期间，前线指挥官的每日简报都在这种模型上再现，国王也通过一系列详尽的指令直接干预战事。很难找到比这更好的例子来证明"国家的视角"的优点和危险性所在了。

沃邦侯爵也向他的君主提供了大量其他领域的数据，这些 628 数据得自他的个人观察、实地调查和大量阅读；柯尔贝尔着重于经济事务，沃邦则关注人口议题。用 1686 年编撰的一份文件的话说（以下用黑体强调），**"人们会用臣民的数量来评估君王的伟大程度"**。侯爵呼吁进行每年一度的人口普查。"这些难道不能让君王心满意足吗？"沃邦雄辩地说，

> 每年都能在固定的日子里得知他手下臣民的确切总数，以及辖境各地的所有资产、财富和贫穷状况，还有他治下的贵族、牧师、官员人数……分门别类，以及他们居住之地。如果他和手下大臣都可以在短短一小时之内弄清治下伟大王国过去和现在的状况，这难道不是一种愉悦，一种有用且必要的愉悦吗？

甚至在得到肯定的答复之前，沃邦就呼吁路易十四编撰一系列"总体和局部的地图"。他将每年更新的人口资产总额数据添加到相应的地图上，这样就可"精确且轻易地了解自己王国的增长或衰落，所获和所失"，并在必要时"采取必要的举措"。[42]沃邦的档案里写满了一丝不苟的社区普查结果，每项普查都以教区和街区为单位进行，记录了每一位常住居民的性

别、年龄和职业，并与一幅详尽的地图相对应。

沃邦还着手开展了被他称为"计算"（supputation）的一系列活动，这些计算基于他的阅读、旅行和他人报告得出，话题聚焦于如何提高作物产量（以更好地供养国王的军队），如何让树木长得更高更直（以让国王的战舰装上更好的桅杆），甚至还有如何让农民养猪，并在十代人的时间之内将生猪数量提升到 300 万头以上（从而减少农民和士兵对面包的依赖）。[43]沃邦也向法国的海外殖民地倾注了不少心力，特别是加拿大。1699 年，沃邦向路易十四提交了一份备忘录。备忘录认为，每年派出更多的定居者会带来巨大的效应，因为"这么一来，今天生活在加拿大的居民有 1.3 万~1.4 万人，过 30 年——也就是 1730 年前后——这一数字就会达到 10 万"。不但如此，沃邦还预计，如果这些男男女女婚后生育 4 个子女的话，殖民地人口每过一代人就会翻一倍，"到 2000 年前后，那里就会有 5100 万人口"。[44]

这类"计算"显然不切实际——它是詹姆斯·C. 斯科特指出的"视野狭隘化"的产物。所谓"农民会在自己挨饿的同时蓄养家猪"的观点显示了沃邦对法国乡村生活惊人的无知；考虑到侯爵的军事工程师背景，他对几何和计算的沉溺还算情有可原，不过这也让他忽视了其他关键因素。尤其值得注意的是，尽管他将"1693 年的人口死亡和粮食匮乏"视为路易十四臣民数量下降的一大原因，但他还是"认为气候状况只是次要因素"，远不及他所强调的战争和税收问题。侯爵甚至还向国王表示，"匮乏存在于人们心中，但实情并非如此"。[45]

629　　柯尔贝尔和沃邦的统计方法还是在国外赢得了不少拥趸。雅各布·索尔在那篇耸动一时、论及 17 世纪欧洲"政治算术"（political arithmetic）之扩散的文章中评论说："欧洲国家不但同时遭遇了极为复杂的经济、军事、政治、社会和信仰危机，也一致给出了对危机的相似回应。"相关例证不难找到。从诸多德意志邦国的"重商主义"，再到斯图亚特王朝治下的英国：约翰·普拉姆爵士指出，查理二世手下的不少臣民对法国同行的所谓"系统性效率"（systematic efficiency）艳羡不已。许多政府官员都加入了皇家学会，他们"相信生活中的实际问题可以通过知识来解决"。尽管他们的"管窥法"常常让他们（比如沃邦）的探究面临"陷于荒谬"的风险，但时至 1700 年，"不列颠却有了堪称在全欧洲最有效率的政府机器"。17 世纪"政治算术"的内容可要比"计算家猪的潜在繁殖数"丰富多了。[46]

抑制疾病

詹姆斯·C. 斯科特还关注了"国家的视角"的另一大后果。他评论说，从 1650 年代起，欧洲政治家似乎开始——

> 致力于将社会谜题（social hieroglyph）合理化并标准化为易读且更便于行政干预的形式。由此而来的社会简化工程不但让更为适配的税收征兵体制得以实现，而且大大提高了国家的行政能力。国家因此得以对每一项社会事务都施加显著的干预，比如公共卫生措施、政治监控和济贫政策。[47]

国家对公共卫生领域的"显著干预"也许是最为突出的，因为这些干预包括了应对那个时代最致命的两种传染病：鼠疫和天花。

今天我们已经知道，黑死病（腺鼠疫）是一种通过被感染的跳蚤传播的芽孢杆菌，它们先从老鼠（最为常见的"宿主"）传播到人类，再在人类之间扩散；不过在当时（或者说直至1890年代），没有人知道这一点。因此，社会的边缘群体常常成为流行病的替罪羊。1630年代鼠疫席卷米兰时，该市行政官就审讯并处决了几名陌生人，认定正是这几个人用"邪恶的粉末"传播疾病。这项判决引爆了影响广泛而深远的"大恐慌"：在1000英里之外的马德里，谣言纷传"有些人受魔鬼差遣，传播杀人的残忍粉末，就像在米兰那样"，该市的行政官也下令禁止"任何可疑的陌生人"进入，并将任何来自疑似传染病来源地的人拘留三个星期。他们甚至禁止修道院接待到访的牧师，只因担心流亡者"可能会利用宗教习俗和宗教装扮"来实现他们的邪恶计划。塞维利亚的行政官甚至比他们的米兰同行更过分，不但举办宗教游行请求神灵庇佑他们对抗"残忍粉末"的威胁，还关闭了所有的城门。[48]

680　　　尽管诊断结论大错特错，但他们的应对之道——在鼠疫流行期间禁止人员和财产的流动——却歪打正着。在意大利各城市，由医生和治安官组成的永久性卫生委员会施加了严格的管控措施。1630年，佛罗伦萨卫生委员会对太多的信件和包裹进行了消毒，以至于该市的邮件总量暴跌97%——不过，多亏这种严格措施，鼠疫才没有在蹂躏佛罗伦萨以北地区全境，导致当地多达四分之一人口死亡的情况下蔓延到托斯卡纳的边界以南。这番成就也给意大利以外的各国政府留下了深刻印象，它们纷纷开始仿效。在法国，1628年的一篇论文甚至以亵渎的口吻表示，假如上帝"疑似得了传染病，我也有责任

将他隔离"。在西班牙，一条防疫封锁线将 1631 年的鼠疫疫情
挡在了比利牛斯山脉之外，在 1647 ~ 1651 年，另一条封锁线
则让卡斯蒂利亚地区免受鼠疫侵袭。[49]这种疾病的致命性并未
被消除——1665 年袭击英格兰的鼠疫疫情杀死了 10 万伦敦市
民，相当于首都总人口的四分之一。死亡率在伦敦较为贫困的
教区更是高达三分之一，而在英格兰王国的其他地区，也有
10 万人死于瘟疫——没有多少人认为这场大型瘟疫会是最后
一次。1690 年前后，统计学家威廉·配第爵士指出，平均每
20 年就会有一场鼠疫大流行袭击英格兰。他还预计，鼠疫疫
情若再次暴发（他认为下次疫情暴发已为期不远），仅在伦敦
一地便会有 12 万人死亡。伦敦的市政官和配第爵士一样悲观，
到 1703 年为止他们在印制"死亡总登记簿"时都为瘟疫葬礼
特地留有一栏（彩插 25）。但他们的预测错了。在法国，尽管
鼠疫在整个 17 世纪导致约 200 万人死亡，但每一次疫情暴发
影响到的区域都要比之前少一些（插图 53）。甚至更引人注目
的是，欧洲一个又一个地区变成了完全的免疫区：1625 年之
后的西西里，1631 年以来的意大利北部（除热那亚外），1649
年以降的苏格兰，1651 年以后的加泰罗尼亚，还有 1665 年之
后的英格兰。[50]

　　还有不少国家的政府成功遏制了天花。颇为吊诡的是，就
在更新且更致命的天花病毒从非洲传到美洲（差不多也传到
欧洲）的时候，亚洲的不少人却实现了天花免疫。这一改变
始于中国北部。天花杀灭了大量入主中原的满洲人，甚至在
1661 年令顺治皇帝病亡。顺治的嗣子康熙帝是天花的幸存者，
他对这种传染病倾注了极大热情。康熙发现，一些中国医生已
经开发出名为"人痘接种"（variolation）的天花预防方法：故

意接种绝大多数人能从中幸存的良性天花病毒，如此接种者就能终生免疫，因为天花只能在患者身上发作一次。[51] 根据康熙本人的记述，他在 1670 年代开始在"一二包衣"（奴才）身上测验这一疗法。一俟该疗法有效，他就坚持给自己惶惶不安的家人接种。随后，接种范围扩大到清朝统治之安危所系的全体八旗子弟。最终，有一半北京居民进行了接种。康熙皇帝曾在诫子格言中说，人痘接种保全了"千万人之生"，他自己也为此感到无比自豪。这位皇帝本来也可指出，人痘接种给女性带来了极大好处，因为孕期接触天花常常对母婴都是致命的；正是由于人痘接种，中国的儿童死亡率在 18 世纪从 40% 降到

631

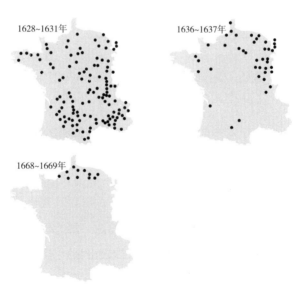

1628~1631年

1636~1637年

1668~1669年

53　17 世纪欧洲人克服瘟疫的过程

　　1628～1631 年、1636～1637 年和 1668～1669 年，法国受瘟疫侵扰之地的数量稳步下降。这在很大程度上要感谢行之有效的隔离政策。

了 10%。[52] 从中国开始，这项技术逐渐向西传到了奥斯曼帝国和莫卧儿帝国，而称赞人痘接种的报告也从那里传到了西欧。尽管人痘接种技术没来得及拯救大不列颠女王玛丽二世（死于 1694 年）、路易十四的王太子（死于 1711 年）和沙皇彼得二世（死于 1730 年）的生命，但是人痘接种所到之处，天花的致死率立即下降。无论从哪个标准来讲，这都是一项卓越（且异常成功）的公共卫生计划。[53]

　　如果当时的医学正统学说不再坚持认为疾病源自普遍原因而非具体缘由，国家对公共卫生领域的"显著干预"本可以取得更多成果。受限于这些正统学说，医生只能竭力平衡个人体内的四种"体液"（方法常常是放血、出汗、催吐或灌肠），拒斥所有不能导出某种排泄物的药物，这就排除了含有奎宁（对疟疾十分有效）成分的金鸡纳霜（Cinchona officinalis）。南美的耶稣会士发现了一种具备治疗功效的"秘鲁树皮"，并在 1640 年代开始定期将其装船运往罗马。经过大量测试之后，罗马的医生开始用这种树皮镇定发热的疟疾病人。到 17 世纪末，坊间已经出版 30 多种论述这一神奇药物治疗功效的书籍——不过，一些作者语带敌意。1650 年代中期有医生认为，尽管这种药物足以产生短期效果，却会在长时间内恶化病情。这样的敌对意见促使不少疟疾患者拒绝使用这种"耶稣会粉末"，其中就有奥利弗·克伦威尔，大不列颠的护国公。1658 年克伦威尔死于黄热病，不列颠的共和实验也就此终结。[54]

　　最终，这项新疗法还是成了主流。罗伯特·塔波尔在剑桥地区对疟疾受害者进行了一系列医学实验，最后于 1672 年出版了《疟疾成因和治疗方法之理性记录》（*Rational account of the cause and cure of agues*），塔波尔医生的疗法治愈了国王查理二世、法国王位继承人和西班牙王后，新疗法也让他变得富有——根据一名心怀嫉妒的医生的说法（他宣称塔波尔剽窃了自己有关金鸡纳霜的知识产权），即便"我从未因这项疗法拿到哪怕 10 英镑，他却赚到了 5000 英镑"——并被封为爵士。[55] 丰厚的回报激励了 17 世纪的专业与业余行医者，让他们竞相检测和试验新的疗法。他们不但因此建构了一套完备的实验药理学方法论，而且开始将医学焦点从根据单个患者体内的所谓"体液"进行治疗，转移到为攻克单个病症寻找有效的疗法上来。

滋养人民

1650 年代以降，不少国家的政府也采取措施，防止自己的臣民在匮乏年代里沦为饿殍。比如，清朝就在着手恢复官家粮仓网络的时候参照了"两千多年来的圣贤经传和机构先例"，其"集中程度、力度和一致程度都堪称历代之未见"。[56] 中国每个县城都拥有一座公共粮仓，也就是所谓的"常平仓"，此外还有社仓和义仓。依照惯例，这些粮仓会在收获之后粮价低廉时购入谷物，并在冬末春初以低于市场价的价格将其出售，以在丰年里稳定粮价，并在必要的时候防止饥荒。不过自晚明以来兵连祸结，事实上已经没有余粮可作福利之用：时至 1640 年代，几乎所有粮仓都已荒废失修。

1654 年，顺治皇帝命令各级官员重建常平仓和社仓，保证储粮足以应对未来任何可能的饥荒。不过，事实证明这一进程相当缓慢。1680 年，顺治之子康熙皇帝才开始下达一连串诏令要求各地实现充足粮储。几次歉收之后，康熙甚至在饥荒爆发的报告抵达之前便下令开仓放粮，并减少或蠲免了潜在灾区的税收。1691～1692 年的干旱饥荒之后，康熙皇帝加快了类似动作，他的努力成果丰硕：晚明时期每省的目标粮储仅为 1500 吨，但在 18 世纪初，至少有 12 个省份拥有超过 5 万吨的粮储，地处西南的云南的常平仓储粮甚至达到了 20 万吨，西北的甘肃也有 27.2 万吨（约 100 万蒲式耳）。不仅如此，根据李明的说法，虽然江南每年都会经由大运河北运远远超过皇室宫廷所需的稻米，"他们还是非常担心稻米短缺，因此北京的粮仓总是贮存了足够此后三四年使用的稻米。这些储粮足以长期食用，因为官府事先专门对稻米进行了加热烘干处理"。[57]

奥斯曼帝国也设立了大型粮仓，其中以位于伊斯坦布尔和埃及的粮仓规模最大，那里的余粮不但维系了首都居民的生存，也保障了阿拉伯诸圣城的粮食供给。1694 年非洲内陆发生干旱，这意味着尼罗河很难再快速泛滥并退潮，进而导致埃及陷入饥荒。奥斯曼苏丹不但下令宽限或减少灾区的税收（诏令引述了"贫乏的灌溉和干旱"），还"创设了一套定量配给制度，向农民派发抵用券，允许他们为自己和家人保留一定量的粮食。这些抵用券可以像货币一样购买和出售"。灾情在 1695 年进一步恶化，持续的干旱和瘟疫让农民潮水般涌入开罗城，忍饥挨饿的暴乱者洗劫了城中的"各处粮仓以及开罗城堡（这里是奥斯曼在埃及的统治中心）脚下鲁迈拉广场的小麦和大麦仓库"。苏丹只好将埃及总督撤职，继任总督"将贫民和饥民聚到一起"，把他们分成各个群组，为每一群人都任命"一位德高望重的领袖，负责为每个赤贫匮乏的人分发面包和食物"。[58]

在欧洲，只有南欧的城市成功设立了永久性的粮仓，不过这些粮仓无法与清朝或奥斯曼帝国的粮仓媲美。马德里粮仓（pósito，又称 alhóndiga）通常每年都会经手 2 万吨小麦，但在1630～1631 年饥荒期间，这座粮仓散发了超过 4 万吨小麦。那不勒斯的"大谷仓"（fosse del grano）可以贮藏多达 1.3 万吨的粮食。不过，虽然一位旅行者在 1663 年访问那不勒斯时听说"那里总是贮藏着足够全城吃上七年的粮食"，他还是怀疑"那里的存粮也许只够用两到三年"，而不会更多。大谷仓确实在 1647～1648 年革命期间不敷使用。在那个饥年里，忠于腓力四世的军队切断了那不勒斯城的正常粮食供应，强迫当局规定面包只能用官方发行的"消费券"（per cartella）来兑换（用以取代定量配给卡），而且士兵比平民优先得到供应。[59]欧洲北部诸国的粮仓远远达不到这个标准。1619 年詹姆士一世发布一系列敕令要求在英格兰建设公共粮仓，但这一计划因粮食生产商的贪欲而破产：他们希望为自己的作物牟取尽可能高的价格，拒绝任何可能有损于自身利润的举措。六年后，类似的自私动机也摧毁了他儿子查理一世的努力，当时国王陛下正在劝说苏格兰议会——

> 标定、选择他们认为最适合修建公共粮仓的地点并加以规划，这些地点可作为大型仓库，储存所有类型的粮食。上述仓库里的粮食供应将会防止灾年来临之时极端饥荒的发生，从经验上看这是不可或缺的。

1620 年代的瑞典政府也曾呼吁每个教区都修建一座粮仓，但并没能取得多少成果。1642 年，在经历一系列灾难性的歉收之后，瑞典政府更为坚定地重申了这一立场，并在 1690 年代再一次对此予以强调（此时瑞典经历了更多的荒年），但上述努力都以失败告终。[60]在法国，尽管巴黎警察总署署长尼古拉斯·拉·雷内（Nicolas La Reynie）也未能力排众议建设一座巴黎粮仓，但他找到了另一种办法来滋养首都的居民。每年冬天，雷尼都要求巴黎各地的牧师报告各自教区需要救助的确切人数，然后安排士兵将各种食品分配给这些灾民。根据现存的一份精心编撰的"1685 年 12 月 1 日至 1686 年 4 月 30 日冬季期间支出总额记录"：

> 面包、汤羹、木柴、衣服、裤子、木鞋和衬衫已经分给了生病的男性与女性，生病或怀孕女性必需的药物和食品也已分发。刚刚出生的婴儿得到了襁褓布的包裹，以及必不可少的小型亚麻制品。仍未断奶的婴幼儿每天都收到了牛奶和面粉；露宿街头的人得到了被褥、被单、铺盖和床铺，特别是那些穷困潦倒的织工、缎带制工、纽扣制工、刺绣工，以及其他在室内工作，却在今年失业的人。

拉·雷内可不愿在自己任内看到首都爆发面包骚乱。[61]

鉴于 17 世纪的人口中有 90% 居住在农村，在饥荒期间维持一张有效的农村安全网便至关重要。17 世纪新西班牙许多乡村的教友会（Confraternities）建立了玉米、大豆以及牲畜的储备。在平常年份里，这些由共同农作产出的资产都用来出售以资助当地的宗教仪式；但在匮乏年份里，它们就构成了关键的粮食储备。[62]在俄罗斯，沙皇命令伏尔加河沿岸的所有修道院设立粮仓。而在南欧地区，许多村庄和小镇都设立了"借贷银行"储备（可能是由本地产出的）谷物，以在艰难岁月里借贷给贫困人家——不过它常常要求借贷人提供抵押品（常常是一块布或是一盏器皿）和担保人（亲戚、邻人或雇主），还收取小额费用（下一个丰年之后偿还）。各地行政官也会在匮乏年份里借钱购买谷物，然后免费分发或以补贴价格出售。[63]

在 17 世纪异乎寻常的艰困时世里，各国政府也会以其他形式介入经济以提供福利。1633 年在瑞典，政府在斯德哥尔摩创设了一家孤儿院，主要用于供养为"大陆战争"而战的士兵及水手的子女，因为他们的母亲已经无力抚养他们。1646年，瑞典政府在瓦德斯特纳设立了今天已知最早的供受伤和年迈士兵疗养的荣军院。1651 年在冰岛，丹麦王室在岛上"四大地区"各捐出王室土地建设医院，并开征了一项所有人都要缴纳的特别税种以维持这些医院的运转。法律义务颇为关键，因为用 1601 年一位英格兰小册子作者的话说："在我们所处的这个冷酷无情的岁月里，不论是牧师的虔敬劝说还是穷人的悲痛呼喊都无法打动任何人的恻隐之心，除非一部法律才能强制他们行善：无论何地，立法都将最有利于穷人，其所依靠的是强制而非同情。"[64]

小册子的出版年份颇为关键，英格兰议会正是在那一年（1601 年）通过了整个 17 世纪最为综合性的立法，他们刚刚经历了长达十年的全球变冷。1601 年的《济贫法》（Poor Law Act）要求王国境内的每个教区都要在人们确实陷于窘困匮乏的时候为其提供"津贴"（我们今天的说法）——老年人、寡妇、病人和残疾人、失业者——但仅限于那些通常生活在教区

境内的居民。津贴制度的资金来自当地地产的收入税（主要 635
是土地税和建筑税），由从当地地产所有者之中挑选的"监管
人"进行管理，他们必须每年上报账目供当地行政官审计。
事实证明，将公共福利下放到教区层级堪称妙策，原因有二：
第一，行政官员的介入（如有必要还会得到王室法庭的支持）
保证了所有富人都必须出钱；第二，将受益者局限于当地居民
的政策意味着穷人在危机期间会待在自己能够得到"津贴"
保障的教区，而不是去最近的城镇寻求救济，让那里的资源过
载（如同在其他国家发生的那样）。这套制度绝非完美，甚至
在 1629~1631 年和 1647~1649 年的大匮乏年代都未能让行政
官员成功地向富人征税济贫；不过这一状况在 1690 年代的饥
荒期间有所改变，当时政府方面的压力确保了"英格兰每一
个教区都切实地被纳入一个全国规模统一协调的救济系统之
中"，这不但给那 10% 左右依靠慈善过活的人带来了实惠，还
给为数更多的可能在未来的危机中需要救济的人提供了好处。
气候诱发的一系列危机在 1590 年代到 1690 年代间的一百年里
侵袭了英格兰，也推动了世界上第一个"福利国家"的诞生，
进而为第一次工业革命创造了关键前提。[65]

创造性破坏

17 世纪频繁发生的城市火灾也引发了不少"显著干预"。
在德意志，一些中世纪行会是专门为了分担火灾风险而设的，
但它们却难以承受三十年战争期间过于普遍的火灾损失。在
1664 年的汉堡，合规的行会开始派发名为"防微全保"（Alles
mit Bedacht）的火灾保险合同，承诺一旦家宅被焚就向承包人
提供 1000 塔勒充抵复建成本，收取的保费则是 10 塔勒；与其

他城市一样，汉堡的市政官也签署命令提倡火灾预防措施并严惩纵火行为。[66]有些出人意料的是，英格兰并未仿效此举——毕竟，17世纪下半叶的英格兰发生了近百场损失在1000英镑及以上的火灾，其所造成的总经济损失近百万英镑。然而，绝大多数受灾人得到的唯一善后补偿仅是一笔由同情他们的市政官授权受灾人到当地教堂领取的"慈善救济"。哪怕是1666年的伦敦大火也未能给英格兰带来多大改变。不过应当承认的是，次年（1667年）的《伦敦重建法案》（London Rebuilding Act）要求市政部门将所有街巷和部分街道拓宽取直，补偿费用则出自煤炭税。法案还要求未来的房屋都采用砖石结构；克里斯托弗·沃伦爵士监督了圣保罗大教堂等其他五十座教堂以及为数众多的公共建筑物的重建工作，要求它们遵循整齐划一的风格式样。不过，还是有更多的事情该做而未做。政府收到了不少颇具想象力的重建方案，其中不乏将伦敦塔以西区域打造成堪与罗马比肩的帝国首都的构思，不过却无一被采纳。17世纪只有七个遭遇火灾的地方城镇效仿伦敦的先例出台了"重建法案"，这一法案授予地方政府特别权力以重建街道，并命令建筑采用砖石结构。[67]

636　　绝大多数英格兰人抱持的"罪孽果报"观念要对此负上一定责任。不少人立刻将伦敦大火的责任部分归咎于外国侨民，特别是法国人、荷兰人（集结成群的民众甚至杀死了几个法国人和荷兰人）与天主教徒。大火过后竖立的"纪念碑"一开始刻上的铭文写道："纪念这座城市最为恐怖的火灾；**它因天主教分子犯下的悖逆和歹毒之举而起，并因此持续**"（这行字直至1831年才被抹掉）。不过就在伦敦大火发生十四年后，尼古拉斯·巴尔本（一个改行做资产投机商的医生）创办了资本额为 3 万英镑的"房屋保险办公室"。办公室运营的头三年里就承保了伦敦的 4000 间房屋,收取了 1.8 万英镑的保费(木质结构的房屋保费要两倍于砖石结构房屋),赔付了约 7000 英镑。巴尔本深知风险所在——据他自己的章程所言,"房屋保险是个新构想,不可能确切断定"这一行业未来的盈利能力——但他认定"同一时间内的理赔损失不太可能超过储备金总额,除非整座城市在一夜之间被彻底焚毁"。事实证明巴尔本的"猜测"是对的,他的投机利润催生了为数众多的火灾保险社团,每家社团的成员都给他们的房产贴上了"火险记号",这样一来社团内部的私家救火队就能找到他们。[68]

有些国家用以应对 17 世纪中叶火灾频率骤增的措施则是设立永久性的公共消防队。比如在江户明历大火(1657 年)之后,幕府将军就设立了一支完全由武士组成的消防队,其中有负责江户市中心的四个支队和一些受命维护桥梁、谷仓等重要建筑物的特别分队。伦敦则将城区分成四片,每个片区都配备了 800 皮革桶的水、50 架梯子和 24 柄鹤嘴锄。江户和伦敦两地消防员的基本手法仍是清拆(demolition):要么将建筑物拆毁,要么将其爆破,以制造防火隔离带;但在其他地方,火患催生了更具技巧的灭火手段。中国丝绸业的中心城市苏州就发明了用轮子承载的高压水泵,阿姆斯特丹也独立发明了类似的灭火器械,那里的画家兼企业家扬·范德海登就发明了一种装在马拉灭火器上的抽吸软管水泵。每条抽吸软管都由伸缩性强的皮革制成,装有黄铜接口,长至 50 英尺(至今仍是欧洲灭火水龙带的标准长度)。范德海登开设了一家工厂,向阿姆斯特丹出售了 70 台他发明的器械——每个守卫队都有 1 台。

新型灭火器的效果立竿见影：1669～1673 年，阿姆斯特丹发生的 11 场大火造成了超过 10 万英镑的损失，但是 1682～1687 年的 40 场火灾造成的总损失不到 2000 英镑，这都要归功于新型灭火器。范德海登的发明很快就普及开来，传播到英国、德意志乃至日本（尽管这种灭火器一度未能扑灭 1688 年的江户火灾，"被扔进了一旁的池塘里"）和俄国（彼得大帝 1698 年访问荷兰时见过一台）（彩插 26）。[69]

其他公共设施也开始改善城市生活。1658 年抵达伦敦的詹姆斯·弗雷泽赞叹，他可以像白天一样"安全地走在漆黑的夜里"，因为"家家户户都会彻夜挂着一盏玻璃灯笼，门口点上蜡烛，大街小巷也都沐浴在街灯的光辉之中"。弗雷泽指出，"那些灯火正是为了防范黑夜里扒窃衣袋的行为"，现在"若有人作奸犯科"，犯事者"将无路可逃，除非他钻进一团漆黑、极为狭窄的小巷里"。[70]十年之后，阿姆斯特丹市议会做出了更好的表率。扬·范德海登发明了一种可以彻夜燃烧的街灯，这要归功于他的灯厂生产的塞浦路斯棉制灯芯绒。1669 年，阿姆斯特丹接受了范德海登的竞标，以 125 到 150 英尺的间距设立了多达 1800 盏街灯（据发明者计算，如此便可以最小花费实现最大的照明功效）。这套照明体系只花了六个月就投入使用，由 100 名城市点灯人负责运营。造访阿姆斯特丹的来客在第一时间就留意到了这里犯罪和骚乱的减少，这既要感谢街灯，也要归功于绝大多数荷兰城市新创设的"邻人照看"制度。1660 年代，阿姆斯特丹市出资雇用了 150 名携带轻武器的市民每夜到大街小巷巡逻，还有更多的人被编为预备役。这批人明快利落地逮捕任何被发现是犯下反社会行为的人：虐妻虐仆的人，从事强奸、盗窃或是公然在街头卖淫的人，以及酩酊大醉或妨碍治安的人。[71]德意志的许多城市和荷兰共和国的其他城市竞相仿效阿姆斯特丹的市政体制。到 17 世纪末时，人类在世界历史上第一次驯服了夜晚。

非创造性破坏

约瑟夫·熊彼特在他那对"创造性破坏"颇具影响力的分析中认定，在特定情况下，"不断破坏"旧式经济结构并"不停创造新结构"的进程（他视其为经济发展的核心要素）也存在例外情况。他写道：

> 我们假定一个地区有一定数目的零售商，他们试图用服务和"气氛"来改善自己的相对地位，但又避免价格竞争，严守当地传统的做法——这是一种"习惯性停滞"（stagnating routine）的景象。另外一些人闯入这个行业，这个半均衡的局面当然就被打破了，但随即出现的状况却对他们的顾客不利：每家商店享有的经济空间都变得更为狭窄，店主人也不能再以此为生。他们将试图在心照不宣的情况下提高价格，以挽救局面。涨价将进一步减少他们的销售量，这样便一步步螺旋式升级，导致了另一种局面：增加潜在供应招来的不是减价而是涨价，不是销售量的增加而是减少。

"类似现象时有发生，"熊彼特指出，"采取措施解决这一问题也是正确而适当的。但正如一些实际例子表明的那样，它们只是在那些离典型的资本主义活动最遥远的地方才能找到的

最次要事例。何况，它们生来就转瞬即逝。"⁷²

熊彼特的结论在 20 世纪上半叶或许是对的——他对那段历史有着切身体验，也正是根据自身的亲历亲见写下此论——但是这一结论在 17 世纪下半叶就大错特错了：他所形容的"习惯性停滞"几乎是 17 世纪下半叶所有经济体的特色（绝不只存在于"最遥远的地方"）。不仅如此，这些例外状况也并非"转瞬即逝"，而是持续了下来：在世界上绝大部分地区，危机幸存者的因应之道几乎都是试图"窄化经济空间"，刻意保持现存的半均衡状态，防止任何可能有碍他们继续"习惯性停滞"的事物。的确，绝大多数国家决定推行与受到英格兰及其邻国青睐的"高压力"体制截然相反的"低压力"经济体制，这也推动了不少历史学家揭示的那种令欧洲与欧洲以外的世界走上不同道路的"大分流"。

一些欧洲农民对待"轮种作物"的态度颇具启发意义。尽管玉米常常能在摧毁其他谷类作物的反常天气下存活并拥有更高的亩产量，还是有许多农民拒绝种植玉米，除非危机来得过于急迫。在西班牙，唯有等到 1630 ~ 1631 年的饥荒之后，玉米种植才得到普及——即便如此，玉米种植也仅限于部分饥荒最甚的地区。加利西亚地区的人口记录和作物记录的比较足以反映出，玉米种植区域的人口增长要远远多于且快于那些依旧只依赖谷类作物的地域。对玉米的偏爱让加利西亚得以在 17 世纪实现了人口的持续增长——但在西班牙的其他地区，传统压倒了权宜之需：农民主要将玉米用作饲料（如果他们会用的话）。人们对待稻米的态度也大致相同。尽管托斯卡纳阿尔托帕肖村的农民在 17 世纪中叶饱受极端气候事件的伤害（1654 ~ 1656 年前所未有的水灾以及 1659 年的旱灾），且每三年里就有一年的死亡人数超过出生人数，他们还是拒绝作物多元化。虽然村民在一次旱灾之后试种了水稻，但他们后来还是在第一时间里重新种植传统谷物，只因传统谷物的潜在收益更高。唯有在 1710 年的灾难性歉收之后，村民才引入了玉米。[73]

类似的保守做法也出现在德意志地区的许多邦国之中。例如，早在 1648 年三十年战争结束之后的第一时间，奥托博伊伦当局就向有意定居的移民摆出了欢迎态度（见页边码第 616 页）。但是，最早在 1661 年，当局就拒绝了一名身无分文的蒂罗尔男人来到这里和未婚妻完婚并定居的申请，"因为这里还有不少本土子弟"可以接掌空出的农地。这次拒绝终结了这一婚约，最终这位未婚妻只得离开修道院的土地。1660 年代当地只有不到 20% 的婚姻涉及移民，1680 年代之后这个数字更是降到了 10% 以下。奥托博伊伦 1675 年的人口仅为战前水平的 72%，到 1707 年时也只有战前水平的 92%。[74]

符滕堡黑森林地区以卡尔夫为中心的农村纺织业堪称"习惯性停滞"的又一显著例证。三十年战争爆发前夕，这里的村庄可以生产出数千匹轻质羊毛纺布（精纺布，也称"Zeuge"）并出口到意大利、瑞士、波兰，以及神圣罗马帝国的其他地区。纺纱、编织和给衣物上色成了不少村落里半数家庭的职业，但敌军不但在战争的大部分时间里占据着符滕堡，还在 1634 年一把火将卡尔夫夷为平地，切断了贸易路线，增加了交易风险，摧毁了该地的几个外销市场。及至战争结束，纺织商设立了一家协会，（在当地领主支持下）强迫织工行会同他们签署了一项永久性协定，该协定声称将保证所有人安居乐业。协定文本中提出了三项重要限制：第一，虽然每名织工此前每年可以生产多达 200 匹布，之后却最多只能生产 50 匹（协定还具体要求每周不得超过 1 匹）；第二，纺织商每年都会单方面确定一个价格，且所有人都一致同意不会在这一价格以上或以下的价位出售布匹；第三，织工必须立誓不向任何纺织商协会以外的人出售布匹，也不在学徒、纺纱工或是原材料方面互相竞争。尽管这些限制伤害了"局外人"（顾客、雇员、女性、移民与犹太人）的利益，它们却保护了本地纺织商、资深织工和男性户主的利益——直到这些条款最终摧毁符滕堡纺织业的竞争力为止。

出于相似的原因，行会也波及了危机过后的其他各国。在距卡尔夫不远的奥托博伊伦，战争之前只有陶工和屠夫组织了自己的行会。但在 1648 ~ 1700 年，农村行会实际上已经逐渐控制了经济的各个部门：马车夫、铁匠、锁匠、裁缝、鞋匠、制革工人、制桶工人、酿酒工人、画家、制枪工人、刀匠、绳索制作人、面包师、磨坊主、木匠、木匣工人、镜片工人、泥瓦匠、理发师，甚至澡堂管理员都归行会节制。在各行各业里，行会管制都保障了所有生产者的平等生存，也有利于他们从世纪中叶的危机中缓慢平稳地复苏元气；但如此一来，它们也阻碍了创新和增长。[75]

在位于中国东南部福建山区的四堡村落群，当地书籍出版业的发展堪称经济复苏"低压力"策略的最佳例证。明清易代造成的破坏让这一地区的土地大多残破不堪，清廷鼓励"可以带着家人一起来开垦山间土地的人，以及可以自食其力的人"前来定居。史料在提及这些移民时往往称他们为"棚民"（因为他们生活在简陋的窝棚里）。这个称号表明他们一开始十分贫穷，但有些棚民依靠采伐竹子或造纸赚到了第一桶金。1663 年，四堡的其他家庭开始利用当地的廉价纸张印刷廉价的雕版书籍。"他们主要瞄准的是份额最大的教科书市场：位居教育体系金字塔底部的学生"，这些人正在准备参加科举考试。到 1700 年，四堡已经拥有十多家书坊，每家书坊都将产品分发给货郎，再由货郎从一个市场去往另一个市场售卖货物。[76]四堡的出版商成功实现了白手起家，但是他们的创造力却很快让位于保守主义。业已蓬勃壮大的他们就像卡尔夫的毛纺商人一样消灭了竞争，宣称从此要在所有人之间均分利润。一开始，尽管所有男性继承人都在父亲死后将遗产均分（这项举措促使大家分割雕版、印刷品存货等资产），各个儿子及其家人还是要选择同在一个屋檐下过活，像一个联合家族企业一样经营书坊。借助这个能容纳约 70 人的劳力池，族长得以分割责任、严查账目、消除竞争、制止冲突；甚至在家族分裂已成事实，一些子孙抽走属于自己的股份并自成一家的时候，整个家族仍然将竞争控制在最低限度。每年年末，各家书坊的掌门人"将新一年里预备出版的各书籍封面页印刷出来，张贴在他们（房舍）的门口"。如果两家书坊选题重复，村里的长者就会出面促成一项协议，若协议不成就强行施加和解方案。用包筠雅的话说（正是她揭示了四堡印刷商的种种做法），"这些举措旨在保证即便规模最小的（印刷）店也能得到一些利润"，也就是禁止"大型出版商垄断这些取之不尽用之不竭的大众教育文本"。他们这个目标算是达成了：自 1663 年以降创办繁荣印刷产业的四堡人家，近三百年后还在印刷相同的文本。[77]

在卡尔夫、奥托博伊伦和四堡的案例中体现的"低压力"

640

经济策略是 1700 年以前世界各地的主流，因为没有几个地区敢于接受那种允许任何人——移民、劳工、女性及犹太人——涉足农村产业的所谓"高压力"模式。高压力的经济体系更为灵活，更具适应力且更有活力，但也带来了"背离既得利益"和"造成大范围混乱"的风险。尽管一个行业常常能通过开放竞争将自身的总量做大，但竞争带来的混战局面往往也意味着许多人最终只能从中分到极少的利益。将一个行业的从业者限定在一个获得特许权的封闭性专家圈子以内，让他们的行为可以在国家监管的协助下通过本行业的从业者协会得到微观调控，这样的做法至少在短期看来能带来诸多政治和社会层面的好处，因为这能让既得利益者感到满意，从而将失序的风险降到最低。可能只有那些拥有精细的福利制度的地方（比如英格兰和荷兰共和国）才能担得起这种失序风险。

不过，保守的经济策略也会带来风险。2011 年，由罗伯特·C. 艾伦领衔的国际经济史学家团队提出了一项关注 18 世纪前后非熟练劳工的日均工资可购买之"一揽子基本生活用品"数量的数据——这项数据也可称为"福利比率"（welfare ratio）。他们的研究显示，1730 年代（这是具备比较数据的第一个时间点）世界各地的"福利比率"之间存在巨大不均，这些不均也随着时间推移而变本加厉。在伦敦，日最低工资可以购买四个单位的"一揽子基本生活用品"，在阿姆斯特丹和牛津可以买到三个单位。但在北京、广州、苏州、上海、江户、京都和伊斯坦布尔，那里的日最低工资只能勉强买到一个单位。这份调查还收录了中南欧各城市工人的福利状况，他们的福利比率并未比北京的好到哪里去。同时，没有一座亚洲城市的福利比率能接近西北欧城市已经达到的水平。换言之，现有数据显示，1730 年代（大概还要更早一些）的一个伦敦劳动者可以养活一户四口之家，阿姆斯特丹或牛津的劳动者可以供养三口之家，而亚洲或东南欧的劳动者甚至很难养活自己。不但如此，无论在英格兰还是荷兰，雇佣工人在 18 世纪初都能占到某些城市工作人口的大约一半，但在中国江南（以及欧洲内陆许多地区），这个比例还不到城市人口的五分之一，也不及乡村人口的十分之一。这种不均放大了不同地区彼此之间购买力的差异。[78]

尽管每单位"一揽子基本生活用品"含有足够每天产生 1940 卡路里热量的食物（主要是可获得的最便宜的碳水化合物食品），但伦敦的工人当然不会一天就吃掉相当于之前四倍的碳水化合物。相反，他们选择食用更昂贵的食品，饮用更昂贵的饮料，购买品类更广的非食品物资，也就给那场让丹尼尔·笛福大感震惊的消费革命注入了动力。至少就英国而言，17 世纪中叶危机制造的"致命合力"似乎到 1700 年便让位于"良性合力"了：粮食需求再也没有超过粮食供给，战争不再扼杀福利，这让政治稳定、人口回升和经济增长重新到来，格里美尔斯豪森笔下的凤凰才得以涅槃重生。那么问题来了，为什么它没有在其他地方，特别是在中国发生呢？

注 释

1. Meyer, 'Ein italienisches Urteil', 160 – 1; Ray, *Observations*, 81 – 2 (Mannheim and Heidelberg) and 140 (Vienna); Skippon, *An account*, 432 (Mannheim), 439 – 40 (Heidelberg), and 476 (Vienna). 这两人都凭借杰出的观察力成为皇家学会的成员。我

感谢彭慕兰对本章初稿给出的诸多评价。

2. Meyer, ' Ein italienisches Urteil ', 160 – 1; Ray, *Observations*, 109; Patin, *Relations* (1671), 144, 199 – 200, 212.

3. AUB *Ms* 2538, 'Triennial travels', III/7v (Munich), 8 (Regensburg); Gordon, *Diary*, II, 8 and 36 (1659).

4. Li, *Fighting famine*, 9; Fong, ' Writing ', 268 – 73. 她观察到 "经历丧失与混乱是如此让人思绪万千又饱受创伤,因此对于那些有条件有能力写作的人而言,它必定可以让他们获得一定的掌控力、秩序感以及诗意的尊严"。我感谢狄宇宙指出中国汉族艺术中鲜少出现战争题材的视觉作品。

5. Li Wen, 'On the road', 感谢司徒琳的善意翻译 (关于李雯的旅途可参见 Wakeman, *Great Enterprise*, 678 – 80); Wakeman, *Great Enterprise*, 761, 收录了陈邦彦的诗词 (另一首在注释127)。

6. Meyer-Fong, *Building culture*, 134 (其他数据出自 ibid., 5, 12, 20, 77 – 8, 141 – 2 及 174 – 80)。

7. Nieuhof, *An embassy*, 3 (前言), 85 (扬州), and 64 (南昌)。英文版称在广州有 8000 人遭到屠杀,但纽霍夫的荷兰语原版手稿明确指出死者多达 8 万人:参见 BNF, *Cartes et plans*, Ms In 8° 17, fo. 30。同样,英文版宣称当荷兰人于 1656 年到访时,湖口的贸易非常繁荣,然而纽霍夫的原文则清楚表示 ' voor de destructie van China': ibid., fo. 61。

8. Nieuhof, *An embassy*, 65 (清朝政策), 39 (广东) and 84 (大运河沿线)。可与曾德昭在清军入关前夕的相同表述进行比较:页边码第 23 ~ 24 页。

9. Brantôme, *Oeuvres*, VI, 326; La Noue, *Discours*, 160.

10. Ansaldo, *Peste*, 204 – 8. Del Pino Jiménez, ' Demografía rural Sevillana ', 500 – 2, 发现在 1649 年的毁灭性瘟疫之后不久,其研究对象——安达卢西亚的多个城镇也经历了相同的婴儿潮。

11. Sreenivasan, *Peasants*, 289 – 92 and 322 – 3 (all quotations). Theibault, *German villages*, 199, 指出为增加自己领土上的人口,黑森－卡塞尔伯爵取消了所有前来定居的复员士兵的常规 "居住税"。

12. Felloni, ' Per la storia '; Eldem, *The Ottoman city*, 98 – 102 (by

Daniel Goffman）; Bustos Rodríguez, *Cádiz*, passim; and archival data communicated by Professor Bustos in Sep. 2006, for which I am most grateful.

13. *Venezia e la peste*, 98; Hagen, 'Seventeenth-century crisis', 325（quoting the edict of 1661）; Archivio di Stato, Lucca, *Anziani al tempo della libertà*, buste 707 – 8.

14. Jespersen, *A revolution*, 279 – 96; Lappalainen, 'Finland's contribution', fig. 9; Oschmann, *Der Nürnberger Exekutionstag*（关于瑞典退伍士兵的报酬）。由艾尔斯递交的身无分文的战争寡妇们的请愿书《战争与寡妇》表明，对瑞典士兵和海员的家庭而言，这场"大陆战争"带来的是人身与经济双重灾难。

15. Wheeler, *The making*, 212, 记录了支付给英国退伍军人的金钱数量。Firth, *Cromwell's Army*, 197 and 206, 指出只有在王政复辟时期服役的士兵才收到了报酬——1659 年被遣散的大量军官却一无所获。Reece, 'Military Presence', Appendix, 显示 1660 年英国有 25000 名在役士兵。

16. Ray, *Observations*, 221, and Skippon, *An account*, 550 – 1（both in 1663）. 关于这次损害，参见 SIDES, *La popolazione*, 43 – 7; 以及 Externbrink, 'Die Rezeption des "Sacco di Mantova"'。

17. Sreenivasan, *The peasants*, 348, 引用了梅明根市地方行政官于 1600 年和 1702 年的声明。

18. Rawski, 'The Qing formation', 217 – 18, 记录了那些当铺；人口统计数据来自彭慕兰 'Is there an East Asian development path?', 325 – 6; 耕地面积引用自 Ho, *Studies*, 102（但请注意本书第二部分的注释 4 及第 5 章的警告）。其他信息引用自 Huang, *Peasant economy*, 85 – 6; Pomeranz, *The Great Divergence*, 84; and Will, 'Développement quantitatif'。

19. Hartlib, *Samuel Hartlib his legacie*. Kerridge, *The agricultural revolution*, 于 1967 年首次出版，提供了 17 世纪晚期英格兰一系列有关耕地"改良"的事例。Mark Overton, *An agricultural revolution*, 随后驳斥了这一证据，并提出英格兰农业直到 1750 年都鲜有变化。相反观点则认为 Kerridge 的大多数例证来自东安格利亚，这一地区较为松软的土地便于农业革新，而 Overton

的研究则集中在土质更为厚重的米德兰。关于日本的类似进步，参见第 19 章。

[785] 20. Ho, *Studies*, 146，引用 1760 年的一本地名词典；Mazumdar, 'The impact'，69；Wong, *China transformed*, 28（来自桐城县家族的统计数据）。

21. Goldstone, *Revolution*, 372.

22. Quotations from de Vries, *The Industrious Revolution*, 10 and 128, with more examples from his ch. 4, entitled 'Consumer demand', and his subsequent article, 'The limits'.

23. Clunas, *Superfluous things*，绘制了明朝繁荣时期的图表；关于苏州，参见 Marmé, 'Survival', 145 – 55。

24. Marmé, 'Survival', 156 – 9（行会）；Nieuhof, *An embassy*, 69（运输）and 75（南京）。比较 1630 年代曾德昭的类似描述，页边码第 24 页。2002 年，南京附近扬子江上往来的船只数量曾让笔者惊叹不已。

25. Marmé, 'Survival', 144, quoting Kangxi and Cao Yin, and 151 (*jinshi* score：785 in the Qing period)；Will, 'Coming of age', 38 – 9，引用了姚廷遴的《记事拾遗》。

26. 详情出自 Perdue, 'Water control'。洞庭湖的面积在涨水季节仍会扩张 2000～12000 平方英里（6 月至 9 月间），但鄱阳湖现今的面积更广。

27. Le Comte, *Nouveaux mémoires*, I, 118 – 20.

28. Nieuhof, *An embassy*, 81（大运河）and 104（天津）；Brook, *The confusions*, 48（由顾炎武估算）。

29. AUB *Ms* 2538, 'Triennial travels', I/29；Morrice, *Entring book*, IV, 331, entry for 6 Nov. 1688.

30. 我要再次感谢岸本美绪教授。在 2010 年 7 月东京国际文化会馆的研讨会上，她同我分享了她提出的关于中国的"模式"概念，以及"我们也可以在欧亚大陆另一端找到类似状况"的推断。

31. Hull, *The economic writings*, I, 91 and 94（*A treatise of taxes*, ch. XV, 'Of excise'）；North, *Discourses*, 14. De Vries, *The Industrious Revolution*, 58 – 64，提出了一个有趣的建议，即对"新奢侈品"的积极态度源自扬森派基督徒，正是他们将"自爱"看作一种

富有意义和建设性的热情。

32. Defoe, *The compleat English tradesman*, II, part 1, 99 – 102 and 107 (climate); the last hurrah appears in his *A tour*, I, 'the author's preface'.

33. Yang, 'Economic Justification for Spending', 51, quoting an essay by Lu Chi of Shanghai, c. 1540, quoting Mencius; Kishimoto-Nakayama, 'Kangxi depression', 241 – 2, quoting an essay by Wei Shixiao, c. 1680. 笛福也提出了相同观点：他写道，"节制"将让"女仆"、农民、工匠以及商人失业：*The compleat English tradesman*, II, part 1, 99 – 102。

34. Defoe, *A tour*, I, 'The author's preface' (published in 1724, after 40 years of travels and observation); Defoe, *The compleat English tradesman*, II, part 1, 99 – 102.

35. Wheeler, *The making*, 148, 198. 消费税的直接后继者——增值税，至今仍是英国财政收入的第三大来源：这是全球危机留下的非凡遗产。

36. 细节引自 Bogart, 'Did the Glorious Revolution contribute?'。

37. Wheeler, *The making*, 213; Mallet, *Comptes rendus*, 286 – 7 (18 世纪初期，Mallet 审阅了法国财政部的记录，他发现 1656 ~ 1660 年这五年间并未出现有意义的数字，这正是所谓的财政混乱：ibid., 240); 欧洲国家财政数据库，可参见 http:// esfdb. websites. bta. com/ Default. aspx，最后一次访问于 2012 年 2 月 4 日。

38. Ogilvie quoted page 52 above; Scott, *Seeing like a state*, 11.

39. Wu, *Communication*, 34 – 6 and 48 – 9; Janku, 'Heaven-sent disasters', 239 – 41.

40. Virol, 'Connaître', 851 and 855, 显示了中国对沃邦侯爵"王家什一税"（Dîme royale）计划的启发。

41. Colbert, *Lettres*, I, 251 – 2, Colbert to Mazarin, 30 Aug. 1656, and reply dated 9 Sep. Soll, 'Accounting', 234, 介绍了每年供国王随身携带之用的小书。Colbert, *Lettres*, II part 2, 771 – 83, 刊登了 1680 年小书的内容（其中包含了一篇 1662 ~ 1680 年国家收支的总结）。关于法官们对马扎然的反抗，参见第 10 章。

42. Vauban, *Méthode générale*, 14 – 15, published May 1686.

43. Virol, 'Connaître', and idem, *Vauban*, with additional data from Vauban's archive: ANF *AP* 155 Mi 1 – 68. 第一次详细调查于 1682 年在杜埃（Douai）展开，当时沃邦是该城总督，其内容包含 91 对开页：ANF *AP* 155 Mi 14/22; extract in Virol, 'Connaître', 873。由此，虽然不是全国性工作，沃邦也收集了在细节之详尽程度上与日本丰臣和德川政权展开的调查不相上下的信息（参见第 16 章）。See also Virol, *Vauban*, 192 – 4, for a 17 – page 'Supputation' entitled 'Chronologie des cochons'.

44. 'Moyen de retablir nos colonies de l'Amérique et de les accroître en peu de temps' (1699), in Vauban, *Les oisivitiés*, 539 – 73, quotation from p. 571. 2000 年，加拿大法语区的实际人口不到 700 万（而加拿大全国人口不到 3100 万）。

45. Virol, *Vauban*, 204（'Du nombre d'hommes'）, 212（noting that other practitioners of 'political arithmetic' made the same assumptions）, and 213（dearth is 'dans l'opinion et non dans la réalité': from a *Mémoire* of 1694）.

46. Soll, 'Accounting', 237; Plumb, *The growth*, 11 – 13.

47. Scott, *Seeing like a state*, 3.

48. Pérez Moreda, *Las crisis*, 299; Morales Padrón, *Memorias de Sevilla*, 67.

49. Brockliss and Jones, *The medical world*, 350, quoting L'Érisse, *Méthode excellente et fort familière pour guérir la peste* (Vienne, 1628).

50. Lebrun, *Se soigner autrefois*, 162 – 3（关于瑞士相同情况的描述见 Eckert, 'Boundary formation'）; Moote, *The Great Plague*, 254。

51. Marks, *Tigers*, 147 n. 42, 报告了 1657 年广州附近开展的一次成功的接种活动。关于来自非洲、毒性更强的毒株，参见 Alden and Miller, 'Unwanted cargoes', 以及第 4 章。本书第 5 章介绍了天花在满洲人当中肆虐的情况。

52. *SCC*, VI 6, 134 – 40（康熙的个人记录）; Woods, *Death before birth*, 213 – 32（天花，母婴）; Lee, Wang and Campbell,

'Infant and child mortality', 402-3（该技术在中国的传播）。一位英国商人在描述 1731 年孟加拉的天花接种情况时，声称这项技术在当地已有 150 年历史：Guha, *Health and population*, 141。

53. Schiebinger, *Plants and empire*, 100-4, 记叙了人痘接种在欧洲的传播。教区报告刊印于 Sinclair, *The Statistical Account*（例子可参见 vol. II, 12 及 551），记录了在詹纳发明疫苗以前人痘接种在苏格兰是如何不断治愈天花的。

54. 毫无疑问，出于意识形态立场，克伦威尔本应拒绝所有由耶稣会士垄断的药品，但西属尼德兰虔诚的天主教统治者利奥波德·威廉大公在 1650 年代也拒绝使用金鸡纳树皮：Maehle, *Drugs on trial*, 226-8。

55. ODNB s. v. Thomas Sydendam, letter to John Locke, 3 Aug. 1678.

56. Li, *Fighting famine*, 167.

57. Le Comte, *Nouveaux mémoires*, 125（于 1680 年代对他的个人视察的书写）。其他细节出自 Li, *Fighting famine*; Will and Wong, *Nourish the people*; Shiue, 'Local granaries'; and Perdue, *China marches West*, 359-65。江户时代早期的日本也拥有一个粮仓网络：参见第 16 章。

58. Mikhail, *Nature*, 216-17. Ibrahim, *Al-Azmat*, ch. 4, 提出 1694~1695 年的饥荒是整个 17 世纪中最为严重的。

59. Pullan, *Rich and poor*, 294-6, 关于意大利城市粮仓；Skippon, *An account*, 600; Hugon, *Naples*, 75, 139, 141, 关于那不勒斯的情况；以及第 9 章关于马德里的内容。

60. 关于英格兰的情况，参见 Thirsk, *The agrarian history*, IV, 619, 有关苏格兰的情况，参见 http://www.rps.ac.uk，查理一世于 1625 年 11 月 1 日建议的文章；有关瑞典的情况，参见 Myllyntaus, 'Summer frost', 92-4（情况只有在 1726 年后才有所转变，可是一系列严重歉收又接踵而至：18 世纪末有超过 100 个教区谎报了粮仓储量）。

61. Ranum, *Paris*, 354-6. La Reynie, *the first Lieutenant General* (1667-1697), 属于"信徒党"（dévôt party），他们长期以来都倡导用福利支出取代战争支出：参见第 10 章。

62. Guthrie, 'A seventeenth-century "ever-normal granary"'; Farriss, *Maya society*, 269 – 70; 以及第 15 章。

63. Romaniello, 'Controlling the frontier', 435; 关于费尔莫地方行政官 1648 年时的应急减灾措施的记录, 请参见 Bercé, 'Troubles frumentaires', 489 – 93。

64. Ailes, 'Wars, widows', 22, 25; Hastrup, *Nature*, 234 – 5; Anon., *An ease for overseers of the poore*, 22.

65. Hindle, *On the parish?*, 256; Solar, 'Poor relief', 4 – 6; Blaug, 'Poor Law Report', 229.

66. Allemeyer, ' "Dass es wohl recht ein Feuer" ', 218 – 20, 记录了 1647 年不伦瑞克的命令; Emden, 1666; Kirchward, 1673; Clausthal, 1687; Nürnberg, 1698 年。关于"累积学习"的重要性, 因为人类只有在频繁且严重的灾难面前才会演变出应对策略, 也可参见本书的后记。

67. 计算来自 Thomas, *Religion*, 19 – 20; 其他数据引用了 Jones, *Gazetteer*, 52 – 3. 也可参见第 5 章。

68. Barbon, *A letter*, 1 – 2.

69. McClain, *Edo and Paris*, 310 – 16; Needham and Wang, *SCC*, IV/ii, 218 – 22; van der Heyden, *A description*, 37, 81; Viallé and Blussé, *The Deshima Registers*, XII, 335 – 8.

70. AUB Ms. 2538, 'Triennial travels', I/29.

71. Israel, *Dutch Republic*, 680 – 2.

72. Schumpeter, *Capitalism*, 85. 他如此总结自己的观点道:"在零售贸易的场合里, 重要的竞争不只出自更多同类型商铺, 也来自百货公司、连锁店、邮购商店以及超市, 它们注定早晚要摧毁那些金字塔结构。"注意本书第五部分的注释 8 中对使用"创造性破坏"这一术语的警告。

73. Marcos Martín, *España*, 462 – 3, 479 – 82; McArdle, *Altopascio*, 52 – 4 and 91.

74. 引文出自 Sreenivasan, *The peasants*, 289 – 92, 322 – 3 and 326。

75. Ogilvie, *State corporatism*, 106 – 9, 189 and 218 – 20; Sreenivasan, *The peasants*, 333 – 5, 345 – 8. 也可参见 Ogilvie, 'Guilds'。

76. Brokaw, *Commerce*, 226 and 405，关于学生市场的规模，可参见第 5 章。

77. Ibid. , 179（and all of her ch. 5 on ' Household division and competition'）.

78. Allen, ' Wages', passim. 感谢彭慕兰同我探讨 Allen 的著作。

22 大分流

杰出的汉学家塞缪尔·艾兹赫德说："总危机标志着近代史上欧洲和中国分流的关键节点。"艾兹赫德曾就 17 世纪中叶相去甚远的这两大地区进行了一些比较研究，他在检视两地在经济、社会和政治等方面的数据后得出了一项结论："从危机中走出的欧洲社会得以复苏，比之前更有力量，整合得也更好，中国社会相对而言则是一潭死水，没有改变。"三十年后，另一位杰出汉学家彭慕兰出版了一本颇具影响力的比较研究著作《大分流》（这个术语在之后被广泛引用），他在书中却不同意该论点。彭慕兰不但比较了两地的主要经济指标，也对两地的知识和技术进行了一番盘点，他最后得出的结论是，迟至 1750 年，中国经济发达的地域（如江南）和欧洲经济发达的地域（如英格兰）之间还没有多少差别。[1]虽然有关"大分流"的后续争论依旧聚焦于经济上的比较，但人们对全球危机在亚欧大陆两端所唤起的知识革新的比较，还是反映了一些惊人的相似之处。

教育与惩罚

1654 年，惊魂甫定的法国政府刚刚夺回首都巴黎的控制权。一位署名"巴黎某教区神父"、自称拥有十八年教学经验的作者出版了一部 335 页的著作《教区学校：又名如何在小型学校里最好地教导儿童》（简称《教区学校》）。该书的第一部分颂扬了"教师的诸美德"，并将开设学校与统率军队相提并论。这位匿名作者指出，训导成功的关键在于长幼尊卑（hierarchy）和服从意识（subordination）：有效的课堂教学需要四名"观察员"和"告诫者"，负责登记应当受罚之学生的姓名；八名"家访者"负责跟着学生回家，观察学生及其家人在授课时间之外的表现，向教师汇报所有过失；还有十二名"复诵者"，负责朗诵课文，向最年幼的小学生展示字母表。《教区学校》的第二部分则讨论了如何向儿童传授神学；接下来的两个部分则是如何教授读写、算术和拉丁语入门的"最佳范例"。这位作者后来被认定为雅克·德·巴滕库尔（Jacques de Batencour），他花了不少篇幅强调规训（discipline）的重要性，例如将男生和女生分开，禁止学童彼此交谈（同一时段之内只能有一名学生离开教室小便），保证教室里有大窗户（"以此摆脱小孩子的邪魅味道"），以及推行那些旨在羞辱而非伤害学生的惩罚措施，因为羞辱的效果持续得更久。巴滕库尔亲掌教鞭十八年，这种经历也让他领教了管教那些"只是孩子"的男童有多么困难：这些男童在家里都被宠坏了，在学校的时候需要接受比别人更多的羞辱和惩罚。[2]

这位教师笔下的授业之道赢得了颇为广泛的受众，这本书也多次再版。不仅如此，路易十四还将该书寄往法国在加拿大的殖民地（加拿大的图书馆依旧存有此书的两本初版），不少法国主教也称赞了书中的警句隽语，命令他们各自主教管区的学校遵照办理。尤为重要的是，巴滕库尔为 17 世纪晚期法国建立的诸多慈善学校订立了教学章程，这些学校旨在"消灭盛行于穷人当中的无知，这些穷人的子女缺乏去教区学校接受教育的金钱与能力，大多数时候像流浪汉一样游荡于街头，全然不受管教，也对宗教的教诲浑然不知"。为了终结这一现象对公共秩序的威胁，政府认为"没有什么补救办法比在城市的主要教区创建慈善学校更好的了，可以在那里向穷人子弟传授教理问答，同时让他们学习读写"。与创设小学有关的后续立法背后也有着相似的逻辑，这些立法常常逐字逐句地宣示路易十四的初衷，那就是不但要教育穷人，还要"改造那些浪荡子，否则他们的过分行为将成为公共丑闻"。[3]

面对"总危机"引发的后续混乱，太阳王并非唯一一位视基础教育为解毒剂的欧洲统治者。1651 年，布伦瑞克 - 沃尔芬比特尔公爵奥古斯都颁布了一份综合性的《学校法案》，明令推行普遍的初等教育，以免下一代人沦于野蛮（die Verwilderung der Jugend）。公爵愤怒地宣称：

> 不幸的是，历史经验明白无误地显示，近年来这场可恶的战争已经摧毁年轻一代的教育（并带来其他恶果）。除非及时补救，否则我们的苦难和厄运还不知要持续多久。年轻人在成长过程中没有学习荣誉、美德和幸福，倒是浸淫于不少野蛮前例之中，增长了不少关于暴力的阅历。我们可以预见，未来——甚至不出几年时间——这个国家将只剩下邪性放荡的臣民，他们不仅不会拒斥邪恶与不义，还会继续毁灭那些被仁慈的上帝从灼烧的战火中拯救出来的残存遗产。

为了规避这些危险，公爵大人接着说（这一发言先于巴滕库尔）："年轻人必须得到极为用心的教育，**他们需要不少智慧的洗礼，还要经历一些艰苦的考验，如此才可远离邪恶，并被**

导向善途。"于是公爵发布敕令，"每对父母必须将孩子"送去学校"接受为期数年的教育，直到他们学会理解教理问答并阅读印刷品为止"。[4]

出于类似的考量，其他新教统治者也下令普及教育——包括德意志的萨克森-哥达（1642年）、汉诺威（1646年）、符滕堡（1649年），还有更远处的苏格兰（1646年）。"鉴于诸多会众社区缺乏学校的情况已经造成的害处，以及在每一个会众社区建立学校的举措将为教会与王国带来的好处"，苏格兰议会决定"在每个教区设立一所学校，委任一名校长"，并要求国内的"每一个会众社区"提供"一所宽敞的校舍"并"为校长支付薪金"。到1695年时，苏格兰低地的179个教区之中已有不少于160个拥有了"一所学校，一名校长"。[5]

欧亚大陆另一端的清朝皇帝也认定，对中国的教育体系进行全面彻底的整顿有助于加快危机之后的恢复进程。1652年的一道圣旨要求在每个乡村都建立一所学校（无论是由宗族、寺庙还是慈济会等任何一种群体建立），这一进程很快就变得如此普及，以至于一本通俗百科全书中甚至收录了一份聘用教师的文书范本，在需要因人因事而异处留下了空白：

> ＿＿＿＿＿人等设校立学：吾等子弟（将）为增广书籍，礼聘＿＿＿＿＿于＿＿＿＿＿年之良辰吉日执掌教席，督导学生，促其进德修业，乐善诚身，尊德尽性。谨此录名呈奉，束脩如下。①

---

① 此处为译者根据英文原文翻译而来。

1658 年清廷再次颁布圣旨，向那些非汉人居住区颁布官定的学堂教纲：自此之后，全国各地的地方领导人都得在统治当地之前接受一整套标准教育。[6]

17 世纪中叶的其他统治者也认为基础教育不可或缺。日本德川幕府的历代将军都坚持以书面形式推行各项关键政务（见第 16 章），鼓励各地市镇和大名创建可以培训读写和算术能力的学校。一份对大名藩国的研究显示，1620 年代只有 2 个藩有学校，这一数字在 1650 年上升到 8 个，而到 1703 年至少已有 20 个藩国设有学校。[7]不过，后危机时代的"教育革命"也有其局限。在伊斯兰世界，宗教学校（经学院）依然如往常一般运作，主要功用是输出宗教训诫（见第 19 章）；即便在政府承受了提升功能性识字能力带来的风险，创设了"公共空间"的日本、中国和欧洲，它们对发展高等教育也缺少甚至毫无兴趣。

"大学的危机"

1701～1725 年，欧洲共有 20 所新大学被创立或取得特许，新的学院更是有 40 座之多，高等教育机构的总数也因此上升到了近 200 所；但在 1726～1750 年，欧洲新成立的高等教育机构只有 8 所。根据乔纳森·伊斯雷尔的观察，"1650 年以降……一系列社会尤其是文化因素的共同作用，令欧洲的大学陷入了有史以来最深重也最长久的危机"，原因在于，"绝大多数的大学不但停止增长，而且在持续萎缩"。学生总数"自 1680 年以降就在持续滑落，这一进程贯穿了整个 18 世纪"。高等教育机构的新设事实上中止了。[8]

这一危机的起因并不神秘。1680 年，海德堡大学的校长和校委会就检视了"学生人数持续下滑"的原因，并总结了一系列恼人的原因（其中一些今天听起来还是很耳熟）："没有足够的教授"，特别是植物学、解剖学和化学这样的新兴学科；老学科的教师"对他们的讲座和公共辩论不怎么上心"；"纪律不是太严格，就是太宽松"；"学生花掉了太多住宿费和学费，也没什么奖学金"。这些问题不仅限于海德堡，也不只出现在德意志。在比萨大学（意大利），数学教师的薪资只相当于哲学教授的八分之一到六分之一；而在莱顿大学，数学教授鲁道夫·斯内利乌斯薪资太少，只得去教希伯来语补贴家用，哪怕（据他自己承认）"他本人甚至不懂初级希伯来语"。[9]教派化（Confessionalism）和官僚化（Bureaucratization）都不再像之前那样，在全欧范围之内促进大学扩张。1650年代以降，修建教堂的工作大大停滞，神学也开始丧失在知识生活中的支配地位。尽管各国仍在追逐高学历的官员和外交官，绝大多数大学的已有学科（比如历史、地理、哲学和现代语言）却未能开设"有用的"课程，对于新兴学科（物理、化学、生物）则没有开设任何课程。

唯有注入大量公共资金方能扭转这一趋势，重新开始创设新的教职、学术条件和奖学金。但是，统治者仍对近来叛乱中受高等教育者的"突出表现"记忆犹新，他们对于注资一事不胜犹豫（见第18章）。在那不勒斯，尽管奥尼亚特总督重建了1647~1648年遭到破坏的大学科系（palazzo degli studi）并向教师发放了固定薪资，但作为交换，他要求教师承诺不再教授有争议性的特定课程，并坚持让所有学生宣誓效忠。在法国，路易十四下令袭击并驱逐了自己的胡格诺派臣民，关闭了他们的学院（这些学院培养了数百名主修神学、哲学和语言的年轻人），用一位天主教会主教的话说，这是因为"这里的学生正在学习叛乱和不服从"。这位主教还断言，胡格诺式的教育"是一切暴动的渊薮"。[10] 在 1659 年的英格兰，护国公理查德·克伦威尔屈从于牛津剑桥两校的压力，拒绝核准他父亲创立的杜伦学院的章程，置这所学校的丰富藏书（"洋洋大观的书籍，数学和各科仪器……以及与博雅学科有关的一切研究实践"）和声望卓著的教职员工不顾。就在同一年，纽卡斯尔侯爵（也即查理二世的前任教师）不禁好奇："大学的所有授课为何都在与红衣兵（克伦威尔军士兵的绰号）作对？那些研习法律的智者又干了什么反对红衣兵的事？"[11]

646　　　类似的反智主义论调不只见于纽卡斯尔侯爵的言论当中。（他是一名大学"辍学生"：在剑桥的时候，"不少教师都教导过他，不过还是没能说动他投入多少心力用于读书，比起学习他更热衷于户外游乐"。）类似这种对高等教育的敌意也见于 1640 年的一首英格兰流行歌谣《然后我们步步高升》（Heigh then up go we），里面有这么一段歌词：

> 我们要把那些教授学问的大学推倒，
> 因为他们修习操持的都是野兽腔调。
> 我们要把博士踢出门，送技艺回家；
> 我们要喝止一切技艺与学问，
> 然后我们步步高升，了无烦恼。[12]

十年之后，英格兰的激进派也同样企盼着有朝一日见证"上帝拔出剑来将它们（大学）砍个一干二净；因为上帝之言

越是响彻大学校园，大学这块草地就必将枯干"①。他们还认
为，在一个理想的世界里"孩童不应当只去学习书本知识而
舍弃了其他职业"，因为"他们靠着疏懒闲暇，把时间用在磨
炼智巧上，找到了飞黄腾达的手法，成了凌驾于劳工兄弟之上
的领主地主"，从而"滋生了世上的一切烦恼"。贵格派则从
自己的立场出发要求关闭所有大学，因为正是英格兰的大学培
养了他们所憎恨的当权派教会。[13]

　　就连那些在 1650 年之后得到政府慷慨支持和公众普遍赞
颂的欧陆大学似乎也不大可能改革课程，引入新的学科和研究
方法，或购买新的书籍，创建一个旨在平衡学术权威和创新精
神的"通用图书馆"。这两股力量在莱顿大学甚至爆发了暴力
冲突：一派相信数学提供了认识宇宙的钥匙（他们也因此崇
尚在各学科中推行实验研究，比如天文学、解剖学和植物
学），另一派则认为没有必要超越希腊哲学家亚里士多德著作
中所记载的智慧（他将"科学"定义为对已发现之永恒真理
的思索和梳理组织）。1648 年，一群学生兵分两路闯进了著名
的亚里士多德派哲学家、流亡的苏格兰人亚当·斯图亚特的课
堂，一拨人殴打听众，另一拨人跺脚拍桌阻止授课，还打断了
亚里士多德派学科的博士考试。莱顿的校监们（相当于今天
北美大学的校董会）询问了他们的教授（教授对其学生的行
为负责），他们虽然收回了斯图亚特讲授形而上学的许可，但
还是坚称莱顿只能教授亚里士多德派哲学的规矩。此外，为了
减少"知识革新"的风险，校监们还规定学生每周只能有两

---

① 典出《旧约·以赛亚书》（40：7）："草必枯干，花必凋残，因耶和华的
　气吹在其上；百姓诚然是草。"

天进入大学图书馆读书，同时禁止图书馆购置任何不以拉丁文写成或不以传统学科为主题的书籍。荷兰联省议会拥有对公共教育的最终裁决权，他们也旗帜鲜明地站在了传统立场一边。这一立场直至1689年都未改变。[14]

647 　　中国的情况亦然。1650年之后，政府便视高等教育如鲠在喉。清廷认为文人士子也是明末祸乱加剧的罪魁之一，于是尽毁天下书院，取缔一切学社。不止如此。尽管清廷重开科举，并于1646年、1647年和1649年提前举办了特别进士科考试（不再遵循三年一期的制度），他们还是做了一些重大改变。第一，满洲人被鼓励参与科举考试，也获准以满语或汉语作答。第二，由于成功通过科举的满洲人数量不够，清廷经常性地向没有通过科考，却拥有"其他才能"的满洲人委以要职。第三，新朝对科举舞弊现象毫不宽宥。1657年，在掌握了三年一度的举人考试中存在舞弊问题的明确证据之后，顺治皇帝大发雷霆，处决了几十名收受贿赂的官员和考官、居间交通之人，并将他们的数百家眷流放关外为奴。就算成功通过了该届考试的举子也被要求重考一次。[15]

新的学说

　　纵使政府对高等教育机构有再大的敌意，也无法阻止智识上的思考和创新。用乔纳森·伊斯雷尔的话说，事实恰好与之相反：

> 直至1650年前后，西方文明大体上仍拥有一个
> 共同的信仰、传统和权威基础。与之相对的是，从
> 1650年开始，无论多么基础、多么根深蒂固的理念

都在哲学理性的视野下受到质疑，并频频被从所谓"新哲学"与可以被称为"科学革命"的思潮中孕育出的各种不同理念所挑战或取代。

"新哲学"的概念由最早写作英文专著论述考古学、地名与民俗考证的学者约翰·奥布里提出。这一思想在英格兰的发展轨迹佐证了伊斯雷尔的说法。奥布里写道：

> 直至 1649 年前后，社会大众都用奇怪的眼光打量那些意欲在学问上有所创新的人，认为一个人知道得比自己的邻居或祖先更多并非好事。就算在农业上有所进步，并因此成功获利，你也会承受旁人的异样眼光……检视自然运行之道是一种罪孽……在那些日子里，发明创新、获取智慧都被认为是蓄意做作之举。社会舆论甚至对威廉·哈维博士颇为非难，他沉迷于自己对血液循环的卓越发现难以自拔。哈维本人告诉我，出版那本著作的时候，他全身心都投入实验当中。[16]

奥布里批评 16 世纪的学术研究"过于浮夸"，因为"至关重要的学说、数学和实验哲学都不为人所知"。他甚至认为 17 世纪上半叶也是"黑暗时代"，因为"万事万物在当时都未得到研究，培根爵士的错误尤为严重"。[17]

奥布里夸大其词了——正如他举出的例证所表现的那样。在 1628 年出版血液循环理论著作之前，威廉·哈维就花了十几年的时间反复解剖观察不计其数的动物，在伦敦医师学院做了 648

多场演讲和辩论，最后才改进了他的血液循环理论。同时，早在1592年，"培根爵士"（即圣奥尔本斯勋爵弗朗西斯·培根）便已宣布，自己的目的在于"引入勤勉的观察，言之有据的结论，有利可图的发明和发现"，强调了自然哲学如何可以增强政治权力。培根对此身体力行，规划了一个由六部分组成的课题，旨在将人类的所有知识绘成图谱，题为《伟大复兴》（The Great Instauration）。1605年培根出版了该课题的第一部分《学习的进阶》（The advancement of learning），颇为大胆地提出，一切知识都可以根据人类拥有的三大智能组织起来：记忆（历史）、想象（诗歌）和理性（哲学，包括科学）。培根认为，这个办法不但可将已知的信息分门别类，还可以为新的发现铺平道路。1620年他出版了第二部分，名为《新工具论》（Novum Organum）[这一书名戏仿了亚里士多德的"工具论"（Organon），或"逻辑学"（logical works）]。培根提出了一种与亚里士多德颇为不同的科学研究方法。"让研究工作像机械一样运转"，搜集和审视相关例证，以便找到"笃定且明显的知识"。[18]培根向国王詹姆士一世寄了一本《新工具论》，还附上一封信件，宣称自己"满心希望"——

> 在有了这些开端之后，一俟车轮滚滚开动，人们就能从基督徒的笔端吸取更多真理，而不只是像现在这样师法异教徒。我说"满心希望"，因为我听说上一本书《学习的进阶》在国内外的大学与英语学院里都广受好评，这亦是"吸取更深真理"的题中之义。[19]

可怜的培根！根据一些与宫廷关系密切的人不怀好意的说

法，国王"阅读（培根）的新书时常常不堪忍受，说'**这本书就像上帝的和平，超过了所有人的理解能力**'"。[20]同样地，牛津剑桥对"新哲学"的兴趣几乎可说是微乎其微，两校校友毕业时学到的科学知识也少之又少，几近于无。后来成为杰出数学家的约翰·沃利斯抱怨，1630 年代他在剑桥做学生的时候，数学这门学科"很少被视为一种**学术**，人们以为数学只是一门**工具性的商人活计**"。因此，在学院里的"两百多名学生"当中，沃利斯认为自己"不知道能不能找到两个（也许一个都没有）数学知识胜过我的人，（如果真有的话）也比我好不了多少；放眼全校，数学好的人也是少之又少"。尽管如此，沃利斯还是成功汲取了"今天被他们称为**新哲学**的那些原则"，因为——

> 我毫不犹豫地（从当时流行的研究路径）转向了那些传授实用知识的学科，我认定这些知识并非负担；而且就算我今后无缘将这些知识付诸应用，至少它们对我也没有伤害；退一步讲，我当时也没法预见这些知识会不会有机会用上。[21]

等到"我国内战爆发，学术研究在两所高校（即牛津和剑桥）都深受其扰"的时候，沃利斯去了伦敦。1645 年，他参加了一周一次的会议，"与会者都是各行各业颇有分量的人物，他们不但对自然哲学颇有研究，对其他人类学问也兴味十足，尤其是曾经得名**新哲学或是实验哲学**的学问"。其中一位"颇有分量"的人物就是罗伯特·波义耳，此人不但是英格兰首富之子，而且是"无形的哲学学院（他们以此自况）"的领军人物。波义耳与沃利斯一样致力于钻研"实用知识"——或者用他自己的话说，致力于钻研"依托我们新哲学学院诸准则的自然哲学、机械学和农学，它们没有所谓的'知识的价值'，但**具备实用倾向**"。为达这一目标，波义耳愿意向"最具价值"的人咨询意见，前提是"对方只运用理性来支撑自己的观点"。[22]

这个"哲学学院"受制于两大障碍。第一，其成员只有十人；第二，在不列颠王国之外，很少有学者能阅读英语。弗朗西斯·培根最后决定将他的《科学的进阶》翻译成拉丁文，以令"此书传布于世，获得英语书籍所没有的生命力"。[23]培根还向包括伽利略在内的国外学者写去信件表达敬意。1609 年，伽利略制造了一台足以系统性观测月球（他发现月球表面并非光滑而是凹凸不平的）和木星（他清楚地发现了围绕木星公转的四颗卫星）的高倍望远镜。第二年，伽利略发表了一篇拉丁语短文，将他的发现公布于世（《星际信使》）。他还将自己的书籍和望远镜寄给外国宫廷，以便借他人之手证成自己的理论——就像培根在《科学的进阶》中的做法一样。哈维比培根更进一步：他甚至没有在英格兰出版著作。哈维笔下讲述血液循环原理的名作一开始是以拉丁文面世于德意志的法兰克福，其对亚里士多德理论的革命性颠覆藏在末尾。不过，若是哈维企图以这些小花招逃脱批评的话，他无疑是失算了：在长达二十年的时间里，他的书籍和论点要么无人问津，要么就被同胞（还有欧洲其他国家的绝大多数人）严厉谴责。[24]

旅居荷兰的法国哲学家勒内·笛卡尔是个例外。这位独立学者于 1637 年出版了轰动一时的《谈谈方法》，在书中大赞哈维的学说（他甚至都没提到哈维的名字，只是提到了"一位英格兰医生")。在之前出版的一篇文章(《维鲁拉厄米斯的方法论》①)里,笛卡尔对培根的取径表示赞同。原因在于,尽管已经遍览古典作家的作品,他还是希望通过任何人都可复制的严谨实验来得出自己的结论。笛卡尔也夸赞了伽利略"运用数学理性于物理"的做法(他又一次没有提到原作者的姓名)。笛卡尔还认为,鉴于"一切人类知识领域之内的事物都相互联结",因此任何人只要从简单的概念出发一步步地推导,"不需要太高的技巧和才智就能找到规律"(彩插27)。笛卡尔也看重实验甚于理论。[25]

培根的"课题"在英格兰之外声望卓著,笛卡尔的"方法"也在欧洲以外广受赞誉。在莫卧儿印度,法国旅行者弗朗索瓦·伯尼尔于1650年代将笛卡尔的部分著作翻译成了波斯文,他本人也是沙贾汗皇帝及其长子达拉·希科的御用医生。达拉王子刚刚将五十多本奥义书(Upanishads)从梵文译成了波斯文,他将这些古印度哲学文献称为《至上奥义》(*Sirr-i Akbar*),还编撰了一本名为《两海汇流》(*Majma-ul-Bahrain*)的哲学著作。达拉王子在《两海汇流》中表示,"他渴望拜读所有神圣之书"。他研读了《希伯来圣经》、基督教的福音书、印度的奥义书以及《古兰经》,结论是"除遣词造句之外他没有找到任何扞格相异之处,这些圣书都追求并领悟了真理"。这位王子也创建了一座规模宏大的图书馆,吸引一群学者来到圣城贝纳勒斯(瓦拉纳西)钻研《新理性》(*Navya Nayaya*)("基于经验的批判性研究")。伯尼

650

---

① "Verulamius"是奥尔本斯的拉丁文古地名。培根受封圣奥尔本斯子爵(Viscount of St. Albans),这里是暗指培根。

尔在贝纳勒斯待了四年，将笛卡尔等法国"自然哲学家"的著作译成波斯语。达拉王子的一位门生还写了两篇论文，对"新理性"和笛卡尔哲学进行了比较研究。[26]

在 1608 年（伽利略将新制望远镜对准月球的前一年），中国的士大夫谢肇淛出版了厚达 1414 页的著作《五杂俎》。如果笛卡尔有机会拜读此书的话，他无疑会对谢肇淛用系统性观察纠正古典著作的初衷大表赞赏（尽管中国古典学的注疏对象是孔子而非亚里士多德）。例如，谢否定了"相沿之言"中冬至日雪花只有五个分枝的观点，因为"余每冬春之交，取雪花视之，皆六出"。如果举不出证据，谢肇淛就运用常识，"至于日月交蚀，既有躔度分数，可预测于十数年之前，逃之而不得，禳之而不能"，那么"指以为天之变，不亦矫诬乎"。[27]谢肇淛的实验办法并非孤例。1629 年复社的成立宗旨就表达了"兴复古学，务为有用"的愿望；1637 年（正是笛卡尔出版《谈谈方法》的同一年），陈子龙刊刻了另一本士大夫著作《农政全书》，这是他的基督徒同侪徐光启的遗著。《农政全书》收录了许多源自西方的材料（包括一篇由耶稣会士翻译的西方水力学文章）。为替《农政全书》中收录外国资料的做法辩护，陈子龙巧借孔子的格言"礼失而求诸野"，断言当今的大明应"礼失而求诸夷"。[28]两年之后，陈子龙和两名同侪编集了《皇明经世文编》，收罗了自 14 世纪直至他们的时代为止一共四百多名士大夫的策论和奏疏，希望能借此开出救治明朝病症的药方。[29]

陈子龙宁肯杀身成仁也不屈事清廷，而他幸存的同侪们还是发扬了考证之学和实学。出身江南士绅之家的顾炎武堪称这一治学新门径的代表。他记诵了几乎所有经典文献，于 1626

年取得生员资格，不久又加入了复社。不过，顾炎武却在随后
的科举考试中屡屡落第。顾炎武和朋友们沉浸于传统的文学和
社交活动，聚徒讲学，优游岁月，直至再次落第的个人不幸与
区域性灾害（小冰期在江南造成的灾害尤为深重）同时降临，
顾炎武的内心才发生了剧变：

651

> 崇祯己卯，秋闱被摈，退而读书。感四国之多
> 虞，耻经生之寡术，于是历览二十一史，以及天下郡
> 县志书，一代名公文集，及章奏、文册之类。有得即
> 录，共成四十余帙。

起初顾炎武积极奔走，用他的实学襄助南明。他上呈策
论，述说四个世纪前的南宋何以在相似境况下让北方入侵者无
法进犯；但在清军征服江南之后，顾炎武剃发阳顺以周游天
下。他寻访了清兵入主中原时途经的山海关，试图理解该地的
战略地位，还拜访了当年的老兵，整理了他们对往事的回
忆——"呼老兵退卒询其曲折；或与平日所闻不合，则即坊
肆中发书而对勘之"。每到一处，顾炎武都搜览罕见书籍、抄
录（或拓取）碑文，运用这些材料考订，或是在必要时补正
经书（有可能脱误）和史传（也有可能出错）的记录。顾炎
武还四处走访旧雨新知、文人学士——有些是勉强降清的新朝
臣民，有些则是秘密抗清的忠明人士——与他们互通消息，共
谋复明。顾炎武寓居各地，撰写历史、考古和音韵学著作，这
些研究堪称新"实学"之典范。[30]

顾炎武生存了下来，因为清廷也鼓励这种实用主义。
1652年顺治皇帝下了一道圣旨，命令自今而后唯有"关乎经

学、政道及有益进学之书"方得付梓。康熙皇帝后来也宣称，"朕自幼躬亲穷究，不枉自以为知"，"凡事眼见为凭，徒尚空谈，诚属无用；道听途说，或尽信书，终沦为有识者笑柄"。康熙建议臣民"虚心请益，自然精进"，他还强调了"凡读书应疑之再疑"的必要性。这些观点足以解释为什么康熙皇帝会在来华耶稣会士的协助下在宫廷里研究数学、测绘、音乐、机械和天文学，并将一名耶稣会士提拔为钦天监监正（负责校正全国的历书），甚至允许西方传教士给自己的儿子上课。[31]

652 　　康熙帝的记述与言行丝毫没有打动江户时代的日本学者。日本人认为满洲人是四百年前企图入侵日本的蒙古蛮族的后裔，不过，他们却对另外两种外国人的认识论展现了极大兴趣。在长崎的出岛（见第 16 章），职业译者（通事：江户时代最终共有约二十个家族从事这一行业）与荷兰的内外科医生一起合作，他们提醒幕府注意到西方知识潜在的重要性。1667 年，幕府将军曾请求荷兰东印度公司派出一名具备植物学和化学知识的医生。公司从五个人的小名单里选中了威廉·滕·莱伊内（Willem ten Rhijne），他小学时代的老师就是出版笛卡尔著作的荷兰学者。1675 年莱伊内抵达江户并在第二年返回，但除将军之外，他只见到了一名听众。如此结果的原因在于，用儒学者兼医生向井元升的话说（他也是《乾坤弁说》的合作编者），西方人"只是在与形貌和实用相关的技艺上颇具精巧"（笛卡尔无疑会喜欢这一断言）。[32]德川幕府对来到长崎的另一群难民展现了远胜于前的兴趣，他们是遵循"实证研究"的明朝学者，他们的学问在日语中被称为"实学"。

　　与中国一样，日本的"实学"引入了四大假设：第一，相信今时不同往日；第二，注重经验甚于理论；第三，将知识视为一个不停经历和不断重估的过程；第四，追求即刻见效的知识。同样在 17 世纪危机的冲击之下，日本的实学家也和中国学者一样探究周遭世界的运行模式，希望能找到一些机制以逃避——或者至少缓和——重大灾难。武士子弟贝原益轩曾在长崎学医，后来做了大名的家庭教师。贝原写了一百多篇论文，主题遍及植物学、医学、天文学、地图学乃至伦理学和教育学。不少论文都以"自助手册"的面貌示人，目标受众是非专家的男女读者。贝原的一篇文章强调，"你不应盲目相信自己听到的一切都是正确的，不应只是因为自己不同意就否定别人的说法，你也不应顽固不化地不承认错误"。和同时代的罗伯特·波义耳一样，贝原益轩也向读者保证："我追踪市井之民的街谈巷议，钩沉那些我敢说甚至是最荒诞的流言蜚语，研究地位最为低下的人。我总是希望打听最世俗平凡的事情，探寻日常事务，关注所有人的意见。"[33]

　　一些提倡"实学"的学者后来成了日本各主要大名的顾问，他们以书面和口头形式出谋划策，制定有助于经济复苏的实际政策，更好地预防可能复发的危机。武士子弟山崎闇斋曾在保科正之（德川家康之孙，也是德川家光死后的资深摄政）手下效力，也曾学习并撰写科学和数学著作。他自己创建的崎门学派也培养了不少博采众家之长的学者。熊泽蕃山也是一位出身武士家庭的学者，曾为备前国冈山藩主池田氏效力。1650 年代的一场灾难性水灾过后，熊泽氏在一系列救济策略和重建方案的制定中扮演了重要角色。中国的流亡学者朱舜水也成为名噪一时的大名幕宾。与家人一样，朱舜水也读书广博，应举试业。虽然朱舜水从未成为明朝大臣，也并未为明朝参加战

653

争，但他还是拒绝遵守剃发令。他先后多次奔赴安南和日本，请求两国派军援助南明抗清。一再无功而返后，朱舜水最终在长崎定居下来。1661 年应一位日本门徒的请求，朱舜水写了一篇短文检讨明朝灭亡的原因，特别将亡国之痛归咎于士大夫的"空疏"之学：这些学问之所以能承继，仅仅因为它们是毫无意义的应试之作，其优劣之判别依据的是形式而非内容。1665 年，朱舜水的声誉为他赢得了德川家康另一个孙子的礼聘：德川光圀请他到江户和水户（自己的藩国）担任幕宾和教师。进入新角色的朱舜水强调了"养民"的必要性：要通过学校和公共授课给人民提供适当的教育。朱舜水还编纂了一本图文并茂的论文集，主题是人必须学着"制宜应变"。[34]

　　17 世纪许多国家的知识精英都向统治者进言，陈说危机时期的补救之道，如斯图亚特时代英格兰的"筹划者"（projectors），哈布斯堡西班牙的"救弊者"（arbitristas），明朝的治国士大夫，还有奥斯曼帝国的请愿者——不过他们却甚少得到回音，能有结果的就更少了。相较而言，贝原益轩、山崎闇斋和朱舜水却让自己的不少主意得到实施。朱舜水算是享受了举国拥戴，也和他的藩主（德川光圀）葬在了一起。不过，人们对熊泽蕃山却疑窦丛生，迫使他于 1657 年离开备前回到了京都。熊泽在京都开了一家学校，但那里的行政官却在数年之后勒令将其关闭，迫使熊泽离开京都。熊泽大胆地出版了一本简章式的著作《大学或问》，提出了改革日本统治机构的计划。他的余生最终在监狱中度过。[35]

思想警察

　　"如果头脑可以像舌头那样容易被控制，"贝内迪特·斯宾诺莎在他 1670 年的《神学政治论》中评论道，"每个政府的统治都可安享太平，也根本不必诉诸武力；因为所有人都会一如统治者所愿地进行自我督导，每个人的观点，无论对错、好坏、公平与否，仅仅靠着统治者们的决策就可以支配了。"斯宾诺莎接着预言说，"任何国家迫使人民只说政权规定的话的努力都将归于彻底失败"——不过准确而言，17 世纪的绝大多数统治者都试图达成这一目标。[36] 斯宾诺莎和熊泽蕃山一样对思想审查无所不知，他的父亲曾经逃出母邦葡萄牙：斯宾诺莎的父亲本来已经立誓虔信天主教，却为了逃脱宗教裁判所而离开祖国。宗教裁判所别名"信理部"（Holy Office），旨在遏制异端思想的实践、表达和传播。西班牙君主国（当时已与葡萄牙合并）拥有 24 所宗教法庭，最后一所于 1638 年建于马德里本地。这些法庭分布于美洲的秘鲁、墨西哥，也开到了加纳利群岛和西西里，甚至出现在印度的果阿。在宗教裁判官手下得到赦免的被告很少（绝大多数都是被匿名告发），不少被告都被判处死刑。例如，在葡萄牙的科英布拉，当地的宗教裁判官（正是他们拥有对斯宾诺莎父亲出生村庄的司法裁判权）于 1567～1631 年审讯了约 4000 人，其中超过 250 人被判处死刑。

654

意大利不少邦国也有宗教裁判官，其中位于罗马的教廷信理部负责对付那些与教会意见相左的"公共知识分子"。佛罗伦萨宗教裁判所那次针对伽利略·伽利雷的审判就颇为有名：正是伽利略借助望远镜发现了地球绕太阳运转，不过此发现却与《圣经》的特定经文冲突。及至耶稣会天文学家证实伽利略的发现，裁判所也就坡下驴容忍了"太阳系可能以太阳为中心"的"提法"。不过，裁判官还是威胁要惩罚任何敢于宣称日心说是事实的人（除非他们能证实）。正如伽利略某位门徒的评论，伽利略就像是"一只昆虫，被咬到的人一开始不会察觉，但瘟疫会在之后困扰他很长时间"；尽管伽利略表示自己会在寻找证据的时候尊重裁判所的妥协，但他还是公开嘲笑了那些（特别是教士）继续声称太阳绕着地球转的人。这样一来，伽利略就为自己招来了不少蠢蠢欲动要抨击他的敌人。1632 年伽利略出版了一本新书，将太阳黑子的轮转视为日心说的证据。信理部将伽利略召到罗马讯问，宣布他犯下了异端罪，禁止了他的著作，判处他终身监禁。尽管教宗不情不愿地开恩将对伽利略的惩罚减为软禁，但还是宣布禁止所有伽利略的著作出版，无论过去、现在和未来的著作都在查禁之列。用一位同情者的话说，即便伽利略申请印刷主祷文的许可，教宗也会一口回绝。[37]

伽利略的遭遇立即扼杀了欧洲各地的学术辩论，他门下的弟子受创最重。乔瓦尼·齐亚姆波利写道："我们正在暗礁遍布的海域航行，当前情势的狭隘让我们有口难言。"这位教士公开声援伽利略，于是教宗将他流放到了一个偏远的意大利小镇。"我已饱受磨难，也历经惶恐，那些迫害者的背信弃义教会了我，即便赞助人的善举也让我心怀恐惧。"齐亚姆波利死后，宗教裁判所没收了他的手稿。[38]哪怕是生活在荷兰共和国，远在宗教裁判所势力之外的勒内·笛卡尔也对伽利略的厄运"震惊不已"，后者的遭遇"几乎促使我下决心烧掉了所有手稿，或者至少是不让任何人看到它们"。笛卡尔也放弃了自己刚刚写完的雄心勃勃的著作——《世界》（*The World*），只因这本书宣称地球围绕太阳旋转。笛卡尔表示："尽管我认为（这一断言）构筑在非常清晰而确定的证据之上，我还是不想让它们对抗教会的权威。"笛卡尔接着说:"我只想和平顺遂地生活,继续自己本着'要活得好,你就得无踪无迹'这句格言而度过人生。"笛卡尔的著作直至他死后的第十年才重现于世。[39]

笛卡尔颇具隐姓埋名的智慧。1637 年他出版了《谈谈方法》,他在书中表示,"我试图证明上帝的存在;还有灵魂独立于肉身"(亚里士多德认为灵魂是肉身的一部分,灵魂的"本质"亦然)。笛卡尔观点的支持者和反对者之间的争论几乎立刻在荷兰诸大学引发了声嘶力竭的竞逐,以及加尔文派牧师的严厉谴责,因为笛卡尔抛弃了证明上帝存在的传统证据。有人指控笛卡尔意在腐蚀"普通人",因为他的著作是以法语而非拉丁语出版。深受困扰的笛卡尔灰心丧气,1649 年他登船前往瑞典(并于第二年在那里去世)。天主教神学家立即贬斥了他的观点,宗教裁判官也很快将他的所有哲学著作列入《禁书目录》。[40]

斯宾诺莎也因自己的信仰而饱受迫害。1656 年 24 岁时,阿姆斯特丹当地的犹太社区就签发了针对他的"禁令"(cherem),因他的"恶毒观点"而禁止任何人同他联系、帮助他或阅读他的著作。四年后,他们还向市政官告发斯宾诺莎,认定他是对"一切虔诚和道德"的威胁,呼吁将他赶出阿姆斯特丹。被自己所在的犹太社区驱逐的斯宾诺莎只得将名字拉丁化(从巴鲁赫变为本尼迪克特),将拉丁文"小心"(caute)刻在自己的图章戒指上,离开阿姆斯特丹,前往小城镇和村庄离群索居,撰写他的《神学政治论》。此书一出版就遭到了近乎普遍的敌对反应,斯宾诺莎只得打消了继续出版书籍的一切念想。即便在斯宾诺莎的同侪为他出版遗作的时候,他们也只能以姓名首字母

655

标示作者。[41]

尽管共和国的宗教领袖出手迫害，荷兰政府还是让笛卡尔和斯宾诺莎过上了太平日子。法国的做法则是大相径庭。投石党之乱期间巴黎和外省小册子的大量发行（插图32和33）促使路易十四发布敕令禁止出版个人著作。他的警察突袭书店，在边境搜查携带违禁出版物的旅行者：那些因进口、销售走私书籍而被判有罪的人都被投入监狱，或是送上绞刑架。法国王室的一位史官编纂了一部《删减版法国编年史》，在书中谴责了宠臣弄权，并提到了投石党之乱的两项起因：过度收税和财政腐败。这位史官因此丢掉了他的年金；而在拒绝为第二版改正文本之后，他丢掉了自己的职位。类似的处置催生了自我审查。例如布莱士·帕斯卡的《思想录》就惨遭出版商的大幅删改：他写下的50篇谈论政治的《思想录》最后只剩下17篇而世。[42] 在英格兰，1662年的《许可证法》（Licensing Act）禁止印刷任何未经政府许可的书籍，这在短时间内终止了报纸的出版，也在很大程度上遏制了小册子的出版热潮（插图36和37）。十五年后，王室试图将审查之手伸向手稿，"因为就算五十次毁谤中有一次付梓也将造成极坏的影响，即便只靠手稿流通它们也几乎可算作公开刊行"。[43]

与此类似，"新理性"和笛卡尔哲学在印度的传播也于1658年之后戛然而止：奥朗则布在莫卧儿皇位继承战争中击败了哥哥达拉·希科的军队，生擒了达拉，宣布后者是伊斯兰叛教者，最终将其杀害。在中国，顺治皇帝尽了最大努力赢取中原知识精英的支持，他甚至还授意编纂一部前朝的"正史"。但在1661年顺治帝去世之后，辅佐其幼子康熙皇帝的摄政者们就立即改变了这一政策。

孤例和集群

如上所述，世界各主要国家在 17 世纪中叶的危机之后不久经历了普通教育的扩张和高等教育的受限，以及"新学"的滋生和严苛的审查制度（这些现象同样也是 17 世纪中叶危机的结果）。到 1700 年为止，西欧的知识界已经和世界其他地区之间拉开了差距。荷兰发明家扬·范德海登（见第 21 章）道出了这一分歧背后的重要原因，1690 年他在《灭火器概述》第二版题词的开头就如此提醒了他的读者，即阿姆斯特丹市议会议员们：

> 预测和揣摩（任何发明）成功所需的一切必备要素几乎是不可能的。小小的意外往往可以毁掉整个结果，推翻你所认为的颠扑不破的一切原理。即便策划最为完善的研究工作也会对无休止的偶然和无尽头的冲突无能为力，至于在将研究成果付诸平常使用的过程中碰到的麻烦就更多了。正如已有的精准观察结果所示，（单以那些取得好结果并获得专利的案例而言）一百次发明试验中甚至罕有一次成功。

范德海登深知自己在说什么：他致力于改进灭火水龙带和灭火器已近四十年，但是他的一些试验样机"带来的火灾之害甚至要大于灭火收益"。他大概不知道的是，赠送给日本幕府将军的灭火器因出现故障而被扔进了水塘。不过范德海登肯定知道成功的科学需要"试验"，而这既需要充裕的资金，也需要知识的自由交流。[44]

约纳尔登·加内里在对印度"新理性"的研究中敏锐地

指出，这两项前提条件在印度都不存在。1658年达拉王子死后，研究者虽然还是可以找到赞助人，但"很少能有机构可以将拥有不同知识路径的人聚集到一起，也断然没有像皇家学会那样的机构"。这就意味着"离经叛道的哲学家和不寻常的赞助人定义了印度的'早期近代性'"。[45]同样，清代的中国也缺少学会、大学、博物馆之类可供学者齐聚一堂，进行自由表达、讨论学问以及重估并记录各自想法的机构。尽管学者之间也会"偶有写作和函札往来"（常常是以书信形式），伊懋可仍认为，"与欧洲同行相比，中国人在科学上似乎偏向于独来独往"。这也反映出赞助人的缺乏。毫无疑问，一些中国知识精英和欧洲同行一样"赋予客观的自然知识以很高的价值"。不过正如哈罗德·J.库克的评论所言，清代的绝大多数科学研究"都与政府没有什么关系。研究者们最为看重的知识门类因此也就很难占据支配地位"。[46]最后，对于江户时代的日本，玛丽·伊丽莎白·贝里强调，即便最具原创性的作家也"未就自己描述的数据和体系详加分析，以将社会知识转化为社会科学。他们也没有将事件和舆论的报告从信息转换为新闻"。简而言之，他们"从未将登记簿从单纯的观察数据变为分析评述"。[47]

当然，亚洲各地的学者还是取得了不少重要的科学成就，但用杰出的社会学家罗伯特·K.默顿的话说，这些通常是在偶然间被发现的成就往往容易沦为"孤立技术"（singleton techniques）；即便"孤立成就"有时可以带来重大影响，但对其进行的进一步改进和调试依旧容易受限，并很快受制于回报递减效应。默顿认为，与孤立的科研成果相比，"一旦科学得以制度化（institutionalized），且有数量可观的人员致力于科学研究，那

么类似的科学发现就会不止一次地浮现出来"。默顿将此称为
"集群"（multiples），他还举出了 17 世纪诞生的近 40 项集群
发现。[48]

默顿将"集群发现"视为欧洲思想界关键且独特的成分，
他还将这些发现追溯到了弗朗西斯·培根创建的研究计划。
1620 年，培根曾在《新工具》一书中宣告："科学之路并不像
哲学那样，仅凭一个人单打独斗就可以走完。"六年后，培根
又在《新亚特兰蒂斯》一书中描述了一种"学院"（他称之为
"所罗门的宫殿"）。这一学院中的人员分为观察者、实验者、
汇总者（compiler）、诠释者（interpreter）和"灯火商人"
（他们负责从远方带来新知识），他们通力协作，增广自然知
识并将其应用于实际利益之上。[49]在当时的一些欧洲城市里，
对知识感兴趣的人已经聚在一起组成了"学会"（academics），
也有少数女性被纳入其中（在整个 17 世纪，帕多瓦的里科夫
拉蒂学院一共选入了 25 名女性成员——即便其中有 4 人并非
意大利人，因此不大可能参加任何会议）。[50]早期"学院派"通
常都是秘密活动。就连隶属于罗马最负盛名的"猞猁之眼"
（Lincei）学院的贵族成员们起初也以化名相称，彼此之间用
加密文本通信。而在伦敦，沃利斯和他那由"有志探究自然
哲学的各类杰出人物"组成的团体也意味深长地选用了"无
形学院"这个名字。

时过境迁，这些学院渐渐地不再隐秘。1649 年，"无形学
院"的部分成员从伦敦去往牛津，增援那里的另一家社团
"实验哲学俱乐部"。俱乐部成员来源广泛，其社会、宗教和
政治背景各不相同（他们同意绝不讨论各自的出身）。他们一
开始"在一家药店集会，因为该地便于观测药物之类的事物，

颇具时机场合之利"。而据沃利斯的说法，他们致力于"彻底
钻研，还原现象背后的根本原理和原始成因，从而更好地理解
自古传承下来的那些观念的真正根基，并进一步改进"。[51] 他们
在塞缪尔·哈特利布身上找到了科学发现的得力"导管"
（conduit pipe）。哈特利布生于波兰，父亲是德意志人，母亲
是英格兰人，1628 年为躲避欧陆战争而离家定居伦敦。议会
拒绝了他关于成立一个"公共方针部"（Office of Publike
Addresse）以"执行维鲁拉姆爵士（原文如此，为弗朗西斯·
培根）在《科学的进阶》中指派给有学之人的任务"，不过议
员们还是给了他一笔现金赠款和一笔年金。哈特利布利用这笔
钱组建了一个由译者和书吏构成的团队，详细译介罕见书籍、
新发明、科学进步以及技术革新，在"哈特利布圈子"的成
员之间传播——这些人一致秉持哈特利布的信念："有用"的
知识可以改变世界。哈特利布还从他的通信对象那里获取了小
册子和论文，并将这些小册子和论文发给自己"圈子"里的
其他成员，请求他们评注、改订，并最终付梓（常常未得到
作者的首肯）。[52]

1659 年理查·克伦威尔辞去护国公职务一事引发的混乱
（见第 12 章）不但摧毁了"哈特利布圈子"，也几乎令"哲学
学院"毁于一旦：学院成员因"那个致命之年里的悲惨纷扰
而七零八落"，并且"他们的聚会场所变成了一处兵营"。
1660 年查理二世复辟之后，沃利斯、威尔金斯、波义耳和另
外九位"自然哲学家"重聚一堂，成立了一个"旨在增进物
理 - 数学实验研究的学院"，每周三集会。1660 年底，会员人
数就增加到 30 人。学院会员接近 100 人的时候，查理二世发布
特许状，成立了"旨在增进自然知识的皇家学会"，授权学会解

剖尸体、从事其他实验、选择书籍出版商，"与从事哲学、数学或是机械学科的各行各业外国人保持通信"。[53]根据皇家学会首任历史学家托马斯·斯普拉特的说法：

> （会员们立刻开始）分配任务，指派那些被认为适合的（会员）从事各种实验工作。他们要么将相同的工作指派给几个不同的人，让他们彼此独立展开研究；或者让他们组成委员会（如果我们只是在哲学意义上使用"委员会"一词，并且或多或少洗脱其之前恶名的话[①]）。眼光和双手的结合带来了种种好处，研究对象的全貌将得到全面的理解；一门门科学也将彼此启发，互通消息：单打独斗的工作，将来只会被晾在一边。

斯普拉特认为一周一次的会议极为关键，因为"相较于各自关起门来的状态，绝大多数人的智慧在齐聚一堂的时候都会更加锐利，他们的领悟更为迅速，他们的思维也更加丰满"。[54]

外国观察者也同意此论。法国绅士塞缪尔·索尔比埃尔就对自然哲学饶有兴趣，他于1662～1663年多次参加皇家学会的会议，对查理二世创设这一论坛的先见之明不吝赞颂之辞："让那些已经开枝散叶的艺术和实用科学更臻完美"；"为他的王国安享和平、安宁和美丽打下坚实基础"。[55]索尔比埃尔还敦促他的君主路易十四效法英格兰——路易十四也这么做了。不

---

① 时值复辟期间，英格兰国内的政治气氛倾向于贬抑内战期间大行其道的"委员会"一词。

过，皇家学会是在自己的会址开会，法兰西科学院通常在宫廷会面，此外还要定期收到王室关于该做什么的指示。在第一次正式会期里，法国院士就被告知，他们的活动将被限制在"五大主要学科之内：数学、天文学、植物学或植物知识，解剖学和化学"。两年之后，他们受命绘制精准的法国全境地图。尽管路易十四拨给了充足资金供他们购置必要的设备，这项工作还是耗时十七年之久。[56]

并非所有富有成果的科学知识交流都要仰赖"学术会议"。与哈特利布一样，亨利·奥登伯格也是一名从德意志来到英格兰的难民，他不但与身居国外的朋友保持联络，还在访问欧陆的时候结识了新的朋友，从而在实质上创立了一个规模庞大的"群发名单"（插图54）。[57]1665年以降，奥登伯格以皇家学会第一任秘书的身份，在自己编辑的学刊出版之前先将文章寄给其他学者审阅，用今天的话说就是"同行评审"（peer review）。这份学刊就是《自然科学会报》，世界最古老的持续出版的科学期刊。每期会报都会印制500份，一度还有额外的拉丁语译本和供路易十四的院士阅读的法语节译本。[58]

时至1700年，类似的科学期刊已在欧陆遍地开花，例如《学者期刊》（巴黎，1665年，法语），《学术纪事》（莱比锡，1682年，拉丁语），《文坛新闻》（阿姆斯特丹，1684年，法语），《会话月刊》（莱比锡，1688年，德语），《欧洲书蠹》（鹿特丹，1692年，荷兰语），等等。[59]所有这些期刊都对书籍和观点进行评议和讨论，也因此为横跨遥远距离的学术传播发挥了不可或缺的作用。正如1685年出版的一期《学者期刊》所说，过去要取得国外新近出版的著作颇为困难，但"如今通过广载学问的期刊"，法国科学家"已经得知所有发生的事

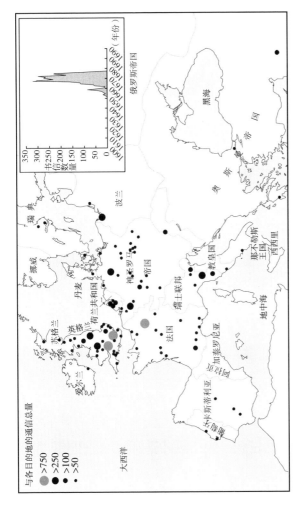

54 亨利·奥登伯格的通信对象，1641～1677 年

已知奥登伯格的书信有 3000 多封写于 1641～1677 年，这些信件代表明他的通信网络遍及西欧，也涵盖了斯堪的纳维亚、波兰和奥斯曼帝国。身为英国皇家学会的首任秘书，奥登伯格的通信范围要远远超过以往的任何一名"科学家"。

情；我们每个月都能学到之前经年累月才能得到的知识"。[60]

私人交往也促进了科学知识的发展。塞缪尔·索尔比埃尔列席皇家学会会议时，两位未来的学会成员，菲利普·斯基彭和他的剑桥导师约翰·雷正在受到欧陆学者的款待。在海德堡，他们发现当地的选帝侯"意欲设立一个新学院，其名称将为'光耀学院'（Collegium Illustre）或'利普西安学院'（Lipsianum），后一个名字源自16世纪通晓多门学科的人文主义大师利普西乌斯；这所学院将被用来从事实验等研究活动，一如伦敦的皇家学会"。在那不勒斯，师徒二人还参加了当地"研究学会"的几次周会，与六十多名学者一起聆听了一篇"为维鲁拉姆男爵（培根）的观点辩护"的论文，并亲眼见证了一场"实验"。他们发现所有人都对欧洲"学者与英才的著作知之甚详"，无论作者已故（比如培根、哈维、伽利略和笛卡尔）还是健在（他们提到了罗伯特·波义耳、托马斯·霍布斯和罗伯特·胡克）。[61]

《文坛新闻》的参与者也包括生活在易北河以东和比利牛斯山以南的人。但泽的酿酒商兼天文学家约翰内斯·赫维留曾于1647年出版了印刷精美的《月面图》（Selenographia），这也是第一幅月面地图册（彩插1）。赫维留曾在莱顿大学就读并在英格兰和法国与学者会面，他也曾是皇家学会成员，还曾在他位于但泽的那座令人印象深刻的天文台接待了前来参观的埃德蒙·哈雷等著名科学家。在西班牙，米格尔·马塞里诺·博伊克斯·莫利内尔也在一本题为《澄清希波克拉底》（1716年）的书中断言，"上个世纪的外国医生和哲学家"只是靠着剽窃他们的西班牙前辈才得以"取得巨大进步"。莫利内尔还列举了血液循环理论的"基甸"哈维、哲学上的"雷纳托"

笛卡尔和金鸡纳霜领域的理查德·默顿，宣称这些人都只是复制了西班牙学者此前的研究成果——这是"争议集群"（contested multiples）鲜为人知的三个例证。乔纳森·伊斯雷尔的相关论断无疑是正确的：

> 自罗马帝国灭亡以降，欧洲没有一次文化剧变可以与 17 世纪末 18 世纪初那令人印象深刻的知识聚合相提并论，因为这是西欧和中欧的观念领域第一次成为广义上的单一场域，聚合它们的是一些新发明的沟通渠道：报纸、杂志、咖啡馆沙龙以及一系列新涌现的文化载体。[62]

科学革命的局限

然而，欧洲的科学家们在试图认识和解释"小冰期"时可就没那么成功了。在伽利略的影响之下，他的著名弟子托斯卡纳的斐迪南大公意识到仪器观测和实验可以揭示自然的秘密，而佛罗伦萨实验学院（Accademia del Cimento）的成员们发明了精密的雨量器、蒸发计、气压计和温度计。1654 年，托斯卡纳大公创建了一个由十一处观测站组成的国际网络，每个站点都配备了相同的仪器和规程，每天多次同步测量温度（其中一个站点测量大气压）。每个观测站都以标准版式记录当天读数，并将数据汇报给大公。到 1667 年为止，这个网络已收集了三万多个读数，然而观测工作却在梵蒂冈的压力之下戛然而止。教廷担心观测结果或将证实伽利略的危险见解：仪器得出的解释在解读自然时应优先于《圣经》。三年之后，斐迪南大公的离世终结了继续收集数据的一切希望。[63]

同一时期在英格兰，罗伯特·胡克（皇家学会的"实验策划人"）于 1663 年提出了"撰写一部天气历史的方法"。这个办法需要以多个观测站测量八种变量，其中半数变量的测量需经由标准化仪器（风向、温度、湿度和气压），其余变量则从直接观察（云量、暴风雨、"所有异乎寻常的潮汐"以及"人们体内的疼痛和病变"，还有"本年或将发生的任何类型的便利与不便，比如水灾、旱灾、滂沱大雨等"）中得出。胡克绘制了一种分成数栏的图表，以月为单位记录每个站点每天的观测结果；他还希望"在世界各地，尤其是在这个王国的边远之地"找到"从事这一工作（指记录数据）的（人）"。不过，摆在胡克面前的是一大致命缺陷：无论制作和分拨经过精密校准的仪器还是支付各个站点"观测者"的人工费都需要钱——但皇家学会没有钱，其预算仅源自各个会员的年度会费（其中许多会员未能支付）。这个计划于是只能停留在设想阶段（彩插 28）。[64]

不过，还是有几个英格兰人留下了"天气日记"，其中就有伦敦的一位学校校长，约翰·戈德。1652 ~ 1685 年，戈德进行了详尽细致的观测，并将不少数据与行星运动记录和自己的试探性研究一道出版。戈德还与古文物家、占星学家埃利亚斯·阿什莫尔交换信息，后者每天都记录观测到的降水量、风向等数据。这些人都知道这些数据意味着什么。戈德指出，"意外事故与科学并不互洽"：鉴于气候并非偶然现象，科学观测可以反映气候模式，也让预测成为可能。曾保留了一份 1692 年全年"天气登记簿"的约翰·洛克也同意此论：

如果诸如此类的登记簿，乃至在仪器协助之下观测更佳、准确度更高的登记簿，能在英格兰各郡都得到记录并持续出版的话，睿智精明的人就能从中收集空气、风向、健康状况、果实收成等数据，而对风量雨量的观察结果和从中推导出的规律就能及时出版，令人类大为受益。

牛津哲学学会的实验主任罗伯特·普洛特也有类似的希望： 662

（对天气的仔细研究让科学家得以）掌握确定无疑的预知各种我们当前还不能理解的紧急情况（比如天热、天冷、匮乏、瘟疫，还有各种传染性疾病）的能力，并根据它们的起因，指导预防和补救工作。我们也希望由此获知行星位置的远近，行星与行星之间以及行星与恒星之间的距离，它们对天气变化的影响，以及何以导致和如何预防疾病或其他灾祸。[65]

罗伯特·普洛特的逻辑理据反映了"科学革命"的两大局限之处。第一，他的目标令人钦佩，但无法达成。即使在 21 世纪，地面和卫星观测获取的气象学数据资料也根本不足以让我们"确定无疑地"预知"各种紧急状况（比如天热和天冷）"并"指导预防工作"。即便到了 2003 年 8 月，也无人曾预测（以现行技术条件也没有人可以预测）那场在长达十一天的时间里席卷欧洲诸多地区，创下有史以来最高温度纪录的热浪；在欧洲部分地区，短暂"灾难"在 8 月一个月之内就令当地的死亡率升至正常水平的约两倍，令近 7 万人过早死亡。[66]

罗伯特·普洛特还期待系统性观测或将揭示"行星位置的远近"和"它们对天气变化的影响，以及何以导致和如何预防疾病或其他灾祸"。这种念头反映了"实验哲学"的第二大局限之处：普洛特仍然相信神秘力量左右着身边的环境。他并非孤例。弗朗西斯·培根撰写的收山之作（也是最出名的）《木林集》（*Sylva sylvarum*）中有一章讲述了心灵感应、除疣术和巫术。威廉·哈维也做了不少"实验"，探查那些自称巫师的人究竟有没有超乎寻常的乳头或者拥有超自然能力的"使魔"（familiars）。罗伯特·波义耳也曾赞助一本论证巫术存在的著作（与培根一样，波义耳的最后一本书也检视了超能力现象）。就连那位因自己的科学成就而被女王封为爵士的伊萨克·牛顿也购买了不少魔法主题的书籍，做过不少炼金术实验，还根据《但以理书》计算出世界"将终结于公元 2060 年；也许末日要来得更晚一些，但我找不出它来得更早的理由"。[67]1664～1665 年现身的两颗彗星催生了 100 多本书籍，其中绝大多数充斥着对战争、瘟疫、饥荒、旱灾、大风、水灾、王亲丧命、政府倒台，或许还有世界末日的恐怖预言。在俄罗斯，深陷对波兰之战争的沙皇下令祈祷禁食，乞求上帝"送来我们期许的和平，让我们远离如此之多的彗星预言的一切邪恶"。[68]1680 年和 1682 年的两颗著名彗星也带来了类似的效应。德意志和瑞士的德语区出现了约 100 本讨论彗星效力的著作，西班牙有 30 多本，法国和荷兰共有 19 本，英格兰及其北美殖民地有 17 本，意大利也有 6 本。在罗马，退位的瑞典女王克里斯蒂娜设赏奖励任何有能力推算出彗星轨迹的人。在印度，

毕业于剑桥大学的医生约翰·弗莱尔满怀震惊地观察到了 663
"我曾目击的最为巨大且惊人之彗星的起落"。正因为"彗星
肯定是不吉之兆",弗莱尔祈祷"这不要影响到我们的欧洲"。
在英格兰,身为皇家学会创始会员的约翰·伊弗林在日记中详
尽记述了一颗流星,还加上一句:"这预示着什么(因其超乎
寻常),只有上帝知道。"他也和弗莱尔一样祈求"上帝挪开
他的审判:我们近来已经有了几颗彗星。尽管我相信它们起于
自然原因,这几颗彗星本身却并非按自然规律运行。我可不敢
掉以轻心。它们恐怕是上帝发出的警告"。[69]

　　这些反应与世界其他地区受过教育的观察者的反应并无太
大区别。1665 年在斯里兰卡,一位编年史家将康提地区反抗
国王的叛乱同"掠过我们头顶……骇人的闪耀彗星"联系到
一起。在印度,"彗星出现期间",就连笃信宗教的奥朗则布
"也只进食了很少的面包和水","躺在地上,只以虎皮覆身"。
1680 年,正在中国云南作战的旗人曾寿及其同袍满怀疑惧地
目睹了彗星的飞行,他认为"如果这颗彗星继续朝着皇宫方
向行进的话,那就是不祥凶兆"。康熙朝的官方实录也详细记
载了那一年的彗星和 1682 年的大流星。[70]同一时间在马萨诸
塞,因克里斯·马瑟(波士顿诺斯教堂牧师,哈佛学院校长)
就 1680 年的彗星进行了一场题为"上帝警告世界"的布道,
告诫大家"天上的恐怖异象是迫在眉睫之巨大灾难的先兆"。
1682 年的流星驱使马瑟撰写了一本综合性的著作《彗星图
志》。马瑟在书中提醒读者,三十年战争和新英格兰本土人口
的削减都发生在 1618 年彗星之后不久,摧毁伦敦的大火和瘟
疫也紧随 1664 年的彗星而发生。只因"我们生活在美洲,所
以我们对欧洲的巨变知之甚少,至于非洲和亚洲就更不必说

了。要直到很长时间过后"，更多灾难性后果的新闻才传到了波士顿。[71]

整整五十年前，笛卡尔就表达过类似的愿望，希望有人能将"所有彗星的观测记录和各个彗星的运行轨迹图"汇编到一本书里。笛卡尔预言，"这项工作将带来比表面效果更大的公共效应"，但是（他不无叹息地说）"我不认为有人能担此重任"，因为"我认为这是一项远在人类智力边界之外的技能"。伊萨克·牛顿于1680年代接过了这一挑战，小心翼翼地将亚里士多德著作、中世纪编年史、近代记载和同时代人的观测中收集到的彗星资料抄录进他的笔记本。这些同时代的观测者不仅包括埃德蒙·哈雷（曾去欧洲诸天文台检查他们的数据）、约翰·弗兰斯泰德（皇室天文学家），还有巴西耶稣会士瓦伦丁·斯坦塞尔、哈佛天文学家托马斯·布拉特和他的哈佛校友亚瑟·斯托雷尔（这位马里兰卡尔弗特郡的种植园奴隶主在1682年完成了一次出色的彗星观测）。牛顿将他们的成果和世界各地线人收集而来的数据汇总到了他那杰出的《自然哲学的数学原理》之中，此书的第三部分（名为"世界体系"）用大段文字讨论了彗星问题（插图55）。[72]牛顿还运用他新近发明的数学方法（后世称为微积分）绘制了1680年彗星运动的轨迹，并得出结论：彗星源自外部宇宙空间，以抛物线经过太阳周边，而且永远不会回归。

牛顿错了——当时只有一名科学家算出彗星沿椭圆形轨道运行，因此也会周期性回归，此人是法国王室天文学家皮埃尔·珀蒂。珀蒂认为（尽管并不正确）1664年的彗星与1618年的是同一颗，因此会于1710年复现；继珀蒂之后的吉安多梅尼格·卡西尼也推导出（同样不正确），1680年的彗星曾于

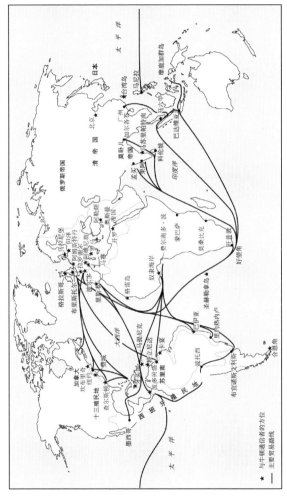

55 牛顿《自然哲学的数学原理》（1687 年）中使用的信息来源

牛顿从未离开过英格兰（事实上，他在撰写《自然哲学的数学原理》时，甚至有可能未曾离开过剑桥大学），但他收集到朋友的丰富数据，甚至还有来自朋友的朋友的数据。这些朋友既有天主教徒也有新教徒，分布于各个大陆。牛顿运用这些数据构建并支撑了他的各项假说。1680 年代各主要贸易路线的架构图足以揭示牛顿绝大多数数据收集点位置背后的奥秘。

★ 与牛顿通信者的方位
—— 主要贸易路线

1577 年出现，因此将会在 1784 年复现。他们二人都没能赢得瑞典女王克里斯蒂娜留下的奖金。埃德蒙·哈雷如若决定研究 1680 年彗星的话也会得出错误的结论，但他转而专注于两年之后现身的那颗"流星"——这颗彗星正好是唯一一颗肉眼清晰可见的短周期彗星（其他彗星也许同样明亮，也许更亮一些，但其周期多在数百年到一千年之间）。

　　与牛顿一样，哈雷也将观测数据与既有研究结合到一起，并仔细研读了之前所有关于彗星显现的资料数据。这一切都让他相信，出现在 1531 年、1607 年和 1682 年的彗星是同一颗，这颗彗星也必定以 75 年或 76 年的周期绕太阳运转。哈雷还应用牛顿物理学解释了彗星轨道上的行星对彗星的重力拖拽作用。1705 年，哈雷以拉丁语和英语出版了一本简短的小册子，第一次以综论形式提出了他对彗星轨道的推论，还特别指出了 1682 年彗星的确切周期。哈雷接着"大胆地预测"，这颗彗星"将于 1758 年回归"。哈雷没能活着看到这一幕：1758 年的确有一颗彗星准时再临，且与 1682 年现身的那颗一模一样。同时代的人为纪念哈雷而将这颗彗星命名为"哈雷彗星"。哈雷这本小册子还收入了另一段预言：尽管之前并无彗星"威胁地球"，但他还是指出，有些流星的轨道与地球间的距离之近或将令碰撞成为可能。哈雷在小册子最后以一段预言式的文字收尾："天体撞击（这绝非毫无可能发生之事）"的"后果会是什么？我将这个难题留给勤奋钻研物理学问题的人来讨论"。[73]

　　哈雷 1705 年的小册子堪称科学革命之炫目成就（与信心）的代表。这本小册子以无可辩驳的证据表明，彗星与行星一样绕太阳运转；这本小册子堪称一次伟大的牛顿物理学测试；它还做出了两项精准预言：第一个预言在整整 76 年后的彗星回归中得到验证，第二个预言则在近三个世纪之后得到验证：一部分彗星星体撞击木星，产生了惊人的效应。不过，在 1705 年时并没有人——甚至到 1750 年也没有人——知道哈雷的成就究竟有多光耀夺目：就连他的第一个预言也要等上 76 年才能得到验证。学者或可据此提出反对意见：无论是在科学领域还是教育领域，欧洲和世界其他地区的"大分流"此时尚未发生。不过，这种说辞忽略了一项重大差异。

西奥多·K. 拉布在为《跨学科史学季刊》2009 年特刊《跨学科视角之下的 17 世纪危机》撰写的导论中探讨了欧洲的总危机。导论提到了"人们对科学态度的转变"："自 1640 年以降的数十年里，人们对科学的态度经历了从对令人困惑、饱受竞争与争议之艰难探索，到接受科学方法作为智识探索之主导形态的转变。伽利略所受的谴责变成了牛顿荣膺的爵位，欧洲人的思想跨越了一座大分水岭。"在另一篇文章里，拉布强调，这次"跨越"不但本于科学家做出的成就，还基于他们进行"智识探索"时的政治和社会背景，这一背景在 17 世纪上半叶——

> 与一系列日益增长的苦难密切相关：宗教战争、经济兴衰、军事冲突的恶化与扩散以及集权政府对地方自治的侵夺制造了广泛的混乱与痛苦。在这一语境下，认为科学家应不断抛弃旧有观点的要求（其结果无法得到证实）既是这一时期怀疑之火的一个表征，也是这种怀疑之火的推动力所在。

相比之下，在 1650 年以后，"试图重拾信心的欧洲精英在日趋整合的对于物质世界之真理的新认识中得到了安慰和一种切实可感的确定性"。拉布认为，若凭研究者自己的力量，"这些发现并不必然赢得广泛的接受。正是科学家重建对人类能力之信心的角色为他们赢得了权威地位"。"有用的"知识已经不具威胁。[74]

不过即便到 17 世纪末，这种新的"信心"在欧洲仍既不彻底也不普遍。在 1663 年访问那不勒斯时，斯基彭和雷也听到了"研究学院"（Academici Investigantes）抱怨"宗教裁判所的牧师对新哲学的反对意见，以及自英格兰和荷兰等国带入书籍之困难"。四年之后在托斯卡纳，教宗出手施压，终止了大公收集和研究连续性气候数据的努力。在英格兰，埃德蒙·哈雷对《圣经》真实性的质疑（比如质疑上帝一次性创造世界的真实性）让他于 1691 年丢掉了牛津大学的天文学教席。皇家天文学家（其中一位裁断者）警告，如果哈雷得到任命，他将"用他下流的言辞带坏大学里的年轻人"。牛顿等人也适时阻止了此类"危险分子"的当选。[75]而在苏格兰，高地法庭直到 1697 年还以渎神罪审讯并处决了爱丁堡大学的一名学生。

罗伯特·默顿所说的"集群"正是在这里大展身手：一个欧洲国家的审查不再能影响到别国的科学创新。例如，虽然教宗下达了对日心说的禁令，约翰·弥尔顿还是于 1667 年初版的《失乐园》中收录了一篇令人叫绝的伽利略的《关于托勒密和哥白尼两大世界体系的对话》概要，此外还有为数众多有关望远镜观测结果、太阳黑子轮转和凹凸不平的月面的引文；那位"托斯卡纳艺术家"（伽利略）也是整本书中唯一提到的同时代人。同样，罗马的宗教裁判所曾于 1663 年将笛卡尔的著作列入《禁书目录》，不过数年之后路易十四还是选择让雅克·罗奥（法国顶尖的笛卡尔派学者）担任王太子的数学和哲学教师。1670 年代，年轻的王太子就列席法兰西科学院，参与日心说的公开讨论，访问他父亲创办的天文台，追踪彗星、恒星和行星的运转。[76] 科学革命已经被国有化了。

中国的情况则大为不同。1661 年，清廷发起了一场文字狱，审查了由一些江南汉人学者刊布的非官方著作《明史辑略》。朝廷判定此书大逆不道，下令处决了涉案的七十余人，包括历史学家、出版商，甚至是读者，并将案犯的男性亲属流放，女性亲属则被遣入旗人之家为奴；官府还抄没了案犯的全部家产，并焚烧了该书的所有雕版和副本。与欧洲一样，严厉的刑罚让幸存者人人自危，并普遍展开了自我审查。[77] 一百年后，清廷又发动了一场规模宏大的丛书编纂计划，丛书名为《四库全书》，旨在将所有已知书籍的副本收入内廷图书馆——不过皇帝下令，"若有书籍冒犯本朝，所有印版和印张都要焚毁。异端之见必须加以弹压，以免后世子孙受其影响"。这场持续十五年之久的文字狱导致七万块印版被毁，近四千卷书籍化为灰烬，作者和书坊还自发地销毁了更多的书籍，重雕了个别印版，并将一些印版上的干犯之词和避讳字眼尽数删削。[78]

清朝统治者依旧将知识革新和诸多"有用知识"视为潜在威胁而非潜在资产。在他们看来，"物质世界的新真理"似乎仍然"既是怀疑之火的表征，也是怀疑之火的推动力"。不同于西北欧的统治者，中国的新主人拒绝让治下的顶尖学者享有自由发表或是自由交流观点的权利。考虑到 18 世纪初世界不同地区盛行的各自不同的"福利比率"（参见第 21 章），尽

667

管各地之间有着诸多相似之处，"大分流"的种子早在"全球危机"期间便已种下。

注　释

1. Adshead, 'The XVIIth century General Crisis' 265, 251; Pomeranz, *The Great Divergence*, passim. 尽管《大分流》鲜少涉及科学与科技，但彭慕兰在 'Without Coal? Colonies? Calculus?' 中比较了近代早期的欧洲与中国。我要再次感谢彭慕兰与我分享他的知识和洞见。

2. Batencour, *L'instruction méthodique*, 32 – 46, 'De la justice du maistre' (see p. 40 on the special wickedness of 'les garçons uniques'). I cite the 400 – page 1669 re-edition of the 1654 original：*L'escole paroissiale ou la manière de bien instruire les enfans dans les petits escoles.*

3. Jolibert, *L'enfance*, 18, Plaidoyer before the Parlement of Paris, 25 Jan. 1680; *Mélanges*, 7, Letter Patent of Louis XV, Sep. 1724, creating a charity school in Rouen.

4. Le Cam, 'Extirper la barbarie', 412 – 13, and idem, 'Die undeutlichen Grenzen', 50 – 1, quoting Duke Augustus of Brunswick-Wolfenbüttel's *Schulordnung* (1651) and *Allgemeine Landes-Ordnung* (1647), 上述两文被视为政治稳定的两大基础，并被要求在教会和学校普遍传授。

5. Act of the Scottish Parliament registered 2 Feb. 1646 (http://www. rps. ac. uk/trans/1645/11/185, accessed 8 Feb. 2012).

6. Rawski, *Education*, 33 – 4 (on the 1652 schools edict) and 26 (citing an 'encyclopaedia' probably published in 1675 – 1676); Herman, 'Empire' (on the 1658 edict on education for chieftains, the first of many). On China's 'national school curriculum', see chs. 5 and 19 above.

7. Dore, *Education*, 20. 然而，鉴于 236 个大名藩国的存在，日本在

这方面远远落后于中国与欧洲。

8. Israel, *Radical enlightenment*, 128 – 9.

9. Hautz, *Geschichte der Universität Heidelberg*, II, 186 – 8, report of the Rector and debate by the Senate, 25 Feb. and 5 Mar. 1680; Tukker, 'The recruitment', 212 n. 4. 关于西班牙大学入学人数减少的数据参见 Kagan, *Students*。

10. Hugon, *Naples*, 266 – 7; Garrisson, 'Les préludes', 13, bishop of Montauban to Mazarin, 8 July 1659, 写于新教学院的学生愚蠢地侵入隔壁的耶稣会学院并殴打了该院学生数目之后。

11. Rutt, *Diary of Thomas Burton*, II, 531 – 42, 刊印了奥利弗·克伦威尔 1657 年 5 月 15 日关于"在杜伦创办一所学院"的特许证书，证书上列出了教师姓名（大多数为塞缪尔·哈特利布的助教与学徒），其资金来源是本地教会财产。Newcastle, *Advice*, 20, 写于 1659 年（参见 Cavendish, *Life*, 186）。

12. Cavendish, *Life*, 194; Cressy, *England on edge*, 337 – 8 (song).

13. Dell, *Several sermons*, 612 – 13 and 644 – 7, 两篇发表于 1652 至 1653 年间的布道文（曾任新模范军牧师的 Dell 在当时是剑桥大学冈维尔与凯斯学院的教师）；Winstanley, *The Law of freedom*, 68 – 9. 更多有关反大学情绪的情况，参见第 18 章。

14. 关于莱顿学生们的活跃生活，参见 Verbeek, *Descartes and the Dutch*, 34 – 70。

15. Ho, *Ladder*, 191 – 2. Mote, *Imperial China*, 863 – 4, 提出了更高的涉事举子人数。然而，在 1677 ~ 1682 年，为平定三藩之乱，皇帝曾靠出卖学位来筹措资金。更多关于科举考试制度的内容，参见第 5 章与第 18 章。

16. Israel, *Radical enlightenment*, 3 – 4; Aubrey, *The natural history of Wiltshire*, 15 (the first paragraph of the Preface, written in the 1680s). 哈维著作的出版反而导致他的患者流失的趣闻提醒我们，除了敏锐地观察大自然之外，奥布里还汇编了关于 400 位科学界泰斗的精彩而滑稽的传记故事，其中许多人与他有过私交，这些内容于他死后发表在《名士小传》（*Brief Lives*）一书中。也可参见 *ODNB* s. v. 'John Aubrey'。

17. Hunter, *John Aubrey*, 41 – 2, 引用了奥布里用于筹备培根传记的

笔记。

18. *ODNB*, s. v. 'Bacon'；培根为《新工具论》所撰前言。

19. Bacon, *Works*, XIV, 120, Bacon to James I, 12 Oct. 1620.

20. McClure *Letters of John Chamberlain*, II, 339, to Sir Dudley Carleton, 3 Feb. 1623.

21. Scriba, 'The autobiography', 26 – 9（italics added）. 类似法国这种视数学为商人事务，认为"国王不宜参与"的轻蔑观念，参见第 10 章。

22. Scriba, 'The autobiography', 39 – 40；Birch, *Works*, I, 19 – 20, Boyle to Isaac Marcombes, 22 Oct. 1646, and to Francis Tallent （his Cambridge tutor）, 20 Feb. 1647. 波义耳的父亲是第一代科克伯爵理查。Villari, *Baroque personae*, 273 – 5, 发表了许多类似的欧洲科学家表达向万事万物学习之意愿的声明。

23. Bacon, *Works*, XIV, 436, Bacon to Charles, prince of Wales, Oct. 1623, together with a Latin copy of *The advancement of learning*.

24. Weil, 'The echo'. 由此哈维盼来了詹姆斯·沃森和弗朗西斯·克里克于 1953 发表在《自然》杂志上的那篇关于 DNA 结构的著名论文，该文的倒数第二段行文简洁，以"我们未曾忽略"开头，使其产生了革命性的影响力。

25. Descartes, *Discours*, 51 and 22. Descartes praised Bacon （'Verulamius'：the Latin version of St Albans, Bacon's title）to Mersenne, 23 Dec. 1630 and 10 May 1632：*Oeuvres*, I, 195 – 6 and 251.

26. Ganeri, *The lost age*, 其中讨论了"新理性"及其支持者（在第 24 ~ 27 页引用了达拉·希科皇子的话）。在第 16 ~ 17 页中，Ganeri 明确地指出了"新理性"哲学家与培根方法论之间的对应性。

27. Elvin, 'The man who saw dragons', 提供了对于这一实验的精彩分析（引用出自第 12 及 34 页），并指出正如伽利略与培根有其知识先驱，谢肇淛也是如此（出处同上，第 3 ~ 7 页）。其他出自《五杂俎》的常识性引用参见第 1 章和第 5 章。

28. Miller, *State versus gentry*, 140, 引用了张溥的声明；陈的《凡

例》到徐光启（1562～1633 年）的《农政全书》，徐光启生前是中国最著名的基督徒之一。陈专门参考了徐光启著作中对耶稣会士萨巴蒂诺·德·乌尔西斯（Sabatino de Ursis, S. J.）一篇水力学著述的翻译。我感谢艾维四提供这份参考资料。

29. Atwell, 'Ming statecraft', 68 - 9, 关于 1639 年的《皇明经世文 [788]
编》，该作品受到了一本发于 1635 年的类似早期政治短文汇编的启发：张溥《历代名臣奏议》。Chang and Chang, *Crisis*, 285 - 303, 提供了晚明时期 "新学" 倡导者的传略。

30. 详情出自 Peterson, 'Ku Yen-wu'（引用出自第 131 页及第 211 页，顾炎武《天下郡国利病书》，完成于 1662 年）。顾炎武的方法与同时期英国古文物研究者（如约翰·奥布里）的方法惊人地相似。Pomeranz, 'Without coal?', 256 - 6, 以及 Elman, *From philosophy*, ch. 2, 提供了对于中国 "实学" 的深刻洞见。

31. Struve, *Ming-Qing conflict*, 30, 引用了这份敕令；Spence, *Emperor*, 65 - 8, 引用了康熙亲笔书。Waley-Cohen, *Sextants*, 105 - 21, 有见地地探讨了耶稣会士决定在中国宣传的西方知识的优势与局限，涉及制图法、火炮、艺术、建筑以及 "科学"。

32. 以 Cook, *Matters*, ch. 4, 'Translating what works' 为基础，引文出自第 344～345 页（Genshō, Kenkon bensetsu）。1662 年，佛罗伦提乌斯·舒伊勒（Florentius Schuyle）以《人论》（*De homine*）为题编译并发表了笛卡尔的著作。

33. Okada Takehiko, 'Practical learning', 270 - 1, 引用自贝原益轩（1630～1714 年）的八卷全集。本段基于 de Bary and Bloom, *Principle and practicality* 中的文章。

34. 关于熊泽蕃山（1619～1691 年）和朱舜水（1600～1682 年），参见 McMullen, 'Kumazawa Banzan'; Ching, 'Chu Shun-Shui'; 以及 idem, 'The practical learning'。

35. McMullen, 'Kumazawa Banzan'. Atwell, 'Ming observers', 在 17 世纪不同国家的 "救弊者"（arbitristas, 源自 arbitrio, 或 "补救"）间进行了精彩比较。

36. Spinoza, *Tractatus theologico-politicus*, 291 - 2 (from the last chapter of the work, wherein 'It is shown that in a free commonwealth every man may think as he pleases and say what he

thinks' —a quotation from Tacitus).

37. Drake and O'Malley, *The controversy*, xiii, Virginio Cesarini to Galileo, 1618 (the bite); other details from Drake, *Galileo at work*, and Redondo, *Galileo*.

38. Ciampoli, *Lettere*, 72 - 3, to Marcantonio Eugenii, 7 Dec. 1640. 教宗要求齐亚姆波利阅读伽利略的《关于托勒密和哥白尼两大世界体系的对话》，书中含有关于太阳中心说理论的文章，而齐亚姆波利向教宗保证其中没有反对教会教义的内容，因此确保了此书获准出版——也由此决定了自己的命运。

39. Descartes, *Oeuvres*, I, 270 - 1 and 285 - 6, to Mersenne, Nov. 1633 and Apr. 1634 (in the original, the italicized words were *Bene vixit, bene qui latuit*, from Ovid, *Tristia*). *Le monde, ou traité de la lumière* only appeared in 1662.

40. 笛卡尔确保了第一版以匿名形式在莱顿出版；但其法语版的出版批准书上指名他为本书作者。Descartes, *Oeuvres*, I, 338 - 41 to Mersenne, Mar. 1636, and 369, to someone involved in the licensing process, 27 Apr. 1637 (blaming Mersenne for naming him).

41. Spinoza, *Ethics*, 1 - 3 (from the introduction by Seymour Feldman).

42. Leffler, 'From humanist', 420, about François Eudes de Mézeray's *Abrégé chronologique de l'histoire de France*, 3 vols (Paris, 1668). 有关两位 1666 年被逮捕并被判上船服役的著名走私书（超过 1700 本）进口商，参见 Waquet, 'Guy et Charles Patin'。

43. Lord, *Poems*, I, xxxvii, quoting testimony of George L'Estrange, the chief censor, to the House of Lords in 1677 (the measure failed).

44. Van der Heyden, *A description of fire engines*, 3. 关于那件倒霉的消防工具，参见第 21 章。在《人类理解论》（1690 年）一文中，约翰·洛克也强调了人类犯错的频率之高：“每个人都会犯错”：*Essay*, Book IV, ch. 19 (a section entitled 'Wrong assent or errour'), para 17。

45. Ganeri, *The lost age*, 248.

46. Elvin, 'The man who saw dragons', 22 - 3；Cook, *Matters*, 415.

Elvin 认为"学术交流"的例子体现在 Elman，*From philosophy*，
ch. 5，但认为与欧洲相比它们不足称道。他还指出这些例子中
的大部分发生于 1700 年之后。

47. Berry，*Japan*，51 – 2.

48. Merton，'Singletons and multiples'，482 – 3. 牛顿与莱布尼茨以
及两人弟子间就谁先发明微积分展开的争论是 17 世纪"争议集
群"（contested multiples）的最著名事例。另一著名例子参见
Hall and Hall，'The first human blood transfusion'。

49. Bacon，*Novum Organum*，aphorism CXIII；idem，*New Atlantis. A
worke unfinished.*

50. 其中一位来自意大利的女性埃伦娜·卢克雷齐娅·科尔纳罗·
皮斯科皮亚（Elena Lucrezia Cornaro Piscopia，1646 ~ 1684 年），
是首位获得博士学位的女性。她会说流利的拉丁语、希腊语和
希伯来语。她加入了多个学会，并要求在自己死后将生前的所
有手稿都付之一炬。

51. Scriba，'The autobiography'，39 – 40.

52. Hartlib，*Considerations*，46 – 8. 关于早期尝试的详情引自 Blome，
'Office of Intelligence'，以及 *ODNB*，s v. 'Samuel Hartlib'。

53. Sprat，*History*，57 – 8；呈给皇家学会的图表，1662 年 7 月 15 日
及 1663 年 4 月 22 日；*ODNB* s. v. 'Founder members of the Royal
Society'。

54. Sprat，*History*，84 – 5，98. 威尔金斯监管了该项目并任命他的学
生 Sprat 来撰写，第 110 页。

55. Sorbière，*A voyage*，49. 另一位法国访问者对皇家学会早期会议
的夸大其词的记录，参见 Balthasar de Monconys，*Journal*，II，
26 – 8，37，47 – 8 and 55 – 6。

56. Mormiche，*Devenir prince*，329，337.

57. 其他学者也充当了科学知识交流的"清算中心"：马兰·梅森 ［789］
（Marin Mersenne）在 1617 ~ 1648 年写下的 1100 封信件得以保存
下来，其中大部分附带其他人寄出、由他作为"附件"转寄的
文件；尼古拉斯 - 克劳德·佩雷斯克（Nicholas-Claude Fabri de
Peiresc）在 1598 ~ 1637 年与 500 位通信对象交换了超过 1 万封
信件；伊斯梅尔·布利奥（Ismael Boulliau）在 1694 年去世时留

下了约 1 万封信。

58. 《自然科学会报》（*Philosophical Transactions*）直到 1752 年才成为皇家学会的官方期刊；奥尔登堡承担起了编辑（又或者如他自称的"作者"）的职责（以及利益）。《学者期刊》（*des Sçavans*）杂志首次于 1665 年来临前几周问世，起初包含了对大多数书籍的评论。

59. Israel, *Radical enlightenment*, ch. 7, 提供了一篇精彩的概述。

60. Bots, 'Le rôle des périodiques', 49, quoting Abbé Jean-Paul de la Roque, Director of the *Journal des Sçavans*.

61. Skippon, *An account*, 433（Heidelberg）and 607（Naples）; Ray, *Observations*, 271 – 2（Naples）.

62. Boix y Moliner, *Hippocrates aclarado*, *prólogo*, n. f.（作者声称哈维对血液循环的了解来自胡安·德·皮内达神父 1620 年的传道书中的一条评论；而笛卡尔剽窃了戈麦斯·佩雷拉博士的一本出版于 1554 年的著作）; Israel, *Radical enlightenment*, vi.

63. Camuffo, 'The earliest temperature observations'. 具有残酷讽刺意味的是，这次宝贵实验的记录因一次极端天气灾害受到严重损毁：1966 年的佛罗伦萨大洪水。当 21 世纪的当代人终于着手处理这些记录时，数据显示当时的冬天比 20 世纪的冬天要冷 1℃。

64. Sprat, *History*, I, 173 – 9, 刊登了胡克的提案；Fleming, *Historical perspectives*, 34 – 7, 提供了关于此次以及其他收集天气数据的系统化实验的概述。

65. Goad, *Astro-meteorologica*; Baker, 'Climate', 428 – 32（on Ashmole, Locke and Plot）. 阿什莫尔获得了其他占星家的文章，包括理查德·纳皮尔于 1598 ~ 1635 年记录的"天气日志"（参见第 20 章）。关于 1676 年比较爱尔兰和英属北美地区气候的有趣实验，参见 Vogel, 'The letter', 尤其是第 128 页。

66. 在法国，56000 人死于 2003 年 8 月的前两周，比正常情况多出了 15000 人，其中死亡率高发人群是女性以及年龄在 45 岁以上群体。这 15000 人中，有三分之一位于巴黎大区，这一死亡率是一些地区的两倍：Hémon and Jougla, *Estimation*, 54 – 5。

67. 细节出自 Gere, 'William Harvey's weak experiment'（培根与哈

维）；Hunter, *Robert Boyle*, ch. 10（标题为'Magic, science and reputation'，其主要内容是关于波义耳最后一本书 *Strange reports*）；Snobelen, 'A time'（牛顿）。

68. Lubienietski, *Theatrum Cometicum*，收集了欧洲各地的报告以及80幅插图。

69. Robinson, *The great comet*, 120 – 6, 以及 Álvarez de Miranda, 'Las controversías'，列出了这些著作名单；Akerman, *Queen Christina*, 177; Fryer, *A new account*, III, 174 – 5, Fryer's letter from Surat, 25 Jan. 1681 OS；De Beer, ed., *The diary of John Evelyn*, IV, 235。

70. Lach and van Kley, *Asia*, III, 976; Tavernier, *Travels*, I, 309; Di Cosmo, *Diary of a Manchu soldier*, 57; *Kangxi Shilu*, XCII, 14a and 20b（我感谢卜正民提供这份参考文献）。

71. Mather, *Heaven's alarm*; idem, *Kometographia*, 118, 124 and 107.

72. Descartes, *Oeuvres*, I, 251 – 2, to Mersenne, 10 May 1632（补充了"如同第谷对他观察的三四颗彗星所做的那样"：他指的是 Brahe, *Liber de cometa*, 1603）. Schaffer, *The information order*, 36 – 44. 所列资料来源参见 Book III, lemma IV, of *Newton's Principia Mathematica*。

73. Halley, *A synopsis of the astronomy of comets*（London, 1705）, 19, 21 – 22, 24. 关于 1994 年休梅克 – 利维 9 号彗星碎片与木星相撞的情况，参见 Alvarez, *T-Rex*, 145 – 6 以及彩图页内页 101。哈雷很可能知道卡西尼于 1690 年 12 月看到了疑似木星遭受撞击的现象并将其描绘了下来：Peiser, *Natural catastrophes*, 7。哈雷同样非常幸运，因为 1682 年的那颗彗星是六十年内最后一颗肉眼可见的彗星。

74. Rabb, 'Introduction', 149; Rabb, 'The Scientific Revolution', 509。我感谢 Mircea Platon 提醒我注意第二份参考文献。

75. Skippon, *An account*, 607; Ronan, *Edmond Halley*, 124, Astronomer Royal John Flamsteed to Isaac Newton in 1691. 十三年后，尽管收到佛兰斯蒂德的另一封批评信，哈雷仍成为牛津的几何学教授。

76. Milton, *Paradise Lost*, Book I: 287 – 91, and the beginning of Book VIII（我感谢 Kate Epstein 向我推荐这份参考文献）；Mormiche, *Devenir prince*, 338 – 9. 索邦大学的神学家们在伽利略理论的讨论会上提出反对意见，直到法国王太子的宗教导师波舒哀示意他们停止。读者可将此事与笛卡尔读到伽利略判决时的反应（参见页边码第 654 页）对比。

77. 参见 Kessler，'Chinese scholars'，181 – 4，以及 Struve，*Ming-Qing conflict*，30 – 2。在中国，对年号纪年的采用和是否剃发一样，具备表明个人效忠对象的作用。《明史辑略》的作者们在编写 1644 年以后的历史时采用明的年号，并直接称呼清帝王的本名（而非帝王尊号）——朝廷将其视作公然的忤逆行为。

78. Brook，'Censorship'，177，引用了乾隆皇帝 1774 年 12 月 11 日的敕令。在这种程度的清洗下仍得以保存的反清文学的例子，参见 Chang and Chang，*Redefining history*，136 – 41：1670 年代蒲松龄著《聊斋志异》。

结论　详析危机

赢家和输家

克兰·布林顿于 1938 年出版的经典著作《革命的解剖》
（*Anatomy of Revolution*）试图在 17 世纪英格兰、18 世纪北美与
法国以及 20 世纪俄罗斯的四次政治剧变之间找到"一致性"。
在该书的最后一章，布林顿提出了"这些革命究竟改变了什
么"的问题，并给出了自己的答案：

> 它们无疑深刻改变了一些制度、法律乃至人类习
> 惯；对于另外一些制度、法律和习惯，它们即便造成
> 了改变，也只是长期且不甚显著的。然而，它们没有
> 改变的或许比它们改变了的更（或更不）重要，只
> 不过我们无法在充分了解改变本身以前决定哪些
> "没有被改变"的事物是重要的。

到此为止，本书试图"充分了解"17 世纪世界的变与
未变，将继续评估它们的相对重要性，探究 1618～1688 年
世界各地发生的约五十场革命或叛乱间的"一致性"。[1]

对绝大多数时人而言，个体层面最为"重大"的改变乃
生命整体质量的急剧恶化。1631 年印度饥荒期间，生活在古
吉拉特的英格兰商人认为，"这里的光景是如此悲惨，人们的
记忆里从未发生过类似的饥馑和死亡"。在十年之后的中国，

一名年轻的学者在日记中表示"江南素无此灾"。1647 年，一位威尔士历史学家认为"的确，我们英格兰在过往时代里也经历了许多这样的黑暗日子，但那些日子和当下相比，就像一座大山的影子之于月食"。而在 1649 年饥荒期间，他的一位苏格兰同行写道："所有食品和谷物的价格，都超过了世上活着的人记忆中的最高点……这个王国还从未经历过类似的光景。"[2]

每个时代都会产生这样一批悲观主义者，他们宣称自己面对的苦难局面"在当世之人的记忆中最为悲惨"，但 17 世纪中叶制造出来的悲观主义者数量堪称前所未有，他们宣称自己遭遇了无可比拟的苦难——而且现存证据显示他们是正确的。拜太阳能量下降与火山活动和厄尔尼诺现象的增加所赐，17 世纪中叶的环境恶化颇为罕见；频繁的战争和国家崩溃也造成了前所未有的政治、社会和经济不稳定。

一些群体在危机中受害尤甚。奴隶首当其冲。在中国、欧洲部分地区（特别是不列颠和爱尔兰）和最为显著的非洲，数百万男性和女性因沦为奴隶而失去了自由甚至生命；俄罗斯和东欧还有数百万人失去自由沦为农奴。不论自由还是不自由，女性都在世界大多数地区遭受了格外严重的虐待。女性会因为被强奸或是被羞辱而自杀，她们无法"忍辱苟活"；她们会因为一无所有、无法面对饥饿和赤贫而自杀；她们还会因为爱人的死亡或失踪而自杀，不愿独自活在世上。不少幸存者都面临"苦涩的生计"（这一值得铭记的说法源自德意志地区"一个名下只有一小片土地的贫穷女人"）：她和她的姐妹们必须更加努力地超时工作才能活下去。她们的绝望处境有助于解释为什么 17 世纪的世界有如此之多的女性堕掉、杀死或遗弃了自己的孩子。[3]

应当承认，很多欧洲女性都能运用"弱者的武器"报复压迫她们的人。遭到雇主虐待的女工女仆不但可以用磨洋工、盗窃和毁谤的方式复仇，也可（在极端情况下）以纵火或谋杀的方式报怨。妻子不但可以私下申诉虐待自己的丈夫，还可向邻人和法庭控告、寻求（威胁）离婚或威胁施以（或是在紧急关头直接施加）剧烈的皮肉之苦。1668 年在伦敦，伊丽莎白·皮普斯在得知自己风流成性的丈夫塞缪尔·皮普斯与16 岁的女仆通奸之后，便用尽了上述所有策略：她在历经泪水、责难和"吵闹"之后威胁丈夫要将家丑向邻居公开，离家出走，甚至改宗天主教。她还暴力殴打丈夫，用一双烧灼的钳子打塞缪尔，威胁割掉女仆的鼻子（这是流行的对通奸罪的惩罚）。不过，伊丽莎白最有效的武器还是在于"鱼水之欢"：她拒绝与丈夫同床。受辱三周后，皮普斯在日记中吐露心声："真是麻烦透顶，这样一来妻子似乎就永远将我握于掌中，我恐怕一直都得做她的奴隶。"[4] 不过，似乎唯有英格兰和荷兰的女性得以享受这点有限的"报复"权。欧洲其他地区的女性或许也会像 1680 年代的瑞典女王克里斯蒂娜一样，发问："女性究竟犯了什么罪，不得不毕生面临严苛的现实，一辈子的通道都被关闭起来，只能做囚犯或奴隶？在我看来，修女就是'囚犯'，妻子就是'奴隶'。"[5]

克里斯蒂娜女王无疑会对同时代大部分亚洲女性的际遇感同身受，那里的"节妇"从青春期到绝经期都生活在闭锁之中（在中国，缠足之习强化了这一闭锁：见第 4 章）。而在伊斯兰世界，仅有的例外是莫卧儿、奥斯曼和萨法维统治者的母亲、妻子和妾室，这一例外状况在争夺继承权期间尤为明显。1627 年父皇贾汉吉尔去世时，沙贾汗本人并不在莫卧儿宫廷。

670　他能夺得皇位的唯一因素就是自己身在内廷的女性亲属控制了局势，并用权谋战胜了其他皇位竞争者。而在奥斯曼帝国，身为奥斯曼、穆拉德和易卜拉欣三位苏丹的母亲，柯塞姆一连推翻了多名大维齐尔，甚至还参与谋划了1648年的弑君事件，她也成为该国最具权势的人物。但这种权势难以持久：1651年，柯塞姆因新任苏丹之母的命令而被害。而仅在一代人之前，伊朗的沙阿萨非就杀掉了他的数十位女性亲属，只因担心这些人或将出手推翻他。[6]

通过直接的暴行和间接的强制迁徙与财产破坏，战争与革命杀伤了无数生命，也毁灭了无数人的生活。无论是三十年战争期间的西欧和中欧地区，还是十三年战争期间的东欧和俄罗斯，以及明清鼎革期间的中国，年轻人的死亡率都呈现尤为急剧的上升之势。对千千万万士兵和平民——从爱尔兰的新教徒和天主教徒到乌克兰的犹太人和波兰人，再到中国的明朝宗室——而言，这场世界危机形同末日。这些悲剧总共夺走了上千万人的生命，其中包括为数众多的精英，这一时期诚可谓"失落的一代"。[7]

有些地区的一整套生活方式都消失殆尽了。明清易代的暴力永久地摧毁了陕西的养蚕业，1628～1631年古吉拉特的水旱灾害也令这一印度棉花与靛蓝的主要种植区万劫不复（见第5章和第13章）。1649年之后十年里肆虐南欧的鼠疫杀死了塞维利亚、巴塞罗那、那不勒斯等城市近一半的居民（插图11），欧洲地中海地区也在这场决定性的衰落之后永久失去了其作为欧洲经济中心的地位。如果阿莱克斯·德·瓦尔和斯科特·凯恩对边缘地带农民和狩猎采集者"饥饿时间"拖长效应的评论（见第5章和第15章）也适用于17世纪的话，那么一定有许多社区和不计其数的家庭因突破"灾难阈值"（a threshold of awfulness）而彻底灭绝。

应当承认，混乱在制造输家的同时也造就了赢家。东亚的努尔哈赤和德川家康都在身后不久就被奉若神明，他们二人也将豪奢富贵的生活方式传给了无数子孙后代，垂二百年而不绝。的确，日本为数众多的东照宫今天仍旧对德川幕府第一代征夷大将军崇拜有加，这让德川家康成为 17 世纪最成功的政治家。米哈伊尔·罗曼诺夫的子孙也在 1648 ~ 1649 年的危机缔造的政治、经济和社会平衡中成功胜出，统治这个平均每天以 55 平方英里（每年 2 万平方英里以上）的速度扩张的大帝国近三个世纪。[8]这些统治者手下的不少支持者也得以从剧变中受惠。在东亚，数以万计的旗人及其家属进入中原，他们摆脱了干旱草原上朝不保夕的生活状态，在中国各地的满城里过上了富足的生活。同样地，绝大多数迅速叛明降清的文武官员也收获了荣华富贵：其中 125 名高级官员获得了暧昧不明的"贰臣"头衔，49 人则在清军入关之后得到了各部正副官员的职位。[9]日本 1615 年的"元和偃武"让德川一族和他们的绝大多数大名盟友享受了两百多年的和平与富足。在俄罗斯，1649 年颁布的《会议法典》让波雅尔（贵族阶层）及其后代赢得了对农奴的人身控制，他们也将这一特权保持了两百多年。在印度，那些在 1657 ~ 1659 年莫卧儿内战期间起兵支持奥朗则布挑战父兄的头目，也得以分享地球上最富裕国家的部分财富。

再看欧洲的平民。政府机构让塞缪尔·皮普斯在 1660 年初次担任公职时的 25 英镑个人财富在十年之后飙涨到 1 万英镑；让－巴普蒂斯特·柯尔贝尔在学校的时候"资质鲁钝，成绩总在班上倒数"，但因为得到了马扎然和路易十四的宠信，柯尔贝尔在去世时已经是一个百万富翁，还给儿子留了一个世袭贵族头衔。在欧洲的军人当中，三十年战争期间远征德意志并得以幸存的瑞典军队指挥官们在回国时都携带了巨额财富：斯德哥尔摩附近的斯库克洛斯特城堡直到今天仍能为卡尔·古斯塔夫·兰格尔将军带回国内的战利品之丰厚作证，而他的同袍汉斯·克里斯托弗·科尼格斯马克起家的时候还是个普通士兵，但在去世的时候已是一名坐拥 200 万塔勒资产的贵族。在英格兰，出身地主乡绅之家的年轻人（还曾经谋杀副警长但又幸运地逃过绞刑）乔治·蒙克凭借内战期间的幸运和优秀的判断力最后于 1660 年成为阿尔伯马尔公爵，英格兰武装力量的总司令，临终时留下价值 6 万英镑的财产。蒙克的追随者也发了财。在挥军南下支持复辟的途中，这位将军坚持全额补偿他手下弟兄的欠饷：此后的两年里，国王的战时司库向他们支付了 80 万英镑。[10]

士兵发家通常意味着平民遭殃。在 1631 年到 1645 年间写有日记的勃兰登堡律师兼税吏约翰·格奥尔格·毛尔详细记录了自己家族因被士兵劫掠、强制借宿或强征物资而从小康之家沦入贫困状态的过程。毛尔的第一次战争体验就令他损失了280 塔勒：一名骑兵中士、三名骑兵和他们的侍从"整日寄食家中"，在长达十一周的时间里消耗了价值 55 塔勒的食物；"还有 115 塔勒……花在 22 桶啤酒上，这些人每晚都和其他不速之客一道开怀畅饮"。毛尔还需要为一些到访的军官准备葡萄酒，给军官的客人奉上干草和稻草，给骑兵的马匹喂燕麦粥。更有甚者，令他大感羞辱的是，"还有 10 塔勒花在了少校的小丑'尖头鼻'的坐骑上"。此后数年的大部分时间里，类似的寄宿要求层出不穷，有时甚至接二连三；毛尔持之以恒地记下了住在家里的士兵的抢劫行为，以及他们无休止的捐饷要求（以支付别处驻军的开支）。1640 年，毛尔已经给太多的士兵（包括他们的随军人员，比如"尖头鼻"）提供了好处，以至于他自己几乎一无所有：当毛尔的捐饷违约时，前来榨取款项的三名骑兵"亲眼看见我已经没钱了"，于是在喝下价值 3 塔勒的啤酒之后"他们同意离开，每人拿走了一块我妻子给他们的手帕（共价值 1 塔勒），还有一些面包"。[11]

　　时代的剧变也让一些女性赢得声名。克里斯蒂娜女王于 1654 年退位前后的言行恐怕会送其他效仿她的女人上绞刑架。她拿宗教取乐，言语打扮和行为举止向男性看齐；她还公然与其他女人亲吻乃至同床。不过，身为改宗天主教的名人，克里斯蒂娜以前任女王的尊贵身份享受着独特的自由。[12] 1649 ~ 1653 年，玛德琳·史居里出版了法国有史以来篇幅最长的小说《居鲁士大帝》（由 10 卷构成，共 200 万字、1.3 万页）。这部小说取得了极大的成功，因为书里的主角都巧妙地取材于巴黎社交名流和投石党人（例如居鲁士显然以孔代亲王为原型）。不过史居里本人也是一位坚定的女性主义者。她的小说隐含着对流行的爱情观（认为爱情是理性、计算和占有）的批评：相反，她笔下的主角坚称爱情源于心灵而非头脑；唯有在男性的身心被比自己本人还强大的力量支配，并且完全顺服于一位女性的时候，爱情才是真实的。尽管小说卷帙浩繁，史居里夫人的作品还是有了英文译本，一时间争读者众。就连平时并非热心读者的伊丽莎白·皮普斯也对史居里的作品如痴如醉，这甚至在某天晚上惹恼了塞缪尔·皮普斯：夫妇二人"在乘马车旅行时，尽管唐突且有些无礼，伊丽莎白还是大段讲述着《居鲁士大帝》的内容"。（也许塞

672

缪尔体察到这本书的女性主义观点对他风流放荡的生活方式是个威胁。)[13]

史居里也在每周六主持文学沙龙，与会的都是法国的顶尖文人。在诸多与会的女性成员之中就有拉法耶特夫人玛丽·玛德莱娜（1634~1693年），她发表于1678年的《克莱芙王妃》（*Princess of Cleves*）曾被誉为近代法国的第一部小说，因为这部作品既有生动的历史描写（故事发生在一个世纪之前的法国宫廷），也有杰出的心理分析。小说还反映了贵族女性在诱惑（与另一名廷臣通奸）面前的挣扎。这类题材在危机之前的小说里可不多见，尤其是考虑到这部小说出自女性之手。《克莱芙王妃》今天已有不计其数的重印版本，也已被改编成电影，还有了Kindle电子书和有声书版本（时长为5小时46分）；这部小说还成了法国全国学校课程的一部分。2008年，时任法国总统尼古拉斯·萨科齐抱怨自己上学的时候曾因被迫阅读这本书而"深受其苦"。《克莱芙王妃》确实声望卓著。[14]

史居里夫人和拉法耶特夫人都安然度过了17世纪中叶的天灾人祸，那个时代很少有女性有这么好的运气。尽管全球危机并没有什么"典型体验"，另外两位杰出女性幸存者（及其家庭）的人生也许更具代表性。王端淑（约1621~1701年）生活在曾经富裕的江南地区，是一位明朝士大夫之女。1645年清兵进入浙江，父亲王思任年老不能抗清，于是悬书门梁曰"勿降"，拒绝遵从满洲习俗剃发易服，最终遁入深山，绝食殉国。他女儿王端淑嫁给了一名同样不愿屈从新朝的明朝官员。王端淑以教书、写作和绘画的方式尽可能地支持丈夫，但因"饥寒交迫，无以为继"，他们双双离家，轮流"推车奔波，一路匮乏无着，以出售她的书法、绘画和文章为生"。[15]同一年也就是 1645 年，英格兰女王亨丽埃塔·玛利亚的侍女玛格丽特·卢卡斯随着主人一同流亡欧洲大陆，她嫁给了年长30 岁的纽卡斯尔侯爵威廉·卡文迪什，马斯顿荒原之战的败军之将。这对夫妇一直流亡在外，直至 1660 年查理复辟才得以回国。在流亡期间他们租用了一所精美的室内宅邸（曾被彼得·保罗·鲁本斯用作工作室），玛格丽特在这里招待文坛名流，也亲自撰写作品。1656 年，她向安特卫普图书馆呈递了自己的五卷本作品；十一年后，玛格丽特成为第一位获准访问皇家学会的女性（她在那里观摩了罗伯特·波义耳的一次"实验"）；1676 年玛格丽特去世时，她已经留下了二十多本主题各异的著作，题材从自然哲学、诗歌、爱情（以韵文和散文形式）到科幻不一而足。玛格丽特还撰写了一部自传。虽然在自传中表达了对自己社交和文学成就的满意之情，玛格丽特还是更多关注了家中近 100 万英镑的损失，因为议会褫夺了她的全部地产和收入。自传还提及哥哥托马斯之死给玛格丽特带来的痛苦，托马斯正是在爱尔兰为国王而战时头部受了致命重伤；她的弟弟查尔斯也在科尔切斯特的保王党守军投降后惨遭行刑队处决。兄弟二人都死于 1648 年，第二年她的妹妹也死于"肺病"（无疑是肺结核），之后她母亲也去世了。玛格丽特写道，"我相信"母亲的死"因悲痛而提前了"，因为她"活着目睹了孩子们先后离世"。玛格丽特不无悲伤地得出结论："我应当哀泣终生。"尽管有着杰出的文学成就，在玛格丽特自己看来，她人生的资产负债表在 50 岁之前显然是负数。[16]

　　许多国家的资产负债表同样也呈现输赢并存的局面。虽说清代中国和罗曼诺夫俄罗斯都在"成功王朝"的名单中名列前茅，这两个王朝治下的数百万臣民却失去了生命或自由。在乌克兰，尽管鲁塞尼亚文化蓬勃发展（甚至传播到了俄罗斯），当地历史学家笔下的"废墟"一词仍足以证明，乌克兰为摆脱波兰统治所付出的代价堪称高昂。葡萄牙利用西班牙的虚弱赢得了独立——这也是 17 世纪唯——场取得了完全胜利的叛乱——但葡萄牙也为此付出了沉重的物质代价与惨痛的人员损失，包括永久性地失去了绝大部分在亚洲的殖民帝国（并暂时失去了在非洲和巴西的殖民地）。荷兰共和国赢得了作为独立国家的正式外交承认，也在南亚和东南亚开拓了获利丰厚的贸易帝国，将葡萄牙和被殖民地区的独立君主（比如马塔兰苏丹）踩在脚下。但是，荷兰也失去了北美和南美。短暂的共和制实验令英国保住了加勒比岛屿牙买加，也赢得了北大西洋的商业支配权，但是英国内战却令约 50 万不列颠人和爱尔兰人过早死去，苏格兰和爱尔兰（第一批爆发叛乱的国家）也暂时丢掉了它们的独立地位。奥斯曼帝国的孱弱让奥地利哈布斯堡王朝得以征服匈牙利大部；而西班牙哈布斯堡王朝的衰落也让路易十四得以趁机扩张法国的疆界——不过，双方都付出了数十万生命的代价。

其他国家在 17 世纪中叶经受了惨重的政治损失，但收获却微不足道。非洲的刚果王国和新英格兰的印第安诸部族都灭亡了。波兰-立陶宛联邦损失了一半人口，也曾短暂失去独立国家地位，并永久失去了强权地位。同样地，西班牙君主国在丢掉葡萄牙及其海外殖民帝国之后，再也没能恢复政治霸权。尽管腓力四世最终击败了其他地区的叛乱者，他为此仍做出了大幅让步（例如在加泰罗尼亚原封不动地维持传统"宪制"，并赦免了几乎所有曾经反抗过他的人）。在东亚，李自成建立的短命大顺政权在中国历史上消失得无影无踪。明朝的覆亡也迫使朝鲜重建其自我定位，因为明朝灭亡"摧毁了朝鲜人心中世界秩序的前提"（这也要求中原文人重新定义自身的位置）。在北美五大湖沿岸，休伦人和他们的盟友为逃离饥荒、疾病和易洛魁人而向西迁移。正如丹尼尔·里克特指出的那样，他们"自我整合、重新开拓"，在新英格兰和新墨西哥之间建立了一个一直持续到 18 世纪末的"中间地带"——不过他们还是失去了祖先的所有领土。[17]

综上所述，除日本、新英格兰和新法兰西等地区之外，17 世纪世界各国的人口绝对规模都有所减少。抛开那些已经引证的人口剧减案例——清代中国、罗曼诺夫俄罗斯和乌克兰、波兰－立陶宛联邦，以及德意志大部地区——不谈，在腓力四世 1665 年去世时，他所统治的臣民人口也比四十年前大为减少。即便不论失去葡萄牙及其殖民帝国那些封臣的损失和与法国交界地带的损失，战争也已摧毁了加泰罗尼亚、卡斯蒂利亚与葡萄牙接壤的地区、荷兰以及伦巴第；鼠疫、征兵和税收让西班牙地中海沿岸地区的人口剧减。最后在法国，饥荒、流行病、投石党人掀起的内战、"小冰期高潮"和频繁的战争纷至沓来，意味着当路易十四于 1715 年去世时，他手下统治的臣民人数很可能少于他 1661 年亲政时。

寻求最大公约数

根据政治科学家马克·哈格皮安在《革命现象》一书中的说法：

（即便）只是列举出前提条件的一个充分集合

（外加每一个条件所对应的实证性归纳），我们最终
得出的（对革命的）解释或预测仍将是高度复杂的，
但如果一个研究者想要追求简洁，那么革命的成因显
然不是一个合适的课题。我们有理由怀疑，在任何对
革命的解释当中实现"整全性"或许都是不可能的。

675　受此启发，就让我们开始检视弗朗西斯·培根在发表于
1612 年的著名论文《论谋叛与变乱》中列出的十一项"先行
条件"（或者如历史学家的说法，"起因"）：

> 谋叛的起因和动机是：宗教改革；赋税；法律与
> 风俗的变更；特权的废除；普遍的压迫；小人的上
> 位；异族；匮乏；解散的士兵；极端化的党争；以
> 及，任何激怒人民，使他们为一种公共目的而团结起
> 来的事物。[18]

上述类别中的绝大部分都可拆解为多种成分。1878 年，
科内利乌斯·沃尔福德就在对伦敦统计学会发表的题为"世
界的饥馑：过去与现在"的讲座中以十三种不同的起因解释
了培根列出的其中一个类别："匮乏"。沃尔福德为作物歉收
找出了六个自然因素，其中包括雨水过量、霜冻、旱灾、"昆
虫和害虫成灾"，以及太阳黑子活动周期。此外还有七个"人
为"因素，包括战争、"有缺陷的农业生产方式"、运输不足、
立法介入、货币操纵、囤积居奇以及将谷物用于烤制面包以外
的其他用途（比如酿酒或蒸馏）。[19]

沃尔福德的分析数据大多来自 19 世纪的英格兰和英属印

度，但他所指出的上述"自然和人为因素"同样也盛行于 17
世纪。恶劣天气造成的饥荒，往往还会因"有缺陷的农业生
产方式"而恶化（例如，农民拒绝种植玉米等更能抵御恶劣
气候的作物）；船只和运货马车短缺，运力不足以将粮食从盈
余地区运往亏空地区；谷物商人囤积或转移仓储以增加利润，
而置身边挨饿的人于不顾；政府也有可能通过操纵货币使经济
混乱的局面恶化，通过靡费资源加剧饥饿，因拒绝议和而关闭
了减少军需和税收负担的选项。沃尔福德指出，17 世纪也见
证了一个"不解之谜"，那就是"人类为防止（饥荒）周期性
发生或降低其危害所做的补救措施，似乎都反过来令饥荒加速
发生，或至少大大加剧了饥荒引发的严重后果"——这些后
果常常包括叛乱，乃至革命。不过沃尔福德还是相信，在
"制造灾难"的问题上，极端气候事件通常要比人类活动发挥
着更大的作用。[20]

　　17 世纪的证据能否支持这一分析？当然，大规模叛乱几
乎都爆发于气候异常恶劣的时期，特别是在所谓的"堵塞气
候"拖长降水和寒冷天气或者延长旱情的时候（1618～1623
年、1629～1632 年、1639～1643 年、1647～1650 年、1657～
1658 年和1694～1696 年）。有些地区承受的恶劣气候持续时间
更长：苏格兰（1637～1649 年）和爪哇（1643～1671 年）都
经历了当地有记载以来最长的旱灾。17 世纪还见证了一系列
"标志性冬天"，其中就包括一些创下纪录的最冷月份，还有
两个"无夏之年"（1628 年和1675 年）以及一系列空前绝后
的极端气候事件——博斯普鲁斯海峡（1620 年）和波罗的海
的封冻（1658 年），中国大运河的干涸（1641 年）以及阿尔
卑斯山冰川于 1642～1644 年的最大规模扩张。1641 年，流经

开罗的尼罗河水位降到了有记载以来的最低值，斯堪的纳维亚则经历了有案可查的最冷冬天。上述种种气候偏差都与一段绵延至少两代人的"全球变冷"时期相伴而来，这一时期的气候寒冷化影响极为严重，在过去 12000 年间都无可比拟。全球气候的这一变化所造成的多次饥荒引发了今天被称为"人道主义危机"的灾难，令数百万人死于饥饿。

匮乏的年代也见证了叛乱和革命，其中有两段突出的"高发期"：1639～1642 年的诺曼底、加泰罗尼亚、葡萄牙（及其海外殖民帝国）、墨西哥、安达卢西亚、爱尔兰和英格兰；以及 1647～1648 年的那不勒斯和西西里、英格兰（再一次）和苏格兰、俄罗斯、奥斯曼帝国和乌克兰。叛乱和气候变化之间的关联有时一目了然。比如苏格兰在 1637 年（查理一世正是在这个时候寻求强行推广他的新祈祷书）迎来了此前二十年里最为干燥的夏季，而 1638 年（查理一世在这一年拒绝向苏格兰人让步）则是之前一百年来最干旱的年份。史无前例的气候异常偏偏与政府改革和顽固的政策同时出现，不少苏格兰人因此加入了誓约派的叛乱。著名的大地主洛锡安伯爵讲出了不少人的心声（他曾在 1637 年 10 月描述过"荒凉如铁"的土地如何摧毁了收成）。他写道："我觉得我在这个清偿期里将不得不潜逃出去，让这块地产的债主过来大肆搜敛了，因为我无法做到不可能的事情。"他已经签署了反对新祈祷书的正式《抗议书》；六个月后，洛锡安伯爵又签署了《国民誓约》。1640 年，洛锡安伯爵率领一个团侵入英格兰，宣称"我们迫不得已只好离家远征"，"为了合法自卫，我们宁死不屈"。[21] 在爱尔兰，1638～1641 年的歉收也在天主教徒当中制造了广泛的生活困难，让不少人转而支持始于

1641 年 10 月的叛乱，当时冰雪已覆盖了爱尔兰岛上的大部分地区。之后又有一场"多年以来，乃至有史以来未见于爱尔兰的严冬"，令天主教徒对新教定居者的残酷虐待演变为一场屠杀，并在此后催生了大规模报复。[22]同样地，1640 年代初的东亚因反常天气导致了反复的作物歉收，两大剧烈政治效应由之产生。其一，江南的饥荒和民变致命性地削弱了正在应对西北"流寇"之患的明朝；其二，关外地区的干旱和寒冷天气大大降低了作物收成，令满洲统治者认定进犯中原是免于饿死的唯一办法。[23]

气候导致的匮乏也在其他的叛乱事件中发挥了作用。也许正如列夫·托洛茨基在评论 1917 俄国革命时所写的那样，"只凭生活困乏还不足以引发叛乱，否则大众将无时无刻不在起义"——不过，17 世纪气候变化导致的生活困乏却是一个例外。1637 年的埃武拉，1647 年的巴勒莫，1648 年的菲尔莫以及 1652 年安达卢西亚的"绿旗"叛乱，这些叛乱的成因都与 1917 年彼得格勒爆发的 20 世纪最重要的那场暴动如出一辙：一旦反常天气摧毁了收成，并因此造成粮食短缺，饥民就会走上街头高喊"面包"。[24]

在类似的紧张局势下，即便政府施加的压力略有加大，都会在民间引发不成比例的剧烈反应。1647 年西西里政府下令终止旨在压低面包价格的补贴政策，引发了岛上诸城镇的叛乱；一个月后的那不勒斯革命也是始于总督重新开征不得人心的水果税。腓力四世在这两次事件中都践踏了手下大臣的担心疑虑，因为他需要经费以支撑自己的战争——丝毫不顾本土叛乱已经为他开启了"第二战场"的事实。相同的荒唐逻辑也在法兰西王国大行其道，路易十三在粮价高企的时候依旧反复征税，他的臣民也因此无钱购买面包。"国王万岁；税收去死！"成为流行于欧洲各地反叛臣民之间的口号。

政府采取的一些其他手段也会刺激叛乱或令叛乱扩散。没有什么能比1637年查理一世坚持在苏格兰强制推广新祈祷书的行为更能刺激和团结其反对者的了，而1640年西班牙王室军队在乡间教堂的渎神行径也在加泰罗尼亚制造了类似的仇恨气氛，当然还有1645年清朝的摄政王多尔衮强迫所有汉人男性剃发的决定。加泰罗尼亚人的叛乱持续了18年之久；南明政权的抵抗更是绵延38年。统治者的愚蠢之举也会激起抵抗。1647年7月7日清晨，正是因为那不勒斯的民选议员无力调解"谁应支付水果税"的争吵，才让马萨尼洛和他的"小伙子"们成功地鼓动了愤怒的旁观者。1648年夏天的莫斯科也爆发了叛乱，起因是沙皇拒绝接受臣民们谴责大臣腐败的《请愿书》。同一年在巴黎，法兰西摄政者则愚蠢地试图趁反对者的领袖在宗教仪式结束后离开巴黎圣母院时逮捕他们。事实还证明，在叛乱初期不明智地调动武装力量也会为政府带来灾难。无论是1640年的巴塞罗那、1647年的那不勒斯还是1674年的墨西拿，每个港口城市的叛乱都恰恰发生在该城舰队出港作战之后。[25]

17世纪最为激烈的反政府活动往往发生在首都城市——这一状况显示，所有城市地区在面对气候变化和政府暴政的时候都更为脆弱。反抗查理一世和腓力四世的大规模叛乱都始于政治首府（爱丁堡、都柏林和伦敦对抗查理一世。巴塞罗那、里斯本、巴勒莫和那不勒斯对抗的是腓力四世），其他国家导致中央政权大为震动乃至被彻底颠覆的叛乱也是如此：1618年的布拉格，1622年、1648年和1651年的伊斯坦布尔，1639

年的马尼拉，1648 年的巴黎，1648 年和 1662 年的莫斯科，还有 1651 年的江户。

不过，仅凭大众抗议很难推翻政府。17 世纪中叶的所有大规模叛乱都有世俗精英参与，在绝大多数基督教和穆斯林社会也有教士精英介入。至少在相当长的一段时间里，四场叛乱中产生的政府都由牧师主导（苏格兰的亨德森、加泰罗尼亚的克拉里斯、爱尔兰的里努奇尼和那不勒斯的热诺伊诺）；而在法兰西、斯图亚特和西班牙三个君主国，牧师也用布道和出版宣传材料的形式支持叛军事业。在波兰 - 立陶宛联邦，乌克兰牧师靠着赫梅利尼茨基狐假虎威；而在奥斯曼帝国，大穆夫提（伊斯兰教的谢赫）也在对 1622 年罢黜苏丹（以及之后的弑君）一事的合法化中发挥了重要作用；在 1648 年这一戏码还曾再次上演。[26]

贵族也在几次欧洲叛乱中扮演了领导角色——法国的孔代亲王和隆格维尔公爵；苏格兰的阿盖尔侯爵和汉密尔顿侯爵；爱尔兰的安特里姆伯爵和马奎尔勋爵；英格兰的埃塞克斯伯爵和曼彻斯特伯爵——在这四个国家，几乎整个贵族阶层都参与了后来爆发的内战。在葡萄牙，布拉干萨的若昂公爵于 1640 年建立了一个新的王朝；在卡斯蒂利亚，梅迪纳 - 西多尼亚公爵也曾于 1641 年试图成为独立的安达卢西亚的统治者；而在七年之后，吉斯公爵甚至建立了短命的"那不勒斯王家共和国"。[27]不过无论在莫卧儿帝国、奥斯曼帝国还是中国，世袭阶层都没什么存在感，因为他们的财富与国家的联系太过紧密。

17 世纪中叶各大叛乱中留下的其他领导者大多属于知识精英阶层。在 1640 ~ 1642 年的英格兰议会，至少 80% 的下院

678

议员以及很多上院贵族议员要么曾在四大律师学院学习法律，要么曾在大学就读，或者兼而有之。[28]法国的投石党之乱始于资深法官的反叛。而那些精通四书五经，在各级科举考试中过关斩将攀上官僚体系"成功阶梯"的中国读书人，既在令明朝朝政陷于瘫痪的党争中扮演了主角，也在明清易代时进行了宁死不屈的抵抗。

绝大多数欧洲反叛者都宣称，他们只是想要将现状恢复到历史上他们认为可取的某个状态。巴勒莫和那不勒斯的反叛者都要求回到一个世纪前查理五世颁布的宪章体系中去；加泰罗尼亚人呼吁君主尊重他们的古老"宪制"；葡萄牙人希望恢复1580年西葡两国结为共主邦联时的关系（并在这一条件未得满足的情况下进一步要求回归1580年以前的宪制状态）。起初，查理一世的敌人也只是寻求"回到过去"。在英格兰，他们要求国王按照先王的成例建立一个"君临议会"政府[①]。而在爱尔兰，天主教徒要求国王颁行"恩典"，也就是结束近来新教徒在爱尔兰扩张并损害天主教徒利益的趋势。在苏格兰，誓约派坚持要求恢复他们的传统礼拜仪式。在法国，法官希望回到他们认为曾盛行于中世纪的宪政"权力平衡"，贵族阶层则将他们祖先为君主浴血奋战换来的"自由权"和"特许权"视为与生俱来之物，认为自己为保卫这些权利拥有"反叛的义务"。在俄罗斯，大众希望沙皇接受他们的请愿，就像沙皇本人和之前历代沙皇曾经做过的那样。

世界其他国家的反叛者也从历史先例中汲取力量。在中

---

① Crown-in-Parliament，即君主在议会建议下行使权力，而非如查理一世般施行专政，不召开议会。

国，力求推翻明朝的李自成、张献忠和清朝都援引了历史先例（有些甚至可以追溯到两千年前），也即那些失去"天命"的朝代；吴三桂 1673 年发动三藩之乱反清的时候也采用了这一手法。在奥斯曼帝国，卡迪萨德·穆罕默德及其追随者号召人们回归一千年前先知穆罕默德时代盛行的政治和宗教惯例。还有诸如瑞士的恩特勒布赫和诺曼底的赤足党这样的叛乱者也都要求回归到"正义"曾得伸张的某个黄金时代。我们再引用一次克莱恩·布林顿的说法："革命总是伴随着'正义'一词，也总是笼罩在这个词引发的情绪之中。"[29]

　　至少在欧洲，赢得"正义"的努力在得到具备"绝对合法性"的法律机构（如法院和议会）支持时便会力量大增。为达这一目的，苏格兰、加泰罗尼亚和葡萄牙的反叛领袖都在第一时间召集"国内诸阶层"，将他们挑战既定权力的行为合法化，同时也寻求在集会上审议通过合适的政策并票决拨款，以设立一个足以在国内外都赢取广泛支持的"替代性政府"。[30]在爱尔兰，尽管新教徒主导的都柏林政府谴责了 1641 年的叛乱，天主教领袖还是在基尔肯尼设立了自己的最高委员会和大议会，这两个机构在此后十年里都是独立的爱尔兰国的政府（爱尔兰甚至还一度拥有自己的常驻外国外交官使团：这一成就的再现要等到 20 世纪）。在英格兰，议会在国王宣布议员为叛逆的时候正处于合法会期了，但是议会上下两院还是一直运行到 1649 年 1 月，即议会下院的剩余成员（"残缺议会"）审讯处决查理一世，并宣布英格兰是一个由且仅由议会统治的共和国的时刻。同时在荷兰共和国，联省议会利用 1650 年奥兰治亲王威廉二世的去世重夺了曾经被归在他名下的行政权力。最后在乌克兰，哥萨克起义领袖博格丹·赫梅利尼茨基从一开始就寻求让哥萨克自由民大会认可他的多项行动，其中就有脱离波兰－立陶宛联邦的《独立宣言》，以及后来同俄国签署的《联盟条约》（正是这纸条约保住了他起初造反时赢得的绝大部分成就）。[31]

上述叛乱的强大向心力有助于解释，为什么17世纪有如此之多的叛乱持续了很长时间。1618年波希米亚人反抗哈布斯堡统治的起义持续了30年之久，1640年葡萄牙反抗哈布斯堡统治的反叛开启了一场持续28年之久的冲突，而加泰罗尼亚"迪普塔西奥"于次年对腓力四世的弃绝也让这个公国在此后19年里沦为战场。在乌克兰，1648年哥萨克人对波兰王室主权的拒斥引发了一场为期19年的战争。1649年查理一世被其英国臣民处决，随之而生的共和国宣言无可避免地招致了苏格兰、爱尔兰和几个美洲殖民地的敌意（它们都宣称查理二世才是主权君主），逊位的斯图亚特君主国因此依然与共和国保持战争状态，甚至在和平年代也保有庞大的陆海军，这种状况一直持续到1660年斯图亚特王朝复辟时。

不过，漫长的时间也改变了绝大多数叛乱的性质。正如约翰·沃利斯后来对英格兰的评论所言，"正如常见于此类状况之中的那样，权力之剑总是一再（易）手"，因为"那些开启一场战争的人并没有能力预见战争将在哪里结束"。1642年初查理一世图逮捕的"五个议员"中没有一个人具备军事经验，也很少有人出任公职，他们只得将舞台让给奥利弗·克伦威尔这样的人，而克伦威尔等人的行动也证明他们有能力将革命领导下去。同样在那不勒斯，宪法律师热诺伊诺和阿尔帕贾取代了不识字的煽动者马萨尼洛，但他们也只能将领袖之位交给具备军事经验的詹纳罗·安涅西和吉斯公爵。[32] 像克伦威尔和安涅西这样更为勇武好战的"第二代"领袖之崛起也有助于解释，为什么革命持续得越久就越发暴力。反抗经历也会让领导人习惯于采取那些从前曾不被容忍的行动。进一步而言，无论当权者还是反叛者，任何政府在面对极端气候、饥荒和战争时都需采取严厉措施（17 世纪中叶这些挑战的发生频率颇不寻常）。不过，缺少合法性（或经验）的政权也许会诉诸更极端的举措以推行它们的政策。

反叛政权或许还会求助于外援，并因此导致国内支持者意见的分裂。爱尔兰的天主教联邦曾向欧洲大陆的天主教势力求援。尽管教宗、法国和西班牙都向爱尔兰提供了可观的物质援助，但每个外部强权都各有盘算。为了实现各自的目标，它们也制造并利用了破坏性的国内分歧。在伊比利亚半岛，腓力四世的加泰罗尼亚反对者向法国求援；法国军队和军事顾问对挽救巴塞罗那确实出了力，不过路易十三却要求加泰罗尼亚领袖放弃他们独立建国的决心，反过来承认路易十三为他们的君主。最典型的案例发生在中国，明朝将领吴三桂请求关外的清军援助他对抗"流寇"。他允许清军翻越长城，协同自己的部队击溃了李自成的人马；但一俟任务达成，满洲人就宣称他们的胜利代表着清朝取得了统治全中国的"天命"，他们的统治也延续到了 1911 年。

在欧洲"复合制国家"内部，一个地区的反对派常常会积极鼓励同一个君主治下的其他人也起来反叛。葡萄牙若昂四世"加冕"之后不久就派特使前往巴塞罗那，与加泰罗尼亚反叛者合作。没过多久，若昂的首席顾问，耶稣会士安东尼奥·维埃拉就前往罗马，请求教宗授予若昂之子"那不勒斯国王"（教宗领地）的头衔。1648 年在卡斯蒂利亚，"伊哈尔公爵阴谋"的关键人物堂·卡洛斯·德·帕迪拉就曾向葡王若昂四世求助；政府细作还在帕迪拉的文书里找到了堂·米格尔·德·伊图尔比德的名字，此人刚刚还在纳瓦拉领导了一场反抗王室政策的运动（见第 9 章）。最具震撼性的例证发生在西西里岛：1647 年巴勒莫人发动骚乱反抗消费税并成功将其废除的新闻传到那不勒斯之后，当地市民立即开始口出"恶语酸言"，呼吁发起"一场巴勒莫式的革命"；而就在那不勒斯革命开始之际，"一些从巴勒莫来的人"敦促那不勒斯人"效仿巴勒莫先例，提出全面诉求"。其中一名"巴勒莫人"就是朱塞佩·阿勒西，他后来回到巴勒莫领导反抗运动，让家乡城市也得到了与上个月那不勒斯反叛者获得的一模一样的让步条件。不但如此，在西西里和那不勒斯这两个王国，首府爆发的叛乱也诱使其他许多城镇的居民竞起效尤，纷纷发起暴动（见第 14 章）。

681   查理一世在王国各地的反对者同样也跨越边界建立联系，以增加他们的成功机会。几名身在北爱尔兰的苏格兰牧师深感斯特拉福德伯爵的宗教政策充满敌意、无可容忍，于是他们在 1639 年租了一条船前往马萨诸塞（约翰·温斯洛普曾于上一年访问阿尔斯特），但海上风暴却将他们赶回本土。牧师将之视为天启，是上帝的意志决定"他们应当在苏格兰找到美洲"。于是他们就在回到故土的第一时间加入了誓约派反对查理一世的抗争。在俄罗斯，骚乱也在帝国境内大范围蔓延，因为 1648 年 6 月的首都充斥着各地城市的请愿者。一俟请愿者将莫斯科人成功抗命犯上的消息带回乡里，地方的暴动便立刻接踵而至（见第 6 章）。最后，1653 年发动"瑞士革命"的恩特勒布赫农民也派出特使，动员卢塞恩等邻近地区的人起来支持他们（见第 8 章）。

"如果"

尽管 17 世纪中叶的叛乱无比频繁，我们仍有可能想象一个更和平的世界——即便当时存在上文中列出的大量"先行条件"。正如 1640 年 11 月查理一世提醒"长议会"时所说的那样（当时他还在解释为什么苏格兰人可以如此迅速地成功击退他的军队）："人们总是很晚才意识到，一场如此大规模的动乱背后的起因竟可以如此无稽。"[33] "意外事故"——完全不可预测的事态——可能对一场叛乱的爆发或结果产生至关重要的影响。1638 年，才华横溢且毫不妥协的加泰罗尼亚爱国者帕乌·克拉里斯和弗朗塞斯科·德·塔马里特在抽签选举中成功当选为加泰罗尼亚的资深"迪普塔西奥"（见第 9 章）一事便是明证。1648 年哥萨克叛军追击波兰野战军之后不久，瓦迪斯瓦夫四世的去世在波兰 - 立陶宛联邦制造的"王位空缺期"（见第 6 章）也是如此。类似的事例还有在 1650 年击败国内政敌后不久死于天花且未留下成年继承人的奥兰治亲王威廉二世（见第 8 章）。

一些"意外事故"更易预测——特别是那些因为"距离"导致的事故，这正是费尔南多·布罗代尔那句格言里所谓的"头号公敌"。腓力四世的大臣们之所以对立即应对那不勒斯的叛乱感到犹豫，是"因为那里的情势每时每刻都在变化，今天看起来还合适的策略到明天就不是如此了"。腓力派往爱尔兰天主教联邦的特使也抱怨，距离成了"我们工作的最大难题"，因为这意味着"我既无法向陛下报告当下发生的连续事态，也不能及时收到陛下的指示"。[34]甚至在伊比利亚半岛内部，正如约翰·埃利奥特爵士所言：

> 马德里和巴塞罗那之间的距离意味着（加泰罗尼亚总督）的信件和马德里传来的命令无法步调一致。加泰罗尼亚公国的状况每天都在变化，马德里收到消息至少要到三天之后。这也意味着马德里方面在立法应对的时候还是以总督最新急件寄来时的状况为准。[35]

682　　同理，马德里的中央政府接到1640年12月1日葡萄牙里斯本爆发革命的第一批报告时已经是事发一周以后了，但他们却对这些消息不予置信。"我们听到的大多数情况可能源自一场大众骚乱，"国务会议成员们如此告知腓力，"但在·日之内拥立国王的消息真是匪夷所思。"国王直到12月15日才签寄信件，提醒欧洲的圣职者们警惕"葡萄牙的变故"。直到12月27日，他才告知殖民地的行政官采取防御措施。直到1641年1月5日，他才警告美洲出航的运宝船回避葡萄牙港口。他也没有下令关闭所有边界（无论是在伊比利亚半岛还是在美洲），结果西班牙君主国境内同反叛者的商业往来直到1641年1月10日仍在持续。[36]

　　反过来说，"变故"也会出乎意料地阻碍叛乱进程。1641年马奎尔勋爵占领都柏林城堡的计划仅仅是因为一名密谋者决定出卖同侪才功败垂成——不过即便如此，都柏林的行政官"一开始对这个如此不可信且支离破碎，由一位籍籍无名且出身卑微的醉汉说出的（故事）根本不予置信"，于是将其赶了出去。这名叛徒尝试了第二次，才成功破坏密谋，并出卖了他的同侪（尽管当他们向阿尔斯特发出警告时已为时太晚，那里的密谋成功了：见第 11 章）。同样地，十年后一些武士占领江户摧毁德川政权的计划之所以败露，也只是因为其中一位精神错乱的密谋者无意间将细节喊了出来。[37] 在上述例证里（毫无疑问还有其他许多例证亦然），历史记录的一次微小"重写"都将制造与现实截然不同的结果。自然灾害（比如地震和火山喷发）也与之同理，它们的爆发也几乎毫无征兆。如果 1640 年代没有出现（差不多在同一时间发生的）太阳黑子消失、火山活动活跃或者厄尔尼诺活动频率增大的现象……

不过，即便偶然事故（比如大灾难）没法从历史中抹去，历史学家在建构"如果……会怎么样？"场景的时候还是必须时常考虑到一个更高层面（或者说反向）的反事实猜想：即便短期历史记录被重新改写（正如前面那些例证），长期后果仍有可能难以改变。这种"反向反事实情境"（reversionary counterfactuals）有两种形式：一种是积极的（即一次"事故"可能会延缓，但无法永久性地阻碍某一特定事态发生），另一种则是消极的（即所谓"迟早发生的事故"）。积极反事实情境的例证相对容易找到，例如在"人类档案"当中，在威廉二世去世、"荷兰革命"爆发的 22 年后，他的遗腹子威廉三世还是恢复了几乎所有传统权力和作为奥兰治亲王的影响力。在 1649 年父亲被弑 11 年后，英王查理二世也夺回了他父亲在全部领地上的几乎所有权力。再看看"自然档案"：这个星球上的一些地区只能在"好年景"里养活其居民，所以即便 1640 年代发生的火山喷发和厄尔尼诺活动没有如现实历史中的那样频繁，"坏年景"也迟早会降临，并带来高死亡率。

居住在伦敦的法国人德·贝利埃弗尔对 1648 年爱尔兰局势的深思,堪称"反向反事实"的上佳范例。德·贝利埃弗尔如此告诉马扎然:

683

> 最让那些关心该国（指爱尔兰）事务的人震惊的是:同一国家同一宗教的人明明知道（英格兰）已经决心将他们消灭殆尽,他们却还是因为私人仇隙陷于严重分裂。他们对宗教、家国存续和自身利益的热情,**都不足以让他们舍弃——乃至暂时搁置——那煽动他们内斗的私愤**。[38]

英格兰对爱尔兰的征服在接下来的一年正式开始,在不到三年的时间里,爱尔兰联邦就不复存在——不过在贝利埃弗尔看来,即便伦敦政府推迟镇压行动,天主教徒的事业也终将因内部分歧宣告失败。历史学家朱利安·古达尔也提出了一个苏格兰版本的消极"反向反事实":考虑到查理一世和誓约派领袖的人格特质,"1637～1638 年的苏格兰危机及其对英国造成的重大影响,**都已酝酿很长一段时间;如果新祈祷书事件没有将其点燃,也会有其他事件令局势一发不可收拾**"。[39]

与查理一世同时代的许多统治者——清朝摄政王多尔衮、沙皇阿列克谢·罗曼诺夫、瑞典的古斯塔夫·阿道夫二世和丹麦的克里斯蒂安四世——都展现出相似的固执;他们手下的大臣亦然。他们当中似乎并无一人准备为他们推行的政策考虑替代选项。1632 年,后来成为斯特拉福德伯爵的托马斯·温特沃思告诉同僚:"就让那史无前例的暴风雨来吧,我将选择扬帆入海在风雨中挺进,至少也要紧握舵柄奋斗至死"。这番宣言颇为离奇地呼应了七年前奥里瓦雷斯伯爵 – 公爵说过的话：
"正如神父的无上义务那样，我会毫无怨言地死去，决心紧握
我的船桨决一死战，直到片甲无存。"[40]尽管腓力四世的大臣们
从未将他们的政治纲领命名为"全面彻底"（Thorough），他们
还是盲目地推动了那些既充满野心又不切实际的政策。而考虑
到绝望的政治情势以及小冰期导致的反常经济社会状况，在此
期间推行新政策，增加额外负担迟早会有激发抵抗与叛乱
之虞。

鲁滨孙·克鲁索的两个世界

鲁滨孙·克鲁索是英国 17 世纪最著名的一位虚构居民。
生长于内战期间的他在查理一世被处决之后不久的 1651 年离
家远行；他受困于遥远荒岛，之后又于 1687 年返回故土，及
时看到了詹姆士二世的出逃和光荣革命。不过，出版于 1719
年的这本《克鲁索奇妙历险记》（《鲁滨孙漂流记》）却对这一
时期的政治变迁不置一词。与之恰恰相反，克鲁索的创作者丹
尼尔·笛福反复强调他笔下主角精神世界的成长与他的读者有
多么不同。例如，年轻的鲁滨孙记了一本日记，这份日记一开
始与 17 世纪中叶许多清教徒留下的灵修日志和账簿颇为相似
（见第 20 章），但没过多久上面就写满了盈亏账目，这反映了
曾让英格兰繁荣起来的商业眼光。[41]不但如此，鉴于 17 世纪中
叶的英格兰曾因宗教冲突大打出手，克鲁索也对宗教上的不容
忍态度大为鄙夷。他对天主教、新教和异教徒一视同仁，"允
许他们在我的领地享有良心自由"；他还认为"世上因宗教而
起的一切争论、纷扰、冲突和竞逐，不管它们的着眼点是教义
还是教会制度，对我们都毫无用处。这在世界其余各国也是一

684

样，尽管我还未亲眼得见"。克鲁索对宗教宽容的热衷不是源自吸引宗教难民的欲求（比如那些被克伦威尔迫害的人），而是因为宗教宽容对获利丰厚的国际贸易至关重要（克鲁索也在贸易中取得了极大的成功）。最后，克鲁索成功实践了所谓的"新哲学"（见第 22 章）。他从自己乘坐的失事海船上打捞出来的财物"太过丰厚，简直不知道如何支配"，这让他产生了"世间万物**唯有有用，才最可宝贵**"的反思；反之，"**所有我能使其派上用场的东西，才是有价值的东西**"。克鲁索还成了一名成功的种植园主，他很快就发现自己最宝贵的两项资产是工具（他从船上取得的"木匠工具箱"要"比一整船的金子更加宝贵"）和劳力：克鲁索从食人族手中救下了"我的仆人星期五"，一名美洲原住民。他还让星期五在他的"殖民地"（用克鲁索的话说）劳作，星期五学会的第一个英语单词就是"主人"。尽管克鲁索"在此前的人生中从未熟稔于一项工具"，但"我却在这段时间里提升了自己操作各种机械的经验，正是因生活所迫才让我专注于此"。[43]很难找到比这更能清楚地体现新型"实验哲学"之影响的案例了。

　　1719 年的世界与 1651 年的世界还在一个重要层面上大有不同：到 1719 年，火山喷发事件和厄尔尼诺现象在频率和烈度上都消退了，太阳黑子活动通常的 11 年周期得以恢复，全球变冷的长周期也告一段落。温暖的气候与更趋系统化的环境开发同时而至，也让商品供应得以比商品需求更快速地增长，较肥沃地区人口的快速增长也得以实现。1716 年，康熙皇帝指出自己治下"生齿日繁"，可耕土地却并未随之增长。康熙像前朝皇帝在一百年前曾说过的那样抱怨了"不事生产者"人数的激增，还单独列出了僧人、商人和士人。数年后，福建的一名资深官员估计，"过去六十年里，人口增长了一倍"。
这位官员还抱怨说："人口每天都在增长，开垦的耕地面积却
并未如此。"第二年，中央政府制订了一项开垦更多耕地的计
划，因为"近来人口增长，（人民）何以谋生？开垦土地是唯
一的解决方案"。[44] 得益于诸如此类的举措，18 世纪中叶的西欧
和东亚都拥有了有史以来最为密集的人口，而预期寿命和生活
水平并未下降。同等重要的是，人口和资源的新均衡也让
"军事－财政国家"体制变得更容易为社会所承受。更温暖气
候的回归打破了 17 世纪的"致命合力"。

不过，与 17 世纪相同的生存压力仍普遍存在，并将继续
发挥作用。粮食需求超过粮食供给的社会必须着手增加供给
（引入可以增加每英亩作物产量的技术变革，组织动用新的能
源，以贸易或是武力的方式从别处取得粮食）或者减少需求
（少吃一些，或通过减少出生人口与增加移民或死亡人数等方
式减少需要供养的人口）。在对抗 17 世纪自然和人为因素致命
合力带来的麻烦期间，上述策略都发挥了各自的作用。许多人
饿死，更多的人挨饿；堕胎和杀婴数量的增长，晚婚或不婚者
的增加和移民（无论强制还是自愿）人数的增加也减少了需
要养活的人的数量。不过，上述应对举措的见效都很慢，世界
上绝大多数社会的粮食供给和粮食需求都要等到"足够多"
的人死去之后才能实现均衡。

尽管双目失明并被困在家中，约翰·弥尔顿对这一道理的
认识不落时人之后。在 1658 年那个标志性的冬天里，弥尔顿
开始在位于伦敦的寓所撰写《失乐园》。在之后的匮乏年代和
查理二世的复辟岁月里，他仍在持续撰写这篇长诗。因此毫不
奇怪的是，占据他故事核心地位的是不可预测也毫不留情的气

685

候变化。弥尔顿的幻想世界就像他所生存的真实世界一样，（用他的话说）是一个酷热和酷寒支配的"死亡宇宙"（universe of death）：

所有下地狱者依序

被带上前：他们挨个体会

冰火两极的痛苦更迭，每经轮换便越发酷烈，

从在烈火中煎熬到在冰天雪地里

耗尽最后一点微弱的余温，然后备受折磨

全身僵硬，不能动弹，

持续良久之后；再被赶回烈火中去。[45]

注　释

[790]

1. Brinton, *Anatomy*, 237 – 8. 我尤其感谢 Rayne Allinson、Kate Epstein 以及彭慕兰对本章初稿的犀利评论。

2. Foster, *The English Factories in India*, *1630 – 1633*, 218 – 19, letters from East India Company officials in Surat to London, 8 May 1632 OS；Smith, *The art of doing good*, 137, quoting Lu Shiyi's diary；Balfour, *Historical works*, III, 409；Howell, *Epistolae*, III, 26, letter of 10 Dec. 1647 to his nephew.

3. Ogilvie, *A bitter living*, 1, quoting Catharina Schill, 'ein arme Frau', in 1654. 关于奴隶的情况，参见第 5 章（中国）、第 12 章（不列颠）以及第 15 章（非洲）；有关农奴的情况，参见第 8 章。这场危机对女性影响增强的案例参见第 4 ~ 15 章。

4. Pepys, *Diary*, VIII, 337 – 414, 讲述了伊丽莎白对他的报复。关于此事的出色概述参见 Capp, *Gossips*, 93 – 4, 他对英国妻子与仆人们的报复方法集合的讨论见于第 84 ~ 126 页及第 166 ~

181 页。

5. Cavaillé，'Masculinité' para. 38，引用了克里斯蒂娜女王的"箴言"。请注意克里斯蒂娜和埃琳娜·娜扎雷斯基·塔拉波蒂（Elena Cassandra Tarrabotti）对修女之看法的共性：页边码第 97 ~ 98 页。

6. Balabanlilar，*Imperial identity*，ch. 4，精彩分析了莫卧儿王朝"贵妇"（Begums）与王后（Khanums）们的强大权力。关于奥斯曼帝国苏丹的母亲的权力，参见第 6 章。

7. 我感谢 Robert W. Cowley 为我指出 17 世纪与 20 世纪战争、革命及征战中定量和定性损失间的对比。

8. 计算来自 Nansen，*Through Siberia*，283（南森刚刚游历了西伯利亚地区）。

9. Wakeman，*Great enterprise*，425 – 7（关于明朝 23 名先投奔大顺后向大清投降的高级文官的事业，以及另外 32 个直接弃明投清的文官的记录）；以及第 1129 ~ 1133 页（对 125 名官员出身及事业的分析，并附有一篇《贰臣传》中的条目，以及对汉军八旗成员出身及事业的分析）。

10. D'Aubert，*Colbert*，23（quoting Lefèvre d'Ormesson）；*ODNB*，s. v. 'Monck'；Wheeler，*The making*，212. 1640 年代及 1650 年代在爱尔兰参战的士兵们在兵役期也表现良好：他们的工资欠款主要是在自己征服没收的土地上收到的（参见第 12 章）。Parrott，*The business*，241 – 9，提供了一篇关于 17 世纪欧洲陆海将领赚取或损失的财产的全面调查。

11. Mortimer，*Eyewitness accounts*，88 – 90.

12. Cavaillé，'Masculinité'，对克里斯蒂娜的行为与批评展开了精彩讨论。

13. Pepys，*Diary*，VII，122，entry for 12 May 1666（塞缪尔还于 1660 年 12 月 7 日及 1667 年 5 月 21 日在书中提到了他妻子的欢欣）。*Artamène ou le Grand Cyrus* 可在网上参阅，其网址为：http：//www. artamene. org/.

14. 史居里和拉法耶特无疑在各自著作的扉页中掩饰了自己的性别，声称此书作者为男性。*La Princesse* 可在网上阅读：http：//www. inlibroveritas. net/lire/oeuvre2472. html. M. 萨科齐记录了他的文化"折磨"，参见：http：//blogs. rue89. com/mon – oeil/2008/

07/25/nicolas – sarkozy – kaercherise – encore – la – princesse – de – cleves，访问于 2012 年 3 月 2 日。

15. Ko，*Teachers*，129 – 36. 她的丈夫是个东林党烈士的儿子（第 5 章）。请注意它与前文引用的陈子龙诗作间的相似性。Widmer，'The epistolary world'，提供了一篇明末清初女性作者的敏锐观察。

16. Cavendish，*Nature's pictures*，377 – 8（引自 'A true relation of my birth，breeding and life'）。关于玛格丽特与威廉在安特卫普的情况，参见 van Beneden 精美的展会目录以及 de Poorter, Royalist refugees. 其他的细节则出自 Cavendish，Life；以及 *ODNB* s. v. Margaret Cavendish，Sir Thomas Lucas and Sir Charles Lucas。

17. Haboush，'Constructing the center'，51；Richter，*Facing East*，67 – 8；White，*The Middle Ground*，ch. 1.

18. Hagopian，*The phenomenon*，123；Bacon，*Essayes*，46。培根在该书的 1625 年版中重印了那篇论文并进行了部分修改，现引于此处。

19. Walford，'The famines'，part II，79. 在第一部分的第 521 ~ 525 页，沃尔福德讨论了太阳黑子是否可能会影响收成并希望"我的理论能得到最具批判性的调查与说明"。

20. Ibid. ，part II，217.

21. Laing，*Correspondence*，I，93 – 8，and 105，Lothian to his father，the earl of Ancram，19 Oct. 1637 and 8 Nov. 1640（capitals in the original）. The earl added：'God's works have beane wrought by fewer then we are.

22. BL *Harl. Ms.* 5，999/29v，'Discourse by Henry Jones，Nov. 1643（更多爱尔兰与苏格兰气候及灾祸的详情参见第 11 章）。

23. 饥荒的威胁也可能促使李自成 1644 年初冒险从西安"远征"北京；但由于档案库的损毁其真实性无从考证。参见第 5 章。

24. Trotsky，*History*，II，Introduction，and vol. I，ch. 7（'Five Days'）. 关于其他暴乱的起因，参见第 9 章和第 14 章。

25. 参见第 9 章（巴塞罗那）、第 14 章（那不勒斯和墨西拿）、第 6 章（莫斯科）以及第 10 章（巴黎）。Brinton，*Anatomy*，86 – 8，记录了美国、法国和俄罗斯革命中的相同现象。

26. 此外，卡迪萨德及苏菲派信徒的热情造成了令伊斯坦布尔深受困扰的内斗事件（参见第 7 章与第 18 章）。有关牧师与美国革命的情况，参见 Brinton, *Anatomy*, 99 – 100。

27. 尽管奥利弗·克伦威尔不是贵族或国王，他也开创了一个王朝，且他如果能活得更久，取代斯图亚特王朝的就有可能是克伦威尔王朝而非汉诺威王朝。

[791]

28. Brinton, *Anatomy*, 102，记录了大学毕业生在 18 世纪美国革命者中的佼佼之姿。

29. Ibid. , 35.

30. 无疑，三次叛乱最终以失败告终：在半个世纪后的葡萄牙，来自巴西的财富使国王可以脱离议会行事；十年后，苏格兰和加泰罗尼亚的暴乱遭到了军队镇压。

31. 未获得国家代表大会控制权的叛乱通常会迅速失败。在那不勒斯，"最尊贵的共和国"计划召集一个能够联合王国十二省代表的议会（parlamento），但西班牙人在此之前取得了控制权；在 1650 年，丹麦与瑞典的国会让国王做出多方让步，但因内部分裂而导致其作废；1651 年在法国，一场贵族大会与神职人员大会迫使摄政王召开国家议会，但它们却在会晤前愚蠢地解散了（全国议会直到 1789 年都未再召开）。

32. Scriba, 'The autobiography', 32. 布林顿再次为后世的革命有力地申明了这一观点：*Anatomy*, 122，134 – 5，137 – 8，144。

33. Rushworth, *Historical Collections*, III part 1，11 – 12，the king's speech, 3 Nov. 1640. 同样参见第 11 章。

34. Braudel, *The Mediterranean*, I，part II，ch. 1，part 1；AGS *SP* 218/72, *consulta* of 27 Aug. 1647，评论了许多最近来自那不勒斯的信件；AGS *Estado* 2566, n. p. , Don Diego de la Torre to Philip IV，18 Feb. 1648.

35. Elliott, *Revolt*, 407.

36. AGS *IG* 435 *legajo* 10/258v – 259v, Fernando Ruiz de Contreras orders the Casa de Contratación in Seville to warn the fleet about 'el accidente de Portugal', 5 Jan. 1641, minute, and *IG* 429 *legajo* 38/177 – 182v, Philip IV to the viceroy of Peru and others, 7 Jan. 1641, minute. AGI *IG* 761, n. p. , *consulta* of 27 Dec. 1640 –

admittedly, someone endorsed this ' Luego, luego ［At once, at once］', but noted that the council had delayed advising the king on the correct steps to take ' until there should be more specific and general information'. By contrast, Madrid sent news of the Catalan revolution to ministers in the New World almost immediately: AGI *IG* 589 leg. 13, n. p., Register of couriers dispatched to Seville, entry for 12 June 1640: a large packet of letters for American destinations left at ' 4 in the morning'.

37. 我们不必相信所有参与人数众多的密谋都面临巨大的败露风险（无论是出于自愿或被迫），但没有人背叛过 1637 年 "苏格兰教会总管" 阻止 "劳德祈祷书" 首次宣读的企图，或是三年后葡萄牙的独立计划。

38. AMAE（P）*CPA* 57/314 – 15, M. de Bellièvre to Secretary of State Brienne, London, 13 Nov. 1648.

39. Goodare, ' Debate: Charles I', 200 – 1; see also pages 354 – 8 above. For more on counterfactual protocols, see Tetlock, *Unmaking the West*, especially the Introduction.

40. Quotations from Elliott, ' The year of the three ambassadors', 181. For more on the character of Charles I, see ch. 11 above.

41. 从第 5 章开始，克鲁索根据其 "日记" 来讲述自己的经历（Defoe, *The life*）。

42. Defoe, *The life*, 286, 262.

43. Ibid., 152, 58, 79, 170. 就本书的阅读我主要感谢 Hill, ' Robinson Crusoe'。

44. Will, ' Développement quantitatif', 868, 引用了康熙皇帝的敕令; Marks, *Tigers*, 291, 引用了 1724 年韩良辅及 1723 年雍正皇帝的说法。在一个注释中，Will 好奇皇帝们是如何相信中国开始人口过剩的，并指出各省巡抚的备忘录就此问题提到 "反映而非引起了皇帝的注意"。

45. Milton, *Paradise Lost*, Book II, lines 597 – 603.

后记 "笨蛋，是气候"[1]

气候史曾经是一个"热门话题"。1979年，世界气象组织、联合国环境署、（英国）国家科学基金会、福特基金会和洛克菲勒基金会，出资邀请来自30个国家的250名历史学家、地理学家、考古学家和气候学家参与由英国东安格利亚大学气候研究小组主办的首届国际"气候和历史大会"——这个小组由英荷皇家壳牌公司（主创）出资成立。剑桥大学出版社后来出版了一卷论文集，收录了会上最具创见的论文。同一年里，世界气象组织创办了"世界气候项目"，授权其"将气候考量纳入理性政策选项的规划"。当时没有人怀疑，全球气候曾在过去经历了剧烈变化，也没有人怀疑类似的剧变在未来发生只是时间问题。[2]

上述举措的背景是一场世界范围的粮食危机：在1972 ~ 1974年，小麦价格增长到之前的三倍，稻米价格更是四倍于前，这是南亚、北美、萨赫勒地区和苏联等地作物歉收的直接反映，而这些歉收本身又反映了1971 ~1972年的强厄尔尼诺现象。厄尔尼诺现象也为大家带来启示：全球气候的"运行"规律或可作为一个远距离相互作用（teleconnections）的系统得到解释。联合国因此于1974年召开了"世界粮食大会"，并在会后庄严"宣告"："以适当储备的方式保证世界在任何时候都有充足的基本粮食供给是国际社会的共同责任。世界各国应当合作创建一个行之有效的粮食安全世界体系。"大会同样庄严的"决议"也包括以下内容：

· 在人口和粮食供应之间建立一种可取的平衡；

· 缩减军费开支，以求增加粮食生产；

· （创建）一个全球粮食和农业的信息和预警机制。

然而，在各国政府有时间将这些决议付诸实施之前，"世界粮食危机的阴影"已经消失了，这要感谢所谓的"绿色革命"：新型高产量小麦、玉米和水稻品种的引入，以及对灌溉、肥料、杀虫剂、除草剂等技术之使用的增加，极大地提高了粮食产量，几乎令"饥荒"从报纸头条上消失，也让"气候变化"淡出了历史学家的视线。[3]

1990 年，另一个由联合国成立的专门组织"政府间气候变化专门委员会"（IPCC）发布了首份评估报告，概述了"来自 25 个国家的数百名科学家"的研究成果。这份文件宣称，"人类活动导致的气体排放正在显著提高大气层中的温室气体浓度"，如果不立即采取行动减少温室气体排放的话，"地表的额外变暖"将不可避免。为了弄清全球变暖的规模，《报告》还呼吁其他研究者"进一步研究史上发生过的（气候）变化"。包括许多历史学家在内的学术界人士对此呼吁的回应堪称成果丰硕：自 1990 年以降，学界已经编成了数千个数据集，出版了数百篇以气候变化为主题的学术论文。研究显示，一系列重大变故的最终结果，就是前所未有的全球变暖趋势。[4]

与 1970 年代涌现的研究成果不同的是，这些新发现却遭遇了忽视、拒斥和贬低，诸如"国家应将气候考量纳入理性政策选项之规划"之类的建议也引发了强烈反对。2003 年，参议员詹姆斯·英霍夫在就任美国参议院环境和公共工程委员会主席之后宣布，全球变暖是"有史以来加在美国人民头上的最大骗局"。[5]2011 年，英霍夫参议员参与提出了旨在阻止美国联邦政府"以应对气候变化为目的，对温室气体排放进行任何管制，采取相关行动，或将其纳入政策考虑"的法案（厄普顿－英霍夫法案）。当年稍晚时候，美国众议院以240对184的表决结果否决了"韦克斯曼修正案"的动议，这项修正案包含了如下条文："正在发生的气候变化主要由人类活动引起，其对公共健康和公共福利带来了重大风险。"[6]

韦克斯曼修正案混淆了两个不同的命题：判定"人类活动"（尤其是温室气体排放和砍伐森林）能否制造气候变化与判定"气候变化"是否发生并不相同。人们也许仍对第一个命题存有质疑，但历史记载毫无疑问地告诉我们：气候变化确有发生，也的确会对"公共健康和公共福利"带来灾难性影响。虽然人为因素似乎在17世纪的气候变化中没有起到什么作用，但人类依旧会因气候变化而受苦乃至死亡。

现存的人类档案和自然档案反映，14世纪和1816年发生了与17世纪一样的气候剧变。经济史家布鲁斯·坎贝尔撰写的系列文章强调，1310年代和1340年代都见证了气候和致命疾病的"极端不稳定"（1316～1325年的牛瘟以及1346～1353年的黑死病），当时牛和人的密度都达到了空前的水平。英格兰保存极好的史料显示，这些自然灾害消灭了"一半以上"的人口。[7]1816年又是一个"无夏之年"，气候灾难与太阳黑子锐减同时而至（1795～1828年的"道尔顿极小期"），印度尼西亚的坦博拉又刚刚发生了近一万年来有记载的威力最大的火山喷发：这一系列的异常似乎将地球的平均温度降低了1℃～2℃——波动幅度与17世纪中叶正好相当。这个幅度已经足以同时招致全球变冷和极端气候事件。当年在北美洲的整个夏天里，北极冷锋都在不列颠哥伦比亚到佐治亚一线以北地区制造暴雪，一日之内就令温度从35℃剧降到零下；1816年9月，新罕布什尔经历了"所有活着的人在这个季节里……回忆中最严重的四次霜冻"。在大西洋彼岸，从芬兰到摩洛哥，严寒笼罩了整个夏天；5月到9月之间，爱尔兰在153天中的142天里都在下雨；英格兰经历了自1659年有连续记录以来第三冷的夏天；法国和瑞士所有葡萄园里的葡萄都比1437年有记录以来的任何一年成熟得更晚。在亚洲，印度季风"失约"未至，江南乃至台湾都经历了降雪。1817年在新罕布什尔的巴恩斯特德，当年的情人节成了"四十年来最冷的一天"；而在马萨诸塞州的塞勒姆，威廉·本特利牧师度过了"我人生中第一（个）因为寒冷而闭门不出的日子"。极端天气也造成了疾病和饥荒：一场剧烈的斑疹伤寒大流行暴发于欧洲，霍乱也在同时蹂躏了印度；面包的短缺在欧洲掀起了范围广泛的粮食暴乱；"走遍（整个）新英格兰，谷物良种的产量很少能收到原来的十分之一"。1816年纽约市的小麦价格纪录直到1973年之前都未能打破。[8]

"扬基酷寒"（北美幸存者如此称呼他们经历的那个悲惨的夏天）制造了一波从新英格兰到中西部的大规模移民潮。"西部土地肥沃茂盛，气候温暖宜人"，一名土地承托人动情地说。数千户家庭相信了他，舍弃自己的农场前往"黄金般的俄亥俄乡土"：1817~1820年，俄亥俄州的人口增长了50%，第一次超过了50万人。绝大多数新来的居民都是为了躲避突如其来的气候变化而来的新英格兰人。[9]

两个世纪过去了。如果今天"扬基酷寒"（或其他自然灾害）再次袭击新英格兰，受灾者即便跑到俄亥俄州也不会免受损害。用俄亥俄州2011年版战略计划中的话说："将粮食从农场搬运到饭桌上需要一整套复杂流程，许多各不相同的环节都有可能打断它。正因为粮食和农业对本州而言堪称至关重要的产业，俄亥俄必须谨慎地保护好动植物和粮食供应链。"不过，考虑到俄亥俄人口已经超过1100万，很难看出本州将如何在紧急状况下再养活50%的新增人口。[10]当然，如果"严寒"只是冻死了谷物或只影响了新英格兰地区的话，那么1816年以降俄亥俄州开发的交通和分发设施大概也可从那些未受影响（或是影响较小）的地区进口充足的紧急配给口粮。不过，假如有一场自然灾害直击本地，那么就连紧急进口粮食的选项也将不再现实。2005年，救援力量花了近一周时间才将至关重要的粮食和饮用水运进"卡特里娜"飓风过境之后的新奥尔良，因为令城市被淹没的暴风雨阻断了道路和桥梁联系，让陆路通道和无线电话同时瘫痪；飓风让100多万人从墨西哥湾岸区撤离，制造了所谓"空心经济"：当地基础设施已不再足以满足人们基本的粮食、饮水和健康需求。[11]

689

　　尽管卡特里娜飓风是美国历史上造成财产损失最为严重的自然灾害，它也只不过是2005年全世界已知的432场自然灾害中的一场而已：这432场灾害总共造成了1760亿美元的经济损失。这个数据创下了一个直到2011年才被打破的纪录，2011年汇报的自然灾害总数虽然降到了302场，但造成的经济损失总额却超过了3500亿美元，其中遭受龙卷风袭击的亚拉巴马州塔斯卡卢萨市损失了20亿美元，被地震袭击的新西兰克赖斯特彻奇市损失110亿美元；重创密苏里州乔普林市的另一场龙卷风造成了250亿美元的损失，而日本东北地区的地震海啸则造成了2100亿美元的损失。这四场自然灾害一共造成2万多名男性、女性和儿童死亡。此外，2011年世界各地

有超过 1. 06 亿人受到水灾侵袭，近 6000 万人遭遇旱灾，还有
4000 万人因暴风雨而受灾。[12]

　　尽管更好的预警系统，更好的大众避难教育和更快、更有
效的应急响应机制肯定可以减轻灾害的后果，但人为干预无法
阻止这些自然灾难发生。同样地，没有任何人为干预手段可以
阻止火山喷发，抑制厄尔尼诺现象，或延缓新一轮太阳黑子极
小期的到来——但它们肯定都会影响气候，减少作物产量，制
造饥饿、经济紊乱、政治不稳定和死亡。[13]那么，究竟做什么
才可减缓这些恶果？2004 年和 2005 年灾难性的飓风季（除卡
特里娜之外，还有"迄今为止九场在美国造成最严重损失的
飓风中的七场"）促使位于佛罗里达州迈阿密的美国国家气象
局下属机构国家飓风中心（National Hurricane Center）提出了
上述问题。国家飓风中心得出了悲观的结论：因为大多数危险
地带的居民"从未有过被一场大规模飓风直击的经验"，也无
法设想这一情境下当地的受灾情况，而即便那些有过经验的人
"也只能对一场飓风带来的最坏结果存有约七年的记忆"，下
一场"造成大量人员死亡的灾难在未来将不可避免"。对国家
飓风中心而言，风灾的主要问题并不在于飓风的频率，而在于
人类未能从飓风中吸取教训："墨西哥湾与大西洋沿岸地区既
是美国最容易因飓风遭受人员伤亡的地区，也是美国人口增长
最快的地区"——这是"否认风气"（culture of denial）盛行
于世的强有力写照。[14]

　　不过正如社会心理学家保罗·斯洛维克指出的那样，"感
知并规避有害环境条件的能力对所有有机生命体的生存都必不
可少"，而"汇总并学习过往经验的能力也是对生存的有力帮
助"。斯洛维克还进一步说，"**人们拥有改变并同时适应自身**

环境的额外能力。"[15]这种"改变"我们环境的能力需要以两项 690
各不相同的技能为前提：**学习过程**（对自然现象的观察、测
量和分类）和**学习步骤**（旨在减轻未来灾害而开发出来的技
术、实践和指南书）。人类历史上关于"学习过程"和"学习
步骤"的案例不胜枚举。中世纪北海沿岸地区反复发生的水
灾不但促进了防范措施和应对手段的改进，还催生了永久性的
"专家"团体与异常坚韧的企业家文化：凡此种种都支撑荷兰
共和国崛起为世界强权。同样地，17 世纪中叶的城市火灾频
发也让一座又一座的城市推出更有效的防火举措，（至少在欧
洲）发展出了一套专门的保险公司体系，其中一些公司今天
仍然位居现代世界实力最为雄厚的商业公司之列。[16]

　　不过，为了激活我们"改变（自身）环境的额外能力"，
人类似乎还是需要经历自然灾害，"**不仅需要足够的强度，还
需要足够的频率。若无反复历险之经验，管理者借以处理
（灾难）而演化的流程就无法产生。**"[17]因此，预防并缓解水火
灾害的有效措施似乎只有在空前严重的水火灾害反复袭击某一
社区之后才会产生。也许正是这种"人类认知缺陷"才能解
释为什么《华盛顿邮报》可以视 2010 年地表最高温度破纪录
的事实于不顾，并对全球气温在 2010 年连续 34 年高于 20 世
纪平均水平的现实充耳不闻，在 2011 年固执地宣称全球变暖
已经成为一个"次要议题"。[18]

　　这种古怪的认知不协调促使一支研究团队发起了一项面向
47 个不同国家逾 67000 人的问卷调查："你认为全球变暖有多
严重？"刊登在 2012 年《和平研究季刊》上的调查结果支持
了《华盛顿邮报》的论断："公众并不认为全球变暖是一项特
别重要的环境问题"。数据也显示了五种宽泛的解释：

· 人们对气候变化的担忧同教育水平相关，但与年龄无关：小于 30 岁和大于 60 岁的人对气候变化的担忧程度似乎都低于中年人。

· "随着各国日趋富饶，其国民也将注意力从经济状况和个人安全等议题"转移到"政治自由、个人自由和环境保护的相关议题"。[19]

· 基督教原教旨主义和"关心环境"之间存在"数据上的重大负相关性"，这在美国的基督徒群体当中尤为显著。对不少原教旨主义者而言，自然灾害是神对罪孽的惩罚，人类必须接受。[20]

· 与贫穷国家和温室气体排放低的国家的受访者相比，富裕国家和碳排放水平高的国家的受访者对全球变暖的关注度更低（这或许是因为在承认全球变暖要求受访者同时承认自己对此事负有部分责任时，受访者更难做出肯定答复：这就是所谓"令人不适的真相"）。

691 · 最后，对全球变暖的关心程度与对气候相关型自然灾害的关心程度负相关，也就是说，高度暴露于自然灾害（比如旱灾或是地震）之中的国民较少关心全球变暖问题。原因无非有二。一是他们眼前认知的其他环境难题更为严重，二是因为长期与自然灾难相处也令他们学会与之共存——用一项题为《灾害文化》的研究的结论来说："对大多数人类而言，危险和灾害只不过是日常生活中被默认存在的现象。"[21]

近年来，"几乎所有死于自然灾害的人以及绝大部分受害者都生活在北美和欧洲以外"的事实在西方催生了两项假设：

第一，这些灾害都只发生在"别处"（类似"台风路径"、"环太平洋火山带"和"厄尔尼诺脆弱带"等术语助长了这一想象）；第二，特定群体之所以在气候变化面前格外"脆弱"，其原因不只在于他们生活在哪里，也在于他们如何生活（例如那些生活在人口过载的城市或住在边缘地带的人）。类似观点并非毫无根由。例如，菲律宾群岛确实比世界其他类似地区经受了更多的灾害，这里有 220 座火山（其中至少 12 座是活火山），平均每天发生 5 次地震，每年经历多达 30 场台风；2010 年的海地大地震也提醒世界，城市的过度拥挤和贫穷也会放大灾害的影响。[22] 但在今天自然灾害冲击北美和欧洲时，每一次灾难都会成为"保险事故"（insurance event）。

欧盟委员会发布的一份白皮书显示，1980 年到 2007 年间有三分之二的"损失事件"都"直接因天气和气候事件（风暴、水灾、热浪）而起"，还有四分之一"要归因于野火、寒潮、山崩和雪崩，而这些事件也与天气和气候有关"。因此，"灾难性事件总损失的 95% 都源自那些与天气和气候相关的事件"。这份白皮书还指出，"天气和气候相关事件造成的总损失在 1980～2007 年有显著增长，十年均值从 72 亿欧元（1980～1989 年）增长到 137 亿欧元（1998～2007 年）"。仅在 2002 年一年之内，中欧地区的洪灾"就造成了 168 亿欧元的损失，赔付金额达到约 34 亿欧元"。[23]

这些惊人的数据当然没有逃过世界各大保险公司的注意——保险行业内部在 2009 年的评估报告显示，"天气事件造成的损失金额正以年均 6 个百分点的速度增长，每 12 年就翻一番"——它们的应对办法是对理赔范围和保险费额度做出一些重大调整。比如在荷兰，由于超过三分之一的国土面积都在海平面以下且没有人工堤坝保护，水灾现已不被纳入承保范围。在英国，水灾保险的业务范围仅限于 2009 年以前建成的资产，而即便有资格投保的资产也必须在 2012 年底政府的一项再保险制度到期之前投保。[24]在美国佛罗里达，1992 年的飓风"安德鲁"给保险业造成了 150 亿美元以上的损失，令 12 家保险公司倒闭，州政府只得创建公共保险代替私营市场。接着便是 2004 年和 2005 年的连年飓风，私营承保人不得不额外拨付 390 亿美元以"重建佛罗里达"——不过就在这些承保人请求州政府同意提高保费以覆盖上升的风险时，州政府拒绝了。几家私营保险公司于是拒绝承保佛罗里达的地产，制造了一场迄今未能解决的"保险危机"。最后在巴哈马群岛，政府拒绝引入公营机构取代私营保险业，于是在 1999 到 2004 年间的三次大型飓风之后，（由私营企业运营的）"保险业者（以及此后的抵押贷款）如潮水般"撤离了部分低洼地带。没有被政府公营保险覆盖的房屋也因价值大幅缩水而遭遗弃。[25]

上述种种事态都让国际保险经济学学会（又称"日内瓦协会"）得出结论："承保人需要强调的是，保险业唯有同政府和业界合作，才可提供方案应对气候变化带来的社会问题。"然而，做比说更难。即便保险公司以大幅提高保费的方式传达了这一信息，也未能令所有人信服。（如果这管用的话就不会有人吸烟了，因为吸烟者为生命健康保险支付的保费要高太多。）不但如此，正如欧盟委员会白皮书所说：

> 世界上不少人口较少、经济较差的地区常常位于那些对气候变化风险格外敏感的地带（沿海和山地），适应气候变化所需的经费将颇为庞大，以至于

超过了当地公共财政的承受额度。这些区域里私营部门的损失也会超出单个公司或企业的财政承受能力。[26]

2004 年和 2005 年"飓风季"对佛罗里达地产市场的冲击足以表明，为什么无论是承保人、"市场力量"还是当地政府都不大可能应对得了气候变化的全部恶果。2009 年佛罗里达商会编撰了一部名为《深入风暴》的报告，警告政府参与保险业务将令公共财政直接暴露在总价值相当于 2 万亿美元的财产损失风险之下，一旦下次飓风来临，纳税人将蒙受毁灭性损失。这份报告提出了两大显而易见的解决方案：一是向那些改进地产以最大程度降低风灾损失的人提供激励措施（这样就减少了补偿和修复的花费）；二是允许佛罗里达州保险计划"以风险决定保险费率"（用前众议员丹尼斯·罗斯略显辛辣的话说，"生活在高危地域的风险应由那些选择生活在当地的人承受"）。《深入风暴》的作者们只想出了另外两套方案：要么通过允许将保费提高到"足以反映地产所有人实际经受的风险"的水平以吸引私人保险业者回归，要么就"向联邦政府施压"，因为若缺少私人保险业者的参与，"我们就需要联邦层面的后盾来抵御一场佛罗里达灾难"。不过佛罗里达商会也承认，这两套方案都不大可能成功：允许"自由市场"决定地产保费将使保费上涨到没有多少人能够负担的程度；同时，"任何或将成为佛罗里达潜在自然灾害损失之后盾的国家层面立法也将面临诸多困难与博弈，因为其余各州会认为佛罗里达遭遇自然灾害的极端风险将对全美纳税人带来不公平的负担"。丹尼斯·洛斯或许会说："如果你知道毁灭性的飓风每

693

年都会袭击佛罗里达，你又为什么要在那里盖房子呢?"[27]

那些对求援于华盛顿所持的悲观论调不缺少权威理据。21 世纪美国联邦政府拨给各州各市灾害应对方案的经费一直增长缓慢；更多的钱被花在了"减缓工作"上，亦即让易受损失的人与财物远离灾害高发区（比如将房屋迁出洪灾平原），并增强对自然危险的物理防御手段（比如在那些饱受飓风和水灾威胁的地域重建堤坝、运河和沿海湿地）。不过，联邦政府灾害开支中的大部分都被用于援助各州和各地政府应对那些业已产生的灾害。这些经费通常被用于支援灾害发生之后几天和几周的短期救灾活动，例如搜索和救援、执法、灭火，提供临时避难所，以及组织食物、饮水和药品的紧急发放。相对而言，只有不多的联邦资金被用于帮助脆弱地点长期复原，以为应对未来灾害做准备，包括确保当地政府继续运转，重新安置搬家的民众，并准备应对不可避免的心理与生理健康问题。

联邦应急支出的这一分配规律反映了美国人对"大政府"根深蒂固的恐惧。厄普顿 - 英霍夫法案发起者的主要理据（除了那些认定全球变暖是"一场骗局"的信念）在于，联邦政府任何旨在减缓或规避破坏性气候变化的尝试都只是华盛顿方面的权力扩张之举，必须动用一切手段加以抵制。类似这样根深蒂固的恐惧也盛行于 17 世纪的英格兰。1603 年、1625 年和 1636 年的流行鼠疫杀死了数以万计的伦敦人，因此人们很容易预估 1665 年从荷兰传来的新一轮瘟疫将造成多么大的影响。尽管如此，无论伦敦还是英格兰政府都没有采取必要举措。相反，在瘟疫袭来时，国王及其宫廷成员、许多行政官员和几乎所有富人都撤离了首都。查理二世召集议会讨论介入措施的时候没有通过哪怕一部法案，因为贵族们要求豁免于诸如检疫隔离这样的限制性举措，并坚决反对在自己家附近建立瘟疫医院。你也许好奇为什么中央政府没有单方面采取行动拯救首都。但正如当时一本小册子指出的那样，"他们的权力受到限制，他们必须依法行事"——奥利弗·克伦威尔和手下各级将领十年前的统治留下了很坏的观感。正如查理二世自陈，他"太老了，没法再出远门了"。查理二世不会再冒险用不得人心的举动令臣民离心。从每天堆积成山的瘟疫遇难者尸体和累累的坟冢中不难量度出政府不作为的严重后果：大瘟疫总共导致 10 万伦敦人死亡，相当于首都总人口的四分之一。此外，英格兰其他地方也有 10 万人死于瘟疫。[28]

　　无论在 21 世纪还是在 17 世纪，要应对如此规模的灾难都 ⟨694⟩ 必须动用只有中央政府才有能力调动的资源。英格兰东南部泰晤士河防洪闸（Thames Barrier）的修建就是一个生动案例。一直以来，泰晤士河屡屡冲垮河岸，淹没伦敦部分地区。1663年，塞缪尔·皮普斯曾记载"这条河上出现了英格兰人记忆中最大的潮水：整个白厅都被淹了"。修建一座防洪闸以预防类似灾难的提议在一个世纪之后开始出现——但是，伦敦商人的反对（船只不能溯河而上将令他们的贸易蒙受损失）和各级政府之间关于预算花费的分歧让这些提议统统化为泡影。1953 年，自北海汹涌而来的一波潮水淹没了东英格兰地区 15万英亩的土地，溺死 300 多人。一位政府部长向议会下院担保说："我们已经上了惨痛一课，如果不能从（修建大坝）中获益，我们应该归咎的人只会是我们自己。"这位部长设立了一个筹划补救措施的委员会。委员会提议，立即在泰晤士河河口修建一座"可被关闭的合适坝体"。政府最后规划了两种堤坝，但来自航运业和财政紧张的地方当局的压力再次阻止了这项动议的推进。[29]

1966 年，新一届英国政府请求其首席科学顾问赫尔曼·邦迪教授重新研讨此事。邦迪是一位训练有素的数学教授，他花了不少精力评测风险；他也调查了历史资料，发现伦敦桥记录的风暴潮水位在 1791 年（记录始于本年）到 1953 年之间上涨了 3 英尺之多。邦迪预计这一趋势仍将继续。他还将"再来一次风暴潮"的风险同其他风险进行了比较，例如"陨石坠落在伦敦市中心"——这必将造成重大损失，但邦迪指出，这种事件发生的概率小之又小，而且我们也无法规避。相较而言，"一场严重的洪水将在伦敦造成特别重大的灾难"，而考虑到北海海平面的持续上升，这种灾难几不可免；因此，这一灾难"势将成为足以打垮英国中枢神经的一记重拳"。据此，邦迪毫不含糊地建议修建一座泰晤士河防洪闸。尽管航运业利益和各不统属的地方政府再次造成拖延，议会还是于 1972 年通过了《泰晤士河防洪闸暨洪灾防护法》（Thames Barrier and Flood Protection Act），授权启动这一工程并承诺拨款。1982 年防洪闸落成时已花掉了惊人的 5.34 亿英镑资金——不过，今天防洪闸保护的地产价值已经超过了 2000 亿英镑，其中包括 4 万座商业及工业地产，还有 125 万名居民居住的 50 万户家宅。如果再来一次"淹没"白厅的洪水的话，这一切都将化为泽国：今天的白厅与塞缪尔·皮普斯时代一样是英国政府的中枢，在其附近还有议会两院和容纳 8.7 万名政府雇员工作的中央政府多个部门；洪水还将"淹没"码头区（Docklands）新建的经济开发项目，令 16 座医院、8 座发电站，以及在维修和更换洪水中被毁物资时需要动用的不计其数的消防局、警察局、商店和物资供应企业陷于瘫痪，另有 200 英里的道路、100 英里的铁路、51 座火车站和 35 座地铁站也将受灾。伦敦人失去的将不只是他们的家园和工作，还有必不可少的应急救灾和灾后恢复手段。简而言之，如果没有泰晤士河防洪闸，伦敦就会成为又一个 2005 年的新奥尔良：面对迟早都会到来的卡特里娜式自然灾难，伦敦必将不堪一击。[30]

泰晤士河防洪闸的完工正当其时——它在 1983 ~ 2000 年启动了 39 次，在 2001 ~ 2010 年启动了 75 次——防洪闸的成功和极端天气频率的上升鼓励了英国政府以更积极的态度对付气候变化。2004 年，政府首席科学官发布的报告总结了近 90 名专家就水灾风险进行的研究，以简单直率的语句抛出了一个抉择："**我们要么投入更多资金用于可持续的防洪和海岸带管理政策，要么就得学会和与日俱增的洪涝灾害共生。**"[31]类似的抉择也适用于与其他气候相关的风险（比如飓风）乃至一些未必与气候有关的风险（比如因生物恐怖主义或生物学实验失误而产生的疾病扩散）：社会可以选择立刻"出钱预防"，在短期投入大量资源防范将来的更大损失，或者"学会和与日俱增的风险共生"。

尽管 17 世纪的情况与 21 世纪有着诸多不同之处，"小冰期"期间的各国政府还是面临着相同的困境——尽管有些政府需要在得到比其他政府更多的警示之后才会意识到做出抉择的必要性。日本的案例构成了一个极端：宽永年间的饥荒、农民起事和城市暴乱足以说服德川家光和他的大臣认识到幕府有必要建设更多的粮仓，改善交通基础设施，发布详尽的经济法规，避免对外战争，以积累足够的粮食储备，应对有可能再次降临的极端天气。英格兰省悟的时间要稍长一些。1590 年代、

695

1629～1631 年和 1647～1649 年的生存危机都没有起作用，唯有 1690 年代的危机才让地产主心甘情愿地接受了中央政府的主张，认识到从长远来看，资助那些衰老鳏寡、病残无业的人在经济上更划算也更具效率（同时也更人道），英国也就此建立了世界上第一个"福利国家"。其他各国甚至还要经受更多的灾难方能得出类似的结论：福利制度构成了集体风险管控关键且不可或缺的一环。不过到了 19 世纪，"福利国家"已经成为所有经济发达国家的一大标志。

因为发达社会人口与其他社会的居民（在灾难面前）有着诸多共通的需求，气候灾难构成了一个大规模平衡机制（leveller）。澳大利亚西部的土著居民用"饿季"一词形容从一个年度周期结束到第二年周期开始之间的时节（见第 15 章）。乍一听来，这个术语仅仅相对适用于南半球的一些狩猎民社群，但是气候变化也可以给那些哪怕生活在最发达社会里的人带来一轮"饿季"。当然，17 世纪的世界总人口远远比不上 1950 年的 30 亿，更不用说今天的 70 亿了。但是，当今世界人口地理分布的演变趋势正在让当今世界与 17 世纪的世界越发相似。1950 年的欧洲人口三倍于非洲，但是 2012 年的非洲人口至少已比欧洲多 50%——随着前者人口增长和后者人口衰退，这一差异每年都在扩大。欧非两洲人口幅度的高下异位也增加了基本生活需求（比如粮食、能源和住宅）占可支配收入比较高的人占世界总人口的比例，这些人常常生活在那些连中央政府也缺少有效手段应对重大灾难的区域，这让他们在面对气候变化效应的时候更加脆弱。比如，2005 年的"卡特里娜"飓风给美国造成了相当于国内生产总值 1% 的损失，而 1999 年的旱灾却给肯尼亚带来了相当于国内生产总值

16%的损失。

衡量自然灾难给人类带来的损失实属不可能之事。我们无法比较 2005 年前往新奥尔良会展中心的女性和在漫长无期的"饿季"里挨饿的澳大利亚女性各自经历的苦难：一边在"卡特里娜"飓风之后希望找到食物、饮水、医疗救助和避难所，却遭到强奸、抢劫，只能自生自灭；另一边却目睹自己的孩子死于饥饿。我们也无法将她们与 1642 年上海那些"只能用孩子换米"，且"两个孩子"换来的米只够一个人吃一周的贫穷女性相比。我们更没有办法通过某种"死亡人数统计"衡量上述任何一次灾难里人类的真正损失。尽管有些时人推测"世界的三分之一"都在 17 世纪中叶死去，尽管现存数据证实有些社区失去了多达半数的人口而其他数据多已亡佚，今天我们仍不能计算出世界范围内的损失总额。毋庸置疑的是，17 世纪的全球危机导致上千万人的生命过早结束，换算成今天的数字即相当于一场导致数十亿人过早死亡的大型自然灾难。

提出预言的历史学家罕能博得同侪（或是其他人）的太多关注，而那些预言劫难的人（无论是不是历史学家）通常都被贬斥为"泣诉者"——塞孔多·兰切洛蒂正是在《当今时节》一书里以这个轻蔑的短语称呼他们。不过泣诉者并非总是有错，一些自然灾难来得过于突然，若无预先准备便绝无逃脱之理。乔治·戈登·拜伦勋爵也在 1816 年发现了这一点。正是在这一年他离开英格兰，躲避对自己乱伦、通奸、殴妻和鸡奸的相关指控。拜伦计划在日内瓦湖畔的一座别墅消夏度假，同往的还有他的前任情妇、他的私人医生（也许是娈童）约翰·波里杜利，以及一群选定的密友。始料未及的是，这群

人度过了一个"潮湿阴森的夏天"（瑞士是一个饱受全球变冷
影响的地区）。不期而至的寒冷迫使拜伦及其同侪只得在绝大
部分时间里闭门不出。在娱乐宴饮之际，他们展开了一场
"谁能编出最骇人故事"的竞赛。玛丽·雪莱动笔撰写了《弗
兰肯斯坦》，这部恐怖至极的小说后来成了畅销书；波里杜利
写下了《吸血鬼》，这也是"德古拉"（Dracula）类型小说的
始祖；拜伦本人则写了一首题为《黑暗》的诗歌。三部作品
都表明，即便只是持续数周的骤然气候变化，也能让人失魂落
魄、陷入绝望。鉴于今天的问题已经不是"气候变化是否将
再次袭击我们星球的某些地区"而是"何时"袭击，我们未
尝不可在纠结于立即投入更多资源用于准备工作，还是在明天
面对不作为的后果时，重读拜伦的这首诗。毕竟与1816年和
17世纪的祖先不同，如今的我们同时拥有做出这一抉择的资
源和技术。

697

黑暗（拜伦勋爵）

我做过一个梦，却不仅仅是个梦。

光明的太阳熄灭了，晦暗的星辰也在

无垠的太空中漫游周流，

黯淡无光，无路可由；冰冻的大地

在无月的苍穹下盲目游走。

清晨来了又去——从未带来白昼，

人们在对悲伤的恐惧中

忘记了激情；他们的心全都

冷却得只剩一个自私的祈求，祈求光明：

他们靠营火活着——那些宝座，

那些帝王的宫殿——那些茅舍，

万物的居所，皆焚为柴薪；

城市灰飞烟灭，

人们聚集在着火的家园四周……

战争，虽一时停摆，

总想卷土重来：它带来一场，

血的筵席，人们各自阴沉地分开，

在阴郁中塞饱肚肠：无人残存爱意。

世上只剩一个念头——那就是死亡，

迅速而不光彩的死亡；饥饿

侵蚀了万物的腑脏……

注　释

1. 我要向 James Carville 致歉，他是 1992 年克林顿 - 戈尔竞选团队的成功准则"笨蛋，是经济"的作者；我要感谢 Oktay Özel，他是 2008 年 6 月 18 日于安卡拉召开的第十四届土耳其社会与经济史国际大会的"奥斯曼总危机"专家小组成员。他提议我们的标题应该叫"笨蛋，是气候"。我还要感谢 Derrin Culp、Kate Epstein、Daniel Headrick、James Lenaghan 和 Angela Nisbet，以及 Greg Wagman 与圣母大学一群才华出众的荣誉学生提供的参考文献与建议。

2. 我感谢 Christian Pfister 和 Martin Parry 与我分享他们对 1979 年会议的回忆。Sanderson, *The history*, 285, 记录了英国石油公司与荷兰皇家壳牌集团对东安格利亚大学气候研究中心的赞助，该机构于 1971 年作为东安格利亚大学环境科学学院的一部分成立。剑桥大学出版社书册为 Wigley, *Climate and history.*

3. *Report of the World Food Conference*, *Rome*, *5 – 16 November 1974*（New York, 1975）, 6 – 8（at *FAORLC – 41001 WorldFood Conference doc*, accessed 9 Mar. 2012. 要注意在 1981 年，东安格利亚大学大会举办后两年，阿玛蒂亚·森发表了他的重要著作《贫穷与饥荒》，指出比起产量问题，饥荒更多地反映了分配机制的缺陷：参见页边码第 108 页。

4. Houghton, *Climate*, xi（'Executive summary'）http：//www. ipcc. ch/ipccreports/far/wg_ I/ipcc_ far_ wg_ I_ spm. pdf.

5. http：//inhofe. senate. gov/pressreleases/climateupdate. htm. 英霍夫参议员在美国参议院的讲话，2005 年 1 月 4 日，我经同意引用了他 2003 年 7 月 28 日的发言。在另一篇 2016 年 9 月 25 日关于"有史以来媒体炒作最严重的环境问题——全球变暖"中，参议员表示："媒体常常问我从石油工业收到了多少竞选捐款。我问心无愧的答案是'还不够多'。"（http：//epw. senate. gov/speechitem. cfm？party = rep&id = 263759）

6. 厄普顿 – 英霍夫修正案的文本参见 http：//energycommerce. house. gov/media/file/PDFs/ETPA/ ETPA. pdf；"韦克斯曼修正案"的否决（2011 年 4 月 6 日），参见 http：//clerk. house. gov/floorsummary/floor. aspx？day = 20110406&today = 20120310。这份记录中所附的 Roll 236 列出了投否决票的 237 位共和党人与 3 位民主党人，以及投下赞成票的 1 位共和党人与 183 位民主党人的名单。

7. Campbell, 'Panzootics', 178. See also his articles 'Physical shocks', and 'Nature'.

8. Mussey, 'Yankee Chills', 442, 引用自 1816 年末的一本无名杂志，引述了巴恩斯特德的一位农民及本特利的言论。更多数据参见 Heidorn, 'Eighteen hundred'; Post, *The last great subsistence crisis*, chs. 2 – 3; Stommel, *Volcano weather*, 第 28 ~ 29 页（1816 年 6 月新英格兰"雪线"地图）与第 83 页（价格）；以及 Harington, *The year without a summer?*（附精美的折叠地图）。

9. Mussey, 'Yankee Chills', 第 449 页（康涅狄格州州长沃尔科特）以及第 451 页（统计数据：俄亥俄的人口从 38 万增至 58 万，而印第安纳州和伊利诺伊州也接纳了新英格兰难民）。许多欧洲人也在1816～1817 年移民至俄罗斯、南非，以及最主要的目的地北美地区；*The last great subsistence crisis*, 97 – 107。

10. *State of Ohio Homeland Security Strategic Plan*（2011），6，at http：//www. publicsafety. ohio. gov/links/Strategic_Plan. pdf，accessed 10 Mar. 2012. 该计划未提及"小心保护"俄亥俄州供水问题。

11. 尽管这些情况完全可以预见，但显然没有人预料到一场三级飓风袭击一座海拔仅高于海平面几英尺的港口城市能引发的后果。同样，无疑也没人预料到一场里氏 9 级地震以及 46 英尺高的海啸不仅会切断日本福岛太平洋沿岸修建的核电站的所有供电，还会破坏为防止核泄漏提供备用电力的电缆。

12. 由比利时鲁汶大学的国际灾害数据库提供的 2011 年灾害数字统计数据：www. emdat. be，访问于 2012 年 3 月 12 日。这些自然灾害造成了严重的人员伤亡——塔斯卡卢萨的 36 人，克赖斯特彻奇约 200 人，乔普林超过 550 人以及日本北部至少 2 万人——但其他近期自然灾害带来的损伤更为惨重：2004 年苏门答腊地震和海啸夺走了 23 万人的生命；2010 年的海地地震导致 30 万人死亡；等等。

13. Nordås and Gleditsch, 'Climate change and conflict,'谴责了政府间气候变化专门委员会未能对历史资料展开系统分析，以显示气候变化是如何"令世界上某些最动荡地区受到的威胁倍增"的。（第 628 页，引用了美国一个退役高级军官专家小组于 2007 年发表的《国防与气候变化威胁报告》。）他们的文章介绍了一本杂志特刊，其中包含五篇同类主题文章。我感谢水牛城大学的 Sharmistha Bachi-Sen 为我提供这份文献。同样主题内容参见《和平研究》2009 年特刊。

14. Blake, *The deadliest, costliest, and most intense United States tropical cyclones*, 5，6，25.

15. Slovic, 'The perception of risk', 280，再版于他的同名论文精选集。

16. Israel, *The Dutch Republic：its rise, greatness and fall*，令人信服地将荷兰共和国的兴起与扩张归因于沿海省份参与抵抗洪水的集体团结行动。关于 1650 年后火灾保险的问世，参见第 20 章。

17. Slovic, *The perception of risk*, 8, introduction by R. W. Kates.

18. http：//www. noaanews. noaa. gov/stories2011/20110112＿ globalstats. html，访问于 2012 年 3 月 11 日。将全球变暖降级为"二级问题"于 2011 年 6 月 9 日出现在《华盛顿邮报》上：http：// www. washingtonpost. com/politics/romney – draws – early – fire – from – conservatives – over – views – on – climate – change/2011/06/ 08/AGkUTaMH＿ story. html，访问于 2012 年 3 月 11 日。

19. 作者们发现许多面临气候相关自然灾害的国家的信息系统更为落后，且人口受教育水平相对较低：这两个因素都会进一步降低对气候变化的担忧。

20. 2005 年，约翰·哈吉（John Hagee）等电视布道者将飓风卡特里娜看作上帝对新奥尔良接受同性恋游行或提供堕胎服务的诊所之类"罪孽"的惩罚。有关更早以前的"罪孽论"的诠释，参见本书第 1 章。

21. Bankoff, *Cultures*, 3; Kvaløy, ' The publics' concern ', based on data collected from the 2005 – 9 ' World Values Survey ', quotations from pp. 11, 13 – 14, and 18. 作者向调查对象询问全球变暖、"动植物灭绝或生物多样性丧失"以及"河流湖海污染"在他们眼中的严重程度。几乎在所有采访地，对最后一项的担忧都名列前茅，全球变暖则排在第二或第三位（该文献第 17 页）。与这些调查结果惊人一致的是 Diamond, *Collapse*, ch. 14, ' Why do some societies make disastrous decisions? '。

22. Bankoff, *Cultures*, 10 – 13 and 32 – 3. 17 世纪时的菲律宾同样发生了自然灾害（本书第 1 章），并且促成了"地震巴洛克"风格的诞生：专门用于抵抗地震的建筑。可参见这座于 1694 ~ 1710 年修建在吕宋岛北部抱威（Paoay）的教堂的网页：http：// herita geconservation. wordpress. com/2006/07/27/paoay – church/。

23. *Adapting to climate change*, 97 – 8.

24. ' Revised statement of principles on the provision of flood Insurance ', July 2008, http：//archive. defra. gov. uk/environment/ flooding/documents/interim2/sop-insurance-agreement-080709 pdf.

25. Geneva Association, *The insurance industry*, 42 and 62 – 3（佛罗里达的数据更新自 Florida, Into the storm, 4）。日内瓦协会是由 80

[793]

位来自世界各地主要保险公司的首席执行官组成的非营利组织。

26. Geneva Association, *The insurance industry*, 70; Adapting to climate change, 24.

27. Florida, *Into the storm*, 2, 20, 23.

28. Cock, *Hygieine* sig. B1v（italics in the original）. 作者曾经试图将他的案件报告给伦敦市议会的一个小组委员会，但被要求"缄口"；如今他尝试"以书面形式"表达。进一步详情参见 Moote, *The Great Plague*。

29. Pepys, *Diary*, IV, 323 - 4（entry for 7 Dec.1663）; *Hansard House of Commons Debate*, 19 Feb.1953, speech by Sir David Maxwell Fyfe; Horton,'The Thames barrier project', 248; PRO *HLG* 145/151. 1953 年泰晤士水灾的受害者大多数身亡于肯维岛，这片 17 世纪的填海土地本配有海防工事，但它们已无法抵抗三个世纪后更高的水位。值得注意的是，尽管泰晤士河水上涨的原因对那些考虑修建泰晤士河防洪闸的人来说依然成谜，但他们仍基于河水水位已经上涨的事实赞成防洪闸计划。

30. Data from *TE2100 Plan consultation document*, at www. environment - agency. gov. uk/static/documents/Leisure/TE2100 ＿ Chapter01 - 04. pdf, accessed 12 Mar. 2012. 1953 年洪水过后，荷兰的类似行动促成了斯凯尔特河河口处世界上最大的活动拦洪坝的修建——这又是一项只有中央政府才有能力主持建造的浩大防洪工程，它也因此阻止了下一起类似灾难的发生。

31. Brázdil,'Floods', 50; King, *Foresight*, *flood and coastal defence*.

大事记

1618～1688 年全球危机大事年表

年份	欧洲	美洲	亚洲 & 非洲	X = 厄尔尼诺现象 VEI = 大型火山喷发 （火山喷发指数，用"V 加数字"表示） ** = 极端气候事件	年份
1618	波希米亚叛乱；荷兰共和国政治清洗；奥斯曼苏丹穆斯塔法被婴黜		后金大汗努尔哈赤对明朝宣战，进犯辽东	X 三次彗星目击事件 太阳黑子极小期	1618
1619				X	1619
1620	奥斯曼 - 波兰战争→1621 战争蔓延到德意志→1648			** X	1620
1621	西班牙 - 荷兰战争继续（→1648） "拉锯"时期（→1623）			X	1621

续表

年份	欧洲	美洲	亚洲 & 非洲	X = 厄尔尼诺诸现象 VEI = 大型火山喷发(火山喷发指数,用"V"加数字表示) ** = 极端气候事件	年份
1622	奥斯曼弑君事件		沙贾汗反叛贾汉吉尔;阿巴扎·穆罕默德帕夏反叛→1628	V4	1622
1623	奥斯曼苏丹穆斯塔法(再度)被废				1623
1624	丹麦人侵德意志→1629	墨西哥发生反抗总督的叛乱;荷兰夺取萨尔瓦多→1625	中国东林党狱;奥斯曼-伊朗战争→1639		1624
1625	《地产销还法案》(苏格兰);哥萨克叛乱;法国胡格诺派反叛→1629			V5;太阳黑子极大期	1625
1626	上奥地利叛乱		后金进犯朝鲜		1626
1627			古吉拉特邦饥荒→1631		1627
1628	曼托瓦之战开始→1631			** 无夏之年	1628
1629	《归还教产敕令》(德意志)		后金进犯华北		1629
1630	意大利鼠疫;哥萨克叛乱,瑞典军队入侵德意志→1648/1654	荷兰占领巴西伯南布哥→1654		X ** V5, V4	1630

续表

年份	欧洲	美洲	亚洲 & 非洲	X＝厄尔尼诺现象 VEI（火山喷发指数，用"V"加数字"表示）＊＊＝极端气候事件	年份
1631	伊斯坦布尔暴乱 卡迪萨德运动兴起			V5	1631
1632	俄罗斯－波兰战争→1634				1632
1633					1633
1634			中国农民起义军袭扰江南		1634
1635	法国对西班牙宣战→1659			X ＊＊	1635
1636	乡巴佬叛乱（法国） 下奥地利叛乱	佩科特战争（新英格兰）	皇太极建立清朝，进犯华北，攻入朝鲜		1636
1637	哥萨克叛乱→1638；苏格兰革命→1651；埃武拉和葡萄牙南部叛乱→1638		日本岛原之乱→1638		1637
1638				V4 X	1638
1639	赤足党之乱（诺曼底）		马尼拉华人（Sangleys）起义	X	1639

续表

年份	欧洲	美洲	亚洲 & 非洲	X = 厄尔尼诺现象 VEI = 大型火山喷发（火山喷发指数，用"V 加数字"表示） ** = 极端气候事件	年份
1640	加泰罗尼亚叛乱→1659 葡萄牙宣布独立：与西班牙开战→1668	五大湖周边地区的"海狸之战"		** 两次 V4 & 一次 V5	1640
1641	爱尔兰叛乱→1653 梅迪纳·西多尼亚密谋（安达卢西亚）	"印度群岛之恐慌"	葡属亚洲叛乱→1668；荷兰占领安哥拉	X ** 一次 V4、一次 V5	1641
1642	英国内战→1646		清兵侵扰华北；李自成攻毁开封	X	1642
1643	瑞典人侵丹麦→1645		李自成建立大顺政权		1643
1644			李自成攻进入北京，并很快退出；清兵入关控制北京，随即占领中原地区	东亚地区创纪录的最弱季风	1644
1645	土耳其 - 威尼斯战争→1669	巴西葡属殖民地反叛→1654	清兵南下；南明抵抗开始→1662	漫长的太阳黑子极小期（蒙德极小期）开始→1715	1645
1646			澳门叛乱	V4 X	1646

续表

年份	欧洲	美洲	亚洲 & 非洲	X = 厄尔尼诺现象 VEI = 大型火山喷发（火山喷发指数，用"V"加数字"表示）** = 极端气候事件	年份
1647	那不勒斯叛乱→1648 西西里叛乱→1648 "普特尼辩论"（英格兰）			**	1647
1648	投石党之乱→1653 乌克兰叛乱→1668 伊哈尔阴谋（马德里） 奥斯曼弑君，叛乱 俄罗斯斯叛乱→1649 英格兰和苏格兰第二次内战 丹麦王位继承危机		葡萄牙重夺安哥拉	** X	1648
1649	英国弑君，"残缺议会" 英军登陆爱尔兰				1649
1650	荷兰政变→1672 瑞典危机 英格兰入侵并占领苏格兰→1660			V4, V5 X	1650

续表

年份	欧洲	美洲	亚洲 & 非洲	X = 厄尔尼诺现象 VEI = 大型火山喷发（火山喷发指数，用"V"加数字"表示"）** = 极端气候事件	年份
1651	波尔多自治政府→1653 伊斯坦布尔暴乱；奥斯曼皇太后被杀		江户的由井正雪之变	X	1651
1652	安达卢西亚的"绿旗"叛乱		科伦坡叛乱	X	1652
1653	瑞士叛乱 英格兰"残缺议会"解散		果阿叛乱		1653
1654	俄罗斯-波兰战争→1667 最后一支瑞典军队离开德意志中部				1654
1655	瑞典人侵波兰→1661			V4	1655
1656	伊斯坦布尔暴乱				1656
1657			阿巴扎·哈桑帕夏叛乱→1659		1657
1658	瑞典人侵丹麦		莫卧儿内战→1662	**	1658
1659	英格兰共和国重建 西班牙与法国媾和		开普敦殖民地开战→1660	X	1659

续表

年份	欧洲	美洲	亚洲 & 非洲	X = 厄尔尼诺现象 VEI = 大型火山喷发（火山喷发指数，用"V"加数字"表示） ** = 极端气候事件	年份
1660	"丹麦革命"；英格兰、苏格兰和爱尔兰"王位复辟"			V6 & 三次 V4 X	1660
1661	莫斯科叛乱		清廷下令迁界禁海→1683	X	1661
1662	奥斯曼-哈布斯堡战争		明永历帝朱由榔被处死		1662
1663				V5	1663
1664				彗星	1664
1665			葡萄牙及其盟友灭亡刚果；沙巴泰·泽维自封自弥赛亚	彗星 X	1665
1666		拉伊卡科塔叛乱（秘鲁）			1666
1667	俄罗斯与波兰议和；法国与西班牙开战→1668			V5	1667
1668	西班牙承认葡萄牙及其殖民帝国独立				1668
1669	威尼斯与土耳其议和		荷兰及其盟友击败望加锡	X	1669
1670	斯捷潘·拉辛反叛→1671				1670

续表

年份	欧洲	美洲	亚洲 & 非洲	X = 厄尔尼诺现象 VEI = 大型火山喷发（火山喷发指数，用"V"加数字"表示） ** = 极端气候事件	年份
1671	奥斯曼帝国进攻波兰→1676；		葡萄牙及其盟友摧毁东乞王国		1671
1672	法国攻打荷兰共和国，引发了政变和战争→1678				1672
1673			三藩之乱		1673
1674					1674
1675	布列塔尼"红帽子"叛乱			** 无夏之年	1675
1676	俄土战争→1681	菲利普王之战（新英格兰）；培根之乱（弗吉尼亚）			1676
1677					1677
1678					1678
1679					1679
1680				V5 彗星	1680
1681			"三藩之乱"结束		1681

续表

年份	欧洲	美洲	亚洲 & 非洲	X＝厄尔尼诺现象 VEI＝大型火山喷发（火山喷发指数，用"V 加数字"表示）**＝极端气候事件	年份
1682	莫斯科叛乱→1684			本世纪最后一次大型彗星	1682
1683	奥斯曼与哈布斯堡和波兰开战（1684 年开始与威尼斯）→1699		郑氏政权灭亡，海上贸易重开	**	1683
1684			康熙皇帝首次南巡	X	1684
1685					1685
1686			印度和印度尼西亚发生旱灾→1688		1686
1687				X	1687
1688	英格兰"光荣革命"；路易十四向英国、荷兰、西班牙和神圣罗马帝国宣战（至1697 年）				1688

资料来源
• 太阳黑子编年来自乌素辛，"复原"的修正引证了瓦奎罗的"重访太阳黑子数据"。
• 厄尔尼诺编年出自戈尔吉斯和福勒《厄尔尼诺南方震荡现象史》一文。
• 火山活动编年引自史密森学会网站 http://www.volcano.si.edu/world/largeeruptions.cfm。

我略去了该系列数据中的另外两次大喷发，因为日期不甚精准：1640～1680 年的一次 V6，还有 1580～1680 年的另一次 V4。

致　谢

　　那是 1998 年的 2 月，我心血来潮，动念撰写这本书。我
立即给罗伯特·鲍多克（当时他正在编辑我的《腓力二世的
大战略》）发去一封电子邮件，并附上如下信息：

　　　　这是一直以来萦绕在我心怀的念头：下一本书的点子
　　将以出乎意料的方式降临。今天凌晨 4 点我从床上惊醒，
　　意识到自己想写一本有关 17 世纪"总危机"的书——这
　　将不是一部论文集（我已经如此做过），而是一部将叙事
　　与分析紧密结合起来的著作，根据我们在亚洲、非洲、美
　　洲和欧洲掌握的充分的资料探讨人类历史上的第一次全球
　　危机。我的著作将采用布罗代尔式的结构，检视长时段因
　　素（尤其是气候）、中时段变动（经济波动等）以及"事
　　件"（从英国内战到法国和西班牙君主国的危机，从奥斯
　　曼帝国两任苏丹被弑到印度和撒哈拉以南非洲的内战，再
　　到明朝的灭亡和北美五大湖周边的战争）。除检视 17 世纪
　　中叶的每一次剧变之外，本书还将解释这些共时性历史演
　　变为什么在发生时几无预警，又为何走向结束。尽管对历
　　史学家而言这并非人类历史上的第一次"总危机"，却是
　　第一次在全球范围内拥有充足数据的"总危机"。这个话
　　题直接关乎困扰当代世界的问题，亦即全球气候变化以及
　　经济剧烈衰退对政府和社会的冲击，因此必定不会缺少感
　　兴趣的读者。[1]

　　尽管一开始就预想了本书的大致结构，当时我尚不清楚研究工作将耗费多少精力，对写作时间也没有概念。我本该知之更详。李约瑟（Joseph Needham）曾在《中国科学技术史》一书导论中提醒道："亲自走访世界各大博物馆，踏勘各大考古遗址的体验是无可替代的；亲自与仍在从事一项技艺的匠人交流的经验也是无可替代的。"李约瑟本人小心翼翼地遵循了这一建议：他那伟大的多卷本著作中充满了他本人在中国和世界各地四十多年的旅行途中亲自收集的数据以及各种见证。李约瑟也大方地参酌学生的论著，在他们的成就上更进一步。[2]我的研究课题远远逊于李约瑟，但我还是力求效法他的身教言传。我频繁外出旅行，既是为了亲自见证17世纪中叶的灾难所及之地，请教那里与我志趣相投的"匠人"。尤为重要的是，我也曾试图从学生的研究中获益，我现在的成果也颇得益于他们的成就：Lee Smith 对我的帮助尤为重要，我们一起编辑了一套关于这个主题的论文集（《17世纪总危机》，1978，伦敦；再版于1996年）；欧阳泰（Tonio Andrade）、Derek Croxton、Matthew Keith、Pamela McVay、Andrew Mitchell、Sheilagh Ogilvie、William M. Reger IV 和南希·范杜森都亲切友好地同我分享了他们关于17世纪的研究成果。

　　不幸的是，我缺少李约瑟学习语言的专注精神（他从38岁开始自学汉语）。此外用约翰·理查兹（另一位"大历史"学界先驱）的话说，"理想状况下作者应精通六种以上的语言"，[3]因此我也颇多倚重其他同事和导师的语言技能。速水融先生的协助回想起来总是格外愉悦，他既为我提供了日本近世史领域丰富的现存史料，也向我介绍了他学识渊博的同仁，我从他那里受益之深真是难以言表。我还从玛丽·伊丽莎白·贝里、Phil Brown、Karen Gerhard、岩生成一、Ann Jannetta、Derek Massarella、Richard Smethurst 和 Ronald P. Toby 那里学到了不少日本史的知识。我也要对其他许多 17 世纪史学家——申谢：中国史方面有艾维四（William S. Atwell）、包筠雅（Cynthia Brokaw）、陈宁宁、戴福士（Roger Des Forges）、狄宇宙（Nicola Di Cosmo）、岸本美绪、李约瑟、罗友枝（Evelyn S.）、罗斯基（Thomas G. Rawski）、斯波义信、史景迁（Jonathan Spence）、司徒琳（Lynn A. Struve）、卫周安（Joanna Waley-Cohen）和王家范；非洲方面，我要感谢 James de Vere Allen、John Lonsdale 和 Joseph C. Miller；南亚和东南亚部分则有 Stephen Dale、Ashin das Gupta、Michael Pearson、Anthony R. Reid、Niels Steensgaard、Sanjay Subrahmanyam 和 George Winius。Dauril Alden、Nicanor Domínguez、Shari Geistberg、Ross Hassig、Karen Kupperman、Carla Pestana 和 Stuart Schwartz 指引我逐步接触美洲的相关史料；Paul Bushkovitch、Chester Dunning、Robert Frost、Josef Polišenský、Matthew Romaniello 和 Kira Stevens 也在俄罗斯和东欧史方面惠我良多；在英国和爱尔兰史领域则有 Nicholas Canny、David Cressy、Jane Ohlmeyer 和 Glyn Redworth；奥斯曼帝国前领土的历史则有 Günhan Börekçi、Jane Hathaway 和 Mircea Platon。我还要在各个章节里单独致谢。"大棋局"的部分，我要感谢 Jonathan Clark、Karen Colvard、Robert Cowley、金世杰、Richard Grove、Joe Miller、Paul Monod、Ellen Mosley-Thompson、彭慕兰、Nicholas Rodger、Lonnie Thompson 和 Joel Wallman。

　　我还要感谢那些鼎力帮助我取得并翻译外语资料的人：

Alison Anderson（德语）；Bethany Aram（西班牙语）；Maurizio Arfaioli（意大利语）；Günhan Börekçi（土耳其语）；Przemysław Gawron 和 Dariusz Kołodziejczyk（波兰语）；Ardis Grosjean-Dreisbach（瑞典语）；Mary Noll 和 Matthew Romaniello（俄语）；Mircea Platon（罗马尼亚语）；田口宏二朗和 Matthew Keith（汉语和日语）；Věra Votrubová（捷克语和德语）。我还要感谢 Peter Davidson 亲切友好的帮助，他让我有机会得窥阿伯丁大学图书馆收藏的第 2538 号手稿，也即詹姆斯·弗雷泽身为阿伯丁大学学生时留下的"三年之游"手稿。

2002 年春天在日本国际文化会馆（International House of Japan）逗留的六周给了我绝佳的机会，以熟悉那些东亚危机的相关文献，与其他在地学者晤谈，并依循他们的建议在其图书馆里寻找相关的西方语言文献。我正是在国际文化会馆的一间屋子里一边俯瞰壮丽动人的武家庭院，一边开始了本书的写作。2010 年 7 月，我也正是在回访国际文化会馆的时候完成了我研究的收尾工作。我要感谢国际文化会馆财团法人，感谢他们的欢迎、支持和建议。

与李约瑟开始撰述时相比，如今在东亚等地"亲历亲见"的花费已经大大增长了。如果没有长时间慷慨的资金支持，我的研究根本不可能进行下去。我要感谢日本学术振兴会、日本学士院、苏格兰大学卡内基信托基金和英国国家学术院提供的资金支持，以及哈里·弗兰克·古根海姆基金会和约翰·西蒙·古根海姆基金会提供的学术奖金。我还要感谢过去四十年来我任教过的八所大学，它们对我本次研究和先前相关课题都有大力协助。它们是剑桥大学、圣安德鲁斯大学、庆应义塾大学、不列颠哥伦比亚大学、伊利诺伊大学、牛津大学、耶鲁大学，以及最重要的俄亥俄州立大学，本书的最终规划和写作几乎都是在这里完成的。俄亥俄州立大学历史系和梅尔尚研究中心在三个方面发挥了关键作用：资助了一系列世界危机主题的讲座；前后相继的研究生学术助理，以及国外研究期限的延期。2001 年，艾维四、Paul Bushkovitch、金世杰、Richard Grove、Karen Kupperman、Anthony Reid、Stuart Schwartz 和卫周安在梅尔尚研究中心进行了一系列讲座，与他们的交谈以及之后我的研究生研讨会都在我动笔的时候激励了我，也为我提供了资料。之后，他们乐于回答我的问题，提供征引书目，不但拓展了我的视野，也帮助我免于不少错误。

俄亥俄州立大学历史系和梅尔尚研究中心资助的研究生学术助理也给了我很大帮助，不仅让我得以好整以暇地运用本项目衍生的资料，也帮助我维系了研究热情。我要感谢 Katherine Becker 和 Matthew Keith（他们都帮助我组织了"世界危机"的系列讲座），还有 Günhan Börekçi、Andrew Mitchell 和 Leif Torkelsen。我还要感谢另外两名研究生的协助：牛津的 Megan Wheeler，东京的田口宏二朗。多亏他们的协助，我才于 2007 年 7 月完成本书初稿并寄给了三位专家级读者：Paul Monod、彭慕兰和 Nicholas Rodger。他们和另外四位匿名的出版社"读者"一样给我提供了不少极具价值的建议，我最后几乎将它们全盘接受。

在 Rayne Allinson、Sandy Bolzenius、Kate Epstein 和 Mircea Platon（都在俄亥俄州立大学）提出很多进一步的改进建议并激励我重新致力于这一写作计划之后，还有一些抽不开身的事由让我直到 2010 年才有机会将他们的建议付诸实施。我无比感谢他们四人在我竭力执行他们的建议时的友谊、指导和鼓励——但我要特别感谢凯特，她从 2006 年 5 月以来就一直给我评注、鼓励，为我提供征引书目，并持续到本书付梓时。我还非常有幸能与耶鲁大学出版社的编辑团队合作——罗伯特·鲍多克，他是我 35 年来的朋友和出版商；还有 Candida Brazil、Tami Halliday、Steve Kent、Rachael Lonsdale 和 Richard Mason，他们都向我提出了很多宝贵的建议与意见。他们的经验和耐心令我感佩良多。最后我要感谢四个出色的孩子——苏西、埃德、理查德和亚米尔——还有爱丽斯·康克琳，他们都为我的生命注入了不竭之爱，这些爱意仍将持续如初。

哥伦布—牛津—东京—巴黎，1998～2012 年

注　释

1. 致罗伯特·鲍多克的邮件，1998 年 2 月 21 日。
2. Needham, *SCC*, I, preface. 李约瑟还引用了 Raleigh, *History of the World* (1614)："关于一切（历史）之事发现场的知识对我们的求知之乐如此重要，以至于读者如果对此一无所知，其学识与感悟便无从进步。"
3. Richards, *The unending frontier*, 3.

凡　例

1. 所有日期都采用格里高利新历，即便在那些后来才使用新历的欧洲国家（比如英国、瑞典和俄罗斯）也是如此——不过，考虑到这些国家的史书通常采用旧式历法，在关键日期上我还是使用了双轨制。我也将中国、伊斯兰教、日本和犹太教的历法一律推算为格里高利历。

2. 外国地名与姓名若有通用英语译名存在之处，例采通用译名（比如 Brussels、Vienna、Moscow、Tokyo）；对于其他情况，我会优先采用当地正在使用的名称（比如，Bratislava 而非 Pressburg 或 Pozsony，Lviv 而非 Lwów 或是 Lemberg）。同样，个人姓名若有固定英语译法，我会采纳固定译法（Gustavus Adolphus，Philip V）。其他情况下，我都使用相关人士采用的头衔和形式。

3. 我将日本、中国和土耳其人的姓氏置于名前，无论是今人还是古人（比如德川家光、速水融和卡迪萨德·穆罕默德）。

4. 所有加粗文字，若无特别标注均为我所加上。

史料及参考文献简述

历史学家理解并阐明 17 世纪中叶那场席卷北半球的政治、社会和经济浪潮的努力在第一时间就开始了。1643 ~ 1664 年出版的三十多部作品都记载了个别的叛乱；其中就有马约里诺·比萨奇奥尼的《最近时代之内战史》（1652 年），乔瓦尼·巴蒂斯塔·比拉格·阿伏伽德罗的《可记忆的历史，含有我们时代的政治暴乱》（1653 年）。这两部书记述了巴西、英国、加泰罗尼亚、法国、莫斯科、那不勒斯、教皇国、波兰、葡萄牙、西西里、瑞士和奥斯曼帝国的"动乱"。一百年后，伏尔泰将欧洲各地的政治剧变和亚非两洲的动荡纷扰联系起来，第一次提出了全球危机已经产生的假说。[1]

但在那之后，对 17 世纪危机群像的比较研究大为消退，直至 1937 年才重起波澜。罗杰·B. 梅里曼（Roger B. Merriman）那一年发表了一份题为《六场同时代革命》（Six contemporaneous revolutions）的报告。梅里曼承认，这个课题"已经吸引我三十多年"，尽管他的研究视阈要比伏尔泰窄得多（他只关注西欧在 1640 年代发生的六场"反王室叛乱"）。梅里曼认为这些危机的背后存在共通的"线程和理路"，强调了将它们彼此相连的"横向涡流"，并将这六次叛乱与 1848 年欧洲的遍地烽火进行了比较研究。随后这条史学路径也再次沉寂，直至 1950 年代才又兴盛起来：英国历史学家埃里克·霍布斯鲍姆和休·特雷沃 - 罗珀发起了一场被他们称为"17 世纪总危机"的辩论。两人笔战的长篇文章刊登在《过去和现在：科学历史季刊》（*Past & Present：A Journal of Scientific History*）上。1965 年，季刊编辑特雷弗·阿斯顿（Trevor Aston）将两人论战的文字单独结集，与五篇讨论英格兰的文章同法国、西班牙、瑞典、爱尔兰的专题研究一起编成了《欧洲的危机：1560～1660 年》（*Crisis in Europe，1560 - 1660*）一书。五年之后，罗伯特·福斯特（Robert Forster）和杰克·格林（Jack Greene）出版了这一课题的研讨会记录，《近代早期欧洲革命的前提条件》（*Preconditions of Revolution in Early Modern Europe*），书中收入了 1640 年代法国、英格兰和西班牙君主叛乱的专题研究。很久之后，身为"1950 年代和 1960 年代激荡岁月"的"幸存者"，约翰·埃利奥特发表了一篇高屋建瓴的研究综述《回想总危机》（The General Crisis in retrospect），梳理了这场学术论争和各位学术主角。[2]

1968 年，埃利奥特发表一篇颇具影响力的报告《近代早期欧洲的革命与连续性》（Revolution and continuity in early modern Europe），旨在为 1640 年代的危机事件找到最大公约数。他还将这些事件与近代早期欧洲的其他抵抗"浪潮"进行了比较。十年后，笔者和史密斯的《17 世纪总危机》汇编并刊载了自阿斯顿主编的《欧洲的危机》发行以来关于这一问题发表的学术文章；《外交史季刊》的一期专号也刊载了九篇论述西欧"同时代"叛乱（葡萄牙、西班牙、英格兰、爱尔兰、西属意大利、西属尼德兰、瑞典、瑞士联邦和吕贝克）的论文。1976 年，Miroslav Hroch 和 Josef Petráň 综合了东欧的历史数据和文献；六年之后，《文艺复兴和近代早期研究》季刊也出版了一期论述"欧洲近代早期'危机'"的专号，又增加了八项欧洲的个案研究。Perez Zagorin 的 *Rebels and rulers，1500 -*

711

1800 也为这一领域增加了十二项个案。³西奥多·拉布发表于 1975 年的论著《近代早期欧洲的求稳之举》（*The struggle for stability in early modern Europe*）不但关注了危机本身，也对危机后续有所着墨；1999 年，弗朗西斯科·贝尼尼奥（Francesco Benigno）的《革命的镜子》（*Specchi della rivoluzione*）则讨论了 17 世纪中叶欧洲剧变时的文献，对投石党之乱和那不勒斯叛乱的庞杂史料细加检视。

1989 年在美国亚洲研究学会的年会上，"东亚总危机"研讨小组为这场争论补充了全球视角。研讨会的文章于次年刊发于《近代早期亚洲研究》，约翰·理查兹、艾维四、安东尼·里德（Anthony Reid）和尼尔斯·斯廷斯加尔德（Niels Steensgaard）各自撰文。⁴1991 年，金世杰的《近代早期世界的革命和叛乱》（*Revolution and rebellion in the early modern world*）一书也系统地比较了斯图亚特英格兰、奥斯曼帝国和中国明朝同时发生的政权垮台。第二年，鲁杰罗·罗曼诺（Ruggiero Romano）的《造反危机并发》（*Conjonctures opposées*）一书则用数据呈现了欧洲各地之间和美洲各地之间经济困难的联系；谢伊拉赫·奥吉尔维的论文《德意志和 17 世纪总危机》（Germany and the seventeenth-century crisis）则为西欧危机的起讫年限提供了最令人信服的解释。最后，在 2008 年与 2009 年，美国两家顶尖的历史学期刊都就这一论题刊行了专号。我们很难不同意西奥多·拉布在一期专号的导论中写下的这句话："不管你喜不喜欢，17 世纪总危机的话题终将挥之不去。"⁵

除少数例外情况，所有论及危机的论著几乎都只能仰赖政治经济方面的史料。这一点不难理解：存留至今的 17 世纪手稿和印刷史料规模太大，几乎无人可以全盘驾驭。例如，对

1647～1648 年那不勒斯革命的史料调查显示，仅那不勒斯市内图书馆和档案馆就存有约三百种手稿，其中绝大多数由同时代人撰写。除此之外尚有二十多种同时代付梓的书刊文献流传至今，还有当地艺术家米科·斯帕达罗（Micco Spadaro）笔下鲜明生动的绘画，表现了革命中的几个重大场景。同一时期意大利中部菲尔莫的叛乱也留下了太多的记载，今人甚至能以小时为单位回溯这场叛乱的进程。在英格兰，近四百种记载 1645 年纳西比之役的史料留存至今，历史学家甚至可以借此以分钟为单位还原战斗状况。浩如烟海的史料还不止于此，好几种重要史料直到近代才重见天日：1930 年代，塞缪尔·哈特利布及其交游圈的文件集在伦敦一位律师的办公室里被发现；1970 年代，中国政府向研究者开放了清朝的大内档案，等等。进一步说，许多之前只能在档案馆里一睹真容的史料现在也被传到了互联网上。最为惊人的例证或许是 1641 年的爱尔兰叛乱：由 3000 多名新教徒幸存者口授的多达 20000 页的"证词"现已被扫描、转写并编成索引，我们既可从中"搜索"最大公约数，也能找到个案孤例。其他重要例证还有收藏于伦敦国家档案局的一整部"国务文件"系列和谢菲尔德大学收藏的哈特利布文件集，两者现在都已上传网络。[6]

712

尽管如此，幸存下来的书面史料常常还是犹嫌不足。原因在于，一度存在的文书档案常常遭到毁坏——有时是意外损失，有时则是人为销毁。1648 年震动罗曼诺夫俄国的城市暴乱便是相关史料"意外损失"的一个生动案例。唯有西伯利亚小城托木斯克留下了一批规模可观的文书资料，因为停驻在乌拉尔山以东的官员要向西伯利亚部报告，那里的档案仍大体完整。相较而言，乌拉尔山以西的同僚则要向莫斯科政府的其他部门报告，这些部门的绝大多数档案后来要么毁于火灾，要么遭到遗弃。历史学家因此得以详尽地重构发生在托木斯克的小型暴乱。但莫斯科的大型暴乱就不一样了：这场暴乱虽然导致沙皇的几名大臣死于非命，全城建筑半数焚毁，但我们的信息来源仅仅是外国人私运出境的零星报告（见前文第 6 章）。人为造成的非意外史料断层也有很多。在 1630 年代的英国，查理一世与臣民之间的对立不断加剧，许多当事人都因此避免将他们的所思所想形诸笔墨。有人甚至不再落笔成文（1639年，一个爱尔兰贵族希望拜访一名同事，他自己给出的理由是，"我有太多话要对阁下诉说，但无法信任纸笔"）。还有人焚烧敏感的信件（"我越是思索这封信的事情［你的信件和我的回信］，"查理一世的一名廷臣写道，"（就越想）在事情得到回应并结束之后将这些信件尽早焚毁"）。而在中国，清廷也在 1664 年以胜利者之姿宣布"倘有官民家中藏有前明史籍者，理应缴予"最近的知府衙门，由他们将之销毁。[7]对历史学家而言，要填补这种"沉默"留下的空白尤为困难，因为这种沉默是刻意造成的。

尚有其他两项历史学家用以解释 17 世纪危机的史料保持了"沉默"，因为系统研究所需的数据唯有到了 1950 年代以后才有条件采用：这就是与气候变化和人口变化相关的记载。1955 年，气象学者马塞尔·加尼耶（Marcel Garnier）出版了一本研究著作。这本书指出，法国各地每年葡萄收割的起始时间反映了生长季的盛行温度。2011 年，埃马纽埃尔·勒华拉杜里回忆说，自己正是在读了加尼耶的著作之后下定决心成为一名气候史家。1967 年他出版了开创性的《盛宴时代，饥馑时代：一部公元 1000 年以降的气候史》。自此之后气候学家收集出版了世界各地不同地点的气候观测数据；而气候史家——尤其是英国的 Hubert Lamb，瑞士的 Christian Pfister，捷克的 Rudolf Brázdil，日本的三上岳彦，法国的勒华拉杜里，还有他们的学生们——已经就这些数据和政治社会剧变之间的相互关系和巧合一致之处多有研究。[8]

就在加尼耶发表了探讨如何估测前科学仪器时代气候的论文之后，法国人口研究院和法国档案馆抽调的一支团队也用研究展示了如何利用各教区登记簿上记载的出生、婚姻和死亡数据重建"前全国普查时代"的家庭规模和人口趋势。先是在法国，接着在欧洲其他国家，热心人士开始转写现存的教区登记簿条目以重建"家庭档案"，而学者则开始测算死亡率和结婚率。1960 年代出访欧洲后经济史家速水融意识到，日本各处佛寺保留的年度信众登记簿在某些方面提供了比教区登记簿更优秀的史料，因为这些登记簿已经由各家各户打理得井井有条了。中国也有人口学家研究了清朝全体臣民留下的详尽生活记录。同样，也有多个中国历史学家团队不避烦琐地从这些记录中转写档案，测算人口趋势。[9]到 2012 年为止，世界各地几乎所有可见的气候和人口数据都指向一个事实：17 世纪发生了一系列持续甚久的大型危机。

自 2000 年以来，好几本前沿性的著作已经努力将这些系列性数据与特定历史事件联系起来：卜正民的《挣扎的帝国》（以中国为主题）和《维米尔的帽子》（讲述了一连串彼此关联的 17 世纪历史主题）；约翰·理查兹的《无尽的边疆》（The unending frontier，一部近代早期世界环境史）；布鲁斯·埃贝尔的《自然作为历史的主角》（Nature as historical protagonist，探讨了多灾多难的 14 世纪）；以及萨姆·怀特

713

（Sam White）的《叛乱的气候》（*The climate of rebellion*，以 17
世纪的奥斯曼帝国为主题）。四位作者都将气候因素置于他们
诠释的中心位置，我也从他们开创性的著作中受惠良多。我尤
其仔细地审视了约翰·理查兹率先发表的论文，他认为生态系
统的交换推动了食物来源的多元化、生产方式的集约化和耕地
面积的扩大，这些变化提高了农业产量，让近代早期世界朝着
"生产力进步"的目标平稳发展。尽管如此，17 世纪中叶在我
看来似乎仍是一段"插曲"，一个调试期。在此期间，反常的气
候、经济和政治状况延缓了（在有些地区则是停止了）理查兹
笔下更广范围内环境变化带来的好处。令我深感遗憾的是，我
再也无法与他坐而论道，交换我们略有差异的问题视角了。

布鲁斯·埃贝尔刊行的著作（在下文中有所列举）同时运
用自然和人类档案得出结论：北半球在 14 世纪经历了一场与 17
世纪在诸多方面颇为相似的危机，恶劣的气候和微生物突变导致
了对资源愈演愈烈的暴力竞逐，暴力骚动的浪潮以及高涨的死亡
率。有兴趣的读者正好可以将这两次灾难进行一番比较和对照，
就它们二者的相对烈度得出结论。不过，结论已经很明显了：离
我们近的那次危机包含了旷日持久的大型气候灾难，其影响如果
不是遍及全球，那也波及多个大陆。"不管你是否愿意"，气候变
化在诱发人类历史上的危机时扮演的角色永远"挥之不去"。

注　释

1. Bisaccione, *Historia*; Birago Avogadro, *Delle historie memorabili*.
   Burke, 'Some seventeenth-century anatomists of revolution', 调查了

这些及其他"危机"作者（其中三分之二为意大利人，有四分之一在 1647～1648 年进行了写作）。Voltaire, *Essay on the customs and character of nations*（参见第 1 页）。

2. Aston, *Europe in Crisis*；Elliott, 'The General Crisis'；以及 Merriman, *Six contemporaneous revolutions.* 有关史料编撰的内容参见 Chaunu, 'Réflexions'；Parker, *Europe's seventeenth-century crisis*；Villari, 'Rivolte'；Wallerstein, 'Y-a-t-il une crise?' Te Brake, *Shaping history*, ch. 4；Dewald, 'Crisis'；Bitossi, 'Gli apparati statali'；Bilbao, 'La crisis'；Koenigsberger, 'The General Crisis'；以及一份特刊 *Manuscrits*, IX（1991），'Europa i Catalunya el 1640'。

3. *Revue d'histoire diplomatique*, XCII（1978），5 - 232；Hroch and Petráň, *Das 17 Jahrhundert-Krise der Feudalgesellschaft?*（于 1976 年首次在捷克出版）；*Renaissance and Modern Studies*, XVI（1982），1 - 107。

4. *Modern Asian Studies*, XXIV（1990），625 - 97，大部分刊登在 1997 年版的 Parker and Smith, *General Crisis*。

5. Goldstone, *Revolution and rebellion*；Romano, *Conjonctures opposés*；Ogilvie, 'Germany'；*AHR*, CXIII（2008），1，029 - 99（'The General Crisis of the seventeenth century revisited'）；*JIH*, XL（2009），145 - 303（'The Crisis of the seventeenth century: interdisciplinary perspectives'）——拉布引于第 150 页。

6. 证词参见 < http：//1641. tcd. ie >。论文参见 Darcy, *The 1641 depositions*。State Papers Online 向（仅限于）机构订阅者提供关于都铎王朝与斯图亚特王朝政府的完整档案资料。

7. Ohlmeyer, 'The Antrim Plot', 912, Lord Antrim to Hamilton, 13 July 1639；Scott and Bliss, *The works of William Laud*, VII, 211, Laud to Wentworth, 30 Nov. 1635；Struve, *Ming-Qing conflict*, 32.

8. Le Roy Ladurie, 'Naissance'，向 Garnier 的影响致敬。在 2012 年 2 月的一场谈话中，勒华拉杜里向我透露说他在自己出版于 1967 年的著作中故意淡化了气候变化与自然灾害间的相关性，"因为当时不会有人相信"。

9. Fleury and Henri, *Des registres paroissiaux*；Wrigley and Schofield, *The population history*；Hayami, *The historical demography.* 也可参见 Rosental, 'The novelty'，以及 Séguy, 'L'enquête'。

参考文献及注释中使用的缩略词

ACA	Archivo de la Corona de Aragón, Barcelona
CA	*Consejo de Aragón* (Papers of the Council of Aragon)
AGI	Archivo General de Indias, Seville
IG	*Indiferente General* (*consultas* of the Council of the Indies)
México	(correspondence of the Council of the Indies with New Spain)
Perú	(correspondence of the Council of the Indies with Peru)
AGNM	Archivo General de la Nación, Mexico
CRD	*Cédulas Reales Duplicadas* (copies of orders received from Madrid)
AGRB	Archives Générales du Royaume/Algemeen Rijksarchief, Brussels
Audience	*Papiers d'État et d'Audience* (papers and correspondence of the Brussels government in French)
CC	*Chambre des Comptes* (treasury accounts of the Brussels government)
SEG	*Secrétairerie d'État et de Guerre* (papers and correspondence of the Brussels government in Spanish)
AGS	Archivo General de Simancas
CJH	*Consejos y Juntas de Hacienda* (papers of the Spanish Council of Finance)
CMC	*Contaduría Mayor de Cuentas* (with *época* and *legajo*: Spanish treasury papers)
CS	*Contaduría del Sueldo* (with *época* and *legajo*: Spanish treasury papers)
Estado	*Negociación de Estado* (papers of the Spanish Council of State)
GA	*Guerra Antigua* (papers of the Spanish Council of War)
SP	*Secretarías Provinciales* (papers of the Council of Italy)
AHEB	Arquivo Histórico do Estado de Bahia, Bahia, Brazil, *Seção Colonial* (correspondence of the viceroy of Brazil)
AHN	Archivo Histórico Nacional, Madrid
Consejos	*Consejos suprimidos* (papers of the Spanish Council of Castile)
Estado	*Consejo de Estado* (papers of the Spanish Council of State and of the Council of Portugal)
AHR	*American Historical Review*
AM	Archivo Municipal
AMAE (M)	Archivo del Ministerio de Asuntos Exteriores, Madrid, *Manuscritos*

AMAE (P)	Archives du Ministère des Affaires Étrangères, Paris
CPA	*Correspondance Politique: Angleterre* (correspondence of the French government with diplomats in Britain)
CPE	*Correspondance Politique: Espagne* (correspondence of the French government with diplomats in Catalonia)
ANF	Archives Nationales de France, Paris
AP	*Archives Privés* 260 and 261 (155 Mi 1–168 and 161 Mi 1–47) (Archive of Marshal Vauban)
APW	Repgen, K., ed., *Acta Pacis Westphalicae*: series I, Instructions; series II, Correspondence; series III, Diaries – each series with multiple sub-series (II Abteilung B, die französischen Korrespondenzen; Abteiling C, die schwedische Korrespondenzen; and so on); each Abteilung contains multiple volumes
AUB	Aberdeen University Library
Ms	*Ms* 2538, 'Triennial travels' of James Fraser, a Divinity student at Aberdeen University, in Europe 1657–8 (3 vols)
BL	British Library, London, Department of Western Manuscripts
Addl.	*Additional Manuscripts*
Cott.	*Cotton Manuscripts*
Eg.	*Egerton Manuscripts*
Harl.	*Harleian Manuscripts*
Lans.	*Lansdowne Manuscripts*
BNE	Biblioteca Nacional de España, Madrid, *Colección de manuscritos*
BNF	Bibliothèque Nationale de France, Paris, *Cabinet des Manuscrits*
Ff.	*Fonds français*
Ms. Esp.	*Manuscrit espagnol*
BNL	Biblioteca Nacional, Lisbon, Manuscripts
Bod.	Bodleian Library, Oxford, Department of Western Manuscripts
BR	Biblioteca Real, Madrid, *Colección de manuscritos*
BRAH	*Boletín de la Real Academia de Historia*
BRB	Bibliothèque Royale Albert 1er, Brussels, *Collection des manuscrits*
CC	*Climatic Change*
CHC	*Cambridge History of China*, ed. D. Twitchett et al., 15 vols, some in two parts (Cambridge, 1978–2009)
CHJ	*Cambridge History of Japan*, ed. J. W. Hall et al., 6 vols (Cambridge, 1988–99)
Co. Do. In.	*Colección de documentos inéditos para la historia de España*
CSPC	*Calendar of State Papers, Colonial Series, America and West Indies*, ed. W. N. Sainsbury et al., 45 vols (London, 1860–1994)
CSPD	*Calendar of State Papers, Domestic Series. Edward VI, Mary, Elizabeth I and James I*, ed. S. C. Lomax and M. A. Everett Green, 12 vols (London, 1856–72)
CSPD	*Calendar of State Papers, Domestic Series. Charles I*, ed. J. Bruce and W. D. Hamilton, 23 vols (London, 1858–97)

CSPI	*Calendar of State Papers relating to Ireland. James I*, ed. C. W. Russell and J. P. Prendergast, 5 vols (London, 1872–80)
CSPI	*Calendar of State Papers relating to Ireland of the Reign of Charles I*, ed. R. P. Mahaffy, 4 vols (London, 1900–4)
CSPV	*Calendar of State Papers and Manuscripts relating to English affairs, existing in the archives and collections of Venice, and in other libraries of Northern Italy, 1202–1674*, ed. H. F. Brown et al., 28 vols (London 1864–1947)
CSSH	*Comparative Studies in Society and History*
DMB	*Dictionary of Ming Biography*, ed. Carrington Goodrich and Fang Chaoying, 2 vols (New York, 1976)
ECCP	*Eminent Chinese of the Ch'ing Period*, ed. A. Hummel, 2 vols (Washington, DC, 1943)
EcHR	*Economic History Review*
EHR	*English Historical Review*
EI	*Encyclopedia of Islam*, 2nd edn, ed. P. J. Bearman et al., 12 vols (Leiden, 1960–2003, also accessible on the web)
HAG	Historical Archive, Goa, *Manuscripts* (correspondence of the viceroy of the Portuguese Estado da India and his Conselho da Fazenda)
HJ	*Historical Journal*
HMC	Historical Manuscripts Commission
IJC	*International Journal of Climatology*
IJMES	*International Journal of Middle Eastern Studies*
IVdeDJ	Instituto de Valencia de Don Juan, Madrid, Manuscript Collection (with 'envío' and folio number)
JAS	*Journal of Asian Studies*
JEEH	*Journal of European Economic History*
JESHO	*Journal of the Economic and Social History of the Orient*
JIH	*Journal of Interdisciplinary History*
JJS	*Journal of Japanese Studies*
JMH	*Journal of Modern History*
JWH	*Journal of World History*
MHE	Memorial Histórico Español
PLP	*Proceedings in the Opening Session of the Long Parliament*, ed. M. Jansson, 7 vols (Rochester, NY, 2002–7)
P&P	*Past & Present*
PRO	Public Records Office (now The National Archives), London
SP	State Papers (correspondence of the English secretaries of state)
RAS	Riksarkivet, Stockholm
	Diplomatica Muscovitica (correspondence from Swedish diplomats in Russia)
	Manuskriptsamlingen (manuscript collections)

RPCS	*Register of the Privy Council of Scotland*, 2nd series, ed. David Masson and P. Hume Brown, 6 vols (Edinburgh, 1899–1908)
SCC	*Science and Civilization in China*, ed. Joseph Needham and associates, 7 vols, vols 4–7 have multiple parts (Cambridge, 1954–2008)
SCJ	*Sixteenth Century Journal*
TCD	Trinity College Dublin
Ms	*Manuscripts:* the 33 volumes of 'Depositions', now available in digitized form at <1641.tcd.ie>
TRHistS	*Transactions of the Royal Historical Society*
WMQ	*William and Mary Quarterly*

参考文献

一　注释中引用的印刷版原始资料

A true representation of the present sad and lamentable condition of the county of Lancaster (Wigan, 24 May 1649)

Abbott, W. C., ed., *Writings and Speeches of Oliver Cromwell*, 3 vols (Cambridge, MA, 1937–47)

Acta Pacis Westphalicae: Supplementa electronica, 1, 'Die Westfälischen Friedensverträge vom 24. Oktober 1648. Texte und Übersetzungen', http://www.pax-westphalica.de/ipmipo/

Acts done and past in the second session of the second Triennall Parliament of our soveraign lord Charles the I . . . and in the first Parliament of our soveraign lord Charles the II (Edinburgh, 1649)

Ådahl, K., ed., *The sultan's procession: The Swedish embassy to Sultan Mehmet IV in 1657–1658 and the Rålamb painting* (Istanbul, 2006)

Alba, *Documentos escogidos*, see Berwick y Alba

Alemán, Mateo, *Guzmán de Alfarache* (Madrid, 1599)

Allen, William, *A faithful memorial of that remarkable meeting of many officers of the army of England, at Windsor Castle, in the year 1648* (London, 1659)

Allom, Thomas, *China, in a series of views, displaying the scenery, architecture, and social habits of that ancient empire. Drawn, from original and authentic sources* (London, 1843)

Althusius, J., see Carney

Amelang, J., ed., *A Journal of the plague year: The diary of the Barcelona tanner, Miquel Parets, 1651* (Oxford, 1991)

Anderson, R. C., ed., *The journal of Edward Mountagu, first earl of Sandwich, admiral and general at sea, 1659–1665* (London, 1929: Navy Records Society, LXIV)

Andrade e Silva, J. de, *Collecção chronológica de legislação portugueza, 1627–33* (Lisbon, 1855)

Anes Álvarez, G., *Memoriales y discursos de Francisco Martínez de Mata* (Madrid, 1971)

Anon., *An ease for overseers of the poore abstracted from the statutes, allowed by practise, and now reduced into forme, as a necessarie directorie for imploying, releeuing, and ordering of the poore* (Cambridge, 1601)

Anon., *The strangling and death of the Great Turke and his two sonnes* (London, 1622)

Anon., *A true and strange relation of fire, which by an eruption brake forth out of the bowels of the earth* (London, 1639)

Anon., *A Declaration shewing the necessity of the Earle of Straffords suffering* (London, 1641)

Anon., *The times dissected, or a learned discourse of several occurrences very worthy of observation to deter evill men and encourage good* (London, 1642)

Anon., *The victorious proceedings of the Protestants of Ireland* (London, 1642)

Anon., *Nicandro o antídoto contra las calumnias que la ignorancia y envidia ha esparcido por deslucir y manchar las heroicas y inmortales acciones del conde-duque de Olivares después de su retiro* (Madrid, 1643)

Anon., *The moderator, expecting sudden peace, or certaine ruine* (London, 1643)

Anon., *New England's First Fruits in respect of the progress of learning, in the Colledge at Cambridge in Massachusetts-Bay* (London, 1643), in *Collections of the Massachusetts Historical Society for the year 1792*, I (Cambridge and Boston, 1792), 242–50

Anon., *Escrívense los sucessos de la Evropa desde Abril de 46 hasta junio de 47 inclusive* (Madrid, 1647)

Anon., *The red-ribbon'd news from the army* (London, 1647)

Anon., *Persectio undecima. The churches eleventh persecution, or a briefe of the Puritan persecution of the Protestant clergy of the church of England* (London, 1648)

Anon., *Epilogue, ou dernier appel du bon citoyen sur les misères publiques* (Paris, 1649)

Anon., *La custode de la reyne, qui dit tout* (Paris, 1649)

Anon., *Le Ti θεῖου de la maladie de l'État* (Paris, 1649)

Anon., *Les cautelles de la paix* (Paris, 1652)

Anon., *Avertissements aux rois et aux princes pour la traité de la paix et le sujet de la mort du roi de la Grande Bretagne* (Paris, 1649)

Anon., *Avis à la reine d'Angleterre et à la France* (Paris, 1650)

Anon., *De na-ween vande Vrede. Ofte ontdeckinge vande kommerlijcke ghelegentheydt onses lieven Vaderlants: . . . met de remedien daer teghen* (Amsterdam, 1650)

Anon., *A bloudy fight in Ireland, between the Parliaments forces, commanded by Sir Charles Coot, and Col. Russels; and the King's forces* (London, 1652)

Anon., *A letter of the officers of the Army of Scotland, under the commander in chief there, to the officers of the Army of England* (London, 1659)

Anon., *The weasel uncas'd, or the in and outside of a priest drawn to the life* (undated, c. 1692)

Anon., *An Essay upon government adopted by the Americans. Wherein the lawfulness of revolutions are demonstrated in a chain of consequences from the Fundamental Principles of Society* (Philadelphia, 1775)

Antonio, Nicolás, *Biblioteca Hispana Nova*, 2 vols (Rome, 1696)

Antony, P. and H. Christmann, eds, *Johann Valentin Andreä: ein schwäbisher Pfarrer im dreissigjährigen Krieg* (Hildesheim, 1970)

Argyll, *Instructions, see* Slaughter

Arnauld, Angélique, *Lettres de la révérende mère Marie Angélique Arnauld*, 3 vols (Utrecht, 1741–2)

Arnauld, Antoine, *De la fréquente communion où Les sentimens des pères, des papes et des Conciles, touchant l'usage des sacremens de pénitence et d'Eucharistie, sont fidèlement exposez* (Paris, 1643)

Arnauld d'Andilly, Robert, *La vérité toute nue* (Paris, 1652)

[Arnauld d'Andilly, Robert] *La manière de cultiver les arbres fruitiers* (1652; reprinted 1671 and 1684)

Articles of the large treaty concerning the establishing of the peace betwixt the Kings Majesty, and his people of Scotland, and betwixt the two kingdomes: agreed upon by the Scottish, and English Commissioners in the city of Westminster the 7th day of August. 1641: allowed and published for the use of the Kingdome of Scotland (London, 1641)

Asselijn, Thomas, *Op- en ondergang van Masaniello* (Amsterdam, 1668)

Aston, John, 'The Journal of John Aston, 1639', in *Six North Country Diaries* (Edinburgh, 1910: Surtees Society, CXVIII), 1–34

Aston, Sir Thomas, *A collection of sundry petitions presented to the Kings most excellent majestie* (London, 1642)

Aubrey, John, *The natural history of Wiltshire*, ed. J. Britton (London, 1847)

Aubrey, John, *Brief lives chiefly of contemporaries set down by John Aubrey between the years 1669 and 1696*, ed. A. Clark (Oxford, 1898)

Avenel, D. L. M., ed., *Lettres, instructions diplomatiques et papiers d'état du cardinal de Richelieu*, 8 vols (Paris, 1853–77)

Ayala, Baltasar de, *De Iure et Officiis Bellicis et Disciplina Militari Libri III* (Douai, 1582; ed. J. Westlake, 2 vols (Washington DC, 1912))

Aykut, N., ed., *Hasan Beyzade Tarihi* (Istanbul, 1980)

Bacon, Francis, *The proficience and advancement of learning, divine and humane* (London, 1605)

Bacon, Francis, *Novum Organum Francisci de Verulamio Instauratio Magna* (London, 1620; English edn, *The new organon*, by L. Jardine and M. Silverthorne, Cambridge, 2000)

Bacon, Francis, *The essayes or counsels, civill and morall* (1625, ed. M. Kiernan, Oxford, 2000)

Bacon, Francis, *New Atlantis. A worke unfinished appended to: Sylva Sylvarum, or, a natural historie in ten centuries* (London, 1626)

Bacon, Francis, *The works of Francis Bacon, baron of Verulam, Viscount St. Alban, and Lord High Chancellor of England*, ed. J. Spedding, R. L. Ellis and D. D. Heath, 14 vols (London, 1861–79)

Baily [or Bayly], Charles, *A true & faithful warning unto the people and inhabitants of Bristol* (London, 1663)

Bainbridge, John, *An astronomicall description of the late comet from the 18. of November 1618. to the 16. of December following, with certain morall prognosticks or applications drawne from the comets motion* (London, 1619)

Balde, Jakob, *Satira contra abusum tabaci* (Nuremberg, 1657; trans. into German as *Die trückene Trünckenheit*, 1658)

Balfour, Sir James, *Historical works, see* Haig

Bamford, F. ed., *A royalist's notebook; The commonplace book of Sir John Oglander* (London, 1936)

Baranda, C., *María de Jesús de Ágreda. Correspondencia con Felipe IV: religión y Razón de Estado* (Madrid, 1991)

Baratotti, Galarana [Elena Tarrabotti], *La simplicità ingannata o La tirannia paterna* (Leiden, 1654; ed. F. Medioli, Turin, 1989)

Barbon, Nicholas, *A letter to a Gentleman in the Country, Giving an Account of the Two Insurance Offices; the Fire-Office and Friendly-Society* (London, 1685)

Barbot, Jean, *see* Hair et al.

Baron, S. H., *The travels of Olearius in seventeenth-century Russia* (Stanford, 1967)

[Barry, Henry?], *Remarks upon a discourse preached December 15th 1774* (New York, 1775)

[Batencour, Jacques de], *Instruction méthodique pour l'école paroissiale, dressée en faveur des petites écoles, dividée en quatre parties* (Paris, 1669)

Baxter, Richard, *A holy commonwealth, or Political aphorisms, opening the true principles of government: for the healing of the mistakes, and resolving the doubts, that most endanger and trouble England at this time: (if yet there may be hope)* (London, 1659)

Baykal, B. S., ed., *Peçevi Tarihi* (Ankara, 1982)

Bayle, Pierre, *Pensées diverses sur la comète* (1682); English. trans., *Various thoughts on the occasion of a comet*, ed. R. C. Bartlett (New York, 2000)

Beach, M. C. and E. Koch, *King of The world: The Padshahnama. An imperial Mughal manuscript from the Royal Library, Windsor Castle* (London, 1997)

Beauplan, *see* Le Vasseur

Begley, W. E. and Z. A. Desai, *The Shah Jahan Nama of 'Inayat Khan: An abridged history of the Mughal emperor Shah Jahan, compiled by his royal librarian* (Delhi, 1990)

Behr, Johann Heinrich, *Der Verschantzte Turenne oder grundliche Alt- und Neue Kriegsbaukunst* (Frankfurt, 1677)

Behrnauer, W. F. A., 'Hâgî Chalfa's Dustûru'l-'amel'. Ein Beitrag zur osmanischen Finanzgeschichte', *Zeitschrift der deutschen morganländischen Gesellschaft*, XI (1857), 111–32

Bekker, Balthasar, *Ondersoeck van de Betekeninge der Kometen* (Amsterdam, 1683)

Ben Israel, Manassah, *Esperança de Israel* (Amsterdam, 1650)

Bergh, S., ed., *Svenska riksrådets protokoll, 1621–1658*, 17 vols (Stockholm, 1878–1925)

Bernier, François, *Travels in the Mogul Empire, A. D. 1656–1668* (Westminster, 1891)

Berwick y Alba, Duchess of, *Documentos escogidos de la casa de Alba* (Madrid, 1891)

Bethel, Slingsby, *The world's mistake in Oliver Cromwell; or, A short political discourse shewing, that Cromwell's mal-administration (during his four years, and nine moneths pretended protectorship) layed the foundation of our present condition, in the decay of trade* (London, 1668)

Bidwell, W. B. and M. Jansson, *Proceedings in Parliament, 1626*, 4 vols (New Haven, 1991–7)

Birago Avogadro, Giovanni Battista, *Delle historie memorabili che contiene le sollevationi di stato di nostri tempi* (Venice, 1653; reissued as *Turbolenze di Europa dall'anno 1640 sino al 1650*, Venice, 1654)

Birch, Thomas, *The life of the Honourable Robert Boyle* (London, 1741)

Bisaccione, M., *Historia delle guerre civili di questi ultimi tempi, cioè di Inghilterra, Catalogna, Portogallo, Palermo, Napoli, Fermo, Moldavia, Polonia, Svizzera, Francia, Turco* (1st edn, Venice, 1652; 4th edn, 'ricorretta et in molte parti accresciuta', Venice, 1655)

Blair, E. H. and J. A. Robertson, *The Philippine islands*, 55 vols (Cleveland, 1905–11)

Bocarro, Antonio, *O livro das plantas de todas as fortalezas, cidades e povoações do estado da India Oriental*, 3 vols (1635; ed. I. Cid, Lisbon, 1992)

Bodin, Jean, *The six bookes of a common-weale* (London 1606; English trans. by Richard Knolles from the French original)

Boix y Moliner, Miguel Marcelino, *Hippocrates aclarado y sistema de Galeno impugnado, por estar fundado sobre dos aphorismos de Hippocrates no bien entendidos, que son el tercero, y veinte y dos del primer libro* (Madrid, 1716)

Borja Palomo, Francisco, *Historia crítica de las Riadas o Grandes Avenidas del Guadalquivir en Sevilla desde su reconquista hasta nuestros días*, 2 vols (Seville, 1878)

Bossuet, Jean-Bénigne, *Politics drawn from the very words of Holy Scripture* (1679, Paris, 1709; English trans. Cambridge, 1990)

Bossuet, Jean-Bénigne, *Discours sur l'histoire universelle, à Monseigneur le Dauphin, pour expliquer la suite de la religion et les changemens des empires*, 2 vols (Paris, 1681)

Botero, Giovanni, *Relatione della Republica Venitiana* (Venice, 1605)

Bournoutian, G., *The Chronicle of Deacon Zak'aria of K'anak'er (Zak 'areay Sarkawagi Patmagrut'iwn)* (Costa Mesa, CA, 2004)

Boyle, Robert, *see* Birch

Boyle, Roger, earl of Orrery, *A treatise on the art of war*, 2 vols (London, 1677)

Bradford, William, *Bradford's History of Plymouth Plantation 1606–1646*, ed. W. T. Davis (New York, 1908)

Bradstreet, Anne, 'A dialogue between Old England and New', in *Tenth Muse lately sprung up in America* (London, 1650; facsimile edn, Gainesville, 1965)

Brantôme, Pierre de Bourdeille, seigneur de, *Oeuvres*, VI (Paris, 1787)

Bray, William, ed., *Diary and correspondence of John Evelyn, F. R. S., to which is subjoined the private correspondence between King Charles I. and Sir Edward Nicholas*, new edn, 4 vols (London, 1887)

Bremner, R. H., ed., *Children and youth in America: A documentary history*, I (Cambridge, MA, 1970)

Brennan, M. G., ed., *The travel diary of Robert Bargrave: Levant merchant (1647–1656)* (London, 1999: Hakluyt Society, 3rd series, III)

Brigham, C. S., ed., *British royal proclamations relating to America 1603–1783* (Worcester, MA, 1911)

Brinsley, John, *Ludus literarius: or, the grammar schoole, shewing how to proceede from the first entrance into learning, to the highest perfection required in the grammar schools* (London, 1612)

Brome, Alexander, *Rump: or an exact collection of the choycest poems and songs relating to the late times, by the most eminent wits, from anno 1639 to anno 1661* (London, 1662: an expanded edition of *Ratts rhimed to death*, 1660, and *The Rump*, 1660)

Brown, Edward, *An account of several travels through a great part of Germany, in four journeys* [1668] (London, 1677)

Bruce, John, ed., *Letters and papers of the Verney family down to the end of the year 1639* (London, 1853: Camden Society, LVI)

Bruce, John, ed., *Notes of the treaty carried on at Ripon between King Charles I and the Covenanters of Scotland, A. D. 1640* (London, 1869: Camden Society, C)

Bunyan, John, *The Pilgrim's Progress from this world to that which is to come, Part I* (London, 1678)

Burke, Edmund, *Reflections on the revolution in France* (1791; ed. J. C. D. Clark, Stanford, 2001)

Burnet, Gilbert, *The memoires of the lives and actions of James and William, dukes of Hamilton* (London, 1677)

Burton, Robert, *The Anatomy of Melancholy, What it is: With all the Kinds, Causes, Symptomes, Prognostickes, and Several Cures of it; in Three Partitions with their severall sections, members & Subsections. Philosophically, Medicinally, Historically, Opened & Cut Up* (1621; 4th edn, Oxford 1638)

Bush, S., ed., *The correspondence of John Cotton* (Chapel Hill, 2001)

Butler, Samuel, *Hudibras, Part I* (London, 1662)

Calderón de la Barca, Pedro, *El alcalde de Zalamea* (Alcalá de Henares, 1651)

Calderwood, David, *History of the Kirk of Scotland* (written in the 1640s), ed. T. Thomson, 7 vols (Edinburgh: Wodrow Society, 1842–5)

Calendar of the Court Minutes etc of the East India Company 1644–1649, ed. E. B. Sainsbury (Oxford, 1912)

Calendar of State Papers, Colonial Series, America and West Indies, 1675–1676, ed. W. N. Sainsbury (London, 1893)

Calendar of State Papers, Domestic Series. Edward VI, Mary, Elizabeth I and James I, ed. S. C. Lomax and M. A. Everett Green, 12 vols (London, 1856–72)

Calendar of State Papers, Domestic Series. Charles I, ed. J. Bruce and W. D. Hamilton, 23 vols (London, 1858–97)

Calendar of State Papers and manuscripts relating to English affairs, existing in the archives and collections of Venice, and in other libraries of Northern Italy, 1202–1674, ed. H. F. Brown et al., 28 vols (London, 1864–1947)

Calendar of State Papers relating to Ireland. James I, ed. C. W. Russell and J. P. Prendergast, 5 vols (London, 1872–80)

Calendar of State Papers relating to Ireland of the Reign of Charles I, ed. R. P. Mahaffy, 4 vols (London, 1900–4)

Callot, Jacques, *Les grandes misères de la Guerre* (Paris, 1633)

Campbell, Archibald, marquis of Argyll, *Instructions to a son, containing the rules of conduct in public and private life* (London, 1661)

Capaccio, Giovanni, *Il forastiero. Dialogi* (Naples, 1634)

Capecelatro, Francesco, *see* Graniti

Capograssi, A., 'La rivoluzione di Masaniello vista dal residente veneto a Napoli', *Archivio storico per le province napolitane*, NS, XXXIII (1952), 167–235

Cardin Le Bret, P., *De la souveraineté du roy* (Paris, 1632)

Carney, F. S., ed., *The politics of Johannes Althusius* (London, 1964)

Carrier, H., *La Fronde: contestation démocratique et misère paysanne. 52 Mazarinades*, 2 vols (Paris, 1982)

Cartas de algunos padres de la Compañía de Jesús sobre los sucesos de la monarquía entre 1634 y 1648, ed. Pascual de Gayangos, 7 vols (Madrid, 1861–5: *Memorial Histórico Español*, XIV–XIX)

Castlehaven, James Tuchet, earl of, *Memoirs of the Irish Wars* (1684; Delmar, NY, 1974)

Cavendish, Margaret, duchess of Newcastle, *Nature's pictures drawn by fancies pencil to the life* (London, 1656)

Cavendish, Margaret, duchess of Newcastle, *The life of William Cavendish, duke of Newcastle, to which is added 'The true relation of my birth, breeding and life'* (1667), ed. C. H. Firth (London, 1886)

Cayet, P. V., *Chronologie novenaire* (Paris, 1608; ed. Michaud and Poujoulat, Paris, 1838)

Cernovodeanu, Paul and Paul Binder, eds, *Cavalerii Apocalipsului. Calamitățile naturale din trecutul României (până la 1800)* (Bucharest, 1993)

Cervantes Saavedra, Miguel de, *Segunda parte de el ingenioso hidalgo, Don Quijote de la Mancha* (Madrid, 1615)

Chardin, Jean, *Sir John Chardin's travels in Persia* (Paris, 1676; London, 1724; New York, 2010)

Charles I, king of Great Britain, *A Large Declaration concerning the late tumults in Scotland* (London, 1639)

Charles I, king of Great Britain, *Eikon Basilike* (London, 1648/9; ed. J. Daems and H. F. Nelson, Peterborough, 2005)

Chen Zilong, 'The little cart', in A. Waley, *Translations from the Chinese* (New York, 1941)

Cheng Pei-kai and Michael Lestz, with J.D. Spence, *The search for modern China: A documentary collection* (New York, 1999)

Chéruel, Adolphe and Georges Avenel, eds, *Lettres du Cardinal Mazarin pendant son ministère*, 7 vols (Paris, 1872–93)

Christina, queen of Sweden, *Apologies*, ed. J.-F. de Raymond (Paris, 1994)

Churchill, A. and J., eds., *A collection of voyages and travels: some now first printed from original manuscripts, others now first published in English in six volumes* (London, 1732)

Ciampoli, Giovanni Battista, *Lettere* (Florence, 1650)

Clarendon, Edward Hyde, earl of, *The history of the rebellion and civil wars in England, begun in the year 1641*, ed. W. D. Macray, 6 vols (Oxford, 1888)

Clarendon, Edward Hyde, earl of, *Brief view and survey of the dangerous and pernicious errors to church and state in Mr. Hobbes's book entitled 'Leviathan'* (Oxford, 1676)

Clarendon State Papers, see Monkhouse

Cock, Thomas, *Hygieine, or, A plain and practical discourse upon the first of the six non-naturals, viz, air with cautionary rules and directions for the preservation of people in this time of sickness, very necessary for the gentry and citizens that are now in the country to peruse before they come into London* (London, 1665)

Coenen, Thomas, *Ydele verwachtinge der Joden getoont in den persoon van Sabethai Zevi* (Amsterdam, 1669)

Coke, Edward, *The third part of the Institutes of the Laws of England* (4th edn, London, 1669)

Colbert, Jean-Baptiste, *Lettres, instructions et mémoires de Colbert*, ed. Pierre Clément, 10 vols (Paris, 1861–73)

Collin, N., 'Observations made at an early period, on the climate of the country along the river Delaware, collected from the records of the Swedish colony', *Transactions of the American Philosophical Society*, NS, I (1818), 340–52

Collurafi, A., *Tumultazioni delle plebe di Palermo* (Palermo, 1661)

Conti, V., *Le leggi di una rivoluzione. I bandi della repubblica napoletana dall'ottubre 1647 all'Aprile 1648* (Naples, 1983)

Cooper, M., *The island of Japon: João Rodrigues' account of sixteenth-century Japan* (Tokyo, 1973)

Corneille, Pierre, *Pertharite, Roy des Lombards, Tragédie* (Paris, 1654)

Correra, L., 'Inedita relazione dei tumulti napoletani del 1647', *Archivio storico per le province napolitane*, XV (1890), 353–87

Coryate, Thomas, *Coryat's crudities, hastily gobled up in five months' travells … newly digested, and now dispersed to the nourishment of the travelling members of this kingdom* (London, 1611)

Cosnac, Jules, Gabriel count of, *Souvenirs du règne de Louis XIV*, V (Paris, 1876)

Costin, Miron, *Letopisețul Țării Moldovei* (Bucharest, 1975)

Crucé, Émeric, *Nouveau Cynée ou Discours d'Estat représentant les occasions et moyens d'establir une paix générale et la liberté de commerce pour tout le monde* (Paris, 1623)

Cushman, Robert, *The sin and danger of self-love described, in a sermon preached at Plymouth, in New-England, 1621* (Boston, 1846)

Cysat, Renward, *Collectanea Chronica und denkwürdige Sachen pro Chronica Lucernensi et Helvetiae*, IV.2, ed. J. Schmid, (Luzern, 1969)

Dalton, Michael, *The Countrey Justice, containing the practice of the Justices of Peace out of their Sessions* (London, 1622)

Davant, François, *De la puissance qu'ont les roys sur les peuples, et du pouvoir des peuples sur les roys* (Paris, 1650)

Davenant, Charles, *An essay upon the ways and means of supplying the war* (London, 1695)

[Davenant, William], *The first days entertainment at Rutland-House* (London, 1656)

Davies, John, *A discovery of the true causes why Ireland was never entirely subdued* (1612; 3rd edn, London, 1666)

De Beer, E. S., ed., *The correspondence of John Locke*, 8 vols (Oxford, 1976–89)

De Beer, E. S., ed., *The diary of John Evelyn*, 6 vols (Oxford, 2000)

De Jonge, J. K. J., *De opkomst van Nederlandsch Gezag in Oost-Indië*, 16 vols (The Hague, 1862–1909)

Defoe, Daniel, *The life and strange surprizing adventures of Robinson Crusoe, of York, Mariner, who lived eight and twenty years all alone in an un-inhabited island on the coast of America, near the mouth of the great river of Oroonoque; Having been cast on Shore by Shipwreck, wherein all the Men perished but himself*, 4th edn (London, 1719)

Defoe, Daniel, *A journey thro' the whole island of Great Britain*, 4th edn, 4 vols (1724; London, 1748)

Defoe, Daniel, *The compleat English tradesman*, vol. II, in two parts (London, 1727)

Dell, William, *Several sermons and discourses* (London, 1652; reprinted 1709)

Descartes, René, *Discours de la méthode: pour bien conduire sa raison et chercher la vérité dans les sciences* (Leiden, 1637; bilingual English and French edn by G. Heffernan [Notre Dame, 1994])

Descartes, René, *Oeuvres de Descartes*, ed. C. Adam and P. Tannery, 12 vols (Paris, 1897–1913)

Desmarets de Saint-Sorlin, *Europe. Comédie héroique* (Paris, 1643; reprinted, attributed to Cardinal Richelieu, Louvain, 2006)

Di Cosmo, N., ed., *The diary of a Manchu soldier in seventeenth-century China: 'My service in the army' by Dzengšeo* (New York, 2006)

Di Marzo, G., ed., *Biblioteca storica e letteraria di Sicilia. Diari dell città di Palermo dal secolo XVI al XIX*, III–IV (Palermo, 1869–71)

Diaries kept by the head of the Dutch factory in Japan, 1633–49, 11 vols (Tokyo, 1974–2012)

Dickinson, W. C. and G. Donaldson, eds, *A sourcebook of Scottish history*, III (Edinburgh, 1961)

Disney, Gervase, *Some remarkable passages in the holy life and death of Gervase Disney, Esq. to which are added several letters and poems* (London, 1692)

Documenti originali relativi alla rivoluzione di Tommaso Aniello (British Library: C.55.i.3)

Doglio, M. L., ed., *Lettere di Fulvio Testi*, 3 vols (Bari, 1967)

Donaldson, G., *The making of the Scottish Prayer Book of 1637* (Edinburgh, 1954)

Donne, John, *Devotions upon Emergent Occasions* (London, 1623)

Donzelli, Giuseppe, *Partenope liberata, o vero racconto dell'heroica risolutione fatta del popolo di Napoli per soltrarsi con tutto il regno dell'insopportabil giogo delli Spagnuoli* (Naples, 1648)

Dooley, B., ed., *Italy in the Baroque: Selected readings* (New York, 1995)

Downing, Calybute, *A discoursive coniecture upon the reasons that produce a desired event of the present troubles of Great Britaine, different from those of Lower Germanie* (London, 1641)

Drewes, G. W. J., ed., *Hakayat potjut Muhamat: An Achehnese epic* (The Hague, 1980)

Dujčev, I., *Avvisi di Ragusa. Documenti sull'Impero Turco nel secolo XVII e sulla guerra di Candia* (Rome, 1935: Orientalia Christiana Analecta, CI)

Dunn, R. S., J. Savage and L. Yeandle, eds, *The Journal of John Winthrop, 1630–1649* (Cambridge, MA, 1996)

Duplessis, Armand-Jean, Cardinal-duke of Richelieu, *Testament politique* (ed. L. André, Paris, 1947)

Elliot, H. M. and J. Dowson, *The history of India as told by its own historians: The Muhammadan Period*, 8 vols (London, 1867–77)

Elliott, J. H. and J. F. de la Peña, eds, *Memoriales y cartas del conde-duque de Olivares*, 2 vols (Madrid, 1978–81)

Evelyn, John, *Diary*, *see* De Beer

Evelyn, John, *Fumifugium: or the inconveniency of the aer and smoke of London dissipated* (London, 1661)

Evliyā Çelebi, *Seyahatname*, 15 vols (Istanbul, 1969–71)

Fairholt, F. W., *Poems and songs related to George Villiers, duke of Buckingham, and his assassination by John Felton* (London, 1850)

Fayol, Fray José de, *Epítome y relación general de varios sucesos de mar y tierra en las islas Filipinas* (Madrid, 1648; cited from the typescript copy in the Biblioteca Nacional de España: HA 37050)

Fellon, Thomas, S. J., *Faba Arabica, vulgo caffetum, carmen* (Rome, 1696)

Fernández Álvarez, M., *Corpus documental de Carlos V*, 5 vols (Salamanca, 1973–81)

Fincham, Kenneth, 'The judges' decision on Ship Money in February 1637: the reaction of Kent', *Bulletin of the Institute of Historical Research*, LVII (1984), 230–7

Firpo, Luigi, ed., *Relazioni di ambasciatori veneti al Senato, tratte dalle migliori edizioni disponibili e ordinate cronologicamente*, 14 vols (Turin, 1965–96)

Firth, C. H., ed., *The Clarke Papers: Selections from the papers of William Clarke*, 4 vols (London, 1891–1901: Camden Society, vols XLIX, LIV, LXI, LXII)

Firth, C. H. and R. S. Rait, *Acts and Ordinances of the Interregnum, 1642–1660*, 2 vols (London, 1911)

Fleming, David H., ed., *Diary of Sir Archibald Johnston of Wariston*, II (Edinburgh, 1919: Scottish History Society, XVIII); *see also* Paul

Fontenelle, Bernard le Bovier de, *La comète* (Paris, 1681)

Foster, George, *The pouring forth of the seventh and last viall upon all flesh and fleshlines, which will be a terror to the men that have great possessions or several visions which hath bin made out to me* (London, 1650)

Foster, George, *The sounding of the last trumpet or, severall visions, declaring the universall overturning and rooting up of all earthly powers in England, with many other things foretold, which shall come to passe in this year, 1650* (London, 1650)

Foster, William, ed., *The English factories in India, 1630–1633* (Oxford, 1910)

Foster, William, ed., *The English factories in India, 1634–1636* (Oxford, 1911)

Foster, William, ed., *The English factories in India, 1637–1641* (Oxford, 1912)

Foster, William, ed., *The English factories in India, 1655–1660* (Oxford, 1921)

Foster, William, ed., *The English factories in India, 1661–1664* (Oxford, 1923)

Foster, William, ed., *The voyage of Thomas Best to the East Indies, 1612–1614* (London, 1934: Hakluyt Society, 2nd series, LXXV)

Foster, William, ed., *The voyage of Sir Henry Middleton to the Moluccas, 1604–1606* (London, 1943: Hakluyt Society, 2nd series, LXXXVIII)

Fox, George, *A journal or historical account of the life, travels, sufferings, Christian experiences and labour of love in the work of the ministry, of that ancient, eminent and faithful servant of Jesus Christ, George Fox* (London, 1694)

Franklin, Benjamin, *Observations concerning the increase of mankind and the peopling of countries &c* (Philadelphia, 1751)

French, J. M., ed., *The life records of John Milton*, 4 vols (New Brunswick, 1949–58)

Fryer, John, *A new account of East India and Persia, being nine years' travels, 1672–1681*, ed. W. Crooke, 3 vols (London, 1915)

Galilei, Galileo and Christoph Scheiner, *On sunspots*, ed. E. Reeves and A. van Helden (Chicago, 2010)

Gallagher, L., ed., *China in the sixteenth century: The journals of Matthew Ricci, 1583–1610* (New York, 1951)

Gallardo, B. J., *Ensayo de una biblioteca española de libros raros y curiosos*, 2 vols (Madrid, 1863–89)

García Acosta, V., J. M. Pérez Zevallos and A. Molina del Villar, eds, *Desastres agrícolas en México. Catálogo histórico. I. Época prehispánica y colonial, 958–1822* (Mexico, 2003)

Gardiner, Lion, *A history of the Pequot War, or a relation of the war between the powerful nation of Pequot Indians, once inhabiting the coast of New-England, westerly from near Narraganset Bay, and the English inhabitants, in the year 1638* (1660; Cincinnati, 1860)

Gardiner, S. R., ed., *Debates in the House of Commons in 1625* (London 1873: Camden Society, NS, VI)

Gardiner, S. R., ed., *The Hamilton Papers* (London, 1880: Camden Society, NS, XXVII)

Gardiner, S. R., ed., *Constitutional documents of the Puritan Revolution* (London, 1906)

Gascón de Torquemada, G., *Gaçeta y nuevas de la Corte de España* (Madrid, 1991)

Gatta, G., *Di una gravissima peste che nella passata primavera e estate dell'anno 1656 depopulò la città di Napoli* (Naples, 1659)

Gaunt, John, *Natural and political observations, mentioned in a following index, and made upon the bills of mortality* (London, 1662)

Gilbert, J. T., ed., *A contemporary history of Affairs in Ireland from 1641 to 1652*, 6 vols (Dublin, 1879–80)

Gilbert, J. T., ed., *History of the Irish Confederation and the war in Ireland by Richard Bellings*, 7 vols (Dublin, 1882–91)

Ginschopff, J., *Cronica, oder eygendtlyche Beschreibung vieler denckwürdigen Geschichte* (Stuttgart, 1630)

Giraffi, Alessandro, *Le rivoluzioni di Napoli* (Venice, 1647; *see also*, Howell, James, *An exact historie*)

Girard, *Voyage en Chine*, *see* Las Cortes

Goad, J., *Astrometeorologia, or aphorisms and discourses of the bodies celestial, their nature and influence* (London, 1686)

Goldie, M., ed., *The entring book of Roger Morrice*, 7 vols (Woodbridge, 2007)

Gondi, Pierre de, cardinal de Retz, *Oeuvres*, II, ed. A. Feuillet (Paris, 1872)

Goodwin, John, *Anti-Cavalierisme, or, truth pleading as well the necessity as the lawfulness of this present war* (London, 1642)

Gordon of Auchleuchries, Patrick, *Diary of General Patrick Gordon of Auchleuchries 1635–99*, ed. D. Fedosov, 2 vols (Aberdeen, 2009)

Gough, R., *The history of Myddle* (written 1700–2), ed. D. Hey (Harmondsworth, 1981)

Gracián, Baltasar, S.J., *El Criticón*, 3 vols (Zaragoza, 1651, 1653, 1657)

Graniti, A., ed., *Diario di Francesco Capecelatro contenente la storia delle cose avvenute nel reame di Napoli negli anni 1647–50*, 3 vols (Naples, 1850–4)

Green, M. A. E., ed., *Letters of Queen Henrietta Maria including her private correspondence with Charles the First* (London, 1857)

Grey, Anchitell, *Debates of the House of Commons, from the year 1667 to the year 1694*, 10 vols (London, 1763)

Grillon, Pierre, *Les papiers de Richelieu: section politique interieure, correspondance et papiers d'État*, 6 vols (Paris, 1975–85)

Grimmelshausen, Hans Jacob Christoph von, *Der abentheuerliche Simplicissimus Teutsch* (1669; Tübingen, 1967)

Groen van Prinsterer, Guillaume, ed., *Archives ou correspondance de la maison d'Orange-Nassau*, 2nd series, 5 vols (Utrecht, 1857–61)

Grotius, Hugo, *Briefwisseling*, ed., P. C. Molhuysen, B. L. Meulenbroek and P. P. Witkam et al. online at http://grotius.huygens.knaw.nl/years

Gryphius, Andreas, *Horribilicribrifax Teutsch* (Breslau, 1663)

Guha, J. P., ed., *India in the seventeenth century*, 2 vols (New Delhi, 1984)

Guijóo, Gregorio Martín de, *Diario 1648–64*, ed. M. Romero de Terreros, 2 vols (México, 1952)

Guise, *Mémoires, see* Petitot

Gumppenberg, Guilielmo, S.J., *Atlas Marianus sive de imaginibus Deiparae per orbem christianum miraculosis*, 2 vols (Ingolstadt, 1655)

Haig, J., ed., *The historical works of Sir James Balfour of Denmylne and Kinnaird*, 3 vols (Edinburgh, 1825)

Hair, P. E. H., A. Jones and R. Law, eds, *Barbot on Guinea: The Writings of Jean Barbot on West Africa, 1678–1712*, 2 vols (London, 1992: Hakluyt Society, 2nd series CLXXV–CLXXVI)

Hall, J. C., ed., *Feudal laws of Japan* (Washington, DC, 1979)

Halley, Edmond, *A synopsis of the astronomy of comets* (Oxford, 1705)

Halliwell, J. O., *Letters of the Kings of England*, 2 vols (London, 1846)

Hannover, Nathan, *Yaven Metzulah* (Venice, 1653: tr. A. J. Mesch as *Abyss of despair*, New York, 1950)

Hardwicke, Philip Yorke, earl of, ed., *Miscellaneous State Papers from 1501 to 1726* (London, 1778)

Hartlib, Samuel, *Considerations Tending to the Happy Accomplishment of England's Reformation in Church and State. Humbly presented to the piety and wisdome of the High and Honourable Court of Parliament* (London, 1647)

Hartlib, Samuel, *Samuel Hartlib his legacie; or, an enlargement of the discourse of husbandry used in Brabant and Flaunders* (London, 1650, incorporating the 'Discourse' compiled by Sir Richard Weston)

Harvey, William, *Exercitatio Anatomica de Motu Cordis et Sanguinis in Animalibus* (Frankfurt, 1628)

Harvey, William, *Exercitationes de generatione animalium* (Amsterdam, 1651)

Haust, J., ed., *Quatre dialogues de paysans (1631–1636)* (Liège, 1939)

Heberle, Hans, *see* Zillhardt

Hellie, R., *The Muscovite Law Code (Ulozhenie) of 1649* (Irvine, CA, 1988)

Hesse, Landgrave Herman IV of, *Historia meteorologica, das ist, vier und zwantzig jährige eigentliche und trewfleissige Observation und tägliche Verzeichnüss des Gewitters, erstlich demonstriret wird, ob und wie das tägliche Gewitter mit dem Gestirn uberein troffen, und warumb solches geschehen sey oder nicht?* (Cassel, 1651)

Hevelius, Johannes, *Selenographia sive Lunae descriptio* (Danzig, 1647)

Hickson, Mary, *Ireland in the seventeenth century, or the Irish massacres of 1641–2, their causes and results*, 2 vols (London, 1884)

Historical Manuscript Commission, *Third Report* (London, 1872)

Hobbes, Thomas, *On the citizen (De cive, 1641)*; English edn, ed. and tr. R. Tuck and M. Silverthorne (Cambridge, 1998)

Hobbes, Thomas, *Leviathan, or the matter, forme, and power of a common-wealth, ecclesiasticall and civill* (London, 1651; ed. R. Tuck, Cambridge, 1996)

Hobbes, Thomas, *Behemoth or The Long Parliament* (written 1668, first published 1679; 2nd edn, ed. F. Tönnies, London, 1969)

Holmes, C. A., ed., *The Suffolk committees for Scandalous Ministers, 1644–1646* (Ipswich, 1970: Suffolk Records Society, XIII)

Howell, James, *A discourse discovering some mysteries of our new state ... shewing the rise and progresse of England's unhappinesse, ab anno illo infortunato 1641* (Oxford, 1645)

Howell, James, *Epistolae Ho-elianae or familiar letters* (London, 1650; ed. J. Jacobs, London, 1890)

Howell, James, *An exact historie of the late revolutions in Naples and of their monstruous successes not to be parallel'd by any antient or modern history* (2nd edn, London, 1664: an English trans. of A. Giraffi, *Le revolutioni di Napoli*)

Howell, Thomas B., *Cobbett's complete collection of State Trials*, 33 vols (London, 1809–26)

Hrabjanka, H., *The great war of Bohdan Xmel'nyc'kyj* (1710: ed. Y. Lutsenko, Cambridge, MA, 1990)

Huang Liu-hung, *A complete book concerning happiness and benevolence: Fu-hui ch'üan-shu, A manual for local magistrates in seventeenth-century China* (1699), trans. and ed. Djang Chu (Tucson, 1984)

Hull, C. H., ed., *The economic writings of Sir William Petty*, 2 vols (Cambridge, 1899)

Hutchinson, Lucy, *Memoirs of the life of Colonel Hutchinson, Governor of Nottingham* (written c. 1665; 10th edn, London, 1863)

Hyde, Edward, *see* Clarendon

Iakubov, K., 'Rossiia i Shvetsiia v pervoi polovine XVII veku, VI. 1647–1650 gg. Doneseniia koroleve Khristine i pis'ma k korolevakeomu sekretariu shvedskogo rezidenta v Moskve Karla Pommereninga', *Chteniia v imperatorskom obshchestve istorii i drevnostei rossiskikh pri Moskovskom universitete*, I (1898), 407–74

Imperator, Francesco, *Discorso político intorno al regimento delle Piazze e della città di Napoli* (Naples, 1604)

Ince, William, *Lot's little one, or Meditations on Gen. 19 verse 20, being the substance of severall sermons sometimes delivered by William Ince* (Dublin, 1640)

İpşirli, M., ed., *Tarih-i Selâniki* (Istanbul, 1989)

Israel, Menassah ben, *Esperança de Israel* (Amsterdam, 1650)

Jacobs, J., ed., *Epistolae Ho-elianae, see* Howell

Jahangir, *Memoirs see* Price and Thackston

James I, king of Great Britain, *His Maiesties Speech to both the houses of Parliament, in his Highnesse great chamber at Whitehall* (London, 1607)

James I, *see* McIlwain

Jansen, Cornelius, *Augustinus, seu doctrina S. Augustini de humanae naturae sanitate, aegritudine, medicina, adversus Pelagianos et Massilienses*, 3 vols (Louvain, 1640; 2nd edn, Paris, 1641)

Jansen, Cornelius, *Mars Gallicus, seu de justitia armorum et feodorum regis Galliae* (Louvain, 1635)

Jansson, M., ed., *Proceedings of the opening session of the Long Parliament*, 7 vols (Rochester, NY, 2002–7)

Jansson, M. and W. B. Bidwell, eds, *Proceedings in Parliament, 1625* (New Haven, 1987)

Johnson, R. C., M. F. Keeler, M. Jansson and W. B. Bidwell, eds, *Commons Debates 1628*, 3 vols (New Haven and London, 1977)

Johnson, Samuel, *The works of Samuel Johnson. X. Political writings*, ed. D. J. Greene (New Haven and London, 1977)

Jonson, Ben, *Epigrams* (London, 1612)

Josselin, Ralph, *see* Macfarlane

[Junta de teòlegs], *Justificació en conciència de haver pres lo principat de Catalunya las armas per a resistir als soldats que de present la invadeixen y als altres que amenassan invadirla* (Barcelona, 1640)

Jusserand, J. J., ed., *Recueil des Instructions données aux ambassadeurs et ministres de France. XXIV. Angleterre* (Paris, 1929)

Kanceff, E., ed., *Oeuvres de Jean-Jacques Bouchard: Journal*, 2 vols (Turin, 1976–7)

Kâtib Çelebi, *Fezleke-i Tarih*, 2 vols (Istanbul, 1870)

Kâtib Çelebi, *The balance of truth* (1656: ed. and tr. G. L. Lewis, London, 1957)

Kenyon, J. P., ed., *The Stuart Constitution, 1603–1688: Documents and commentary* (Cambridge, 1966)

Kepler, Johannes, *Prognosticum astrologicum auff das Jahr … 1618* (Linz, 1618), reprinted in V. Bialas and H. Grüssing, eds, *Johannes Kepler Gesammelte Werke*, XI part 2 (Munich, 1993)

Kingsbury, S. M., *The records of the Virginia Company of London*, 4 vols (Washington, DC, 1906–35)

Knowler, W., ed., *The earl of Strafforde's letters and dispatches*, 2 vols (London, 1739)

Kodama Kōta and Ōishi Shinzaburo, *Kinsei nōsei shiryōshū. I. Edo bakufu horei* (Tokyo, 1966)

Kolff, D. H. A., and H. W. van Santen, eds, *De geschriften van Francisco Pelsaert over Mughal Indië, 1627. Kroniek en Remonstrantie* (The Hague, 1979: Werken uitgegeven door de Linschoten Vereeniging, LXXXI)

Kuroita Katsumi, ed., *Shintei zôho kokushi taikei*, XL (Tokyo, 1964)La Lumia, M., *Storie siciliane*, 4 vols (reprint edn, Palermo, 1969)

La Noue, François, *Discours politique et militaire* (Basel, 1588)

Labat, Jean-Baptiste, *Nouvelle relation de l'Afrique occidentale: contenant une description exacte du Sénégal et des país situés entre le Cap-Blanc et la rivière de Serrelionne*, 5 vols (Paris, 1728)

Laing, D., ed, *The letters and journals of Robert Baillie, 1637–62*, 3 vols (Edinburgh, 1841)

Laing, D., ed., *Correspondence of Sir Robert Kerr, first earl of Ancram, and his son William, third earl of Lothian*, 2 vols (Edinburgh, 1875: Roxburghe Club, C)

Lancellotti, Secondo, *L'hoggidì, overo il mondo non peggiore ne più calamitoso del passato* (Venice, 1623)

Lancellotti, Secondo, *Oggidì, overo gl'ingegni non inferiori a' passati* (Venice, 1636)

Lancellotti, Secondo, *Vita in prosa e in versi*, ed. M. Savini (Rome, 1971)

Larkin, J. F., and P. L. Hughes, eds, *Stuart royal proclamations*, 2 vols (Oxford, 1973–83)

Larner, C. J., C. J. H. Lee and H. V. McLachlan, *A source book of Scottish witchcraft* (Glasgow, 1977)

Las Cortes, Alonso de, *Le voyage en Chine d'Adriano de las Cortes, S. J. (1625)*, ed. M. Girard (Paris, 2001)

Latham, R. C., and W. Matthews, eds, *The Diary of Samuel Pepys*, 11 vols (London, 2000)

[Laud, William,] *Arch-bishop Laud's annual accounts of his province, presented to the king in the beginning of every year; with the king's apostils or marginal notes* (London, 1695)

Laud, William, *see also* Heylyn, Cyprianus; Scott, *Works*; and Wharton, *History*

Lawrence, Richard, *The interest of England in the Irish transplantation stated* (London, 1655)

Le Boindre, J., *Débats du Parlement de Paris pendant la minorité de Louis XIV*, ed. R. Descimon and O. Ranum (Paris, 1997)

Le Comte, Louis, *Nouveaux mémoires sur l'état présent de la Chine*, 2 vols (Paris, 1691–7; English trans., London, 1698)

Le Gendre, Sieur, *see* Arnauld d'Andilly

Le Vasseur, Guillaume, sieur de Beauplan, *A description of Ukraine* (Rouen, 1651: English trans., New York, 1959)

Leach, D., ed., *A Rhode Islander reports on King Philip's War: The second William Harris letter* (Providence, RI, 1963)

Lee, M., ed., *Dudley Carleton to John Chamberlain, 1603–1624* (New Brunswick, 1972)

Leslie, John, earl of Rothes, *see* Rothes

Leyb ben Oyzer, *La beauté du diable. Portrait de Sabbatai Zevi. Présenté, annoté et traduit du yiddish amstellodamois du XVIIIe siècle par Nathan Weinstock* (Paris, 2011)

Lightfoote, John, *A few and new observations vpon the booke of Genesis, the most of them certaine the rest probable all harmelesse, strange, and rarely heard off before* (London, 1642)

Lionti, F., 'Cartelli sediziosi del 1647', *Archivio storico Siciliano*, NS, XIX (1894–5), 424–43

Locke, John, *A letter concerning toleration* (1689, ed. J. H. Tully, Indianapolis, 1983)

Locke, John, *An essay concerning humane understanding* (London, 1690)

Locke, John, *Political essays*, ed. M. Goldie (Cambridge, 1997)

Locke, *Travels*, *see* Lough

Loofeldt, Peter, 'Initiarum Monarchiae Ruthenicae', RAS, *Manuskriptsamlingen*, 68

Lord, George D., ed., *Poems on affairs of state: Augustan satirical verse 1660–1714*, vol. 1 (New Haven, 1963)

Loubère, S. de la, *A new historical relation of the kingdom of Siam* (Paris, 1693)

Lough, J., ed., *John Locke's travels in France, 1675–1679, as related in his journals, correspondence and other papers* (Cambridge, 1953)

Louis XIV, king of France, *A declaration of the Most Christian King Lovis the XIIIth [sic] King of France and Navarre* (London, 1649)

Louis XIV, king of France, *Mémoires de Louis XIV, suivi de Réflexions sur le métier du roi*, ed. J. Longnon (Paris, 1978)

Loureiro de Souza, A., ed., *Documentos históricos do Arquivo Municipal. Cartas do Senado 1638–1673* (Salvador, 1951)

Love, H. D., *Vestiges of Old Madras 1640–1800, traced from the East India Company's records preserved at Fort St. George and the India Office and from other sources*, 4 vols (London, 1913)

Lowenthal, M., ed., *The Memoirs of Glückel of Hameln* (New York, 1977)

Lu, J. D., *Sources of Japanese history*, I (New York, 1974)

Lubienietski, Stanislaus, *Theatrum Cometicum, duabus partibus constans, quarum altera frequenti Senatu Philosophico conspicua, Cometas anni 1664 & 1665* (Amsterdam, 1668)

Lydius, Jacobus, *Belgium Gloriosum* (Amsterdam, 1667)

McClure, N. E., ed., *The letters of John Chamberlain*, 2 vols (Philadelphia, 1939)

MacDonald, H., ed., *The poems of Andrew Marvell* (London, 1952)

Macfarlane, A., ed., *The diary of Ralph Josselin, 1616–1683* (London, 1976)

[Machon, Louis], *Les véritables maximes du gouvernement de la France* (Paris, 1652)

McIlwain, C. H., ed., *The political works of James I* (Cambridge, MA, 1918)

Mackiw, T., 'English press on Liberation War in Ukraine, 1648–50', *Ukrainian Quarterly*, XLIV (1986), 102–26 and 239–59

Magisa, Raymundo, *Svcceso raro de tres volcanes, dos de fuego y uno de agua, que reventaron a 4 de enero de este año de 1641 a un mismo tiempo en diferentes partes de islas Filipinas* (Manila, 1641)

Mallet, Jean-Roland, *Comptes rendus de l'administration des finances du royaume de France* (London, 1789)

Manucci, Niccolo, *Storia do Mogor, or Mogul India, 1653–1708*, ed. W. Irving, 4 vols (London, 1906)

Manuel de Melo, Francisco, *Historia de los movimientos, separación y guerra de Cataluña* (Lisbon, 1645; Madrid, 1912 edn)

Manuel de Melo, Francisco, *Epanáforas de vária história portuguesa* (Lisbon, 1660; ed. J. Serrão, Lisbon, 1976)

Markham, Clement ['Thodorus Verax'], *Anarchia anglicana, or the History of Independency, the second part* (London, 1649)

Marshall, Stephen, *A peace-offering to God a sermon preached to the honourable House of Commons assembled in Parliament at their publique thanksgiving, September 7, 1641: for the peace concluded between England and Scotland* (London, 1641)

Marshall, Stephen, *Meroz cursed or, A sermon preached to the honourable House of Commons, at their late solemn fast, Febr. 23, 1641* (London, 1642)

Martí i Viladamor, Francesc, *Noticia Universal de Cataluña* (Barcelona, 1640)

Martini, Martino, *Bellum Tartaricum, or the conquest of the great and most renowned empire of China* (London, 1654)

Mason, John. *A Brief History of the Pequot War: especially of the memorable taking of their Fort at Mistick in Connecticut in 1637* (Boston, 1736)

Massieu, Guillaume, *Caffaeum* (c. 1700, reprinted in Latin with French trans. in *Etrennes à tous les amateurs de café, pour tous les temps, ou Manuel de l'amateur de Café*, I (Paris, 1790), 81–109

Mather, Increase, *Heaven's alarm to the world, or, A sermon wherein is shewed that fearful sights and signs in heaven are the presages of great calamities at hand* (Boston, 1681)

Mather, Increase, *Kometographia, or a discourse concerning comets, wherein the nature of blazing stars is enquired into, with an historical account of all comets which have appeared since the beginning of the world* (Boston, 1683)

Mauriceau, François, *The diseases of women with child, and in childbed* (Paris, 1668; English trans., London, 1672)

Maussion de Favrières, J. de, ed., *Les voyages du sieur de La Boullaye-le-Gouz, gentilhomme angevin* (Paris, 1994)

Meadows, Philip, *A narrative of the principal actions occurring in the wars betwixt Sueden and Denmark before and after the Roschild treaty* (London, 1677)

Mélanges de notices diverses sur les frères des écoles chrétiennes (Paris, 1818)

Mentet de Salmonet, Robert, *Histoire des troubles de la Grande Bretagne* (Paris, 1649)

[Merana, Jean-Paul], *Letters writ by a Turkish Spy who lived five and forty years undiscover'd at Paris*, III (London, 1692)

Merian, Mattheas, *Theatrum Europeaum*, 21 vols (Frankfurt, 1633–1738)

Meyer, A. O., 'Ein italienisches Urteil über Deutschland und Frankreich um 1600', *Quellen und Forschungen aus italienischen Archiven und Bibliotheken*, IX (1906), 155–69

Milton, John, *A second defense of the people of England* (published in Latin in 1654); *Complete Prose works of John Milton*, VIII (New York, 1933)

Milton, John, *The ready and easy way to establish a free commonwealth* (1659); *Complete Prose works of John Milton*, VII (revised edn, New Haven, 1980)

Milton, John, *Paradise Lost* (2nd edn, revised and augmented, 1674; ed. B. K. Lewalski, Oxford, 2007)

Misselden, Edward, *Free trade, or, the meanes to make trade flourish, wherein the causes of the decay of trade in this kingdome* (London, 1622)

Moderate Intelligencer, The, weekly newspaper, ed. John Dillingham (London, 1645–49)

Moinul Haq, S., ed., *Khafi Khan's History of Alamgir* (Karachi, 1975)

Molé, Matthieu, *Mémoires*, ed. A. Champollion-Figeac, IV (Paris, 1857)

Molesworth, Robert, *An account of Denmark as it was in the year 1692* (London, 1694)

Molinier, Etienne, *A mirrour for Christian states: or, A table of politick vertues considerable amongst Christians* (London, 1635, trans. William Tyrwhit from French)

Moncada, Sancho de, *Restauración política de España* (Madrid, 1619; ed. Jean Vilar, Madrid, 1974)

Monconys, Balthasar de, *Journal des voyages de Monsieur de Monconys*, II: *Angleterre, Pays-Bas, Allemagne et Italie* (Lyon, 1666)

Monconys, Balthasar de, *Journal des voyages de Monsieur de Monconys*, 3e partie (Lyon, 1666)

Monkhouse, Thomas, ed., *State Papers collected by Edward, earl of Clarendon*, 3 vols (Oxford, 1767–86)

Monro, Robert, *Monro his expedition with the worthy Scots regiment call'd Mackays* (London, 1637: ed. W. S. Brockington, Westport, 1999)

Montpensier, Mlle de, *Mémoires*, 2 vols (Paris, 1728)

Morales Padrón, F., *Memorias de Sevilla (1600–78)* (Córdoba, 1981)

Morrice, Roger, *see* Goldie

Morton, Thomas, *New English Canaan, or New Canaan containing an abstract of New England* (London, 1637)

Motteville, Mme de, *Mémoires*, 2 vols (Paris, 1904)

Mut, Vicente, *El príncipe en la guerra, y en la paz, copiado de la vida del emperador Iustiniano* (Madrid, 1640)

Naima, Mustafa, *Tarih-i Naima*, 4 vols (Istanbul, 1863–4)

Nalson, John, *An impartial collection of the great affairs of state from the beginning of the Scotch rebellion in the year MDCXXXIX to the murder of King Charles I*, 2 vols (London, 1682–3)

Naudé, Gabriel, *Considérations politiques sur les coups d'état* (Rome 1639; English edn: *Political considerations upon refin'd politicks and the master-strokes of state*, London, 1711)

Naworth, George [Sir George Wharton], *A new almanacke and prognostication for the yeere of our Lord and Saviour Iesus Christ, 1642* (London, 1642)

Nedham, Marchamont, *Medela medicinae. A plea for the free profession and a renovation of the art of physick . . . tending to the rescue of mankind from the tyranny of diseases* (London, 1665)

Newcastle, marquis of, *see* Slaughter

Newton, Isaac, *Philosophiae naturalis principia mathematica* (London, 1687)

Newton, Isaac, *The Chronology of Ancient Kingdoms Amended* (London, 1728)

Nieuhof (or Nieuhoff), Johannes, *Het gezantschap der Nederlandtsche Oost-Indische Compagnie aan de tartarischen cham* (1655–7; Amsterdam, 1665); English translation, *An embassy from the East-India Company of the United Provinces, to the Grand Tartar Cham, emperor of China* (London, 1673)

North, Sir Dudley, *Discourses upon trade, principally directed to the cases of the interest, coynage, clipping, increase of money* (London, 1691)

Novario, G. M., *De vassallorum gravaminibus tractatus*, 3 vols (Naples 1634–42)

Numarali Mühimme Defteri (H. 1040/1630–1631) (Ankara, 2001)

Nyren, E., *see* Pu Songling

O'Mahony, Conor, *Disputatio apologetica de iure regni Hiberniae pro Catholicis Hibernis adversus haereticos Anglos* (Lisbon, 1645; reprinted Dublin, c. 1828)

Ochoa, E. de, ed., *Epistolario español: cartas de personajes varios*, 2 vols (Madrid, 1870)

Odorico, P., ed., *Conseils et mémoires de Synadinos, prêtre de Serrès en Macédonie (17e siècle)* (Paris, 1996)

Olearius, Adam, *Vermehrte moscowitische und persianische Reisebeschreibung* (2nd edn, Schleswig, 1656) *see also* Baron

Ono Mizuo, ed., *Enomoto Yazaemon Oboegaki: kinsei shoki shōnin no kiroku* (Tokyo, 2001)

Opitz, Martin, *Gesammelte Werke. Kritische Ausgabe*, ed. G. Schulz-Behrend, 4 vols (Stuttgart, 1968–90)

Osborne, Dorothy, *Letters to Sir William Temple*, ed. K. Parker (Harmondsworth, 1987)

Ovalle, Alonso de, *Histórica relación del Reyno de Chile y de las missiones y ministerios que exercita en él la Compañía de Jesus* (Rome, 1646)

Paas, J. R., *The German political broadsheet 1600–1700*, 7 vols (Wiesbaden, 1985–2002)

Pacheco de Britto, Mendo, *Discurso em os dous phaenominos aereos do anno de 1618* (Lisbon, 1619)

Padrón, Morales, F., ed., *Memorias de Sevilla (1600–1678)* (Córdoba, 1981)

Palermo, J., *Narrazioni e documenti sulla storia del Regno di Napoli dall'anno 1522 al 1667* (Florence, 1846: *Archivio storico italiano*, IX)

Parets, M., *De los muchos sucesos dignos de memoria que han ocurrido en Barcelona y otros lugares de Cataluña: crónica escrita por Miguel Parets entre los años 1626 a 1660*, 6 vols (Madrid, 1851–1948: *Memorial Histórico Español*, XX–XXV)

Parival, J.-N. de, *Abrégé de l'histoire de ce siècle de fer, contenant les misères et calamitez des derniers temps, avec leurs causes et pretextes* (1653; 2nd edn, Brussels, 1655)

Parker, Henry, *The manifold miseries of civil warre and discord in a kingdome: by the examples of Germany, France, Ireland, and other places* (London, 1642)

[Parker, Henry], *The king's cabinet opened: or, certain packets of secret letters & papers written in the king's own hand and taken in his cabinet at Nasby-Field, June 14, 1645* (London, 1645)

Parker, Henry, *The cordiall of Mr. David Ienkins* (London, 1647)

Parliament of India, *The Commission of Sati (Prevention) Act, 1987* (No. 3 of 1988)

Pascal, Blaise, *Lettres provinciales* (Paris, 1657: trans. T. M'Crie)

Pascal, Blaise, *Les Pensées sur la religion et sur quelques autres sujets* (Paris, 1670; trans. W. F. Trotter)

Pasqual de Panno, Francisco, *Motines de Cataluña*, ed. I. Juncosa and J. Vidal (Barcelona, 1993)

Patin, Charles, *Relations historiques et curieuses de voyages, en Allemagne, Angleterre, Hollande, Bohême, Suisse, &c.*, 2nd edn (Lyon, 1676)

Patin, Guy, *Lettres*, ed. J. H. Reveillé-Parise, 3 vols (Paris, 1846)

Paul, G. M., ed. *The Diary of Archibald Johnston Lord Wariston 1639* (Edinburgh, 1896: Scottish Historical Society, XXVI)

Paul, G. M., ed., *Diary of Sir Archibald Johnston of Wariston. I: 1632–7* (Edinburgh, 1911: Scottish Historical Society, LXI), *see also* Fleming

Peçevi Tarihi, ed. B. S. Baykal, 2 vols (Ankara, 1982)

Pedani-Fabris, M. P., ed., *Relazioni di ambasciatori veneti, XIV: Costantinopoli. Relazioni inedite (1512–1789)* (Padua, 1996)

Pellicer de Tovar, José, *Avisos*, ed. J.-C. Chevalier and L. Clare, 2 vols (Paris, 2002–3)

Pelsaert, Francisco, *see* Kolff and van Santen

Pepys, Samuel, *see* Latham

Percy, George, 'A trewe relacyon of the procedeings and ocurrentes of momente which have hapned in Virginia', *Tyler's Quarterly Historical and Genealogical Magazine*, III (1922), 259–82

Pérez de Ribas, Antonio, *History of the triumphs of our Holy Faith among the most barbarous and fierce peoples of the new world* (1645: ed. D. T. Reff, Tucson, 1999)

Perrot, Nicholas, *The Indian tribes of the Upper Mississippi Valley and the region of the Great Lakes [Mémoire sur les mœurs, coustumes et religion des sauvages de l'Amérique septentrionale]*, ed. E. H. Blair (Cleveland, 1911)

Peters, J., *Ein Söldnerleben im Dreissigjährigen Krieg. Eine Quelle zur Sozialgeschichte* (Berlin, 1993)

Petit, Pierre, *Thia Sinensis* (Paris, 1685)

Petitot, A. and M. Monmerque, *Mémoires du duc de Guise*, 2 vols (Paris, 1826: *Collection des mémoires relatifs à l'histoire de France*, LV–LVI)

Petty, William, *see* Hull

Pissurlencar, P. S. S., *Assentos do Conselho do Estado, 1618–95*, 4 vols (Goa, 1953–6)

Pocili, A. [pseudonym for Placido Reina], *Delle rivoluzioni della città di Palermo avvenute l'anno 1648* [sic] (Verona, 1649)

Poole, E., *A vision wherein is manifested the disease and cure of the kingdom* (London, 1648)

Poole, E., *Another alarum for war* (London, 1649)

Prestage, E. and P. M. Laranjo Coelho, eds, *Correspondência diplomática de Francisco de Sousa Coutinho durante a sua embaixada em Holanda, 1643–50*, 3 vols (Lisbon, 1925–55)

Price, D., ed., *Memoirs of the Emperor Jahangueir written by himself* (London, 1829)

Prynne, William, *The Soveraigne Power of Parliaments and Kingdomes: divided into foure parts* (London, 1643)

Pu Songling, *The bonds of matrimony (Hsing shih yin yüan chuan)*, ed. E. Nyren (Lewiston, 1995)

Qing shilu, VIII (Beijing, 1985)

Questier, M. C., ed., *Newsletters from the Caroline Court, 1631–1638: Catholicism and the politics of the personal rule* (London, 2005: Camden Society, 5th series, XXVI)

Quevedo, Francisco de, *La fortuna con seso y la hora de todos, fantasia moral* (1632) in *Obras de Francisco de Quevedo Villegas*, 3 vols (Antwerp, 1699)

Quevedo, Francisco de, *La rebelión de Barcelona* (1641), in A. Fernández-Guerra y Orbe, ed., *Obras de Don Francisco de Quevedo y Villegas*, I (Madrid, 1876: Biblioteca de Autores Españoles, XXIII)

Radziwiłł, Albrycht Stanisław, *Memoriale rerum gestarum in Polonia, 1632–1656*, ed. A. Przyboś and R. Żelewski, 4 vols (Wrocław, 1968–74)

Ras, J. J., ed., *Hikajat Bandjar: A study in Malay historiography* (The Hague, 1968)

Ravenel, J. A. D., ed., *Lettres du cardinal Mazarin à la reine* (Paris, 1836)

Ray, John, *Observations topographical, moral, and physiological, made in a journey through part of the Low-countries, Germany, Italy, and France* (London, 1673)

Raymond, John, *An itinerary contayning a voyage made through Italy in the yeare 1646 and 1647* (London, 1648)

Register of the Privy Council of Scotland, 2nd series, ed. David Masson and P. Hume Brown, 6 vols (Edinburgh, 1899–1908)

Reinach, J., ed., *Recueil des instructions données aux ambassadeurs et ministres de France. X. Naples et Parme* (Paris, 1913)

Rekishi Toshosha, *Senki Shiryō: Amakusa Sôdô – Amakusa Shimabara Gunkishû* (Kyoto, 1980)

Repgen, K., ed., *Acta Pacis Westphalicae*, Series I. *Instrucktionen. Frankreich, Schweden, Kaiser*, I (Münster, 1962)

Repgen, K., ed., *Acta Pacis Westphalicae*, Series II, Part B, *Die franzözischen Korrespondenzen*, 7 vols to date (Münster, 1979–2011)

Riccioli, Giovanni Battista, *Almagestum novum, astronomiam veterem novamque* (Bologna, 1651)

Riccioli, Giovanni Battista, *Geographiae et cartographiae reformatae libri XII* (Bologna, 1661)

Richelieu, Armand-Jean Duplessis, Cardinal-Duke of, *Testament politique*, ed. L. André (Paris, 1947)

Richelieu, Armand-Jean Duplessis, Cardinal-Duke of, *see also* Desmaretz *and* Grillon

Ritchie, C. I. A., 'Deux textes sur le Sénégal (1673–1677)', *Bulletin de l'Institut fondamental de l'Afrique noire*, XXX, série B (1968), 289–353

Rives, Bruno, *Mercurius Rusticus, or the countries complaint of murthers, robberies, plundrings, and other outrages committed by the rebells on His Majesties faithfull subjects* (Oxford, 1643)

Roe, Sir Thomas, *A true and faithfull relation, presented to His Maiestie and the Prince, of what laterly happened in Constantinople* (London, 1622)

Rolamb, Nicholas, 'A relation of a journey to Constantinople', in Churchill, *A collection of voyages and travels*, V, 669–716

Ros, Alexandre, *Cataluña desengañada* (Naples, 1646)

Rosales, Diego de, *Historia general del reino de Chile, Flandes Indiano* (1652–3; 2nd edn, ed. M. Góngora, 2 vols, Santiago de Chile, 1986)

Rosenhane, Schering, *Observationes politicae super Galliae Motibus* (Stockholm, 1650)

Rothes, John Leslie, earl of, *A relation of proceedings concerning the affairs of the Kirk of Scotland, from August 1637 to July 1638*, ed. J. Nairne (Edinburgh, 1830: Bannatyne Club)

Rousse, Jean, *Décision de la question des temps* (London, 1649)

Rousseau, Jean-Jacques, 'Extrait du projet de paix perpétuelle de Monsieur l'Abbé de St Pierre' (1761), in *Oeuvres complètes de Jean-Jacques Rousseau*, III (Paris, 1964)

Rowen, H. H., *The Low Countries in early modern times* (New York, 1972)

Rubí, B. de, ed., *Les Corts Generals de Pau Claris. Dietari o procés de Corts de la Junta General de Braços del 10 de septembre de 1640 a mitjan març de 1641* (Barcelona, 1976)

Rushworth, John, *Historical Collections or private passages of state, weighty matters in law, remarkable proceedings in five parliaments, beginning the sixteenth year of King James, anno 1618*, 6 vols (London, 1659–1722)

Rutherford, Samuel, *Lex, rex: the law and the prince. A dispute for the just prerogative of king and people* (London, 1644)

Rutt, J. T., ed., *Diary of Thomas Burton, Esq., member in the Parliaments of Oliver and Richard Cromwell from 1656 to 1659*, 4 vols (London, 1828)

Rycaut, Paul, *The present state of the Ottoman empire* (London, 1668: facsimile edn, New York, 1971)

Rykaczewski, E., ed., *Lettres de Pierre des Noyers, secrétaire de la reine de Pologne Marie-Louise de Gonzague* (Berlin, 1859)

Sala i Berart, Gaspar, *Proclamación Católica a la Magestad piadosa de Felipe el Grande* (Barcelona, 1640)

Sala i Berart, Gaspar, *Secretos publicos, piedra de toque, de las intenciones del enemigo, y luz de la verdad ... y añadidas a la fin las cartas que en esta van citadas* (Barcelona, 1641)

Saltmarsh, John, *The smoke in the temple wherein is a designe for peace and reconciliation of believers of the several opinions of these times about ordinances* (London, 1646)

Salvado, J.-P. and S. Münch Miranda, eds, *Cartas do primero conde da Torre*, 4 vols (Lisbon, 2002)

Sanderson, William, *A compleat history of the life and raigne of King Charles from his cradle to his grave* (London, 1658)

Sandys, George, *A relation of a Iourney begun An. Dom. 1610* (London, 1615)

Sarkar, J., ed., *Anecdotes of Aurangzeb* (English trans. of Ahkam-i Alamgiri, ascribed to Hamid-ud-din Khan Bahadur (3rd edn, Calcutta, 1949)

Sato Taketoshi, *Chukogu saigaishi nenpyo* (Tokyo, 1993)

Schottelius, Justus, *Neu erfundenes Freudens-Spiel genandt Friedens-Sieg* (Wolfenbüttel, 1648)

Schouten, Wouter, *Reys-togten naar en door Oost Indien* (Amsterdam, 1708)

Scott, W. and J. Bliss, eds, *The works of William Laud*, 7 vols (Oxford, 1847–60)

Scriba, C. J., 'The Autobiography of John Wallis, F.R.S.', *Notes and Records of the Royal Society of London*, XXV (1970), 17–46

Seco Serrano, C., ed., *Cartas de Sor María de Jesús de Ágreda*, 2 vols (Madrid, 1958)

Selden, John, *Table-talk, being the discourses of John Selden, Esq., or his sense of various matters of weight and high consequence, relating especially to religion and state* (2nd edn, London, 1696)

Semedo, Alvaro, S.J., *Historica relatione del gran regno della Cina* (Rome, 1653)

Sévigné, marquise de, *see* Silvestre de Sacy

Shakespeare, William, *A Midsummer Night's Dream* (c. 1595; London, 1623)

Shakespeare, William, *Hamlet*, (c. 1600; London, 1623)

Sibbald, Sir Robert, *Provision for the poor in time of dearth and scarcity* (Edinburgh, 1699)

Silahdar Findiklili Mehmed Ağa, *Silahdar Tarihi*, 2 vols (Istanbul, 1928)

Silvestre de Sacy, S. U., ed., *Lettres de Marie de Rabutin-Chantal, Marquise de Sévigné, à sa fille et à ses amis*, 11 vols (Paris, 1861)

Simon i Tarrés, A., ed., *Cròniques de la Guerra dels Segadors* (Barcelona, 2003)

Sinclair, John, *The Statistical Account of Scotland, drawn up from the communications of the different parishes*, 21 vols (Edinburgh 1791–99)

Skinner, C., ed., *Sja'ir perang Mengkasar (The rhymed chronicle of the Macassar War) by Entji' Amin* (The Hague, 1963)

Skippon, Philip, *An account of a journey through the Low Countries, Germany and France* (1663), in Churchill, *A collection of voyages and travels*, VI, 359–736

Slaughter, T. P., ed., *Ideology and politics on the eve of the Restoration: Newcastle's advice to Charles II* (Philadelphia, 1984)

Smulders, F., ed., *António Vieira's Sermon against the Dutch Arms (1640)* (Frankfurt, 1996)

Snel, George, *The right teaching of useful knowledg, to fit scholars for som honest profession* (London, 1649)

Song Yingxing, *Tiangong/Tienkung kaiwu* (1637)

Song Zhenghai, *Zhongguo Gudai Zhong de Ziran Zaihai he Yichang Nianbiao* (Guangzhou, 1992)

Sorbière, Samuel, *A voyage to England: containing many things relating to the state of learning and religion, and other curiosities of that kingdom* (1663; London, 1709)

Spinoza, Baruch, *Tractatus theologico-politicus* (1670; trans. S. Shirley, Leiden, 1991)

Spinoza, Baruch, *The Ethics: Treatise on the emendation of the intellect and selected letters* (1677; trans. S. Shirley, ed. S. Feldman (2nd edn, Indianapolis, 1992)).

Sprat, Thomas, *The history of the Royal-Society of London for the improving of natural knowledge* (London, 1667)

Stouppe, J.-B., *La religion des Hollandois, representée en plusieurs lettres écrites par un officier de l'armée du Roy, à un pasteur & professeur en théologie de Berne* (Paris, 1673)

Stránský, Pavel, *Republica Bohemiae* (Leiden, 1634)

Struve, Lynn A., *Voices from the Ming-Qing cataclysm: China in tigers' jaws* (New Haven, 1993)

Struve, Lynn A., *The Ming-Qing conflict, 1619–1683. A historiography and source guide* (Ann Arbor, 1998)

Summonte, Giovanni Antonio, *Historia della città e regno di Napoli*, 4 vols (Naples, 1601–43)

Sym, John, *Life's preservative against self-killing* (London, 1637)

Symmons, Edward, *A vindication of King Charles or, a loyal subject's duty manifested in vindicating his soveraigne from those aspersions cast upon him by certaine persons, in a scandalous libel, entitled, The Kings Cabinet Opened* (London, 1647)

'T. B.', *The Rebellion of Naples, or the Tragedy of Massenello Commonly so called: But Rightly Tomaso Aniello di Malfa Generall of the Neopolitans, Written by a Gentleman who was an eye-witness where this was really acted upon that bloudy Stage, the streets of Naples* (London, 1649)

Tadino, Alessandro, *Ragguaglio dell'origine e giornalieri della gran peste seguita in Milano nell'anno 1629 al 1632* (Milan, 1648)

Tang Xianzu, *The Peony pavilion: Mudan ting* (trans. C. Birch, 2nd edn., Bloomington, 2002)

Tarrabotti, Elena, *L'inferno monacale*, ed. F. Medioli (Turin, 1989); *see also* Baratotti

Tavernier, Jean-Baptiste, *Travels in India*, ed. V. Ball and W. Crooke, 2 vols (Oxford, 1925)

Taylor, John, *Religions enemies, with a brief and ingenious relation, as by Anabaptists, Brownists, Papists, Familists, Atheists* (London, 1641)

Temple, R. C., ed., *The travels of Peter Mundy in Europe and Asia, 1608–1667*, ed. R. C. Temple, 5 vols in 6 parts (London 1907–36: Hakluyt Society, 2nd series, XVII, XXXV, XLV, XLVI, LV, LXXVIII)

Terry, C. S., ed., *The Cromwellian Union: Papers relating to the negotiations for an incorporating Union between England and Scotland, 1651–52* (Edinburgh, 1902: Scottish Historical Society, XL)

Thackston, W. M., ed., *The Jahangirnama: Memoirs of Jahangir, emperor of India* (Oxford, 1999)

Thirsk, J. and J. P. Cooper, *Seventeenth-century economic documents* (Oxford, 1972)

Thom, H. B., ed., *Journal of Jan van Riebeeck*, 3 vols (Cape Town/Amsterdam, 1952–8)

Thurloe, John, *A collection of the State Papers of John Thurloe*, ed. W. Birch, 7 vols (London, 1742)

Thwaites, R. G., ed., *The Jesuit relations and allied documents: Travels and explorations of the Jesuit missionaries in New France 1610–1791*, 71 vols (Cleveland, 1898–1901)

Tontoli, Gabriele, *Il Mas'Aniello, overo discorsi narrativi la sollevatione di Napoli* (Naples, 1648)

Topçular Kâtibi 'Abdulkâdir (Kadri) Efendi Tarihi, ed. Z. Yilmazer (Ankara, 2003)

Toyoda Takeshi, ed., *Aizu-Wakamatsu-shi, II: Kizukareta Aizu Han* (Aizu, 1965)

Turbolo, Giovanni Donato, *Copia di quattro discorsi* (Naples, 1629)

Tutini, Camillo, *Dell'origine e fundazione de' Seggi di Napoli* (Naples, 1642)

Tutini, Camillo and Mario Verde, *Racconto della sollevatione di Napoli acceduta nell'anno MDCXLVII* (1653; ed. P. Messina, Rome, 1997)

Underhill, John, *Nevves from America; or, A New and Experimentall Discoverie of New England: Containing, a True Relation of their War-like Proceedings these two yeares last past* (London, 1638)

Valente, O., ed., *Documentos históricos do Arquivo Municipal. Actos da Câmara*, I (Salvador, 1944)

Valenzuelo, Pedro, *Portugal unido y separado* (Madrid, 1659)

Valerius, Adriaan, *Neder-Landtsche Gedenck-Clanck, kortelick openbarende de voornaemste geschiedenissen van de 17 Neder-lantsche Provintien, 'tsedert den aenvang der inlandische beroerten ende troublen, tot den iaere 1625* (Haarlem, 1626)

Valladares, R., *Epistolario de Olivares y el conde de Basto (Portugal 1637–1638)* (Badajoz, 1998)

Van Aitzema, Lieuwe, *Notable revolutions, beeing a true relation of what hap'ned in the United Provinces of the Netherlands in the years MDCL and MDCLI somewhat before and after the death of the late Prince of Orange: according to the Dutch copie* (London, 1653)

Van Aitzema, Lieuwe, *Saken van Staet en Oorlogh, in ende omtrent de Vereenigde Nederlanden*, 6 vols (The Hague, 1669–72)

Van der Capellen, Adrian, *Gedenkschriften, 1621–54*, 2 vols (Utrecht, 1777)

Van der Donck, Adriaen, *A description of the New Netherlands* (1653: Madison, 2003: Wisconsin Historical Society Digital Library and Archives)

Van der Heyden, Jan, *A description of fire engines with water hoses and the method of fighting fires now used in Amsterdam* (1690; English edn by L. Multhauf, 1996)

Vanderlinden, E., *Chronique des évènements metéorologiques en Belgique jusqu'en 1834* (Brussels, 1925: Mémoires publiés par la classe des sciences de l'Académie royale de Belgique, 2nd series VI)

Vauban, Sébastien le Prestre, marquis de, *Mémoire pour servir d'instruction dans la conduite des sièges et dans la défense des places* (written *c.* 1670: Leiden, 1740)

Vauban, Sébastien Le Prestre, marquis de, *Méthode génerale et facile pour faire le dénombrement des peuples* (Paris, 1686)

Vauban, Sébastien Le Prestre, marquis de, *Les oisivités de Monsieur de Vauban*, ed. M. Virol (Paris, 2007)

Vernadsky, George, ed., *A source book for Russian history from early times to 1917* (New Haven, 1972)

Viallé, C. and L. Blussé, *The Deshima Registers. XI: 1641–1650* (Leiden, 2001: Intercontinenta, XXIII)

Viallé, C. and L. Blussé, *The Deshima Registers. XII: 1650–1660* (Leiden, 2005: Intercontinenta, XXV)

Viallé, C. and L. Blussé, *The Deshima Registers. XIII: 1660–1670* (Leiden, 2010: Intercontinenta, XXVII)

Vieira, António, *see* Smulders

Vigorelli, G., ed., *Vita e processo di Suor Virginia Maria de Leyva, monaca di Monza* (Milan, 1985)

Vincent, Philip, *The Lamentations of Germany wherein, as in a glasse, we may behold her miserable condition, and reade the woefull effects of sinne, composed by Dr. Vincent, Theol., an eye-witnesse thereof, and illustrated by pictures, the more to affect the reader* (London, 1638)

Vitrián y Ortuvia, Juan, *Las memorias de Felipe de Comines, señor de Argentón, de los hechos empresas de Luis Undécimo y Carlos Octavo, reyes de Francia, traducidas del francés con escolios propios*, 2 vols (Antwerp, 1643)

[Voetius, Gisbertius; 'G. L. V.'], *Brittish lightning, or, suddaine tumults in England, Scotland and Ireland to warne the United Provinces to understand the dangers and the causes thereof* (Amsterdam, 1643)

Voltaire, F. M. A. de, *Essai sur les mœurs et l'esprit des nations et sur les principaux faits de l'histoire depuis Charlemagne jusqu'à Louis XIII* (1741–2; first published 1756; Paris, 1963)

Voltaire, F. M. A. de, *Le siècle de Louis XIV* (Berlin, 1751)

Von Sandrart, Joachim, *Der Teutschen Academie, Zweyter und letzter Haupt-Teil, von der edlen Bau- Bild und Mahlerey-Künsten*, 3 vols (Nuremberg, 1679)

Voorbeijtel Cannenburg, W., ed., *De reis om de wereld van de Nassausche Vloot, 1623–1626* (The Hague, 1964: Werken uitgegeven van de Linschoten Vereeniging, LXV)

Wallington, Nehemiah, *see* Seaver *and* Webb

Wallis, John, *A defence of the Royal Society, and the Philosophical Transactions* (London, 1678)

Wallis, John, 'Autobiography', *see* Scriba

Walton, Izaak, *The Compleat Angler, or the contemplative man's recreation* (1653; 2nd edn, London, 1655)

Wariston, Archibald Johnston of, *see* Paul *and* Fleming

Webb, R., ed., *Historical notices of events occurring chiefly in the reign of Charles I by Nehemiah Wallington*, 2 vols (London, 1868–9)

Weise, Christian, *Von dem Neapolitanischen Haupt Rebellen Masaniello* (Zittau, 1682)

Wharton, Sir George, *see* Naworth

Wharton, Henry, ed., *The history of the troubles and tryal of the Most Reverend Father in God and blessed martyr, William Laud, Lord Arch-Bishop of Canterbury, wrote by himself during his imprisonment in the Tower; to which is prefixed the diary of his own life*, 2 vols (London, 1695–1700)

Whitelocke, Bulstrode, *Memorials of the English affairs* (1682: reprinted in 4 vols, Oxford, 1853)

Whitelocke, Bulstrode, *A journal of the Swedish embassy in the years 1653 and 1654*, 2 vols (London, 1772)

Whittaker, Jeremiah, *Ejrenopojos: Christ the settlement of unsettled times* (London, 1643)

Wildman, John, *A call to all the souldiers of the Army, by the free people of England* (London, 1647)

Wildman, John, *Truths triumph, or treachery anatomized* (London, 1648)

Wilkins, John, *Mathematical magick: or the wonders that may be performed by mechanicall geometry* (London, 1648)

Williams, E. Neville, *The eighteenth-century constitution, 1688–1815: Documents and commentary* (Cambridge, 1960)

Winstanley, Jerrard, *The Law of freedom in a platform, or true magistracy restored* (London, 1652)

Winthrop papers, 3 vols (Boston, 1929–43)

Winthrop, *see also* Dunn

Wood, William, *New England prospect. A true, lively and experimentall description of that part of America commonly called New England*, *Jimin tushuo* (London, 1634)

Yang Dongming, *Jimin tushuo* (1594; first printed 1688)

Yilmazer, Z., ed., *Topçular Kâtibi 'Abdülkâdir (Kadri) Efendi Tarihi* (Ankara, 2003)

Zhongguo Jin-wubai-nian Hanlao Fenbu Tu-ji (Beijing, 1981)

Zillhardt, G., ed., *Der dreissigjährige Krieg in zeitgenössischer Darstellung. Hans Heberles 'Zeytregister' (1618–1672)* (Ulm, 1975)

二 注释中引用的二手资料

Adamson, J. S. A., 'The English nobility and the projected settlement of 1647', *HJ*, XXX (1987), 567–602

Adamson, J. S. A., 'The baronial context of the English Civil War', *TRHS*, 5th series, XL (1990), 93–120

Adamson, J. S. A., 'England without Cromwell: what if Charles I had avoided the Civil War?', in N. Ferguson, ed., *Virtual history. Alternatives and counterfactuals* (London, 1997), 91–123

Adamson, J. S. A., *The noble revolt: The overthrow of Charles I* (London, 2007)

Adapting to climate change: Towards a European framework for action (Commission of the European Communities: Commission staff working document SEC (2009))

Adshead, S. A. M., 'The XVIIth century General Crisis in China', *France-Asie/Asia*, XXIV/3–4 (1970), 251–65

Agnew, C. S., 'Culture and power in the making of the descendants of Confucius, 1300–1800' (University of Washington PhD thesis, 2006)

Aho, J. A., *Religious mythology and the art of war: Comparative religious symbolisms of military violence* (Westport, CT, 1981)

Ailes, M. E., 'Wars, widows, and state formation in 17th-century Sweden', *Scandinavian Journal of History*, XXXI/1 (2006), 17–34

Åkerman, S., *Queen Christina of Sweden and her circle: The transformation of a seventeenth-century philosophical libertine* (Leiden, 1991)

Alam, M. and S. Subrahmanyam, 'From an Ocean of Wonders: Mahmûd bin Amîr Walî Balkhî and his Indian travels, 1625–1631', in C. Salmon, ed., *Récits de voyage des Asiatiques. Genres, mentalités, conception de l'espace* (Paris, 1996), 161–89

Alam, M. and S. Subrahmanyam, eds, *The Mughal State, 1526–1750* (Delhi, 1998)

Albrecht, D., *Die auswärtige Politik Maximilians von Bayern 1618–1635* (Göttingen, 1962)

Alcalá-Zamora y Queipo de Llano, J., 'Razón de Estado y geoestrategia en la política italiana de Carlos II: Florencia y los presidios, 1677–81', *BRAH*, CLXXIII (1976), 297–358

Alden, D. and J. C. Miller, 'Unwanted cargoes: the origins and dissemination of smallpox via the slave trade, c. 1560–1830', in K. F. Kiple, ed., *The African exchange: Towards a biological history of Black People* (Durham, NC, 1987), 35–109

Alfani, G., 'Plague in seventeenth-century Europe and the decline of Italy: an epidemiological hypothesis' (IGIER Working Paper n. 377, accessed Feb. 2011)

Allemeyer, M. L., ' "Dass es wohl recht ein Feuer vom Herrn zu nennen gewesen . . .", Zur Wahrnehmung, Deutung und Verarbeitung von Stadtbränden in norddeutschen Schriften des 17. Jahrhunderts', in Jakubowski-Tiessen and Lehmann, *Um himmels Willen*, 201–34

Allen, R. C. et al., 'Wages, prices, and living standards in China, 1738–1925: in comparison with Europe, Japan, and India', *EcHR*, LXIV/S1 (2011), 8–38

Álvarez, G., F. C. Ceballos and C. Quinteiro, 'The role of inbreeding in the extinction of a European royal dynasty', PLoS ONE 4(4): e5174. doi:10.1371/journal.pone.0005174 (published 15 Apr. 2009)

Alvarez, W., *T-Rex and the crater of doom* (Princeton, 1997)

Álvarez de Miranda, P., 'Las controversias sobre los cometas de 1680 y 1682 en España', *Dieciocho; Hispanic Enlightenment*, XX, Extra; Anéjo 1 (1997), 21–52

Álvarez de Toledo, C., *Politics and reform in Spain and New Spain: The life and thought of Juan de Palafox (1600–49)* (Oxford, 2004)

Álvarez de Toledo, C., 'Crisis, reforma y rebelión en el mundo hispánico: el caso Escalona', in Parker, *La crisis de la Monarquía*, 255–86

Álvarez Santaló, L. C., *Marginación social y mentalidad en Andalucia occidental. Expósitos en Sevilla, 1613–1910* (Seville, 1980)

Alvi, S. S., ed., *Advice on the art of governance: Mau'izah-Jahângîri of Muhammad Bâqir Najm-Sânî* (New York, 1989)

Amelang, J. S., 'Barristers and judges in early modern Barcelona: the rise of a legal elite', *AHR*, LXXXIX (1984), 1, 264–84

Amelang, J. S., 'The bourgeois', in Villari, *Baroque personae*, 314–33

Amussen, S. D., *An ordered society: Gender and class in early modern England* (Oxford, 1988)

Andaya, L., *The heritage of Arung Palakka: A history of South Sulawesi (Celebes) in the seventeenth century* (The Hague, 1981)

Anderson, V. D., *Creatures of Empire: How domestic animals transformed early America* (Oxford, 2004)

Andrade, T., *How Taiwan became Chinese: Dutch, Spanish, and Han colonization in the seventeenth century* (New York, 2007)

Andrews, C. M., *The colonial period of American history. I. The settlements* (New Haven, 1934)

Andrien, K. J., *Crisis and decline: The viceroyalty of Peru in the seventeenth century* (Albuquerque, 1985)

Anes Álvarez, G., *Las crisis agrarias en la España moderna* (2nd edn, Madrid, 1974)

Anes Alvarez, G. and J. P. Le Flem, 'Las crisis del siglo XVII: producción agrícola, precios e ingresos en tierras de Segovia', *Moneda y Crédito*, XCIII (1965), 3–55

Anpilogov, G. N., 'Polozhenie gorodskogo i sel'skogo naseleniia Kurskogo uedza nakunune vosstaniia 1648 g.', *Vestnik Moskovskogo universiteta, seriia 9: Istoriia*, V (1972), 47–60

Ansaldo, M., *Peste, fame, guerra: cronache di vita Valdostana del secolo XVII* (Aosta, 1976)

Aono Ysuyuki, *Climatic reconstruction of spring-time temperatures using phenological data for flowering of cherry tree from old documents* (Osaka, 2006)

Appleby, A. B., 'Epidemics and famine in the Little Ice Age', *JIH*, X (1980), 643–63

Arakawa, H, 'Dates of first or earliest snow covering for Tokyo since 1632', *Quarterly Journal of the Royal Meteorological Society*, LXXXII (1956), 222–6

Arakawa, H., ed., *Climates of northern and eastern Asia* (Amsterdam, 1969: World Survey of Climatology, VIII)

Asch, R., ' "Wo der soldat hinkömpt, da ist alles sein": military violence and atrocities in the Thirty Years War reconsidered', *German History*, XVIII (2000), 291–309

Ashcraft, R., *Revolutionary politics and Locke's Two Treatises of Government* (Princeton, 1986)

Ashley, M., *Financial and commercial policy under the Cromwellian Protectorate* (2nd edn, London, 1962)

Aston, T. S., ed., *Crisis in Europe, 1560–1660* (London, 1965)

Aström, S.-E., 'The Swedish economy and Sweden's role as a Great Power, 1632–1697', in M. Roberts, ed., *Sweden's age of greatness 1632–1718* (London, 1973), 58–101

Atasoy, N. and J. Raby, *Iznik: The pottery of Ottoman Turkey* (London, 1989)

Atherton, I. J., *Ambition and failure in Stuart England: The career of John, first Viscount Scudamore* (London, 1999)

Atherton, I. J., 'The press and popular political opinion', in B. Coward, ed., *A companion to Stuart Britain* (Oxford, 2004), ch. 5

Atwell, W. S., 'From education to politics: the Fu She', in W. T. de Bary, ed., *The unfolding of Neo-Confucianism* (New York, 1975), 333–67

Atwell, W. S., 'Ming statecraft scholarship and some common themes in the political writings of Ch'en Tzu-lung (1608–47) and Ogyū Sorai (1666–1728)', in Yue-him Tam, ed., *Sino-Japanese cultural interchange: The economic and intellectual aspects. Papers of the International Symposium on Sino-Japanese cultural interchange*, III (Hong Kong, 1985), 61–85

Atwell, W. S., 'Some observations on the "17th-century crisis" in China and Japan', *JAS*, XLV/2 (1986), 223–44

Atwell, W. S., 'Ming observers of Ming decline: some Chinese views on the "17th-century crisis" in comparative perspective', *Journal of the Royal Asiatic Society of Great Britain and Ireland*, CXX (1988), 316–48

Atwell, W. S., 'A seventeenth-century "General Crisis" in East Asia?', in Parker and Smith, *The General Crisis*, 235–54

Atwell, W. S., 'East Asia and the "World Crisis" of the mid-seventeenth century' (lecture at the Mershon Center, Ohio State University, 2001)

Atwell, W. S., 'Volcanism and short-term climatic change in East Asian and world history, c. 1200–1699', *JWH*, XII (2001), 29–98

Atwell, W. S., 'Another look at silver imports into China, c. 1635–1644', *JWH*, XVI (2006), 467–89

Avrich, P., *Russian rebels 1600–1800* (London, 1972)

Aylmer, G. E., *Rebellion or revolution?* (London, 1985)

Aymard, M., 'Commerce et production de la soie sicilienne aux XVIe–XVIIe siècles', *Mélanges d'Archéologie et d'Histoire de l'École française de Rome*, LXXVII (1965), 609–40

Aymard, M., 'Rese e profitti agricoli in Sicilia, 1640–1760', *Quaderni storici*, XIV (1970), 416–38

Aymard, M., 'In Sicilia: sviluppo demografico e sue differenziazioni geografiche, 1500–1800', *Quaderni storici*, XVII (1971), 417–46

Aymard, M., 'Bilancio d'una larga crisis finanziaria', *Rivista storica italiana*, LXXXIV (1972), 988–1,021

Aymard, M., 'Rendements et productivité agricole dans l'Italie moderne', *Annales E. S. C.*, XXVIII (1973), 483–7

Aymard, M., 'La Sicilia: profili demografici', in *Storia di Sicilia*, VII (Palermo, 1978), 217–40

Babayan, K., *Mystics, monarchs and messiahs: Cultural landscapes of early modern Iran* (Cambridge, MA, 2002)

Bacon, G., ' "The House of Hannover": Gezeirot Tah in modern Jewish historical writing', *Jewish History*, XVII (2003), 179–206

Baehr, S. L., *The paradise myth in eighteenth-century Russia: Utopian patterns in early secular Russian literature and culture* (Stanford, 1991)

Baehrel, R., *Une croissance: la Basse-Provence rurale (fin XVIe siècle – 1789). Essai d'économie historique statistique* (Paris, 1961)

Baer, M. D., 'The Great Fire of 1660 and the Islamization of Christian and Jewish space in Istanbul', *IJMES*, XXXVI (2004), 159–81

Baer, M. D., 'Death in the hippodrome: sexual politics and legal culture in the reign of Mehmet IV', *P&P*, CCX (2011), 61–91

Baer, W. C., 'Stuart London's standard of living: re-examining the Settlement of Tithes of 1638 for rents, income, and poverty', *EcHR*, LXIII (2010), 612–37

Bailey, C. D. A., 'Reading between the lines: the representation and containment of disorder in Late Ming and Early Qing legal texts', *Ming Studies*, LIX (2009), 56–86

Baillie, M. G. L., 'Putting abrupt environmental change back into human history', in K. Flint and H. Morphy, eds, *Culture, landscape, and the environment: The Linacre lectures, 1997–8* (Oxford, 2000), 46–75

Baker, A., C. Proctor and B. Barnes, 'Northwest Scotland stalagmite and climate reconstruction data', NOAA Paleoclimatology Program and World Data Center for Paleoclimatology Data, Contribution Series #2000–011

Baker, J. N. L., 'The climate of England in the seventeenth century', *Quarterly Journal of the Royal Meteorological Society*, LVIII (1932), 421–39

Balabanlilar, L., 'Re-ordering societies and improving the world: the Grand Vizierate of Köprülük Mehmet Pasha, 1656 1661' (Ohio State University, MA thesis, 2003)

Balabanlilar, L., 'Lords of the auspicious conjunction: Turco-Mongol imperial identity on the subcontinent', *JWH*, XVIII (2007), 1–39

Balabanlilar, L., *Imperial identity in the Mughal Empire: Memory and dynastic politics in early modern south and central Asia* (London, 2012)

Baliński, M., *Dariusz Filipa Kazimierza Obuchowicza (1630 do 1654), Pamiętniki Obuchowiczów i Cedrowskiego. Pamiętniki historyczne XVII wieku* (Vilnius, 1859)

Ball, D. I. and J. Porter, *Fighting words: Competing voices from Native America* (Santa Barbara, 2009)

Banerjee, P., *Burning women: Widows, witches and early modern European travelers in India* (New York, 2003)

Bankoff, G., *Cultures of disaster: Society and natural hazard in the Philippines* (London, 2003)

Barkey, K., 'Rebellious alliances: the state and peasant unrest in early seventeenth-century France and the Ottoman empire', *American Sinological Review*, LVI (1991), 699–715

Barkey, K., *Bandits and bureaucrats: The Ottoman route to state centralization* (Ithaca, NY, 1994)

Barnes, A. E., ' "Playing the part of angels": the Company of the Holy Sacrament and the struggle for stability in early modern France', in Benedict and Gutmann, *Early modern Europe*, 168–96

Barrett, E. M., 'The geography of the Rio Grande Pueblos in the seventeenth century', *Ethnohistory*, XLIX (2002), 123–69

Barriendos, M., 'Climatic variations in the Iberian peninsula during the Late Maunder Minimum (AD 1675–1715): an analysis of data from rogation ceremonies', *The Holocene*, VII (1997), 105–11

Barriendos, M. and F. S. Rodrigo, 'Study of historical flood events on Spanish rivers using documentary data', *Hydrological Sciences Journal*, LI (2006), 765–83

Baten, J., 'Climate, grain production and nutritional status in southern Germany during the eighteenth century', *JEEH*, XXX/1 (2001), 9–47

Baulant, M., 'Le prix des grains à Paris de 1431 à 1788', *Annales E. S. C.*, XXIII (1968), 520–40

Beattie, H., 'The alternative to resistance: the case of T'ung-ch'eng', in Spence and Wills, *From Ming to Ch'ing*, 241–76

Beattie, H., *Land and lineage in China: A study of T'ung-ch'eng county, Anhwei, in the Ming and Ch'ing dynasties* (Cambridge, 1979)

Beckles, H., 'From land to sea: runaway Barbados slaves and servants, 1630–1700', *Slavery and Abolition*, VI (1985), 79–94

Behringer, W., 'Weather, hunger and fear: the origins of the European witch-hunts in climate, society and mentality', *German History*, XIII (1993), 1–27

Behringer, W., *Im Zeichen des Merkur: Reichspost und Kommunikationsrevolution in der frühen Neuzeit* (Göttingen, 2003)

Behringer, W., *Witches and witch-hunts: A global history* (Cambridge, 2004)

Behringer, W., H. Lehmann and C. Pfister, eds, *Kulturelle Konsequenzen der 'Kleinen Eiszeit'* (Göttingen, 2005)

Beik, W., *Louis XIV and absolutism: A brief study with documents* (Boston, 2000)

Beik, W., 'The violence of the French crowd from Charivari to Revolution', *P&P*, CXCVII (2007), 75–110

Bell, D. P., 'The Little Ice Age and the Jews: environmental history and the mercurial nature of Jewish-Christian relations in early modern Germany', *AJS Review*, XXXII/1 (2008), 1–27

Benedict, P., 'Religion and politics in the European struggle for stability, 1500–1700', in Benedict and Gutmann, eds, *Early modern Europe*, 120–38

Benedict, P. and M. P. Gutmann, eds, *Early modern Europe: From crisis to stability* (Newark, DE, 2005)

Benigno, F., *L'ombra del re. Ministri e lotta politica nella Spagna del Seicento* (Venice, 1992)

Benigno, F., *Specchi della Rivoluzione. Conflitto e identità politica nell'Europa moderna* (Rome, 1999)

Benito, G. et al., 'Magnitude and frequency of flooding in the Tagus Basin (central Spain) over the last millennium', *CC*, LVIII (2003), 171–92

Bennassar, B., *Recherches sur les grandes épidémies dans le Nord de l'Espagne à la fin du XVIe siècle* (2nd edn, Paris, 2001)

Bennett, M., *The Civil Wars experienced: Britain and Ireland 1638–1661* (London, 2000)

Benton, M. J., *When life nearly died: The greatest mass extinction of all time* (London, 2005)

Bercé, Y.-M., 'Troubles frumentaires et pouvoir contralisateur: l'émeute de Fermo dans les Marches (1648)', *Mélanges d'archéologie et d'histoire de l'École française de Rome*, LXXIII (1961), 471–505, and LXXIV (1962), 759–803

Bercé, Y.-M., *Histoire des Croquants. Étude des soulèvements populaires au XVIIe siècle dans le sud-ouest de la France*, 2 vols (Geneva, 1974)

Bercé, Y.-M., *Révoltes et révolutions dans l'Europe moderne, XVIe–XVIIIe siècles* (Paris, 1980)

Bercé, Y.-M., *La sommossa di Fermo del 1648, con le cronache di Maiolino Bisaccioni, Francesco Maria e Domenico Raccamadori e una memoria inedita di Giuseppe Fracassetti* (Fermo, 2007)

Berchet, G., *La Repubblica di Venezia e la Persia* (Turin, 1865)

Berghaus, G., *Die Aufnahme der englishen Revolution in Deutschland 1640–1669* (Wiesbaden, 1989)

Bergin, J., *The making of the French episcopate* (New Haven, 1996)

Bergin, J. and L. W. B. Brockliss, eds, *Richelieu and his age* (Oxford, 1992)

Bernardos Sanz, J. U., *Trigo castellano y abasto madrileño: Los arrieros y comerciantes segovianos en la Edad Moderna* (Salamanca, 2003)

Berry, M. E., *Hideyoshi* (Cambridge, MA, 1982)

Berry, M. E., 'Public life in authoritarian Japan', *Daedalus*, CXXVII/3 (1998), 133–65

Berry, M. E., *Japan in print: Information and nation in the early modern period* (Berkeley, 2006)

Betrán, J. L., *La peste en la Barcelona de los Austrias* (Lleida, 1996)

Bierbrauer, P., 'Bäuerliche Revolten im Alten Reich. Ein Forschungsbericht', in P. Blickle et al., eds, *Aufruhr und Empörung? Studien zum bäuerlichen Widerstand im Alten Reich* (Munich, 1980), 1–68

Bierther, K., *Der Regensburger Reichstag von 1640/1641* (Kallmünz, 1971)

Bilbao, L. M., 'La crisis del siglo XVII en su lectura económica. Un debate inconcluso', *Areas. Revista de ciencias sociales*, X (1989), 51–72

Biot, E., 'Catalogue des comètes observées en Chine depuis l'an 1230 jusqu'à l'an 1640 de notre ère', *Connaissance des Temps* (Paris, 1843), 44–59

Biraben, J. N., *Les hommes et la peste en France et dans les pays européens et méditerranéens*, 2 vols (Paris, 1975)

Biraben, J.-N. and D. Blanchet, 'Essai sur le mouvement de la population de Paris et de ses environs depuis le XVIe siècle', *Population*, LIII (1998), 215–48

Bireley, R., *Religion and politics in the age of the Counter-Reformation: Emperor Ferdinand II, William Lamormaini, S. J., and the formation of imperial policy* (Chapel Hill, NC, 1981)

Birmingham, D., *The Portuguese conquest of Angola* (London, 1965)

Bitossi, C., 'Gli apparati statali e la crisi del Seicento', in N. Tranfaglia and M. Firpi, eds, *La Storia. I grandi problemi dal Medioevo all'Età contemporanea. V. L'Età Moderna, iii: stati e società* (Turin, 1986), 169–98

Bix, H., *Peasant protest in Japan, 1590–1884* (New Haven, 1986)

Blake, E. S., E. N. Rappaport and C. W. Landsea, *The deadliest, costliest, and most intense United States tropical cyclones from 1851 to 2006 (and other frequently requested hurricane facts)* (Miami, 2007: NOAA Technical Memorandum NWS TPC-5)

Blake, S. P., *Shahjahanabad: The sovereign city in Mughal India* (Cambridge, 1991).

Blaufarb, R., 'The survival of the *Pays d'États*: the example of Provence', *P&P*, CCIX (2010), 83–113

Blaug, M., 'The Poor Law Report re-examined', *Journal of Economic History*, XXIV (1964), 229–45

Blickle, P. et al., *Aufruhr und Empörung. Studien zur bäuerliche Widerstand im Alten Reich* (Munich, 1980)

Blickle, P., ed., *Resistance, representation and community* (Oxford, 1997)

Bloch, M., *Les caractères originaux de l'histoire rurale française* (1931; 2nd edn, 2 vols, Paris, 1952–6)

Blok, F. F., *Nikolaus Heinsius in Napels (april–juli 1647)* (Amsterdam, 1984)

Blome, A., 'Offices of intelligence and expanding social spaces', in Dooley, ed., *The dissemination*, 207–22

Bluche, F., 'Un vente de Fronde' in Bluche and S. Rials, eds, *Les révolutions françaises. Les phénomènes révolutionnaires en France du Moyen Age à nos jours* (Paris, 1989), 167–79

Blum, J., *Lord and peasant in Russia: From the ninth to the nineteenth century* (Princeton, 1961)

Blussé, L., *Strange company: Chinese settlers, mestizo women and the Dutch in VOC Batavia* (Dordrecht, 1986)

Boaga, E., *La soppressione innocenziana dei piccoli conventi in Italia* (Rome, 1971)

Bogart, D., 'Did the Glorious Revolution contribute to the transport revolution? Evidence from investment in roads and rivers', *EcHR*, LXIV (2011), 1,073–1,112

Bogucka, M., 'Between capital, residential town and metropolis: the growth of Warsaw in the sixteenth to eighteenth centuries', in Clark and Lepetit, *Capital cities*, 198–216

Bolitho, H., *Treasures among men: The Fudai daimyō in Tokugawa Japan* (New Haven, 1974)

Bollême, G., *La bibliothèque bleue: Littérature populaire en France du XVIIe au XIXe siècle* (Paris, 1971)

Bollême, G., *La bibliothèque bleue. Anthologie d'une littérature 'populaire'* (Paris 1976)

Bonney, R. J., 'The French Civil War, 1649–53', *European History Quarterly*, VIII (1978), 71–100

Bonney, R. J., *Political change in France under Richelieu and Mazarin, 1624–1661* (Oxford, 1978)

Bonney, R. J., *The European dynastic states, 1494–1660* (Oxford, 1991)

Bonney, R. J., 'Louis XIII, Richelieu, and the royal finances', in Bergin and Brockliss, eds, *Richelieu and his age*, 120–33

Bonney, R. J., *The limits to absolutism in ancien régime France* (Aldershot, 1995)

Bonney, R. J., ed., *The rise of the fiscal state in Europe, c. 1200–1815* (Oxford, 1999)

Bonolas, P., 'Retz, épigone de Cromwell?', *XVIIe siècle*, CLXIX (1990), 445–55

Boomgaard, P., et al., 'Fluctuations in mortality in seventeenth-century Indonesia', in *Conference on Asian Population History* (Beijing: Academia Sinica, 1996), 1–11

Börekçi, G., 'Factions and favorites at the Courts of Sultan Ahmed I (r. 1603–17) and his immediate predecessors' (Ohio State University, PhD. thesis, 2010)

Borgaonkar, H. P., A. B. Sikder, Somaru Ram and G. B. Pant, 'Climate change signature in tree-ring proxies from the Indian subcontinent' (Asia-2K Workshop, Nagoya, 2010)

Borja Palomo, F., *Historia crítica de las riadas o grandes avenidas del Guadalquivir en Sevilla* (Seville, 2001)

Bots, H., 'Le rôle des périodiques néérlandais pour la diffusion du livre (1684–1747)', in C. Berkvens-Stevelinck, et al., eds, *Le magasin de l'univers: The Dutch Republic as the centre of the European book trade* (Leiden, 1992), 49–70

Bottigheimer, K. S., *English money and Irish Land: The 'Adventurers' in the Cromwellian settlement of Ireland* (Oxford, 1971)

Boulton, J., 'Food prices and the standard of living in London in the "Century of Revolution", 1580–1700', *EcHR*, LIII (2000), 455–92

Bourgeon, J.-L., 'L'Île de la Cité pendant la Fronde. Structure sociale', *Paris et Île-de-France – Mémoires*, XIII (1962), 22–144

Bouza, F., *Corre manuscrito. Una historia cultural del Siglo de Oro* (Madrid, 2001)

Bowra, E. C., 'The Manchu conquest of Canton', *China Review*, I (1872–3), 228–37

Boxer, C. R., *Fidalgos in the Far East, 1550–1700: Fact and fancy in the history of Macao* (The Hague, 1948)

Boxer, C. R., 'Portuguese and Dutch colonial rivalry 1641–1661', *Studia*, II (1958), 7–42

Boxer, C. R., *The Portuguese seaborne empire, 1415–1825* (London, 1969)

Boxer, C. R., *Portuguese India in the mid-seventeenth century* (Delhi, 1980)

Boxer, C. R., *Seventeenth-century Macau in contemporary documents and illustrations* (Singapore, 1984)

Boyer, R. E., *La gran inundación. Vida y sociedad en Mexico 1629–1638* (Mexico, 1975)

Braddick, M. J., *God's fury, England's fire: A new history of the English Civil Wars* (London, 2008)

Braddick, M. J., and J. Walter, eds, *Negotiating power in Early Modern society: Order, hierarchy, and subordination in Britain and Ireland* (Cambridge, 2001)

Bradley, R. S., *Paleoclimatology: Reconstructing climates of the Quaternary* (2nd edn, London, 1999)

Bradley, R. S. and P. D. Jones, eds, *Climate since A.D. 1500* (London, 1992)

Bradshaw, B., A. Hadfield and W. Maley, eds, *Representing Ireland: Literature and the origins of conflict, 1534–1660* (Cambridge, 2010)

Bradshaw, B. and J. Morrill, eds, *The British problem, c. 1534–1707: State formation in the Atlantic archipelago* (New York, 1996)

Braudel, F., *The Mediterranean and the Mediterranean world in the age of Philip II*, 2 vols (London, 1972–3)

Bray, F., *Technology and gender: Fabrics of power in late imperial China* (Berkeley, 1997)

Brázdil, R., *Historické a současné porodně v České Republice* (Brno, 2005)

Brázdil, R., ed., *Hydrological Sciences Journal*, LI/5 (2006), 733–985 (a special issue dedicated to 'Historical hydrology')

Brázdil, R. et al., 'Historical climatology in Europe – the state of the art', *CC*, LXX (2005), 363–430

Brázdil, R. and O. Kotyza, 'Floods in the Czech Republic in the past millennium', *L'houille blanche*, V (2004), 50–5

Brázdil, R., P. Dobrovolný and J. Luterbacher, 'Use of documentary data in European climate reconstructions: state of the art and recent progress' (paper delivered at the 'Climate and History' conference at the Deutsches Historisches Institut, Paris, 3–4 Sep. 2011)

Brázdil, R., H. Valášek and O. Kotyza, 'Meteorological records of Michel Stüeler of Krupka and their contribution to the knowledge of the climate of the Czech Lands in 1629–1649', in D. Drbohlav, J. Kalvoda and V. Voženílek, eds, *Czech geography at the dawn of the millennium* (Olomouc, 2004), 95–112

Brázdil, R. et al., 'European climate of the past 500 years: new challenges for historical climatology', *CC*, CI (2010), 7–40

Brecke, P., 'Violent conflicts 1400 A.D. to the present in different regions of the world' (Paper prepared for the 1999 Meeting of the Peace Science Society International, Ann Arbor, Michigan)

Bremer, F. J., 'In defence of regicide: John Cotton on the execution of Charles I', *WMQ*, 3rd series, XXXVII (1980), 103–24

Brenner, R., *Merchants and revolution: Commercial change, political conflict, and London's overseas traders, 1550–1653* (Cambridge, 1993)

Briffa, K. R. and T. J. Osborn, 'Blowing Hot and Cold', *Science*, CCXCV (2002), 2,227–8

Briggs, R., 'Richelieu and reform: rhetoric and political reality', in Bergin and Brockliss, eds, *Richelieu and his age*, 71–97

Briggs, R., *Communities of belief: Cultural and social tension in early modern France* (Oxford, 1989)

Brinton, C., *Anatomy of Revolution* (1938; 2nd edn, New York, 1965)

Brockliss, L., 'Richelieu, education and the state', in Bergin and Brockliss, eds, *Richelieu and his age*, 237–72

Brockliss, L. and C. Jones, *The medical world of early modern France* (Oxford, 1997)

Brod, M., 'Politics and prophecy in seventeenth-century England: the case of Elizabeth Poole', *Albion*, XXXI (1995), 395–413

Brokaw, C. J., *The ledgers of merit and demerit: Social change and moral order in late Imperial China* (Princeton, 1991)

Brokaw, C. J., *Commerce in culture: The Sibao book trade 1663–1946* (Cambridge, MA, 2007)

Brokaw, C. J. and Kai-Wing Chow, eds, *Printing and book culture in late imperial China* (Berkeley, 2004)

Bronner, F., 'La Unión de Armas en el Perú. Aspectos politico-legales', *Anuario de estudios americanos*, XXIV (1967), 1,133–71

Brook, T., 'Censorship in eighteenth-century China: a view from the book trade', *Canadian Journal of History*, XXII (1988), 177–96

Brook, T., *Praying for power: Buddhism and the formation of gentry society in late-Ming China* (Cambridge, MA, 1993)

Brook, T., *The confusions of pleasure: Commerce and culture in Ming China* (Berkeley, 1998)

Brook, T., *Vermeer's hat: The seventeenth century and the dawn of the global world* (New York, 2008)

Brook, T., *The troubled empire: China in the Yuan and Ming dynasties* (Cambridge, MA, 2010)

Brooks, G. E., *Landlords and strangers: Ecology, society and trade in Western Africa, 1000–1630* (Boulder, CO, 1993)

Brown, P. B., 'Tsar Aleksei Mikhailovich: Muscovite military command style and legacy to Russian military history', in Lohr and Poe, *The military and society in Russia*, 119–45

Brown, P. C., 'Practical constraints on early Tokugawa land taxation: annual versus fixed assessments in Kaga domain', *JJS*, XIV (1988), 369–401

Bruijn, J. R. et al., *Dutch Asiatic shipping in the 17th and 18th centuries*, 3 vols (The Hague, 1979–87)

Brunt, P.A., *Social conflicts in the Roman Republic* (London, 1971)

Buisman, J., *Duizend jaar weer, wind en water in de Lage Landen. IV. 1575–1675* (Franeker, 2000)

Bulman, W. J., 'The practice of politics: the English Civil War and the "resolutions" of Henrietta Maria and Charles I', *P&P*, CCVI (2010), 43–78

Buono, A., *Esercito, istituzioni, territorio. Alloggiamenti militari e 'case herme' nello Stato di Milano (secoli XVI e XVII)* (Florence, 2009)

Burke, P., 'The Virgin of the Carmine and the revolt of Masaniello', *P&P*, XCIX (1983), 3–21

Burke, P., 'Masaniello: a response', *P&P*, CXIV (1987), 197–9

Burke, P., 'Some seventeenth-century anatomists of revolution', *Storia della storiografia*, XXII (1992), 23–35

Burke, P., 'The crisis in the arts of the seventeenth century: a crisis of representation?', *JIH*, XL (2009), 239–61

Burkus-Chasson, A., 'Visual hermeneutics and the act of turning the leaf: a genealogy of Liu Yuan's *Lingyan ge*', in Brokaw and Chow, eds, *Printing and book culture*, 371–416

Busch, H., 'The Tunglin Academy and its political and philosophical significance', *Monumenta serica*, XIV (1949–55), 1–163

Bushkovitch, P., *Religion and society in Russia in the sixteenth and seventeenth centuries* (Oxford, 1992)

Bussmann, K. and H. Schilling, eds, *1648: War and peace in Europe*, 3 vols (Münster, 1998)

Bustos Rodríguez, M., *Cádiz en el sistema atlántico. La ciudad, sus comerciantes y la actividad mercantil, 1650–1830* (Madrid, 2006)

Caillard, M., 'Recherches sur les soulèvements populaires en Basse Normandie (1620–1640)', in M. Caillard, *À travers la Normandie des XVIIe et XVIIIe siècles* (Caen, 1963)

Calhoun, C., ed., *Habermas and the public sphere* (Boston, 1992)

Cambridge History of China, see Twitchett

Campbell, B. M. S., 'Nature as historical protagonist: environment and society in pre-industrial England', *EcHR*, LXIII (2010), 281–314

Campbell, B. M. S., 'Physical shocks, biological hazards, and human impacts: the crisis of the fourteenth century revisited', in S. Cavaciocchi, ed., *Le interazioni fra economia e ambiente biologico nell'Europe preindustriale. Seccoli XIII–XVIII* (Prato, 2010), 13–32

Campbell, B. M. S., 'Panzootics, pandemics and climatic anomalies in the fourteenth century', in B. Herrmann, ed., *Beiträge zum Göttinger Umwelthistorischen Kolloquium 2010–2011* (Göttingen, 2011), 177–215

Camuffo, D. and C. Bertolin, 'The earliest temperature observations in the world: the Medici network (1654–1670)', *CC*, CXI (2012), 335–62

Cancila, O., *Impresa, redditi, mercato nella Sicilia moderna* (Palermo, 1993)

Cane, S., 'Australian aboriginal subsistence in the Western Desert', *Human Ecology*, XV (1987), 391–434

Canny, N., *Making Ireland British, 1580–1650* (Oxford, 2001)

Canny, N., ed., *Europeans on the move: Studies in European migration 1500–1800* (Oxford, 1994)

Canny, N., ed., *The origins of empire: British overseas enterprise to the close of the seventeenth century* (Oxford, 1998: The Oxford History of the British Empire, I)

Capp, B., *When gossips meet: Women, family and neighbourhood in early modern England* (Oxford, 2003)

Capp, B., 'Life, love and litigation in Sileby in the 1630s', *P&P*, CLXXXII (2004), 55–83

Carbajo Isla, M., *La población de la villa de Madrid, desde finales del siglo XVI hasta mediados del siglo XIX* (Madrid 1987)

Carlton, C., *Going to the wars: The experience of the British Civil Wars 1638–1651* (London, 1992)

Carrier, H., *La presse de la Fronde (1648–53): les Mazarinades* (Geneva, 1989)

Carrier, H., *Le labyrinthe de l'Etat. Essai sur le débat politique en France au temps de la Fronde (1648–1653)* (Paris, 2004)

Carroll, S., 'The peace in the feud in sixteenth- and seventeenth-century France', *P&P*, CLXXVII (2003), 74–115

Carroll, S., *Blood and violence in early modern France* (Oxford, 2006)

Casey, J., 'La Crisi General del segle XVII a València 1646–48', *Boletín de la Sociedad Castellonense de Cultura*, XL VI/2 (1970), 96–173

Casey, J., *The kingdom of Valencia in the seventeenth century* (Cambridge, 1979)

Castellanos, J. L., ed., *Homenaje a don Antonio Domínguez Ortiz*, 3 vols (Granada, 2008)

Casway, J., 'Gaelic Maccabeanism: the politics of reconciliation', in Ohlmeyer, *Political thought*, 176–88

Cavaillé, J.-P., 'Masculinité et libertinage dans la figure et les écrits de Christine de Suède', *Les Dossiers du Grihl* (online), 2010–01 | 2010, accessed 4 Mar. 2012. URL: http://dossiersgrihl.revues.org/3965; DOI: 10.4000/dossiersgrihl.3965

Céline, L.-F., *Castle to castle* (Urbana, IL, 1997)

Cercas, J., *The anatomy of a moment: Thirty-five minutes in history and imagination* (New York, 2011)

Çetin, Cemal, *XVII. ve XVIII. Yüzyillarda Konya Menzilleri*, unpublished M.A. thesis (Selçuk University, Konya, 2004)

Ch'ü T'ung-Tsu, *Local government in China under the Ch'ing* (Cambridge, MA, 1962)

Chan, A., *The glory and fall of the Qing dynasty* (Norman, OK, 1982)

Chang Chia-Feng, 'Disease and its impact on politics, diplomacy and the military: the case of smallpox and the Manchus (1613–1795)', *Journal of the History of Medicine and Allied Sciences*, LVII/2 (2002), 177–97

Chang Chun-shu and S. Hsueh-lun Chang, *Crisis and transformation in seventeenth-century China: Society, culture, and modernity in Li Yü's world* (Ann Arbor, 1992)

Chang Chun-shu and S. Hsueh-lun Chang, *Redefining history: Ghosts, spirits, and human society in P'u Sung-ling's world, 1640–1715* (Ann Arbor, 1998)

Chang, M. G., *A court on horseback: Imperial touring and the constitution of Qing rule, 1680–1785* (Cambridge, MA, 2007)

Charbonneau, H., *Naissance d'une population. Les français établis au Canada au 17e siècle* (Montréal, 1987)

Charmeil, J. P., *Les Trésoriers de France à l'époque de la Fronde* (Paris, 1964)

Chaunu, P., 'Réflexions sur le tournant des années 1630–1650', *Cahiers d'Histoire*, XII (1967), 249–68

Cherniakova, I. A., *Karelia na perelome epokh: ocherki sotsialnoi i agrarnoi istorii XVII veka* (Petrozavodsk, 1998)

Cherniavsky, M., 'The Old Believers and the new religion', *Slavic Review*, XXV (1966), 1–39

Chéruel, A., *Histoire de France pendant la minorité de Louis XIV*, 2 vols (Paris, 1879)

Chia, L., 'Of Three Mountains Street: the commercial publishers of Ming Nanjing', in Brokaw and Chow, eds, *Printing and book culture*, 128–51

Ching, J., 'Chu Shun-Shui, 1600–82: a Chinese Confucian scholar in Tokugawa Japan', *Monumenta Nipponica*, XXX/2 (1975), 177–191

Ching, J., 'The practical learning of Chu Shun-Shui (1600–82)', in de Bary and Bloom, eds, *Principle and practicality*, 189–229

Chow Kai-Wing, 'Writing for success: printing, examinations, and intellectual change in late Ming China', *Late Imperial China*, XVII/1 (1996), 120–57

Chow Kai-Wing, *Publishing, culture and power in early modern China* (Stanford, 2004)

Christianson, P., 'Arguments on billeting and martial law in the Parliament of 1628', *HJ*, XXVII (1994), 539–67

Church, W. F., *Richelieu and reason of state* (Princeton, 1972)

Churchill, W. S., *The world crisis, 1911–1918*, 6 vols (London, 1923–31)

Cipolla, C. M., *Cristofano and the plague: A study in the history of public health in the age of Galileo* (London, 1973)

Cipolla, C. M., *Public health and the medical profession in the Renaissance* (Cambridge, 1976)

Cipolla, C. M., *Before the Industrial Revolution: European society and the economy 1000–1700* (3rd edn, London, 1993)

Clark, G. N., *The seventeenth century* (2nd edn, Oxford, 1947)

Clark, P., *The English alehouse: A social history, 1200–1830* (London, 1983)

Clark, P., ed., *The European crisis of the 1590s: Essays in comparative history* (London, 1985)

Clark, P. and B. Lepetit, eds, *Capital cities and their hinterlands in early modern Europe* (Aldershot, 1996)

Clarke, A., 'Ireland and the General Crisis', *P&P*, XLVIII (1970), 79–99

Clarke, A., 'The 1641 depositions', in P. Fox, ed., *Treasures of the Library, Trinity College Dublin* (Dublin, 1986), 111–22

Clarke, A., *The Old English in Ireland, 1625–42* (2nd edn, Dublin, 2000)

Clifton, R., 'The popular fear of Catholics during the English Revolution', *P&P*, LII (1971), 23–55

Clifton, R., *The last popular rebellion: The Western Rising of 1685* (London, 1984)

Clunas, C., *Superfluous things: Material culture and social status in early modern China* (Cambridge, 1991)

Coaldrake, W. H., *Architecture and authority in Japan* (London, 1996)

Coates, B., *The impact of the English Civil War on the economy of London, 1642–1650* (Aldershot, 2004)

Comparato, V. I., *Uffici e società a Napoli (1600–1647). Aspetti dell'ideologia del magistrate nell'età moderna* (Florence, 1974)

Comparato, V. I., 'Toward the revolt of 1647', in A. Calabria and J. A. Marino, eds, *Good government in Spanish Naples* (New York, 1990), 275–316

Comparato, V. I., 'Barcelona y Nápoles en la búsqueda de un modelo político: analogías, diferencias, contactos', *Pedralbes: revista d'historia moderna*, XVIII (1998), 439–52

Condren, C., 'Public, private and the idea of the "Public Sphere" in early-modern England', *Intellectual History Review*, XIX (2009), 15–28

Connor, J., *The Australian frontier wars, 1788–1838* (Sydney, 2005)

Contamine, P., ed., *Histoire militaire de la France. I. Des origines à 1715* (Paris, 1992)

Contamine, P., ed., *War and competition between states* (Oxford, 2000)

Conti, V., *Consociatio civitatum. Le repubbliche nei testi elzeviriani (1625–1649)* (Florence, 1997)

Cook, E. R., 'Southwestern USA Drought Index Reconstruction'. International Tree-Ring Data Bank. IGBP PAGES/World Data Center for Paleoclimatology Data Contribution Series #2000–053

Cook, E. R., B. M. Buckley, R. D. D'Arrigo and M. J. Peterson, 'Warm-season temperatures since 1600 BC reconstructed from Tasmanian tree rings and their relationship to large-scale sea surface temperature anomalies', *Climatic Dynamics*, XVI (2000), 79–86

Cook, H. J., *Matters of exchange: Commerce, medicine and science in the Dutch Golden Age* (New Haven and London, 2007)

Cook, M. A., *Population pressure in rural Anatolia, 1450–1600* (London, 1972)

Cook, N. D., *Born to die: Disease and new world conquest, 1492–1650* (Cambridge, 1998)

Cooper, J. P., ed., *The New Cambridge Modern History*, IV (Cambridge, 1970)

Cooper, M., ed., *They came to Japan: An anthology of European reports on Japan, 1543–1640* (Berkeley, 1965)

Corish, P., 'The rising of 1641 and the Catholic confederacy, 1641–5', in Moody et al., eds, *A new history of Ireland*, III, 289–316

Cornell, L., 'Infanticide in early modern Japan? Demography, culture and population growth', *JAS*, LV (1996), 22–50

Corsini, C. A. and G. Delille, 'Eboli e la peste del 1656', in *I congreso hispano-luso-italiano de demografía histórica* (Barcelona, 1987), 244–50

Corteguera, L. R., *For the common good: Popular politics in Barcelona 1580–1640* (Ithaca, NY, 2002)

Corvisier, A., *L'Armée française de la fin du XVIIe siècle au ministère de Choiseul. Le Soldat*, 2 vols (Paris, 1964)

Corvisier, A., 'Clientèles et fidélités dans l'armée française aux XVIIe et XVIIIe siècles', in Y. Durand, ed., *Hommage à Roland Mousnier. Clientèles et fidélités en Europe à l'époque moderne* (Paris, 1981), 213–36

Courtwright, D. T., *Forces of habit: Drugs and the making of the modern world* (Cambridge, MA, 2001)

Cowan, E. J., 'The making of the National Covenant', in J. S. Morrill, ed., *The Scottish National Covenant in its British context* (Edinburgh, 1990), 68–90

Cowan, E. J., 'The political ideas of a covenanting leader: Archibald Campbell, marquis of Argyll 1607–1661', in R. A. Mason, ed., *Scots and Britons: Scottish political thought and the union of 1603* (Cambridge, 1994), 241–61

Cregan, D., 'The social and cultural background of a Counter-Reformation Episcopate, 1618–1660', in A. Cosgrove and D. MacCartney, eds, *Studies in Irish History presented to R. Dudley Edwards* (Dublin, 1979), 85–117

Cressy, D., *Coming over: Migration and communication between England and New England in the 17th century* (Cambridge, 1987)

Cressy, D., 'Conflict, consensus and the willingness to wink: the erosion of community in Charles I's England', *Huntington Library Quarterly*, LXI (1999–2000), 131–49

Cressy, D., 'The Protestation protested, 1641 and 1642', *HJ*, XLV (2002), 251–79

Cressy, D., *England on edge: Crisis and revolution 1640–1642* (Oxford, 2006)

Cressy, D., *Dangerous talk: Scandalous, seditious, and treasonable speech in pre-modern England* (Oxford, 2010)

Crewe, R. D., 'Brave New Spain: an Irishman's independence plot in seventeenth-century Mexico', *P&P*, CCVII (2010), 53–97

Croix, A., *La Bretagne aux 16e et 17e siècles: la vie, la mort, la foi* (Paris, 1981)

Crossley, P. K., *A translucent mirror: History and identity in Qing imperial ideology* (Princeton, 1999)

Croxton, D., *Peacemaking in early modern Europe: Cardinal Mazarin and the Congress of Westphalia* (Cranbury, NJ, 1999)

Croxton, D., *The last Christian peace: The Congress of Westphalia in context* (forthcoming)

Crummey, R. O., 'The origins of the Old Believers' cultural system: the works of Avraamii', *Forschungen zur osteuropäischen Geschichte*, L (1995), 121–38

Crummey, R. O., 'Muscovy and the "General Crisis of the seventeenth century" ', *Journal of Early Modern History*, II (1998), 156–80

Cueto, R., *Quimeras y sueños. Los profetas y la monarquía católica de Felipe IV* (Valladolid, 1994)

Cullen, K. J., *Famine in Scotland: The 'Ill Years' of the 1690s* (Edinburgh, 2010)

Cunningham, A. and O. P. Grell, *The four horsemen of the Apocalypse: Religion, war, famine and death in Reformation Europe* (Cambridge, 2000)

Cunningham, B., ' "Zeal for God and for souls": Counter-Reformation preaching in early seventeenth-century Ireland', in A. Fletcher and R. Gillespie, eds, *Irish preaching 700–1700* (Dublin, 2001), 127–44

Curtin, P. D., *Economic change in Precolonial Africa: Senegambia in the era of the slave trade*, 2 vols (Madison, 1975)

Curtis, M. H., 'The alienated intellectuals of early Stuart England', *P&P*, XXIII (1962), 25–43 (reprinted in Aston, ed., *Crisis in Europe*, 295–316)

Cust, R., *Charles I: A political life* (Harlow, 2005)

Cyberski, J. et al., 'History of the floods on the river Vistula', *Hydrological Sciences Journal*, LI (2006), 799–817

D'Alessio, S., *Contagi. La rivolta napoletana del 1647–48: linguaggio e potere politico* (Florence, 2003)

D'Amico, S., 'Rebirth of a city: immigration and trade in Milan, 1630–1659', *SCJ*, XXXII (2001), 697–721

D'Arrigo, R. and H. M. Cullen, 'A 350-year (AD 1628–1980) reconstruction of Turkish precipitation', *Dendrochronologia*, XIX (2001), 169–77

D'Aubert, F., *Colbert. La vertue usurpée* (Paris, 2010)

Dale, S. F., *The Muslim empires of the Ottomans, Safavids and Mughals* (Cambridge, 2010)

Darcy, E., A. Margey and E. Murphy, *The 1641 depositions and the Irish rebellion* (London, 2012)

Dardess, J. W., *A Ming society: T'ai ho county, Kiangsi, fourteenth to seventeenth century* (Berkeley, 1996)

Dardess, J. W., *Blood and history in China: The Donglin faction and its repression, 1620–1627* (Honolulu, 2002)

Dardess, J. W., 'Monarchy in action: Ming China' (unpublished paper)

Darling, L. T., 'Ottoman politics through British eyes: Paul Rycaut's *The present state of the Ottoman empire*', *JWH*, I (1994), 71–97

Darling, L. T., *Revenue-raising and legitimacy: Tax collection and finance administration in the Ottoman empire, 1560–1660* (Leiden, 1996)

Darling, L. T., ' "Do justice, do justice, for that is paradise": Middle Eastern advice for Indian Muslim rulers', *Comparative Studies of South Asia, Africa and the Middle East*, XXII/1–2 (2002), 3–19

Davies, B. L., *State, power and community in early modern Russia: The case of Kozlov, 1635–1649* (London, 2004)

Davies, B. L., *Warfare, state and society on the Black Sea steppe, 1500–1700* (London, 2007)

Davies, S., *Unbridled spirits: Women of the English Revolution, 1640–1660* (London, 1998)

Davies, T., 'Changes in the structure of the wheat trade in seventeenth-century Sicily and the building of new villages', *JEEH*, XII (1983), 371–405

De Bary, W. T. and I. Bloom, eds, *Principles and practicality: Essays in neo-Confucianism and practical learning* (New York, 1979)

De Jong, M., 'Holland en de Portuguese Restauratie van 1640', *Tijdschrift voor Geschiedenis*, LV (1940), 225–53

De Rosa, L., 'Crise financière, crise économique et crise sociale: le royaume de Naples et la dernière phase de la Guerre de Trente Ans (1630–44)', *Bulletin de l'Institut historique belge de Rome*, XLIV (1974), 175–99

De Rosa, L., 'Naples, a capital', *JEEH*, XXVI/2 (1997), 349–73

De Souza, T. R., *Medieval Goa: A socio-economic history* (New Delhi, 1979)

De Vries, J., 'Measuring the impact of climate on history: the search for appropriate methodologies', *JIH*, X (1980), 559–630, reprinted in R. I. Rotberg and T. K. Rabb, eds, *Climate and history: studies in interdisciplinary history* (Princeton, 1981), 19–50

De Vries, J., *The industrious revolution: Consumer behavior and the household economy, 1650 to the Present* (Cambridge, 2008)

De Vries, J., 'The limits of globalization in the early modern world', *EcHR*, LXIII (2010), 710–33

De Waal, A., 'A re-assessment of entitlement theory in the light of recent famines in Africa', *Development and Change*, XXI (1990), 469–90

Dekker, R., *Holland in beroering. Oproeren in de 17e en 18e eeuw* (Baarn, 1982)

Dekker, R., 'Women in revolt: popular revolt and its social bias in Holland in the seventeenth and eighteenth centuries', *Theory and Society*, XVI (1987), 337–62

Dekker, R. and L. van de Pol, *The tradition of female transvestitism in early modern Europe* (London, 1989)

Del Pino Jiménez, A., 'Demografía rural Sevillana en el antiguo regimen: Utrera, Los Palacios-Villafranca y Dos Hermanos, 1600/1800' (Seville University PhD thesis, 2000)

Delfin, F. G. et al., 'Geological, 14C and historical evidence for a 17th-century eruption of Parker volcano, Mindanao, Philippines', *Journal of the Geological Society of the Philippines*, LII (1997), 25–42

Dennerline, J., 'Fiscal reform and local control: the gentry-bureaucratic alliance survives the conquest', in Wakeman and Grant, eds, *Conflict and control*, 86–120

Dennerline, J., *The Chia-Ting loyalists: Confucian leadership and social change in seventeenth-century China* (New Haven and London, 1981)

Des Forges, R. V., *Cultural centrality and political change in Chinese history: Northeast Henan in the fall of the Ming* (Stanford, 2003)

Des Forges, R. V., 'Toward another Tang or Zhou? Views from the Central Plain in the Shunzhi reign', in L. Struve, ed., *Time, temporality and change of empire: East Asia from Ming to Qing* (Honolulu, 2005), 73–112

Descimon, R., 'Autopsie du massacre de l'Hôtel de Ville (4 juillet 1652). Paris et le "Fronde des Princes" ', *Annales HSS*, LIV (1999), 319–51

Descimon, R. and C. Jouhaud, 'La Fronde en mouvement: le développement de la crise politique entre 1648 en 1652', *XVIIe siècle*, CXLV (1984), 305–22

Dessert, D., 'Finances et société au XVIIe siècle: à propos de la Chambre de Justice', *Annales E.S.C.*, XXIX (1974), 847–81

Dewald, J., 'Crisis, chronology, and the shape of European social history', *AHR*, CXIII (2008), 1,031–52

Diamond, J., *Collapse: How societies choose to fail or succeed* (London, 2005)

Diaz, H. F. and V. Markgraf, eds, *El Niño: Historical and paleoclimatic aspects of the Southern Oscillation* (Cambridge, 1993), 251–63

Dickmann, F., *Der Westfälische Frieden* (Münster, 1959)

Dikötter, F., ' "Patient Zero": China and the myth of the "Opium Plague" ' (Inaugural lecture, SOAS, London, 2003)

Dils, J. A., 'Epidemics, mortality and the civil war in Berkshire, 1642–6', in R. C. Richardson, ed., *The English Civil Wars: Local aspects* (Stroud, 1997), 144–55

Dipper, C., *Deutsche Geschichte, 1648–1789* (Frankfurt, 1991)

Disney, A., 'Famine and famine relief in Portuguese India in the sixteenth and early seventeeth centuries', *Studia*, XLIX (1989), 255–82

Dobrovolný, P., A. Moberg and R. Brázdil, 'Monthly, seasonal and annual temperature reconstructions for Central Europe derived from documentary evidence and instrumental records since AD 1500', *CC*, C (2010), 69–107

Dodgshon, R. A., 'The *Little Ice Age* in the Scottish Highlands and Islands: documenting its human impact', *Scottish Geographical Journal*, CXXI (2005), 321–37

Dollinger, H., 'Kurfürst Maximilian I. von Bayern und Justus Lipsius', *Archiv für Kulturgeschichte*, XLVI (1964), 227–308

Dols, M. W., 'The second plague pandemic and its recurrences in the Middle East, 1347–1894', *JESHO*, XXII (1979), 162–89

Domínguez Ortiz, A., *La sociedad española en el siglo XVII*, I (Madrid, 1963)

Domínguez Ortiz, A., 'La conspiración del duque de Medina Sidonia y el marqués de Ayamonte', in idem, *Crisis y decadencia de la España de los Austrias* (Barcelona, 1969), 113–53

Domínguez Ortiz, A., *Alteraciones andaluzas* (Madrid, 1973)

Donaldson, G., 'The emergence of schism in seventeenth-century Scotland', in D. Baker, ed., *Schism, heresy and religious protest* (Cambridge, 1972: Studies in Church History, IX), 277–94

Donawerth, J., 'Women's reading practices in seventeenth-century England: Margaret Fell's *Women's speaking justified*', *SCJ*, XXXVII (2006), 985–1,005

Donoghue, J., ' "Out of the land of bondage": the English revolution and the Atlantic origins of abolition', *AHR*, CXV (2010), 943–74

Dooley, B., *Italy in the Baroque: Selected readings* (New York, 1995)

Dooley, B., 'News and doubt in early modern culture: or, are we having a public sphere yet?', in Dooley and Baron, eds, *The politics*, 275–90

Dooley, B., ed., *The dissemination of news and the emergence of contemporaneity in early modern Europe* (Aldershot, 2010)

Dooley, B. and S. Baron, eds, *The politics of information in early modern Europe* (London, 2001)

Dore, R., *Education in early modern Japan* (Berkeley, 1965)

Dott, B., *Identity reflections: Pilgrimages to Mount Tai in late imperial China* (Cambridge, MA, 2004)

Drake, S., *Galileo at work: His scientific biography* (Mineola, NY, 1995)

Drake, S. and C. D. O'Malley, eds, *The controversy on the comets of 1618: Galileo Galilei, Horatio Grassi, Mario Guiducci, Johan Kepler* (Philadelphia, 1960)

Droysen, G., 'Studien über die Belagerung und Zerstörung Magdeburgs, 1631', *Forschungen zur deutsche Geschichte*, III (Göttingen, 1863), 433–606

Duccini, H., 'Regard sur la littérature pamphlétaire en France au XVIIe siècle', *Revue Historique*, CCLX (1978), 313–39

Duccini, H., *Faire voir, faire croire. L'opinion publique sous Louis XIII* (Seyssel, 2003)

Dulong, C., 'Mazarin et ses banquiers', in *Il cardinale Mazzarino in Francia* (Rome, 1977: Atti della Accademia Nazionale dei Lincei, XXXV), 17–40

Dumas, S., *Les filles du roi en Nouvelle-France: Étude historique avec répertoire biographique* (Québec, 1972)

Dunning, C. S. L., *Russia's first civil war: The Time of Troubles and the founding of the Romanov dynasty* (University Park, PA, 2001)

Dunstan, H., 'The late Ming epidemics: a preliminary survey', *Ch'ing-shih wen- t'i*, III.3 (Nov. 1975), 1–59

Dunthorne, H., 'Resisting monarchy: the Netherlands as Britain's school of revolution in the late sixteenth and seventeenth centuries', in R. Oresko, G. C. Gibbs and H. M. Scott, eds, *Royal and republican sovereignty in early modern Europe: Essays in memory of Ragnhild Hatton* (Cambridge, 1997), 125–48

Dupâquier, Jacques, ed., *Histoire de la population française. I. Des origines à la Renaissance* (Paris, 1988)

DuVal, K., *The native ground: Indians and colonists in the heart of the continent* (Philadelphia, 2006)

Dyson, T., 'Famine in Berar, 1896–7 and 1899–1900: echoes and chain reactions', in Dyson and Ó Gráda, *Famine demography*, 93–112

Dyson, T. and C. Ó Gráda, *Famine demography: Perspectives from the past and present* (Oxford, 2002)

Eastman, L. E., *Family, fields and ancestors: Constancy and change in China's social and economic history, 1550–1949* (Oxford, 1988)

Eaton, H. L., *Early Russian censuses and the population of Muscovy, 1550–1650* (University of Illinois PhD thesis, 1970)

Eaton, H. L., 'Decline and Recovery of the Russian Cities from 1500 to 1700', *Canadian-American Slavic studies*, XI (1977), 220–52

Eaton, R., *The rise of Islam and the Bengal frontier* (Berkeley, 1993)

Ebermeier, W., *Landshut im Dreissigjährigen Krieg* (Landshut, 2001)

Ebrey, P. B., ed., *Chinese civilization and society: A sourcebook* (New York, 1981)

Eckert, E. A., 'Boundary formation and diffusion of plague: Swiss epidemics from 1562 to 1669', *Annales de démographie historique* (1978), 49–80

Eckert, E. A., *The structure of plagues and pestilences in early modern Europe: Central Europe, 1560–1640* (Basel, 1996)

Eddy, J. A., 'The "Maunder Minimum": sunspots and climate in the reign of Louis XIV', in Parker and Smith, eds, *The General Crisis*, 264–97

Eddy, J. A., P. A. Gilman and D. E. Trotter, 'Anomalous solar rotation in the early 17th century', *Science*, CXCVIII (25 Nov. 1977), 824–9

Eisenstadt, S. N. and W. Schluter, eds, 'Introduction: paths to early modernities: a comparative view', *Daedalus*, CXXVII.3 (1998), 1–18

Ekman, E., 'The Danish Royal Law of 1665', *JMH*, XXVII (1959), 102–7

Eldem, E., D. Goffman and B. Masters, *The Ottoman city between east and west: Aleppo, Izmir and Istanbul* (Cambridge, 1999)

Elison, G., *Deus destroyed: The image of Christianity in early modern Japan* (Cambridge, MA, 1973)

Elison, G., 'The cross and the sword: patterns of Momoyama history', in G. Elison and B. Smith, eds, *Warlords, artists and commoners: Japan in the sixteenth century* (Honolulu, 1981), 55–85

Ellersieck, H. E., 'Russia under Aleksei Mikhailovich and Fedor Alekseevich, 1645–1682: the Scandinavian sources' (UCLA PhD thesis, 1955)

Elliott, J. H., *The revolt of the Catalans: A study in the decline of Spain* (Cambridge, 1963)

Elliott, J. H., 'The year of the three ambassadors', in H. Lloyd-Jones et al., eds, *History and imagination: Essays in honour of H.R. Trevor-Roper* (London, 1981), 165–81

Elliott, J. H., 'El programa de Olivares y los movimientos de 1640', in J. M. Jover Zamora, ed., *La España de Felipe IV* (Madrid, 1982: Historia de España Espasa-Calpe, XXV), 335–62

Elliott, J. H., *The count-duke of Olivares: The statesman in an age of decline* (New Haven and London, 1986)

Elliott, J. H., 'A Europe of composite Monarchies', *P&P*, CXXXVII (1992), 48–71

Elliott, J. H., 'Revolution and continuity in early modern Europe', in Parker and Smith, *The General Crisis*, 108–27

Elliott, J. H., 'The General Crisis in retrospect: a debate without end', in Benedict and Gutmann, *Early Modern Europe*, 31–51

Elliott, J. H., 'Yet another crisis?', in Clark, ed., *The European crisis of the 1590s*, 301–11

Elliott, J. H., *Empires of the Atlantic world: Britain and Spain in America 1492–1830* (New Haven and London, 2006)

Elliott, J. H. et al., *1640: La monarquía hispánica en crisis* (Barcelona, 1992)

Elliott, J. H. and A. García Sanz, eds, *La España del conde-duque de Olivares* (Valladolid, 1990)

Elliott, M. C., 'Whose empire shall it be? Manchu figurations of historical process in the early seventeenth century', in Struve, ed., *Time, temporality and imperial transition*, 31–72

Elliott, M. C., *The Manchu Way: The eight banners and ethnic identity in late imperial China* (Stanford, 2001)

Elman, B. A., *From philosophy to philology: Intellectual and social aspects of change in Late Imperial China* (Cambridge, MA, 1985)

Elman, B. A., *A cultural history of civil examinations in Late Imperial China* (Berkeley, 2000)

Elphick, R., *Kraal and castle: Khoikhoi and the founding of white South Africa* (New Haven and London, 1977)

Eltis, D. and D. Richardson, *Atlas of the transatlantic slave trade* (New Haven and London, 2010)

Elvin, M., *The pattern of the Chinese past* (Stanford, 1973)

Elvin, M., 'Market towns and waterways: the county of Shanghai from 1480 to 1910', in G. W. Skinner, ed., *The city in late imperial China* (Stanford, 1977), 441–73

Elvin, M., 'Female virtue and the state in China', *P&P*, CIV (1984), 111–52

Elvin, M., 'The man who saw dragons: science and styles of thinking in Xie Zhaozhe's Fivefold Miscellany', *Journal of the Oriental Society of Australia*, XXV–XXVI (1993–4), 1–41

Elvin, M., 'Unseen lives: the emotions of everyday existence mirrored in Chinese popular poetry of the mid-seventeenth to the mid-nineteenth century', in R. T. Ames, T. Kasulis and W. Dissanayake, eds, *Self as image in Asian theory and practice* (Albany, NY, 1998), 113–99

Elvin, M., 'Blood and statistics: reconstructing the population dynamics of late imperial China from the biographies of virtuous women in local gazetteers', in H. T. Zurndorfer, ed., *Chinese women in the imperial past: New perspectives* (Leiden, 1999), 135–222

Elvin, M. and Ts'ui-Jung Liu, eds, *Sediments of time: Environment and society in Chinese history* (Cambridge, 1998)

Emecan, F., 'İbrâhim', *Türkiye Diyanet Vakfı İslam Ansiklopedisi* (Istanbul, 1988)

Encyclopedia of Islam, ed. B. Lewis et al. (new edn, 4 vols, Leiden, 1961–71)

Endō Motoo, *Kinsei seikatsushi nempyō* (Tokyo, 1982)

Environment Agency, The, *Thames Estuary 2010 Plan for consultation* (London, 2010)

Ergang, R., *The myth of the all-destructive fury of the Thirty Years War* (Pocono Pines, PA, 1956)

Ernstberger, A., *Hans de Witte, Finanzmann Wallensteins* (Wiesbaden, 1954)

Espino López, A., *Catalunya durante el reinado de Carlos II. Política y guerra en la frontera catalana, 1679–1697* (Bellaterra, 1999)

Ettinghausen, H., *La Guerra dels Segadors a través la premsa de l'època*, 4 vols (Barcelona, 1993)

Ettinghausen, H., 'Informació, comunicació i poder a l'Espanya del segle XVII', *Manuscrits*, XXIII (2005), 45–58

Evans, J. T., *Seventeenth-century Norwich: Politics, religion and government, 1620–1680* (Oxford, 1979)

Externbrink, S., 'Die Rezeption des "Sacco di Mantova" im 17. Jahrhundert. Zur Wahrnehmung, Darstellung und Bewertung eines Kriegsereignisses', in Meumann and Niefanger, eds, *Ein Schauplatz herber Angst*, 205–21

Ezquerra Abadía, R., *La conspiración del duque de Híjar (1648)* (Madrid, 1934)

Faccini, L., *La Lombardia fra '600 e '700. Riconversione economica e mutamenti sociali* (Milan, 1988)

Fagan, B., *The long summer: How climate changed civilization* (New York, 2004)

Fang Chaoying, 'A technique for estimating the numerical strength of the early Manchu military forces', *Harvard Journal of Asiatic Studies*, XIII (1950), 192–215

Faroqhi, S., 'Political activity among Ottoman taxpayers and the problem of sultanic legitimation', *JESHO*, XXXV (1992), 1–39

Faroqhi, S., *Coping with the state: Political conflict and crime in the Ottoman empire, 1550–1720* (Istanbul, 1995)

Faroqhi, S., 'A natural disaster as an indicator of agricultural change: clouding in the Edirne area, 1100/1688–9', in E. Zachariadou, ed., *Natural disasters in the Ottoman empire* (Rehtymnon, 1999), 251–63

Faroqhi, S., ed., *The Cambridge History of Turkey, III: The later Ottoman empire, 1603–1839* (Cambridge, 2006)

Faroqhi, S. with L. Erder, 'Population rise and fall in Anatolia, 1550–1620', *Middle Eastern Studies*, XV (1979), 322–45

Farris, N., *Maya society under colonial rule: The collective enterprise of survival* (Princeton, 1984)

Farris, W. W., *Japan's medieval population: Famine, fertility and warfare in a transformative age* (Honolulu, 2006)

Faruqui, M. D., 'Princes and power in the Mughal empire, 1569–1657' (Duke University, PhD thesis, 2002)

Fei Si-yen, *Negotiating urban space: Urbanization and Late Ming Nanjing* (Cambridge, MA, 2009)

Felix, A., ed., *The Chinese in the Philippines*, 2 vols (Manila, 1966–9)

Felloni, G., 'Per la storia della populazione di Genova nei secoli XVI e XVII', *Archivio Storico Italiano*, CX (1952), 236–53

Ferrarino, L., *La guerra e la peste nella Milano dei 'Promessi sposi'. Documenti inediti tratti dagli archivi Spagnoli* (Madrid, 1975)

Fildes, V., 'Maternal feelings re-assessed: child abandonment and neglect in London and Westminster, 1550–1800', in Fildes, ed., *Women as mothers*, 139–78

Fildes, V., ed., *Women as mothers in pre-industrial England: Essays in memory of Dorothy McLaren* (London, 1990)

Finkel, C., *Osman's dream: The story of the Ottoman empire* (London, 2005)

Firth, C. H., *Cromwell's Army: A history of the English soldier during the Civil Wars, the Commonwealth and the Protectorate* (4th edn, London, 1962)

Fischer, D. H., *Albion's seed: Four British folkways in America* (Oxford, 1989)

Fleischer, C., 'Royal authority, dynastic cyclism and "Ibn Khaldûnism" in sixteenth-century Ottoman letters', *Journal of Asian and African Studies*, XVIII (1983), 183–220

Fleming, J. R., *Historical perspectives on climate change* (Oxford, 1998)

Fletcher, A., *The outbreak of the English Civil War* (London, 1981)

Fletcher, J., 'Turco-Mongolian monarchic tradition in the Ottoman empire', *Harvard Ukrainian Studies*, III–IV/1 (1979–80), 236–51

Fleury, M. and L. Henri, *Des registres paroissiaux à l'histoire de la population: manuel de dépouillement et d'exploitation de l'état civil ancien* (Paris, 1956)

Flinn, M., ed., *Scottish population history from the seventeenth century to the 1930s* (Cambridge, 1977)

Floor, W., *The economy of Safavid Persia* (Wiesbaden, 2000)

Flores, J. and S. Subrahmanyam, 'The shadow sultan: succession and imposture in the Mughal Empire, 1628–1640', *JESHO*, XLVII (2004), 80–121.

Florida Chamber of Commerce, *Into the storm: Framing Florida's looming property insurance crisis* (Talahassee, 2009)

Fodor, P., 'State and society, crisis and reform, in 15th–17th century Ottoman Mirror for Princes', *Acta Orientalia Academiae Scientiarum Hungaricae*, XL (1986), 217–40

Fodor, P., 'Sultan, imperial council, Grand Vizier: changes in the Ottoman ruling elite and the formation of the Grand Vizieral *Telhis*', *Acta Orientalia Academiae Scientiarum Hungaricae*, XLVII (1994), 67–85

Foisil, M., *La révolte des Nu-Pieds et les révoltes normandes de 1639* (Paris, 1970)

Foltz, R., 'The Mughal occupation of Balkh, 1646–1647', *Journal of Islamic Studies*, VII (1996), 49–61

Fong, G. S., 'Signifying bodies: the cultural significance of suicide writings by women in Ming-Qing China', *Nan nü: Men, women and gender in Early and Imperial China*, III.1 (2001), 105–42

Fong, G. S., 'Reclaiming subjectivity in a time of loss: Ye Shaoyuan (1589–1648) and autobiographical writing in the Ming-Qing transition', *Ming Studies*, LIX (2009), 21–41

Fong, G. S., 'Writing from experience: personal records of war and disorder in Jiangnan during the Ming-Qing transition', in N. Di Cosmo, ed., *Military culture in Imperial China* (Cambridge MA, 2009), 257–77

Forster, L. W., *The temper of 17th-century German literature* (London, 1952)

Forster, R. and J. P. Greene, eds, *Preconditions of revolution in early modern Europe* (Baltimore, 1970)

Fortey, R. A., *Earth: An intimate history* (New York, 2004).

Fortey, R. A., 'Blind to the end', *New York Times*, 26 Dec. 2005

Franz, G., *Der dreissigjährige Krieg und das deutsche Volk* (1940; 4th edn, Stuttgart, 1979)

Friedrich, W. L., *Fire in the sea: Volcanism and the natural history of Santorini* (Cambridge, 2000)

Friedrichs, C. R., *The early modern city, 1450–1750* (London, 1995)

Frost, R. I., *After the deluge: Poland-Lithuania and the second northern war, 1655–60* (Cambridge, 1993)

Frost, R. I., *The northern wars: War, state and society in northeastern Europe, 1558–1721* (London, 2000)

Fu I-ling, *Ming-Ch'ing Nung-Ts'un she-hui ching-chi* (Beijing, 1961)

Fukuda Chizuru, 'The political process in the first half of the seventeenth century', *Acta Asiatica*, LXXXVII (2004), 35–58

Fusco, I., 'Il viceré di Napoli, conte di Castrillo, e l'epidemia di peste del 1656', in Rizzo, et al., eds, *Le forze del príncipe*, 137–77

Gaddis, J. L., *The landscape of memory: How historians map the past* (Oxford, 2002.)

Galasso, G., *Napoli spagnola dopo Masaniello; politica, cultura, società*, 2 vols (Florence, 1982)

Galasso, G., *En la periferia del imperio. La monarquía hispánica y el reino de Nápoles* (Barcelona, 2000)

Gallastegui Ucín, J., 'Don Miguel de Iturbide y Navarra en la crisis de la monarquía hispánica (1635–48)', *Cuadernos de historia moderna*, XI (1991), 177–94

Galliker, J. F., 'Die Hoheitszeichen der Talschaft Entlebuch', *Entlebucher Brattig* (1991), 37–45

Galloway, P., 'Annual variations in deaths by age, deaths by cause, prices and weather in London, 1670 to 1830', *Population Studies*, XXXIX (1985), 487–505

Galloway, P., 'Secular changes in the short-term preventive, positive and temperature checks to population growth in Europe, 1460 to 1909', *CC*, XXVI (1994), 3–63

Galloway, P. K., *Choctaw genesis, 1500–1700* (Lincoln, NE, 1995)

Ganeri, J., *The lost age of reason: Philosophy in early modern India, 1450–1700* (Oxford, 2011)

Gantet, C., 'Peace celebrations commemorating the peace of Westphalia', in Bussmann and Schilling, eds, *1648*, II, 649–56

García Cárcel, R., *Pau Claris. La revolta catalana* (Barcelona, 1980)

García Cárcel, R., 'La revolución catalana: algunos problemas historiográficos', *Manuscrits*, IX (1991), 115–42

García García, B., 'El confesor fray Luis de Aliaga y la conciencia del rey', in F. Rurale, ed., *I religiosi a Corte. Teologia, política e diplomazia in Antico Regime* (Rome, 1998), 159–94

Garcia, R. G. et al., 'Atmospheric circulation changes in the tropical Pacific inferred from the voyages of the Manila Galleons in the sixteenth–eighteenth centuries', *Bulletin of the American Meteorological Society*, LXXXII (2001), 2,435–55

Gardiner, S. R., *A history of England from the accession of James I to the outbreak of the Civil War*, 10 vols (London, 1883–91)

Garnier, E., *Les dérangements du temps. 500 ans de chaud et de froid en Europe* (Paris, 2010)

Garnier, E., 'Calamitosa tempora, pestis, fames. Climat et santé entre les XVIIe et XIXe siècles' (http://hal.archives-ouvertes.fr/docs/00/59/51/45/PDF/6-JSE-2009-Garnier-Manuscrit-2009-03-09.pdf, accessed 5 April 2012)

Garnier, E., V. Daux, P. Yiou, and I. García de Cortázar-Atauri, 'Grapevine harvest dates in Besançon (France) between 1525 and 1847: social outcomes or climatic evidence?', *CC*, CIV (2011), 703–27

Garrisson, C., 'Les préludes de la Révocation à Montauban (1659–1661)', *Société de l'histoire du Protestantisme français: Bulletin historique et littéraire*, XLII (1893), 7–22

Gaunt, P., ed., *The English Civil War: The essential readings* (Oxford, 2000)

Ge Quangsheng et al., 'Winter half-year temperature reconstructions for the middle and lower reaches of the Yellow River and Yangtze River, China, during the past 2000 years', *Holocene*, XIII (2003), 933–40

Geerts, A. J. M., 'The Arima rebellion and the conduct of Koekebacker', *Transactions of the Asiatic Society of Japan*, XI (1883), 51–116

Gelabert González, J. E., 'Alteraciones y Alteraciones (1643–1652)', in Castellanos, *Homenaje*, II, 355–78

Gelabert González, J. E., *Castilla Convulsa (1631–52)* (Madrid, 2001)

Geneva Association, *The insurance industry and climate change – contribution to the global debate* (Geneva, 2009: Geneva Reports, Risk and Insurance Research, II)

Gentili, A., *De Iure Belli* (1589; English edn, 2 vols, Oxford, 1933)

Gentles, I., 'The iconography of revolution: England 1642–1649', in Gentles, J. Morrill and B. Worden, eds, *Soldiers, writers and statesmen of the English Revolution* (Cambridge, 1998), 91–113

Gentles, I., *The English Revolution and the wars of the three kingdoms, 1638–1652* (London, 2007)

Gere, C., 'William Harvey's weak experiment: the archaeology of anecdote', *History Workshop Journal*, LI (2001), 19–36

Gergis, J. L. and A. M. Fowler, 'A history of ENSO events since A.D. 1525: implications for future climate change', *CC*, XCII (2009), 343–87

Gerhart, K. M., *The eyes of power: Art and early Tokugawa authority* (Honolulu, 1999)

Giannini, M. C., 'Un caso di stabilità politica nella monarchia asburgica: comunità locali, finanza pubblica e clero Stato di Milano durante le prima metà del 600', in F. J. Guillamón Álvarez and J. J. Ruiz Ibañez, eds, *Lo conflictivo y lo consensual en Castilla. Sociedad y poder político 1521–1785. Homenaje a Francisco Tomás y Valiente* (Murcia, 2001), 99–162

Gibson, C., *The Aztecs under Spanish rule* (Stanford, 1964)

Gieysztorowa, I., *Wstep do demografii staropolskiej* (Warsaw, 1976)

Gil Pujol, X., ' "Conservación" y "Defensa" como factores de estabilidad en tiempos de crisis: Aragón y Valencia en la década de 1640', in Elliott et al., *1640*, 44–101

Gil Pujol, X., 'L'engany de Flandes. Les anàlisi de l'aragonès Juan Vitrián sobre la monrquia espanyola i la seva proposta d'abandonar Flandes (1643)', in *Miscellània Ernest Lluch i Martín* (Vilassar de Mar, 2006), 411–29

Gillespie, R., 'Harvest crises in early seventeenth-century Ireland', *Irish Economic and Social History*, XI (1984), 5–18

Gillespie, R., 'The end of an era: Ulster and the outbreak of the 1641 rising', in C. Brady and R. Gillespie, *Natives and newcomers: Essays on the making of Irish colonial society* (Dublin, 1986), 191–213

Gillespie, R., 'Destabilizing Ulster', in MacCuarta, ed., *Ulster 1641*, 107–22

Gillespie, R., 'Political ideas and their social contexts in seventeenth-century Ireland', in Ohlmeyer, ed., *Political thought*, 107–27

Gillespie, R., *Devoted people: Belief and religion in early modern Ireland* (Manchester, 1997)

Gindely, A., *Geschichte des Dreissigjährigen Krieges*, 4 vols (Prague, 1869–80)

Gladwell, M., *The tipping point: How little things can make a big difference* (New York, 2000)

Glaser, H., ed., *Wittelsbach und Bayern II. Um Glauben und Reich: Kurfürst Maximilan I. 2. Katalog der Ausstellung* (Munich and Zürich, 1980)

Glaser, R., *Klimarekonstruktion für Mainfranken, Bauland und Odenwald* (Stuttgart, 1991)

Glaser, R., *Klimageschichte Mitteleuropas: 1000 Jahre Wetter, Klima, Katastrophen* (Darmstadt, 2001)

Glaser, R. et al., 'Spatio-temporal change of climate induced regional vulnerability and resilience in Central Europe since AD 1000' (paper delivered at the 'Climate and History' conference at the Deutsches Historisches Institut, Paris, 3–4 September 2011)

Glave, L. M., *Trajinantes. Caminos indígenas en la sociedad colonial, siglos XVI/XVII* (Lima, 1989)

Glete, J., *War and the state in early modern Europe: Spain, the Dutch Republic and Sweden as fiscal-military states, 1500–1660* (London, 2002)

Goffman, D. and C. Stroop, 'Empire as composite: the Ottoman polity and the typology of dominion', in B. Rajan and E. Sauer, eds, *Imperialisms: Historical and literary investigations, 1500–1900* (London, 2004), 129–45

Golden, R. M., *The Godly rebellion: Parisian curés and the religious Fronde 1652–62* (Chapel Hill, NC, 1981)

Goldish, M., *The Sabbatean prophets* (Cambridge, MA, 2004)

Goldish, M., *Jewish questions: Responsa on Sephardic life in the early modern period* (Princeton, 2008)

Goldstone, J. A., 'East and West in the 17th century: political crises in Stuart England, Ottoman Turkey and Ming China', *Comparative Studies in Society and History*, XXX (1988), 103–42

Goldstone, J. A., *Revolution and rebellion in the early modern world* (Berkeley and Los Angeles, 1991)

Gommans, J., *Mughal warfare* (London, 2002)

Goodare, J., 'Debate. Charles I: A case of mistaken identity', *P&P*, CCV (2009), 189–201

Gordon, L., *Cossack rebellions: Social turmoil in sixteenth-century Ukraine* (Albany, NY, 1983)

Gottschalk, M. K. E., *Stormvloeden en rivieroverstromingen in Nederland. III. 1600–1700* (Amsterdam, 1977)

Goubert, P., 'The French peasantry of the seventeenth century: a regional example', in Aston, ed., *Crisis*, 141–65

Goubert, P., *Beauvais et le Beauvaisis de 1600 à 1730. Contribution à l'histoire sociale de la France au XVIIe siècle* (Paris, 1960)

Gowing, L., 'Secret births and infanticide in seventeenth-century England', *P&P*, CLVI (1997), 87–115

Gowland, A., *The worlds of Renaissance melancholy: Robert Burton in context* (Cambridge, 2006)

Grandjean, K. A., 'New world tempests: environment, scarcity, and the coming of the Pequot war', *WMQ*, 3rd series, LXVIII (2011), 75–100

Green, O. H., *Spain and the western tradition: The Castilian mind in literature from El Cid to Calderón*, IV (Madison and London, 1966)

Green, I., *The re-establishment of the Church of England, 1660–1663* (Oxford, 1978)

Green, I., 'The persecution of "scandalous" and "malignant" parish clergy during the English Civil War', *EHR*, XCIV (1979), 507–31

Green, I., 'Career prospects and clerical conformity in the early Stuart church', *P&P*, XC (1981), 71–115

Greengrass, M. et al., eds, *Samuel Hartlib and universal reformation: Studies in intellectual communication* (Cambridge, 1994)

Grehan, J., 'Smoking and "early modern" sociability: the great tobacco debate in the Ottoman Middle East (seventeenth to eighteenth centuries)', *AHR*, CXI (2006), 1,352–77

Groenhuis, G., *De predikanten. De sociale positie van de gereformeerde predikanten in de Republiek der Verenigde Nederlanden voor c. 1700* (Groningen, 1977)

Grosjean, A., *An unofficial alliance: Scotland and Sweden 1569–1654* (Leiden, 2003)

Grove, A. T., 'The "Little Ice Age" and its geomorphological consequences in Mediterranean Europe', *CC*, XLVIII (2001), 121–36

Grove, A. T. and A. Conterio, 'The climate of Crete in the sixteenth and seventeenth centuries', *CC*, XXX (1995), 223–47

Grove, R., 'Revolutionary weather: the climatic and economic crisis of 1788–1795 and the discovery of El Niño', in T. Sharratt, T. Griffiths and L. Robin, eds, *A change in the weather: Climate and culture in Australia* (Sydney, 2005), 128–39

Guha, S., *Health and population in South Asia from earliest times to the present* (London, 2001)

Guiard Larrauri, T., *Historia de la noble villa de Bilbao*, II (Bilbao, 1906)

Guibovich Pérez, M. and N. Domínguez Faura, 'Para la biografía de Espinosa Medrano: dos cartas inéditas de 1666', *Boletín del Instituto Riva-Agüero*, XXVII (2000), 219–42

Guthrie, C. L., 'A seventeenth-century "ever-normal granary": the Alhóndiga of colonial Mexico City', *Agricultural History*, XV (1941), 37–43

Gutiérrez Nieto, J. I., 'El campesinado', in J. Alcalá-Zamora, ed., *La vida cotidiana en la España de Velázquez* (2nd edn, Madrid, 1999), 43–70

Gutmann, M. P., *War and rural life in the early modern Low Countries* (Princeton, 1980)

Haan, R. L., 'The treatment of England and English affairs in the Dutch pamphlet literature, 1640–1660' (University of Michigan PhD thesis, 1959)

Habib, I., *The agrarian system of Mughal India (1556–1707)* (Bombay, 1963)

Haboush, JaHyun Kim, 'Constructing the center: the ritual controversy and the search for a new identity in seventeenth-century Korea,' in JaHyun Kim Haboush and Martina Deuchler, eds, *Culture and the state in late Chosôn Korea* (Cambridge, MA, 1999), 46–90, 240–9

Hacker, J., 'The intellectual activities of the Jews of the Ottoman empire during the sixteenth and seventeenth centuries', in Twersky and Septimus, eds, *Jewish thought*, 95–135

Hacquebord, L. and W. Vroom, eds, *Walvisvaart in de Gouden Eeuw. Opgraving op Spitsbergen* (Amsterdam, 1988)

Hagen, W. W., 'Seventeenth-century crisis in Brandenburg: the Thirty Years' War, the destabilization of serfdom, and the rise of absolutism', *AHR*, XCIV (1989), 302–35

Hagopian, M. N., *The phenomenon of revolution* (New York, 1974)

Hahn, J., *Zeitgeschehen im Spiegel der lutherischen Predigt nach dem dreissigjährigen Krieg. Das Beispiel des kursächsischen Oberhofpredigers Martin Geier (1614–80)* (Leipzig, 2005)

Hair, P. E. H., 'The enslavement of Koelle's informants', *Journal of African History*, VI (1965), 193–203

Hale, J. R., 'Incitement to violence? English Divines on the theme of war, 1578–1631', in Hale, *Renaissance war studies* (London, 1984), 487–517

Hall, A. R. and M. B. Hall, 'The first human blood transfusion: priority disputes (Henry Oldenburg)', *Medical History*, XXIV (1980), 461–5

Hall, J. W., 'Ikeda Mitsumasa and the Bizen flood of 1654', in A. M. Craig and D. H. Shively, eds, *Personality in Japanese History* (Berkeley, 1970), 57–84

Hall, J. W., ed., *The Cambridge History of Japan*, IV (Cambridge, 1991)

Hall, J. W., K. Nagahara and Kozo Yamamura, eds, *Japan before Tokugawa: Political consolidation and economic growth, 1500–1650* (Princeton, 1981)

Hanley, S. B. and K. Nakamura, *Economic and demographic change in pre-industrial Japan, 1600–1868* (Princeton, 1977)

Harington, C. R., *The year without a summer? World climate in 1816* (Ottawa, 1992)

Harley, J. B. and D. Woodward, eds, *The history of cartography: Cartography in the traditional east and southeast Asian societies*, 2 vols (Chicago, 1994)

Harms, R. W., *River of wealth, river of sorrow: The central Zaire basin in the era of the slave and ivory trade, 1500–1891* (New Haven and London, 1981)

Harrell, S., ed., *Chinese historical micro-demography* (Berkeley, 1995)

Hart, S., *Geschrift en Getal. Een keuze uit de demografisch-, sociaal- en economisch-historische studiëen, op grond van Zaanse en Amsterdamse archivalia, 1600–1800* (Dordrecht, 1976)

Haskell, Y. A., *Loyola's bees: Ideology and industry in Jesuit Latin didactic poetry* (Oxford, 2003)

Hastrup, K., *Nature and policy in Iceland 1400–1800: An anthropological analysis of history and mentality* (Oxford, 1990)

Hathaway, J., 'The Grand Vizier and the false Messiah: the Sabbatai Sevi controversy and the Ottoman reform in Egypt', *Journal of the American Oriental Society*, CXVII (1997), 665–71

Hathaway, J., *A tale of two factions: Myth, memory, and identity in Ottoman Egypt and Yemen* (Albany, NY, 2003)

Hathaway, J., *Beshir Agha, chief eunuch of the Ottoman imperial harem* (Oxford, 2005)

Hathaway, J., 'The Evlād-i 'Arab ('Sons of the Arabs') in Ottoman Egypt: a re-reading', in C. Imber and K. Kiyotaki, eds, *Frontiers of Ottoman studies: State, province, and the West*, I (London, 2005), 203–16

Hathaway, J., 'The Mawza' exile at the juncture of Zaydi and Ottoman Messianism', *Association of Jewish Studies Review*, XXIX (2005), 111–28

Haude, S., 'Religion während des Dreissigjährigen Krieges (1618–1648)', in G. Litz, H. Munzert and R. Liebenberg, eds, *Frömmigkeit, Theologie, Frömmigkeitstheologie/Contributions to European church history. Festschrift für Berndt Hamm zum 60. Geburtstag* (Leiden, 2005), 537–53

Hauptman, L. M., 'The Pequot War and its legacies', in Hauptman and Wherry, eds, *The Pequots*, 69–80

Hauptman, L. M. and J. D. Wherry, eds, *The Pequots in southern New England: The fall and rise of an American Indian nation* (Norman, OK, 1990)

Hautz, J. F., *Geschichte der Universität Heidelberg*, 2 vols (Mannheim, 1862–4)

Hay, J., 'The suspension of dynastic time', in J. Hay, *Boundaries in China* (London, 1994), 171–97

Hayami, A., *The historical demography of pre-modern Japan* (Tokyo, 2001)

Hayami, A., *Population, family and society in pre-modern Japan* (Folkestone, 2009)

Hayami, A., *Population and family in early-modern central Japan* (Kyoto, 2010)

Hayami, A. and Y. Tsubochi, eds, *Economic and demographic developments in rice-producing societies: Some aspects of East Asian economic history, 1500–1900* (Louvain, 1990)

Hayami, A., O. Saitō and R. P. Toby, *The economic history of Japan, 1600–1990. I. Emergence of economic society in Japan, 1600–1859* (Oxford, 2004)

Heidorn, K. C. 'Eighteen hundred and froze to death: the year there was no summer', http://www.islandnet.com/~see/weather/history/1816.htm, accessed 13 Mar. 2012.

Heilingsetzer, G., *Der oberösterreichische Bauernkrieg 1626* (Vienna, 1976: Militärhistorische Schriftenreihe, XXXII)

Heinisch, R. R., *Salzburg im dreissigjährigen Krieg* (Vienna, 1968)

Heinrich, I. et al., 'Interdecadal modulation of the relationship between ENSO, IPO and precipitation: insights from tree-rings in Australia', *Climate Dynamics*, XXXIII (2009), 63–73

Helferrich, T., *The Thirty Years War: A documentary history* (Indianapolis, 2009)

Hellie, R., *Readings for 'Introduction to Russian civilization': Muscovite society* (Chicago, 1970)

Hellie, R., *Enserfment and military change in Muscovy* (Chicago, 1971)

Hellie, R., *The economy and material culture of Russia, 1600–1625* (Chicago, 1999)

Hellie, R., 'The costs of Muscovite military defence', in Lohr and Poe, eds, *The military and society*, 41–66

Hemming, J., *Red gold: The conquest of the Brazilian Indians* (London, 1978)

Hémon, D. and E. Jougla, *Estimation de la surmortalité et principale caractéristiques épidémiologiques: Rapport remis au Ministre de la Santé, de la Famille et des Personnes Handicapées le 25 septembre 2003* (Paris, 2003)

Henderson, F., ' "Posterity to Judge": John Rushworth and his "Historical Collections" ', *Bodleian Library Record*, XV (1996), 247–59

Henripin, J., *La population canadienne au debut du XVIIIe siècle* (Paris, 1954)

Hering, G., *Ökumenisches Patriarchat und europäische Politik, 1620–1638* (Wiesbaden, 1968)

Herman, J. E., 'Empire in the southwest: early Qing reforms to the native chieftain system', *JAS*, LVI (1997), 47–74

Herrmann, R. B., 'The "tragicall historie": cannibalism and abundance in colonial Jamestown', *WMQ*, LXVIII (2011), 47–74

Hespanha, A. M., 'La "Restauração" portuguesa en los capítulos de las cartas de Lisboa de 1641', in Elliott et al., *1640*, 123–68

Hessayon, A., *'Gold tried in the fire': The prophet TheaurauJohn Tany and the English Revolution* (Aldershot, 2007)

Hesselink, R., *Prisoners from Nambu: Reality and make-belief in seventeenth-century Japanese diplomacy* (Honolulu, 2002)

Hill, C., 'The Norman Yoke', in idem, *Puritanism and Revolution*, 46–111

Hill, C., 'Lord Clarendon and the Puritan Revolution' in idem, *Puritanism and Revolution*, 181–94

Hill, C., *Puritanism and Revolution. Studies in the interpretation of the English Revolution of the seventeenth century* (London, 1958)

Hill, C., *The world turned upside down: Radical ideas during the English Revolution* (2nd edn, London, 1972)

Hill, C., 'Robinson Crusoe', *History Workshop Journal*, X (1980), 7–24

Hill, C., *The English Bible and the seventeenth-century revolution* (London, 1993)

Hill, C., *Intellectual origins of the English revolution revisited* (new edn, Oxford, 1997)

Hille, M., 'Mensch und Klima in der frühen Neuzeit. Die Anfänge regelmässiger Wetterbeobachtung, "Kleine Eiszeit", und ihre Wahrnehmung bei Renward Cysat (1545–1613)', *Archiv für Kulturgeschichte*, LXXXIII (2001), 63–91

Hindle, S., 'Exhortation and enlightenment: negotiating inequality in English rural communities, 1550–1650', in Braddick and Walter, eds, *Negotiating power*, 102–22

Hindle, S., 'The problem of pauper marriage in seventeenth-century England', *TRHistS*, 6th series, VIII (1998), 71–89

Hindle, S., *On the parish? The micro-politics of poor relief in rural England, c. 1550–c. 1750* (Oxford, 2004)

Hindle, S., 'Dearth and the English Revolution: the harvest crisis of 1647–1650', *EcHR*, LXI Special Issue: '*Feeding the Masses*' (2008), 64–98

Hirshman, A., *Exit, voice, loyalty: Responses to decline in firms, organizations and states* (Cambridge, MA, 1970)

Hirst, D., 'Reading the royal romance: or, intimacy in a king's cabinet', *Seventeenth Century*, XVIII (2003), 211–29

Hittle, J. M., *The service city: State and townsmen in Russia, 1600–1800* (Cambridge, MA, 1979)

Ho, K.-P., 'Should we die as martyrs to the Ming cause? Scholar-officials' views on martyrdom during the Ming-Qing transition', *Oriens Extremus*, XXXVII (1994), 123–57

Ho, P.-T., *Studies in the population history of China* (revised edn, Cambridge, MA, 1967)

Ho, P.-T., *The ladder of success in Imperial China: Aspects of social mobility, 1368–1911* (2nd edn, New York, 1980)

Ho, P.-T., 'In defense of Sinicization: a rebuttal of Evelyn Rawski's "Re-envisioning the Qing"', *JAS*, LVII (1998), 123–55

Hoberman, L. S., 'Technological change in a traditional society: the case of the *desagüe* in colonial Mexico', *Technology and Culture*, XXI (1980), 386–407

Hoffer, P. C., *Sensory worlds in early America* (Baltimore, 2003)

Hoffman, A., 'Zur Geschichte der Schaunbergischen Reichslehen', *Mitteilungen des Oberösterreichischen Landesarchivs*, III (1954), 381–436

Hoffman, M. K., *Raised to rule: Educating royalty at the court of the Spanish Habsburgs, 1601–1634* (Baton Rouge, 2011)

Hoffman, P. T. and K. Norberg, eds, *Fiscal crises, liberty, and representative government, 1450–1789* (Stanford, 1994)

Horner, R. W., 'The Thames Barrier Project', *Geographical Journal*, CXLV (1979), 242–53

Hoskins, W. G., 'Harvest fluctuations and English economic history, 1620–1759', *Agricultural History Review*, XVI (1968), 15–31

Houghton, J. T., G. J. Jenkins and J. J. Ephraums, eds, *Climate Change: The IPCC Scientific Assessment Report prepared for Intergovernmental Panel on Climate Change by Working Group I* (Cambridge, 1990)

Houston, R. A., *Punishing the dead? Suicide, lordship and community in Britain, 1500–1830* (Oxford, 2010)

Howard, D. A., 'Ottoman historiography and the literature of "decline" of the sixteenth and seventeenth centuries', *Journal of Asian History*, XXII (1988), 52–77

Howell, D. L., *Capitalism from within: Economy, society and the state in a Japanese fishery* (Berkeley, 1995)

Hoyt, D. V. and K. H. Schatten, *The role of the sun in climate change* (Oxford, 1997)

Hroch, M. and J. Petráň, *Das 17 Jahrhundert – Krise der Feudalgesellschaft?* (Hamburg, 1981)

Hrushevsky, M., *History of Ukraine-Rus'*, VIII (1913–22; English trans, Edmonton, 2002)

Hsi, A., 'Wu San-kuei in 1644: a reappraisal', *JAS*, XXXIV (1975), 443–53

Huang, P. C. C., *The peasant economy and social change in North China* (Stanford, 1985)

Huang, R., 'Military expenditures in sixteenth-century Ming China', *Oriens Extremus*, XVII (1970), 39–62

Huang, R., *Taxation and government finance in sixteenth-century China* (Cambridge, 1974)

Huang, R., 'Fiscal administration during the Ming dynasty', in Hucker, ed., *Chinese government*, 73–128

Hucker, C. O., *Chinese government in Ming times: Seven studies* (New York, 1969)

Hucker, C. O., ed., *Two studies on Ming History* (Ann Arbor, 1971: Michigan papers in Chinese Studies, XII)

Hufton, O., *The prospect before her: A history of women in western Europe 1500–1800* (New York, 1995)

Hugon, A., 'Le violet et le rouge. Le cardinal-archevêque Filamarino, acteur de la révolution napolitaine (1647–1648)', *Cahiers du CRHQ*, I (2008) [www.crhq.cnrs.fr/cahiers/1/c1a4_Hugon.pdf]

Hugon, A., 'Les violences au cours de la révolution napolitaine (1647–1648) et des révoltes andalouses (1647–1652)', in M. Biard, ed., *Combattre, tolérer ou justifier?: écrivains et journalistes face à la violence d'État (XVIe–XXe siècle)* (Rouen, 2009), 55–71

Hugon, A., 'Naples 1648: le retour à l'ordre après la révolte dite de Masaniello', in Pernot and Toureille, eds, *Lendemains de guerre*, 417–26

Hugon, A., *Naples insurgée 1647–1648. De l'événement à la mémoire* (Rennes, 2010)

Hunecke, V., *Die Findelkinder von Mailand. Kinderaussetzung und aussetzende Eltern vom 17. bis zum 19. Jahrhundert* (Stuttgart, 1987)

Hunecke, V., 'Kindbett oder Kloster. Lebenswege venezianischer Patrizierinnen im 17. und 18. Jahrhunderts', *Geschichte und Gesellschaft*, XVIII (1992), 446–76

Hunter, M., *John Aubrey and the realm of learning* (London, 1975)

Hunter, M., *Robert Boyle, 1627–1691: Scrupulosity and science* (Woodbridge, 2000)

Hütterroth, W.-D., 'Ecology of the Ottoman lands', in Faroqui, ed., *Cambridge History of Turkey*, 18–43

Ibrahim, Nasir Ahmad, *Al-Azmat al-ijtima 'iyya fi misr fi al-qarn al-sabi' 'ashar* (Cairo, 1998)

Idel, M., 'Differing conceptions of Kabbalah in the early seventeenth century', in Twersky and Septimus, eds, *Jewish thought*, 137–200

Ikegami, E., *Bonds of civility: Aesthetic networks and the political origins of Japanese culture* (Cambridge, 2005)

Iklé, F. C., *Every war must end* (New York, 1991)

Imber, C. H., *Ebu's-su 'ud: The Islamic legal tradition* (Stanford, 1997)

Inalcik, H. and D. Quetaert, eds, *An economic and social history of the Ottoman empire*, 2 vols (Cambridge, 1994)

Infelise, M., 'News networks between Italy and Europe', in Dooley, ed., *The dissemination*, 51–67

Ingersoll, T. N., 'The lamp of experience and the shadow of Oliver: history and politics in 1776' (unpublished manuscript)

Ingram, M. J., 'Child sexual abuse in early modern England', in Braddick and Walter, eds, *Negotiating power*, 63–84

Innes, R. L., 'The door ajar: Japan's foreign trade in the seventeenth century' (University of Michigan PhD thesis, 1980)

Israel, J. I., *The Dutch Republic and the Hispanic world, 1606–1661* (Oxford, 1982).

Israel, J. I., *Empires and entrepots: The Dutch, the Spanish Monarchy and the Jews, 1585–1713* (London, 1990)

Israel, J. I., *The Dutch Republic: Its rise, greatness and fall 1477–1806* (Oxford, 1995)

Israel, J. I., 'The Dutch role in the Glorious Revolution', in Israel, *The Anglo-Dutch moment*, 105–62

Israel, J. I., *Radical Enlightenment: Philosophy and the making of modernity, 1650–1750* (Oxford, 2001)

Israel, J. I., *Diasporas within a diaspora: Jews, crypto-Jews and the world maritime empires (1540–1740)* (Leiden, 2002)

Israel, J. I., ed., *The Anglo-Dutch moment: Essays on the Glorious Revolution and its world impact* (Cambridge, 1991)

Iwai Shigeki, 'The collapse of the Ming and the rise of the Qing in the seventeenth-century general crisis' (conference paper, Tokyo, July 2010)

Jacob, J. R. and M. C. Jacob, *Peace projects of the seventeenth century* (New York, 1972)

Jacob, M. C., *Scientific culture and the making of the industrial West* (Oxford, 1997)

Jacquart, J., 'La Fronde des Princes dans la région parisienne et ses consequences matérielles', *Revue d'histoire moderne et contemporaine*, VII (1960), 257–90

Jacquart, J., *La crise rurale en Ile-de-France, 1550–1670* (Paris, 1974)

Jacquart, J., 'Paris: first metropolis of the early modern period', in Clark and Lepetit, eds, *Capital cities*, 105–18

Jago, C. J., 'The influence of debt on the relations between crown and aristocracy in seventeenth-century Castile', *EcHR*, XXVI (1973), 218–36

Jago, C. J., 'The "Crisis of the Aristocracy" in seventeenth-century Castile', *P&P*, LXXXIV (1979), 60–90

Jakubowski-Tiessen, M. and Harmut Lehmann, eds, *Um himmels Willen. Religion in Katastrophezeiten* (Göttingen, 2003)

Janku, A., '"Heaven-sent disasters" in late imperial China: the scope of the state and beyond', in Mauch and Pfister, eds, *Natural disasters*, 233–64

Janssens, P., 'L'échec des tentatives de soulèvement aux Pays-Bas sous Philippe IV (1621–65)', *Revue d'histoire diplomatique*, XCII (1978), 110–29

Janssens, P., 'La Fronde de l'aristocratie belge en 1632', in Thomas and de Groof, eds, *Rebelión y resistencia*, 23–40

Jenner, M., 'The politics of London air: John Evelyn's *Fumifugium* and the Restoration', *HJ*, XXXVIII (1995), 535–51

Jennings, R. C., 'Firearms, bandits and gun-control: some evidence on Ottoman policy towards firearms in the possession of reaya, from judicial records of Kayseri, 1600–27', *Archivum Ottomanicum*, VI (1980), 339–58

Jespersen, K. J. V., 'Slaget ved Lutter am Barenberg, 1626', *Krigshistorisk tidsskrift*, IX (1973), 80–9

Jespersen, L., ed., *A revolution from above? The power state of sixteenth- and seventeenth-century Scandinavia* (Odense, 2000)

Johansson, E., 'The history of literacy in Sweden', in H. J. Graff, ed., *Literacy and social development in the West: A reader* (Cambridge, 1981), 151–82

Jolibert, B., *L'enfance au 17e siècle* (Paris, 1981)

Jones, E. L., S. Porter and M. Turner, *A gazetteer of English urban fire disasters 1500–1900* (Norwich, 1984: Historical Geography Research Series, XIII)

Jones, P. D., R. S. Bradley and J. Jouzel, eds, *Climatic variations and forcing mechanisms of the last 2000 years* (Berlin, 1996)

Jones, P. D. et al., eds, *History and climate: Memories of the future?* (New York, 2001)

Jordà i Fernández, A., *Església i poder a la Catalunya del segle XVII. La seu de Tarragona* (Monserrat, 1993)

Jorio, M., ed., *1648. Die Schweiz und Europa. Aussenpolitik zur Zeit des Westfälischen Friedens* (Zürich, 1999)

Jouanna, A., *Le devoir de révolte. La noblesse française et la gestation de l'État moderne (1559–1661)* (Paris, 1989)

Jouhaud, C., *Mazarinades. La Fronde des mots* (Paris, 1985)

Jover Zamora, J. M., *1635: historia de una polémica y semblanza de una generación* (Madrid, 1949)

Jover Zamora, J. M., 'Sobre los conceptos de monarquía y nación en el pensamiento político español del siglo XVII', *Cuadernos de historia de España*, XIII (1950), 138–50

Juneja, M. and F. Mauelshagen, 'Disasters and pre-industrial societies: historiographic trends and comparative perspectives', *Medieval History Journal*, X (2007), 1–31

Junge, H.-C., *Flottenpolitik und Revolution. Die Entstehung der englischen Seemacht während der Herrschaft Cromwells* (Stuttgart, 1980)

Kagan, R. L., *Students and society in early modern Spain* (Baltimore, 1974)

Kagan, R. L. and G. Parker, eds, *Spain, Europe and the Atlantic world: Essays in honour of J. H. Elliott* (Cambridge, 1995)

Kahan, A., 'Natural calamities and their effect upon the food supply in Russia', *Jahrbücher für Geschichte Osteuropas*, NS XVI (1968), 354–77

Kaiser, D. E., *Politics and war: European conflict from Philip II to Hitler* (2nd edn, Cambridge, MA, 2000)

Kaiser, D. H., 'Urban household composition in early modern Russia', *JIH*, XXIII (1992), 39–71

Kaiser, M., ' "Excidium Magdeburgense". Beobachtungen zur Wahrnehmung und Darstellung von Gewalt in Dreissigjährigenh Krieg', in Meumann and Niefanger, eds, *Ein Schauplatz herber Angst*, 43–63

Kamen, H., 'The decline of Castile: the last crisis', *EcHR*, 2nd series, XVII (1964–5), 63–76

Kamen, H., *The Iron Century: Social change in Europe 1550–1660* (London, 1971)

Kamen, H., *Spain in the later seventeenth century 1665–1700* (London, 1980)

Kaplan, S. L., *The famine plot persuasion in eighteenth-century France* (Philadelphia, 1982: *Transactions of the American Philosophical Society*, LXXII, part 3)

Karpinski, A., *W walce z niedwidzialnym wrogiem. Epidemie chorób zakaźnych w Rzeczpospolitej w XVI–XVII wieku* (Warsaw, 2000)

Karr, R. D., ' "Why should you be so furious?" The violence of the Pequot war', *Journal of American History*, LXXXV (1998), 876–909

Kates, R. W., 'The interaction of climate and society', in R. W. Kates, J. H. Ausubel and M. Berberian, eds, *Climate impact assessment: Studies of the interaction of climate and society* (Chichester, 1985), 7–14

Keene, D., 'Growth, modernization and control: the transformation of London's landscape, c. 1500–c. 1760', in Clark and Gillespie, eds, *Two capitals*, ch. 2

Keith, M. E., 'The logistics of power: Tokugawa response to the Shimabara rebellion and power projection in seventeenth-century century Japan' (Ohio State University PhD thesis, 2006)

Kenyon, J. P., *Revolution principles: The politics of party 1689–1720* (Cambridge, 1977)

Kenyon, J. P. and J. H. Ohlmeyer, eds, *The civil wars: A military history of England, Scotland and Ireland 1638–1660* (Oxford, 1998)

Kerridge, E., *The agricultural revolution* (London, 1967)

Kessell, J., *Kiva, cross and crown: The Pecos Indians and New Mexico, 1540 to 1840* (Washington, DC, 1979)

Kessler, L. D., 'Chinese scholars and the early Manchu State', *Harvard Journal of Asiatic Studies*, XXXI (1971), 179–200

Kessler, L. D., *K'ang-hsi and the consolidation of Ch'ing rule 1661–1684* (Chicago, 1976)

Khan, I. A., 'Muskets in the *mawas*: instruments of peasant resistance', in Panikkar et al., eds, *The making of history*, 81–103

Khodarkovsky, M., 'The Stepan Razin uprising: was it a "peasant war"?', *Jahrbücher für Geschichte Osteuropas*, XLII (1994), 1–19

Kiel, M., 'Ottoman sources for the demographic history and the process of Islamisation of Bosnia-Hercegovina and Bulgaria in the fifteenth-seventeenth centuries: old sources, new methodologies', *International Journal of Turkish Studies*, X (2004), 93–119

Kilburn, T. and A. Milton, 'The public context of the trial and execution of Strafford', in Merritt, ed., *The political world*, 230–51

King, D., *Foresight, flood and coastal defence project* (London, 2004) at http://www.publications.parliament.uk/pa/cm200304/cmselect/cmenvfru/558/4051202.htm, accessed 12 Mar. 2012.

Kiple, K. and B. T. Higgins, 'Yellow fever and the Africanization of the Caribbean', in Verano and Ubelaker, eds, *Disease and demography*, 237–48

Kishimoto Mio, 'The Kangxi depression and early Qing local markets', *Modern China*, X (1984), 227–56

Kishimoto Mio, *Shindai Chûgoku no buka to keizai hendô* (Tokyo, 1997)

Kishimoto Mio, *Min shin kyôdai to Kônan shakai* (Tokyo, 1999)

Kishlansky, M. A., 'Charles I: a case of mistaken identity', *P&P*, CLXXXIX (2005), 41–80 and CCV (2009), 175–237

Kivelson, V. A., ' "The Devil stole his mind": the Tsar and the 1648 Moscow Uprising', *AHR*, XCVIII (1993), 733–56

Knachel, P. A., *England and the Fronde: The impact of the English Civil War and revolution in France, 1649–58* (Ithaca, NY, 1967)

Knoppers, L. L., *Constructing Cromwell: Ceremony, portrait and print 1645–1661* (Cambridge, 2000)

Ko, D., *Teachers of the inner chambers: Women and culture in seventeenth-century China* (Stanford, 1994)

Ko, D., 'The body as attire: the shifting meanings of footbinding in seventeenth-century China', *Journal of Women's History*, VIII/4 (1997), 8–27

Ko, D., *Every step a lotus: Shoes for bound feet* (Berkeley, 2001)

Kodansha Encyclopedia of Japan, IV (Tokyo, 1983)

Koenigsberger, H. G., 'The European Civil War', in Koenigsberger, *The Hapsburgs and Europe, 1516–1660* (Ithaca, NY, and London, 1971), ch. 3.

Koenigsberger, H. G., 'The General Crisis: a farewell', in Koenigsberger, *Patrons and Virtuosi* (London, 1986), ch. 7

Kolchin, P., *Unfree Labor: American slavery and Russian serfdom* (Cambridge, MA, 1987)

Kolodziejczyk, D., *Ottoman-Polish diplomatic relations (fifteenth-eighteenth centuries)* (Leiden, 2000)

Komlos, J., 'An anthropometric history of early-modern France', *European Review of Economic History*, VII (2003), 159–89

Kornicki, P., *The book in Japan: A cultural history from the beginnings to the nineteenth century* (Honolulu, 2001)

Kostes, K. P., *Stom kairo tes panoles* (Herakleion, 1995)

Kötting, H., *Die Ormée (1651–3). Gestaltende Kräfte und Personenverbindungen der Bordelaiser Fronde* (Münster, 1983: Schriftenreihe der Vereinigung zur Erforschung der neueren Geschichte, XIV)

Krenke, A. N., ed., *Izmenchivost' klimata Evropy v istorischeskom proshlom* (Moscow, 1995)

Kroener, B., 'Conditions de vie et origine sociale du personnel militaire subalterne au cours de la Guerre de Trente Ans', *Francia*, XV (1987), 321–50

Krüger, K., 'Dänische und schwedische Kriegsfinanzierung im Dreissigjährigen Krieg bis 1635', in Repgen, ed., *Krieg und Politik*, 275–98

Kuczynski, J., *Geschichte des Alltags des deutschen Volkes. I: 1600–50* (Berlin, 1981)

Kuhn, P. A., *Soulstealers: The Chinese sorcery scare of 1768* (Cambridge, 1990)

Kunt, I. M., *The Köprülü years, 1656–1661* (Princeton, 1971)

Kunt, I. M., *The sultan's servants: The transformation of Ottoman provincial government, 1550–1650* (New York, 1983)

Kupperman, K. O., 'The puzzle of the American climate in the early colonial period', *AHR*, LXXXVIII (1982), 1,262–89

Kupperman, K. O., *The Jamestown project* (Cambridge, MA, 2007)

Kvaløy, B., H. Finseraas and O. Listhaug, 'The publics' concern for global warming: a cross-national study of 47 countries', *Journal of Peace Research*, XLIX (2012), 11–22

Kyle, C. R., 'Parliament and the palace of Westminster: an exploration of public space in the early seventeenth century', in C. Jones and S. Kelsey, eds, *Housing Parliament: Dublin, Edinburgh and Westminster* (Edinburgh, 2002), 85–98

Kyle, C. R. and J. Peacey, ' "Under cover of so much coming and going": public access to Parliament and the political process in early Modern England', in Kyle and Peacey, eds, *Parliament at work: Parliamentary committees, political power and public access in early modern England* (Woodbridge, 2002), 1–23

Labelle, K. M., 'Dispersed but not destroyed: leadership, women and power in the Wendat diaspora, 1600–1701' (Ohio State University PhD thesis, 2011)

Labrousse, E., *L'entrée de Saturne au lion: l'éclipse de soleil du 12 août 1654* (Leiden, 1974)

Labrousse, E., 'François Davant: l'autobiographie d'un autodidacte', *XVIIe siècle*, CXIII (1976), 78–93

Lach, D. F. and E. J. van Kley, *Asia in the making of Europe*, 3 vols (Chicago, 1965–93)

Lachiver, M., *Les années de misère: la famine au temps du Grand Roi 1680–1720* (Paris, 1991)

Lacour, L., *Richelieu dramaturge, et ses collaborateurs* (Paris, 1926)

Ladewig Petersen, E., *The crisis of the Danish nobility, 1580–1660* (Odense, 1967)

Ladewig Petersen, E., 'Conspicuous consumption: the Danish nobility of the seventeenth century', *Kwartalnik historij kultury materialnej*, I (1982), 57–65

Lahne, W., *Magdeburgs Zerstörung in der zeitgenössischen Publizistik* (Magdeburg, 1931)

Lamb, H. H., *Climate: Past, present and future*, 2 vols (London, 1977)

Lamont, W., 'Richard Baxter, "Popery" and the origins of the English Civil War', *History*, LXXXVII (2002), 336–52

Landsteiner, E., 'The crisis of wine production in late sixteenth-century Europe: climatic causes and economic consequences', *CC*, XLIII (1999), 323–34

Lane, R., *Images from the floating world: The Japanese print, including an illustrated dictionary of Ukiyo-e* (New York, 1982)

Langer, H., *The Thirty Years' War* (Poole, 1980)

Lappalainen, J. T., 'Finland's contribution to the war in Germany', in K.-R. Böhme and J. Hansson, eds, *1648 and European security proceedings* (Stockholm, 1999), 179–91

Lario, D. de, *El comte-duc d'Olivares i el regne de València* (Valencia, 1986)

Larner, C. J., *Enemies of God: The witch-hunt in Scotland* (London, 1981)

Lassen, A., 'The population of Denmark in 1660', *Scandinavian Economic History Review*, XIII (1965), 1–30

Le Cam, J.-L., 'Extirper la barbarie. La reconstruction de l'Allemagne protestante par l'École et l'Église au sortir de la Guerre de trente Ans', in Pernot and Toureille, eds, *Lendemains de Guerre*, 407–14

Le Cam, J.-L., 'Über die undeutlichen institonellen Grenzen der Elementarbildung. Das Beispiel des Herzogtums Braunschweig-Wolfenbüttel im 17. Jahrhundert', in A. Hanschmidt and H.-U. Musolff, eds, *Elementarbildung und Berufsausbildung, 1450–1750* (Cologne, 2005: Beiträge zur historischen Bildungsforschung, XXXI), 47–72

Le Roy Ladurie, E., *Times of feast, times of famine: A history of climate since the year 1000* (London, 1973: original French edn, Paris, 1967)

Le Roy Ladurie, E., *Historie humaine et comparée du climat*, 3 vols (Paris, 2004–9)

Le Roy Ladurie, E., 'Naissance de l'histoire du climat' (paper delivered at the 'Climate and History' conference at the Deutsches Historisches Institut, Paris, 3 Sep. 2011)

Le Roy Ladurie, E., D. Rousseau and A. Vasak, *Les fluctuations du climat: de l'an mil à aujourd'hui* (Paris, 2011)

Lebrun, F., *Les hommes et la mort en Anjou aux 17e et 18e siècles. Essai de démographie et de psychologie historiques* (Paris/The Hague, 1971)

Lebrun, F., *Se soigner autrefois. Médécins, saints et sorciers aux 17e et 18e siècles* (Paris, 1983)

LeDonne, J., *The Grand Strategy of the Russian empire, 1650–1831* (Oxford, 2004)

Lee, J. Z. and F. Wang, *One quarter of humanity: Malthusian mythology and Chinese realities, 1700–2000* (Cambridge, 1999)

Lee, J. Z., F. Wang and C. Campbell, 'Infant and child mortality among the Qing nobility: implications for two types of positive check', *Population Studies*, XLVIII (1994), 395–411

Lefebvre, G., *La Grande Peur de 1789* (Paris, 1932)

Leffler, P. K., 'From Humanist to Enlightenment historiography: a case study of François Eudes de Mézeray', *French Historical Studies*, X (1978), 416–38

Leijonhufvud, L., et al., 'Five centuries of Stockholm winter/spring temperatures reconstructed from documentary evidence and instrumental observations', *CC*, CI (2010), 109–41

Leman, A., *Richelieu et Olivarès: leurs négociations secrètes de 1636 à 1642* (Lille, 1932: Mémoires et travaux des facultés catholiques de Lille, XLIX)

Lenihan, P., 'War and population, 1649–1652', *Irish Economic and Social History*, XXIV (1999), 1–21

Lenihan, P., *Confederate Catholics at war, 1641–1649* (Dublin, 2001)

Lepore, J., *The name of war: King Philip's War and the origins of American identity* (New York, 1999)

Lětopis Samovidca o wojnach Bohdana Chmielnickoho (Moscow, 1846)

Leupp, G., *Male colors: The construction of homosexuality in Tokugawa Japan* (Berkeley, 1995)

Levi, S. C., 'Hindus beyond the Hindu Kush: Indians in the Central Asian slave trade', *Journal of the Royal Asiatic Society*, 3rd series, XII (2002), 277–88

Levin, E., 'Infanticide in pre-Petrine Russia', *Jahrbücher für Geschichte Osteuropas*, XXXIV (1986), 215–24

Levin, E., 'Plague control in seventeenth-century Russia' (unpublished paper)

Levy, J. S., *War in the modern great power system, 1495–1975* (Lexington, MA, 1983)

Lewis, B., *Islam in history* (London, 1973)

Lewitter, L. R., 'Poland, the Ukraine and Russia in the seventeenth century', *Slavonic and East European Review*, XXVII (1948–9), 157–71 and 414–29

Li, L., *Fighting famine in North China: State, market, and environmental decline, 1690s–1990s* (Stanford, 2007)

Li Bozhong, *Agricultural development in Jiangnan, 1620–1850* (London, 1998)

Ligresti, D., *Sicilia moderna: le città e gli uomini* (Naples, 1984)

Lind, G., *Hæren og magten i Danmark 1614–1662* (Odense, 1994)

Lind, G., 'Syndens straf og mandens ære. Danske tolkninger af krigen 1611–1660', *Historisk Tidskrift [Dansk]*, CXXVIII (2008), 339–65

Lindegren, J., 'Frauenland und Soldatenleben. Perspektiven auf Schweden und den dreissigjährigen Krieg', in von Krusenstjern and Medick, eds, *Zwischen Alltag und Katastrophe*, 135–58

Lindegren, J., 'Men, money and means', in Contamine, ed., *War and competition*, 129–62

Lindegren, J., 'Soldatenleben. Perspektiven auf Schweden und den Dreissigjährigen Krieg', in von Krusenstjern and Medick, eds, *Zwischen Alltag und Katastrophe*, 136–58

Lindley, K., *Fenland riots and the English Revolution* (London, 1982)

Linz, J. J., 'Intellectual roles in sixteenth and seventeenth-century Spain', *Daedalus*, CI/3 (1972), 59–108

Liu Kam-biu, Caiming Shen and Kin-sheun Louie, 'A 1000-year history of typhoon landfalls in Guangdong, southern China, reconstructed from Chinese historical documentary records', *Annals of the Assocation of American Geographers*, XCI (2001), 453–64

Liu, Ts'ui-Jung, J. Lee, D. S. Reher, O. Saito and W. Feng, eds, *Asian population history* (Oxford, 2000)

Livet, G., 'La Guerre des Paysans de 1653 en Suisse vue par l'Ambassadeur de France: témoinage et interprétation', *Revue d'histoire diplomatique*, XCII (1978), 130–65

Livi-Bacci, M., 'Chronologie, intensité et diffusion des crises de mortalité en Italie, 1600–1850', *Population*, XXXII (1977), 401–40

Lobo, V. and J. Correia-Afonso, *Intrepid itinerant: Manuel Godinho and his journey from India to Portugal in 1663* (Bombay, 1990)

Lockhart, P. D., *Denmark in the Thirty Years War 1618–1648* (Cranbury, NJ, 1996)

Loewenson, 'The Moscow rising of 1648', *Slavonic and East European Review*, XXVII (1948–9), 146–56.

Lohr, E. and M. Poe, *The military and society in Russia, 1450–1917* (Leiden, 2002)

Lorandi, A. M., *Spanish king of the Incas: The epic life of Pedro Bohorques* (Pittsburgh, 2005)

Lorenzo Cardoso, P. L., *Los conflictos sociales en Castilla (siglos XVI–XVII)* (Madrid, 1996)

Lottin, A., *Vie et mentalité d'un Lillois sous Louis XIV* (Lille, 1968)

Lucas Val, N. de, 'Literatura i historia. Identitats collectives i visions de "l'altre" al segle XVII', *Manuscrits*, XXIV (2006), 167–92

Ludden, D., *Peasant history in south India* (Princeton, 1985)

Ludlam, D. M., *Early American winters* (Boston, 1966)

Lutaud, O., *Des révolutions d'Angleterre à la Révolution française. Le tyrannicide et* Killing no murder *(Cromwell, Athalie, Bonaparte)* (Leiden, 1973)

Luterbacher, J., 'Monthly mean pressure reconstruction for the late Maunder Minimum period (AD 1675–1715)', *IJC*, XX (2000), 1,049–66

Luterbacher, J. et al., 'The late Maunder Minimum', *CC*, XLIX/4 (2001), 441–62

Luterbacher, J. and E. Xoplaki, '500-year winter temperature and precipitation variability over the Mediterranean area and its connection to the large-scale atmospheric circulation', in H.-J. Boehle, ed., *Mediterranean climate. Variability and trends* (Heidelberg, 2003), 133–53

Luterbacher, J., D. Dietrich, E. Xoplaki, M. Grosjean and H. Wanner, 'European seasonal and annual temperature variability, trends, and extremes since 1500', *Science*, CCCIII (5 Mar. 2004), 1,499–1,503

Lynn, J. A., *Giant of the Grand Siècle: The French army, 1610–1715* (Cambridge, 1997)

McArdle, F., *Altopascio: A study in Tuscan rural society, 1587–1784* (Cambridge, 1978)

Macaulay, C., *The history of England from the accession of James I. to that of the Brunswick line*, 8 vols (London, 1763–83)

Macaulay, T. B., *History of England since the accession of James the Second*, 5 vols (New York, 1848)

McCants, A. E. C., E. Bever and J. de Vries, 'Commentaries', *JIH*, XL (2009), 295–303

McCavitt, J., *Sir Arthur Chichester, Lord Deputy of Ireland 1605–1616* (Belfast, 1998)

McChesney, R. D., *Waqf in Central Asia: Four hundred years in the history of a Muslim shrine, 1480–1889* (Princeton, NJ, 1991)

McClain, J. L. et al., *Edo and Paris: Urban life and the state in the early modern era* (Ithaca, NY, 1994)

MacCuarta, B., ed., *Ulster 1641: Aspects of the rising* (Belfast, 2nd edn, 1997)

Macdonald, M., *Mystical Bedlam: madness, anxiety and healing in seventeenth-century England* (Cambridge, 1981)

Macdonald, M. and T. R. Murphy, *Sleepless souls: Suicide in early modern England* (Oxford, 1990)

McGowan, B., 'Ottoman political communications', in H. D. Laswell, D. Lerner and H. Speir, eds, *Propaganda in world history* (Honolulu, 1979), 444–92

McGowan, B., *Economic life in Ottoman Europe: Taxation, trade and the struggle for land, 1600–1800* (Cambridge, 1981)

MacHardy, K., 'The rise of absolutism and noble rebellion in early modern Habsburg Austria, 1570 to 1620', *CSSH*, XXXIV (1992), 407–38

McIntosh, R. J. et al., eds, *The way the wind blows: Climate, history and human action* (New York, 2000)

McKenny, K., 'The seventeenth-century land settlement in Ireland: towards a statistical interpretation', in Ohlmeyer, ed., *Ireland*, 181–200

McLeod, M. J., *Spanish Central America: A socio-economic history, 1520–1720* (Berkeley, 1973)

McMullen, I. J., 'Kumazawa Banzan and "Jitsugaku": toward pragmatic action', in de Bary and Bloom, eds, *Principle and practicality*, 337–73

McNeill, J. R., 'China's environmental history in world perspective', in Elvin and Liu, eds, *Sediments of time*, 31–49

McNeill, J. R., *Mosquito empires: Ecology and war in the greater Caribbean, 1620–1914* (Cambridge, 2010)

Mack, P., *Visionary women: Ecstatic prophecy in seventeenth-century England* (Berkeley, 1992)

Mackay, R., *The limits of royal authority. Resistance and obedience in seventeenth-century Castile* (Cambridge, 1999)

Maehle, A.-H., *Drugs on trial: Experimental pharmacology and therapeutic innovation in the eighteenth century* (Amsterdam and Atlanta, 1999)

Maffi, D., 'Confesionalismo y Razón de Estado en la Edad Moderna. El caso de la Valtelina (1637–39)', *Hispania sacra*, LVII (2005), 467–89

Maffi, D., 'Milano in guerra. La mobilitazione delle risorse in una provincia della Monarchia, 1640–1659', in Rizzo et al., eds, *Le forze del príncipe*, I, 345–408

Maffi, D., *Il baluardo della corona. Guerra, esercito, finanze e società nella Lombardis seicentesca (1630–1660)* (Florence, 2007)

Maffi, D., *La cittadella in armi. Esercito, società e finanza nella Lombardia di Carlo II, 1660–1700* (Milan, 2010)

Magen, F., *Reichsgräfliche Politik in Franken. Zur Reichspolitik der grafen von Hohenlohe zur Vorabend und Beginn des dreissigjährigen Krieges* (Schwäbisch Hall, 1975)

Maier, I. and D. C. Waugh, ' "The blowing of the Messiah's trumpet" ': reports about Sabbatai Sevi and Jewish unrest in 1665–67', in Dooley, ed., *The dissemination of news*, 137–52

Major, A., ed., *Sati: A historical anthology* (Oxford, 2007)

Major, J. R., 'The crown and the aristocracy in Renaissance France', *AHR*, LXIX (1964), 631–45

Major, P., 'Jumping Josaphat', *Times Literary Supplement*, 28 July 2006, 15

Makey, W., *The Church of the Covenant, 1637–1651* (Edinburgh, 1979)

Mallet, R. and J. W. Mallet, *The earthquake catalogue of the British Association with the discussion, curves and maps etc* (London, 1858)

Mandell, D. R., *King Philip's War: Colonial expansion, native resistance, and the end of Indian sovereignty* (Baltimore, 2010)

Mandrou, R., 'Vingt ans après, ou une direction de recherches fécondes: Les révoltes populaires en France au XVIIe siècle', *Revue Historique*, CCXLII (1969), 29–40

Manley, G., 'Central England temperatures: monthly means 1659 to 1973', *Quarterly Journal of the Royal Meteorological Society*, C (1974), 389–405

Mann, B. A., *Iroquois women: The Gantowisas* (New York, 2000)

Mann, G., *Wallenstein* (Frankfurt, 1971)

Mann, S., *Precious records: Women in China's long eighteenth century* (Stanford, 1997)

Mann, S., 'Women in East Asia: China, Japan, and Korea', in B. G. Smith, ed., *Women's history in global perspective*, II (Urbana, IL, 2005), 47–94

Mannarelli, M. E., *Pecados públicos: la ilegitimidad en Lima, siglo XVII* (Lima, 1993)

Mantran, R., *Istanbul dans la seconde moitié du XVIIe siècle* (Paris, 1962)

Manzoni, A., *The betrothed* (1827; Harmondsworth, 1972)

Marcos Martín, A., *Auge y declive de un nucleo mercantil y financiero de Castilla la Vieja. Evolución demográfica de Medina del Campo durante los siglos XVI y XVII* (Valladolid, 1978)

Marcos Martín, A., *España en los siglos XVI, XVII y XVIII. Economía y sociedad* (Barcelona, 2000)

Marcos Martín, A., 'Tráfico de indulgencias, guerra contra infieles y finanzas regias. La Bula de Cruzada durante la primera mitad del siglo XVII' in M. Rodríguez Cancho, ed., *Historia y perspectivas de investigación. Estudios en memoria del profesor Angel Rodríguez Sánchez* (Mérida, 2002), 227–36

Marcos Martín, A., '¿Fue la fiscalidad regia un factor de crisis en la Castilla del siglo XVII?', in Parker, ed., *La crisis de la Monarquía*, 173–253

Marcos Martín, A., 'Sobre la violencia del impuesto en la Castilla del siglo XVII', in J. J. Lozano Navarro and J. L. Castellano, eds, *Violencia y conflictividad en el universo barroco* (Granada, 2010), 197–240

Marks, R. B., *Tigers, rice, silk and silt: Environment and economy in late imperial South China* (Cambridge, 1998)

Marmé, M., 'Survival through transformation: how China's Suzhou-centred world economy weathered the general crisis of the seventeenth century', *Social History*, XXII/2 (2007), 144–65

Marmé, M., Locating linkages or painting bull's-eyes around bullet holes? An East Asian perspective on the seventeenth-century crisis', *AHR*, CXIII (2008), 1080–9

Marques, J. F., *A parenética portuguesa e a dominação filipina* (Porto, 1986)

Marques, J. F., *A parenética portuguesa e a Restauração 1640–1668. A revolta e a mentalidade*, 2 vols (Porto, 1989)

Márquez Macías, R., 'Andaluces en América. Recuerdos y añoranzas', *Trocadero*, XXI–XXII (2009–10), 9–20

Marshall, C. R., ' "Causa di Stravaganze". Domenico Gargiulo's *Revolt of Masaniello', Art Bulletin*, LXXX (1998), 478–97

Martinson, D. G., ed., *Natural climate variability on decade-to-century time scales* (Washington, DC, 1995)

Masson-Delmotte, V. et al., 'Changes in European precipitation seasonality and in drought frequencies revealed by a four-century-long tree-ring isotopic record from Brittany, western France', *Climate Dynamics*, XXIV (2005), 57–69

Mastellone, S., 'Les révoltes de 1647 en Italie du Sud. Étaient-ils paysannes ou urbaines?', *Revue d'histoire diplomatique*, XCII (1978), 166–88

Mastellone, S., 'Holland as a political model in Italy in the seventeenth century', *Bijdragen en Mededelingen voor de Geschiedenis der Nederlanden*, XCVIII (1983), 568–82

Matthee, R. P., *The politics of trade in Safavid Iran: Silk for silver 1600–1730* (Cambridge, 1999)

Matthee, R. P., *The pursuit of pleasure: Drugs and stimulants in Iranian history, 1500–1900* (Princeton, NJ, 2005)

Mauch, C. and C. Pfister, eds, *Natural disasters, cultural responses: Case studies towards a global environmental history* (Lanham, MD, 2009)

Mauelshagen, F., *Klimageschichte der Neuzeit, 1500–1900* (Darmstadt, 2010)

Maunder, E. W., 'The prolonged sunspot minimum, 1645–1715', *Journal of the British Astronomical Association*, XXXII (1922), 140–5

Mazet, C., 'Population et société à Lima aux 16e et 17e siècles: la paroisse de San Sebastián', *Cahiers des Amériques Latines*, XIII–XIV (1976), 51–100

Mazumdar, S., *Sugar and society in China: Peasants, technology and the world market* (Cambridge, MA, 1998)

Mazumdar, S., 'The impact of New World food crops on the diet and economy of China and India, 1600–1900', in R. Grew, ed., *Food in global history* (Boulder, CO, 2000), 58–78

Medick, H., 'Historisches Ereignis und zeitgenössische Erfahrung: die Eroberung und Zerstörung Magdeburgs 1631', in von Krusenstjern and Medick, eds, *Zwischen Alltag und Katastrophe*, 377–407

Merrick, J., 'The cardinal and the queen: sexual and political disorders in the Mazarinades', *French Historical Studies*, XVIII (1994), 667–99

Merriman, R. B., *Six contemporaneous revolutions* (Oxford, 1938)

Merritt, J. F., 'Power and communication: Thomas Wentworth and government at a distance during the personal rule, 1629–35', in Merritt, ed., *The political world*, 109–32

Merritt, J. F., ed., *The political world of Thomas Wentworth, earl of Strafford, 1621–1641* (Cambridge, 1996)

Merton, Robert K., 'Singletons and multiples in scientific discovery', *Proceedings of the American Philosophical Society*, CV (1961), 470–86

Meumann, M. and D. Niefanger, eds, *Ein Schauplatz herber Angst: Wahrnehmung und Darstellung von Gewalt im 17. Jahrhundert* (Göttingen, 1997)

Meyer-Fong, T., *Building culture in early Qing Yangzhou* (Stanford, 2003)

Micco Spadaro: Napoli ai tempi di Masaniello (Naples, 2002)

Michałowski, J., *Księga pamiętnicza (1647–1655)*, ed. Z. A. Helcel (Kraków, 1864)

Michel, M.-J., *Jansénisme et Paris, 1640–1740* (Paris, 2000)

Michels, G. B., *At war with the church: Religious dissent in seventeenth-century Russia* (Stanford, 1999)

Mikami Takehiko, ed., *Proceedings of the International Symposium on the Little Ice Age Climate* (Tokyo, 1992)

Mikhail, A., *Nature and empire in Ottoman Egypt: An environmental history* (Cambridge, 2011)

Miller, G., *The adoption of inoculation for smallpox in England and France* (Philadelphia, 1957)

Miller, H., *State versus gentry in Late Ming Dynasty China, 1572–1644* (London, 2008)

Miller, J. C., 'The significance of drought, disease and famine in the agriculturally marginal zones of West-Central Africa', *JAH*, XXIII (1982), 17–61

Mitchell, A. J., 'Religion, revolt, and the creation of regional identity in Catalonia, 1640–1643' (Ohio State University PhD thesis, 2005)

Mitchell, H. J., 'Reclaiming the self: the Pascal-Rousseau connection', *Journal of the History of Ideas*, LIV (1993), 637–58

Miyazaki, I., *China's examination hell: The civil service examinations of Imperial China* (New Haven, 1976)

Moberg, A. et al., 'Highly variable northern hemisphere temperature reconstructed from low- and high-resolution proxy data', *Nature*, CCCXXXIII/7026 (2005), 613–17

Monod, P., *The power of kings: Monarchy and religion in Europe, 1589–1715* (London and New Haven, 1999)

Moody, T. W., F. X. Martin and F. J. Byrne, eds, *A new history of Ireland, III: 1534–1691* (Oxford, 1976)

Moon, D., 'Peasant migration and the settlement of Russia's frontiers, 1550–1897', *HJ*, XL (1997), 859–93

Moosvi, S., 'Scarcities, prices and exploitation: the agrarian crisis, 1658–70', *Studies in History*, I (1985), 45–55

Moosvi, S., 'Science and superstition under Akbar and Jahangir: the observation of astronomical phenomena', in I. Habib, ed., *Akbar and his India* (Delhi, 1997), 109–20

Moosvi, S., 'The Indian economic experience 1600–1900: a quantitative study', in Panikkar, ed., *The making of history*, 328–57

Moote, A. L., *The revolt of the judges: The Parlement of Paris and the Fronde, 1642–1652* (Princeton, 1971)

Moote, A. L. and D. C. Moote, *The Great Plague: The story of London's most deadly year* (Baltimore, 2004)

Mormiche, P., *Devenir prince. L'école du pouvoir en France, XVIIe–XVIIIe siècles* (Paris, 2009)

Morrill, J. S., *Cheshire 1630–1660: County government and society during the 'English Rebellion'* (Oxford, 1974)

Morrill, J. S., *The revolt of the provinces: Conservatives and radicals in the English Civil War, 1630–1650* (London, 1976)

Morrill, J. S. *Revolt in the provinces: The people of England and the tragedies of war, 1630–1648* (2nd edn, London, 1999)

Morrill, J. S. and P. Baker, 'The case of the armie truly restated', in M. Mendle, ed., *The Putney Debates of 1647. The army, the Levellers and the English state* (Cambridge, 2007), 103–24

Mortimer, G., *Eyewitness accounts of the Thirty Years War 1618–1648* (London, 2002)

Mote, F. W. *Imperial China, 900–1800* (Cambridge, MA, 1999)

Mousnier, R., 'Les mouvements populaires en France avant les traités de Westphalie et leur incidence sur ces traités', in M. Braubach, ed., *Forschungen und Studien zur Geschichte des westfälischen Friedens* (Münster, 1965: Schriftenreihe der Vereinigung zur Erforschung der neueren Geschichte, I), 36–61

Mousnier, R., 'Some reasons for the Fronde: the revolutionary days in Paris in 1648', in P. J. Coveney, ed., *France in Crisis, 1620–1675* (London, 1977), 169–200

Müller, H. D., *Der schwedische Staat in Mainz, 1631–1636* (Mainz, 1979)

Murdoch, S., ed., *Scotland and the Thirty Years War 1618–1648* (Leiden, 2001)

Murphey, R., 'The Verliyüddin Telhis: notes on the sources and interrelations between Koçi Bey and contemporary writers of advice to kings', *Belleten*, XLIII (1979), 547–71

Murphey, R., 'Provisioning Istanbul: the state and subsistence in the early modern Middle East', *Food and Foodways*, II (1988), 217–63

Murphey, R., *Ottoman warfare, 1500–1700* (London, 1998)

Musallam, B. F., *Sex and society in Islam: Birth control before the nineteenth century* (Cambridge, 1983)

Musi, A., *La rivolta di Masaniello. Nella scena politica barroca* (2nd edn, Naples, 2002)

Mussey, B., 'Yankee chills, Ohio fever', *New England Quarterly*, XXII (1949), 435–451

Myllyntaus, T., 'Summer frost as a natural hazard with fatal consequences in Preindustrial Finland', in Mauch and Pfister, eds, *Natural disasters*, 77–102

Nadal, J., 'La población española durante los siglos XVI, XVII y XVIII. Un balance a escala regional', in V. Pérez Moreda and D. S. Reher, eds, *Demografía histórica de España* (Madrid, 1988), 39–54

Nagahara, K. and Kozo Yamamura, 'Shaping the process of unification: technological progress in sixteenth- and seventeenth-century Japan', *JJS*, XIV (1988), 77–109

Nagakura Tamotsu, 'Kan'ei no kikin to bakufu no taio', in Kodama Kota et al., eds, *Edo jidai no kikin* (Tokyo, 1982), 75–85

Nakane, C. and S. Ōishi, eds, *Tokugawa Japan: The social and economic antecedents of modern Japan* (Tokyo, 1990)

Nakayama, M., 'On the fluctuation of the price of rice in the Chiang-nan region during the first half of the Ch'ing period (1644–1795)', *Memoirs of the Research Department of the Toyo Bunko*, XXXVII (1979), 55–90

Namaczyńska, S., *Kronika klęsk elemntarnych w Polsce i w krajack sąsiednich w latach 1648–1696* (Lwów, 1937)

Nansen, F., *Through Siberia: The land of the future* (New York, 1914)

Naquin, S., *Peking: Temples and city life, 1400–1900* (Berkeley, 2000)

Needham, J. et al., *Science and civilization in China*, 7 vols in 27 parts to date (1954–)

Nef, J. U., *The rise of the British coal industry*, 2 vols (London, 1932)

Nehlsen, B., 'Song publishing during the Thirty Years War', in Bussmann and Schilling, eds, *1648*, II, 431–7

Neuberger, H., 'Climate in art', *Weather*, XXV (1970), 46–56

Neumann, K., *Das Wort als Waffe: politische Propaganda im Aufstand der Katalanen 1640–1652* (Herbolzheim, 2003)

Newman, A. J., *Safavid Iran: Rebirth of a Persian empire* (London, 2006)

Newman, K., *Cultural capitals: Early modern London and Paris* (Princeton, NJ, 2007)

Ng, V., 'Ideology and sexuality. Rape laws in Qing China', *JAS*, XLVI (1987), 57–70

Nicholson, S. E., 'The methodology of historical climate reconstruction and its application to Africa', *Journal of African History*, XX (1979), 31–49

Nicoară, Toader, ed., *Sentimentul de insecuritate în societatea românească la începuturile timpurilor moderne 1600–1830*, 2 vols (Cluj, 2002–5)

Nicolas, J., *La rébellion française. Mouvements populaires et conscience sociale 1661–1789* (Paris, 2002)

Nordås R. and N. P. Gleditsch, 'Climate change and conflict', *Political Geography*, XXVI (2007), 627–38

Nordmann, C., 'La crise de la Suède au temps de Christine et de Charles X Gustave (1644–1660)', *Revue d'histoire diplomatique*, XCII (1978), 210–32

Norris, M. A., 'Edward Sexby, John Reynolds and Edmund Chillenden: Agitators, "Sectarian Grandees" and the relations of the New Model Army with London in the spring of 1647', *Historical Research*, LXXVI (2003), 30–53

ó hAnnracháin, T., ' "Though hereticks and politicians should misinterpret their goode zeal": political ideology and Catholicism in early modern Ireland', in Ohlmeyer, ed., *Political thought*, 155–75

ó hAnnracháin, T., *Catholic reformation in Ireland: The mission of Rinuccini 1645–1649* (Oxford, 2002)

ó Siochrú, M., 'Atrocity, codes of conduct and the Irish in the British Civil Wars 1641–1653', *P&P*, CXCV (2007), 55–86

Der Oberösterreichische Bauernkrieg, 1626. Ausstellung des Landes Oberösterreich (Linz, 1976)

O'Brien, C. B., *Muscovy and the Ukraine from the Pereiaslavl Agreement to the Truce of Andrusovo, 1654–67* (Berkeley, 1963)

O'Connell, D. P., 'A cause célèbre in the history of treaty-making: the refusal to ratify the peace of Regensburg in 1630', *British Yearbook of International Law*, XLII (1967), 71–90

Odhner, C. T., *Die Politik Schwedens im Westfälischen Friedenscongress und die Gründung der schwedischen Herrschaft in Deutschland* (Gotha, 1877)

Ogilvie, S. C., ed., *Germany: A new economic and social history, II. 1630–1800* (London, 1996)

Ogilvie, S. C., *State corporatism and proto-industry: The Württemberg Black Forest, 1580–1797* (Cambridge, 1997)

Ogilvie, S. C., *A bitter living: Women, market and social capital in early modern Germany* (Oxford, 2003)

Ogilvie, S. C., 'Germany and the seventeenth-century crisis', in Parker and Smith, eds, *The General Crisis*, 57–86

Ogilvie, S. C., 'Guilds, efficiency and social capital: evidence from German proto-industry', *EcHR*, LVII (2004), 286–333

Ogilvie, S. C., 'How does social capital affect women? Guilds and communities in early modern Germany', *AHR*, CIX (2004), 325–59

Ogilvie, S. C., 'Communities and the second serfdom in early modern Bohemia', *P&P*, CLXXXVII (2005), 69–119

Ohlmeyer, J. H., 'The Antrim Plot of 1641 – a myth?', *HJ*, XXXV (1992), 905–19

Ohlmeyer, J. H., *Civil War and Restoration in the three Stuart kingdoms: The career of Randal MacDonnell, marquis of Antrim, 1609–1683* (Cambridge, 1993)

Ohlmeyer, J. H., 'The "Antrim Plot" of 1641: a rejoinder', *HJ*, XXXVII (1994), 434–7

Ohlmeyer, J. H., ed., *Ireland from Independence to Occupation, 1641–1660* (Cambridge, 1995)

Ohlmeyer, J. H., 'Seventeenth-century Ireland and the new British and Atlantic histories', *AHR*, CIV (1999), 446–62

Ohlmeyer, J. H., ed., *Political thought in seventeenth-century Ireland: Kingdom or colony* (Cambridge, 2000)

Okada Takehiko, 'Practical learning in the Chu Hsi school: Yamazaki Ansai and Kaibara Ekken', in de Bary and Bloom, eds, *Principles and practicality*, 231–305

Olivari, M., *Entre el trono y la opinión. La vida política castellana en los siglos XVI y XVII* (Valladolid, 2004)

Ooms, H., *Tokugawa ideology: Early constructs, 1570–1680* (Princeton, 1985)

Orcibal, J., *Jansénius d'Ypres (1585–1635)* (Paris, 1989)

Orihel, M. L., ' "A presse full of pamphlets" on Ireland: stereotypes, sensationalism and veracity in English reactions to the 1641 Irish rebellion, November 1641 – August 1642' (Queen's University, Kingston, Ontario, MA thesis, 2001)

Oschmann, A., *Der Nürnberger Exekutionstag 1649–1650: Das Ende des Dreissigjährigen Krieges in Deutschland* (Münster, 1991: Schriftenreihe der Vereinigung zur Erforschung der neueren Geschichte, XVII)

Oster, E., 'Witchcraft, weather and economic growth in Renaissance Europe', *Journal of Economic Perspectives*, XVIII (2004), 215–28

Outram, Q., 'The socio-economic relations of warfare and the military mortality crises of the Thirty Years' War', *Medical History*, XLV (2001), 151–84

Overton, M., *The agricultural revolution in England: The transformation of the agrarian economy 1500–1850* (Cambridge, 1996)

Öz, M., 'Population fall in seventeenth-century Anatolia (some findings for the districts of Canik and Bozok)', *Archivum Ottomanicum*, XXII (2005), 159–71

Özel, O., 'Population changes in Ottoman Anatolia during the 16th and 17th centuries: the "demographic crisis" reconsidered', *IJMES*, XXXVI (2004), 183–205

Özel, O., 'Banditry, state and economy: on the financial impact of the *Celali* movement in Ottoman Anatolia', *Proceedings of the IXth International Congress of Economic and Social History of Turkey* (Ankara, 2007), 65–74

Özvar, E., 'Fiscal crisis of the Ottoman empire in the seventeenth century?' (unpublished paper at the XI Congress of Social and Economic History of Turkey, Ankara, 2008)

Paas, J. R., M. W. Paas and G. C. Schoolfield, *Kipper and Wipper inflation 1619–1623: An economic history with contemporary German broadsheets* (New Haven and London, 2012)

Pamuk, S., 'The price revolution in the Ottoman empire reconsidered', *IJMES*, XXXIII (2001), 69–89

Panikkar, K. N., T. J. Byres, and U. Patnaik, eds, *The making of history: Essays presented to Irfan Habib* (London, 1985)

Parenti, C., *Tropic of Chaos: Climate change and the new geography of violence* (New York, 2011)

Parker, C. H., *The Reformation of the community: Social welfare and Calvinist charity in Holland, 1572–1640* (Cambridge, 1998)

Parker, D., *Europe's seventeenth-century crisis: A Marxist review* (London, 1973)

Parker, G. *Spain and the Netherlands, 1559–1659. Ten studies* (2nd edn, London, 1990)

Parker, G., *Europe in crisis* (2nd edn, Oxford, 2001)

Parker, G., 'The artillery fortress as an engine of European overseas expansion, 1480–1750', in Parker, *Success is never final: Empire, war and faith in early modern Europe* (New York, 2002), 192–218

Parker, G., 'Crisis and catastrophe: the global crisis of the 17th-century reconsidered', *AHR*, CXIII (2008), 1052–79

Parker, G., *The military revolution. Military innovation and the rise of the West, 1500–1800* (3rd edn, Cambridge, 2008)

Parker, G., 'States make war but wars also break states', *Journal of Military History*, LXXIV (2010), 11–34

Parker, G., 'La crisis de la década de 1590 reconsiderada: Felipe II, sus enemigos y el cambio climático', in A. Marcos Marín, ed., *Libro Homenaje para José Luis Rodríguez de Diego* (Valladolid, 2011), 643–70

Parker, G., ed., *The Thirty Years War* (2nd edn, London, 1996)

Parker, G., ed., *La crisis de la Monarquía de Felipe IV* (Barcelona, 2006)

Parker, G. and L. M. Smith, *The General Crisis of the seventeenth century* (2nd edn, London, 1997)

Parrott, D., *The business of war: Military enterprise and military revolution in early modern Europe* (Cambridge, 2012)

Parry, M. L., 'Climatic change and the agricultural frontier: a research strategy', in Wrigley et al., *Climate and history*, 319–36

Parsons, J. B., 'Attitudes towards Late Ming rebellions', *Oriens Extremus*, VI (1959), 177–91

Parsons, J. B., *The peasant rebellions of the late Ming dynasty* (Tucson, AZ, 1970)

Peacey, J., *Politicians and pamphleteers: Propaganda during the English Civil Wars and Interregnum* (Aldershot, 2004)

Pearl, V., *London and the outbreak of the Puritan revolution: City, government and national politics, 1625–43* (Oxford, 1961)

Peña Díaz, M., 'Aproximación a la climatología en la Catalunya del siglo XVII', in *Primer congrés d'història moderna de Catalunya*, I (Barcelona, 1984), 255–65

Perceval-Maxwell, M., 'Ulster 1641 in the context of political developments in the three kingdoms', in MacCuarta, ed., *Ulster*, 93–106

Perceval-Maxwell, M., *The outbreak of the Irish rebellion of 1641* (Quebec, 1994)

Peiser, B. J., *Natural catastrophes during Bronze Age civilizations* (Oxford, 1998)

Perdue, P. C., 'Water control in the Dongting lake region during the Ming and Qing periods', *JAS*, XLI (1982), 747–65

Perdue, P. C., *Exhausting the earth: State and peasant in Hunan, 1500–1800* (Cambridge, MA, 1987)

Perdue, P. C., *China marches west: The Qing conquest of Central Eurasia* (Cambridge, MA, 2005)

Pérez Moreda, V., *Las crisis de mortalidad en la España interior: siglos XVI–XIX* (Madrid, 1980)

Pérez Moreda, V., 'La peste de 1647–57 en el Mediterraneo occidental', *Boletín de la Asociación de Demografía Histórica*, V (1987), 14–23

Pérez Samper, M. A., *Catalunya i Portugal el 1640: Dos poles en una cruilla* (Barcelona, 1992)

Perkins, D. H., *Agricultural development in China, 1368–1968* (Chicago, 1969)

Pernot, F. and V. Toureille, eds, *Lendemains de Guerre. De l'Antiquité au monde contemporain, les hommes, l'espace et le récit l'économie et le politique* (Brussels, 2010)

Perrenoud, A., *La population de Genève du 16e au début du 19e siècle. Étude démographique* (Geneva, 1979: Mémoires et documents publiés par la société d'histoire et d'archéologie de Genève, XLVII)

Pestana, C. G., *The English Atlantic in an age of revolution, 1640–1661* (Cambridge, MA, 2004)

Peters, K., *Print culture and early Quakers* (Cambridge, 2005)

Peterson, W. J., 'The life of Ku Yen-wu (1613–1682)', *Harvard Journal of Asiatic Studies*, XXVIII (1968), 114–56, and XXIX (1969), 201–47

Peterson, W. J., *Bitter Gourd: Fang I-chih and the impetus for intellectual change* (New Haven and London, 1979)

Pfister, C., *Klimageschichte der Schweiz 1525–1860 und seiner Bedeutung in der Geschichte von Bevolkung und Landwirtschaft*, 2 vols (Bern, 1988)

Pfister, C., *Wetternachhersage. 500 Jahre Klimavariationen und Naturkatastrophen (1496–1995)* (Berlin, 1999)

Pfister, C., 'Documentary evidence', *PAGES-News*, X/3 (December 2002: special issue)

Pfister, C., 'Learning from nature-induced disasters: theoretical considerations and case studies from western Europe", in Mauch and Pfister, eds, *Natural disasters*, 17–40

Pfister, C., 'Little Ice Age-type impacts and the mitigation of social vulnerability to climate in the Swiss canton of Bern prior to 1800', in R. Costanza, L. M. Graumlich and W. Steffen, eds, *Sustainability or collapse? An integrated history and future of people on earth* (Berlin, 2005), 191–208

Pfister, C., 'The vulnerability of past societies to climatic variation: a new focus for historical climatology in the twenty-first century', *CC*, C (2010), 25–31

Pfister, C., 'Weeping in the snow: the second period of Little Ice Age-type impacts, 1570–1630', in Behringer et al., *Kulturelle Konsequenzen der 'Kleinen Eiszeit'*, 31–86

Pfister, C. and R. Brádzil, 'Climatic variability in sixteenth-century Europe and its social dimension: a synthesis', *CC*, XLIII (1999), 5–53

Pflugfelder, G., *Cartographies of desire: Male-male sexuality in Japanese discourse* (Berkeley, 1999)

Pillorget, R., *Les mouvements insurrectionnels de Provence entre 1596 et 1715* (Paris, 1975)

Piqueras García, M. B., 'Cédula de Felipe IV sobre el derecho de la media anata', *Trocadero*, XXI–XXII (2009–10), 165–90

Pitcher, D. E., *An historical geography of the Ottoman empire* (Leiden, 1972)

Piterberg, G., *An Ottoman tragedy: History and historiography at play* (Berkeley, 2003)

Platonov, S. F., 'Novyi istochnik istochnik dlia istorii Moskovskikh volnenii', *Chteniiia v imperatorskom obshchestve istorii i drevnostei Rossiiskikh Moskovskom universitete* (1893/1), 3–19

Plokhy, S., *The Cossacks and religion in early modern Ukraine* (Oxford, 2001)

Plumb, J. H., *The growth of political stability in England, 1675–1725* (London, 1967)

Poelhekke, J. J., *De Vrede van Munster* (The Hague, 1948)

Pokrovskii, N. N., *Tomsk 1648–1649 gg: voevodskaia vlast' i zemskie miry* (Novosibirsk, 1989)

Polišenský, J. V., *The Thirty Years' War* (London, 1971)

Polišenský, J. V., *War and society in Europe 1618–1648* (Cambridge, 1978)

Pollack, H. N., S. Huang and J. E. Smerdon, 'Five centuries of climate change in Australia: the view from underground', *Journal of Quaternary Science*, XXI (2006), 701–6

Polleross, F. B., *Das sakrale Indentifikationsporträt: ein höfischer Bildtypus vom 13. bis zum 20. Jahrhundert*, 2 vols (Vienna, 1988)

Pollock, L., 'Embarking on a rough passage: the experience of pregnancy in early-modern society', in Fildes, ed., *Women as mothers*, 39–67

Pomeranz, K. W., *The Great Divergence: China, Europe, and the making of the modern world economy* (Princeton, 2000)

Pomeranz, K. W., 'Is there an East Asian development path? Long-term comparisons, constraints, and continuities', *JESHO*, XLIV (2001), 322–62

Pomeranz, K. W., 'Without coal? Colonies? Calculus? Counterfactuals and industrialization in Europe and China', in Tetlock et al., eds, *Unmaking the West*, 241–76

Porschnev, B. F., 'Les rapports politiques de l'Europe occidentale et de l'Europe orientale à l'époque de la Guerre de Trente Ans', in *Rapports du XIe Congrès des Sciences Historiques* (Stockholm, 1960), IV, 136–63

Porschnev, B., *Les soulèvements populaires en France avant la Fronde* (Paris, 1963)

Porter, S., *Destruction in the English Civil War* (Gloucester, 1994)

Post, J. D., *The last great subsistence crisis in the Western World* (Baltimore, 1977)

Post, J. D., *Food shortage, climatic variability and epidemic disease in pre-industrial Europe: The mortality peak in the early 1740s* (Ithaca, NY, 1985)

Potter, L., *Secret rites and secret writing: Royalist literature, 1641–1660* (Cambridge, 2009)

Potts, R., *Humanity's descent. The consequences of ecological instability* (New York, 1996)

Prakash, O., *The Dutch East India Company and the economy of Bengal 1630–1720* (Princeton, 1985)

Price, R., ed., *Maroon societies: Rebel slave communities in the Americas* (2nd edn, Baltimore, 1996)

Prieto, M. del R., 'The Paraná river floods during the Spanish colonial period', in Mauch and Pfister, eds, *Natural disasters*, 285–303

Prown, P. C., 'The mismeasurement of land: land surveying in the Tokugawa period', *Monumenta Nipponica*, XLII (1987), 115–55

Przybylak, R. et al., 'Temperature changes in Poland from the sixteenth to the twentieth centuries', *IJC*, XXV (2005), 773–91

Pullan, B. S., *Rich and poor in Renaissance Venice: The social institutions of a Catholic state, to 1620* (Oxford, 1971)

Pullan, B. S., *Orphans and foundlings in early modern Europe* (Reading, 1989)

Pursell, B., *The Winter King: Frederick V of the Palatinate and the coming of the Thirty YearsWar* (Aldershot, 2002)

Raba, J., *Between remembrance and denial: The fate of the Jews in the wars of the Polish Commonwealth during the mid-seventeenth century as shown in contemporary writing and historical research* (Boulder, CO: East European Monographs, CDXXVIII, 1995)

Rabb, T. K., *The struggle for stability in early modern Europe* (Oxford, 1975)

Rabb, T. K., 'The Scientific Revolution and the problem of periodization', *European Review*, XV (2007), 503–12

Rabb, T. K., 'Introduction: the persistence of the "Crisis"', *JIH*, XL (2009), 145–50

Rabb, T. K., *The artist and the warrior: Military history through the eyes of the Masters* (New Haven and London, 2011)

Radkau, J., *Nature and power: A global history of the environment* (Cambridge, 2008)

Ransel, D., *Mothers of misery: Child abandonment in Russia* (Princeton, 1988)

Ranum, O., *Richelieu and the councillors of Louis XIII* (Oxford, 1963)

Ranum, O., *The Fronde: A French revolution, 1648–1652* (New York, 1993)

Ranum, O., *Paris in the Age of Absolutism: An essay* (2nd edn, University Park, PA, 2002)

Rawski, E. S., *Education and popular literacy in Ch'ing China* (Ann Arbor, 1979)

Rawski, E. S., *The last emperors: A social history of Qing imperial institutions* (Berkeley, 2001)

Rawski, E. S., 'The Qing formation and the early-modern period', in Struve, ed., *Qing formation*, 207–41

Rawski, E. S. and J. Rawson, eds, *China: The Three Emperors, 1662–1795* (London, 2005)

Raychaudhuri, T. and I. Habib, eds, *The Cambridge economic history of India*, I (Cambridge, 1982)

Raymond, J., *The invention of the newspaper: English newsbooks 1641–1649* (Oxford, 1996)

Raynor, H., *A social history of music* (London, 1972)

Razzell, P., 'Did smallpox reduce height?', *EcHR*, LI (1997), 351–9, and LIV (2001), 108–9

Reade, H. G. R., *Sidelights on the Thirty Years' War*, 3 vols (London, 1924)

Reay, B., *The Quakers and the English Revolution* (London, 1985)

Redondo, P., *Galileo: Heretic* (Princeton, 1987)

Reece, H. M., 'The military presence in England, 1649–1660' (Oxford Univ D. Phil. thesis, 1981)

Reff, D. T., 'Contact shock in northwestern New Spain, 1518–1764', in J. W. Verano and D. H. Uberlaker, eds, *Disease and demography in the Americas* (Washington, DC, 1992), 265–76

Reger, W., 'In the service of the Tsar: European mercenary officers and the reception of military reform in Russia, 1654–1667' (University of Illinois PhD thesis, 1997)

Reher, D. S., 'Castilla y la crisis del siglo XVII: contextos demográficos para un ajuste de larga duración', in E. Martínez Ruiz, ed., *Madrid, Felipe II y las ciudades de la Monarquía*, II (Madrid, 2000), 347–74

Reid, A. R., 'The crisis of the seventeenth century in southeast Asia', in Parker and Smith, eds, *The General Crisis*, 206–34

Reid, A. R., *Southeast Asia in the age of commerce, 1450–1680*, 2 vols (New Haven, 1988–93)

Reis Torgal, L., *Ideologia política e teoria do estado na Restauração*, 2 vols (Coimbra, 1981–2)

Repgen, K., 'Über die Geschichtsschreibung des Dreisigjährigen Krieges: Begriff und Konzeption', in Repgen, ed., *Krieg und Politik, 1618–1648*, 1–84

Repgen, K., ed., *Krieg und Politik, 1618–1648. Europäische Probleme und Perspektiven* (Munich, 1988)

Reula i Biescas, J., '1640–1647: una aproximació a la publicística de la guerra dels segadors', *Pedralbes: revista d'historia moderna*, XI (1991), 91–108

Révah, I. S., *Le Cardinal Richelieu et la Restauration du Portugal* (Lisbon, 1950)

Ribot García, L. A., *La revuelta antiespañola de Mesina. Causas y antecedentes (1591–1674)* (Valladolid 1982)

Ribot García, L. A., 'La época del conde-duque de Olivares y el reino de Sicilia', in Elliott and García Sanz, eds, *La España del Conde Duque*, 655–77

Ribot García, L. A., *La Monarquía de España y la guerra de Mesina (1674–1678)* (Madrid, 2002)

Richards, J., *The Mughal empire* (Cambridge, 1993)

Richards, J., *The unending frontier: An environmental history of the early modern world* (Berkeley, 2003)

Riches, D., *The anthropology of violence* (Oxford, 1986)

Richter, D. K., 'War and culture: the Iroquois experience', *WMQ*, 3rd series, XL (1983), 528–59

Richter, D. K., *The ordeal of the Longhouse: The peoples of the Iroquois League in the era of European colonization* (Chapel Hill, NC, 1992)

Richter, D. K., *Facing East from Indian Country: A native history of early America* (Cambridge, 2001)

Rind, D., and J. Overpeck, 'Hypothesized causes of decade-to-century scale climate variability: climate model results', *Quaternary Science Review*, XII (1993), 357–74

Ringrose, D. R., *Madrid and the Spanish economy, 1560–1850* (Berkeley, 1983)

Riquer i Permanyer, B. de, ed., *Enciclopèdia Catalana: Historia política, societat i cultura dels paisos Catalans* (Barcelona, 1997)

Rivero Rodríguez, M., 'Técnica de un golpe de estado: el inquisidor García de Trasmiera en la revuelta siciliana de 1647', in F. J. Aranda Pérez, ed., *La declinación de la Monarquía hispánica* (Madrid, 2004: VIIa Reunión de la Fundación Española de Historia Moderna), 129–53

Rizzo, M., 'University, administration, taxation and society in Italy in the sixteenth century: the case of fiscal exemptions for the University of Pavia', in *History of Universities*, VIII (1989), 75–116

Rizzo, M., 'Un economia in guerra: Pavia nel 1655', *Annali di storia pavese*, XXVII (1999), 339–60

Rizzo, M., ' "Haver sempre l'occhio all'abbondanza dei viveri". Il governo dell'economia pavese durante l'assedio del 1655', in A. M. Bernal, L. de Rosa and F. D'Esposito, eds, *El gobierno de la economía en el imperio español* (Seville and Naples, 2000), 471–507

Rizzo, M., *Alloggiamenti militari e riforme fiscali nella Lombardia spagnola tra cinque e seicento* (Milan, 2001)

Rizzo, M., ' "Ottima gente da guerra". Cremonesi al servizio della strategia imperiale', in G. Politi, ed., *Storia di Cremona. L'età degli Asburgo di Spagna (1535–1707)* (Cremona, 2006), 126–45

Rizzo, M., ' "Rivoluzione dei consumi", "state-building" e "Rivoluzione militare". La domanda e l'offerta di servizi strategici nella Lombardia spagnola, 1535–1659', in I. Lopane and E. Ritrovato, eds, *Tra vecchi e nuovi equilibri economici. Domanda e offerta di servizi in Italia in età moderna e contemporanea* (Bari, 2007), 447–74

Rizzo, M., 'Influencia social, conveniencia económica, estabilidad política y eficiencia estratégica. Notables lombardos al servicio de los Habsburgos en la segunda mitad del siglo XVI', in J. F. Pardo Molero and M. Lomas Cortés, eds, *Oficiales reales. Los ministros de la Monarquía Catolica (siglos XVI–XVII)* (forthcoming)

Rizzo, M., J. J. Ruiz Ibáñez and G. Sabatini, eds, *Le forze del príncipe. Recursos, instrumentos y límites en la práctica del poder soberano en los territorios de la Monarquía Hispánica*, 2 vols (Murcia, 2003)

Roberts, M., 'Queen Christina and the General Crisis of the seventeenth century', in Aston, ed., *Crisis in Europe*, 195–221

Roberts, M., *Sweden as a Great Power 1611–1697: Government, society, foreign policy* (London, 1968)

Roberts, M., *The Swedish imperial experience, 1560–1718* (Cambridge, 1979)

Robinson, D. M., *Bandits, eunuchs and the Son of Heaven: Rebellion and the economy of violence in mid-Ming China* (Honolulu, 2001)

Robinson, J. H., *The great comet of 1680: A study in the history of rationalism* (Northfield, MN, 1916)

Robisheaux, T., *Rural society and the search for order in early modern Germany* (Cambridge, 1989)

Rodén, M. L., 'The crisis of the seventeenth century: the Nordic perspective', in Benedict and Gutmann, eds, *Early modern Europe*, 100–19

Rodger, N. A. M., *The safeguard of the sea: A naval history of Britain, 1660–1649* (London, 1997)

Rodger, N. A. M., *The command of the ocean: A naval history of Britain, 1649–1815* (London, 2004)

Rodrigo, F. S. et al., 'On the use of the Jesuit private correspondence records in climate reconstructions: a case study from Castile (Spain) for 1634–1648', *CC*, XL (1998), 625–45

Rohrschneider, M., *Der gescheiterte Frieden von Münster: Spaniens Ringen mit Frankreich auf dem Westfälischen Friedenskongress (1643–1649)* (Münster, 2007: Schriftenreihe der Vereinigung zur Erforschung der neueren Geschichte, XXX)

Romaniello, M. P., 'Controlling the frontier: monasteries and infrastructure in the Volga region, 1552–1682', *Central Asian Survey*, XIX (2000), 429–43

Romaniello, M. P., 'Ethnicity as social rank: governance, law and empire in Muscovite Russia', *Nationalities Papers*, XXXIV (2006), 447–69

Romaniello, M. P., 'Through the filter of tobacco: the limits of global trade in the early modern world', *CSSH*, XLIX (2007), 914–37

Romano, R., *Conjonctures opposées. La crise du 17e siècle en Europe et en Amerique latine* (Geneva, 1992)

Rommelse, G., 'The role of mercantilism in Anglo-Dutch political relations, 1650–1674', *EcHR*, LXIII (2010), 591–611

Ronan, C. A., *Edmond Halley: Genius in eclipse* (New York, 1969)

Roper, L., *Witch craze: Terror and fantasy in Baroque Germany* (New Haven, 2004)

Rosental, Paul-André, 'The novelty of an old genre: Louis Henry and the founding of historical demography', *Population (English)*, LVIII/1 (2003), 97–130

Rossi, P., 'The scientist', in Villari, ed., *Baroque personae*, 263–89

Roth, G., 'The Manchu-Chinese relationship, 1618–1636', in Spence and Wills, eds, *From Ming to Ch'ing*, 4–38

Roupnel, G., *La ville et la campagne au XVIIe siècle: étude sur les populations du pays dijonnais* (2nd edn, Paris, 1955)

Rovito, P. L., 'Le rivoluzione constitutionale di Napoli (1647–48)', *Rivista storica italiana*, XCVII (1986), 367–462

Rowen, H. H., *The Low Countries in early modern times* (New York, 1972)

Rowland, D. B., 'Moscow – the Third Rome or the New Israel', *Russian Review*, LV (1996), 591–614

Roy, V. N., D. Shulman and S. Subrahmanyam, *Symbol of substance: Court and state in Nâyaka-period Tamil Nadu* (Delhi, 1992)

Rublack, U., *The crimes of women in early modern Germany* (Oxford, 1999)

Ruíz Ibáñez, J. J., *Las dos caras de Jano. Monarquía, ciudad e individuo. Murcia, 1588–1648* (Murcia, 1995)

Ruppert, K., *Die kaiserliche Politik auf dem Westfälischen Friedenskongress (1643–1648)* (Münster, 1979: Schriftenreihe der Vereinigung zur Erforschung der neueren Geschichte, X)

Russell, C., 'The British problem and the English Civil War', *History*, LXXII (1987), 395–415

Russell, C., *The fall of the British monarchies, 1637–1642* (Oxford, 1991)

Saitō Osamu, 'The frequency of famines as demographic correctives in the Japanese past', in Dyson and Ó Gráda, eds, *Famine demography*, 218–39

Salisbury, N., *Manitou and Providence: Indians, Europeans and the making of New England, 1500–1643* (Oxford, 1982)

Sallmann, J.-M., *Naples et ses Saints à l'âge baroque (1540–1750)* (Paris, 1994)

Salm, H., *Armeefinanzierung im Dreissigjährigen Krieg. Die Niederrheinisch-Westfälische Reichskreis, 1635–1650* (Münster, 1990: Schriftenreihe der Vereinigung zur Erforschung der neueren Geschichte, XVI)

Salmon, J. H. M., *The French religious wars in English political thought* (Oxford, 1959)

Sanabre, J., *La acción de Francia en Cataluña en la pugna por la hegemonía de Europa (1640–1659)* (Barcelona, 1956)

Sandberg, B., *Warrior pursuits: Noble culture and civil conflict in early modern France* (Baltimore, 2010)

Sanderson, M., *The history of the University of East Anglia 1918–2000* (London, 2002)

Sansom, G., *A history of Japan, 1615–1867* (Stanford, 1963)

Santoro, M., *Le secentine napoletane della Biblioteca Nazionale di Napoli* (Rome, 1986)

Sanz Camañes, P., *Política, hacienda y milicia en el Aragón de los últimos Austrias entre 1640 y 1680* (Zaragoza, 1997).

Sargent, T. J. and F. R. Velde, *The big problem of small change* (Princeton, 2002)

Sasaki Junnosuke, *Daimyô to hyakushô* (Tokyo, 1966)

Sasaki Junnosuke and R. Toby, 'The changing rationale of daimyo control in the emergence of the bakuhan state', in Hall et al., eds, *Japan before Tokugawa*, 271–94

Schaffer, S., *The information order of Isaac Newton's* Principia Mathematica (Uppsala, 2008)

Schama, S. M., *The embarrassment of riches: An interpretation of Dutch Culture in the Golden Age* (New York, 1987)

Schaub, J. F., *Le Portugal au temps du comte-duc d'Olivares (1621–1640). Le conflit de juridictions comme exercice de la politique* (Madrid, 2002)

Schaufler, H. H., *Die Schlacht bei Freiburg im Breisgau* (Freiburg, 1979)

Schiebinger, L., *Plants and empire: Colonial bioprospecting in the Atlantic world* (Cambridge, MA, 2004)

Schilfert, G., 'Zur Geschichte der Auswirkungen der englischen bürgerlichen Revolution auf Nordwestdeutschland', in F. Klein and J. Streisand, eds, *Beiträge zum neuer Geschichtsbild, zum 60. Geburtstag von Alfred Meusel* (Berlin, 1956), 247–57

Schilling, H., 'Confessional Europe', in T. A. Brady, H. A. Oberman and J. D. Tracy, eds, *Handbook of European History, 1400–1600*, 2 vols (Cambridge, 1995), II, 641–81

Schmidt, P., *Spanische Universalmonarchie oder "teutsche Libertet". Das spanische Imperium in der Propaganda des Dreissigjährigen Krieges* (Stuttgart, 2001: Studien zur modernen Geschichte, LIV)

Schoffeleers, J. M., *River of blood: The genesis of a martyr cult in Southern Malawi, circa A.D. 1600* (Madison, 1992)

Scholem, G., *Sabbatai Sevi: The mystical Messiah, 1626–1676* (Princeton, 1973)

Schüller, K., *Die Beziehungen zwischen Spanien und Irland im 16. und 17. Jahrhundert. Diplomatie, Handel und die soziale Integration katholischer Exulanten* (Münster, 1999)

Schumpeter, J. A., *Capitalism, socialism and democracy* (1942; ed. R. Swedberg, London, 2003)

Schwartz, S. B., 'Panic in the Indies: the Portuguese threat to the Spanish empire' in Thomas and de Groof, eds, *Rebelión y resistencia*, 205–17

Schwartz, S. B., 'Silver, sugar and slaves: how the empire restored Portugal' (EUI conference paper, 2003)

Scott, D., *Politics amd war in the three Stuart kingdoms, 1637–1649* (Basingstoke, 2004)

Scott, H. M., ed., *The European nobilities of the 17th and 18th centuries*, 2 vols (London, 1995)

Scott, J., *Love and protest: Chinese poems from the sixth century AD to the seventeenth century AD* (London, 1972)

Scott, J., *England's troubles: Seventeenth-century English political instability in European context* (Cambridge, 2000)

Scott, J. C., *The moral economy of the peasant: Rebellion and resistance in Southeast Asia* (New Haven, 1976)

Scott, J. C., *Weapons of the weak: Everyday forms of peasant resistance* (New Haven, 1985)

Scott, J. C., *Domination and the arts of resistance: Hidden transcripts* (New Haven, 1990)

Scott, J. C., *Seeing like a state: How certain schemes to improve the human condition have failed* (New Haven, 1998)

Seaver, P. S., *Wallington's world: A Puritan artisan in seventeenth-century London* (Stanford, 1985)

Seed, P., *To love, honor and obey in colonial Mexico: Conflicts over marriage choice, 1574–1821* (Stanford, 1988)

Séguy, I., 'L'enquête sur la population de la France de 1500 à 1700 (J.-N. Biraben): présentation, sources, bibliographie', *Population*, LIII (1998), 181–213

Sella, D., *Crisis and continuity: The economy of Spanish Lombardy in the seventeenth century* (Cambridge, MA, 1979)

Sella, D., 'The survival of the urban economies of central and northern Italy in the seventeenth century: recent studies and new perspectives', *Journal of Mediterranean Studies*, X (2000), 275–85

Sella, D., 'Peasant strategies for survival in northern Italy, XVI–XVII centuries', *JEEH*, XXXVII/2–3 (2008), 455–69

Sen, A. K., *Poverty and famines: An essay on entitlement and deprivation* (Oxford, 1981)

Séré, D., 'La paix des Pyrénées ou la paix du roi: le rôle méconnu de Philippe IV dans la restauration de la paix entre l'Espagne et la France', *Revue d'histoire diplomatique*, CXIX (2005), 243–61

Séré, D., *La Paix des Pyrénées. Vingt-quatre ans de négociations entre la France et l'Espagne, 1635–1659* (Paris, 2007)

Serra i Puig, E., *La revolució catalana de 1640* (Barcelona, 1991)

Setton, K. M., *Venice, Austria and the Turks in the seventeenth century* (Philadelphia, 1991)

Shagan, E., 'Constructing discord: ideology, propaganda and English responses to the Irish rebellion of 1641', *Journal of British Studies*, XXXVI (1997), 4–34

Shannon, A., ' "Uncouth language to a princes ears": Archibald Armstrong, court jester, and early Stuart politics', *SCJ*, XLII (2011), 99–112

Sharpe, K., *The personal rule of Charles I* (New Haven, 1992)

Shaw, D. J. B., 'Southern frontiers of Muscovy, 1550–1700', in J. H. Bater and R. A. French, eds, *Studies in Russian Historical Geography*, I (London, 1983), 117–42

Shaw, S. J., *History of the Ottoman empire and modern Turkey*, 2 vols (Cambridge, 1976–7)

Shennan, J. H., *The Parlement of Paris* (London, 1968)

Sherratt, A., 'Climatic cycles and behavioural revolutions: the emergence of modern humans and the beginning of farming', *Antiquity*, LXXI (1997), 271–87

Shi Yafeng and Liu Shiyin, 'Estimation of the response of glaciers in China to the global warming in the twenty-first century', *Chinese Science Bulletin*, XLV (2000), 668–72

Shindell, D. T., 'Volcanic and solar forcing of climate change during the Preindustrial Era', *Journal of Climate Change*, XVI (2003), 4,094–4,107

Shiue, C. H., 'Local granaries and central government disaster relief: moral hazard and interregional finance in eighteenth- and nineteenth-century China', *Journal of Economic History*, LXIV (2004), 100–24

Shively, D. H., 'Sumptuary regulation and status in early Tokugawa Japan', *Harvard Journal of Asiatic Studies*, XXV (1964–5), 123–64

Shy, J., *A people numerous and armed: Reflections on the military struggle for American independence* (2nd edn, Oxford, 1990)

SIDES, *see* Società italiana di demografia storica

Signorotto, G., *Milano spagnola. Guerra, istituzioni, uomini di governo (1635–1660)* (Florence, 1996)

Signorotto, G., 'Stabilità politica e trame antispagnole nella Milano del Seicento', in Y. Bercé and E. Fasano Guarini, *Complots et conjurations dans l'Europe moderne* (Rome, 1996), 721–45

Silke, J. J., 'Primate Lombard and James I', *Irish Theological Quarterly*, XXII (1955), 143–55

Simas Bettencourt Amorim, M. N., *Guimarães de 1580 a 1819. Estudo demográfico* (Lisbon, 1987)

Simón i Tarrés, A., 'Catalunya en el siglo XVII. La revuelta campesina y popular de 1640', *Estudi general I. Col.legi Universitari de Girona*, I (1981), 1–35

Simón i Tarrés, A., 'Els anys 1627–32 i la crisi del segle XVII a Catalunya', *Estudis d'Història Agrària*, IX (1992), 157–80

Simón i Tarrés, A., *Els orígens ideològics de la revolució catalana de 1640* (Barcelona, 1999)

Singer, R. T., *Edo art in Japan 1615–1868* (Washington, DC, 1998)

Singh, C., *Region and empire: Panjab in the seventeenth century* (Delhi, 1991)

Skinner, G. W., 'Marketing and social structure in rural China', *JAS*, XXIV (1964), 3–43, XXV (1965), 195–228 and 363–99

Skinner, G. W., 'Cities and the hierarchy of local systems', in Skinner, ed., *The city in late imperial China* (Stanford, 1977), 275–352

Skinner, Q. R. D., 'Conquest and consent: Hobbes and the Engagement controversy' in Skinner, *Visions of politics*, III, 287–307

Skinner, Q. R. D., 'The ideological context of Hobbes's political thought', in Skinner, *Visions of politics*, III, 264–86

Skinner, Q. R. D., *Visions of politics*, 3 vols (Cambridge, 2002)

Slack, P., *The impact of the plague in Tudor and Stuart England* (London, 1985)

Slotkin, R. and J. K. Folsom, eds, *So dreadful a judgement: Puritan responses to King Philip's War, 1676–1677* (Middletown, CT, 1978)

Slovic, P., 'The perception of risk', *Science, NS*, CCXXXVI (1987), 280–5

Slovic, P., *The perception of risk* (London, 2000)

Smith, D. L., 'Catholic, Anglican or Puritan? Edward Sackville, fourth earl of Dorset and the ambiguities of religion in early Stuart England', *TRHistS*, 6th series, II (1992), 105–24

Smith, J. H., 'Benevolent societies: the reshaping of charity during the late Ming and early Ch'ing', *JAS*, XLVI (1987), 309–37

Smith, J. H., *The art of doing good: Charity in late Ming China* (Berkeley, 2009)

Smith, R. E. F., *Peasant farming in Muscovy* (Cambridge, 1977)

Smith, S. R., 'Almost Revolutionaries: the London apprentices during the Civil Wars', *Huntington Library Quarterly*, XLII (1978–9), 313–28

Smith, T. C., *The agrarian origins of modern Japan* (Stanford, 1959)

Smith, T. C., *Nakahara: Family farming and population in a Japanese village, 1717–1830* (Stanford, 1977)

Smuts, R. M., ed., *The Stuart court and Europe: Essays in politics and political culture* (Cambridge, 1996)

Snapper, F., *Oorlogsinvloeden op de overzeese handel van Holland 1551–1719* (Amsterdam, 1959)

Snobelen, S. D., ' "A time and times and the dividing of time": Isaac Newton, the Apocalypse, and 2060 A.D.', *Canadian Journal of History* (Dec. 2003)

Soares da Cunha, M., *A casa de Bragança, 1560–1640: práticas senhoriais e redes clientalares* (Lisbon, 2000)

Società italiana di demografia storica [SIDES], *La popolazione italiana nel '600* (Bologna, 1999)

Solano Camón, E., *Poder monárquico y estado pactista (1626–52): los aragoneses ante la Unión de Armas* (Zaragoza, 1987)

Solar, P. M., 'Poor relief and English economic development before the industrial revolution', *EcHR*, XLVIII (1995), 1–22

Soll, J., 'Accounting for Government: Holland and the rise of political economy in seventeenth-century Europe', *JIH*, XL (2009), 215–38

Soll, J., *The information master: Jean-Baptiste Colbert's Secret State Intelligence System* (Ann Arbor, 2009)

Solomon, H. M., *Public welfare, science and propaganda in seventeenth-century France: The innovations of Théophraste Renaudot* (Princeton, 1972)

Soman, A., *Sorcellerie et justice criminelle (16e–18e siècles)* (Guildford, 1992)

Sparmann, E., *Dresden während des 30-jährigen Krieges* (Leipzig, 1914)

Spence, J. D., *Ts'ao-Yin and the K'ang-hsi emperor: Bondservant and master* (New Haven and London, 1966)

Spence, J. D., *Emperor of China: Self-portrait of K'ang-hsi* (New York, 1974)

Spence, J. D., *The death of Woman Wang: Rural life in China in the seventeenth century* (London, 1978)

Spence, J. D. and J. E. Wills, eds, *From Ming to Ch'ing: Conquest, region, and continuity in seventeenth-century China* (New Haven, 1979)

Sperling, J., *Convents and the body politic in late Renaissance Venice* (Chicago, 1999)

Spooner, F., 'From hoards to safe havens: some transfers abroad in the seventeenth and eighteenth centuries', *JEEH* XXXIV (2005), 601–24

Spörer, G. F. W., *Ueber die Periodicitätder sonnenflecken seit dem Jahre 1618* (Halle, 1889)

Spufford, M., 'First steps in literacy: the reading and writing experiences of the humblest 17th-century Spiritual autobiographers', *Social History*, IV (1979), 405–35

Sreenivasan, G. P., *The peasants of Ottobeuren, 1487–1726: A rural society in early modern Europe* (Cambridge, 2004)

Stade, A., ed., *Carl X Gustaf och Danmark* (Stockholm, 1965)

Stahle, D. W. et al., 'The Lost Colony and Jamestown droughts', *Science*, CCLXXX (1998), 564–7

Stahle, D. W. et al., 'Tree-ring data document 16th-century megadrought over North America', *EOS*, 81/12 (March 21, 2000), 121–5

Stampfer, S., 'Maps of Jewish settlements in Ukraine in 1648', *Jewish History*, XVII/2 (2003), 107–14

Stampfer, S., 'What actually happened to the Jews of Ukraine in 1648?', *Jewish History*, XVII/2 (2003), 207–27

Starna, W. A., 'The Pequots in the early seventeenth century', in Hauptman and Wherry, eds, *The Pequots*, 33–47

Statler, O., *Japanese Inn* (New York, 1961)

Steckel, R. H., 'New light on the "Dark Ages": the remarkably tall stature of northern european men during the medieval era', *Social Science History*, XXVIII (2004), 211–30

Steensgaard, N., 'The seventeenth-century crisis', in Parker and Smith, *The General Crisis*, 32–56

Steinman, P., *Bauer und Ritter in Mecklenburg. Wandlungen der gutsherrlich-bäuerlichen Verhältnisse im Westen und Osten Mecklenburgs von 12/13 Jahrhundert bis zur Bodenreform 1945* (Schwerin, 1960)

Stepto, G., ed., *Lieutenant Nun: Memoir of a Basque transvestite in the New World. Catalina de Erauso* (Boston, 1996)

Stevens, C. B., *Soldiers on the steppe: Army reform and social change in early modern Russia* (Dekalb, IL, 1995)

Stevens, C. B., *Russia's wars of emergence, 1460–1730* (London, 2007)

Stevenson, D., 'Deposition of ministers in the church of Scotland under the Covenanters 1638–51', *Church History*, XLIV (1975), 321–35

Stevenson, D., *King or Covenant? Voices from the Civil War* (East Linton, 1996)

Stolp, A., *De eerste couranten in Holland. Bijdrage tot de geschiedenis der geschreven nieuwstijdingen* (Haarlem, 1938)

Stommel, H. and E., *Volcano weather: The story of 1816, the year without a summer* (Newport, RI 1983)

Stoyle, M. J., ' "Whole streets converted to ashes": property destruction in Exeter during the English Civil War', *Southern History*, XVI (1994), 62–81

Stoyle, M. J., ' "Pagans" or "paragons"? Images of the Cornish in the English Civil War', *EHR*, CXI (1996), 299–323

Stoyle, M. J., ' "Memories of the maimed": the testimony of Charles I's former soldiers, 1660–1730', *History*, LXXXVIII (2003), 204–26

Stoyle, M. J., 'Remembering the English Civil War', in P. Gray and K. Oliver, eds, *The memory of catastrophe* (Manchester, 2004), 19–30

Stradling, R. A., *Spain's struggle for Europe, 1598–1668* (London, 1994)

Straub, E., *Pax et Imperium. Spaniens Kampf um seine Friedensordnung in Europa zwischen 1617 und 1635* (Paderborn, 1980)

Struve, L. A., *The Southern Ming, 1644–1662* (New Haven, 1984)

Struve, L. A., *Time, temporality, and Imperial transition: East Asia from Ming to Qing (Asian Interactions and Comparisons)* (Honolulu, 2002)

Struve, L. A., 'Dreaming and self-search during the Ming collapse: the *Xue Xiemeng Biji*, 1642–1646', *T'oung Pao*, XCIII (2007), 159–92

Struve, L. A., ed., *The Qing formation in world-historical time* (Cambridge, MA, 2004)

Sturdy, D., 'La révolte irlandaise (1641–1650)', *Revue d'histoire diplomatique*, XCII (1978), 51–70

Suárez, M., 'La "crisis del siglo XVII" en la región andina', in M. Burga, ed., *Historia de América Andina. Formación y apogeo del sistema colonial*, II (Quito, 2000), 289–317

Suárez, M., *Desafíos transatlánticos. Mercaderes, banqueros y estado en Perú virreinal 1600–1700* (Lima, 2001)

Subrahmanyam, S., *The Portuguese empire in Asia, 1500–1700: A political and economic history* (London, 1993)

Subrahmanyam, S., ed., *Money and the market in India, 1100–1700* (Delhi, 1994)

Subrahmanyam, S., 'Hearing voices: vignettes of early modernity in South Asia, 1400–1750', *Daedalus*, CXXVII.3 (1998), 75–104

Subrahmanyam, S., *Explorations in connected history: Mughals and Franks* (Oxford, 2005)

Subrahmanyam, S., 'A tale of three empires: Mughals, Ottomans and Habsburgs in a comparative context', *Common Knowledge*, XII.1 (2006), 66–92

Subtelny, O., *The domination of eastern Europe: Native nobilities and foreign absolutism, 1500–1715* (Montreal, 1986)

Supple, B. E., *Commercial crisis and change in England, 1600–1642* (Cambridge, 1959)

Suter, A., *Der schweizerische Bauernkrieg von 1653. Politische Sozialgeschichte – Sozialgeschichte eines politischen Ereignisses* (Tübingen, 1997)

Sutherland, W., *Taming the wild field: Colonization and empire on the Russian steppe* (Ithaca, NY, 2004)

Suvanto, P., *Wallenstein und seine Anhänger am Wiener Hof zur Zeit des zweiten Generalats, 1631–1634* (Helsinki, 1963)

Symcox, G., ed., *War, diplomacy and imperialism, 1618–1763* (London, 1974)

Sysyn, F. E., 'Ukrainian-Polish relations in the seventeenth century: the role of national consciousness and national conflict in the Khmelnytsky movement', in P. J. Potichnyj, ed., *Poland and Ukraine: Past and present* (Edmonton, 1980), 58–82

Sysyn, F. E., *Between Poland and the Ukraine: The dilemma of Adam Kysil, 1600–1653* (Cambridge, MA, 1985)

Sysyn, F. E., 'Ukrainian social tensions before the Khmel'nyts'kyi uprising', in S. H. Baron and N. S. Kollmann, eds, *Religion and culture in early modern Russia and Ukraine* (Dekalb, IL, 1997), 52–70

Sysyn, F. E., 'The Khmel'nyts'kyi Uprising: a characterization of the Ukrainian revolt', *Jewish History*, XVII (2003), 115–39

't Hart, M., *The making of a bourgeois state: War, politics and finance during the Dutch Revolt* (Manchester, 1993)

't Hart, M., 'The United Provinces, 1579–1806', in R. Bonney, ed., *The rise of the fiscal state in Europe, c. 1200–1815* (Oxford, 1999), ch. 9

T'ien Ju-K'ang, *Male anxiety and female chastity: A comparative study of Chinese ethical values in Ming-Ch'ing times* (Leiden, 1988)

Tacke, A., 'Mars, the enemy of art: Sandrart's *Teutsche Academie* and the impact of war on art and artists', in Bussmann and Schilling, eds, *1648*, II, 245–52

Talbot, M., 'Ore italiane: the reckoning of the time of day in pre-Napoleonic Italy', *Italian Studies*, XL (1985), 51–62

Tashiro Kazui, 'Tsushima Han's Korean trade, 1684–1710', *Acta Asiatica*, XXX (1976), 85–105

Tashiro Kazui, 'Foreign relations during the Edo period: Sakoku re-examined', *JJS*, VIII (1982), 283–306

Taulis M.E., *De la distribution des pluies au Chili. La périodicité des pluies depuis 400 ans* (Geneva, 1934: Matériaux pour l'étude des calamités publiés par les soins de la Société de Géographie de Genève, XXXIII/1), 3–20

Tawney, R. H., *Land and labor in China* (London, 1932)

Tazbir, J., 'La polonisation du catholicisme après le concile de Trente', *Memorie domenicane*, new series, IV (1973), 217–40

Te Brake, W., *Shaping history: Ordinary people in European politics 1500–1700* (Berkeley, 1998)

Telford, T. A., 'Fertility and population growth in the lineages of Tongcheng County, 1520–1661', in Harrell, ed., *Chinese historical micro-demography*, 48–93

Teodoreanu, E., 'Preliminary observations on the Little Ice Age in Romania', *Present Environment and Sustainable Development*, V (2011), 187–94

Terzioğlu, D., 'Sufi and dissident in the Ottoman empire: Niyāzī-i Miṣrī (1618–94)' (Harvard University PhD thesis, 1999)

Tetlock, P. E., R. N. Le Bow and G. Parker, eds, *Unmaking the West: 'What-If? Scenarios that rewrite world history* (Ann Arbor, 2006)

Tezcan, B., 'Searching for Osman: a reassessment of the deposition of the Ottoman Sultan Osman (1618–1622)' (Princeton University PhD thesis, 2001)

Theibault, J. C., 'The rhetoric of death and destruction in the Thirty Years War', *Journal of Social History*, XXVII/2 (1993), 271–90

Theibault, J. C., 'Jeremiah in the village: prophecy, preaching, pamphlets and penance in the Thirty Years' War', *Central European History*, XXVII (1994), 441–60

Theibault, J. C., *German villages in crisis: Rural life in Hesse-Kassel and the Thirty Years War, 1580–1720* (Atlantic Highlands, NJ, 1995)

Theibault, J. C., 'The demography of the Thirty Years War revisited: Günther Franz and his critics', *German History*, XV (1997), 1–21

Thirsk, J., 'Agricultural policy: public debate and legislation, 1640–1750', in Thirsk, *The agrarian history of England and Wales. V. 1640–1700*, 2 vols (Cambridge, 1985), II, 298–388

Thomas, K. V., *Religion and the decline of magic: Studies in popular belief in 16th- and 17th-century England* (London, 1971)

Thomas, W. and B. de Groof, eds, *Rebelión y resistencia de el mundo hispánico del siglo XVII* (Louvain, 1992)

Thompson, I. A. A., 'Alteraciones granadinos: el motín de 1648 a la luz de un nuevo testimonio presencial', in Castellanos, ed., *Homenaje*, II, 799–812

Thompson, I. A. A. and B. Yun Casalilla, eds, *The Castilian crisis of the seventeenth century* (Cambridge, 1994)

Thorndycraft, V. R., et al., 'The catastrophic floods of AD 1617 in Catalonia (northeast Spain) and their climatic context', *Hydrological Sciences Journal*, LI (2006), 899–912

Thornton, J. K., 'Demography and history in the kingdom of Kongo, 1550–1750', *Journal of African History*, XVIII (1977), 507–30

Thornton, J. K., *The kingdom of Kongo: Civil war and transition 1641–1718* (Madison, 1983)

Thornton, J. K., *Warfare in Atlantic Africa, 1500–1800* (London, 1999)

Thornton, J. K., 'Warfare, slave trading and European influence: Atlantic Africa 1450–1800', in J. M. Black, ed., *War in the early modern world, 1450–1815* (London, 1999), 129–46

Thurow, L. C., *The zero-sum society: Redistribution and the possibilities for economic change* (New York, 1981)

Toby, R. P., 'Reopening the question of *sakoku*: diplomacy in the legitimation of the Tokugawa bakufu', *JJS*, III (1977), 323–63

Toby R. P., *State and diplomacy in early modern Japan* (Princeton, 1984)

Tokugawa, Tsunenari, *The Edo Inheritance* (Tokyo, 2009)

Tong, J. W., *Disorder under heaven: Collective violence in the Ming dynasty* (Stanford, 1991)

Torke, H. J., *Die staatsbedingte Gesellschaft im Moskauer Reich. Zar und Zemlja in der altrussischen Herrschaftsverfassung, 1613–1689* (Leiden, 1974)

Torres Sanz, X., *Nyerros i cadells. Bàndols i bandolerisme a la catalunya moderna (1590–1640)* (Barcelona, 1993)

Totman, C., 'Tokugawa peasants: win, lose or draw?', *Monumenta Nipponica*, XLI (1986), 457–76

Totman, C., *The green archipelago: Forestry in pre-industrial Japan* (Berkeley, 1989)

Totman, C., *Early modern Japan* (Berkeley, 1993)

Treib, M., *Sanctuaries of Spanish New Mexico* (Berkeley, 1993)

Trevor-Roper, H. R., 'The general crisis of the seventeenth century', *P&P*, XVI (1959), 31–64

Trevor-Roper, H. R., 'The Fast Sermons of the Long Parliament', in idem, *Religion, the reformation and social change* (2nd edn, London, 1972), 273–316

Trevor-Roper, H. R., 'The church of England and the Greek church in the time of Charles I', in D. Baker, ed., *Studies in church history. XV: Religious motivation* (Oxford, 1978)

Trevor-Roper, H. R., *Europe's physician: The various life of Sir Theodore de Mayerne* (New Haven and London, 2006)

Troncarelli, F., *La spada e la croce. Guillén Lombardo e l'inquisizione in Messico* (Rome, 1999)

Trotsky, L., *The history of the Russian Revolution*, 3 vols (1930; English edn, 1932)

Truchuelo García, S., 'La incidencia de las relaciones entre Guipúzcoa y el poder real en la confirmación de los fueros durante los siglos XVI y XVII', *Manuscrits*, XXIV (2006), 73–93

Tsai, S-S. H., *The eunuch in the Ming dynasty* (New York, 1996)

Tsing Yuan, 'Urban riots and disturbances', in Spence and Wills, eds, *From Ming to Ch'ing*, 280–320

Tsukahira, T. G., *Feudal control in Tokugawa Japan: The Sankin Kôtai system* (Cambridge, MA, 1966: Harvard East Asian Monographs, XX)

Tsunoda, R., W. T. de Bary and D. Keene, *The sources of Japanese tradition*, 2 vols (New York, 1958)

Tuck, R., *Philosophy and government, 1572–1651* (Cambridge, 1993)

Tukker, C. A., 'The recruitment and training of Protestant ministers in the Netherlands in the sixteenth century', in D. Baker, ed., *Miscellanea Historiae Ecclesiasticae*, III (Louvain, 1970), 198–215

Turner, H. A., *Hitler's thirty days to power: January 1933* (New York, 1996)

Twersky, I. and B. Septimus, eds, *Jewish thought in the seventeenth century* (Cambridge, MA, 1987)

Twitchett, D. and F. W. Mote, eds, *The Cambridge History of China VIII, Part 2: The Ming* (Cambridge, 1998)

Uluçay, C., 'Sultan İbrahim Hakkinda Vesikalar', *Yeni Tarih Dergisi*, I/5 (1957)

Unat, R., 'Sadrazam Kemankeş Kara Mustafa Paşa Layihasi', *Tarih Vesikalari* I/6 (1942), 443–80

Urban, H., 'Druck und Drücke des Restitutionsedikt von 1629', *Archiv für Geschichte des Buchwesens*, XIV (1974), 609–54

Urbánek, V., 'The comet of 1618: eschatological expectations and political prognostications during the Bohemian revolt', in J. R. Christianson et al., eds, *Tycho Brahe and Prague: Crossroads of European science* (Prague, 2002)

Usoshin, I. G. et al., 'Reconstruction of monthly and yearly group sunspot numbers from sparse daily observations', *Solar Physics*, CCXVIII (2003), 295–305

Valladares, R., 'Sobre reyes de invierno. El diciembre portugués y los 40 fidalgos (o algunos menos, con otros más)', *Pedralbes: revista d'historia moderna*, XV (1995), 103–36

Valladares, R., *La rebelión de Portugal. Guerra, conflicto y poderes en la Monarquía Hispánica (1640–1680)* (Valladolid, 1998)

Van Beneden, B. and N. de Poorter, *Royalist refugees: William and Margaret Cavendish in the Rubens House, 1648–1660* (Antwerp, 2006)

Van de Haar, C., *De diplomatieke betrekkingen tussen de Republiek en Portugal, 1640–1661* (Groningen, 1961)

Van den Boogaart, E., ed., *Johan Maurits of Nassau-Siegen, 1604–79: A humanist prince in Europe and Brazil* (The Hague, 1979)

Van der Woude, A. and G. Mentink, 'La population de Rotterdam au XVIIe et XVIIIe siècle', *Population*, XXI (1966), 1,165–90

Van Deusen, N., *Between the sacred and the worldly: The institutional and cultural practice of recogimiento in Colonial Lima* (Stanford, 2001)

Van Maarseveen, M. P. et al., eds, *Beelden van een strijd. Oorlog en kunst vóór de Vrede van Munster, 1621–1648* (Delft, 1998)

Van Nouhuys, T., *The age of the two-faced Janus: The comets of 1577 and 1618 and the decline of the Aristotelian world view in the Netherlands* (Leiden, 1998)

Van Santen, H. W., 'De Verenigde Oost-indische Compagnie in Gujarat en Hindustan, 1620–1660' (Leiden University PhD thesis, 1982)

Van Veen, E., *Decay or defeat? An inquiry into the Portuguese decline in Asia, 1580–1645* (Leiden, 2000)

Vaporis, C. N., 'To Edo and back: alternative attendance and Japanese culture in the early modern period', *JJS*, XXIII (1997), 25–67

Vaporis, C. N., *Breaking barriers: Travel and the state in early modern Japan* (Cambridge, MA, 1994)

Vaquero, J. M. et al., 'Revisited sunspot data: a new scenario for the onset of the Maunder Minimum', *Astrophysical Journal, Letters*, DCCXXXI (2011) L 24

Vassberg, D. E., *The village and the outside world in Golden Age Castile: Mobility and migration in everyday rural life* (Cambridge, 1996)

Vatin, N. and G. Veinstein, *Le sérail ébranlé. Essai sur les morts, dépositions et avènements des sultans ottomans (XIVe–XIXe siècles)* (Paris, 2003)

Venezia e la peste, 1348–1797 (Venice, 1980)

Verano, J. W., and D. H. Uberlaker, eds, *Disease and demography in the Americas* (Washington, DC, 1992)

Verbeek, T., *Descartes and the Dutch: Early reactions to Cartesian philosophy, 1637–50* (Carbondale, IL, 1992)

Vernadsky, G., *History of Russia, V: The tsardom of Moscow, 1547–1682* (New Haven, 1969)

Viazzo, P. P., M. Bortolotto and A. Zanotto, 'Five centuries of foundling history in Florence', in C. Panter Brick and M. J. Smith, eds, *Abandoned children* (Cambridge, 2000), 70–91

Vicuña Mackenna, B., *El clima de Chile. Ensayo histórico* (Buenos Aires, 1970)

Vidal Pla, J., *Guerra dels segadors i crisi social. Els exiliats filipistes 1640–52* (Barcelona, 1984)

Vigo, G., *Nel cuore della crisi. Politica economica e metamorfosi industriale nella Lombardia del 600* (Pavia, 2000)

Vilar, P., *La Catalogne dans l'Espagne moderne*, I (Paris, 1962)

Villalba, R., 'Climatic fluctuations in northern Patagonia during the last 1000 years as inferred from tree-ring records', *Quaternary Research*, XXXIV (1990), 346–60

Villari, R., 'Rivolte e conscienza rivoluzionaria nel secolo XVII', *Studi storici*, XII (1971), 235–64

Villari, R., 'Masaniello: contemporary and recent interpretations,' *P&P*, CVIII (1985), 117–32

Villari, R., *Elogi della dissimulazione. La lotta politica nel '600* (Rome, 1987)

Villari, R., ed., *Baroque personae* (Chicago, 1991)

Villari, R., *Per il re o per la patria. La fedeltà nel Seicento* (Bari, 1991)

Villari, R., *The revolt of Naples* (Cambridge, 1993; original Italian edn, 1967)

Villstrand, N. E., 'Adaptation or protestation: local community facing the conscription of infantry for the Swedish armed forces 1620–79', in Jespersen, ed., *A revolution from above?*, 249–313

Viñas Navarro, A., 'El motín de Évora y su significación en la restauración portuguesa de 1640', *Boletín de la Biblioteca Menéndez y Pelayo*, VI (1924), 321–39, and V (1925), 29–49

Virol, M., 'Connaître et accroître les peuples du royaume: Vauban et la population', *Population*, LVI (2001), 845–75

Virol, M., *Vauban· de la gloire du roi au service de l'État* (Seyssel, 2003)

Vlastos, S., *Peasant protests and uprisings in Tokugawa Japan* (Berkeley, 1986)

Vogel, B., 'The letter from Dublin: Climate change, colonialism, and the Royal Society in the seventeenth century', *Osiris*, XXVI (2011), 111–27

Volpp, S., 'The literary circulation of actors in seventeenth-century China', *JAS*, LXI (2002), 949–84

Von Friedeburg, R., 'The making of patriots: love of Fatherland and negotiating monarchy in seventeenth-century Germany', *JMH*, LXXVII (2005), 881–916

Von Glahn, R., *Fountain of fortune: Money and monetary policy in China, 1000–1700* (Berkeley, 1996)

Von Greyerz, K., 'Switzerland during the Thirty Years War', in Bussmann and Schilling, eds, *1648*, I, 133–9

Von Greyerz, K., *Vorsehungsglaube und Kosmologie: Studien zu englischen Selbstzeugnissen des 17. Jahrhunderts* (Göttingen and London, 1990)

Von Kreusenstjern, B., *Selbstzeugnisse der Zeit des Dreissigjährigen Krieges: Beschreibenden Verzeichnis* (Berlin, 1997)

Von Kreusenstjern, B., '"Gott der allmechtig der das weter fiehren kan, wohin er will". Gottesbild und Gottesverständnis in frühenneuzeitlichen Chroniken', in Behringer et al., eds, *Kulturelle Konsequenzen*, 179–94

Von Krusenstjern, B. and H. Medick, eds, *Zwischen Alltag und Katastrophe. Der Dreissigjährige Krieg aus der Nähe* (Göttingen, 1999)

Wahlen, H. and E. Jaggi, *Der schweizerische Bauernkrieg, 1653, und die seitherige Entwicklung des Bauernstandes* (Bern, 1952)

Wakeman, F. C., 'The Shun Interregnum of 1644', in Spence and Wills, eds, *From Ming to Ch'ing*, 39–87

Wakeman, F. C., *The Great Enterprise: The Manchu reconstruction of imperial order in 17th century China* (Berkeley, 1985)

Wakeman, F. C., 'China and the seventeenth-century crisis', *Late Imperial China*, VII (1986), 1–26

Wakeman, F. C., 'Localism and loyalism during the Ch'ing conquest of Kiangnan', in Wakeman and Grant, eds, *Conflict and control*, 44–85

Wakeman, F. C. and C. Grant, eds, *Conflict and control in Late Imperial China* (Berkeley, 1975)

Wakita Osamu, 'The *kokudaka* system: a device for unification', *JJS*, I (1975), 297–320

Waldron, A., *The Great Wall of China, from history to myth* (Cambridge, 1990)

Waldrop, M. M., *Complexity: The emerging science on the edge of order and chaos* (New York, 1992)

Waley-Cohen, J., *The sextants of Beijing: Global currents in Chinese history* (New York, 1999)

Waley-Cohen, J., *The culture of war in China: Empire and the military under the Qing dynasty* (London, 2006)

Walford, C., 'The famines of the world: past and present', *Journal of the Statistical Society of London*, XLI (1878), 433–535, and XLII (1879), 79–275

Wallerstein, I., *The modern world-system: Capitalist agriculture and the origins of the European world-economy in the sixteenth century* (London, 1974)

Wallerstein, I., 'Y-a-t-il une crise du XVIIe siècle?', *Annales E. S. C.*, XXXIV (1979), 126–44

Walsh, T. J., *The Irish Continental College Movement: The colleges at Bordeaux, Toulouse, and Lille* (Dublin, 1973)

Walsham, A., *Providence in early modern England* (Oxford, 1999)

Walter, J., *Understanding popular violence in early modern England: The Colchester plunderers* (Cambridge, 1999)

Walter, J., ' "Abolishing superstition with sedition"? The politics of popular iconoclasm in England, 1640-2', *P&P*, CLXXXIII (2004), 79–123

Walter, J., 'Public transcripts, popular agency and the politics of subsistence in early modern England', in Braddick and Walter, eds, *Negotiating power*, 123–48

Walter, J., *Crowds and popular politics in early modern England* (Manchester, 2006)

Waltner, A., 'Infanticide and dowry in Ming and early Qing China', in A. B. Kinney, ed., *Chinese views of childhood* (Honolulu, 1995), 193–217

Wang Lingmao, 'Migration in two Minnan lineages in the Ming and Qing periods', in Harrell, ed., *Chinese historical micro-demography*, 183–213

Wang Shaowu, 'Climate of the Little Ice Age in China', in Mikami Takehito, ed., *Proceedings of the International Symposium on the Little Ice Age Climate* (Tokyo, 1992), 116–21

Waquet, F., 'Guy et Charles Patin, père et fils, et la contrebande du livre à Paris au XVIIe siècle', *Journal des savants* (1979/2), 125–48

Warde, P., 'Subsistence and sales: the peasant economy of Württemberg in the early seventeenth century', *EcHR*, LIX (2006), 289–319

Warren, J., 'Connecticut unscathed: victory in the Great Narragansett War (King Philip's War), 1675-1676' (Ohio State University PhD thesis, 2011)

Watson, E. and Luckman, B. H., 'Tree-ring based reconstructions of precipitation for the southern Canadian cordillera', *CC*, LXV (2004), 209–41

Webb, J., *Desert frontier: Ecological and economic change along the western Sahel, 1600–1850* (Madison, 1995)

Webb, S. S., *1676: The end of American independence* (New York, 1984)

Weber, E., *My France: Politics, culture, myth* (Cambridge, MA, 1991)

Weber, J., 'The early German newspaper – a medium of contemporaneity', in Dooley, ed., *The dissemination*, 69–79

Webster, J. B., ed., *Chronology, migration and droughts in interlacustrine Africa* (London, 1979)

Wedgwood, C. V., *The Thirty Years War* (London, 1938)

Wedgwood, C. V., 'The scientists and the English Civil War', in *The logic of personal knowledge: Essays presented to Michael Polanyi on his seventieth birthday* (London, 1961), 59–70

Weil, E., 'The echo of Harvey's *De motu cordis* (1628), 1628 to 1657', *Journal of the History of Medicine*, XII/4 (1957), 167–174

Weiss, H., 'The genesis and collapse of third millennium North Mesopotamian civilization', *Science*, CCLXI (1993), 995–1,004

Weiss, J. G., 'Die Vorgeschichte des böhmischen Abenteuers Friedrichs V. von der Pfalz', *Zeitschrift für die Geschichte des Oberrheins*, new series, LIII (1940), 383–492

Weisser, M. R., *The peasants of the Montes: The roots of rural rebellion in Spain* (Chicago, 1976)

Westerkamp, M. J., 'Puritan patriarchy and the problem of revelation', *JIH*, XXIII (1993), 571–95

Westerkamp, M. J., *Women and religion in early America, 1600–1850: The Puritan and evangelical tradition* (London, 1999)

Wheeler, J. S., *The making of a world power: War and the military revolution in seventeenth-century England* (Stroud, 1999)

White, J. W., 'State growth and popular protest in Tokugawa Japan', *JJS*, XIV (1988), 1–25

White, J. W., *Ikki: Social conflict and political unrest in early modern Japan* (Ithaca, NY, 1995)

White, L. G., 'War and government in a Castilian province: Extremadura 1640–1668' (University of East Anglia PhD thesis, 1985)

White, L. G., 'Strategic geography and the Spanish Monarchy's failure to recover Portugal, 1640–1668', *Journal of Military History*, LXXI (2007), 373–409

White, R., *The Middle Ground: Indians, empires and republics in the Great Lakes region 1650–1800* (Cambridge, 1991)

White, S., *The climate of rebellion in the early modern Ottoman empire* (Cambridge, 2011)

Widmer, E., 'The epistolary world of female talent in seventeenth-century China', *Late Imperial China*, X/2 (1989), 1–43

Wigley, T. M. L., M. Ingram and G. Farmer, eds, *Climate and history: Studies in past climate and their impact on Man* (Cambridge, 1981)

Wilflingseder, F., 'Martin Laimbauer und der Unruhen im Machlandviertel, 1632-6', *Mitteilungen des oberösterreichischen Landesarchivs*, VI (1959), 136–208

Will, P.-E., 'Un cycle hydraulique en Chine: la province de Hubei du 16e au 19e siècles', *Bulletin de l'école française d'Extrême Orient*, LXVI (1980), 261–88

Will, P.-E., 'Développement quantitatif et développement qualitatif en Chine à la fin de l'époque impériale', *Annales HSS*, XLIX (1994), 863–902

Will, P.-E., 'Coming of age in Shanghai during the Ming-Qing transition: Yao Tinglin's (1628-after 1697) *Record of the successive years*', *Gu jin lung heng*, XLIV (2000), 15–38

Will, P.-E. and R. Bin Wong, *Nourish the people: The state civilian granary system in China, 1650–1850* (Ann Arbor, 1991)

Wills, J. E., *1688: A global history* (New York, 2001)

Wilson, H. S., *The imperial experience in sub-Saharan Africa since 1870* (Minneapolis, 1977)

Wilson, J. E., ' "A thousand countries to go to": peasants and rulers in late eighteenth-century Bengal', *P&P*, CLXXXIX (2005), 81–109

Wilson, P. H., *The Thirty Years War: Europe's tragedy* (Cambridge, MA, 2009)

Winius, G., *The fatal history of Portuguese Ceylon: Transition to Dutch rule* (Cambridge, MA, 1971)

Withington, D., 'Intoxicants and society in early modern England', *HJ*, LIV (2011), 631–57

Wong, R. Bin, *China transformed: Historical change and the limits of European experience* (Ithaca, NY, 1997)

Wood, A., 'Subordination, solidarity and the limits of popular agency in a Yorkshire valley, c. 1596–1615', *P&P*, CXCIII (2006), 41–72

Wood, A., 'Fear, hatred and the hidden injuries of class in early modern England', *Journal of Social History*, XXIX (2006), 803–26

Woods, R., *Death before birth: Fetal health and mortality in historical perspective* (Oxford, 2009)

Woolf, D. R., *The social circulation of the past: English historical culture 1500–1730* (Oxford, 2003)

Woolrych, A., *Soldiers and statesmen: The General Council of the Army and its debates, 1647–1648* (Oxford, 1987)

Woolrych, A., *Britain in Revolution, 1625–1660* (Oxford, 2002)

Worden, B., 'The politics of Marvell's Horatian Ode', *HJ*, XXVII (1984), 525–47

Worden, B., 'Oliver Cromwell and the Sin of Achan', in D. Beales and G. Best, eds, *History, society and the churches: Essays in honour of Owen Chadwick* (Cambridge, 1985), 125–45

Worden, B., 'Providence and politics in Cromwellian England', *P&P*, CIX (1985), 55–99

Wrightson, K. E., 'Infanticide in earlier seventeenth-century England', *Local Population Studies*, XV (1975), 10–22

Wrightson, K. E., *Earthly necessities: Economic lives in early modern Britain* (Cambridge, 2000)

Wrigley, E. A., *People, cities and wealth: The transformation of traditional society* (Oxford, 1987)

Wrigley, E. A., and R. S. Schofield, *The population history of England, 1541–1871: A reconstruction* (2nd edn, Cambridge, 1989)

Wu, H. L., 'Corpses on display: representations of torture and pain in the Wei Zhongxian novels', *Ming Studies*, LIX (2009), 42–55

Wu, S., *Communication and imperial control in China: Evolution of the palace memorial system, 1693–1735* (Cambridge, MA, 1970)

Xoplaki, E., M. Panagiotis and J. Luterbacher, 'Variability of climate in meridional Balkans during the periods 1675–1715 and 1780–1830 and its impact on human life', *CC*, XLVIII (2001), 581–615

Yakovenko, N., 'The events of 1648–1649: contemporary reports and the problem of verification', *Jewish History*, XVII (2003), 165–73

Yamamoto Hirofumi, *Kan'ei jidai* (Tokyo, 1989)

Yamamura, K., 'Returns on unification: economic growth in Japan, 1550–1650', in J. W. Hall, N. Keiji and K. Yamamura, eds, *Japan before Tokugawa* (Princeton, 1981), 327–72

Yamamura, K., 'From coins to rice: hypotheses on the *Kandaka* and *Kokudaka* systems', *JJS*, XIV (1988), 341–67

Yancheva, G. et al., 'Influence of the intertropical convergence zone on the East Asian monsoon', *Nature*, CCCXLV (4 January 2007), 74–7

Yang, Lien-Sheng, 'Economic justification for spending – an uncommon idea in traditional China', *Harvard Journal of Asiatic Studies*, XX/1 (1957), 36–52

Yasaki Takeo, *Social change and the city in Japan from earliest times through the Industrial Revolution* (Tokyo, 1968)

Yi Tae-jin, 'Meteor fallings and other natural phenomena between 1500–1750, as recorded in the Annals of the Chosŏn dynasty (Korea)', *Celestial mechanics and dynamical astronomy*, LXIX (1998), 199–220

Yin Yungong, *Zhongguo Mingdai xinwen chuanbo shi* (Chongqing, 1990)

Yonemoto, M., *Mapping early modern Japan: Space, place and culture in the Tokugawa period (1603–1868)* (Berkeley, 2003)

Young, J. R., *The Scottish Parliament 1639–1661: A political and constitutional analysis* (Edinburgh, 1996)

Young, J. T., *Faith, medical alchemy and natural philosophy: Johann Moriaen, reformed intelligencer, and the Hartlib Circle* (Aldershot, 1998)

Zagorin, P., *Rebels and rulers 1500–1660*, 2 vols (Cambridge, 1982)

Zaller, R., " 'Interest of State': James I and the Palatinate', *Albion*, VI (1974), 144–75

Zannetti, D. E., *La demografia del patriziato Milanese nei secoli XVII, XVIII, XIX* (Rome, 1972)

Ze'evi, D., *An Ottoman century. The district of Jerusalem in the 1600s* (Albany, NY, 1996)

Zeman, J. K., 'Responses to Calvin and Calvinism among the Czech brethren (1540–1605)', *American Society for Reformation Research. Occasional Papers*, I (1977), 41–52

Zhang, D. D., H. F. Lee, P. Brecke, Y.-Q. He and J. Zhang, 'Global climate change, war, and population decline in recent human history', http://www.pnas.org/content/104/49/19214.full, accessed 20 April 2011

Zhang Pingzhong et al., 'A test of climate, sun, and culture relationships from an 1810-year Chinese cave record', *Science*, CCXXXII (2008), 940–2

Zhang Ying, 'Politics and morality during the Ming-Qing dynastic transition' (University of Michigan PhD thesis, 2010)

Zhang Zhongli [Chang Chung-li], *The Chinese gentry: Studies on their role in nineteenth-century Chinese society* (Seattle, 1955)

Zhang, Z., H. Tian, B. Cazelles, K. L. Kausrud, A. Bräuning, F. Guo and N. C. Stenseth, 'Periodic climate cooling enhanced natural disasters and wars in China during AD 10–1900', *Proceedings of the Royal Society*, B, LXXXIX (2010), 1–9

Zhihong, Shi, 'The development and underdevelopment of agriculture during the early Qing period (1644–1840)', in Hayami and Tsubouchi, eds, *Economic and demographic developments*, 69–88

Zilfi, M., 'The Kadizadelis: discordant revivalism in seventeenth-century Istanbul', *Journal of Near Eastern Studies*, XLV (1986), 251–69

Zilfi, M., *The politics of piety: The Ottoman Ulema in the post-classical age* (Minneapolis, 1988)

Zysberg, A., 'Galley and hard labor convicts in France (1550–1850)', in P. Spierenburg, ed., *The emergence of carceral institutions: Prisons, galleys and lunatic asylums 1550–1900* (Rotterdam, 1984), 78–124

索　引

(以下页码为原书页码，即本书页边码；Plate 表示彩插，Fig. 表示插图；n 表示注释，对应页码为带方括号的页边码。)

图书在版编目（CIP）数据

全球危机：十七世纪的战争、气候变化与大灾难：
全二册／（英）杰弗里·帕克（Geoffrey Parker）著；
王兢译. -- 北京：社会科学文献出版社，2021.4
　　书名原文：Global Crisis：War, Climate Change
and Catastrophe in the Seventeenth Century
　　ISBN 978 - 7 - 5201 - 6123 - 7

　　Ⅰ.①全…　　Ⅱ.①杰…　②王…　　Ⅲ.①世界史 - 近代
史 - 研究 - 1618 - 1680　Ⅳ.①K14

　　中国版本图书馆 CIP 数据核字（2020）第 026248 号

　　地图审图号：GS（2021）1159 号（本书地图系原书插附地图）

全球危机（全二册）
　　——十七世纪的战争、气候变化与大灾难

著　　　者／〔英〕杰弗里·帕克（Geoffrey Parker）
译　　　者／王　兢

出 版 人／王利民
组稿编辑／董风云
责任编辑／徐一彤　张金勇

出　　　版／社会科学文献出版社·甲骨文工作室（分社）（010）59366432
　　　　　　地址：北京市北三环中路甲 29 号院华龙大厦　邮编：100029
　　　　　　网址：www. ssap. com. cn
发　　　行／市场营销中心（010）59367081　59367083
印　　　装／北京盛通印刷股份有限公司

规　　　格／开　本：889mm × 1194mm　1/32
　　　　　　印　张：47.75　插页：1　字　数：1098 千字
版　　　次／2021 年 4 月第 1 版　2021 年 4 月第 1 次印刷
书　　　号／ISBN 978 - 7 - 5201 - 6123 - 7
著作权合同
登 记 号／图字 01 - 2016 - 3977 号
定　　　价／258.00 元（全二册）

本书如有印装质量问题，请与读者服务中心（010 - 59367028）联系